U0925440

企业简介
COMPANY PROFILE

云南鸿园电力物业服务有限公司成立于1999年6月，是云南嘉信实业有限公司控股的子公司，物业服务管理总面积为1307.95万平方米，管理项目107个。现有员工2531人，初、中、高级职称的管理骨干和专业技术人员200余人。截至2017年，公司经营总收入达1.88亿元。

公司为壹级资质物业服务企业，昆明市物业管理协会副会员单位，云南地区领军物业服务企业，中国物业管理协会会员单位，2014年中国物业管理最具品牌价值企业，2016年中国物业管理社会责任典范企业，中国南方电网有限责任公司2018年度职工持股改革后企业A类标杆企业。

未来发展及规划 FUTURE DEVELOPMENT AND PLANNING

未来，公司将继续秉承“业主至上，服务至诚”的服务宗旨，恪守“守法服务重安全、整洁环保求健康、追求完美人为本”的管理方针，以客户需求为导向，强化内部管理，打造电力系统特色物业服务企业，进一步夯实云南电力系统内物业服务领导企业的市场地位；深耕电力系统业务，积极参与系统外部物业市场竞争，促进企业健康发展。

HONGYUAN PROPERTY INDUSTRIAL CO., LTD.

企业文化 CORPORATE CULTURE

管理模式及特色服务 Management and Service Characteristics

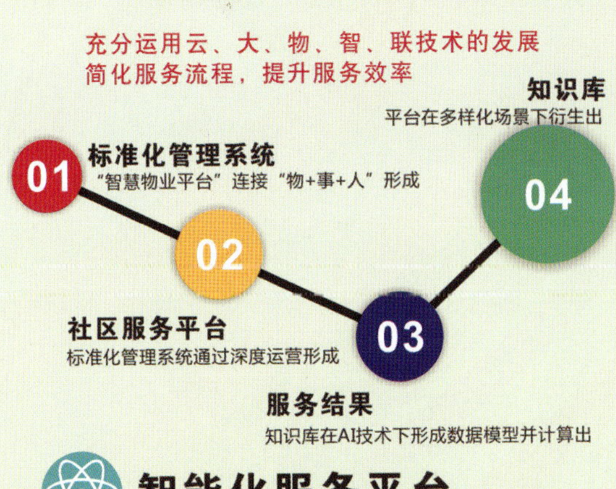

智能化服务平台

KPI绩效体系（短期）

推行以信任为基础的管理体系。通过制定与企业发展进程目标高度匹配的KPI绩效管理体系，提炼、简化设计后贯穿到每一个岗位，在信任的基础上客观地实施绩效考核体系。

奖励期权（中期）

通过制定组织和个人3~5年期的发展目标，分期考核目标实现情况而决定其是否能得到奖励的权利，增强企业对外抓控能力，最终实现个人发展和企业发展的协同一致。

愿景规划（长期）

通过对公司长期定位和发展方向进行锁定，帮助员工找准自身定位，将公司成长与员工个人发展机会联结起来，充分理解机会是激励优秀人才的最佳手段。

YUNNAN METROPOLITAN REALTY SERVICE

云南城投物业

云南城投物业服务有限公司（以下简称云南城投物业）成立于2008年3月，是云南城投置业股份有限公司（股票代码：600239，以下简称云南城投置业）控股的全资子公司，是中国物业服务百强企业。

云南城投物业布局全国多个省市区域，涵盖高层住宅、别墅、高端写字楼、商业及城市综合体等多业态物业管理项目。

公司以“专注您的关注”为核心服务理念，围绕“参与+互动+体验+沟通”的服务模式，贯彻“全员物管”和“精细化”服务的团队意识，专注于实现“社区智慧服务运营+”的发展战略，塑造一流的物业服务品牌，建立诚信勤勉、持续超越、勇于担当的企业形象，以不懈的努力和不断的创新精神为云南城投物业的每一位业主提供个性化需求的物业管理体验式服务，成就“幸福城”的人居梦想。

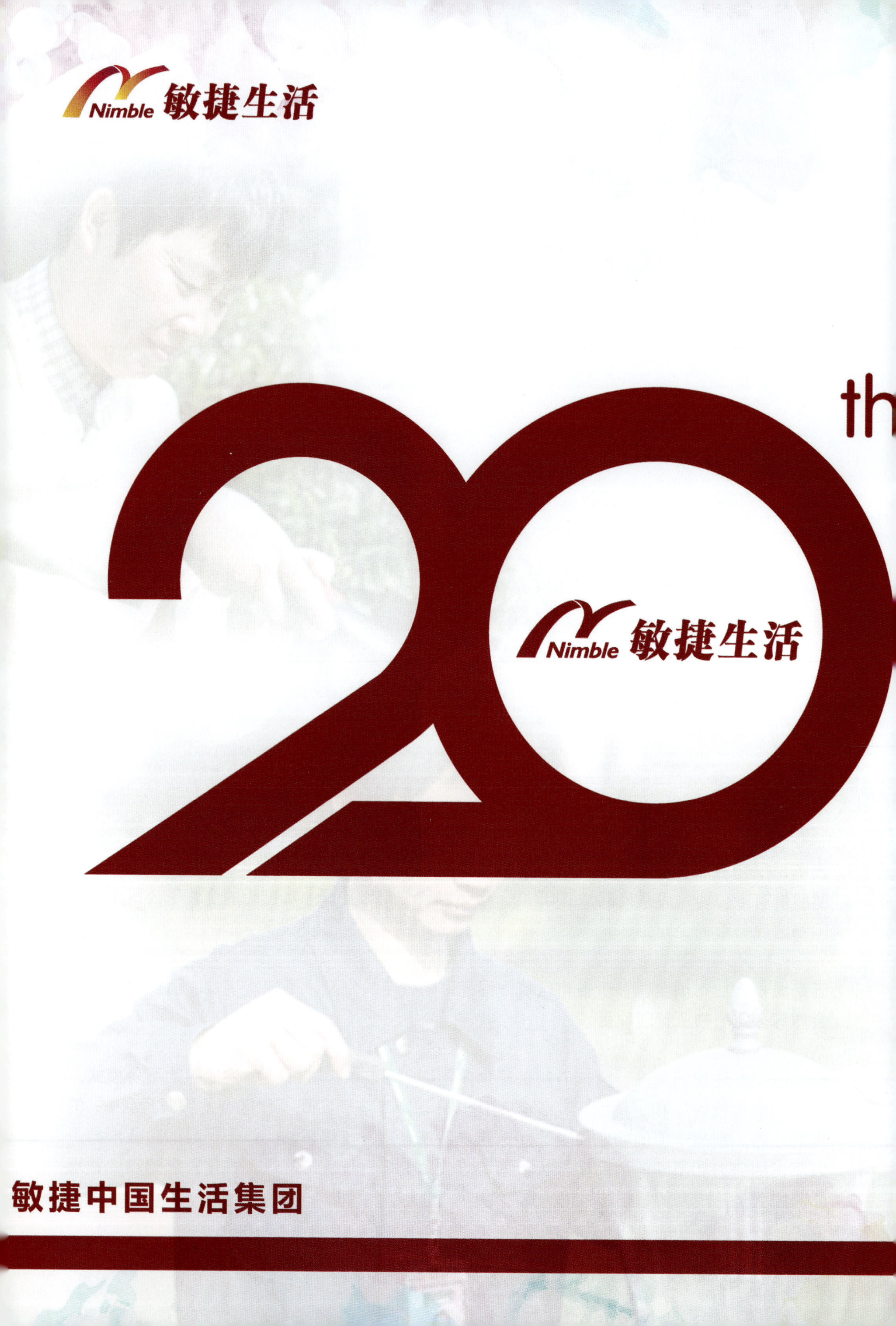

20th

Nimble 敏捷生活

敏捷中国生活集团

做最优秀的
城市综合服务运营商

敏捷物业成立于1998年，系敏捷集团旗下子公司，历经20年稳健发展，已整合为敏捷中国生活集团，公司业务已覆盖全国26个城市，规模快速发展。

整合后的敏捷中国生活集团，将始终坚持以客户需求为导向，提供智能化社区场景及多元化服务，为千家万户提供综合生活解决方案。做“有温度和个性化”的城市综合服务运营商！

2018
中国物业管理行业年鉴
China Property Management Industry Yearbook

中 国 物 业 管 理 协 会 编
CHINA PROPERTY MANAGEMENT INSTITUTE

·北京·

编 撰 说 明

改革开放40年，物业管理行业从深圳起步发展到覆盖全国所有不动产领域，物业服务企业总数超过11万家，从业人数达到904.7万，经营总收入突破6000亿元，占2017年全国服务业增加值比重已达到1.4%。物业管理行业的持续健康发展，有力地支撑了消费升级、服务业产业结构优化和新经济发展，促进了我国服务业向高质量发展方向迈进，成为推动服务业乃至国民经济增长的一大动力。

为了全面反映我国物业管理行业发展新状况、新业态、新进展和新趋势，提升物业服务企业品牌知名度和影响力，提高社会各界对行业价值的认知。中国物业管理协会编撰《2018中国物业管理行业年鉴》（以下简称《年鉴》），并于2019年2月正式出版并在全国发行。《年鉴》是见证中国物业管理行业发展最权威、最具影响力的参考文献，是行政主管部门、行业组织、企事业单位和科研机构了解和研究物业管理行业发展不可或缺的综合性工具书。

《年鉴》全书共138万字，所载内容由2篇主题报告、14篇专题报告、42篇地方报告、43篇优秀企业案例、重要政策法规和行业发展大事记等部分组成。《物业管理行业发展报告》主题报告，从物业管理行业发展的新格局、新作为、新环境、新压力和新趋势五个方面，对目前物业管理行业的发展现状、发展机遇和发展趋势进行了全面分析。《物业服务企业发展报告》主题报告，以物业服务企业填报数据为基础，对企业管理规模、经营绩效、服务质量、发展潜力、企业特色等方面进行综合分析，帮助企业在激烈的市场竞争中找准自身定位和未来发展的突破点。专题报告涉及行业劳动力市场价格、社区养老、媒体影响力、资本市场、白蚁防治、房屋安全管理鉴定、维修资金和标准化发展等领域，以及住宅、高校、写字楼、产业园区、商业综合体、医院等业态。地方报告主要反映各地区物业管理发展的基本情况和当地特色工作的经验与成果。优秀企业案例重点展示万科、碧桂园、绿城、彩生活、保利等品牌物业服务企业的管理理念、服务特色和商业模式等内容。《年鉴》内容涉及广泛、专业性强，在编撰过程中难免存在一定的局限和不足。我们愿意听取广大读者的意见，继续对《年鉴》进行改进和完善。

《年鉴》在编写过程中，得到住房和城乡建设部相关司局、国家发展改革委价格监测中心、中国房地产业协会、中国物协各专业委员会、各地方物业管理行业协会、中国物业管理杂志社、中国物业服务各联盟企业、上海易居房地产研究院中国房地产测评中心和深圳中深南方物业管理研究院等机构的大力协助，在此一并表示感谢！

《2018中国物业管理行业年鉴》编审委员会

2019年1月

《2018 中国物业管理行业年鉴》

编审委员会

目　录

行业发展

主题报告

物业管理行业发展报告……中国物业管理协会　1

一、物业管理行业发展新格局

二、物业管理行业发展新作为

三、物业管理行业发展新环境

四、物业管理行业发展新压力

五、物业管理行业发展新趋势

专题一　提升物业服务质量 推动行业高质量发展

专题二　物业管理行业未来五年（2019—2023 年）市场规模预测

专题报告

全国物业管理行业劳动力市场价格监测报告

国家发展改革委价格监测中心／中国物业管理协会……26

物业管理媒体影响力测评报告……中国物业管理协会／清华大学新闻与传播学院　55

资本视角的物业管理未来价值瞻望——2018 中国物业管理资本 · 上市 · 并购调研报告

中国物业管理杂志社……63

全国白蚁防治事业发展报告……中国物协白蚁防治专业委员会　84

房屋安全管理和鉴定工作调研报告……中国物协房屋安全鉴定委员会　92

全国住宅专项维修资金管理发展报告 …… 中国物协物业维修资金专业研究委员会 96
物业管理行业标准化发展报告 …… 中国物协标准化工作委员会 99
住宅物业管理发展报告
中国物业服务（品质住宅）企业联盟／龙湖物业服务集团有限公司 执笔 …… 103
高校物业管理发展报告
中国物业服务（高校）企业联盟／重庆新大正物业集团股份有限公司 执笔 …… 106
写字楼物业管理发展报告
中国物业服务（写字楼）企业联盟／河南楷林物业管理有限公司 执笔 …… 112
产业园区物业管理发展报告
中国物业服务（产业园区）企业联盟／西安创业物业管理有限公司 执笔 …… 117
商业综合体物业管理发展报告
中国物业服务（商业综合体）企业联盟／鑫苑科技服务股份有限公司 执笔 …… 120
社区养老服务发展报告
中国物业服务（养老服务）企业联盟／保利和悦健康养老服务有限公司 执笔 …… 123
医院物业管理发展报告
中国物业服务（医院物业）企业联盟／北京斯马特物业管理有限公司 执笔 …… 126

各地报告

北京市 …… 北京物业管理行业协会 129
天津市 …… 天津市物业管理协会 133
上海市 …… 上海市物业管理行业协会 137
重庆市 …… 重庆市物业管理协会 140
河北省 …… 河北省物业管理行业协会 143
石家庄市 …… 石家庄市物业管理协会 147
内蒙古自治区 …… 内蒙古自治区物业管理协会 151
辽宁省 …… 辽宁省房协物业管理专业委员会 156
沈阳市 …… 沈阳市物业管理协会 160
大连市 …… 大连市物业管理协会 163
吉林省 …… 吉林省房协物业管理专业委员会 167
黑龙江省 …… 黑龙江省房协物业管理专业委员会 174

江苏省……江苏省房协物业管理专业委员会 178

浙江省……浙江省房协物业管理专业委员会 184

杭州市……杭州市物业管理协会 187

安徽省……安徽省物业管理协会 190

合肥市……合肥市物业管理协会 197

福建省……福建省物业管理协会 202

江西省……江西省房协物业管理专业委员会 206

山东省……山东省房协物业管理专业委员会 209

河南省……河南省物业管理协会 212

郑州市……郑州市物业管理协会 217

湖北省……湖北省物业服务和管理协会 222

武汉市……武汉市物业管理协会 227

长沙市……长沙市物业管理协会 231

广东省……广东省物业管理行业协会 234

广州市……广州市物业管理行业协会 241

深圳市……深圳市物业管理行业协会 244

中山市……中山市物业管理行业协会 250

广西壮族自治区……广西壮族自治区房协物业管理专业委员会 254

海南省……海南省物业管理协会 259

四川省……四川省房协物业管理专业委员会 263

成都市……成都市物业管理协会 272

云南省……云南省房协物业管理分会 275

陕西省……陕西省物业管理协会 278

甘肃省……甘肃省物业管理行业协会 282

兰州市……兰州市物业管理行业协会 285

银川市……银川市物业管理协会 287

新疆维吾尔自治区……新疆维吾尔自治区房协物业管理专业委员会 292

乌鲁木齐市……乌鲁木齐市物业管理协会 295

香港特别行政区……香港物业管理师学会 303

澳门特别行政区……澳门物业管理业商会 305

企业发展

主题报告

物业服务企业发展报告

中国物业管理协会／上海易居房地产研究院中国房地产测评中心／深圳中深南方物业管理研究院.... 316

专题一 物业服务企业综合实力 TOP10 发展特点

专题二 物业服务企业服务价值的诠释

专题三 物业服务企业资本市场的表现

企业案例

让更多用户体验物业服务之美好 .... 万科物业发展股份有限公司 353

践行“好服务” 共建自在生活 .... 碧桂园服务控股有限公司 358

绿城服务进击创新 4.0 时代 .... 绿城物业服务集团有限公司 362

在专注中进化 构建社区服务生态圈 .... 彩生活服务集团有限公司 367

蓄发展动能 聚力布局百亿版图 .... 保利物业发展股份有限公司 373

贴心服务 真诚相伴 .... 金碧物业有限公司 379

以资源整合定型多维空间 .... 中海物业集团有限公司 382

加强股权并购 双品牌战略打造百亿目标 .... 雅居乐雅生活服务股份有限公司 389

将“陌生人社区”变成“熟人社区” .... 长城物业集团股份有限公司 394

打造中国最大的机构类物业服务集成商 .... 中航物业管理有限公司 399

智慧龙湖 品质服务 .... 龙湖物业服务集团有限公司 404

做中国领先的房地产价值链全程综合服务商 .... 招商局物业管理有限公司 409

“3+X”多元化发展全面提速 全方位提升服务品质 .... 深圳市金地物业管理有限公司 414

让服务产生价值 做最美好的生活服务商 .... 金科物业服务集团有限公司 419

服务转型再升级 再写国际化物业管理道路新篇章 .... 山东省诚信行物业管理有限公司 423

社区生态赋能 重塑行业价值 .... 广州市时代物业管理有限公司 428

“一体三翼五驱” 做领先的泛物业产业运营商 .... 鑫苑科技服务股份有限公司 433

风雨十九载 初心终不改 .... 佳兆业物业集团有限公司 439

创造智慧生活新可能 .... 四川嘉宝资产管理集团股份有限公司 443

追求卓越 共筑智慧之城 .... 幸福基业物业服务有限公司 447

开启"悦+"智慧服务生活……华润物业科技服务有限公司 453
践行责任 开拓创新 开启新时代高质量发展新征程……北京首开鸿城实业有限公司 457
创新聚力 开启明喆服务 4.0 时代……深圳市明喆物业管理有限公司 461
以多元发展促转型升级 以匠心服务创美好生活……卓达物业服务股份有限公司 465
实与变 从小企业到大集团……兰州城关物业服务集团有限公司 470
送达美好体验 丰富和滋养人们的生活……爱玛客服务产业（中国）有限公司 474
新型生活方式服务商 精准服务河南 1000 万人……河南建业物业管理有限公司 480
立足山东 面向全国 走向世界 做新时代公共服务领军企业……山东明德物业管理集团有限公司 486
"移动互联+智慧物联" 催生企业新生命力……上海东湖物业管理有限公司 490
追求卓越品质 永创一流品牌……深圳市龙城物业管理有限公司 495
商住产一体化全息生活服务运营商……重庆天骄爱生活服务股份有限公司 499
匠心筑梦 孜孜不辍……广州珠江物业酒店管理有限公司 504
专业价值创造者……重庆新大正物业集团股份有限公司 509
坚持高质量发展 提供高水平服务……广州广电物业管理有限公司 514
让生活更美好……上海保利物业酒店管理集团有限公司 518
致力于成为中国商务物业服务的引领者……北京金融街物业管理有限责任公司 522
走进物业新时代 重构社区新生态……河北恒辉物业服务集团有限公司 527
聚焦医院大后勤服务廿载成绩斐然……众安康后勤集团有限公司 532
以人为本 康景物业的品牌发展之路……广东康景物业服务有限公司 537
用心构筑美好生活……上海永升物业管理有限公司 542
创造服务新价值 商务生态服务体系构建者……深圳市卓越物业管理股份有限公司 546
"草根"物业也有春天……上海文化银湾物业管理有限公司 549
把握时代发展机遇 践行美好生活理念……南都物业服务股份有限公司 554

政策法规

关于加强和完善城乡社区治理的意见
（中发〔2017〕13号）…… 559
关于开展质量提升行动的指导意见
（中发〔2017〕24号）…… 565
关于修改和废止部分行政法规的决定
（国务院令 第698号）…… 573
关于开展电动自行车消防安全综合治理工作的通知
（安委办〔2018〕13号）…… 575
住房城乡建设事业“十三五”规划纲要…… 578
关于印发建筑节能与绿色建筑发展“十三五”规划的通知
（建科〔2017〕53号）…… 601
关于印发《服务业创新发展大纲（2017—2025年）》的通知
（发改规划〔2017〕1116号）…… 611
关于做好取消物业服务企业资质核定相关工作的通知
（建办房〔2017〕75号）…… 629
关于废止《物业服务企业资质管理办法》的决定
[（中华人民共和国住房和城乡建设部令（第39号）]…… 631
江苏省“十三五”物业管理行业发展规划
（苏建房管〔2017〕157号）…… 632
新疆维吾尔自治区物业管理条例
（新疆维吾尔自治区第十二届人民代表大会常务委员会公告〔第41号〕）…… 641
河南省物业管理条例
（河南省第十二届人民代表大会常务委员会公告〔第79号〕）…… 654
内蒙古自治区物业管理条例
（内蒙古自治区第十三届人民代表大会常务委员会公告〔第三号〕）…… 671
湖南省物业管理条例
（湖南省第十三届人民代表大会常务委员会公告〔第5号〕）…… 684

卷首语

为诚信执着喝彩 为服务提升鼓劲......697

为行业 A 股第一股喝彩......699

学习圆方党建好榜样......701

雅生活集团为什么如此值得期待......704

用资本之手助推行业高质量发展......707

提升服务质量 共建美好生活......709

致敬改革开放四十周年......714

厚植工匠精神土壤 引领技能风气之先......717

谱写新时代高质量发展新篇章——写在第二届国际物业管理产业博览会开幕前......719

中海物业 转变没有不可能......721

好服务如何成就碧桂园服务的江湖地位......724

物业服务企业如何分享人才红利......728

大事记

行业发展大事记（2017 年 1 月—2018 年 12 月）......733

行业发展

INDUSTRY DEVELOPMENT

物业管理行业发展报告

中国物业管理协会

近年来，我国物业管理行业全面贯彻落实“创新、协调、绿色、开放、共享”的发展理念，在向现代服务业转型升级的过程中，取得了令人瞩目的发展成就。政府的简政放权进一步激活了市场，高质量发展的要求提升了行业整体服务水平，人民对美好生活的向往提高了居民品质消费需求，新一代信息技术的广泛应用催生了新的企业发展模式，资本的持续关注重新定义了物业管理价值。可以说，物业管理行业发展步入向现代服务业转型升级的战略机遇期。

本《报告》从物业管理行业发展的新格局、新作为、新环境、新压力和新趋势五个方面进行了全面分析，希望可以让社会各界对目前物业管理行业的发展现状、发展机遇和发展趋势有深入理解，帮助物业服务企业在激烈的市场竞争之中找准自身定位和未来发展的突破点。

一、物业管理行业发展新格局

（一）物业管理面积区域分布

2017 年全国物业管理行业总面积约 246.65 亿平方米，比 2014 年增加 71.15 亿平方米，年复合增长率 12.01%。从各省份面积分布来看，广东省、浙江省、江苏省和山东省物业管理面积位居前四。与 2014 年相比，山东省物业管理面积增幅明显，增长了 9.4 亿平方米。物业服务企业在横向扩张、布局全国的同时，更注重核心区域的深耕，以巩固核心城市的竞争力与控制力。

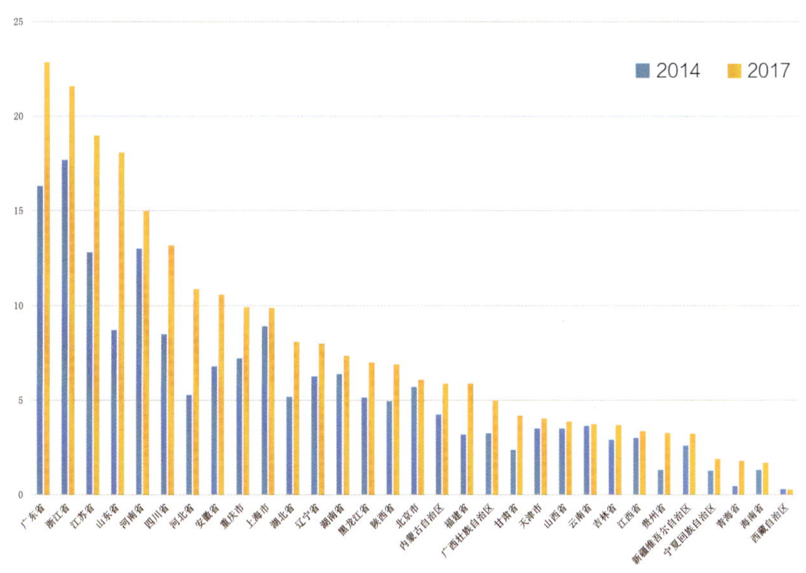

图 1　全国物业管理面积分布情况（单位：亿平方米）

从区域分布[1]看，华东地区占比近四成；其次是华北、华南、西南和华中区域，占比均超过 10.0%；东北和西北区域的分布相对较低。与 2014 年相比，除华东、西北区域物业管理面积占比分别上升了 3.6% 和 0.7% 外，其他各区域面积占比均略有下降。

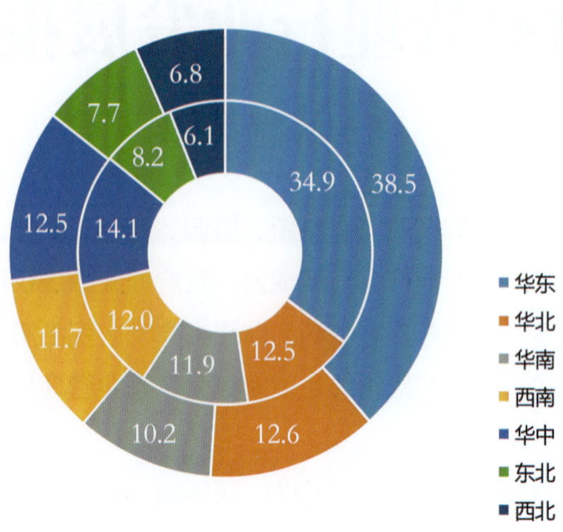

图 2 全国物业管理面积区域分布（单位：%）

（二）物业服务企业数量及分布

2017 年全国物业服务企业共 11.8 万家，比 2014 年增长 18.2%，年复合增长率 3.97%。从各省物业服务企业数量及分布来看，广东省、江苏省、山东省和河南省位居前四。

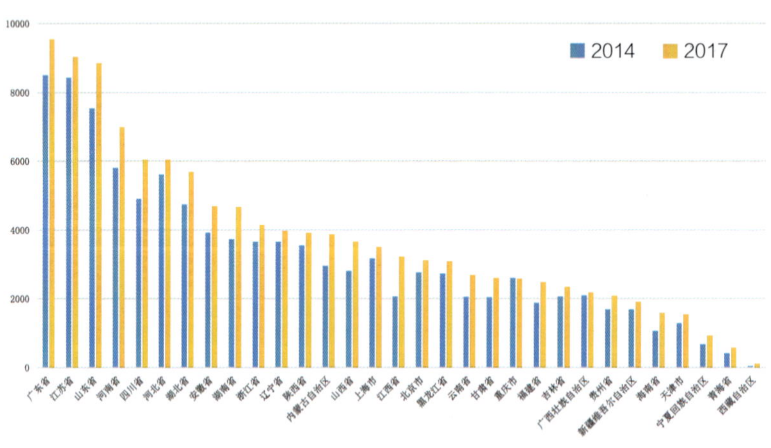

图 3 全国物业服务企业数量分布情况（单位：家）

从区域分布看，华东区域物业服务企业数量占比最高，为 30.5%；其次为华北、华南、华中和西南区域，占比均超过 10.0%；西北和东北区域的物业服务企业数量较少，占比分别为 8.5% 和 8.0%。与 2014 年相比，各区域占比波动不大。

[1] 区域划分：华东地区包括山东、江苏、安徽、浙江、福建、上海；华南地区包括广东、广西、海南；华中地区包括湖北、湖南、河南、江西；华北地区包括北京、天津、河北、山西、内蒙古；西北地区包括宁夏、新疆、青海、陕西、甘肃；西南地区包括四川、云南、贵州、西藏、重庆；东北地区包括辽宁、吉林、黑龙江。下同。

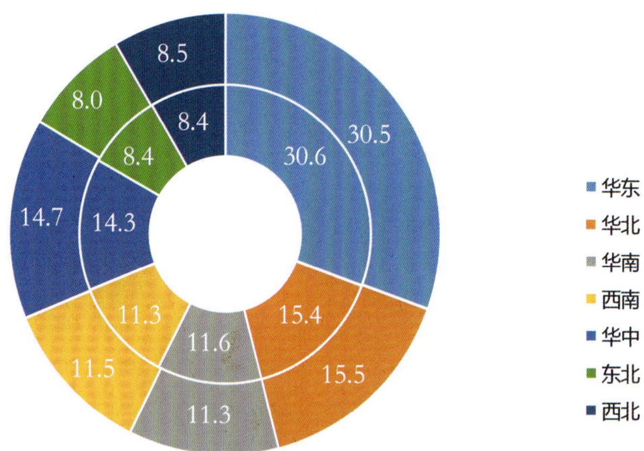

图 4 全国物业服务企业数量区域分布（单位：%）

（三）从业人员规模及构成

从调查数据看，2017 年全国物业管理从业人员约 904.7 万人，比 2014 年增加 29.4%，年复合增长率 8.9%。其中，广东省、江苏省、山东省和上海市位居前四。

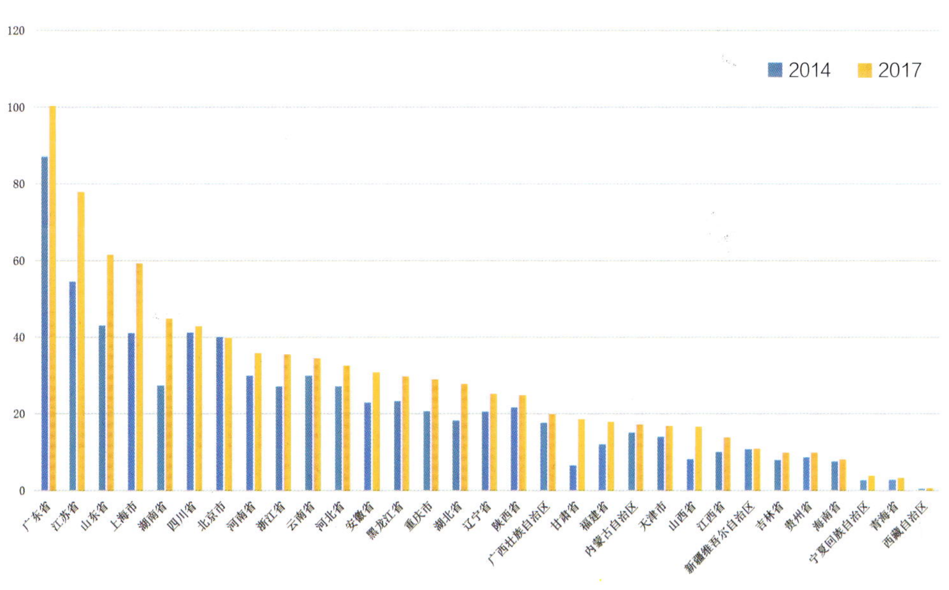

图 5 全国物业管理从业人员数量（单位：万人）

从区域分布来看，华东区域物业管理从业人员数量占比最大，为 32.9%；其次为华南、华北、西南和华中区域，占比均超过 10.0%；东北和西北区域占比较小，分别为 7.2% 和 7.0%。受企业布局与降本增效经营策略的影响，从业人员增幅低于管理面积的增长幅度。

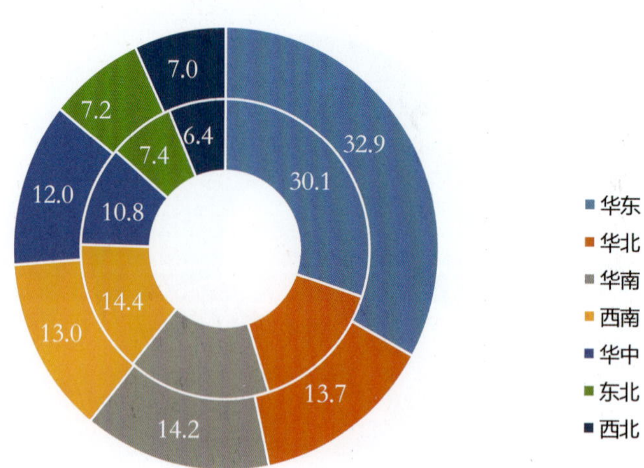

图 6 全国物业管理从业人员数量分布（单位：%）

（四）营业收入规模及增长情况

2017 年物业管理行业经营收入为 6007.2 亿元，与 2014 年（4091.7 亿元）相比增长了 46.8%，年复合增长率 13.66%。随着物业管理行业规模的不断扩大、经营业态的不断丰富，物业管理行业的营业收入同步增加。

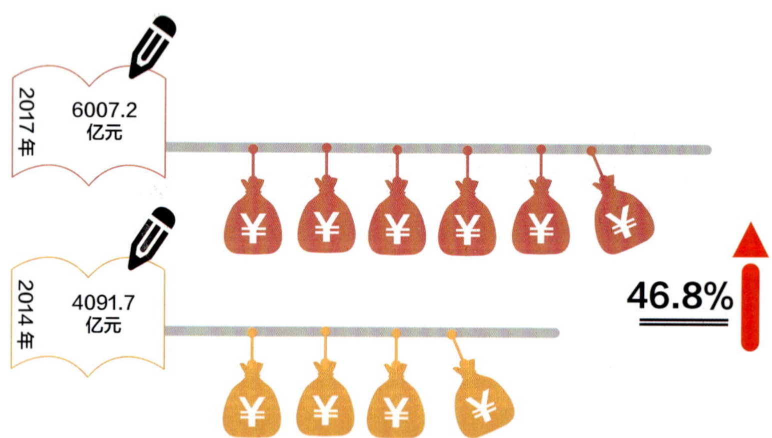

图 7 全国物业管理行业经营总收入（单位：亿元）

（五）相关指标

2017 年物业服务综合实力 TOP100 企业的物业管理面积占行业总面积的 32.08%，营业收入占行业总收入的 30.04%，行业集中度进一步提升。虽然 TOP100 企业积极拓展多业态的物业服务和产业空间布局，深耕行业服务、拓展新业务，市场份额不断提升，但行业集中度依然处于较低水平。

2017 年物业服务企业人均管理面积为 2788 平方米，比 2014 年人均 2313 平方米增长了 20.54%。互联网、物联网、大数据等新技术效应逐步显现，极大地提高了服务和管理效率，减少了物业服务企业的用工量。同时行业上下游产业链的逐步形成和专业化的分工，也进一步促进了产业协同效率的提升。

二、物业管理行业发展新作为

（一）行业交出靓丽“成绩单”，成为经济和社会发展的稳定器

在每年房地产竣工面积稳定增长、物业服务渗透率逐步提升以及高品质物业服务强劲需求的支撑下，截至2017年年底，我国物业管理行业已经是一个6000亿元级的市场，物业管理总面积达到246.65亿平方米，物业服务企业超过11.8万家，物业管理从业人员数量约904.7万人[1]。

从经济贡献看，行业营业收入年复合增长率为13.66%，营业收入占2017年全国服务业增加值比重达到1.4%[2]；从社会贡献看，行业从业人员加专业分包人员，约有1200万人从事物业管理相关工作，每年直接或间接提供就业岗位达100万个。物业管理行业的持续健康发展，有力地支撑了消费升级、服务业产业结构优化和新经济发展，促进了我国服务业向高质量发展方向迈进，成为推动服务业乃至国民经济增长的一大动力。

（二）加强行业党组织建设，筑牢夯实行业发展根基

2015年9月，中共中央办公厅专门印发了《关于加强社会组织党的建设工作的意见（试行）的通知》。作为一个与人民群众生活、工作息息相关的行业，全行业始终把党的建设作为推动行业发展、突破行业难点的关键，充分发挥党组织战斗堡垒作用和党员先锋模范作用，实现党建工作与行业、企业发展协同推进。

中国物协组织召开全国物业管理协会工作座谈会，研究部署全行业学习宣传贯彻党的十九大精神，明确各地行业协会党组织要把政治建设放在首位，切实发挥好政治核心作用，引导从业人员和会员单位牢固树立“四个意识”，坚定“四个自信”，践行“两个维护”。要将各地行业协会党组织建设成为宣传党的主张、贯彻党的决定、团结动员群众、推动行业改革发展的坚强战斗堡垒，更好地服务政府、服务社会、服务行业会员。在中国物协第四届理事会第五次全体会议上，会议邀请十九大党代表作了题为《创新宣讲模式 传播红色力量》的十九大精神宣讲。2018年4月协会组织了“不忘初心 牢记使命——非公物业服务企业党建工作培训班”，努力将非公企业党组织建设成为夯实党的执政基础和促进企业健康发展的坚强堡垒，推动企业党建工作再上新台阶。

各地行业党委都在动员所有物业服务企业加强党建工作。2018年11月，在深圳市物业管理行业协会的筹备和推动下，深圳市物业管理行业党委、纪委正式获批成立，标志着行业党建工作开启了新的征程。上海市物业管理协会扎实推进非公企业党建工作“两个覆盖”，对会员单位非公企业逐一进行梳理登记造册，举办物业服务企业党组织书记和非公有制企业主要负责人“党建工作两个覆盖”专题学习班和专题研讨会。

武汉市打造“红色物业”，强化党对物业服务企业的领导，实现全市物业服务企业党的组织和工作有效覆盖，推动物业力量与社区力量的有效融合，1220名街道社区“两委”成员担任企业义务质量总监，785名企业党员兼任街道社区“两委”委员，“双向进入、交叉任职”，为推动物业服务融入基层社会治理提供法制保障。

---

[1] 数据根据各地方行业协会上报《各省、市物业管理发展基本情况调查表》统计，不包含港、澳、台地区数据，下同。

[2]《中华人民共和国2017年国民经济和社会发展统计公报》第三产业增加值为427032亿元。

（三）积极承担社会责任，树立良好行业形象

近年来，物业管理行业积极履行社会责任，在扶贫、维稳、抢险救灾、乡村振兴等方面发挥了突出作用，部分企业也将社会责任纳入企业战略发展目标。

新疆的物业服务企业，按照习近平总书记在第二次中央新疆工作会议上提出的“社会稳定和长治久安是新疆工作的总目标”，各物业服务项目积极承担起社区安全防范职责，形成以项目经理、秩序维护部负责人、当值人员为主的三级维稳防范体系，在新疆社区维稳第一线发挥了极为重要的作用。

在各种突发的自然灾害中，在维护业主生命财产第一现场，物业员工发挥了特殊作用，做出了重要贡献。2017 年年底南京、上海等城市遭遇大暴雪，物业服务企业迅速投入到抗击暴雪的第一线，组建了物业党员先锋突击队，在南京第一高楼上，物业员工连续坚守 48 个小时高空作业，开展高空冰面的除雪工作，物业员工的表现被业主和公众广泛肯定。2017 年长沙的抗洪抢险中，物业员工再次闻风而动，抱以“与时间赛跑”的姿态，全力以赴守住保卫业主家园的最后一道防线。2018 年 7 月 11 日，受持续大范围强降雨影响，成都金堂县域爆发特大洪水。成都物业管理行业快速响应，驰援金堂抗洪救灾，出色完成各项急难险重任务。2018 年 9 月 16 日，最强台风“山竹”强势来袭，最大风力达 14 级，物业人全面部署、深入排查、杜绝隐患，风雨中众志成城、全力抗台防汛，用实际行动保障业主的生命财产安全。

积极响应十九大报告提出的实施乡村振兴战略，保利、明德等物业服务企业携手政府，积极创新工作方式，共同探索以公共服务理论为基础、以政府为主导、以企业服务为主体、服务对象积极参与的“三位一体”新型公共服务管理模式，开创出城镇化社会治理的新格局。

为响应国家精准扶贫战略，中国物协和中国扶贫志愿服务促进会共同指导中国社区扶贫联盟开展社区精准扶贫工作。积极整合和调动各方优势资源，寻找前端贫困县域的好产品和好生态，依托物业服务企业的社区平台资源，打通最后一公里的终端业主消费，构建成为产销链接的闭环，以实际行动帮助贫困乡县。同时，长城物业一应云联盟参与精准扶贫公益纪实节目《我们在行动》，碧桂园、明喆等物业服务企业也纷纷通过参加“万企帮万村”活动，以订单式农业生产等方式，在经济扶贫与教育扶贫两方面，建立有效长期扶贫机制，共同打赢“扶贫攻坚战”。

（四）承接社会公共服务职能，行业价值和地位再升级

城市管理与产业升级、城市发展与市场资源整合往往相伴而生、相辅相成。城市如何与产业相交相合、相得益彰，最终实现健康、可持续发展，是当前各级政府在社会公共服务和城市管理中的重要课题。

近年来，物业管理行业发展潜力进一步释放，服务领域越来越广，逐步从日常接触最多的住宅小区管理、保障性住房管理的生活性服务，向提高生产效率、提供后勤保障的生产性服务转变，从机场、高铁站、医院、学校、工业园区到水立方、人民大会堂，从 G20、APEC 等国际级高端会议，到奥运会和 2020 年即将举办的冬奥会等都有物业管理行业人员参与，物业服务企业积极开拓进取，通过购买服务等方式承担起社会公共服务的职能。

在国内首个 “物业城市”治理模式下，珠海大横琴投资有限公司与万科物业发展股份有限公司成立合资公司，前者控股占主导地位，后者参股为运营主体，承担横琴新区城市管理、市政养护、物业管理、停车场管理、社区资产管理服务等业务，并在交通管理、城市治安、市民生活服务等多个领域，尝试形成良性循环的新模式，为粤港澳大湾区以至于全国提供城市管理的样本。陕西省韩城市政府与广东碧桂园物业签署战略合作框架协议，双方紧密围绕当地城市管理新需求，携手为韩城市构建物业服务 2.0 新标准，推动

韩城市物业管理市场的全面健康发展，助力韩城新型城镇化建设再谱新篇。

中海物业以央企高度的责任意识与担当精神，通过更贴合雄安“生态、智慧、共融”理念的服务方案，为“高起点规划，高标准建设”的雄安市民服务中心提供物业服务。自 2017 年 11 月正式入驻后，积极组建优质团队，全景介入项目建设和物业承接查验，悉心搭建“有高度、有态度、有温度”的物业管理服务平台，为物业管理行业更好参与雄安新区服务提供了参考样本。

（五）践行社会主义核心价值观，营造和谐幸福社区文化

习近平总书记在党的十九大报告中指出，社会主义核心价值观是当代中国精神的集中体现，凝结着全体人民共同的价值追求，并强调要把社会主义核心价值观融入社会发展各方面，转化为人们的情感认同和行为习惯。如果把社会看成一个有机体，社区就是这个有机体中的“小细胞”。“远亲不如近邻”，融洽互助的邻里关系在现代社会尤为珍贵，物业服务企业以各种形式开展社区文化活动，将精神文明建设与社区建设有机结合，形成有利于培育和践行社会主义核心价值观的生活情景，逐步形成浓厚的人文和谐氛围，积极推动富强、民主、文明、和谐、自由、平等、公正、法治、爱国、敬业、诚信、友善的社会主义核心价值观的弘扬和践行。

绿城服务致力于成为幸福生活服务商，通过邻里活动，丰富业主精神生活，为业主创造一个邻里相识、相知、交流的平台，“海豚计划”实施十年来，全国 69 座城市、170 多个小区的 10 万多名小业主顺利游泳课程毕业，活动已成为国内规模最大、影响力最深的社区公益服务项目，并获得基尼斯纪录认证。保利物业将 22 年的住宅服务精髓熔炼成“亲情和院”，以“大客服”基础服务制度为导向，以亲情管家小组的形式服务业主，提供全天候、全生命周期的生活服务、安全管理、设备设施管理、环境管理等，坚持打造“最具人情味物业服务品牌”，让“亲情”成为保利社区的文化标签。万科物业自 2003 年开始坚持举办大型社区公益活动 Happy 家庭节（2015 年正式更名为“朴里节”），并以“邻居，我们一起跑健康”为口号，组织社区乐跑赛，通过健康快乐的运动方式，促进社区与家庭和谐。2017 年，龙湖物业启动了全国性社区活动“善亲节”，在 16 个城市的 108 个社区持续展开，举办了包括全家福摄影、便民服务日、文化创意以及文娱演出等 131 场形式丰富的社区活动，约 10 万名龙湖业主参与其中，充分将中国传统文化、公益精神与社区文化相结合，倡导至善至亲的家庭、邻里乃至社会的相处之道。

（六）标准化建设工作取得重大突破，打造行业发展“新引擎”

新修订的《中华人民共和国标准化法》自 2018 年 1 月 1 日起施行，新法明确规定推荐性国家标准、行业标准、地方标准、团体标准、企业标准的技术要求不得低于强制性国家标准的相关技术要求。国家鼓励社会团体、企业制定高于推荐性标准相关技术要求的团体标准、企业标准。

2015 年 11 月，全国物业服务标准化技术委员会和中国物协标准化工作委员会相继成立。2017 年，中国物协发布了《中国物业管理协会团体标准管理办法（试行）》和首个团体标准《物业管理示范项目服务规范》（T/CPMI 001—2017）。在 2018 年全国物业服务标准化技术委员会一届三次全体会议上，《物业管理术语》《物业服务顾客满意度测评》《物业服务安全与应急处置》三项物业管理行业国家标准的编制工作正式启动，这三项标准均属于国家标准委制定的《2017 年国家标准项目立项指南》中“支撑国家重大规划及其他重要项目”的立项范围，也是国家标准委和国家发展改革委共同编制印发的《生活性服务业标准化发展“十三五”规划》十大重点任务涉及的项目。这是物业管理行业首次立项国家标准，其中《物业服务安全与应急处置》已纳入《城

乡建设领域强制性产品标准体系》，作为物业服务领域唯一国家强制性标准，相当于为物业管理行业“立法”。

中国物协作为参编单位全力配合《绿色建筑运行维护技术规范》（JGJ/T 391—2016）的编写工作，并在标准发布后与标准主编单位中国建筑科学研究院共同组织举办了《绿色建筑运行维护技术规范》宣贯培训会，推动行业标准的宣传、贯彻和实施工作，努力提升物业管理项目运行效能，积极推动行业绿色发展。

（七）搭建供需对接平台，培育产业经济生态圈

随着时代的变革、产业的升级和科技的赋能，物业管理行业越来越开放和包容，呈现了融合共赢的发展趋势。继 2016 年首届物业管理产业博览会成功举办后，应广大会员单位和供应商的要求，经商务部批准，2017 年 10 月在深圳市举办了首届国际物业管理产业博览会，博览会以“聚力创新 共谋发展”为主题，观展人数达 5 万人次，达成合作意向万余项，是行业发展 37 年来最大规模的专业会展活动。在汇聚和整合产业链资源、展示产品、技术交流、传播信息、市场营销和贸易谈判等方面发挥了重要作用，实现了物业服务企业与产业链上下游企业的精准对接，形成了企业之间良性循环和互动的链条，有效推动了产业生态协同发展。

物业服务企业深耕社区经济，充分发挥企业天生具备线上引流优势，对线上服务和线下体验进行深度融合，重塑社区经济生态圈。出现了像彩生活“彩惠人生”平台、雅生活“雅管家”平台、长城“一应云平台”等以资源换技术，共享技术成果的技术赋能型平台；“腾讯海纳”等以提供“互联网 + 社区”一站式解决方案的智慧社区开放平台；也出现了独立市场化发展的无边界融合，如阿里巴巴旗下支付宝上线的便民生活服务站、万科物业联合 58 集团为社区用户提供全生命周期的生活服务和资产服务等。

（八）打造品牌活动，行业影响力不断提升

近年来，行业全力打造独具特色的品牌活动，不断搭建交流平台、凝聚社会共识、扩大行业影响力。自 2015 年开始举办的中国物业管理创新发展论坛，定位于行业发展新作为展示、行业发展新资讯发布、行业发展新趋势研讨和行业发展新走向解析的行业内最高规格对话平台，堪称物业管理行业发展的风向标。中国物协理事会分别邀请王健林、王石、吴晓波和任志强等国内外知名专家、学者和企业家出席会议并演讲，给物业管理行业持续带来行业之外的新思想，打开行业原本封闭的环境，转变固有的思维模式，对优化行业发展战略规划和企业战略层级等方面，切实起到了引领作用。

中国技能大赛——全国物业管理行业职业技能竞赛已成功举办两届，属国家级二类竞赛，得到了人力资源社会保障部和住房城乡建设部的指导和支持。竞赛工种包含物业管理员、电工和白蚁防治工三个工种，竞赛奖项囊括全国技术能手、住房城乡建设系统技术能手等高含金量大奖。通过竞赛促进技能提升和高质量发展，拓展技能人才评价选拔渠道，为行业培养和储备了一批批高水平人才。

中国物协举办的大型公益巡讲，分别走进河南、陕西、云南、海南、广西、山东、甘肃、贵州、内蒙古和黑龙江等地，分享万科、碧桂园、之平、长城、龙湖、天力、绿城等业界标杆企业经营管理经验，共享了行业发展成果。由青海、贵州、西安、银川、拉萨、乌鲁木齐、呼和浩特等省市物业管理协会联合成立的西部物业管理行业协会联盟，整合了西部物业管理行业资源，加强了西部物业服务企业之间的学习交流。在“京津冀一体化”背景下，北京、天津和河北三地联合举办“2018（北京）京津冀物业管理一体化发展论坛与展示会”，助力京津冀物业管理行业健康发展。北京、天津、上海、重庆、广东五省份物业管理协会建立友好协会，每年召开研讨交流会，共同探讨行业发展趋势。通过一系列工作和活动，在着力解决物业管理行业区域发展中不平衡不充分的问题，助力中小物业服务企业发展等方面，起到了积极的推动作用。

三、物业管理行业发展新环境

（一）市场环境

1. 城镇化的持续推进与城镇人口的增长为行业发展提供了保障

国家统计局数据显示，国内城镇化率由 1996 年的 30.48% 上升至 2017 年的 58.52%。预计到 2020 年，我国常住人口城镇化率将达 60.00% 左右，由此推算，至 2020 年，我国城镇人口约将达到 8.52 亿人，较 2017 年年末增加约 4600 万人。2017 年，我国商品房销售面积 16.94 亿平方米，较 2016 年增长 7.7%。此外，根据住房和城乡建设部政策研究中心的预测，未来十年我国城镇有望新建 7000 万 ~8000 万套住房。新增城镇人口以及由此而新增的住房需求，将促进城市基础设施建设和城镇住房建设投资增长，扩大物业管理行业的市场空间。

2. 服务业投资拉动经济增长的态势为行业升级奠定了基础

2017 年第三产业投资增速和比重均高于第二产业，反映了产业升级不断推进和深化，服务业投资日益成为拉动投资增长的主要动力。2018 年上半年国内生产总值 418961 亿元，按可比价格计算，同比增长 6.8%。分产业看，第三产业增加值 227576 亿元，增长 7.6%，高于第一产业的 3.2% 和第二产业的 6.1%；占国内生产总值的比重为 54.3%，比上年同期提高 0.3 个百分点，高于第二产业 13.9 个百分点。服务业投资对经济增长的贡献持续提升，物业管理行业作为服务业中的“朝阳产业”，正在以每年 13.66% 左右的速度增长，进入全面跃升的重要机遇期。

3. 消费的结构性变化为行业服务品质提升带来了新机遇

国家统计局数据显示，2017 年最终消费支出对国内生产总值增长的贡献率为 58.8%，消费对于经济增长的贡献，位于“三驾马车”之首，其基础作用得到了充分体现。2018 年上半年，全国居民人均消费支出 9609 元，同比名义增长 8.8%。其中，城镇居民人均消费支出名义增长 6.8%，加快 1.1 个百分点；农村居民人均消费支出名义增长 12.2%，加快 1.2 个百分点。随着供给侧结构性改革深入推进，人民对美好生活的向往，居民品质消费的持续升级，坐拥社区流量入口和支付场景的物业管理行业，更是被赋予了新的想象空间。

4. 房屋居住属性的定位为行业开展增值服务提供了新契机

习近平总书记在十九大报告中指出，“坚持房子是用来住的、不是用来炒的定位，加快建立多主体供给、多渠道保障、租购并举的住房制度，让全体人民住有所居”。这标志着我国住房制度发生了根本性改变，房子将更加体现居住属性，引导社会重视服务的价值，特别是物业服务的价值。物业管理行业在为业主提供精细化、专业化的秩序维护、保洁、家政、维修等基础服务的同时，还可以整合各类服务资源，给业主带来线上线下的更便捷的增值服务体验。特别是“租购并举”这一概念的提出，为物业管理行业的多业态发展提供了新的契机和挑战。

（二）政策环境

1. 落实住房城乡建设事业“十三五”规划纲要，促进物业服务业发展

《住房城乡建设事业“十三五”规划纲要》（以下简称《纲要》）阐明“十三五”时期，全面推进住房城乡建设事业持续健康发展的主要目标、重点任务和重大举措，是指导住房城乡建设事业改革与发展的全局性、综合性、战略性规划。《纲要》指出，“以推行新型城镇化战略为契机，进一步扩大物业管理覆

盖面，提高物业服务水平，促进物业管理区域协调和城乡统筹发展。健全物业服务市场机制，完善价格机制，改进税收政策，优化物业服务标准，强化诚信体系建设。建立物业服务保障机制，加强业主大会制度建设，建立矛盾纠纷多元调处机制，构建居住小区综合治理体系。完善住宅专项维修资金制度，简化使用流程，提高使用效率，提升增值收益。转变物业服务发展方式，创新商业模式，提升物业服务智能化、网络化水平，构建兼具生活性与生产性双重特征的现代物业服务体系”。

2. 加强和完善城乡社区治理体系，改进社区物业管理

2017 年 6 月 12 日公布的《中共中央、国务院关于加强和完善城乡社区治理的意见》着重指出，要改进社区物业管理，具体包括加强社区党组织、社区居民委员会对业主委员会和物业服务企业的指导和监督，建立健全社区党组织、社区居民委员会、业主委员会和物业服务企业议事协调机制。政策的出台，不仅对物业管理行业提出了新要求，更进一步明确了物业管理行业在社会发展中的作用和地位，物业服务将和城乡社区治理更紧密地联系在一起，突出属地管理主体责任。

3. 全面推进“三供一业”[1] 分离移交，加快实行社会化管理

2016 年 8 月，国务院印发的《降低实体经济企业成本工作方案》中提到，要全面推进国有企业职工家属区“三供一业”分离移交，剥离企业办医疗、教育等公共服务机构，对国有企业退休人员实行社会化管理，解决好厂办大集体等国有企业历史遗留问题。2017 年 5 月，国资委、民政部、财政部、住房和城乡建设部联合发布《关于国有企业办市政、社区管理等职能分离移交的指导意见》，将与主业发展方向不符的国有企业管理的市政设施、职工家属区的社区管理等职能移交地方政府负责，坚持政企分开，将国有企业配合承担的公共管理职能归位于相关政府部门和单位。未来，国有企业职工家属区的物业管理既可由国有物业服务企业接收，也可由移交企业组织业主大会市场化选聘物业管理机构或实行业主自我管理，鼓励实力强、信誉好的国有物业服务企业跨地区接收移交企业的物业管理职能。

4. 牢固树立安全意识，加强城镇房屋使用安全管理

2017 年 11 月，国务院办公厅印发《消防安全责任制实施办法》（以下简称《办法》）。《办法》规定物业服务企业应当按照合同约定提供消防安全防范服务，对管理区域内的共用消防设施和疏散通道、安全出口、消防车通道进行维护管理，及时劝阻和制止占用、堵塞、封闭疏散通道、安全出口、消防车通道等行为，劝阻和制止无效的，立即向公安机关等主管部门报告。2018 年 3 月，住房城乡建设部办公厅下发《关于印发 2018 年安全生产工作要点的通知》，要求物业服务企业牢固树立安全发展理念，从加强房屋使用安全管理、发挥维修资金作用、治理老旧住宅安全隐患、加强物业管理等方面加强城镇房屋安全管理。2018 年 5 月，国务院安委会印发《关于开展电动自行车消防安全综合治理工作的通知》，要求重点治理电动自行车使用管理，包括：电动自行车停放在建筑首层门厅、楼梯间、共用走道以及地下室半地下室等室内公共区域，占用、堵塞疏散通道、安全出口；充电线路乱拉乱接，充电设施安装不规范；未落实电动自行车停放、充电安全保障措施。

四、物业管理行业发展新压力

（一）内部增长动力消减的压力

2017 年开始的全国房地产市场调控，70 个大中城市的房价同比涨幅连续回落，市场持续降温，房地

---

[1] “三供一业”是指国有企业职工家属区供水、供电、供热及物业管理。

产高周转、挣快钱的模式难以为继，由增量转为存量市场的格局已经毋庸置疑。作为房地产下属、控股或关联的物业服务企业，面临着承接母公司新开发项目的减少，内生式增长动力逐步降低或消失，自给自足发展模式面临市场考验的压力。

（二）经营成本持续上升的压力

随着中国劳动力规模的逐年下降，中国的人口红利正在消失，廉价劳动力的时代终结，根据中国物协发布的《全国物业管理行业劳动力市场价格监测报告》，物业一线操作人员到手工资为 2784.4 元 / 月，每年增幅为 4.71%，管理成本不断上升的压力明显。同时，由于物业服务费合理调价机制的缺失，物业费上涨成了一道难以逾越的门槛，企业的利润空间正在一点一点被挤压。

（三）品质消费带来供给侧的压力

随着中国经济的高速发展，品质消费时代的到来，业主维权意识和消费观念的日益成熟，对服务的要求也越来越高。而物业服务企业基于成本控制和利润诉求的考量，市场呈现出中低端服务过剩、高端服务严重不足的局面。在优质不可优价的怪圈中，物业管理行业也正在经受业主期望不断攀升、企业服务品质相对下降的尴尬局面。

（四）行业人才结构重构的压力

随着互联网和新技术的广泛应用，品牌物业服务企业正在利用互联网思维、人工智能、物联网、大数据对内部管理体系、服务界面、社区资源进行转型升级。物业管理正在从“笤帚 + 纸笔”的传统劳动密集型行业向新思维、新理念、新技术方向转变，需要大量的互联网、金融、资本、智能科技等跨界人才，对行业的人才结构进行洗牌，重构新生代物业人的思维方式和知识体系。人才已经成为制约行业和企业发展的最大瓶颈。

（五）自由市场竞争加剧的压力

我国物业管理行业的管理面积规模巨大，物业服务企业数量较多，存在着区域发展不平衡、市场高度分散的问题。随着国家体制改革的不断深入，政府简政放权后物业管理资质正式取消，以及 2016 年取消的物业管理师专业技术人员职业资格，我国物业管理市场进入自我调节阶段，自由开放给更多中小物业服务企业公平竞争环境的同时，也加剧了市场竞争的激烈程度。

五、物业管理行业发展新趋势

（一）毫不动摇坚持和加强党的全面领导是最高政治原则

习近平总书记在十九大报告中明确指出“党政军民学，东西南北中，党是领导一切的”，并在新时代党的建设总要求中鲜明提出“坚持和加强党的全面领导”。坚持和加强党的全面领导，阐明了党的建设的根本目的和根本原则，对新时代坚定不移推进全面从严治党具有提纲挈领作用，对实现“两个一百年”奋斗目标和中华民族伟大复兴的中国梦具有根本保证作用。党建工作不是要不要做，而是如何做好、如何让党建的政治效应与物业管理行业的发展、企业的经济效应有机融合的问题。

“欲筑室者，先治其基”。学习贯彻习近平新时代中国特色社会主义思想仍是当前和今后一段时期整个行业的首要政治任务，按照学懂弄通做实的要求，深化学习教育和宣传阐释，推动习近平新时代中国特色社会主义思想入脑入心，用新思想指导业务工作的开展。物业服务企业数量众多，且规模差距较大，要加强和优化行业和企业各级党委、党总支和党支部的建设，建立健全党对重要工作和决策的领导体制机制，强化党组织在同级组织中的领导地位，确保党的领导更坚强、更有力。物业管理行业从业人员近 904.7 万人，劳动密集型特点显著，流动性高于其他行业，紧紧抓住党员干部队伍建设，锻造一支信念过硬、政治过硬、责任过硬、能力过硬、作风过硬的高素质人才队伍，以“关键少数”带动“绝大多数”，凝聚人心、提升素质、稳定队伍，保证物业管理行业的正确发展方向。

（二）不断满足人民日益增长的美好生活需要是奋斗目标

党的十九大报告指出：中国特色社会主义进入了新时代，我国社会主要矛盾已经转化为人民日益增长的美好生活需要和不平衡不充分的发展之间的矛盾。社会主要矛盾的变化要求我们在继续推动发展的基础上，大力提升发展质量和效益，更好满足人民日益增长的美好生活需要，具体体现为“使人民获得感、幸福感、安全感更加充实、更有保障、更可持续”。

获得感是建立在物质生活水平切实提高基础上的满足，以及对衣、食、住、行等条件改善的切身感受。物业管理行业每天服务着近 5 亿人，从事的秩序维护、绿化、保洁和房屋设施设备维修养护等基础服务，与人民日常工作、生活紧密相关，不断强化和巩固基础服务内容，提升服务效率和质量水平，是行业的立业之本，也是“实现美好生活”的基础。物业服务企业在社区中组织形式多样、健康有益的社区文化活动，不仅有利于丰富居民的精神文化生活，保持身心愉悦的精神状态，而且有助于促进邻里和睦、和谐社区建设。精神文化生活质量提升的亲身体会，是增强业主幸福感的重要方式，是“实现美好生活”的核心。安全感是业主渴望舒适安逸和长效稳定的心理诉求，物业管理通过秩序维护巡查、车辆管理服务、智能安防监控、消防安全管控和加大安全防范宣传力度等服务内容，为业主营造社区安全、稳定、舒适的人居环境，则是“实现美好生活”的保障。

在《中共中央、国务院关于加强和完善城乡社区治理的意见》中，明确提出了要改进社区物业服务管理，让社区物业管理在社区治理中发挥应有的作用。物业服务企业要按照意见的要求，履行好社会责任，积极探索不断创新实践管理模式，致力于形成“物业 + 社区 + 业主”三方联动的服务机制，打造共建共治共享的社会治理格局，与国家倡导的“人民美好生活”奋斗目标保持一致，在社区治理中发挥出有力作为，与时代同呼吸、共命运。

（三）始终坚持行业的改革发展是第一要务

改革开放 40 年，物业管理行业经历了从零起步到蓬勃发展的过程。党的十九大做出了中国特色社会主义进入新时代的历史定位，就物业管理行业而言，行业今后将进入政府立法、行业立规、企业立信的新发展阶段。

随着政府职能向“简政放权、放管结合、优化服务”的转变，行政主管部门对行业的管理将逐步从过去的主导，过渡到现在的指导，最终到未来的引导，即从刚性管制的逐步弱化向柔性指导、引导过渡。物业管理师专业技术人员职业资格和物业服务企业资质制度取消后，政府对物业管理行业和各企业将主要采用加强事中、事后监管的措施：一是加快完善物业服务标准和规范；二是充分发挥物业管理行业组织自律作用；三是指导地方加强对物业服务企业的监管，畅通投诉举报渠道，推行“双随机、一公开”抽查，及时查处违法违规行为；四是建立物业服务企业“黑名单”制度，推动对失信者实行联合惩戒；五是推动与相关政府部门的信息共享，加强企业信息备案管理。

按照中共中央、国务院关于《行业协会商会与行政机关脱钩总体方案》部署，中国物协成为第二批与行政机关脱钩的全国性行业协会，各地方行业协会也正在落实或已经完成此项工作。各级协会要深刻领会新时代行业协会脱钩改革的重大意义和挑战，加强党的领导，建立行业自律机制，积极为会员单位争取好的市场和政策环境，围绕资本、技术、质量、标准等行业发展重点，给予企业信息、趋势和政策分析的支持，在战略上引导、方向上引领、标准上规范企业发展，更好地服务产业转型升级和行业技术进步，是新形势下行业协会发展的新要求和方向。

诚实守信是物业服务企业和从业人员共同的价值观、基本守则、道德底线，也是推动服务效率提升的精神动力、职业修养和品质意识。物业管理行业步入了科技创新、转型升级的关键时代，“面对互联网＋”、资本带来的发展机遇，更需要物业服务企业遵守契约精神，依法诚信经营，这样才能积累商业信誉和品牌，促进企业的健康发展。唯有十余万物业服务企业和千万从业员工对诚信的坚守、追求与传承，为广大业主提供良好的服务，兑现服务合同承诺，才会赢得社会应有的尊重和褒奖，提升业主的满意度和忠诚度，最终促进物业管理行业的健康、有序发展。

（四）以供给侧结构性改革引领行业高质量发展

我国人民生活水平大幅提升，中等收入群体不断扩大，居民对服务质量的要求明显提升，居住、家政、养老等高端化、个性化、服务化需求快速增长，更加注重商品和服务质量，更加注重品牌和美誉度，更加注重消费体验和精神愉悦，更加注重人与自然和谐共生，更加注重文明进步和环境保护，更加注重公平、公正、法治，消费结构发生深刻变化。党的十九大报告指出“我国经济已由高速增长阶段转向高质量发展阶段，正处在转变发展方式、优化经济结构、转换增长动力的攻关期”。2018 年物业管理行业“服务质量提升年”工作主题的提出，正是行业全面贯彻落实国家高质量发展的要求，呼吁全行业从供给侧方面全面提升服务质量，为经济社会高质量发展、满足消费者日益增长的美好生活需要而努力的决心，也是保证行业发展方向的正本清源之举。

推动行业高质量发展。一是坚持质量第一、效益优先。推动行业加速向现代物业服务业转型升级，彻底改变过去主要靠人力投入、规模扩张，忽视质量效益的粗放式增长方式，以及由此产生的劳动力密集、效率低下、竞争力不足、业主满意度不高等问题，通过提高质量和效益实现行业的健康发展和竞争力提升。二是坚持以供给侧结构性改革为主线。把提高全行业供给体系质量作为主攻方向，提质升级物业管理基础服务的存量供给，扩大深耕物业经营优质服务的增量供给，实现更高水平和更高质量的供需动态平衡，从以价取胜向以质取胜的转变。三是坚持整个行业体系的协同发展。基础物业管理是行业发展的一切根本，在巩固根基的基础上，以高水平的科技创新作为支持，推动互联网、大数据、人工智能和行业的深度融合；以人力资源培育为支撑，为行业转型升级提供符合需要的各类高素质和实用型人才，用人力资本提升弥补劳动力总量下降的不足；以金融资本为支点，更好发挥资本市场、风险投资、并购投资等金融工具的功能，为行业集中度提升和资源整合，提供高效便捷、功能多样、成本合理的融资服务。

（五）新一代信息化技术开启“智慧物业”新时代

随着技术奇点时代的到来，以物联网、云计算、大数据、人工智能、5G为核心特征的数字化浪潮正在席卷全球，它既是信息技术的纵向升级，也是信息技术的横向渗透融合。当新一代信息技术逐步成熟，并与传统行业深度融合时，将会以前所未有的速度转化为现实生产力，给传统的物业管理行业带来大洗牌，行业自身价值也将进行重新定义。

目前，现有的物业管理信息化平台，通过建立完整的基础数据，实现规范化、流程化的物业管理，帮助物业管理人员高质高效地完成工作。在此基础上，逐步运用智能对讲、智能停车、智能门禁系统等对社区的硬件设施进行升级，运用APP平台的网上缴费、社区资讯、在线报修等服务对社区的服务升级，从客观上开启数字化转型。同时，再通过平台为业主提供社区O2O增值服务，以社区生活服务场景重塑社区消费，通过服务产生增值，实现社区流量的变现。

而对于未来，物业管理行业最核心的价值将是数据，涵盖业主信息、员工信息、设备信息、社区信息、日常运营信息等各个方面的数据，这些日常数据的创新应用前景非常广泛。借助大数据分析可以掌握社区信息，与其他相关产业建立无缝链接，提高决策的精确度，构建面向业主、商户和物业之间全新的智慧社区生态圈；还可以通过新一代信息化技术，提升物业管理对城市方方面面信息的感知能力、信息的分析和处理能力，从而进一步提供有针对性的新服务和新模式，开启“智慧物业”新时代。

（六）资本“虹吸效应”助推行业集中度的加速提升

近年来，资本的涌入为物业服务企业提供了开疆拓土的利器，行业并购整合加速。从彩生活并购万达物业，再到雅居乐10亿元并购绿地物业，行业并购频次越来越频繁，并购规模越来越大。我国物业服务企业的体量发生了巨大的变化，有16家[1]企业管理物业面积超过1亿平方米，TOP100企业的管理面积集中度超过30%。企业并购一方面可以大幅提升企业管理规模，整合产业链以摊薄企业成本，快速进入区域性市场；另一方面可以快速获得大量用户，为实现数据价值变现做好积累。在收购目标的筛选上，资本也更加青睐已形成一定规模的优质物业服务企业，在新三板挂牌的公司数量多，信息披露程度高，便于筛选企业寻找合适标的，在并购浪潮中，新三板将逐步成为颇具热度的“并购池”。另外，除了传统的并购模式，近两年在共享、互利、共赢的理念下，大型企业通过开放平台、小额参股和技术赋能，吸引中小企业加盟的扩张方式，也成为大型企业做大、做强、做优的选择之一，同步实现了物业服务共享平台规模的快速增长、资源的高效整合和产业服务链的延伸拓展。

广阔的市场空间与良好的成长性，使得一些品牌企业对资本产生了巨大“虹吸效应”，物业管理行业呈现了快速发展、行业集中度不断提升的趋势，未来物业管理行业或按照“二八定律”呈现分化的格局。

（七）人才是行业可持续发展的第一资源

随着人口红利逐渐减弱，人才红利正受到前所未有的关注，城市竞争力全面进入“人才+”时代，物业管理行业也是如此。随着与互联网、资本的融合，走在行业前列的一批物业服务企业，组织架构发生了很大的变化，人力资源管理也发生了根本性的变革。企业应更加关注员工的成长，创建价值型组织，为员

[1] 数据来源于《物业服务企业发展报告》。

工赋能，给员工提供创新、创业的平台，鼓励员工做创客，与企业共同成长。行业发展 37 年，优质的人力资源一直是行业发展的短板，物业服务企业应该更为关注人力资源与企业战略的匹配问题，尤其要建立以项目经理为核心的企业人力资源体系，大量地储备和培养综合能力强的项目经理，培养更多的技能型人才，要在人才培养和人才队伍建设方面高度重视，用战略眼光做好行业人才工作。

（八）以绿色发展理念推动绿色物业管理模式

习近平总书记在十九大报告中 15 次提及“绿色”，特别强调要推进我国绿色发展，倡导绿色低碳的生活方式。国务院日前印发了《打赢蓝天保卫战三年行动计划》，提出了打赢蓝天保卫战的时间表和路线图。全行业要按照《建筑节能与绿色建筑发展“十三五”规划》“推广绿色物业管理模式”“创新改造投融资机制，研究探索建筑加层、扩展面积、委托物业服务及公共设施租赁等吸引社会资本投入改造的利益分配机制”“结合‘节俭养德全民节约行动’‘全民节能行动’‘全民节水行动’‘节能宣传周’等活动，开展建筑节能与绿色建筑宣传，引导绿色生活方式及消费”等具体内容要求，推进绿色物业行业发展。

绿色发展，已经成为国家战略、全民共识。让社区环境更优美清洁、设施设备运行更可靠安全、建筑运营更健康高效等，更是物业管理行业的本职工作，也是绿色发展的重要内容。物业服务企业在确保建筑正常运行功能的基础上，积极做好垃圾分类、雨水收集、中水利用、车库及公共部位照明改造等节能减排工作，为建筑使用者提供更加舒适的环境、设施和服务，保证业主健康的生活工作环境，实现建筑物本体性能的提升。绿色物业发展既助力客户实现经济效益最大化，也践行了企业的社会责任。作为既有建筑的管理者，行业有责任也有使命为社会绿色发展和节能降耗工作贡献一分力量。

专题一　提升物业服务质量 推动行业高质量发展

党的十九大报告指出“我国经济已由高速增长阶段向高质量发展阶段转变，正处在转变发展方式、优化经济结构、转换增长动力的攻关期”。为全面贯彻落实国家高质量发展要求，更好满足和呼应人民日益增长的美好生活需要和建设现代化国家经济体系的需要，中国物业管理协会会长工作会议将 2018 年定义为行业“服务质量提升年”。“服务质量提升年”工作启动以来，得到了各地政府的大力支持、各地方行业协会和各会员单位的积极响应，全行业通过各种途径开展了务实高效的服务质量提升工作。

一、各地政府牵头发力服务质量提升

2018 年部分地方政府将“推动物业服务质量提升”列为物业管理工作和社会治理的中心任务，以政府为主导的“物业服务质量提升”工作有以下几点共性举措。

（一）以制度出台和宣贯为契机

地方政策法规持续完善，为规范物业管理市场、支撑物业管理行业高质量稳定发展奠定了坚实的基础。

2018 年以来，内蒙古、广州、武汉、深圳等地纷纷对本地物业管理条例进行了修改，以与时俱进地适应物业管理工作需要。以辽宁省为例，辽宁省“服务质量提升年”的第一个分项行动是宣传贯彻新修订的《辽宁省物业管理条例》（以下简称《条例》）。辽宁省按照“政府主导、协会组织、企业参与、全社会发动”的原则，采取海报漫画宣传、网上答题、行业竞赛、传统（新）媒体宣传、业务培训等多种方式，广泛开展《条例》宣传活动，让物业服务企业和业主各方都能准确了解《条例》内容，维护合法权益，规范物业管理行为，提升物业服务水平。

部分城市出台相关文件，明确了服务质量提升的具体要求和举措。比如，上海市制定并实施了住宅小区综合治理工作“三年行动计划”，从加强社会与社区治理的高度，以优化住宅小区居住环境、优化物业服务市场机制、优化基层社区共治机制、优化行政管理体制机制为主要目标，逐步构建良性互动的住宅小区综合治理格局。成都市城乡房产管理局等四单位联合印发《关于全面提升物业服务管理水平 建设高品质和谐宜居生活社区的实施意见》（以下简称《意见》）。《意见》以“五大社区”“七大机制”“四种能力”建设为重点，细化“30 条”具体措施，涵盖“党建引领共治、美好家园共建、品质提升共享、创新发展共进、失信惩戒共鉴”五项指导性举措，鼓励物业服务企业创新融合发展，拓展“养老服务”“租赁服务”“家政服务”等生活性服务业领域，对提升物业服务品质、推进住宅小区综合治理具有重要意义。

（二）以“互联网＋政务服务”为技术支撑

政府牵头打造“线上线下合一、前台后台联动、监管和赋能多管齐下”的智能化物业管理平台，成为提升物业服务质量的重要技术支撑。

北京市住建委专为业主开发了手机端投票系统软件“北京业主”，业主可通过该软件投票表决小区共同决策的事项、评价物业、投诉报修、查看通知公告等，及时准确反映业主的意愿。成都市强化系统建设，构建全市物业管理大数据中心，推进物业管理数据与部门数据、行业数据融合，形成囊括小区管理、行业监管、行业信用、政务服务、矛盾调处、业主自治的综合物业管理服务平台。

辽宁省住建厅组织开发建设了辽宁省易安居物业管理平台，利用平台开展服务质量考核工作。一方面，平台能够实现在线监督管理物业服务企业的服务行为，在线接收、转办、处理业主反映的物业投诉、报修等事件以及其他物业管理方面的诉求，并对超时限的进行跟进督办。各级物业行政主管部门和投诉群众在线监督事件处理全过程。另一方面，及时准确反映业主的意愿，第一时间处理物业管理方面的投诉和报修等问题，加强与民心网的互联共享，畅通群众投诉解决渠道，从源头上化解物业矛盾纠纷，提高群众获得感、幸福感和安全感。

二、中国物协有力举措推动行业服务质量提升

中国物协一直将行业服务质量作为重中之重，2018 年从七大方面工作着力，推动行业服务质量提升。

一是着力在宣传行业高质量发展方面取得新进展。中国物协制定“服务质量年”宣传实施方案，召开了第四届全国物业管理行业媒体工作交流会，号召成员单位围绕主题年全方位、多角度地开展专项活动，打造“服务质量提升”品牌活动。

二是着力在推动会员单位服务质量提升方面取得新进展。中国物协通过与地方协会联动，面向广大的会员单位，以公益演讲的形式，分享标杆企业的优秀经验和行业前瞻性的思考。演讲嘉宾均是全国物业管理行业的专家和资深从业者，内容突出实用性、先进性。加强行业交流、助推企业特别是中小型物业服务企业服务质量提升和转型升级。

三是着力在行业标准化建设方面取得新进展。稳步推进九项立项团体标准的制定工作，开展以标准化理论知识和编制流程相关的业务培训，举办行业标准化论坛，分享和宣传行业标准化最新动态和成果，提升企业标准化能力和水平。

四是着力在从业人员的职业技能和综合素质提升方面取得新进展。组织全国住房城乡建设行业物业管理职业技能竞赛，建立健全从业人员职业发展体系和职业规范，激发和弘扬工匠精神，营造劳动光荣的行业风尚和精益求精的职业风气。

五是着力在物业管理安全生产方面取得新进展。贯彻落实住房城乡建设部《2018 年安全生产工作要点》和《国务院安委会办公室关于开展电动自行车消防安全综合治理工作的通知》，按照合同约定推动物业服务企业加强房屋使用安全管理和排查，做好住宅小区共用消防设施的维护管理工作，及时消除安全隐患。

六是着力在企业市场竞争力和行业价值提升方面取得新进展。撰写和发布《2018 全国物业管理行业发展报告》，全面提高社会各界对物业管理行业价值的认知；通过全国公益巡讲、专题培训等方式，推动课题研究成果转化，带动中小型物业服务企业管理水平的提升。

七是着力在行业创新驱动转型方面取得新进展。举办第二届国际物业管理产业博览会和第四届中国物业管理创新发展论坛，集中、整合和共享行业资源，赋能物业服务企业，促进物业服务方式和盈利模式不断创新，促进行业生态链协同发展。

三、会员单位积极响应践行“服务质量提升”

自 2018 年被定义为行业的“服务质量提升年”以来，各会员单位积极响应，以“夯实服务基础、创新服务理念、提升服务品质、惠及服务业主”为目标，采取了一系列服务质量提升举措，取得了良好的效果。

雅生活集团从标杆项目保持与持续打造、标准化文件优化完善及落地实施、服务窗口形象的打造与提升、客户关系的维护与巩固、服务供应商管理、完善接管验收、售后维保修制度和外拓项目管控七个方面开展服务质量提升工作，并推出包括“雅管家”“雅商家”“雅助手”三大移动应用程序发展科技侧，让服务更简单更有价值。

富力物业升级环境、工程、安防、客服四个模块规章制度，编写出《物业管理基础标准 2.0》，把极致服务落实到每一个服务细节。比如，绿化养护标准合计 30 份作业指导书，共有超过 556 条细则。标准细则分别针对物业服务中心负责人、物业服务中心环境负责人、绿化人员，将提高绿化品质的责任落实到每一个员工身上。一切的规则与标准用数据说话，精确到厘米的明晰要求。

明德物业深入贯彻集团服务质量提升年各项工作，一是把标准化做深做透做先进，打造有深度、有亮点的标杆项目。二是以高水平打造专业团队，全面提升服务质量。三是建立外包供应商优胜劣汰机制，培养战略合作伙伴。四是从销售环节建立起与业主的沟通渠道，并强化早期介入和承接查验。五是发挥集成指挥中心和呼叫中心的作用，完善集团本部、城市公司、服务中心三级品质检查体系落地。六是聘请义务监督员，出台业主会员制管理办法，用好满意度调查的抓手，加大外界督促检查力度。

蓝光嘉宝精心策划实施“客户在我心中”文化主题季系列活动。以“坚守服务初心，重塑大客户观意识，筑牢服务技能，深入践行服务文化，打造与构建新时代背景下的科技智慧物业与高级服务型人才队伍”为核心主旨，通过开展全方位、多维度的专业竞赛，筑牢服务技能，大力提升物业服务品质和业主满意度。

为让更多用户体验物业服务之美好，万科物业在安全管理、环境绿化、保洁管理、设施设备维护管理等四项业务运作的基础上，进一步开拓创新，引入互联网、物联网技术，借助智能化手段让物业管理服务“如虎添翼”。比如，万科物业借助移动互联网推出了“睿服务”互联网应用系统，万科物业及合作伙伴员工可直接与客户联系、产生工单、提供服务。管理中心则借助这一平台，对员工、设备、房屋、财务进行系统管理，实现了智能化管控。通过“睿服务”中的“住这儿”APP，社区业主可以体验到足不出户缴纳物业费，停车不用再刷卡，一键呼叫上门维修等服务，使物业服务企业在更好地实现精细化、集约化管理的同时，极大地方便了居民生活。

以高质量的服务满足业主日益增长的美好生活需要，既是面向新时代的责任担当，也是落实高质量发展的具体行动。全行业齐心协力全方位推动服务质量提升，体现了地方政府面向新时代的责任担当，体现了主管部门顺应人民对物业管理行业发展品质、环境品质、服务品质需求提升的积极态度，也体现了行业协会、物业服务企业、广大业主在质量提升中的主体作用。

专题二　物业管理行业未来五年（2019—2023 年）市场规模预测

本专题主要针对报告中城镇总人口数及房地产竣工总面积这两种因素对物业管理面积的影响而做补充说明，通过对 2008—2017 年物业管理面积的城镇总人口数及房地产竣工总面积这两个影响因素做多元线性回归分析，建立回归模型，并做回归系数显著性检验，逐步回归来分析数据。

一、供给端——房地产竣工面积[1]

房地产作为物业管理的前端，是物业管理规模大小的主要决定因素。根据国家统计局及《中国房地产年鉴》统计的每年房地产竣工面积可知，2017 年，房地产竣工总面积累计达 187.4 亿平方米，而根据年增速几何平均数计算可知 2018 年房地产竣工面积累计达 195.0 亿平方米，到 2023 年该规模将达到 242.1 亿平方米。在不考虑物业费涨价的前提下，2023 年住宅物业的物业费水平为 2.91 元 /m^2 · 月、商业物业的物业费水平为 7.01 元 /m^2 · 月、办公物业的物业费水平为 8.54 元 /m^2 · 月、其他物业类型的物业费水平为 7.04 元 /m^2 · 月[2]。在将房地产竣工面积均纳入物业管理范围的情况下，仅竣工面积的物业费收入规模将达 1.23 万亿元，巨大的服务规模将利好物业管理行业发展。

表 1　2005—2023 年房地产竣工面积（单位：万平方米）[3]

	总面积	住宅面积	商业面积	写字楼面积	其他面积
2005 年	1151570	753830	125801	31820	240119
2006 年	1190652	785660	130201	32796	241995
2007 年	1229733	817490	134601	33771	243870
2008 年	1276315	855524	139089	35048	246653
2009 年	1327189	897264	143865	36205	249854
2010 年	1380362	940116	149417	37429	253400
2011 年	1442832	990300	155748	38954	257830
2012 年	1512430	1045630	162907	40575	263318
2013 年	1583434	1100749	170503	42527	269655
2014 年	1658656	1157356	178962	44728	277610
2015 年	1728683	1209000	187381	47121	285181

[1] 房地产竣工面积：是指房屋按照设计要求已全部完工，达到入住和使用条件，经验收鉴定合格（或达到竣工验收标准），可正式移交使用的房屋建筑面积总和。物业管理面积：包括可正式移交使用的房屋建筑面积总和、共用设施设备、社区建设等。

[2] 物业费数据来源于《物业服务企业发展报告》。

[3] 2005 年数据来源于建设部《2005 年城镇房屋概况统计公报》；2006—2017 年数据来源于国家统计局和《中国房地产年鉴》中每年房地产竣工面积数据累计；2018—2023 年数据根据增速几何平均数计算得到，同时考虑旧改等因素，在录得的数据中进行了 70% 的折算。

续表

	总面积	住宅面积	商业面积	写字楼面积	其他面积
2016 年	1802973	1263030	196143	49661	294138
2017 年	1874013	1313300	203904	51624	305184
2018 年	1950139	1360801	212220	53728	323390
2019 年	2031717	1410919	221132	55982	343684
2020 年	2119135	1463798	230682	58398	366257
2021 年	2212812	1519591	240916	60986	391320
2022 年	2313197	1578458	251882	63760	419097
2023 年	2420769	1640569	263633	66732	449835

二、需求端——人口规模

物业管理最终是面向人的服务，有人生活的地方必然存在着物业服务。从我国近年来人口规模可知，2017 年人口总规模为 13.9 亿人，城镇人口规模为 8.1 亿人；按照人口平均增速，到 2023 年人口总规模将达到 14.3 亿人，其中城镇人口规模为 8.6 亿人。根据建设部《全面建设小康社会居住目标》中人均居住面积 35 平方米 / 人的目标，到 2023 年城镇人口居住规模为 301.2 万亿平方米。

表 2　2011—2023 年总人口及城镇人口规模（单位：万人）[1]

	总人口数量（万）	城镇人口数量（万）
2011 年	134735	69079
2012 年	135404	71182
2013 年	136072	73111
2014 年	136782	74916
2015 年	137462	77116
2016 年	138271	79298
2017 年	139008	81347
2018 年	139733	82471
2019 年	140462	83603
2020 年	141195	84717
2021 年	141932	85159
2022 年	142672	85603
2023 年	143417	86050

[1] 2011—2017 年数据来源于国家统计局，2018—2023 年数据根据人口平均增速计算。

三、供给——需求拟合模型

为了进一步验证未来五年物业管理行业规模，使预测更为合理，特拟合出物业管理规模增长模型。

（一）多元线性回归分析的原理和模型

1. 原理

随机变量 y 与一般变量 $x_1, x_2, x_3 \cdots x_p$ 的理论线性回归模型为：

$$y=\beta_0+\beta_1 x_1+\beta_2 x_2+\cdots+\beta_p x_p+\varepsilon$$

其中 β_0，β_1，...，β_p 是 P+1 个未知参数，β_0称为回归常数，β_1，…，β_0称为回归系数。y 称为被解释变量（因变量），而 $x_1, x_2, \cdots, x_p$ 是 P 个可以精确测量并可控制的一般变量，称为解释变量（自变量）。ε 是随机误差，在多元线性回归模型中有四个基本假设：

假设一：随机误差项 0 均值假定 ；

假设二：随机误差项同方差 $\operatorname{var}(\varepsilon)=\sigma^2, i=0,1,2,\cdots,n$j;

假设三：随机误差项不相关$E(\varepsilon_i)=0, i=0,1,2,\cdots,n$j;

假设四：随机误差项服从如下正态分布；

$\varepsilon_i \sim N(0,\sigma^2), i=0,1,2,\cdots n \operatorname{cov}(\varepsilon, \varepsilon)=0,(i \neq j, i, j=0,1,2,\cdots n)$ j;

只有求得的经验回归方程 $\hat{y}=\hat{\beta}_0+\hat{\beta}_1 x_1+\cdots+\hat{\beta}_p x_p$ 通过了回归分析中各检验并满足上述四个假设时，才可以明确此时的经验回归方程对的样本数据拟合得好，方可用此回归模型作控制与预测。

2. 后退法

后退法与前进法相反，首先用全部 m 个变量建立一个回归方程，然后在这 m 个变量中选择一个最不重要的变量，将它从方程中剔除。设对 m 个回归系数进行 F 检验（偏 F 统计量），记求得的 F 值为 $\{F_1^m, F_2^m, F_3^m \cdots F_m^m\}$，选其最小者记为：$F_j^m=\min\{F_1^m, F_2^m, F_3^m \cdots F_m^m\}$，给定显著性水平 α，若 $F_j^m \leqslant F_\alpha$（1,n−m−1），则首先将 x_j 从回归方程中剔除，为方便，设 x_j 就是 x_m。

接着对剩下的 m−1 个自变量重新建立回归方程，进行回归系数的显著性检验，像上面那样计算出，如果又有 $F_j^{m-1} \leqslant F_\alpha$[1,n−（m−1）−1]，则剔除 x_j，从重新建立 y 关于 m−2 个自变量的回归方程，依此下去，直至回归方程中所剩余的 p 个自变量的 F 检验值均大于临界值 F_α(1,n−p−1)，没有可剔除的自变量为止。这时，得到的回归方程就是最终确定的方程。

（二）对管理面积及各项指标做多元线性回归分析和逐步回归分析

1. 指标的选取

从物业管理的各项主要指标体系中选取了 2 个指标：

X_1——城镇总人口数(万人)[1]

X_2——房地产竣工总面积(万平方米)[2]

相关数据见表3：

表3 对各项指标的分析

年份	物业管理面积[3]（单位：万平方米）	城镇总人口数（单位：万人）	房地产竣工总面积（单位：万平方米）
2008	846400	62403	1276315
2009	998050	64512	1327189
2010	1149700	66978	1380362
2011	1301350	69079	1442832
2012	1453000	71182	1512430
2013	1599000	73111	1583434
2014	1745000	74916	1658656
2015	1976767	77116	1728683
2016	2208533	79298	1802973
2017	2466500	81347	1874013

2. 结果输出及分析

利用 Excel 软件，对数据回归分析如下：

（1）回归统计表，见表4：

表4 回归统计表

回归统计	
Multiple R	0.996947896
R Square	0.993905107
Adjusted R Square	0.99216371
标准误差	46424.35776
观测值	10

其中：

Multiple R：（复相关系数 R）R^2 的平方根，又称相关系数，用来衡量自变量 x 与 y 之间的相关程度的大小。本例 R=0.997 表明它们之间的关系为高度正相关。

R Square：复测定系数，上述复相关系数 R 的平方。用来说明自变量解释因变量 y 变差的程度，以测定因变量 y 的拟合效果。此案例中的复测定系数为 0.994，表明用用自变量可解释因变量变差的 99.4%。

Adjusted R Square：调整后的复测定系数 R^2，该值为 0.992，说明自变量能说明因变量 y 的 99.2%，因变量 y 的 0.8% 要由其他因素来解释。

[1] 城镇总人口数：2011—2017 年数据来源于国家统计局，2018—2023 年数据根据人口平均增速计算。

[2] 房地产竣工面积：是指房屋按照设计要求已全部完工，达到入住和使用条件，经验收鉴定合格（或达到竣工验收标准），可正式移交使用的房屋建筑面积总和。

[3] 物业管理面积：包括正式移交使用的房屋建筑面积总和，数据摘取于往年全国物业管理行业报告，并通过指数平滑计算得到。

标准误差：用来衡量拟合程度的大小，也用于计算与回归相关的其他统计量，此值越小，说明拟合程度越好。

观察值：用于估计回归方程的数据的观察值个数。

（2）方差分析表（见表5）。主要作用是通过 F 检验来判定回归模型的回归效果。

表 5　方差分析表

方差分析					
	df	SS	MS	F	Significance F
回归分析	2	2.46019E+12	1.2301E+12	570.7513065	1.76759E-08
残差	7	15086546957	2155220994		
总计	9	2.47528E+12			

根据计算结果，Significance F（F 显著性统计量）的 P 值为 1.768E^(−8)，Y 远小于显著性水平 0.05，所以说该回归方程回归效果显著，方程中至少有一个回归系数显著不为 0。

（3）回归参数表（见表6）。

其中 P-value 为回归系数 t 统计量的 P 值，P 值 =0.013 ＞ 0.05，拒绝原假设，即 2 个自变量整体对因变量 Y 显著影响。值得注意的是 X_1 对应的 t_1 值为 0.104，对应的 P 值为 0.920 ＞ 0.05，没有通过显著性检验，说明这项的自变量与因变量不存在相关性，即这项的回归系数不显著，模型仍可以继续优化。

表 6　回归参数表

	Coefficients	标准误差	t Stat	P-value	Lower 95%	Upper 95%	下限 95.0%	上限 95.0%
Intercept	-2475277.308	751853.9043	-3.292231768	0.013261724	-4253129.284	-697425.3325	-4253129.284	-697425.3325
X Variable 1	3.20218024	30.69932436	0.104307841	0.919850805	-69.39018664	75.79454712	-69.39018664	75.79454712
X Variable 2	2.448563914	0.944638344	2.59206492	0.035836842	0.214849177	4.682278651	0.214849177	4.682278651

3. 利用后退法进行修正

采用“向后筛选”的后退方法剔除变量 X_1（城镇总人口数），重新建模如下：

（1）回归统计表（见表7）。

表 7　回归统计表

回归统计	
Multiple R	0.996943
R Square	0.993896
Adjusted R Square	0.993133
标准误差	43459.75
观测值	10

（2）方差分析表（见表8）。

表8　方差分析表

方差分析					
	df	SS	MS	F	Significance F
回归分析	1	2.46E+12	2.46E+12	1302.537	3.81E-10
残差	8	1.51E+10	1.89E+09		
总计	9	2.48E+12			

（3）回归参数表（见表9）。

表9　回归参数表

	Coefficients	标准误差	t Stat	P-value	Lower 95%	Upper 95%	下限 95.0%	上限 95.0%
Intercept	-2397832	110846	-21.6321	2.2E-08	-2653443	-2142220	-2653443	-2142220
X Variable 1	2.546783	0.070566	36.09068	3.81E-10	2.384057	2.709509	2.384057	2.709509

因而y对自变量房地产竣工总面积的线性回归方程为：

$Y=-2397832+2.547\times X_2$（$X_2$为房地产竣工总面积）

由回归方程可知，对物业管理面积有显著影响的是X_2房地产竣工总面积。

根据模型计算可得，到2023年，物业管理总规模将达到376.7亿平方米；在4.85元/m^2·月[1]的物业费水平下，物业费收入规模超过2万亿元。由此可见，随着城镇化的不断推进、大量老旧社区引入物业管理，未来五年全国物业管理规模总体可期，为行业发展打下坚实基础。

[1] 数据来源于《物业服务企业发展报告》各类业态物业费平均值。

专题报告

SPECIAL REPORT

全国物业管理行业劳动力市场价格监测报告

国家发展改革委价格监测中心
中国物业管理协会

前言

一、背景

2015 年 12 月，国家发展改革委就业司、价格监测中心联合印发了《国家发展改革委办公厅关于印发全国劳动力市场价格监测工作方案的通知》（发改办就业〔2015〕3365 号），在全国 30 个省（区、市，西藏除外）的 207 个大中小城市，设立了 3500 余家监测定点单位，覆盖农业、制造业、建筑业和服务业等 4 大行业，涉及 16 类企业[1]24 个岗位[2]，基本形成了覆盖全国、面向重点行业和重点工种的劳动力市场监测体系。

国家发展改革委价格监测中心和中国物业管理协会于 2016 年 5 月签订《价格监测工作合作意向书》，决定联合建立全国物业管理行业劳动力市场价格监测体系，重点监测物业管理行业住宅物业项目服务费标准、劳动力增减量、劳动力价格变化等方面信息。并于 2016 年 8 月下发《关于印发〈全国物业管理行业劳动力市场价格监测工作实施方案〉的通知》，正式启动全国物业管理行业劳动力市场价格监测工作。

二、组织实施

国家发展改革委价格监测中心负责建立全国物业管理行业劳动力价格监测系统，制定劳动力价格监测数据上报方法，开展数据审核、指数编制、分析预测等相关工作。

中国物业管理协会负责选取物业服务企业及其住宅物业管理项目作为价格监测定点单位和监测项目，指导、培训企业相关人员开展上报工作，定期对价格监测定点单位和监测项目进行调整。

价格监测定点单位负责开展全国价格监测具体工作，确定一名专职人员担任信息联络员，采集和审核本企业价格监测项目上报数据，按时报送数据信息。

[1] 16 类企业：养猪企业、养牛企业、养羊企业、养鸡企业、轻工类企业、纺织类企业、机械制造类企业、电子工业类企业、建筑企业、餐厅、酒店、家政企业、物业服务企业、仓储企业、快递企业、超市。

[2] 24 个岗位：养殖雇工、轻工业一线操作工、织布工、缝纫工、机械企业一线操作工、电子工业一线操作工、钢筋工（木工、瓦工）、壮工（小工、杂工）、餐厅一线服务员、后厨一线厨师、后厨加工切配厨师、酒店客房服务员、家政服务员（老年人护理）、家政服务员（照看孩子、非婴儿）、家庭小时工、办公场所保洁员、小区物业保洁员、小区物业秩序维护员、仓储收货员（理货员）、仓储装卸工、快递员、快递中心分拣员、超市理货员、超市收银员。

三、主要任务

（一）监测指标：监测对象为普通住宅物业项目的物业服务费、停车服务费等指标和项目经理、保洁员、秩序员、维修员、物业管理员等一线员工每月实际在岗人数[1]、新增人数[2]、离职人数[3]和员工平均到手工资[4]等变化情况。

（二）监测方式和频率：监测工作以线下监测为主，主要采用互联网直报方式通过统一软件平台上报。价格监测工作实行月度监测，每月 20—25 日上报企业上月信息数据。

（三）价格监测定点单位：全国物业管理行业劳动力市场价格监测定点单位从中国物业管理协会会员中确定 31 家价格监测定点单位（见附件 1）。

（四）价格监测项目：根据管理项目情况，各价格监测定点单位在全国 30 个省（区、市，西藏除外）的 57 个城市，选取 357 个普通住宅项目作为主要监测对象，每个项目管理面积在 5 万平方米以上，物业费标准在 0.5 ~ 8 元 / 平方米 • 月之间。

四、数据说明

自 2016 年 8 月首次填报以来，截止到 2017 年 8 月底，共完成 13 次数据填报工作，填报数据质量相对较好。通过对数据进行整理分析，能基本反映行业收入整体水平和变动情况。

（一）数据总量：每月每个监测项目共提交 22 条数据，357 个监测项目，13 期数据总计共 10.2 万余条。

（二）数据分布：357 个项目覆盖全国 30 个省（区、市），但各省份项目分布不同，个别省份项目数较少（如青海 2 个、甘肃 3 个），在编制全国及各省份工资指数时，会出现代表性不强的问题。

（三）数据修正：（1）对于原始数据中出现的 0 值及异常值均已作为缺失值处理，未计入数据统计；（2）项目数据中的“工资”出现 0 值，用相近项目数据代替，保证结果可靠性；（3）对于管理面积较大，主要因项目存在外包情况，“在岗人数”为 0 值或人数较少（如“1”“2”等）的情况，采用项目外包单位的人员数据进行补充。

第一部分　全国物业管理行业价格监测数据填报的基本情况

一、填报总体情况

2016 年 8 月至 2017 年 8 月全国物业管理行业价格监测填报总体情况（见表 1）较好，数据填报率为 99.66%，月均监测人数 23962 人，人均到手工资[5]2784.4 元 / 月。

---

[1] 实际在岗人数为月底最后一天同一项目同一岗位的实际在岗人数。

[2] 新增人数为本月期间同一项目同一岗位新增的人数。

[3] 离职人数为本月期间同一项目同一岗位离职的人数。

[4] 员工平均到手工资为同一项目同一岗位扣除各种险金后实发到手的月平均收入，不计其他年终奖、一次性奖励等收入。

[5] 到手工资为扣除各种保险、住房公积金、个人所得税等费用，实际到手里可支配收入。

表1 价格监测填报总体情况

期数	填报时间	实填项目数（个）	完成率（百分比）	总管理面积（万平方米）	总人数（个）	工资总额（万元）	人均到手工资（元）
1	2016.8	350	96.42%	9180.34	23751	6450.33	2715.81
2	2016.9	355	99.72%	9276.28	23761	6483.09	2728.46
3	2016.10	357	100%	9301.28	23717	6569.52	2769.96
4	2016.11	355	99.44%	9233.63	23780	6841.41	2876.96
5	2016.12	357	100%	9301.28	24271	6623.80	2729.10
6	2017.1	357	100%	9301.28	24222	6691.08	2762.40
7	2017.2	357	100%	9301.28	23882	6811.17	2852.01
8	2017.3	357	100%	9301.28	23875	6537.19	2738.09
9	2017.4	357	100%	9301.28	24025	6627.87	2758.74
10	2017.5	357	100%	9301.28	23930	6678.74	2790.95
11	2017.6	357	100%	9301.28	23930	6782.35	2834.25
12	2017.7	357	100%	9301.28	24005	6761.26	2816.60
13	2017.8	357	100%	9301.28	24357	6878.06	2823.85
平均值		356.2	99.66%	9284.85	23962	6671.99	2784.40
中位值		357	100%	9301.28	23930	6678.74	2769.96

从工资总额看，年度涨幅为6.63%，其中人均到手工资涨幅为3.98%，总人员数量涨幅2.55%。2016年11月和2017年2月工资总额比其他月份较高，分别为6841.41万元和6811.17万元，主要原因为国庆假期、春节假期员工加班费用。

二、各工种人员数量情况

从各工种人数情况（见表2）看，秩序员和保洁员人员数量较多，各占总人数37%，维修员及物业管理员分别占10%和14%，项目经理占比2%。各项数据平均数和中位数非常接近，表明各工种每月平均人数较为稳定。

表2 价格监测各工种人员情况（单位：人）

期数	填报时间	项目经理	保洁员	秩序员	维修员	物业管理员
1	2016.8	399	8288	9167	2562	3335
2	2016.9	397	8345	9061	2555	3403
3	2016.10	402	8378	9034	2527	3376
4	2016.11	394	8672	8958	2488	3268
5	2016.12	400	8832	9164	2501	3374
6	2017.1	405	8824	9144	2504	3345
7	2017.2	408	8779	8941	2453	3301
8	2017.3	403	8836	8917	2446	3273
9	2017.4	400	8894	9046	2405	3280
10	2017.5	399	8963	8983	2353	3232
11	2017.6	401	9134	8838	2342	3215
12	2017.7	404	9126	8866	2398	3211
13	2017.8	384	9349	8983	2376	3265
平均值		400	8801	9008	2455	3298
中位数		400	8832	8983	2453	3280

从各工种人员就业岗位看，2016 年 8 月到 2017 年 8 月，新吸收就业人员 12764 人，离职人员 11971 人，净增加就业岗位 793 个。

从各工种就业人员数量情况（见图 1）看，2017 年 8 月比 2016 年 8 月增加 606 人，除保洁人员净增加 1061 人增长 12.8% 外，秩序员人数共减少 184 人下降 2%，维修员人数共减少 186 人下降 7%，物业管理员人数共减少 70 人下降 2%，项目经理人数共减少 15 人下降 3.75%，各工种人员数量整体呈下降趋势。

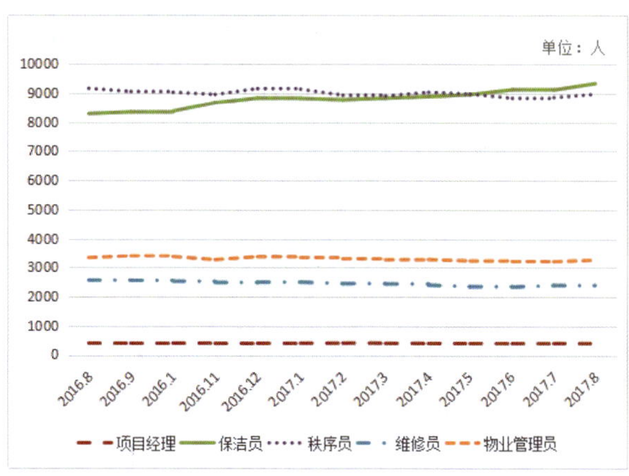

图 1　各工种人员数量情况（单位：人）

分析保洁员人员数量变化情况：152 个项目保洁人员数量无变化；82 个项目人员减少 388 人；123 个项目人员数量增加，增长人数为 1449 人（见表 3）。分析增长原因：（1）124 个保洁外包项目在早期数据统计时未计算分包人员数量，后期添加共增加 837 人；（2）232 个项目因管理规模增加或服务品质需要增加人员 464 人；（3）367 个项目正常情况下人员增加 148 人。

表 3　价格监测各工种离职率情况（单位：百分比）

期数	填报时间	项目经理	保洁员	秩序员	维修员	物业管理员
1	2016.8	0.50%	2.94%	4.58%	2.85%	2.88%
2	2016.9	1.76%	2.77%	4.68%	2.90%	3.82%
3	2016.10	0.75%	2.98%	4.24%	2.57%	3.32%
4	2016.11	1.27%	2.57%	3.34%	2.53%	3.95%
5	2016.12	1.25%	2.71%	3.83%	2.80%	2.96%
6	2017.1	0.99%	2.91%	3.71%	2.04%	2.63%
7	2017.2	0.25%	3.21%	5.64%	3.91%	4.51%
8	2017.3	1.74%	2.35%	6.13%	3.56%	6.20%
9	2017.4	3.25%	2.34%	5.34%	5.53%	4.66%
10	2017.5	2.76%	2.35%	5.52%	6.25%	6.13%
11	2017.6	1.50%	2.52%	6.04%	4.70%	6.63%
12	2017.7	1.98%	2.76%	5.00%	4.42%	6.07%
13	2017.8	4.43%	2.77%	4.66%	5.39%	5.42%
平均值		1.73%	2.71%	4.82%	3.80%	4.55%

从各工种人员离职情况（见表3）看，平均离职率为3.52%，其中秩序员平均离职率最高，为4.82%，物业管理员、维修员、保洁员、项目经理的平均离职率分别为4.55%、3.8%、2.71%、1.73%。春节后2017年2、3月两期数据除项目经理外其余工种离职率比前几月有明显上升。

三、各工种平均到手工资情况

从各工种月平均到手工资情况（见表4），秩序员、维修员及物业管理员月均到手工资差距不大，在3000～3100元；保洁员月均收入在2100元左右，明显低于其他工种；项目经理月均收入为6912.86元。

国庆节后2016年11月期数据，秩序员、维修员和物业管理员平均到手工资有明显增加；春节后2017年2月期数据维修员和物业管理员收入明显提升；其余月份各工种平均到手工资情况较为平稳且呈上涨趋势。

表4　价格监测各工种月平均到手工资情况（单位：元）

期数	填报时间	项目经理	保洁员	秩序员	维修员	物业管理员
1	2016.8	6713.55	2003.50	3007.76	2961.57	3016.44
2	2016.9	6795.24	2009.47	3017.27	2979.18	3054.26
3	2016.10	6821.38	2017.05	3080.32	3035.60	3126.24
4	2016.11	6825.05	2086.94	3262.36	3153.29	3230.58
5	2016.12	6832.63	2019.89	3021.40	3021.62	3088.13
6	2017.1	6903.39	2034.39	3052.14	3069.52	3159.52
7	2017.2	6945.30	2066.46	3024.14	3161.32	3251.60
8	2017.3	6872.46	2030.17	3028.67	3055.98	3110.95
9	2017.4	6995.57	2063.47	3029.50	3059.00	3160.43
10	2017.5	6956.80	2074.63	3109.48	3097.55	3154.64
11	2017.6	6962.76	2104.88	3172.74	3166.53	3218.90
12	2017.7	7111.84	2105.56	3113.35	3138.88	3237.03
13	2017.8	7131.22	2120.39	3131.98	3154.63	3243.08
平均值		6912.86	2056.68	3080.85	3081.13	3157.83
中位数		6903.39	2063.47	3052.14	3069.52	3159.52

30个省（市、区）2016年8月至2017年7月各工种年到手工资情况（见表5）。

表5　价格监测各工种年到手工资情况（单位：元/年）

期数	填报省份	项目经理	保洁员	秩序员	维修员	物业管理员
1	北京	81588.54	27604.71	38094.81	50813.15	51626.62
2	天津	80208.11	27930.72	34606.65	33486.74	32269.60

续表

期数	填报省份	项目经理	保洁员	秩序员	维修员	物业管理员
3	上海	80634.87	30450.53	44963.85	47993.36	41360.54
4	重庆	102905.16	22083.27	32659.15	36002.13	45107.22
5	河北	100468.64	22966.95	32526.75	33511.02	28548.22
6	山西	71435.12	23597.56	34462.86	32554.22	31857.68
7	内蒙古	62887.83	20756.38	31730.63	29940.30	31730.37
8	辽宁	83650.91	21473.64	32059.58	32681.50	33634.71
9	吉林	60760.93	20574.88	31730.63	27979.02	31506.86
10	黑龙江	49525.71	17659.19	23400.50	26199.22	29717.74
11	江苏	84519.59	26238.77	44111.05	37780.74	42324.02
12	浙江	97123.60	32218.31	48796.08	44761.70	44599.21
13	安徽	79937.20	25428.70	38137.92	37070.92	38494.51
14	福建	80804.79	26785.63	41954.18	41626.40	40396.83
15	江西	79301.70	21893.91	35289.76	36922.92	33258.47
16	山东	89348.22	24909.34	43300.95	36818.82	35892.48
17	河南	84102.22	22127.89	35987.46	34216.21	33182.18
18	湖北	98179.40	24628.81	38442.48	34089.12	38140.60
19	湖南	85942.88	23526.96	35943.96	39921.76	38107.99
20	广东	92233.78	28707.31	45610.47	44185.16	41327.98
21	广西	61037.35	22964.93	22143.10	25581.01	28565.18
22	海南	75132.51	24083.19	27910.03	30973.04	31714.38
23	四川	79025.37	21887.92	32013.65	36093.94	45171.01
24	贵州	88083.47	21399.80	40843.43	37897.24	39197.11
25	云南	82489.00	20776.73	32282.53	37873.59	43697.50
26	陕西	91734.88	23649.97	32145.65	32729.19	35858.65
27	甘肃	54000.00	24000.00	30000.00	36000.00	36000.00
28	青海	50400.00	20400.00	32400.00	40300.00	34800.00
29	宁夏	70570.00	26829.82	33863.86	31814.14	33541.36
30	新疆	81383.15	29528.60	37463.45	40444.20	35351.35
平均值		79313.83	24236.15	35495.85	36275.36	36899.35
中位数		81093.97	23623.77	34534.76	36048.04	35875.57
最小值		49525.71	17659.19	22143.10	25581.01	28548.22
最大值		102905.16	32218.31	48796.08	50813.15	51626.62

注：甘肃省及青海省因填报项目数较少，代表性不佳。

通过对不同省份的秩序员、维修员、物业管理员、项目经理的年到手工资分别进行分析，选取各工种平均到手收入最高值和最低值进行对比（见表 6）如下：

表 6　价格监测各工种平均到手工资水平对比表

岗位	平均到手工资水平最高的省份	最高值（元 / 人）	平均到手工资水平最低的省份	最低值（元 / 人）
物业保洁员	浙江省	32218.31	黑龙江省	17659.19
秩序员	浙江省	48796.08	广西壮族自治区	22143.01
维修员	北京市	50813.15	广西壮族自治区	25581.01
物业管理员	北京市	51626.62	河北省	28548.22
项目经理	重庆市	102905.16	黑龙江省	49525.71

以年到手工资最低的物业保洁员为例进行各省情况分析。浙江省物业保洁员年到手工资最高，为 32218.31 元 / 人，其次为上海市 30450.53 元 / 人，仅有这两个省份保洁员年到手工资超过 30000 元 / 人；黑龙江省保洁员工资的平均水平最低，为 17659.19 元 / 人，低于 21000 元 / 人的省份还有内蒙古、吉林、云南、青海。

从物业费的标准，对 357 个价格监测项目进行了划分，其中 1.5 元 / 平方米及以下的监测项目 117 个；1.5 ～ 2.5 元 / 平方米的监测项目 132 个；2.5 元 / 平方米及以上的监测项目 108 个；从图 2 可以看出，随着物业费标准的提高，不同工种员工到手工资略有提高。

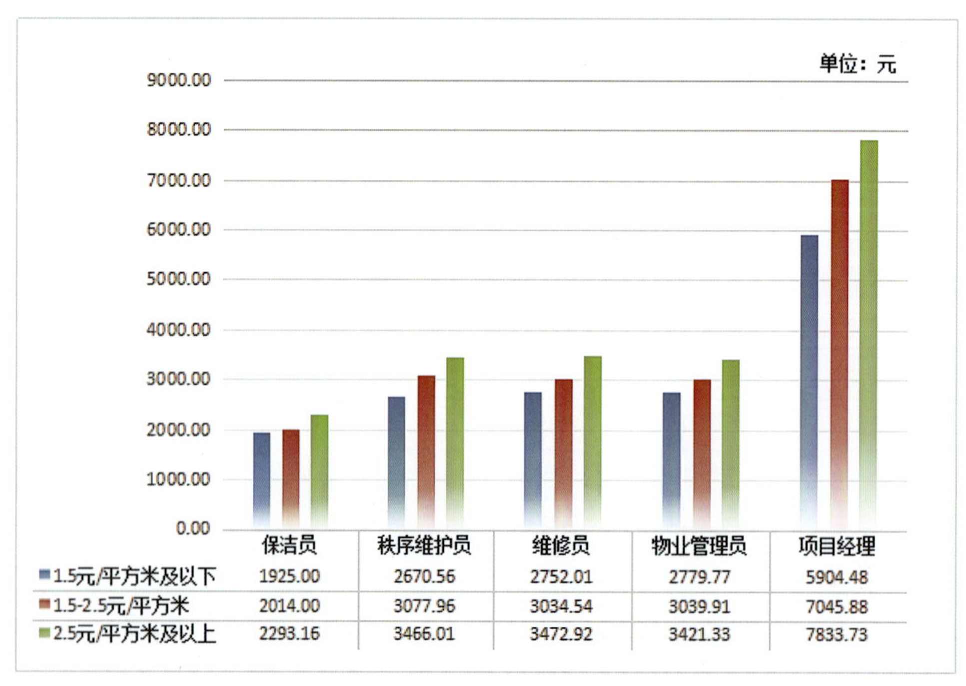

图 2　各工种不同物业费标准下平均每月到手工资情况

第二部分　全国物业管理行业到手工资指数的编制与分析

平均到手工资指数是由两个不同时期的平均到手工资指标对比所形成的，用以反映平均到手工资升降变动的方向和程度。物业管理行业职工平均到手工资水平及其变动程度是反映行业发展前景的重要依据。根据价格监测项目数据，编制平均到手工资指数对行业具有重要意义。

平均到手工资指数由两部分构成：（1）结构影响指数反映不同岗位职工人数变动对总体平均到手工资变动的影响；（2）固定构成指数反映职工工资水平对总体平均到手工资变动的影响。

一、编制反映年度工资数据变动程度的同比指数

（一）全国物业管理行业平均到手工资同比指数

根据 2017 年 8 月与 2016 年 8 月全国价格监测项目填报数据对比，物业管理行业职工平均到手工资总体上涨了 3.98%，到手工资增加 108.04 元。职工工资受不同岗位职工人数结构变动影响，使得平均到手工资比上年同期下降了 0.7%，减少了 19.08 元；职工岗位人数不变时单纯的收入变动影响，使得平均到手工资比上年同期上涨了 4.71%，增加了 127.12 元。

保洁在职人数统计时 2016 年 8 月期未计算分包人员，而在 2017 年 8 月期数据加入，导致保洁人员数量对物业管理行业职工平均到手工资的影响较大。在除去保洁人员后，物业管理行业职工平均到手工资总体上涨趋势更为明显，涨幅为 5.31%，到手工资增加 164.46 元。

（二）各省份物业管理行业工资指数

物业管理行业不同省份 2017 年 8 月与上年同期对比的平均到手工资指数见表 7。

表 7　各省份物业管理行业平均到手工资指数对比表

序号	省份	平均到手工资指数（%）	差值	结构影响指数（%）	差值	固定构成指数（%）	差值	基期平均收入 [1]	报告期平均收入 [2]
1	北京	101.13	37.24	96.99	-99.03	104.27	136.27	3288.65	3325.90
2	天津	101.49	39.74	102.20	58.74	99.30	-18.99	2670.24	2709.99
3	河北	105.42	127.17	98.71	-30.31	106.80	157.48	2346.04	2473.21
4	山西	105.34	128.54	99.95	-1.24	105.40	129.79	2406.88	2535.42
5	内蒙古	105.06	114.77	100.19	4.33	104.86	110.44	2270.26	2385.04
6	辽宁	105.68	130.20	100.75	17.23	104.89	112.97	2291.30	2421.50
7	吉林	104.26	86.69	100.70	14.18	103.53	72.50	2037.27	2123.96
8	黑龙江	100.49	9.30	99.65	-6.72	100.85	16.03	1893.19	1902.49
9	上海	101.78	61.01	100.05	1.84	101.72	59.17	3436.18	3497.19
10	江苏	104.55	139.96	99.72	-8.62	104.85	148.58	3073.72	3213.68
11	浙江	102.43	86.42	95.66	-154.70	107.08	241.12	3562.47	3648.89
12	安徽	111.28	299.34	101.74	46.23	109.38	253.12	2653.02	2952.36

[1] 基期平均收入：指 201608 期平均收入。
[2] 报告期平均收入：指 201708 期平均收入。

续表

序号	省份	平均到手工资指数（%）	差值	结构影响指数（%）	差值	固定构成指数（%）	差值	基期平均收入[1]	报告期平均收入[2]
13	福建	104.44	131.74	99.38	−18.51	105.10	150.25	2964.77	3096.51
14	江西	102.36	60.45	98.86	−29.10	103.54	89.55	2558.27	2618.72
15	山东	106.44	174.51	97.46	−68.89	109.22	243.40	2707.89	2882.40
16	河南	110.69	265.39	100.96	23.92	109.63	241.47	2482.27	2747.67
17	湖北	103.49	96.31	99.71	−7.88	103.79	104.18	2756.48	2852.78
18	湖南	101.70	45.17	99.68	−8.58	102.04	53.75	2649.66	2694.83
19	广东	105.57	180.06	100.57	18.39	104.97	161.67	3233.48	3413.53
20	广西	94.92	−105.64	104.62	96.05	90.72	−201.69	2078.12	1972.48
21	海南	101.13	26.78	101.39	33.04	99.74	−6.25	2373.30	2400.08
22	重庆	101.86	50.55	99.18	−22.31	102.70	72.86	2719.36	2769.91
23	四川	102.26	58.95	99.04	−24.90	103.25	83.84	2604.00	2662.94
24	贵州	100.85	22.58	98.19	−48.01	102.71	70.59	2649.95	2672.53
25	云南	99.81	−4.66	101.12	27.30	98.70	−31.96	2426.48	2421.83
26	陕西省	101.84	46.51	95.96	−102.30	106.12	148.80	2532.13	2578.63
27	甘肃	100.14	3.41	100.14	3.41	100.00	0.00	2453.49	2456.90
28	青海	104.53	114.80	100.58	14.80	103.92	100.00	2534.09	2648.89
29	宁夏	107.44	183.40	99.78	−5.48	107.68	188.88	2465.23	2648.63
30	新疆	105.73	168.25	100.76	22.36	104.93	145.89	2938.27	3106.52

注：平均到手工资指数只反映不同时期平均到手工资的变动程度，而未考虑不同省份物业管理行业平均到手工资基期水平存在的较大差距。如 2016 年 8 月平均到手工资最低值为黑龙江省的 1893.19，最高值为浙江省的 3562.47，而二者的平均到手工资同比指数分别为：100.49% 和 102.43%，此指数体现为不同基期水平的涨跌程度。

总体来看，2017 年 8 月与 2016 年 8 月对比，平均到手工资指数最高的省份是安徽，达 111.28%，平均到手工资水平总体增加了 299.34 元；最低的省份为广西，为 94.92%，平均到手工资水平总体减少了 105.64 元。其中，平均到手工资指数降低的省份为广西和云南，其他 28 个省份的平均到手工资指数均呈现上升态势。

单纯从平均到手工资指数来看，不同岗位职工人数变动对整体平均到手工资水平影响有限，其涨跌幅度为 95.66%~104.62%，其差值分布为 −154.70~96.05 元；而各省份项目工资水平的变动程度为：90.72%~109.63%，其差值分布为：−201.69~241.47 元。

如：北京市 2017 年 8 月与 2016 年 8 月相比，在 3288.65 元基础上，平均到手工资指数为 101.13%，平均到手工资增加了 37.24 元。这一方面是由于给出的北京市的 12 个项目中不同岗位人员结构变动影响使得平均到手工资下降 3.01%，并因此减少了 99.02 元；另一方面，又因工资水平上涨使得平均到手工资上涨了 4.27%，并因此增加平均到手工资 136.27 元。

二、编制反映月度工资数据变动程度的环比指数

全国及各省份物业管理行业职工平均到手工资的月环比指数，即以前一期数据为基期所计算的平均到手工资指数，反映了全国和各省份职工平均到手工资数据逐月变动的趋势和程度。

（一）全国物业管理行业工资月环比指数

从全国平均到手工资指数计算情况来看（见表 8），行业内人员工资有稳定上涨且上涨幅度较小。以 2016 年 8 月为初始基期计算的后 12 期月环比指数中有 9 期为上升，其余 3 期下降均发生在发放员工节假日加班费用的次月（2016 年 12 月、2017 年 3 月、2017 年 7 月）。2017 年 2 月份因春节加班费用发放，导致月环比指数最高，达 103.24%，比上月平均到手工资整体增加 89.61 元；结构影响指数为 99.93%，因不同岗位人员结构发生变动，引起整体平均到手工资水平减少了 1.83 元；而固定构成指数则为 103.31%，因各岗位工资水平上涨引起平均到手工资增加 91.44 元。而 2017 年 3 月平均到手工资指数最低，为 96.01%，比上月平均到手工资整体减少了 113.92 元；其中结构影响指数为 99.78%，因不同岗位人员结构发生了轻微变动，引起平均到手工资整体减少了 6.32 元；而固定构成指数为 96.22%，因各岗位人员工资水平下降使得平均到手工资整体减少了 107.59 元。

表 8　全国物业管理行业工资月环比指数表

月份	平均到手工资指数 (%)	差值	结构影响指数 (%)	差值	固定构成指数 (%)	差值
201608	-	-	-	-	-	-
201609	100.47	12.64	99.95	-1.44	100.52	14.08
201610	101.52	41.50	99.92	-2.18	101.60	43.69
201611	102.22	61.51	99.75	-7.06	102.48	68.58
201612	96.38	-102.37	99.92	-2.15	96.46	-100.22
201701	101.22	33.29	100.06	1.62	101.16	31.68
201702	103.24	89.61	99.93	-1.83	103.31	91.44
201703	96.01	-113.92	99.78	-6.32	96.22	-107.59
201704	100.75	20.65	100.20	5.57	100.55	15.07
201705	101.17	32.21	99.94	-1.75	101.23	33.96
201706	101.55	43.30	99.88	-3.43	101.68	46.73
201707	99.38	-17.64	100.08	2.14	99.30	-19.78
201708	100.26	7.25	100.02	0.60	100.24	6.64

从全国来看，物业管理行业岗位人员结构变动较为不明显（各月份结构影响指数变动范围为：99.75%~100.20%，−7.06~5.57 元），整体平均到手工资水平的增减主要由于各岗位工资水平的变动（各月份固定构成指数变动范围为：96.22%~103.31%，−107.59~91.44 元）所致。

（二）各省份物业管理行业工资月环比指数

根据监测项目的 2016 年 8 月至 2017 年 8 月期间 357 个项目所属省份，分别计算各省份物业管理行业职工平均到手工资的月环比指数（见附件 2）。

1. 平均到手工资指数分析

从总体来看，各省份物业管理行业工资月环比变动情况与全国情况类似。从平均到手工资指数变动来看，仍是 2017 年 2 月增幅最为明显，各省份来看，最高为湖北省，达 115.28%，整体增加了 422.99 元；而最低环比指数出现在 2017 年 3 月，仍为湖北省，达 80.60%，整体减少了 619.02 元。从湖北省的 7 个项目数据来看，2017 年 2 月工资水平增幅较大，职工工资总计达 1458391.62 元，比 2017 年 1 月工资总额的 1301074.3 元上涨了 12.09%；而 2017 年 3 月的工资总额为 1183216.08 元，比 2 月份下降了 18.87%。其中的岗位人员结构变化并不明显，2017 年 3 月的结构影响指数为 100.71%，差值为 22.67 元；而 2017 年 2 月的结构影响指数为 99.77%，差值为 -6.28 元。

2. 结构影响指数分析

从各省份数据来看，物业管理行业岗位人员结构变动仍然不明显，最大值为 2016 年 9 月广西的 107.48%，差值达 155.35 元，但从广西的 7 个项目数据来看，存在异常变动，这 7 个项目中，2016 年 9 月保洁员比上月增加了 19 人，秩序员比上月增加了 30 人，而维修员则比上月增加了 7 人，致使结构影响指数大幅上涨，排除广西情况，则结构变动不明显。全国各省份结构影响指数最小值为 2017 年 3 月山东数据，为 96.74%，差值达 -97.08 元，波动幅度不大。

3. 固定构成指数分析

另外，各省份数据中反映工资数量变动的固定构成指数变化情况趋于平均到手工资指数变动情况，最高也为 2017 年 2 月湖北省指标，达 115.54%，差值为 429.27 元；最低也为 2017 年 3 月湖北省指标，达 80.03%，差值为 -641.69 元，分析过程同平均到手工资指数情况。

基于所选取的 357 个项目的工资数据分析可知，整体物业管理行业各岗位工资存在一定差距，且一线岗位职工收入偏低。而从编制的平均到手工资指数来看，无论是全国指数还是各省份指数，均可反映出：物业管理行业整体工资水平的逐月变动幅度较小，而这种较小的变动幅度也表明了整体行业工资在较长时间处于较低水平。

另外，上述计算的平均到手工资指数为名义工资指数，在上述同比与环比指数计算结束后，为剔除物价变动对职工收入的影响，还可根据 CPI 水平计算平均实际工资指数，这是反映实际工资变动情况的相对数，表明职工实际工资水平提高或降低的程度。

第三部分　数据相关分析

一、与社会平均工资差距较大

2016 年，城镇私营单位就业人员年平均工资为 42833 元，全国城镇非私营单位就业人员年平均工资为 67569 元。根据数据显示，物业管理行业除项目经理年到手工资 82954 元超过平均值外，秩序员 36970 元，维修员 36973 元，物业管理员 27893 元，保洁员 24680 元，均低于社会平均工资水平。尤其是保洁员处于全国服务业普通员工平均收入最低水平。

二、为社会提供大量就业岗位

在 357 个项目的 9300 万平方米管理面积中，约有 24 万工作人员为业主提供服务，劳动密集型行业特征显著。管理面积对各物业服务岗位在岗人数影响明显，具有显著相关关系（见表 9）。项目经理的人均管理面积为 25.51 万平方米，维修员、物业管理员、保洁员、秩序员人均管理面积分别为 5.27 万、3.87 万、1.59 万和 1.20 万平方米。

表 9　管理面积与在岗人数相关关系

		保洁平均在岗人数	秩序员平均在岗在数	维修员平均在岗人数	物业管理员平均在岗人数	项目经理平均在岗人数
管理面积	相关性	.64**	.53**	.53**	.51**	.21**
	显著性（双尾）	0.00	0.00	0.00	0.00	0.00
	个案数	357	357	357	357	357
注：f**. 在 0.01 级别（双尾），相关性显著。0.5 以上为强相关，0.3 ～ 0.5 为中等相关，0.3 以下为弱相关。						

三、物业服务费标准奠定行业发展基础

分析住宅物业服务费水平与各岗位平均到手工资的相关性（见表 10），为中等相关，其相关关系程度强弱依次为：秩序员、维修员、保洁员、物业管理员和项目经理的平均收入。较高的物业服务费水平能给员工带来一定幅度的工资收益，并吸收较高素质和技能水平的人才，为提供较好的服务品质奠定经济基础。

表 10　物业服务费与平均到手工资相关关系

		保洁平均收入	秩序员平均收入	维修员平均收入	物业管理员平均收入	项目经理平均收入
住宅物业服务费	相关性	.39**	.45**	.39**	.35**	.32**
	显著性（双尾）	0.00	0.00	0.00	0.00	0.00
	个案数	357	357	357	357	357
注：f**. 在 0.01 级别（双尾），相关性显著。0.5 以上为强相关，0.3 ～ 0.5 为中等相关，0.3 以下为弱相关。						

四、物业管理行业市场价格稳定

从物业服务费看，357 个项目的平均物业费为 2.25 元 / 平方米·月，在填报期内仅有 2.24% 的项目物业服务费有过调整。其中 3 个项目物业服务费上涨，平均涨幅为 25.44%；5 个项目物业服务费下降，平均降幅为 42.5%（4 个项目因开发商考虑到业主实际承受能力进行下调，开发商对物业服务公司做出货币及商业房经营授权等其他形式的补偿）。

从停车服务费看，全国各地停车服务费因产权、服务范围等因素存在差异较大，5 ～ 600 元 / 月不等，中位数为 80 元 / 月；在填报期内，涉及停车服务的 315 个项目没有价格上涨的情况，仅有 1 个项目停车服务费因新增加车位服务费用下降，导致整体费用略有下降，下降幅度为 12.5%。

五、行业人工成本逐年增加

在填报周期内，所有监测项目工资总额涨幅为 6.63%，人员增幅为 2.55%（主要为保洁人员），管理面积增幅 1.32%。在物业服务费基本不变的情况下，人员工资逐年 4.71% 的增加幅度，给企业带来较大的成本压力。企业主要通过减员增效（秩序维护员、维修员、物业管理员、项目经理人员数量下降 3.65%）和增加其他经营服务内容补贴的方式来弥补物业服务费缺口。

结语

全国物业管理行业劳动力市场价格监测工作通过一年的数据填报，已经收集到价格监测定点单位提交第一手数据 10.2 万余条，为行业宏观政策研究和决策提供了真实可靠的数据依据。

在此，感谢国家发展改革委价格监测中心对工作的悉心指导，感谢上海城建职业学院对报告撰写数据分析的大力支持，更感谢各价格监测定点单位对全国物业管理行业劳动力市场价格监测工作所做出的卓越贡献！

附件：

1. 全国物业管理行业价格监测定点单位
2. 全国各省份物业管理行业工资环比指数表

附件 1　全国物业管理行业价格监测定点单位

序号	单位名称
1	万科物业发展有限公司
2	绿城物业服务集团有限公司
3	长城物业集团股份有限公司
4	中海物业集团有限公司
5	上海科瑞物业管理发展有限公司
6	重庆新龙湖物业服务有限公司
7	保利物业管理有限公司
8	中航物业管理有限公司
9	华润置地有限公司物业管理部
10	海南珠江物业酒店管理有限公司
11	四川嘉宝资产管理集团股份有限公司
12	碧桂园物业服务有限公司
13	北京首开鸿城实业有限公司
14	成都金房物业服务有限公司
15	河南正弘物业管理有限公司
16	中化金茂物业管理（北京）有限公司
17	卓达物业服务股份有限公司
18	上海锐翔上房物业管理有限公司
19	鑫苑物业服务有限公司
20	北京天鸿宝地物业管理经营有限公司
21	广州珠江物业酒店管理有限公司
22	深圳市之平物业发展有限公司
23	福建永安物业管理有限公司
24	内蒙古恒欣利和物业服务有限公司
25	天津市天房物业管理有限公司
26	上海东湖物业管理公司
27	陕西诚悦物业管理有限责任公司
28	哈尔滨景阳物业管理有限公司
29	幸福基业物业服务有限公司
30	兰州民召物业管理集团
31	云南建工物业服务有限公司

附件 2　全国各省份物业管理行业工资环比指数表

表 1　北京市物业管理行业平均到手工资环比指数表

月份	平均到手工资指数（%）	差值	结构影响指数（%）	差值	固定构成指数（%）	差值
201608	-	-	-	-	-	-
201609	99.88	-3.87	100.45	14.94	99.43	-18.82
201610	104.13	135.50	99.45	-18.01	104.70	153.51
201611	101.76	60.27	100.51	17.54	101.24	42.73
201612	95.41	-159.80	99.46	-18.96	95.93	-140.85
201701	100.86	28.46	97.98	-67.01	102.93	95.47
201702	103.85	128.95	101.14	38.05	102.68	90.90
201703	97.58	-84.24	99.55	-15.64	98.02	-68.60
201704	98.78	-41.43	99.96	-1.27	98.82	-40.16
201705	103.15	105.53	99.11	-29.77	104.07	135.30
201706	98.11	-65.22	99.62	-13.22	98.49	-52.00
201707	101.49	50.69	99.80	-6.80	101.70	57.49
201708	96.59	-117.59	100.08	2.75	96.51	-120.34

表 2　天津市物业管理行业平均到手工资环比指数表

月份	平均到手工资指数（%）	差值	结构影响指数（%）	差值	固定构成指数（%）	差值
201609	100.36	9.62	100.78	20.84	99.58	-11.21
201610	100.15	4.02	100.01	0.40	100.14	3.62
201611	99.07	-25.08	100.14	3.81	98.92	-28.90
201612	100.27	7.21	99.99	-0.17	100.28	7.38
201701	99.72	-7.39	100.13	3.46	99.59	-10.85
201702	101.08	28.66	100.00	0.00	101.08	28.66
201703	98.45	-41.54	100.32	8.49	98.14	-50.04
201704	100.97	25.74	99.98	-0.60	101.00	26.33
201705	101.16	30.93	101.47	39.24	99.69	-8.31
201706	99.77	-6.27	99.91	-2.46	99.86	-3.81
201707	100.12	3.34	99.98	-0.67	100.15	4.00
201708	100.39	10.52	99.94	-1.72	100.45	12.24

表3 河北省物业管理行业平均到手工资环比指数表

月份	平均到手工资指数（%）	差值	结构影响指数（%）	差值	固定构成指数（%）	差值
201609	100.90	21.05	97.97	-47.64	102.99	68.68
201610	101.12	26.51	99.95	-1.29	101.17	27.80
201611	102.93	70.06	99.94	-1.41	102.99	71.46
201612	97.34	-65.60	99.87	-3.21	97.46	-62.38
201701	101.64	39.26	100.60	14.33	101.03	24.93
201702	100.17	4.23	99.89	-2.59	100.28	6.81
201703	100.18	4.42	99.46	-13.21	100.73	17.62
201704	100.54	13.13	100.55	13.51	99.98	-0.38
201705	98.52	-36.46	99.85	-3.66	98.66	-32.80
201706	101.31	31.85	99.80	-4.91	101.52	36.75
201707	101.28	31.32	100.19	4.68	101.08	26.64
201708	99.49	-12.57	101.05	26.01	98.46	-38.58

表4 山西省物业管理行业平均到手工资环比指数表

月份	平均到手工资指数（%）	差值	结构影响指数（%）	差值	固定构成指数（%）	差值
201609	106.43	154.72	99.60	-9.67	106.86	164.39
201610	99.82	-4.56	99.86	-3.59	99.96	-0.97
201611	99.95	-1.27	99.49	-13.07	100.46	11.79
201612	98.02	-50.70	100.09	2.20	97.93	-52.90
201701	99.71	-7.29	99.97	-0.81	99.74	-6.48
201702	98.45	-38.65	99.92	-1.93	98.53	-36.72
201703	101.74	42.87	99.33	-16.58	102.43	59.45
201704	97.86	-53.58	100.97	24.39	96.91	-77.96
201705	101.27	31.09	100.09	2.19	101.18	28.90
201706	101.05	26.07	100.02	0.57	101.03	25.50
201707	103.54	88.71	100.44	11.07	103.09	77.64
201708	97.73	-58.87	101.24	32.27	96.53	-91.14

表5　内蒙古自治区物业管理行业平均到手工资环比指数表

月份	平均到手工资指数（%）	差值	结构影响指数（%）	差值	固定构成指数（%）	差值
201609	100.19	4.34	100.30	6.92	99.89	-2.58
201610	102.27	51.61	100.25	5.70	102.01	45.91
201611	103.41	79.33	99.67	-7.66	103.75	86.98
201612	94.83	-124.32	100.01	0.14	94.83	-124.46
201701	100.63	14.34	100.24	5.50	100.39	8.84
201702	105.32	122.13	99.84	-3.70	105.49	125.83
201703	100.58	13.99	99.99	-0.15	100.58	14.14
201704	95.10	-119.05	99.61	-9.58	95.48	-109.47
201705	101.34	31.08	99.99	-0.20	101.35	31.28
201706	102.13	49.81	100.15	3.48	101.97	46.33
201707	99.69	-7.33	100.47	11.25	99.23	-18.58
201708	99.95	-1.14	100.00	-0.03	99.95	-1.10

表6　辽宁省物业管理行业平均到手工资环比指数表

月份	平均到手工资指数（%）	差值	结构影响指数（%）	差值	固定构成指数（%）	差值
201609	101.39	31.90	100.58	13.25	100.81	18.65
201610	103.06	70.98	99.85	-3.45	103.21	74.43
201611	105.11	122.45	99.80	-4.82	105.33	127.27
201612	94.64	-134.85	100.39	9.91	94.27	-144.76
201701	99.53	-11.12	99.85	-3.51	99.68	-7.61
201702	109.26	219.60	100.06	1.32	109.20	218.28
201703	90.69	-241.18	99.95	-1.33	90.74	-239.85
201704	101.86	43.71	99.95	-1.16	101.91	44.87
201705	99.89	-2.68	99.92	-1.99	99.97	-0.69
201706	101.66	39.64	99.90	-2.40	101.76	42.04
201707	100.20	4.96	100.98	23.83	99.23	-18.87
201708	99.46	-13.20	99.82	-4.43	99.64	-8.78

表 7　吉林省物业管理行业平均到手工资环比指数表

月份	平均到手工资指数（%）	差值	结构影响指数（%）	差值	固定构成指数（%）	差值
201609	99.92	-1.71	100.41	8.31	99.51	-10.02
201610	100.54	11.01	100.30	6.21	100.24	4.80
201611	100.34	6.88	100.02	0.42	100.32	6.46
201612	99.84	-3.31	100.13	2.65	99.71	-5.96
201701	102.30	47.20	100.12	2.44	102.18	44.76
201702	101.64	34.49	99.99	-0.26	101.66	34.75
201703	97.77	-47.65	100.04	0.84	97.73	-48.48
201704	100.79	16.39	100.17	3.63	100.61	12.76
201705	100.95	20.00	100.04	0.94	100.91	19.07
201706	101.34	28.31	100.03	0.68	101.30	27.63
201707	98.94	-22.82	99.94	-1.37	99.00	-21.45
201708	99.90	-2.10	100.03	0.57	99.87	-2.67

表 8　黑龙江省物业管理行业平均到手工资环比指数表

月份	平均到手工资指数（%）	差值	结构影响指数（%）	差值	固定构成指数（%）	差值
201609	99.77	-4.43	99.77	-4.43	100.00	0.00
201610	99.85	-2.90	99.85	-2.90	100.00	0.00
201611	100.00	0.00	100.00	0.00	100.00	0.00
201612	100.07	1.41	100.07	1.41	100.00	0.00
201701	100.19	3.65	99.93	-1.41	100.27	5.06
201702	100.37	6.93	100.00	0.00	100.37	6.93
201703	100.10	1.93	100.00	0.00	100.10	1.93
201704	99.91	-1.68	99.91	-1.68	100.00	0.00
201705	100.00	0.00	100.00	0.00	100.00	0.00
201706	100.00	0.00	100.00	0.00	100.00	0.00
201707	100.10	1.91	100.10	1.91	100.00	0.00
201708	100.13	2.48	100.00	0.00	100.13	2.48

表 9 上海市物业管理行业平均到手工资环比指数表

月份	平均到手工资指数（%）	差值	结构影响指数（%）	差值	固定构成指数（%）	差值
201609	99.60	-13.90	100.00	-0.15	99.60	-13.75
201610	100.00	0.09	99.97	-0.95	100.03	1.04
201611	100.99	33.91	99.97	-0.92	101.02	34.83
201612	98.92	-37.28	100.00	0.00	98.92	-37.28
201701	99.93	-2.55	100.41	13.91	99.52	-16.45
201702	101.71	58.42	100.08	2.67	101.63	55.75
201703	98.09	-66.26	100.00	-0.04	98.09	-66.22
201704	100.97	32.91	99.88	-4.16	101.09	37.07
201705	100.89	30.55	99.71	-10.15	101.19	40.69
201706	100.48	16.81	100.08	2.73	100.41	14.08
201707	100.47	16.56	100.18	6.23	100.30	10.32
201708	99.76	-8.25	99.77	-7.97	99.99	-0.28

表 10 江苏省物业管理行业平均到手工资环比指数表

月份	平均到手工资指数（%）	差值	结构影响指数（%）	差值	固定构成指数（%）	差值
201609	100.08	2.47	99.74	-8.02	100.34	10.49
201610	101.39	42.82	99.95	-1.68	101.45	44.50
201611	102.49	77.58	100.10	3.22	102.38	74.35
201612	97.40	-83.10	99.52	-15.37	97.87	-67.73
201701	100.42	12.96	100.11	3.56	100.30	9.40
201702	102.16	67.64	99.82	-5.49	102.34	73.14
201703	97.84	-68.85	100.46	14.65	97.40	-83.49
201704	99.50	-15.54	101.06	33.26	98.46	-48.80
201705	102.63	81.86	99.73	-8.32	102.91	90.18
201706	101.95	62.09	99.75	-7.89	102.20	69.98
201707	99.90	-3.36	99.80	-6.60	100.10	3.24
201708	98.87	-36.62	100.11	3.47	98.77	-40.09

表11 浙江省物业管理行业平均到手工资环比指数表

月份	平均到手工资指数（%）	差值	结构影响指数（%）	差值	固定构成指数（%）	差值
201609	101.95	69.64	99.99	-0.18	101.96	69.82
201610	101.29	46.78	99.99	-0.44	101.30	47.21
201611	98.67	-48.82	97.21	-102.61	101.50	53.79
201612	95.60	-159.55	100.12	4.49	95.49	-164.04
201701	101.23	42.76	99.64	-12.39	101.59	55.15
201702	103.65	128.08	100.16	5.70	103.48	122.38
201703	97.38	-95.51	100.34	12.46	97.05	-107.97
201704	101.28	45.51	100.06	2.01	101.23	43.50
201705	100.64	23.06	100.26	9.47	100.38	13.59
201706	99.30	-25.44	98.60	-50.50	100.70	25.05
201707	100.69	24.64	99.79	-7.50	100.90	32.13
201708	100.98	35.29	100.01	0.33	100.97	34.97

表12 安徽省物业管理行业平均到手工资环比指数表

月份	平均到手工资指数（%）	差值	结构影响指数（%）	差值	固定构成指数（%）	差值
201609	99.61	-10.47	99.35	-17.24	100.26	6.77
201610	102.81	74.13	100.69	18.11	102.11	56.02
201611	108.16	221.63	100.15	4.03	108.00	217.60
201612	91.39	-253.02	100.64	18.70	90.81	-271.72
201701	100.68	18.14	99.87	-3.36	100.80	21.50
201702	106.30	170.43	99.66	-9.19	106.67	179.62
201703	90.97	-259.51	101.40	40.25	89.71	-299.77
201704	108.77	229.30	100.32	8.39	108.42	220.91
201705	98.53	-41.77	100.22	6.39	98.31	-48.16
201706	104.47	125.30	99.61	-10.93	104.88	136.23
201707	96.78	-94.24	99.63	-10.93	97.14	-83.31
201708	104.22	119.42	100.34	9.52	103.87	109.90

表 13 福建省物业管理行业平均到手工资环比指数表

月份	平均到手工资指数（%）	差值	结构影响指数（%）	差值	固定构成指数（%）	差值
201609	100.95	28.09	100.59	17.36	100.36	10.72
201610	102.44	73.09	99.29	-21.15	103.17	94.24
201611	101.67	51.07	100.04	1.13	101.63	49.94
201612	95.14	-151.44	100.04	1.23	95.10	-152.67
201701	100.05	1.34	100.09	2.72	99.95	-1.38
201702	103.56	105.73	99.96	-1.12	103.60	106.85
201703	99.38	-18.91	99.35	-19.95	100.03	1.03
201704	94.50	-167.99	100.38	11.49	94.14	-179.48
201705	102.83	81.62	100.16	4.47	102.67	77.15
201706	102.49	73.85	99.93	-2.10	102.56	75.94
201707	100.65	19.72	99.94	-1.96	100.71	21.68
201708	101.16	35.58	99.73	-8.40	101.44	43.98

表 14 江西省物业管理行业平均到手工资环比指数表

月份	平均到手工资指数（%）	差值	结构影响指数（%）	差值	固定构成指数（%）	差值
201609	101.82	46.47	100.54	13.94	101.26	32.53
201610	99.10	-23.33	100.10	2.58	99.01	-25.91
201611	102.73	70.46	99.41	-15.28	103.34	85.74
201612	95.71	-113.66	99.31	-18.28	96.38	-95.38
201701	101.22	30.97	100.14	3.55	101.08	27.42
201702	100.47	12.15	98.86	-29.21	101.63	41.36
201703	97.67	-60.19	99.72	-7.19	97.94	-53.00
201704	100.57	14.33	99.59	-10.30	100.98	24.64
201705	103.07	77.78	101.19	30.23	101.85	47.55
201706	100.35	9.06	99.95	-1.19	100.39	10.25
201707	100.00	0.09	100.24	6.23	99.77	-6.15
201708	99.86	-3.67	100.09	2.49	99.77	-6.15

表 15 山东省物业管理行业平均到手工资环比指数表

月份	平均到手工资指数（%）	差值	结构影响指数（%）	差值	固定构成指数（%）	差值
201609	100.87	23.48	99.05	-25.79	101.84	49.27
201610	104.79	130.80	99.41	-15.99	105.41	146.80
201611	102.73	78.19	100.15	4.43	102.57	73.76
201612	98.74	-37.13	99.76	-7.11	98.98	-30.02
201701	106.62	192.34	100.78	22.66	105.80	169.68
201702	96.09	-121.00	99.21	-24.36	96.85	-96.64
201703	93.38	-196.80	96.74	-97.08	96.53	-99.71
201704	100.72	19.99	100.93	25.96	99.79	-5.97
201705	101.15	32.15	99.99	-0.32	101.16	32.47
201706	102.35	66.45	99.14	-24.27	103.23	90.72
201707	100.84	24.20	100.14	4.05	100.69	20.15
201708	98.69	-38.16	100.69	20.15	98.02	-58.31

表 16 河南省物业管理行业平均到手工资环比指数表

月份	平均到手工资指数（%）	差值	结构影响指数（%）	差值	固定构成指数（%）	差值
201609	100.37	9.10	99.89	-2.66	100.47	11.76
201610	99.88	-3.02	99.81	-4.77	100.07	1.75
201611	102.08	51.70	100.28	7.05	101.79	44.65
201612	97.64	-60.07	100.12	3.14	97.51	-63.21
201701	101.71	42.47	100.80	19.85	100.90	22.62
201702	106.45	162.68	99.93	-1.81	106.53	164.50
201703	96.52	-93.56	99.94	-1.55	96.57	-92.01
201704	101.38	35.87	100.18	4.73	101.20	31.14
201705	102.08	54.61	100.16	4.29	101.91	50.32
201706	101.29	34.49	100.01	0.14	101.28	34.35
201707	98.51	-40.56	100.02	0.61	98.48	-41.17
201708	102.68	71.67	100.02	0.42	102.66	71.25

表 17 湖北省物业管理行业平均到手工资环比指数表

月份	平均到手工资指数（%）	差值	结构影响指数（%）	差值	固定构成指数（%）	差值
201609	102.48	68.28	100.00	0.07	102.47	68.21
201610	100.83	23.45	100.11	2.99	100.72	20.46
201611	107.84	223.22	98.82	-33.48	109.12	256.69
201612	89.63	-318.36	100.02	0.71	89.61	-319.07
201701	100.55	15.18	100.52	14.36	100.03	0.82
201702	115.28	422.99	99.77	-6.28	115.54	429.27
201703	80.60	-619.02	100.71	22.67	80.03	-641.69
201704	106.53	167.96	102.32	59.66	104.12	108.30
201705	102.10	57.61	99.04	-26.39	103.10	84.00
201706	110.41	291.35	100.39	10.95	109.98	280.40
201707	92.76	-223.71	99.47	-16.27	93.25	-207.44
201708	99.56	-12.63	100.15	4.37	99.41	-17.00

表 18 湖南省物业管理行业平均到手工资环比指数表

月份	平均到手工资指数（%）	差值	结构影响指数（%）	差值	固定构成指数（%）	差值
201609	100.55	14.61	100.24	6.42	100.31	8.19
201610	101.73	46.20	99.82	-4.90	101.92	51.10
201611	99.12	-23.73	100.44	11.84	98.69	-35.57
201612	98.20	-48.29	100.16	4.21	98.05	-52.50
201701	103.16	83.34	100.30	7.97	102.85	75.37
201702	101.57	42.64	99.99	-0.38	101.58	43.02
201703	96.73	-90.30	100.07	2.07	96.66	-92.37
201704	100.17	4.51	98.64	-36.37	101.55	40.88
201705	100.05	1.21	100.01	0.33	100.03	0.88
201706	99.66	-9.19	99.81	-5.11	99.85	-4.08
201707	100.56	15.08	100.43	11.41	100.14	3.68
201708	100.34	9.09	99.97	-0.72	100.37	9.81

表19 广东省物业管理行业平均到手工资环比指数表

月份	平均到手工资指数（%）	差值	结构影响指数（%）	差值	固定构成指数（%）	差值
201609	99.32	-21.97	100.01	0.32	99.31	-22.29
201610	101.88	60.33	100.08	2.59	101.80	57.74
201611	105.42	177.30	99.79	-6.74	105.64	184.04
201612	91.31	-299.89	100.08	2.77	91.23	-302.66
201701	101.26	39.82	99.89	-3.53	101.38	43.34
201702	110.41	331.87	101.93	61.42	108.32	270.44
201703	89.52	-369.03	99.97	-0.91	89.54	-368.12
201704	103.40	107.27	99.95	-1.47	103.45	108.74
201705	102.73	88.94	99.39	-19.81	103.36	108.75
201706	103.69	123.63	99.97	-1.04	103.72	124.67
201707	95.92	-141.59	99.92	-2.80	96.00	-138.79
201708	102.50	83.38	100.04	1.20	102.47	82.19

表20 广西壮族自治区物业管理行业平均到手工资环比指数表

月份	平均到手工资指数（%）	差值	结构影响指数（%）	差值	固定构成指数（%）	差值
201609	91.56	-175.41	107.48	155.35	85.19	-330.76
201610	104.91	93.37	100.26	5.00	104.63	88.36
201611	101.73	34.47	100.06	1.12	101.67	33.35
201612	96.21	-77.05	99.86	-2.85	96.34	-74.20
201701	103.42	66.84	99.95	-1.04	103.48	67.87
201702	108.48	171.29	99.52	-9.72	109.00	181.01
201703	92.15	-172.10	100.95	20.88	91.28	-192.97
201704	103.27	66.02	99.98	-0.37	103.29	66.39
201705	96.95	-63.58	99.90	-1.99	97.04	-61.59
201706	101.53	31.00	100.04	0.75	101.50	30.25
201707	102.11	43.33	99.81	-3.92	102.31	47.25
201708	94.09	-123.82	96.44	-74.66	97.57	-49.16

表 21　海南省物业管理行业平均到手工资环比指数表

月份	平均到手工资指数（%）	差值	结构影响指数（%）	差值	固定构成指数（%）	差值
201609	98.64	-32.37	99.44	-13.28	99.19	-19.09
201610	99.90	-2.42	100.25	5.91	99.65	-8.33
201611	102.90	67.72	100.08	1.83	102.82	65.89
201612	97.38	-63.03	100.16	3.82	97.23	-66.85
201701	100.54	12.70	100.03	0.64	100.51	12.06
201702	100.46	10.88	100.06	1.32	100.41	9.56
201703	99.78	-5.28	100.00	0.10	99.77	-5.38
201704	101.26	29.68	100.89	21.10	100.36	8.58
201705	100.17	4.03	99.78	-5.32	100.39	9.36
201706	99.53	-11.29	99.65	-8.35	99.88	-2.94
201707	100.36	8.58	101.09	25.94	99.28	-17.36
201708	100.32	7.57	100.01	0.14	100.31	7.43

表 22　重庆市物业管理行业平均到手工资环比指数表（22）

月份	平均到手工资指数（%）	差值	结构影响指数（%）	差值	固定构成指数（%）	差值
201609	100.15	3.97	100.47	12.81	99.68	-8.84
201610	102.53	68.84	99.47	-14.54	103.08	83.38
201611	99.10	-25.14	100.10	2.92	99.00	-28.06
201612	98.46	-42.52	98.48	-42.07	99.98	-0.45
201701	101.81	49.41	99.82	-4.84	101.99	54.25
201702	101.32	36.55	100.03	0.84	101.29	35.71
201703	98.81	-33.35	99.61	-11.08	99.20	-22.27
201704	99.16	-23.41	99.37	-17.55	99.79	-5.86
201705	99.52	-13.30	99.31	-18.97	100.21	5.67
201706	99.85	-4.12	99.92	-2.25	99.93	-1.86
201707	100.33	8.91	100.34	9.38	99.98	-0.47
201708	100.90	24.71	99.22	-21.48	101.70	46.19

表 23　四川省物业管理行业平均到手工资环比指数表

月份	平均到手工资指数（%）	差值	结构影响指数（%）	差值	固定构成指数（%）	差值
201609	100.39	10.09	100.34	8.89	100.05	1.20
201610	100.23	6.08	100.22	5.81	100.01	0.27
201611	99.11	-23.45	98.46	-40.39	100.66	16.94
201612	99.50	-12.91	100.34	8.91	99.16	-21.82
201701	99.57	-11.02	99.98	-0.62	99.60	-10.40
201702	103.81	97.95	100.42	10.77	103.37	87.18
201703	98.99	-26.89	99.68	-8.49	99.31	-18.41
201704	99.46	-14.18	99.99	-0.25	99.47	-13.92
201705	101.08	28.37	100.26	6.87	100.82	21.50
201706	101.09	29.07	100.05	1.38	101.04	27.69
201707	98.83	-31.39	100.28	7.53	98.56	-38.92
201708	100.27	7.22	98.91	-28.92	101.38	36.14

表 24　贵州省物业管理行业平均到手工资环比指数表

月份	平均到手工资指数（%）	差值	结构影响指数（%）	差值	固定构成指数（%）	差值
201609	101.58	42.00	102.10	55.64	99.50	-13.64
201610	102.14	57.64	98.43	-42.13	103.77	99.77
201611	107.76	213.27	101.66	45.74	105.99	167.54
201612	92.44	-224.07	100.53	15.77	91.95	-239.84
201701	98.09	-52.37	99.98	-0.43	98.10	-51.94
201702	100.60	16.01	97.93	-55.65	102.72	71.66
201703	96.02	-107.42	98.67	-35.83	97.32	-71.59
201704	101.13	29.20	100.58	14.95	100.55	14.25
201705	100.88	23.04	100.49	12.85	100.39	10.20
201706	100.32	8.38	99.23	-20.42	101.10	28.80
201707	100.62	16.55	99.90	-2.72	100.73	19.27
201708	100.01	0.35	99.04	-25.75	100.99	26.10

表 25　云南省物业管理行业平均到手工资环比指数表

月份	平均到手工资指数（%）	差值	结构影响指数（%）	差值	固定构成指数（%）	差值
201609	100.60	14.55	100.12	2.88	100.48	11.67
201610	99.92	-1.96	100.14	3.40	99.78	-5.36
201611	103.40	82.98	100.03	0.77	103.37	82.21
201612	99.59	-10.29	100.37	9.27	99.23	-19.56
201701	99.23	-19.26	99.80	-5.14	99.44	-14.12
201702	104.81	119.88	101.39	34.58	103.38	85.30
201703	97.25	-71.94	99.99	-0.20	97.25	-71.73
201704	102.12	53.79	99.80	-4.99	102.32	58.78
201705	100.75	19.43	98.77	-32.00	102.01	51.43
201706	98.70	-34.03	99.71	-7.58	98.99	-26.45
201707	92.75	-187.06	100.19	4.92	92.57	-191.99
201708	101.22	29.25	101.75	41.75	99.49	-12.50

表 26　陕西省物业管理行业平均到手工资环比指数表

月份	平均到手工资指数（%）	差值	结构影响指数（%）	差值	固定构成指数（%）	差值
201609	101.75	44.20	98.96	-26.21	102.81	70.41
201610	99.87	-3.38	101.02	26.40	98.86	-29.78
201611	97.85	-55.20	98.43	-40.43	99.42	-14.76
201612	98.84	-29.23	99.61	-9.82	99.23	-19.41
201701	100.15	3.71	99.44	-13.82	100.71	17.53
201702	102.76	68.75	99.70	-7.57	103.07	76.32
201703	99.39	-15.55	100.24	6.16	99.15	-21.70
201704	99.69	-7.93	99.67	-8.49	100.02	0.55
201705	99.93	-1.78	99.92	-2.06	100.01	0.28
201706	102.22	56.31	99.87	-3.27	102.35	59.58
201707	99.28	-18.79	99.72	-7.14	99.55	-11.65
201708	100.21	5.39	100.17	4.27	100.04	1.12

表 27 甘肃省物业管理行业平均到手工资环比指数表

月份	平均到手工资指数（%）	差值	结构影响指数（%）	差值	固定构成指数（%）	差值
201609	100.48	11.90	100.48	11.90	100.00	0.00
201610	100.00	0.00	100.00	0.00	100.00	0.00
201611	100.00	0.00	100.00	0.00	100.00	0.00
201612	99.67	-8.02	99.67	-8.02	100.00	0.00
201701	100.00	0.00	100.00	0.00	100.00	0.00
201702	99.86	-3.52	99.86	-3.52	100.00	0.00
201703	100.28	6.78	100.28	6.78	100.00	0.00
201704	100.27	6.58	100.27	6.58	100.00	0.00
201705	99.44	-13.82	99.44	-13.82	100.00	0.00
201706	100.14	3.51	100.14	3.51	100.00	0.00
201707	100.00	0.00	100.00	0.00	100.00	0.00
201708	100.00	0.00	100.00	0.00	100.00	0.00

表 28 青海省物业管理行业平均到手工资环比指数表

月份	平均到手工资指数（%）	差值	结构影响指数（%）	差值	固定构成指数（%）	差值
201609	100.00	0.00	100.00	0.00	100.00	0.00
201610	100.00	0.00	100.00	0.00	100.00	0.00
201611	100.00	0.00	100.00	0.00	100.00	0.00
201612	100.00	0.00	100.00	0.00	100.00	0.00
201701	100.00	0.00	100.00	0.00	100.00	0.00
201702	100.00	0.00	100.00	0.00	100.00	0.00
201703	100.58	14.80	100.58	14.80	100.00	0.00
201704	100.00	0.00	100.00	0.00	100.00	0.00
201705	100.00	0.00	100.00	0.00	100.00	0.00
201706	100.00	0.00	100.00	0.00	100.00	0.00
201707	100.00	0.00	100.00	0.00	100.00	0.00
201708	103.92	100.00	100.00	0.00	103.92	100.00

表 29　宁夏回族自治区物业管理行业平均到手工资环比指数表

月份	平均到手工资指数（%）	差值	结构影响指数（%）	差值	固定构成指数（%）	差值
201609	99.90	-2.35	99.90	-2.35	100.00	0.00
201610	99.80	-4.97	99.80	-4.97	100.00	0.00
201611	107.30	179.43	100.46	11.32	106.81	168.11
201612	100.64	16.83	99.91	-2.25	100.72	19.08
201701	99.99	-0.31	99.99	-0.31	100.00	0.00
201702	99.90	-2.72	99.90	-2.72	100.00	0.00
201703	100.04	1.15	99.98	-0.59	100.07	1.74
201704	100.04	1.05	100.04	1.05	100.00	0.00
201705	99.81	-4.93	99.97	-0.89	99.85	-4.04
201706	100.10	2.57	99.94	-1.65	100.16	4.22
201707	99.84	-4.18	99.84	-4.18	100.00	0.00
201708	100.07	1.85	100.07	1.85	100.00	0.00

表 30　新疆维吾尔自治区物业管理行业平均到手工资环比指数表

月份	平均到手工资指数（%）	差值	结构影响指数（%）	差值	固定构成指数（%）	差值
201609	98.65	-39.76	99.93	-2.05	98.72	-37.71
201610	101.46	42.35	100.51	14.81	100.95	27.55
201611	98.10	-55.90	100.23	6.86	97.87	-62.76
201612	97.93	-59.60	100.89	25.70	97.07	-85.30
201701	100.37	10.41	100.40	11.32	99.97	-0.91
201702	103.81	107.90	100.52	14.87	103.26	93.03
201703	94.62	-158.38	99.85	-4.40	94.76	-153.99
201704	99.80	-5.68	99.53	-13.18	100.27	7.50
201705	105.10	141.67	99.51	-13.50	105.61	155.17
201706	103.92	114.56	100.28	8.12	103.63	106.44
201707	103.16	95.86	101.17	35.43	101.97	60.43
201708	99.20	-25.18	99.78	-6.74	99.41	-18.45

物业管理媒体影响力测评报告

中国物业管理协会
清华大学新闻与传播学院

一、导言

2018 年 5 月 4 日，中国物业管理协会面向全国物业管理行业媒体协作网（以下简称“协作网”）成员单位，组织开展了物业管理行业微信公众号和刊物影响力测评工作，得到了各成员单位的热烈响应。截止到 5 月 29 日，共收到符合申报要求的物业管理微信公众号 96 个，物业管理刊物 75 家。中国物业管理协会和清华大学新闻与传播学院成立报告撰写小组，共同对申报数据进行了整理和分析，并撰写形成《物业管理媒体影响力测评报告》。

从统计数据看，目前全国物业管理行业已普遍形成较为明确的信息传播主体意识，绝大多数物业服务企业和地方行业协会均搭建了较为完善的“传统媒体 - 新媒体”二元传播架构，一些媒体平台无论在行业知名度还是业内影响力上均达到较高水平。但总体看全行业存在传播力较弱、传播架构失衡、内容形式僵化等亟待解决的问题。

结合现有成熟的理论研究成果，本报告的分析和阐述建立在以下三个观点前提的基础之上：

1. 行业媒体若要实现真正意义上的自足发展，其内容生产范围必须突破行业的边界。

2. 对于各种类型的行业媒体来说，传播效能由高到低依次是：微信公众号、杂志和报纸。

3. 整个行业媒体的健康发展需要建立“高峰 + 高地”（指既要有领军的企业，同时也要有领军的队伍）的合理传播格局。

依照上述考量，结合本次测评的具体情况，我们将所有媒体进行分类：物业服务企业（以下简称企业）微信公众号 75 个，地方物业管理行业协会（以下简称协会）微信公众号 21 个；企业报纸 23 份，协会报纸 3 份；企业杂志 30 家，协会杂志 17 家。（另有 2 家杂志，情况特殊，不列入分析报告范围之内。）

本报告主要借助统计分析、文本分析方法和归纳逻辑法，对物业管理行业媒体发展现状及趋势做出分析，并在此基础上做出总结、提出建议。

二、现状及趋势分析

（一）作为传播主体的企业媒体和协会媒体在信息传播的结构和效果上存在失衡，企业媒体的传播力强于协会媒体的传播力

基于对不同媒体平台独特性的考虑，报告在这里主要比较五个关键指标的均值（用于描述统计值的平均水平）：（1）微信公众号的用户人数；（2）微信公众号的单篇文章平均阅读量；（3）微信公众号的文章总数；（4）报纸和杂志的年总发行量；（5）报纸和杂志的单期发行量。

经比较企业和协会两类微信公众号的关键指标，可发现：

a. 企业微信公众号用户人数均值为 44104.64，

协会公众号用户人数均值为8281.52，前者为后者的5.33倍，这表明企业微信公众号在受众影响力上超过协会微信公众号。

b. 企业微信公众号单篇文章平均阅读量均值为2624.22，协会公众号单篇文章平均阅读量均值为1024.80，前者为后者的2.56倍，这表明企业微信公众号在用户黏性上超过协会微信公众号。

c. 企业微信公众号发文总量均值为251.11，协会公众号发文总量均值为481.52，前者仅为后者的52%，这表明企业微信公众号以相对很小的内容总量获得了相对很大的传播效果。

经比较企业和协会报纸、杂志的年总发行量及单期发行量均值，可发现：

a. 企业报纸的年总发行量均值为307115，协会报纸的年总发行量均值为180750。因协会报纸数量较少，上述两个统计值缺乏在统计学上进行比较的显著意义，但仍可大致推断企业报纸在年发行量上高于协会报纸。

b. 企业杂志的年总发行量均值为30082.49，协会杂志的年总发行量为17662.12，前者为后者的1.7倍，表明企业杂志在受众影响力上高于协会杂志。

c. 企业报纸的单期发行量均值为15899，协会报纸的年总发行量均值为10518。因协会报纸数量较少且差异巨大，上述两个统计值缺乏在统计学上进行比较的显著意义，但仍可大致推断企业报纸在年发行量上高于协会报纸。

d. 企业杂志的单期发行量均值为7040，协会杂志的单期发行量为2906，前者为后者的2.4倍，这表明企业杂志在受众影响力上高于协会杂志。

经过上述指标在均值上的比较，得出如下结论：

作为新媒体时代最重要的信息传播平台，微信公众号的运营状况于总体上代表了各企业和各协会的实际传播力。在两项关键指标上，企业的新媒体传播力均强于协会的新媒体传播力。经参考业内成熟的新媒体传播力计算方法，我们采用如下公式计算各机构的新媒体传播力：

$$\text{微信公众号传播力}(P)=\frac{\text{单篇文章阅读数}(c)\times\text{用户人数}(n)}{\text{发文总数}(a)\times 100000}$$

经计算，企业微信公众号的传播力均值为4.61，而协会微信公众号的传播力为0.17，前者为后者的27倍。这一状况折射出目标用户群体的差异对传播策略及传播效果的影响：以业主为主要目标用户的企业微信公众号具有更加鲜明的问题意识和服务意识，善于以更加鲜活的案例和更加生动的语言去吸引用户，使自身的管理工作得以更加顺畅地展开；而面向物业服务企业的各地协会则多以纯粹的宣传、沟通为传播目标，新媒体传播活动与提高组织工作效益缺乏直接的利益关联，从而令公号运营缺乏内在动力，程式化明显。

在传统媒体运营方面，从现有的数据分析，可得出企业报刊运营状况较好、协会杂志运营状况较好的结论。从报刊名称、内容及用户定位来看，企业报刊多以“生活方式”为核心概念，内容较为“软性”，对业主的日常生活有直接的帮助和指导；协会杂志多为管理信息和行业动态，内容较为“硬性”，对物业服务企业品牌宣传有较好的促进作用，能够与企业用户形成一定黏性。

（二）作为行业信息传播主力的企业媒体，内部运营状况参差不齐，呈现出强者愈强、弱者愈弱的马太效应，而协会的媒体运营状况则处在较为稳定的水平

基于对不同媒体平台的独特性的考虑，报告主要比较三个关键指标的标准差（用于描述值分布的离散程度）：（1）微信公众号的用户人数；（2）微信公众号的单篇文章平均阅读量；（3）杂志的年总发行量。

经比较发现：

a. 企业微信公众号关注人数标准差高达128158.44，比协会公众号关注人数的标准差高13.9倍，表明企业微信公众号在用户人数这一指标

上，存在很高的不平衡状况，而协会微信公众号运营水平则总体较为平稳、均衡。

b. 企业微信公众号单篇文章平均阅读量标准差为 3674，比协会公众号单篇文章平均阅读量的标准差高 3.4 倍，表明在用户黏度这一指标上，企业微信公众号相对于协会微信公众号拥有更高的不平衡状况。

c. 企业杂志的年总发行量标准差高达 51651.17，比协会杂志年总发行量的标准差高 2.9 倍，尽管发行量并不能被单纯理解为用户影响力或用户黏性，但仍可大致说明在总体运营水平上，企业杂志比协会杂志存在较为不平衡状况。

经过上述指标在标准差上的比较，我们可以得出如下结论：作为行业信息传播主力的企业媒体，尽管在总体上拥有更大的影响力，但其各企业间存在巨大的发展失衡状况，呈现出“有高峰、无高地”（指有领军企业，无领军队伍）的总体态势。

在全部 96 个微信公众号中，只碧桂园物业、金科大社区、保利物业、佳兆业物业集团、鑫苑物业北京、绿城服务集团、物业观察、之平管理、路劲会等 9 个在公众号人数超过了 46000 人的均值，而另有 9 个企业的微信公众号用户人数不足 1000 人。相比之下，协会微信公众号的发展状况更为平均，虽然只有成都、北京、武汉、深圳、广东、河北等协会的公号属于意义上的“大号”，但所有公号的用户人数均超过 1000，总体态势较为稳定，符合正常的行业发展生态。在单篇文章平均阅读量上，亦呈现出类似的分布。

全部 47 本杂志的年发行量均值为 26000 份。《中国物业管理》年发行量最大，达到 360000 份。《中国校园物业管理》《绿城生活》《河北物业管理》《鑫苑 • 心动时刻》《悦享高地》《圆方文化》《嘉园生活》《咱家的事儿》《雅生活》《深圳物业管理》《重庆物业管理》年发行量均超过 30000 份。协会杂志虽然发行总量不突出，但发展状况较为平均，有接近一半的杂志年总发行量超过万份，绝大部分杂志的年总发行量超过 5000 份。

综合上述比较分析，物业管理微信公众号和刊物前十名的单位，已经成为全国物业管理行业信息传播的支柱性力量，在总体传播格局中贡献了约 30% 的影响力。

（三）中国物业管理协会通过权威文章转载机制，在促进和平衡企业和地方协会媒体发展方面起到一定效果

报告以中国物业管理协会官方平台（含中国物业管理协会微信公众号、网站和《中国物业管理》杂志）转载各媒体文章数量均值和各媒体年发稿总数均值的比值作为主要的分析公式，观察企业媒体和协会媒体在这一指标上的表现情况。

经比较发现：

a. 企业微信公众号转载文章数量均值为 5.23，企业微信年发稿总数均值为 251.11，其比值为 0.02，即任意一篇文章被转载的可能性约为 2%。协会微信公众号转载文章数量均值为 6.10，协会微信公众号年发稿总数均值为 481.52，其比值为 0.012，即任意一篇文章被转载的可能性为 1.2%。可见中国物业协会官方平台更加侧重于转载企业微信公众号文章。

b. 企业报纸转载文章数量均值为 3.25，企业报纸年发稿总数均值为 480.25，其比值为 0.0068，即任意一篇文章被转载的可能性约为 0.68%。协会报纸转载文章数量均值为 3.5，协会报纸年发稿总数均值为 404，其比值为 0.0087，即任意一篇文章被转载的可能性为 0.87%。可见在报纸文章转载方面，中国物业管理协会做到了较好的平衡，且于总体上很少转载报纸文章。

c. 企业杂志转载文章数量均值为 4.85，企业杂志年发稿总数均值为 139.54，其比值为 0.0348，即任意一篇文章被转载的可能性约为 3.48%。协会杂志转载文章数量均值为 5.91，协会杂志年发稿总数均值为 250.82，其比值为 0.0236，即任意一篇文章被转载的可能性为 2.36%。可见在杂志文章转载方面，中国物业管理协会较为侧重于企业杂志文

章的转载。

通过对微信公众号、报纸和杂志三类媒体转载率的横向比较可知，中国物业管理协会官方平台较为侧重于转载杂志和微信公众号的文章，其中中国物业管理协会微信公众号侧重微信内容的转载，《中国物业管理》杂志侧重杂志内容的转载，但对报纸文章的转载较少。

经对上述指标的比较分析，得出如下结论：

中国物业管理协会通过官方平台设立有效的文章录用（转载）机制，较为成功地实现了对于企业及协会信息传播活动的良性引导。在企业和协会两类机构之中，企业媒体发布的内容受到更高的重视和认可，这一策略既能丰富全国性权威平台的内容，同时也在形式上鼓励企业面向用户需求进行针对性、软性内容生产的传播策略。此外，现有转载机制对于微信公众号和杂志文章的偏向，即对话题性、生活性、趣味性内容，以及深度和特写类信息的重视，体现了中国物业管理协会对新媒体环境下信息传播规律的熟知和尊重。

三、总结与建议

经上述分析，目前全国物业管理行业的信息传播工作形成了如下四个典型特征：

a. 传播平台架构完善，内容生产形式丰富，信息传播手段多元，形成了以中国物业管理协会为中心、以若干全国知名物业服务企业为流量主力、以各地物业管理行业协会为根基的稳定生态，全行业媒体总体发展趋势向好。

b. 在物业服务企业和地方行业协会之间，以及物业服务企业集群内部，存在着传播力的不均衡状况，物业服务企业媒体平台的强大传播力实质上由不足 10 家企业支撑，大量企业媒体平台（尤其是微信公众号）尚未形成稳定的运营模式。相比之下，各地物业管理行业协会在传播力上保持了较为平衡的内部生态，体现了作为行业管理和服务机构的平衡性角色功能。

c. 作为全国物业管理行业媒体总平台的中国物业管理协会平台，通过行之有效的文章转载（录用）机制，达到了鼓励内容创新、平衡新旧媒体关系、推行先进传播理念的目标，有效地为全行业奠定了“企业求新、协会求稳”的传播程式，符合行业媒体发展的一般规律。

d. 目前全国物业管理行业媒体在内容上仍普遍存在行业内向型偏向，即较多关注本机构、本行业内部信息，带有较强的宣传色彩，较少进行以行业利益与价值观为内核的软性、趣味性内容生产，这在一定程度上影响了行业媒体在若干重要指标上的表现。

鉴于此，对物业管理媒体的发展提出三点建议：

a. 中国物业管理协会通过进一步完善平台转载、录用、测评体系，对行业媒体进行积极有效地引导，该体系需进一步向微信公众号倾斜，基本保持对杂志/报纸文章的录用比率，以促使各物业服务企业和地方行业协会全面重视对微信公众号平台的建设。

b. 号召全行业学习保利、碧桂园、金科、雅居乐、富力、绿城、明德、佳兆业等物业服务企业的新媒体运营经验，学习的重点包括选题来源、稿件样态、传播手段、部门架构四个方面，争取在 2 年内，带动 20 家左右企业（协会）成为拥有 10 万以上粉丝的“大号”，真正搭建起“高峰 + 高地”的健全格局。

c. 在传播内容上，物业管理行业媒体应更加侧重于“生活方式 + 服务信息”组合，淡化机构内宣、活动纪要、成就报道等色彩，追求物业管理行业媒体与以不动产为核心的都市、中产身份定位的结合，使行业媒体的影响力突破行业边界，实现与更大的社会结构的良性互动，形成更为健全的成长模式。

物业管理微信公众号影响力TOP50

排名	单位名称	公众号名称
1	广东碧桂园物业服务股份有限公司	碧桂园物业
2	保利物业发展股份有限公司	保利物业
3	金科物业服务集团有限公司	金科大社区
4	雅居乐雅生活服务股份有限公司	雅生活服务集团
5	富力物业服务集团	富力物业服务集团
6	绿城服务集团有限公司	绿城服务集团
7	山东明德物业管理集团有限公司	明德物业管理集团
8	广州市雅天网络科技有限公司	雅管家
9	《中国校园物业管理》杂志社	中国校园物业管理
10	佳兆业物业集团有限公司	佳兆业物业集团
11	四川嘉宝资产管理集团股份有限公司	嘉宝股份
12	金地物业管理集团公司	金地物业集团
13	成都市物业管理协会	成都市物业管理协会
14	深圳市之平物业发展有限公司	之平管理
15	卓达物业服务股份有限公司	卓达物业
16	中海物业管理有限公司	中海物业
17	珠海华发物业管理服务有限公司	珠海华发物业
18	上海明华物业管理有限公司	快乐明华
19	长城物业集团股份有限公司	长城物业集团
20	上海永升物业管理有限公司	永升物业
21	福建省物业管理协会	福建省物业管理协会
21	深圳明喆物业集团	明喆集团
22	成都麦克瑞教育咨询有限公司	物业观察
22	武汉同济物业管理有限公司	武汉同济物业管理有限公司
23	中航物业管理有限公司	中航物业
23	海南一卡通物业管理股份有限公司	一卡通物业
24	鑫苑科技服务股份有限公司	鑫苑物业北京
24	路劲物业	路劲会
25	浙江开元物业管理股份有限公司	开元物业官微
25	天津隽丰物业管理有限公司	隽生活
26	河南新康桥物业服务有限公司	康桥物业
26	深圳市物业管理行业协会	深圳市物业管理行业协会
27	河南华歌众和企业管理咨询有限公司	社区物业通
27	杭州滨江物业管理有限公司	滨江物业
28	宁波市亚太酒店物业管理有限公司	亚太酒店物业
28	成都蜀信物业服务有限公司	蜀信物业
29	山东省诚信行物业管理有限公司	诚信行
29	广东省物业管理行业协会	广东省物业管理行业协会

续表

排名	单位名称	公众号名称
30	南都物业服务股份有限公司	南都物业
30	武汉市物业管理协会	武汉市物业管理协会
31	兰州市物业管理行业协会	物业大伽汇
31	上海银钥匙网络有限公司	银钥匙
32	河南省物业管理协会	河南省物业管理协会
32	衡阳雅士林物业管理有限公司	雅士林物业
33	深圳市开元国际物业管理有限公司	开元国际物业管理
33	深圳市莲花物业管理有限公司	莲花物业集团
34	南充市物业管理协会	南充市物业管理协会
34	中化金茂物业管理（北京）有限公司	金茂物业
35	河北省物业管理行业协会	河北省物业管理行业协会
35	河北恒辉物业服务集团有限公司	恒辉物业
36	河南正弘物业管理有限公司	好生活在正弘
36	哈尔滨景阳物业管理有限公司	景阳服务
37	西安经发物业管理有限责任公司	经发物业
37	郑州圆方集团	郑州圆方集团
38	成都金房物业集团有限责任公司	成都金房物业集团
38	北京物业管理行业协会	北京物业管理行业协会
39	上海市物业管理行业协会	上海物业管理行业
39	华润物业科技服务有限公司	沈阳华润置地物业
40	上海科瑞物业管理发展有限公司	科瑞物业
40	戎威远保安服务（北京）有限公司	戎威远安全服务集团
41	合肥市物业管理协会	合肥市物业管理协会
41	北京首开鸿城实业有限公司	首开物业
42	福建伯恩物业管理股份有限公司	伯恩物业
42	山东省房地产业协会	山东省房地产业协会
43	北京斯马特物业管理有限公司	斯马特物业
43	重庆海泰管理服务有限公司	中民未来海泰
44	郑州市物业管理协会	郑州市物业管理协会
44	乌鲁木齐市物业管理协会	乌鲁木齐市物业管理协会
45	遵义市物业管理协会	遵义市物业管理协会
45	深圳市龙城物业管理有限公司	龙城物业服务
46	中土物业管理集团有限公司	中土物业管理集团
46	金融街物业管理有限责任公司	96018 金融街生活在线
47	广州市物业管理行业协会	广州市物业管理行业协会
47	索克物业发展股份有限公司	索克物业管理
48	北京天鸿宝地物业管理经营有限公司	天鸿宝地说
48	上海上实物业管理有限公司	上实物业
49	成都华昌物业发展有限责任公司	成都华昌物业
49	湖北省武汉市美好物业管理有限公司	武汉美好物业管理有限公司
50	南京新百物业资产管理有限公司	新百物业资产公司
50	陕西诚悦物业管理有限责任公司	诚悦物业

物业管理刊物（杂志）影响力TOP30

排名	单位名称	刊物名称
1	《中国物业管理》杂志社	《中国物业管理》
2	深圳市物业管理行业协会	《深圳物业管理》
3	保利物业发展股份有限公司	《和院书刊》
4	郑州圆方集团	《圆方文化》
5	上海高地物业管理有限公司	《悦享高地》
6	福建省物业管理协会	《东南物业》
7	绿城服务集团有限公司	《绿城生活》
8	深圳明喆物业集团	《明喆》
9	成都市物业管理协会	《成都物业》
10	《中国校园物业管理》杂志社	《中国校园物业管理》
11	河南新康桥物业服务有限公司	《咱家的事儿》
12	雅居乐雅生活服务股份有限公司	《雅生活》
13	广东省物业管理行业协会	《广东物业管理》
14	哈尔滨景阳物业管理有限公司	《景阳物语》
15	合肥市物业管理协会	《合肥物业管理》
16	乌鲁木齐市物业管理协会	《乌鲁木齐物业管理》
17	武汉市物业管理协会	《武汉物业管理》
18	重庆市物业管理协会	《重庆物业管理》
19	鑫苑科技服务股份有限公司	《鑫苑·心动时刻》
20	北京物业管理行业协会	《北京物业管理》
21	中土物业管理集团有限公司	《中土物业》
21	武汉同济物业管理有限公司	《同济物业之窗》
22	上海市物业管理行业协会	《上海物业管理》
22	四川嘉宝资产管理集团股份有限公司	《嘉园生活》
23	新中物业管理（中国）有限公司	《新中之窗》
23	北京中湾智地物业管理有限公司	《蓝风》
24	广州市物业管理行业协会	《物业管理信息》
24	泛海物业	《四海一家》
25	深圳市莲花物业管理有限公司	《莲花物业》
25	南宁市物业管理行业协会	《南宁物业管理》

续表

排名	单位名称	刊物名称
26	南京紫竹物业管理股份有限公司	《紫蕴竹祥》
26	北京天鸿宝地物业管理经营有限公司	《天鸿宝地物业管理人》
27	河北省物业管理行业协会	《河北物业管理》
27	河南省物业管理协会	《河南省物业管理协会年鉴》
28	深业集团（深圳）物业管理有限公司	《深业物业》
28	沈阳市物业管理协会	《沈阳物业》
29	中节能（杭州）物业管理有限公司	《节能物业》
29	深圳市之平物业发展有限公司	《之平视点》
30	河南正弘物业管理有限公司	《弘星故事汇》
30	中电建物业管理有限公司	《五兴视窗》

物业管理刊物（报纸）影响力 TOP20

排名	单位名称	刊物名称
1	山东明德物业管理集团有限公司	《明德人》
2	卓达物业服务股份有限公司	《卓达社区报》
3	重庆华宇物业服务集团有限公司	《重庆晨报华宇社区》
4	河北恒辉物业服务集团有限公司	《恒辉社区周刊》
5	上海科瑞物业管理发展有限公司	《新民晚报科瑞专刊》
6	深圳明喆物业集团	《明喆人》
7	山东绿地泉物业服务有限公司	《绿地泉服务报》
8	中航物业管理有限公司	《中航物业》
9	戎威远保安服务（北京）有限公司	《戎威远保安》
10	郑州市物业管理协会	《郑州物业》
11	浙江开元物业管理股份有限公司	《开元旅业》
12	哈尔滨市物业管理协会	《哈尔滨物业》
13	山东省房地产业协会物业管理行业分会	《山东房地产舆情》
14	金科物业服务集团有限公司	《金科 SERVICE》
15	上海上实物业管理有限公司	《上实物业》
16	四川艾明物业管理有限公司	《艾明之声》
17	河北旅投世纪物业发展有限公司	《世纪物业报》
18	南都物业服务股份有限公司	《南都月报》
19	深圳市龙城物业管理有限公司	《龙城报》
20	湖北省武汉市美好物业管理有限公司	《美好物业》

资本视角的物业管理未来价值瞻望
——2018 中国物业管理资本 · 上市 · 并购调研报告

中国物业管理杂志社

楔子

从 2014 年 6 月彩生活在港股上市，到 2018 年 2 月南都物业在 A 股 IPO，内地物业管理行业已经有 1 家 A 股上市企业、7 家港股上市企业，以及 58 家新三板挂牌企业。资本正在以前所未有的速度进入行业，并与技术形成双轮驱动，由此推动物业管理开展了新科技应用和市场并购的浪潮。

在业外，由“美好生活”带来的万亿级社区消费市场的养成和显现，吸引了包括华为、阿里巴巴、腾讯、京东、苏宁、顺丰等巨头跨界而来，进一步加速了物业管理行业的变革和转型。

未来已来，路向何方？

2018 年，恰逢中国改革开放 40 周年、党的十九大开局之年，也是物业管理转型升级的关键一年。年初，在中国物业管理协会会长工作会议上，沈建忠会长提议，由《中国物业管理》杂志年内编辑和发布业内首份《2018 中国物业管理资本 · 上市 · 并购调研报告》，收集业内先行者借力资本、企业上市和市场并购的案例，与全行业分享，以供交流学习。

为此，中国物业管理杂志社特别面向全国 42 个城市的约 500 家物业服务企业发起了问卷调查，并在杂志社微信公众号上发起线上调查。问卷内容涵盖企业基本经营状况、融资情况、上市情况或意向、市场并购与合作情况、平台建设与合作等情况，特别是南都物业、彩生活、雅生活、中海物业、保利物业、金地物业、嘉宝物业、浦江物业、新大正物业、盛全服务、永升物业、开元物业、福星智慧家、佳兆业物业、诚信行物业、天骄股份、财信物业、时代邻里、城关物业、乐生活和万物至上科技等企业，作为样本案例企业，无私地将自身创新发展的数据、经验和思考与业内分享，十分难能可贵。

党的十九大开启了新时代的新篇章，提出了美好生活的目标，作为现代服务业的物业管理，乘资本和科技之风，未来发展前景广阔，令人向往。

一、资本风口的物业管理

对于 2018 年的物业管理来说，似乎特别与资本市场有缘。2 月，先是南都物业在 A 股上市，紧接着雅生活登陆 H 股，并先后有创美城市、实力物业、龙能股份、安信联行等 4 家物业服务企业于一季度在新三板挂牌。

物业管理在资本市场的活跃，恰好契合了当下的经济发展大势。4 月，国家统计局公布了 2018 年第一季度宏观经济数据：我国最终消费支出贡献率为 77.8%，而上年全年是 58.8%。这显示最终消费支出已经连续第五年成为中国经济增长的第一引擎，服务业发展势头强劲。

早在 2012 年，我国的服务业规模就已经超过了第二产业，成为经济第一大产业，之后服务业对我国经济增长的带动作用明显增强，成为我国经济发展的主动力。进入服务业主导的经济发展阶段，是我国经济转型升级的一个重要标志，这是经济发展内在规律作用的结果，也是调结构、促升级各种政策作用的成果。

（一）上市总体情况

基于我国经济的发展大势，以及国内宽松的政策环境，叠加居民消费升级带来的巨大市场空间机会等利好因素的影响，一大批优秀的物业公司进入资本市场。截至 2018 年 4 月 30 日，南都物业在 A 股上市，彩生活、绿城服务、雅生活等 7 家物业公司在 H 股上市，嘉宝物业、保利物业等 58 家物业公司在新三板挂牌。

（二）关于上市的调查结果

此次杂志社调查结果显示，线下问卷类结果是 19% 的企业有上市计划，28% 的企业无上市计划。线下问卷的对象是企业，因此这一结果应该显示为企业投资人或 CEO 的想法。评价认为，这既显示了在资本风口一部分条件优良的企业借力资本市场谋求更大发展的现实情况，也反映了业内企业对自我发展客观的认知，以及对于资本的理性认知。

另外，在《中国物业管理》杂志微信公众号发起的调查结果显示，18% 的企业有上市计划，27% 的企业无上市计划。微信公众号的对象是个人，因此这一结果应该显示为受访人对于企业发展的理想和期盼，或者个人角度对这一问题的看法。因为本微信公众号的粉丝基本上为业内企业的 CEO 和管理人员，因此一定程度上也代表了企业的愿景。

从本次调查问卷企业总部所在城市的分布来看，北京、上海、深圳和广州参与企业数量最多，另外，新一线城市成都、重庆、南京、郑州等城市参与企业数量较多。值得一提的是，部分三线和四线城市的企业也参与了本次问卷调查，如来自克拉玛依的两家企业，其中一家是新三板挂牌的企业。

表 1 主板上市物业服务企业统计

序号	名称	股票代码	IPO 时间	总市值（万元）
1	南都物业	603506	2018/02/01	339200.00

根据公开资料整理，市值为 2018 年 5 月 11 日数据。

表 2 在港上市物业服务企业统计

序号	名称	股票代码	IPO 时间	总市值（万元）
1	彩生活	01778	2014/06/30	855200.00
2	中海物业	02669	2015/10/23	828300.00
3	中奥到家	01538	2015/11/25	72200.00
4	绿城服务	02869	2016/07/12	1944400.00
5	祈福生活服务	03686	2016/11/08	70200.00
6	浦江中国	01417	2017/12/11	117500.00
7	雅生活	03319	2018/02/09	1488000.00

根据公开资料整理，市值为 2018 年 5 月 11 日数据。

表 3　新三板挂牌物业服务企业

序号	名称	股票代码	挂牌时间	当前市值（万元）	服务券商
1	文达通	430516	2014/01/24	29100	金元证券股份有限公司
2	东光股份	831840	2015/01/22	7191	中航证券有限公司
3	开元物业	831971	2015/02/10	105000	中信证券股份有限公司
4	丹田股份	831947	2015/03/11	41000	新时代证券股份有限公司
5	华仁物业	832319	2015/04/16	12000	申万宏源证券有限公司
6	索克物业	832816	2015/07/24	35300	方正证券股份有限公司
7	城投鹏基	832925	2015/07/29	552.68	海通证券股份有限公司
8	新鸿运	833440	2015/09/01	47700	申万宏源证券有限公司
9	兴业源	833925	2015/10/20	9126	南京证券股份有限公司
10	盛全服务	834070	2015/11/10	25400	国泰君安证券股份有限公司
11	物管股份	834213	2015/11/10	1875	东吴证券股份有限公司
12	方圆现代	834381	2015/11/23	9630	光大证券股份有限公司
13	一卡通	834858	2015/12/14	14400	华福证券有限责任公司
14	嘉宝股份	834962	2015/12/17	264800	国信证券股份有限公司
15	雅荷科技	835514	2016/01/14	4731	西部证券股份有限公司
16	润丰物业	835411	2016/01/21	1000	华西证券股份有限公司
17	特毅股份	835232	2016/01/28	505	西南证券股份有限公司
18	万联生活	835800	2016/02/05	6106	首创证券有限责任公司
19	润华物业	836007	2016/03/07	4800	国联证券股份有限公司
20	智善生活	836397	2016/04/26	1500	海通证券股份有限公司
21	乐生活	837249	2016/05/16	28300	国海证券股份有限公司
22	第一物业	837498	2016/05/18	116900	东北证券股份有限公司
23	格力物业	837530	2016/05/31	1000	东兴证券股份有限公司
24	中广股份	837496	2016/06/01	500	方正证券股份有限公司
25	德商股份	837976	2016/08/02	1000	兴业证券股份有限公司
26	中经世纪	838042	2016/08/08	2025	招商证券股份有限公司
27	荣超股份	838844	2016/08/15	3000	天风证券股份有限公司
28	福强股份	838474	2016/08/17	700	金元证券股份有限公司
29	仁和服务	839177	2016/09/12	11600	兴业证券股份有限公司
30	花十墅	839277	2016/09/26	10000	新时代证券股份有限公司
31	兴中能源	839458	2016/10/20	48900	兴业证券股份有限公司
32	美的物业	839955	2016/12/02	92600	中信证券股份有限公司
33	建投实业	870261	2016/12/23	23000	平安证券股份有限公司
34	天利仁和	870265	2017/01/17	14400	招商证券股份有限公司

续表

序号	名称	股票代码	挂牌时间	当前市值（万元）	服务券商
35	银中物业	870685	2017/01/26	1600	恒泰证券股份有限公司
36	东方物业	870564	2017/01/26	1010	中国银河证券股份有限公司
37	伯恩物业	870995	2017/03/2	3333	国金证券股份有限公司
38	鑫苑股份	870929	2017/03/16	5000	山西证券股份有限公司
39	康禧服务	871434	2017/05/19	3000	财通证券股份有限公司
40	客都股份	871589	2017/06/01	3681.6	安信证券股份有限公司
41	上房服务	871437	2017/06/08	2200	东方花旗证券有限公司
42	兴湃至美	871807	2017/08/02	832	太平洋证券股份有限公司
43	中楚物业	871971	2017/08/10	3303.3	广发证券股份有限公司
44	好生活	871702	2017/08/11	550	开源证券股份有限公司
45	彰泰物业	871985	2017/08/15	2000	中国银河证券股份有限公司
46	德利中天	872075	2017/08/16	1100	国都证券股份有限公司
47	栖霞物业	871792	2017/08/18	3000	中信建投证券股份有限公司
48	保利物业	871893	2017/08/29	10000	招商证券股份有限公司
49	信谊股份	872176	2017/09/15	1000	中国银河证券股份有限公司
50	兴业物联	872196	2017/09/25	5500	山西证券股份有限公司
51	金发股份	872267	2017/11/07	1000	光大证券股份有限公司
52	保亿物业	872269	2017/10/27	2500	西部证券股份有限公司
53	第一成美	872373	2017/11/14	600	安信证券股份有限公司
54	新日月	872504	2017/12/29	2100	东海证券股份有限公司
55	创美城市	872514	2018/01/25	2000	兴业证券股份有限公司
56	实力物业	872548	2018/01/22	1100	新时代证券股份有限公司
57	龙能股份	872657	2018/02/08	2454	国盛证券有限责任公司
58	安信联行	872718	2018/02/28	1000	财达证券股份有限公司

根据公开资料整理，市值为 2018 年 5 月 11 日数据。

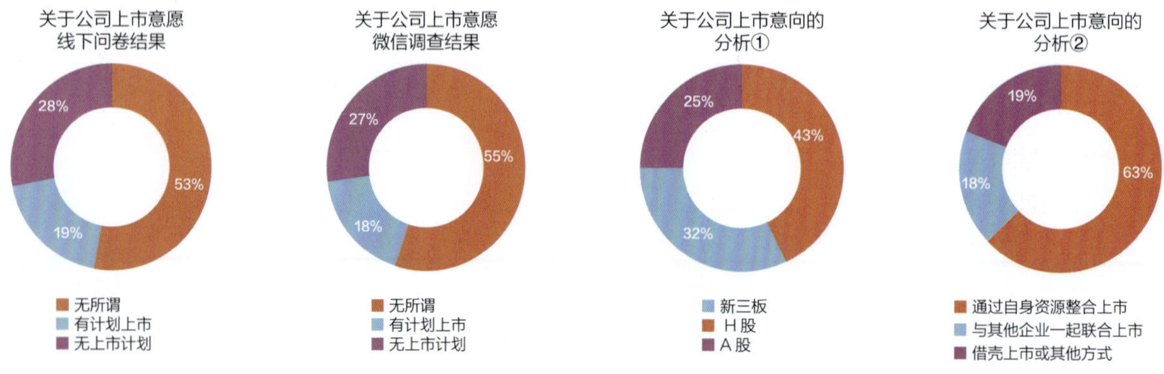

图 1　有关上市公司的各项调查分析

（三）关于上市意向的分析

关于上市意向的调查，本次调查问卷设置了两个问题：以何种方式上市？在哪里上市？在有意上市的受访企业中，有 63% 的企业选择“通过自身资源整合上市”，显示了对自身企业发展的信心；另有 18% 的企业表示愿意与其他企业开展股权合作或联盟等形式，整合资源共同上市；有 19% 的企业选择“借壳上市或其他形式”，这种上市方式较为复杂，如果行业里有企业突破这一难题上市，相信会为业内意欲上市的企业提供新路径参照。

（四）关于上市的行业分析

关于上市的行业分析，为了获取第一手的资料，本次调查特别由杂志社记者深入企业进行了专访。自2018年3月至5月，先后深入南都物业、彩生活、雅生活、保利物业、蓝光嘉宝、新大正物业、盛全服务、诚信行物业、天骄股份、财信物业、时代邻里、城关物业、乐生活和万物至上科技等企业，就资本、上市与物业管理的话题进行深入对话。

在采访中多数受访者认为，要全面客观认识今天风口上的物业管理行业，至少应该回看十年，从十年这样的一个时间维度来解读今天物业管理行业的发展，或许就能够找到答案所在。

一是在政策层面，2008 年《劳动合同法》施行，这对于劳动力密集型的物业管理行业来说，具有十分重要的意义。可以说，这部法律让物业管理重新认识人力资源的价值，从根本上保障和提升了物业企业的核心竞争力，为物业企业持续健康发展奠定了良好的基础。2000 年，为解决主板市场退市公司与两个停止交易的法人股市场公司的股份转让问题，由中国证券业协会出面，协调部分证券公司设立了代办股份转让系统，并在北京建立了新的股份转让系统，这就是业界所称的“新三板”。“新三板”为身为中小型企业的物业公司提供了融资发展的渠道。2014 年 12 月，国家发展改革委发布通知，放开部分物业服务价格，将其推向市场，这极大地触发了物业服务企业经营发展的激情和潜力。同时，连续几年国务院政府工作报告提出“坚持生产性服务业和生活性服务业并重，现代服务业和传统服务业并举”“大力发展现代服务业”等，推动了物业管理行业的改革和发展。

二是在行业层面，2008 年，中国物协在南宁市召开二届二次理事会，发布了《物业管理行业生存状况调查报告》，引起业界和社会极大关注。

表 4　本次问卷调查企业总部所在城市分布

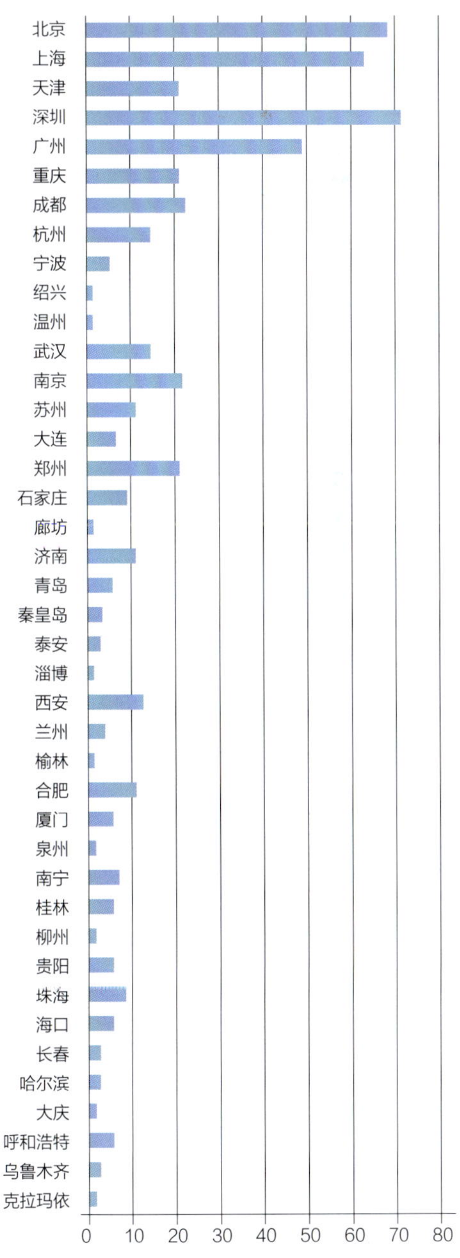

表 5　2008 年调查报告中关于企业经营效益情况（单位：万元）

	调查企业数	盈利情况			亏损情况			持平情况
		企业数	%	平均盈利额	企业数	%	平均亏损额	企业数
全国	4600	1843	40.07	81.28	1871	40.76	37.22	886
东部地区	1754	958	54.62	124.83	522	29.76	51.82	274
中部地区	1308	413	31.57	24.56	605	46.25	18.53	290
西部地区	904	315	34.85	40.80	404	44.69	31.30	185
东北地区	634	157	24.76	45.96	340	53.63	55.12	137

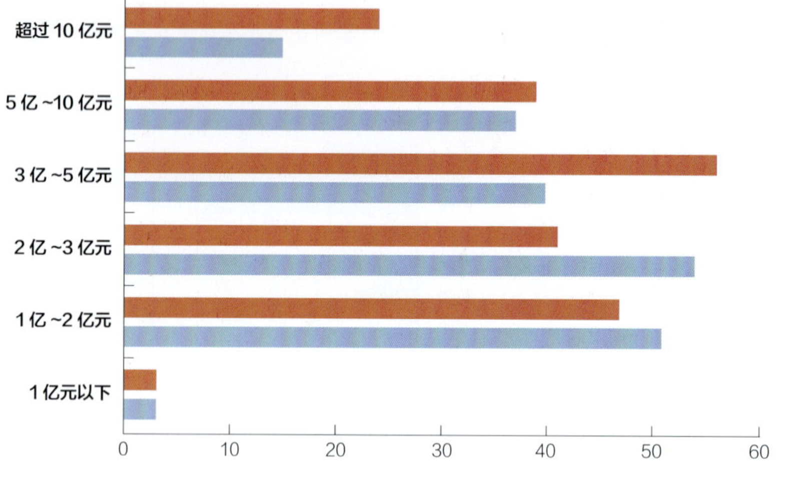

	2015 年（家）	2014 年（家）
1 亿元以下	3	3
1 亿 ~2 亿元	47	51
2 亿 ~3 亿元	41	54
3 亿 ~5 亿元	56	40
5 亿 ~10 亿元	39	37
超过 10 亿元	24	15

中国物协 2016 年百强企业研究报告显示，2014—2015 年收入情况较 2008 年已大为改观。

图 2　2014—2015 年百强企业收入情况

中国物协此次组织的行业调查参与填报数据企业 4600 家，覆盖了全国 31 个省、自治区、直辖市，共涉及 128 个城市和地区。值得一提的是，这一年的 6 月和 7 月，中国物协还分别成立了行业发展研究中心和设施设备技术委员会，一方面通过理论研究引领行业发展；另一方面通过提升设施设备技术能力指导企业发展。

三是企业层面，开展了丰富多彩的实践活动。一方面，以绿城服务、南都物业、彩生活、中海物业、雅生活、保利物业、蓝光嘉宝、盛全服务、金地物业、财信物业等为代表的企业，通过积极应用科技，跨界引进人才，搭建资源平台，在创新商业模式、提升服务品质、管理平台化等方面创新探索，并最终通过上市获得资本市场的认可。另一方面，业内更多的企业结合自身的实际情况，通过提升服务质量，优化企业管理，开展适度经营，取得了较好的发展成就。截至 2017 年年底，国内物业公司总数超过 10.5 万家，管理和服务各类物业面积超过 190 亿平方米，全国物业管理从业人员超过 800 万人。

二、上市物业服务企业印象

随着一大批物业服务企业的成功上市，宛如一池被搅动的春水，在全行业荡起层层涟漪。一些原本行进在行业前列的大企业成为明星，而一些原本名不见经传的企业则成为新星，改变着物业公司原本的思维逻辑和品牌形象，特别是极大地弥补了其应用新科技、提升服务品质、提高经营效率、对外拓展规模所面临的资金短缺问题。有了资本的强大支撑，上市物业服务企业在光环之外，更重要的是有了倍增品牌效益、吸引高端人才、跨界整合资源、实施兼并收购战略最有力的攻伐利器。

本次报告的编撰过程中，特别推荐了业内部分优秀的上市物业服务企业，作为报告的样本企业，通过分享它们在企业发展和上市过程中的宝贵经验，为业内更多行进在创新发展或上市路上的企业提供一些参考。

（一）A 股上市公司分析

2018 年 2 月 1 日，南都物业正式 IPO，成为 A 股“物业第一股”。南都物业首次发行价格为 16.25 元 / 股，发行市盈率为 22.98 倍。截至 2017 年 12 月 31 日，南都物业管理项目遍布浙江省各大城市，进入北京、上海、江苏、四川等十余省（直辖市），签约项目 275 个，签约面积 3884 万平方米，用户约 30 万户。从 2018 年 5 月 11 日收盘的情况来看，南都物业总市值约 33.9 亿元，市盈率达到 39.21。

回顾南都物业上市历程，2015 年是关键的一年。这一年，南都物业完成股份制改造。2016 年，进驻北京、河南、湖南、山西、四川等市场；同一年，南都集团、银泰置地、中城年代等入股南都物业。2017 年，南都物业进驻江西、安徽、湖北、重庆、陕西等市场，服务版图扩展至全国十余省、直辖市。

就未来发展来看，借助第一只物业服务 A 股之势，南都物业短期料将获得大量合作共赢的机会，并有可能在其中把握主导权。

（二）港股上市公司分析

1. 彩生活

彩生活服务集团成立于 2002 年 6 月 18 日，

机构名称		六个月平均	国海证券
2017A	收益	1. 26	1. 26
	市盈率	45.33	45.33
2018E	收益	1.19	1.19
	市盈率	35.94	35.94
2019E	收益	1.49	1.49
	市盈率	28.66	28.66
2020E	收益	—	0
	市盈率	—	—

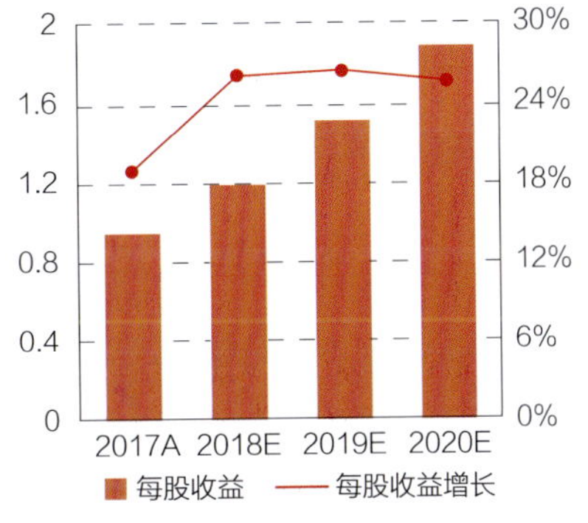

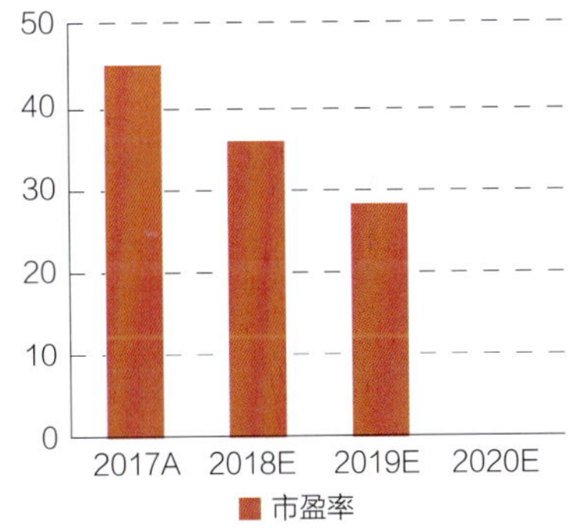

国海证券给出的盈利预测，十分看好南都物业后续的经营。

图 3 国海证券对南都物业的盈利预测

表 6 南都物业的各项赢利指标

	2017 年年报	2017 年中报	2016 年年报
总资产同比增长率 (%)	15.86	33.76	47.94
每股净资产同比增长率 (%)	18.47	9.50	15.84
总负债同比增长率 (%)	13.79	53.94	75.56
税前利润同比增长率 (%)	53.34	36.44	18.13
基本每股收益同比增长率 (%)	71.41	37.28	11.52
毛利同比增长率 (%)	24.73	33.32	28.90
归属母公司股东净利润同比增长率 (%)	70.76	37.03	11.49
归属母公司股东的权益同比增长率 (%)	17.95	9.39	15.84
营业利润同比增长率 (%)	62.61	61.74	27.78
营业收入同比增长率 (%)	21.36	29.82	62.16
股东权益合计同比增长率 (%)	19.22	10.15	17.82

彩生活年报数据显示，公司赢利能力远远高于传统的物业服务企业。

总部设立于深圳。2014年6月30日，于香港联交所主板上市，成为国内社区服务运营第一股，是一家集物业服务、楼宇智能、社区服务为一体的科技型、综合型社区服务运营集团。

作为全球最大社区服务运营商之一，彩生活在行业内首家上市，其引领行业的“互联网+物业”的运营模式在业内引发了广泛关注。彩生活通过现代化科技手段将传统物业管理解构与重构，不惜耗费十余年时间自主研发，精心打磨“彩之云”社区服务平台，与各种垂直类电商连接合作，在夯实社区基础物业服务的同时，为体贴社区居民日常衣食住行等生活所需提供便利，不断尝试融入社区新经济、新零售。通过十余年的不断探索与实践，目前已成功转型为一个由科技服务为主导的现代化社区服务运营企业。特别值得一提的是，自2014年以来，彩生活通过平台输出战略，先后与深圳开元物业、万达物业、兰州城关、湖北云帆等近40家物业公司，通过并购或股权合作方式达成合作，带动了物业管理行业的并购潮。

就彩生活未来发展来看，无论是房地产低迷时期为助力开发商去化库存打造的“彩住宅”产品，还是意欲构建美好社区让业主享受实惠，通过联合商家覆盖社区居民生活消费送物业费而推出的“彩惠人生”平台，彩生活对于行业未来发展的不懈探索、敢于创新的精神以及未来的发展空间，都充满了无限想象。

2. 绿城服务

绿城服务成立于1998年10月，总部设于杭州。2016年7月12日，在香港联交所主板挂牌上市，成为全国同行业中物业类型最多、服务区域最广、服务面积最大的物业服务企业之一。

早在2014年9月，绿城服务在行业率先推出了“智慧园区服务体系”，将公司定位于一家提供日常品质生活产品及服务的供应商。“智慧园区服务体系”由三大板块组成，分别是幸福绿城APP、智慧物管平台、智慧管理平台。其中，“幸福绿城”APP注册用户超过58万人次，覆盖500多个住宅园区的近20万个注册家庭。

就未来发展来看，绿城服务的高品质和业主满意度仍将助力其深度拓展园区经济，考虑到绿城服务的园区服务体系已经打造了4年，未来在园区经济的深度发掘方面，将继续处于行业领先水平。

3. 中海物业

中海物业于1986年在香港注册成立。2015年，在香港联交所主板上市。截至2017年，中海物业为分布于中国大陆、香港和澳门73个城市及地区的656个项目、1.31亿平方米物业，提供专业物业管理服务。在香港，中海物业覆盖商业大厦、商场、出入境口岸、中央驻港机构办公大楼等物业。

中海物业以设备长效管理为核心竞争力，其设备全生命周期管理体系从前期设计介入到承接查验，从设备日常保养到维修改造，均有完善的制度

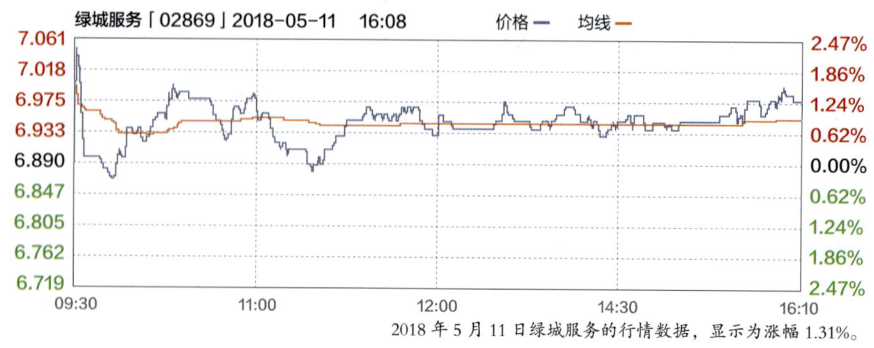

2018年5月11日绿城服务的行情数据，显示为涨幅1.31%。

图4 绿城服务的行情数据

中海物业数据：

- 30余年管理经验
- 管理面积逾1.31亿平方米
- 管理范围覆盖58座主要城市
- 在管项目656个
- 集团在职员工超过3.1万人
- 近200个优秀示范管理项目

及指引，实现设备运维管理的体系化、标准化及专业化。近年来，中海物业通过管理创新以及推广应用智能科技，不断提升内部管控及现场管控成效，构建中海物业“工匠体系”，打造了机房监控系统、设备设施管理平台、电梯远程监控系统、能耗管控平台等信息化管理平台。

就未来发展来看，作为物业管理行业最早的“三驾马车”之一，经过30年的发展和积累，中海物业在各个物业类型的管理服务方面积累了丰富的经验，形成了较为完善的管理体系，这无疑是资本一直看好的方面，也是企业在市场上开疆拓土的利器。

4. 雅生活

2018年2月9日，雅生活正式在香港联合交易所主板挂牌交易，成为中国首家红筹分拆H股的物业服务企业，也是中国物业管理行业唯一一家同时拥有两家一线房地产企业作为股东的物业服务企业。

1992年，雅生活的前身雅居乐物业率先引入港式物业管理模式，并在随后的20多年时间里依托“管理数字化、服务专业化、流程标准化和操作机械化”的发展战略，不断开拓市场。2017年6月，雅生活收购了绿地物业，并于同年8月引入绿地控股作为战略股东。依靠雅居乐集团和绿地集团两大品牌地产，业务已发展至覆盖全国逾69座城市与地区，服务类型涵盖住宅、豪宅、旅游地产、商业、写字楼等多种业态，拥有200多个项目，服务业主逾100万人。

就未来发展来看，雅生活已经提出了要在A股实现上市，从而形成“A+H”双上市的发展优势。可以说，不论未来双上市的路程长还是短，这种提法本身就已经赢得了市场的先机。

5. 浦江中国

浦江中国于2002年成立于上海，2017年12月，浦江中国在港交所主板挂牌上市，成为内地第六家赴港上市的物业公司，同时也是第一家非住宅物业上市公司。

在企业创立发展的十数年间，浦江中国先后四次获得国家推荐性标准认证（GB/T），在公众物

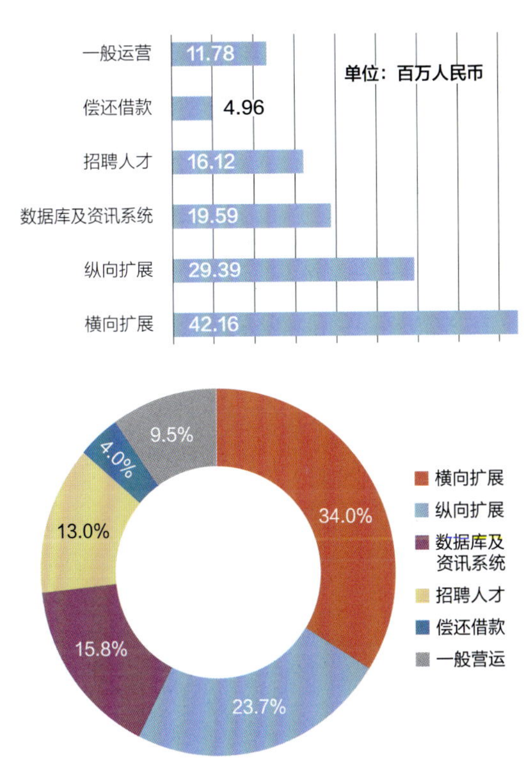

图5　浦江中国IPO募集资金主要用来进行市场拓展

11.100	今开：11.020	最高价：11.340	52周最高：12.680	成交量：242.08万	外盘：104.75万
0.000　0.00%	昨收：11.100	最低价：11.000	52周最低：8.980	成交额：2690.28万	内盘：137.32万
	总股本：13.33亿	港股本：4.33亿	市净率：8.40	每股收益：0.22	股息率：--
	总市值：148.00亿	港市值：48.10亿	市盈率：42.700	每股净资产：1.321	换手率 0.56%

2018年5月11日雅生活的行情数据，总市值显示为148亿元。

图6　雅生活的行情数据

业管理服务方面形成核心竞争力，并将工程设备设施管理作为企业核心竞争力的战略目标，通过组建技术团队、应用先进技术设备、加强员工培训，以及标准化、规范化、持续跟踪的管理来提升企业的专业技术能力。

就未来发展来看，浦江中国已经在其招股书中说得十分明确，那就是双向扩展：横向通过并购、投资、合营、合作等方式，扩展物业管理服务市场；纵向通过投资或与下游服务商形成业务联盟的方式，进行产业链的延伸。不能不说，企业发展完全可以后发先至，浦江中国或将证明这一点。

（三）新三板挂牌公司分析

本次调查对目前新三板挂牌的 58 家物业服务企业发放了问卷，并重点对蓝光嘉宝、保利物业、永升物业、开元物业、天骄股份、新大正、盛全服务、乐生活等公司进行了重点访问。

蓝光嘉宝成立于 2000 年，为住宅、商业、写字楼、工业园区等业态项目提供专业的物业服务与经营服务。2015 年 7 月，蓝光嘉宝“生活家云平台”上线，目前平台注册用户超 60 万、建成社区体验中心超 100 家、线下拥有超 1000 名专属经营管家，覆盖联盟企业管理面积超 1.2 亿平方米、整合社区周边商家超 10 万家，年交易流水超 10 亿元。同时，生活家 APP 的安装使用已覆盖全国超 200 个项目，使用人数超过 50 万人，平台流水超 2 亿元。2015 年 12 月，蓝光嘉宝在新三板挂牌；2017 年，蓝光嘉宝进入创新层，10 月新增一家做市商。截至 2017 年 12 月 29 日收市，蓝光嘉宝股票总市值达 26.4 亿元，位居新三板挂牌物业服务企业之首。

保利物业成立于 1996 年，管理项目涵盖普通住宅、高端住宅、写字楼、政府办公楼、商业综合体、旅游综合体、购物中心、酒店公寓、学校等多种业态。服务内容包括物业服务、物业项目前期咨询服务、物业项目交付后评估分析服务，以及会所经营、资产管理（物业托管、物业委托经营、物业中介）、专业设备设施维护保养服务、家政服务、社区健康管理（社区家庭健康管理、社区居家健康养老服务、健康产品与服务线下和线上销售）、居家适老改造服务、社区教育、社区智慧平台建设与运维等。2017 年 8 月，保利物业在新三板挂牌上市。目前，保利物业是新三板物业服务企业中营收最高的企业。

永升物业成立于 2002 年，提供服务主要涵盖社区生活、商业综合、公众服务、后勤支援四大板块。其中社区生活服务范围包括高档公寓、别墅、大型社区、酒店式公寓和惠民工程。永升秉持“客户需求为导向”的产品设计理念，针对房地产开发的不同阶段和物业管理的不同业态的客户需求，针对性设计了前介服务、售场服务、悦享生活、铂悦管家、悦择商办和悦择公众、UP 增值服务体系等六大产品线。2017 年 5 月，永升物业在新三板挂牌。目前，正在筹备主板上市。

开元物业成立于 2001 年，拥有物业项目委托管理、社区商务、机构及社区养老、物业管理早期顾问、物业企业合作、楼宇智能、园林景观、房产租售、安全护卫等众多业务，服务类型涵盖住宅、商业、医院、酒店、银行、写字楼、办公楼、公建物业等。开元物业坚持以“开元酒店式物业服务”为特色，把开元酒店式五星级的服务推广到所有的物业管理服务当中，务求使业主都能体验始终如一的开元品质。2015 年 3 月，开元物业在新三板挂牌。2017 年，开元物业进入创新层。

天骄股份成立于 1999 年，业务涵盖城市综合体、产业园区、商业综合体、购物中心、商务写字楼、公共设施、高档公寓、住宅、别墅等。至今，天骄爱生活已发展成为布局跨区域、项目跨业态、服务跨行业的大型综合性现代服务企业。在未来业务布局上，天骄股份从业态上划分了四大板块和两大支撑：住宅事业板块、商业事业板块、公建事业版块和产业事业板块；资产经营支撑和维护保养支撑。2016 年 1 月，天骄股份在新三板挂牌。2017 年，天骄股份进入创新层。

新大正成立于 1998 年，是重庆市最早成立的完全市场化的第三方物业公司之一，承接管理的物业类型涵盖住宅小区、政府机关、事业单位、公共场馆、军队、学校、医院、商场、酒店、公寓、写字楼、工业园区、风景旅游区等各种类型的物业项目，形成了公共物业、学校物业、园区物业、住宅物业、商业物业五大业务版块，设施、保洁、保安、餐饮、顾问五大技术平台。2017 年 2 月，新大正在新三板挂牌，同年 5 月，进入创新层。目前，正在筹备主板上市。

盛全服务起步于 2001 年，立足长三角，面向全国市场，其通过横向和纵向两个方向进行业务布局，创新服务价值，深挖服务潜能。纵向向上延伸至房地产价值链，为开发商提供前期咨询、礼宾案场、开盘活动安保、交付前房验等服务；向下延伸至客户价值链，满足业主更广、更深层次的生活服务需求；横向从住宅、城市综合体、商务办公楼、商场、城市配套设施、学校、创业园科技园、医疗机构、房地产销售与展示中心等，覆盖到其他物业类型。盛全服务将商业模式提炼为 "1+4+X" 全产业链布局。2015 年 11 月，盛全服务在新三板挂牌。2016—2017 年，盛全服务连续两年入选新三板创新层企业。

乐生活前身为北京京汉物业管理有限公司，成立于 2003 年，2013 年转型成为一家智慧社区服务运营企业。乐生活通过技术创新推出了物业精益管理体系，实现了运营数据实时采集、分析、异常自动判断，以及对报修、投诉等问题的快速响应，使乐生活数字化管理达到 70%。同时，依托社区构建便利生活、居家安全、健康生活、文化娱乐四大服务体系，设计出“乐 life”“乐帮”等线上服务平台及线下服务运营中心“乐智屋”。2016 年 5 月，乐生活在新三板挂牌。2017 年，乐生活进入创新层。

根据本次调查数据，以及综合各新三板挂牌公司公开的数据，2017 年，共有东光股份等 13 家物业服务企业发展股票交易。

2018 年 4 月 21 日，全国中小企业股份转让系统与香港交易所在北京签署了一份合作谅解备忘

表 7　2017 年进入创新层的物业服务企业名单

企业名称	股票代码	挂牌时间	备注
开元物业	831971	2015/02/10	进入创新层
盛全服务	834070	2015/11/10	进入创新层
一卡通	834858	2015/12/14	进入创新层
嘉宝股份	834962	2015/12/17	进入创新层
天骄股份	835422	2016/01/28	进入创新层
乐生活	837249	2016/05/16	进入创新层
第一物业	837498	2016/05/18	进入创新层
兴中能源	839458	2016/10/20	进入创新层
美的物业	839955	2016/12/02	进入创新层
世联君汇	870464	2017/01/03	进入创新层（退市）
新大正	870776	2017/02/17	进入创新层

表 8　2017 年有过交易的物业服务企业名单

企业名称	股票代码	挂牌时间	备注
东光股份	831840	2015/01/22	2017 年有交易
开元物业	831971	2015/02/10	2017 年有交易
丹田股份	831947	2015/03/11	2017 年有交易
华仁物业	832319	2015/04/16	2017 年有交易
索克物业	832816	2015/07/24	2017 年有交易
新鸿运	833440	2015/09/01	2017 年有交易
兴业源	833925	2015/10/20	2017 年有交易
盛全服务	834070	2015/11/10	2017 年有交易
嘉宝股份	834962	2015/12/17	2017 年有交易
雅荷科技	835514	2016/01/14	2017 年有交易
乐生活	837249	2016/05/16	2017 年有交易
美的物业	839955	2016/12/02	2017 年有交易
客都股份	871589	2017/06/01	2017 年有交易

表 9　新三板退市（停牌）物业服务企业统计

企业名称	股票代码	挂牌时间	备注
美易家	834669	2015/11/23	退市
嘉宝股份	834962	2015/12/17	停牌
泓升股份	835345	2016/01/05	退市
天骄股份	835422	2016/01/28	退市
银城物业	836726	2016/04/21	退市
远洋亿家	837149	2016/05/09	退市
紫竹物业	870414	2017/01/19	退市
世联君汇	870464	2017/01/03	退市
新大正	870776	2017/02/17	退市
永升物业	871385	2017/04/14	退市

录。根据这份备忘录，挂牌公司可以到境外发行股票并在香港联交所上市，全国股转公司对挂牌公司申请到香港联交所发行股票和上市不设前置审查程序及特别条件，无须在全国股转系统终止挂牌。这对于新三板挂牌的物业服务企业是重大利好，未来可以结合自身业务发展规划，充分利用境内外两个市场进行资本运作，拓宽融资渠道。

在本次调查过程中，至少有 10 家企业因为要在主板或港股上市，已经在新三板退市或停牌。因此，这次签署备忘录对于已经在新三板挂牌并有意获取更多融资渠道的企业来说，不能不说是一个重大利好。

三、并购浪潮与企业平台

吴晓波请北京大学国家发展研究院教授周其仁用一个词形容过往十年时，周其仁说“水大鱼大！”这个词用来形容当下的物业管理行业也颇为贴切。

在过去的十年当中，我国内地物业服务企业的体量发生了巨大的变化，管理物业面积超过 1 亿平方米，这样的物业服务企业今天已经并不鲜见。本次调查结果显示，在接受调查的企业当中，至少有 11 家企业管理物业面积超过 1 亿平方米。

（一）典型案例

在大企业成长的过程中，无一例外地开展了并购业务以加速市场拓展的步伐。本次报告特别选取近年来行业当中的几个典型并购案例，进行简要分析。

1. 彩生活并购开元国际物业

2015 年 2 月，彩生活发布公告，宣布其与深圳市开元国际物业管理有限公司（开元国际物业）达成协议，以总金额 3.3 亿元人民币，收购开元国际物业 100% 的权益。这是彼时物业管理行业最大

管理物业面积超过 1 亿平方米的企业

彩生活服务集团
万科物业发展有限公司
绿城物业服务集团有限公司
金地物业集团管理公司
广东碧桂园物业服务股份有限公司
保利物业管理有限公司
长城物业集团股份有限公司
中海物业管理有限公司
龙湖物业服务集团有限公司
福星智慧家生活服务有限公司
山东诚信行物业管理有限公司

截至 2017 年年底，仅以本次调查为数据范围

图 7　管理物业面积超过 1 亿平方米的企业

表 10　业内部分业务并购案例

并购方	被并购方	并购时间	并购事项
彩生活	开元国际物业	2015 年 6 月	3.3 亿元收购 100% 股权
花样年	万达物业	2016 年 8 月	花样年旗下深圳市幸福万象投资合伙企业与花样年全资附属公司深圳前海嘉年投资基金管理有限公司分别收购万达物业管理有限公司 99% 及 1% 股权
中海物业	中海宏洋物业	2015 年 5 月	5000 万元收购 100% 股权
	中信物业	2017 年 10 月	已发布公告，拟以 1.9 亿元收购
绿城服务	浙江浙元物业	2016 年 8 月	227.5 万元收购 40% 股权
中奥到家	浙江永成物业	2016 年 7 月	2.1 亿元收购 70% 股权
长城物业	芜湖信德物业	2017 年 6 月	收购 100% 股权
雅生活	绿地物业	2016 年 8 月	10 亿元收购 100% 股权
	南京紫竹物业	2018 年 4 月	已发公告，拟以 2.05 亿收购 51% 股权

续表

并购方	被并购方	并购时间	并购事项
嘉宝股份	四川国嘉物业	2016 年 8 月	1.04 亿元收购 100% 股权
	杭州绿宇物业	2017 年 9 月	6000 万元收购 76% 股权
	上海真贤物业		2400 万元收购 80% 股权
开元物业	无锡金昌物业	2017 年 8 月	已发公告，拟以 2352 万元收购 49% 股权
第一物业	西安盛领博兴物业	2015 年 9 月	收购 100% 股权
一卡通	亿城物业	2015 年 6 月	以 2173.58 万元收购 100% 股权
万科物业	东莞卓圣	2015 年 11 月	未披露股权交易详细情况
	北京金网络物业	2016 年 9 月	
碧桂园物业	湖北清能物业	2016 年 9 月	收购 50% 股权
	重庆金阳物业	2017 年 7 月	收购 51% 股权
	昆明星尚物业	2017 年 8 月	收购 100% 股权
龙湖物业	富州物业	2018 年 3 月	龙湖物业的首例收购，未披露股权交易详细情况
财信物业	北京国兴三吉利物业	2016 年 12 月	收购 100% 股权
	吉林建龙物业	2017 年 9 月	收购 90% 股权，剩余股权对赌期满后收购
	深圳公元物业	2018 年 1 月	收购 70% 股权
诚信行物业	香港天怡物业	2011 年 11 月	收购 100% 股权

的一单并购案例。

资料显示，总部位于深圳的开元国际物业，创于 2001 年 12 月，当时其业务已经覆盖深圳、北京、上海等国内十多个城市，为逾 130 个物业项目提供服务，并在越南胡志明市承接全委服务项目。

这一次并购对彩生活具有重要的战略意义，其时彩生活上市还不满一年，由上市带来的资金正在寻找最佳的出口，而首个港股上市物业公司带来的品牌溢价也出于最高值，选择有分量的一个并购对象是彩生活的当务之急。而深圳开元国际无疑是最佳选择之一，其在业内具有较高的美誉度和品牌价值。就今天的眼光来看，这仍旧是一起成功的并购。

2. 花样年并购万达物业

2016 年 8 月，在物业管理行业疯传了数月的一个消息终于落定：花样年确认将收购万达物业。随后，花样年控股 (01777.HK) 发出公告，由其附属公司深圳市幸福万象投资合伙企业和深圳前海嘉年投资基金管理有限公司组成的花样年物业联合体整体收购万达物业。具体情况是，花样年控股斥资

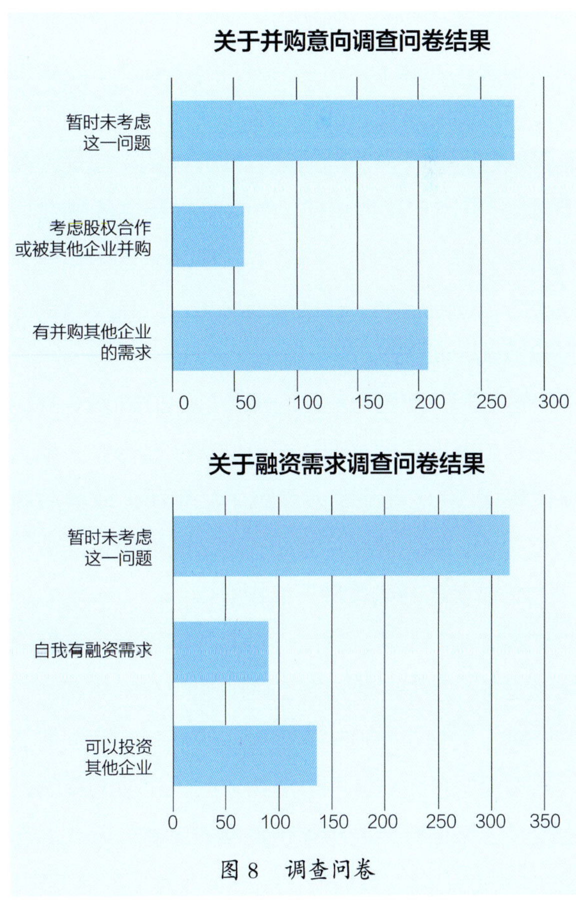

图 8　调查问卷

20 亿元，由深圳市幸福万象投资合伙企业与深圳前海嘉年投资基金管理有限公司分别收购万达物业管理有限公司 99% 及 1% 股权。

时至今日，无论是从收购金额、涉及面积抑或是标的方的品牌价值而言，此交易均堪称国内物业管理行业中最大的一笔并购案。20 亿元被业界誉为天价。事实上，万达物业当时的账面资金和应收账款共 8 亿元，这部分收益归属于了花样年。

这一起并购的背景是，2015 年万达提出了第四次转型，而剥离物业板块是其标志性的事件之一。据《2016 中国物业服务百强企业研究报告》数据显示，万达物业在当年的物业百强企业中排名第 8 位，而花样年集团旗下的彩生活排名第 7 位。

3. 雅生活并购绿地物业

2017 年 6 月，正在筹备上市的雅生活集团与绿地集团达成协议，收购绿地集团的全资子公司绿地物业 100% 股权。这被业界誉为是一次战略意义的并购，为雅生活在港股上市提供了绝佳的助力。

通过这次并购，雅生活斩获了 417 万平方米的物业项目，以及未来五年内每年 1000 万平方米的物业服务面积增量。此外，雅生活因此成了中国物业管理行业唯一一个同时拥有两大中国一线地产商 (雅居乐集团和绿地集团) 作为股东背书的物业服务企业。按照双方的合作意向，雅居乐集团和绿地集团将在物业管理、社区增值服务、广告及营销等服务领域全面合作。

这一起并购更为精彩的部分是，2017 年 8 月，雅生活与绿地集团再次达成深层次战略合作关系，绿地集团 10 亿元战略入股雅生活集团，取得后者 20% 股份，成为雅生活集团长期战略性股东。

4. 诚信行并购香港天怡物业

2011 年 11 月，诚信行物业并购香港一家老牌物业服务公司——香港天怡物业顾问有限公司，取得香港天怡物业 100% 的股权。这一起并购创造了大陆物业服务企业并购香港物业服务企业的首例，也拉开了诚信行物业国际化发展的序幕。以此为起点，之后的几年，诚信行物业已将业务拓展至英国、美国、西班牙、日本等 20 多个国家和地区，管理物业项目 500 多个。

香港天怡物业成立于 1993 年，以住宅项目为主，当时管理着 42 个项目、2 万多户业主。因为是第一次去香港并购物业公司，诚信行物业格外谨慎，从前期的尽职调查到并购完成，整个过程持续了近两年时间。目前，香港天怡物业的管理项目已经达到 173 个，涵盖了工业大厦、写字楼、商业、住宅等业态，为 4 万多户香港业主服务。

在本次调查中，针对行业并购的调查，设置了两个问题：并购意向和投融资需求。调查结果显示：有并购其他企业需求的占 38%，考虑股权合作或被其他企业并购的占 11%，另有 51% 的受访企业表示暂时未考虑这一问题；可以投资其他企业的占 25%，自我有融资需求的占 17%，另有 58% 的受访企业表示暂时未考虑这一问题。

综合来看，通过调查数据显示，业内企业对并购持积极态度的比例还是比较高的。因为，本次调查的样本数量较小，且偏重大型和中等规模的企业。相应地，在小微企业中，这一比例可能会降低。同时，调查也反映出有大量的企业需要资金来进一步改善企业自身发展条件，尤其是中等规模和小规模型的企业，对于资金更为渴求，急需要通过融资采购必要的设备和工具，并应用科技来提升企业管理水平。

（二）企业平台分析

随着“互联网 +”热潮和社区 O2O 兴起，并伴随着一部分大型物业服务企业业务在全国的拓展，近两年，物业管理行业开始出现一些企业平台。

比较早的企业平台是 2012 年长城物业推出的“一应云智慧”平台，目前已历经多次升级迭代。在差不多相同时间内，业内一些大型企业相继推出了自己的平台。据本次调查数据并结合业内公开资料，中国物协 2016 年测评的物业服务百强企业中，有接近 50% 的企业开发了自己的 APP，约有 15% 的企业则有更为完善的平台体系，或者说是真正意义上的平台。

表 11　部分物业服务企业平台及功能

企业	平台名称	升级时间	新功能情况
彩生活	彩之云	2013.07	物业服务、O2O 服务、虚拟服务、商品服务、智能管家、连锁经营等
	彩之云 6.1	2018.03	开启实名认证，安全有保证
金地物业	享家	2015.12	邻里圈、缴费查询、报修、便民信息等
	享家社区 2.0	2017.01	建立完善的用户体验和闭环的服务生态圈，强调邻里文化建设
	享家社区 2.3	2017.06	增加增值服务，如家家盈和金主贷等；客户认证、OA 等功能进行优化
	享家社区 2.6	2017.10	新增享当家 OA 审批系统、享家商城家、家庭维修服务等
	享家社区 2.9	2018.01	优化了活动页面 UI, 提升了用户体验
福星智慧家	慧生活	2015.12	一键报修、一键开锁、邀请访客、快递代收、投诉建议等
	慧生活 2.0	2016.09	增加商城、小贝支付、友盟统计等新功能，优化缴费界面等
	慧生活 4.0	2017.05	福管家、够实惠、乐分享等功能的完善，广场新增社区文化板块等
	慧生活 5.0	2018.04	优化功能键，社交服务的丰富让商家、客户和社区全网融合

从本次调查的数据来看，以彩生活、万科物业、保利物业、中海物业、绿城服务、金地物业、长城物业、龙湖千丁、福星智慧家、佳兆业物业、重庆财信、浦江中国、时代邻里、诚信行物业、城关物业、乐生活、万物至上等企业为代表，不仅搭建了自己的平台，还向行业内的企业进行了输出。截至 2017 年 12 月，万科物业已经向 210 多家物业服务企业输出“睿服务”体系，彩生活向 100 多家企业输出了“彩之云”平台，长城物业则通过联盟的方式向 400 多家企业输出了“一应云智慧”平台。其中，“彩之云”平台的注册用户数已超 1034 万，具有了一定的规模优势。

借助当今科技发展的红利，物业管理行业内迅速崛起的平台，正在改变原有的发展思维、模式和速度，让一部分企业迅速做大做强。

金地物业开发的“享系列”平台，目前已升级为 V2.9.2 版本。其在致力于满足社区用户基本需求的同时，不断挖掘深层次需求，完善服务功能，连接更多社区服务资源，提升服务品质。目前，金地物业的“享系列”平台合作企业已经累计超过 180 家，覆盖近 2000 个项目，“享家社区”APP 用户已突破 40 万人，用户活跃度超 40%。截至 2017 年年底，金地物业合约服务物业面积由 2017 年年初的 1.3 亿平方米，飞速扩张到年底的突破 5 亿平方米。

佳兆业物业打造的无线智慧社区 APP“K 生活”，定位于一站式智慧社区服务平台，通过围绕社区基本服务和配套生活服务，为业主和商家提供对称的信息与交易平台，满足社区业主物业基础服务、智能门禁、邻里社交、社区购物、生活理财等主要居家生活服务需求。通过对外输出升级版“K 生活”APP，佳兆业物业正在与合作企业共同搭建一个集物业服务、生活服务、社区电商、社区交流为一体的社区服务线上平台。

福星智慧家以“慧生活”APP 为载体，搭建了一个让商家、社区、客户、物业全网相融的慧生活服务平台。2018 年全新改版上线的 5.0 版，既包含了基础服务，也涵盖了小慧商城、金融超市、福利、到家服务、停车等增值服务，同时还打造了社区网红、交友、集市、圈子、互助等社区社交服务内容。福星智慧家还凭借物业资源众筹的创新商业模式，吸引 91 家企业加入联盟，联盟服务面积达到 2.5 亿平方米，较 2016 年增长 41%。截至 2017 年年底，

表 12　物业服务企业平台输出情况

	企业名称	输出方式	合作方式	收益方案	合作相关内容
1	万科物业	睿服务 解决方案	无须出让股权或关键合同权益，采取合同对价形式	合同对价部分收益归合作物业公司，对价外的收益或亏损归万科物业	项目委托至万科物业管理中心，使用统一的设施设备、员工、客户支付系统等，共享包括客户、采购、营销、权益、与业服务等资源
2	彩生活	并购 / 小股操盘	参股比例 5% ～ 20%	物业收益分成与合作伙伴按股权比例分配，平台增值收益五五分成	输出平台和生态圈企业的产品及服务，增量业务共同开拓、增值业务合作收益共享
3	雅生活	雅管家联盟	平台合作软硬件 智能集成合作	1. 向联盟物业企业收取服务费； 2. 向联盟物业企业收取增值服务分成费用； 3. 向物业企业、地产企业收取软硬件智能集成销售费用	1. 与物业企业软件产品：雅管家 APP（业主端）、雅助手 APP（物业端）、雅商家 APP（商家端）、雅管家微信公众号；顾问咨询：包含项目需求分析、软件渠道开通、软件系统升级、后台数据维护、远程指导培训、增值渠道维护、资源对接等线上服务以及项目团队构建、硬件设施改造方案、活动策划指导等线下服务； 2. 与地产企业顾问咨询：智慧社区建设、智慧家居等咨询方案；社区智能化产品安装或施工； 3. 其他服务：雅管家五云软件系统 +13 智能硬件系统提供；社区智能化产品：智能门禁、智慧家居、智能停车、自助服务机、无人便利店、体验中心 + 服务站；品牌传播与推广等其他约定项
4	金地物业	"享系列"平台、"智享+Home"智能家居平台、"智享生态圈"联盟"	既有"享系列"平台产品输出的轻模式合作形式，又有智慧社区、智能家居、楼宇设备智能化、社区养老、公寓服务等全服务产业链的合作模式	不参与合作伙伴原有基础物业服务，平台增值收益视具体情况按照比例分成	1. 共享"享系列"平台的底层技术及服务支持； 2. 针对合作伙伴定制开发信息化解决方案，搭建联合研发平台； 3. 针对智慧社区项目，定制社区公共智能产品及家庭智能家居产品； 4. "享学"移动学习平台输出线上培训； 5. 整合资源，实现产品及服务供应链条的共享
5	长城物业	"一应云"联盟	各子平台合作模式不同，包括：支付年费、效益分享、融资租赁、项目采购等形式	如一应智能子平台，若采取效益分享的合作模式，增值收益将双方分成	根据成员需求，提供各类子平台及相关服务；共同培训，共同采购；每年召开一次联盟年会
6	碧桂园物业	"凤凰云服务"平台	在保证不获取合作方核心数据下，提供免费使用、支付租赁费等合作方式	帮助合作方提效降本，从而提升整体的经营收入	与阿里、腾讯等互联网公司战略合作构建的凤凰云服务平台，帮助企业实现互联网化、智能化升级。通过 iRBA、监控云等智能化改造降低人力成本，通过云计算、大数据、人工智能构建的数据化运营平台提升管理效率
7	佳兆业物业	"佳服助盈"	平台输出；顾问、托管	平台合作模式：支付年费、项目采购、收益分成等形式；顾问、托管：根据具体合作模式，收取约定的酬金或项目运营的可分配利润	1. 平台管理输出； 2. 物业顾问，协助其他物业公司进行物业管理体系的现场指导、培训、管理等，以建立其完善的物业体系； 3. 作为第三方公司介入，设立专项项目组，承接案场单项或多项物业服务，从前期到常态，建立完善的物业体系并输出管理、服务人才团队
8	时代邻里	"融物业" 生态体系	1. 平台系统合作 2. 平台 + 社区资源经营、用户资源经营等合作	1. 系统为使用合作费用 2. 社区资源收益部分以分成方式共享	1. 时代邻里"融平台"系统，分为通用版和定制版，通用版可用在基础物业服务，定制版为物业的个性化需求； 2. 通过"融生活"开展物业资源增收合作，打造物业社区经营生态体系，在传统型业务合作商创收、增值
9	福星智慧家	慧生活服务平台	无须出让股权或关键合同权益，资源共享，价值共生，未来共赢	基础物业服务水平提升，效益分享合作模式，增值收益根据实际分成	1. 共享平台，根据联盟成员需求，提供各类相关产品和服务； 2. 联盟年会，每年召开一次，分享实践经验和行业资讯； 3. 共同培训； 4. 社区资源合作开发
10	财信物业	财信生活 +	财信生活 + 平台资源共享	社区资源收益采用分成方式	合作内容包含：房屋租售、旅游服务、家装服务、家政保洁、金融服务、汽车后市场服务、养老服务、教育
11	新大正	"慧服务"平台	平台公共资源和数据共享 + 业务合作	业务系统的集中调度中心、"慧眼"、"EBA"平台等集合服务大数据，整合物业周边餐饮、房屋经纪、物流等商业资源，公共资源管理平台接入生活服务商和服务对象，互利企业、客户、合作三方	1. 升级基础物业：智能机具设备投入、慧服务业务 APP 使用、接入合作方搭建研发新功能； 2. 延展公共资源：建立 3D 建筑空间数据 / 模型形成 3D 综合状况可视化，进行空间、资产、能源等管理，创新增值服务

福星智慧家联盟主营业务收入超过40亿元。

2017年10月，诚信行物业发起由全国物业企业及上下游企业和单位组成的“‘一带一路’资产管理联盟”，推动建立以政府为主导、联盟为主体、联盟成员企业共同参与的立体格局，致力于为中国资本出海保驾护航。联盟将致力于行业资源整合、国际化人才培养、联盟企业信息共享、海外政策咨询、海内外政策扶持、国际交流与合作、课题研究、物业产业示范基地建设等方面，全力推动中国物业管理国际化水平的建设和提升。这无疑是一个更大的平台。

财信物业以“财信生活+”综合服务平台为依托，旗下有多个项目开始运作，如商业街展销会、社区食堂、房屋租售中心、便民服务中心、综合维修中心等。“财信生活+”综合服务平台成立运营至今，依托现有项目，大幅增加了公司的运营收入，且平台的营业利润率已超过公司常规物业服务营业利润率的两倍。同时，通过“财信生活+”平台，财信物业已经与建龙物业、国兴三吉利物业和公元物业实现了股权合作。

时代邻里集团旗下拥有5家专业公司：广州市时代物业管理有限公司（物业管理服务）、时代邻里邦网络科技有限公司（社区O2O）、邻里智能化工程有限公司（智能化家居、智慧化生活环境）、时代融信股份有限公司（社区金融、理财）及时代邻里学院（专业人才培养），打造了一个综合生活服务平台，可以为业主（客户）提供涵盖居住、饮食、旅游、理财、教育、医疗、养老等全方位生活服务。

2014年，作为业内的一家科技公司，万物至上的“城市共享”平台正式落地绵阳市，这是一个基于城市级的平台，通过ERP系统将城市的物业服务企业整合其上，覆盖20多万业主用户，实现了物业服务平台客户规模的快速增长。根据万物至上城市平台的整体构想，其以城市为单位，实现全国互联，最终落地到物业项目的业主，服务于人。用“互联网+”的角度来看，其最终要解决的是到C端的问题，也就是人的问题。

四、资本视角的思考与瞻望

2010年，我国经济总量超过日本成为全球第二大经济体时，全社会对此给予极大的关注，央视专门录制播出了一部大型电视纪录片《公司的力量》，解读了“公司”对于社会、经济、文化乃至精神生活等诸多层面的推动和影响。《公司的力量》给予我们一种全新视角的启示：对于物业管理改革发展37年的回望中，以公司为切入点观察，有着独特而深刻的意义。

因此，在本次调查访问中，始终围绕着“公司”这一主线，希望能够为快速发展的物业管理发掘一些可以参照的企业样本。限于水平和时间，本次调查以及报告撰写，无法提供十分详尽的数据和精准分析，仅提供如下几个观点，供业内参考。

（一）对资本的认知，将改变既有的思维逻辑

物业管理行业对资本认知，就如同普通大众对资本的认知一样，总体上来讲仍处于浅层面的初级认识。在本次调查访问过程中，大多数受访者认为资本就是资金，上市就是融资。其实，这种观念只看到了资本的一面，没有看到资本的另一面。资本的另一面就是其背后的一整套商业规则：严谨规范的企业治理制度，精细严苛的财务管理制度，更具市场活力的经营能力，以及由此带来的商业模式与思维理念的变革。更为重要的是，股份制的实行让公司通过股份凝聚更多人才和资源，形成规模盈利能力、稳定消费预期和正向现金流。同时，股份在市场上的自由流通，则让社会大众有机会分享公司发展的红利。

不可否认的是，企业的商业模式与经营逻辑正在全球范围内发生着巨大的改变。尤其是在当下的中国，新经济、新商业、新消费的崛起，像黑洞一样吸取着最有价值的资源，越来越多的行业和数不清的企业投身其中。但是，从资本的角度来看，不能打破固有的思维逻辑，积极拥抱变化和趋势，从来都不是资本中意的标的。对物业公司来说，也是一样。

（二）伴随着整合并购热潮，行业即将产生超级大公司

2013 年，国际知名战略管理咨询公司罗兰贝格应重庆新大正之邀，对物业管理行业进行了研究，在经过长达 4 个多月的深入工作之后，罗兰贝格给出了结论：中国内地物业管理是一个有着巨大发展潜力的行业，这个行业将在近年出现上市公司，并将在 2020 年出现百亿级收入的公司。

如今，这一判断正在得到验证。随着行业集中度持续提升，借助资本和科技的双轮驱动，业内一些大型物业公司正在迅速成长，大象企业将在行业出现。据万科集团发布的 2017 年财务年报显示，2017 年万科物业的业务实现合并报表范围内主营业务收入已经达到 71.3 亿元。在物业管理市场快速发展的背景下，随着互联网等技术与行业的深度融合，及自身管理水平的不断成熟，大型物业服务企业已经打破地域界限走向全国化，甚至走向世界，实现全国化扩张布局和海外发展。如果有人问百亿级公司哪一天出现，我们的答案是——很快了！

（三）资本带来的经济能力，让公司有实力应用科技变强

有人曾开玩笑：如果你没有一个智能机器人在小区值岗，都不好意思说自己是上市公司。这从侧面反映了一个问题，那就是资本特别是上市给物业服务企业带来的经济能力，让物业管理有实力在科技应用上紧跟时代的步伐。如果有机会走进万科物业、绿城服务、彩生活、中海物业、保利物业、金地物业、龙湖物业、长城物业、嘉宝物业等公司总部，站在超大幅的平台系统 LED 之前，会有一种错觉：这还是物业公司吗？

科技的大量应用，正在无限拉伸物业公司管理的边界。记得在访问中笔者问一位物业服务企业 CEO“你究竟能够管好多少物业？”“无限多！”其中有玩笑的成分，却也可以看出科技赋予公司和人的“超能力”。如今，物业管理行业正在形成一个共识：科技让物业服务变得更加简单、更有价值，也更有好的体验感。

表 13 物业服务企业应用智能科技情况

企业名称	智能产品 / 技术	应用场景和实际服务
万科物业	户外巡逻机器人“悟空一号”	标准化巡逻、服务与监测，有效降低工作强度，节省人力成本，降低人员伤亡伤害，提高安保服务质量
	客内服务机器人“艾娃”	通过“语音识别 + 云端计算”实现基础业务咨询及办理，部分替代服务人员，实现 24 小时不间断物业服务
	楼宇清洁机器人“艾思”	根据路径规划，自主到达各个楼层实施清扫、自动避障；自动进行人体识别，人机对话；自动充电等
	门禁管理机器人“黑猫一号”	自动捕捉业主面部信息，自动绑定门禁卡，实现全自动人脸识别进出小区；目前已应用于 100 多个社区门禁
彩生活	彩多多智慧大脑	基于 iCE 中间件平台及微服务架构模型，结合 IM 引擎、知识库、深度学习引擎、语音网关、自然语言语义识别引擎、ocr、tts、人脸识别、搜索引擎等微服务，结合实际业务场景，可产生具备自我进化能力的、形态多样及功能各异的互联网、物联网、语音网端的个性化产品或服务； 例如：语音网端智能催费机器人、投诉报修机器人、互联网端智能客服机器人、智能管家机器人、物联网端的智能安防机器人、社区大管家机器人“彩生活智慧社区 5.0”场景相关服务已在七星广场落地试点
绿城服务	远传物业服务机器人“小远”	7×24 小时园区自动巡逻、语音对讲、异常检测、预警管理、数据分析和自动充电等，提升园区安全防护等级
雅生活	智能巡逻机	具备白天和夜间巡逻双模式，通过平台电脑操控，轻松实现智能报警、移动终端画面传输，提升安防级别
金地物业	机器人“小金”	综合考虑周围环境，并积极主动地作出反应。它配备了语音识别技术、呈现优美姿态的关节技术，以及分析表情和声调的情绪识别技术，用表情、动作、语音与人类交流、反馈，甚至能够跳舞、开玩笑

续表

企业名称	智能产品 / 技术	应用场景和实际服务
中海物业	“小七客服” 客服机器人	通过人脸识别判断人员身份信息，并通过语音识别的方式和语音输出方式，回答客户常见关于物业服务的问题，且支持物业缴费和停车缴费等客户服务
	“小七卫士” 巡逻机器人	可对地面人行区域和地下停车场区域进行自动巡逻，自动进行人脸识别、车牌识别，支持夜间巡逻。针对安防事件可自动警示，支持自动避让和自动充电
	“小七管廊” 地下管廊巡检机器人	全自动自主巡视检测、智能识别预警和故障应急处理等
保利物业	“小保” 机器人	标准化巡逻、门岗无人值守、社区养老服务中心的日常基本健检服务
长城物业	机器人 “U 仔”	上门赠送礼物、大堂迎宾服务、回答业主问询、推广线上服务等
佳兆业物业	机器人 “小宝”	健康提醒、家庭健康档案管理、健康预警、实时监控等功能
盛全服务	两网融合 生物识别技术	自行研发物业智慧信息平台和“桔邻”APP，将互联网、物联网打通，实现了数字化、智慧化转型，并在行业内率先落地推广人脸识别技术在社区场景的广泛应用
上实物业	智能无人驾驶洗地机	具有强大的智能化操作系统和定位导航系统，通过激光测距，在无人操作的情况下达到良好的清洁效果
鑫苑物业	小爱管家	家庭智能管家，重点针对社区老人和儿童，提供智能对话、儿童教育、物业公告、远程视频、语音留言、生活娱乐等服务
	慷宝智能管家机器人	围绕大健康、大教育、大生活，连接内容、服务和人。具备视频通话、情绪识别、远程教学、安全应用、远程健康咨询、儿童教育、物业服务、“生活 + 家庭娱乐”等全方位生活服务
	“秘奥” 安保机器人	具备自主巡逻、业主识别、紧急情况报警、险情预警、远程对讲、语音对话等功能，可以实现 24 小时自主巡逻
新世纪物业	智能巡逻机	具备白天和夜间巡逻双模式，通过平台电脑操控，轻松实现智能报警、移动终端画面传输，提升安防级别

（四）新科技的大量应用，让公司有机会分享智慧社区的红利

互联网行业有这样一个观点：光占有，不连接，就是一个资源孤岛，是没有用的，这就是把世界看成块块逻辑的 Bug。这其实说的就是过去传统方式的物业管理。在过去的四维观念中，有的物业公司认为，“我坚守着社区最后的 100 米，我是社区资源的‘守门人’。”这种狭隘的观念在本次调查访问中已经非常少见了。

早在 2014 年，住房和城乡建设部办公厅印发的《智慧社区建设指南（试行）》指出：“智慧社区将通过综合运用现代科学技术，整合区域人、地、物、情、事、组织和房屋等信息，统筹公共管理、

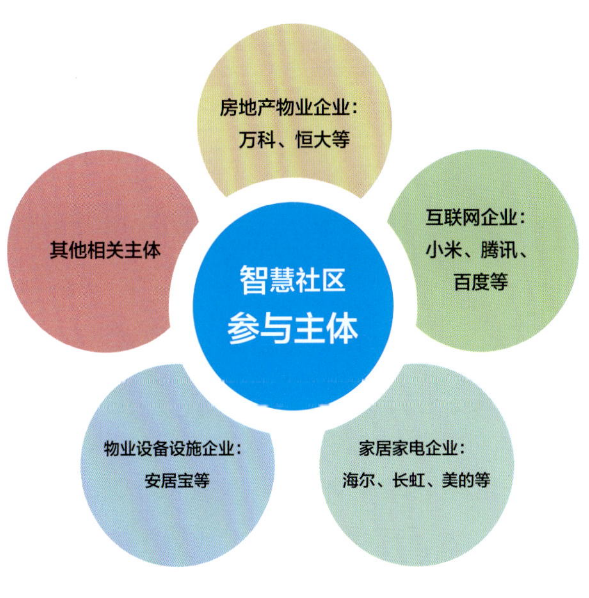

图 9　智慧社区参与主体

表 14　部分物业服务企业合作布局线下服务入口情况

物业公司	合作内容
彩生活	彩生活与京东联手推出饭票商城，京东提供 100 多万个商品及最优惠价格来服务社区业主，双方联合打造社区电商新零售模式
千丁互联	蚂蚁金服旗下品牌支付宝与千丁达成战略合作，双方将在社区服务领域开展深度合作，共建社区新生态，双方将通过大数据对接，逐步开放停车、信用、社交、快递和电商等方面的服务
	千丁与腾讯海纳达成战略合作，共建开放平台及智慧社区经济生态，千丁云的基础数据管理、报事报修、生活缴费产品入驻海纳平台，为用户带来更贴心更便捷的服务
蓝光嘉宝	四川嘉宝资产管理集团有限公司与京东集团在北京签订战略合作协议，以社区 O2O 为核心，在社区生活服务领域达成合作意向，在社区消费大数据分析、社区物流配送、社区金融、智能家居等多个领域将开展长远合作
长城物业	长城物业与京东在深圳签署合作协议。双方主要以采购、物流、维修、金融、无人售货机等在内的场景服务达成合作意向，同时整合双方平台资源，在企业采购、维修、星配站等拓展拓展物业服务场景的业务模块，提升对业主及联盟企业的服务黏性等方面丰富合作细节，深化合作内涵
时代邻里	时代邻里与天猫达成战略合作，在社区生态链中打通线上、线下入口对接，通过天猫大数据与时代邻里社区特性的链接，在社区生活需求、零售销售、社区服务等各方面，打造社区新零售的运营模式
新大正	新加坡荣腾科技与新大正物业集团达成战略合作，共同打造智慧城市公共物业及设备管理新模式；与德国 FAME 达成合作，基于 NFC 技术创新公共物业设备及人员管理系统方案；与多家专业科技公司合作，建立、运营并推广“慧服务”平台，为广大校园服务对象提供信息化智慧化服务
正荣物业	微信与正荣物业联手推出全国首个微信定制社区，免费 Wi-Fi 覆盖整个社区，开设微店，推出业主格子铺，引入更多第三方商铺资源

表 15　部分物业公司薪酬激励模式与机制

<table>
<tr><td rowspan="5">股权激励模式</td><td>彩生活</td><td>向公司中高层管理人员以及优秀员工授予 176.6 万股股票作为长期激励</td></tr>
<tr><td>绿城服务</td><td>对 56 名中高层进行 15% 的股权激励</td></tr>
<tr><td>新大正</td><td>授予所有分支机构总助级以上的管理团队 25% 的股权作为激励</td></tr>
<tr><td>开元物业</td><td rowspan="2">管理团队持有一定比例股权，以股东身份参与公司决策、共享收益与风险</td></tr>
<tr><td>财信物业</td></tr>
<tr><td>期权激励模式</td><td>彩生活</td><td>公司授予管理团队或员工在一定期限内，按约定的 价格购买一定比例公司股份，分享公司收益的权利</td></tr>
<tr><td rowspan="5">利润分享模式</td><td>万科物业</td><td rowspan="2">建立事业部合伙人机制，分享公司利润</td></tr>
<tr><td>盛全服务</td></tr>
<tr><td>蓝光嘉宝</td><td>针对增值业务建立利润分成机制</td></tr>
<tr><td>新大正</td><td>每年新增利润的一部分作为额外奖金奖励给其他非股东的员工，并对增值业务建立项目人员利润分享制度</td></tr>
<tr><td>时代邻里</td><td>管理团队、员工完成业绩目标，参与公司收益 / 利润分成</td></tr>
</table>

公共服务和商业服务等资源，以智慧社区综合信息服务平台为支撑，依托适度领先的基础设施建设，提升社区治理和小区管理现代化水平，促进公共服务和便民利民服务智能化的一种社区管理和服务的创新模式，也是实现新型城镇化发展目标和社区服务体系建设目标的重要举措之一。”借助政策利好及互联网技术的发展，万科、恒大、碧桂园等积极布局智慧社区，并以智能社区为平台，利用信息化技术手段，整合智能家居、基础物业管理与服务、社区服务，并与智慧城市相连通，实现智慧社区、智能家居与社区服务的融合。这其中，物业服务企业通过主动“连入”社区，或将分享到智慧社区潜在的万亿级的红利。

（五）跨界大鳄的进入，让公司和服务价值凸显

2017 年，万科物业、第一物业都先后完成了战略投资者的引入。3 月，万科物业引入两家战略投资者：博裕资本与 58 集团，强强联合，进一步提升万科物业竞争力，构建物业衍生服务生态链。7 月，第一物业获得鼎晖投资、中金公司、中信证券、华融投资、东北证券等金融机构共计 1 亿元融资，此次融资创造了金额最大、规模最大、投资机构含金量最大等多个行业第一，在我国物业管理行业中极具标志性意义。

伴随社区居民“美好生活”日益增长的多层次、高品质生活需求和消费升级，及各类 O2O 平台的快速发展，社区生活类 O2O 市场总规模迅速扩大。而作为各个社区“守门人”的物业公司，由于具备在社区服务中的天然场景优势，使得其在线下服务的入口价值凸现。目前，已经有阿里巴巴的蚂蚁金服、腾讯的微信、腾讯海纳、京东、苏宁等跨界大鳄进入社区，与部分物业服务企业开展合作。

（六）人才机制的改变，才是公司最终转型升级的关键

行业边界趋于模糊，市场融合加速，跨界合作趋多，各类商家纷纷向消费终端的社区聚合，社区成为商家必争之地。商业竞争态势由社区外向社区内快速转移，以社区为节点的网络化商业生态正在形成。这就是当下物业管理面对的现实场景和最大机遇。

那么，如何把握这一历史性的发展机遇呢？最核心的问题是人才。核心管理团队及专业人才对物业公司的重要性从未像今天这样显现。

一方面，到目前为止物业公司还是人合公司，人的作用是根本的。特别是数百万物业从业者，提高他们的素质和能力至关重要；另一方面，物业管理在当下服务、经营和管理过程中涉及的信息技术、物联网知识、金融知识等，都需要高端人才来解决。因此，当你了解到在一些物业公司高薪挖来了 BAT 甚至微软等大公司的人才时，就不会惊讶了。

资本的进入特别是公司上市，为解决人才问题打开了新的通路，使得一些物业公司对核心团队的长期激励机制日益重视，如当下行业正在开展的股权激励、期权激励、利润分享类等多样化的长期激励机制，将企业长期发展利益与员工个人利益结合了起来。

党的十九大报告指出，我国正在进入发展新时期，随着服务业的快速发展和成为经济的主要拉动力，物业管理必将迎来最好的发展时期，这也是资本青睐物业管理的根本原因所在。展望未来，在资本和技术的加持之下，物业管理行业的发展十分值得期待。

在 20 世纪末，管理学者德鲁克曾经做出这样的预判：未来企业的竞争是商业模式与资本层面的竞争。今天的各行各业都在印证这一说法。

十年前，美国作家托马斯·弗里德曼在他的新书《世界是平的》中曾经说过：“世界变平了，而且未来还要更平，跟辽阔的太平洋一样平。”他认为，通信科技互联网的发展，把全世界的人都拉到了一个平面，在这个平面上，资源、资金、知识和人才等要素全球流动，供应链、消费链全球布局，研发、企管、制造、营销全球分工，原本被地理阻隔，流动起来很困难的全球范围的经济要素，因为互联网新科技的发展，如今就像在一个平面上，顺畅无阻地流动。对物业管理行业和业内千千万万的公司来说，在这个“平面”的世界之中，能走多远，取决于能看到多远。

全国白蚁防治事业发展报告

中国物业管理协会白蚁防治专业委员会

一、白蚁分布与危害

（一）白蚁分布

迄今为止，我国已发现白蚁 475 种。除黑龙江、内蒙古、宁夏、青海和新疆 5 个省（自治区）尚未发现白蚁分布外，其余各省（直辖市、自治区和特别行政区）均有白蚁分布。整体而言，我国白蚁种类的分布呈现南多北少和东多西少的特点。

（二）白蚁的危害

1. 白蚁危害的领域

随着人类活动不断挤占白蚁栖息地以及气候变化，白蚁对人类的影响也日益严重，呈现出逐年加重的趋势，特别是我国长江、珠江中下游流域地区，白蚁危害十分严重，危害涉及房屋建筑、文物古迹、水利工程、园林植被、农林作物、通信电力、市政设施等多个领域。

（1）对房屋建筑的危害

房屋建筑是白蚁危害的最主要对象，木结构、砖木结构、钢筋混凝土结构、钢结构等房屋建筑都会遭受白蚁的危害。据早年统计，房屋建筑遭受白蚁危害的比例，广东和海南为 80% ～ 90%，福建为 40% ～ 75%，广西南宁市为 30% ～ 64%，安徽为 10% ～ 60%，湖北为 20% ～ 30%，山东为 2% 左右，辽宁大连市为 1% 左右。据近年调查，浙江省 80 多个市、县城乡房屋住宅均有白蚁危害，轻的占 20% ～ 30%，重的达 70% ～ 80%；江苏省淮阴市房屋建筑平均白蚁危害率达 24%，部分老城区受害比例达 40%；常州市新建住宅区白蚁危害率达 14.2%。在苏州市市区新建新村的房屋建筑中三分之二受白蚁侵害，危害率按户数计已达 20%；无锡市已有 54 个新建的居民住宅新村发生不同程度的白蚁危害，部分新村的白蚁危害率呈上升趋势；江苏徐州市顺河街老居民区一带 100 多户人家白蚁危害率近 100%；广东省深圳市罗湖区房屋白蚁危害率达 30% 以上，蛇口的玫瑰园、花果山、水湾住宅小区白蚁危害率高达 80% 以上；湖南省邵阳市中河街 80% 的房屋建筑遭受白蚁危害。

在黄河流域以北危害房屋建筑的白蚁主要是栖北散白蚁和黑胸散白蚁，长江流域以南主要是台湾乳白蚁、黄胸散白蚁、黑胸散白蚁和黑翅土白蚁，黄河流域与长江流域之间散白蚁和乳白蚁都有危害。广东、海南及部分南方省份，还有截头堆砂白蚁和铲头堆砂白蚁等。

白蚁对房屋建筑的危害主要表现在三个方面：一是影响房屋建筑的安全。白蚁在房屋建筑内危害时，它们不仅蛀食房屋建筑的木结构，而且会在墙体内修筑蚁巢，导致房屋建筑的承重结构遭到破坏，使房屋建筑的安全性能受到严重的影响。二是造成居民的财产损失。白蚁不仅取食木构件，而且取食书画、塑料制品等，导致居民家庭的装饰装修和珍贵字画遭到破坏，严重时可能会导致电线短路而造成火灾的发生，使居民的财产遭受极大的损失。三是影响居民的正常生产生活。无论是乳白蚁，还是散白蚁和堆砂白蚁，它们有翅成虫的分飞均在白天或傍晚进行，此时人们正在室内工作或生活，数以千计、万计甚至十万计的白蚁有翅成虫飞出，会干扰人们正常的生产生活，给人们的心理带来一定的负面影响。

近十多年来，随着我国城镇化的不断推进，房屋建筑白蚁的危害发生了明显的变化。一是随着房屋建筑白蚁预防工作的开展，城镇房屋建筑遭受白蚁危害的比例逐步下降。例如，四川省宜宾市经过白蚁预防的新建房屋遭受白蚁危害的比率由 12.6% 下降到了 5.88%，而没有经过白蚁预防的新建房屋的白蚁危害率则上升到了 23.64%。二是农村房屋建筑遭受白蚁危害的比例明显高于城镇。三是各类房屋建筑均会遭受白蚁危害。如成都市的木结构建筑白蚁危害率为 70.7%，砖木结构建筑为 54.7%，钢混结构建筑为 37.1%。四是白蚁危害房屋建筑时，不仅危害底层或低层部分，而且危害高层和地下部分。据报道，广州市某建筑的 34 层楼内发现有台湾乳白蚁严重危害，在南宁国际会展中心地下 18 米深处，发现有台湾乳白蚁蛀蚀钢筋混凝土的现象。

（2）对文物古迹的危害

白蚁对古文化遗产的破坏性极强，其危害是文物古迹损毁的主要因素之一。我国历史悠久，名胜古迹闻名中外，但普遍受到白蚁危害。据调查，浙江杭州 86% 的名胜古迹遭受白蚁危害；浙江金华 84.6% 的古建筑有白蚁危害；江苏苏州市 252 处古建筑白蚁危害率达 80%；南京市重点保护古建筑几乎都受到白蚁的危害；湖北武汉市古建筑 90% 以上遭受白蚁危害，襄阳市 20 多处国家级、省级文物均遭受白蚁危害；四川成都市主城区古建筑遭受白蚁危害的比率达 85.71%，青羊区古建筑遭受白蚁危害的比率达 92.6%；安徽南部地区古建筑遭受白蚁危害的比率达 50% ～ 70%；广东深圳市古建筑遭受白蚁危害的比率约为 78.3%。

我国危害古建筑的白蚁种类主要是台湾乳白蚁、黑胸散白蚁、黄胸散白蚁、尖唇散白蚁和栖北散白蚁，在个别地区黑翅土白蚁和黄翅大白蚁也危害古建筑的贴地木质结构。

（3）对水利工程的危害

白蚁危害轻的可导致水利工程挡水功能降低甚至丧失，严重的可造成溃决，“千里之堤，溃于蚁穴”的古训就是最好的明证。据调研表明，长江中、下游江河围堤和山塘水库的溃决，80% 是因白蚁危害所致。危害水利工程的白蚁主要是黑翅土白蚁、云南土白蚁、海南土白蚁、黄翅大白蚁、土垅大白蚁等，其中黑翅土白蚁的危害占 95% 以上。

（4）对园林植被的危害

白蚁常危害 300 多种树木，白蚁在树干内筑巢，使周围房屋遭受白蚁危害。公园古树、街道与公路两旁大树，普遍遭受白蚁危害。随着全球气候异常的加剧，园林植被遭受白蚁危害的程度逐年上升，由于城区园林植被通常位于房屋建筑周围，白蚁危害造成树木倒伏而引起的各类安全事故时有发生。我国危害林木的白蚁有 180 多种，其中对园林树木危害严重的主要是台湾乳白蚁、黄胸散白蚁、黑胸散白蚁、黑翅土白蚁和黄翅大白蚁。

（5）对电力通信设施的危害

通信电缆因白蚁危害发生故障，轻者降低通信质量，重者导致通信中断；电力电缆被白蚁咬穿护层后，易引起短路事故，导致电力输送中断，严重者酿成火灾；铁路信号电缆遭白蚁蛀蚀，会严重威胁运输安全。据统计，我国南方地区因白蚁危害引起的电路故障占总数的 60% ～ 70%，广东最高占 80%。1988 年至 1992 年，广东和海南两省因白蚁破坏地下通信电缆而发生故障 31 次。我国发现白蚁破坏埋地电缆的有广东、广西、湖北、湖南、江西、浙江、福建、安徽、四川、云南和上海等 12 个省份。

在世界范围内危害电缆的白蚁有 4 科：澳白蚁科、木白蚁科、鼻白蚁科和白蚁科，10 属 18 个种以上。鼻白蚁科的乳白蚁属危害最大。在我国危害电缆的白蚁，主要是鼻白蚁科乳白蚁属和散白蚁属的白蚁。

（6）对市政设施的危害

近年来，白蚁对大型钢筋混凝土桥梁、燃气管道等公共市政设施的危害也常有报道。

燃气管道易遭受乳白蚁的危害，导致管道内煤气外泄，严重威胁居民生命财产的安全。例如，2016 年 12 月至 2017 年 4 月不到半年时间，广西南宁市已发生 3 起因台湾乳白蚁危害导致燃气泄漏的事故。

2. 白蚁危害的特性

严重性。 白蚁危害对象涉及国民经济诸多领域，危害面广泛，与人们的生活息息相关。国际昆虫生理生态研究中心（ICIPE）将白蚁列为世界性五大害虫之一。

白蚁对人类的危害主要表现在两个方面：一是白蚁为了生存需要取食木材等含有纤维素的物质，从而造成人们财产的损失。二是白蚁活动时会在危害对象内留下空隙（洞），影响房屋建筑、水利工程、绿化树木等的完整性和稳定性，对公共安全构成威胁。

隐蔽性。由于大部分白蚁个体具有畏光的习性，因此白蚁的活动总是在隐蔽的状况下进行。白蚁从孳生到蔓延，再到群体成熟，有一个较长的过程，即从白蚁入侵到造成可见的危害而被发现要经历较长的时期。白蚁这种独特的隐蔽危害方式，在危害早期往往不易被人们所察觉，人们忽视了对其危害的重视或警惕。一旦发现其危害，则往往已造成了一定程度的经济损失或者出现了重大的安全事故。由于白蚁危害所具有的隐蔽性特点，使得白蚁已成为全世界最难防治和防治成本最高的城市害虫。

人们常认为“白蚁不会危害现代建筑”，其实白蚁会通过地坪裂缝、基础墙的空隙、各类变形缝及各种管道入口侵入建筑物内，对房屋结构造成危害，而房屋内的木质结构和木质装修材料则为白蚁提供了生存环境。现代建筑中一般都有空调设备，这也给白蚁创造了生长繁殖的条件。

传播性。白蚁有较为独特的生物学特性：一是白蚁具有极强的适应能力和生存能力；二是白蚁具有很强的繁殖能力，有的白蚁一只成年蚁后一昼夜可产卵上万粒，一生中产卵量高达 5 亿多粒，群体的发展速度十分惊人；三是白蚁具有较强的扩散迁移能力，白蚁可通过分飞、蔓延、携带等三个途径进行不同距离的传播扩散。白蚁的这些生物学和生态学特性，使得白蚁具有较强的传播性。

二、白蚁防治工作成绩

经过半个多世纪的发展和几代白蚁防治人的努力，我国白蚁防治事业取得了较大的成绩。

（一）全面开展白蚁防治，建立了较完善的白蚁防治机构体系

在各级政府的重视下，经过多年的努力，我国已建立了较完善的白蚁防治机构体系。据统计，全国白蚁防治机构总共约有 1100 多家，其中 750 多家为事业性质的白蚁防治单位，350 多家为属民营的白蚁防治公司。民营公司除了开展白蚁防治工作外，大部分公司还从事城市有害生物的防治工作。目前，浙江、广西等 10 省份的新建房屋建筑白蚁预防工作由建设主管部门下设的白蚁防治机构负责实施。在广东、重庆、福建、云南、陕西等省份的新建房屋建筑白蚁的预防工作，主要通过招投标的模式进行，但由于市场竞争激励，且缺乏相应的约束机制，这些地区的白蚁防治工作一度出现混乱，为此，主管部门出台了一些规范措施，并强化了监管手段，但有效的监管措施仍处于探索阶段，离市场完全规范还有相当的距离。

白蚁防治工作涉及建筑业、农林业、卫生环保等多个领域，要求从业人员必须具备房屋建筑、杀虫药剂学方面的基础知识，掌握白蚁防治专业知识、技术和相关器械操作与维护的技能，并具备良好的职业道德。全国白蚁防治中心结合行业发展的需要，及时开展白蚁防治人员职业培训和继续教育培训，逐步形成了一整套较为完善的教学管理体系。截止到 2015 年年底，各类接受继续教育培训的人员达 6000 余人次，已获得白蚁防治专业人员职业证书

的人员累计达 4000 余人。

通过多年的人才队伍建设，我国已建立了一支专业性的白蚁防治队伍。据统计，行业从业人员 13300 余人，其中管理人员约占 28.72%、科研人员约占 9.83%、操作人员约占 53.49%。在从业人员中具有大专及以上学历的人员约占 39.14%，具有初级及以上职称的人员约占 41.73%。

（二）大力加强法规建设，初步形成了白蚁防治政策法规标准体系

白蚁防治属于有害生物治理的范畴，涉及卫生、城建、仓储、运输、馆藏、商贸、饮食、服务、生产等各行各业。经过 20 多年的发展，目前我国房屋白蚁防治已形成国务院部门规章、地方性法规、地方政府规章等多种层次政策法规体系。

1. 政策法规方面

2017 年前，财政部和国家发展改革委规定白蚁防治费是行政事业性收费，规定白蚁防治费由市县建设主管部门一次性收取，这笔费用在 15 年内逐年分阶段、分项目支出。但在 2017 年 3 月 15 日，财政部和国家发展改革委下发了《关于清理规范一批行政事业性收费有关政策的通知》（财税〔2017〕20 号）文件，规定自 2017 年 4 月 1 日起取消作为行政事业性收费的白蚁防治费，并应根据“依法履行管理职能所需经费，由同级财政预算予以保障，不得影响依法履行职责”的要求，做到减费不减服务，继续做好新建房屋的白蚁预防处理。

各大城市为加强房屋安全管理，保障房屋使用安全，有些城市出台了房屋安全管理条例，对房屋使用过程中的修缮、改造安全管理、房屋安全鉴定管理和房屋白蚁防治进行管理。如杭州、南京、武汉、宁波、南宁均分别出台了《城市房屋安全管理条例》，成都、西安、合肥、无锡等城市也出台了相应的地方性法规。

2. 技术标准方面

国家标准方面：2012 年发布《白蚁防治工程基本术语标准》（GB/T 50768—2012）、《木材防虫（蚁）技术规范》（GB/T 29399—2012）；2015 年发布《木材防腐剂对白蚁毒效实验室试验方法》；2017 年发布《建设工程白蚁危害评定标准》（GB/T 51253—2017）。

行业标准方面：2011 年发布《房屋白蚁预防技术规程》（JGJ/T 245—2011）；2013 年发布《农药登记用白蚁防治剂药效试验方法及评价》（NT/T1153.1—7）；2016 年发布《白蚁防治工职业技能标准》(JGJ/T 373—2016)，这是我国第一个有关白蚁防治人员的行业职业标准，对白蚁防治工的职业技能与评价指标做了具体要求。

地方标准方面：2000 年起，广东、山东、江苏、湖北、四川、浙江、安徽、上海、湖南等地发布了《新建房屋白蚁预防技术规程》《房屋白蚁预防工程土壤化学屏障检测和评价》《堤坝白蚁防治技术规程》《水利工程白蚁防治技术规程》《房屋白蚁监测控制技术规程》《房屋建筑白蚁危害等级评定》《药物屏障预防房屋白蚁技术规程》《房屋白蚁监测控制系统应用技术规程》等白蚁防治相关的地方标准。

3. 积极进行技术创新，逐步建立完善的白蚁防治技术体系

我国技术人员按照“预防为主、防治结合、综合治理”的要求，经过几十年的探索、研究和总结，初步建立了符合我国实际的白蚁防治技术体系。

首先，根据我国房屋白蚁危害发生的特点，经过 20 多年的推广应用和完善，创建了以药物屏障技术为主，建筑设计、地基清理、生态防治、植物检疫等技术为辅的房屋白蚁预防技术。2007—2011 年，建设部会同环保部、财政部和世界银行实施了《中国白蚁防治氯丹灭蚁灵替代示范项目》，以“有害生物综合治理（IPM）”理念为指导，推广应用环境友好型的白蚁监测饵剂技术和白蚁监测喷粉技术，积极应用白蚁防治新技术、新药物、新产品，最大限度地减少化学药物的使用，极大地促进了我国环保白蚁防治技术开发与应用。

其次，针对不同白蚁种类的危害特点，形成了以液剂药杀、粉剂药杀、饵剂诱杀和监测控制技术为主，

密闭熏蒸和高温灭杀为辅的白蚁综合治理技术。

最后，在了解和掌握堤坝白蚁活动规律、白蚁危害堤坝的原理等基础上，经过不断的实践与总结，形成了多项堤坝白蚁综合治理的新技术。广东总结形成的“三环节、八程序”法的新技术、浙江总结出一套“找、标、杀、灌、防、控”堤坝白蚁防治质量保证体系和“药物灌浆与白蚁的检查灭杀相结合”的白蚁综合治理技术，比较具有代表性。另外，电线电缆、园林绿化、山林果园等白蚁的综合治理技术也日趋成熟与完善，物理屏障技术、生态与生物控制技术和白蚁探测技术等得到不断的研究与应用。

4. 重视科普宣传工作，白蚁防治社会认可度不断提高

在过去的30多年时间里，白蚁防治专家学者们撰写了大量的科研论文和专业书籍，为普及白蚁防治基础知识和白蚁防治技术作出了较大的贡献。全国白蚁防治中心主办的《城市害虫防治》期刊及时追踪前沿研究热点，宣传白蚁防治政策、交流行业信息，为行业科普宣传作出了较大贡献。

为了做好白蚁防治科普宣传工作，一些地区建立了白蚁防治科普基地。如南宁市建立了“南宁市白蚁防治科普基地”，杭州市余杭区建立了“全国白蚁防治科普宣传余杭基地”，杭州市萧山区建立了“全国白蚁防治科普宣传暨白蚁活体展示基地”等。科普基地的建立为行业人员和广大公众提供了可视化参观场所，为白蚁防治行业的创新、绿色、协调发展打下了良好的基础。

2016年全国白蚁防治中心组织参加了中国物业管理协会首届中国物业产业博览会，通过全方位、多层次、多角度的展示，促进社会各界进一步认识白蚁的危害性，了解白蚁防治工作的必要性。同时，各地在报纸、电台设立白蚁防治宣传专栏和投放白蚁危害公益公告，为市民提供白蚁防治政策咨询和防治服务，许多单位还制作了科普宣传图板，印刷了宣传资料，将宣传资料免费发放给市民，每年全行业共发放宣传册（单）十余万份，接待群众咨询解答30余万人次。许多白蚁防治单位还专门建立了单位网站、微信群和QQ群，受到行业从业人员和公众的广泛好评。

5. 注重科研投入，为白蚁防治工作提供技术支持

白蚁防治科研工作是促进行业发展的内在动力，为全方位做好白蚁防治工作，不少白蚁防治单位大力投入资金，组织人员从硬件和软件建设着手，建立了较为完备的白蚁防治实验室。为满足白蚁防治研究的需求，在过去的十多年里，一些省市建立了白蚁研究和试验基地，较有代表性的有全国白蚁防治中心野外实验基地、全国白蚁防治综合科研南宁基地，四川成都、浙江衢州、广西桂林、江苏常州等地也分别建立了白蚁防治野外试验基地。这些野外试验基地的建立，对白蚁防治新药物、新技术的效果评价发挥了积极的作用。目前，已有5家单位被农业部认定为白蚁防治药剂登记用药效试验单位。

我国白蚁区系分布的研究已取得了可喜的成绩，摸清了全国白蚁分布现状，梳理了我国的白蚁种类名录，基本划分了我国白蚁分布区域，确定了我国主要白蚁危害优势种类。掌握了我国主要白蚁危害种类的活动规律，为白蚁防治新技术的开发研究提供了较坚实的基础。同时，在白蚁防治新技术研发方面，各地白蚁防治单位通过独自研发或多方合作，取得了非常丰硕的科研成果，有不少课题荣获省（部）、市（厅）级科学技术奖。

近年来，我国白蚁防治科研人员在创新性的基础理论研究与应用基础研究方面也有不少斩获，得到了国际上的认可，如浙江大学莫建初科研团队在培菌白蚁降解木质纤维素机制的研究中取得重大突破、华中农业大学黄求应研究小组在白蚁抵抗致病真菌感染的主动免疫研究方面取得了重要进展等。

三、白蚁防治工作存在的问题

（一）行业的法规标准建设有待完善

一是我国白蚁防治管理的法规体系建设相对滞后。自2004年建设部发布第130号部长令以来，虽然各省市根据当地的实际情况制定了相应的白蚁防治管理政策，但迄今为止我国没有制定全国性的白蚁防治法律、法规，这给白蚁防治工作的深入、全面开展带来了一定的困难。二是白蚁防治标准体系有待进一步完善。在过去的十多年时间里，我国白蚁防治行业虽然制定了一些房屋建筑白蚁防治相关的标准，但尚未形成完整的技术体系。与发达国家相比，我国白蚁防治标准体系的建设相对滞后。三是白蚁防治单位的标准化建设有待加强。近年来，白蚁防治单位对标准化建设的主观能动性已有较大提高，也做了大量工作，但还不能满足行业发展的需要，如与监测控制技术相关的白蚁防治工程质量评价体系有待完善、白蚁防治市场的监管仍有不到位之处、行业内部的自律性有待提高、行业的诚信建设有待加强等。

（二）创新能力有待提高

一是科技创新能力不强。各地虽重视白蚁防治的课题研究，也取得了不少的研究成果，但总体上来说，还存在科研经费投入散而少、研究成果小而低的情况，缺乏系统的规划与基础理论创新，未站在引领国际同行的高度开展创新性的基础理论研究与应用基础研究及应用技术开发。二是管理创新意识缺乏。大多数的白蚁防治单位仍沿用传统的管理模式，缺乏信息化管理平台与相对应的人才队伍等；全行业缺乏整体的科普宣传规划，使得科普宣传工作的整体效果不尽如人意。三是服务创新不够。部分白蚁防治单位仍处在被动等客户上门的服务阶段，缺乏主动为民服务的考核机制和创新单位管理模式的意识。

（三）人才队伍建设滞后

一是在人才规划方面，由于体制的限制，各白蚁防治单位的人才队伍建设缺乏长远规划，对人才的引进、培养和使用缺乏有效的措施，人才管理的统筹性、针对性和前瞻性较差。二是在人才体系方面，人才队伍的结构性矛盾突出，中青年人才严重短缺，人才队伍老化现象明显，高学历和高层次人才所占的比例很小。三是在人才培养机制方面，缺乏培养白蚁防治综合型人才的相关专业，复合型的白蚁防治人才缺乏；缺乏系统有效的人才培训机制，专业技术人员的创新能力和创新意识不强，严重影响了白蚁防治单位创新工作的开展。

四、白蚁防治事业的发展策略

在未来几年，特别是“十三五”期间，我国白蚁防治行业，要根据党的十八届五中全会提出的五大发展理念，认真贯彻国务院“三去一降一补”总体部署，按照《城市房屋白蚁防治管理规定》要求，结合我国白蚁防治工作实际，破解发展难题，厚植发展优势，牢牢把握创新发展、绿色发展、共享发展理念，全面提升自主创新能力，培育发展新动力，激发创新活力，推进白蚁防治事业持续发展、转型发展、健康发展。

（一）以创新发展引领白蚁防治事业可持续发展

白蚁防治行业需要深刻认识并准确把握我国经济发展新常态的新要求和国内外白蚁防治科技创新的新趋势，系统谋划全国白蚁防治事业创新发展的新路径。

1. 科技创新为引领

一要聚焦白蚁防治工作中的热点和难点，整合各地技术力量，集中力量开展技术攻关，加快构建“防、治、用”综合体系；二要开展基于“互联网 +”的区域白蚁控制智能化技术集成与创新研究，建立以大区域为单位的智能化白蚁防治管理平台，开发与智能化管理平台相配套的白蚁自动监测控制技术及产品，提供更便捷、高效、优质的白蚁防治服务；三要开展白蚁生物资源特性研究，积极探索白蚁资源化养殖和利用的途径与方法，建立白蚁产品开发和深加工利的产、学、研平台，促进白蚁资源产品广域性和深层次利用的多单位协同与创新，实现白蚁由防治到利用的转变。

2. 管理创新为重点

一要总结各地成功的经验，着力加强白蚁防治机构规范化管理力度，改进白蚁防治工程质量监督管理方法，健全白蚁防治产品监管体系，强化白蚁防治监管机制；二要以标准化建设为抓手，完善标准的宣贯机制，促进白蚁防治单位的标准化建设；三要以白蚁防治的防灾减灾功能为根本，做好全国不同地区各领域蚁情的基础调研和蚁害的分级预测工作，不定期地向社会发布白蚁防治状况发展报告，建立与完善对外宣传与沟通平台，促进社会各界对白蚁防治行业的支持；四要强化新建房屋白蚁预防结果的运用，在完成新建房屋白蚁预防施工后，白蚁防治单位向建设单位主动出具相关的证明文本，确保白蚁防治公益属性功能的有效发挥。

3. 服务创新为导向

一要在重点做好城镇房屋建筑白蚁预防工作的基础上，积极开展传统村落和名镇、名村的白蚁防治工作，有序推进水利电力、风景园林、农林果木等领域的白蚁防治工作，使我国各领域的白蚁危害得到有效控制，发挥白蚁防治行业在文化遗产保护、新农村建设和美丽中国建设中的作用。二要进一步优化白蚁预防的公共服务程序，顺应新建房屋白蚁防治行政事业性收费取消的形势，结合各地的实际，简化相关服务流程。三要强化白蚁防治的服务意识，进一步规范服务用语和操作行为等，大力提升白蚁防治的服务水平。

（二）以绿色发展加快白蚁防治技术转型升级步伐

目前白蚁防治行业正处于转型发展的关键时期，今后要加快推动环保型白蚁防治技术替代传统的药物屏障技术，实现白蚁防治事业与生态文明建设协调发展。

1. 法规标准引领

一要牢固树立“绿水青山就是金山银山”的发展新理念，在制定白蚁防治政策、法规、标准时，注重人与自然的和谐平衡，建立绿色的白蚁防治模式，强化环境保护，减少白蚁防治药物对自然的干扰和损害；二要注重政策法规的建设，借鉴国外白蚁防治管理的先进经验，进一步完善我国的白蚁防治政策法规体系，确保我国白蚁防治事业的绿色、健康发展；三要总结白蚁监测控制技术推广应用的经验，制订基于白蚁绿色防治技术的白蚁防治行业标准和地方标准，利用绿色标准倒逼绿色技术的使用，同时加大白蚁防治相关标准的研编，逐步建立以推荐性国家和行业标准为核心、推荐性地方标准相配套、团体标准为支撑、企业标准为补充的新型白蚁防治标准体系。

2. 防治方式转变

一要引导各地白蚁防治新技术、新产品、新工艺的集成与产业化研究，选择一批适宜的环保型白蚁防治新技术，为白蚁防治方式的转变提供技术支撑；二要通过政策引导和建立白蚁防治用品推广应用平台，加大环保型白蚁防治新技术的推广应用力度，同时加大禁用药物和限制技术使用的检查与处罚力度；三要运用区域控制理念、采用综合治理技术进行不同领域的白蚁治理工作，促进白蚁防治与生态文明建设的协调发展。

3. 人才队伍保障

一要实行人才引进和在职人才培养并重的举措，着力打造一批年龄结构合理、技术过硬、素质全面的白蚁防治人才队伍；二要以白蚁防治职业技能鉴定和从业人员继续教育为重点，开展多层次、多学科的交叉培训，全面提升白蚁防治人员的服务水平，不断提高工作效率，降低服务成本，逐步实现白蚁防治的即时化服务；三要加强白蚁防治从业人员的诚信和职业道德教育，树立安全至上、质量第一的理念，坚持安全生产、文明施工，做好优质服务。

（三）以共享发展提升白蚁防治公共服务水平

白蚁防治工作涉及公共安全，具有社会公益属性，是政府公共服务职能的具体体现。今后的工作中，白蚁防治行业应以共享发展理念为指导，做好公益服务。

1. 强化公共服务职能

一要坚持“防、治”分离原则，强化白蚁预防的政府公共服务职能，积极主动协调同级财政部门将白蚁防治工作经费纳入当地财政预算，保障白蚁防治经费；高度重视新建房屋的白蚁预防工作，继续做好新建、改建、扩建房屋的白蚁预防工作，同时严格履行合同继续做好原有新建房屋白蚁预防在15年包治期内的回访复查工作。二要充分发挥白蚁防治事业单位的公共服务职能，协助当地政府做好白蚁防治的监督管理工作，最大程度减少因白蚁危害造成的损失，让全社会共享白蚁防治发展成果，使广大人民群众有更多的获得感。三要建立白蚁防治公共信息平台，提高白蚁防治服务信息的透明度，建立白蚁防治数据共享机制。

2. 促进行业信息交流

一要加强白蚁危害基础信息调查，建立基于白蚁危害等级的白蚁防治区域管理新模式，为不同区域的居民提供更为合理的白蚁防治服务；二要加强行业机构、人员基础信息的收集、整理和利用，促进不同地区白蚁防治机构和人员的信息交流，实现新技术、新产品和新工艺的互利共享，全面提高整个行业从业人员的综合素质；三要加强国内外的白蚁防治技术管理的交流合作，借鉴国外的先进经验进行消化完善，充分利用国内的优势加强与国外的合作，特别是借助“一路一带”的战略机会，做好与相关国家与地区的交流合作。

3. 共创良好工作氛围

一要以科普宣传方式创新为抓手，加大科普宣传基地的建设力度，全面提升科普宣传水平，充分运用各类媒体开展科普教育，提高公众对白蚁危害的认知度和开展白蚁防治工作的认可度，形成全社会支持白蚁防治工作的良好氛围；二要以区域信息共享平台建设为契机，构建覆盖白蚁基础知识、白蚁防治政策与标准、白蚁防治科学研究、白蚁防治技术与产品、白蚁防治管理与创新、对外合作与交流等多方面信息的查询与支持系统，为社会公众提供更多更有价值的信息，营造全社会参与白蚁防治的局面。

房屋安全管理和鉴定工作调研报告

中国物业管理协会房屋安全鉴定委员会

当前房屋安全管理工作形势相当严重，各地倒房事件频频发生。作为城市安全管理的重要组成部分，房屋安全管理和鉴定行业在住房城乡建设部统一指导下开展了危旧房屋调查和老旧房屋整治的大量工作，现对各地房屋安全管理工作的现状和房屋鉴定行业的发展情况以及存在的问题进行分析和整理。

一、房屋安全管理工作的现状

房屋安全管理是各地政府实现社会治理的一项非常重要的工作，确保房屋使用安全是关系到人民群众生命财产安全、维护社会和谐稳定的基石。根据了解到的 35 个城市（含一线省会城市、直辖市和二线地级城市）情况，目前全国各地房屋安全管理的各项工作开展进度参差不齐，总体如下：

（一）法规政策建设情况

我国各地的房屋安全管理模式都不完全相同，近年来，各地纷纷结合城市特点开展房屋使用安全管理立法、修订等工作，目前一线城市基本已出台房屋安全管理的相关法规或管理办法，如《北京市房屋建筑使用安全管理办法》、《广州市房屋安全管理规定》、《杭州市城市房屋使用安全管理条例》（新修订）、《武汉市房屋安全管理条例》、《成都市房屋使用安全管理条例》和《宁波市城市房屋使用安全管理条例》等，其中省级立法项目《浙江省城镇房屋使用安全管理条例》也正在积极制订中。地方性法律法规的出台从一定程度上促进了当地房屋安全管理水平的提升，由于各地的法制观念、发展水平不同，造成对既有房屋安全管理立法、法规内容、管理机制、管理方式、管理水平等各有不同。

（二）房屋安全管理构架情况

目前，缺少全国性的房屋安全管理执行部门对既有房屋安全进行有效管理，由上至下的房屋安全管理体系网络尚未建立健全，如住房城乡建设部和各省、直辖市的住建厅都未设立独立的既有房屋安全管理主管部门，目前主要由房地产管理部门监管房屋使用安全及危房排查治理工作。从管理上看，大都“点”到为止，并未完全管理到“面”、深入到“底”，许多政策文件可操作性不强。在此次调查的城市中，仅有 13 家城市在房产管理部门中，设有独立的房屋安全管理处（科），主要负责房屋安全管理、安全鉴定管理、安全检查、制定安全管理办法、指导县区安全鉴定工作等，从人员构成来看基本在 5 人左右。工作着力点主要在市区国有土地上房屋（主要是直管公房）。特别是在相对落后的中西部地区，因为人员、技术、资金等资源匮乏，还无力关注既有房屋安全管理，尚未建立全覆盖全寿命管理体系。

（三）房屋安全鉴定行业情况

从全国房屋安全鉴定机构的情况来看存在以下

几个特点：一是从机构性质来看，多为自收自支的事业单位。据统计，70% 以上的房屋安全鉴定机构均为自收自支的事业单位，少量存在差额拨款和全额拨款的事业单位，现有广州、贵阳、成都、杭州、重庆、柳州、厦门等部分城市放开市场，存在一定数量的企业参与房屋安全鉴定，但从全国来看，房屋安全鉴定还是以房屋部门的鉴定机构为主。二是从从业人员数量来看，省会城市和副省级城市房屋安全鉴定机构人员编制为 20 人左右，地级市房屋安全鉴定机构人员编制为 10 人左右，县(含县级市)、区房屋安全鉴定机构人员编制为 5 人左右。三是机构的分布来看，存在东西不平衡的现象。沿海及中部城市县、市、区房屋安全鉴定机构比较完善，业务量开展较好，西部、西北部各地市则较薄弱。四是从鉴定数量来看，属地房屋安全鉴定机构承担了当地绝大部分的鉴定任务，其中省会城市和副省级城市年鉴定量为 80 万平方米左右，地级市年鉴定量为 30 万平方米左右，县（含县级市）、区年鉴定量为 10 万平方米左右，且呈现逐年上升的趋势。

（四）既有老旧房屋摸底排查情况

此次调查的城市反馈数据来看，20 世纪 70 年代以前的老旧低矮房屋大都因城市化推进和房地产发展进行了成片征收或危房改造。目前问题集中的主要为未包含在原先危改项目中的，以 70—90 年代为主的砖混结构老旧房屋，由于受当时经济水平、设计规范及工程本身地质条件、施工技术、工程管理水平等因素的制约，这些老旧房屋存在不同程度的“先天不足”，再加上房屋自身功能退化及人为因素等综合作用影响，导致很多房屋存在不同程度的安全隐患，部分已经影响结构整体安全。而且这些老旧房屋的产权形式也较为复杂，基本涵盖直管公房、商品房、单位自管房、私房、房改房、保障性住房、小产权房，给今后的解危治理工作带来不少困扰。

（五）各地解危治理情况

各城市对本地区存在安全隐患的房屋，结合属地政府的要求，大多数制订了安全隐患房屋治理改造计划，也进一步加大资金投入，或引入社会资本参与危旧房屋改造工程，或对需要进行拆除、改建或扩建、翻建的危旧房屋，优先纳入当地棚户区改造计划，部分城市也已经着手建立了房屋安全管理档案，逐步研究建立房屋产权人－物业（街道社区）－房地产主管部门等协调联动的管理机制。

二、房屋安全管理工作目前存在的问题

（一）房屋安全管理上位法缺失

目前，国家没有专门针对既有房屋安全管理的法律法规，《建筑法》针对的主要是建设工程，对于投入使用的既有房屋，目前仅有 2004 年出台的建设部 129 号令《城市危险房屋管理规定》这一个部门规章，且其管理对象仅为“危险房屋”，随着时间的推移，该规定很多内容已不适应新问题的解决，房屋安全问题的很多责、权、利都无法清晰、明确划分。由于上位法缺失，地方性法规无上位法依据，有的问题无法突破，即使已经出台的地方性法规也存在不少问题，许多共性问题无统一解决办法，比如各地的房屋安全隐患治理问题、鉴定市场监管问题等，缺乏全面性和指导性。

（二）房屋安全管理体系尚未理顺

国内城市房屋安全管理涉及部门繁多，各城市管理部门也不统一，各部门之间缺乏信息对接与沟通，管理比较无序。同时，房屋安全管理是一项系统性工程，在缺少上级牵头协调部门的情况下，单靠某一部门管理是有限的，首先是亟须住房城乡建设部和各省、直辖市的住建厅等上级对口部门的统筹协调，还需要建委、公安、工商、物价、消防、教育、文化、财政、人事、街道办事处、镇人民政府的参与。如果房屋安全监管责任不明确，各职能部门之间很难协调一致，易出现房屋安全监管真空或无能力管理。同时，房屋安全管理部门与基层社

区缺乏长期有效的联动体系，造成专业的房屋安全巡查的缺失，尤其是老旧房屋小区大多为物业失管小区，也不存在业主委员会等业主自我管理机构，多由社区牵头负责日常卫生、安全保卫等工作，因此缺乏对房屋公用部位的日常巡查维护。

（三）房屋安全鉴定市场管理模式有待完善

由于鉴定收费的取消，根据建设部 129 号令，由原房产行政主管部门成立的房屋安全鉴定机构收入无来源，在专业技术人员、仪器设备等一系列问题上都出现了限制瓶颈，相关鉴定工作已无法开展，有些甚至无法生存。而且由于市场准入及监管制度的缺失，已走上市场的部分民营检测机构出具的鉴定报告可靠性、公正性、权威性又受到很大的挑战。随着国家社会治理理念转变和深入，房屋安全鉴定机构的市场化、职业化不可逆转，因此行业准入、行业自律刻不容缓。

（四）全国既有房屋缺乏统一完整的数据库

在我国一直以来受“重建设，轻管理”思想的影响，各相关职能部门对建成后投入使用的房屋信息缺乏有效对接、沟通和建设，且管理过程中，政府主导的仍以抢危补破为主。特别是现阶段，经过前期调查排查工作后，各城市都积累了大量的老楼危楼信息，与此同时，随着时间的增长，大量房屋建筑物的建筑结构、构件和建筑设备逐渐老化乃至破损，新的危房还会不断产生。目前，全国范围缺少统一的既有房屋信息档案和“预警式的管理”方针，尚未建立从房屋安全普查、检查、检测鉴定与排危解困阶段的安全管理制度闭环，很难做到第一时间“发现一起，治理一起”。

（五）治理主体、方式、资金存在问题

目前，从全国危旧房治理的横向比较看，一些城市进度偏慢，甚至个别尚未启动改造。进度偏慢的原因主要有以下几方面：一是少数城市相关配套政策未及时出台，治理主体不明确，治理改造方案未最终确定，针对危旧房治理改造项目“绿色通道”未形成。二是危旧住房的治理改造需要省、市政府落实一定的财政资金，但有的属地政府还没有完全落实，治理改造资金缺口大。三是治理改造方案与百姓的预期存在差距，大部分危旧房通过维修加固即可达到解危目的，但很多居民不愿意维修加固，往往把风险责任转嫁给政府，不仅不愿意出资参与，甚至要求拆除重建或异地安置，并享受“保底”安置、扩面优惠等房屋征迁方面的优惠政策。四是各地普遍面临人手不足的问题，特别是负责房屋安全管理工作的人员往往身兼数职，还难以做到对基层力量的有效统筹和监管。

三、相关的意见和建议

（一）推动出台全国统一的房屋安全管理办法

根据党的十八届四中全会依法治国的要求、五中全会加大城镇棚户区和城乡危房改造力度的精神指引，为继续加强和完善房屋安全管理，建议国务院出台《既有房屋安全管理条例》，或尽快修订《城市危险房屋管理规定》。通过健全国家法律法规，做到依法依章管理房屋安全管理工作，治理危旧房屋工作。

（二）建立健全房屋安全管理体系

基于房屋全寿命周期的管理模式，当务之急要尽快建立自上而下的房屋安全垂直管理体系，各地可结合实际实行建设系统全寿命全覆盖管理或建设房管两阶段全覆盖管理模式。从住房城乡建设部到基层管理员，管理内容从建设环节的基础资料到日常使用信息、排查巡查信息、鉴定报告、处理机制，最终到改造利用直至拆除，涉及各类产权所有多用户住宅房屋，并做好与房屋建设监管机构的工作衔接，彻底改变“重建设、轻管理”的管理思路。

同步成立国家层面的城市有机更新领导小组，统筹城市各阶段危旧房屋的拆建、改造、升级工作，全面规划、有序推进成片改造，实施城市有机更新，切实提升房屋的耐久、舒适、节能、抗灾等方面的功能。

（三）建立鉴定市场化管理体系

在建工程开工量逐步萎缩，而既有建筑检测鉴定稳步增长，一些中小型民营检测机构数量逐年增加，但其发展却“良莠不齐”。细化鉴定类型，提高房屋安全鉴定市场准入门槛，吸收优秀的房屋检测机构或设计单位参与公平竞争，由行业协会制定市场指导价格和鉴定人员培训考核机制，引领市场健康发展。推动房屋安全鉴定市场化进程，为进一步优化公共资源，提高房屋安全鉴定服务的质量和效益，进一步健全公开透明规范的服务流程，制订具有可操作性的整体规划，确定房屋安全鉴定服务项目、标准和数量，鼓励市场竞争，严格考核机构的专业资质和综合服务能力，设立准入门槛，择优选择纳入名录。

（四）建立既有房屋全寿命周期管理模式

为实现房屋安全管理的网络信息化，应建立全国范围的房屋安全管理动态信息系统。通过该系统，可以对房屋的权属情况，租赁情况，建筑、结构施工图，地质资料，历年房屋安全检查和鉴定的记录、排查表、鉴定文书，房屋用途、装修变更资料，以及扩、加、改、翻建、维修和白蚁防治安全等数据进行全方位网络信息化管理，保障信息及时、准确和完整。同时可以掌握危险房屋治理和灭失情况，建立健全危险房屋登记、巡查和监测、“一楼一预案”以及治理注销制度，有助于城市各级管理部门及时发现险情的房屋和房屋严重破损状况，针对房屋破损情况制定措施，安排修缮，保持和提高房屋的完好程度，防止发生房屋倒塌及破坏性事故，延长房屋的使用寿命，保障居住安全和房屋的正常使用。

全国住宅专项维修资金管理发展报告

中国物业管理协会物业维修资金专业研究委员会

一、住宅专项维修资金管理基本现状

维修资金历经近20年的实践，尤其是在部分有条件城市的积极探索和试点下，我国维修资金管理制度日趋完善，并形成了一套行之有效的管理办法，为保障物业共用部位、共用设施设备的维修、更新和改造，解除居民购房的后顾之忧，化解物业纠纷和矛盾作出了积极贡献。

一是管理制度及机构相继建立。据中国物业管理协会物业维修资金专业研究委员会（以下简称“专委会”）不完全统计，全国的31个省份有21个省级单位制定了维修资金管理办法以及省级的实施细则，占比67.7%；全国的335个地级行政区中建立了商品房维修资金制度的有322个，占比96.1%，已售公房建立了维修资金制度的有292个，占比87.2%。目前已至少有74个城市设立了专门的维修资金管理机构，占总数的72.5%。部分物业维修资金制度实施较晚的中小型城市，尚未设立独立的监管机构，大多由物业管理部门代为履行监管职责。

二是决策机制逐步健全。长期以来，各地维修资金监管工作决策主要分为房产行政主管部门独立决策和主管部门会同财政部门联合决策两种方式。随着维修资金的重要性逐渐凸显，业主的维权意识不断增强，要求决策逐步向民主化、法制化、规范化、高效化发展，部分城市开始探索以维修资金管理监督委员会为形式的多部门联席决策机制，负责对全市维修资金管理机构和监管部门实施监督，对法规政策修订进行调研决策，对监管部门提出的意见建议进行表决等。

三是资金归集运行良好。为进一步加强资金归集监管工作，各地逐步探索出维修资金首次归集与房屋交付使用、房屋买卖合同备案、权属登记等环节相互结合的方式，并辅以信息系统建设等手段，将维修资金“归不起来、收不上来”的局面逐步扭转，最终实现新建物业管理区域维修资金的全额归集。

四是管理手段持续创新。在维修资金运行过程中，各地相关部门积极探索创新适合本地特色的维修资金管理模式。一是稳步推动管理主体由政府向业主转变。二是积极利用“互联网+”等新技术，提高维修资金管理效率。三是不断优化监管措施，增强维修资金使用灵活性。同时，各地也在积极探索引入第三方工程审价、工程监理等一系列行之有效的做法，并不断简化资金使用备案要件、优化备案流程，构建一个安全与效率并举的维修资金使用监管制度。

二、各地维修资金管理特点分析

（一）天津

为缓解业主“双三分之二”签字确认难问题，天津市于2010年在全国率先创新建立了房屋应急解危专项资金制度，2016年进行了修订。应急资金不动用业主的本金和利息，是从全市维修资金统一管理产生的增值资金中逐年计提的。应急资金是以物业小区为单位设立明细账，当小区发生局部屋面和外墙渗漏、外墙脱落，突发电梯故障、排水管道破裂漏水，消防设施、设备监控系统、围墙、大门损坏，局部道路破损、塌陷等紧急情况时，应急解危资金的使用不需相关受益业主签字，只需经业主委员会同意后即可施工，工程竣工验收合格后在应急解危专项资金中列支。应急资金能够起到减少业主专项维修资金支出、暂缓续筹压力的作用。房屋应急解危专项资金的建立，通过明确使用范围、简化使用程序、改变使用确认方式等措施，充分发挥了资金的应急保障作用，营造了和谐稳定的社区居住环境。

（二）上海

上海市推广政府监管下的社会化管理模式，在业主自主管理模式的探索中成功解决了业主大会的主体资格问题，全市92%的小区成立业主委员会，绝大部分小区开设了业主大会维修资金账户。

（三）成都

成都市建立并大力推行应急使用预案制度，由业主对应急情况下依法使用专项维修资金进行排险除险的情况和流程预先表决，实现预先授权遇险使用，有效解决应急情形、出现临时征集意见的难问题。还出台了应急使用制度，对未建立应急使用预案的建筑区划，当住宅共用部位、共用设施设备发生约定的几种应急情形时，经必要程序后，可不经业主表决，直接动用专项维修资金程序进行排危除险。成都市对维修资金制度建立前的老旧院落进行改造，通过居民筹集、政府补贴、公共收益补充，建立共用部位共用设施设备的维修保障体系，推行先治治后整治的改造模式，形成了维修资金续筹补建的新机制，实现老旧院落维保机制全覆盖。并探索由政府兜底负责农民安置房共用部位共用设施设备的维修更新改造，进一步保障征收征地农民的合法权益。

（四）深圳

深圳、苏州等城市公开招投标选定维修资金专户银行，确保资金增值收益，深圳市2018年最新招标结果为3年定期存款基准利率的1.3倍（目前利率为3.575%）。同时银行提供了与维修资金管理相配套的审价、监理、鉴定、招标等专项服务。通过“物业管理公众服务”微信公众号实时推送业主微信，主动公开每一分钱；研发“互联网+”技术工具构建物业管理统一信息平台，支持业委会、物业企业、开户银行签署多方协议等方式向全体业主实时推送，促进各方互信协作。目前已形成业主在线自助人脸识别验证身份为主、投票组织者公示核实为辅的成熟技术，避免业主“被投票”与表决低效问题。

（五）武汉

武汉市专门立法，规范维修资金管理。在前期资金足额归集、资金池充裕的基础上，武汉市将维修资金管理纳入“房屋全生命周期管理”的重要一环，并通过创设各项制度，最大限度的发挥维修资金的重要效能。使用上，构建了“日常维修有门诊、一般应急有急诊、特别紧急有急救”的“维修资金使用三级诊疗体系”。即：针对一般维修，严格执行“双三分之二表决”流程，有效保证了资金使用的公平；针对情况紧急，但尚未危及人身财产安全的应急维修情形，调整和扩大了应急范围；进一步缩短了备案时限，避免效率拖延；针对严重影响业主生命财产安全的紧急情况，为了快速排险，先粗略概算拨付，后精准核算支付，多退少补结算。对业委会不作为，险情并恶化的，由街道办事处、乡镇人民政府组织代修。监管上，积极探索改革第三方监督服务机制。针对维修资金使用项目工程烦琐、复杂、专业性强等特点，全面加强第三方监督工作建设。在充分吸收前期建立第三方监督单位备选库的管理经验之上，实现专户管理银行无偿提供第三方监督服务为主的重大制度改革，在强化“事前预算审核、事中工程监督、事后结算审核”的全方位监督思路的基础上，由专户管理银行承担第三方监督费用，不再从维修资金中列支，打消部分业主不愿负担第三方监督成本的顾虑，进一步扩大第三方监督制度的效能。

（六）扬州

扬州市通过“互联网＋物业管理”模式，建立住宅全生命周期管理数据平台，整合各类行政和市场资源形成物业管理大数据，通过维修资金系统与企业设施设备系统的关联，分析判断物业服务企业的日常维保工作是否规范以此作为审核维修资金使用的决策依据提高维修金管理的科学性和规范性。

（七）广州

广州市维修资金信息系统集归集、使用、增值、核算四大业务九大模块，群众办事“少跑路，多便利”，实现了“一个数据库、一张监管网、一条管理线”，维修资金管理已跨入“互联网＋”时代。

三、未来维修资金管理发展的方向性认识

首先，维修资金制度必须与房地产发展水平相契合。当前维修资金归集体量大而使用体量小，“使用难”“睡大觉”的质疑由此产生，甚至出现了“取消维修资金制度”“存量维修资金去库存”的相关言论。事实上，维修资金一直都是伴随着房地产市场的发展而变化。当前我国房地产市场火热，更是经历了黄金十年的高速发展期，大量新建房屋的建设及出售，必然带来大体量的维修资金归集金额。同时，2007 年《物权法》颁布、2008 年住房城乡建设部 165 号令实施，至今不过十年左右，大量房屋还处在青壮年时期，维修需求不高，侧面也反映出了资金使用量不高的一个重要原因。如果仅以使用量与归集量的简单对比来苛责维修资金整个制度的发展，并以此决定整个制度的存废，是一种不太科学的态度。今后，随着我国房地产市场调控政策的不断深入，房地产行业是否还能保持现如今的火爆尚不能简单预测，一旦新建房屋开发速度放缓，刚需群体只能从存量房中购买，而大量的存量房度过了青年期，步入了维修高峰期，此时维修资金在整个行业中的重要作用将会愈加凸显，使用速度必然高速上升，看似庞大的归集总量无法完全覆盖房屋 70 年的产权周期，势必会带来新的一轮社会矛盾。从这个角度而言，维修资金制度的整体设计必须与房地产市场的发展趋势保持一致。

其次，维修资金制度必须与物业管理水平相吻合。物业管理属于舶来品，从引进到发展不过数十年的时间。从全国范围来看，虽然我国物业管理水平不断成熟，但大量的物业服务企业管理不规范的现象依然存在，与维修资金最为紧密的一点就是，许多物业服务企业为缩减成本，弱化本应由自己负责的日常维护工作，将相关费用及损坏风险转嫁到维修资金之上。并且，极少数的物业服务企业利用业主委员会管理漏洞，试图套用、冒领维修资金，造成了业主利益损失。因此，在今后设计维修资金制度的时候，必须将维修资金制度与物业管理水平结合起来，制定一部符合当前特定历史时期内物业管理水平的维修资金管理法规。

最后，维修资金制度必须与社会诚信建设相匹配。维修资金说到底，是业主共有的资金，属于业主“民事民议、民事民提、民事民决、民事民评”的自治范畴，而实现业主自治，一个重要的前提就是建立良好的社会诚信体制。当前，部分业主权利意识淡薄，公共管理意识缺失，存在大量的不诚信行为，对于维修资金的正常开展影响巨大，也是管理机构管理困惑的根源。因此，在设计未来的制度时，必须加大诚信体系建设等配套环境的建立，将维修资金不诚信行为与个人征信挂钩，侧面督促业主主动行权、正确行权。

物业管理行业标准化发展报告

中国物业管理协会标准化工作委员会

当前，物业管理行业正面临由传统服务业向集约型现代服务业转变的过程，在面对物业服务企业迅猛增长、资本涌入、后勤社会化改革、“互联网 + 物业”等复杂多变的市场环境下，同与日俱增的市场需求相比，我国物业管理行业整体还处于低水平运行状态，在管理、服务内容及质量上尚未完全匹配高速发展的行业速度。标准化作为物业管理行业走向集约化、规范化、快速健康发展的必然选择，提升物业服务品质的重要手段，以及优化产业结构调整、激发行业技术创新的重要工具，必将为行业转型升级发挥战略引领和基础支撑作用。

一、物业服务标准化工作概况

（一）标准化工作受到国家高度关注和重视

近年来，党和国家对标准化的关心和重视前所未有，标准化工作改革力度前所未有，各方面对标准化的关注支持前所未有，标准化已经前所未有地融入经济社会发展的各个领域，成为国家治理体系的重要组成和治理能力现代化的重要标志。

2015 年国务院相继出台《深化标准化工作改革方案》等重要标准化政策性文件，建成国务院标准化协调推进部际联席会议制度，由国务院领导同志牵头推进全国标准化改革工作。

国家标准化工作改革的总体目标是建立政府主导制定的标准与市场自主制定的标准协同发展、协调配套的新型标准体系，形成政府和市场标准协调发展的全新标准化工作格局。其中市场自主制定标准即是团体标准，方案提出：“在标准制定主体上，鼓励具备相应能力的学会、协会、商会、联合会等社会组织和产业技术联盟协调相关市场主体共同制定满足市场和创新需要的标准，供市场自愿选用，增加标准的有效供给。在标准管理上，对团体标准不设行政许可，由社会组织和产业技术联盟自主制定发布，通过市场竞争优胜劣汰。”这对方兴未艾的物业管理行业标准化工作来说无疑是一盏指路明灯。

党的十九大报告中做出了“我国经济已由高速增长阶段转向高质量发展阶段”这一历史性论断，同时也强调了一系列关于质量和标准化工作的重要论述。国务院印发了《深化标准化工作改革方案》《国家标准化体系建设发展规划（2016—2020）》，2017 年 9 月中共中央、国务院印发了《关于开展质量提升行动的指导意见》，2018 年 1 月 1 日起施行的新《标准化法》等文件，都对标准化工作提出了明确要求，标准化工作迎来了蓬勃发展的新时代。

（二）标准化技术组织和制度逐步健全

早在 2012 年，广东省就成立了国内第一家地方性物业服务标准化技术委员会（GD/TC 56），各省市也成立有地方性服务标准化技术委员会，在物业服务地方标准研究、探索与实践方面做了大量基础性工作。2015 年 11 月，全国物业服务标准化技术委员会（SAC/TC 560）和中国物业管理协会标准化工作委员会相继成立，标委会云集了国家和地方住建系统领导人士、科研院所专家学者以及知名企业董事长、总经理等，首次建立起了物业管理行业标准化的核心人才队伍和标准化工作机制，标志着我国物业服务标准相关工作走入了规范有序的发展正轨，将有利于全面提升物业管理行业的服务水准，有利于我国物业服务标准与国际接轨，对我国物业管理行业的发展和繁荣有着十分重要的意义。

在管理制度方面，全国及地方物业服务相关标准化技术委员会均依据相应专业标准化技术委员会管理办法，制定并遵循委员会章程、秘书处工作细则等制度文件，科学公正地开展本领域标准化工作。中国物业管理协会制定并发布了《中国物业管理协会团体标准管理办法》，就物业领域团体标准的目标、制修订流程、实施等给出了具体的要求，指导物业服务团体标准化相关工作的有效开展。物业管理行业从此有了属于自己的标准制修订机制，必将有效激发我国物业服务企业的标准制修订活力和动力，积极制定满足市场和创新急需的标准，增加物业管理行业标准的有效供给。

（三）标准制修订工作稳步开展

目前，国内物业管理的标准化工作经过近三年的发展，已经初步取得了成效。

在国家标准方面，已经于 2017 年年底成功立项了 3 项国家标准，即《物业管理术语》《物业服务安全与应急处置》《物业服务顾客满意度测评》，目前正在研制中。

在团体标准方面，中国物业管理协会已经发布了《物业管理示范项目服务规范》，并且有 9 项 2018 年团体标准已获立项，预计将于年底发布。据了解，在各省、地市层面，目前济南、深圳等地已经着手开展团体标准的制定。

此外，2017 年完成了“物业管理指南”丛书的修改定稿工作。在地方标准方面，北京、广东、山东等 16 个省市已累计发布 70 多项直接针对物业管理或服务的地方标准，内容涉及物业服务企业标准体系、物业服务质量、秩序维护、清洁等专项服务以及针对住宅、办公楼、高校等业态物业管理服务等方面，为全国性物业服务标准研究提供了大量探索和实践经验。

（四）标准化研究交流活动丰富

在标准化理论研究方面，中国物协连续两年将标准化作为重点理论研究课题之一，并由标准化工作委员会牵头承担，中国物协《物业管理行业标准体系设计及发展规划研究》《物业管理行业团体标准发展战略和路径研究》以及住房和城乡建设部《物业服务标准研究》等课题成果，将为物业管理行业标准化建设打下理论基础。

在行业标准化能力提升方面，中国物协持续组织举办了物业服务企业标准化综合能力提升培训班，各企业报名踊跃，学员热情高涨，通过标准化培训，行业整体标准化水平稳步提升。

在标准化交流方面，行业于 2016、2017 年连续组织召开物业管理行业创新发展论坛、国际物业管理产业博览会等活动，通过设立标准化主题分论坛，向国内外同行展示物业管理行业标准化工作成果，也为物业管理行业企业学习了解行业发展新动态，以及相互沟通交流提供了平台。

（五）标准关注度和实施力度不断加大

随着我国物业服务标准化建设工作的逐步开展，国家和各地方物业服务标准的关注度和实施力度不断加强。

许多物业服务企业在当地质监局的指导和支持下已先后开展了国家、省级物业服务标准化试点建设，其中中航物业、同济物业、宏泰物业等物业服务企业均通过国家标准委专家组验收，完成了试点任务，为行业企业正确开展标准化工作做出了表率。

各省市住建系统也都对物业服务标准化建设工作提出了明确要求，积极开展相关活动。如《山东省住房和城乡建设厅关于加强物业管理工作的意见》中指出要“大力推进物业服务标准化建设，细化各物业服务项目的服务标准，实现服务质量与合同约定标准相统一”。各省、市也都依据相关标准规范开展了示范项目考评工作与地方标准宣贯活动，持续推行物业管理精细化、标准化、规范化。

二、物业服务标准化现存问题

综合物业管理行业发展现状和标准化工作情况，目前行业标准化工作还存在着一些不足，具体体现在以下几个方面。

（一）顶层设计尚有欠缺

标准化是一项系统工程，标准体系是标准化建设工作的基石，建立科学、合理的标准体系是有效开展标准化建设工作的重要基础。目前，物业管理行业尚需建立一套完善的，综合国家、行业、团体标准于一体且具有统一、协调、科学性的标准体系，指导全国物业服务标准化工作的有序开展。

（二）标准供给不足

从标准的供给层面来看，目前物业管理行业尚未有国家标准发布，团体标准亦处于起步阶段，各省市地方标准虽有制定，但部分标准操作性不强，标准老化滞后现象客观存在，难以满足物业管理行业整体走向规范化发展的现实需求，整个行业急缺大量基础性标准。从标准缺失的类型来看，目前各地方发布的标准以管理标准为主，服务标准和技术标准，特别是代表物业管理行业先进性的技术内容和优质服务水平的标准还很欠缺。

（三）技术组织、人才与资金保障不足

物业服务标准化建设工作具有业务领域众多、业务类型复杂的特点，现有的标准化技术组织和人才队伍难以有效支撑物业服务标准化建设工作，亟须进一步壮大我国物业服务标准化技术组织，培养一批既懂专业又懂标准化的复合型人才。标准化经费投入不够，标准化长效运行与保障机制尚待健全。

（四）企业标准化意识和能力有待提升

大多数物业服务企业对标准的认识还停留在建制度、做流程、过“三体系认证”的层面。绝大部分企业领导对标准化工作重视程度不足，没有专职的标准化部门承担企业标准化工作，对于标准化建设的专项资金也较少，导致即便建立有企业标准体系及标准，但在标准实施落地方面欠缺方法和控制机制，出现标准脱离实际的情况。

三、行业标准化未来方向展望

（一）优化物业管理行业标准体系

行业层面，标准体系的设计需要从长远考虑、从全局出发，同时兼顾和协调全国、团体与地方等标准体系，考虑创新和市场，并为未来的技术更新留有接口和空间。另一方面，标准体系还需要重视持续更新，从时代出发，结合最新的时代背景形势作出调整和优化。

（二）加大标准的供给侧改革

目前行业标准急缺。在国家标准、团体标准和地方标准方面需协调发力，集中力量完成国家标准，建立基础性、通用性和安全方面的标准。在团体标准方面，重视细分领域的标准供给，在发展迅速和继续规范的物业服务细分领域研制团体标准，进行指导和约束。在地方标准方面，加强与国家、行业和团体标准的协调，着重关注区域性的物业服务标准。

（三）做好标准化人才储备工作

物业管理行业标准化方兴未艾，标准化人才需要从零积累，随着行业的发展，标准化人才会越来越急缺。首先从行业标准化人才方面，支持物业管

理行业各标委会标准化专家队伍的建立工作。在企业方面，通过培训、标准化试点等工作，支持优秀的物业管理人才学习标准化，创造沟通和交流平台，建立标准化人才库，做好行业标准化人才储备工作。

（四）提升企业标准化意识与能力

持续通过行业博览会的计划开展标准化宣传，举办标准化培训活动，开展标准宣贯会，探索标准实施认证等活动，加强标准的宣贯实施与监督。鼓励企业参加国家的服务业标准化试点，参与国家标准、团体标准、地方标准的组织和编制工作，创新标准化工作机制，建立标准化工作信息平台和内部激励机制，培养标准化人才，逐步提升企业标准化意识与能力。

住宅物业管理发展报告

中国物业服务（品质住宅）企业联盟
龙湖物业服务集团有限公司 执笔

党的十九大报告旗帜鲜明地指出，“中国特色社会主义进入新时代，我国社会主要矛盾已经转化为人民日益增长的美好生活需要和不平衡不充分的发展之间的矛盾”，并提出“永远把人民对美好生活的向往作为奋斗目标！”

作为“美好生活”的参与者和建设者，物业管理如何进一步提升服务品质，提供更有价值的物业服务，是新时代我们面对的重大课题。换言之，“美好生活”也为物业管理行业提供前所未有的全新转型升级的巨大机遇。对物业服务企业来说，中国社会主要矛盾的转化，也重新定义了企业存在的理由和发展方向。

作为第四届品质住宅物业企业联盟的轮值主席，龙湖物业肩负使命，联合雅居乐雅生活、保利物业、正弘物业等 25 家品质住宅物业企业联盟代表，面向所有联盟成员、行业同仁及广大业主联合发布了《品质住宅物业管理企业联盟诚信服务公约》，希望全力推动物业管理行业的品质提升及创新发展。

一、坚守品质服务

当下，我国正在步入中等收入国家行列，产生了大量的中产阶级，他们的消费行为正在引领消费观念的转变，并由此导致了消费行为质的变化，更趋向个性化、定制化的服务需求。当今的物业管理服务已经不再是传统意义上的秩序维护、保洁、工程维修这些服务内容及单纯价格、质量等单一要素，而是成为一种综合实力、服务及管理理念的竞争。

对于正在转型升级路上的物业服务企业来说，应该审时度势，积极主动把握机遇，结合企业自身实际情况，创新商业模式，为业主提供更有价值的服务产品。

（一）坚守服务底线

有人认为品质服务要在“差钱不差钱”的基础上讨论，因为服务是需要成本的，品质服务需要钱来保证。但我们认为物业服务企业还需要守住“底线”和“红线”。品质住宅的第一要素就是有契约精神，要提供质价相符的服务，再在这个前提条件下提供超出客户预期的服务。

（二）洞察客户需求

中国物业管理协会把“服务质量提升年”作为年度主题，目的就是要倡导全行业重视服务质量，不断提升服务品质。事实上，现在已经有很多企业都在重视这一方面。龙湖物业针对每一个地区、城市、社区甚至是每一个业主，洞察环境及人群需求的差异，针对性进行服务设计，将非标准化的个性服务标准化，达到客户满意，甚至是超出客户期望。尤其在细节服务方面，制定了近 3000 条物业服务标准。现在，更是将多年的社区养护实践经验总结，独家制定了一份“善居计划”，包含门窗检修、排水管道地漏检修、家装铺装、厨卫洁具保养、电梯轿厢优化、小区出入口改造、健身娱乐设施保养、绿化升级改造等优化园区原生环境，免费为业主提供上门服务等一系列活动在全国各地龙湖社区逐步展开。

（三）将服务理念融入企业文化

一直以来，包括龙湖物业、雅居乐雅生活、保利、碧桂园等在内的物业服务企业，一贯以精心打造服务品牌成为中国物业管理行业初具“匠人精神”的企业。对于我们来说，品质服务一定是体现了企业的理念、精神、文化，只有当这些融入每个员工内心的时候，才能真正将品质服务转变成全体员工的自觉行动，提升每个员工参与的主动性、积极性、能动性。这样的品质服务一定能够赢得服务对象的认可和尊重。

二、寻求技术创新

物业管理行业正是因为一直以来对物业管理本质的把握，以及对物业管理本业的坚守，才在今天站在了发展的风口之上。但是坚守匠心并不是故步自封、闭门造车，以互联网作为手段，以开放的心态，联合房地产上下游企业构建一个涵盖房地产产业链的大平台，是当今的大势所趋，也是增强用户体验感、提升服务品质的重要手段。

（一）物业管理行业与互联网加速融合

近年来，VR虚拟现实技术受到追捧。这是因为，在互联网时代，所有的物会变得和人的器官一样有反应和感知，变得有智慧。比如，当下借助互联网发展起来的智慧社区、设备远程监控、智慧停车系统等，影响的不仅仅是业务工作的效率提高，而是直接改变了人们对产品和服务的体验方式，改变了与用户的服务和联络方式，颠覆了现有的管理方式和商业模式——对物业管理行业来说，其与互联网的融合，可以创造新的商业价值，可以让人才、资本、物流以一种极为扁平的方式聚合，不仅改变生产生活方式，也会改变我们的习惯思维和观念。

站在现代服务业的角度来看，伴随着信息技术和知识经济的发展，通过运用现代化的新技术、新业态和新服务方式对传统服务业进行改造和升级，可以创造需求，引导消费，向社会提供高文化品位和高技术含量、高增值服务、高素质的人力资源结构和高精神享受的生产服务和生活服务。

（二）科技物业改变生活方式

可喜的是，作为国内享有盛誉的一部分物业服务企业，正在一贯以精心打造服务品牌的基础上，为物业管理行业的转型和创新进行着不断的尝试和不懈的努力。

龙湖物业先行一步，借互联网革新行业的大势，用科技武装物业，打通行业任督二脉。全面铺设和夯实科技物业平台，在对物的管理和对人的服务两大健康监控系统中，大大解放了物业生产力。依托科技化智能硬件及物联网手段，龙湖物业建立了一种人与人、人与物、物与物，端端联通的高速通路。在这个自主运行的物业生态圈，借助业主APP和员工APP两大终端，龙湖物业实现智慧社区的线上化管理。业主通过手机APP即可实时查看社区公告，代替了原先小区院墙内的大字报张贴，而缴纳物业费、水费、电费等动动手指就搞定，更可以通过语音或者文字，实现24小时随时家庭报事维修，所有服务过程都可以通过淘宝模式进行跟踪，即在线浏览服务进程并对服务结果进行评价。同样，物业员工APP引入滴滴抢单模式，效率提升的同时，员工实现了多劳多得，修理完成、报修业主同样能对维修人员进行服务评价。

再例如碧桂园物业以信息化和智能化作为双轮驱动，着力打造智慧社区，积极布局智慧生态。碧桂园智慧社区3.0全面整合社区安防、家庭安防、智能家居、智能家电等安防和智能化产品，并和物业、O2O、社区金融、社区服务等第三方服务进行开放融合，不但为用户带来全新的智慧生活体验，还与各方共享社区价值。

还有联盟里的雅居乐、正弘、时代、财信等物业服务企业，都积极应用新技术，通过信息系统提升服务品质，不但让业主有了更好的体验，还进一步实现了服务和企业的价值。

三、创新商业模式

行业里不少企业都认同物业管理行业进入了“黄金十年”，物业管理行业赶上了“互联网 +”的时代、赶上了资本对接的时代，以及巨大的存量市场和社区这一巨大的宝矿，但是，这并不意味着“坦克装上翅膀就是飞机”。要真正在“黄金十年”有所作为还需要物业服务企业在管理和创新上找到正确的道路，这仍然是全体物业人需要共同努力探索的话题。

要激活与创造需求，就不得不进行服务升级，为用户创造全新的生活体验；就不得不进行创新升级，为用户打造全新的人居服务产业链；就不得不进行营销升级，把为用户创造的最大化价值传递出去。

面对当下的风口和机遇，除却借力互联网理念和工具，优化提升管理和服务水平之外，物业服务企业如何实现自身的发展和创新呢?

（一）谋求合作共赢

一是把握当今合作共赢的时代主题，谋求合作共赢。在企业层面，彩生活“彩之云”、万科“睿联盟”、长城“一应云”、碧桂园“e 当家”、银湾“银钥匙”、嘉宝“生活嘉”、龙湖“千丁互联”等，加上雅居乐的“雅生活”，已经在行业里兴起了联盟、合作之风；在行业层面，自 2014 年发起成立的品质住宅物业服务企业联盟，联合了业内近 30 家优秀物业服务企业，通过联盟这个平台，开展了相互之间的学习考察、交流合作，实现了优势互补，并带动了设备设施管理、保洁、家政、园林绿化、秩序维护等专业服务企业的参与，通过开展相关活动，加强了企业间的合作共赢，并重构了物业服务的价值体系。

二是物业管理要实现转型升级，必然无法回避物业服务企业兼并、重组、联盟、上市等问题。因此，要鼓励物业服务企业做大做强，加大市场资源的整合力度，提高物业管理行业的集中度，提升物业服务业的产业化水平。

（二）延伸增值服务

物业管理还是一片蓝海，借助于互联网、物联网、新技术，去改造传统服务模式和经营模式，从而实现经营价值，这应该是行业发展逻辑。

过去物业服务企业与消费者的互动基本局限于收物业费或处理投诉这样的消极互动。所以物业服务企业在开发新的服务产品时首先要做的是要把和消费者的环节打通，真正了解他们的需求。也就是从企业思维向用户思维的转变以及从交易思维向运营思维的转变。我们要转变思路开始真正去关注消费者关注用户，要能够从用户来倒推服务项目的开发，企业做服务最终是为了满足用户需求。转变成运营思维就是要注重建立与消费者更长久的连接。信任的核心就在于，以用户为核心注重建立与用户更长期的关系。只有掌握用户资源，拉近与用户的距离，未来不管形势怎么变化才会立于不败之地。

物业管理改革探索的新模式、新产品、新服务，也都只是刚刚开始，无论企业多大规模，转型升级模式如何，提供令业主满意的品质服务才是物业服务企业安身立命之本。中国物业管理协会将 2018 年定义为行业的“服务质量提升年”，这既是我们面向新时代的责任担当，也是落实高品质服务的具体行动。必须举全行业之力，全方位推动服务品质提升，秉持工匠精神和诚信服务理念，为业主带来更美好的生活体验。

高校物业管理发展报告

中国物业服务（高校）企业联盟
重庆新大正物业集团股份有限公司　执笔

一、校园物业管理发展特点、趋势及成果

2017年1月《国家教育事业发展“十三五”规划》印发，为我国近期教育改革发展提供了行动纲领，标志着教育事业发展进入了一个新的阶段。到2017年，学校后勤社会化改革稳健行进了近20年，正在逐步推向纵深，呈现出新的时代特质，对学校后勤保障重要板块的校园物业管理提出了新的要求。

根据2017年各省份不全面的学校物业管理现状数据统计，学校物业管理已覆盖全国2500余所学校，管理面积近9亿平方米。一大批优秀的社会化物业服务企业崭露头角，得到了高校和社会的普遍认可，校园管理规模不断扩大。校园物业服务需求从最初的单一模块外包，逐渐转型为校园物业服务整体外包，部分学校甚至将教学配合、公寓楼管理等环节也交由物业服务企业来提供服务。

（一）高校物业管理发展特点

截至2017年，全国高校后勤社会化已过半。高校物业管理发展的特点有两个：

一是新。在建设双一流大学的过程中，高校物业服务的新价值作用正在体现。高校物业服务与高校后勤改革在这样一个大背景下，从过去局部性的、试点性的，到现在进入全面融合、转型发展、多元化服务的时期。社会化、差异化、科学化的高校物业管理越来越成为一种新常态。高校物业服务的舞台、市场越来越大，越来越成熟。

二是大。在大思路方面，很多物业服务企业做战略咨询，聘请国际知名咨询公司为企业做战略规划，同时，加强与国际上市公司的合作。在大格局方面，物业服务企业从偏重一个地方的区域性发展到现在全国性布局、重点城市布局、重点业态的布局。在大手笔方面，大数据系统、智慧服务APP、智能机器人等是物业服务企业用互联网思维和技术改造传统服务业，实现企业更实时的管控、更便利的服务、更科学的决策。同时，大手笔还体现物业管理行业能够针对服务方面的痛点，大胆地创新，运用智能化技术管理设备，通过多种途径分享经济发展红利。

此外，从物的管理到人的服务上，高校资产覆盖了整个校园，包括物业和师生，物业服务企业要提供更人性化、更智能化、更多元化、更个性化的服务，使行业高校物业服务的产业链不断地拓展延伸。

具体可归纳为四点：一是保障作用。始终围绕后勤主管部门的统一安排和部署，开展高校物业服务工作，为一流的智慧校园、平安校园、清静校园提供专业贴心的服务和保障。二是育人为本。始终围绕服务育人、文化育人、环境育人的根本属性，推进物业管理行业项目策划、流程设计和服务提供，始终围绕高校服务需求来推进校企文化的融合。三是创造价值。始终围绕高校周期性、突发性、差异化服务需求特点，创新服务模式，不讲条件、不抱怨、不推诿、不拖拉，快速及时为高校创造价值服务。

四是人本文化。始终围绕提升高校师生的满意度、获得感来优化服务的场景和空间，提升服务的质量和水平，营造和谐的氛围，增进相互的理解和友谊，真正体现以人为本，追求卓越的企业文化。

（二）高校物业管理发展趋势

1. 品牌企业发展勇毅笃行

品牌企业在规模化的道路上勇毅笃行，展现了“越大快好”优势，强者恒强态势延续，承接大体量项目逐年增多，形成聚集效应和规模效应。2017 年，高校物业服务企业联盟各成员企业服务学校项目较 2016 年有大幅增长。如深圳新东升物业管理有限公司管理的高校项目达到 80 多个，校园物业服务面积近 1000 万平方米。

2017 年，高校物业服务企业抓住已建立的市场，开展错位竞争，管理面积均值增长平稳。在本土市场达到一定规模和品牌效应后，以标准化、自动化、智能化技术控制企业成本、提升省外运营效率，同时建立和宣传品牌，逐渐打开全国市场，产生更多的增值服务需求，打开增值业务的增长空间。受益于规模经济效益、品牌宣传效应，在有效降低成本的同时，利用健全的运营标准体系快速拓展市场。

2. 高校物业管理集中度提升

综合来看，2017 年综合实力较强的企业，占有的市场份额持续走高，行业集中度进一步提升。一方面，本土化市场拓展步伐有所放缓；另一方面，企业规模扩张的重心转向区域、全国市场深耕，以巩固核心竞争力与控制力。

2017 年，高校物业服务企业的管理项目仍集中在几个主要城市群。各企业把握本土市场优势的同时，开展针对性、差异化需求布局，依托城市群带来的项目聚集优势，强化规模效应，进一步提升市场竞争力。

3. 与资本市场对接明显加速

基于我国经济发展大势，以及国内宽松的政策环境，叠加居民消费升级带来的巨大市场空间机会等利好因素的影响，一大批优秀的物业服务企业进入资本市场。随着一大批物业服务企业的成功上市，宛如一池被搅动的春水，在全行业荡起层层涟漪。

4. 信息化应用成效显著

针对高校物业服务面积大、服务人数多、服务需求复杂的挑战，不少企业在信息化落地上进行了一系列探索：

明德物业服务集团聚焦校园增值服务需求，线上 APP 受理服务需求，线下资源回收中心、物流快递中心、师生体验中心、创业创客中心的建立和尝试，为探索校园物业服务企业增值服务打开了更广阔的空间。东吴物业以“互联网 + 物业”的理念，搭建物业服务云平台——苏东吴与东吴 e 家，实现内部管理服务的信息化，将新技术信息化工具应用于管理之中的便民服务驿站的日常作业项目。新大正物业运用“慧服务”系统，实现了一线员工工作的标准化、任务化、移动化、数据化；通过在设施设备上加装智能信号传感器，结合 EBA 系统平台实时接收运行数据；将“人脸识别”技术引入公寓管理，利用后台大数据真实掌握学生进出、晚归、不归、不出的情况；通过学校固定摄像头、学校公寓的人脸识别门禁及巡逻车、扫地车等物业作业工具上的移动摄像头组网“慧眼”，实现校区 360 度无死角覆盖等。中航物业通过“U+ 服务”建立平安、绿色、便捷、人文校园。在 π 平台大数据中心引领下，从教学辅助及生活配套服务两方面，不同场景应用不同的技术，包括智能教室、智能安防、智能节能等多个角度，探索满足校园物业服务需求的智慧校园智慧物业解决方案。

（三）高校物业管理取得阶段性成果

1. 高校物业智慧成果共享

2017 年 12 月 2 日，由中国教育后勤协会物业管理专业委员会与中国物业管理协会联合编撰，中物协高校物业联盟和中国教育后勤协会物专会牵头，17 家单位参与编写，历时一年完成了《高校物业管理指南》一书的出版，在校园物业管理技术

发生矛盾的诱因之一。此外，高校后勤管理方会向物业服务企业提出超出物业服务合同以外提供服务内容等，迫使物业服务企业承担较大运营风险。

物业服务企业承担校方如何从服务发包方的角度监督物业管理方，客观评价物业的服务；物业服务企业如何配合校方建立监督共管机制，以利服务的良性互动……这些问题都是进一步深化校园物业服务需要突破的瓶颈。

三、高校物业发展创新探索

（一）呈现出四大趋势

尽管行业对未来的发展仍然处于探索阶段，但大致的方向和趋势已渐趋明朗。随着互联网逐步发展成为经济常态，“互联网+”的技术应用将进一步推动各行各业的不断升级，新技术的革命导致互联网、物联网、智能设备、人工智能等相关技术将在未来5～10年内对物业管理行业产生深刻的影响和改造，在网络技术与智能设备双浪推动下，学校物业将与整个行业一样，呈现出以下四大趋势：

一是设备的智能化。随着机器人、RFID等一系列技术的不断突破和智能制造的发展，设备的智能化进程加快，应用成本大幅度降低，机器可替代人力完成标准化高频率的各项工作，物业服务从“人工作业”大量转为“无人化作业”不再是空想。

二是管理数字化。伴随着设备的智能化与高校的信息化进程，作为设备设施管理运营的物业管理必将同步实现信息化、网络化，而物业管理信息化程度的提升也将进一步促进高校信息化数字化的建设，学校物业将从“劳动密集型”转为“科技密集型”。

三是运营互联化。从“单机智能”转为“多设备互动”，设备与设备之间的数据交互、传递可以使得师生在移动终端的一个操作便下达所有的指令，也方便物业服务公司可以实现远程实时监控，使运营透明化、便捷化。

四是服务综合化。整体逐渐转向大物业，并通过建立信息平台，积累资产使用数据，整合高校需求，对接专业的第三方资源，打造便捷高效的校园智慧教学和生活环境，学校物业服务企业将真正有机会从“基础服务提供商”转型为“综合服务集成商”。

随着物业管理行业数字化、信息化、智能化等技术的推广及应用，业内企业进一步加速与移动互联、大数据、人工智能等新技术融合的广度和深度，2017年高校物业服务企业在智能化投入方面增幅较大，不少企业积极引入智能科技设备，实现基础服务自动化，显著提升管理效率及服务质量，同时有效抑制成本上升。

（二）延伸和探索的方向

提升发展离不开对客户的深入分析研究和相关机构的支持，高校物业服务企业在高速发展的同时应注意以下几方面的延伸和探索：

一是要深度解析师生需求，提供更具价值的服务。物业服务企业引入大数据思维，将学校建筑物本体、设备设施数据化，维护维修任务化，通过大数据技术落地，建立学校设备设施及本体维护基础平台，一方面细化学校的资产管理，通过数据分析与应用，使本体及设备设施实现资源及维护节点最优、能耗使用最合理、生命周期最佳延长、价值最大化。一方面在传统CRM的基础上，细化师生的服务需求，通过大数据分析工具，提供个性化的师生服务菜单，为服务资源的配置提供最优策略，为物业服务企业整合社会资源，为学校师生服务提供数据支撑和反馈。

二是促进师生参与管理，体现校人治校的理念。移动互联技术的极速发展，为校人治校的实现铺平了道路。物业服务企业在大数据分析的基础上，不断演化服务流程及服务标准，通过线上反馈、线上监管，甚至众包服务（调查）的方式，让学校师生通过简单有趣的方式参与到校园的管理中来，共同提升校园环境。在现场服务标准化进程推进到任务标准化时，物业服务企业可通过系统平台的搭建，将现场工作任务与学校的勤工俭学、社会实践等活动相对接，让学生参与到所处学习生活环境的维护和管理过程中，为学校“教书育人”增添价值。

三是提升校国物业服务综合解决能力。截止到2017 年，校园物业服务 60% 左右的份额依然停留在传统的秩序维护、保洁单项外包服务的采购，仅有重庆新大正、山东明德、珠海丹田等少数公司坚持向学校提供校园物业服务整体解决方案，在优质的基础业务之上，响应学校需求，开发了生活老师、艺术布展、创新保洁等服务。

在校园建筑本体及公区维护、设备设施、能源管控等学校后勤管理的核心部分，目前物业服务企业的贡献度较低，实现学校资产的保值增值的道路还很漫长。以重庆新大正、深圳中航为代表的企业，已开始聚焦校园的设备设施管理、节能降耗管理、智慧校园的投入，通过 FM、BIM 等新技术的研发应用来提升附属设备设施等维护与专业服务能力。能否有效实现学校资产的保值、增值将会是未来校园物业服务价值评价的核心维度。

四是从校园物业管理延伸人员再教育。物业管理行业是发展了 37 年的朝阳产业，但在人力资源方面始终面临很大的挑战。目前全国有 12 所高校开设了物业管理专业，但毕业生与现场业务的结合度较低，另 方面，广大从业人员因欠缺系统性、专业性学习，在管理提升中极难突破瓶颈。

为校园提供物业服务的企业，应有责任感和使命感，增强主动性，进行相应研究和探索，从为课程提供现场实践到逐步参与实操课程的研发实施，进一步促进高校教学资源与行业培训资源对接。联合行业内的优秀企业共同开展企业定制专业研修班，从校园物业管理延伸至人员再教育，推动高校物业管理专业人才培养更贴近市场需求。

五是从价值出发，追求专业化、标准化。选择“核心价值观”一致的物业服务商，是学校选择服务企业的更高层次要求。致力于从事校园物业服务管理的企业，首先需要有清晰且正向的企业核心价值与社会责任感。以价值趋同为市场切入点，紧密结合学校资源，通过服务流程、标准、技术研发的共同实践，在服务中不断精进，不断提升服务企业的专业化、人才的专业化、服务流程的标准化。在此基础上，开阔视野，在核心业务研究的基础上，通过“互联网 +”、“人机结合”、物联网、AI 等技术运用，实现校园物业服务的精准化、精细化，最终达成服务的智慧化，实现价值观的传递。

六是在嫁接资本的同时，并购投资应归理性，不忘服务本质。2017 年物业服务企业以收购全部或部分股权的方式有效扩充版图动作频频，而在对潜在标选择方面应注意更加严格，从完善产品与区域布局等角度，开展高质量并购。持续关注市场，寻找合适收购机会，收购行业内领先、资产优质的物业服务企业，扩大专业化、标准化影响。通过深度解析校园环境维护需求和师生服务需求，物业服务企业回归服务本质的思路上，运用资本力量，聚焦如何向学校提供更具深度、更有内涵、更具价值的服务。

写字楼物业管理发展报告

中国物业服务（写字楼）企业联盟
河南楷林物业管理有限公司 执笔

一、写字楼行业市场环境与发展态势

（一）宏观经济与商务环境

2017 年，我国国内生产总值为 827122 亿元，比上年增加 83537 亿元，折美元相当于 2016 年世界排名第 14 位的澳大利亚 GDP 总量规模（根据世界银行发布的数据）。经济韧性强于众人预期，尽管许多人将之归因于领先城市住宅市场过热、货币管制宽松。由于这两方面的影响，目前中国总体负债已达国内生产总值（GDP）的 2.5 倍，与一些面临机构性债务问题的发达国家相当。

许多跨国企业决心继续在中国这个世界第二大经济体深耕业务。然而近年来，中国市场失衡问题日益累积，而其他国家不断有机会涌现，因此企业的中国市场扩张战略趋于保守。综合来看，未来一到两年中，国民经济运行将持续平稳，结构不断优化，呈稳中向好态势持续发展。

（二）写字楼市场发展现状

随着经济的高速增长和第三产业的蓬勃发展，我国以城市群为核心的空间发展格局已基本形成，依托城市群带来的项目集聚效应，写字楼成为城市经济发展的重要载体。国内写字楼各种业态林立，不管是 CBD、联合办公抑或是一般的办公空间，都力求在白热化的市场环境中争夺属于自己的话语权。从逼仄的街巷到林立的高楼，人来人往都市中，各路资金在寻找增值标的。看得见摸得着的高楼大厦，自然是安全的避风港与上佳的生财捷径。金融业、TMT 行业已是一线城市写字楼市场的主力军，制造业以及零售业亦有不错的表现。

在国内很多二线城市，由于甲级写字楼新增供应蔚为可观而需求相对有限，近年来市场一直维持在对租户有利的轨道上。未来两三年间，随着新总体规划区的项目陆续完成交付，即便在一线城市，租户在谈判中也将拥有更多筹码。

然而，面临经济增长放缓、竞争日益激烈、空间需求增加的复杂形势，一些租户不得不认真审视自身的房地产需求，探索调整策略以节省空间成本的可能：无论是整体搬迁至非核心商务区，还是购买和自行开发物业以自用。规模较小的初创企业也可能会考虑最近两年新兴的联合办公空间。继 SOHO 中国的 3Q 平台之后，联合办公空间在一线城市雨后春笋般涌现，并开始向部分二线城市扩张。联合办公提供商的服务内容和收费标准均有所差别，且它们越来越多地定位于利基型企业。一些联合办公平台已经获得来自投资者或开发商的规模资本注入，将可尽快扩张业务网络。而联合空间鼻祖 WeWork 的加入，更使竞争进一步加剧。较为传统的业主也不甘落后。他们不断寻求拓宽租户服务的范围，以此在竞争中获得差异化优势。

写字楼市场的竞争不仅限于现有库存和新增供应。已有不少城市着手发掘项目改造机会，将重要历史建筑改造成总部写字楼或创意办公空间。同时，写字楼“二房东”现象（以低于市场的价格将写字楼整栋租下再转租出去的专业租赁服务公司）、机构型投资者对老项目的改造升级正日益升温。

二、写字楼物业管理发展现状

（一）写字楼物业管理市场容量及行业特点

写字楼规模化发展快速增长，激发写字楼物业管理行业在企业管理规模、企业数量、经营收入、从业人员等方面同步增长，给写字楼物业服务企业创造了更广阔的发展空间。随着写字楼产品定位与客户需求结合的不断深化，写字楼物业管理行业在管理方面和商业模式创新方面也取得新进展。

专业的写字楼物业服务企业，能够给写字楼营造出一个良好的内部办公环境，是提高出租率、保持租金水平的有效手段之一。写字楼物业管理与住宅物业管理相比，有以下特点（见表 1）。

表 1　写字楼物业管理特点

服务内容不同	写字楼物业管理的客户主要的办公时间在白天，对设施设备维护、停车位、电梯、物业服务人员的办公效率及形象有着较高要求
倡导绿色可持续发展	绿色低耗能写字楼不仅具有节能减排的作用，同时还能够降低物业服务企业运营成本的投入
服务功能综合化	随着物业管理的发展，进驻写字楼的企事业单位并不满足于简单的办公需求，客户对其他配套的多样化服务——集办公、商业、酒店会展等多种功能于一体的综合化项目也具有强烈的需求
品牌化管理战略	写字楼物业服务企业利用自身品牌采取差异化经营，是其参与物业管理市场竞争的重要经营策略，品牌化管理战略为企业适应当前绿色节能、综合服务的市场需求构建了核心竞争力

目前，大多数写字楼物业服务企业，经过多年的发展和探索，在服务品质、管理规模、员工数量、盈利水平、新技术运用等方面，都取得了巨大的进步。

（二）写字楼物业发展现状及问题

作为推动城市商务形象的名片，写字楼物业管理也随着写字楼开发市场的升级换代而不断升级转型，借助“互联网 +”、人工智能、资本力量，写字楼物业服务企业在管理、服务、经营方面取得了一定的突破，智能化、科技化技术手段的应用让企业在服务产业价值链条的延伸、多元化产业生态圈的打造、智能平台的搭建等方面取得了阶段性的成绩，从而给企业服务品质的提升、客户服务体验、管理效率、管理和经营成本等方面带来提升和改善。

但是就目前写字楼物业服务企业经营现状来看，也存在一定的问题，还有较大的上升空间：

1. 人才结构待调整

虽然近年物业管理行业取得了快速的发展，借助“互联网 +”、人工智能、物联网科技化技术手段的运用，管理效率大幅度提升，但仍未改变物业管理行业属于劳动密集型行业的标签。人才始终是物业管理行业发展的短板和瓶颈，写字楼物业管理对高素质人才的需求更为强烈，高学历的复合型、技术型和创新型的人才将越来越受到企业青睐。

2. 新技术运用不充分

与互联网、云计算、大数据、物联网和人工智能等信息技术和科技手段的不断深化结合运用，给物业管理行业的转型升级带来了前所未有的机遇。很多企业都致力于搭建并输出信息化平台，写字楼物业管理因其与其他细分物业领域的不同，在新技术的应用方面不可同日而语，在推进过程中也出现运用不充分的问题。

三、写字楼物业管理行业发展新变化

（一）政策变化

2018 年《政府工作报告》对于经济工作中的重要议题做出总体性部署，传递出积极的政策信号，对于房地产写字楼市场产生了一定的影响。《政府工作报告》承诺将继续优化营商环境，减轻企业负担，拓展开放范围和层次。报告特别提出要进一步推进金融领域的对外开放，以及实施境外投资者境内利润再投资递延纳税与简化外资企业设立程序等有利于外商在华投资的举措。对于国内企业，除了双创政策进一步升级激发企业创业热情外，减轻企业税负与非税负担与落实鼓励民间投资政策措施，皆有利于进一步激发办公需求。

（二）市场变化

写字楼属于城市公共建筑，不仅代表城市形象，也在一定程度上反映城市的经济发展水平。随着时代的发展，生态化、服务配套综合化、智能化、总部经济趋势的写字楼及写字楼群将成为未来的主流CBD，高层写字楼向行业细分产业园转变，新型办公和产业集聚效应随之出现了如企业孵化器、创新产业园、创业园等形式的办公产业模式。

（三）需求变化

随着新经济地产的发展和新技术的运用，写字楼物业形态不断升级，趋向于国际化、生态化、智能化方面发展，同时业主、租户对物业服务的需求，也在同步增长变化，更加高端化、细分化、个性化。人工智能机器人服务、移动办公、联合办公、三屏网真系统模拟 face to face 的商务智能会议系统、智能停车系统、投资理财、健身锻炼、生态餐厅等等都成为高端商务人士的新需求。

四、写字楼物业管理发展趋势

（一）互联网＋智慧物业

新技术革命红利时代已经开启，传统行业分享红利的机会已经来临。国家积极推动“智慧城市”“智慧社区”建设，人工智能为传统物业管理行业转型升级提供了一个新的方向。

尤其是写字楼物业管理领域，已与互联网、大数据、人工智能相结合，这既是风口，也是决定生死的机会。客户需求、成本倒逼等意味着未来非智能化物业服务将被市场淘汰。

智慧物业包含智慧建筑、智慧服务大平台、智慧管理三个维度。

1. 智慧建筑

聚焦设备、设施的物联管理、设备系统远程安全报警、能源监控管理。

2. 智慧服务大平台

通过大商办服务多元化的发展，搭建智能生态圈平台，深挖大数据，让智慧平台提升服务效率，增加服务价值。

3. 智慧管理

提高管理效率与质量，就必须用到服务管理的应用系统。例如，收费、监督检查、资产管理、大客户数据等业务应用方面的专业软件。通过整合各个业务专业软件的基础数据，筛选有利于管理和用户的各种数据，这样的物业管理系统才能符合智能化物业服务的需求。

（二）多元服务＋基础业务外包

随着物业管理行业竞争的日趋激烈和业主需求的不断提高，物业服务企业实行多元化经营是谋求发展的必然趋势。

资产与物业管理，在未来将是一个专业的整合服务平台，它对专业度的要求会更加严格与高标准化。物业服务企业的经营模式将会倾向于轻资产化与重质轻量化，除了核心业务，其他的业务会通过分包形式给到更精细分工的分包商及服务商，再将优势资源进行有效整合，物业服务企业则根据客户的不同需求，为其量身打造定制化和个性化的服务。

1. 商业模式多元化

写字楼物业服务将以基础物业服务为核心，紧密带动资产管理、咨询服务的业务拓展，积极布局生态圈业务，整合市场资源，快速与物业平台形成融合和互动，建立多元化产业生态。采用“1+N”的多元化产业模式，通过跨界合作，不断延伸服务链条，实现优势互补。不少物业服务企业成立了以下几类子公司，拓展业务板块，如：资产管理、商贸公司、餐饮公司、咨询服务、智慧生态圈。

2. 经营模式多样化

多样化经营模式包括：全天候餐饮配送经营模式、生活用品配送经营模式、会所创新经营模式、空置房代管经营模式、维修项目一站式经营模式、房屋租赁经营模式、邮件代收发经营模式、商铺捆绑推广经营模式、叫车服务经营模式、环境检测消杀服务经营模式。

（三）跨界合作及收并购加速

物业服务企业在远程设备监控系统、智能门禁、智能安防、智能停车等方面，也在考虑通过技术合作、股权合作、战略合作等方式，用资源换技术，使这些技术成果得到成普惠和共享，改进运营管理模式。从物业管理市场的大变局时代看来，目前物业管理行业呈现出规模化、科技化、标准化、资本化的发展态势。目前，并购阶段已经提前到来，“跑马圈地”即在这一阶段展开。物业管理规模化经营非常关键。相比于做大规模，树立行业权威，“小打小闹”的经营成本很高，盈利愈加困难。并购潮的到来，倒逼企业转型升级，以适应市场发展。

（四）与资本市场接轨

这一现象是市场经济发展的必然结果。第三产业未来在国民经济中的占比，有可能达到70%以上。一方面，物业管理行业属于轻资产运作的现代服务业，资本市场比较青睐轻资产运作的优质物业服务企业。另一方面，资本市场很看重物业作为切入口的平台属性，通过物业服务企业，打通了多项业态与用户群体的链接。

目前资本市场上，优质的物业服务企业积极寻求收并购和筹备上市，这对市场和行业来讲是好事，打通了物业服务企业与资本市场。国内优秀物业服务企业，尤其是龙头企业在规模扩张中顺应行业收并购发展趋势，在市场份额提升和业绩增速上优势显现，龙头物业管理企业享受行业增长和市场集中度提升双重红利的逻辑，再次得到市场验证。

未来资本也会向服务业和轻资产类的优质企业倾斜，物业服务企业也将加紧与资本市场接轨的步伐。未来物业服务企业的收并购和上市，将更加的规范，要求也将更加精细化。

（五）从写字楼到细分产业园

以产业为依托、园区为载体的办公产业园，相比传统写字楼办公，在企业孵化、资源共享、金融服务和人才协作等方面拥有独特优势的园区办公，正在全面迭代升级中。

产业园办公，最大的优势就是资源共享，能让资源得到充足利用。这个资源包括资金资源、客户资源、生产技术资源、信息资源、对企业上市需求的资源以及孵化、共享、金融、人才等。

传统写字楼缺乏与产业相配套的功能场所，从而造成了成本偏高与时效性差，加重了企业的运营压力；而产业园的相关配套则是根据园区的专业定位，针对并满足相关产业的需求。产业园通过有效资源整合，简化操作流程，缩短产业链条的中间环节，降低运营成本，从而给园区内的各个企业提供巨大的便利与优惠。为企业入驻、办公、运营过程提供全方位支持，是促进企业之间相互结合、协同发展的一种全新的工作模式，同时行业聚集形成的行业氛围，提高园内办公人员积极性和凝聚力。

五、写字楼物业服务转型升级

随着时代的发展，写字楼管理和服务，也要不断创新、不断转型升级，这是大势所趋。主要原因：一是写字楼客户的需求不断提高。二是政府社会对写字楼角色的期望很高。高层写字楼成为城市的标志性建筑，代表一个城市的形象。三是写字楼自身发展的需要。写字楼楼宇配置日渐向智能化、网络化、高科技化发展，对物业管理服务提出了新的、更高要求。

（一）写字楼物业服务转型方向

写字楼的管理服务创新正在从劳动密集型，向管理技术型转变；从对物业的管理，向不断满足人的需求转变；从物业管理区域资源提供，向整合社会服务资源转变；从简单的管理手段，向充分借用现代科技手段转变。

（二）写字楼物业管理转型升级要点

1. 技术创新——智慧建筑 + 物联

写字楼物业管理要更注重智慧建筑，注重物联的落地运用，如消防报警、智能安防、智能停车、人脸识别等方面，一切物联和新技术的运用，目的都是为了安全，在安全的基础上，提升服务体验和品质，以物联为基础，打造写字楼智能生态圈。写字楼物业与新技术结合的过程中，要深挖大数据，搭建信息化系统，并让各大板块紧密结合，只有系统内容中心化、信息系统化，才能降本增效，助推物业管理走上高平台。

2. 发展平台业务——提升物业入口价值

基于写字楼物业服务对象以企事业单位为主，物业管理作为大数据入口，其平台作用有待深度挖掘。写字楼物业服务企业应充分发挥平台优势，借助互联网技术，整合所有办公服务，将业主、商家、物业服务等多方面资源整合在一起，为业主提供全方位的高质量服务，形成办公生态圈，避免单一利润来源。如物业自助查询功能，可以通过微信号、APP 等职能终端应用，实现缴费、查询、投诉、保修等功能。在提高服务效率、提升满意度的同时，在该网络平台上搭建智慧生态圈，整合不同业态资源，通过 O2O 线上线下打通的模式，提供资源对接、咨询服务、跨界联盟、会务、餐饮、商贸、娱乐、健身等多业态商业服务，形成生态商圈的价值正循环。

经统计测算，预计 2018 年物业服务带来的 O2O 市场规模，将支撑万亿市场的体量，基础物业服务的商业价值不可轻视。

3. 与资本市场接轨——加快行业并购重组

近年来，资本市场对轻资产的物业管理行业，也是愈加青睐。如第一太平戴维斯，2016 年相对 2013 年实现营收增长 60%，其中 33% 来源于收购并购，27% 来源于自身内生增长，并购重组已成为实现收入增长的重要手段。可以预见，随着我国资本市场的进一步完善和物业服务上市企业数量的增多，通过资本市场进行企业并购整合，将进入一个爆发期。作为企业自身，要做好充分的准备，与时俱进，拥抱变化。

4. 借力——跨界合作，提升价值

未来的物业服务企业，一定是资源整合者，要用开放的胸怀，借力、借势、借智，实现共生、共赢。物业服务与互联网企业、科技企业、金融企业或其他服务企业，可以以联盟、股权合作或战略合作等方式，去提升双方价值。如写字楼物业服务企业可以在远程设备监控系统、智能门禁、智能安防、智能停车等方面，考虑通过技术合作、股权合作、战略合作等方式，用资源换技术，使这些技术成果得到成普惠和共享，改进运营管理模式。

5. 人才计划——增加内驱力

新时代物业管理行业，在其跨界融合过程中，最缺的就是跨界人才。物业管理行业在转型升级中的阵痛表明，人才的引进和培养，才是未来企业的核心竞争力，合理的人才梯队建设，将成为物业服务企业转型升级的重要支撑力。对轻资产运营的物业管理行业来说，人才才是企业发展的根本，是物业服务的标准化建设，及标准复制的核心力量。

人才的培养和引进、人才梯队的建设，是物业服务企业转型升级战略落地的重要前提。通过人才梯队建设，不断增加企业发展内驱力，提升企业综合实力和未来发展潜力。

写字楼的物业管理工作会对经济、社会效益，以及业主的利益，产生重要影响，因此要根据时代的发展和变化，结合物业管理行业的发展趋势，打造符合社会以及商业需求的完美写字楼物业服务。

产业园区物业管理发展报告

中国物业服务（产业园区）企业联盟
西安创业物业管理有限公司　执笔

一、产业园区发展概况

2017 年 12 月，由同济大学发展研究院研究完成的《2017 中国产业园区持续发展蓝皮书》指出，2016 年，全国共有 365 家国家经济开发区和高新区，这两类国家级园区的合计 GDP 为 170946 亿元，超过全国 GDP 的 1/5；两类国家级园区合计上缴税收为 29327 亿元，超过全国上缴税收的 1/4；两类国家级园区合计出口创汇为 55254 亿元，大约占全国出口创汇的 2/5。而这些仅仅是国家级经开区和高新区的相关数据，如果再加上各类省级、市级以及县级经开区和产业园区，其在中国经济中所占的比重还将进一步升高。

产业集群已成为我国区域经济发展的重要组织形式和载体，是我国经济发展的重要引擎和产城融合的关键组成部分。产业园区物业管理是产业园区经济发展的基础和保证，是中国现代物业管理的重要组成部分，也是推动行业转型发展的重要力量。可以预见，未来中国的产业园区数量还将不断增加，产业园区物业管理市场空间十分巨大。

二、产业园区物业管理发展形势

伴随着国家建设“资源节约型和环境友好型社会”的不断深入以及政府对“企业（项目）集中布局、产业集群发展、资源集约利用”的倡导，越来越多的企业正在向产业聚集区集中，可以预见，未来中国的产业园区数量还将不断增加，产业园区物业管理市场还将不断扩大。

（一）产业园区对优质物业服务的需求非常强烈

党的十九大报告指出，“当前，我国社会的主要矛盾已经转化为人民日益增长的美好生活需要和不平衡不充分的发展之间的矛盾”。这一论断同样适用于产业园区物业管理。今天，中国的产业园区集中了国内绝大部分的“独角兽”企业、“500 强企业”，其中还有不少是世界 500 强企业，而随着社会分工的不断细化，这些企业的后勤事务将越来越多地选择外包给第三方供应商，例如餐饮服务、旅游服务、保洁服务、秩序维护服务和融资服务等，这些服务很大一部分将交给园区物业服务企业来提供。那么，作为管理园区的物业服务企业，就应该深入调研挖掘园区内企业的各项需求，并尽力为他们提供各项服务。譬如，从项目早期介入、咨询顾问、能耗管理、行政支持性服务、设施管理、设备管理到能够为客户提供餐厅运营管理与评估、酒店运营管理与评估、商业配套设施运营管理与评估、呼叫中心、办公室健康和安全、办公空间管理等。总之，这个领域的市场空间非常大，园区企业对此类优质服务的需求也非常强烈，如果我们能在这一领域服务好这些企业，对于改变行业长期微利的现状也非常有益。

（二）产业园区标准化服务亟待提升

2015 年 11 月，全国物业服务标准化技术委员会成立，标志着全国物业服务标准化工作技术平台建立，《物业管理术语》《物业服务顾客满意度测评》《物业服务安全与应急处置》三项国标的启动标志着国家标准制修订工作拉开帷幕；中国物业管理协会团体标准编制工作如火如荼，业态管理标准——《产业园区物业管理指南》（以下简称《管理指南》）已经出版发行，有 9 项团体标准正在起草，其中一项团标为《产业园区物业服务规范》。中国物业服务（产业园区物业）企业联盟为管理产业园区的物业服务企业提供了沟通交流、互通信息、整合资源和价值共创的重要平台。产业园区集中了很多高端企业，规模越来越大，它对物业服务要求内容更宽泛、更复杂，要求物业服务企业更准确地把握产业属性，广泛贴近市场需求，分析共性个性，形成科学性、适用性、先进性、定制化的优质服务标准，同时加大标准有效供给，促进行业健康发展。

（三）智慧化管理产业园区将成为行业发展趋势

“科学技术是第一生产力”的论断从来没有像今天这样得到生动的诠释。今天，我们已经进入了一个智能化社会，智慧社区、智慧园区、智慧城市等崭新的概念不断涌现并逐步付诸实践，作为管理产业园区的物业服务企业必须跟上时代发展步伐，高度重视智慧园区建设。但客观地讲，国内目前智慧园区的建设水平与现实需求还有一定差距。尤其是随着互联网技术的飞速发展，智慧园区系统各项功能的迭代升级也非常迅速，作为管理产业园区的物业服务企业，我们更应进一步深挖客户的各方面需求，从客户需求端入手，做好智慧园区建设的顶层设计，密切关注行业发展的前沿信息，及时掌握更高效、更合理的先进技术，进一步完善智慧园区系统的各项功能，不断提升智慧园区建设水平，进而提高园区办公、服务和管理的效率和水平，优化用户的各项体验，更好地服务园区客户。

三、产业园区物业管理未来工作重点

2018 年是中国物业管理协会提出的“服务质量提升年”，中国物协号召全行业秉承工匠精神和诚信服务理念，坚持专业化、标准化和精细化服务，不断提高物业服务质量，提升业主满意度，满足业主对美好生活的向往。产业园区物业服务企业直接服务着众多园区企业的职工和客户，要以实际行动提升服务质量。

（一）以高标准引领质量提升，助推创新发展

习近平总书记曾经指出，“标准决定质量，有什么样的标准就有什么样的质量，只有高标准才有高质量”。习总书记的重要论述充分说明了行业标准化工作的重要性。产业园区物业服务企业要提升服务质量，首先要以标准化为抓手，以标准化的推行带动服务质量的提升。实际上，标准化管理不仅是企业加快技术进步、加强科学管理、提高服务水平的重要手段，而且可以不断优化管理流程，提升企业管理水平与运作效率，防范经营风险。产业园区物业服务企业要以《管理指南》的宣贯实施为契机，加强企业标准化建设，要通过制定完善的考评措施保证各项服务标准的落地执行，让“提升服务质量”从服务口号变成业主可以直接感知的服务细节。

（二）培养优秀人才，夯实人才基础

提升服务质量，要想从口号变为行动，需要培养一批优秀的物业服务人员。长期以来，作为传统服务业的物业管理对人才的吸引力不够，导致行业在优秀人才储备、积累方面还远远不够，因此，产业园区物业服务企业要提升服务质量，一方面要重视人才培养，通过不断地培训学习，提升企业人才队伍的工匠精神和专业技能水平；另一方面，则要通过规范员工关系管理，建立健全选聘、入职和激励约束制度体系，在企业内部营造公平公正的氛围，为人才在企业内部成长发展提供优秀平台，使人才

在企业内部“进得来、留得住、有奔头、有干劲、发展好”，为企业服务质量提升奠定人才基础。此外，产业园区物业服务企业还要多措并举，吸引更多的优秀人才加盟行业，为行业带来新鲜血液。尤其是要适应当前行业的发展形势，吸引一批精通互联网、物联网、智能化管理方面知识的专业人才进入行业，助力行业智慧园区建设和服务质量提升。

（三）优化管理和服务工具

“工欲善其事，必先利其器。”随着行业的快速发展，行业科技含量不断提升，传统的物业服务工具已经不能满足转型升级中的行业发展需要，产业园区物业服务企业要想提升服务质量，就必须在管理和服务工具的改善和优化上下功夫。一方面，在保洁、秩序维护、绿化等基础服务领域，要通过不断引进先进科技装备，实现操作机械化，以减少用人数量，降低服务成本，提升工作效率，提高服务质量。另一方面，面对互联网技术的快速发展，产业园区物业服务企业还要积极拥抱互联网，用先进的互联网技术优化我们物业服务工作中的作业流程，提升服务质量，尤其要重视智慧园区建设，以智慧园区建设带动服务质量提升。

（四）高度重视人工智能技术的引入和运用

当前，人工智能的发展进入新阶段，人工智能技术正逐渐与经济社会各领域渗透融合，发展成为新的通用技术，并带动技术进步，推动产业升级，助力经济转型，促进社会进步。产业园区物业服务企业服务着众多高新技术企业，在引入人工智能技术方面相较其他业态更有优势，我们要密切关注人工智能领域发展动态，及时引入人工智能技术及装备，降低员工工作强度，节省企业人力成本，提高现场服务品质，提升客户满意度。

（五）传统物业向科技物业的转型升级

新一轮传统物业转型升级有很多的促发要素，一是房地产宏观调控，促使越来越多的开发商由原来的住宅地产商业地产转向产业地产。二是中央掀起了双创热潮，在新的政策驱动下，最重要的体现是一大批新型孵化器大量出现，尤其是民营资本的新型孵化器大量出现。三是从国家政策角度来看，京津冀与“一带一路”成为持续发力的方向，区域协同和走出去今后是很重要的方向。资本市场也为物业服务企业的转型升级提供了非常好的助力。在最新互联网趋势下，传统物业服务企业的转型首先是创新我们的思维理念，围绕整个企业全生命周期，每个环节我们的思维都需要创新——新型的诱惑思维、大数据的思维、简约化思维、社会化思维。平台化思维、开放性的思维。同时，智慧城市与最新的互联网技术，也为传统物业服务企业的业务提升提供了非常好的助力。

商业综合体物业管理发展报告

中国物业服务（商业综合体）企业联盟
鑫苑科技服务股份有限公司 执笔

一、我国商业综合体的发展现状

中国的商业综合体建设是随着经济发展和城市化进程的推进而产生的。经济快速发展和城市化建设过程中， 产生了超级城市和一线发达城市。这些城市拥有越来越多的人口、快速的生活节奏、国际化都市的规模和功能， 也为商业综合体的出现提供了客观条件。

目前， 北京、上海、 深圳和广州等一线城市商业综合体的发展已经相对成熟，相当数量的商业综合体项目成为这些城市的标志性建筑。与一线城市相比，二、三线城市商业综合体的发展目前还处于起步阶段。但随着国内城市化进程的加快和经济的发展，商业综合体已成为二、三线城市竞相发展的主潮流， 相关项目迎来了走向成熟的关键阶段，从现行商业综合体的发展来看，其城市空间整合能力相当强大，能够有效承载城市经济和文化等多项功能，符合城市化进程的发展要求。商业综合体的发展与城市的消费能力有一定的关联。

目前我国商业综合体的主要开发模式是：酒店、写字楼、商场、公寓等各种功能均衡发展。总体来说，商业和办公是综合体的核心物业，其他物业类型与不同的区域属性结合可以发挥各自的功能。从未来综合体的物业组合看，综合体开发仍将由商业带动。相比较于现有商业综合体，未来新增项目物业组合更为灵活，住宅类产品占比上升，有利于资金链平衡。商业和办公仍为商业综合体项目的主要产品。城市商业综合体的优势是业态互补，消费相互支持，能够实现商业地产的可持续发展，并对城市及区域经济发展带来巨大推动作用。

二、我国商业综合体发展存在的问题

我国商业综合体的开发也面临着问题，面临四大“缺失 ”。一是开发与经营脱节。长期以来，房地产开发与商业经营处于条块分割状态，开发与经营活动各自为政，供求关系脱节，产业结构处于无序及缺失状况。二是规范标准缺失。在我国现行的城市建设和商业类规划设计规范中，对商业网络以及各类商业区的建设，从项目的评估、定位、功能、规模到产业经济的结构、布局、业态形式等各环节都未能给出明确的标准规定。三是开发模式落后。我国商业综合体建设普遍存在以房地产开发为主，重空间、轻功能建设的片面做法，分块开发、单独建设的拼凑搭接式无序发展状况比比皆是。四是商家与地产企业关系错位。空间建设本应以服从商业经营活动为主，按照商业经营活动需求，提供空间服务。但长期以来，商家的主导地位未能得到应有的尊重。未来，提高商家在商业综合体开发建设中的参与权，是扭转先建房后招商这种强制供给方式向科学定制模式转变的关键所在。

上述问题也给我国商业物业的经营管理带来了一定的难度，再加上我国商业综合体物业经营管理还不成熟，一些开发商在探索着自主经营管理，但由于专业技术和专业经验的限度存在较大经营管理风险。一些开发商委托专业公司进行全面经营管理或顾问管理，面对庞大的物业资产市场，集合传统物业管理与资产管理，物业服务企业可以在一个更大的平台上， 围绕着开发商、业主、物业使用人等客户的需求进行策划，并根据企业自身的能力和优势，通过自营、合作经营或提供交易平台等多种方式组织运营。在此过程中，传统物业管理、多种经营、专项服务与资产经营之间既相对区别，又相互配合，共同促进物业管理行业宗旨的践行和实现。这种经营管理提升了物业管理整体技术含量，增加了行业利润点，提高了行业创富能力，能实现行业发展由粗放型、劳动密集型向集约型、技术知识密集型的转变，促进了行业转型。

三、我国商业综合体物业管理市场发展前景

随着中国城市化建设进程的推进，未来 10 ～ 20 年将会是城市化、城镇化建设的又一个高潮。相比发达国家，中国的城市化建设还处在发展中期。我们来和欧美做个比较，1970 年美国城市化率达到 70％，目前已接近 70％，基本完成城市化建设；日本 1970 年城市化率达到 75％，2001 年基本完成城市化进程；韩国 1980 年城市化率达到了 74％。而中国，城市化进程始于改革开放之后，到目前为止城市化率仅有 50％。因此，未来中国城市化建设必将持续，而在新一轮的建设过程中必将呈现出独有的特点——商业综合体建设时代的到来。同时，商业综合体的快速发展，必将为上下游产业提供更多的发展空间，随着商业综合体功能的不断完善和更新，也将带动整条产业链经营理念和服务水平的更新。其中物业服务就是最为典型的一个行业，不但受益最多、机遇最大，同时面临的风险和挑战也有很多。

从传统物业服务业向现代化服务业转型升级，是物业管理行业的发展方向。行业转型升级给物业经营管理提供了更广阔的发展空间。从某种意义上说，物业经营管理的未来发展是行业能否可持续发展的关键，即决定物业管理行业向现代服务业转型升级的进程和效果。

可以预期的是，在物业经营管理的未来发展中，建立在传统物业服务平台上的资产管理的广度和深度将得到进一步的开拓；绿色建筑的出现给物业经营管理提出了新的课题；现代信息技术的运用将给物业经营管理带来全新的变化。物业经营管理的未来发展必须面对这些机遇和挑战。

四、我国商业综合体物业管理市场发展趋势

随着经济的发展，科技的日新月异，互联网经济的到来，虽然物业服务市场越来越大，但业主的物业服务需求与物业价值取向也提到了又一个新高度， 这就要求物业服务企业未来必须具备高度的专业能力和成熟的资产管理经验。 因此物业服务企业的发展机遇与挑战始终并存，在适应市场需求的变化下不断调整、 优化行业结构、业态结构和品牌结构，未来物业服务将呈现以下发展趋势。

（一）专业智能化

未来商业综合体物业服务将会向更加专业智能的方向发展，规模较大的公司成立专业性服务分公司对本公司物业项目进行分类管理，规模小的公司将项目分包委托给不同的专业公司处理，专业型技术人才增多，由劳动密集型转向技术集约型。物业服务借助智能化的设备，不断更新设施，与时俱进，减少人工成本，这是市场经济发展的必然结果，也是优化资源配置、在激烈市场竞争中处于优势地位的必然要求。

（二）产权集中化

现今许多商业综合体物业采取分割出售加返租

的方式进行经营，这种为了套取现金预售商铺的做法最终导致商业综合体物业服务复杂、招商困难，业主的投资收益预期基本不可能实现，很难经营成功。未来，为了将重点放到长期的商业综合体经营上来，降低管理难度，商业综合体物业的产权将趋于集中化， 全部产权控制在建设单位、管理者或少数人手中，但可以用完整产权的物业进行抵押融资或其他形式的债权、股权融资， 再由商业综合体管理公司统一经营、 管理来实现经营收益和物业增值。

（三）内容扩展化

由于商业综合体物业服务企业对购物中心日常运营更加了解，未来商业综合体物业服务内容也将有所扩展。在前期建设单位建造阶段，全程参与包含主导购物中心的规划、建设、招商和运营方面，就项目定位、规划设计、空间布局、 设备设施的配置和控制等方面给予意见，后期的增值服务内容向目标客户群分析、市场调查、智能系统化服务等多方位发展，合理、完善、最大限度满足消费者需求。

（四）集团区域化

市场竞争日益激烈，优胜劣汰的结果是商业综合体物业服务企业不断兼并、淘汰、强强联合，形成具有市场竞争力的企业，走规模化、集团化之路。

随着社会的不断进步，政府制定宏观政策，必须将部分服务职能让社区和企业来承担，这就要求商业综合体物业服务科学合理地对区域内辅助配套设施进行规划，进行集约化管理，促进商业综合体圈资源共享、优势互补、共同发展。

（五）品牌标准化

国际标准化管理是指商业综合体物业服务须遵守 ISO 9000 国际质量管理标准体系、ISO 14001 国际环境标准体系、OHSAS 18001 国际职业健康管理标准体系的有关要求。同时，未来商业综合体物业服务品牌地位的重要性也将越来越凸显，一个好的物业服务品牌将可能直接拯救一个地产，走向以品牌为中心的发展之路是吸引业主投资、商家加盟、消费者购物、自身增值的必然要求。

社区养老服务发展报告

中国物业服务（养老服务）企业联盟
保利和悦健康养老服务有限公司　执笔

一、社区居家养老服务发展背景

（一）社区居家养老服务市场需求巨大

中国进入老龄化时代，2020 年，中国老龄化水平将达到 17.17%，老年产业市场需求巨大。按照中国老龄人口 9073 的养老服务配比，大比例老龄人群还处在活力、低龄、有一定自理能力的阶段，他们的服务需求为单一需求，如仅需要老年餐，或仅需要一周上门打扫一次，未到需要入住机构享受全面服务的阶段，这部分老年人群希望在家或在社区接受养老服务。这说明在老龄化发展过程中，社区居家养老服务的市场需求更大。

（二）中国老年人群家庭养老情结浓厚

中国受传统文化和孝亲文化影响，老年人群一般还是希望在家养老或是尽可能推迟入住养老机构的时间，更喜欢在自己熟悉的居住环境养老，和子女能有更便捷的交流可能。

（三）机构养老支付成本大，且发展受限

入住中高端长照养老机构的支付成本比较大，以保利和熹会的收费水平，每个老人每个月需要支付 1 万左右的养老费用，其中床位费用就占到 50% 左右，床位费成为养老费用重头，超过中产阶级以下家庭的支付能力。长照机构一般都建在位置偏远地段，服务人群为需要专业护理或高龄独居老人，因位置偏远，不具备开展居家服务的市场环境，一旦床位满员后续发展空间受限，且机构筹建成本较大，投资回报周期一般在 10 ～ 12 年。

（四）家庭床位变为养老床位，是解决养老服务供需矛盾的发展趋势

中国老龄化是井喷式发展速度，机构床位的建设速度远远不能满足老龄人群的服务需求，且受现阶段的经济发展水平，中产家庭支付能力有限。因此以社区为服务单元，通过居家适老化改造将家庭床位变为养老床位，通过社区养老服务平台提供个性化、专业化养老服务，让老人不离开家、不离开子女就能享受到服务保障才是未来的发展趋势。

（五）日本社区居家养老模式借鉴

日本老龄化发展先于中国，老龄产业已经发展 30 年，日本目前在一个县内连锁化布局社区嵌入型小规模多机能机构，进行社区全覆盖的模式比较普遍，且比较符合中等收入及以下人群的需求和支付能力。日本社区嵌入型机构模式一般为 60 张长托床位，日均 50 人的日托服务，以及通过社区机构向周边开展上门服务。居住密集地区每 5 公里设一个小微机构，进行片区服务覆盖和联动。中国和日本有着相近的文化背景，且老龄化发展的速度将赶超日本，因此发展方向应该向日本借鉴学习。

二、物业管理行业与社区居家养老服务的关系

（一）社区居家养老服务相关政策

国家政府对于社区居家养老予以的高度关注，各地方政府频繁出台相关政策，社区居家养老发展大环境十分利好。有关政策见表1。

表1　社区居家养老服务相关政策

时间	发布城市	文件名称
2017	北京	《北京市街道（乡镇）养老照料中心建设资助和运营管理办法》
2016	上海	《上海市长期护理保险社区居家和养老机构护理服务规程（试行）》
2016	广州	《广州市社区居家养老服务管理办法》（穗府办规〔2016〕16号）
2016	成都	《成都市养老服务促进条例》
2016	青岛	《关于加快推进养老服务业发展的实施意见》
2014	武汉	《市人民政府办公厅关于加快推进社区养老院建设的指导意见》
2010	大连	《关于完善我市养老机构和居家养老资金补贴政策的通知》
2014	杭州	《关于加快养老服务业改革与发展的意见》

（二）社区居家养老市场的客户需求

2016年，中国老年人口已达到2.22亿，约占总人口的16.1%；预计2020年达到2.43亿，约占总人口的18%。60岁以上老年人群的患病率是一般人群的2.5～3.0倍。2011年，中国死亡人口中，85%死于慢性病，是发达国家的4～5倍。据预测，21世纪中叶老年人口数量将达到峰值，超过4亿，届时每3人中就会有1个老年人。社会人口结构和供养结构的变化将产生爆发式的市场需求。

老年人是相对富有的群体（财富构成：存款+退休金+子女赡养+社会福利+其他）。养老观念逐渐转变。高龄化和空巢化趋势显著，4-2-1型家庭结构、优越条件、精神追求三个客观条件驱动老人的养老观念在逐渐地转变。在中国老龄科学研究调查中发现，76%的老年人口与邻居每周都交往；参与社会聚会的仅有约11%，从侧面反映出老年人更喜欢在社区活动，更愿意与邻居打交道。城市大部分老年人拥有自己的住房，且普遍愿意居住在家庭环境中，居家养老始终占据主流。

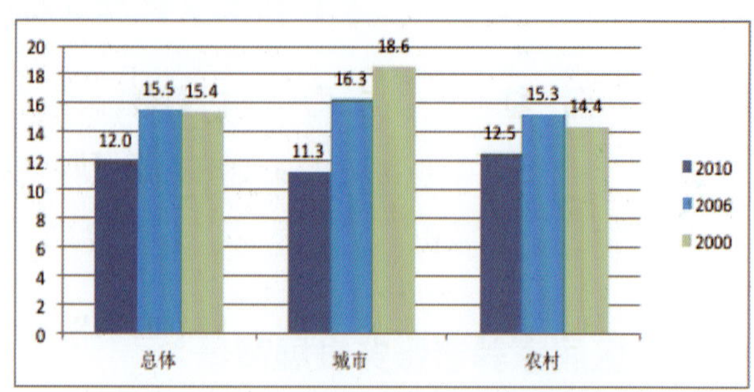

图1　中国老年人愿意入住养老机构的比例

资料来源：根据《中国家庭发展报告2015》等多种报告整合。

（三）物业管理行业与社区居家养老服务的关系

搭建社区配套服务平台、提供多元生活配套服务是物业管理行业未来发展方向。物业管理行业由原来的传统服务模式逐步发展为多元化社区经营服务业态，目前许多企业延伸到了养老、幼儿教育、超市、家政、餐饮等，正逐步发展成为社区综合服务供应商。中国进入银龄社会，社区日常消费群体也以老龄人群为主，社区养老将成为社区综合服务的核心。

图2　物业管理行业与社区居家养老服务的关系

三、社区居家养老市场及代表性企业

2018年，应对即将到来的老龄化井喷需求，

国家将社区居家养老作为发展和扶持方向，鼓励大力发展社区居家养老服务。“大健康”“社区居家”成为 2018 年全养老产业的关键词。以养老产业为核心，向大健康产业蔓延，丰富和延长健康养老产业的“全老龄生命周期”产业链，将成为热议点。

（一）社区居家养老版块代表品牌

社区居家养老市场发展时间、成熟度有限，企业的业务大多呈现属地效应，在北京、上海、福建等城市已出现代表品牌，发展态势十分迅猛（见表 2）。

表 2 社区居家养老市场的品牌情况

城市	代表品牌	发展模式	发展规模	跨城市布局
北京	诚和敬	长者公馆 6+ 驿站 70+	76+	北京、上海
上海	爱照护	小微机构 + 快捷店（驿站）	50+	上海 共 8 个城市
	申养	公寓 3、照护机构 6、康复医院 1、小微 20	30	上海
	福苑	机构 5、综合服务中心 6、照护之家 6、日托 6、护理站 3	26+	上海
	福寿康	医疗护理站 21、日间照料中心 7、长者之家 1、社区照护站 1	30	上海
福建	金太阳	养老院 1+ 照料中心 56+ 服务站 659	700+	福州 20 城

（二）物业管理行业发展社区居家养老服务的代表品牌

物业服务与养老有着天然的关联性，诸多物业服务企业成为养老产业的承载主体及实施主体，其中长城物业、保利物业、绿城物业、卓达物业、开元物业等是典型代表。经过一段时间的发展，各公司的养老特色已渐渐明朗。

长城物业导入国外先进资源，输出高质量服务，以服务吸引客户养老购买；保利物业成立专业养老公司，以小微机构为切入点，展开养老服务；绿城物业以养老丰富园区生活服务体系，改变单一物管模式；卓达物业在产业兴城、三产联动下，提供标准化适老体系，服务改善性需求群体；开元物业在 CCRC 为圆心，建设服务网络，借力物业服务优势，发展养老业务。

以保利物业养老服务探索为例。综合市场需求和发展趋势判断，保利地产集团在“十三五”规划期间将社区居家养老调整为集团养老产业发展的重要方向。鉴于保利物业拥有社区门户、业主资源、团队协同等优势，集团将社区居家养老服务交由保利物业发展运营。

保利物业在 2015 年开始社区居家养老健康服务的探索，以在保利成熟社区搭建“和院健康生活馆”为运营平台，提供健康管理、康复理疗、老年大学、老年营养餐桌、老年用品销售等服务。2015—2016 年保利物业在 5 个城市共筹建运营了 10 家“和院健康生活馆”， 商业模式定位为社区健康养老活动中心，以健康管理为纽带，带动老年用品销售，以达到经营盈利。

通过两年的“和院健康生活馆”的运营摸索，结合日本养老事业的发展经验以及国内同行的发展历程，保利物业在 2017 年对“和院健康生活馆”进行了迭代升级，将机构定位为“社区嵌入型小规模多机能养老服务中心”，并对机构名称做了调整，改名为“保利和悦会”（以下简称“和悦会”）， 和机构养老“和熹会”、幼儿教育“和乐会”做了统一产品系命名。

鉴于保利物业拥有社区门户、业主资源、服务意识、团队资源、联动发展等优势，经过集团公司领导商讨，已基本明确由保利物业承担“和悦会”的所有投资和运营管理，保利物业将借助地产集团的资产优势和物业的资源优势，全面发展社区居家养老服务，将社区居家养老服务作为大物业服务的特色版块。成立专业公司——“保利和悦健康养老服务有限公司”，负责和悦会投资与运营，推进保利社区居家养老品牌的打造以及对各和悦会的垂直专业化管理；且可以以专业公司对接政府公建民营项目以及进行运营管理输出；未来还可以孵化一系列细分产业，获得更大的企业发展空间。

医院物业管理发展报告

中国物业服务（医院物业）企业联盟
北京斯马特物业管理有限公司 执笔

一、医院物业管理行业发展现状

随着社会的不断进步和医疗技术、医院创办水平的不断提高，医院的物业服务保障工作面临着许多新的情况和要求。目前医院物业管理项目繁多，细分服务市场包括秩序维护、保洁、护送、洗涤、护工、餐饮、安全消防管理、物业管理、消耗性物资采购供应、医疗废弃品处理等业务。

截至 2018 年 2 月底，全国共有医院 3.1 万个。其中，公立医院 1.2 万个，民营医院 1.9 万个。与 2017 年 2 月底比较，公立医院减少 333 个，民营医院增加 2335 个，全国专业从事医院物业服务的企业近千家。

中国医院物业服务企业联盟显示，目前国内医院物业服务行业排名靠前的 20 家大型企业，员工总数不到 20 万，总营业收入不到 50 亿人民币，这个数据相较其他行业，还是非常低的。部分医院物业服务企业开始尝试吸引资本市场的介入，希望可以借助资本所产生的“虹吸效应”，吸引更多的优质人才资源和市场资源，更有底气去进行技术创新，进行战略布局和业务拓展，做大做强。

二、医院物业服务模式

医院物业管理产业市场存在碎片化现象，各个公司在医院物业管理产业市场份额较低，目前全国医疗行业，有近 100 万家医疗诊所、近 30 万家医疗机构、3 万多家医院、近 1600 家三甲医院，仅三甲医院平均后勤服务费用在 2000 万至 5000 万元之间不等，故医院物业管理费用具有上万亿的规模。这样完全可以形成几家大型企业成为行业巨头，所以可以通过管理资本的模式整合医院物业管理行业，使医院物业管理行业内形成大型企业，打造品牌成为行业领先。

（一）医院后勤服务外包率

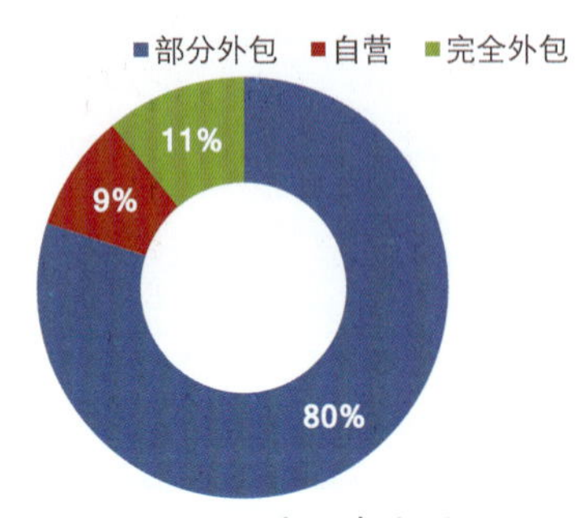

图 1 后勤服务类型

（二）医院外包服务内容和趋势

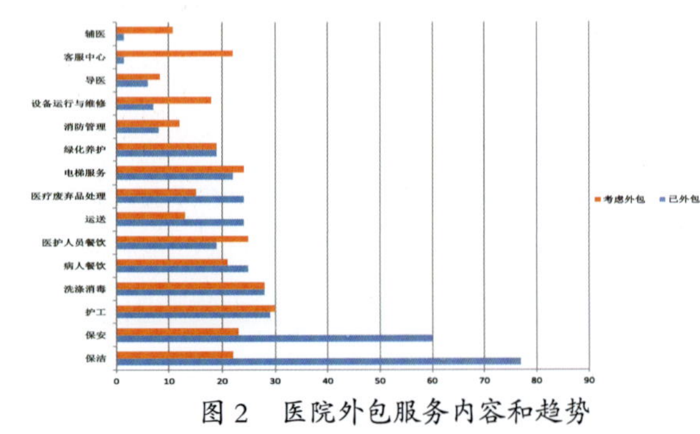

图 2　医院外包服务内容和趋势

数据来源：300 家医疗机构。

（三）医院物业服务外包满意度情况

根据调研，目前医院物业管理服务外包满意度情况分别是：保洁运送外包满意度 98%，保安养护外包满意度 96%，洗衣服务外包满意度 96%，餐饮服务外包满意度 53%，机电维护外包满意度 60%。由此可以看出，在中国医院物业服务产业中，后勤外包产业已经很成熟，并且能得到医院的认可。

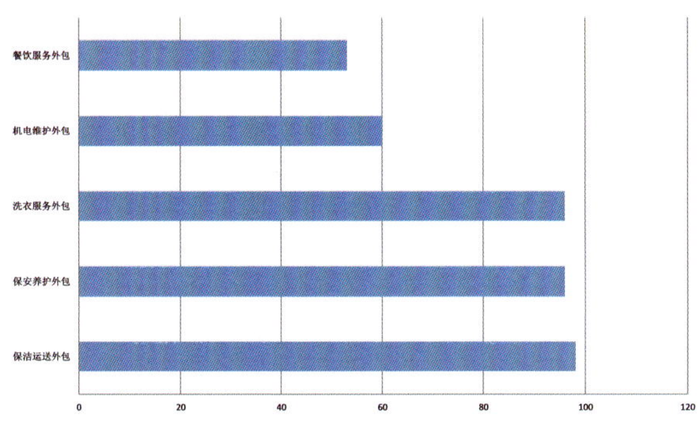

图 3　医院物业外包满意度情况（上海）

三、医院物业管理的特点

一是远远超越了一般意义上的物业服务业态内涵。传统的物业管理是对资产管理的增值保值，本质是对物的管理，是一种静态的；而医院物业管理相当一部分内容是动态的，涵盖了非临床服务的方方面面，甚至正在逐步替代医院传统的后勤服务管理体系。同时，又派生出许多新的增值服务。

二是医院物业管理往往是人命关天的事情。比如，正在进行的手术，是不容许断电、断水；再如医院的保洁工作也不是普通意义上的保洁，其对细菌的控制有专业的要求，更不能形成交叉感染。因此，做好医院物业管理就要求具备足够的知识和技能，以及职业道德和修养。

三是医院物业服务的群体密度大，而且来自五湖四海，是不同的人群，再加上当下医患矛盾较为突出，使得医院物业管理面对的安全问题十分突出，如果处置不当，会给社会带来极大的负面影响。

四是医院的物业管理服务是已附或者说服务于临床服务的，医疗服务本身就是一种服务，在这一服务前提下，医院物业管理提供的是支持性和保障性的服务，因此，医院物业管理往往充当的是无名英雄的角色。

五是医院物业服务更注重标准化。医院物业服务的标准化是医院整体服务标准化的重要组成部分，直接影响到医院为患者提供的医疗质量。目前由中国物业管理协会统筹编著、中国物业服务（医院）企业联盟参与编写的《物业管理指南——医院物业》已经出版，为医院物业管理的标准化工作提供了指导。

四、医院物业管理行业发展趋势

2015 年 6 月，国内医院物业管理行业的第一份调研报告——《中国医院后勤服务市场现状与趋势》正式发布，报告显示，国内 91% 的医院都选择了将后勤服务外包，未来这一比例将继续提高。

移动互联网、物联网、大数据等新技术的带动下，智能化将成为医院物业服务企业转型的新动能。医院物业服务全产业链上下将在更为智能、更简单更有效率的商业模式和服务模式下，更充分挖掘出服务的潜能。

物业管理行业迎来资本春天，医院物业服务企业也将以不同方式拥抱资本。利用资本产生的“虹吸效应”，吸引更多优质的人才资源和市场资源，更有底气去进行技术创新，进行战略布局和业务拓展，做大做强。

各地报告
REGIONAL REPORT

北京市物业管理行业发展报告

北京物业管理行业协会

一、北京市物业管理行业发展概况

（一）基本情况

截至 2018 年一季度末，北京全市物业管理备案项目 6681 个，住宅小区项目 3825 个，总建筑面积 6.1 亿平方米，其中住宅物业面积 4.5 亿平方米，各区分布情况如图 1。

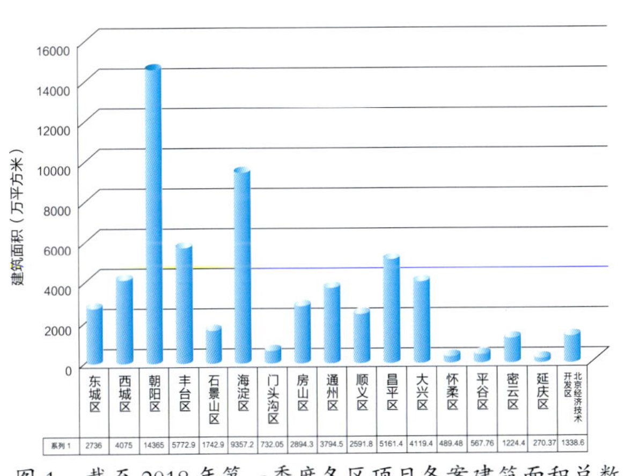

图 1　截至 2018 年第一季度各区项目备案建筑面积总数

全市物业服务企业总量为 3134 家，成立业主委员会 909 个，从业人员数量 40 万。

（二）商品住宅专项维修资金情况

截至 2018 年一季度末，北京市已经累计归集商品住宅专项维修资金 482.59 亿元，较 2014 年 9 月归集总量 382 亿元增加 100.59 亿元，增长率 26.33%；商品住宅专项维修资金累计使用 36.09 亿元，较 2014 年 9 月累计支出的 12.7 亿元增长 23.39 亿元，增长率 184.17%，使用量大幅增加，这其中既有政府部门简化程序方便资金使用的因素，同时也佐证随着商品住宅投入使用年限的增加，维修资金的使用需求也会逐年增加，并逐渐进入高峰阶段。

（三）业主委员会情况

截至 2018 年一季度末，北京全市业主委员会备案总数为 909 个，相比 6681 个备案项目，业主委员会总体成立率仅为 13.61%，住宅项目成立率不足 25%。从数量上看，相对于 2017 年年底备案总数的 921 个，呈下降趋势，这也折射出业主委员会制度在北京发展的困难现状，操作不透明、运作不规范、业主不信任等因素都制约着业主委员会正常作用的发挥，目前北京正在依托市住建委房屋安全生命周期平台，推行 “北京业主”APP，运用手机投票，力图通过科技手段，规范业主委员会的成立和日常运作。

二、北京市物业管理行业发展特点

（一）新产品、新技术、新思路助推行业智慧化发展

以长城“一应云”、万科“睿服务”、龙湖“千丁”、绿城“幸福社区”等为代表的“互联网 +”模式，在行业管理中得到广泛应用和发展。绝大多

数的大型物业服务企业和部分中小企业已经通过互联网、物联网技术，引入设备自动巡检、统一呼叫中心、统一客户管理、统一停车管理、统一安防监控等集成化管理手段，大大提升了管理的科技含量，缩减了人工成本，提高了客户满意度，增加了企业经济效益和社会效益。此外，以“ETCP”“易泊”“停简单”等为代表的智能停车管理，以“能效通”为代表的能效管理等新技术的应用，正在给行业带来颠覆性的革命，为行业未来插上科技腾飞的翅膀。

（二）行政监管方式发生改变

按照国务院的统一部署，国家相继取消了物业管理师资格考试和企业资质管理的相关法规，北京市也取消了项目负责人资格考试，修订了部分地方性文件。在这种背景下，行政管理部门的监管方式发生变化，由以前的行业主导变为行业指导、引导和督导，与此同时，主管部门加强了对行业的诚信管理力度，特别是2018年以来，不断加大对不按照法规、合同履约服务的物业服务企业、物业负责人的检查和曝光力度，同时也对受到其他行政机关，如消防、卫生、质监等部门处罚的企业信息进行公开通报，促使企业遵规守矩、自我约束、诚信发展。

（三）安全生产成为行业管理第一要务

“安全生产，责任重于泰山”，加强行业的安全生产管理，已经成为北京市行政主管部门的一项重点工作，处于一票否决的决定性地位。自2016年起，北京市住建委联合北京市安监局，委托北京物业管理行业协会在全市物业管理行业中开展综合楼宇项目的二级安全生产标准化的创建工作。2016年，共有78个项目参评，32个项目达标，达标率41%；2017年，47个项目参评，21个项目达标，达标率44%，较上一年度有所提升。2018年的创建工作仍将继续。主管部门力图通过在行业内开展安全生产的标准化创建工作，培养行业从业人员的安全生产意识，提高他们的处置技能，提升整个行业的安全管理水平，最大限度地杜绝安全事故的发生。此外，北京市物业服务指导中心每年都会在全市范围内针对物业项目负责人进行全覆盖的安全生产轮训，主管部门内部也经常安排安全生产知识培训，同时加大行业执法检查。为配合国家部委发布的相关文件，同时结合北京市的安全生产形势，北京市住建委制定发布了《物业管理行业安全生产隐患排查要点》，并把2018年确立为物业管理行业安全生产年，编制工作方案，指导物业企业大力度、多举措做好安全生产防范工作。

（四）老旧小区（胡同）物业管理工作获得更大发展空间

由于历史的问题，北京存在大量的建成于20世纪的老旧无人管理小区，环境差、设施旧，安全无保障，居住品质与首都的定位格格不入。随着社会发展和北京“首善之区”的建设进程，老旧小区(胡同)物业管理工作得到政府部门的重视和大力支持。针对无物业企业管理的老旧小区和胡同地区，北京市相继创新推出了“准物业”和“胡同物业”两种模式，在投入财政资金的同时，挖潜周边可收益资源，引入专业的物业服务企业，提供基本的物业服务保障，一改上述地区脏乱差局面，赢得居民和社会赞誉，取得了很好的社会效果。2018年北京市政府发布了《老旧小区综合整治工作方案(2018—2020年)》，北京市住建委出台了《关于建立我市实施综合改造老旧小区物业管理长效机制的指导意见》，确立了老旧小区综合改造与物业管理同步进行的工作机制，变输血为造血，探索老旧小区物业管理可持续发展的长效机制的建立。

（五）行业协会作为纠纷调解主体，效果突出

以催缴物业费为典型代表的物业纠纷一直是行业纠纷的主要表现形式，立案登记制实施以来，大量的物业纠纷案件呈井喷态势。物业纠纷案件的特点是数量大、标的小，案由简单，但关乎社会和谐稳定。北京物业管理行业协会自2013年开始尝试利用行业协会专业优势，试水行业纠纷调解，并在

北京高院的支持下，对接法院，承接物业纠纷诉前调解。2015 年，协会成立人民调解中心，并作为发起单位之一，加入北京多元调解发展促进会。协会利用促进会的司法资源，组建了一支 65 人的行业调解员队伍，为开展行业调解储备了人才。因在行业纠纷调解工作的突出表现，北京物业管理行业协会得到市司法部门的肯定，多次受到表彰。在中国物业管理协会的支持下，北京物业管理行业协会 2017 年开展了物业管理行业纠纷行业调解机制建设与运行的课题研究，并取得丰硕成果。

（六）资本助力行业发展的时代到来，机遇与挑战并存

2014 年彩生活在香港成功上市，拉开了物业管理行业资本化的大幕，此后，中海物业、中奥到家、绿城服务、祈福生活服务之后，浦江中国等六家物业服务企业相继赴港。2017 年南都物业成功在 A 股上市，同期，近 60 家物业服务企业在新三板挂牌，这些企业掀起的“资本”之风，正在改变着社会对物业管理行业的看法，也实实在在地改变着物业服务行业。北京市物业管理行业也不可避免地同样处于资本的风口，以兴业源、乐生活、第一物业、泓升股份等为代表的一批北京物业服务企业，陆续在新三板挂牌。资本的强势介入，既体现了他们对物业管理行业前景的看好，也体现了行业渴望借助资本转型升级的期望和决心。未来，资本助推下的强强联合，兼并重组，将会给北京物业管理行业带来新的格局变化。

（七）党建工作得到高度重视

近几年来，基层党组织在物业管理行业中的建设工作得到高度重视。北京大型物业服务企业中，国企占据相当数量，党建工作理所当然成为主流，以怡海物业为代表的非公党建，也在行业中悄然兴起。2017 年 12 月，北京物业管理行业协会在北京市民政局社团办中共北京市行业协会商会综合委员会的支持下，成立了流动党支部。2017 年，中共中央和国务院联合发布的《关于加强和完善城乡社区治理的意见》中明确要求“加强社区党组织、社区居民委员会对业主委员会和物业服务企业的指导和监督”，目前北京基层社区党组织正在利用“党员双报到”机制，引导党员在社区治理（物业管理）中发挥作用。近日，民政部发文要求在社会组织章程中增加党的建设和社会主义核心价值观有关内容，这些都体现党和政府对基层党建工作的重视，党员的模范带头先锋作用与物业管理的有机结合，必将给行业带来新的、可喜的变化。

三、制约北京市物业管理行业发展的因素

（一）物业费调价机制依然缺失，行业难以进入良性发展轨道

很显然，物业费调价难是制约行业良性发展的主要因素，在北京同样如此。北京物业收费实行政府指导价和市场价，政府指导价标准已是近十年未做调整，这期间物业服务企业的主要成本，特别是人工费用，已是成倍增长。由于政府指导价不做调整，市场价调整缺乏舆论支持和调整标准，这也加大了物业费的调整难度。同时，由于业委会成立的数量极少，物业服务企业缺乏协商物业费调整的相对主体，企业自行组织征求的意见又不被认可，这些都是导致物业费调价难的客观因素。据北京物业管理行业协会 2017 年对会员单位的抽样调查，会员企业在管的数千个项目，实现调价的寥寥无几。物业费无法调整，导致的直接结果就是企业压缩开支，降低人员聘用标准，设施设备维修保养难以跟进，园区长期投入资金缺失，物业服务增值保值的承诺难以落实，甚至混用公共收益，产生管理矛盾，最后受损害的可能还是业主自身。

（二）基层员工收入低，从业人员年龄偏大、学历偏低，难以吸引优秀人才

总体而言，物业管理仍未摆脱劳动密集型、低

端行业的帽子，基层员工收入较低，秩序维护、保洁项目外包比重较高，从业人员平均年龄偏大，老旧项目、物业费偏低项目这种现象尤为突出。据协会抽样调查，管理人员中学历大专以上学历的仅占24.87%，压力大，收入低，晋升通道窄，缺乏职业前途，这些都是行业难以吸引优秀人才的主要壁垒。

（三）市场诚信体系建设亟待加强

北京物业管理行业协会在积极探索行业诚信体系建设，并相继发布了《北京物业管理行业规约》《北京物业管理行业协会自律公约》《北京物业管理行业自律惩戒制度》《北京物业管理行业职业道德准则》等文件，近期协会拟向北京市诚信企业创建活动办公室申请，单独负责北京物业管理行业诚信企业创建活动的组织实施，制定北京物业管理行业企业评价指标体系，进行企业诚信评价，建立企业诚信档案，开展宣传推广工作，规范会员行为，让企业守信、守规、守法，成为自觉行为。但行业协会作为民间组织，对于一些损害行业利益、破坏行业规则的个别做法，并不具备强制约束和纠偏的能力，具有较强可操作性的完善的诚信体系建设还需不断加强，这需要各个层级部门的支持，需要行业上下的共同努力，协会引领行业发展的道路，依然任重而道远。

天津市物业管理行业发展报告

天津市物业管理协会

一、天津市物业管理行业发展概况

截至 2017 年年底，全市实施物业管理的项目共有 4237 个、面积 4.06 亿平方米，其中，住宅 2569 个、面积 3.22 万平方米；非住宅 1668 个、面积 0.84 万平方米；本市物业服务企业共计 1568 家，外埠来津企业共计 315 家，行业从业人员达到 17 万。

通过建立物业服务企业日巡查月考评制度、各区季度检查年度全覆盖考评制度和市局月抽查季讲评通报年度公布考评结果制度，持续推动《关于实施住宅小区物业服务等级化管理的意见》的贯彻实施。2017 年，依据四个不同服务等级，共对实施专业化物业管理的 1712 个住宅小区进行了等级化考评，整体合格率为 98.95%，优良率达到 49.42%。截至 2017 年年底，全市符合成立业主大会条件的商品住宅小区有 985 个项目成立了业主大会，成立率达到 70%。

截至 2017 年年底，全市累计归集维修资金 444.19 亿元，涉及 3935 个项目、房屋 221.58 万套、2.32 亿平方米；累计划拨专项资金 4.25 亿元、应急资金 2.54 亿元，资金使用总量达 6.79 亿元，193 万户业主受益。

二、天津市物业管理行业发展经验

近两年来，天津市始终坚持以全面提升物业服务水平，努力让人民群众满意为总目标，着眼加强对专业化物业管理活动的监督指导，着力在完善政策法规、订立行业标准、健全工作机制、强化行政监管、规范服务秩序上下功夫，取得初步成效。

（一）管理服务形成新机制

本着理顺体制、健全机制、强化监管、提升服务的总体思路，在抓好商品住宅物业管理、居民自治小区管理、提升改造旧楼区后期管理 3 类试点基础上，制定出台了《天津市社区物业管理办法》，第一次以市政府文件形式明确要求物业管理与社区管理有效衔接，第一次具体明确了区人民政府负责本辖区社区物业管理工作组织领导，街镇负责协调相关部门解决社区物业管理工作中出现重大问题，社区居委会负责召集社区物业管理联席会议、调解物业管理矛盾纠纷。进一步明确建立街镇、社区两级物业管理联席会议制度，健全区、街镇、社区居委会三级人民调解机制，推行社区行政执法联动机制，完善属地监督管理考核机制。扭转了物业管理与社区管理相分离、以单一管理代替综合管理、行业管理代替社会管理的局面。

（二）法规制度建设与时俱进

在法律法规建设上，坚持与时俱进与问题导向，按照边实践边完善的原则对相关法规制度进行修订和完善，有效推进行业规范化、制度化、长效化建设。修订出台了《天津市房屋专项维修资金使用办法》

《天津市物业管理服务收费管理办法》《天津市物业服务企业退出项目管理办法》等8个办法，制定出台了《天津市物业服务企业信用信息管理办法》《天津市实施住宅小区物业服务等级化管理的意见》等11个新政策。已建立了与《天津市物业管理条例》相配套的一系列配套制度办法，基本实现了物业管理政策法规建设全覆盖，为依法规范物业管理工作秩序提供了法制保障。

（三）行业监管多措并举

着眼规范物业服务行为，提升物业服务水平，不断加大物业管理行政监管力度。

一是推行物业服务事项公开公示。印发了《市国土房管局关于建立物业服务事项公开公示制度的通知》，大力推动“两箱三栏”硬件设施建设，统一制作了社区物业管理服务指南，服务内容、服务标准、收费标准、公共部位经营收益等10项业主普遍关注的服务事项全面公开公示。

二是强化企业信用监管。制定出台了《天津市物业服务企业信用信息管理办法》，构建了企业、街镇居委会、业主委员会、行业专家和行业主管部门5方评价体系。把物业服务企业信用等级区分为优秀、良好、合格、基本合格和不合格等五个信用等级，明确了实施一票否决的10项违规行为，规定了媒体曝光、限制承接管理项目等6项处罚措施。重点抓了诚信等级评为警示和不诚信企业的限期整改和处罚，有效促进了行业整体服务水平的提升。通过落实奖惩措施，鼓励诚信企业做大做强，依法惩处和逐步淘汰不诚信企业，初步形成了企业守法自律、行业依法监管、社区社会监督的良好局面。2017年对1056家物业企业信用等级进行了评定，涉及2951个物业管理项目，181个街道、乡镇，评定出信用良好以上企业占到考评企业的81%，较2016年提高了7%。

三是努力破解物业费收缴率低的难题。制定了《关于破解物业管理服务费收缴难工作实施方案》，提出了5个结合的创新招法，明确了12项具体措施，召开了提高物业费收缴率经验交流会，推动建立市高法、司法、民政、国土房管四方联动的人民调解机制，协调市高法出台了天津市物业管理纠纷审理标准，物业费涉诉审理有了法律标准。

四是推行招标项目后期回访巡查制度。注重加强对招投标服务的事后监管，对中标项目的人员配备、设施设备管理、管理服务落实情况等13项投标承诺落实情况进行现场“靶向核查”。通过召开专题讲评通报会、利用网络和微信平台进行公开公示、将检查结果纳入企业信用考评、限制考核评估不合格企业参加新项目招投标等措施，促进提升了物业服务企业诚信履约意识。

五是严格企业退出项目监管。从严落实企业退出提前3个月预警报告制度，每季度召开全市物业管理形势分析会，重点听取研究企业退出项目管理情况，加强跟踪协调督导，确保企业依法平稳退出，管理服务有效衔接。

（四）监管手段实现新飞跃

着眼行政监管工作规范化、精细化，大力加强监管手段信息化建设。

一是完成《天津市物业管理行政监管信息系统》二期研发任务。基本满足了街道（乡镇）履行法定职责需要，搭建起了市、区、街道（乡镇）三级行政监管信息网络，实现行政监管网络化、智能化、高效化。

二是研发了《天津市物业服务企业信用信息管理系统》，实现了各评价主体全部在网上打分评价，保证了评价的客观公正。

三是创新建立维修资金手机APP系统。利用移动信息技术搭建电子政务平台，创新公共服务模式，建立面向公众的维修资金管理移动互联网平台，增强维修资金管理透明度，促进提高维修资金使用监管工作效率。

（五）行业培训持续开展

为满足天津市物业管理行业发展和社区物业

管理工作的需要，行业行政主管部门坚持抓好各类人员培训工作。一是实施项目经理千人培训计划。2016—2017 年，分 22 期培训 2808 名项目经理。二是组织开展街（镇）居（村）等专（兼）职人员业务大培训。由市行政主管部门统一安排授课，对全市街（镇）、居（村）专（兼）职人员实现物业管理政策法规及业务培训全覆盖，累计培训 46 期、2456 人次；编写培训教材，配合市民政局完成对新招聘的社区物业管理专职人员及民政部门有关人员的岗前培训，涉及 1732 人。为依法做好社区物业管理工作打下了坚实业务基础。配合天津市司法局组织对全市物业管理纠纷人民调解员进行培训，进一步提升了人民调解员依法调解物业管理矛盾纠纷的专业能力。三是坚持对市、区县两级物业管理行政人员业务强化培训。通过案例分析、理论讲解和专题讨论等多种形式，每年组织市、区县物业办人员进行业务强化培训，推动提高了依法行政的专业素质和能力。

（六）舆论宣传服务行业发展

2016 年，天津市物业管理协会与天津人民广播电台经济广播合作，开设了《物业管理大家谈》栏目，每月 2 期，每期半小时；2017 年，与今晚报集团合作，在今晚报开辟了《我的物业我的家》专栏，每月 2 期。与此同时，还在天津电视台、天津日报、北方网等市级主流媒体组织宣传，普及物业管理政策法规知识，介绍全市物业管理行业重点工作和行业动态。精心策划，认真组织开展了“浦发银行杯”天津市物业管理知识竞赛活动，共有 26190 人参与竞赛答题；开展天津市社区物业管理专职人员政策法规知识竞赛活动，全市 1655 名社区物业管理员积极参加。据统计，仅 2017 年，就在市级媒体进行宣传报道 176 次。其中电台、电视台 113 次，纸质媒体 63 次。

2017 年，天津市物业事务服务中心、天津市物业管理协会与今晚报集团合作，共同开办了《我的物业我的家》专栏，回应广大业主的关切，集中进行系列宣传引导，共发表文章 20 篇，其中：《走出物业管理“无限责任”的怪圈》《物业管理好不好 评判有“尺度”》《把握政策 掌握方法 维修资金使用不再难》《物业企业与业主委员会携手共进 在团结协作中提高履约履职能力》《发挥主人翁作用 增强责任意识 业主是创建美好居住环境的主体》《街道（乡镇）发挥指导协调作用 确保物业服务企业退出项目交接有序》等文章，读者反响强烈。《天津物业管理》杂志结合形势任务每期都有鲜明的主题，仅 2017 年共刊登稿件 242 篇，设立《学习贯彻十九大精神》《推行等级化管理，提升物业服务水平》《改革创新在路上》《提高网络安防意识，打造放心物业管理环境》《维权与自律》《评市优，创新高》等主题性专栏。做好关注度较高的网站公告栏、行业信息、物业园地、会员动态等栏目的信息发布，2017 年，上传信息 240 余篇。网站页面点击量 37 万次，日均点击量 1013 次；网站访问 8 万人次，日均访问 214 人次。

（七）举办行业技能竞赛 弘扬工匠精神

2017 年天津市国土房管局、天津市总工会联合主办，天津市物业管理协会、天津国土房屋职业学院承办“2017 年天津市物业管理行业职业技能竞赛”，得到全市各物业服务企业及从业人员的积极响应，通过各企业先期组织培训和选拔竞赛，共有 105 家企业、1148 名参赛选手进入复赛，460 名参赛选手进入决赛，他们在物业管理员、电工、秩序维护、卫生保洁、会议服务 5 个赛项上，进行技能比拼和才艺展示。实现了全行业参加和主要服务项目的全覆盖。参赛企业、参赛选手之多，竞赛项目范围之广，竞赛场地规模之大，竞技水平之高都创造了历史纪录。其中物业管理员、电工、秩序维护 3 个竞赛项目获得第一名的选手由天津市总工会授予“五一劳动奖章”，以资鼓励。

（八）法律服务助推行业规范发展

2016 年以来，天津市物业管理协会在行业坚持每月一次的法律咨询日活动，由协会法律咨询委员会律师为物业服务企业或业主提供法律咨询服务，目前这项旨在依法规范行业发展的活动已经形成常态化。咨询日活动面向企业、深入项目、走近业主，通过座谈、答疑、案例分析，清晰解读政策法规，化解热点、难点、焦点问题。仅 2017 年就有 179 家企业、500 多人参加咨询日活动，他们当中有企业领导、项目经理、部门负责人和业主代表，咨询法律问题 260 个，涉及企业自律、企业维权、内部劳动关系、纠纷处置、案件诉讼、疑难案例等方面。专委会主任（律师）坚持亲自到一线做主讲，认真对待每一个咨询的问题，做到有问必答，严谨到位，让遇到难题的企业及时得到法律的援助，让不知所措的企业豁然开朗，企业诚实守信依法经营意识不断增强。

上海市物业管理行业发展报告

上海市物业管理行业协会

一、上海市物业管理行业发展概况

（一）物业管理规模

截至2017年，上海现有房屋建筑总面积12.39亿平方米，其中住宅建筑面积6.58亿平方米，非住宅建筑面积5.81亿。物业管理总面积9.94亿平方米，占全市建筑总面积的80.3%。其中：住宅类6.41亿平方米，物业管理覆盖率97.33%；非住宅类3.54亿平方米，物业管理覆盖率60.94%。全市共有住宅小区约12900个。

（二）物业服务企业

目前上海市登记备案的物业服务企业共有3529家，其中本市企业3473家，外省市总部迁移本市或在沪设立分公司的企业56家。统计表明，本市企业中内资企业3362家，外资企业111家；大规模企业119家，中等规模企业545家，小规模企业2702家。

本市企业中，获得上海市名牌推荐委员会颁发的服务类"上海名牌"企业27家，获得上海市质量技术监督局颁发的"上海市质量金奖"企业5家，符合《上海市物业管理企业诚信承诺实施办法》规定的诚信承诺企业共有794家。

（三）行业经营收入

上海市物业服务企业营业收入总额909亿元，约占本市GDP总量的3.02%，实现利润总额73.67亿元，占营收总额的8.1%。其中主营业务收入为776.6亿元，非主营业务收入为132.4亿元。

上海市年营业总收入超过5000万元的企业共有133家，其中营收超过1亿元的企业83家，超过5亿元的企业17家。

（四）从业人员队伍

上海市共有从业人员约87.55万人，其中物业服务企业在职人员约为59.57万人，市场外包服务人员约27.98万人。通过对87.55万物业服务企业人员的统计，本市从业人员队伍基本状况如下。

岗位分布：秩序维护占36.8%，环境清洁占34.0%，工程维修占10.1%，绿化养护占3.0%，客服占9.4%，管理人员占6.8%。

年龄结构：从业人员平均年龄42.6岁。其中30岁以下人员占16.96%，30～39岁占21.37%，40～49岁占26.23%，50～59岁占30.16%，60岁及以上占5.28%。

技能结构：初级职称2.64万人，中级职称2.04万人，高级职称270人；初级工1.71万人，中级工4780人，高级工2060人，技师和高级技师近300人。

工资收入：平均月收入在3000元以下的占35.54%，3000～5000元的占54.72%，5000元以上的占9.74%。

文化结构：初中及以下文化的占52.1%，高中文化的占29.9%，大专文化的占12.2%，本科及以上文化占5.8%。（根据59.57万在编人员统计。）

（五）行业协会建设

上海市物业管理行业协会共有登记注册的会员单位1467家，物业服务企业入会率为36.11%。会员单位中共有794家达到了“诚信承诺”企业标准，占比为48.2%，其中23.4%为AAA企业，14.4%为AA企业，15.4%为A企业，46.7%为诚信承诺企业。

2016—2017年上海市物业管理行业公众满意度指数为82.97，呈逐年上升趋势；共有“上海市物业管理优秀示范”项目279个，其中2016—2017年度优秀示范项目“十佳”项目经理10人，优秀项目经理106人，优秀服务能手134人。

2017年年末，本市已成立了15个行业党建分会，行业党建指导委工作覆盖了近100%公有制企业和40%非公有制企业的党组织。

二、上海市物业管理行业发展的创新实践

（一）十年磨一剑，诚信建设始为先

2007年，上海市物业管理协会推出了《物业管理企业诚信承诺活动实施方案（试行）》和《上海市物业管理行业自律公约（试行）》，在业内全面启动物业服务企业诚信体系建设。参加“诚信承诺”活动的物业服务企业，向社会和服务对象作出了九项承诺。2009年，上海市物业管理协会通过新闻媒体，向社会公布了477家诚信承诺企业名单，实施新修订的《上海市物业管理行业自律公约》，自律公约涉及遵章守法、诚实守信、公平竞争、规范服务、接受监督等条款，进一步规范了企业行为，维护了市场秩序，保护了业主的合法权益。10年来，上海市物业管理协会公布确认诚信承诺企业共有808家。2017年起，“诚信承诺”成为物业服务企业申请加入行业协会的首要条件。同时，在物业管理后资质时代，上海市物业管理协会针对部分会员单位反映住宅类物业管理项目存在不正当竞争情况，发出了《完善本市物业行业市场竞争机制的通知》。强调会员单位间不得采用不正当手段从事市场交易，损害竞争对手。对违反协会章程行为，采取取消行业诚信承诺企业资格、取消市优住宅项目评选资格和公开通报批评等措施进行公开惩处。对131家未履行会员义务的会员单位，取消上海市物业管理协会会员资格。

（二）抓住两条线，信用体系再完善

协会与政府脱钩后，上海市物业管理协会围绕“服务企业、规范行业、发展产业”大局和履行“服务、自律、诚信、协调”四大职能，从两条线入手完善信用体系建设。第一条线是增强协会信用建设意识。加强上海市物业管理协会秘书处驻会人员和各区工作委员会诚信建设，健全秘书处规章制度，重新梳理部门职能，规范服务流程，完善组织体制运行机制，建立秘书处驻会人员与16个对口区工委联系人制度。配合政府部门在会员单位开展物业服务企业“法人一证通”数字证书在物业管理监管与服务平台的注册工作，加强企业信用信息备案管理，营造诚实守信的市场环境，提高物业管理行业的信息化管理水平。填报上传“物业服务企业诚信经营承诺书”，物业服务企业承诺在经营过程中，严格遵守《物业管理条例》《上海市住宅物业管理规定》及本市物业服务企业和项目经理信用信息管理规定，提供物业管理服务符合国家和本市规定的技术标准。上海市房管局从11个方面实施严格监管，并向社会公示。如有违规，将被政府主管部门列为重点监管对象，纳入物业服务企业失信企业黑名单，受到禁止进入市场等惩戒。上海市物业管理协会还相继完成了《上海市住宅物业管理规定》修法工作，通过《住宅物业管理服务规范》《非居住物业管理服务规范》地方标准立项，提交送审《会展场馆物业管理服务规范》，以及中国物业管理协会课题团体标准《居住小区第三方满意度测评规范》。连续两年承接政府防汛防台应急演练购买服务，编印《上海市住宅小区防汛防台应急指导手册》和《上海市

物业管理及相关政策法规汇编》。第二条线是以诚信为抓手推动两个“三年行动计划”落实。上海市物业管理协会积极落实《本市住宅小区建设“美丽家园”三年行动计划（2018—2020）》和《贯彻落实〈中共上海市委、上海市人民政府关于加强本市城市管理精细化工作的实施意见〉三年行动计划（2018—2020 年）》，真切回应广大业主对物业管理的期待。一是开展 2018 年度上海市物业管理优秀示范项目评审、物业服务企业综合能力星级测评和行业发展数据采集，为政府培育 20 家品牌物业服务企业提供助力。这两项活动，我们都增加了诚信建设权重。二是制定上海市物业管理行业人才发展三年计划（2018—2020 年），开展物业管理师、助理物业管理师职业资格证书持证人员增持物业管理（高级）和物业管理（中级）职业技能等级证书工作，争取上海市人保局培训补贴，为政府建立 1 万名具备专业素养的住宅小区项目经理队伍提供支撑。三是完善物业管理费价格信息发布机制，制定物业管理费价格评估示范文本，提高承接政府要求“上海市物业行业协会对物业服务企业实施推荐地方标准的服务质量评估制度”的能力。

（三）多举措并举，引领行业新发展

近年来，上海市正在积极推进城市管理精细化、美丽家园建设行动，上海市委、市政府提出了“四大品牌”战略任务，上海市物业管理行业紧紧围绕一个中心，树立大局意识，以信用建设为根本，在创造卓越城市的新时代发挥新作为。在坚持新发展理念基础上，通过多重举措引领行业健康持续发展。一是举办“2018 上海国际物业管理产业展览会”。展览会期间，不仅组织了以“‘上海服务’驱动下的新时代新趋势新作为”为主题的 2018 中国（上海）现代物业管理高峰论坛及 6 个分论坛、3 个特色专题会议，同时吸引了全国 400 多家企业参展、1.5 万名观众观摩。二是举办“2018 年度上海市物业管理行业职业技能竞赛”，全市有 150 家物业服务企业的 811 名选手报名参加物业管理员、维修电工、水电工、白蚁防治工以及平台话务员 5 个项目的竞赛。三是上海市物业管理行业协会得到“市重大办”的支持，将物业管理作为一个分赛区，广泛开展以比诚信、赛规范，比技能、赛品质，比服务、赛满意度，比安全、赛质量，比组织、赛效果为主要内容的“五比五赛”立功竞赛活动。同时，在上海市总工会、市文明办、市妇联、团市委等大力支持下，开展上海第二届“最美物业人”评选表彰活动，大力弘扬行业精神，为创建市文明行业奠定坚实基础。

重庆市物业管理行业发展报告

重庆市物业管理协会

一、重庆市物业管理行业发展概况

截至 2017 年，重庆物业服务企业 2589 家，物业管理项目 9721 个，物业服务面积 9.94 亿平方米，从业人员近 30 万人，行业主营业务收入达 56.6 亿元。2017 年重庆城市整体物业服务水平持续提升，在全国 20 个重点城市中，重庆城市居民居住满意度水平连续两年排名全国第二。

二、政府主导、协会推动、企业参与的物业管理创新工作初见成效

（一）法制建设与市场监管有序推进，促进物业服务企业依法经营，为行业诚信体系建设奠定了基础

一是在物业管理行业政府主管部门主导下，重庆市物协积极参与《重庆市物业管理条例（修订草案）》的编制工作，在物业管理联席会议制度、业主委员会的监督指导、公共部位经营管理、物业区域划分、物业服务企业动态管理、专项维修资金管理等问题上提出了专业的意见。经过政府主管部门反复开展广泛的调查研究，体现了较多的创新亮点，现已进入到立法修订审批程序。

二是在物业管理行业政府主管部门主导下，形成物业管理“双随机一公开”检查长效机制。尤其是在二、三级物业服务企业资质行政审批取消后，在常规工作部署和督促检查基础上，政府主管部门每半年开展一次“双随机一公开”检查，促进物业服务企业依规履约。各物业服务企业积极配合“双随机一公开”的检查活动，为建立物业管理行业诚信体系建设奠定了基础。

（二）智慧小区、智慧物业管理建设取得成效

政府主导、协会推动、企业积极参与智慧小区、智慧物业管理建设活动。尤其是龙湖、金科、大正、东原、天骄、康田、财信等一大批本土物业服务企业综合运用大数据、云计算、物联网、人工智能等新技术，提高企业的服务质量和服务效率。一大批外来企业积极投入智慧小区、智慧物业管理建设工作，为重庆智慧小区、智慧物业管理建设工作带来了新思想和新方法。全市全年共启动智慧物业的企业 389 家，实现智能门禁与车管的物业小区（项目）1189 个，运用传感器等技术监控共有设备（含电梯等）覆盖 231 个小区。

（三）行业创优评先和各项竞赛活动顺利开展

一是政府主导、协会及企业积极参与物业管理示范（优秀）项目的创建活动。创建达标项目 63 个，是市政府下达的创建目标任务 45 个的 128%，超额完成物业管理示范（优秀）项目创建工作。二是南岸、渝北等区延伸开展“最美物业人”“技能大比拼”等选树典型活动。

（四）规范市场建设秩序，扶持优秀企业做大做强，帮助中小企业健康发展

一是物业服务收费管理办法全面实施。重庆市国土房管局联合市物价局印发《关于全面贯彻执行〈重庆市物业服务收费管理办法〉的通知》（渝国土房管〔2017〕309 号），自 2017 年 5 月 1 日起在全市实施，全年运行平稳。重庆市物协从头到尾地参与《重庆市物业服务收费管理办法》的起草工作和实施推动工作，企业认真执行新的《重庆市物业服务收费管理办法》，妥善处理新旧制度的衔接矛盾，促进质价相符机制逐步形成。

二是在市级物业管理行业政府主管部门主导下，启动物业服务交易市场试点工作。部分区县房管局将开发商、业主选聘物业服务企业统一纳入招投标交易平台实施管理，为规范物业管理服务市场奠定了基础。

（五）物业领军企业快速发展，进入资本市场形式趋于多样性，为企业增加发展活力

一是全市 16 家本土物业服务企业跻身全国百强，同比增加 23%，成为跨区域的物业服务供应商。其中，金科、龙湖 2 家物业服务企业跻身全国十强。

二是由于重庆物业管理行业的开放性和包容性进一步提升。全国百强物业服务企业纷纷来渝发展。金碧（恒大）、保利、万科、碧桂园、绿城、长城等在全国百强排名前 20 位的外地物业公司，均在重庆设立分子公司开展物业项目的实际管理。

三是物业服务企业收购、兼并市场活跃，业主对物业品牌的选择更趋于理性化。随着物业服务企业收购、兼并形式的多样化，业主选择的多样性，优秀企业以几何级速数快速扩张：新龙湖、金科、财信通过整体收购的形式扩大企业规模；天骄、海泰、华宇等物业公司通过并购、重组等方式，整合优势资源、不断做大做强。

四是优秀企业进入资本市场形式趋于多样性，政府主管部门给予政策支持，为企业增加发展活力。以天骄爱生活为代表的物业服务企业成功登陆新三板；财信、渝高、海泰等物业公司启动新三板上市筹备工作；新大正、金科等物业公司启动主板上市筹备工作。

（六）狠抓安全管理，推动物业服务企业做好物业小区安全管理服务，收到实效

一是根据政府主管部门下达的《关于进一步做好物业管理区域安全监管工作的通知》《物业服务企业协助查处小区违法建筑实施细则》的文件精神，物业服务企业积极行动，细化物业各区域安全检查重点与违章建筑协管职责，开展违章建筑的协管工作。

二是物业服务企业积极参与《主城区居住区停车综合治理工作方案》的实施工作。主城已对 100 余个小区实施了停车综合治理，建立道闸系统 228 个，完善停车指引标志 309 处，促进了居住区内停车、行车秩序正常有序。其中，部分小区启动了“共享互助停”试点工作，提高停车资源利用效率。

三是协同消防部门扎实推进全市老旧居住建筑消防设施改造，主城区 3000 栋目标任务全部完成。

四是物业管理基层基础工作持续巩固。市、区物业管理宣传培训有序展开，促进基层物业管理工作法治化、专业化能力的提升。两江新区、黔江、铜梁、綦江等区县结合辖区实际，细化属地属事调处物业小区矛盾纠纷职责分工、强化与规范街镇物业管理工作，收到较好成效。各区县房管部门继续协同其他行政主管部门、街镇将物业小区矛盾纠纷排查、化解纳入基层属地常态化工作，矛盾纠纷总体在属地及时化解。

三、开展物业管理行业理论研究及自律活动，成果显著

（一）物业管理理论研究取得较好成果

一是重庆市物协承接的政府主管部门服务外包的《开放式住宅小区物业管理》课题项目顺利结

题。该课题的研究报告对开放式住宅小区物业管理特征，对物业服务企业的选聘、物业管理权责界定、物业服务收费标准，以及保安、保洁、工程、绿化、停车等物业服务具体内容进行了设定，为开放式住宅小区物业管理奠定了理论和实操基础。

二是重庆市物协、江北区协会共同承接的政府主管部门服务外包的《重庆市物业服务诚信体系建设研究》课题项目顺利结题，该课题的研究报告对试点建立物业服务企业及项目经理诚信体系分级考核制度、建立物业管理行业“红”“黑”榜名单管理制度，强化行业自律、建立物业管理行业独立的第三方诚信体系评估（价）机构，拟出了具体施行方法。为取消物业服务企业资质管理后实施企业信用管理提供了理论和实操基础。

三是重庆市物协、重庆大学共同承接的政府主管部门服务外包的“业主大会选聘物业服务企业活动监管机制研究”课题项目顺利结题。该课题的研究报告对业主大会选聘物业服务企业的方法和现状、监管方的组成和责权利、现阶段监管工作的重点和难点进行了探索和分析，并拟出了选聘物业服务企业活动中需改进、完善的监管措施和方法，为规范物业服务市场提供了理论和实操基础。

（二）行业诚信体系建设进一步完善

重庆市物协加强对企业建立信用档案的管理力度，全年为46家物业管理企业新建信用档案，物业管理企业信用档案总数达1318家。全年对286家企业信用档案数据进行更新。同时，提高信用档案对物业项目招投标活动的影响力，根据企业的良好及不良行为记录，全年为305次招投标活动开具企业诚信记录，让主管部门、招标单位、评标专家对投标企业的诚信经营情况有所了解。发布《关于加强对物业服务企业信用档案的动态管理的通知》，明确“提高信用档案覆盖率”“完善信用档案定期更新机制”“定期在重庆市物协网站和会刊上公布企业信用档案建设情况”“建立企业专人负责信用档案联系制度”四个目标。

四、加强与全国物业管理行业互动，积极配合中国物业管理协会开展推动行业进步的创新活动

一是积极配合中国物业管理协会举办的“首届国际物业管理产业博览会”“第三届中国物业管理发展论坛”等活动。

二是举办全国物业管理行业职业技能竞赛重庆赛区选拔赛。在各区县初步选拔推荐的基础上，举办重庆赛区选拔赛，共有15支代表队的百余名选手参赛竞技，选出6名代表重庆地区参加全国比赛，在全国大赛上，重庆选手发挥良好，重庆渝高物业管理公司靖宽广从全国200多名参赛选手中脱颖而出，获得“全国住房城乡建设行业技术能手”称号，重庆其他选手也取得较好名次。

河北省物业管理行业发展报告

河北省物业管理行业协会

一、河北省物业管理行业发展环境

（一）政策环境

近几年，河北省各地市相继出台了物业管理条例或办法。条例或办法就业主委员会成立及运行、物业服务成本变化与物业服务收费的协同调整、维修资金使用、住宅小区私搭乱建、侵占公共场地等热点问题作出了规范。2017 年施行的《保定市物业管理办法》、2018 年施行的《秦皇岛市物业管理条例》，还与时俱进地加入了建立物业服务企业信用档案、物业管理（服务）协会依法加强行业自律管理等内容。同时，《唐山市物业管理条例》明确“业主委员会、物业服务企业、建设单位和有关部门可以委托物业管理行业协会，就物业服务质量、服务费用和物业共用部分管理状况等进行评估和监理”，特别是《秦皇岛市物业管理条例》明确“业主大会授权的业主委员会和物业服务企业可以共同委托物业服务第三方评估机构测算物业服务价格，测算结果作为物业服务合同的组成部分，对双方具有约束力”。建立第三方评估机制，有利于规范物业服务、解决物业费纠纷，并为落实物业收费价格调整机制提供保障，可以说补足了当前行业监管的短板。

2017 年施行的《石家庄市物业服务收费管理实施办法》明确“以 2014 年市区社会平均工资（市统计部门公布的年度市区居民服务和其他服务业在岗职工平均工资）和本实施办法公布的等级基准价为基期标准，当年度社会平均工资与基期相比变动幅度达到 56% 及以上时，启动联动机制，社会平均工资变动幅度与等级基准价最高按 1∶0.8 比例同方向联动，同时作为下一次联动的基期标准”。

2017 年，河北省委、省政府出台《关于加强和完善城乡社区治理的实施意见》（以下简称《意见》）。《意见》强调“建立健全物业管理机制”，并明确指出，建立健全社区党组织、社区居民委员会、业主委员会、物业服务企业和居民代表共同商讨社区重大事务制度，协调解决物业服务纠纷、维护各方合法权益。

相关法律法规的完善，为物业管理工作提供了坚实的法律依据，对规范物业管理活动，维护物业管理各方合法权益，改善人民群众的生活和工作环境，完善社区治理，促进文明城市建设起到了很大的助推作用。

（二）市场环境

1. 城镇化进程加快，拉动房地产业和物业管理行业发展

2017 年，河北省城镇化率已达 55.01%。《河北省新型城镇化与城乡统筹示范区建设规划（2016—2020 年）》指出，到 2020 年全省常住人口城镇化率达到 60% 左右。城镇化的快速推进，增加了人民群众对住房和物业管理的需求。《2017 年 1—12 月份全省房地产开发和销售情况》显示，2017 年，全省房地产开发投资 4823.9 亿元，比上年增长 2.7%，其中商品住宅投资 3657.0 亿元，增长 5.2%；房屋新开工面积 8417.2 万平方米，增长

3.1%，其中住宅新开工面积增长 6.1%；商品房销售额 4628.4 亿元，增长 7.6%，其中住宅销售额增长 5.8%。新增城镇人口及由此产生的新的住房需求，住宅总量的持续增长及房地产业的平稳健康发展，也为物业管理行业的发展提供了广阔的空间。此外，随着城镇化的纵深发展，河北省小城镇及新农村建设成效明显，扩大了对公共服务包括物业管理服务的需求。

2. 居民收入持续增长，为物业管理行业发展提供物质基础

河北省统计局发布数据显示：2017 年全省居民人均可支配收入 21484 元，比上年增长 8.9%。全年服务业增加值增长 11.3%，比上年加快 1.4 个百分点，快于全省生产总值 4.6 个百分点。全年规模以上服务业企业营业收入增长 12.7%，比上年加快 7.2 个百分点；在现代服务业中，物业管理增长 37.4%。居民可支配收入的稳步增长，为物业服务发展提供了坚实的物质基础。

（三）发展机遇

抢抓机遇，融入发展，河北省有着独特的区位优势、交通优势、产业优势、政策优势。在物业服务领域，河北省优势物业服务企业涉足京津，其中卓达物业、恒辉物业、天山物业、幸福基业物业、佳美物业、衡美物业、廊坊寓诚物业等在北京、天津等地开设了分公司并拥有良好口碑。另外，北京中铁第一太平、北京戴德梁行、北京中铁建、北京均豪、北京华润置地、天津家顺等多家京津物业名企纷纷在河北省开设分公司，物业服务也可以说是风生水起。这不仅得益于企业的先天条件，也得益于河北省对外埠企业提供的优厚土壤。2016 年，三地物业主管部门、行业协会研究出台了《京津冀物业管理协同推进实施意见》，其中八项共识、三个“统一”深入引领了三地行业的交织交融。

雄安新区的设立，是推进实施京津冀协同发展战略、积极稳妥有序疏解北京非首都功能的一项重大决策。在未来新区的城市管理上，国家有着较高的要求。物业服务业，作为公共服务的重要分支，肩负着参与未来新区城市管理的重任。从规划设计到城市管理，尤其是参与智慧城市建设、和谐城市建设、宜居城市建设和居家养老方面，物业服务将发挥其无可比拟的重要作用。

承接冬奥会后，张家口的基础设施建设将迎来突飞猛进的发展。新建场馆、酒店、餐饮、娱乐及其他公共设施的兴建，在极大地推动张家口的就业和经济发展水平的同时，对物业管理服务质量及从业人员素质、经验和能力提出了新的更高要求。对标冬奥会，高起点起步，张家口市政府领导班子为当地物业管理行业的发展指出了方向，即建立“以人为本、重心下移、标准引领、企业运作、共建共创、政府托底”物业管理新模式。当前，张家口市及河北省大部分地区，物业管理水平和共建共创水平有了大幅提升。

二、河北省物业管理行业发展现状

（一）行业规模不断扩大

截至 2017 年年底，河北省共有物业服务企业 6058 家，较 2014 年底调查的企业数量 4708 家增长 22%，主要集中在石家庄、唐山、沧州，尤以石家庄最为突出，物业服务企业数量达到 1459 家，占到了全省的 24%。

截至 2017 年年底，全省物业服务从业人员 326591 人，占河北省人口总数的 4‰，比 2014 年年底的 159149 人增长 51.3%；其中大专以上学历 39652 人，占从业人口总数的 1%（见图 1）。

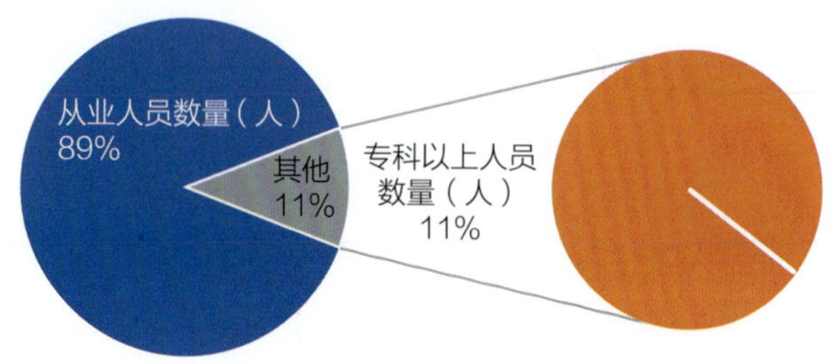

图 1　大专以上学历人员占比

从物业类型上，河北省已经从住宅逐步扩展到办公楼、工业园区、商业综合体、学校、医院、交通枢纽、景区、场馆等。截至 2017 年年底，全省物业服务面积约 10.9 亿平方米，比 2014 年底增长 40%，其中：住宅 8.9 亿平方米，非住宅 2 亿平方米，在管规模持续扩大。从区域分布来看，石家庄、保定、唐山在管理面积上位列前三。

（二）经营效益显著提升

在经济新常态、供给侧结构性改革的大背景下，河北省物业服务企业通过创新服务，明显提升了管理效益。据本次调查，河北省物业服务企业 2017 年实现经营总收入约为 253.97 亿元，其中主营业务收入 197.45 亿元，约占经营总收入的 78%。

（三）盈利模式日趋多元化

伴随人力成本的迅速增长和居民对品质生活需求的多元化，仅提供传统、基础物业服务的企业生存压力将持续增大。在寻找新的利润增长点和满足业主需求的双重刺激下，诸多物业服务企业主动调整业务结构，开始利用自身掌握的客户资源优势开展多项经营业务。本次调查显示，物业服务企业开展二手房中介服务、便民购物、餐饮、装饰装修、便民养老、房地产咨询策划等居多，约占 82.6%（见图 2）。多元化经营在提高业主满意度的同时，也能为企业提供更高的利润空间。此外，“互联网 +”、云平台、大数据等新技术的广泛运用，为物业管理行业带来新的发展机遇，提升了行业经济附加值。

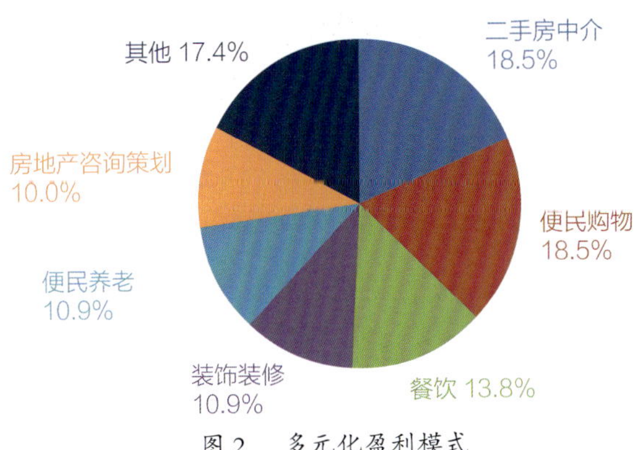

图 2　多元化盈利模式

三、河北省物业管理行业协会特色工作经验与成果

（一）引导企业发展方向

1. 注重党建领航作用

2016年河北省物协成立时就建立了临时党支部，2017 年将临时党支部转成了正式党支部。党支部积极发挥领航和战斗堡垒作用，带头深入学习贯彻党的十九大精神，全行业开展了宣传十九大精神主题活动，提高了团队综合素质和思想觉悟，促进了协会科学决策，在确保正确办会方向和规范健康发展方面发挥了重要作用。2018 年，河北省物协党支部协同衡水市冀州区委等举办了河北企业家定点帮扶公益图书捐赠仪式，并同省内六家物业服务企业一起为衡水市冀州区小寨乡中学捐赠了价值3万元图书。

2. 加强行业自律和信用管理

2016 年，河北省物协制订了《河北省物业管理行业行规行约》（以下简称《行规行约》）。《行规行约》从行业准则、行业规约、行业道德的角度明确了企业及从业人员的职业操守及行为规范。2017 年，受河北省住房和城乡建设厅委托，河北省物协研究起草了《河北省物业服务行业信用信息管理办法》。同年，省人大常委会就《河北省社会信用信息条例（草案）》公开征集意见，河北省物协从行业管理、信息归集、信息使用、权益保护等方面提出建议。该条例已于 2018 年 1 月 1 日起施行。

3. 推进京津冀协同发展

2016 年，京津冀三地联合出台《京津冀物业管理协同推进实施意见》，明确了“统一市场准入、实施执法联动、建立联席会议制度、实现行业基础信息共享、共同开展业务培训、促进三地人力资源流动、促进行业协会和专家之间交流、对部分地区提供重点支持”的八项工作。2017 年，河北省物协组织召开了新形势下京津冀物业管理协同发展研讨会。三地物业协会领导及优秀企业家就京津冀协同发展达成多项共识：一是三地协会可以着手建立联席会议制度；二是联合编制《办事指南》；三是管理业绩、人力资源互通互认，企业信用信息共享；四是联合进行行业热点问题研究。

4. 开展行业课题研究

2017年，河北省物协重点就河北省物业服务企业的薪酬福利情况进行了问卷调研，近期将形成薪酬调研报告，为行政部门制定行业政策提供有效依据，为企业薪酬设计提供参考数据。

5. 组织行业技能竞赛

2017、2018年，河北省物协会同各设区市物业协会举办了两届河北省物业管理行业职业技能大赛，并在全国行业职业技能竞赛中取得优异成绩，调动企业人才培养积极性。

（二）推动河北省物业管理行业健康发展

1. 重视行业安全生产

一是关注“电梯安全”。河北省物协参与制订了《河北省电梯安全管理办法》(以下简称《办法》)，《办法》明确规定“已建立住宅专项维修资金的，按照《住宅专项维修资金管理办法》从住宅专项维修资金中列支；电梯存在故障危及人身财产安全需要重大修理、改造、更新的，可以不经过专有部分占建筑面积三分之二以上的业主且总人数三分之二以上业主同意，直接申请使用住宅专项维修资金”。

2018年2月，《国务院办公厅关于加强电梯质量安全工作的意见》（国办发〔2018〕8号）印发实施，受省住建厅委托，河北省物协就进一步加强和完善河北省电梯质量安全管理工作提出建议。

二是起草安全生产方案。2017年6月，河北省安委办印发《河北省进一步推进安全生产隐患排查治理体系建设工作方案》。受河北省住建厅委托，河北省物协研究起草了《河北省物业服务行业安全生产工作方案》。

三是开展物业统保示范项目。自2016年8月会同江泰保险经纪股份有限公司出台《河北省物业企业相关保险统保示范项目》以来，全省共600余家企业参与投保，截至2017年11月底，电梯安全风险累计转移761亿元，物业其他风险累计转移17亿元。期间，电梯事故累计37起，物业管理事故426起，合计463起。已结263起，赔偿81万余元；未结200起，预估损失230万元。

2. 组建物业专家库

为进一步规范河北省物业管理活动，完善专家咨询、考评、论证等机制，充分发挥物业管理专家的积极作用，河北省物协按照要求组建了物业专家库，并出台了《河北省物业专家库管理暂行办法》。

3. 建言“河北两会”

应省政协委员委托，2017年、2018年河北省物协向其报送《关于开展我省物业服务行业诚信体系建设的建议》《关于加强河北省物业服务行业标准化建设的建议》，两项建议以提案的方式责成相关部门落实，并引起社会各界广泛关注。

4. 正面引导社会舆论

一是筹划新闻发言人制度。根据《民政部关于推动在全国性和省级社会组织中建立新闻发言人制度的通知》（民发〔2016〕80号）精神，河北省物协制订了《河北省物业管理行业协会新闻发言人制度》。二是做客电台解析行业热点。河北省物协高炳连会长多次应石家庄882新闻广播《第一房产》栏目邀请，从行业的角度解答社区文明建设等百姓关注的热点问题；秘书长石益青、监事会主席马伟刚长期做客石家庄946交通广播《物业在线》栏目，通过现场连线解答市民咨询。三是客观解答业主咨询投诉。两年来，河北省物协接待业主各类咨询、投诉450余件。依照《物业管理条例》《物权法》等法律法规客观予以解答处理，收效良好。

5. 推进行业标准化管理

河北省物协牵头成立行业标准编制领导小组，指挥调度行业标准管理相关工作。行业标准编制领导小组接受河北省工程建设标准化管理办公室、河北省质量技术监督局的指导。2018年，河北省物协着手征集起草单位和起草专家，并在起草专家和河北省物业管理专家库中择优组建标准起草组。计划到2020年，形成行业标准建设成果1～2项，编制成果将纳入河北省标准化体系建设中来。

石家庄市物业管理行业发展报告

石家庄市物业管理协会

一、石家庄市物业管理行业发展概况

截至 2017 年 12 月，石家庄市物业服务企业共 1565 家（包含外埠），物业管理覆盖面 76%，物业管理面积 2.56 亿平方米，其中：住宅物业管理面积 2.12 亿平方米，非住宅物业管理面积 0.44 亿平方米。2017 年石家庄市物业服务企业数量 1565 家，与 2014 年相比，增加了 577 家，增幅 58.40%。主城区具有一定规模的住宅小区项目 2536 个，各县市区住宅小区项目 1588 个，成立业主委员会 120 个，物业管理从业人员数量约 10.2 万人。新建住宅小区全部通过招投标选聘物业服务企业，实行了物业管理。2017 年石家庄市物业管理从业人员约 10.2 万人，与 2014 年相比，增加近 3.7 万人。

二、石家庄市物业管理行业发展建设成果

（一）地方政策法规体系日趋完善

适应国家政策法规的修订调整，不断完善本地物业管理政策法规体系，形成了地方性法规为核心，地方政府规章、规范性文件等为支撑的法律框架，为物业管理活动的开展提供了有效的引导、监督和保障。先后制定出台了《石家庄市物业管理条例》《石家庄市住宅室内装饰装修管理办法》《石家庄市房屋安全管理办法》《石家庄市物业招投标管理办法》《石家庄市物业管理专家规定》《石家庄市物业服务收费办法》《石家庄市物业服务基本标准》《石家庄市住房和城乡建设局关于取消我市物业服务企业三级及三级（暂定）资质认定的通知》等。并于 2017 年 7 月出台了《石家庄市物业服务收费管理实施办法》《石家庄市住房和城乡建设局、石家庄市发展和改革委员会关于市区住宅区前期物业服务等级和收费标准确定及调整程序的通知》，打破了物业费 14 年不调整的被动局面。为物业管理行业提升服务品质，提高业主生活品质，响应党的十九大精神，建设幸福家居社区，打下了扎实的基础。这些在不同阶段出台的政策法规，符合石家庄市的实际情况，工作措施具备良好的可行性，较好地保障了石家庄市物业管理活动规范有序运行。

（二）物业管理行业成为经济社会民生建设的重要组成部分

物业管理行业作为劳动密集型行业，从业人员的持续增长为社会创造了大量的就业机会。自 2014 年以来，石家庄市物业从业人员增长 56.9%，超过 10.2 万人，为下岗失业、二次就业、进城务工等人员提供了必要的就业岗位，一定程度上缓解了就业压力，为维护社会稳定做出了贡献。

创建幸福和谐社区，保障业主的幸福感、获得感。2017 年石家庄市被评为第五届全国文明城市，在创建全国文明城市的过程中，物业服务企业全面配合做好文明城市创建工作，新装路灯、粉刷墙壁、

平整路面、修葺广场，与经济发展及民生改善同频共振，润物无声地改变着社区居民生活。

业主对物业服务的接受度不断提升，选购商品房物业服务成为考量因素，大量新建住宅小区以物业服务作为卖点。数据显示，物业管理对人民财产保值增值发挥了切实可见的积极作用，物业管理行业积极落实习近平总书记“努力抓好保障和改善民生各项工作，不断增强人民的获得感、幸福感、安全感”的要求，保障业主美好生活。

物业管理模式的创新转变。大量新设备、新技术在物业项目中出现和应用，带来了新的服务内容、服务模式、经营管理模式。物业大量中小企业管理模式转型升级速度较慢，而部分企业依托互联网、信息化、标准化等实现服务品质提升、经营管理创新的情况共存。

（三）实现了石家庄市区住宅项目前期物业服务收费价格调整

2017 年 7 月 6 日，《石家庄市物业服务收费管理实施办法》《石家庄市住房和城乡建设局、石家庄市发展和改革委员会关于市区住宅区前期物业服务等级和收费标准确定及调整程序的通知》等文件正式出台。新政策出台之前经过了充分的调查、测算、论证，并在网上公开向社会征求意见，先后有 3793 人次参与，提出各类意见建议 168 条。新政策在实际工作中切实发挥了指导作用，有效规范了物业服务价格调整和对标服务。其中：

在全国率先建立了物业服务等级基准价和社会平均工资水平动态联动机制，将推动物业服务费价格动态调整；颁布实施了新的服务等级标准、新的价格标准；放开了业主大会成立之后的住宅区物业服务收费及住宅区停车服务收费标准，实行市场调节价；将装修垃圾和渣土清运费，门禁、电梯卡收费纳入政府指导价管理；增设了“特级”服务，满足高标准住宅项目和对品质要求较高的业主需求；明确了调整物业公共服务性收费标准的要求和程序。

表 1 石家庄市区住宅区前期物业服务收费等级基准价

（单位：元 / 建筑平方米 · 月）

服务	基准价	电梯费	二次加压费
特级	2.80	0.30	0.05
一级	1.60	0.30	0.05
二级	1.20	0.30	0.05
三级	0.90	0.30	0.05
四级	0.60	0.30	0.05

注：① 以上标准为最高限价，下浮不限。

② 以上标准不含物业共用部位、共用设施设备等公众责任保险费用。

③ 供水企业已接管物业服务区域内供水设施的，二次加压运行费用按 0.05 元 / 平方米从物业费中扣除。

（四）积极推进老旧小区整治工作

为进一步提升老旧小区面貌和管理水平，解决民生问题，石家庄市开展了老旧小区整治和管理工作。石家庄市主城区共有 2000 年以前建设的老旧小区 1880 个、3800 万平方米，平均每个老旧小区 2.02 万平方米，实施市场化物业管理难度较大。老旧小区中由物业服务企业管理的 675 个、面积 1550 万平方米。2008 年开始，石家庄市开展了老旧小区整治工作，先后针对 1000 多个老旧小区存在的道路、照明、排水、监控、环境等共用部位存在的问题进行了改造，有效改善了老旧小区的保障水平。

为巩固整治成果，初步建立了老旧小区长效管理体制，实行物业服务企业管理、社区保障管理、业主自治管理等模式。其中，物业服务企业管理模式通过合理划分物业管理区域、政府组织招投标、实行过渡性财政补贴（财政补贴三年，第一年补贴物业费的 50%，第二年补贴 35%，第三年补贴 15%，三年后财政补贴退出）等形式。

（五）举办技能大赛和公益培训，培育骨干队伍，促进规范服务

为锻炼队伍、规范服务，提升企业经营管理水

平，自2015年起，石家庄市每两年举办一届物业管理行业岗位技能大赛。第二届技能大赛，从省会1400多家物业服务企业中选拔出的44家企业和石家庄学院物业管理专业学生代表队，共45支队伍参赛。竞赛包括客户服务、秩序维护、工程维修、绿化保洁及创新、才艺展示等6个大项、24个分项。整个赛事共有163支分项代表队、861名选手参赛，29名专家裁判、219名赛事工作人员和志愿者为大赛提供服务，超过3000人到现场观摩学习。通过“学专业、练技能、长本事”，有效地锻炼了队伍，展现了行业风采，精准提升了业主生活品质，体现了物业服务的专业价值和工匠精神。

全市物业服务企业超过千家，从业人员10万余人，很多人没有机会接受高水平的培训，而服务行业对人员的素质和服务能力又有较高的要求。石家庄市物协从2014年开始，每年坚持举办“石家庄物业大讲堂”公益培训，迄今共举办18期。来自戴德梁行、绿城、新中、天力等全国一流物业服务企业的专家亲临主讲，先后有来自600多家物业服务企业的9000多人次参加了培训，受益企业和人员不断增长，对行业骨干队伍建设和从业人员技能实现了有体系的提升和改善。

三、石家庄市物业管理行业发展存在的问题

当前石家庄市物业管理行业生存与发展面临的困难和问题突出表现在以下几个方面：

（一）资质取消后，信用管理等替代机制未尽快形成

2017年，物业服务企业资质取消。这既有利于提高企业自我发展和市场活力，也降低了行业进入门槛，加剧了行业竞争。2014年到2017年间，石家庄市新增物业服务企业577家，其中资质取消后新增137家。个别新注册的物业服务企业专业能力不足、管理水平较低、业主投诉率较高的情况已有发生，亟须主管部门和行业协会加以规范和引导，尽快制定和实施科学的行业服务导则、服务标准、信用评价体系等新机制。

（二）从业人员流动性较大，高素质人才紧缺

物业管理行业社会地位偏低，工资待遇低，社保比例低，企业招人难、留人难。由于人员流动性较大，基层员工难以得到长期稳定的培训提升。同时，项目经理、工程维修等具有较高专业技术和综合能力要求的岗位，长期面临人才紧缺的情况。而没有高素质的员工，就难以提供高品质的服务，更难以创新和提高行业的服务理念。所以，物业管理行业急需形成一个基层员工和中高端专业技术人员相结合的人才培育机制。

（三）责任边界不清，业主认知尚有误区

责任边界不清。水、电、暖等专业部门依法应当承担的责任和义务，包括设施设备、管线维护和收费等，被错误认定为物业服务企业的责任。甚至在政府立法的过程中，出现将错误认识“合法化”的做法。2017年9月，《石家庄市城市供水用水管理条例（草案）》（征求意见稿）公布，石家庄市物协发现在涉及二次供水管理责任、供水管理边界等多个条款中，存在减轻、免除供水部门责任，将责任转嫁到物业服务企业身上的问题。这些条款与《物业管理条例》规定相违背，严重损害了物业管理行业和业主的合法权益。为了维护物业管理行业的合法权益，石家庄市物协以绝不放弃的态度据理力争，先后3次上书，提出25条修改意见建议。最终，正式出台的《石家庄市城市供水用水管理条例》接纳了行业意见，删除、修改了二次供水设施设备及管线，由物业服务企业负责维修、养护并承担安全责任等加重物业服务企业责任和义务的相关条款。政府立法尚且如此，可知改变现状，需要广大物业管理同行共同努力。

业主认知尚有误区。物业服务企业应当是以合同为依据提供有限服务，现在则普遍呈现泛化趋势。

一方面物业管理行业自己误导业主。有的企业以“满足业主的一切需要”为口号，使业主形成了“物业就应该什么都管”的片面认识。另一方面，只要是和小区、业主相关的工作，物业服务企业都有责任和义务的片面观念，在业主乃至政府部门、媒体等方方面面，形成了一种普遍共识。这种认知上的偏差，导致了大量矛盾和投诉，伤害了物业管理行业的社会形象。

（四）市场化竞争并未真正形成，物业项目招投标受建设单位影响深重

住宅物业强制招投标已经施行 15 年，石家庄市 2017 年公开招投标的住宅项目达到 68 个。但是，建设单位依然主导着物业服务企业的选聘权，难以实现真正的市场化。甚至有的建设单位在业主入住多年之后，依然越权选聘解聘物业服务企业，严重干扰了物业服务企业的正常运营，损害了业主的合法权益。

（五）住宅专项维修资金使用率低，程序烦琐

一是双 2/3 征求业主意见周期长，业主参与积极性不高，如屋面漏水等只涉及部分业主的维修资金使用项目，争取法定多数的业主同意较为困难。二是维修资金支取使用周期较长，程序较为烦琐，所需要件较多，影响了维修资金的及时支取和使用。

（六）业主违法违规行为处罚力度不够，违法成本过低

住宅小区内的私搭乱建、宠物扰民、侵占绿地等违法违规行为，物业服务企业依法制止、劝阻、报告有关主管部门得不到重视，执法不进社区，或者推诿扯皮现象客观存在。

四、石家庄市物业管理行业发展方向

（一）优化政府职能，理顺监管机制，加强事中事后监管

积极探索新形势下物业管理工作思路，尽快出台石家庄市物业服务企业诚信机制和企业信用等级评定办法，加强对物业服务企业事中事后监督管理，进一步规范物业服务企业的服务行为，为物业管理行业营造良好的市场秩序和经营管理环境。

（二）健全社区管理工作机制

明确各政府部门职责，落实综合执法进社区，打通社区公共秩序管理最后一公里。有效遏制小区私搭乱建、私拉电线、电动车违规充电、拆改承重结构、消防通道管理、住改商、宠物扰民等现象。

（三）倡导诚信服务，力促品质提升

石家庄市物协成立诚信和品质监督委员会、设施设备管理委员会，切实开展行业自律，反对不正当竞争，以新收费办法出台为契机，推进诚信建设，加强设施设备管理，提升服务标准和品质等重点任务。

（四）加强舆论宣传，促进企业品牌建设，为行业发展营造良好环境

不断完善和提升以石家庄物业管理网、石家庄物业管理公众号、《石家庄物业管理》杂志为基础的本地物业管理信息平台体系，传播正能量，为行业发展服务，展示宣传企业形象，加强品牌企业培育，强化从业人员队伍建设，强化服务品质监管，深化诚信企业建设，提高业主满意度，创新经营管理模式。加强与媒体合作，合理引导舆论，化解负面新闻，为物业管理行业发声，争取良好发展环境，维护行业形象。

内蒙古自治区物业管理行业发展报告

内蒙古自治区物业管理协会

一、内蒙古自治区物业管理行业发展概况

目前内蒙古自治区共有备案可查询物业服务企业 3887 家。还有大约将近 2000 家是资质审批行政许可取消之后注册的，未在住建部门备案，无法查询到企业信息，这部分企业目前还未纳入住建行政监管范围。2018 年 8 月 1 日内蒙古自治区新修订的《物业管理条例》正式实施以后，要督促这些企业进行备案，填补监管真空。

年营业收入超过 5000 万的企业 17 家，约占全区物业服务企业总数的 0.44%，规模型的大企业数量很少。下一步要响应国家品牌计划，培育打造自治区物业管理行业品牌企业，支持和鼓励更多的企业通过多种合理措施做大做强。

物业从业人员 17.37 万，专科以上从业人员 3.35 万，占从业人员总数的 19.29%，高学历人员占比比例较低。说明物业管理行业目前不能足够吸引高学历人员入行就业。

物业管理面积 5.92 亿平方米，其中住宅物业管理面积 4.65 亿平方米，占物业管理总面积的 78.55%，多数物业管理服务还是集中在住宅小区，服务千家万户。住宅小区项目共有 13768 个，成立业主委员会 5412 个，业主委员会成立率为 39.31%，成立比例不高。

目前，物业服务资质审批的行政许可取消之后，如何规范内蒙古自治区物业服务市场各方主体行为，逐步建立以信用为核心的物业服务市场机制，如何通过加强事中事后监管推进物业管理服务工作，面临着许多新的挑战和考验。

二、近两年内蒙古自治区物业管理工作主要成果

物业管理服务工作是民生工作，近几年来得到了各级政府的高度重视，我们克服重重困难，在健全制度、完善机制、规范管理、强化服务等方面取得一定的成果。

一是加强法制建设，依法推进物业管理服务工作。《内蒙古自治区物业管理条例》（以下简称《条例》）列入 2016 年自治区人大立法调研项目、2017 年人大立法审议项目。2017 年，内蒙古自治区物业管理协会配合自治区人大、政府法制办，赴区内外多地进行立法调研和考察学习，召开立法听证会，《条例》于 2017 年 8 月自治区政府 13 次常务会议讨论通过，上报自治区人大常委会后已完成 9 月、11 月两次审议工作。

二是配合完成自治区人大对自治区政府物业管理工作专项评议工作。内蒙古自治区物业管理协会代自治区政府草拟了《关于物业管理工作情况的报告》。按照评议意见，从强化宣传、推进业主委员会、提高企业中高级从业人员整体素质、充分发挥行业协会作用、规范前期物业管理工作、加快推进老旧小区改造等方面提出书面整改意见，上报自治区政

府后反馈给自治区人大，获得自治区人大的认可。

三是召开全区“物业管理服务规范年”活动推进会。针对规范年活动开展过程中存在的问题，进行了具体工作部署，现场参观考察了物业管理服务规范项目。

四是建立物业接访日制度。下发了《关于建立物业接访日制度推进物业管理服务工作规范发展的通知》（内建房〔2017〕182号），在全区建立物业主管部门领导及工作人员定期到住宅小区等物业项目接访制度，明确接访主体和职责，进一步转变工作作风。

五是全面推进业主委员会组建工作。与民政厅联合印发了《关于加快推进组建业主委员会的通知》，明确了工作目标及责任，通过建立定期考核机制、社区居委会监督机制，强化业主委员会建立及其职能职责发挥，比例逐年提高。

六是强化居住、商业、办公、医院等四项物业标准的培训，不断提高物业服务业服务水平。全区12个盟市通过采取集中短期培训、专家讲座等方式，完成了对物业服务企业管理人员以及专业岗技术人员的理论、专业技能培训。与自治区党委组织部、人社厅联合在北京大学举办了自治区服务业“千人培训工程”物业管理企业人才培训班，借助北京大学优秀师资，对全区70名物业服务企业负责人进行了培训。

七是完成对盟市物业工作绩效考核。按照自治区党委、政府的有关要求，制定了2017年度盟市领导班子（物业管理工作）绩效考核指标和评价办法，将物业管理覆盖率、老旧小区整治改造率、落实政策情况等内容列入考核指标，并完成了相关评价工作。

八是开展全区物业管理项目创优达标工作。依据国家物业管理创优达标相关标准，组成3个考评验收组对全区12个盟市申报物业服务项目进行了实地验收。

九是完成了“物业管理服务规范年”活动考核工作。2015—2017年全区开展了为期三年的“物业管理服务规范年”活动。2017年是“物业管理服务规范年”活动的收官之年，为了检验工作成效，经自治区人民政府同意，2018年1月2—12日，由自治区住建厅、发展改革委、财政厅、公安厅、司法厅、民政厅副厅级领导带队，组成6个工作组对全区12个盟市及满洲里、二连浩特2个单列市的“物业管理服务规范年”活动实施情况进行了全面考核评价，并对考核情况进行了全区通报。

十是开展了建立专家库专家评选活动，汇集了行业人才。为汇集内蒙古自治区物业管理行业领域专家，充分发挥专家智囊作用，为全区物业管理行业建言献策，推动行业取得新的发展，建立了行业专家库。专家库专家将在指导行业工作，制定物业管理行业发展规划，各种项目考评、企业评比、评标等评审工作及从业人员教育、知识讲座、培训工作等方面发挥重要作用。

十一是开展了行业服务需求调查。为了能进一步有针对性地做好行业服务工作，减少服务的盲目性，开展了行业服务需求摸底调查。调查内容共分四大部分。第一部分为服务需求调查，包含培训服务、参观学习、交流座谈、行业诚信建设、行业自律、人才需求、法律援助、信息服务获得、咨询服务、宣传服务、保险服务、产品供应商、其他需要提供的服务；第二部分为反映行业、企业诉求调查；第三部分为企业可为行业做出的贡献调查，包含：能否为行业参观学习提供地点、能否为行业各项技能培训提供兼职培训讲师、能否收集发布各种行业最新信息、能否为解决行业突出问题出谋划策、能否为规范行业行为制定行业标准、能否为推动行业发展引进行业新科技新理念、其他能为行业做的贡献；第四部分为对行业未来的发展及服务有哪些更好的意见和建议。此次调查范围覆盖自治区12个盟市，共有171家企业填写了调查表。我们将依据调查结果制定服务计划，按照计划开展服务工作。并将此次调查结果归纳汇总形成了调查报告。

十二是组织了企业外出学习，拓宽了企业的经营思路。根据行业服务需求调查报告，组织了多次区内各盟市之间的横向交流学习活动。交流学习活动包含物业服务住宅项目参观、公建项目参观、企业管理学习、企业文化学习。通过学习和交流，有效地提升了企业的服务水平和服务标准。

十三是建立了协会网站，加强了行业内部信息交流和对外影响力、认知度。协会网站设置了通知公告、党建、行业动态、会员动态、会员风采、行业人物、业界观点、政策法规、案例分析等诸多板块。网站在宣传党和国家方针政策和法律法规、反映行业动态、展示企业风采、交流管理服务经验方面发挥了重要作用。下一步将搭建会员服务平台、诚信自律平台，进一步完善各项服务功能，使网站成为自治区物业管理行业的有效交流窗口。

三、内蒙古自治区物业管理工作下一步主要方向

下一步内蒙古自治区的主要工作方向和内容就是紧跟当前国内物业管理发展新趋势，把握新时代的机遇和挑战，围绕“物业服务质量提升”年主题，加强创新发展和诚信建设，注重人才培养，不断培养规模型物业服务企业，各部门协同配合，共同提升物业服务质量，创建美好幸福生活。

（一）加强党建和思想教育，提高思想觉悟

不管是主管部门还是物业服务企业都必须搞好党建工作。结合新时期、新时代、新征程这一背景，机关、企事业单位一定要在中央的既定战略与方针下运行，党建是凝聚人心、提高员工素质、提升服务质量的最有效方法之一。

党建工作，必须真抓、实抓，绝对不能做表面文章。在开展党建工作中，要真正地让政治的优势转化为发展的优势，产生内在动力；党建做实了，就是生产力。开展党建工作为团队带来了亲和力、信任度、向心力、凝聚力，这些无形的资产是无法用金钱来体现的。党建工作必须结合工作实际和特点，讲究工作方式和方法。要用新的思路来解决党建路上的新问题，研究党建工作中出现的新情况，才能真正做到目标同向、措施同步，才能使企业党建成为坚强的堡垒，实现十九大报告里对基层党组织提出来的要求和目标。

（二）注重安全生产工作，做好宣传教育

各级主管部门和物业服务企业应警钟长鸣，时刻不能放松警惕，做好各项安全防范措施。定期开展安全警示宣传报道，召开安全生产工作会议，做到时时、事事、人人宣传安全生产工作，树立安全生产意识，做到安全生产无死角。要不断贯彻执行国家及自治区印发的相关安全法律、法规、规章制度，让安全生产和监督有法有规可依。定期开展物业安全大排查，排除物业安全隐患，对于消防设备不完善、占用消防通道停车、私拉电线充电、楼道内堆放易燃易爆物品等情况，要加大管理清查力度，该完善的完善，该规范的规范，绝不允许因不重视或玩忽职守引发安全生产事故。安排安全生产专项检查，对监督安全生产工作不力的主管部门要通报批评。

（三）开展《条例》宣贯活动及相关配套文件措施的更新出台

一是宣贯《内蒙古自治区物业管理条例》。2018 年 5 月 31 日修订后的《内蒙古自治区物业管理条例》在自治区人大十三届五次常委会审议通过， 2018 年 8 月 1 日正式实施。这是内蒙古自治区一部重要的地方性法规，从全区物业管理服务实际出发，突出问题导向，平衡各方利益，强化制度设计，有许多创新和亮点，值得我们认真学习，宣传贯彻实施。二是加快物业服务合同示范文本制定和使用工作。联合自治区工商局制定出台新的物业服务合同示范文本，合同示范文本将涵盖物业服务用房、服务内容及服务标准、服务人员构成、物业的构成、共用部位和设施的明细、双方的权利义务、物业的维护和使用、承接查验、服务标准的评估、

纠纷的解决、违约责任等内容，并将有效地减少物业服务矛盾纠纷，增加物业服务费的收费率。三是建设并运行全区统一的物业服务监管评价和统计信息系统。2018 年年底之前参照区外先进地区和内蒙古自治区先进物业服务企业的管理运营模式，建成并运行全区统一的物业服务监管评价和统计信息系统。系统将有效提升全区物业服务企业管理服务标准，加强物业服务事中事后监管，并根据企业的日常服务情况和各级主管部门的监管信息以及业主的投诉信息为企业生成统一的信用评价信息，信用评价信息将在企业今后的生产经营活动中、主管部门的监管活动中、企业评优创先活动中得到应用。四是制定出台全区物业服务项目招投标管理办法。统一规范物业服务招投标行为，改变物业服务招投标市场乱象，增加物业服务优秀示范项目和企业信用评价信息在招投标过程中的应用。

（四）开展“物业服务质量提升年”主题活动

1. 提升政府及房地产（物业）主管部门监管能力

一是健全工作体系，完善配套制度。健全和完善物业管理工作机构，明确机构职责和人员，实现属地和行业管理有机结合。重点加强街道办事处、社区居民委员会以及旗县（市区）房地产（物业）主管部门等基层物业管理工作机构建设。二是明确相关部门职能职责，建立协调联动机制。健全和完善住房城乡建设(房管)、发展改革、财政、公安、民政、司法、工商、质检、通信等部门和单位组成的物业管理联席会议协调机制。细化各部门职责，向社会公布，在小区内公示。三是加强物业管理服务信息化建设。2018 年年底前，建设并运行全区统一的物业服务监管评价和统计信息平台，加强物业服务业发展动态监测和监管。四是推进物业服务标准化建设。实施《居住物业管理服务标准》等四项地方标准，推广使用物业服务合同示范文本，指导规范物业服务主体行为和收费。五是解决物业服务收费难问题。依托社区居民委员会、业主委员会、基层人民调解机构，解决物业服务费收缴难问题。制定物业服务收费指导标准，探索建立拖欠物业费人员信息依法记入个人征信系统的政策措施。六是规范物业管理招投标工作。强化物业服务企业诚信结果的运用。建立物业项目招标最低价制度，严防恶性压价低于最低价中标。加强对物业项目招投标工作的组织实施，查处不招标、陪标、串标、围标、恶意降低成本价中标等违规行为。七是加强物业服务市场事中事后监管。强化物业服务企业备案管理，采取“双随机、一公开”加强物业服务市场监督检查。八是加强物业服务企业信用评价管理。加强企业信用评价管理，对违反物业招投标管理、不依法履行合同、发生安全责任事故、违法经营造成严重社会影响等行为，进行依法查处并将相应结果应用到信用评价和管理使用过程中。九是强化住宅专项维修资金的收缴、使用和监管。要完善住宅专项维修资金收缴、专户存储、财务对账、使用等制度，要简化使用程序，方便急修急用。十是强化考核，推进各职能部门联动执法。推进执法进社区、进住宅小区工作。强化考核、问责，对各职能部门、单位履职情况进行考核通报，同时依法追究不履职、不作为部门、单位责任。

2. 强化并提升物业项目综合服务功能

一是推进业主委员会组建工作。安排专项经费用于业主委员会组建工作。业主委员会成立前，应成立由街道办事处、社区居民委员会、业主代表、开发建设单位及物业服务企业组成的社区物业管理委员会，对物业项目进行过渡管理。二是加强业主委员会的监督。建立业主委员会履职考核和成员的选任、解任退出机制。主动接受当地街道办事处、社区居民委员会及房地产（物业）等部门的指导和监督。查处谋取私利的业主委员会及成员。三是发挥调解职能，解决物业矛盾和纠纷。设立物业综合服务热线，充分发挥人民调解、司法调解、行政调解的作用。 全面实施物业接访制度。四是规范前期物业承接查验。明确开发企业在前期物业管理阶段物业服务中的责任和义务，选聘后的物业服务企业要做好共用部位及共用设施设备的检查验收工作。

五是规范物业服务企业退出项目行为。制定物业服务企业退出项目管理办法，严禁业主委员会无正当理由随意解聘物业服务企业。对违反规定退出的企业，相关情况记入诚信档案，对严重失信的企业依法实施市场和行业禁止措施。六是加强老旧小区综合整治。明确改造重点和内容，加大改造资金的投入，建立物业服务费补贴机制，对老旧小区的水、电、消防、管网等进行改造；完善老旧小区电动车充电桩或临时充电的建设和管理。七是开展物业管理项目评价活动。每年从各地区抽取一定比例的物业管理项目进行检查评价。认真落实物业管理创优达标奖励资金，鼓励和扶持先进典型。八是推进智慧小区建设工作。各地每年要选择 1 ～ 2 个新建住宅小区作为智慧小区建设试点，参照《智慧小区设计标准》等技术标准规范进行开发建设。

3. 提升物业服务企业的服务能力

一是提升物业项目服务水平。要按照《居住物业管理服务标准》等四项地方标准签订合同，确定服务等级和收费标准。要全面建立“八项内容”公示制度以及相关部门、单位投诉电话告知制度。二是健全各种应急预案，排除安全隐患。结合物业项目实际，建立消防、电、气、水、热、电梯、电信基础设施，以及沙尘、大风、暴雨、暴风雪、严寒等各类应急预案，加强日常演练，提高物业服务有效应对突发事件的能力。三是加强企业自身建设，提升企业服务能力。建立健全企业各项规章制度，完善岗位职责和监督管理职责。加强内部培训，强化企业文化建设。四是转变经营思路，拓展延伸服务。关注市场发展变化，向多种经营转变，拓展物业延伸服务。五是强化创新能力，提升服务质量。应用智慧物业等技术和手段，优化管理服务模式，加快实现智能化、服务精细化。鼓励企业创建国家、自治区级物业服务标准化试点项目。六是加大宣传力度，引导社会舆论。利用电视、广播、报纸、互联网等媒体，坚持正面宣传引导。七是加强党建、精神文明建设，丰富社区文化。全面贯彻落实党的十九大精神，做好物业服务企业党建工作。运用社区平台，开展企业文化活动，推动和谐社区的建设。

4. 发挥行业协会服务能力

一是各级协会要制定和完善物业管理行业自律公约；二是协助主管部门探索建立物业服务企业信用评价体系；三是探索开展第三方服务质量评价工作；四是组织开展相关培训；五是完善宣传平台建设；六是深入宣传物业管理相关法规政策。

（五）定期举办内蒙古自治区物业服务技能大赛

为进一步提升全区物业服务企业整体服务和管理水平，引导和规范物业服务内容和标准，树立企业员工爱岗敬业理念，内蒙古自治区将定期举办全区物业服务技能大赛。2018 年中下旬，自治区将在鄂尔多斯举办为期一天的物业管理服务技能大赛。物业服务技能大赛，就是要通过比赛的形式，全面加强从业人员队伍素质能力建设，适应转型发展要求，促进物业服务企业不断提高服务水平，满足人民群众不断增长的生活服务需求。同时也是对全区物业管理行业从业人员能力和素质的一次集中检阅，更是物业管理行业内相互交流、共同提高的平台。

在住房城乡建设部和中国物业管理协会的正确引导下，内蒙古自治区将积极贯彻落实党和政府的各项方针政策，加强对外交流和学习，结合内蒙古自治区实际，不断努力探索创新，加强规范物业服务市场各方行为，进一步提升物业服务质量和水平，为建设亮丽内蒙古和共建美好生活做出贡献。

辽宁省物业管理行业发展报告

辽宁省房地产行业协会物业管理专业委员会

一、辽宁省物业管理行业发展概况

截至 2017 年年底，辽宁全省共有物业服务企业 3984 家，物业管理从业人员 25.4 万人。实施物业管理总面积 80097 万平方米，其中住宅物业管理面积 70379 万平方米。全省共管理住宅物业项目 9165 个，其中成立业主委员会 3791 个。2017 年，全省物业服务企业经营总收入 100.53 亿元，其中主营业务收入 85.84 亿元。

二、辽宁省物业管理行业主要工作

（一）完善法规制度，为行业发展营造良好的环境

辽宁省起草了《辽宁省物业管理条例》修订稿（草案），出台了《辽宁省物业专家管理办法》，起草了《辽宁省物业服务等级标准》《辽宁物业服务收费指导价格》《辽宁省省级物业管理示范项目认证标准》《辽宁省物业管理行业信用评价标准》《辽宁省物业服务企业信用评价办法》《辽宁省物业管理行业信用评价指标及打分标准》《辽宁省物业服务企业信用评价社会第三方评价机构管理办法》等地方性法规、规章、规范性文件和技术规范等，为全省物业管理行业发展营造了良好的环境。

（二）围绕中心举办论坛，加速推进行业转型升级

辽宁省房地产行业协会物业管理专业委员会以推进企业转型升级为中心，每年举办物业管理高峰论坛。

2015 年 2 月，物专委举办了辽宁物业管理创新发展论坛。2015 年 11 月、2016 年 11 月、2017 年 9 月，物专委又分别举办 2015 辽宁首届、2016 辽宁第二届和 2017 辽宁第三届物业管理转型升级高峰论坛。并于 2018 年 6 月与深圳彩生活服务集团举办了《聚心・赋能——2018（中国・沈阳）共创社区美好生活高峰论坛》。通过这些论坛，展望了行业面临的新形势、新常态，拓展了突破行业困境的新思路、新视野，提高了企业加快转型升级的责任感、紧迫感和使命感，对推动全省物业管理行业转型升级和创新发展起到了推波助澜的作用。

（三）围绕发展服务会员，组织开展丰富多彩的活动

物专委结合行业的特点和委员单位的需求，组织开展了一系列的活动。

开展了我为物业管理行业发展建言献策活动。为集中反映行业的意见和诉求，物专委下发了“我为物业管理行业建言献策”的通知和“建言献策”提纲，委员单位积极响应、踊跃参加。活动期间共收到了近百条建言，物专委对具有普遍性、有重要

参考价值的建议进行了评选，并在同年 4 月召开的辽宁省房地产行业协会四届四次会员代表大会上进行了通报和表彰。同时，物专委在对建言献策认真梳理的基础上，归纳成十大方面问题，向辽宁省住建厅房地产市场监管处上报了《关于我为物业行业发展建言献策有关情况的报告》。

举办了物业管理法律法规宣传年暨法律法规知识竞赛活动。下发了《关于开展物业管理法律法规宣传年暨法律法规知识竞赛活动实施方案》《辽宁省物业管理法律法规知识竞赛手册》，与沈阳师范大学编撰了《物业管理法律法规汇编》，邀请辽宁省高级人民法院民事审判厅厅长、北京盈科律师事务所负责人等专家进行专题讲座。

举办物业管理行业职业技能大赛，选拔一批全省物业管理行业的技能标兵。2018 年 6 月由辽宁省住建厅主办，辽宁省房地产行业协会承办了“万维物业杯”首届全省物业管理行业职业技能大赛。

举办了新条例宣贯讲座。新修订的《辽宁省物业管理条例》，聘请辽宁省人大环境资源城乡建设委员会领导对条例作了专题讲座，并开展了新条例百题问答。

开展了物业管理论文征集及评选活动。物专委下发《关于开展物业管理论文征集活动的通知》，委员单位积极参与，共征集论文 33 篇，并对获得一、二、三等及优秀论文作者进行了表奖。

开展了学习交流活动。近年来，物专委组织部分会员单位分别到日本、澳大利亚、西班牙、葡萄牙进行学习考察。通过学习考察，开阔了视野，学到了国外先进物业管理的理念。

开展了走进企业看发展活动。为加强会员单位之间的交流，推广物业管理行业的先进典型，物专委于 2016 年 8 月组织沈阳、鞍山、营口等城市物业服务企业，到大连亿达物业管理有限公司、大连仲邦维行物业服务有限公司进行学习考察。2017 年 11 月又开展了“走进标杆企业看发展”活动，到沈阳万科、辽宁保利进行学习参观，受到委员单位的欢迎。在深入调研的基础上，形成了《辽宁省物业管理行业调研报告》，报省住建厅房地产市场监管处。

举办了乒乓球比赛。为丰富会员单位文体活动，物专委于 2016 年 9 月和 2017 年 8 月在沈阳市分别举办了首届和第二届乒乓球比赛。

（四）创先争优，树立典型，为行业发展打造品牌

为发挥典型的示范作用，物专委于 2017 年 4 月和 7 月分别对为全省物业管理行业作出突出贡献的优秀物业管理协会、优秀会员单位、行业突出贡献单位、优秀物业管理项目、优秀物业管理项目经理、优秀物业管理客服员、优秀物业管理保洁员、优秀物业管理设备设施维护员、优秀物业管理园林绿化员、优秀物业管理秩序维护员等进行了评选和表彰。2018 年 4 月又对全省物业服务企业管房面积 20 强和为全省物业管理行业做出突出贡献的个人进行了表彰，通过行评工作的开展，在全省物业管理行业树立了典型，打造了品牌。

（五）加强统计，运用大数据为行业决策提供依据

2016 年 9 月由物专委负责人带队，组织专家到沈阳、大连等 10 个城市进行调研。在深入调研的基础上，形成了《辽宁省物业管理行业调研报告》，报省住建厅房地产市场监管处。

为掌握全省物业管理行业发展的基本情况，为行业决策提供依据，物专委按照厅房地产市场监管处的安排，在网上建立了物业管理大数据统计制度，并对企业所报数据进行了整理和排序，并于 2018 年 4 月对 2017 年度大数据进行首次新闻发布。

（六）加强培训，提高素质，为行业发展提供人才保证

为提高物业服务的质量和水平，近年来物专委举办物业培训班 25 期，培训学员 5516 人，进一步提升了物业管理从业人员的素质和管理服务水平。

同时，为配合“营改增”和行业发展的需要，物专委还举办全省物业服务企业“营改增”培训班和全省物业管理项目经理高级研讨班，邀请深圳房地产与物业管理学院的名师进行授课，广大学员普遍反映受益匪浅。

三、辽宁省物业管理行业发展存在的主要问题

（一）企业管理规模偏小

到2017年年底，全省物业服务企业3984家，全省物业在管建筑面积80097平方米，平均每个企业管理面积20.1万平方米。由于企业管理规模偏小，大多数企业未能形成规模效应。

（二）发展不平衡

在全省14个地级市中，沈阳、大连两市物业管理在省内起步较早，发展较快，出台地方性法规、规章、规范性文件较为完善，管理运作较为规范。其他12个地级市和44个县物业管理水平还有待进一步提高和规范。

（三）品牌企业偏少

在中国物协发布的2017年物业百强企业中，辽宁省仅有一家，品牌物业服务企业明显太少。

（四）专业管理人才不足

在全省25.4万物业从业人员中，物业管理师1446人，平均每个物业服务企业仅有0.57人。企业中不仅高素质、高学历、高能力创新型管理人才少，而且多功能、复合型，能够掌握物联网、移动互联网等先进信息技术，并运用物业管理服务中的人才严重不足。

（五）理论研究滞后

由于辽宁省物业管理起步较晚，物业管理理论研究一直滞后于物业管理的实践，亟待在研究的深度和广度上取得突破。

（六）企业转型升级进展缓慢

目前物业服务企业在向现代服务业转型升级方面，只有少数企业形成成型的经验和做法，多数企业仍进展较慢。

四、辽宁省物业管理行业下一步发展计划

目前，辽宁省物业管理行业已经进入了大发展的黄金时期，面对物业管理发展的新形势、新任务和新特点，要立足全省物业管理行业发展的实际，继续发挥物专委在提供服务、反映诉求、规范行为的作用，与全体委员一道，努力开创全省物业管理的新局面。下一步要着力做好以下八个方面的工作：

（一）着力做好“服务质量提升年”活动，全面提升行业服务水平

为全面提高全省物业服务的质量和水平，辽宁省住建厅决定2018年为全省物业服务质量提升年，物专委要配合住建厅全力做好质量提升年活动。

（二）着力全面学习贯彻《辽宁省物业管理条例》

新修订的《辽宁省物业管理条例》，已于2017年11月省人大审议通过。物专委要深入做好新条例学习、宣传和实施工作。

（三）着力品牌建设，努力打造行业排头兵

面对众多国内品牌物业服务企业争夺辽宁省物业市场的现实，要把打造品牌企业作为重头戏，千方百计打造品牌，使辽宁省物业管理行业创造品牌、发展品牌的势头更加强劲，要经过全省上下的不懈努力，切实打造一批在国内叫得响的物业品牌企业。

（四）着力诚信自律建设，树立行业诚信典型

在对《辽宁省物业服务企业信用评价管理办法》等四个规范性文件进行修改的基础上，力争早日出台，并要做好以下工作：一要建立委员企业信用档案，开展信用评价，加强企业信用、信息共享和应用，协助企业提高信用管理能力。二要进一步健全物业管理行业自律公约，完善物业管理行业道德标准，规范行业发展秩序。三要完善法人治理，实行信息公开，推进诚信承诺。四要加大舆论宣传，开展物业诚信企业评选活动，树立行业诚信自律典型。

（五）着力人才队伍建设，为行业发展提供高素质的人才

根据行业发展的需求，加大人才队伍建设的力度，进一步在人才素质提高和人才培养上下功夫，千方百计打造人才队伍。针对物业管理人才总量不足、结构不尽合理和人才体系未形成的问题，加快人才培养，使物业管理人才队伍建设不仅要适应新形势，而且使知识结构和能力水平跟上新要求，尤其是人才队伍的知识面要满足新要求。针对互联网等现代科学信息技术在物业管理服务中的广泛应用，通过专项培训，使物业管理人才队伍的眼中要有新视野。根据企业发展的需求，会同专业培训机构、高等院校开展针对性、实用性强的培训，特别要加速培养高层次、高技能、复合型的人才，构筑满足企业发展需要的多层次、高素质、现代化人才队伍，为企业和行业长远发展注入强大的启动。

（六）着力抓好理论研究，为行业发展探索新路径

近年来，在全省物业管理行业行政主管部门、行业协会和物业服务企业的共同努力下，行业在理论研究深度和广度上取得了一定的突破，但仍滞后于物业管理的实践。需要针对国家放开物业服务收费价格、维修资金新政出台、行业转型升级、取消物业服务企业资质审批以及物业人才培养等方面开展理论研究，准确地反映行业发展现状，存在问题及解决措施，为行业发展理清思路。

（七）着力塑造先进典型，树立行业标杆

继续把树立行业先进典型作为推进行业发展的重要手段，以提高物业从业人员综合素质为宗旨，以评选行业先进为抓手，以提升行业管理服务能力和水平为目的，在委员单位中继续开展优秀物业管理协会、优秀会员单位、物业管理行业突出贡献企业、物业管理优秀项目、优秀物业项目经理等评选活动，为行业发展树立先进典型。

（八）着力自身建设，为会员提供更好的服务

物专委要以服务委员为宗旨，以维护委员单位权益为核心，不断增强协会的凝聚力和影响力。根据委员单位的需求，有针对性地做好服务工作，不断提升对委员单位服务的质量和水平。结合行业发展的新形势、新特点，把握行业发展的新动向、新业态，不断提高对委员单位业务指导的科学性、预见性和有效性。要通过建章立制、行业规范、行业自律、诚信建设，典型引路，以点带面，不断提高协会工作高效、有序展开。加强协会内部建设，加强规范化运作，建立起科学、民主、规范的运作机制。加强业务培训，不断提升协会人员思想素质、法规政策和业务知识水平，提高服务能力和业务水平，切实为委员单位排忧解难，努力把协会建设成为精干、高效的委员之家。

沈阳市物业管理行业发展报告

沈阳市物业管理协会

一、沈阳市物业管理行业发展概况

2017 年沈阳市共有物业服务企业 938 家，经营总收入 39.5 亿元，其中主营业务收入 23.6 亿元，从业人员 10.2 万人，物业管理面积 2.33 亿平方米，其中住宅物业面积 1.63 亿平方米，在管住宅小区项目 4065 个，成立业主委员会 906 个，年营业收入 5000 万元以上的 15 家。

二、沈阳市物业管理行业发展存在的主要问题

沈阳市物业管理工作在全省是领先的，但在全国只能处于中等管理水平，与南方及沿海城市相比还有很大的差距，主要存在以下问题。

（一）物业管理责任边界不清晰

由于职能定位与责任边界不清晰，使得物业服务企业承担了许多不该承担的工作和责任。如供水、供电、供暖、通讯、排水等管线，在管理、维修过程中经常出现推诿、扯皮现象。这些管线的管理理应遵循谁收费、谁维修、谁管理的原则。但是由于责任边界不清不明确，物业服务企业代人受过现象经常发生，也给业主的生活带来了极大的不便。

（二）维修基金启动难、流程繁杂

物业服务企业要想启动维修基金，需要先提出使用建议，然后征得两个三分之二以上业主通过再制定实施使用方案，向有关行政主管部门申报，最后经由有关部门审核。整个过程下来，顺利的需要一年，多者甚至需要两年。由于不能及时维修，导致业主生活质量下降、精神受到压抑，并以此拒缴物业费。

（三）业主委员会成立难，作用发挥不够

业主大会和业主委员会是代表和维护全体业主合法权益的组织，在物业管理活动中具有不可替代的作用。但是在实际运行中一是成立难，据统计，沈阳市成立业主委员会的园区不足 30%；二是有的业主委员会不能代表广大业主的意志，不发挥作用，为个人谋私利，损害业主利益。这些行为严重影响着业主的切身利益和物业服务企业的管理与服务。

（四）物业服务费收缴难，依然是制约企业发展的最大难点

收费难、收费低，对于沈阳市物业服务企业来说，是一个共性问题，这一问题主要是以下三种原因造成的：一是业主对物业服务要求过高，尤其是中低标准的住宅小区，用中低标准的物业费和高档住宅的服务相比，并以此为理由来拒缴物业费。二是物业服务企业本身，为广大业主服

务的意识树立的不牢，没有设身处地为业主着想；为业主服务的本领掌握的不精，有些维修工程几次修不好，一拖再拖。三是政府的价格机制和惩戒机制没有建立起来，使得一部分拒缴物业费的得不到应有的惩戒。

三、沈阳市物业管理协会发展规划

下一步，沈阳市物业管理协会将紧紧围绕"加强行业诚信建设，助力沈阳城市品质提升"这一主题开展工作，推动沈阳市物业管理行业健康快速发展。

（一）努力在沈阳市"创城"的攻坚战中当先锋、做表率

沈阳市"创城"，是沈阳市委、市政府当前一段时间的中心工作，沈阳市物业管理行业在这场攻坚战中义不容辞地要当先锋、做表率。沈阳市物业管理协会将组织专业人员参与"创城"的检查考核工作，同时量化考核结果，使之作为评价会员企业的参考依据。同时与媒体加强联系，及时宣传沈阳市物业管理行业在"创城"活动中涌现的先进企业、先进人物。

（二）着力推动行业信用体系建设，促进物业管理行业健康发展

沈阳市物业管理协会先后制定了《沈阳市物业管理协会行业自律管理办法》《沈阳市物业管理协会行业诚信服务公约》，并提请理事会审议《沈阳市物业管理协会物业服务企业信用档案与评级管理办法（试行）》，其目的就是通过推动行业信用体系建设，规范会员企业市场行为，自觉维护市场竞争秩序，促进物业管理行业健康发展。沈阳市物业管理协会专门组建了行业自律管理委员会，负责行业信用体系建设。

（三）组织开展"深入推进'三城联创'工作，全面提升物业服务水平"的主题系列活动

为了全面深入提升物业服务水平，让市民生活居住的环境更优美，计划由沈阳市委宣传部、市文明办、市房产局、沈阳日报报业集团、沈阳市物业管理协会联合组织开展"深入推进'三城联创'工作、全面提升物业服务水平"的主题系列活动。系列活动包括以下内容："三城联创"宣传进物业小区；物业小区环境综合整治行动；"沈阳美丽家园"摄影与短视频大赛；物业小区仲夏纳凉晚会与文艺汇演；"2018 沈阳最美花园小区"评选；2018 沈阳物业服务主题论坛。

（四）积极组织好行业职业技能选拔赛

全国物业管理行业职业技能竞赛是物业管理行业的奥林匹克，能够一定程度反映一个城市物业管理工作人员的专业素质和整体水平，沈阳市物业管理协会将积极组织做好全国物业管理行业职业技能竞赛沈阳市的选拔工作。

（五）组织开展多种社会公益活动，展现物业管理行业的社会责任担当

沈阳市物业管理协会将组织和号召行业企业开展多种社会公益活动，以展现沈阳市物业管理行业的社会责任担当，扩大协会的凝聚力和影响力，逐步转变目前社会对物业管理普遍存在的偏见。

一是开展扶贫帮困活动。组织发动会员企业采取多种形式、多种渠道为贫困地区、贫困户排忧解难送温暖。二是开展特色拥军活动。当前，国际形势波诡云谲，习近平总书记不久前强调：我们不能让军人既流血，又流泪。沈阳市物协计划策划组织有特色的拥军活动。三是开展尊老敬老活动。组织会员企业为光荣院、养老院的荣军和孤寡老人送上慰问品，并送上文艺节目，向老人们表示慰问与祝福。四是加强职业经理人队伍建设，保障城市品质提升。提升城市品质说到底还是要落实到每一个住

宅小区，职业经理人素质的提升是住宅小区品质提升的前提，因此加强职业经理人队伍建设是提升城市品质的重要保障。沈阳市物协将从规范职业经理人职业行为入手，全面提高职业经理人的思想道德素质和业务技术素质，建立人才信用制度及人才储备库，培养职业经理人自觉养成诚信为本、服务社会的良好职业道德。

（六）把协会打造成开放平台，服务行业、服务社会

沈阳市物业管理协会将以开放包容的心态开门办协会，通过扎实工作，增强协会的凝聚力、吸引力、感召力，把协会打造成开放平台，服务行业、服务社会。

一是吸纳更多的物业服务企业自觉加入协会；吸纳关心、支持物业管理行业的专家、学者、有识之士加入协会，成为个人会员，为行业发展献计献策；加强与物业边缘领域企业的广泛交流、资源共享、优势互补，吸纳他们加入协会，扩大协会规模，更好地发挥协会的社会影响力。

二是加强与中国物业管理协会、辽宁省房协及物专委的联系，开展与沈阳市房协、市业主委员会协会的沟通，建立与兄弟省市物业协会的互动渠道，拓展与相关行业协会、商会和企业的合作。沈阳市物业管理协会是开放的平台，它一方面要规范会员企业的行为，维护行业的声誉，另一方面又服务于协会全体会员，推动行业的升级进步，引导会员企业做强做大。

（七）着力做好行业舆论宣传工作，扩大行业的影响力

一是总结推广行业诚信服务、务实创新的典型经验。沈阳市物业管理协会将认真践行中国物业管理协会发布的诚信服务、务实创新、专业规范、共治和谐的“物业管理行业精神”，深度挖掘和广泛宣传物业先进人物和先进事迹，总结推广物业服务企业诚信服务、务实创新的典型经验，讲好行业故事，传播好行业声音，阐释好行业价值。

二是创新行业舆论宣传工作。建立协会首席新闻官制度，增强信息公开，传递行业正能量；协会网站、微信公众号、协会会刊《沈阳物业》要进一步找准定位、发挥长处，服务行业、服务会员，建成有传播力、有公信力和有影响力的行业舆论宣传阵地。

三是推动行业媒体融合发展。加强与主流新闻媒体的沟通，建立行业与主流媒体畅通的信息沟通渠道，定期与主流媒体联合策划宣传主题活动，借助主流媒体的传播优势，扩大行业活动的影响力。

大连市物业管理行业发展报告

大连市物业管理协会

一、大连市物业管理行业发展概况

目前，大连市共有物业服务企业 954 家，具有住宅、大厦、商业、医疗、金融、院校、企业、机关、交通运输等多种服务业态。2017 年年末，实有物业服务面积 17504.74 万平方米。其中：住宅面积 15981.16 万平方米； 非住宅面积 1523.58 万平方米；服务总面积占全市房屋面积 77.9%，其中市内四区物业服务覆盖率为 79.3%。

物业服务企业从业人员 6.98 万人（其中专科以上学历人员 10576 人），管理人员占 20.1%，操作人员占为 79.9%，安置社会在就业人员 1.6 万余人，为全市 100 多万户、330 多万城市居民提供专业化物业服务。

大连市现有物业服务项目 2237 个，其中住宅项目 1813 个，非住宅项目 424 个。在创优达标活动中，9 个项目荣获国家示范项目称号，71 个项目荣获省物业管理优秀住宅小区（大厦）称号，合计占项目总数的 3.13%。

总体上，在放开物业服务收费标准后，能经过必要程序上调服务费的物业服务企业为数不多，大多数企业尚未摆脱收费标准低、收费率低的状况。在服务成本有增无减的压力下，经营比较困难，缺乏发展后劲。2016 年度，全市物业管理行业主营业务收入约 25 亿元，缴纳营业税约 1.3 亿元。2017 年，年度企业主营业务收入 39.65 亿元，年度企业利润 0.868 亿元。

二、大连市物业管理行业发展的良好态势

（一）诚信建设迈上新的台阶

大连市政府主管部门高度重视物业管理行业“诚信自律”工作，举办了诚信建设宣誓大会，努力打造“崇尚诚信、鄙视失信”的职业氛围。2017 年 6 月，大连市颁发了《大连市物业管理守信红榜和失信黑名单制度》，清晰表明“红”与“黑”的行为标准和奖惩办法，通过守信联合激励和失信联合惩戒机制促进物业服务企业诚信经营。大连市局出台《物业服务企业随机抽查实施方案》，实行“双随机，一公开”制度，抽查结果在相关网站、媒体公告。大连市物协建立企业诚信档案，通过民心网、民意网、信访等渠道，广泛搜集信息作为企业评选先进、享受政策补贴、参与招投标活动等依据。在行业规范和行政制度双重约束下，行业诚信建设取得长足进步。市局受理人大建议和政协提案由 2015 年的 33 件，2016 年的 31 件，到 2017 年的 26 件，呈逐年下降趋势。

（二）行业话语权越来越受尊重

近年来，大连市四大领导班子对物业管理行业发展的关注度越来越高，对行业的意愿和呼声越来越重视，行业的话语权越来越受尊重。大连市物协主要领导同志与业内近 50 名市、区人大代表、政协委员及工商联成员一道，在大连市“两会”和相关活动中，为化解行业发展面临的困境和难题，疾

声高呼、出谋划策。各级领导予以热切回应。仅以2017年为例，4月11日，大连市政府召开“市人大建议和政协提案关于物业管理问题办理联系会暨市物业管理工作座谈会”，大连市国土房屋局汇报工作，相关委办局、各区政府领导和部分街道、物业服务企业代表参加会议，大连市政府领导发表“高度关注物业管理”“全力做好物业工作”讲话，对落实市物协人大建议、政协建议提出要求。2月16日和10月18日，大连市政协先后两次召开“双月协商座谈会”，围绕解决物业管理纳入综合治理，物业服务收费调控和管理、小区停车场审批及规划建设、物业员工待遇等方面问题建言献策。行业话语权在事关行业重要部署、相关规章制度制定、破除发展瓶颈问题等方面的充分、有效地行使，成为大连市物业管理行业砥砺前行的一个亮点。

物业管理是市场经济条件下独立运行的经济实体。但从社会属性来说，物业管理更是政府实施民生工程、提升百姓福祉的重要载体。近年来，大连市物业管理行业大力倡导“讲政治、讲大局”的意识，持续激发物业人的社会责任感，提升行业的政治站位，在谋求企业发展过程中，不忘初心，奉献业主，回报社会。一是提供超值服务。把“为业主服务”的理念提升到“为人民服务”的高度，设立便民服务中心，提供餐饮、超市、家政、洗车等服务，甚至免费提供疏通下水、维修家电、清理地热等超值服务。二是关心弱势群体。对服务区内贫困户、空巢老人乃至老党员、老军人等特殊群体登记造册，经济特困者减免物业费，而且形成不成文的规定：逢年过节企业领导逐家逐户走访慰问。三是开展公益活动。走出辖区迈向社会，积极开展学习雷锋、植树造林、爱国卫生、环境保护等活动。与街道、工商联等组织联手慰问革命军人，探望残障儿童。举办百位老人联谊等活动，这些充满正能量的举措，赢得了广大业主和社会各界的广泛好评，行业社会美誉度大幅提升。行业先后涌现了市优秀共产党员、区优秀共产党员标兵、优秀基层党支部、大连好人、省道德模范、中国好人等先进典型。

三、大连市物业管理行业发展存在的主要问题

（一）业主委员会的建设问题

大连市实有物业管理区域2237个，召开业主大会成立业主委员会的476个，占物业管理区域总数的21.2%。长期以来，业主委员会组建难、换届难的问题依然存在。业委会候选人的产生缺乏指导，业委会成员的素质参差不齐，致使业委会成立之初便有先天不足之虞。由于业委会没有监督机构，没有问责机制，没有制度约束，工作的主观性、随意性较大，运行操作不规范，工作效果不理想，履行职责不全面的情况屡见不鲜。业委会成员构成差强人意，老干部、老党员及讲责任、重奉献的成员占比亟待提高。尽管多数业委会在业主自治、共建共享中发挥了积极作用，但是仍有少数业委会只讲“监督”“维权”，不讲合作、共赢，在一定程度上助长了物业管理纠纷与矛盾的滋生和蔓延，甚至有个别成员假公济私、徇私作弊。加强业委会建设仍是推动行业前行的重要课题。

（二）政府监管新政的落地问题

大连市实行物业管理属地化新政以来，市、区两级管理机构业已健全，行业与行政组织对接全面完成，物业市场监管体制已经初步形成，但距顶层设计的目标和行业发展的需要、属地化管理“纵向到底”的要求还未完全落实。调研发现，一些领导同志还未在思想上引起足够重视，组织机构、工作人员、办公场所、活动经费等还待落实，特别是在熟悉物业管理政策法规、懂得企业经营管理、善于化解物业管理纠纷等方面还要加大培训力度。街道、社区物业管理工作职责虽已明确，但管理体制尚未理顺，工作联络渠道不够通畅，执行力度尚显不足。在物业服务企业年检、资质相继取消，社会信用体系有待完善的情况下，实现属地化管理进一步向街道、社区下沉，对创新、改进物业管理事中、事后监管有着主要作用。

（三）优质服务资源的匮乏问题

大连市国家住宅小区（大厦）示范项目和省、市优秀项目合计 352 个，占物业管理项目总数的 15.7%。2017 年年末，大连市物协成立十周年命名表彰的先进企业 88 家，占会员单位总数的 16%，占全市物业服务企业总数的 1.7%。大连市物业工作者付出了艰辛的努力，取得了显著的成果，但物业服务的优质资源相对匮乏。从企业运营状况看，大多数企业履职尽责，为业主提供质价相符的服务，具有平稳的发展前景；近 30% 的企业在服务成本上升、服务收费率下降压力下，经营比较困难，经常发生收不抵支现象，艰难前行；极少数企业陷入“服务与收费恶性循环”的怪圈，面临弃管或被“炒”的险境。从企业总体素质看，一些大型企业体量较大，但大而不强；一些中、小型企业“五脏俱全”，但全而不精。物业管理发展不平衡、不充分的状况难以适应人民群众日益增长的对美好物业服务的期望。

四、大连市物业管理行业下一步发展思路

（一）切实加强行业党建工作

学习贯彻党的十九大精神，全方位加强党对物业管理工作的领导，是当前和今后一个时期统领全部工作的核心任务。一是完成大连市物协党组、各区物协党委、各街道分会党支部的组建工作，与对应的行政机构党组织实现横向对接，建立密切配合的工作机制。二是把非公企业党建工作纳入重要日程，建立健全物业服务企业党组织，塑造优秀基层党组织。自觉强化“四个意识”，始终坚定政治站位，全力弥补物业管理领域党建工作的薄弱环节，固本扶正，借鉴武汉“红色物业”经验，探索、打造具有大连市特色的党的领导和行政指导下的物业管理发展的新模式、新常态。

（二）推进属地化管理落地生根

三年来，大连市物业服务实行属地化管理取得了重大进展，但仍然面临许多亟须完成的工作任务。在今后一段时间，拟从四个层面完善物业市场监管体制，推进物业管理属地化落地生根。市局层面，与市编办沟通后，市国土房屋局整合局内资源，组建“大连市物业管理事务中心”，对物业管理的事前、事中、事后进行全面的监管。区政府层面，单独成立物业行政主管部门（物业管理办公室），下辖物业管理科、物业纠纷调解中心、物业事务服务中心，形成行政监管、公共服务、纠纷调解“三合一”工作机构，承上启下，指导街道、社区物业管理工作。街道社区层面，继续落实街道、社区物业管理机构和人员编制，确保属地化管理第一线心有人操、事有人干、责有人担。行业组织层面，坚持创新驱动，引领行业与行政组织互动，取得物业社区融建工作更多成果。

（三）强化街道社区对物业管理工作的指导

贯彻落实中共中央国务院《关于加强和完善城乡社区治理的意见》有关物业管理的部署，改进街道社区对物业管理的指导，是属地化最后一公里和突破行业发展瓶颈的内在要求。根据大连市物业管理的现状，在思想上街道社区要增强事业感、责任感，恪尽职守，物业服务企业要增强自觉性、主动性，砥砺奋进，营造良好的工作氛围。在行动上要推广先进经验，解决业委会建设的难题：把好业委会人选关，推举有政治觉悟、有公益心的业主组成业委会；对已成立的业委会通过增加业委会名额，派进党代表或由社区书记兼任业委会职务，在业委会建立党的组织；加强社区党组织、社区居委会对业委会和物业企业的指导，发挥人民调解与行业调解功能，有效化解物业管理纠纷，构建和谐物业管理小区。

（四）提升物业管理规范化程度

结合贯彻新版《辽宁省物业管理条例》，大连市《物业管理条例》已列入立法程序。同时大连市主管部门将在大连市物协配合下出台多部与之配套

的行业规章，以提升行业法制化、规范化运作水平。一是制订《加强住宅小区综合治理的意见》，引导行政组织、行业组织、街道社区加强物业管理行业事中、事后监管，加强综合治理力度。二是出台《物业企业退出管理办法》，建立新老物业交接工作的街道社区责任制，防范交接弊端，维护百姓利益。三是颁发《大连市物业服务企业诚信考核办法》《大连物业第三方评估办法》，建立企业信用登记制度和社会公示制度。四是制定《大连市物业服务标准》《大连市物业服务收费标准》，规范物业服务品质，为业主提供选择物业服务的空间。五是制定《物业项目备案方法》，完善备案措施，保证物业统计数据真实准确。总之，通过制度建设引领行业按章办事，依法经营。

（五）推进物业服务标准化进程

大连市行政与行业组织共同参与拟订的住宅、大厦物业管理服务规范地方标准 DB21，辽宁省质监局已于 2017 年 6 月正式发布。《大连市物业服务等级行业团体标准》即将经过充分论证颁布施行，从而形成较为科学的符合物业市场要求的物业服务标准化体系。

（六）坚持需求导向，优化物业服务供给能力

深刻理解党的十九大关于我国社会主要矛盾的论述，“把人民对美好生活的向往作为奋斗目标”统筹规划，推进物业供给侧改革，优化物业供给能力。成立物业专业委员会，集中专家智慧，从不同侧面瞄准物业市场需求，结合实际情况进行前瞻性研究，提出发展难题的破解方案，制定优化供给能力的路线图。大力倡导工匠精神，全面提升服务技能，做到服务管理信息化、服务队伍专业化、服务行为标准化、服务流程系统化，满足业主共性需求。分析“互联网 + 物业”的发展现状和趋势，通过考察学习借鉴成功经验，整合社会公共服务资源，链接业主需求平台，提供社区 O2O 服务。要依据现代商业模式，延伸服务触角，拓展服务范畴，推进企业转型升级。搞好物业社区融建工作，把企业专业和人才优势与社区群众工作经验充分融合起来，通过各种公益活动，满足业主精神方面的需求。总之，通过优化供给的各种举措，提升广大业主的获得感和幸福感。

（七）开展“提升物业服务质量三年行动”

根据中国物业管理协会、辽宁省住建厅部署精神，自 2018 年开始在全市开展“提升物业服务质量三年行动”，坚持以人民为中心的发展观，以业主集中反映的问题为导向，力争在三年内基本解决业主反映的物业管理难点、堵点、热点问题，营造和谐有序的工作生活环境，不断提升人民群众对物业服务的满意度。大连市国土房屋局已颁发《行动方案》。辽宁省计划按照“政府主导、协会组织、企业参与、全社会发动”的原则，采取集中培训、海报宣传、网上答题、行业竞赛等多种方式，全面宣传贯彻省《物业管理条例》。推广易安居平台应用，采取督办和整治措施，引领企业及时处理、回复物业投诉和报修问题，从源头上化解物业矛盾纠纷。树立物业服务标杆项目，在参加省标杆项目评选同时，每年评出大连市十个标杆项目。进行物业服务企业等级评定，在媒体进行公示，为业主选择服务企业提供参照依据，实现优胜劣汰。制定实施《大连市物业管理行政工作目标责任考评办法》，将住宅小区物业管理纳入社区治理体系，把区政府、街道办事处和社区居委会纳入考核范围，完善监管机制，考核结果与绩效挂钩。开展物业管理招投标工作，本着公开、公正、规范、透明的原则，保护当事人合法权益，促进物业市场良性竞争。要组织参加省职业技能大赛，适应业主选择提供菜单式服务，加强老旧小区综合治理，加强业主委员会建设等项工作。力求通过连续三年的不懈努力，使大连市物业管理为增进百姓福祉、决胜小康社会做出应有贡献。

吉林省物业管理行业发展报告

吉林省房地产业协会物业管理专业委员会

一、吉林省物业管理行业发展概况

吉林全省共有物业服务企业 2359 家，物业服务从业人员 10 万人，其中管理和专业技术人员 1.68 万人。由物业服务企业实施物业服务项目 7443 个，102 个物业管理项目获得全国示范住宅小区（大厦）称号，852 个物业管理项目获得省优秀住宅小区（大厦）称号；物业服务面积 3.7 亿平方米，涉及业主 310 余万户；专业化物业服务覆盖率达到 73%。全省物业服务收费平均收费率为 75% 左右，收费标准区间一般为 0.3 ～ 3.5 元 / 月 · 平方米，根据地区和物业服务水平有所差别。

吉林省以省政府令形式出台了《吉林省物业管理办法》，以省级管理部门规范性文件形式出台了《吉林省物业服务查验接收办法》《吉林省物业专项维修资金管理办法》《吉林省物业服务收费管理实施细则（试行）》等。长春市、吉林市和延边州出台了物业管理条例和相关配套文件，四平市、通化市、白城市、松原市等地出台了物业管理办法。

二、促进吉林省物业管理行业发展的措施

（一）完善物业管理政策法规

提高物业管理法规的层次和效力。吉林省物业主管部门正在着手制定《吉林省物业管理条例》。

争取形成《关于规范全省前期物业管理服务收费和保障性住房物业服务收费的意见》《吉林省物业管理招标投标管理办法》等文件，吉林省物专委正在起草《吉林省物业服务企业信用综合评价办法（试行）》。

指导各地完善各项配套政策制度和实施细则，形成完善配套的物业管理法规体系，做到物业管理服务有法可依、有章可循。

（二）健全物业管理的工作体制机制

1. 完善物业服务标准

一是完善不同类型物业的服务标准和规范，鼓励行业协会和企业参与标准制定，引导物业服务企业开展标准化试点。二是完善物业服务合同，规范物业服务委托方和受托方的责权利关系和行为；引导业主根据需求与物业服务企业通过合同约定提供菜单式服务。

2. 建立物业服务收费动态调节机制

公共租赁住房等保障性住房物业服务收费实行政府指导价，力争每三年对物业服务等级标准以及相应的基准价与浮动幅度进行评估，并根据评估结果适时进行调整。

普通住宅和商场、酒店、公寓、写字楼、办公楼等非住宅物业服务收费实行市场调节价，具体收费标准由业主、物业使用人与物业服务企业在物业服务合同中约定执行。

物业管理区域内供水、供电、供气、供热、通信、有线电视等专业经营单位向终端用户收取相关

费用，委托物业服务企业代收的，应当支付手续费。

住宅小区内物业服务用房及共用设施设备维护管理、保洁、绿化、公共照明等物业服务过程中的用水、用电、用气、用热价格按照当地居民使用价格执行。

物业服务企业应当在物业管理区域内显著位置公示物业服务企业名称、服务项目、服务内容、服务等级、服务标准、服务质量、计费方式、收费标准以及收费依据，接受业主或物业使用人的监督，不得向业主或物业使用人收取任何未予标明的费用。

（三）规范物业管理行业市场主体行为

1. 加强业主大会、业主委员会建设和管理

完善业主委员会工作职责，健全各项制度，健全和完善业主大会制度，加强业主委员会委员的推选和培训，加强监督管理，落实财务公开制度，不断提高业主委员会委员的自我管理和守法能力。

2. 规范物业服务企业行为

一是把《吉林省普通住宅物业服务规范》作为推荐性标准，物业公司和业主结合自身物业项目的状况选择适用。

二是建立物业服务信用保证金制度。为遏制物业公司提前解除合同弃管小区的行为发生，推行物业公司缴纳物业服务信用保证金制度。

三是加强诚信体系建设。通过协会建立和完善物业服务企业信用档案，并向社会公示，规范物业市场管理秩序，全面实行物业服务信息公开制度。物业服务企业违规行为记入诚信档案，逐步推行并完善市场竞争和退出机制，取缔信誉极差的企业。

四是建立物业项目退出查验机制。物业服务企业按照法定程序退出项目前，物业共用部位、共用设施设备须达到约定的完好程度或正常运行状态，未达到相关要求的，物业服务企业须承担维修责任。对于不履行维修义务的，由物业行政主管部门责令企业限期改正，并处以罚金，交由社区或业主委员会专项用于维修养护。对拒不履行维修义务、擅自撤出、终止物业服务合同的，由物业行政主管部门责令限期改正，同时依法并处罚金。并视情况限制其法定代表人、企业和项目主要负责人在本市从事物业管理活动。

3. 推行物业服务招投标制度

按照公开、公平、公正和诚实信用的原则，通过招投标方式选聘物业服务企业。既有住宅区的物业服务合同到期时，鼓励业主大会、业主委员会通过招投标方式选聘物业服务企业。目前情况下，老旧小区和弃管小区可由物业管理行业主管部门配合街道、社区向业主推荐信誉良好的企业名单，由业主委员会协商选聘物业服务企业。

（四）推进物业服务企业专业化和标准化建设

1. 推进物业服务专业化发展

在坚持提高物业服务企业综合服务能力和水平的基础上，大力扶持一批设备管理、保洁家政、园林养护、秩序维护等专业物业服务企业，鼓励物业服务企业将保洁、秩序维护、冰雪清理、绿化美化亮化、二次供水、公共设施维修等服务事项委托给专业化公司管理，提升专业化服务水平。

2. 拓宽物业服务领域和范围

支持和引导物业服务企业从单纯住宅物业服务加快向办公楼、工厂、医院、学校、商场、市政设施、城市综合体等多种物业服务延伸拓展，并提供包括基础物业服务、家政服务、养老服务、电子信息服务、理财服务等全方位服务延伸拓展，加快形成完备的现代物业服务体系。

3. 鼓励支持物业品牌建设

提高物业服务品牌的知名度、美誉度，充分发挥品牌的示范和集聚效应。对持有中国驰名商标、著名商标的物业服务企业，以及获得国家和省服务业标准化试点（示范）项目的企业，在物业项目招投标、信用等级评定时，分别给予适当加分的政策鼓励：

一是并对其承接的项目适当减免物业服务信用

保证金；二是对参与建设规模 10 万平方米以上的物业项目招投标的，给予适当加分的政策鼓励；三是对财政投资建设的公共场所以及通过招投标方式实施物业管理的机关事业单位办公场所，原则上在品牌物业服务企业中招标产生；四是对政府组织开发建设的公租房、棚户区改造项目等，在物业招投标时同等条件下优先考虑品牌物业服务企业。

4. 发挥物业服务示范项目的推动作用

对所服务项目获国家、省物业管理示范住宅小区（大厦、工业区）称号的物业服务企业，市、县（市、区）应给予适当奖励，三年内在参加当地物业项目招标时给予适当加分。

5. 提高物业服务从业人员素质

一是引导物业服务企业改进对员工的管理，加强职业技能培训和职业道德建设，规范物业服务从业人员的服务行为。

二是与高等院校、技工院校合作通过物业服务类专业培养物业优秀从业人员，推动校企合作、联合办学，形成物业服务定点培训机构，满足现代物业服务发展需要的专业人才。

三是通过全省物业管理行业职业技能竞赛推动从业人员素质的提升。

四是落实优秀人才的待遇。省总工会和省建设厅对技能竞赛成绩优秀人员给予奖励，并要求各地工会组织和物业主管部门认真落实当地获奖选手的待遇，弘扬“精益求精、爱岗敬业、持续专注、守正创新”的工匠精神。获得全省物业竞赛的电工和物业管理员第一名的两名选手推荐为吉林省创新标兵，前十名分别获得省总工会和省建设厅颁发的名次证书。各地物业管理行业主管部门和各地工会组织当地物业技术大赛，对获奖者给予相应荣誉奖励。

（五）规范物业服务的各环节

积极完善物业服务环节，实现从在建项目的物业前期介入，到建成项目的承接查验和物业项目服务的全程参与，加快形成完备的现代物业服务体系。

1. 加强开发项目的物业前期介入

一是预售项目要在办理商品房预售许可证之前通过招投标确定前期物业服务企业，并参与工程建设和综合验收。

二是现售项目应在现售前 30 日通过招投标确定物业服务企业；开发建设单位在销售房屋时不得对前期物业服务合同未约定的物业管理事项向买受人擅自做出承诺。

2. 加强对物业承接验收的监管

规范物业项目承接验收行为，维护业主和使用人的合法权益。

一是争取参与房地产主管部门组织的房地产开发建设单位和供水、供电、供气、供热、有线电视、通信、邮政以及路灯、道路、绿化、排水、安全技防等经营管理单位，做好物业项目相关公用设施的移交，并明确移交后维修管理责任。

二是收集开发建设单位按照招投标有关规定与物业服务企业办理物业承接验收手续，将项目开发建设图纸、资料等移交给物业服务企业。物业服务企业承接物业时，要做好物业共用部位、公用设施等有关事项的查验登记工作。

三是加强电梯、消防等设施设备的承接查验。

3. 建立完善的项目档案

一是物业服务企业对其管理的项目的相关图纸、资料等统一建档，并实行电子信息管理。

二是物业服务企业应完善相关制度，切实做好电梯的日常运行管理，确保电梯安全运行。物业服务企业应依法选择有资质的电梯维保单位与其签订维保合同，按照合同约定对住宅小区的电梯进行维修养护。

（六）加强住宅建设工程的质量及保修监管

1. 严格坚持建设工程质量验收标准

通过验收杜绝或减少工程质量方面的隐患，在源头上减少后期物业养护遇到的问题。对不履行保修责任的开发商记入不良行为档案，坚持住建部关于商品房销售的“两证一书”制度，把开发商的保修承诺明确写进商品房销售合同条款中。

2. 落实《吉林省物业承接验收办法》

重点是物业服务企业与开发商进行项目交接时"房屋售后"问题上的责任划分，明确权利和义务。做好工程图纸等资料的交接，为后续物业管理提供方便。因未开展承接验收工作的，物业公司要为开发公司的违约责任而承担连带责任。

3. 规范签订前期服务合同行为

要求开发商售房时，合理选择物业服务标准，不允许做虚假的、不切实际的承诺，欺骗购房者，为物业管理增加负担；也不许可为迎合消费者，压低物业费，影响后期物业管理的正常进行。

4. 建立物业维修保证金制度

为解决在保修期内开发企业不履行保修责任或无力履行保修责任的问题，促进开发企业提高质量责任意识，保障业主合法权益，减少物业服务纠纷，建议建立物业维修保证金制度。开发企业不履行保修责任的，业主大会或业主委员会可以申请在保证金中列支费用。同时制定物业维修保证金缴纳、使用审核、返还等相关工作制度。

（七）加强业主大会和业主委员会建设

业主委员会要按照法定程序依法取得社团法人资格，保证其正确行使权利和履行义务。要加快修订业主大会议事规则、物业管理规约等示范文本。要健全业主大会、业主委员会的组织建设，充分发挥其在物业管理中的积极作用。注重组织引导业主大会和业主委员会对业主公共财产进行自主管理，不断提高业主委员会的管理水平。业主委员会在物业共用部位、公用设施经营收益中列支活动经费要做到财务公开。房地产、公安、规划、建设、城管等部门要加强对业主委员会的对口业务指导和培训，不断提高业主委员会自我管理和自治能力。

（八）加大政府扶持力度

1. 价格支持

一是建立物业服务收费标准浮动机制。推广"菜单式服务、等级化收费"的物业服务费分级定价机制，积极推进酬金制收费方式。普通住宅小区前期物业服务收费实行政府指导价；别墅、排屋等非普通住宅小区和办公、商务楼宇等非住宅物业，以及业主大会成立后的普通住宅小区物业服务实行市场调节价。对普通住宅小区前期物业服务方案确定的服务标准超出当地最高政府指导价相对应服务标准的，建设单位可按照优质优价原则提出前期物业服务收费标准，报所在地价格主管部门和物业行政主管部门核定。廉租住房、政府投资建设运营的公共租赁住房委托专业机构提供物业服务的，所需物业服务费用由当地财政承担。

二是争取适度免缴向物业服务企业收取的行政事业性收费，不能免缴的按照最低标准收取。如适当减免残保基金、防洪基金和副食品价格调节基金等各项行政性收费项目，切实减轻物业服务企业负担。

2. 补贴支持

一是对老旧住宅小区、保障性住宅小区、农民工公寓、拆迁安置小区等实施专业化物业管理或准物业管理的，定期给予物业管理服务单位一定的资金补贴。

二是优先保障老旧电梯等直接涉及公共安全的基础设施大修、改造或更新所需经费。

3. 奖励支持

每年通过集中配置资金，用于引导和鼓励物业管理行业龙头企业、创新型企业和品牌企业的发展，支持物业管理行业人才培养、标准化和信息化建设，奖励在节能减排、安置就业、社区建设中作出突出贡献的物业管理单位等。

一是主动管理老旧小区的物业公司，在政策扶持的同时，实行一次性奖励。对接管改造后老旧住宅小区的物业服务企业，与业主委员会签订 3 年以上物业服务合同，在服务期限内业主满意率达到 80% 以上的给予各种奖励，鼓励企业承担社会责任。

二是每三年对省、市"十佳物业服务企业"进行表彰，并给予相应奖励。每年安排一定数量的物业服务业发展引导资金，集中用于引导和鼓励物业管理行业龙头企业、创新型企业和品牌企业的发展，支持物业管理行业人才培养、标准化和信息化建设，奖励在节能减排、安置就业、社区建设中做出突出贡献的物业管理单位等。

三是加大对创优达标物业服务企业的奖励力度，引导物业服务企业增加便民服务项目、扩大服务范围、提高服务质量，鼓励优秀企业做大做强，带动行业发展水平整体提升。对获得国家级物业管理示范项目的，按标准给予一次性奖励。

4. 征信支持

研究比照水电气行业，在制定修改《征信管理条例》时，将“业主个人物业费交纳情况”列入个人征信的内容与范围。

5. 节能优惠政策

建立健全物业服务节能减排考核目标责任制。鼓励有条件的物业服务企业设立专业节能服务公司，加大节能减排工作力度。

在前期介入阶段，鼓励物业服务企业以顾问等方式提前介入房地产项目的开发建设，从建筑设计、施工以及建筑材料、设施设备的选择上提出合理化建议。

在日常服务阶段，鼓励物业服务企业主动排查高能耗及不符合环保要求的设施设备，开展技术革新和设备改造，提高能源利用效率。

对物业服务企业因节能减排而改造共用设施设备的费用支出，以及节能降耗成效突出的物业服务企业，建议当地政府给予一定比例的一次性费用补贴和奖励。

6. 加强组织协调，形成工作合力

积极争取将现代物业服务业发展纳入全省服务业发展工作目标责任考核体系，确保各项工作和扶持政策落实到位。

一是宣传加快发展物业服务业的重要性，把提高物业管理行业发展水平和服务能力、培育和规范物业服务市场、减轻物业服务企业负担、落实扶持政策工作列入重要议事日程，明确任务，落实责任，确保各项工作和扶持政策落实到位。

二是推进建立由省物业主管部门、发展改革、公安、民政、司法、财政、税务、工商、质监、安监、金融、电力等部门和单位组成的物业管理联席会议制度 。

7. 规范物业专项维修资金管理

一是深入贯彻落实新修订的《吉林省物业专项维修资金管理办法》，建立健全物业专项维修资金应急机制，保证业主生产生活安全。二是提高物业专项维修资金立法层次和效力，建议省政府将维修资金管理机构的编制全部改为全额拨款事业单位、落实属地化管理责任、加强维修资金的审计及整改等工作。三是督导各地政府开展专项整改，限定时限追缴被挪用、占用及减免缓交的维修资金。四是联合开展行政监督检查，及时纠正违反国家和省维修资金政策的现象。五是开展业主大会自行管理维修资金、使用维修资金第三方审价、业主协议维修资金存储方式等试点工作。六是指导各地制订《物业维修资金使用管理规程》，进一步优化维修资金使用申请程序。七是完善《业主临时管理规约》，解决应急维修发生时业主的集体授权问题，增设应急维修的临时授权条款，引入侵权责任法的相关内容。

8. 建立物业服务抽检和纠纷处理机制

开展物业服务抽检活动。通过日常巡查和专项检查，规范市场行为和秩序，对群众投诉举报、舆情监测渠道反映出来的情况和问题，及时制止并向政府相关部门反映。

做好物业服务纠纷调解工作。一是构建人民调解、行政调解、司法调解相互衔接的“三调联动”的物业服务纠纷调解工作新模式。二是建立市、县、街道、社区四级物业管理投诉受理制度和物业服务纠纷快速处理调解组织体系，着力解决物业服务纠纷逐年增多的问题。

9. 减轻企业负担

一是严格执行相关法规规章，依法查处和纠正物业管理活动中的各种违法违规行为。二是推进司法手段清缴拖欠物业费工作。三是物业管理区域内供电、供暖、供水、供气、通信等单位应当收费到户，依法承担业主专有部分以外相关管线和设施设备维修、养护、更新的责任和费用，承担经营服务过程中产生的损耗。四是对不能实现终端收费，确需物业服务企业代收的，实行有偿服务。禁止以停水、停电、停气、停暖等形式强迫物业服务企业代收相关费用和承担损耗费用。五是违反规定的经营单位，属地政府要及时督促整改落实，给业主、物业服务企业造成损失的，依法承担赔偿责任。六是积极推进落实现有政策，住宅小区的公共照明用电、物业管理用房所发生的水、电、热费按照民用标准收取。七是环卫部门不能再向物业服务企业收取二次垃圾清运费。

（九）推进老旧小区落实物业管理

老旧住宅区采取的社区代管、产权单位管理、业主自行管理模式，无论从专业化角度，还是管理主体能力水平，以及管理的长效性上都存在短板，既不利于老旧小区物业管理活动的健康发展，也不利于推进物业管理标准化落实。

1. 选聘优秀企业参与服务

可选聘优秀物业服务企业接管老旧住宅区和“三供一业”移交的国有企业职工家属区及保障性住房的物业管理。保证老旧小区基本物业服务，巩固小区整治成果。在此基础上，企业采取微利经营和优质服务策略，通过市场化运作，参与市场竞争，逐步淘汰规模小、服务差的物业服务企业。

2. 建立接管老旧小区的企业平台

依据物业服务企业信用等级评定结果，将信誉度好、愿意承接社会责任的物业服务企业纳入平台。以建成区为单位，每个城区在平台上选择２～３家物业服务企业，集中接管辖区内产权单位管理及其他无物业管理的住宅区。

3. 明确产权单位管理内容

对于原有产权单位管理房屋的共用部位维修养护工作委托社区，由社区依托平台选聘物业服务企业管理，产权单位只负责公房管理和收取房屋租金，并作为业主依法缴纳物业服务费。

4. 加强街道、社区对业主委员会的监管

老旧小区成立业主委员会时，街道、社区工作人员如果是该小区业主的，可优先推荐为业主委员会委员。由业主大会、业主委员会决定小区物业管理重大事项时，应在街道、社区监督指导下进行，确保业主大会、业主委员会依法依规，保障小区物业管理工作的正确导向。对于违反业主大会议事规则或者未经业主大会和业主委员会会议的决定，社区应当及时制止，制止无效的，街道办事处（乡镇人民政府）应当通告全体业主，责令限期改正；造成经济损失或者不良影响的，依法追究相关主体的法律责任。

（十）加强舆论宣传和引导

一是发挥物业服务企业的宣传优势，充分利用社区宣传设施，并通过举办各种形式的社区活动，大力宣传物业服务管理，增强业主的契约意识和消费意识。

二是积极与新闻媒体合作，进行专题宣传，扩大宣传的频度和覆盖面，进一步理清物业管理区域内物业服务企业、开发建设单位、专业经营服务单位等各方主体以及各有关行政管理部门在物业管理活动中的法定职责。在报道物业服务纠纷中宣传物业服务法规，引导广大业主依法理性维权，引导物业服务企业规范管理、提高服务水平。

三是要加强网站建设，及时发布物业管理法律法规以及物业服务企业信息，全面营造有利于行业发展的良好氛围。

（十一）着力加强协会建设

成立吉林省物业管理协会。健全协会组织，修订完善协会章程和工作制度。

加强各类职业技能培训。将物业服务从业人员作为职业技能培训的重点对象，与全国优秀培训机构合作，积极开展订单式培训、定向培训和在岗培

训。针对当前物业服务市场准入门槛低、人员素质参差不齐的现状，依托行业协会，加强物业从业人员上岗培训，加强消防、设施设备等专业培训，加强企业经营者和管理者的培训。通过加强培训工作，强化行业从业人员服务意识，提高企业服务能力，提升行业整体服务水平。

建立健全统计制度。加强物业服务业统计信息平台建设，完善统计报告制度和信息发布制度，加强物业服务业发展的动态监测和分析，为制订物业服务业发展规划、政策提供依据。

加快推进行业诚信体系建设。引导物业服务企业开展物业承诺、履行社会责任，确保物业服务质价相符，努力构建和维护良好的物业服务市场秩序，促进物业服务业健康发展。

建立健全行业诚信体系。进一步完善物业服务企业诚信档案管理办法，搭建物业服务企业诚信档案和信息发布平台，及时向社会发布企业诚信信息和不良信用记录。要逐步将企业诚信体系建设与项目评选挂钩，对信誉好、口碑佳的企业，在项目评选中予以优先考虑；对社会形象差、服务不规范、管理水平低的企业坚决予以清理整顿，依法实施处罚。进一步建立物业市场准入清出机制，努力形成竞争有序、优胜劣汰的发展环境。

黑龙江省物业管理行业发展报告

黑龙江省房地产业协会物业管理专业委员会

一、黑龙江省物业管理行业发展概况

近五年来黑龙江省物业管理行业发展迅速，截至 2017 年年末黑龙江省住宅物业管理面积 5 亿平方米，非住宅物业管理面积近 2 亿平方米，其中哈尔滨、齐齐哈尔、牡丹江、佳木斯、大庆、绥化等六个中心城市物业管理面积近 5 亿平方米，全省城镇住宅物业管理覆盖率达到 70% 以上，哈尔滨、大庆两个城市的物业管理覆盖率达到 95% 以上。物业管理行业 2016 年度产值 70 亿元， 2017 年度产值 75 亿元左右，行业重要性凸显。

二、黑龙江省物业管理行业发展概况分析

随着我国物业管理行业的不断发展壮大，黑龙江省物业管理行业规模也呈现了几何式的增长，政府不断简政放权，物业管理的大环境也不断发生变化，显现服务市场化、企业规模化、业主维权多样化、社区智能化等特点。

（一）政策法规环境

2017 与 2018 年度《黑龙江省政府工作报告》两度数次提及物业服务工作，将物业服务作为惠民生、为百姓办实事的重要工作来抓，行业发展势头良好。黑龙江省行业主管部门高度重视法规建设，目前《黑龙江省物业管理条例》万事俱备只欠东风。2017 年黑龙江省住建厅下发《全省物业管理服务提升年活动工作方案》，积极推进全省物业管理服务水平的提高。《哈尔滨市物业管理条例》二次修订，《牡丹江物业管理条例》2018 年 5 月 1 日起正式实施，齐齐哈尔、佳木斯市、大庆市等地市也积极出台各项政策法规。黑龙江省政府要求全省行政主管部门要全面梳理制约物业管理的突出问题，准确把握工作的主攻方向和着力点，作为制定相关政策的依据。一是要健全物业管理法规体系，依法规范物业管理。二是要健全管理体制机制，形成合力共管的新局面。三是要健全业主大会制度，强化业主自治管理。四是要提高整体服务水平，加强企业自我完善管理。五是要加强行业监管，多措并举提升物业管理水平。六是要强化维修资金监管，确保管理规范、使用便捷。七是要解决老旧、弃管问题，努力实现服务管理全覆盖。

（二）市场发展环境

物业服务企业资质取消后，黑龙江省政府、行业主管部门积极响应，认真学习落实党的十九大会议精神，创造宽松的营商环境，为企业松绑减负，推出一系列政策措施。各地市针对物业市场项目招投标，取消了资质准入门槛。各地市不再收取物业质保金，哈尔滨市还取消了物业服务企业考评监管工作。目前省内物业市场主要呈现以下特征：一是市场竞争加剧，通过物业项目招投标信息反馈无论新旧项目，报名参与的企业都

很多，个别项目报名参与者超过 20 家；二是物业服务全国化趋势加强，随着全国性大型地产在黑龙江省的开发建设以及物业市场全国化的发展，大型知名物业服务企业如万科、长城、绿城、恒大金碧、山东明德物业、北京金融街、深圳航天等一批知名企业都在黑龙江落地安家，带动了物业市场的活跃度，也推动了物业服务品质的提升；三是物业费市场价格整体偏低尚未实现真正的市场化，住宅小区物业费价格仍然遵循政府指导定价，这在一定程度上限制了市场化服务；四是老旧小区物业市场规模在增长但服务品质更趋向低档，看似符合市场规律却不利于长远发展、实现物业的保值增值、提升人民生活福祉；五是业主委员会成立与发展的速度加快，业主更换物业诉求大幅增加，当中缺少合理性、合规性，政府在营造宽松市场环境的同时，业委会行为规范、物业服务企业第三方认定评估、行业自律工作都有待加强。

（三）企业概况

物业服务企业数量 3100 家，其中哈尔滨市 1100 家，大庆、齐齐哈尔、绥化市均在 300 家左右，从业人员数量超过 30 万。物业年产值过亿元的独立法人物业服务企业数量有 5 家，分别是大庆高新物业、哈尔滨景阳物业、哈尔滨菱建物业、大庆油田万方物业、大庆府民物业等，其中 3 家是国有企业，另有哈尔滨哈投集团、大庆油田矿区事业部等几家大型国有物业集团其管理面积超 2000 万平方米，营业收入过亿元。

总体看物业优质资源分布在大中型物业服务企业，物业管理规模、服务水平发展表现出地区发展不均衡，中小企业数量偏多，本土物业具备核心竞争力的企业很少，创新与服务意识有待提高。由于地区发展不均衡，企业间管理与服务能力的差距也很大，很多小企业还只停留在传统的保洁秩序维护等服务阶段。物业管理业态分布广，特别是在医院、学校、行政机关、机场、展馆、景区、工业园区等非住宅物业管理工作方面很多企业积累了宝贵经验。

（四）发展趋势

习总书记明确指出新时代我国社会主要矛盾是人民日益增长的美好生活需要和不平衡不充分的发展之间的矛盾，转换到物业管理行业就可以理解为消费升级概念下现行物业管理服务还不能满足业主日益增长的对服务消费的需要，物业管理服务应赋予更广泛的内涵，智慧社区、物业 + 互联网、足不出户就可以享受到便捷与舒适的服务。目前黑龙江省物业服务企业中那些具备消费升级能力的企业就很受业主的欢迎，例如能提供餐饮服务、礼仪服务、家电清洗与维修服务的企业。物业管理行业也到了消费升级的关键时期，如何延伸服务，是行业要探讨的课题更是行业发展的大势所趋。

三、黑龙江省物业管理行业发展经验与探索

黑龙江省地处东北老工业基地，经济发展相对落后、物业市场活跃度不高，特别是在管理理念与发展水平上与先进省份有较大差距，黑龙江省委省政府、行业主管部门包括行业协会组织在推动行业发展过程中都做出了积极的努力与探索。

（一）组织召开现场会带动区域协调发展

经验交流现场会一直被认为是推动物业管理工作最为行之有效的办法之一，特别是最近两年黑龙江省住建厅在省房协及物专委的协助下，先后召开两次物业管理工作现场会。2016 年 8 月在齐齐哈尔市的泰来县、讷河市成功组织召开了“黑龙江省推动县（市）级物业管理工作齐齐哈尔现场会”，来自全省 13 个地市的市县级物业管理行业主管部门和物业协会领导及部分物业服务企业负责人 140 人参加现场会，参会人员认真听取了来自泰来县和讷河市政府领导、企业代表的经验介绍，并实地参观了上述两个县级区域优秀物业小区。2017 年 9 月，

黑龙江省住房和城乡建设厅召开全省物业管理工作视频会议。观看了黑龙江宝宇物业管理有限公司、哈尔滨景阳服务有限公司和哈尔滨新东方物业管理有限责任公司物业管理成果视频；哈尔滨市房产局、齐齐哈尔市房产局、牡丹江市房产局、佳木斯市房产局、大庆市城管委和龙江县房产局介绍了物业管理工作先进经验。

（二）坚持对外学习，引进外埠经验做法

地域发展落后但人的思想观念不能落后，近年来始终把向先进地区学习作为推动行业发展的重要工作。除了积极参加中国物业管理协会每年组织的各项全国性活动外，我们还会以中国物业管理协会会议召开为契机，组织省内优秀企业代表到外省参观学习、座谈交流。2017 年黑龙江省物专委与湖北物专委（现在的湖北省物业管理和服务协会）、长沙市物协、青海省物专委、乌鲁木齐物协等协会进行了座谈交流，得到他们的热情接待，学习到了不少宝贵的经验做法。六年来我们先后组织近 200 人次到上海、深圳、浙江、江苏、江西、山东、陕西、四川、湖南、湖北、青海、新疆等省份参观学习，所到地区的行业协会、地方主管部门、物业服务企业为我们提供了无私的帮助与支持。

（三）注重职业技能培训与发展

当前物业管理行业已经从传统的劳动密集型向智能技术型过渡，从事物业管理的工程技术人员、客服人员包括更多岗位员工都要有一定的技能，黑龙江省每年都会组织专业岗位技能培训与职业技能比赛。2017 年 5 月在上海举办的全国首届“深圳物业管理学院杯”全国物业管理行业职业技能竞赛中，黑龙江团队发挥出色，取得了较好的成绩。其中在物业管理员比赛中 3 名队员全部成功进入 20 强决赛最终分获第 6、12、18 名。汪丽萍、秦昌霞获得“全国住房城乡建设行业技术能手”称号，黑龙江省物专委获得大赛优秀组织奖。黑龙江省物专委也破例将获奖队员纳入黑龙江省物业管理行业重要师资队伍中，并在黑龙江省内近 500 人的培训会上为学员们分享了经验与心得。

（四）推动“物业 + 互联网”在省内落地

经过四年多的不断探索与尝试，在联盟发展、自我创造和合作共赢的多项选择上我们最终选择了合作共赢，这是一条最适合黑龙江发展的模式，可谓强强联合、互利互惠，行业受益、企业受益、业主受益。2017 年 11 月 11 日，由黑龙江省住建厅、物专委及雅生活集团联合主办的黑龙江省智慧物业发展高峰论坛暨黑龙江雅天网络科技公司启航发布会盛大召开，中国物业管理协会沈建忠会长、王鹏副会长兼秘书长以及雅生活集团刘德明总裁，黑龙江省政府、建设厅、科技厅及各地市政府领导、媒体代表、省内物业服务企业代表 500 人见证了“物业 + 互联网”在黑龙江物业市场扬帆启航的时刻。黑龙江省物专委陈建军主任与刘德明总裁正式签署战略合作协议，目前黑龙江雅天科技的智能物业落地工作在黑龙江省正加速推进，省内多家企业已经与该公司签订了合作协议，相信不久的将来，黑龙江省的广大业主、更多的物业服务企业就会享受到由科技力量带来的物业变革创新成果。

（五）创新开展物业服务企业联合保险

在“物业 + 互联网”带来对传统物业管理行业的冲击影响下，也让我们深刻领会到，一个企业再强也只是孤军奋战，最终它不会改变束缚发展的格局，只有改变传统经营格局、实现联合发展的共赢模式才有未来，建立一个真正适合发展的平台才能让更多的企业乃至行业受益。物业联保工作就是黑龙江省在集约联合发展平台上的又一突破性工作。2017 年在总结 2016 年省联保工作的基础上，黑龙江省真正实现了物业联保大步发展。

统保的优势在于通过专业的保险经纪公司以专业保险的角度设计物业保险方案，集合利用全省物业资源与保险公司谈判获得保费标准与保险责任的最佳组合，保费标准低了保险责任大了。企业风险

转嫁，运营成本降低，抗风险能力大大增强。与此同时，保险公司与保险经纪公司为降低赔付风险，还会主动组织参保企业开展风险排查与风险管控的相关培训，这也无形中加强了物业服务企业的风险防控能力，提高了企业的安全管理意识。2017 年度承保哈、齐、牡、佳、大、双、鸡七个地市，服务物业服务企业 150 多家，保障小区数量 500 余个，保单总数 196 单，总保费 371 万元，保额 81213 万元，覆盖物业管理面积 14289 万平方米，已理赔 157 万元。有效帮助企业规避法律风险。

（六）打造服务型协会

2017 年是黑龙江省的物业管理服务提升年，各地市组织了多场针对物业管理的服务活动，黑龙江省住建厅还出台了《关于加强和规范全省物业管理工作的指导意见》，在 2017 年度省级十佳与省示范项目创建与复检工作严格进行了考评，积极落实指导意见。为此物专委还专门组织省内专家编制了《黑龙江省物业服务企业规范管理操作手册》，2018 年物专委将持续改进和推动黑龙江省物业管理服务的规范化管理水平。在开展行业自律工作的同时，不忘初心，努力践行协会的服务职能。一是组织好培训，2018 年 5 月成功组织了省行业技能大赛选拔优秀选手参加全国比赛，同时开展全省技能培训工作，在 2017 年三次大型培训的基础上，再组织四次以上全省物业管理培训。二是建设好微信公众平台与网站，微信平台与网站为协会服务广大企业提供了便捷的窗口与平台，今后将一如既往地发挥其信息服务功能。同时开展为企业提供技术、法律等专业方面的咨询服务，为企业排忧解难。三是加强与黑龙江各地市物协的互动交流，形成全省物业统一发展的大好局面。

江苏省物业管理行业发展报告

江苏省房地产业协会物业管理专业委员会

一、江苏省物业管理行业发展概况

（一）基本情况

截至 2017 年年底，江苏全省共有物业服务企业 8046 家，物业项目 32500 个，总面积 19 亿平方米，平均每户企业管理项目 4 个，管理面积 23.61 万平方米，物业形态涵盖了住宅、办公楼、学校、商业、工矿区、医院等，各形态物业分布情况如图 1 所示。

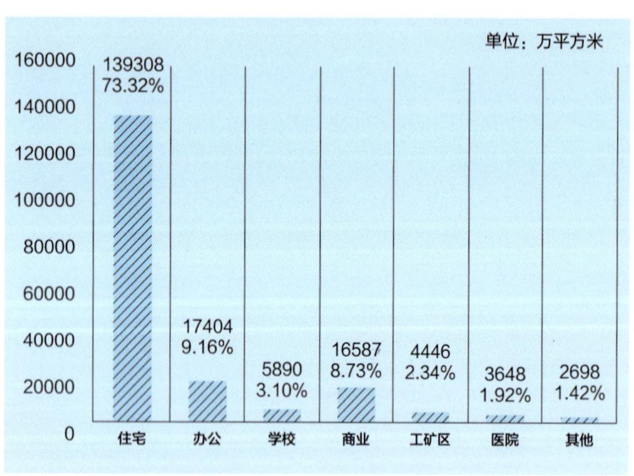

图 1　江苏省各物业形态管理面积分布情况

全行业积极创建各级优秀示范管理项目，截至 2017 年年底，江苏全省共创建各级优秀示范管理项目 3291 个，其中国家级优秀示范项目 66 个，省级示范项目 575 个，市级示范管理项目 2650 个。

（二）从业人员情况

全省物业管理行业从业人员总数（含外包人员）781105 人。从岗位划分来看，项目经理 29049 人，维修人员 111154 人，秩序维护人员 310086 人，保洁员 245847 人，客服人员 84969 人，如图 2 所示。

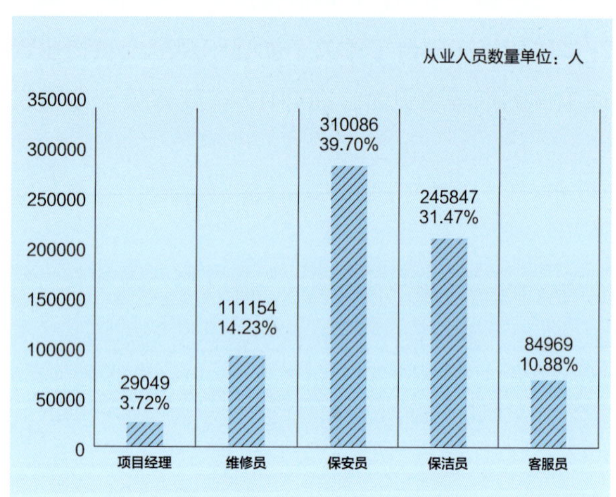

图 2　江苏省物业管理行业从业人员岗位分布情况

从行业从业人员的学历层次看，大学及以上学历 102949 人，中专及高中 353840 人，初中及以下 324316 人。从学历情况的数据分析可以看出，目前江苏省物业管理行业从业人员的文化层次相对较低，尤其多数一线操作人员的学历在高中及以下层次，这和很多行业差距明显。

从行业从业人员的年龄结构上看，从事物业服务人员中年轻人偏少，35 岁以下只有四分之一，多数从业人员都是 45 岁以上。具体如下：18 ~ 35 岁之间共 197812 人，35 ~ 45 岁之间共 267958 人，45 岁以上 315335 人，如图 3 所示。

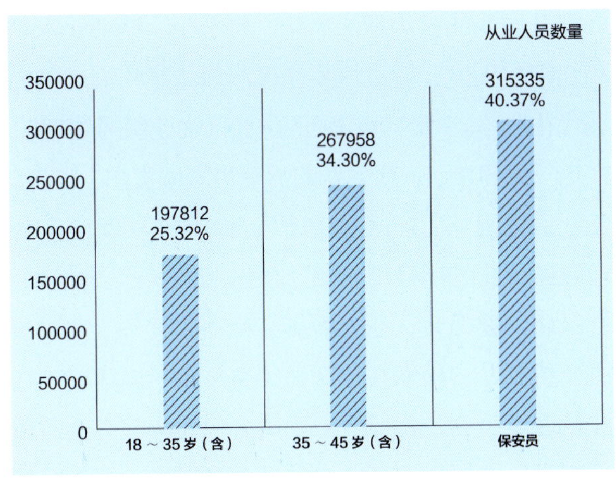

图 3　江苏省物业管理行业从业人员年龄分布情况

另外，江苏全省 13 个省辖市中已经有 12 个市成立了物业管理行业协会（其中扬州市为房地产协会物业管理专业委员会），且均已按照中办国办相关要求完成了脱钩改制，在推进全行业自律发展、充分发挥政府和企业之间的桥梁等方面发挥了重要作用。

（三）企业经营情况

近些年来随着行业快速发展，企业收入逐渐上升，2017 年江苏全省物业服务企业经营总收入 285.64 亿元，平均每户企业收入 355 万元，其中物业公共服务收费 223.84 亿元，停车费 50.35 亿元，其他增值业务 11.45 亿元。

2017 年，江苏全省物业服务企业净利润共 15.28 亿元，总体净利润率仅为 5.35%，平均每户企业净利润 18.99 万元；行业纳税总额 13.18 亿元，平均每户企业纳税 16.38 万元。

由以上两组数据分析可以看出：物业公共服务费依然是企业最主要的收入，企业在多元化经营的道路上依然任重道远；而净利润率仅为 5.35%，说明行业依然属于微利状态。

（四）地区情况比较

企业数量上，苏南物业服务企业共 4838 家，占江苏全省企业数量的 60.14%。

江苏省各地区在经营总收入上差异显著。苏南最多，有 228.91 亿元，是苏中与苏南地区的近 10 倍；苏北次之，有 36.10 亿元；苏中最少，有 20.63 亿元。苏南、苏中、苏北三个地区平均每户企业收入 473.15 万元、175.42 万元、177.64 万元。也因此，苏南地区企业产生了更多的净利润，同时也贡献了更多的税收。

收入来源上，各地区的收入绝大部分来自物业费，极小部分来自停车费和其他增值业务；其中，苏南的物业费遥遥领先于苏中和苏北。

（五）综合实力和优秀企业情况

2017 年，全省物业管理行业前 50 强总资产 69.46 亿元，共管理物业项目 3661 个（占全省 11.26%），管理总面积达 4.97 亿平方米（占全省 26.15%）；平均每个企业管理项目 73 个，管理面积 929.00 万平方米，这与全省企业平均数（4 个，23.16 万平方米）相比有明显优势。在所有在管项目中，住宅项目占据半壁以上江山，其中又以高层和多层住宅为主；办公物业和工业物业的在管面积也占了一定比例。

50 强企业从业人员共计 108895 人。从岗位来看，保安员与保洁员人数最多，其他工种、管理员、维修员、绿化工人数次之。从学历层次来看，江苏省 50 强企业从业人员普遍学历偏低，本科及以上学历者不足 6000 人，而高中以下的人数则高达 65607 人。

企业经营方面，2017 年 50 强企业经营总收入 90.2 亿元，占全省物业管理行业总收入（285.54 亿元）的 32.43%，平均每户企业收入 1.85 亿元，这也比全省平均收入（355 万元）高出较多。其中绝大多数是物业管理收入，占总收入的八成以上。

2017 年，全省 50 强企业利润总额 7.91 亿元，净利润 6.13 亿元（占全行业 40.13%），平均每家企业净利润 1226.57 万元，这和全省的平均数 19 万元有较大优势；50 强企业净利润率 6.62%，这比 5.35% 的行业平均数有提高。50 强企业总纳税额为

5.18 亿元，占全省行业总额 39.33%，每户企业纳税 1036.68 万元，远超行业平均 16.38 万元的水平。

总结 50 强企业运营情况可以看出，无论从总量指标或平均指标来看，50 强企业在全行业中占据相当的比重，这说明了全行业企业发展之间的极度不均衡。

总体来看，在江苏省物业管理行业发展过程中，改革依然是主旋律，并且在新时代逐渐呈现出新的特点。首先，行业以市场为导向，诚信经营，积极探索转型升级，企业经营服务呈现多元性，为丰富社区服务做出了极大贡献；其次，企业利用互联网技术解决信息不对称，提高效率，降低交易成本，提升了物业服务水平；最后，部分企业亦开始进行资本运作，企业联合、兼并重组逐步开始在行业内出现。

二、江苏省物业管理行业发展面临的机遇和挑战

随着江苏省经济发展进入新的阶段，江苏省委省政府提出调整产业结构、加快发展第三产业、打造好现代服务业，推进“两聚一高”新实践，建设“强富美高”新江苏。2017 年以来，江苏省政府办公厅发布了《关于提升社区物业服务水平促进现代物业服务业发展的指导意见》，江苏省住房和城乡建设厅印发了《江苏省“十三五”物业管理服务行业发展规划》，两份江苏省物业管理行业未来发展的指导性文件在总结行业过去发展情况的基础上也为行业未来的发展指明了方向。在这一背景下，江苏省物业管理行业将迎来更多机遇但也会面对更多挑战。

（一）新时代新治理形势

2017 年 6 月中共中央国务院提出《关于加强和完善城乡社区治理的意见》，要求“实现党领导下的政府治理和社会调节、居民自治良性互动，全面提升城乡社区治理法治化、科学化、精细化水平和组织化程度，促进城乡社区治理体系和治理能力现代化”，其中尤其提出“改进社区物业服务管理”。在这一意见中，一系列新的治理措施被提出，如“加强社区党组织、社区居民委员会对业主委员会和物业服务企业的指导和监督”“建立健全社区党组织、社区居民委员会、业主委员会和物业服务企业议事协调机制”“探索在社区居民委员会下设环境和物业管理委员会，督促业主委员会和物业服务企业履行职责”“探索完善业主委员会的职能，依法保护业主的合法权益”“探索符合条件的社区居民委员会成员通过法定程序兼任业主委员会成员”等。

这些新的治理举措必将对物业管理行业带来重大影响，因此物业管理活动主体尤其是物业服务企业和业主组织，应当充分考虑在新时代治理体系下各自的位置与角色，发挥自己特长，营造良好的行业氛围，促进物业管理行业健康向上发展。

同时需要注意的是，新的治理形势也给物业管理行业和企业的发展带来了诸多限制。在新的治理框架下，政府职能部门、街道办事处、社区居委会、业主组织均会直接介入物业管理市场治理活动，一些地方还有更具突破性的措施，这些举措在为物业服务企业提供更多发展机会的同时也带来了更多限制。

（二）新常态新社区经济

在较长的时间内，社区被认为是政府部门和居民自治组织（社区居委会）以及社会组织提供政府服务和社会服务的场所。物业管理制度的确立为市场主体在社区场域内供给服务提供了空间，但是长久以来，物业服务企业在社区服务供给体系中依然处于从属角色。新经济的发展为物业服务企业在社区经济中博得一席之地带来了新的发展机遇，《江苏省物业管理“十三五”规划》明确提出“不断健全物业服务体系”，鼓励物业服务企业横向多元化经营，进入高附加值的领域发展，为业主提供更为丰富的社区增值服务；“探索建立新型物业管理商

业模式延伸产业链”，将物业管理行业的活动延伸至房地产整个链条，包括房地产前期规划设计，中期的招商策划、代理营销和后期的对物业资产的保值增值、商业物业经营管理等。

在物业管理供给侧改革的过程中着重需要调整的是政府与市场的关系。一直以来在物业管理活动中存在政府和市场的边界不清、政府过多参与物业管理活动过程的问题，在新常态下推进物业管理供给侧改革首先应当推进各级政府“放管服”，一方面将市场交由企业和业主来决定，另一方面优化政府在住宅社区的管理服务（尤其是制度供给和公共服务）。其次应当通过充分市场竞争促使物业服务企业提供高质量的服务，重点是理顺物业管理招标投标机制，使业主能够接触到优秀的企业，避免出现“劣币驱逐良币”的现象。

物业服务企业在社区经济发展过程中占有天时地利人和，但物业服务企业自身的能力等问题成为制约企业进一步发展的瓶颈。另外，社区经济并不必然是物业服务企业的天然领域，其他行业的佼佼者尤其是互联网行业正通过各种方式进入社区，物业服务企业应当面对这一现实。

（三）新技术新行业发展

国务院于2015年7月发布了《关于积极推进“互联网＋”行动的指导意见》，其中特别提出传统企业运用互联网的意识和能力不足、互联网企业对传统产业理解不够深入、新业态发展面临体制机制障碍、跨界融合型人才严重匮乏等问题，因而提出多项重点行动措施，其中尤其提到“互联网＋”益民服务，这为物业管理行业的发展提供了重要思路。

另外，近些年来国务院及其相关部门在不同的时间段，分别就云计算、大数据和人工智能等新技术发布了产业发展意见或者规划，如国务院在2015年发布了《关于促进云计算创新发展培育信息产业新业态的意见》，在同年8月印发了《促进大数据发展行动纲要》，在2017年又印发了《新一代人工智能发展规划》；工信部在2016年印发《国家大数据产业发展规划（2016—2020年）》。这些不同的新技术离我们并不遥远，在政府部门的意见、纲要和规划中，传统行业尤其是居民服务业是这些新技术的重要使用场所，而这为物业管理行业尤其是物业服务企业提供了广阔的发展空间。

目前很多地方和企业正在推行“智慧物业”建设，他们在智能家居、安防监控、停车服务等物业服务智慧化方面取得了突破性，但是在推进社区公共数据资源中心建设、搭建社区公共事务决策平台、提升“智慧物业”在社区治理与便民服务等方面仍需要有更多提高。除此之外，新技术如何在行业中得以使用还应有更多的突破口，如何面对这一历史机遇值得整个行业和企业重点思考。

三、江苏省物业管理行业未来发展的对策和建议

如何推动物业管理持续健康地发展给老百姓带来实实在在的实惠，既要靠制度不断地完善，又需要对行业进行管理与规范，更需要对企业进行指导与约束。

（一）制度层面

一是加强制度体系建立。在2007年之后，全国各省份均进入了物业管理立法进程中，一些省份或地方已经进入了第三轮的立法，江苏省物业管理行业的制度建设也取得了长足进步。但和其他领先省份相比仍有所落后，这主要体现在两方面：一是立法的及时性上；二是立法的全面性上，北京、上海、深圳等地均进行了以地方性立法或政府规章为核心的“1+N”制度体系，而江苏省及各地方在这方面还有所欠缺。

二是完善宏观制度框架。在制度框架上，目前江苏省及各地方在制度设计上过多关注对市场交易细节的约束，如对服务标准和价格标准的限制等，而对市场结构的形成、协商谈判机制的设立等方面

缺乏更为宏观的考虑，这影响了物业管理行业整体发展。在未来的制度建设中，应当更加关注物业服务企业、业主（业主组织）、咨询机构、政府部门、专营单位等在市场中的位置及角色，使市场在均衡的框架下运行。

三是拓展市场机制设计。目前江苏省及各地方的制度设计主要是对《物业管理条例》设立的制度进行深化，缺乏有针对性的机制设计，而这在广东、上海、山东等省份和地方的立法中均有所体现。在具体机制上，前期物业管理制度、物业服务费用收取制度、行业信用管理体系建设制度等都亟待细化。

四是细化市场参与者权利义务。对于物业服务企业、业主（业主组织）、咨询机构，尤其是政府部门和专营单位的权利义务应当进一步明确，增加可以落地的条款，特别是对业主自治的扶持、对专营单位的责任、对政府部门介入社区治理等应当有更为明确的规定。

五是强化理论对立法的指导。在立法方式上，应当更加关注理论在立法过程中的重要作用，更加重视高校科研机构、社会力量在立法过程中的重要作用。

（二）政府层面

一是明确政府在社区治理中的作用。社区经济是社区治理的重要组成部分，市场通过社区经济的形式为社区居民和业主提供多种服务，满足社区居民和业主的美好生活需要，而物业管理是社区经济的重要形式。但社区经济的良好发展需要政府在社区治理中发挥应有的作用，政府各部门应将公共服务范畴延伸到居住社区，及时处理居住社区出现的各种问题。物业管理行业出现的很多问题其本质和行业本身无关，而多是由政府公共服务供给不足引起的；江苏省的很多地方都尝试在规章制度之外出台各种政策文件，统筹政府力量，集中解决政府在居住社区的公共服务供给缺失，可以将这些经验总结在全省推广。

二是加强政策引导支持。近年来，江苏省将物业管理行业纳入现代服务业范畴，但是一些具体的优惠政策尤其是税收政策并没有得到落实，反而一些不合理的政策仍然在行业中存在。各级政府应重新审视物业管理行业，在取消各种不合理机制的情况下，落实各项优惠政策；尤其是物业服务企业采用新技术、新方法解决行业发展问题的，应给予重点扶持。

三是加强行业监管。物业服务企业资质制度在近年已逐步取消，从长远来看有利于行业发展，但在短期内会造成企业间的无序竞争，政府应采取多种措施重新理顺竞争机制，引导市场进行良性竞争。同时，应当完善行业信用管理体系，加大正面宣传和引导的力度，引导企业诚信经营，梳理专业化的服务形象，促进行业健康向上发展。

四是加强对基层人员的培训。街道办事处是政府的基层办事机构，社区居委会执行对业主组织和企业的监督工作，两者的管理水平对行业发展至关重要。从全省情况来看，基层人员的理论素养和对法律条文的理解仍不到位，有必要通过多种方式加强对基层人员的指导与培训。

（三）行业层面

一是行业协会发挥沟通引领作用。协会要主动靠前服务，充分发挥行业组织的纽带和桥梁作用，首先，要积极和政府部门沟通，及时反映行业发展的最新动态；其次，要主动和业主沟通，江苏省多地各种业主组织迅速成立，协会和企业不能采取回避和对立的态度，而要主动和业主建立沟通机制，接受业主的意见和建议，推动各项工作更好地落实；再次，要做好和媒体的沟通工作，在媒体中物业管理的形象一直是负面的，这和行业企业与媒体之间缺少了解有较大关系，协会可采取多种方式让媒体减少对行业的偏见；最后，协会要加强企业间的交流，引领和团结所有企业，改变原来单打独斗、一盘散沙的局面，抱团发展，合作共赢。

二是加强行业自律制度建设。协会要围绕规范市场，健全行业各项自律性制度，制定并组织实施行业职业道德准则，促进行业自律管理。配合政府部门，做好行业诚信体系建设，通过诚信公约、诚信服务承诺等形式，引导企业自律发展，做大做强。

三是加强对行业从业人员的培训。行业要进一步认识到人才对行业发展的重要作用，改变目前忽视人才培养的现状，通过集中授课等方式强化管理人员的理论水平，通过实践指导等方式强化一线工作人员的操作水平。

（四）企业层面

一是注重规范发展。物业管理行业的进入门槛相对较低，因此也更需要企业用心经营、规范发展。各企业应当认真学习法律制度，在法律框架内为业主提供质价相符的服务，致力于提升服务品质，树立企业良好的形象

二是加强转型升级。工业化、信息化和智能化是现代经济发展三个过程，物业服务企业应当密切关注新技术的使用，在工业化和信息化已经落后的情况，勇于迎接新的技术风口。尤其是大型企业更应积极尝试将互联网、大数据、云计算等新的技术投入到管理活动中，为业主提供更好的物业服务。

三是探索多元发展。物业服务企业应当在提供基本物业服务的基础上，进一步了解业主和用户的其他需求，探索多元化发展。目前，省外的多家企业已经通过物业管理平台积极介入社区经济，这也为它们带来了可观的经济收益，江苏省企业应积极学习先进做法，扩大经营范围，寻找新的突破口。

四是重视资本的作用。对于大型企业而言，资本对于其扩大经营规模和范围具有重要作用。近年来，多家全国性企业已经通过资本运作进行直接融资（或进行项目收购），取得了不错的效果。江苏省企业应当对这一举措密切关注，同时采取应对措施，迎接更加残酷的市场竞争。对于大型企业而言，也应当抓住这一机遇，积极寻找突破机会。

五是重视人员培养。人才是企业发展的第一资源，目前江苏省多数企业人员学历层次偏低，理论素养欠缺，对法律制度的理解不到位。企业要统筹抓好企业经营管理人才、专业技术人才和高技能人才三支队伍建设，以事业、良好的文化和适当的薪酬留住人才，为各类人才干事创业营造氛围、搭建平台。

浙江省物业管理行业发展报告

浙江省房地产业协会物业管理专业委员会

在城镇化水平不断提高、居民收入及人均住房建筑面积快速增长的背景下，物业服务需求持续旺盛。浙江省企业顺应市场发展，坚持规模化扩张，巩固区域内优势地位，实现管理规模和服务质量新一轮增长。

一、浙江省物业管理行业发展概况

（一）发展环境不断优化

大服务时代的开启，政府和行业对物业服务服务范围、服务形式作为社会发展的重要工作内容。2017 年，义乌出台《促进我市现代物业服务业健康发展若干意见》，扶持发展现代物业服务业。实行物业服务费分级定价机制，税费优惠补贴和财政奖励政策。同时明确政府部门和企业的费用承担边界。对水、电、消防设施及特种设备等多方面检测费用按规定标准执行。对符合主管部门年度考核的企业，由财政部门按其缴纳增值税的地方留成部分给予一定比例奖励。

2017 年 3 月，浙江第十二届人民代表大会常务委员会第三十九次会议批准，《温州物业管理条例》（以下简称《条例》）实施。该《条例》是温州制定的第三部地方法规、第二部实体法。《条例》规定业主大会通过的议事规则规定成立业主代表大会，并明确授权事项的，可以成立业主代表大会。整个条例的创新型制度安排达十多项。为行业发展制定完善的规则，提供了市场化的发展环境。

（二）综合实力进一步提升

截至 2017 年年底，浙江省物业服务企业总数达到 4165 家，比 2016 年增长 17.79%。企业从业人员达 356947 人，比 2016 年增长 17.79%。

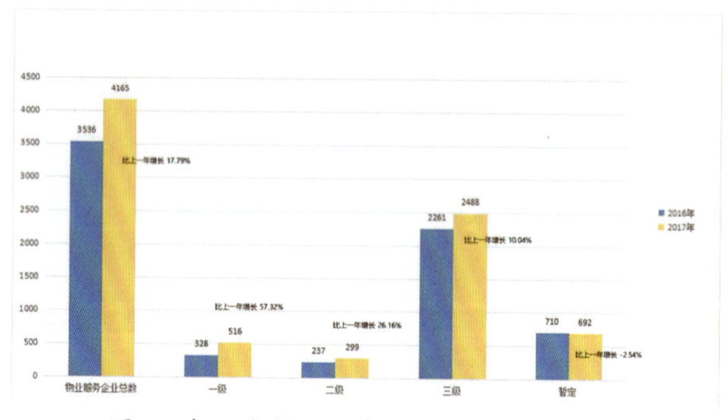

图 1　浙江省物业服务企业规模及增长情况

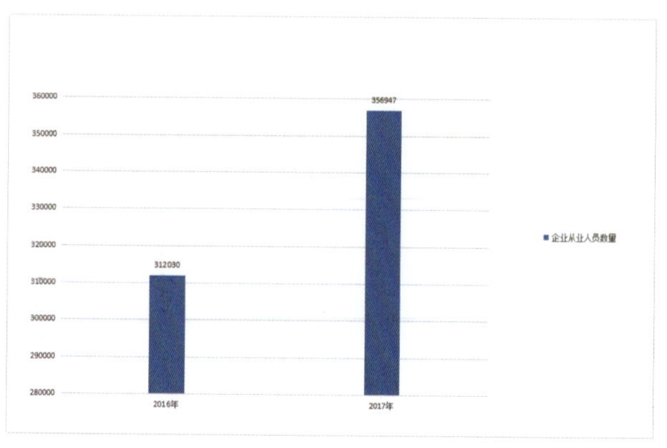

图 2　浙江省物业服务从业人员数量及增长

2017 年，全省物业服务项目达 14262 个，较 2016 年增长 8.73%。其中住宅较 2016 年增长 8.41%，达到 9594 个。办公楼、商业用房、工业用房分别较 2016 年增长 19.07%、22.20%、12.53%。

（三）以智能技术助力满意度提升

浙江是互联网行业强省，浙江的物业服务企业借助移动互联网、大数据、云计算等新技术，构建智能化服务平台，为业主提供更舒适、更便捷、更有价值的社区服务，助力满意度持续攀升。以“物联网平台 + 设计”为核心，提供智慧社区建设全程服务，为客户提供物业基础服务和增值服务，为客户打造更加优质、便捷的社区生活体验。

二、浙江省物业管理行业发展特点

（一）智能投入加速，共享技术发展红利

随着物业管理行业数字化、信息化、智能化等技术的推广及应用，企业进一步加速与移动互联、大数据、人工智能等新技术融合的广度和深度，有近 50% 的企业上线了自身的物业管理 APP，继续保持稳定增长，进一步实现由粗放型传统服务业向集约型现代服务业的转型升级。硬件方面，物业服务企业通过对设施设备进行机械化、信息化、智能化升级改造，大幅度降本增效、提高服务水平；软件方面，百强企业建立智能化管控平台，以标准化服务体系和 CRM、SAAS、ERP 等管理系统，进一步开创智能化生态格局，提升管控效率。

（二）市场拓展与模式创新助力企业规模发展

浙江的物业服务企业以高品质服务强化市场外拓能力，促进管理规模进一步增加。如高端物业服务的绿城服务，凭借高品质精细化服务、长效的客户维护与市场培育机制，持续巩固并提升高端物业服务市场份额。不仅得到开发商与业主的认可，获取更多物业服务资源，还帮助开发商盘活存量资产。

（三）以客户需求为导向，优质服务深入人心

由于对美好生活的向往，人们越来越愿意以“优价”换“优质”来满足更高的服务需求，2017 年杭州滨江区的多个小区掀起更换物业潮，宁愿多花钱也要好物业。互联网让小区业主形成合力参与日常管理，业主接受物业费上涨引入品牌物业公司提供优质服务。

浙江物业服务质量领先企业正是凭借日常服务的高质量和高满意度，全面提升物业服务费收缴率及续约率。众多物业服务企业以服务为本源，铸就高品质物业服务，用更好的品质为客户带去舒适的生活。通过不断丰富多元化服务链条，全面提高服务品质，进一步促进企业品牌和形象的快速提升。

（四）勇于承担社会责任，积极投身公益事业

顺应国家大力发展保障性住房的政策取向，浙江物业企业积极履行社会责任，为保障性住房物业管理贡献重要力量。此外，社会责任感强的企业积极投身公益事业，浙江省的物业管理行业坚持把企业发展与行业命运紧紧联系在一起，从夏季抗洪排涝到冬季铲雪除冰，从看望困难群众到维护员工尊严，在追求企业自身利益的同时兼顾业主利益和社会效益，给自身和行业发展带来新的生命力。

三、浙江省物业管理行业发展方向

（一）社区生态打开想象空间

预计到 2020 年，社区增值服务的市场容量将超万亿元，而物业服务企业天然具有吸引客户的根基，同时把守着社区巨大的流量入口，发展社区服务有着得天独厚的优势。通过开展多样化的社区增值服务加强自身盈利能力，拉动庞人的社区终端消费资源，这也正是资本市场看好行业的关键。

伴随移动互联网、物联网、大数据、人工智能等高新技术的快速发展，物业服务企业通过植入互联网基因搭建社区平台，整合社区内外资源，积极

利用大数据对业主的需求偏好进行数据化解读，基于业主家庭的资产价值，围绕房屋、汽车、生活配套三类开展创新增值业务。其中，围绕房屋提供包括房屋托管、装修、维修、房屋租赁等服务，围绕汽车提供洗车、养护服务、车位租赁等，围绕家庭提供家居品零售和配送、家政、旅游、教育、休闲文娱等服务，带动企业营业收入提升的同时加强与所服务社区的紧密信任关系。

（二）基于物业平台，打造“1+N”多元布局

全球科技创新进入空前活跃的时期，人工智能、物联网、区块链等新技术，加快推动经济向网络化、数字化、智能化转变，面对科技创新发展、居民消费升级和对“美好生活”追求的大趋势，物业服务企业依托天然趋近社区、把守社区时间最长的优势，可整合的资源和未来的发展机遇也大大增加。

基础物业管理本身就是个万亿元的市场，社区增值服务也具有万亿元的潜在空间。辛勤耕耘三十余载，物业管理行业这片沃土到了开花结果的时期。未来，优秀物业服务企业会朝着平台化转型，成为一个以物业管理、社区服务为入口的平台型企业。进入新时代，随着居民新消费模式的升级，业主对美好生活的需求多样化，物业服务企业应顺势抓住这一重要机遇，基于自身平台，实施“1+N”的多元化产业发展模式。

其中，“1”就是物业管理本身，物业服务企业的本业就是提供物业服务，首先应该不忘初心，坚持做好基础服务；“N”是在物业服务企业这个平台上嫁接、孵化 1 到 2 种增值服务。对于多数物业服务企业而言，在布局社区增值服务时，无须做到“大而全”，更重要的是将 1 ～ 2 种增值服务做好、做精、做到极致，找到成熟的盈利模式才是发展之道。

（三）与资本市场良性互动推动企业提质增效

此外，物业服务企业通过资本加持、技术助力，为企业发展赋能加速。物业服务企业持续通过登陆资本市场获得资金支持并加快兼并收购，同时搭建平台、加强信息化建设，以增值服务助力企业高速增长，以商业模式升级以及规模化运营提升企业市场竞争力。2017 年南都物业成为 A 股物业第一股。而开元物业早已在新三板挂牌；滨江物业也在冲击资本市场。

展望未来，物业服务企业把握行业上行的发展周期，通过规模化扩张奠定“量变”基石，聚焦社区经济带来“质变”契机，未来物业管理行业将迎来新一轮发展机遇，进一步实现企业价值、社会价值，挖掘价值潜力。

物业的资本时代已经到来，物业服务企业借力资本的强大支撑，拥有扩大市场占有率、增强品牌效益、吸引高端人才等最有力的攻伐利器。在新形势下，上市物业服务企业将面临更加复杂的市场环境，有大机遇，更有大挑战。资本市场关注的焦点将为企业甚至行业未来发展方向提供指引，企业需努力提升资源整合能力、战略布局能力和创新发展能力，才能处理好在与资本市场融合过程中可能出现的问题。

物业服务企业也将逐步摆脱对房地产开发商的依赖，更多依靠自身在业内并购整合或是拓展管理规模，未来将有更多的物业服务企业登陆资本市场。充分利用资本为企业创造更大价值，让资本在行业整合中发挥更大力量。

杭州市物业管理行业发展报告

杭州市物业管理协会

一、杭州市物业管理行业发展概况

据物业管理服务概况统计、物业服务企业经营状况统计，2017 年杭州市物业服务企业 1234 家。企业从业人员总数 124567 人，其中经营管理人员 15556 人，管理处主任（项目经理）3845 人。业主委员会成立数量 1106 个。物业管理项目面积 34561 万平方米，其中住宅面积 25223 万平方米（5 万平方米以上的住宅小区 15078 万平方米），办公楼面积 5102 万平方米，商业营业用房面积 1589 万平方米，工业仓储用房面积 1004 万平方米，其他房屋面积 1643 万平方米。物业服务收费平均价格 2.94 元 / 平方米，其中住宅收费平均价格 2.45 元 / 平方米，办公楼收费平均价格 4.68 元 / 平方米，商业营业用房收费平均价格 4.41 元 / 平方米，工业仓储用房收费平均价格 1.82 元 / 平方米，其他收费平均价格 1.35 元 / 平方米。物业服务财务状况方面，营业收入 712036 万元，其中主营业务收入 654371 万元，营业成本 617745 万元，营业税金及附加 61644 万元，营业利润 32647 万元。

为把握新时期物业管理行业的时代特征，迎合时代发展、行业发展的新需求，近几年杭州市出台了多部物业管理相关法律法规及政策文件，主要有：《浙江省人民政府办公厅关于公布取消和调整行政审批事项目录的通知》（浙政办发〔2015〕50 号）、《关于〈杭州市物业管理条例〉个别条款适用请示的答复》（杭人大法复〔2015〕1 号）、《关于进一步调整完善物业管理项目主任（经理）考核工作的通知》（杭房局〔2015〕41 号）、《关于加强前期物业管理项目集中装修期间相关管理工作的通知》（杭房局〔2015〕125 号）、《关于印发〈杭州市新能源电动汽车自用和共用充电桩建设安装暂行规定〉的通知》、《浙江省房屋使用安全管理条例》（浙江省人民代表大会常务委员会公告第 61 号）、《关于进一步明确消防设施设备维修申请使用物业专项维修资金相关程序的通知》（杭房局〔2017〕183 号）。通过行业法规的力量，进一步加强行业管理，规范行业秩序，加速行业发展。

二、杭州市物业管理行业发展经验与成果

（一）成立行业党委，以党建引领推进业主委员会和物业服务企业建设

中共杭州市物业管理行业协会委员会成立于 2018 年 5 月 7 日（杭房委〔2018〕21 号），接受杭州市住房保障和房产管理局党委的领导。指导、监督物业服务企业的党建工作和业务工作，以党建引领推进物业管理行业的建设和发展。目前，杭州市区几大主城区已陆续完成行业协会党委成立工作。

党的十九大报告指出，要“坚持党对一切工作的领导”，明确“带领人民创造美好生活，是我们党始终不渝的奋斗目标”。杭州坚持以党建为引领，

充分发挥党的政治优势和组织优势，不断扩大党的组织覆盖和工作覆盖，积极推行交叉任职，健全党的组织体系和工作机制，建立街道社区党组织领导下的联动服务机制，充分认识党建引领推进业委会和物业服务企业建设的重要性和必要性。积极探索有效路径，以健全党的组织体系为抓手，以构建街道社区党组织领导下的联动服务机制为重点，以解决突出问题为突破口，以有序的小区治理促进社区治理，不断强化政治引领、组织引领、能力引领、机制引领。

众所周知，物业服务在小区自我更新进化发展中发挥着重要的基础性作用，与人民群众日常生活息息相关。但是，随着城市化进程的提速和专业化物业服务的广泛覆盖，当前物业管理的核心问题依然存在，尤其是居委会、业委会和物业服务企业三方责任边界不清晰、协同治理不通畅，导致各方缺乏协调性、协同性，有时甚至互相矛盾、互相掣肘。

1. 第一批试行小区先行，化解业委会罢免风波

杭州市许多小区试行党建引领推进业主委员会和物业服务企业建设。在社区党组织领导核心作用下，将物业管理纳入社区建设体系，破解了许多长期困扰的难题。在实践探索中形成了一批可复制、可推广的鲜活案例。

例如，曾经闹得满城风雨的金都华庭业委会“罢免风波”，如今在临时党支部带领下，顺利化解了小区遗留下来长达4年的业委会问题，推动业委会工作进入正常运行轨道。2017年1月，金都华庭选举产生第四届业主委员会，并成立了金都华庭业委会临时党支部。临时党支部注重通过畅通党组织领导下的社情民意交换机制，将固定主题党日作为联系服务群众的重要载体，牵头召集各方组织在小区现场联合办公，听取业主意见，共同解决问题。定期召开居委会、业委会、物业服务企业“三方协调”工作例会，集中梳理分析研究业主提出的热点难点问题，将物业管理问题各个击破。

又比如，江干区“党建助建 · 壹家汇”，作为江干区物业管理协会党委的实体化运行阵地，集党群活动、矛盾解决、协会运行等功能于一体，通过物业管理协会党委主导，推动街道社区党组织协同、物业服务企业党组织参与、协会党委直抓党的组织覆盖，形成了党建引领物业业委会协同治理的良好格局。

多个社区新型业主委员会和物业服务企业建设的建立，不仅便利了业主生活，满足了居民多样化需求，增强了居民群众对社区的认同感和归属感，也为党建同步培育、行业同步规范，助力业主委员会、物业服务企业管理水平发挥了良好模范作用。

2. 整合力量和资源，提高基层党组织能力

业主委员会和物业服务企业是参与社区物业服务管理的重要力量，是现代城市管理的重要组成部分。

2018年，杭州住保房管部门将围绕“基层治理”，进一步梳理社区、业委会、物业服务企业三者之间的关系，加大抓行业系统党建工作力度，组建物业管理行业协会党委，健全行业党建年会季研机制，研究制定全市物业服务管理行业规范性标准，加强对各地物业服务管理行业工作的指导、监察和考核。

同时，探索建立“党建引领、行业主管、基层主抓”的物业管理模式，积极推进业委会党建工作，构建街道社区党组织领导下的多方联动服务机制，加强行业党建引领物业服务管理创新，努力实现党领导下的居民自治良性互动，促进社区治理体系和治理能力现代化。

通过强化服务保障，整合力量和资源，不断提高基层党组织组织群众、宣传群众、凝聚群众、服务群众的能力。到2020年，杭州将实现业主委员会和物业服务企业党的组织和工作覆盖达90%以上，党组织领导下的多方联动服务机制100%建立，形成党建引领作用明显、行业监管更加完善、运行机制科学有效、政策法规系统配套、物业管理规范有序、人居环境舒适和谐的物业服务管理新局面，使居民群众获得感、幸福感、安全感更加充实、更有保障、更可持续。

（二）开展“最美物业人”评选活动，打造物业管理行业金品牌

为进一步提高杭州市物业管理行业的社会影响力，表彰行业榜样做出的突出贡献，弘扬社会主义核心价值观，传播物业管理行业正能量，杭州已举办两届“最美物业人”评选活动，并已成为“最美杭州”的重要组成部分，也是杭州提高服务国际化水平、建设四大国际中心城市的重要组成部分。

以在平凡岗位做出不平凡事迹的物业管理行业一线从业者们为主角，从事迹影响力、社会责任感和示范效应三个重要指标衡量，经微信公众平台、专家委员会等多个渠道评选，公示并评定出“最美物业人”。通过发掘“最美物业人”背后的感人事迹，激励行业从业者以更加饱满的热情投身到物业服务事业中。“最美物业人”评选活动历经两届，获得了社会的广泛关注，根据“杭州发布”“杭州住保房管”等后台数据统计，全民参与热情极高。2018品牌杭州 · 生活品质总点评发布了杭州十大现象，杭州市“最美物业人”作为“最美现象最美事件”第一次站上领奖台，这是一次杭州城市生活品质的全面展示，也是杭州市物业管理行业的第一次重要展示，更反映了社会、广大群众对物业管理行业的正面关注及认可度在日益提高。

物业服务是城市管理的重要组成部分，关联千家万户，起到助推城市和谐安宁的作用。我们应该为城市做出贡献的物业人搭建“舞台”，请他们站在“舞台”中央，和更多的业主面对面，彰显自己的价值，展示自己的风采，述说物业人的故事，传递物业人真挚的情感。

（三）建立物业管理行业信用评价指标体系，构建“诚信激励、失信惩戒”机制

为推进杭州市物业管理行业信用体系建设，规范物业服务行为，构建“诚信激励、失信惩戒”机制，提升物业服务水平，促进物业管理行业健康有序发展，根据《物业管理条例》《杭州市物业管理条例》等有关规定，结合杭州市物业管理行业的实际，制订物业管理行业信用评价指标体系。该信用评价指标体系及信用评价结果的主要功能是为业主选择物业服务企业提供重要的参考依据，作为物业管理招投标的评标的重要依据，作为物业管理示范项目评选的参考依据，规范物业服务企业及从业人员的日常监管，作为出具物业服务企业诚信意见的参考依据，作为企业参与各类创先评优活动及国家或地方有相关优惠扶持政策的参考依据，作为行业主管部门对物业服务企业实施其他行政监管工作的重要依据。

安徽省物业管理行业发展报告

安徽省物业管理协会

一、安徽省物业管理行业发展概况

（一）行业发展规模

截至 2017 年年底，安徽全省 16 个地市物业管理从业人员 31 万人，其中大专以上学历人员 6 万人；物业经营总收入 97 亿元，其中物业服务主营业务收入 88 亿元；物业管理面积近 11 亿平方米，其中住宅物业面积 9 亿平方米；物业服务企业 4700 多家，其中年营业收入 5000 万元以上的近 120 家。

（二）行业发展特点

随着全省经济水平增长和城市化进程加快，物业管理行业取得了较快发展，呈现以下主要特点：

1. 行业发展渐趋稳健

从从业人员数量来看，2017 年年底从业人数较 2014 年（23 万人）新增 8 万人，年均增幅 2.6 万人，与 2012—2014 年年均增幅 0.5 万人相比增超 2.1 万人。从物业服务企业数量来看，2017 年年底物业服务企业数量较 2014 年（3721 家）新增 979 家，年均增幅 326 家，与 2012—2014 年年均增幅 436 家相比减缓。从物业管理面积来看，2017 年年底物业管理面积较 2014 年（6.8 亿平方米）新增近 4.2 亿平方米，年均增幅 1.4 亿平方米，与 2012—2014 年年均增幅 0.9 亿平方米相比增超 0.5 亿平方米。从物业经营收入来看，2017 年年底物业管理面积较 2014 年（82 亿元）新增 15 亿元，年均增幅 5 亿元，与 2012—2014 年年均增幅 1.5 亿元相比增长 3.5 亿元。由此可见，近年来安徽全省行业发展保持良好势头，企业发展数量更加健康稳定。

2. 服务业态与内涵不断扩展

2017 年年底，全省住宅物业占物业管理总面积的 82%，与 2014 年相比，非住宅物业服务面积占比增长幅度较大，反映了物业管理业态进一步扩大，已经进一步向办公楼、写字楼、农村、医院、校园、旅游景区、工业园区、城市轨道交通等覆盖。据调研，非住宅物业面积较快增加，与物业服务企业开始承接市政道路保洁专项服务有很大关系。虽然物业服务主营业务收入占总营业收入的 91%，但占比 9% 的其他经营收入较 2014 年有了明显增长，说明安徽省物业服务内容也从传统的四大基础服务外延家政保姆、居家养老、租赁中介以及其他居家、便民、商务等增值服务。

3. 企业更加注重品牌品质

取消物业服务企业资质后，一定程度上激发了安徽省行业市场竞争活力，直接表现在物业服务企业对企业品牌、物业服务品质的关注与重视程度提高。2017 年年底，安徽省年营业收入超 5000 万元规模以上本土企业近 120 家。2015—2016 年评选出全省物业管理规范化示范项目 78 个、优秀项目 78 个。企业和物业管理项目参加各类创优、评选的主动性、积极性较大提高。行业平均顾客满意度有所提高。

4. 行业社会管理作用凸显

近些年，物业管理行业不仅在改善人居环境、吸纳新增就业、促进经济发展方面发挥了积极作用，还在城市管理、社区管理和社会和谐稳定方面的作用日益凸显。近年来，全省各地市打击传销、防洪与暴风雪抢险以及创建文明城市、卫生城市、园林城市等活动，物业服务企业作为一支重要力量，不仅在人、财、物等方面全力支持，还出工出力，冲锋在最困难、最艰辛第一线，发挥了不可替代的重要作用。

5. 业主参与意识有所提高

2017 年年底，安徽省成立业委会小区总数占全省实施物业管理住宅小区总数的 33%，与 2014 年相比，近三年业委会成立数量明显增加。业主参与小区物业管理的意识增强，对业主自治有了更为科学的认识和合理界定，自治能力得到提高，维权方式渐趋理性。一些小区不断创新探索，建立业委会、居委会、物业服务企业定期对话工作机制，以及社区党组织领导下的业委会监督委员会监督机制。

6. 行业区域发展总体平衡

2017 年年底皖北、皖中、皖南物业服务从业人员数量、物业经营收入、物业管理面积、物业服务企业数量分别详见图 1 ～图 4。

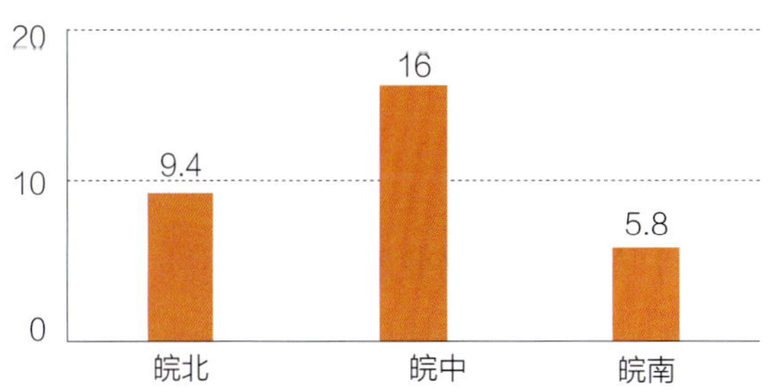

图 1　物业管理从业人员数量（单位：万人）

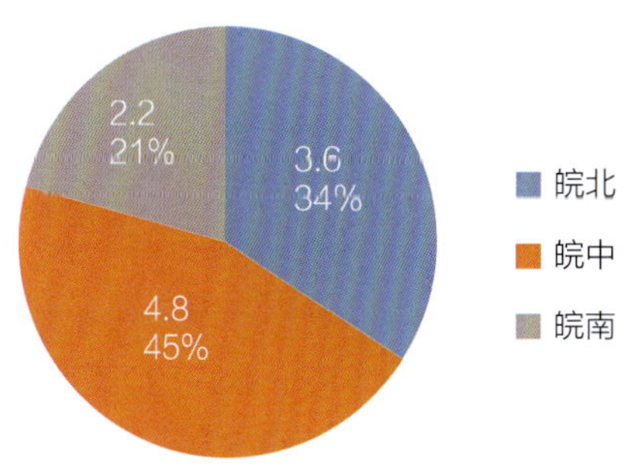

图 2　物业管理面积（单位：亿平方米）

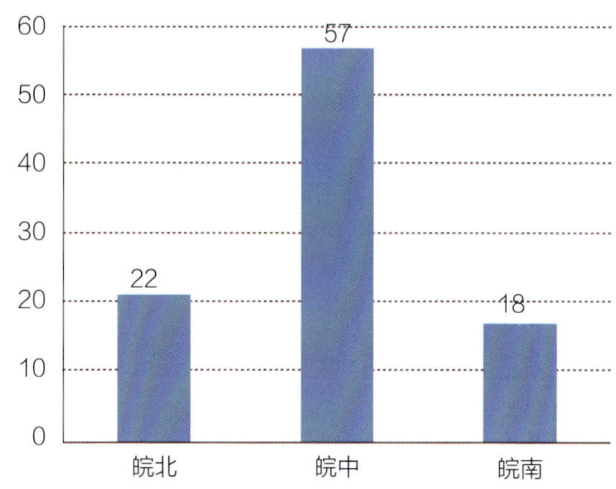

图 3　物业经营收入（单位：亿元）

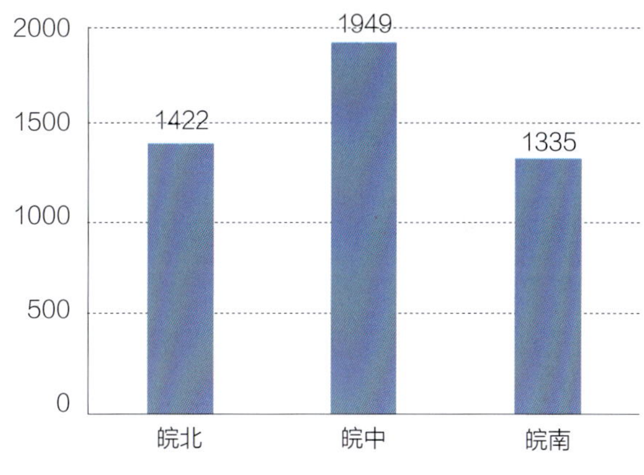

图 4　物业服务企业数量（单位：家）

注：①皖北包括蚌埠、阜阳、宿州、淮北、淮南、亳州市；
②皖中包括合肥、安庆、滁州、六安市；
③皖南包括芜湖、马鞍山、铜陵、宣城、池州、黄山市。

由此可见，全省皖中地区行业各方面处于领先水平；皖南和皖北总体较为平衡。

7. 行业生产率增长平稳

2017 年年底，全省从业人员中大专以上学历占物业从业人数总数的 18 %，物业从业人员整体综合素质仍偏低，但相比 2014 年，大专以上学历人员数量明显增加。从人均年产值、人均管理面积来看，分别为 3.1 万元、3548 平方米，与 2014 年的 3.6 万元、2956 平方米相比分别减少 0.4 万元，增加了 592 平方米。这也反映了行业注重服务品质，增加人员投入，同时也体现出行业人力资源成本增幅很大，经营环境不佳。

二、安徽省物业管理行业发展的主要举措

（一）不断完善行业法规政策

《安徽省物业管理条例》（以下简称《省条例》）于2016年7月29日修订、10月1日施行，针对全省行业发展的新问题、新矛盾，做出了制度性安排与界定。并从地方法规角度强调了物业管理行业特性和发展地位，也就物业管理行业协会做出了新的规定。与之相配套，《安徽省住房和城乡建设厅关于督促物业企业加强物业使用维护落实物业服务的通知》（建房〔2017〕69号），建立了物业管理过程中书面告知“三单制”。《安徽省人民政府关于扎实推进民生工作的意见》（皖政〔2017〕58号）也将“加强物业管理”纳入五年（2017—2021）全省民生工作。省住房城乡建设厅联合省民政厅联合下发了《关于进一步加强物业管理 扎实推进民生工作通知》（建房〔2017〕143号），进一步细化了相关工作规定，推动业主大会、业委会团体登记。这些法规政策，为全省行业发展提供了法制环境和制度保障。

一些地市也出台了细化政策。如《合肥市人民政府关于进一步加强物业管理工作的实施意见》进一步促进该市物业管理水平提高；《合肥市物业服务企业和项目经理信用信息管理暂行办法》为构建诚实信用的市场环境做出了积极探索。

（二）积极创新“四位一体”机制

根据安徽省委省政府《关于加强和完善城乡社区治理的实施意见》，抓好《关于进一步加强物业管理 扎实推进民生工作通知》落实，推动建立社区党组织、居民委员会、业委会和物业服务企业“四位一体”的物业管理议事协调机制。在社区党组织领导下，由社区居委会牵头，业委会、物业服务企业密切协作，围绕做好物业管理事务统一工作部署，明确责任分工，发挥各自优势，推动小区物业管理和社区公共事务管理有机结合，促进物业服务水平提升和社区文明建设，形成物业管理与社区管理良性互动。

（三）不断规范相关主体行为

通过“双随机、一公开”的要求，加强对物业服务企业监督检查，促进物业服务企业按照合同约定，提供相应服务，收取物业服务费。推行物业服务监督书面告知制度。指导业主、业委会和社居委、物业管理主管部门对于企业在物业服务过程中存在的问题及时督促。要求物业服务企业积极落实巡查发现、劝阻和报告职责，对于物业管理区域存在的违法违约违规行为，物业服务企业要在第一时间采取有效措施予以劝阻（制止），违规行为经劝阻（制止）无效的，应及时向相关政府、职能部门报告。强调相关政府部门职责，应当依法进行调查处理，并将调查或处理有关情况告知物业服务企业。督促水、电、气、通信、有线电视等单位，承担物业管理区域内相关管线和设施设备的维修、养护等管理责任。协助做好物业管理区域内的安全防范工作，规范承接物业或退出物业手续，做好承接查验和物业管理资料移交。

（四）着力提升物业服务水平

加大《安徽省住宅区物业服务标准》宣贯力度，引导企业对标，按照合同约定落实物业服务，提升物业服务水平。规范物业服务企业收费行为，严格公共收益管理，落实财务管理规定和公开方式，接受业主监督。加强物业管理服务从业人员培训教育，通过各级主管部门和行业协会，定期开展物业从业人员专业技术培训、物业技能竞赛等活动，不断提高从业人员职业素养、技能和服务水平。进一步优化省规范化精品、优秀住宅小区评选工作机制，发挥优秀项目示范引领作用。

（五）积极引导业主主动参与

借助街道、居委会群众工作优势，发挥监督指导作用，加强对业主大会、业委会和物业服务企业的指导和协调。指派代表参加首次业主大会筹备组和换届筹备组；选举具有模范履行业主义务、热心公益事业、责任心强并有一定组织能力的业主担任业主代表、筹备组成员、业委会委员；帮助业主、业主大会、业委会提高自我管理能力；将物业管理纳入社区建设的重要内容，宣传物业管理政策法规，教育居民依法履行应尽的义务，开展精神文明建设活动，倡导业主养成良好生活习惯，提高业主有偿服务意识、爱护小区环境与设施设备的居民公共责任意识、自觉意识。

（六）探索建立矛盾纠纷化解机制

按照属地管理原则，建立由街道办事处召集，县级物业管理行政主管部门、城市管理机构、公安派出所、司法所、居（村）委会、物业服务企业等单位以及业委会或业主代表参加的联席会议制度，协商解决物业服务重大矛盾纠纷。

发挥调解在物业服务纠纷处理中的作用，构建人民调解、行政调解、司法调解相互衔接的物业服务纠纷调解工作模式，建立物业管理投诉受理和物业服务纠纷快速处理调解机制。安徽省人大常委会正在制定《安徽省多元化解纠纷促进条例》，拟将物业服务矛盾纳入调解范围，推动各级人民政府和有关部门、社会治安综合治理部门、人民法院、人民检察院、人民团体、基层群众性自治组织和其他社会组织纠纷多元化解机制建设。

（七）不断加强行业诚信自律

在国务院取消物业服务企业行政审批后，积极制定相关标准，推动建立全省物业管理行业诚信体系建设，将物业服务企业的评价纳入诚信体系，引导物业服务企业诚实守信，模范履约。积极引导行业成立安徽省物业管理协会，支持物业管理协会依照国家和省有关规定，制定物业服务规范和等级标准，建立和完善企业、从业人员的自律制度。

（八）大力推动老旧小区应改尽改

自 2016 年起，将城市老旧小区整治改造列入省级民生工程实施。2017 年，又将其纳入全省“两治三改”专项行动和“五大发展”专项行动进行调度。2017 年年底，全省累计完成老旧小区改造 2747 个、7205 万平方米、91 万户。按照“一出（水、电、气表出户）、三进（光纤、公共服务、物业服务进小区）、六整治（道路管网、停车设施、园林绿化、环卫设施、楼栋环境、技防消防整治）、三提升（建筑节能改造提升、‘适老化’改造提升、外观改造提升）”的做法，制定《安徽省城市老旧小区整治改造技术导则》，按照基本型和提升型分类推进。通过先整治改造，后规范管理，建立管养长效机制。2018 年，将进一步发挥奖补资金导向作用，向“加装电梯”等提升型改造倾斜，同时鼓励多渠道筹集资金，对未配备电梯的老旧住宅，按相关规定使用维修资金。

（九）充分发挥专项维修资金作用

按照科学规范、公开透明、安全稳妥要求，不断建立健全维修资金管理体系制度，加强管理。省住房城乡建设厅出台《关于做好住宅区物业共用部位共用设施设备紧急维修管理工作的通知》，会同省财政厅印发《进一步发挥住宅专项维修资金在老旧小区和电梯更新改造中支持作用的通知》，对电梯等设施设备应急维修申请使用维修资金及时进行受理，开辟绿色通道，加快审核和及时划转资金。进一步方便业主表决，推动各市维修资金管理部门利用网络技术建设“业主公共表决平台”或鼓励较大小区使用业主公共表决平台，实现业主网上投票、网上决策，逐步解决“双三分之二”投票难问题，增加业主参与表决主动性。进一步合理确定表决范围，推行按楼幢、单元等为单位表决，提高维修方案实施的可行性。逐步放开维修资金审核管理权限，简化工作程序。进一步加强资金监管，建立市、县房地产行政主管部门负总责，所属的物业专项维修资金专门管理机构具体负责实施，县级以上财政、审计部门负责监管的工作格局。进一步推进信息公开，建立物业专项维修资金记录和查询系统，记载交存、使用和管理等情况，向业主提供免费的查询服务。进一步促进资金保值增值，竞争性选择银行定期存储，科学稳妥确定各类存款比例。

三、影响安徽省物业管理行业发展的主要问题

安徽省物业管理行业起步晚、基础薄，发展不充分不平衡也比较明显。主要表现在企业规模偏小、综合实力不强、优质物业服务供给不足；农村、老旧小区、偏远县城覆盖面有限；开发建设工程遗留问题较多、业主大会和业委会规范化建设等。全省还存在一些严重影响和制约行业健康发展的主要问题。

（一）法规政策贯彻执行方面

各地市、各相关政府部门执行落实尚需强化，相关具体实施细则和具体配套执行政策尚未完善。《省条例》中诸如“纳入现代服务业发展规划”“联席会议制度”“执法进小区”等法律条文没有很好落地。

（二）物业管理监管体制方面

虽然全省物业管理重心普遍下移，但一些区、街道及社居委对物业工作的认识不高、重视不够、专职人手不足、专业能力水平不高，又缺乏相应监管考核，不作为、乱作为时有发生。物业管理又涉及多个政府部门，特别是进小区执法，缺乏统一牵头部门，导致小区执法不及时、不到位，推诿扯皮。

（三）物业管理市场机制方面

一是招投标机制失灵。特别是政府办公楼、单一业主类物业的招标或政府采购，以及物业管理评标评审专家管理，存在法律监管空白，导致随意设置招标条件和评分标准、恶意低价竞争、暗箱操作、围标串标、萝卜招标等乱象存在。业主大会或业委会选聘物业服务企业的招投标法律缺位，更是招投标乱象和矛盾纠纷的多发、高发、频发重灾区。二是价格机制失灵。

另外一个层面，国家积极放开普通住宅物业服务费定价方式，实行企业与业主协商，如“一放了之”，没有配套协商定价、调价机制，就形同鸡肋，好看不好用。

（四）开发建设单位方面

开发建设单位擅自更改规划，不按标准建设住房和小区配套设施，住房质量不合格，销售面积缩水等损害业主权益；公摊面积划分不明确以及小区共用部位、共用设施设备权属不明晰导致业主与物业服务企业发生产权纠纷；市政基础设施不配套、服务供应不到位造成业主生活不便等，业主将对开发建设单位的不满转嫁给物业服务企业，这既是引发物业服务矛盾主源也是矛盾主流。

（五）物业服务企业服务能力方面

由于物业服务企业行业进入门槛低，特别是废止《物业服务企业资质管理办法》之后，企业更加良莠不齐。一些企业存在自身建设管理不够、从业人员整体素质不高、专业服务技能差等问题；一些企业注重短期效益，“赚钱就干，不赚钱则跑”；一些企业不能按照物业服务合同和规定的等级服务标准提供服务，配套设施设备管理不到位，擅自撤离或拒不撤离，侵占公共收益等也影响行业形象，成为行业有序发展的害群之马。

（六）业主组织方面

业委会的法律地位、法律责任没有明确规定，对业委会筹备、候选人的资格认定、选举以及运行和监管缺乏可操作性的条款，后期物业管理服务的

选聘缺少指导性操作程序，导致以下几种情形：一是业主大会或业委会因成立和选举程序不规范，导致广大业主对业委会的决定不执行、对业委会选聘的物业服务企业不满意，拒缴物业服务费，使矛盾恶化。二是业委会因不作为、擅作为或乱作为，甚至以权谋私，导致新老物业矛盾激化，甚至发生群殴事件。三是业委会主任与物业服务企业合谋私利，侵占广大业主的公共收益。四是业委会选聘物业服务企业时盲目追求低价格或关系招标，选聘的企业不能有效履行职责，导致小区环境越来越差、治安事故频发。

（七）行业相关责任界定方面

一是与公共事业单位责任不清，承担着本应由各市政单位承担的收费及相关设施设备的维护责任。二是社会治安与小区安全防范的界限划分不清，物业管理区域内物业服务企业安全防范与社会治安的范围、标准不明确，一旦出现问题，企业难逃责任。三是舆论对物业管理服务的责任界定不清。新闻媒体、业主、开发商，还有一些政府部门，对物业管理存在一知半解和误解，媒体片面、负面宣传，一定程度上加深了对行业偏见。四是政府强加企业很多的社会责任。物业服务企业承担了很多诸如计划生育、出租房统计、居民治安、四类可预防案件防范、电梯安全、打击传销、文明创建、卫生创建、社区文化、工商注册登记场所证明、居住小区证明、人口普查、经济普查、社会安置、园林管理、市容管理等不属于其职责范围内的工作。

四、推进安徽省物业管理行业发展的建议

为破解行业发展瓶颈问题，进一步提升物业服务能力和行业发展水平，还需加大研究，完善政策，优化行业生存与发展环境。

（一）以问题为导向，解决行业发展突出问题

一是健全物业管理矛盾纠纷调处机制，解决“矛盾化解难”问题。按照“小纠纷不出社区、一般纠纷不出街道、重大纠纷不出区县”的目标，实行“基层调处、一线调处、及时调处”的原则，完善县区、街道、社居委等各级矛盾调处机制。建立物业管理综合评判委员会，强化联席会议制度，充分发挥人民调解社会组织的积极作用，引导党代表、人大代表、政协委员以及人民调解员、基层法律服务工作者、农村土地承包仲裁员、社会工作者、心理咨询师等专业队伍在物业纠纷调解和信访化解等领域发挥积极作用。

二是加强企业监管，解决“品质提升难”问题。强化物业服务企业诚信履行合同行为和公示制度，完善物业服务企业的考核体系，加大对企业侵犯业主权益行为的查处力度；加快物业管理信息化和信用体系建设。强化企业和项目经理诚信评价体系，建立“黑名单”制度，开展物业服务企业信用等级评定，充分利用物业管理费价格调节杠杆；加强外地企业监督，建立与其注册地诚信体系相衔接的对接制度。

三是完善业主组织制度设计，解决“业委会监管难”问题。业主大会、业委会是物业管理市场作为买方市场主体的法定形式和重要载体，不断健全业主大会、业委会组织，规范其日常运行，提高业主自治能力是现代物业管理的重要内容。全省各市也做了很多有益探索，应予以总结推广，明确和完善相关监督指导内容与程序，充分发挥市场买方主体的积极作用。

四是创新价格机制，解决“收费难与调价难”问题。收费与付费是市场经济基本交易规则，物业管理费是维持企业生存、实施物业服务的基本保障，也是业主对物业服务企业、其他缴费业主应尽的法定义务和诚信义务。进一步明确业主缴纳物业服务费法定责任，将恶意拖欠费用纳入业主诚信体系。按照国家对物业管理费定价机制的改革，进一步规范政府定价的范畴。对实行市场调节价的，在遵循业主和企业双方协商约定基础上，采取行政适当干预相结合，将调价与第三方评估、诚信考核、项目

评优、项目经理能力高低相结合。

（二）以省外为借鉴，完善《省条例》配套规定

落实《省条例》“县级人民政府城市管理、公安、价格、工商、环保、卫生、城乡规划、园林等部门，应当加强物业管理区域内公共秩序、治安消防、物业服务收费、环境卫生、房屋使用、小区绿化等方面的监督管理，建立违法行为投诉登记制度，并在物业管理区域内显著位置公布联系方式，依法处理物业管理区域内的违法行为；有关部门应当自收到投诉之日起十五日内进行调查、处理，并将调查或者处理结果答复投诉人”要求，扎实推进执法进小区。

依据《省条例》相关规定，进一步明确物业管理公共秩序维护责任与公共治安消防责任界定；对物业管理区域划分，进一步明确可以划分的范围，细化具体操作程序，减少政府部门自由裁量权；建立贯穿物业服务全程的第三方评估机制，纳入政府购买服务体系，将第三方评估作为合同续约、物业管理费增减、投诉处理解决依据。

（三）以方法为引领，固化优化成功做法

物业管理的特点和发展规律要求必须建立一个属地负责、部门联动、齐抓共管的体制机制才能保证物业管理的健康发展，应进一步推进重心下移，优化市级综合协调、各区政府属地负责、街道办事处具体实施、社居委密切配合的工作格局，形成“政府监管、市场主导、社会参与、居民自律”良性互动的物业管理体制机制。

总结一些地市对区级政府基础管理方面的目标考核指标，进一步引导向监管物业管理市场方面扩展，将物业管理矛盾投诉、纠纷调处、业主满意、企业发展、优秀项目数量、联席会议制度落实等方面纳入目标考核指标。

调研和总结全省当前业主大会或业委会选聘物业服务企业的诸多问题，依据《省条例》相关规定，建立和完善相关制度，规范业主大会、业委会选聘物业服务企业、解除物业服务合同。进一步加强物业管理类评标专家管理。

（四）以扶持为重点，营造行业良好发展环境

推动贯彻落实《省条例》“县级政府部门将物业管理纳入行业现代服务业、社会综合管理和社区治理体系” 要求，积极出台奖补激励扶持政策。

物业管理行业作为公共服务重要内容和社会管理重要抓手，通过以奖代补、政府购买服务方式，从基层政府的社区文化体育经费、社区计划生育、人口经济普查、数据统计等财政经费中给予物业服务企业扶持。对投入实施“互联网 +”“物联网”等信息化、现代服务手段的企业，投入开展社区养老、社区医疗等服务的企业，从事农贸市场物业服务的企业给予一定资金扶持与奖补。

将物业服务项目经理、秩序维护员、保洁员、维修员等培训纳入人才培养计划，给予相应培训补贴。推动物业服务项目经理水平评价，提升行业整体能力。推动各地制定规模以上物业服务企业发展目标，通过具体政策扶持，发展一批规模以上本土优秀企业。实施行业标准化工程，推动企业和物业服务项目规范化、标准化建设。建立包括开发建设单位的房屋质量诚信，业委会委员履职诚信，业主缴费、文明居住诚信，物业服务企业依法依约管理、规范服务诚信等在内的行业综合诚信体系。

在五一劳动奖章、三八红旗手、劳动模范评选中应对物业管理行业适当倾斜，倡导社会遵守物业管理服务劳动价值，塑造行业工匠精神。引导新闻媒体正面宣传行业，提升行业和从业人员的社会地位。

合肥市物业管理行业发展报告

合肥市物业管理协会

一、合肥市物业管理行业发展概况

合肥市物业管理行业发展起步于 1995 年，经过多年的努力，特别是近几年的跨越式发展，初步建立了适合合肥市市情的物业管理制度体系，逐渐解决了困扰行业发展的诸多难题，形成了具有合肥特色的行业管理模式。目前，全市物业管理面积 2.5 亿平方米，共有各类住宅小区近 2180 个，住宅物业管理面积逾 2 亿平方米，占总面积的 90%；2 万平方米以上住宅小区物业覆盖面达 95% 以上，新建小区全部实行了物业管理，合肥政府机关、国企等单位办公楼宇、学校、医院、机场、车站等公共物业全面无死角对物业管理行业开放。全市物业服务企业共约 1600 多家，行业从业人员 11 万余人。

二、合肥市物业管理行业发展成果

（一）管理制度体系基本建立，行业发展得到政策保障

认真贯彻落实《安徽省物业管理条例》，先后出台了《合肥市物业专项维修资金管理办法》《合肥市住宅小区物业收费管理办法》《合肥市物业管理理工作考核暂行办法》《合肥市住宅小区物业管理工作考核暂行办法》等一系列旨在提升管理水平、规范市场行为的规章制度。颁布并实施了《合肥市物业管理若干规定》，配套出台《合肥市业主大会和业主委员会指导规则》等一系列规章制度和示范文本，为行业依法、依规发展奠定了坚实的政策基础。合肥市起草了《关于进一步加强物业管理工作的实施意见》，进一步细化、修改、完善了国家、省、市有关法规和指导意见，为进一步提升合肥市物业管理水平提供了保障。同时，根据实施意见的基本精神，下发了《建设工程质量保证金返还和提取管理办法》，进一步完善了合肥市物业管理工作管理制度。

（二）管理工作重心稳步下移，物业工作职责得到落实

一是落实工作职责。以合肥市政府印发的《关于明确市区物业管理工作职责的通知》为标志，逐步建立起“两级政府、三级管理、四级网络”的物业管理新体制，形成市局综合协调、各区政府属地负责、街道办事处具体实施、社居委密切配合的工作格局，有效地防止了推诿扯皮现象的发生。合肥市及 7 个区房地产行政主管部门都设立了专门的物业管理处（科）或办公室，配备了专人从事物业管理工作。7 个区的 60 个街道全部设立了管理机构，其中：专职机构 11 个，兼职机构 49 个。配备管理人员 137 人，其中：专职人员 29 个；兼职人员 98 个；聘用人员 10 个。322 个社居委都设立了兼职的管理机构，配备了 1 ～ 2 人兼职从事物业管理工作。

二是积极开展评先评优工作。创新市级评先评优及考核的组织形式，建立物业管理专家库。在组

织年度评优和考核时，邀请人大代表、政协委员、党代表及物业管理专家组成考评组，对“目标管理”［自2012年起，合肥市将物业管理工作纳入了对各县（市）、区（开发区）政府的目标考核。重点对物业管理组织机构、人员配置及经费落实、工作开展等方面情况进行考核］、“市优项目”、“流动红旗”进行考评验收。发挥了先进典型的示范引领作用，激励了全市各级物业管理部门进一步提升物业管理工作水平的积极性。

三是加大矛盾纠纷调查处理力度。要求各级物业管理人员，深入社区、深入基层，在小区显著位置公示联系人和联系电话，及时解决物业矛盾纠纷。按照“基础调处、一线调处、及时调处”的原则，指导各县、区现场调查处理物业管理矛盾纠纷。

四是推动规范建立物业管理档案资料工作。合肥市、县（市）区、开发区物业管理主管部门充分认识规范建立物业管理档案资料工作的重要性，加强对资料搜集工作的指导、监督、检查。经过近几年的努力，各企业物业管理档案资料的搜集整理工作得到有效加强，为行业的规范管理奠定了坚实的基础。

五是实施信息化建设。为进一步提高主管部门公共决策水平和服务效能，结合“两级政府、三级管理、四级网络”新的物业管理体制的要求，以“合肥物业”管理信息系统为载体，进一步提高了行政管理水平和服务效能，加强了对企业的信用实施动态管理。不断对物业管理信息系统进行修改完善，已完成市住宅基本情况调查统计，合肥市物业服务企业已完成企业信息填报工作，物业管理信息平台已建设完成并启用。

（三）监督管理手段不断创新，管理水平得到稳步提升

一是为进一步巩固合肥市新型物业管理工作机制，增强各级物业管理部门监管力度，统一招投标管理。按《合肥市前期物业管理招投标实施细则》要求，把前期物业选聘工作纳入市公共资源交易中心统一管理，又采取物业管理项目招投标文件电子档“点对点”传输的方式，从源头上防止了腐败现象、招投标作弊行为、项目管理矛盾纠纷的发生。

二是大力开展物业服务市场秩序整治。制定下发《合肥市物业服务企业和项目经理信用信息管理暂行办法》并全面施行，进一步约束物业服务企业日常经营行为，推进合肥市物业服务企业信用体系档案的建立，对考核较差的企业进行了全市通报。根据安徽省住房城乡建设厅关于开展房地产类企业市场行为检查的要求，会同各县市区物业管理部门对全市范围内物业服务企业及其服务的物业小区进行集中检查。对检查中发现的问题，要求各物业服务企业能立即改正的责令当场整改，对不能立即整改的限期进行整改，要求必须制定整改措施认真落实。

三是加大对基层管理人员的业务培训力度。对各县（市）、区（开发区）及街道物业管理人员开展了“物业管理工作热点和难点问题法律法规解读；如何规范业主大会和业主委员会的成立、日常运作；如何建立矛盾纠纷调处机制，加大物业管理矛盾纠纷的调处力度”等专题培训。加强对物业服务企业从业人员的培训。由合肥市物业管理协会牵头，邀请中国物协的专家在有资质的培训机构，对行业从业人员进行了“物业管理项目经理培训班”“物业承接查验与设施设备专业岗位师资培训班”等专题培训。通过教育培训，规范了企业经营行为，增进了行业内部的学习和交流，提高了基础管理人员和行业从业人员的理论水平和实际工作能力，加强了行业自律能力。

四是认真贯彻落实《安徽省物业管理条例》。合肥市物业管理协会专题召开全市《安徽省物业管理条例》宣贯动员大会，印制下发《安徽省物业管理条例》单行本2万册，利用报纸广播等宣传媒体和小区宣传栏等多种载体深入宣传。根据省住建厅统一部署，下发了《合肥市物业服务提升行动实施方案》，开展为期3个月的物业服务提升行动，全市物业服务水平有了明显提高。

（四）老旧小区管理机制初步建立，居住环境得到有效改善

合肥市于2012年开始启动大规模老旧小区环境综合整治。经过五年努力，共整治老旧小区326个，惠及居民40多万人，整治后老旧小区居住环境得到显著改善。从2015年开始，加强“无物业管理”老旧小区物业管理工作，合肥市积极采取专业化管理、委托属地管理等多种方式推进物业管理覆盖工作。一是对可以单独实施市场化管理的小区，或经整治达到条件的小区通过宣传引导，积极创造条件，把管理权交给业主，引导其规范选聘市场化物业服务企业管理。二是对规模较小的小区，由基层部门（街道、乡镇）牵头组织，采取集中几个小区“统一打包”选聘物业服务企业。三是对不利于单独管理又无法和其他小区联合打包的小区，实施社区准物业市场化管理模式，由街道或社区成立的专门为本辖区无物业管理小区服务的物业服务中心，维持小区基本的卫生保洁和安全巡逻为主要内容的物业管理活动。针对老旧小区收费难的问题，合肥市采取了“财政补一点、公共收益贴一点、业主交一点”的方式予以逐步解决。

（五）社区管理模式不断创新，属地管理作用得到发挥

合肥市包河区把正确处理社区管理与服务、物业服务的关系，作为街、居做好新形势下物业管理工作的重要抓手；芜湖路街道曙宏新村小区坚持将强化物业管理作为推进社会管理创新和提升综合服务水平的重要内容，整合优化现有资源，将社区服务站建设为融民生服务、文明创建、计生服务、治安综治、安全生产等各项工作为一体的综合性管理和服务平台，履行管理、服务、维稳、宣传等功能，成为保一方平安的基石。目前，该区有物业管理的小区，已全部成立社区综合服务站，无物业管理的小区正抓紧组建。滨湖新区世纪社区自2013年组建以来，注重社会管理模式创新，积极探索“工作一盘棋、力量一股绳、管理一起上、服务一加一、调处一站式、考核一把尺”的“六个一”管理模式，撬动了物业管理准公共服务和管理属性，促进小区和谐、社区和谐建设，同时积极开展“亲情六敲门、社区一家亲”活动。该社区“物业管理与社区工作一体化；物业管理联席会议制度化；物业考核机制常态化；物业管理项目化、亲情化”的物业管理和社区管理的模式得到省住建厅领导的充分肯定。

（六）业委会组织建立逐步规范，小区自治能力得到加强

合肥市出台了《合肥市业主大会和业主委员会指导规则》，明确了业委会职责和议事规则，在具体工作中，一是抓组织。明确街道办事处、乡镇人民政府在县（市）、区（开发区）物业管理行政主管部门指导下，负责组织协调本辖区业主大会成立和业主委员会换届工作。二是抓自律。业主委员会委员不依法履行职责，由业主委员会三分之一以上委员或者持有20%以上投票权数的业主提议，业主大会或者业主委员会根据业主大会授权，可以决定是否终止其委员资格。三是抓公开。业主委员会定期公布专项维修资金的筹集、使用；物业共用部位的使用和收益；业主大会和业主委员会活动经费的收支情况等情况。四是抓监督。针对业主委员会日常工作不规范、财务账目管理不透明等问题提出了设立独立监事和财务工作由街居代管的解决办法。五是抓规范。印发《业主大会议事规则》《管理规约》《临时管理规约》三个示范文本，指导业委会正确行使公共管理权力，更好地维护小区业主合法权益。六是抓细节。印发《业主大会业主委员会工作指导文书》，为业委会规范开展工作提供了可以遵循的标准。

（七）文明创建、安全生产工作有效加强，住宅小区得到和谐稳定

将文明创建、安全生产工作作为对物业服务企业日常监管和考核的主要内容，结合“流动红旗”“市优项目”评比，组织开展对小区的安全生产和文明

创建专项督查。一是认真落实安全生产“一岗双责”规定，明确职责分工，全面落实各级安全生产责任制；制定具有针对性和可操作性的应急预案；督促各企业对所服务小区进行全面的安全隐患排查。二是积极推动文明创建工作。要求各物业服务企业做好小区的卫生清洁工作，彻底清除小区内积存垃圾和卫生死角，确保道路环境清洁、绿化整齐、下水道通畅；加强对住宅小区公共秩序维护，严格小区门卫值岗制度，加大巡查力度，加强小区内的车辆管理，确保良好的公共秩序；积极开展有益的文娱活动；认真做好公益广告的刊播工作；全面配合合肥市的文明创建工作。物业管理小区实施了包片联户制度，较好地落实了“包宣传到位、包排查到位、包协助查处到位”的“三包”工作责任，成效显著；并积极参与到全市禁止烟花爆竹管理工作，全面配合政府主管部门做好物业管理小区烟花爆竹禁放宣传工作。

（八）协会创新工作管理方法，规范行业发展

一是合肥市物业管理协会通过制定《合肥市物业管理协会优秀会员企业评选办法》，组织开展了优秀会员企业和近三年担任市优省优项目的优秀项目经理评选活动，通过公开考评及项目经理闭卷笔试等公正考核形式，评选出55家优秀会员企业和100名优秀项目经理，表彰在行业及协会建设中做出贡献、踊跃参与行业活动的物业服务企业，提升行业凝聚力，促进行业健康发展。

二是积极成立专业委员会。协会成立了清洗保洁、白蚁防治、标准化建设、行业发展研究、商业资产运营、宣传工作、设施设备技术、培训中心（含专家）、园林绿化、法律咨询和信息技术发展等11个专委会。协会将工作任务按条块分解给各专委会，让他们在各自职责范围内，独立地开展工作，按时向会长办公会议汇报工作计划及落实情况。各专委会有责有职，既要按质按量地完成协会安排的工作，也要根据物业服务企业需要，组织开展各项活动，形成协会→专委会→会员单位的独特工作模式，发挥专委会专业、高效、优质的作用，为物业服务企业排忧解难，为政府制定政策提供依据。

三是支持会员企业做大做强。为探索合肥市物业服务企业的规模化发展路径，切实提高物业服务企业的核心竞争力，推动行业的快速健康发展，协会深入会员企业，帮助指导企业提高招投标工作水平，分析物业管理招投标市场，研判市场形势，把握市场信息，切实为会员企业提供优质服务，让企业面向开放的市场，进一步做大做强。近几年来，合肥本土企业在经营规模和服务质量都有了长足提高。涌现了一大批有规模、有水平的物业服务企业。

四是组织岗位技能大赛。为树立行业从业人员爱岗敬业理念，强化物业服务企业基础工作技能，提升合肥市物业管理行业服务和管理水平，2017年，合肥市组织选拔了3名物业管理员和3名电工代表安徽赛区参加了由中国物业管理协会主办的全国物业管理行业“首届岗位技能大赛”，参赛选手不畏强手，取得了较好的成绩，充分展示了合肥市物业管理行业的风采，进一步激发了合肥市物业管理行业学技能、练本领的积极性和主动性。

三、合肥市物业管理行业下一步工作安排

（一）进一步完善物业管理监管体系

一是进一步推进重心下移，属地管理，明确责任，定期组织各县市区物业管理主管部门开展矛盾纠纷排查化解专项行动，推进各县市区政府和街道（乡镇）建立物业管理矛盾调处中心和联席会议制度。二是建立市级行业指导、区级属地管理、街道（乡镇）具体负责、社居委（村委会）协助落实的工作机制，加强基层物业管理机构和队伍建设。三是推动建立由街道（乡镇）召集住宅小区管理联席会议制度，协调解决住宅小区物业管理矛盾纠纷。四是积极探索以党建为引领的“红色物业”新路径，探索建立以街道党工委领导下的社居委、业委会、物业服务企业参与的“四位一体”物业管理机制。

（二）加强立法和普法工作

一是加大对新修订的《安徽省物业管理条例》的宣传贯彻力度。二是积极开展立法调研，结合合肥市实际和外地经验，启动《合肥市物业管理条例》立法调研及相关准备工作，构建“政府监管、市场主导、社会参与、居民自治”的住宅小区物业管理工作格局。

（三）进一步规范物业服务市场

一是加强物业管理行业信用体系建设。研究制定物业服务企业资质取消后对物业企业的监管措施，加快完善物业服务企业及项目经理信用信息管理，优化信用信息的采集、处置等流程，建立守信联合奖励、失信联合惩戒的体制，建立信用体系“红黑榜”并定期发布。二是积极开展物业服务专项检查，严肃查处物业服务企业侵犯业主权益、挂靠经营、不履行服务合同等违规违约行为。三是建立健全物业服务费调价机制。深入推进物业管理市场化进程，组织调研合肥物业管理行业收费标准，通过科学测算经营成本制定合理的政府指导价，遵循合理、公开以及费用与服务水平相适应的原则，起草《合肥市物业管理行业服务成本测算报告》，并以此为基础积极与物价局对接商谈合肥物业费收费标准制定调整事宜。通过建立物业服务费价格调价机制，充分考虑物价指数和劳动力成本增长因素等对物业服务费价格的影响，并实行阶梯定价法，根据服务等级进行价格浮动。

（四）积极打造和谐宜居小区

一是深入开展“优秀物业管理住宅小区”“文明示范小区”等评比评选活动，充分发挥示范引领作用。二是结合对物业服务企业日常监管，以及“流动红旗”“省优、市优项目”申报评比，持续巩固文明创建、打击传销、禁燃禁放、安全生产大检查活动成果，努力打造和谐宜居小区环境。三是开展住宅小区文明创建专项整治活动，会同市文明办组织开展文明评选活动，努力形成物业管理行业创建文明城市的常态机制。

（五）协会争创 5A 级社会组织

合肥市物协积极参加社会组织评估工作，通过组织创评工作，促进规范协会内部管理、加强自身建设、增强协会服务功能、推进持续健康发展，提高协会公信力。

福建省物业管理行业发展报告

福建省物业管理协会

一、福建省物业管理行业发展概况

（一）物业服务企业数量

截至 2017 年年底，福建省物业服务企业数量为 2493 家。其中，沿海的福州、厦门、漳州、泉州、宁德、莆田六个地市数量总额为 1976 家，内陆的龙岩、三明、南平三个地市数量总额为 517 家。与 2016 年相比，全省物业服务企业数量增加 536 家，增幅为 27.39%。

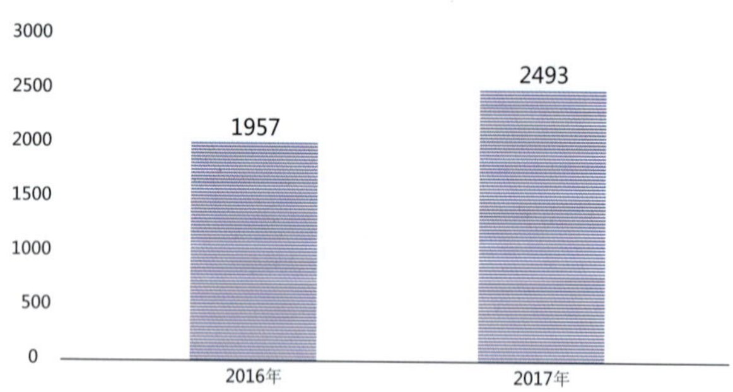

图 1　2016 年、2017 年物业服务企业数量

（二）物业管理规模

1. 住宅项目数量

截至 2017 年年底，福建省住宅项目数量为 15128 个，其中沿海 6 个地市的住宅项目数量为 11119 个，内陆 3 个地市项目住宅数量为 4009 个。与 2016 年相比，全省住宅项目数量增长 389 个，增幅为 2.57%。

图 2　2016 年、2017 年住宅项目数量

2. 物业服务面积

截至 2017 年年底，福建省物业服务面积为 59806 万平方米，其中住宅面积为 46917.23 万平方米，占比为 79.26%。与 2016 年相比，全省物业服务面积增长 4392.0357 万平方米，增幅为 8.25%；住宅面积增长 1838.168 万平方米，增幅为 4.27%；非住宅面积增长 2553.87 万平方米，增幅为 24.95%。2017 年福建省住宅物业服务面积比例减少，其他类型物业服务项目比例增加。

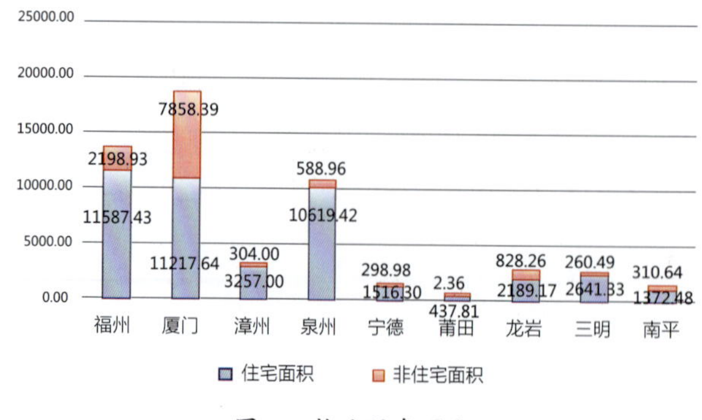

图 3　物业服务面积

3. 物业服务主营业务收入

截至 2017 年年底，福建省物业服务主营业务收入为 147.615 亿元，与 2016 年相比，增加 50.585 亿元，增幅为 52.13%。

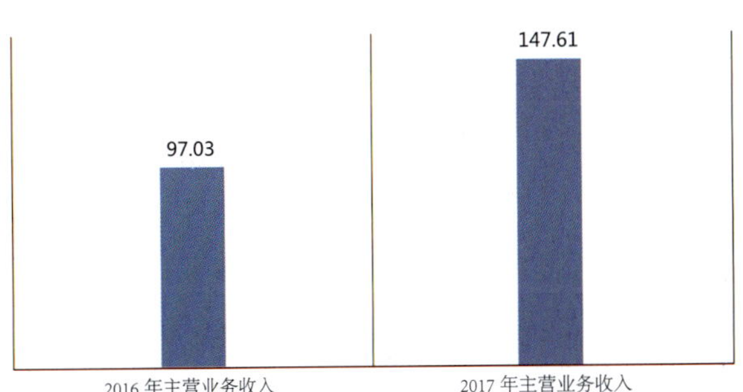

图 4　2016 年、与 2017 年主营业务收入

（三）各地市物业管理协会会员数量

截至 2017 年年底，福建省各地市物业管理协会会员数量分别为：福建省物协 409 家、福州物协 180 家、厦门物协 276 家、漳州物协 147 家、泉州物协 162 家、宁德物协 50 家、莆田物协 87 家、龙岩物协 75 家、三明物协 76 家、南平物协 115 家。其中分别占各地市物业服务企业的比例为：福建省物协 16.15%、福州物协 37.27%、厦门物协 59.61%、漳州物协 54.04%、泉州物协 25.13%、宁德物协 45.87%、莆田物协 54.38%、龙岩物协 42.61%、三明物协 53.15%、南平物协 67.65%。

（四）住宅项目业主委员会数量

截至 2017 年年底，福建省住宅项目业主委会数量为 2546 个，占全省住宅项目的 16.83%。其中沿海 6 个地市业主委员会数量为 2075 个，占沿海 6 个地市住宅项目比例为 18.66%；内陆 3 个地市业主委员会数量为 471 个，占内陆 3 个地市住宅项目比例为 11.75%。与 2016 年相比，全省住宅项目业主委员数量增长 471 个，增幅为 22.70%。

（五）住宅专项维修资金收入与使用情况

截至 2017 年年底，福建省住宅专项维修资金代管金额总共 2713367.94 万元，已审批使用金额 20985.99 万元，占比为 7.7%。其维修资金代管金额与已审批使用金额见表 1。

表 1　各地市收入与使用情况（单位：万元）

市、区县名称	代管金额	已审批使用金额
福州	935391.22	4447.63
厦门	505431.91	4635.78
漳州	197183.93	1445.54
泉州	369891.26	940.01
宁德	119123.29	2165.4
莆田	352309.71	482.35
龙岩	91017.45	3068.73
三明	86998.13	2327.76
南平	56020.99	1472.79
总计	2713367.94	20985.99

二、福建省物业管理行业发展存在的主要问题

（一）物业服务企业数量少，规模小，能力弱

目前福建省物业服务企业规模偏小，经营管理水平偏弱，更多采用传统的物业管理观念和理念。但是随着互联网的冲击，传统的物业管理经营理念总体滞后已经不能适应社会大环境发展的需求。在信息化、知识化、网络化、全球化为主要特征的大环境下，一些企业对成本上涨给物业管理行业生存发展带来的困难无计可施，也不能在市场环境变化带来的新的市场需求和商机中运筹帷幄，没有从客户价值、企业资源和能力、盈利方式等方面研究应对困难的路径，长期处于生存困境中，经营风险加剧，管理模式创新及新技术在传统服务中的运用仍处在被动局面。

（二）物业服务成本上涨，物业收支不平衡

虽然目前福建省物业服务企业管理规模都在不断增长，但对于坚守行业本质的物业服务企业来讲，随之而来的并不是规模效应所带来的经营改善，而是因物价、用工成本的刚性增长、项目设备设施老旧等原因造成运营成本的与日俱增。但是福建省物

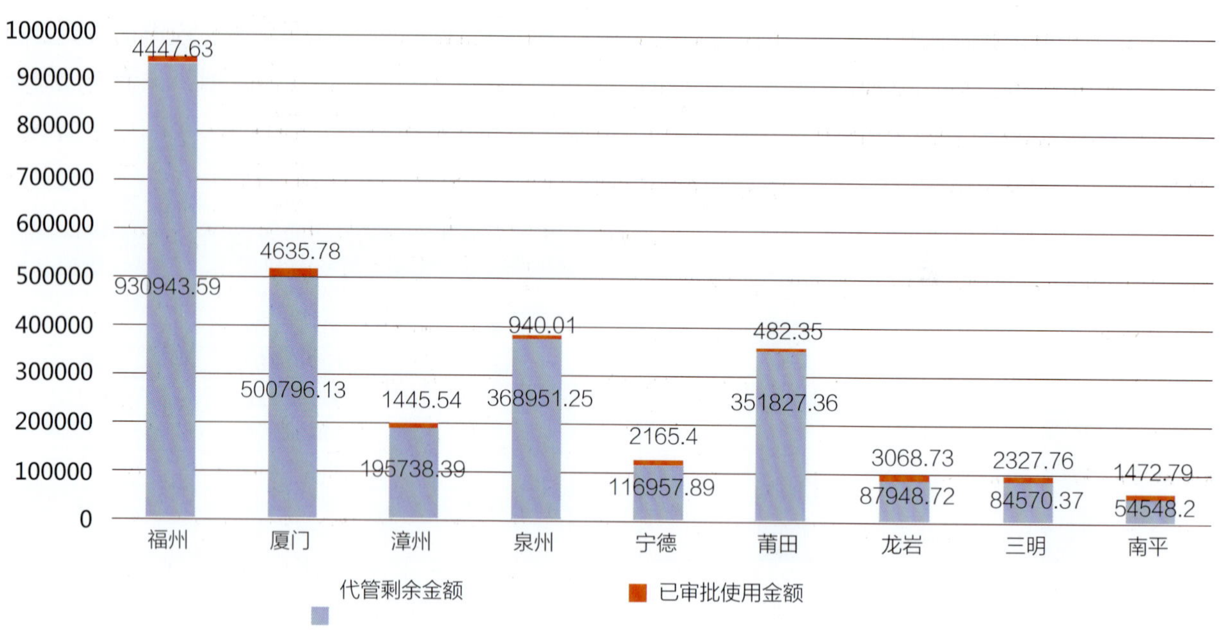

表 5　维修资金代管金额与审批使用金额

业服务收费普遍存在收费标准和收费率“双低”，对物业的转型升级、刚性服务造成制约。为维持运营，物业服务企业或减员节流降低人工成本，或通过降低服务标准达到降低服务成本，导致小区在安全、环境、设施等方面暴露出诸多问题和隐患，物业与业主纠纷不断，抛盘现象屡见不鲜。

（三）物业管理法规制度落实不理想，运行机制不顺畅

福建省目前关于物业管理的地方性法规已经不适应现实管理需要，上位法的实施细则规定也存在着盲区，政府行政管理体制与部门协调机制运转不畅，缺乏有效衔接。

物业服务企业前置审批和资质评定的取消导致行业准入门槛降低，物业服务企业的准入、退出机制、招投标制度等方面都存在一定问题，出现鱼龙混杂现象，影响行业服务质量，亟须通过立法加以解决完善。

业主委员会履职缺失：目前，全省只有 2546 个小区成立了业委会，占比为 16.83%。但在实践中，业主委员会规范化建设还存在一些问题。一是部分业主委员会成员对自身权利和义务认知不足，存在履职不力、职责认识不清、活动不规范等问题，引发物业纠纷不断。二是缺乏有效的监管机制，造成业主委员会责任心不强，诱发业主委员会成员以权谋私。三是业主（业主大会）与业主委员会形成的委托代理机制不完善，导致业主委员会越权代理，损害业主利益。相当数量的业主委员会形同虚设，缺少联系业主、服务业主、参与小区治理的主动性，没有发挥业主与物业服务企业的桥梁作用。

住宅专项维修资金使用难： 截至 2017 年年底，福建省已交商品房住宅专项维修资金 161.613 亿元，使用 2.767 亿元，使用率偏低。日益增加的住宅共用设施设备急需更新、维修及改造，却往往因维修资金使用表决难通过 、部分住房维修费用筹集难、使用程序不合规范、使用范围难界定、各方对维修资金管理机构的职能认识存在差距等原因，而无法及时动用维修资金，使其难发挥应有的保障功效，从而造成维修资金使用难的局面。

三、提高福建省物业服务规范化水平的对策建议

（一）构建物业参考价数据模型，客观推动行业形成“质价相符”的价格机制

为解决目前市场经济环境下物业服务的人工成本和建筑主体维护成本急剧上涨，而物业服务费却长期在一个低端水平徘徊，呈现出提高物业服务质量与物业费价格倒挂的突出现象和问题，福建省物业管理协会开展了“福建省住宅物业服务收费价格参考体系及相关数据模型构建项目”课题调研工作，并在调研的基础上进行了数据分析处理和项目成本模型的搭建工作。数据模型将合理、合规测算公布相关物业服务成本，建立质价相符的物业服务收费体系，化解物业服务收费纠纷，为政府及有关部门加强物业服务价格指导提供决策支持。

（二）健全法律法规，推动行业依法管理

一是尽快修订《福建省物业管理条例》及相关配套措施和细则。随着福建省城乡经济社会快速发展，现有条例部分条款表现出一定程度的滞后性和不适应性，修改条例、制定相应配套政策措施势在必行。二是建立物业纠纷调解机制。发挥街道、居委会在社区物业管理纠纷调解中的组织领导作用，立足现有人民调解组织，整合充实力量，及时化解矛盾纠纷。三是规范物业服务企业进入、退出机制。按照规则和行业管理要求，依法规范物业服务企业的进入。退出的企业要明确责任，做好各项移交工作，对移交不彻底或拒绝移交的企业，要纳入征信系统，必要时取消其经营资格。

（三）拓宽经营渠道，提高企业经营效益

引入新技术、新业态和新方式，开创全新商业模式，致力于提高物业服务的技术含量、增值服务和产品附加值，实现从粗放型传统服务业向集约型现代服务业的转变，是物业管理科学发展的必然选择。因此，推动行业转型升级是外部环境、形势发展的倒逼，也是行业摆脱当前困境、寻求可持续发展的内在要求。此外，物业服务企业还可以根据自身的优势，扩大经营范围，开展多种经营，壮大企业的经济实力，弥补物业管理服务收费的不足，实现企业发展的良性循环，改变福建省物业服务企业经营规模小、经济效益差的局面。

（四）建立信息化平台，加快智慧物业建设

建设社区物业信息服务与监管平台，搭建居民与物业沟通交流的信息平台和服务平台，方便居民、物业服务企业、政府通过互联网等现代信息手段更加便捷地参与社区管理；通过移动互联网技术和物业管理大数据，搭建业主、物业服务企业、政府和其他相关机构共用、共享的管理和便民服务平台，进一步强化物业管理行业监管，提高行政管理效能和物业服务能力。

江西省物业管理行业发展报告

江西省房地产业协会物业管理专业委员会

一、江西省物业管理行业发展概况

（一）物业管理覆盖率

近年来，江西省物业管理服务类型不断扩展，已从住宅小区逐步扩展到办公楼、商场、医院、学校、工业厂房、机场、车站等多种物业类型，服务类型越来越广，物业管理覆盖率逐年提高。截至2017年年底，全省物业服务企业管理的物业项目总数有4630个，管理面积达34360.21万平方米，其中住宅项目数3670个，管理面积27723.5万平方米，占80.68%；别墅项目136个，管理面积558.4万平方米，占1.62%；办公楼、写字楼物业项目数534个，2145.11万平方米，占6.24%；其他类项目数290个，管理面积3933.2万平方米，占管理面积11.44%。江西省首家物业服务企业江铃物业管理公司于1993年成立，经过20多年发展，截至2017年年底，全省物业服务企业已发展到3235家。

（二）从业人员情况

按人员构成分。全省物业服务企业从业人员约14万人。从事物业管理基础工作的一线工作人员约11.7万人，占总人数的83.57%；管理人员约2.3万人，占总人数的16.42%。

按技术职称分。经营管理人员中具有中、高级职称的6903人，占管理人员的38.9%；初级职称的2814人，占15.64%；无技术职称的15618人，占48.21%。

员工工资福利情况。根据抽样调查，2017年年底江西省物业服务企业职工年平均工资约为32080元/人·年，仅为2016年年底省统计局发布的城镇私营单位就业人员年平均收入的87.01%。

（三）行业产值

近年来，住房商品化和市场经济进程迅猛推进，为物业管理创造了良好的发展空间。物业管理行业为带动就业、促进服务业发展，发挥着越来越重要作用，物业管理产业经济在我国有仍巨大的发展空间。据江西省房地产业协会物业管理专业委员会测算，江西省物业管理行业产值目前约达到了103亿元。

（四）物业费收缴率

根据江西省房地产业协会物业管理专业委员会对部分物业服务项目抽样调查，江西省物业服务企业依据不同物业服务类型，物业管理费收缴率测算见表1。

表1　不同物业类型的管理费收缴率

序号	物业类型	收缴率%
1	普通商品房	77.32
2	保障性住房	89.21
3	商业用房	92.63
4	办公用房	95.76
5	公共服务类用房	99.27

物业管理收费率关系物业管理行业的生存与发展，江西省房地产业协会物业管理专业委员会调查中发现，住宅类物业服务企业较普遍反映“收费难”的问题，虽然住宅物业市场规模庞大，但住宅物业管理的利润率较低，大部分住宅物业服务企业仅能实现微利，不少还存在亏损。物业管理收费难、收费率不高问题已在一定程度上影响整个行业的健康发展。

（五）业主满意率

业主满意率是物业服务质量考核标准，江西省多数物业服务企业做到了每年至少开展 2 ～ 4 次的业主满意度调查，有的物业服务企业还委托专业公司开展业主满意度调查。但在一些小规模的物业服务企业，服务项目主要是老旧住宅小区，在业主满意率调查方面做得不够。根据抽样调查，在一些新建住宅小区，物业服务企业管理较规范，并与业主有良好沟通的，业主满意率能达到 90% 以上；而在一些物业收费标准较低的老旧住宅小区，物业服务企业为了保证利润，降低服务质量，业主满意率普遍低于 80%。

影响业主满意率的原因除物业服务企业服务质量外，还有一个原因是业主将相当部分不属于物业服务企业管理范畴的职能和责任强加给了物业服务企业，片面认为既然他们接受了物业管理并且还为此交了物业费，出了问题自然要找物业服务企业，如业主私搭乱建、房屋质量问题、邻里纠纷等，均找到物业服务企业理直气壮地要讨个说法。

（六）举办的重大行业活动

一是开展了“规范物业管理行为，提高物业服务质量”主题活动。把“解决物业管理矛盾，提高业主满意度”作为检验主题活动成败的唯一标准，广泛发动街道办事处、乡镇人民政府、社区居委会和广大业主参与活动，以增进物业服务企业与业主、社区委员会之间的良性互动，以物业服务质量的提升带动社区管理整体水平的提高。

二是开展了物业服务质量抽样评估活动。通过随机抽取物业管理项目进行物业服务质量评估，并将评估结果在所在物业管理区域内显著位置进行公示，帮助业主了解本项目物业服务质量状况，促进物业服务企业规范服务行为。

三是组织物业服务企业开展业主满意度调查。号召全省物业服务企业每年至少要组织开展两次以上业主满意度调查，通过开展满意度调查，广泛听取业主及使用人对物业服务的意见和建议，以帮助物业服务企业更好地改善其服务水平。

四是广泛开展物业管理示范项目创建。通过组织开展各级物业管理示范项目创建活动，树立物业管理示范典型，以示范典型进一步促进和提高全省物业服务企业的品牌服务意识、质量服务意识。

五是组织开展了全省物业服务企业向社会公开承诺“规范物业管理行为，提高物业服务质量”活动，全省参与公开承诺的物业服务企业有 1831 个，覆盖了 3579 个住宅物业管理项目。

二、江西省物业管理行业发展存在的主要问题

江西省物业管理行业近年来尽管取得了比较快的发展，但仍然处于行业发展的初级阶段。从调研情况分析，主要有存在以下问题：

（一）物业服务企业的规模普遍偏小，抗风险能力较弱

全省物业服务企业数量上虽有 3235 家，多数为项目公司，占比高达 89.21%。如果用项目总数除以企业总数，每个物业服务企业平均管理的项目仅 1.43 个，这就意味着，如果有一个项目亏损，那这个物业服务企业就将面临难以经营下去的困局。在这种情形下，物业服务企业对其服务的项目是很少投入的，而这种只管收入不管投入的现状最终只会导致物业管理项目越管越差。

（二）物业管理专业化程度不高，服务意识不强

从人员工资待遇数据可以发现，物业管理行业平均工资待遇仅为城镇职工平均收入的87.01%，势必会造成物业服务企业人员队伍的流动性加大，物业服务企业在从业队伍都不稳定的情况下，怎么能够建立专业化队伍，其专业化服务又如何去保障。还有一些物业服务企业自身认识上也存在问题，在服务过程中往往以管理者自居，侵占业主的利益，少服务、多收费、乱收费，更是加重了业主对物业服务企业的不信任感。

（三）业主参与物业管理的意识和自治能力不强

很多业主对物业管理缺少必要的认识，往往不能正确认识享受权利和履行义务的对等关系。街道、社区对业主大会指导作用缺失。业主对物业管理的主动参与意识不强，遇到问题各自为政，没有统一的思想和行动。业主大会召开难，依法产生业主委员会更难。

三、推进江西省物业管理行业发展的意见和建议

（一）大力推行物业管理招投标制度

要加强对物业管理市场竞争主体的培育。物业管理市场的培育和发展，重要前提是要具有公平竞争的市场环境和机制。帮助物业服务企业练好内功，增强综合素质，凭企业品牌影响和整体实力参与市场竞争。严格实行建管分离，真正建立起业主与物业服务企业双向选择的良性市场竞争机制。

（二）加大物业管理工作的宣传，培育规范物业管理市场

各级政府要进一步加强社会舆论宣传，引导群众转变思想观念，使物业管理进一步得到广大群众的认同和支持，提高他们参与物业管理活动的主动性和积极性，帮助业主大会和业主委员会发挥其主体决策能力和行为能力。

（三）多措并举解决拖欠物业服务费的问题

拖欠物业服务费是当前物业服务企业发展普遍面临的根本性问题。建议从法院简化拖欠物业服务费审判程序，设立涉及拖欠物业服务费案件“小额速裁”的审判模式。这样既有利于减少物业服务企业的诉讼成本，也有利于警示业主，给社会正面引导；同时，考虑对拖欠物业服务费的行为采取限制物业交易措施。房屋交易部门在办理产权交易时，设立要求业主提供已交清物业服务费的证明为前置条件，防止业主恶意欠物业服务费。

（四）减轻物业服务企业负担

根据物业管理行业特殊性，建议在财税上给予物业服务企业政策支持，以减轻物业服务企业经营负担。对住宅小区公用设施设备维护管理、保洁、绿化服务过程中的用水、用电、用气与民用同价，以降低物业服务企业管理成本，为物业服务企业成长提供更好发展空间。

山东省物业管理行业发展报告

山东省房地产业协会物业管理行业分会

一、山东省物业管理行业发展概况

山东省物业管理行业经过近30年的发展，已经在企业总数、管理面积、从业人员数量上成为名副其实的物业管理大省。截至2017年7月，山东省实施物业管理的住宅小区项目达20469个，物业管理面积180906.75万平方米，其中住宅物业面积152421.48万平方米；全省已成立业主委员会3974个；共有物业服务企业数量8866家，主营业务收入达183.84亿元/年；全省物业服务从业人员数量617658人。山东省高度重视物业管理行业发展，2015年省政府就出台了《房地产业转型升级实施方案》，明确提出要做大做优物业管理行业、提高物业服务水平。2017年2月，山东省住建厅成立物业管理处，是全国省级业务行政主管部门设立的首个物业管理行业管理职能处室；2017年4月，召开全省物业服务和住房公积金行业文明行业创建试点工作动员大会，对文明行业创建试点工作进行动员部署，随后印发《2017年全省物业管理工作要点》；为更好服务和推动物业管理行业发展，山东省房地产业协会将原物业管理专业委员会变更为物业管理行业分会，经山东省房协理事会审议通过和省民政厅备案，已于2017年5月16日正式成立。

二、山东省物业管理行业主要工作成果

（一）服务行业发展，推进行业文明创建

应山东省住建厅的要求，省房协物业分会先后参与编制了山东省物业管理文明行业创建示范项目、标兵企业、服务明星的评选标准和起草《山东省物业服务企业信用档案与评级管理办法（试行）》（以下简称《办法》），经多次修改并征求会员单位意见，已提请省住建厅印发执行。《办法》规定，在山东省行政区域内从事物业服务活动的物业服务企业，均按规定参加信用档案与评级管理。各级物业主管部门、行业协会、物业服务企业等根据《办法》有关规定，负责信用信息的录入、归档、管理、出具信用报告等工作。《办法》是物业服务企业资质取消后，省级层面出台的第一个物业服务企业信用管理办法，标志着山东省物业管理行业管理进入“信用管理”阶段。《办法》为抓好物业管理行业文明创建试点工作，激发物业管理行业的工作热情起到了积极作用，同时利于规范山东省物业服务企业经营行为，构建诚实守信的市场环境。

物业分会积极配合省住建厅开展调查研究和政策制定，参与起草了《山东省物业服务行业开展文明行业创建活动试点工作规划》（以下简称《工作规划》）、《2017年全省物业服务行业“文明服务年”活动实施方案》等，得到省厅领导充分肯定。根据《工作规划》，2017—2019年，省住房城乡建设厅将每年评选300名“文明行业创建服务明星”、100个“文明行业创建示范项目”、100家“文明行业创建标兵企业”。通过文明创建，对物业管理行业的转型升级进行引领，使行业形成规范有序的管理格局，进而营造积极进取的发展氛围，建设舒适宜居的生活环境，构建和谐有序的社会治理体系。通

过提高全省物业管理行业的文明程度和文明素质，促进行业的持续健康发展，推进和谐社区建设和基层党建工作，带动全行业文明程度、综合实力、服务水平明显提升。活动开展以来，山东省物业服务企业积极主动参与文明行业创建，行业整体文明程度和服务水平有了较大提升。

2017 年 5 月，山东省住房和城乡建设厅印发《2017 年全省物业管理工作要点》，以开展文明行业创建活动试点工作为抓手，着力突破行业管理热点、难点、焦点问题，扎实构建“三会三公开四保障”工作体系，积极推进“六重点”工作，夯实管理基础，全面提升全省物业管理工作水平和群众满意度。“三会”是指恳谈会、调解会、联席会。“三公开”是指服务内容、投诉举报、公共部位经营收益三项内容公开。“四保障”是指工作机制保障、行业监管保障、政策法规保障、行业发展保障。“六重点”是确保老旧小区改造后的物业管理全覆盖；积极组织开展文明行业创建试点工作；建立物业服务企业诚信评价制度；强化“两金”管理，积极推进物业收费制度改革；支持物业服务企业做优做强；加快起草推进物业管理的政策措施。

（二）开展培训竞赛，提升从业人员整体素质

2017 年 3 月，山东省建设工会、省房地产业协会共同主办了首届山东省物业管理行业职业技能竞赛。各设区城市赛区选拔的近 100 名物业管理职业技能人员同场竞技，各工种总成绩前 3 名选手获得“山东省物业管理行业职业技术能手”荣誉称号，其中电工组第一名选手被山东省总工会授予“山东省富民兴鲁劳动奖章”。活动的成功举办在全省物业管理行业内掀起“岗位大练兵、技术大比武、素质大提高”的技能比武热潮，极大地激发了一线员工的工作积极性。本次竞赛提高了山东省物业管理行业职业技能水平，发扬了工匠精神，巩固和提升了物业从业人员基础服务技能，以及物业管理服务能力和服务品质，展现出山东省物业管理行业的专业形象和精神面貌，赛后各工种优秀选手代表山东参加了中国物业管理协会主办的全国竞赛，山东省房地产业协会荣获“优秀组织奖”，5 位参赛选手在众多选手中脱颖而出并取得了优异的成绩。

2017 年 4 月份以来，根据省房协印发的《关于在我省全面开展物业管理项目经理及物业管理从业人员专业技能培训的通知》，物业分会已在泰安、青岛、临沂、济宁等地成功组织开展了 5 期物业管理项目经理及物业管理从业人员专业技能培训，培训人数 800 余人。高水平的授课师资，多样化的授课形式，得到各市行业协会和广大企业的积极响应，接下来还将在其他城市展开。行业精神文明建设水平的高低，最终取决于干部职工素质的高低。通过多渠道、多途径培养物业管理专业人才，打造优秀人才团队，以人才促进企业创新发展，能够实现企业与人才共赢，提升行业综合竞争力。

2017 年 6 月，山东省房地产业协会物业管理行业分会正式启动物业公益大讲堂系列活动，该活动是面向社会的一项公益活动，旨在为全省物业服务企业提供具有前瞻性、发展性、指导性的公益学习平台，在全省会员单位中引起热烈反响，得到省住建厅领导高度评价。2017 年共举办了三期“物业公益大讲堂”，分别从行业标准化建设、法律法规制度建设、物业消防安全管理规划、行业发展与人才培养等方面邀请省内外行业专家、教授进行专题演讲，累计对全省近 200 家物业服务企业的 700 余人进行了培训。活动聘请的专家讲师实力雄厚，讲堂主题鲜明、内容丰富、针对性强，已经成为山东省物业管理行业的一项品牌活动。

三、山东省物业管理行业发展存在的主要问题

（一）服务消费意识淡薄

作为物业市场交易的买方，大部分客户尚未完成由“房客”到“业主”的转换。实行住房制度改革后，由于市场经济发展不够成熟，计划经济观念

还有一定影响，居民消费水平不高，消费意识落后，很多业主还无法接受花钱买房后再掏钱请“管家”的消费方式，福利住房的惯性思维使相当一部分业主仍然眷恋旧体制下住房待遇的诸多好处，对现行的物业管理服务不习惯。

（二）物业管理法制建设滞后

传统的房屋管理对象限于公有房屋，对规范的法律需求不大。所以，物业管理方面的立法工作是近几年才开始的。但事实上物业管理的实践已经有了一定的发展，立法显然落后于实践。随着物业管理的快速发展，不可避免地出现了很多问题，如物业管理各主体间的法律关系不明确等。由于没有相应法律法规的规范约束，使得一些工作无法正常开展，甚至造成矛盾激化，亟待通过立法加以解决。

（三）物业服务企业运营制度落后

现有物业服务企业大多数是行政配置的产物。其中一些是由原来的房管所、房管站转轨组建的，一些是由房地产开发商为解决售后服务而自行组建的，一些是由大型企事业单位在机构改革中逐步推向社会的后勤科室转变而来的，剩下的才是专门从事物业管理的公司。因此，大部分物业服务企业并非真正意义上的按现代企业制度组建的自主经营、自负盈亏、自我积累、自我发展的经营实体。旧体制的痕迹和对国有机构的依附严重束缚其在竞争激烈的市场中灵活地施展拳脚。

（四）“建管不分”的矛盾逐渐显现

早期“谁开发，谁管理”的物业管理模式，随着社会的进步和经济的发展，矛盾逐渐显现，如物业服务企业缺少独立性和经营自主性，严重影响物业管理专业化水平和市场化运作程度提高；物业管理前期介入难以得到开发商认同，给以后的物业管理带来一定的麻烦；物业管理财务不独立等问题。

（五）文明创建工作成绩显著，也存在诸多不足

一是创建工作的声势不够，个别城市的动员会议规模规格不高，而且会议召开以后，没能继续策划开展一些大的、有影响力的活动，以进一步壮大声势、扩大影响，文明行业创建的宣传、引导工作没有跟紧跟实，“上热、中温、下冷”的问题比较突出。二是结合业务抓创建不到位，一些地方就创建抓创建，“两张皮”现象比较突出。满足于通过一般性的开会、发文来部署任务，方案的针对性和可操作性不强，措施过于原则笼统，虚的多、实的少，规定动作多、自选动作少，创建工作内容比较单薄。三是围绕中心抓创建不够，有些地方没有把物业管理行业文明创建纳入当地文明城市创建通盘考虑，单纯就行业创建抓创建，虽然耗费了大量精力，但没有取得理想的效果。

河南省物业管理行业发展报告

河南省物业管理协会

一、河南省物业管理行业发展概况

河南省物业管理行业在积极贯彻落实国家“放管服”改革要求的整体背景下，不断促进物业管理市场的制度化规范化标准化发展，物业管理市场进一步活跃，覆盖面积不断扩大，服务内容不断丰富，服务质量逐年提高，社会认识度和业主满意度稳步提升，在河南省经济发展、城市管理和社区建设中的作用日益凸显。截至 2017 年年底，全省物业管理行业发展良好，物业服务企业总数量达到 7012 个，从业总人数为 36 万余人，管理总面积达到 15 万亿平方米。

（一）企业发展情况

经统计，截至 2017 年，物业服务企业共计在管 13115 个服务项目，其中居住物业项目 9031 个，占比 68.9%；公共物业项目 4084 个，占比 31.1%。本省市物业项目 12289 个，占比 93.7%，外省市物业项目 826 个，占比 6.3%。调查显示，河南省物业服务企业在省外接管项目较 2016 年增加近 100 个，河南物业服务企业跨省市服务能力进一步增强。企业之间的兼并、整合、合作数量明显增加，市场活跃度不断提升，规模企业数量较往年增加明显。

（二）从业人员情况

据统计，截至 2017 年，全省共有物业从业人员 36 万余人，其中经营管理人员 93605 人，占比 25.6%，各类操作人员 272038 人，占比 74.4%。在行业从业人员中，基层操作人员占比超过了 70%，与行业发展要求和企业经营管理要求基本相符（见图 1）。在管理人员中，高层管理人员、项目经理人员与普通管理人员之比为 1 ∶ 1.83 ∶ 4.75，整体结构更趋合理（见图 2）。

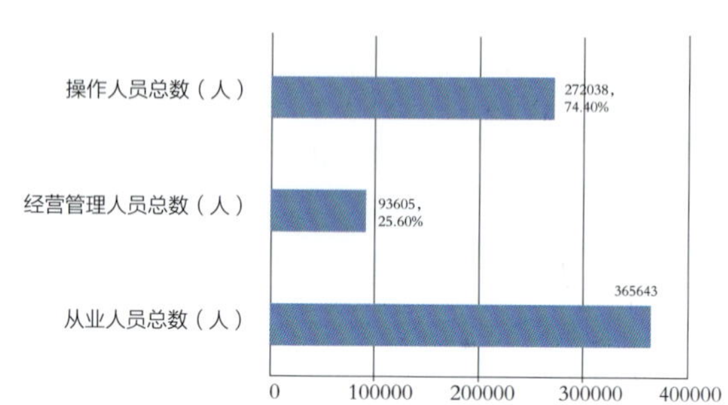

图 1　2017 年河南省物业管理行业从业人员情况

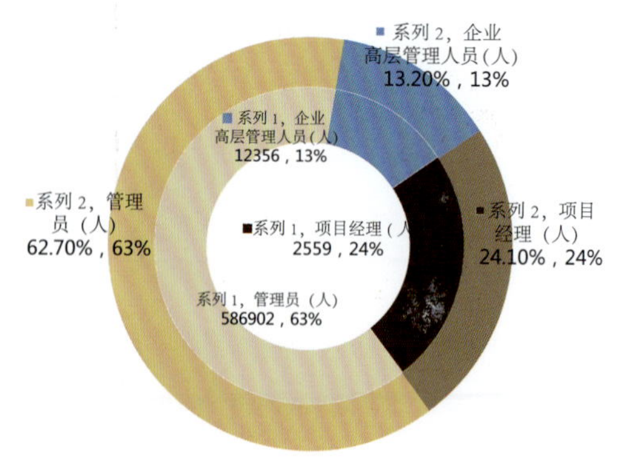

图 2　2017 年河南省物业管理行业管理人员情况

（三）企业经营与效益情况

随着物业服务企业多种经营和特约服务、顾问服务、前期介入服务等业务的开展，物业服务企业物业服务收入占比较往年有所降低，物业服务企业收入实现多渠道，防范风险能力进一步提升。经过近 10 年的宣传，业主主动交费意识明显提高，业主不交或者拖欠物业服务费情况有所改观。从统计上报经营数据的企业来看，按照年度经营业绩，盈利的有 2046 个，占比 29.2%；持平的有 3652 个，占比 52.1%；处于亏损状态的有 1314 个，占比 18.7%。总体来说，物业服务企业盈利水平有所提高，物业服务企业亏损数量进一步降低。

（四）业主大会建设情况

业主大会是业主自我管理自我服务的重要组织，随着《物权法》的出台，河南省成立业主大会组织的小区数量逐年增加，全省成立业主大会的平均比例在 9% 左右，省会城市、重要的省辖市成立比例已经超过 10%。业主大会的成立，完善了物业管理的业主监督机制，建立了基层物业管理社区居委会、物业服务企业、业主委员会“三位一体”的监督管理模式。

（五）维修资金情况

2000 年，河南省维修资金制度建立并开始起步，之后国家层面《物权法》和《物业管理条例》的出台，助推了全省维修资金制度建设速度，目前全省已有 21 个市（县）建立了维修资金制度，占全省总数的 75%。截至目前，全省累计归集维修资金达 367.16 亿元，较 2014 年的 197.99 亿元，增长了 169.17 亿元，年均增长率为 19.79%。全省

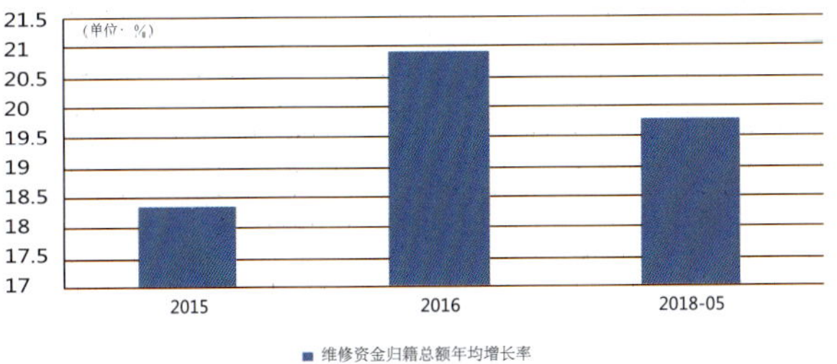

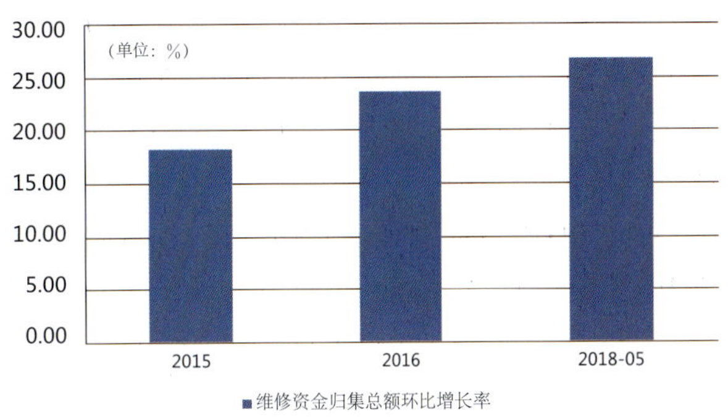

图 3　河南省物业专项维修资金情况

注：图中均是以 2014 年为基期计算定基增长率。

共实现维修资金增值收益（利息）24.68 亿元，较 2014 年的 12.06 亿元，增长了 12.62 亿元，总体呈现稳步增长的态势（见图 3）。

（六）制度建设情况

2017 年，河南省人大常委会对《河南省物业管理条例》进行了全面修订，结合国家“放管服”改革和资质取消的有关要求，确立了物业管理区域、物业管理用房、业主大会备案、前期物业招投标备案、物业服务合同备案、物业承接查验备案等事中事后监管措施，并将对物业服务质量的监督纳入主管部门工作职责之中。省住建厅又制定了双随机监督检查、业主大会和业主委员会指导规则等配套文件，进一步细化了物业管理各项制度。

（七）行业组织情况

目前，河南省 18 个地市、10 个直管县和航空港区中，24 个地市（县）都成立了物业管理行业协会，其他部分地市也依托其他协会成立了物业管理专业委员会，并于 2014 年成立了省级物业管理行业协会。省市协会的建立，进一步丰富了河南省物业管理组织，企业娘家人、政府小助手的作用日益凸显。

二、河南省推动物业管理行业发展的做法

为切实推动行业发展，河南省各级主管部门和各企业能够立足实际，从工作机制、基础工作、

行业监管等方面着手，积极营造良好的法治环境，强化事中事后监管，主动创新工作方法和商业模式，有力推动了物业管理工作的持续健康发展。

（一）完善行业法规体系，优化行业发展环境

一是坚持推动修订完善省级政策法规。河南省在国内省份中较早出台了省级物业管理条例，随着物业管理市场发展，物业管理工作中出现了许多的新情况新问题，为有效解决物业管理中的现实问题，省人大历经一年半的时间，对条例进行了修订。新修订的《条例》重点对物业管理范畴、政府监管职责、行业扶持发展政策、诚信体系建设等方面进行了规定，在法规方面为行业发展营造了有利环境。二是坚决贯彻国家相关改革政策。国家关于取消物业管理师和物业服务企业资质的政策公布后，河南省积极落实，不打一丝折扣予以贯彻，坚决给物业管理行业营造开放的经营环境。三是支持发挥物业服务企业主动性。坚持按照政府实施监管的原则，不过多干预企业经营事务，积极优化企业经营环境，个别地市能够针对企业发展出台行业发展扶持政策，鼓励企业做大做强。

（二）坚持党建工作引领，助推行业综合发展

一是物业服务企业党建效果明显。河南省圆方物业服务有限公司党支部书记薛荣同志在2017年召开的十九大上，成为全国物业管理行业唯一一位十九大代表。该公司依托企业党建，形成了独具特色的薛书记有约、薛书记大讲堂、圆方党建孵化器、圆方非公企业党建学院等圆方党建品牌，为河南省物业管理行业党建引领发展提供了强有力的支持和示范效应。二是企业党建形式呈现多样性。河南省鑫苑物业、正弘物业、龙祥物业等企业在党支部的指导下开展了一系列社区文化、志愿者服务等活动，充分发挥了党员的示范带头作用，得到业主的肯定和认可。三是党建工作在行业协会得到延伸。按照中共中央办公厅、国务院办公厅印发的《关于改革社会组织管理制度促进社会组织健康有序发展的意见》要求，省物业管理协会特邀省住房城乡建设厅同志担任党建指导员，健全了省协会党的领导，完善了党的制度建设，有力促进了协会业务工作和党建工作协同发展。郑州市、开封市、三门峡市等物业管理协会积极组织成立协会党支部，进一步强化了党对协会工作的引领。

（三）着力补齐物业管理短板，推进老旧小区改造

随着城市化进程的发展，老旧小区已经成为物业管理行业的重要短板。为让更多居民享受改革开放的成果，河南省针对老旧小区采取了一系列措施。一是明确工作职责。新修《河南省物业管理条例》明确规定各级政府要对老旧小区实施改造，同时明确规划、财政等部门要给予重要的支持。对无物业管理的老旧小区，明确由社区民居委员会实行管理。二是坚持试点先行。例如，郑州市政府在制定的《2018年度新型城镇化建设工作实施方案》中，明确提出利用2018至2020年老城改造提升三年行动计划对老旧小区进行改造。许昌市自2012年以来，累计投资3580万元，对356个老旧小区的道路、楼梯改建、楼体及院墙、消防通道等基础设施和配套设施进行了整治提升，取得了较大进展。在2017年12月，许昌市被列入全国15个老旧小区改造试点城市。三是加强经验交流。组织开展现场交流沟通会，总结改造工作经验，提高改造工作效率，避免以后走弯路，同时有区别地提出物业管理方案，提升社区物业管理水平。

（四）注重行业品牌建设，提升行业竞争实力

河南省重点物业服务企业一直能够坚持品牌建设，从公司内部质量控制体系、物业服务质量体系、外部拓展能力等多个方面提升自身竞争实力。经过企业自身努力和主管部门主动帮扶，呈现了几个特点。一是百强企业增长明显。在2016年的全国百

强物业服务企业百强评选中，河南省共有 9 家企业进入全国百强，相对前次百强评比，数量同比增长 50%，百强企业总数位居中部六省第一位。二是外拓项目能力显著增强。从历年在管省外项目统计数据看，在管的省外项目明显增加，仅 2017 年增加了近 200 个，增长率达到 30% 以上，河南省物业服务企业影响力的提高及服务输出量的上升，标志着河南物业管理品牌的进一步提升。三是企业主动创优意识增强。自开展省级示范项目考评以来，全省共有 568 个物业服务项目被评为省级物业服务居住（公共）物业示范（优秀）项目，在全省物业服务品质提升过程中，发挥了示范带头作用，使整个物业管理行业呈现出互帮互助、共同进步、共谋发展的良好态势。

（五）行业凝聚力增强，切实提升技能水平

在推进物业管理行业发展过程中，行业协会发挥了举足轻重的作用。一是积极参与行业政策法规制定，特别是在《河南省物业管理条例》修订期间，省、市行业协会充分调动专业力量，组织业内专家、律师、企业等多方代表为丰富条例框架建言献策，有力推动了条例制定的科学性和可操作性。二是利用行业自律机制，号召物业服务企业主动遵章守纪，遵守行业服务公约，推广诚信体系，初步建立健全诚信体系建设。三是全省各市、县（区）通过技能比武、岗位练兵等形式，在全省范围内掀起了学习技术、提高技能、创先争优的热潮，为物业管理行业的创新发展奠定了基础。

三、河南省物业管理工作中存在的问题

（一）行业有效的监管合力还未完全形成

2017 年国务院全部取消了物业服务企业资质核定，要求推动行业自律，加强事中事后监管，实施联合惩戒。在当前的行业发展中，物业服务企业信息传输共享公开等进程较为缓慢，事中事后监管无法形成有效的合力。

（二）维修资金使用和管理措施亟须提高

房屋专项维修资金已经成为继住房公积金后最大一笔政府代管资金，目前河南省各地市维修资金的使用数额普遍较低，使用程序普遍较长，未建立较为完善的维修资金保值增值机制，维修资金使用和管理的整体透明度不高，群众知情权未得到充分保障。

（三）物业矛盾纠纷调节机制不健全

从全省范围来看，房屋交付后出现的质量问题、延期交付问题、小区公共配套不到位、物业服务质量不高等问题依然是影响业主和物业服务企业和谐关系的重要因素，一旦出现双方矛盾纠纷后，物业管理各方主体权责不明、推诿扯皮、拖延解决等问题严重，导致业主拒缴物业服务费用，影响物业服务企业正常服务。

（四）物业管理高技能人才短缺

河南省物业管理行业有经验、有创新能力的高级专业管理人才匮乏，从业人员大多来自“转制、转岗、转业”人员及农村剩余劳动力，职业道德、专业技能、应急能力及相关法律知识等都难以适应物业管理专业岗位的要求。

四、河南省物业管理工作未来展望

（一）持续加强新修条例的宣传贯彻

一是引导各地物业主管部门积极主动地配合政府把物业管理纳入本地现代服务业发展规划、城乡建设和社会治理体系。二是在全省范围内有计划、有步骤地开展巡回培训，全面保障各项物业管理制度落到实处。三是引导各地要结合工作实际依法开展行政执法进小区，畅通信息共享机制，有效形成工作合力。

（二）开展物业维修资金调研工作

近年，随着维修资金使用量的逐年增加，出现的“续筹难、使用难、监管难、增值难”等问题影响和制约着维修资金制度功能的发挥。一是开展维修资金使用管理调研，有效梳理当前维修资金工作中的问题。二是着手出台维修资金使用管理部门规章或政府规范性文件，规范使用管理操作行为。三是探索资金增值渠道，尝试购买保本型理财产品试点，实现多渠道增值目标。

（三）建立矛盾纠纷调节机制

当前正处于物业管理行业发展的转型关键期，河南省虽重新修订了条例，但还需要具体的实施细则来保障条例执行到位。一是落实物业承接查验，通过承接查验，发现解决部分前期开发遗留问题，减少由于房屋遗留问题导致物业管理纠纷的因素。二是指导街道、乡镇建立物业管理联席会议制度，同时政府各职能部门要建立违法行为投诉登记制度，依法处理违法行为。三是要细化物业管理招投标、管理用房等办法，制定物业服务合同示范文本、物业服务规范等配套文件，推动物业服务标准化发展。

（四）推动行业高技能人才培养

人才始终是物业管理行业发展的短板和瓶颈。一是出台物业管理行业培训有关制度和文件，培育一批物业管理师资。二是加强省内行业交流力度，有计划地组织一批物业从业人员开展交流任职活动。三是开展行业技能竞赛活动，筑牢基础服务，提升从业人员的技能水平。

（五）发挥行业组织的中坚力量

行业协会在行业深度调研、专业人才培养、纠纷矛盾调解等方面有着得天独厚的优势。一是要把主要功能定位在“服务企业、服务政府、服务社会”的基础上，真正发挥桥梁纽带作用。二是在服务会员方面，要重点推动物业服务企业在保证质量的前提下，稳步提升行业竞争力。三是要推进省市县（区）协会协同发展，建立健全行业协会沟通机制，增强行业凝聚力。

（六）探索新型社区物业模式

随着“互联网＋”技术的深入发展，科技提供的传感技术、云平台技术、移动支付技术以及智能停车场系统、智能门禁系统，让住户可以享受安全舒适的社区生活。一是鼓励物业服务企业运用信息及移动技术推动设施设备、运营管理、社区商务等物业管理智能化水平。二是引导物业服务企业在持续提升企业经营能力的基础上，积极探索开展房屋租售、房屋管理等专业化服务。三是鼓励物业服务企业构建社区养老机构、社区体育健康养生机构等战略联盟合作网络，强化社区服务平台，推动物业服务一体化发展。

郑州市物业管理行业发展报告

郑州市物业管理协会

一、郑州市物业管理行业发展概况

截至 2017 年年底，郑州市物业服务企业已发展到 1800 多家，物业管理面积 5 亿平方米，物业服务项目 6000 多个，从业人员约 18 万人，安置下岗职工再就业 5 万多人。物业服务主营业务收入占经营总收入的 60%，业主满意度 90%以上。共创建全国物业管理示范项目 34 个，省级示范项目 80 个，省优项目 66 个，市优项目 344 个，五星级小区、办公写字楼 105 个，各类示范样板项目 350 多个。

郑州市物业管理行业的快速发展，对拉动经济增长、增加社会就业、改善人居环境、提高城市管理水平、促进社会资产保值增值及维护社会稳定、构建幸福和谐社会都发挥了重要作用。

二、郑州市物业管理行业呈现出良好的发展态势

（一）夯实法规制度基础，优化发展环境

郑州市物业管理协会始终抓住物业管理的规范市场、重心下移等工作重点，狠抓各项工作目标任务的落实，协助政府相关部门完善了物业管理配套政策文件的陆续出台。先后配合制定下发了《关于进一步加强全市物业管理区域治理工作的通知》《郑州市国企家属区物业分离移交指导意见》《郑州市健康社区工作实施方案》《郑州市老旧居民区环境整治实施方案》等规章制度。积极参与《河南省物业管理条例》（以下简称《条例》）的修订工作，共提出了 83 条意见和建议。新修订的《河南省物业管理条例》第 41 条，全文采纳了郑州市物协的建议："物业服务企业依法享受国家和省有关现代服务业规定的优惠政策。住宅小区内共用部位、共用设施设备运行、维护、保洁、绿化等物业公共服务过程中的用水、用电、用气价格，按照居民使用价格的标准执行。"

郑州市物业管理协会积极吸纳了 8 家全国、省、市律师事务所的专业律师，为企业进行法律知识答疑解惑的服务工作。在 60 多个项目（小区），建立完善了物业法律服务站。举办了物业服务风险防范讲座，开展了"政策法规咨询进企业"活动。编写了《物业管理法律法规及制度政策指引》，共收录行政法规、部门规章、司法解释、司法文件 147 个。

为了真实反映行业的发展状况和诉求，郑州市物业管理协会注重理论研究工作，把握行业发展动向，预测行业发展趋势，为领导工作决策和企业发展提供了有益的帮助。在秩序维护、电梯管理、税费征收等问题上，提出行业主张，发出协会声音，为企业营造了良好的发展环境。特别是物业的公共用水、用电、用气价格，按照居民使用价格标准执行的建议，受到了政府相关部门的重视和认可。

（二）强化智慧物业建设，引领行业转型升级

郑州市物协积极鼓励多种形式、多种合作、多

种投入的智慧物业信息化建设。为解决中小企业无力投资使用信息化及自建平台浪费投资的问题，协会牵头搭建了“智慧物业信息化综合服务平台”。与腾讯公司进行战略合作，成为“腾讯互联网 + 智慧社区”河南区域运营合作伙伴构建了互联互通、技术融合的大服务网络。举办了腾讯“互联网 + 智慧社区”创新论坛。目前已有 200 多家企业、300 多个项目加入使用。平台累计覆盖 20 多万个家庭，活跃用户 30 万人以上。成为郑州市覆盖面大、市场占有率高的社区物业信息化综合服务平台。目前，平台正在对 5 大核心功能模块进行升级，即智能门禁升级、在线缴费升级、智能停车升级、智能客服升级、快递代收升级。郑州市物业管理行业的智能化信息化工作，从大轰大嗡的“跟跑”逐步迈向了“领跑”行业的趋势。

（三）推行标准化建设，提升品质服务

为整体提升物业服务企业的管理服务水平，郑州市物协于 2017 年组织开展了“标准化建设启动年活动”，2018 年组织开展了“标准化建设推进年活动”。

为配合活动的扎实推进，2017 年市物协安排 6 个专业委员会，组织了 100 多人的编写队伍，在总结梳理先进企业管理经验的基础上，编写了“物业管理规范操作丛书”，全套 6 册，分别为《设施设备规范操作手册》《档案管理规范操作手册》《绿化养护规范操作手册》《环境保洁规范操作手册》《秩序维护规范操作手册》《客服服务规范操作手册》。已经作为国家正规出版物，由河南科学技术出版社向全国出版发行。使中小企业特别是运营时间短、缺乏管理服务经验的企业，能够参照该套丛书，用比较短的时间掌握业务的基本技能，补齐工作短板，使行业的整体水平得到有效的提升。

为树立行业标准化的标杆，郑州市物协组织了样板项目的创建工作。制定了《关于创建 2017 年郑州市物业服务示范样板项目的通知》，由原来的 5 类样板增加为 6 类。对创建方式进行了变革创新，由过去的企业自由创建，改为由 6 个专业委员会指导创建。2017 年全行业共申报创建样板项目 197 个，经过严格认真的考评验收，共有 125 个项目荣获 2017 年示范样板项目。同时，对 2016 年度表彰的示范样板，选取了 18 个具有代表性的精品项目，作为 2017 年度行业交流的标杆。每月组织两次示范样板项目的参观交流学习，全年有 8000 多人享受免费服务。

五星项目创建跨上新台阶。郑州市物协开展了五星级住宅小区和办公写字楼的创建考评工作。对五星级创建形式进行拓展，凡是 6 类样板全部创建达标的小区和办公写字楼，直接授予五星级称号，大大提高物业服务企业创建的热情和动力。2017 年共申报 42 个五星级创建项目。经过严格认真的考评验收，有 30 个住宅小区和办公写字楼达到了五星级标准，并进行了授牌表彰。

（四）规范市场运营秩序，搞好诚信自律

为营造行业诚信自律的良好氛围，面对企业资质全部取消的新情况，市物协制订了《关于物业服务企业信用等级评价试行办法》，设计构建了信用等级管理平台。信用评分实行动态管理、量化考核、即时记分、年度评定、社会公开。物业服务企业的信用分值，在信用基本分基础上，按照良好行为加分、不良行为减分的方法产生。考评分值占总分值权重的 70%；相关单位评估分值占总分值权重的 30%。信用等级分为 AAA 级（信用优秀企业）：年度信用评价总分 100 分以上的；AA 级（信用良好企业）：年度信用评价总分 85 ～ 100 分；A 级（信用一般企业）：年度信用评价总分 70 ～ 85 分；B 级（信用较差企业）：年度信用评价总分 55 ～ 70 分。

物业服务企业信用等级评价，主要用于七个方面：作为出具企业信用等级的依据；为业主选聘物业服务企业提供参考；可作为政府采购物业服务招标的诚信权重参考；作为前期物业管理招标的诚信加分；作为物业管理示范项目的考评内容；作为政府监督管理的基础依据；作为申报市级先进企业的

基本条件。

围绕诚信体系建设，开展了“华启金管家杯·我诚信·我光荣”演讲大赛和“兴业物联杯·诚信物业管理为您点赞”征文评奖活动。

（五）强化员工培训工作，提升技能水平

郑州市物协制定了《关于建立物业管理行业多层次立体培训体系的意见》，建立了初级、中级、高级、专项 4 个层次、阶梯式的立体培训方法和体系。包括初级培训、上岗人员持证培训、项目经理培训，以及客服、保洁、秩序、维修、绿化 5 大主管培训。协会分 3 批对报名参加行业培训讲师选拔的 38 名同志，进行了试讲打分考核，择优选出 25 名同志为郑州市物业管理协会培训师资库培训讲师，并为他们颁发了聘书。

郑州市物协与深圳房地产和物业管理进修学院建立了战略合作关系，在郑州设立了“深圳房地产和物业管理进修学院郑州分院”。市物协设立了“郑州物业管理公益大讲堂”、“消防员培训教学基地”。郑州物业管理公益大讲堂，为物业服务企业员工和管理层提供了免费学习培训。

2018 年 5 月 20 日，由郑州市住房保障和房地产管理局主办，郑州市物业管理协会承办的郑州市第十五届职工技术运动会“华启金管家杯”物业管理赛区职业技能竞赛团体比赛隆重举办。全市 25 家企业的秩序维护代表队、19 家企业客户服务代表队，以及各企业的观众啦啦队近 3000 人参加。经过一个上午激烈地角逐拼搏，最终决出了秩序维护团体比赛获奖代表队、客户服务团体比赛获奖代表队。团体竞赛树立了形象、鼓舞了干劲、增强了信心。中国物业管理协会、中国物业管理杂志社、河南广播电视等新闻媒体作了文字和视频报道。

（六）注重宣传实效，舆论工作跨入新高度

郑州市物协积极宣传企业典型，扩大行业宣传效果，充分发挥引领行业方向、传播专业声音的作用。《郑州物业》报作为行业的宣传媒体，多次被市新闻出版局评为“郑州市十佳内资”先进单位。“郑州市物业管理协会网站”进行了改版升级，增加了大量典型经验的报道。协会微信公众号已拥有活跃粉丝 5000 多人，年点击次数高达 50 万人次。

（七）发挥专业委员会作用，搭建服务平台

协会成立了设施设备专业委员会、档案管理专业委员会、政策法规专业委员会、园林绿化专业委员会、信息技术专业委员会、环境保洁专业委员会、秩序维护专业委员会、客户服务专业委员会等 8 个专业委员会，把分散在企业的 500 多个行业精英、能工巧匠及高级工程师聚集起来，使散珠式的个体能力转化为行业集群式的团队能力。充分发挥专委会成员丰富的工作经验、较高的专业技术或实践技能等明显的比较优势，为物业服务企业的发展和升级提供智力和技术支持，插上奋飞的翅膀。

专业委员会以“专”提升、以“专”作为、以“专”引领。组织了“法律服务进企业、提高风险防范能力”讲座。帮助上百家物业服务企业，解决了工程技术疑难问题。对全市行业老旧电梯存在安全隐患的问题，做了深入调查和安全风险评估，写出了《关于加快解决郑州市老旧电梯安全隐患的建议》。举办了有 2000 多人参加的“节能降耗、消防安全管理”实际操作演练及培训。在企业建立了实操培训基地，为电气维修工、水暖维修工、电梯维修工实操培训打下了基础。对全市物业服务企业进行了档案管理的指导和人员培训，在推进使用电子档案上下了大功夫。完成了绿化管理承接查验作业指导书草案，进行了环境保洁要点的讲座。

（八）注重协会自身建设，加快行业发展

郑州市物业管理协会秉承“服务会员、服务行业、服务政府、服务社会”的工作宗旨，坚持“强基础、接地气、办实事、管长远” 的工作原则，采取“联络、协调、指导、服务”的工作方式，确立“规范、务实、创新、高效”的工作目标。建立和完善了副会长（副秘书长）轮值工作制度、专业

委员会工作制度、大小协作组工作制度。郑州市物业服务企业的大小协作组，是行业相互学习、交流经验、共同提高的开放平台。通过多年来扎实有序的协作组活动，为行业带来了生机和活力，已成为郑州市物业管理协会的特色和亮点。具体做法为：根据各企业办公地址，按地域就近、方便均衡的原则，划分大小协作组。由协会副会长、副秘书长、常务理事、理事单位总经理，担任协作组大组长或小组长，发挥协作组在协会、企业之间的桥梁纽带作用，优势互补、资源整合、相互促进。2017 年，将全市 1800 多家物业服务企业划分为 31 个大组、105 个小组，形成了横向到边、纵向到底的组织协调网络。

开展了《河南省物业管理条例》学习宣传月活动。召开了物业服务创新发展总经理代表座谈会。先后接待了江苏省丹阳市物业管理协会、甘肃省兰州市物业管理协会、湖北省宜昌市物业管理行业协会、山东省聊城市物业管理协会、安阳市物业管理协会、济源市物业管理协会、南阳市物业管理协会、山东省日照市物业管理协会、山东省青年政治学院物业管理研究院等行业同仁来郑交流参观。

调整充实了郑州市物业管理协会第二届行业发展研究会，有 38 名同志被聘为研究员和副研究员。印发了《思想的火花——郑州市物业管理行业 2017 年度理论研究课题汇编》。着重做好了会员的管理与服务工作，全年新发展会员 70 多家。2017 年 10 月 19 日，郑州市民政局举行了社会组织评估等级授牌仪式，郑州市物业管理协会榜上有名，被授予 5A 级社会组织。

三、郑州市物业管理行业下一步工作规划

（一）深入学习党的十九大精神，全力推进红色物业建设

党的十九大是我们党和国家发展进程中划时代的里程碑，面对新的历史性时期，物业服务业作为现代服务产业，将获得前所未有的发展机会和发展空间。新时代的物业管理工作，更需要党建工作做引领，加强和创新党对物业服务企业的领导，建设高素质的物业服务管理队伍。我们要全面学习宣传贯彻落实党的十九大精神，大力推进党建工作在协会以及各个会员单位中的建设，围绕发展抓党建，抓好党建促发展。发挥枢纽作用，将党建工作做实做透，推动行业党建工作再上新台阶。要学习借鉴圆方党建的经验和方法，实施红色物业计划，以红色促进物业管理行业的长足发展。努力将物业服务企业党组织建设成为夯实党的执政基础，促进企业健康发展的坚强堡垒。

（二）加大政策法规宣传力度，全面落实《河南省物业管理条例》

《河南省物业管理条例》（以下简称《条例》）意义非凡，开启了物业法治化新征程。要全面落实《河南省物业管理条例》，切实把握好政策方向，理解好精神内涵，运用好环境优势，推动《条例》及配套政策文件的落地实施。要认真对照《条例》各项规定，特别是新修改的内容条款，澄清对物业管理的认识误区，厘清对物业管理的职能定位。使物业服务企业增强依法守约意识、服务意识，按照合同约定为业主提供质价相符服务，使广大业主增强消费意识、契约意识、依法理性维权意识，构建和谐物业。

（三）开展“标准化建设推进年”活动，确保扎实有效

树立用标准化推动精细化管理，坚守“按标准做事，能够把事情做对；以精细做事，才能把事情做好”的工作理念，搞好“标准化建设推进年”工作。一是围绕“物业管理规范操作丛书”要求，让标准落地执行，组织专人制作实操动作视频。将设施设备、绿化养护、档案管理、环境保洁、秩序维护、客服服务的操作动作予以分解，方便员工清晰地对照运用。开展“物业管理规范操作丛书”的推广、

使用、普及工作，举办6期“物业管理规范操作丛书”辅导学习班，指导企业员工规范使用丛书，切实收到实实在在的效果。二是继续抓好六大示范样板项目的创建工作。同时结合样板创建，对五星级创建形式进行拓展。凡是6类样板全部创建达标的小区和办公写字楼，直接授予五星级称号。三是继续组织示范样板项目和五星级项目的参观交流和经验介绍活动。在全行业掀起树典型、学先进的热潮。

（四）举办技能大比武，弘扬物业工匠精神

在开展郑州市第十五届职工技术运动会“华启金管家杯”物业管理赛区职业技能竞赛团体比赛，选拔出秩序维护团体比赛获奖企业、客户服务团体比赛获奖企业的基础上，组织好秩序维护、客户服务个人竞赛。一是发挥好行业技能大比武活动组织委员会的作用。二是充分借鉴国内行业同工种相关岗位的技能标准，结合郑州实际，坚持技能领先、坚持贴近一线，进行实操命题。三是突出公平公正、科学、严谨、易操作的原则。强化普及性和提升性，搭建员工学习交流的平台，展示新时期物业员工的风采。四是政府主导、行业主办、企业参与，齐心协力把技能大比武办成高质量、高水平，彰显行业形象、促进行业发展的盛会。

（五）完善信用等级管理，健全诚信服务机制

与市房管局密切配合，强化行业诚信自律建设。一是根据国务院《关于建立完善守信联合激励和失信联合惩戒制度，加快推进社会诚信建设的指导意见》《河南省物业管理条例》等相关规定，结合取消企业资质的实际情况，向全市物业服务 企业发起遵守诚信自律守则、依法诚信经营和服务的倡议书。二是认真落实《关于物业服务企业信用等级评价试行办法》。经确认的物业服务企业基础信用信息、良好信用信息、不良信用信息，以及经评价的企业信用等级，通过信用等级管理平台和协会网站向社会披露。三是探索设立物业管理仲裁委员会，充分发挥仲裁程序简便、收费低、结案快等优势，提高物业管理纠纷调处效率，将行业自律从会员单位自律逐步向非会员单位自律拓展。

（六）深化与腾讯的战略合作，构建智慧物业大格局

智慧物业是智慧城市的重要组成部分，“互联网 +”已经上升为国家战略。要通过不断为业主提供优质服务和品质生活，提高业主满意度和信任度。一要强化与腾讯公司的战略合作，积极推进“腾讯互联网 + 智慧社区”建设，加快五大核心功能模块升级。二要完善协会智慧物业信息化综合服务平台，实行定制化服务，延伸平台功能，扩大上线覆盖面。对加入平台的企业，要持续技术跟踪指导；对有意向加入的企业，要开展使用操作的培训；针对问题召开现场观摩宣讲会。三要针对企业规模实力不同、信息化发展不均衡的实际，积极引导中小型企业主动适应行业信息化发展的变化。3至5年内，使全行业信息化普及率达到70%。

（七）加强小区居家养老推进力度，拓展企业赢利空间

郑州市60岁以上的老年人有106万人，占全市总人口的12.36%。物业管理行业拥有高质量的员工队伍、广泛的组织基础、适应老年人生理生活特点、强大的网络技术支撑、成功的服务经验等优势，为老年人提供菜单式的居家帮助服务、暂时托管服务、医疗照顾服务、娱乐学习服务、情感慰藉服务、老年餐厅服务、老年大学服务、法律政策服务、专项订制服务等。集合家庭养老和社会养老方式的优点和可操作性，把家庭养老和机构养老的最佳结合点集中在居住小区。实施“政府主导、社会重视、物业管理服务”的新模式，以“购买服务”“委托”等形式，发挥物业管理在居家养老服务中不可或缺的重要作用。

湖北省物业管理行业发展报告

湖北省物业服务和管理协会

一、湖北省物业管理行业发展环境

近年来，湖北省物业管理行业发展环境发生了较大的变化，行业法规政策越来越健全、越来越规范，国内知名企业进入省内的数量逐年增加。在业主维权意识越来越强、竞争不断加剧、企业管理成本年年递增的影响下，促进本土化物业服务企业内部管理愈加规范，服务质量不断提高。

（一）政策环境

2016 年 3 月 1 日、2017 年 9 月 6 日，国务院分别取消物业管理行业从业人员准入资格和行业资质核准，物业管理市场放开后，大量无项目、无业绩、无经验、无专业人员的新公司纷纷涌入物业管理行业，物业管理市场竞争呈现白热化和恶性竞争趋势。

2016 年年底湖北省人大常委会颁布了《湖北省物业服务和管理条例》，条例健全了物业服务管理体制，规定了县级以上人民政府应当将物业服务纳入社区建设规划和社会治理体系，街道办事处、乡镇人民政府组织对属地的物业管理区域成立业主大会、选举业主委员会履行指导和监督，协调物业服务与社区管理、社区服务的关系，调解物业服务纠纷职责，条例完善了业主自治机制，建立了湖北省前期物业服务制度，规范物业服务企业经营行为。

2017 年 9 月，湖北省出台了物业管理条例的 5 个配套文件：《管理规约》《业主大会议事规则》《业主委员会工作规则》《前期物业服务合同》《物业服务合同》，为省条例的贯彻落实提供了具体实施途径，为业主自我管理、物业服务企业履行合同义务提供参照文本，有利于促进行业健康稳定发展。

2018 年 2 月，湖北省物价局联合湖北省住建厅颁布了《湖北省物业服务收费管理办法》，该办法规范了物业服务收费行为，维护业主和物业服务企业合法权益，尤其是办法明确了物业管理区域总表与分表之间的水电正常损耗由业主分摊，得到了行业的支持与拥护。

（二）市场环境

从湖北省物业管理行业现有的主体关系来看，在物业管理市场中存在着两个基本矛盾，一是物业服务企业的专业化程度不高，与客户对物业服务需求之间的矛盾；二是建设单位、物业服务企业和政府的信息不对称的矛盾。这两个矛盾是物业管理行业变革的内在动力。随着行业标准化、集约化程度的提升，物业服务质量与服务价格的共识将会逐步形成。

目前湖北省物业管理行业在房地产行业发展的带动下，正在经历属于行业自身的重大变革，行业在传统经营模式的保障下，一方面传统的住宅物业销售模式的升级以及房地产行业稳定的增量开发，为物业管理行业带来较高的基础增速；另一方面，物业服务企业自身寻求多业务拓展和平台资源的嫁接，增加盈利模式和业绩附着点，增加企业盈利能力和拓展实力。

随着国民经济增长持续提升，湖北省城市居民对住房面积增长的需求越来越大，居住质量要求越来越高，从以往单纯的生存型需求向改善性、舒适性需求转变，在今后很长的一段时期内提高居民居住生活质量将是人民消费的热点，将强有力地刺激以住宅为主的房地产业的发展。房地产业的蓬勃发展和湖北省老旧小区改造将为未来物业管理行业的发展提供广阔的空间。

在制度保障下，业主大会的成立效率和比例越来越高，业主大会和业主委员会运行的监督逐步完善。省物业服务和管理条例明确规定，把物业服务纳入了基层精神文明建设的考核内容，把业主大会成立也作为街道办、乡镇人民政府的考核目标。业主大会的成立程序变得更便捷和阻力大为减少，业主大会成立的效率和比例更高。对业主委员会不履行组织召开业主大会义务的，街道办、乡镇人民政府责令组织召开，业主委员会逾期仍不召开的，由街道办、乡镇人民政府组织召开；对业主委员会委员违反规定的 6 种行为的，街道办和乡镇人民政府经调查核实后，责令其暂停履行职责。

随着行业自律和市场公平竞争秩序越来越完善，物业服务质量不断提高，从业人员素质越来越强。《湖北省物业管理条例》及相关配套文件的颁布实施，以及市场对服务专业化、规范化的呼声促进了全行业物业管理水平的提升。在房产行政主管部门的有效监管和行业协会的自律下，前期物业管理招投标竞争机制打破了建管一家的垄断局面，越来越多的高校毕业生，有志投身物业管理行业的有识之士加入物业管理行业，他们是物业管理行业的新生力量，对行业发展和进步起着巨大的推动作用。

截至 2017 年，在武汉市全面推行“红色物业”后，取得了良好的社会效果和成绩。

一是基本实现物业服务企业党的组织和工作有效覆盖；二是物业力量与社区力量有效融合，街道社区“两委”成员担任物业服务企业义务质量总监，物业服务企业党员负责人兼任街道社区“两委”委员；三是增强物业管理行业“红色物业”导向作用，将物业服务企业建立党组织、开展党建工作的情况与物业招投标、物业服务考评、行业评先评优等挂钩；四是选聘党员大学生成为党的工作力量，为全市物业服务队伍注入新生力量和红色基因；五是“红色物业”服务平台初步建成，各区组建公益性物业企业服务老旧小区，提供准市场化物业服务。对武汉的“红色物业”经验，各市、州已全面在全省物业管理行业范围进行推广。

二、湖北省物业管理行业发展存在的问题

（一）总体处于粗放式发展阶段，存在发展不平衡问题

全省 17 个市州，物业管理产业主要集中在武汉市，高质量的物业服务项目、本土知名品牌物业服务企业主要集中在武汉市。武汉市物业管理面积、从业人员分别占到全省 42.39% 和 42.82% 的比例。在行业专家评审中，武汉地区专家申报人数及通过评审专家人数占总人数的比例分别为 71.58%、72.55%，由此可见一斑。

（二）业主尚未全面树立购买物业服务的消费观念、消费意识

相对北上广深等城市，武汉市业主花钱购买物业服务的消费观念、消费意识与之有一定的差距，而除武汉、襄阳和宜昌等城市外的其他城市，业主物业服务的消费观念、消费意识还得大力培育、大力引导。部分城市的房地产市场是近些年才形成规模，物业管理服务也是依附于房地产市场才发展起来的，大量的是由村民变市民新进城的业主，没有物业服务的消费意识，还没有完全树立购买物业服务的消费观念，或者部分业主还停留在福利房的后勤免费服务意识上，只愿意支付最少的物业管理费。部分业主诚信意识差，以各种理由拒绝履行义务，这种权利与义务不对等的片面认识容易引起物业服

务企业收费难。

（三）行业从业人员专业素质不高

湖北省物业管理行业整体从业人员素质不高，专业人才匮乏，部分州市的管理人员受过高等教育的比例不高，以至于有的从业人员没有进行上岗前的培训，基层员工如秩序维护员、保洁等工作人员年龄偏大。部分项目经理和客服人员缺乏物业管理专业知识的培训，专业知识不强，服务意识不足。而且由于物业服务收费标准偏低、收费率不高，造成了从业人员工资待遇也不高，大部分人员未购买社保，导致从业人员流动性大，项目管理团队不稳定。

（四）物业服务和市场价格严重背离，物业服务企业生存艰难

湖北省住宅前期物业服务收费定价实行政府指导价，绝大多数的市州物价部门制定的前期物业服务费标准多年未调整，物业服务费跟不上物价上涨的速度，物业服务费价格往往低于物业服务运作的成本，造成部分物业服务企业入不敷出，甚至亏损严重。在当前业主大会成立率不高、运行有效性不足的环境下，通过常规物业管理手段调整物业服务费的概率不高。

（五）物业管理未完全纳入基层社会治理范围，行政管理体制不顺、执法效率较低

物业服务企业依据物业服务合同对物业管理区域服务和违反业主公约的行为进行劝阻、制止和报告，对拒不整改的行为，物业服务企业没有执法权，政府对物业管理在城市管理中的重要性未能引起足够的重视，未能整合行政执法力量，普遍存在执法未进小区的情况，仅靠房产行政主管部门的力量显然无法担负起全面协调的作用，不能解决物业管理中存在的问题。部分行政主管部门不愿意激化矛盾，能推则推，不能推则大事化小息事宁人，执法效率低下，未能有效制止物业管理中的业主违约行为。

（六）开发建设中的遗留问题，拖前期物业管理的后腿

前期物业管理阶段，湖北省大多数物业管理项目通过招投标或直接委托给开发建设单位自己成立的物业公司来管理，物业服务企业在承担了开发建设单位的各种售后服务义务的同时，尤其是在市场监管还不规范的情况下，更是替开发建设单位背上了各种麻烦，这种简单粗暴的建管不分模式，无法让物业服务企业独善其身。开发建设单位的各种遗留问题，如规划设计、工程质量、配套设施、工程进度、售后保修等问题，让物业服务企业成了挡箭牌，导致业主不配合物业管理、拒交物业服务费。

三、近两年湖北省物业管理行业取得的成绩

随着湖北省物业服务和管理条例的颁布实施，以及相关配套文件、收费管理办法的出台，全省物业服务水平有较大程度提高、业主投诉率呈逐年下降趋势，物业服务费收缴率不断提高，物业管理市场秩序越来越规范。

全省整体住宅前期物业管理绝大部分已实施招投标准入机制，住宅前期物业管理项目基本实现采用公开招投标方式确定物业服务企业。在房产行政主管部门的监督和管理下，通过行业主管部门、行业协会或第三方招标单位建立的平台，经过招标公告、投标、评标、中标的流程，方可获取前期物业管理项目。

湖北省物业服务和管理条例将业主大会的成立纳入街道办事处、乡镇人民政府社会基层精神文明建设的考核内容，业主大会成立比例越来越高。据统计，目前全省已有过半数的住宅小区成立了业主大会，为促进业主自我管理社区公共事务打下了基础。

建立基层党组织，推进红色物业管理。为了充分贯彻党的十九大精神，加强党对物业管理行业的

领导，充分发挥党组织在物业管理行业中的战斗堡垒作用，以武汉市作为龙头带动，各市州全面推动，“红色物业”已在各地广泛复制、推广。

四、湖北省物业管理行业的发展动向

（一）物业管理面积持续增加

根据湖北全省的发展规划，武汉市将建成为我国中部重要城市，物业管理的进一步扩容仍有较大的空间。物业管理通过对各类物业实施企业化、社会化、经营化、规范化的管理，使物业所有人或使用人享受高效、周到的服务，为其提供良好的居住、工作环境。随着湖北省居民生活水平的提升，人们对于生活水平的要求逐步提高，相应地，对于所居住、工作环境的要求也会有所提升，物业管理也会越来越受到居民的重视。预计未来湖北省物业管理面积及其占比和对物业的渗透率有望持续增加。

（二）多种经营业务将逐步成为物业管理行业的利润增长点

随着湖北省经济的发展及居民生活水平的提升，人们对于与物业相关服务的关注重点将不仅仅局限于基础的秩序维护、保洁、绿化等物业管理服务上，能进一步提升居民生活质量的各类增值服务，如社区电商、社区家政、社区养老等各类多种经营业务将受到越来越多居民的关注。物业管理行业作为与居民日常社区生活联系最为紧密的行业之一，在开展物业相关服务方面具有得天独厚的优势，诸多物业服务企业也将多种经营业务作为其业务发展的新方向之一。同时，由于多种经营业务对成本投入的要求较低，其利润率也通常高于传统的物业服务，未来将成为物业管理行业重要的利润增长点。

此外，随着移动互联网技术、云平台、大数据等技术的进一步发展，多种经营的经济附加值将得到进一步提升。

（三）基础物业服务外包

随着业主对于物业服务质量要求的提高及物业服务企业间竞争的加剧，越来越多物业服务企业选择将清洁、绿化、设备维修养护、秩序维护等基础物业服务外包给专业服务公司，利用专业服务公司提供优质、低价的服务，在提升服务水平的同时降低经营成本，集中精力提升核心业务水平。同时，专业化分工实现了服务实施和监督的分开，物业服务企业基于自身专业判断，对外包公司的服务质量作出客观评价，以良性互动和评价机制促进服务治理水平持续提升。

（四）物业管理行业的竞争逐步变得激烈

主要体现在以下方面：一是行业内企业通过不断扩张及兼并整合，寻求规模经济效应，领先企业之间的竞争程度加强；二是行业内规模较大的物业服务企业已经形成了品牌效应，其提供高品质的物业服务并且取得了良好的市场反馈，形成一定的竞争优势；三是行业高科技水平逐步提升，信息科技产品在物业管理行业的应用率不断提升，推动行业服务质量的提升。

（五）加强服务标准化

在湖北省住建厅设立物业管理行业标准项目，湖北省物协组织下，目前湖北省物协已委托行业自律专业委员会启动行业标准的编制，行业标准编制小组现已初步成立，方案草案正在起草中。

五、湖北省物业管理行业发展趋势

湖北省物业服务企业积累了规模巨大的物业资源、业主和住户资源，具备发展创新业务和拓展多种经营服务的基础。展望未来，不断涌现的智能化、新理念终将打破传统物业服务业态之间的边界，物业服务企业“互联网 +”“云服务”的商业模式将逐步走向成熟，企业将更加专注于打通渠道，实现物业服务、网络服务之间的整合经营，建设起覆盖整个物业产业链的大数据信息平台，物业管理行业将逐步走向规模化和集中化。

（一）大企业完成区域布局，规模扩张重点逐渐深耕

随着城市快速发展带来的人口集聚效应和经济外溢效应日益显现，大型物业服务企业顺应市场发展趋势，加速在城市核心及周边热点区域的布局与深耕，抢占市场高地，实现管理规模和品牌效应的双赢，城市深耕成效显著。

大企业紧抓行业上行机遇，快速扩充管理项目，充分发挥自身规模优势，着眼未来抢先布局新业务，综合实力和先发优势带动营收规模和增速遥遥领先。借助资本市场的力量，企业可以通过收购不断拓展企业管理规模，有利于快速提升市场占有率。

基础服务领域，大企业不断提升专业能力，多业态均衡发展。传统的住宅、商场、写字楼物业管理、公共物业管理就是为国家机关、企业单位办理、开展公共事务的场所提供物业服务。如今公共物业管理迈入第三阶段，在市场经济时代，政府机关全权委托专业化物业服务企业管理公共物业。品牌开发商也嗅到了商机，开始涉足公共物业管理。

（二）新技术应用和智能化建设提升服务品质

传统的物业服务企业盈利主要依赖物业服务费收入，在近年人工成本不断上升的情况下，行业发展面临盈利困境。随着机械化、信息化、智能化等新技术应用的推广和普及，物业服务企业一方面通过新技术应用对传统物业服务在软硬件方面进行机械化、信息化、智能化升级，对设备设施进行实时全远程监控、自动维护及节能改造等，大幅降低企业管理、运作、能耗及物耗方面的成本，实现物业管理成本的有效降低；另一方面通过高科技手段的引入，使复杂业务和重复性作业变得扁平化、智能化和标准化，降低企业人员数量和劳动强度，降低企业的人工成本。物业服务企业从而实现在有效控制成本费用等情况下扩大有效管理半径，提升企业的品牌输出和管理能力，提高经营绩效和盈利水平。

物业服务企业将通过与互联网络和高端设备管理技术的融合，探索和创新服务及管理模式，改造和提升企业组织管理架构，积极发现新兴服务领域和业态，通过跨领域资源整合，向智慧型的现代服务业转型升级。

（三）行业社交化特征更加明显

“互联网 +”时代，物业服务企业和消费者所掌握的信息差距逐步缩小，以广告为主的单向传播方式效果不断衰减，口碑、信任、分享成为物业服务企业品牌得到消费者认可的核心因素。为加强与消费者互动，一方面物业服务企业利用微信、QQ群等平台，开展服务、会员、销售、支付等服务；另一方面通过组织客户联谊、邀请会员参观企业等形式，与客户保持高频次互动，了解客户痛点，填补短板，并通过分析客户信息，将有着同样兴趣爱好的客户聚集，构建物业消费圈层，随时随地实现分享、沟通与讨论，形成以服务为主、销售为辅的经营模式，提高客户社交心理依赖和会员黏性。

（四）个性化定制服务进程加快

随着居民消费升级加快，开展个性化定制服务已成为物业服务企业提升品牌形象、塑造企业文化的重要手段。在“互联网 +”和大数据快速发展浪潮下，越来越多的物业服务企业将成为商户与消费者沟通的重要桥梁，提供满足不同年龄层和收入水平群体的个性化定制服务，提升物业服务企业在服务行业的竞争力。

从服务渠道看，“互联网 +”、资本运作、新技术应用等弥补了传统物业在时间和空间上的短板，成为物业服务企业开拓服务渠道的新选择。以智能化、网络化为代表的新型物业服务渠道保持高速增长、服务销售总额同比增长的同时，企业盈利能力也得到了加持。

武汉市物业管理行业发展报告

武汉市物业管理协会

一、武汉市物业管理行业发展概况

近年来，武汉市紧紧围绕打造“红色物业”，充分发挥党建引领作用，贯彻“以人民为中心”的发展思想，把人民的美好居住生活需要作为物业管理行业的奋斗目标。截至 2017 年 12 月，全市经工商注册登记物业服务企业共 1802 家；外地来汉备案企业 132 家。全市专业化物业管理面积达 3.42 亿平方米，物业服务项目 3926 个，其中住宅小区约 1995 个，建筑面积 2.48 亿平方米，房屋总栋数 4.14 万栋，总户数 195.38 万户，电梯 3.65 万部；非住宅项目 1931 个，建筑面积 0.94 亿平方米。全市共有老旧住宅小区（包括零星住宅片和物业弃管小区）约 2307 个，总面积约 4818.01 万平方米，总户数约 72.96 万户。物业从业人员近 12 万人。物业管理的发展，为老百姓创造了和谐的生活环境，提高了城市管理水平。

二、武汉市物业管理行业法制建设情况

2017 年 12 月，武汉市地方技术规范《武汉市住宅物业服务等级标准》正式实施，同时，在全市物业服务项目中推荐运行良好的住宅小区项目实行对标核算物业服务成本，引导物价部门在物业服务费用测算中计入合法用工成本，以期能解决困扰行业发展十多年来物业服务费过低的政府指导价与市场实际消费不匹配的矛盾，解开物业服务费的桎梏。《武汉市物业收费管理实施细则》有望在 2018 年出台。在武汉市住房保障和房屋管理局的指导下，修订了《武汉市住宅专项维修资金管理办法》和使用规则，推动维修资金使用管理新政落地，开展维修资金变基金研究并提出建设性意见；针对部分制度措施不够完善的实际，从加强“事前事中事后”监管出发，相继制发了《武汉市物业小区承接查验技术导则（试行）》《武汉市住宅小区物业服务行政监管巡查规定》《关于加强住宅小区共用部位共用设施设备日常维护检查有关工作的通知》《武汉市前期物业管理招投标评标专家及评标专家库管理办法》《武汉市住宅小区海绵城市基础设施运行维护技术指南（试行）》等系列文件，进一步完善物业管理政策法规体系，为有效规范物业管理活动奠定基础。

三、武汉市物业管理行业行政监管基本情况

（一）打造“红色物业”，党建引领物业服务融入基层治理

2017 年，根据武汉市委统一部署和市委组织部“红色物业”试点工作总体要求，组建工作专班，开展调查摸底，制发试点方案，深入各区调研督导，协同推进各项试点工作落地生效。一是基本实现物业服务企业党的组织和工作有效覆盖，全市 1802 个物业服务企业和 1995 个物业小区中，有党

员 4427 名，已建立 495 个党组织，选派党建指导员 1126 名。二是物业力量与社区力量有效融合，1220 名街道社区“两委”成员担任物业服务企业义务质量总监，785 名物业服务企业党员负责人兼任街道社区“两委”委员，“双向进入、交叉任职”。三是物业管理行业“红色引擎”导向作用增强，将物业服务企业建立党组织、开展党的工作的情况与物业招投标、物业服务考评、行业评先评优等挂钩，激励物业服务企业积极参与“红色物业”计划。四是选聘党员大学生成为党的工作力量，配合市委组织部、人社局集中选聘 355 名党员大学生，引导、推动市场化物业服务企业主动招聘 3144 名优秀大学生，为全市物业服务队伍注入新生力量和红色基因。五是“红色物业”服务平台初步建成，市房管局指导各区组建 31 家区属公益性物业服务企业，托管 184 个老旧小区，引导、推动市场化物业服务企业托管或结对帮扶 1107 个老旧小区，提供准市场化物业服务。六是“红色物业”发展路径基本清晰，试点探索出公益性物业服务企业托管、自助型物业规范提升、市场化物业服务企业承接等老旧小区接管模式，推动老旧小区从“无物业 – 自管物业 – 专业物业 – 红色物业”递进转化，形成了物业服务从无到有，“红”“专”有机融合的“红色物业”发展新路径。七是“红色物业”长效机制逐步构建，开展《武汉市物业管理条例》修订，系统集成“红色物业”有效创新，强化党对物业服务企业的领导，为推动物业服务融入基层社会治理提供法制保障。

（二）创新监管方式，提升物业行政监管效能

一是探索建立物业小区公共收益分配使用新机制。制发《物业小区公共收益分配使用管理试点方案》，组织开展物业小区公共收益分配使用管理试点，从界定小区公共收益、明确管理责任主体、设立公共收益账户、合理分配使用、实行收益公开审计、加强公共收益监督等 6 个方面，指导试点小区完善、修订小区管理规约，约定公共收益的分配比例、使用及管理，明确物业服务企业和业主委员会责、权、利，建立小区公共收益管理制度、使用流程及监督机制，促进小区物业管理良性运行和健康发展。

二是完善信访投诉受理处置机制。针对各类物业舆情和信访投诉，及时收集汇总，做好分析预测，根据问题类型提出针对性解决建议和办法措施，指导区局做好预防和问题化解。结合日常巡查，重点检查日常差评多和业主投诉量大的小区，及时发现问题，加强整改督导，将矛盾解决在萌芽状态。加强物业管理信用信息管理，对违法违规物业服务企业和项目经理进行信用记分。

三是做好全市住宅小区综合管理牵头抓总工作。将加强小区综合管理与实施“红色物业”试点紧密结合，武汉市房管局会同市民政局组织开展业委会培训，组织完成全市 15 个区 1603 个业委会、3500 余名业委会成员、550 余名街道社区工作人员的集中培训。协同武汉市质监局开展“全国质量强市示范城市”创建活动，以万科物业为创建示范点，入围全市首批示范点创建名单，并通过验收。配合武汉市园林局开展“园林式小区”评选活动，发动 130 个物业小区积极申报参评，通过考评验收，100 个小区拟命名为“园林式小区”。配合武汉市公安局开展物业小区电气火灾和高层建筑消防安全专项治理，顺利完成国家 6 部委对武汉市高层建筑消防安全综合治理专项检查工作。按照全市防汛工作统一部署，对全市重点渍水小区防汛工作进行督导检查，发现问题及时督导整改到位，保证了物业小区汛期无重大险情发生。

（三）全面落实住宅小区物业管理五大行政备案制度，建立物业基础数据常态更新机制

以加强监管、简化流程、方便企业为目标，从 2017 年 4 月 1 日起，指导区局全面启动物业管理区域、前期物业管理招标、前期物业服务合同、承接查验、物业服务合同等五大备案管理，同时升级改造物业管理综合信息系统，实现网上办理和数据共享，规范行政行为，提高办事效率。

四、武汉市物业管理行业发展存在的主要问题

（一）行业整体服务水平不高，人员队伍素质偏低

大多物业服务企业管理人员都能做到合法经营、规范服务、负责任，为行业的发展作出自己的努力。但有部分物业服务人员是半路“出家”，来自“转制、转岗、转业”人员或外来剩余劳动力，特别是一线的服务人员，素质良莠不齐，年龄偏大，专业性也相对欠缺。

（二）行政监管力量不足，监管难度大

一是虽然建立了较完整的政策文件体系，但有的执行落地不甚理想。究其原因，一方面，武汉全市房管系统物业部门力量配置较单薄，面对上级和相关部门分派的众多任务和责任，有限的人手只能忙于日常事务，行政指导和监管作用发挥不够；另一方面，部分文件由于法规层面制度设计不完善，致使难以落地，如：物业承接查验制度由于缺乏法定强制措施，相对于开发商的强势地位，物业服务企业与其签订的承接查验协议往往起不到保障交付房屋设施设备质量的作用，备案协议形式大于实质。制度文件执行尚需采取有效措施跟踪检查和促进落地。

二是矛盾纠纷调处水平有待提升。2017 年受理信访投诉件数量仍然居高不下，部分小区同类问题反复出现，一方面，因业委会没有依据法规和合同约定履行监督责任，作为不够；另一方面，部分信访投诉应通过民事途径解决，法规并未赋予房管部门相应权利予以惩戒，仅靠协调处理，管控措施不足、力度不大。

（三）物业管理受各种因素制约，难以持续健康发展

一是物业管理人才匮乏，运作困难。管理市场结构不全，交易体系不完善，楼盘开发商与物业服务企业的责权利概念模糊，运作体系僵化，不易操作，阻碍了物业服务企业的发展，也降低了物业管理的管理水平。

二是经济发展不平衡，居民文明程度有待提高。与经济发达地区相比，武汉市居民对物业管理的消费观念淡漠，有抵触情绪，体现在对所居住环境不珍惜、不爱护，无故或借以各种无理理由拖欠甚至拒缴物业费等，这都阻碍了武汉市物业管理行业的持续发展。

三是物业管理企业角色意识混乱。部分物业服务企业为扩大市场份额，不切实际地拓宽物业管理的外延和内涵，在提供超标承诺的同时，把应该社会承担的责任揽到自己头上，在园区内搞小政府，不仅加大企业负担，混淆了社会角色及其关系，从一定意义讲，也侵害了业主的根本利益。

四是物业服务企业管理及经营情况较差。由于内部管理机制不够完善，相当数量的物业服务企业管理规模小、运作方式落后、技术操作不够规范。许多物业服务企业处于亏本或者勉强保本运营状态，难以提供优质服务，致使物业管理费收缴困难，反过来又增加企业经营难度，造成恶性循环。

五、武汉市物业管理行业下一步工作举措和建议

（一）做好统筹指导，全面推进“红色物业”拓面提质

按照武汉市政府十件实事的工作要求，以 2017 年“红色物业”试点工作为基础，将未开展物业服务试点的老旧小区全部纳入拓面小区，做好物业管理覆盖；将已开展物业服务试点的老旧小区纳入㮾质小区，推进物业服务水平提升。总结提炼物业服务企业党建、党员大学生队伍建设、物业服务融入基层治理、“三方联动”、老旧小区接管等试点中可复制、可推广的创新举措、成熟做法和先进经验，形成系统集成样本。同时，发挥“红色物业五星级企业”示范引领作用，通过组织学习交流，

召开现场会、观摩会等多种形式，以点带面，循序推进，引领全市物业管理均衡发展和服务水平整体提升，推动“红色物业”可持续发展。

（二）全面贯彻落实新修订的《武汉市物业管理条例》《武汉市住宅专项维修资金管理办法》（以下分别简称《条例》《办法》）

做好新《条例》《办法》宣传贯彻落实工作。认真制定并组织实施新《条例》《办法》的学习、宣传和培训计划。通过报刊、广播、电视、网络等新闻媒体广泛宣传，通过短期培训、讲座、座谈会等多种形式认真组织学习，通过发放宣传材料、张贴标语、现场咨询等多种方式使物业服务企业、业主等物业管理有关主体深刻了解、领会《条例》《办法》精神和条文基本含义，自觉遵守《条例》《办法》，依法保护自身合法权益。根据新《条例》《办法》颁布实施的时间节点，重点做好《武汉市业主大会和业主委员会指导规则》《武汉市住宅小区物业服务质量考评及监督检查管理办法》《武汉市物业服务企业和项目经理信用信息管理暂行办法》《武汉市住宅专项维修资金使用操作规程》等文件的修订工作，完善政策体系。

（三）加强行政监管，促进物业服务水平整体提升

在国务院取消物业服务企业资质审批行政许可的背景下，从加强物业管理事中事后监管出发，在继续做好物业服务质量考评、信用信息管理、物业行政监管巡查、信访投诉处理等日常工作基础上，多措并举加强指导监督，提升社会对物业管理的满意度。

（四）优化资金使用，提升维修资金使用效率

加强资金使用过程中新情况、新问题的收集整理和分析，优化申请使用流程，化繁为简（除了必备要件外，减少书面材料提供），提高申请使用效率。加强宣传引导，指导、帮助业主正确认识和熟悉掌握维修资金常态使用和应急使用的申请要件和程序，消除使用不畅的障碍。利用维修资金数据清理成果，开展资金使用网上申报试点，并逐步推广。推动建立专户银行提供第三方监管服务的新机制，保障维修资金使用安全和效能。

（五）加强衔接配合，协同做好相关重点工作

一是配合开展老旧小区多层住宅加装电梯试点。在国土规划部门牵头组织下，根据房管部门职责，配合制发《老旧小区加装电梯后续日常维护管理工作规范》，供老旧小区物业服务企业参照执行，指导接管加装电梯小区的物业服务企业做好电梯日常维护和管理。二是协同开展老旧社区“三线一网”综合整治。在城管委牵头组织下，结合房管部门职责和老旧小区“红色物业”拓面提质工作，配合做好老旧小区基础设施改造。三是配合做好物业小区生活垃圾分类试点工作。在城管部门牵头组织下，以试点物业小区为载体，指导物业服务企业做好宣传引导，提高业主环保意识，逐渐养成分类投放习惯，逐步实现物业小区生活垃圾减量化、资源化、无害化处理，净化小区环境。

（六）发挥行业协会的引领作用，带动行业发展

一是构建物业管理行业的诚信体系，增强行业自律意识，促进规范市场的培育；二是构建符合市场需求的人才培养体系，培养复合型人才，提升行业从业人员整体素质；三是搭建宣传平台，营造良好的舆论氛围，提高社会对行业的认知度，维护行业社会形象，体现行业社会价值；四是研究行业发展焦点问题及行业发展趋势，促进和引领行业适应市场化发展规律，健康发展。

长沙市物业管理行业发展报告

长沙市物业管理协会

一、长沙市物业管理行业发展概况

2018 年以来，长沙市物业管理工作按照市委市政府的安排部署，围绕“品质长沙”建设，大力加强行业监管和行业自律，覆盖面逐渐扩大，管理水平不断提升，服务质量日益提高，涌现出一批物业服务龙头企业，全市物业管理工作整体朝着规范化、社会化、专业化、市场化的方向深度发展。截至目前，全市共有物业服务企业 1095 家，共成立业主委员会 1042 家，成立率约为 40%。共管理各类物业项目 3600 余个，总面积累计达到 1.8 亿平方米，物业管理覆盖率达 76%，归集维修资金共计 211.11 亿元，现有行业从业人员 17 万余人，行业总产值达 50 亿元，2017 年实现利税预计达 5 亿元。

二、长沙市物业管理行业主要发展成果

为全面提升长沙市物业管理工作水平，共同营造和谐文明的居住环境，促进物业管理行业持续健康发展，2016 年 7 月，中共长沙市委办公厅、长沙市政府办公厅发布了《关于全面推进物业管理工作的实施意见》（长办发〔2016〕20 号，以下简称《意见》），《意见》对长沙市物业管理行业的发展做出了战略部署，指明了发展方向。长沙市物业管理工作以贯彻落实《意见》为重点，在强化行业自律、推进品牌企业创建和标准化服务等方面着力。

（一）提高政治站位，强化党建工作

为进一步贯彻落实十九大精神，巩固党在城市的执政基础、增进群众福祉，根据中共长沙市委《关于深入推进城市基层党建引领基层社会治理的意见》和长沙市委组织部《关于加强小区党建工作的指导意见》要求，对党员服务物业小区建设工作进行了部署。引导物业服务企业依靠当地街道、社区、党组织，按“一小区一支部，一楼栋一小组”的原则，科学设置小区党组织。健全街道党工委下的社区党组织、小区党支部、楼栋党小组三级组织体系，构建以小区党支部为核心，业主委员会、物业服务企业共同参与的三方联动治理体系。2018 年 6 月，长沙市召开了“在职党员社区报到、共建和谐物业小区”活动动员大会，组织住建系统 600 多名党员深入全市 600 多个物业小区，倾听基层百姓诉求，解决物业管理问题，切实服务群众，提升物业管理水平，让小区成为人民群众生活的文明和谐幸福家园。

（二）强化行业监管，构建监管工作新格局

一是成立长沙市物业管理工作联席会议制度。2017 年年初，长沙市人民政府发文正式成立了以分管副市长为召集人的长沙市物业管理联席会议制度。各区、县（市，人民政府也相继成立了物业管理工作领导机构，各街道（乡镇）也基本明确了分管物业管理负责同志，成立物业管理办公室，配备专职工作人员，负责本辖区内的物业管理工作。“两

级政府、三级管理、四级网络”的物业管理行政监管工作的新格局正在逐步形成。二是积极做好物业服务专职社工的招聘培训工作。为推进监管重心进一步下移，长沙市住建委在全国率先提出设立社区物业服务专职社工，进一步充实基层物业监管工作力量。目前，各区专职社工的招聘和培训工作已经完成，社工已经进入工作岗位，在文明创建和日常物业服务过程中发挥着积极的指导和监督作用。三是将物业管理纳入对中心城区政府的绩效考核。根据《意见》精神，长沙市住建委积极与绩效部门沟通，把物业管理工作纳入全市绩效考核的重要内容，以考核促提升、评价促责任落实。同时，进一步下放市级监管权限，增强街道、社区物业监管工作履职能力。

（三）推进标准化建设，强化行业自律

一是加强企业诚信体系建设。进一步健全物业服务企业信用信息平台，完善物业服务企业诚信管理考核制度，将物业管理企业纳入住建系统诚信平台统一管理，纳入住建系统“红黑榜”“曝光台”的范围，发挥红榜的正面激励作用和黑榜的威慑作用，将企业经营行为直接反馈至市场。全年共通过住建系统的曝光台在长沙晚报曝光了 12 家失信的物业服务企业，在物业管理行业引起强烈的反响，起到了良好的教育效果。市物业管理协会完善了“长沙市物业服务企业诚信系统”，建立 1016 个物业服务企业的诚信数据。二是全面推进标准化建设。制定了《长沙市普通住宅小区物业服务等级标准》《长沙市物业服务监督检查标准》，构建多层次、多等级、多业态的服务标准体系。通过行业培训、专职社工日常督促和绩效考核等手段推进标准化建设工作，引导企业开展标准化建设，促进物业管理行业规范化发展。

（四）推进行业宣传，提升行业形象

社会各界对物业管理的认识不深，物业服务企业的品牌形象弱，这种现象一直困扰着行业的发展。为推进物业服务企业品牌建设、提升行业社会形象，2015 年，长沙市物业管理协会联合《三湘都市报》开展了第一期长沙市物业管理行业“最美物业人”评选活动，“最美物业人”活动采取“企业推荐、行业把关、网络公示、公众投票、媒体宣传”的方式，集中对长沙市物业管理行业秩序维护、保洁、工程、客服等优秀基层员工进行评选，调动媒体和企业的积极性，引导业主参与投票，引入《三湘都市报》、华声在线等平面媒体、网络媒体和新媒体对物业管理进行集中宣传造势，传递行业正能量，取得了较好的宣传效果和社会影响。目前，“最美物业人”评选活动已经成功举办了三届，全市累计共有 400 多家企业和 700 位从业人员参与评选，行业参与度、知名度和美誉度不断提升，已经成了长沙市物业管理行业一项标杆性的活动。在做好网络投票和媒体宣传等线上活动的同时，围绕“长沙物业讲堂”“长沙物业管理行业知识竞赛”“最美项目巡展”“我为物业代言主题演讲比赛”“特色物业服务企业发展座谈会”等一系列活动全面铺排，将线上和线下融合，充实“最美物业人”活动内涵，展示了物业人的专业素质和高尚情操，为行业发展擂鼓助威，提升了行业的自我认同和社会形象。

三、长沙市物业管理协会主要工作思路

2018 年，长沙市物协将继续以贯彻落实《关于全面推进物业管理工作的实施意见》为主线，在做好日常工作的基础上，重点抓好以下几方面的工作：

（一）落实工作责任，创新工作机制

按照长沙市委市政府的部署和《关于全面推进物业管理工作的实施意见》的要求，“两级政府、三级管理、四级网络”的物业管理行政监管工作新格局正在逐步形成。下一步，要深入开展党建进小区，以党建促进业主自治，构建和谐小区关系；要

深化体制机制创新，强化部门横向联动，加快形成齐抓共管的监管工作合力；提升专职社工的履职能力建设，将物业管理矛盾纠纷化解在基层；完善对区县市的物业管理工作绩效考核，切实承担属地管理责任。以体制机制的创新来切实推动物业服务水平和业主满意度的提升。

（二）健全诚信系统，优化市场秩序

我国的物业管理发展已进入新时期，黑名单制度、信息公开、行业自律等方式已变成了行业管理的新抓手，加快推进物业管理行业信用体系建设，建立信用信息共享平台，定期向社会公布物业服务企业信用情况既是住房和城乡建设部对下阶段物业管理工作的要求，也是加强事中事后监管的具体措施，更是未来行业发展的需要。下一步，将逐步建立对物业服务企业市场行为、项目管理品质和职业经理人个人诚信的动态自律管理体系，优化行业市场竞争秩序。

（三）打造标准体系，树立服务标杆

部分企业、项目在规范化管理上缺乏标准，在标准化服务上缺乏抓手，粗放低效的模式依然是造成供给方与需求方矛盾的主要因素之一。近年来，中国物协陆续牵头成立了行业标准化委员会和人力资源发展委员会，在标准建设与应用推广中组建机构。下一步，我们将继续完善行业多方主体的系列标准，以提升物业服务品质为目标，以行业培训为抓手，重点打造“长沙物业管理课堂”，加强对标准服务、精细化管理的培训，培育行业标准化发展新力量。

（四）深化品牌创建，营造发展氛围

物业人的辛勤付出未得到社会各界认可的现象始终存在，物业管理发展的良好氛围需要我们共同来营造。下一步，我们将继续以“最美物业人”行业评选活动为中心，协调新闻媒体，扩大宣传渠道、丰富宣传形式、找准宣传热点，指导和支持企业深化品牌创建，做大管理规模、做强经营效益、做优服务品质，持之以恒、一以贯之，向社会各界传递物业管理行业的正能量。

广东省物业管理行业发展报告

广东省物业管理行业协会

一、广东省物业管理行业发展概况

根据广东省住房城乡建设厅统计，截至2017年年底，广东省现有房屋建筑总面积44.65亿平方米。物业管理总面积22.88亿平方米，物业管理覆盖率占全省建筑总面积的40.85%，广州、深圳地区的物业覆盖率达95%以上，其中住宅类物业管理面积14.07亿平方米，非住宅类物业管理面积4.16亿平方米。

广东省现有物业服务企业约9566家，同比增长11.1%，广东省物业管理行业2017年经营总收入约637.14亿元，同比增长率13.2%，占广东GDP总量的0.9%，物业管理行业从业总人数约为100.6万人，同比增幅4.53%，年末实有管理项目26332个，住宅项目18397个（类型包括住宅、大厦、政府办公楼），非住宅项目7935个（类型包括酒店、学校、医院、工业厂房等各类物业），物业管理在优化居住环境、改善城市管理、维护社会稳定等方面发挥了积极作用。广东物业管理越来越显示出广阔的市场发展前景，呈现出快速发展的态势，这既得益于珠三角总体经济发展水平，更得益于广东省物业管理制度化建设不断推进、广东省住房和城乡建设厅和各地市行业协会的有效引导，以及市场竞争机制得以建立并发挥作用。

从全省范围来看，广东省物业管理行业各地市发展不平衡的问题仍然突出，业务主要集中在珠三角的发达地区。无论是从业人数还是企业数量都接近全省总数一半，其中广州、深圳两城市的从业人数占全省比例是14.9%、12.7%，企业数占全省比例21.1%、20.20%。在从业人数方面，广州、深圳物业管理市场成熟，饱和度高，单纯增量有限，而省内其他地区的物业管理行业都有了不同程度的发展，省内其他地区企业总数比例由2016年的54%上升至58.6%。

广东省是最早启动转型升级的省份，探索和推动企业在管理、经营、产品研发、市场开发等方面展开创新，集聚企业核心竞争力，培育和形成企业新的竞争优势，涌现出万科、保利、彩生活等一批全国性物业服务企业，分别提出“睿服务”“居家养老”“彩惠人生”物业服务模式，为全国物业管理行业转型升级发展拓展思路、提供示范与借鉴。

截至2018年6月，已登陆港股市场的广东省物业服务企业有7家，分别是彩生活、中海物业、中奥到家、祈福生活服务、雅生活服务、碧桂园服务、佳兆业物业。这些上市的物业服务企业主要包括两类，第一类是专业化的物业运营企业，例如“彩生活”“祈福生活服务”等。第二类是大型房地产企业拆分的物业管理部门，例如中海物业、碧桂园服务、雅生活服务等。这些企业的发展往往依托背后的大型地产公司资源，通过房地产企业的市场拓展带动物业服务企业进驻更大市场。

公开数据显示，大部分物业类上市企业在资本市场表现亮眼。2018年上半年，彩生活、中海物业、雅生活服务等股价涨幅均超过20%，其中彩生活的股价年内已累计上涨 64%。2017 年的年报显示，这些公司的净利润增长十分可观，其中彩生活的净利润同比增长 70.76%，碧桂园服务的净利润同比增长 126.3%，雅生活服务的净利润同比增长 84.7%。

二、广东省物业管理行业信用体系建设情况

加强物业服务企业的诚信自律建设，既是创建行业信用体系的重要组成部分，更是推动行业向现代服务业转化的充分必要条件。

（一）先行先试，试行企业资信等级认定

2016 年 4 月，广东省住房和城乡建设厅下发《关于公开竞争承接政府服务职能，实行行业自律管理的公告》，广东省物协通过政府招标，成功承接了"行业资信等级认定工作"。在省住房城乡建设厅的指导下，广东省物协组织专家学者编制并审议颁布了《广东省物业服务企业资信管理暂行办法》等系列文件，通过设立对外办事窗口，接受企业资信认定的申报，并聘请行业专家开展评审工作，在协会网站公布企业关键信息和公示公告资信认定结果。自 2016 年 7 月起试行 7 个月，办理企业资信等级认定 8 批共计 520 家。2017 年 3 月，认真贯彻落实《国务院关于第三批取消中央指定地方实施行政许可事项的决定》（国发〔2017〕7 号）和《广东省住房和城乡建设厅关于终止物业服务企业资信评级转移承接协议的通知》（粤建房函〔2017〕646 号）有关要求，作为过渡性政策的《广东省物业服务企业资信管理暂行办法》终止，为广东省物业管理行业自律管理体系的建设，积累了经验，奠定了基础。

（二）诚信自律，成功举办"诚信建设永远在路上"高峰论坛

在全面总结试行《广东省物业服务企业资信管理暂行办法》的基础上，重新审视和修订了《广东省物业管理行业自律管理暂行办法》《广东省物业管理行业自律管理惩戒实施办法》和《广东省物业服务企业失信名录管理办法》三个行业自律管理核心制度，并在 2017 年 12 月广东省物协举办的"诚信建设永远在路上"高峰论坛上，正式颁布、确立了以"守信激励、失信惩戒和行业监督"为原则的自律体系。并向社会发布了《广东省物业管理行业诚信公约》，举行了"诚信服务公约"签字仪式、"帮扶工作协议"签约，也体现了物业服务企业在诚信问题上的责任和担当。

（三）积极稳妥，推动行业信用体系建设

2018 年广东省物协将成立行业自律管理委员会，进一步优化、完善包括《广东省物业管理行业自律管理委员会工作规程》《物业服务企业失信行为明细表》和《广东省物业服务企业失信名录管理办法》等自律的配套制度，加强行业自律管理，规范企业诚信行为，对违反行规的企业启动惩戒措施，以树立行业的整体诚信形象。同时，还将配合省住建厅，从物业管理行业的另一方主体如业主及业主大会的信用建设和主管部门加强行业监管等角度，创建物业管理行业的负面清单，充当好政府构建物业管理信用体系的组织者、推动者、引领者和实践者的参谋角色，营造"有信者荣、失信者耻、无信者忧"的行业氛围，促进物业管理行业的健康、有序发展。

（四）加快立法，为构建行业信用体系保驾护航

随着物业管理行业的不断发展和法制建设的日趋完善，广东省物业管理相对成熟的深圳、广州和珠海等地市，相继启动《物业管理条例》的修订或颁布了物业服务企业信用管理的管理办法。如 2017 年深圳市通过了对《深圳经济特区物业管理条例》的修订，在加强物业服务企业的信用监管的同时，将建立业主大会组织备案制度，业主大会成立后由区主管部门负责备案，发放统一社会信用代码等内容，作为加强物业管理行业信用管理，构建

建立激励和惩戒制度的重要内容。又如广州市启动《广州市物业管理条例》立法，开发上线维修资金管理系统，构建物业服务企业信用管理体系，健全矛盾调解联动机等，广州市住建委 2018 年 5 月发布了《广州市物业服务企业信用管理暂行办法》，建立健全物业服务企业信用体系，促进物业服务企业诚信自律。

2018 年上半年，广东省物协参与住房城乡建设部委托深圳市住建局房地产研究中心的《物业服务市场主体信用管理暂行办法（送审稿）》课题组的调研和起草工作，送审稿已经完成并提交住房城乡建设部审议。

三、广东省物业管理协会行业诚信建设工作开展情况

（一）诚信建设先从行业自律着手

广东省物协在 2017 年“诚信建设永远在路上”高峰论坛上发布三个行业自律管理方面的制度，确立了以“守信激励、失信惩戒和行业监督”为原则的自律体系，具有一定的超前性。这三个制度中主要有两种惩戒措施、两类惩戒对象：对违规违约行为未造成严重不良后果及社会影响的企业或从业人员，主要督促其采取自律管理措施；对违规违约行业后果严重、负面影响大的企业或从业人员实行纪律处分，则实行“行业内通报批评，列入失信名单公布，公开谴责、会员除名”等措施。

（二）诚信服务评价与评比

2017 年，广东省物协结合广东实际，就开展广东物业服务企业诚信服务评价与评比做了前期准备工作，已起草《广东省物业服务企业综合实力排名评价办法（草案）》《广东省物业服务企业信用等级评定管理办法（草案）》，待条件成熟时再行推出。同时，拟组织诚信服务的评优评先活动，包括“诚信服务示范企业”“诚信服务优秀企业”“诚信服务标兵”，为树立行业新风，积极引导物业服务企业提高综合竞争力和品牌意识，这是我们对守信者的激励。

（三）建立诚信服务实训基地

广东省物协从国家、省示范项目中选出特别优秀的项目建立“广东省物业管理行业诚信服务实训基地”。第一批获得授牌项目共有 25 个，诚信服务示范基地将建设成为开放式的、共享型的诚信服务和技能培训平台，满足考察交流、实训教学及技能培养要求，推动广东省物业管理行业诚信服务建设。

（四）实施广东省帮扶计划

开展免费“送教上门”活动。为推动全省物业诚信服务水平的协调发展，广东省物协采取“免费送教”的方式组织“物业服务专题培训”为主题的大型公益讲座，在了解当地物业服务企业具体的培训需求后，先后到湛江、韶关、汕头、梅州、清远、河源、肇庆、揭阳、阳江等地举办了“物业服务专题培训讲座”，派出专业讲师分析行业信用建设工作面临的形势，推动行业诚信自律建设，活动得到当地政府主管部门、行业协会和企业的高度评价。

2017 年，广东省物协实施“广东省物业服务企业帮扶计划”，在全国物业服务百强企业中挑选出 8 家广东优秀的物业服务企业，与 8 家市物业协会（房地产业协会）进行结对帮扶。通过发挥 8 家优秀物业服务企业的带动作用，与当地物业管理协会（房地产业协会）共同合作，在促进地区物业服务水平提升，引入新技术、新模式，促进转型升级的同时，也对广东省诚信建设体系起到宣传普及作用。

聘请专业法律机构，维护行业的利益和声誉。从 2017 年开始，广东省物协聘请广东省律师协会会长单位担任“常年法律顾问”。2017 年，广东省物协联合“法律顾问”成功举办“物业管理法律

服务培训讲座”和“法律咨询日活动”，有效帮助和提升物业服务企业处理法律问题的能力和预防法律风险的能力。同时，广东省物协开通法律服务热线电话，为会员解答法律咨询等问题。

弘扬工匠精神，倡导尽善尽美的服务。广东省物协借助做好全国物业管理职业技能竞赛决赛选手选拔工作，强化提升物业人的基础服务技能，培养了物业人的工匠精神；同时树立了行业劳动模范人物和全国技能能手的榜样作用，鼓舞广大物业人爱岗敬业、忠于职守，以尽善尽美的工匠精神，提升业主满意度，进而带动行业诚信建设的提升。

四、广东省物业管理行业发展存在的问题

（一）区域发展不平衡

广东省珠三角地区物业管理服务发展较快，处于领先地位；而在粤东、粤西、粤北等经济相对不发达地区，物业管理服务体系未完全建立，有的地方甚至还没有实行物业管理服务。有些市县还没有建立物业管理行业协会，不利于当地物业管理行业发展。这就造成了广东省物业管理服务业发展的严重不平衡，不利于广东省物业管理行业的发展。

（二）物业服务成本、服务费标准与服务标准存在严重不对应

一方面由于物价上涨和人口红利减少、广东省各市最低工资标准的提高、企业内部年度调薪等，导致物业服务成本不断上涨。另一方面价格调整机制缺失，物业服务企业与业主方议价的能力依然薄弱，物业服务收费与成本已严重倒挂，业主要求物业服务企业提升服务标准，但很难接受物业收费标准的同时提高，存在严重的收费标准与服务要求不对应问题。这不但造成企业亏本经营，难以留住专业人才，人员流动率大，人员整体素质不高，而且从根本上制约了物业服务质量的提升，形成恶性循环，影响了企业的生存与发展。

（三）物业服务企业存在着承担“高社会责任”“高经营成本”的“双高”压力

“高社会责任”“高经营成本”的“双高”压力影响物业服务企业为社会增加就业、社会和谐稳定功能作用的持续发挥。如在承担残疾人就业方面，一方面为社会就业解忧，另一方面不但没有优惠政策，还承担了更多的成本，有悖常理。

（四）住宅专项维修资金续筹、使用困难

住宅专项维修资金续筹、使用困难，造成物业服务公司与业主之间不必要的矛盾与冲突，影响物业管理服务正常进行。应当从两个方面着手改革相关制度，一是简化审批程序，对一些影响居民正常生活的维修问题，在政策范围内为维修资金使用开辟“绿色通道”，简化审批流程；二是省、市主管部门要出台“接地气，能落地”的实施细则，明确谁申请（申报的主体）、谁确认（确认符合紧急情况的更新改造，可不经过三分之二业主同意就可申请维修资金的政府部门或相关单位）、谁审批（含多少个工作日内审批）、谁监管、谁验收。

（五）现行业主委员会制度不完善，“业主自治”无规范化的实施细则

据统计，目前深圳市住宅区业主大会、业主委员会的成立率约为 34%，广州市住宅区业主大会、业主委员会的成立率约为 25%，其他城市业主委员会的成立率更低。业主委员会没有法人地位，只能当原告不能当被告，从制度设计上没有考虑中国的国情和社会治理特点，不受党的领导。另外，“业主自治”无规范化的实施细则，导致管理缺失。

业主委员会招标规范化不够，任重道远，新老物业服务企业的交接问题突出，影响社区稳定和居民生活。对于住宅项目来说，业主委员会作为业主大会的常设机构，代表着全体业主的利益。重新选聘物业服务企业作为物业管理的重大事项，理应由全体业主决定。但目前业主参与意识普遍较差，对公共事务漠不关心。

（六）“价低者得”或“低价中标”在市场竞争中屡屡可见

低价中标创造了物业管理服务质量提升的“成本天花板”，从根本上限制了物业管理服务质量提升。在部分物业服务市场中，存在“最低价中标”的现象，违背了物业服务“质价相符”的基本原理，限制了物业管理服务质量的提升空间，最终达不到业主的“高质量”“高标准”“优质服务”的目的。这种“重价格、轻质量”的市场竞争方式非常不利于行业的健康有序发展。

五、广东省物业管理协会提升自身能力建设方面的思考与实践

（一）以全新的理念与思维，指导广东省物业管理体制全面改革

广东省作为改革开放的前沿阵地，必须勇挑深化改革的重担，就是要解放思想、更新观念，敢为人先、大胆改革尝试。应遵循客观规律，探索未知领域，如物业管理行业自律管理探索。只有解放思想，才能更新观念，才能形成新思维、新理念、新模式。

鼓励物业管理理论创新。应当通过科技基金、社会科学基金和自然科学基金及政府购买研究服务、公益创投、横向课题等科研政策及项目给予专项资金支持物业管理研究，将广东省建设成为中国物业管理理论创新中心。

对物业管理体制改革的重要问题重要领域，应当以科学的态度和专门的立项研究，形成新思维、新框架、新机制，不可“临时抱佛脚”或“头痛医头、脚痛医脚”。这就是要根据物业管理环境的变化和物业管理服务的特点规律，系统思考和研究物业行政管理宏观体制、物业管理行业中观自律管理体制和物业服务企业微观经营体制变革的主要问题、主要领域、关键要素，形成改革的方针、目标、主要内容和重要措施，然后多领域、多层级、有步骤地推进物业管理体制全面深化改革。

（二）融入社会管理体系，创建“五位一体”社区物业管理模式

发挥社区党组织、街道办事处（乡镇人民政府）、物业服务企业、业主及业主自治组织和民间组织在社区治理中的主体作用，探索在物业管理区域建立党组织，在物业服务企业项目建立党支部，打造“红色物业”模式，突出并发挥物业管理在社区资源整合中的枢纽地位与基础作用。

（三）加强物业管理行业自律管理能力和制度基础建设

其一要加强广东省物业管理行业自律管理基础能力建设。这主要是从广东省行业实际出发，加强“五自”建设。“五自”即自我规范、自我管理、自我教育、自我约束、自我发展。“自我规范”就是要自觉遵守市场规则和行业规范，只有这样才能实现有序经营与开展公平、公正的市场竞争，才能保证正常的市场运作，企业才能在正常的市场环境下，提供优质物业管理产品，赢得业主的认可与满意。

其二要加强行业自律管理制度建设。一是要尽快建立行业自律管理制度。应根据中国物业管理行业发展的趋势和广东省物业管理行业发展的需要，率先探索物业管理行业自律管理制度。特别是在“五自”建设方面，做好制度和运作机构建设，开展卓有成效的相关活动，形成自律建设的特色创新经验。二是要建立以行业自律管理为主的物业服务企业信用等级评价制度，并请求行政管理部门做出相应的行政管理配套改革安排。

（四）转变政府管理职能与方式

首先是授权物业管理协会加大对企业经营管理体制改革和混业经营问题的指导，逐步推进物业服务企业完善现代企业制度，优化公司股权结构，建立物业服务企业独立运作模式，实现物业服务企业与房地产企业分开运营，充分体现物业管理行业和

物业经理人的价值，从而从根本上摆脱行业“寄人篱下”的地位，遏制物业管理中高端人才大量持续流失的趋势发展。

其次是转变政府管理观念和方式方法，支持行业的发展。深化改革的重要目标就是要发挥市场的主导作用，这就需要改变以前的行政色彩较浓的做法。建议政府转变管理方式方法，由直接行政管理包办一切，转变为经济政策、法律手段、行政指导、经济杠杆等宏观调控组合运用，同时给予物业管理行业协会发展空间和必要的经营管理自主权、合理合法的空间，放手让行业协会做好行业协会职责范围内的工作，使行业协会与政府部门相互补充、相得益彰。

建议政府在经济政策和财政资金上给予必要的支持与扶持。市场经济条件下，政府更多的是用“看不见的手”进行调控。广东省许多已有的政策应当惠及物业管理行业，如将绿色、生态、“互联网 +”、科技创新、社区公益扶持、社区教育、“三旧改造”、“城中村微改造”等有鼓励性、激励性、奖励性、补贴性的相关政策落实到物业管理行业发展宏观经济政策之中，将物业管理服务纳入政府购买社区服务的提供主体范围，进行物业管理正面表彰和不良行为负面信息披露，为物业服务企业的技术革新、管理精英及普通员工培训和物业管理理论研究、人才培养、学术会议（论坛）等提供专项资金支持，对物业管理行为的重要方面进行规范标准制定、业务工作指导等。

培育成熟的市场竞争机制。建议政府加强物业服务的市场监督管理，特别是要规范物业管理项目招投标市场的监督。建议物业管理行政主管部门设立权威的、非官方的物业管理招投标机构专门负责指导和监督物业管理招投标工作，建立科学公正、有利于行业健康发展的招投标管理运作机制，避免政府行为对市场运作的干预，促使招投标的完善与规范。招投标的过程应有监督机构的参与，以确保公正性。加大对“私下给标”“串通陪标”“诱导评标”“场外阻拦”“圈划势力范围”等行为监管力度，防止腐败现象发生。

广东省政府相关主管部门应牵头构建物业管理行业诚信体系，进行顶层设计，全省统一诚信指标设定，统一考评标准，将各方信息资源纳入诚信体系中。系统建成后交给行业协会运作，形成一整套自上而下规范行业信用管理、守信激励和失信违约惩处、社会监督的联动共管机制。建立互联互通的信用系统信息化平台，实现全省各市信用系统资源共享和信息对称，树立一批诚实守信的品牌企业，营造“有信者荣、失信者耻、无信者忧”的行业氛围，在行业树立起“诚信是企业的生命线”的共识，提高业主对行业的满意度，提升行业在社会中的公信力。认同行业协会的考评结果，各级政府采购中心将行业协会评定的企业诚信等级 AAA、AA 作为招标评标加分项。

通过立法明确全省物业服务企业必须“业必归会”。参照深圳的做法，所有物业服务企业必须加入当地物业管理行业协会，实现会员行业全覆盖，更好强化行业自律管理，使协会真正成为政府的参谋和助手，起好政府和企业的桥梁和纽带作用。

允许行业协会条件具备时自主开展职称评审，自主发放证书。2017 年年底福建省委在《关于深化人才发展体制机制改革的实施意见》中提出：“对具备条件的非公经济组织和社会组织，可组建相应系列的专业技术资格评审委员会，自主开展职称评审，自主发放证书。”建议广东省也能出台相应的规章制度，使行业协会有“抓手”，提高行业自律管理能力，真正起好政府和企业的桥梁和纽带作用。

（五）加强党建工作，将业主组织纳入社区治理体系，党的领导深入到业主委员会中去，构建和谐社会

2017 年 6 月，中共中央国务院发布了《关于加强和完善城乡社区治理的意见》，其中“关于改进社区物业服务管理”部分有“探索符合条件的社区居民委员会成员通过法定程序兼任业主委员会成员”的表述，这也给业主自治纳入社会治理提供了

一定的政策依据。针对目前业主组织（业主大会及业主委员会）缺位、应承担的法律责任或法律责任不明晰以及责权不对等的情况，建议通过立法明确民政部门对业主组织的监管职责，同时引入党组织的领导以及基层街道、居委会的管理监督，加强对业主组织成立指导及运作管理的力度。另外，对目前业委会的责权不对等（具体指的是：业委会行使的权力可以动辄影响到整个住宅小区的事务甚至是财物，但目前对其违规处罚的约束能力较低），也应通过立法予以完善。

《物权法》和《物业管理条例》虽然规定业主大会是产权人的自治组织，但立法的本意并不是把以产权为纽带的业主事务孤立于真空之中。一般认为，业主的私有产权不受侵犯，但实际上不存在不受约束的权利。实际上，业主具有产权人身份的同时，他仍然是社区居民。当业主事务超过了专有产权范围就已经介入到社区事务范畴之中，社区治理的功能就要对其产生作用。从业主角度来说，小区内很多事务如征兵、体检、计划生育以及各种普查都是社区事务，甚至专有产权范围内的矛盾纠纷调解也处在我国的矛盾纠纷综合治理体系中，这也是社区治理的主要任务。将业主大会建设纳入社区治理的范畴之中，这样才能使现今纷繁复杂的矛盾纠纷解决在人民调解的汪洋大海之中，也更有利于业主组织的运作方向与社区治理乃至社会发展方向一致、目标一致。

广州市物业管理行业发展报告

广州市物业管理行业协会

一、广州市物业管理行业发展概况

行业规模不断扩大，服务人口众多。广州市现有物业服务企业 2020 家，物业管理从业人员约 15 万人，服务市民近 700 万人。全市现有实施专业物业管理的项目 5068 个（其中全国、省、市物业管理示范项目分别为 113、273、471 个）。物业管理面积 31900 万平方米，其中住宅物业管理面积 22100 万平方米。

业主组织从无到有，日益壮大。广州市实施专业物业管理的 2925 个住宅小区中，已成立业主组织的有 810 个，占已实施专业物业管理住宅总数的 28%。

建章立制，管理机制逐步完善。近年，广州市住房和城乡建设委员会相继出台了近 30 项规章制度，涵盖企业前期物业管理招投标、业主组织运作、专项维修资金管理、项目巡查等多方面，制度建设在全国、全省层面实现了“八创新”。

二、广州市物业管理行业发展存在的主要问题

广州市物业管理工作虽然取得了一定的成绩，但目前还存在部分难以解决的问题。

（一）物业管理行业亟待转型升级

企业生存发展压力大。一是服务价格与服务成本之间的联动关系尚未建立，物业管理费标准未随着管理成本的增长实现动态调整。二是物业服务企业的税收负担仍然较重。按照统计口径，物业管理行业属于服务性行业，税收征收标准按 5% 的营业税率征收，相对于同属服务性行业的交通运输业、建筑业、文化体育业等行业 3% 的税率明显偏高。

物业服务整体水平不高。一是广州市近九成的物业服务企业为中小企业，行业增长主要是依靠劳动要素与资本要素投入来实现，提供简单的保修、保洁、绿化和秩序维护等基础服务仍是当前物业服务的主要模式，不能适应低碳、智慧、人本、绿色的新型城市化发展要求。二是物业管理从业人员整体素质偏低，高中及以下学历占比超过 60%，本科及以上学历不到 5%，物业服务专业化水平偏低，难以满足业主全方位、多层次的服务需求。

（二）业主组织成立难、运作不规范

广州市社区物业管理基层民主建设仍然比较薄弱。业主组织在其建设中普遍存在着业主大会成立难、业主组织运作不规范等问题，主要原因在于：一是业主自主参与物业管理的意识不强，民主管理手段相对滞后，投票难、计票难。二是业主委员会既不是独立法人，也不具备社团组织地位，没有独立的财产也无法独立承担责任，在实际运作中常处于“有权力无责任”的状态。三是个别开发商、物业服务企业不配合甚至阻挠业主组织成立。四是物业管理基层行政监管力度薄弱，影响了指导、监督

业主组织的工作成效。

（三）物业管理纠纷调处机制不够完善

物业管理矛盾纠纷最终应通过司法途径予以解决，而现状是司法途径不快捷且缺乏多元化的社区物业管理纠纷调处机制，导致矛盾僵持阶段较长，不能在短时间内处理。

三、广州市物业管理行业协会下一阶段主要工作思路

广州市物业管理行业协会将按照广州市住建委的相关业务指导，结合广州市物业管理行业的市场发展和服务广大会员单位的要求，按章程开展相关工作，突出发挥以下 10 个中心的作用。

（一）权益代表中心

代表行业内企业的利益，这是协会建立的出发点，也是发展归宿。一是积极参与政策法规的制定，从源头争取权利。对各种立法征求意见，协会积极主动深入研究，有理有据地反映物业服务企业的合理意见，从源头争取合法权利。二是及时反映行业诉求，维护权益。站在全市物业管理行业发展的高度，及时向相关部门反映行业发展中面临的重大问题，维护行业的合法权益，促进行业的健康发展。

（二）发展研究中心

结合物业管理行业面临的形势，针对行业热点、难点等问题开展调研，提出解决问题的对策意见，发展具有广州特色的物业管理模式。主要方向包括前期物业服务承接查验和收楼规范指引、电梯安全管理职责、物业服务企业税费负担及对应措施、物业管理养老服务等。

（三）业务培训中心

针对行业发展与企业运营等管理服务要求，协会将采取多种形式、多方位的培训方式与措施，为行业和企业提高从业人员素质、培养管理人才，从而增强企业运营能力、规范人员从业水平，进而提高对业主的服务水平，促进行业良好发展。

（四）学习交流中心

广州市有一批优秀的物业服务企业，每年都有相当多的企业入选全国百强物业服务企业行列，更有不少企业成为行业内的模范标杆。协会将积极牵头促进会员之间的交流与学习，利用各种途径探索先进的管理经验和管理方法，组织会员企业“走出去，引进来”，开展与国内外同行之间广泛的经验交流，以吸收和借鉴国内外同行先进的管理模式和科研成果。

（五）公共关系中心

广州市物业管理行业在改善人居环境、提升城市管理水平、扩大社会就业、促进经济增长等方面发挥了重要作用，但媒体对物业服务企业仍有不少负面报道。协会将大力牵头统筹正面宣传和舆情应对：一是加强正面宣传，积极引导媒体加强对物业服务企业、物业服务人员、好人好事、典型事迹等进行正面宣传——传播正能量；二是加强舆情应对，及时应对媒体的负面报道——消解负能量。

（六）行业自律中心

一方面，进一步完善协会的章程、制度和行业诚信自律规约，规范行业市场竞争秩序，建立企业诚信档案，加强行业自律指导和监督工作。另一方面，重点做好广州市住建委委托的企业信用评价系统的承接工作，尽快建立及完善相应的配套制度、规则、机构和信用发布系统，促进广州市物业服务企业信用体系工作的开展。

（七）纠纷调解中心

协会建立行业人民调解委员会，及时受理企业、业主的投诉与调节委托，组织专家认真协调处理投

诉事项，化解矛盾纠纷。同时，积极协助广州市及各辖区物业管理行政主管部门和有关政府部门，及时联系相关企业，处理好涉及物业管理有关的信访投诉。

（八）专业指导中心

认真组织并充分发挥专家队伍作用，对物业服务企业在设施设备修缮、承接查验、招投标等技术性问题进行指导。同时，对整个行业在发展中面临的具有普遍性的问题及时研究，提出专业意见，引导行业健康发展。

（九）标准认证中心

协会下一步将组建专家团队和企业代表，整合原有的一些行业标准和技术规范，制订适合广州市物业服务企业应用的服务标准及配套的认证体系，通过对企业与物业项目的培训与认证，提高企业的管理服务水平，打造广州市物业服务的金字招牌。

（十）会员服务中心

主动为会员提供多种形式的服务，帮助企业成长壮大；发挥桥梁纽带作用，及时协调解决会员面临的问题和困难，履行好服务会员的职能。

四、广州市物业管理行业发展的政策建议

建议修订《广州市物业管理暂行办法》，改为由广州市人大常委会立法的《广州市物业管理条例》，提升原有法规的法律效力，更好地规范广州市物业管理活动。

针对目前业主组织（业主大会、业主委员会）缺位、法律地位不明晰以及责权不对等的情况，建议通过立法明确民政部门对业主组织的监管职责，同时引入党组织的领导以及基层街道、居委会的管理监督，加强对业主组织成立指导及运作管理的力度。另外，对目前业委会的责权不对等（具体指的是：业委会行使的权力可以动辄影响到整个住宅小区的事务甚至是财物，但目前对其违规处罚的约束力较低），也应通过立法予以完善。

针对目前许多物业管理纠纷是由房屋质量等前期物业遗留问题引起的，建议立法要求建设单位设立物业保修金，落实房屋质量等前期物业遗留问题解决机制，从而减少物业管理纠纷。

针对目前发生物业管理纠纷较多的小区共用部位使用问题，建议确立对小区共用部位清晰确权及公示的制度，使业主和物业服务企业都明确各类共用部位的归属及其使用，减少纠纷矛盾。

针对旧有住宅小区因物业服务费长期落后于市场价格导致物业服务企业降低服务水平，从而与业主产生矛盾的情况，建议放开物业服务费的政府指导价，统一由市场调节，并建立合理浮动机制（例如跟随最低工资标准变动，同步调整变动比例），同时建立物业管理行业扶持政策，例如税收及补贴等优惠政策，引导物业服务企业良性发展。

针对物业服务企业资质取消后企业缺乏监管的情况，建议主管部门尽快出台广州市物业服务企业的信用评价管理办法，进一步有序规范物业管理行业。同时，建议广州市立法建立物业服务企业“业必归会”制度，以充分发挥协会行业自律潜能，通过自律管理约束会员单位行为，维护业主利益。

针对有些组织及个人打着指导协助小区成立业委会的旗号，但目的是破坏物业小区原有的物业管理秩序和正常服务运作，以达到解聘原物业服务企业引入其相关利益企业进场管理的现象，建议主管部门及基层街道组织尽快推动业主决策电子投票系统的应用，以实现小区的事务由小区业主自行决策，不受外来力量干预的最终目的。

建议把欠缴物业服务费纳入个人征信档案。业主有欠缴物业服务费用等违反物业服务合同以及违反法律法规、管理规约等行为，经生效判决或仲裁裁决确认的，建议按照个人信用信息管理有关规定录入个人信用档案。

深圳市物业管理行业发展报告

深圳市物业管理行业协会

2017年度深圳市物业管理行业持续稳步发展：一是服务规模进一步扩大，主要表现为在管物业项目数量和在管物业总建筑面积保持稳定增长的态势，其中深圳区域以外的增长幅度更高，与2016年相比，分别大幅增长27.5%和48.3%；二是行业营业总收入和主营业务收入增长幅度较大，营业总收入达到679.7亿元，同比增长16.7%，其中主营业务收入达653亿元。

一、在管项目数量及建筑面积

服务规模是物业服务企业降低经营成本、获取规模效益、提高综合实力的基础。深圳市物业服务企业利用“互联网+”的发展机遇，积极运用新技术、新工具创新服务模式，通过延伸产业链、创新服务内容和拓展业务范围，在管物业项目数量和总建筑面积都呈现了快速增长的发展态势。2017年深圳市物业服务企业在管物业项目数量达到17905个，较2016年增加2786个，同比增长18.4%，增速较2016年上升了7.7个百分点；在管物业项目的总建筑面积为25.78亿平方米，同比增长达到36.9%，增速有较大幅度的上升。共有5家企业在管物业项目管理面积超过1亿平方米，较2016年增加2家。

（一）在管本市物业项目数量和建筑面积

统计数据显示，2017年深圳市在管本市物业项目的数量有所增加。2017年在管本市物业项目

表1　深圳市物业管理行业总体状况对比

	2017年	2016年	同比（%）
物业服务企业数量（个）	1469	1488	-1.3
在管物业项目（个）	17905	15119	18.4
其中：在管本市物业项目	6750	6372	5.9
在管外地物业项目	11155	8747	27.5
在管物业总建筑面积（亿平方米）	25.78	18.84	36.9
其中：在管本市物业总建筑面积	5.55	5.20	6.8
在管外地物业总建筑面积	20.23	13.64	48.3
从业人员数（万人）	51.7	48.9	5.7
营业总收入（亿元）	679.7	582.6	16.7
其中：主营业务收入（亿元）	653	557.7	17.1

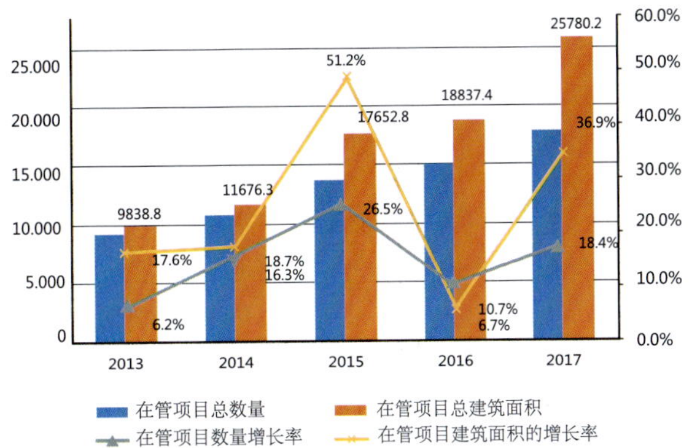

图 1　在管物业项目的建筑面积和数量（单位：个，十万平方米）

的数量为 6750 个，较 2016 年增加 378 个，同比增长 5.9%；而在管本市物业项目的建筑面积为 5.55 亿平方米，同比增长 6.8%。

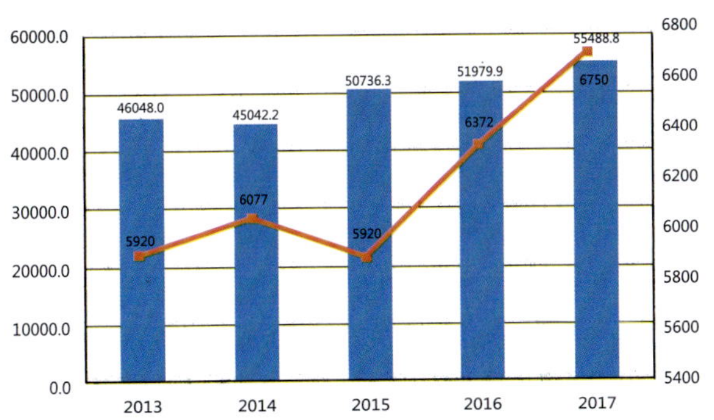

图 2　在管本市物业项目数量及建筑面积（单位：个，万平方米）

（二）在管外地物业项目数量和面积

调查显示，2017 年深圳市物业服务企业在管外地项目数量和在管外地项目的建筑面积持续增长，增长速度较 2016 年大幅上涨。其中，在管外地项目数量有 11155 个，同比增长 27.5%，较 2016 年增速（13%）上升了 14.5 个百分点；在管外地项目的建筑面积为 20.23 亿平方米，同比增长 48.3%。

跨区域扩张一直是深圳市物业服务企业最为重要的发展策略之一，过去几年我市物业服务企业更加注重在品牌建设、资本市场和社区经济上的开发，这也使得 2017 年我市在管外地物业项目数量和建筑面积增速有较大的上升。究其原因，一是深圳市物业服务企业立足于品牌优势和资本优势，积极利用“互联网 +”等创新手段，积极承接国内外优质物业项目；二是我市部分龙头企业在跨区域扩张上改变经营策略，通过兼并、联合与重组发展壮大；三是物业服务企业加快了市场化运作及品牌化开拓，运用品牌拓展战略来扩大市场份额

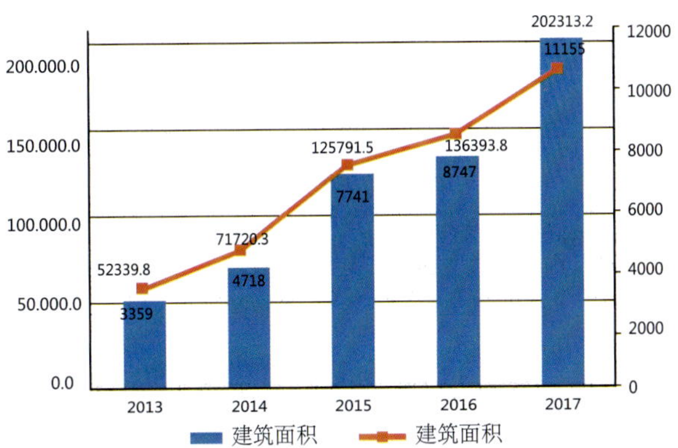

图 3　在管外地物业项目的数量和建筑面积（单位：个，万平方米）

二、在管物业项目的主要类型

深圳市在管物业项目类型呈现多样化发展的特点，按物业的使用功能分，可分为住宅物业、办公楼物业、商业物业、工业物业和其他用途物业等。不同类型的物业又各具有不同的特点，其中在管本市物业项目和外地项目均以住宅物业项目类型为主，办公楼、商业物业、工业厂房及其他物业项目扩展速度也较大。数据显示，在各类型的物业项目中，住宅物业项目在项目数量和建筑面积上都占有主导地位，但相较于 2016 年，住宅物业项目在项目数量和建筑面积上的占比均有下降。

从项目数量来看，2017 年深圳市物业服务企业在管本市住宅物业项目个数为 3604 个，占在管本市物业项目的 53.4%，较 2016 年降低了 2.1 个百分点；在管外地住宅物业项目个数为 6240 个，占在管外地物业项目总量的 55.9%，较 2016 年（52%）上升了 3.9 个百分点。

近年来，在管本市住宅项目数量占比持续降低，主要基于以下两方面的原因，一是从经济发展和宏观调控方面来看，因土地紧缺且谋求产业发展后劲的意愿强烈，深圳的供地正在大幅偏向商办和工业用地，住宅项目市场增幅趋于平缓；二是在经济持续发展的前提下，如泛金融、科技等对于办公楼升级扩张需求激增，由需求带动发展，部分物业服务企业也积极谋求更大的盈利空间，开拓了更多的非住宅类物业管理项目。

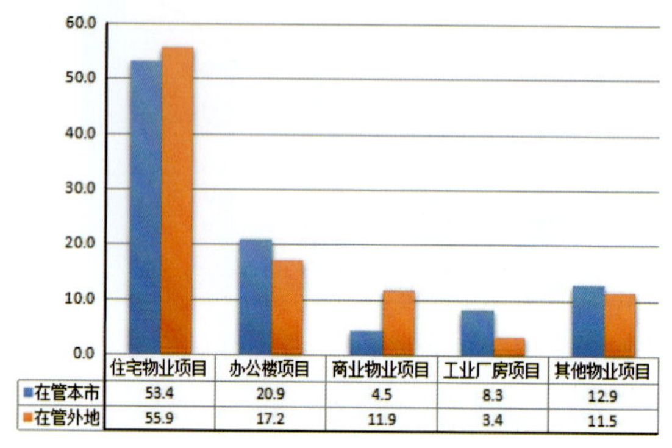

图4　在管本市和在管外地主要类型物业项目分布情况（单位：%）

从建筑面积来看，2017年深圳市物业服务企业在管本市住宅物业项目建筑面积为3.36亿平方米，占在管本市物业项目的60.6%，较2016年（64.1%）降低了3.5个百分点；在管外地住宅物业项目建筑面积为13.98亿平方米，占在管外地物业项目的69.1%，较2016年（62.4%）上升了6.7个百分点。

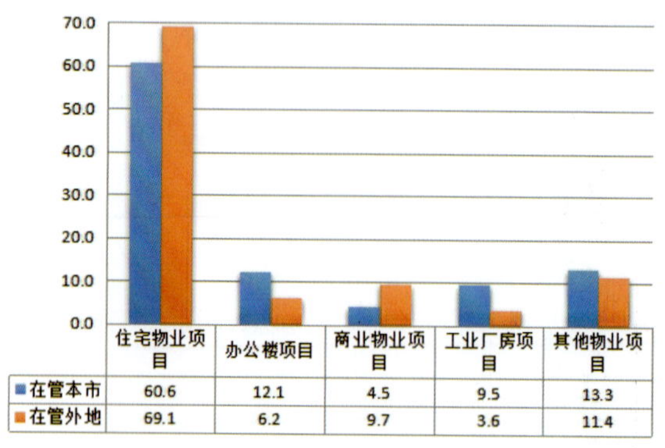

图5　在管本市和在管外地主要类型物业项目的建筑面积占比（单位：%）

三、从业人员及构成

物业管理行业属于劳动密集型行业，从业人员以传统作业人员为主，就业门槛相对较低。从社会效益方面来看，从业人员的持续增长为社会创造了大量的就业机会，一定程度上缓解了就业压力。2017年深圳市物业管理行业从业人员数量为51.7万人（含深圳以外区域的就职于深圳物业服务企业的人员），较2016年增加2.8万人，同比增长5.6%，一定程度上承担起促进就业的社会责任。

数据显示，2017年深圳市物业管理行业从业人员数量增幅上涨，主要基于以下两个方面的原因：一方面由于物业管理行业属于劳动密集型行业，进行物业管理工作如环境管理、房屋设备维修、秩序维护等工作时，主要依靠大量使用劳动力；另一方面，随着物业管理规模的增大，尤其是在管外地项目数量和建筑面积的大幅增长，也催生了更多的岗位需求。

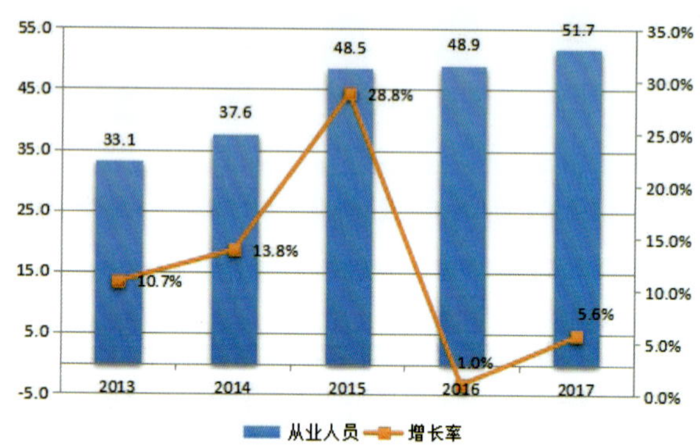

图6　从业人员数量和增长率（单位：万人，%）

（一）以工作岗位划分

从当前物业管理行业发展来看，从业人员中管理岗位人员占比偏少，操作岗位人员偏多，其中秩序维护人员所占的比例接近四成，可见整个行业仍处于劳动密集型发展阶段。相较2016年，经营管理人员占比略有提升，反映出行业的从业人员结构分布趋于合理，也体现了行业对物业管理人才队伍建设的重视。

统计数据显示，2017 年深圳市物业管理行业从业人员中，经营管理人员 75469 人，占总人数 14.6%，相较 2016 年（12.3%）上升了 2.3 个百分点；房屋及设备维护管理人员 65143 人，占总人数 12.6%；保洁人员 83317 人，占总人数 16.1%；秩序维护人员 201679 人，占总人数 39%；绿化人员 12426 人，占总人数 2.4%。

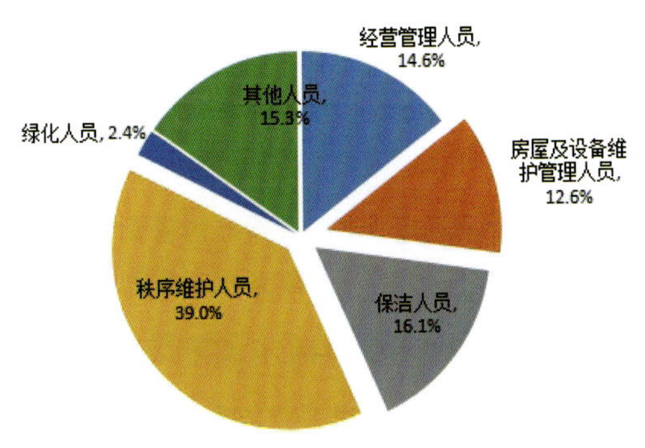

图 7　各工作岗位从业人员分布

（二）以学历层次划分

物业服务企业从业人员以中低学历人员为主，总体学历层次偏低。统计结果显示，从业人员中具有研究生及以上学历的有 1684 人，占总人数 0.3%；本科生 37758 人，占 7.3%；大专生 84424 人，占总人数 16.4%；其余中专、高中及以下学历占总人数 76%。

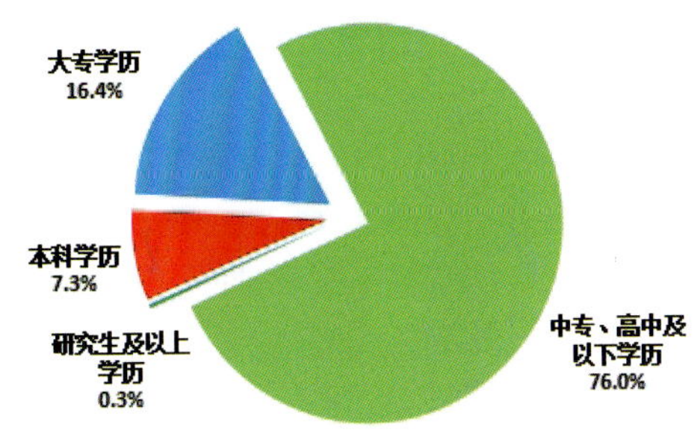

图 8　从业人员学历分布

（三）以技术层次划分

物业服务企业的从业人员中具有中级及以上职称人数 10940 人，占企业从业人员总数 2.1%；物业管理师 3866 人，占总人数 0.7%。

从企业从业人员持有上岗证的情况来看，持物业管理员上岗证 17011 人，占总人数 3.3%；持物业部门经理上岗证 6973 人，占总人数 1.3%；持物业服务企业经理上岗证 7812 人，占总人数 1.5%；持其他专业上岗证 71969 人，占总人数 13.9%；还有八成从业人员未持有任何上岗证。持上岗证上岗人数占比减少，一定程度上是因为国家取消了注册物业管理师和物业管理职业资格制度，降低了行业就业准入门槛。

统计数据显示，物业管理行业从业人员技术力量较为薄弱，职业化队伍尚未形成。物业管理是一门知识面广的新兴行业，要求从业人员具有建筑、房地产、经济管理、法律等方面的专业知识。但由于我国物业管理起步较晚、定位不高，加之物业管理人才培养跟不上物业管理的发展速度和发展要求。可见，物业管理行业从业人员提升专业技术、综合素质的道路仍然任重道远。

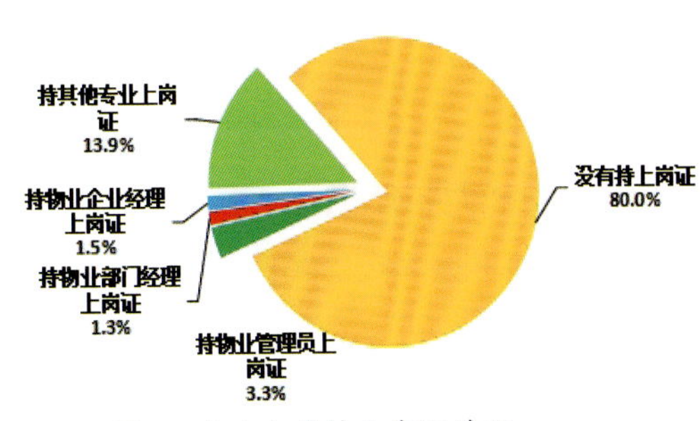

图 9　从业人员持上岗证情况

四、深圳市物业管理行业的经营情况

（一）行业总收入大幅增加，达到 679.7 亿元

深圳市物业管理行业的规模持续扩大，带动了行业总收入的稳步增长，2017 年深圳市物业服务企业的总收入达到 679.7 亿元，同比增长 16.7%，

其中主营业务收入达653亿元，主要原因是在行业集中化加快的趋势下，优秀物业服务企业在应用更多的新技术，发展创新业务，运用“互联网+”进行资源整合和发展社区经济的基础上获得越来越大的市场空间，也推动整个行业的发展和盈利水平；同时通过积极承接外地项目、全面纵深布局，拓展延伸服务、开发产业延伸，收获了可喜的社会效益和经济效益。共计有11家企业总收入超过10亿元，比2016年增加了1个。

此外，2017年企业物业服务费收入稳步增长，达到445.9亿元，同比增长23.8%，占主营业务收入的比重达68.3%。从2013到2017年，管理费收入占主营业务收入的比重总体呈上升趋势。

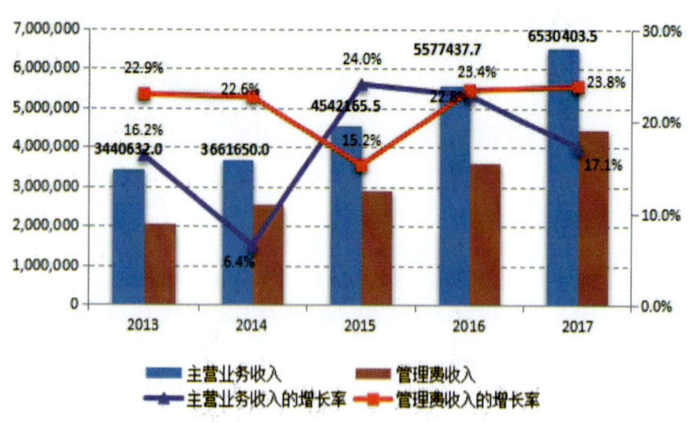

图10　行业经营状况（单位：万元，%）

（二）盈利能力有所增加

经过积极的业务探索和经营方式调整，物业服务企业的盈利模式趋于完善，盈利水平稳步提升，2013—2017年度主营业务利润率维持在20%左右。2017年度主营业务的利润率较2016年略有增加，增加了1.1个百分点，表明2017年每单位的主营业务收入带来的营业利润较2016年有所增加。2017年成本费用利润率为12.7%，较2016年上升了3.3个百分点，表明每付出一元成本费用可获得的利润较2016年有所上升，显示深圳市物业服务企业通过集约化经营，较好地应对了成本快速上涨的经营压力，维持了主营业务利润率的稳定。

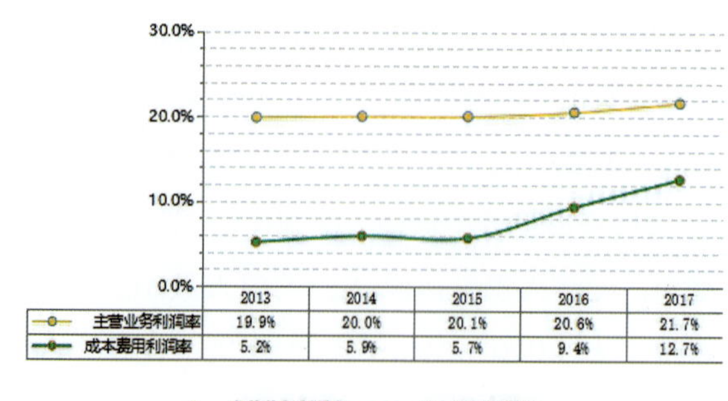

	2013	2014	2015	2016	2017
主营业务利润率	19.9%	20.0%	20.1%	20.6%	21.7%
成本费用利润率	5.2%	5.9%	5.7%	9.4%	12.7%

图11　行业盈利状况（单位：%）

注释：1. 主营业务利润率＝主营业务利润 ÷ 主营业务收入 × 100%，反映企业主营业务的获利能力。

2. 成本费用利润率＝利润总额 ÷ 成本费用总额 × 100%，体现了经营耗费所带来的经营成果。

（三）企业的营运能力有所提高

由于物业管理行业为劳动密集型行业，因此，劳动效率对物业服务企业持续发展具有非常重要的作用。2017年物业服务企业劳动效率指标为126342.7元/人，即每单位劳动产出水平为126342.7元，较2016年上升12342.5元/人，行业劳动效率有所上升。

总资产周转率作为综合评价企业全部资产经营质量和利用效率的重要指标，2017年达68.6%，较2016年下降2.8个百分点，较2015年下降5.0个百分点，近三年总资产周转率走势下降、周转速度变缓，主要原因是在管外地物业规模增长迅速，超过了营业收入的增速。

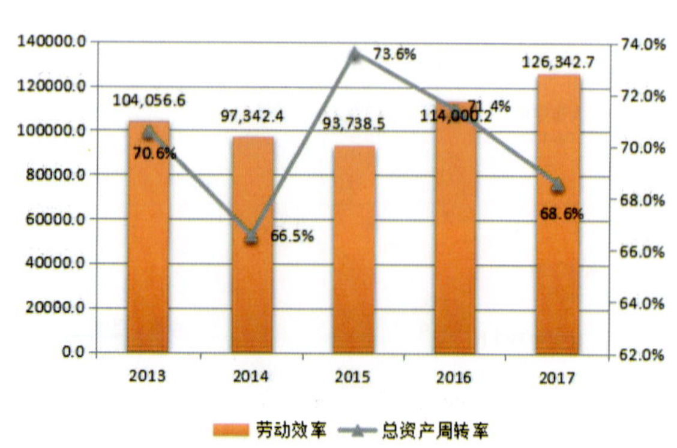

图12　企业的营运能力（元/人，%）

注释：1. 劳动效率 = 主营业务收入 ÷ 平均职工人数 × 100%，表示每单位劳动产出水平。2. 总资产周转率 = 主营业务收入 ÷ 平均资产总额 ×100%，是评价企业全部资产的经营质量和利用效率的重要指标。

（四）行业的资产经营规模迅速扩张

深圳市物业服务企业为了提高市场竞争力，企业整合优势资源，成立专业平台运营相关物业资产业务，2017 年深圳市物业管理行业的总资产增长率为 19.7%，与 2016 年持平，物业管理行业的企业资产经营规模较为稳定。同时，企业围绕其专业优势和业主需求，积极探索多种经营业务，延伸服务链条，业务规模发展较快，为企业带来良好收益，2017 年深圳市物业管理行业的营业增长率为 26.8%，与 2016 年持平。

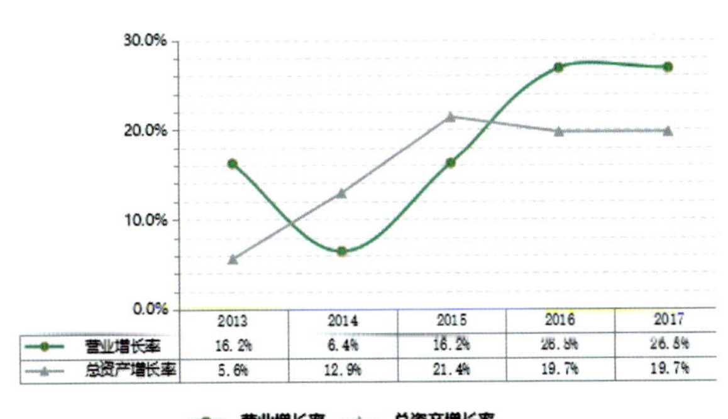

	2013	2014	2015	2016	2017
营业增长率	16.2%	6.4%	16.2%	26.8%	26.8%
总资产增长率	5.6%	12.9%	21.4%	19.7%	19.7%

图 13　深圳市物业管理行业的发展前景（单位：%）

注释：1. 销售（营业）增长率 = 本年销售（营业）增长额 ÷ 上年销售（营业）收入总额 ×100%，反映营业收入的增减变动情况。

2. 总资产增长率 = 本年总资产增长额 ÷ 年初资产总额 ×100%，反映企业本期资产规模的增长情况。

五、深圳市物业管理行业集中度（CR8）

行业集中度又称为行业集中率或市场集中度，是指某行业的相关市场内前 N 家规模最大的企业所占市场份额（产值、产量、销售额、销售量、职工人数、资产总额等）的总和，是对整个行业的市场结构集中程度的测量指标，用来衡量企业的数目和相对规模的差异，是市场势力的重要量化指标。

在这里，我们 n 取 8，“规模最大的前几家企业”是指“在管物业总建筑面积最大的前 8 家物业服务企业”，其中，总建筑面积包括在管深圳市内和外地物业项目的总建筑面积。

以我市物业管理统计报表 2010 年至 2017 年八年的年报数据为基础，对我市物业管理行业的集中度进行实证分析，统计数据如图 14 所示：

2017 年深圳物业管理行业集中度达到 54.4%，较 2016 年上升了 6.9 个百分点。物业管理行业集中度有较大幅度的提升，主要有以下三方面的原因：一是政策因素方面，新型城镇化、西部开发和东北振兴规划实施，国内城乡和区域发展趋于平衡，吸引众多品牌企业开拓外地市场；二是市场竞争方面，行业市场竞争日趋激烈，企业间兼并重组等经济行为持续进行，优胜劣汰竞争机制作用凸显；三是技术水平方面，大批品牌企业凭借其优质物业服务输出能力，积极利用“互联网 +”等创新手段，发展创新业务。随着产业结构优化和产业融合加剧，规模企业投入资金研发互联网技术平台，聚合企业成立发展联盟，规模效益显著增加，也将进一步促进行业集中度的提升。

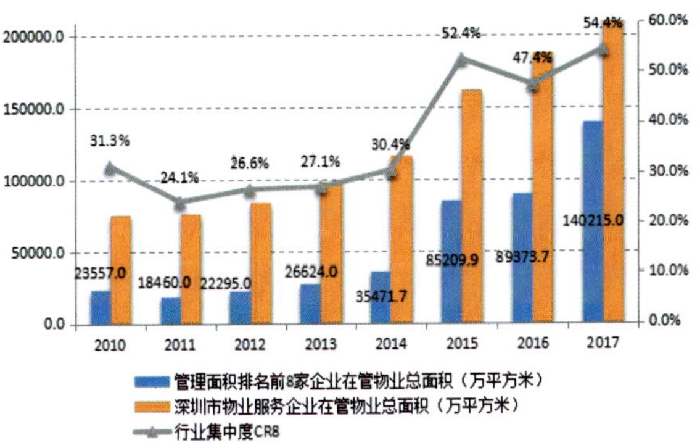

图 14　2010—2017 年行业集中度 CR8（单位：%）

中山市物业管理行业发展报告

中山市物业管理行业协会

一、中山市物业管理行业发展概况

中山市住建局物业管理科数据显示，截至2017年年底，中山市共有物业服务企业579家，从业人员58000人，物业管理项目1860个，住宅小区项目1505个，物业管理面积15395万平方米，其中住宅物业面积13622万平方米，物业营业总收入19.11亿元，其中主营业务收入18.3亿元/年。

截至2017年年底，中山市国家级优秀住宅小区或物业管理示范小区共26个、广东省物业管理示范小区59个、中山市物业管理示范项目134个。中山市物业管理行业经过30多年的发展，物业管理在中山城乡的覆盖面不断扩大，成了城乡居民居住生活不可或缺的重要服务。中山物业管理行业的发展，为增加社会就业、丰富地方税收、提供社区居民物业服务、促进社会和谐作出了很大贡献。

截至2017年年底，中山市物业管理行业协会会员数量达到328个，比成立之初增长了三倍，成为中山市会员人数较多、影响力较大的社会民间组织之一。目前，中山市物业管理行业协会承接中山市住房和城乡建设局委托的如下事项：指导住宅小区业主大会和业主委员会的成立；协助住建局调处各类物业投诉和纠纷；建立和管理物业管理专家库，指导开展招标有关工作；组织物业管理方面的培训；组织、指导中山市物业管理示范项目考评及国家、省级示范项目的初评工作；开展物业管理方面的课题研究。

二、中山市物业管理行业发展的基本经验

调研显示，近30年来，在中山市委市政府的重视和支持下，作为主管部门的中山市住建局和镇区住建局把物业管理工作作为一项重要工作来抓，从而推动中山市物业管理行业发展上了一个新的台阶。总结中山市物业管理行业发展方面的基本经验有：

（一）物业服务企业发展方面

1.重视品牌建设，着力打造企业特色，创建企业文化和自有品牌

中山市物业管理行业发展前列的企业有一个共同点，就是重视品牌建设，着力打造企业文化和企业特色。如2017年，雅生活持续打造“雅邻雅趣 · 幸福凝聚”的邻里文化品牌，五大幸福计划落地雅居乐各社区加剧幸福升温，借助“关怀力量”打破邻里坚冰，广受业户好评追捧，大幅提升雅居乐物业“温馨关怀业户”的服务形象。全年，雅居乐物业总共开展了1837场社区文化活动，业主参与人数25.92万，全年度社区文化活动完成率为133.31%，全年发布宣传稿件累计2314篇，微信推文608篇，好人好事系列22条，组建社区兴趣协会43个。

2.重视目标管理，严格实行工作目标责任制

物业管理行业目标非常明确，就是以广大业主的满意度为依归。比如万科物业日常运作按“日风险、周决策、月运营、季考核、年突破”进行日常

运营管控，将年度目标与每位员工日常工作相关联，并进行有效评价。中山远洋服务有限公司的服务理念很清晰，就是坚持“一个中心、两个服务对象、三个基本点”，即：以业主满意度为中心，以业主和车辆为服务对象；“三个基本点”，一是以物业管理费收缴率为基本点，二是以关注服务细节为基本点，三是以提高服务执行力为基本点。雅居乐物业为保障管理制度和作业标准的落实，建立了一套行之有效的监督考核机制，分别从集团运营中心、各部门及城市公司、管理者代表、总经理等逐级考核，定期对各岗位员工的工作情况实施品质检查和绩效考核，通过明确制定质量、环境、职业健康安全目标以及评价质量、环境、职业健康安全目标适宜性，以确保公司各部门能达成公司质量、环境、职业健康安全目标，从而满足公司发展和顾客需求。

3. 重视员工培训，不断提高员工队伍素质和服务水平

业主满意度高的物业服务企业，都非常重视加强对员工的培训，包括对员工进行职业道德教育、法律法规学习和相关业务培训等。比如雅居乐物业、康居物业、美加物业、万泰物业、远洋地产、建昌物业等公司莫不如此。从员工的仪表、着装，到学习公司的基本理念，再到工作岗位的应知应会，一步步对员工进行培训教育，企业文化潜移默化地影响员工，不断提高整个员工队伍的素质和服务水平。

4. 重视与业主沟通，着力加强与业委会的协调和合作，不断提高业主满意度。

多与小区业主沟通，了解广大业主的需求，找出物业服务企业在服务和管理工作中的不足，采纳业主的合理化建议，是做好住宅小区服务工作的关键。中山市安美物业管理公司十分重视与业主的沟通联系，通过深入细致的服务工作，构建物业服务企业与业主的一种和谐关系，他们的服务工作得到广大业主的理解和支持。比如该公司的物业管理费回收率达 99% ～ 100%，业主满意度也在 96% 以上，他们协助成立业主委员会也得到广大业主的普遍支持和参与。雅居乐物业为保持与业委会的良好沟通，除日常及时将小区情况反馈与业委会外，还定期与业委会召开沟通会议，每季度与业委会委员一起巡查小区，听取业委会对小区管理服务工作提出的意见及建议，并对不足之处及时进行整改。

康居物业、万泰物业、美加物业、建昌物业等公司都十分重视与业主的沟通联系，一心一意为业主服务，并积极发动广大业主参与和开展各种文体活动、节庆活动，增强住宅小区的凝聚力和业主的归属感，因而这些公司管理的住宅小区业主满意度均在 95% ～ 98% 之间，公司员工与广大业主的关系比较和谐、融洽。

（二）主管部门、行业协会方面

1. 在推动中山市物业管理行业发展过程中，中山市住建局、各镇区住建局、中山市物协都做了大量工作，创出了不少宝贵经验

中山市住建局、中山市物协联合多次组织开展了全市物业管理行业法律法规知识竞赛，注重开展对物业服务企业的工作检查和调研，多次撰写关于物业管理问题整治的调研报告等。石岐区、东区等城区住建局把物业管理和城市管理紧密结合，创造了住建局、居委会、业主委员会和物业服务企业联动做好小区物业服务工作的经验。尤其是石岐区，每年召开两次物业管理工作总结大会，总结表彰和奖励评选出来的区内城市管理先进物业小区。中山市物协十分重视为物业服务企业进行培训服务，2017 年先后举办了“物业管理突发事件应急处理培训班”“营改增培训班”“甲级写字楼（大厦）培训班”“智能楼宇管理师技能竞赛”等，共有 2000 多人次参加了培训学习。

中山市物协还十分重视受理小区业主、业委会的来访，在中山市司法局、市住建局的主导下，成立了中山市物业管理纠纷人民调解指导委员会，在指导业委会成立、调解业主与物业服务企业的矛盾纠纷方面做了大量工作，收到良好成效。

2. 充分发挥专业委员会的作用

2017 年，三个专业委员会在规范市场行为、引导行业自律、建立培训新系统、建立优秀供应商库等方面发挥着重要作用，具体表现在：

制定《中山市物业管理行业诚信自律公约》(以下简称《自律公约》)，并于2017年10月1日起正式实施。《自律公约》的实施对推进中山市物业管理行业诚信自律建设，完善诚信自律机制，规范物业管理行业的经营活动，维护业主、使用人和物业服务企业的合法权益，促进物业管理行业健康有序发展，营造公平、有序的市场竞争环境具有积极的推动意义。

建立优秀供应商库。加入优秀供应商库的商家承诺统一向各会员单位提供质优价廉的产品和服务。服务内容包括：智能化小区管理系统工程安装维护；智慧社区平台建设及老旧小区门禁系统免费更新改造、维护；各类物业建筑的消防设施检测、维修、保养；二次供水水质检测；清洁设备机械租赁；地下车库照明节能、空调节能、能源管理等。优秀供应商库的建立，帮助中山市物协会员单位降低经营成本，提高了市场竞争力，实现会员企业与供应商的直接交流、结合、互补，促进了双方品牌建设。

建立物业管理培训师资库。为提升中山市物业管理从业人员整体素质，加强行业各岗位的实际操作知识和专业技术水平，建立一支能够满足中山市从业人员培训需要的优秀师资队伍。经过个人自荐、单位推荐、专家评审、组织审批等程序，经公示后确定物业管理师资库首批培训讲师。师资库的建立有利于促进中山市物业管理行业的培训发展，为物业管理行业建设提供有力的人才保障。

三、中山市物业管理行业发展中存在的主要问题和困难

(一)主要问题

一是一些物业服务企业服务意识淡薄，部分员工对业主的服务态度较差，经营理念尚未从“管理型”转向“服务型”，对业主服务不到位，业主满意度不高。二是部分物业服务企业不重视对员工的培训，对《物业管理条例》等法律法规和相关业务的学习不够深入透彻，对法律法规执行和业主的服务不到位。三是物业服务企业的经营成本逐年提高，有部分物业服务企业不善于经营，收支不平衡、经营亏损的物业服务企业数量出现上升趋势。四是部分物业服务企业与小区业主的沟通联系不足，业主与物业服务企业的矛盾纠纷时有发生，部分员工与业主的关系比较紧张。

(二)主要困难

根据物业服务企业的普遍反映，在物业服务企业经营运作中面临的困难有：

一是物业管理费提价难。尤其是一些已成立十多年的旧住宅小区，物业管理费十多年不变，至今仍是0.4～0.8元/平方米，物业服务企业经营比较困难；二是企业用工招聘难。物业服务企业的员工工资不高，物业管理行业对年轻人缺乏吸引力，不容易招到素质相对较高的员工；三是企业经营运作难。企业经营成本逐年增加，企业税费负担较重，物业服务企业往往出现收支不平衡，经营举步维艰；四是旧住宅小区的维修资金筹集难。不少旧住宅小区的设备设施已经进入大修、更新改造阶段，需要动用大量的维修资金，但苦于维修资金筹集难，破旧的防火设施设备无法更新，存在极大的安全隐患。

四、促进中山市物业管理行业健康发展的意见和建议

物业管理行业属于现代服务业，加快发展现代服务业是中山“十三五”规划的重要任务。同时，物业管理行业又已经成为社会管理的重要组成部分，涉及千家万户的切身利益，事关社会和谐与稳定。为促进中山市物业管理行业健康发展，提出以下意见和建议：

一是统一认识，形成合力，共建共享幸福和谐小区。建设幸福和谐小区，不单是物业服务企业的责任，也是广大业主乃至全社会的共同事业。建设幸福和谐小区，仅仅依靠物业服务企业的力量是远远不够的，必须依靠广大业主、社会各方面力量的关心和支持，形成强大合力，实行共建共享。

二是物业服务企业要更新观念，增强服务意识，加快转型升级，不断提高服务水平。要引导全市物业服务企业确立“以业主满意度为中心”的服务理念，加强对物业服务企业员工的教育培训，提高员工队伍的综合素质。要教育他们依法办事，严格按照《物权法》《物业管理条例》来做好小区的服务和管理，提高员工的职业道德水平和服务管理水平，加快由“管理型”向“服务型”转变，努力提高广大业主对物业管理工作的满意度。同时，物业服务企业要增强社会责任感，自觉执行文明城市管理的有关规定，引导员工积极配合做好“门前三包”保洁、除“四害”等工作。

三是正确认识和处理好物业服务企业与广大业主的关系，加强两者之间的沟通和合作。物业服务企业与广大业主的目标和根本利益是一致的，都是为了做好住宅小区的服务管理。业主通过缴纳物业管理费购买服务。物业服务企业通过服务和管理来体现和提升物业的资产价值。物业服务企业应以为业主服务为中心，提高业主满意度。广大业主则应尊重物业服务企业员工的劳动，支持和配合物业服务企业一起做好小区管理服务工作。

四是适时调整物业管理费收费，解决物业费提价难的问题。解决“物业管理费提价难”是物业服务企业的共同呼声。近年物价、员工工资不断提高，企业经营成本逐年增加，希望政府物价部门可以建立质价相符的物业费机制。

五是适当调整和减轻物业服务企业的税费负担，帮助企业降低经营成本，促进企业解决“经营运作难”的问题。物业服务企业是微利、劳动密集型企业。目前物业服务企业的税费负担不轻，建议研究降低物业管理行业的实际税负，把营业税降到国家规定的服务业起征点。

六是积极探索提高物业小区维修资金尤其是旧住宅小区维修资金筹集难的问题。对旧住宅小区如何筹集维修资金，政府主管部门要加强指导。

七是加强对住宅小区物业管理的宣传教育，为建设幸福和谐住宅小区创造良好的社会氛围。建议加强对住宅小区物业管理的正面宣传报道，引导广大业主、社会各界共同关注和支持住宅小区物业管理工作，共建共享幸福和谐住宅小区。

广西壮族自治区物业管理行业发展报告

广西壮族自治区房地产业协会物业管理专业委员会

一、广西壮族自治区物业管理行业发展概况

截至 2017 年 12 月，广西物业服务企业 2200 家，大部分企业主要集中在南宁、柳州、桂林、北海等 4 个城市，占了全区物业企业数量的 61.4%。全区物业管理面积约 5 亿平方米，项目涵盖了商品房、经济适用房、房改房等住宅物业和工业园区、医院、学校、公园、商业区等类型。从业人员 20 多万。行业组织发展迅速，广西 14 个设区市中，有南宁、柳州、桂林、梧州、北海、防城港、贵港、玉林、百色、河池、贺州等 11 个物业管理行业协会，钦州、来宾和崇左 3 个城市成立了房地产业协会下属物业管理专业委员会，全区行业组织覆盖率 100%。

二、广西壮族自治区物业管理行业发展主要举措

（一）探索和完善物业管理行业相关制度法规

1. 完成商务楼宇物业管理的课题研究

为充分挖掘南宁市青秀区楼宇经济的潜力，规范青秀区商务楼宇物业服务，2016 年 4 月，南宁市青秀区楼宇办委托广西房地产业协会物业管理专业委员会（以下简称广西物专委）草拟《青秀区商务楼宇物业管理服务规范指导意见》（以下简称《指导意见》）。经过 11 位行业专家耗时 6 个月，最终完成了《指导意见》的课题研究。《指导意见》全篇约 12000 字，共 10 章，分为总则、入驻企业基本要求、客户服务、视觉形象管理等内容，涵盖了商务楼宇物业管理的各方面工作范畴，便于企业按照指导意见规范自身行为。《指导意见》的出台对指导物业企业做好商务楼宇的物业服务起到良好的促进作用。

2. 探索物业管理行业诚信建设新思路

国家取消了物业服务企业资质制定，要求物业行政主管部门加强“事中事后监管”。顺应这一政策的变化，广西壮族自治区住房城乡建设厅（以下简称广西住建厅）积极探索推动物业管理行业信用信息管理的制度建设，于 2017 年近一年的时间，牵头完成了《广西物业管理行业诚信监管信息管理办法研究》的课题，并结合课题成果草拟了《广西物业管理行业信用信息管理办法（试行）（草案）》（以下简称《办法》），目的是要转变对物业服务企业监管方式，加快构建以信用为核心的新型物业管理市场监管体制，依法依规运用信用激励和约束手段，构建政府、社会共同参与的跨部门、跨领域的守信联合激励和失信联合惩戒机制，有效促进物业企业依法诚信经营，维护物业管理市场正常秩序，营造公平诚信的物业管理市场环境。《办法》有望于 2018 年 8 月份颁布。

3. 制定宜居小区标准，对行业服务提出高要求

为深入贯彻落实中央城市工作会议精神，创建宜居城市，在广西住建厅的指导下，广西物专委高

度重视“宜居小区”评价体系建立工作，及时组织专家商讨制定评价标准，落实专人收集整理外省“宜居小区”评价工作的经验和做法，并参考《住宅性能评定技术标准》（GB-T50362—2005）、《宜居小区科学评价指标体系》、《全国物业管理示范住宅小区评比标准》，结合《关于开展“美丽广西 · 宜居城市”建设活动的实施意见》（桂政发〔2016〕33号）等文件，于2017年5月底草拟了《广西“宜居小区”评价标准体系（草案）》，同年6、7月份广泛征求了行业专家、相关厅局及各市行政主管部门的意见，对评价标准进行多次修改和完善，于2018年1月初向广西住建厅提交审议稿，目前该稿在进一步修改完善中。

（二）创优机制成效显著

自开展全区城市物业管理优秀项目（以下简称“区优”）评比工作以来，广西各市物业主管部门非常重视本地优秀企业、优秀项目的培育，通过宣传发动、组织交流学习、专家现场指导等方式，鼓励和指导企业争创“区优”。在“创优”机制的推动下，“区优”在物业管理行业的认可度越来越高，企业每年都投入了大量的人力、物力改善小区环境、提升服务水平。截至2017年年底，全区共有23个物业管理项目被授予国家级示范项目称号，有274个物业管理项目被授予区级优秀项目称号，全区14个地市均有项目获得“区优”荣誉，实现行政区域全覆盖。

（三）维修资金管理工作进一步规范

经过培育，目前，南宁、柳州、桂林、北海、钦州、来宾等6个城市已经设立了维修资金管理机构；梧州、防城港、钦州、贵港、百色、河池等6个城市已出台相应配套政策，严格资金的归集、管理、使用，保证资金的安全。其中以南宁市的维修资金管理成效最为显著，南宁市制定和完善了维修资金管理机构的内部管理规程，重点制定了关于维修资金管理、使用方面的八项规章制度，包括了使用业务的受理、抽查、信息录入、初审操作、费用拨付等方面的规程，并积极推进信息化建设，推动“互联网＋资金监管”，做好信息公开服务和提高服务效能，研究电子表决资金使用的可行性和立法依据，重点解决维修项目公示和表决难的问题，有效地保障了维修资金使用业务的正常开展。2016年，南宁市归集房屋维修资金12.19亿元，同比增长19.51%，累计归集维修资金54.95亿元，共拨付维修资金495.01万元，有130个物业小区、4.41万业主的物业共用部位、共用设施设备及时得到维修和更新、改造。

（四）行业交流和宣传进一步加强

1. 借助互联网等多种平台，向物业服务企业及时传送行业信息

从2016年年底开始，广西物专委配合广西房协进一步完善协会官方网站，充实物专委板块的内容，从政策法规、行业动态、企业风采等方面及时为物业企业提供资讯；创建房协微信公众号，及时向企业推送行业信息，并通过QQ群、微信群及时了解企业需求，为企业答疑，很好地搭建起了协会与物业企业沟通交流的平台。

2. 定期举办物业沙龙，为会员提供相互交流学习的机会

从2017年8月开始，协会充分利用场地优势，定期举办行业沙龙活动，促进物业服务企业之间的交流。同年9月29日举办了一期物业管理行业沙龙，由桂林彰泰物业分享了新三板上市经验，通过经验介绍，现场互动交流等形式，使参会的企业在经营管理方面得到一定的启发。有了成功办会的经验，广西物专委在今后将定期陆续推出一系列物业沙龙活动，加深企业之间的交流学习。

3. 成功举办行业技能竞赛，选拔优秀人才

2017年4月8日至9日，广西物专委组织筹办的广西物业管理行业技能选拔赛在南宁职业技术学院胜利举行。全区共有11个城市42支企业队伍，

8 支高校队伍共计 352 人参赛。经过激烈角逐，筛选出优秀的物业管理员和电工各 3 名参加 2017 年 5 月 20、21 日在上海举行的首届全国物业管理行业技能竞赛。全国技能竞赛期间，在 97 名物业管理员同场竞技中，我区的 3 名选手奋力拼搏，过关斩将，最后分别位列全国第 39、43、79 名；在 93 名电工同场比武中，我区 3 名电工沉着冷静，稳定发挥，分别取得了全国第 29、30、57 名的成绩。

4. 举办年终数据盛典，加强对行业的宣传

2017 年 7 月，广西房地产业协会与易居 · 克而瑞、广西电视台一起成功举办了房地产业数据排行盛典。为了延续盛典影响力，2018 年 1 月 18 日下午在国际会展中心将举行房地产业年终数据盛典。盛典上邀请了国内知名的物业管理行业专家进行演讲，同时公布获得 2016 年度区优的榜单和 2003 年至 2017 年期间获得优秀项目荣誉的企业名单，向社会宣传优秀的物业服务企业，传递行业正能量。

（五）创新行业人才培训模式

2017 年广西房地产业协会组织建设了行业培训系统平台，于 2018 年全面启用。为适应国家已经不再要求物业从业人员持证上岗的政策变化，协会培训工作遵照社会化、市场化和自愿参培的原则，今后的培训中不再发放任何培训证书，将为参培学员建立培训学习信息卡，切实转变以往培训发证的旧观念，行业培训教育以物业实操培训内容为主，引导物业从业人员从被动学习转向主动学习，提高行业人员综合素质。2017 年 11 月，协会尝试推出了业主大会和业主委员会法律实务培训、物业收费纠纷法律实务培训等名师精品课程，针对会员企业关心的问题给予指导，受到了企业的普遍欢迎；同年 12 月推出了第一期物业项目经理岗位技能培训班，有 70 多名项目经理参加了培训，培训效果反应良好。2018 年 1 月至 7 月共举办了 6 期项目经理技能培训班，有 600 多人参加了培训。后续，协会还将继续推出更多的培训项目供物业服务企业选择学习。

三、广西壮族自治区物业管理行业发展面临的主要问题

（一）物业管理行业人才集中度及区域发展不均衡

全区 80% 以上的物业管理专业人才和 60% 的物业管理面积集中于南宁、柳州、桂林、北海 4 个城市，广西其他大部分城市物业物业管理水平与上述 4 市仍有较大差距。而且行业人员流动性大，专业人才匮乏，特别是项目经理、电工、设备设施、特种设备、消防等专业人才严重短缺，难以满足行业发展的专业化需求，专业人才的缺乏直接影响到物业服务企业的服务质量，从业人员综合素质不高、服务质量不高，在物业服务过程中容易与业主产生矛盾纠纷。

（二）业主与物业服务企业矛盾日趋复杂

由于物业管理相关法规的相对滞后、不配套、不完善，无法根本解决长期困扰业主与物业服务企业的矛盾纠纷；一些业主为个人私利，不断变换形式制造矛盾事端；业主委员会监督手段的缺乏，导致部分小区业主委员会成为个别业主实现私利、对抗行政主管部门的工具等，这些情况应该引起我们行政主管部门的高度重视。

（三）各相关职能部门处理物业矛盾纠纷的联动机制有待加强

物业管理体制的局限性体现在缺乏完善的系统指导，由于物业主管部门与相关部门处于平级单位，无法有效做到各相关部门的协调统一，公安、民政、司法行政、环境保护、价格、城市管理、工商行政管理（市场监管）、质量技术监督等相关部门对物业管理活动的相关管理和服务工作未能较好的展开，物业管理政出多门，行政监督职能无法有效实施，落实工作困难较大。

（四）服务收费标准低，企业提费难

近年来，广西物业服务企业的用工成本、管理成本呈大幅提升，如 2018 年 1 月广西壮族自治区人民政府下发《关于调整全区最低工资标准的通知》，新的最低工资标准由 2015 年的四类调整为三类，即由 2015 年的每月 1400 元、1210 元、1085 元、1000 元调整为 1680 元、1450 元、1300 元，调整增幅 20%。而物业服务收费则一直延用旧的收费标准，如物业管理发展相对成熟的南宁市，大部分企业一直沿用 2009 年的物业收费标准；梧州有的项目甚至还沿用 20 年前物价局批复的收费标准。虽然在 2015 年广西放开了非保障房物业服务收费，但是对于 2015 年之前的项目，要想提高物业费必须经过业主“双过半程序”同意，提费工作难度非常大。物业收费标准未能根据物价上涨同步提高，企业只能减员或减薪降低服务成本，服务质量下降又激起业主的不满，导致物业费收缴率低，大部分物业服务企业生存困难，严重桎梏了行业发展。

四、下一步推进广西壮族自治区物业管理行业发展的措施

（一）加快推进物业管理行业诚信管理信息系统的建立

物业管理行业诚信信息系统建设是贯彻落实党的十八届三中全会提出的“建立健全社会征信体系，褒扬诚信，惩戒失信”的重要举措，也是创新监管模式的一项重要措施。建议物业行政主管部门在《广西物业管理行业信用信息管理办法（试行）》颁布后，积极推动物业管理行业诚信监管系统建设工作，实现全区物业管理行业信用信息管理的统一标准、统一系统、统一管理，在行业内形成诚信管理的统一合力，推进物业管理行业诚信经营，规范管理，为广大业主提供更优质、更专业的服务。

（二）完善专项检查机制，加强事中事后监管

适应物业管理政策变化的新形势，积极探索监管模式；在推动建立物业服务企业诚信管理制度的同时，总结这几年来物业专项检查工作中的经验和做法，认真研究改变专项检查的内容、方式，优化检查项目标准，在不增加企业负担的前提下，合理安排检查频率，加强事中、事后监管，确保专项检查工作更全面真实地反映企业经营服务情况；对检查出问题的企业，要给予一定的帮助和指导，条件允许的情况下可安排行业专家现场指导，对整改工作跟踪指导；对整改不及时或拒不整改的企业，记入诚信信息系统，要及时向社会公布，供业主在选择物业服务时参考，并建立“黑名单”制度，纳入企业诚信管理系统。

（三）加强交流学习，帮助基层提升业务水平

物业管理工作需要部门之间的相互合作，只有上下一心、步调一致，才能将物业管理相关政策落实到位，化解物业矛盾。因此，建议物业行政主管部门进一步理顺沟通渠道，多与基层一线的工作人员交流沟通，要多倾听基层的声音，积极帮助基层协调机构人员配置，主动指导基层解决业务难题；要多开展业务知识培训，加强县与县之间、城区与城区之间、城市与城市之间的交流学习，分享好的经验做法，共同提高业务水平，不能因为部分权力的下放就“一放了之”，将矛盾完全丢给基层。

（四）加强部门间的沟通联系，依法履行监管职责

物业管理涉及的范围广泛，引发的矛盾纠纷是多方面的原因，光靠一个部门单打独斗是处理不好物业矛盾纠纷的。因此，建议物业行政主管部门深入研究物业管理方面的法律法规，想方设法理顺行业监管和属地管辖的关系，正确对待《物权法》《物业管理条例》《广西物业管理条例》等法律法规赋予的职权，协调和推动城区、街道办、社区完善机

构设置和人员配置。继续加强与民政、城管、公安、物价等部门的沟通协调，整合管理资源，共同做好物业服务管理工作。

（五）推动行业服务标准的制定，拓宽监督渠道

行业组织要加强自律，推行行业透明服务指导规范；结合本行政区域的实际情况推行物业服务等级标准、物业服务合同示范文本；引导企业加强与业主的沟通，及时公布年度服务报告、服务项目支出情况、小区公共设施设备维护情况等内容，供广大业主监督。通过主管部门监管、行业自律、业主监督相结合的模式，规范行业经营。

（六）推动树立物业管理行业品牌

积极鼓励骨干物业服务企业通过加盟、兼并、重组等方式加大市场资源整合力度，积极采用现代信息技术和现代化管理手段，推动物业服务规模化、集约化发展；通过多渠道，多种方式鼓励物业服务企业注册和使用自主商标，提高物业服务品牌的知名度、美誉度，充分发挥品牌的示范和集聚效应。

（七）创新培训模式，为企业输送优质人才

从目前物业管理政策层面来看，还没有一套完整的物业管理人才培养体系。但是，物业企业对人才的需求，对从业人员后续培训的需求依然存在。因此，行业组织要积极思考和探索如何创新物业从业人员的培训模式，借助行业专家的智慧，从提高培训人员业务实操能力出发，采取灵活的培训方式，为企业输送懂经营、善管理、精业务、守道德的专业人员，通过人员素质的提高来推动整个行业服务水平的提升。

海南省物业管理行业发展报告

海南省物业管理协会

一、海南省物业管理行业发展概况

截至 2017 年年底，海南全省共有物业服务企业 1603 家，较 2014 年增加了 542 家，同比增长 51%；全省物业服务从业人员达 8 万余人。全省纳入物业管理的物业总面积 1.69 亿平方米，其中住宅项目 2650 个，住宅面积 1.36 亿平方米，成立业主委员会 744 个。物业管理的范围涵盖住宅、写字楼、商业综合体、酒店、学校、医院、机场、车站、码头、工厂、仓储、农贸市场、运动场馆、景区等各种类型物业，绝大多数政府、事业单位的物业也已纳入市场化物业管理的范畴，全省物业管理覆盖率达 60%。随着海南国际旅游岛建设的推进，海南省物业管理已由原来海口、三亚等几个东部沿海城市快速向中西部经济不发达的市县发展，全省 20 个市县，近几年新建物业项目均纳入物业管理范围。

与其他兄弟省市相比较，海南省住宅项目规模偏小，很多物业服务企业在管面积不大，管理手段传统，经营理念落后，发展艰难；同时，由于海南“候鸟型”业主较多，入住季节性明显，空置房现象突出，物业服务费收缴难度较大，业主委员会成立困难，也增加了企业的管理难度。近几年来，通过各级物业主管部门耐心指导、行业协会积极推动、优秀企业引领带动，海南省各物业服务企业正在逐步转变经营理念，升级管理手段，提升服务水平，发展势头整体向好。

二、海南省物业管理行业发展工作成果

（一）助力海口“双创”

2015 年 7 月，海口市在全省范围率先启动创建“全国文明城市”和“国家卫生城市”（以下简称“双创”）工作，海口市政府号召全市上下迅速行动起来，举全市之力、集全民之智，打一场“双创”攻坚战，用三年时间捧回“全国文明城市”和“国家卫生城市”两块金字招牌。

行业协会根据各级物业主管部门的“双创”工作安排部署，组织发动物业服务企业积极响应，主动参与，并通过各物业服务企业动员广大业主踊跃投身“双创”活动，同时协助主管部门从行业抽调专家，成立“物业管理双创工作专家督查组”，对全市 2000 多个住宅小区根据“双创”工作要求进行监督巡查，指导整改。各物业服务企业纷纷举办各种内部集中培训，传达“双创”工作精神，安排具体工作任务。海口各辖区政府根据物业服务企业“双创”工作开展情况，定期组织“双创”评比考核活动，表彰先进，激励后进，并组织企业到“双创”工作示范小区观摩取经，以点带面推动“双创”工作全面铺开。

两年多来，通过全市上下凝心聚力，艰辛付出，海口市于 2017 年被评为“国家卫生城市”和“全国文明城市”，224 万椰城人民最终圆梦“双创”。

（二）开展“三无”小区整治管理专项工作

为了改善人居环境，提升城市整体形象，海口市在全省范围内率先开展“无物业服务企业管理、无业主委员会或者居民自治管理、无单位或者主管部门管理”的小区（以下简称“三无”小区）三年专项综合整治管理工作，行业协会抽调业内专家积极配合工作开展。

经排查，海口市共有“三无”小区576个，面积292万平方米，普遍存在环境脏乱差、治安状况差、基础设施不完善以及管理机制不健全等问题，为切实解决存在问题，市政府出台了《“三无”小区整治管理实施意见》（以下简称《意见》），并按照每个小区6万元的标准，下拨了3456万元的“三无”小区改造启动资金。“三无”小区的整治管理工作在2017年6月30日前全面完成，前期采取政府指导和扶持、居民参与的管理模式，后期逐步过渡到以市场化专业物业服务企业管理为主、居民自我管理为辅的管理模式，在2020年最终实现“三无”小区管理专业化与居民自我管理全覆盖的目标。

《意见》针对“三无”小区的实际情况，提出了单位型管理、专业型管理、自治型管理和社区型管理4种模式进行管理。单位型管理，针对能追溯到原产权单位或者国资委、农垦系统主管单位的小区；专业型管理，针对基础条件较好，可以引入物业服务企业进行规范化管理的小区；自治型管理，针对不适用单位型和专业型管理的小区，在街道办（镇政府）的指导下，由业主采取自愿的方式自治管理；社区型管理，针对不适用前三种管理模式的小区，由街道办或居委会牵头统一管理。管理资金，则采取“居民缴纳、公共收益补充、财政补贴”的方式予以解决。通过向居民收取综合服务费以及利用小区内停车位、便民设施的经营收入等途径多方筹措资金，以弥补小区管理经费的不足。海口市物价部门还印发了《关于海口市“三无”小区综合服务收费标准的意见》，为“三无”小区建立收费制度提供参考标准，引导居民自觉缴纳服务费，在2020年前逐年递减财政补贴，逐步实现收费市场化。

（三）组织开展各种活动，助推行业创新发展

行业协会积极组织开展诸如“物业互联网+”之社区O2O专题沙龙、“高端物业管理”沙龙、“物业管理转型升级在路上”全国巡回公益讲座（海南站）、“国际管家服务与全球化高端物业价值高峰论坛”、“科技助力海南物业升级暨智慧物业发展论坛”等各种沙龙、讲座、论坛，引导企业逐步转变经营理念和服务模式，推动行业转型升级。

为集中展示海南省物业管理水平和行业精神风貌，树立企业形象，展示企业优秀成果，搭建企业间交流与合作平台，行业协会组织海南珠江物业酒店管理有限公司等17家省内优秀企业共同承建“海南展馆”，代表海南省物业管理行业亮相“首届国际物业管理产业博览会”。17家参展企业分别展示了各自的企业文化、发展理念和创新成果，为海南省物业管理行业探索创新发展道路营造了氛围，树立了榜样。

组织开展全省物业管理行业职业技能竞赛，在行业内营造尊重技能、爱岗敬业的良好风气，旨在培养和造就出一批业务精良、技术精湛、作风过硬的技能人才，为海南省物业管理行业全面实现转型升级提供人才保障，同时选拔优秀选手代表海南省参加“全国物业管理行业职业技能竞赛”。

（四）创新发展取得一定成果

海南物业服务企业在企业转型、跨界融合、商业模式创新、物业服务延伸方面一直积极进行有益的探索和实践并取得了很好的成绩。最具代表性的是本土物业服务企业海南智慧城科技有限公司，通过与海康、科拓等科技企业的跨界合作，结合自主研发，陆续推出了智慧物业SaaS平台、社区居民服务平台、社区汇易GO电商平台和电动车智能充电桩等多项创新发展举措，实现了智能无人值守停车场、智能刷脸门禁、智能实时安防系统、社区网购平台等多项社区“智慧化”服务新模式。这些创新的举措不但减员增效效果明显，还提升了业主体验感，转变服务方式的同时更全面升级了企业的管

理模式，走上华丽转型之路。

外省入琼企业富力物业海南公司在物业服务延伸和创新方面也有很好的做法，通过在社区内组建书法绘画、舞蹈、羽毛球等 20 多个不同类型的“社群”协会，定期、不定期开展各种类型活动，既满足了社区内“候鸟型”业主精神层面的需求，也促进了社区多元化经营的开展。通过丰富的“社群”活动，延伸出诸如“小富美家”拎包入住一站式服务、“互联网 + 民宿酒店”代运营业务、直升机空中医疗救援、自在社区线上线下互通网购平台、共享交通全覆盖、异地业主冬夏令营等多种经营服务，在带来效益的同时，也大大提升了业主满意度。新的社区经营模式，为海南探索旅游地产物业服务提供了新的思路。

（五）启动无维修资金老旧电梯修理改造更新工作

截至 2016 年年底，海南全省在用电梯共有 5 万多部，海口有 19429 部，经排查，其中有 2000 多部为使用年限超过 15 年的老旧电梯，海口占了一半，有 1169 部。这部分老旧电梯故障频发又无住宅专项维修资金进行更新改造，存在严重的安全隐患。为切实解决老旧住宅电梯安全问题，海口市政府于 2016 年 11 月出台了《海口市无维修基金老旧住宅电梯修理改造更新工作实施方案》，在全省范围内率先开展老旧电梯更新改造工作。海口市政府计划三年内投入 11923 万元，采取政府出资 50%（封顶 10 万元），业主自筹 50% 的方式，完成对全市 1169 部无房屋维修资金老旧电梯的修理改造更新工作。

（六）成立物业纠纷巡回法庭

为了及时有效化解和预防业主与物业公司、开发商之间的矛盾，充分发挥行业纠纷调解的专业优势，实现调解与诉讼的有效衔接，海口市住建局与市中级人民法院共同推动海口物业纠纷巡回法庭成立。2017 年 6 月 10 日，海南首个物业纠纷巡回法庭“海口市琼山区人民法院物业纠纷巡回法庭”正式挂牌成立，海口其余三个市辖区美兰区、秀英区、龙华区紧随其后，于同年成立辖区物业纠纷巡回法庭，达到海口区域全覆盖。物业纠纷巡回法庭采取“定点 + 巡回”工作机制，除了在辖区物业主管部门设置常驻办公地点外，另选取多个辖区内住宅小区设点定期巡回办公，同时抽调法院业务骨干力量组建专业化审判团队，成立专门的物业纠纷审判合议庭，对物业纠纷案件进行集中审理。巡回法庭依托辖区物业主管部门，开辟快捷诉调通道，物业纠纷坚持调解优先原则，与辖区物业主管部门共同为纠纷双方进行诉前调解，提供法律咨询，调解不成的则采取快捷审判机制，进行立案、审理。除此以外，为加强普法教育，部分案件在巡回庭审同时，通过以案说法的形式为广大业主普及物业法律知识。

三、海南省物业管理行业下一步工作方向

（一）全面加强行业党建工作

在中国特色社会主义新时代，面对新形势、新要求，行业创新发展必须依靠党的领导，加强行业党建工作是促进行业科学发展，保证行业发展方向正确的根本要求。一是要做好党建宣传工作。通过协会网站、微信等媒介平台及时宣传报道党的十九大精神和党的重大举措，充分发挥行业协会的党建工作引领作用；二是要推动企业开展党建工作。通过宣传教育，使企业在根本上意识到开展党建工作，是协助企业进行生产经营管理的一个重要方式，是企业和员工之间的桥梁和纽带，是企业产生凝聚力、向心力、战斗力的重要保证；三是要树立党建工作模范榜样。通过挖掘行业内针对性强、指导作用突出的先进企业党建典型，充分利用协会媒介报道宣传，为企业党建的深入开展营造氛围，树立榜样。

（二）开展物业服务质量提升工作

当前，物业管理市场中低端服务供给量大增，

优质物业服务供给不足，业主日益增长的优质物业服务需求与行业发展不均衡、不充分的矛盾日渐凸显，为了响应国家由高速发展转为高质量发展的战略部署，满足业主对高品质物业服务的需求，协会将开展相应工作，促进企业物业服务质量提升。一是以提升物业服务质量为主线加强行业宣传；二是开展相关沙龙、论坛、培训及考察学习，引导企业提高服务意识，提升服务质量；三是推进海南省行业服务标准化建设，提升企业优质服务供给能力；四是举办行业技能竞赛，营造崇尚技能、爱岗敬业的行业氛围；五是树立行业模范标杆，发挥典型引领作用。

（三）推进行业诚信评价体系建设

住房城乡建设部发文取消了以资质为主导的物业服务市场监管体系，将构建以信用为核心的市场监管新体系，协会将开展系列工作推进海南省物业管理行业诚信评价体系建设。一是大力宣传国家关于诚信建设方面的文件精神和各兄弟省市诚信建设工作成果，为海南省诚信评价体系构建营造良好氛围；二是发布诚信自律公约，规范企业经营行为，引导行业守法履约、诚信经营；三是以国家有关精神和住房城乡建设部的顶层设计为指导思想，组建专题研讨小组，配合省住建厅研究制定符合海南省实际情况的行业信用监管体系；四是除行业主管部门信用监管体系外，协会拟制订企业诚信等级评价认证标准，开展企业信用等级评定工作。

（四）探索智慧社区建设

随着互联网和新型技术的广泛运用，物联网、云计算、大数据、人工智能等新一代信息技术也越来越成熟，智慧社区建设已然具备条件。协会将发挥引领作用，引导企业多途径探索智慧社区建设，推进物业服务科技化、智能化进程，促进行业创新发展、转型升级。一是大力宣传国家关于智慧社区建设的有关精神和理念，转变企业思想观念；二是引导企业积极拥抱现代高科技，引入新技术、新手段，大胆创新实践。三是充分调动行业力量，研究探讨智慧社区建设困境与对策。

（五）启动“物业云”系统建设

为引导小区业主关注社区事务，营造和谐、文明的社区氛围，海口在全省范围将率先启动“物业云（又名业主投票议事系统）”项目建设。“物业云”系统以 APP 或微信公众号为载体，旨在搭建小区业主与物业服务企业间共同议事平台，畅通业主反映诉求和建议的渠道，破解业主大会召开难、业主委员会成立难、维修资金动用难等矛盾较突出问题。“物业云”系统可以有效验证投票用户的业主身份，确保业主议事的真实性和有效性，不但可以提高维修资金的审批流程，业主还可以通过 APP 或微信，详细了解维修资金使用内容，包括工程预算、项目现场等情况，将彻底改变业主难以参与社区事务的局面。

（六）筹建电梯应急处置服务平台

海南省质监局（现市场监管局）计划筹建全省统一电梯应急处置服务平台，以便在发生电梯事故时，能快速解救电梯被困人员，有效降低人员伤亡事故。海口已获批 365.28 万元，将在全省率先启动平台建设工作。海口市电梯应急处置服务平台将设在市公共安全联动指挥中心，借助联动指挥中心集成了公安、消防、民防等多个部门的调度资源，联动经验丰富、反应迅捷的特点，迅速展开救援工作。平台建成后，质监部门将把每台电梯的唯一标识码等数据都录入数据库，凭借卫星定位系统，可以准确定位每台电梯所在具体位置。每台电梯将在醒目处贴上标识码，乘客如若被困电梯，可拨打 110 告知故障电梯标识码，平台将根据识别码定位电梯所在准确位置并就近派出救援人员。海口 70 多家电梯维保公司，分别划片分点，各负责一个区域的电梯救援和维修，接到平台电话后，专业维修救援人员将能以最短的时间迅速到位。

四川省物业管理行业发展报告

四川省房地产业协会物业管理专业委员会

一、四川省物业管理行业发展概况

截至 2017 年 9 月，四川全省物业服务企业已达 6060 家。社区物业服务机构或其他管理主体 1574 家。从业人员总数达到 43 万人。以 2016 年数据为例，全省物业服务企业提供物业服务主营业务收入及其他收入 3263483.82 万元，社区物业服务机构或其他管理主体物业服务经营收入及其他收入 19457.02 万元。

从物业管理规模情况来看，截至 2017 年 9 月，全省实施专业化物业管理面积已达 13.20 亿平方米，其中住宅物业 11.07 亿平方米，占 83.86%；非住宅物业 2.13 亿平方米，占 16.14%。实施专业物业管理的房屋总套数达到 1133 万套，其中住宅物业占 91.04%，非住宅物业占 8.96%。

从物业管理项目情况来看，全省物业管理项目共计 34502 个，其中住宅物业管理项目总数 25962 个，非住宅物业管理项目总数 8540 个。住宅物业管理项目中，业主自行管理的 8303 个，占 31.98%，委托物业服务企业管理的 15590 个，占 60.05%，社区物业服务机构托管或其他管理方式的 2069 个，占 7.97%。非住宅物业管理项目中，业主自行管理的 3243 个，占 37.97%，委托物业服务企业管理的 4399 个，占 51.51%，社区物业服务机构托管或其他管理方式的 898 个，占 10.52%。由此看出，项目的主要管理方式仍是委托物业服务企业进行管理。

从物业管理项目业委会成立情况来看，全省有物业管理的 34502 个项目中，9046 个设立了业主大会，占 26.22%。未设立业主大会的项目中，达到业主大会设立条件暂未设立业主大会的项目 4905 个，占 43.2%；未达到业主大会设立条件的有 10551 个，占 30.58%。

跟随着全国行业发展热潮，四川省物业管理行业也在发展迅速，并孕育出了譬如嘉宝股份、嘉诚新悦、鼎晟资产等许多优秀的本土的企业。截至 2017 年，在全国已登陆新三板平台的 58 家物业管理公司中，四川省 3 家，占到了西南地区的 1/3。但由于四川省地处内陆且目前只有成都一个二线城市，而一二线城市囊括着我国 65% 以上的优秀物业服务企业，所以相较于城市群较为发达的东南沿海地区，仍有一定的差距，存在诸如行业布局不够均匀，集中于成都、绵阳等发达城市，管理人才短缺等问题，需要四川省物业管理行业继续发挥潜力，实现行业转型升级。

二、四川省物业管理行业发展环境分析

（一）宏观政策法规持续完善，频频释放红利

1. 地方政策持续完善，全方位助力行业稳定发展

伴随着国家法律法规不断完善的节奏，四川省也相继出台了各种行业法规。2012 年 3 月四川省第十一届人大常委会通过了《四川省物业管理

条例》，并于 2012 年 7 月 1 日正式施行。此后，四川省住房城乡建设厅制定了《前期物业服务合同》《房屋使用说明书》《临时管理规约》《四川省物业承接查验办法》《四川省住宅专项维修资金管理细则》《物业服务企业信用信息管理办法》《关于应急情况下使用住宅专项维修资金有关问题的通知》《四川省物业管理专家管理暂行办法》《四川省住宅物业管理规程》《四川省业主大会和业主委员会指导规则》等多个配套政策、操作规范和示范文本，进一步细化落实《四川省物业管理条例》确立的各项制度，维护物业管理各方的合法权益，确保全省物业管理工作持续健康发展。

四川省各地市州结合地方实际，纷纷制定适于本地物业管理的政策法规。如成都市有成都市人大常委会颁布的《成都市物业管理条例》、成都市人民政府关于贯彻实施《成都市物业管理条例》的通知、成都市人民政府施行《成都市业主大会活动规则》、成都市发展改革委和房管局《关于规范我市物业服务收费管理的通知》；攀枝花市施行的《攀枝花市物业管理办法》、泸州市施行的《泸州市物业管理办法》、南充市施行的《南充市物业管理实施细则》。当前，从中央到地方多层次的物业管理政策法规制度已基本形成。

截至目前，四川省已形成从中央到地方基本完备的物业服务管理政策法规体系，为规范蓬勃发展的四川省物业管理市场，支撑四川省物业管理行业健康稳定成长奠定了坚实的基础。

2. 落实信用信息管理办法，加速行业环境健康发展

在物业服务企业资质取消的背景下，为规范四川省物业管理市场秩序，加强对物业服务企业及执（从）业人员的监督管理，保障物业管理活动依法正常进行，四川省坚定落实《四川省物业服务企业信用信息管理办法》，完善黑名单制度，严格管理行业，减少物业服务乱象，加速行业环境的健康发展。

（二）市场前景广阔，整体良性竞争

1. 区域城镇化发展、存量支持、增量提振共促行业高速发展

整体来看，物业管理需求的增量空间来自两方面，一方面是商品房面积的增加而带来的物业需求增加，这种方式直接增加物业管理面积、扩大物业管理规模；另一方面是随着人们对物业管理的要求上升，物业管理行业的发展成熟，物业管理服务的单价上升，物业管理规模扩大。

从四川省来看，虽然近来全省城镇化率提升很快，但整体偏低。主要原因是四川省是中国面积最大的省份之一，虽然有着城镇化率达 70% 以上的省会城市成都，但更多的是城镇化率只有大约 30% 的甘孜、阿坝等地，发展极不均衡。据统计，对比全国 58.52% 的城镇化率，四川省仅有 50.40%，仍有极大的提升空间。根据《四川省国民经济和社会发展第十三个五年规划纲要》规划，在“十三五”期间，四川省将有 550 万农村人口转变为城镇人口，全省城镇化率将达到 54%。假设人均住房面积为 40 平方米，则“十三五”期间，农村人口的转变将带来 2.2 亿平方米住房需求以及物业管理需求。

基于城镇化的进程发展，从长期来看，省内房产开发规模具有较大增长空间。截至 2016 年年底，四川省物业管理面积已超过 10 亿平方米，2017 年城镇人口 4217 万人。按这个数据计算，城镇人口人均居住面积仅为 23.7 平方米，而 2016 年年底全国的人均居住面积为 40.8 平方米，四川省人均居住面积仍有较大的增长空间。

从中期来看，省内房产规模仍存在增长机会。根据统计数据，2016 年全省新增 7050 万平方米竣工商品房，为物业管理需求带来了新的增量空间。此外，四川省竣工面积呈现较强的周期性，加之四川城镇化率低于全国约 10 个百分点，增量将会在下一个周期兑现。

就短期内而言，大量的购房需求将迅速转化为物业管理需求。2016 年 2 月至 2017 年 8 月，四川省房地产开发投资额一直处于增长态势，2017 年 9

月份有小幅下滑。考虑房地产开发产品的滞后性，一般房地产开发投资在一年半以后才会转化为商品房，因此，在 2017 年及 2018 年将会有商品房现房的集中供应，由此引发新的物业管理需求的提升。

结合上述分析，可以看出全省在长期、中长期及短期内均存在商品房增量空间，故四川省的物业管理面积仍有较大的增量空间。

2. 经济实力不断提升，消费升级助力行业成长

近几年，随着“一带一路”建设的持续推进，全国产业布局持续调整，大量产业由经济较为发达的东部沿海地区转移到中西部地区，带动了中西部地区的产业经济的发展并提升了就业水平。四川作为其中的佼佼者，逐渐脱颖而出。2017 年，四川省生产总值突破 3.3 万亿元。全年城镇居民可支配收入为 3.1 万元，相较于 2016 年增长 8.4%。四川省经济实力的壮大，人民收入的增长，带来居民消费水平的提升，2016 年四川省最终消费占 GDP 的比重达 47.2%。居民消费数量的上升，意味着四川省居民消费意愿及消费能力正不断提升，其对物业服务消费的支付意愿也逐步变强，有助于提升物业服务商单位面积收入水平。

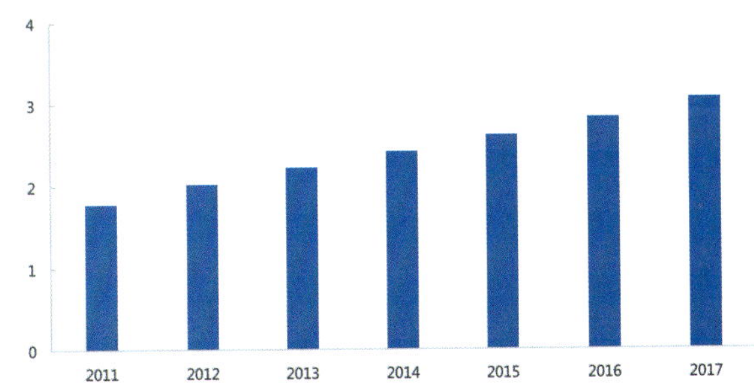

图 1 2011—2016 年四川省城镇居民人均可支配收入（单位：万元）

2017 年年底，四川省人均 GDP 为 4.47 万元，即 7090 美元。其中 2017 年省内城镇居民消费性支出为 30727 元，增长 8.4%，其中居住支出增长 4.0%，生活用品及服务支出增长 7.1%。经济的增长带动消费结构的升级，居住及服务层面消费的增加，为物业管理行业的未来发展提供了更多的成长空间。

3. 行业加速扩张，进入到规模整合阶段

2017 年，随着资本市场对物业管理行业的持续关注，以房地产企业的转型发展，物业管理行业加速扩张，并由野蛮生长阶段进入到规模整合阶段。一方面，物业管理商在扩张的过程中，企业内部竞争加剧，大鱼吃小鱼的案例不断上演，当前环境对于部分企业来说相当严峻。另一方面，四川省多数物业管理企业尚未走出四川。因此，外部巨大的物业管理市场是一个良好的发展机遇。

而在这个阶段里，“能力 + 资源”成为行业规模发展的主导优势，拥有能力和资源的企业将在物业管理行业迅速壮大。其中能力主要包括物业管理运营能力、企业创新能力（包括新产品的创新、新业务的创新和新运营模式的创新）等；而资源主要包括母公司的资源、自身资源和社会资源等。

（三）非公企业党建助力物业管理行业发展

中共中央、国务院《关于加强与完善社区治理的意见》下发后，四川省以物业管理为抓手，着手编制《中共四川省委四川省人民政府关于进一步加强和完善城乡社区治理的实施意见》，主动探索，进一步发挥物业管理在社区治理工作中的基础作用。

1. 探索非公党建引领机制

为增强社区党组织、居民委员会对业主委员会和物业服务机构的指导和监督，四川省还大力引导物业服务企业开展党建工作。2017 年 6 月，成都金房物业成立了党组织，公司成立了党委，下设 5 个党支部。资阳车城佳美物业公司企业管理中创新运用党建工作模式，积极组织开展“我是旗帜——党员先锋示范行动”等主题活动。

成都市试点建立党领导下的商品房小区“1+211”（党组织、业主大会 + 业主代表大会、业主委员会、业主监督委员会）自治管理新机制。以成都市双流区为例，分别在棠湖帝景小区和贵通 · 御苑枫景小区构建“社区党组织 + 小区党支部（党小组）”组织架构，全面推进“1+211”自治管理新机制。其中棠湖帝景小区自治管理组织由1名社区两委干部、1名片区民警及29名小区业主共计31人组成。1名社区“两委”干部和1名社区民警已在小区监督委员会中交叉任职，以加强和规范商品房小区自治管理活动。

2. 以街道社区党组织为领导核心，探索建立四位一体平台

在以街道社区党组织为领导核心，探索“1+N”社区共同治理机制的同时，四川省积极构建社区党组织、社区居民委员会、业主委员会和物业服务企业“四位一体”议事协调联动机制，调动社区居委会、业委会、物业管理、社会组织、志愿者和居民群众等多元主体参与社区治理积极性，形成“合作共治”的良好局面。

宜宾市莱茵社区的社区党支部通过“双向进入、交叉任职”方式，搭建“社区党支部 + 社区居委会 + 业主委员会 + 物业服务企业”服务平台。党支部书记为总负责人，物业服务企业负责人担任社区党支部第一书记，业主委员会成员分别进入社区“两委”，党支部统领社区居委会、业主委员会和物业服务企业，形成了以党支部为核心的“四位一体”运行服务体系。莱茵社区党支部按照“议事程序规范、操作实施规范、过程监管规范”原则，建立“业主委员会、居民（党）小组长、党员楼栋长”三级居民自治网络，协调解决解决小区矛盾和问题，组建“党工 + 社工 + 义工”“三工”志愿服务队，以义诊、送医上门、益智教育、文艺汇演、结对帮扶等形式，广泛开展“助学、助乐、助医、助餐、助洁”等行动，为病、残、独居老人和未成年人提供志愿服务，形成了良好的社区治理格局。

三、四川省物业管理行业发展情况

（一）服务管理升级，加速行业转型升级

1. 服务标准化程度提升，服务品质稳步提升

现代化的物业企业将充分利用科技化、信息化、人工智能等高新技术对传统密集型劳动输出模式进行转变，以建立针对不同业主需求的集约型现代物业服务模式。围绕着服务标准化提升，四川省物业服务企业近几年也在不断地提升和完善服务标准化运作流程，打造标准化的服务与产品，保证稳定统一的服务品质与特色，一方面对市场呈现出“高品质、齐特色”的整体品牌形象，一方面又能简化内部管理流程，降低非标化带来的管理难题，降低公司内部的管理成本，从而有效地实现服务品质的稳步提升。

2. 行业成熟度提升，加速基础服务精细化分工

随着物业管理行业专业化程度提高，服务分工越来越精细化，国内物业管理行业基础服务选择业务外包成了行业发展趋势。相对比全球五大行，基本是将物业管理服务外包给相关专业化领域的优质公司来做，外包业务几乎占到基础管理的全部，因此未来我国的物业管理服务竞争仅仅依靠不断压缩成本是无法取胜的，其必然朝着多元化业务、多元化产品方向发展，进而形成社区化服务的物业管理。而通过对上市物业企业的数据整理发现，外包业务占比超过 30% 的企业中，人工成本占比绝大部分低于50%，如绿城服务（48.2%）、彩生活（41.8%）；外包占比低于 10% 的企业中，人工成本占比大部分接近或超过 70%，如银城物业（73%）、智善生活（70%）。因此基于专业服务精细化分工的业务外包极大地降低了物业管理行业的人工成本，有助于整个物业管理行业的转型升级。

（二）做强区域布局全国，市场拓展模式丰富

1. 聚焦区域布局全国，管理规模高速增长

相较于全国各大物业企业，四川省物业管理行业仍处于成长期中，其规模相对较小，就其累计在管面积而言，与全国物业服务企业仍后较大差距。尽管四川省物业服务企业在管建筑面积较小，但其规模增速极高。

从在管面积来看，四川省物业管理公司项目管理面积大幅增长。其中新三板上市的嘉宝股份 2016 年新增委托项目 19 个，委托面积 353 万平方

米，收并购企业1家，并购面积251万平方米，累计管理面积达3006万平方米。

2. 市场拓展模式多元化，并购扩张初露锋芒

近几年，从全国范围来看，越来越多大型物业服务企业将业务扩张视为公司当前战略发展重心，或借势集团获多方位发展支持，或加速市场化进程，同时嫁接技术与资本，聚焦平台输出、扩大兼并收购、创新商业模式等，通过委托接管、并购重组、平台联盟、顾问服务等多形式、多渠道不断强化规模化扩张能力。

借助兄弟开发公司优势，促进规模增长。凭借专业能力，加大市场拓展力度，扩大管理半径。发力平台，构建联盟，通过输出技术和标准，加快扩张节奏。

综合来看，委托接管与行业内收并购逐渐成为行业龙头企业实现规模突围、提速发展的重要手段。平台联盟和顾问合作模式则作为以上合作形式的有益补充，起到加强行业内横向联系或促成并购工作的前置工作。

整体而言，四川省物业管理行业在收并购合作过程中仍处于起步阶段，但区域内的龙头企业通过前期的尝试，目前已经进入到收并购加速扩张阶段。以嘉宝股份为例，在2016年成对国嘉物业收购，开创了四川省物业管理行业收并购合作首例，其后又在2017年再次完成对杭州绿宇、上海真贤两家物业公司的收购，这也是总部在四川省的本土物业公司首次完成对沿海发达区域物业公司收购，是四川省本地物业企业走出区域、布局全国的重要尝试与标志性事件。

（三）经营结构良性调整，利润水平呈现上升趋势

1. 基础服务收入仍是营收主要来源，包干制占据主导地位

物业管理企业的收入可以划分为两个部分：基础服务及增值服务。从全国的数据来看，基础服务收入占总收入的比重的主导地位。以彩生活、中海物业、绿城服务三家上市的企业为例，基础业务收入占比均在60%以上。

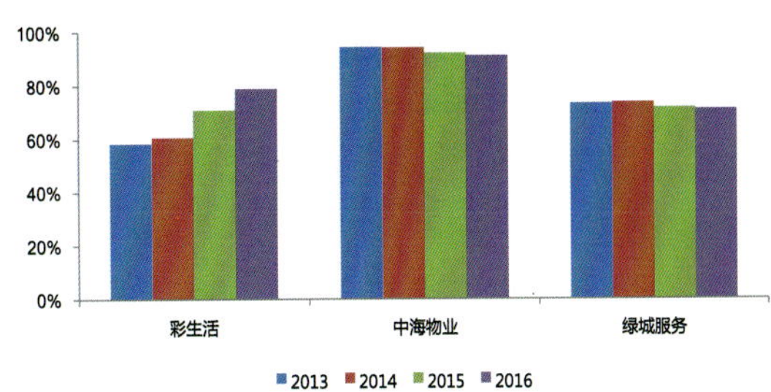

图2　2013—2016年典型港股企业基础服务收入占比情况

目前，四川省物业管理服务主要是通过基础物业服务来收取管理费，还停留在基本物业配套服务层面，大多数小区物业公司的职能是维护绿化、安保、公共区域和设备维护。虽然不少物业公司也开始逐步推出增值服务，如提供住房租赁、线上购物等服务，但服务内容和模式尚不完善，仍存在诸多可改善的空间。

再看四川省物业50强企业，2016年整体传统服务收入占总收入的75%，相比于三家港股上市企业较高，四川省物业管理企业的收入仍依赖于基础的物业管理服务。在收入多元化的提升上还有较大的空间。此外，2014年至2016年，基础服务收入占比有轻微上升趋势，主要是四川省物业企业的规模扩张，总体营业收入增加所致。

传统的物业管理通过包干制和酬金制两种方式收取物业服务费用。

表1　包干制和酬金制特点比较

模式	定义	特点	定价方式	优点
包干制	向社区服务商支付固定服务费用，企业自负盈亏的一种收费方式	自负盈亏	市场定价	1.年终结算时方便快捷，节省成本 2.可以激励企业提升经营效率，提升利润率
酬金制	预收的社区服务资金中按预定数额收取佣金，作为社区服务费用，其余预收款用于社区服务合同中约定的支出	多退少补，旱涝保收	成本定价	1.成本公示，财务透明，避免不必要的冲突 2.公司不会严控成本支出，从而影响服务质量 3.可以粉饰报表中的利润率

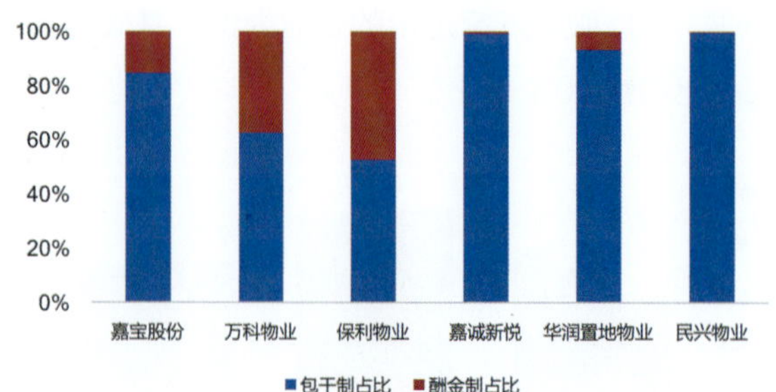

图 3　2016 年四川省典型物业企业收费方式占比

注：1. 选取四川省 6 家典型物业企业分析，以企业管理面积为基准，保利物业酬金制在管面积占比最高，其次是万科物业、嘉宝股份。

2. 从上述数据可以看出，包干制仍为当前四川省物业管理行业的主要收费方式。

2. 增值服务业务快速增长，成为企业盈利关键增长点

从国外数据来看，当物业管理发展到成熟阶段时，物业企业的核心业务将从基础物业管理向增值服务业务快速调整。以美国为例，主要分为物业资产管理服务（增值服务）和物业专业服务（基础服务）。物业专业服务主要包括保洁、维修和安保等基础服务，这部分业务多数外包给相应的专业公司打理；而物业资产管理服务主要包括物业顾问、资产管理、租赁业务和投资并购业务，这部分业务成为物业企业的核心竞争力与主要利润来源。

回顾国内，随着物业企业商业模式的升级优化和社区服务生态布局的逐步完善，品牌企业多种经营收入均值及净利润均值持续攀升。

结合四川省的数据来看，随着省内人均可支配收入的不断提升，在消费品质升级的大背景下，业主的需求逐渐多样，企业纷纷开始业务创新，围绕着客户需求与产业链逐渐开始切入社区金融、房屋经纪、社区商业、家政、养老等更多个性化和多元化的延伸服务中，实现增值服务业务的多元化拓展。

据相关数据分析，2014 年至 2016 年间，四川省物业 50 强企业不同收入类型占比较为稳定，房屋经纪服务收入占比最高，2016 年占 4 项收入的 58%；电商服务收入占比逐年升高，2014 年占比为 6%、2015 年占比为 7%，2016 年占比已升至 10%。

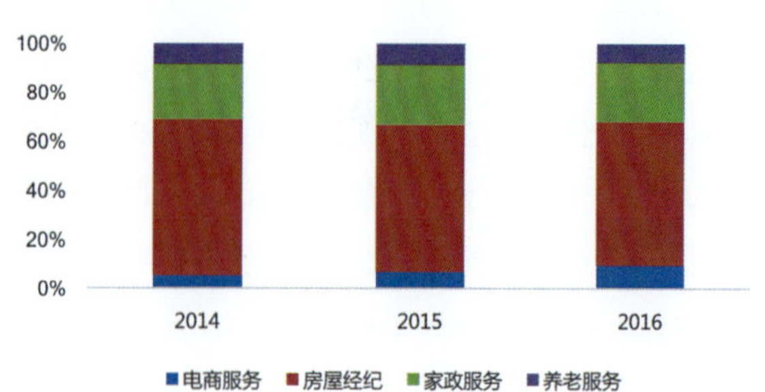

图 4　2014—2016 年收入类型占比

随着四川省物业企业的逐步发展与成熟，围绕着产业链与社区服务生态布局的逐步完善，增值服务业务业已成为企业盈利的关键增长点，未来必将持续释放更多盈利潜力。

3. 与新三板企业相比，省内企业盈利能力具有一定优势

以 48 家新三板挂牌的物业企业为样本，总体毛利润率水平在 20% ～ 25%，净利润水平在 2014 年至 2016 年一直持续上涨。净利润率的提高主要得益于人均管理效率的提高，物业管理平台和科技产品的应用大幅提升员工管理效率，减少了员工成本的开支。随着人工智能产品的研发与应用，物业管理企业的净利润率有望继续提升。

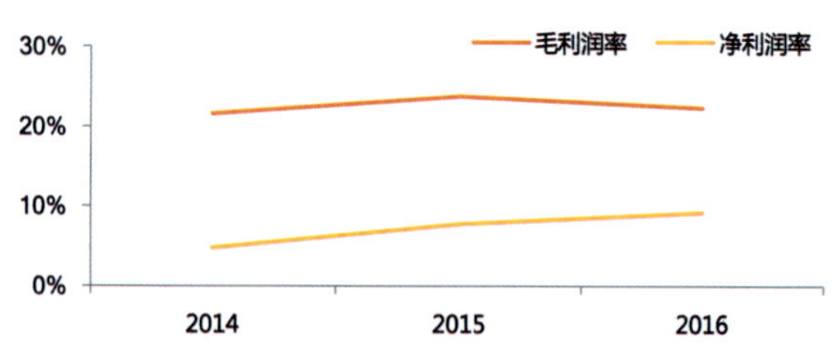

图 5　2014—2016 年 48 家企业利润（亿元）及利润率情况

注：由于企业披露数据有限，故而仅统计了 2016 年年底之前挂牌的 48 家企业（下同）。

再看四川省物业 50 强企业，毛利润率在 10% 以上的企业数量有 35 家，毛利润率在 20% 以上

的企业有 17 家，三个不同毛利润率区间的企业数量较为均匀，不同的企业盈利能力也有较大差别。2014 年至 2016 年间，四川省物业 50 强企业整体净利润率呈明显上升趋势，从 2014 年的 7% 上升至 2016 年的 10%，所以整体上分析，物业企业的盈利能力有明显上升趋势。

与挂牌的 48 家企业对比，2016 年四川省 50 强企业整体净利润率高出 48 家企业约 1 个百分点，由此看出，四川省物业企业还是有较强的盈利能力。

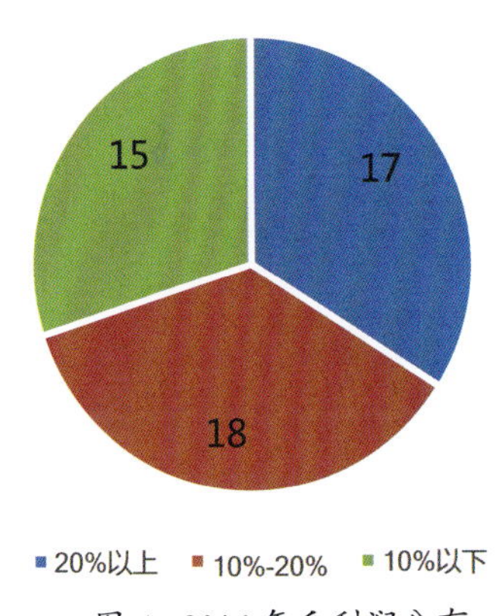

图 6　2016 年毛利润分布

（四）建设品牌优势，助力企业高质量发展

1. 品牌战略作为强大的软实力，助力企业发展

在企业生产经营活动中，品牌战略之中渗透着企业核心价值理念，也构成了对外形象输出的指导性原则。

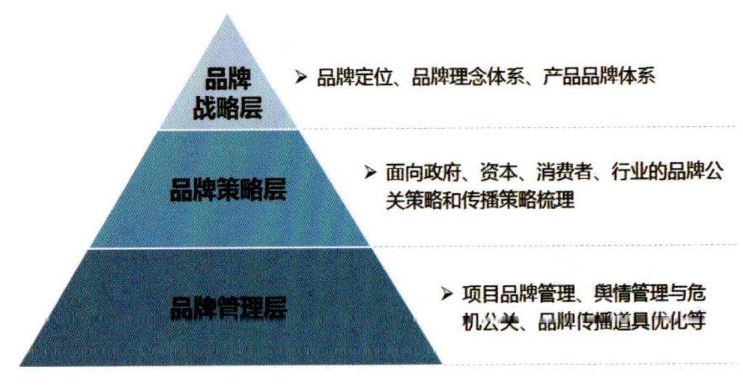

图 7　企业地产母公司归属情况

品牌对企业的影响主要体现在以下三点：

（1）品牌为企业潜力背书，降低融资成本。从品牌产生的结果来看，作为无形资产，品牌体现了企业的综合实力和专业能力。房地产企业作为资金密集型产业，企业扩张规模的重要一环就是拓宽融资渠道、获得资金，而企业凭借良好的业绩、财务结构等建立品牌后，相当于品牌为企业做背书，更易获得金融机构的支持。

（2）品牌为企业实力背书，推动企业合作。品牌房地产企业能够吸引合作方的关注，尤其是在目前土地资源稀缺的时候，资源方更乐意与品牌房地产企业进行合作，保证产品品质，提高产品溢价，分担市场风险。而且无论是业务联手还是战略合作，品牌房地产企业在合作关系中能够拥有更多的主动权。因为合作方就是看中品牌房地产企业的优势要素才与之合作，更愿意将主动权交于品牌房地产企业手中。

（3）品牌为产品品质背书，提高产品溢价。产品溢价是品牌价值的直接体现，是消费者愿意为产品支付的额外费用，也是企业业绩的提高、品牌提升的重要保障。2016 年，中海物业、绿城服务物业管理费单价分别为 1.7 元 / 月 / 平方米、2.1 元 / 月 / 平方米，高于全国及四川省的平均水平。除了其在管项目的定位较高外，也与其自身的良好品牌形象密不可分；此外，绿城服务市值超过 160 亿港元，约为中海物业的 2.5 倍，其股票价格约为中海物业的 2 倍，除了受企业自身盈利水平的影响，还受企业品牌影响。

2. 企业品牌管理较好，但金牌企业稀少，龙头企业仍待培育

与全国范围内较大规模的物业企业对比，四川省内多数物业公司背后没有具备强大资源的地产母公司，这就意味着，物业管理企业在获取项目、对外扩张的同时，企业自身品牌就变得十分关键。四川省 50 强物业企业中，背后有地产母公司的企业仅有 16 家，其余 34 家企业均为独立经营的物业公司，因此，四川省物业企业的品牌管理显得尤为重要。

针对不同群体的分类，物业企业的品牌输出主要针对三方：一是 G（Government）端，即政府端，

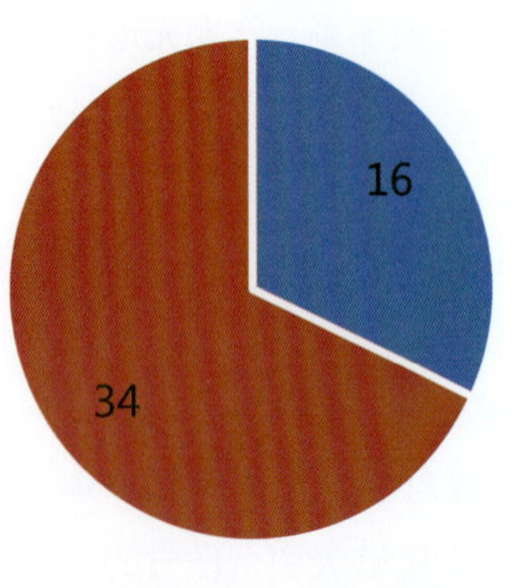

图 8　企业地产母公司归属情况

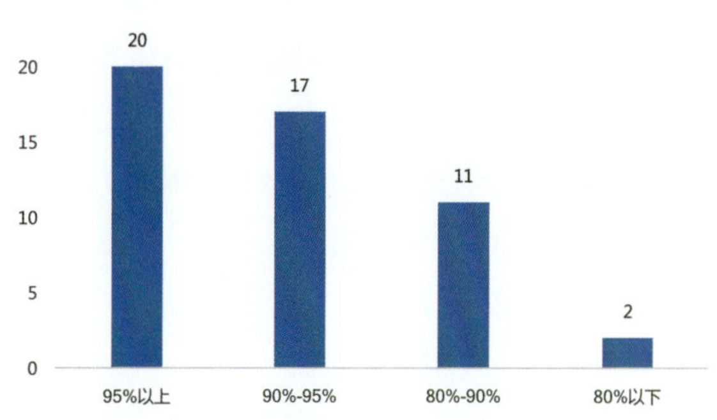

图 10　物业企业客户满意度分布

物业公司开展业务时，必然会涉及物业管理政策、经营批准等；二是 B（Business）端，即企业端，包括物业企业的采购方、第三方测评公司等，如电梯公司、安保公司、园林设计；三是 C（Consumer）端，即业主端，业主直接接受物业企业的服务，也直接考验着物业服务的质量。近年来，业主的维权意识与品质要求不断提升，因业主要求而被辞退的物业公司不在少数，因此，业主对企业品牌的评价也更加重要。

再来看影响企业品牌的因素，总体影响因素有多个，如企业的经营规模、盈利能力等。除了这些最基本的因素外，企业的“软文化”管理也愈发重要，如企业在客户间的口碑、对社会责任的承担等等。从 2017 四川省物业服务企业 50 强的数据分析，37 家企业的客户满意度均达到 90% 以上，企业具备较好的客户口碑。

图 9　物业企业的品牌输出对象

除了代表企业整体形象的企业品牌外，企业还有产品品牌。对于物业管理企业而言，一个管理规范、客户满意的项目就是其产品品牌的最好展现。虽然四川省内物业管理龙头企业具备较好的品牌管理能力，但是金牌企业较少，除了几个龙头物业企业外，多数企业尚未形成完善而系统的品牌管理体系。

（五）从业人员数量稳步提升，员工专业素质优化升级

物业管理行业高速发展，从业人员数量稳步提升。专业分工日趋完善，员工专业素质优化升级。在产业转型升级的新环境下，品牌企业进一步加强人才队伍建设，储备和积累更多具备信息化、智能化和管理能力的高素质人才，优化结构，为企业快速发展奠定坚实基础。

四川省物业企业近年来高度重视人才战略，通过举办技能竞赛、业务培训、对外合作等方式不断鼓励和提高员工技能，推动人才队伍的建设和培养，保障企业规模化和多元化发展的专业人才需求，进一步强化企业市场竞争力。如四川省房地产业协会物业管理专业委员会组织、嘉宝物业承办的第一届、第二届“四川省物业管理行业职业技能竞赛”，就通过对员工进行专业技能、安全防范、管理能力等方面培训，全方位促进员工能力的提升，发掘出了一大批优秀的专业人才，满足企业发展的人才需求。

（六）资产规模稳定提升，资本市场大有可为

1. 资产规模逐步扩大，企业资产运营效率提升

2014年至2016年间，四川省品牌物业企业50强总资产规模与总负债规模持续扩大。2016年，50强企业总资产规模累计达55.9亿元，同比增加7.2%，总负债规模累计达38.4亿元，同比下降2.6%，2016年实现总资产增加而总规模下降，企业财务压力逐步减小。

总资产的增加与企业整体经营规模的扩大息息相关，比如其应收物业费的增加，增值服务收入增加等。企业内部自身开发的物业管理科技系统也会增加其总资产。

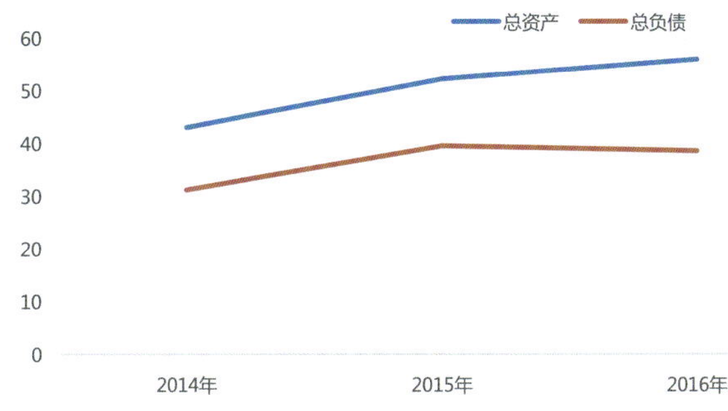

图11 2014—2016年总资产及总负债情况（单位：亿元）

2016年，50强企业资产周转率为1.38，高于2015年的1.25，企业资产周转率进一步提升，企业资产运营效率提升，对总资产的盘活进一步提升。总资产效率提升的原因主要来自两方面，一是物业企业管理能力逐步完善，人员效能增加；另一方面是受益于物业企业营业收入大幅上涨，拉高了企业的资产周转效率。

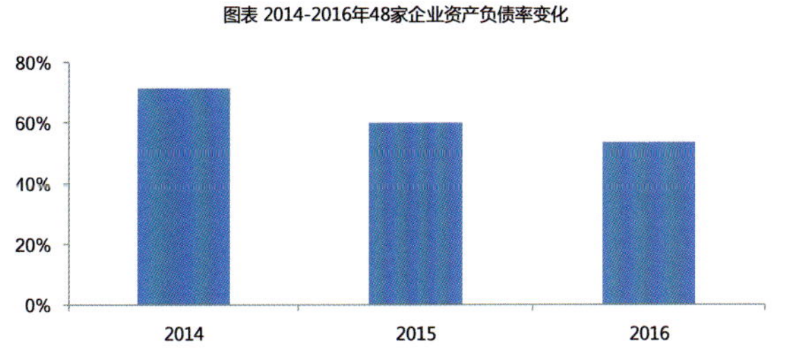

图12 2014—2016年48家企业资产负债率变化

2. 总资产负债率降低，企业具备较强资金实力

再看2017的负债情况，2014年至2016年间，四川省物业服务企业TOP50强整体资产负债率先升后降，2016年整体资产负债率为70%，比2015年下降了7个百分点，企业负债压力进一步减小。究其下降原因，2016年营业收入的增加及净利润率的增加使得物业企业有更多的资金偿还贷款，因此，企业负债减少。

相较于挂牌的48家物业公司，四川省50强企业的资产负债率较高，由于挂牌企业走入资本视野，企业在进行借贷、融资时较为便利，促使企业资金周转加快，负债压力较小，可见，登陆资本市场对物业公司有较大的资金便利。

3. 资本市场青睐有加，企业上市空间较为广阔

物业管理作为房地产行业的一个分支，物业管理行业与房地产开发企业相比，其资产规模、营业收入等体量较小，近年来，随着管理市场容量的扩大，多数企业也逐步登陆资本市场，出现在公众视野之中。

截至2017年11月底，共计有新三板挂牌物业企业58家，从地域分布来看，华北地区数量最多，为17家，其次为华东与华南区域，数量均为14家，西南区域数量为9家。与华北、华东及华南相比，西南地区挂牌物业公司较少，其中，四川省占到3家。

以四川省两家挂牌的物业公司嘉宝股份（834962）及信谊股份（872176）为例，两家企业分别在2016年1月、2017年9月挂牌上市，可见四川省物业公司登陆资本市场也是近两年内开始。从两家企业的营业收入来看，营业收入在2016年均出现较高增长，同时，仅有嘉宝股份营业收入过亿元，达到6.8亿元，成为四川省的龙头物业管理企业。从企业盈利来看，2016年两家企业净利润率在5.3%至14.8%之间，嘉宝股份净利润率自2014年起就逐步上涨，2016年达14.8%。

成都市物业管理行业发展报告

成都市物业管理协会

物业管理是城乡社区治理的重要内容。提升城乡社区物业管理水平事关党和国家大政方针贯彻落实，事关居民群众切实利益，更是关系到回应和满足人民群众对美好生活的新期待新需求。近年来，成都深入学习贯彻中央、省、市关于城乡社区发展治理的新理念新思想和新战略，打破思维惯性，突出问题导向，创新开展八个主题年活动，并在此基础上创新提出五大举措，推动治理路径从条块分治向系统治理转变，逐步探索出一条体现新发展理念、符合特大城市治理规律、适应国家中心城市和美丽宜居公园城市建设需要的物业服务管理发展体系。

一、成都市物业管理行业发展概况

截至目前，成都市实施物业管理的项目共计6951个，物业管理总面积52539万平方米；实施物业管理的住宅小区5786个（36293万平方米）。成都市物业管理行业为940余万人，为236万个家庭提供了专业化物业服务，物业服务覆盖了全市81.6%的城市常住人口。全市物业服务企业2557家，其中年产值上亿元的25家；行业年总产值近360亿元；物业服务从业人员18.8万人。

二、成都市物业管理行业发展重点

（一）每年确定一个主题，解决一项群众关心的热点问题

2011年以来，成都持续开展物业管理主题年活动。这些主题既突出了问题导向，也集中体现了人民群众关心的热点问题。2011年以“公开年”为主题，在全市物业管理区域设立“管务公开栏”和“管务信息查询台”，重点解决物业管理信息不对称、收费不公开、价质不相符等问题；2012年以“规范年”为主题，重点开展市场秩序、服务行为、收费行为、业主大会、公共标识五个方面的规范工作；2013年以“品牌年”为主题，培养和扶持一批骨干企业在转型升级方面先试先行；2014年以“业主年”为主题，在全市广泛深入开展业主开放日、业主体验日、业主大讲堂等群众参与性活动，提高业主依法有序参与物业管理的热情和积极性；2015年以“安全年”为主题，以安全大排查、应急演练、安全年汇报演练等活动为载体，建立健全安全管理制度，大力提高安全生产意识，全面加强安全监督措施；2016年以“创新年”为主题，着力推进基层物业管理机制创新和物业服务企业发展模式创新。

（二）主动回应和满足人民群众对美好生活的新期待新需求

近两年，按照新时代城乡社区治理新理念新要求，成都顺应人民群众对美好生活的期盼，以“我爱成都 美丽家园”为主题引领，分别开展了“幸福年”和“品质年”活动。2017 年的“幸福年”活动，更加强调激发群众的主人翁意识，更加注重发挥业主主体作用，变“要我做”为“一起做”，在全市推出 50 位“蓉城好业主”和 50 个“蓉城好家园”，并广泛开展“争当蓉城好业主，争创蓉城好家园”系列活动，不断激发市民群众“热爱成都”的情怀，培育形成共同价值观，提升群众的认同感、获得感和幸福感。2018 年的“品质年”，更加主动回应和满足人民群众对美好生活的新期待新需求，通过开展“宜居环境品质”提升行动、“物业服务品质”提升行动、“产业发展品质”提升行动，着力解决物业服务不平衡不充分发展的核心问题，提高物业基础服务保障能力和优质服务均衡化水平。

三、成都市物业管理行业发展经验

守正，就要有“主心骨”。笃实，就要是出实招、务实效。2018 年 4 月，按照成都市委市政府对成都市城乡社区发展治理的重要部署，成都市委组织部、市委社治委、市民政局、市房管局联合颁发《关于全面提升物业服务管理水平建设高品质和谐宜居生活社区的实施意见》（以下简称《实施意见》），提出了实施“党建引领共治、美好家园共建、品质提升共享、创新发展共进、失信惩戒共鉴”五项举措，全面提升物业服务管理水平。既强调了“党建引领”的“主心骨”作用，同时也在形成多元参与、共建共享社区物业服务管理工作长效机制方面出实招、务实效。

（一）牢牢把握“党建引领”这一“主心骨”

十九大报告指出“党政军民学，东西南北中，党是领导一切的”。以党建为引领，通过切实发挥基层党组织领导核心作用，加强和完善城乡社区治理尤其是社区物业服务管理，既合乎其时又合乎其要。根据新形势新需要，《实施意见》提出从 4 个方面加强和完善党对物业管理行业的领导。一是建立健全党组织领导下的物业服务管理体制机制；二是强化社区党组织对居委会和业主委员会的领导；三是推动有条件的物业管理区域党建联建，鼓励党组织活动开放共享；四是加强物业管理协会和物业服务机构党组织建设。

在具体实践中，成都市围绕“党建引领共治”探索形成了以“组织联建、事务联议、阵地联用，机构共存、工作共管、资源共享”为主要内容的“三联三共”机制：一是突出基层党组织的领导，通过在社区党总支下设党支部或在社区党支部下设党小组的方式，推动符合条件的物业管理区域建立党的组织，充分吸纳物业服务企业、业主委员会以及业主中的流动党员；二是在物业管理区域设立“民意快递中心”，建立“社情民意”微信群等互联网交流平台，成立联合应急处置小组；三是鼓励有条件的物业管理区域设立党员活动中心、党建活动室、党员服务站，鼓励业主委员会议事活动用房向业主志愿服务组织、业主文体活动组织开放共享。

（二）夯实基层治理基础，补齐物业管理短板

为贯彻落实中央国务院《关于加强和完善城乡社区治理的意见》提出的“探索在社区居民委员会下设环境和物业管理委员会”要求，《实施意见》在成都青羊区率先试点设立环境和物业管理委员会的基础上，提出了“到 2020 年年底，全市城乡社区环境和物业管理委员会设立率达到 100%”的目标，并对环境和物业管理委员会的组织、职能和运行进行了明确：一是在人员组成上，提出可以由社区居民委员会主任兼任主任，居委会委员、社区居民代表、社区议事会成员、党员骨干和社贤代表作为成员；二是在工作机制上，推动建设和落实矛盾纠纷多元化调解制度、矛盾纠纷台账及销账制度、物业管理区域日常巡查通

报制度；三是在工作职能上，将全面建立环境和物业管理委员会责任清单，重点强化对业主大会和业主委员会的指导、对物业服务行为的监督管理以及对物业管理矛盾纠纷的调解。

在业主大会建设和业主委员会工作监督方面，成都市创新实践并在全市逐步推行“四步工作法”。一是广泛“找”，甄选“贤能人”。由社区居委会或环境和物业管理委员会牵头，通过“社区访、组织推、团队荐、活动引”等方式，从社区党员群众和业主中甄选一批“社区贤能”，并建立“社区贤能名录”。二是组织“带”，打造“主心骨”。充分发挥基层党组织的核心领导作用，通过跟班学习、导师带领、任务训练等方式，让“社区贤能”参与社区治理事务，熟悉社区情况、掌握社区工作的方式方法。三是精心“培”，增强“向心力”。搭建平台，引导“社区贤能”积极参与社区公共事务和物业管理工作，推选“社区贤能”进入社区“网格员”队伍，鼓励符合条件的“社区贤能”参选社区居民委员会成员、环境和物业管理委员会委员。四是严格“选”，把好“入门关”。鼓励党员业主、符合条件的“社区贤能”参与业主大会筹备、参选业主委员会委员，实施候选人培训考核制度，推行公开竞选制度，探索建立业主委员会委员民主评议制度。

（三）完善综合治理体系，实施失信惩戒共鉴

一是强化物业服务行为事中事后监管。推动物业服务管理业务下沉，先后推动社区建立和落实物业管理矛盾纠纷台账及销账制度、物业管理区域日常巡查通报制度。2017 年，成都市在物业管理行业率先实施“双随机、一公开”检查制度，并形成了每年两次“物业管理大检查”工作机制，曝光一批服务不规范的物业服务项目，惩戒一批责任落实不到位的物业服务机构。

二是建立健全物业服务标准体系，先后出台了《住宅物业服务等级划分》《写字楼物业服务等级划分》《成都市产业园区物业服务等级划分》等 5 部四川省（区域性）地方标准以及物业服务力量配备指导标准、星级住宅区创建标准等 8 个行业标准。

三是完善信用监管体系，加大失信行为惩戒。近年来，成都市深入落实《成都市房地产行业信用信息管理办法》，建立了“4+1”信用发布机制，做到信用评分一季一通报、一年一评比，并强化了信用情况在行业监管和市场竞争环节的应用。下一步，按照《实施意见》要求，成都市将进一步落实业主委员会信用信息管理制度，到 2020 年业主委员会委员信用档案建立率达到 100%，同时建立物业服务机构、从业人员“黑名单”制度，完善部门联合惩戒机制。

习近平总书记说：我们的人民热爱生活，期盼有更舒适的居住条件、更优美的环境，人民对美好生活的向往，就是我们的奋斗目标。站在“两个一百年”奋斗目标的历史交汇期和中国特色社会主义新时代，物业管理行业应当不忘初心，牢记使命，深入贯彻以人民为中心的发展思想，永远把人民对美好生活的向往作为物业管理的发展方向和奋斗目标，久久为功，守正笃实。

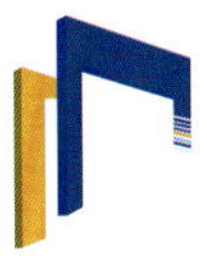

云南省物业管理行业发展报告

云南省房地产业协会物业管理分会

一、云南省物业管理行业发展概况

云南省现有物业服务总面积 37640.66 万平方米，其中住宅类物业服务面积 31649.99 万平方米，非住宅物业服务面积 6252.22 万平方米，住宅类物业服务面积占总物业服务面积的 84%。

2017 年年底云南省物业服务企业 2696 家，物业管理项目共计 6109 个，其中住宅物业项目共计 4919 个，非住宅物业项目 1190 个。

云南省物业管理范围主要集中在住宅物业、办公物业、产业园区物业、学校物业、医院物业、商业物业、公众物业等领域。

2017 年行业主营业务总收入 23.25 亿元，占云南省 GDP 总量的 0.14%，本年度企业利润占主营业务收入的 6.37%，总利润为 1.48 亿元。

云南省物业管理行业从业人员约 34.6 万人。

二、云南省物业管理行业特色工作经验与成果

（一）尝试多方位创新发展，推广新技术，探索新模式，提高物业管理行业服务水平，加强企业竞争活力

新技术的推广。为提升物业服务水平，推广使用先进设备和智慧社区 APP 等，如昆明中海物业管理有限公司在中海锦苑等小区引入手机门禁系统，提高门禁服务的安全性和便捷性，同时提高了业主对于物业服务的参与感与认同感。云南省 80% 的物业服务企业已将项目停车升级为方便快捷的车牌识别系统。俊发物业等多家物业服务企业探索开展与腾讯、宝库等互联网企业合作，打造互联网 O2O 智慧社区和安全人文社区服务，将物业项目内的设备整合起来，实现数字化和信息化，让管理更加高效，业主更加放心。在昆明市推广使用的快递存放柜既能够方便物流运输，又能够方便业主取件，受到广大用户的欢迎，同时减少了包裹丢失而与物业产生纠纷的风险。

探索服务模式创新。现代物业已经不能局限于传统服务，而要更加注重向精细化、情感型服务转型。这种升级，也是现代化服务企业的转型升级。云南多家物业服务企业通过组织社区邻里活动，业主参与积极性很高，不仅提升了业主邻里间的融洽度，增进了情感交流，物业服务也在业主中得到了广泛好评。如万科物业除了在全国推行标准化运作的日常服务外，还开展“邻里节”等社区活动，提高业主的居住品质。昆明市对开放社区的探索获得了物业服务企业的积极响应，运用智慧社区的硬件设施及物业服务企业实现对于人员配置和服务模式的创新。为配合安宁市党政机关分时段对外停车的新举措，安宁市的物业管理公司采取了新的值班、门禁措施，妥善管理停车人员，避免不文明停车、不安全停车、不规范停车的行为，获得市民积极点赞。

鼓励良性竞争，提升行业活力与企业竞争力，规范物业服务行为。云南省红河州在全州范围内组

织示范住宅小区评比。临沧市以“平安小区”为载体，着力打造一批“治安形势良好、车辆停放有序、卫生环境整洁、服务品质优良”的平安小区，2017年达到“平安小区”创建标准的小区有69个，县级平安小区创建达标率67%。云南建投物业管理有限公司下属餐饮公司建投发展大厦职工食堂项目荣获云南省总工会授予的“2018年云南省五一巾帼标兵岗”称号，成为大力弘扬劳模精神和工匠精神的榜样，宣传展示女职工时代风采和卓越贡献的窗口，持续激励全省广大女职工立足岗位、建功立业，在平凡的工作岗位上争创一流业绩。

（二）加强人员培训，提升从业人员服务意识和服务能力，促进物业管理行业向更加专业化、规范化的方向发展

人员培训方面。为提升从业人员素质和物业服务水平，在全省范围内积极开展法律知识、消防技能等各项相关培训活动。云南消防总队联合云南省住建厅分三期对全省物业消防管理人员进行了消防安全培训，以发动物业管理力量深入推进高层建筑、电气火灾消防综合治理和消防安全社区创建，强化消防措施，确保火灾形势稳定，共计2.49万人参加了培训。昆明市、丽江市、红河州等举办“物业服务企业从业人员法律法规知识培训”公益讲座活动，以帮助物业服务企业解决当前所遇到的法律难题，提升从业人员的法律知识水平。

促进企业交流，提升服务品质，树立行业标杆。2017年举行了云南首届物业管理服务技能竞赛，各州、市物业服务企业积极参与，最终52家企业共计191人进入决赛。通过技能竞赛促进了行业内物业公司间的交流，在行业中掀起强技能、拼服务的浪潮。同年年底，云南省物业管理行业协会联合各方发起“云南省物业管理优秀集体和先进个人暨云南物业好人评选”活动，通过宣传为物业管理企业及从业人员提供管理及服务品质标准，树立优秀企业及个人标杆，使物业管理产业更加优化。云南建投第一物业服务有限公司原董事长张仪姬，主持制定了《物业管理示范项目评优标准作业手册》中细致而严格的标准，带领着她的团队将云南建投第一物业服务有限公司打造成云南省物业管理行业标杆，于2015年获“全国劳动模范”荣誉称号，于2016年被评为“最美云岭国企人”先进个人，于2017年被评为第六届云南省敬业奉献模范，为云南省物业管理行业树立了参照学习的标准与榜样。

（三）企业积极寻求战略合作，初步尝试市场外拓，整合优势资源，进军中高端物业服务市场

近年来，云南本土物业服务企业积极拓宽视野，扩大合作范围，强化资源整合，寻求强强联合，以提升核心竞争力为目标，组建资源共享、风险分担、优势互补的战略合作关系。如云南巨和物业与万科物业签订战略合作协议，将万科物业的技术、理念充分融入巨和物业在云南本地的管理经验之中，双方在合作中发挥彼此优势，在管理、运营和技术升级方面实现无缝共享，不断突破创新，为业主带来更高效、更美好、更优质的服务体验。

物业服务企业积极探索实践“走出去”发展道路，拓展省外市场空间，填补省内市场空白。实力物业积极筹备新三板上市，拟通过资本助力，拓宽融资渠道、提升内部治理水平，进而支撑“加大对省外城市的开拓力度”的布局调整，迎战新一轮行业争斗赛。云南保利物业与外接地产项目金湖盛景达成合作协议，将正式接管位于安宁的物业管理项目，是该企业自2008年成立以来首次外接地产项目。云南俊发物业与云南奥斯迪百爵房地产公司签署协议，将正式接管万宏国际项目物业，是俊发物业首次品牌外拓接盘。

三、云南省物业管理行业发展方向

（一）推进转型升级，寻求创新发展新路径

物业管理行业想要快速健康发展，物业服务企业想要在市场化竞争中取得优势，必须不断提升服

务水平和服务质量，做好转型加升级，追求粗放式管理向精细化服务转变，推广运用新兴技术，整合优势资源，发挥平台优势，发掘市场潜力，拓展多元化经营新模式。

鼓励企业对内提升技术与管理，对外发掘市场潜力，拓展多元化服务。物业服务企业利用物联网、大数据、人工智能等高新技术将简单密集型劳动输出转变为针对不同业主需求的集约型现代物业服务模式，提升服务效率和服务质量，实现服务标准化、技术现代化、业务多元化、人才专业化。此外，积极做好物业服务的平台属性建设，抓紧社区入口，把持续的服务和价值做到最大化，将物业服务延伸到更多领域，如快递包裹存放机、空调清洗、金融服务、家政服务、社区养老、二次装修等更多增值社区服务，促进物业服务模式从传统单一向新型化、多元化、电子商务一体化的综合模式发展。

（二）发挥纽带作用，促进市场规范化、标准化发展

协会要更好地发挥桥梁纽带作用，在学习先进工作经验和过去工作的基础上，创造性地开展工作，努力把协会办成“企业之家、政府助手”，充分发挥自身优势，借力国家政策机遇，推动云南省物业管理行业健康发展。

在协助政府方面，以最新发布的《物业管理条例》作为云南省物业管理行业转型创新、规范发展的一个良好契机，积极推进物业管理纳入社区治理体系，督促指导业主大会和业主委员会，建立健全物业管理联席会议制度，贯彻落实住房城乡建设部《物业承接查验办法》。同时继续大力配合政府相关工作，如在 2017 年创建全国文明城市期间，各地物协全力配合政府工作，物协和企业承担了“创文”期间 60% 的工作，从拟定“创文”倡议书、签订“创文”军令状，到组建专家组实地巡检项目、督促整改问题，在政府领导及全省物业人的不懈努力下，云南省腾冲市、安宁市最终上榜，成为云南省首次获评“全国文明城市”的县级市，实现了云南省物业服务水平的一次跨越式的提升；建立健全物业服务标准和服务规范，加强物业管理行业事中事后监督；加快推进物业管理行业信用体系建设，构建以信用为核心的物业服务市场监管体制，完善物业服务市场秩序，提倡“诚信激励，失信惩戒”，严格把控招投标程序的公正诚信，努力提升行业社会形象和满意度。如 2016 年依据《中华人民共和国招投标法》和《昆明市公共资源交易当事人不良行为管理办法（试行）》惩戒了两名不按规定标准评标，影响中标结果的评标专家，在社会各界获得广泛认可和业内一致好评。

在服务企业方面，协会充分发挥信息平台作用，为企业在行业政策、经营战略、市场营销、人才选聘、相关产业链供应商等方面提供信息服务。树立先进企业和优秀示范项目榜样，积极运用宣传载体的力量，构建企业交流学习的平台，推广业内成功实践经验，弘扬业内正能量。

（三）加强职业培训体系建设，提升从业人员素质

加强职业技能培训力度，提高从业人员技能水平，为从业人员提供清晰的上升通道，积极联合相关行业和企业、院校，做好各类从业人员岗位等级资格培训，努力为更多从业人员提高职业技能水平和就业能力创造条件。此外积极做好宣传工作，提高从业人员的职业认同感、自豪感和归属感，吸引更多有识之士投身物业管理行业，培养和发掘行业领军人才，缓解物业服务企业招工难用工难的矛盾。也让更多的人了解物业、信任物业，构建起物业和业主相互理解、相互支持、共同发展的和谐社会新风尚。

陕西省物业管理行业发展报告

陕西省物业管理协会

一、陕西省物业管理行业发展概况

经过 25 年的探索和实践，物业管理对陕西省社会经济活动的重大推动作用日益显现，在提高城市管理水平、提高人民群众生活和工作质量、维护社区和谐，以及促进就业等方面发挥出越来越重要的作用，截至 2017 年年底，陕西省共有物业服务企业 3936 家，从业人员 25 万人，管理面积 68920 万平方米，其中，住宅管理面积 47900 万平方米，成立业主大会 2196 个。

二、陕西省物业管理行业发展特点

随着物业管理行业不断发展和完善，陕西省物业管理相关法律法规也逐渐健全，服务水平不断提高，服务规模不断扩大，项目数量和从业人员数量呈现持续增长的趋势，但陕西省物业管理行业存在行业发展不均衡，各城市间、各企业间发展差距较大，社会认可度不高，综合型人才紧缺等问题。具体发展特点如下：

（一）物业管理行业整体发展状况

陕西省物业管理行业整体发展不平衡，一是企业发展不均衡，整体规模小。中小微型企业数量庞大，占比达到 86% 以上，并与大型企业在经营能力、物业服务质量等方面表现出了较大的差距。二是各城市之间发展不平衡，陕西省物业管理大型企业主要集中于西安市，经营能力整体结果明显高于其他各城市物业服务企业。

（二）在管物业项目的主要类型

陕西省物业管理项目类型呈现多样化、多元化的特点，涵盖不动产的所有领域，在管项目以住宅为主，另外还包括办公楼、商业物业、工业园区、学校、市政基础设施维护等非住宅物业及其他物业项目类型。

（三）物业管理行业从业人员特点

从整体分析来看，陕西省物业管理从业人员薪酬水平较低、人员流动较大、流失率较高、素质参差不齐。调研显示，从业人员总体学历普遍偏低，主要以中专、高中以下学历为主，占比超过 70%。另外，物业服务从业人员普遍存在技术力量薄弱，缺乏知法律、懂技术、善管理的综合型人才。

（四）物业服务收费情况

陕西省保障性住房、房改房、老旧住宅小区物业服务收费和普通住宅小区前期物业服务收费（包括机动车停放服务费）实行政府指导价。目前，各城市物业服务收费按服务等级实行差别化收费，住宅小区物业服务费最高 1.5 元 / 平方米、最低 0.3 元 / 平方米；机动车停放服务费室内最高 150 元 / 月，室外最低 50 元 / 月。物业费处于全国中等偏低水平，机动车停放服务费处于中等偏高水平。

（五）制度建设

《陕西省物业管理条例》（以下简称《条例》）于2000年通过实施，2004年和2008年分别进行了修正，并较早地出台了涉及业委会、物业服务企业、基层社区以及服务、收费等市场管理方面的法律法规、办法意见、示范文本等14部物业管理制度，相关的法律体系较为健全，但现行的《条例》和相关制度与经济社会发展不相适应，主要存在诸如：业主委员会成立条件和程序较复杂，难以有效施行，未能明确各方权责，对出现纠纷和违法违规现象难以进行有效制约等问题，特别是国务院将物业管理师资格和物业服务企业资质取消后，还有待进一步完善。

三、陕西省物业管理协会发展概况

陕西省物业管理协会成立于2002年，并于2017年7月完成第二届陕西省物业管理协会换届选举工作，截至2018年6月底，发展了245家陕西省物业管理协会第二届会员单位，其中物业服务企业210家，物业管理行业法律、咨询相关企业（非物业服务企业）35家。自换届以来，陕西省物业管理协会开展了以下重点工作：

宣传贯彻物业管理方面的政策。举办“三供一业”座谈会，参会的31家单位共同探讨了物业移交接管方面的政策法规、移交环节、签订协议等方面内容。

规范服务标准，树立服务品质标杆。启动“物业管理示范项目”的创建工作，申报项目共135个，2018年1月初完成《陕西省物业管理示范项目服务规范（试行）》文件；2018年6月成立专家委员会，并于当月公布第一批专家委员会委员。

开展行业调查和专题研究。2017年11月17日陕西省物协与西安交通大学管理学院、西安交大思源物业管理有限责任公司共同成立了交大管理学院思源现代物业研究所，积极开展课题研究，及时向政府反映企业的诉求，为推动行业的健康发展建言献策。

参与行业法规、政策、标准和规划的调研、起草、修改及其他工作。参与起草了《陕西省物业管理条例（草稿）》，配合省住建厅重新修订《物业服务合同（示范文本）》《管理规约（示范文本）》《业主大会议事规则（示范文本）》《住房专项维修资金管理实施细则》《新建住宅物业保修金管理办法》《陕西省住宅小区物业服务指导标准》《陕西省物业管理区域首次业主大会规则》等涉及物业管理的7个规范性文件。

建立和完善行业自律机制。2018年第二届第二次理事会成立自律委员会并向各会员单位颁布《会员诚信自律公约》。

组织培训，提高服务水平；举办职业技能竞赛，强化职业技能。2018年4月组织开展了物业管理示范项目服务规范及考评制度培训，参会人员共290人；2018年6月2—3日举办陕西省第二届物业管理行业职业技能竞赛，参赛队伍来自全省11个城市赛区，最终由逾千名参赛选手中脱颖而出的233名选手参加决赛。

开展物业服务企业党建工作情况调研。2018年6月26日召开物业服务企业党建工作座谈会，探讨物业服务企业党建工作新思路，并对副会长、副秘书长单位开展党建工作情况调研。

四、促进陕西省物业管理行业发展的相关建议

（一）政府方面

1.健全法规、示范性文本，严格政策监管

一是面对新形势物业管理工作的热点难点问题，征询行业专家建议，通过建立健全相关法规，实现制度完善与创新，强化政府行政监管。二是结合服务标准与价格调整政策，制定合理的收费标准，加快调整物业管理收费定价、调价机制，加大扶持

政策，减轻物业服务企业经营负担，减少物业服务企业与业主因收费引起的纠纷。三是加快制定物业服务企业标准规范文本，规范物业服务企业行为。四是为保障业主合法权益，规定物业服务企业建立并公开物业小区公共收入账目。五是取消资质审核之后，要加强事后监管，依法惩罚违法违规企业，制定“黑名单”制度，加大违法成本，促进行业健康发展。

2. 加强领导和组织，落实责任监管

一是建立健全党政领导政绩考核体系，完善监督管理工作问责制度。二是加强工作机构建设，设立物业管理组织机构，明确责任分工和管理边界。三是细化责任落实，强化基层物业监管力量。四是建立社区、业委会、物业服务企业三方共治机制，加强社区党组织指导、监督职能。

3. 构建物业管理信用信息平台，推动信息化监管

一是完善共有物权登记和信息公开制度，推进社会诚信系统建设，提高物业费收缴率。二是完善物业服务投诉受理制度，将有效投诉计入物业服务企业信用档案，加快实现信用信息平台互联互通，降低企业违规行为。三是建立住宅小区业主电子数据投票信息管理制度，提高决策效率和决策结果的公信力。

4. 鼓励物业管理协会强化自律组织监管

一是在政府指导监督下，物业管理协会通过制定行业自律制度，解决行业内部争议。二是在政府支持下，物业管理协会加强行业人员培训，规范服务行为，提升行业标准整体水平。三是在政府扶持下，物业管理协会推动建立物业服务评价体系，促进物业服务企业诚信经营，规范企业市场行为，形成政府引导、社会参与的标准化工作格局。四是在政府协助下，组织新闻媒体与物业服务企业座谈，搭建企业、业主与新闻媒体沟通的平台，积极促进行业健康发展，提升物业服务企业形象。

5. 加大宣传引导力度，加强氛围营造和统计监测

一是加强制度法规宣传教育，提高业主法律意识。二是坚持正确舆论导向，既宣传先进典型和事例，又客观报道物业管理中的不良现象，充分调动各方力量，共同营造物业管理行业良好的发展环境。三是加快建立物业服务统计报告和信息发布制度，加强物业服务业统计信息平台建设，完善物业服务业运行监测分析。

（二）企业方面

1. 加强自身建设，促进健康发展

一是加强内部建设，树立优质物业服务品牌。建立合理的管理制度，完善管理体系，明确管理目标责任。二是加强员工培训，增强服务意识，不断改进服务中存在的缺陷和问题，向业主提供质价相符的物业服务。三是推行科学用工，优化工作流程。合理编制工作制度和流程，提高互联网技术、人工智能等在行业中的应用，进一步有效地提高工作效率和服务质量，降低人力成本。四是创新服务项目，提升企业经营能力和利润水平。充分利用物业服务企业自身优势和资源，拓展经营项目，服务范围从物业管理向资产管理运营、社区商务、社区养老等产业延伸，不仅为业主提供更大的方便，赢得行业口碑，同时获取相应的利润。五是倡导绿色物业，切实提高物业管理行业绿色环保水平，充分发挥物业管理在构建环保型、生态型城市中的积极作用。

2. 加强行业人才建设，提高从业人员素质

一是制定切实有效的人才培养计划，对于职业技能较为突出的优秀基层人员进行管理培训，通过管理体系的培训，建立人才梯队，不断为行业输出知法律、懂技术、会管理的综合型项目管理人才。二是建立人员考核与培训制度。上岗人员包括中高层管理人员、基层管理者、基层员工，定期组织集中培训并考核，严格考核制度和奖励制度。三是制定公平合理的薪酬制度，加大员工激励。四是积极开展企业内部技能竞赛，不断提高基层服务人员的物业服务水平。五是企业鼓励员工努力提升自身素质和学历，并将工资体系与技能、学历、竞升制度相关联，提高从业人员的专业素养。

3. 正确引导大众舆论，营造良好发展环境

一是物业服务企业要正确对待新闻媒体的监督，与媒体建立良好关系，共同努力打造良好的物业舆论环境。二是针对行业中的重点、难点、热点、焦点问题，积极配合采访，提供真实信息，引导正确的舆论方向。对于合理的批评，正确对待；对存在的问题，及时整改。

随着陕西省经济快速发展，人均收入不断提高，人们对高质量生活水平的追求欲望也越来越强烈，物业服务企业在创建优美、和谐、高品质的生活环境中显现了关键性的作用，有着巨大的发展空间。在面对陕西省物业服务企业服务不规范、微盈利等制约行业发展的问题上，物业服务企业应积极借助行业协会提供的平台，加强学习交流，规范服务行为。合理运用新媒体等信息发布平台，加强与业主之间的沟通，减少与业主之间的误解与纠纷。同时，深入探索研究创新发展模式，提升企业经营能力，实现物业服务企业的创新能力，力求促使陕西省物业管理行业能够实现更大的社会效益和经济效益，将陕西省物业管理行业推上健康可持续发展之路，进一步为提升陕西省城市形象、建设美丽陕西作出应有的贡献。

甘肃省物业管理行业发展报告

甘肃省物业管理行业协会

甘肃省物业管理行业起步于20世纪90年代，伴随着社会经济的快速发展和社会文明的不断进步，经历了近20余年的发展，从无到有、从小到大、从弱到强，行业队伍日渐壮大、服务水平不断提高、行业发展趋于规范，成为集服务、管理、经营于一体的覆盖不动产所有领域、具有经济性与社会公益性的新型民生行业。在促进社区和谐稳定、提升城市管理水平、促进社会就业、推动国民经济增长方面发挥了重要作用。

一、甘肃省物业管理行业发展概况

截至2018年6月，甘肃省注册登记的物业服务企业共有2610家，从业人员数量达187340人，其中专科以上从业人员数量达83893人，占全省从业人员总数的44.8%。物业管理总面积42753.344万平方米，其中住宅项目6058个，管理面积36822.271万平方米，占物业管理总面积的86.1%。成立业主委员会1588个。全省全行业年经营总收入达到49.1687亿元，主营业务收入占全行业总收入的86.5%。年营业收入达5000万以上的物业服务企业有21家。

根据对全省14个地州市的调研数据统计，甘肃省物业管理总面积从2012年的1.3亿平方米增加到2018年的4.2亿平方米，增长了3倍多，管理规模拓展迅速。物业服务企业数量从2012年的1350家增加到2018年的2610家，增长了近1倍。从业人数从2012年的4.4万人增加到2018年的18.734万人，增长了326%。

二、甘肃省物业管理行业发展存在的主要问题

（一）物业服务企业生存状况不容乐观

刚性成本急剧上升，税负居高不下。甘肃省物业服务收费标准普遍偏低，加上社会各界对行业的重要性认识不足，行业技术含量低，随着国家劳动法的不断完善，物业服务企业经营风险日益加剧，部分物业服务企业陷入生存困境。

（二）行业监管引导不到位，企业活力不足

国家取消物业服务企业资质和价格行政许可后，行业部门存在等待观望心态，相应的监管措施跟进不到位，协商定价机制没有形成。行业监管信息平台、行业诚信系统没有建立，对一些企业的违规行为，缺乏有效的惩戒措施。从全行业来看“谁开发、谁管理”的格局没有根本改变，物业服务招投标制度没有得到全面落实，市场竞争机制没有完全形成，企业规模小、效益差的局面长期、大量存在。

（三）业主委员会和物业服务企业矛盾频发

截至2018年，甘肃省已成立的业主委员会总

数与住宅管理项目数之比为 1∶3.8，物业管理基层民主建设仍然比较薄弱，普遍存在着业主委员会运作不规范、作用难发挥等问题。个别业主和物业服务企业之间的矛盾因缺乏沟通渠道而难以解决，为小区正常管理服务埋下隐患。少数业主利用业主大会故意滋生事端以达到个人目的。有的业委会不能代表大多数业主的利益，任意决定业主共同事务，致使业主、业委会和物业服务企业之间纠纷不断，矛盾频发。

（四）相关主体法律责任边界不清

物业管理涉及多方主体，相互之间权责不清、没有明确界定，矛盾和纠纷多发。比如，消防维保问题和二次加压供水及水箱清洗费用问题等。

（五）行业发展水平不均衡

受物业管理行业发展法制环境和相关政策等因素的影响，甘肃省各州市物业管理行业发展水平存在较大差异。集约化、规模化的公司多集中在兰州市，周边州市的物业服务企业多呈现出小、散、差的问题，有些物业服务企业的服务水平还停留在最传统最低层次的服务水平上，根本无法满足业主日益增长的美好生活需求。

三、甘肃省物业管理行业协会下一步工作方向

协会在下一步的工作中将严格履行《章程》赋予的职责，维护行业合法权益，实施行业自律性监管，为会员单位提供优质服务，主要工作方向如下：

（一）加大行业标准化建设力度，促进甘肃省物业管理行业规范化发展

甘肃省物协将继续与甘肃省住建厅联系，着力促成甘肃省物业管理标准化技术委员会的成立，由协会牵头起草工作，制定甘肃省物业管理行业标准和技术规范，建立和完善包括物业服务基础通用标准、服务质量标准、信息技术标准和行业标准体系，以及物业管理行业自律管理暂行办法（包括物业管理行业自律管理惩戒实施暂行办法和物业服务企业失信名录管理暂行办法），以促进甘肃省物业管理行业的规范化、跨越式发展。

（二）加快推进行业诚信体系建设，努力营造自律规范的市场环境

为适应取消资质给物业管理行业带来的新要求，协会将进一步加快推进行业诚信体系建设，借鉴诚信体系建设做得好的省份的经验，制定适合甘肃省物业管理行业的诚信评定标准，开展全省物业管理行业诚信单位评定工作，推动物业服务企业诚信守诺全覆盖。在逐步健全物业服务企业和项目经理信用管理制度、信息发布和失信惩戒机制的基础上，将企业信用作为项目招投标和省、市优项目评选的必要条件，努力营造诚信自律规范的市场环境。

（三）维护行业合法权益，向会员企业提供专业性的法律服务

协会将继续围绕行业价格调整机制不完善，行业责任边界不明确等难点问题，加大与相关部门的协调力度，积极促进相关政策法规在制定和修改中采纳企业的合理诉求。在企业合法权益受到重大侵害并对行业发展有重大影响的事件中，主张行业立场，表达行业观点，营造公平、公开、公正的市场竞争氛围，维护行业的合法权益。与专业的行业法律机构合作，健全和完善法律事务信息通道，引导物业服务企业规范服务行为、规避经营风险，帮助企业解决面临的法律问题。通过举办不同形式的法律专题活动，进一步提高会员企业的法律风险意识，规范从业行为。

（四）加强学习交流，借鉴先进地区物业经验，引导甘肃省物业管理行业转型升级

协会将积极应对物业管理行业“社区

O2O”“互联网+”“供给侧改革”“营改增税制改革”等一系列变革，采取“请进来，走出去”的办法，组织会员单位赴外地考察学习，请专家学者举办各类讲座、论坛、培训，引进沿海发达城市物业管理的新理念、新技术和先进经验，引导甘肃省物业管理行业转型升级。

（五）做好行业培训工作，提高物业服务从业人员的综合素质

协会将组织安排多期有针对性的、物业管理行业内急需的培训，积极与政府相关部门联系，按照国家对物业管理行业的持证要求，通过培训取得权威部门（包括劳动人社、职业教育、公安消防、安全质监等）颁发的相关职业资格证、操作证、上岗证等。通过一系列的培训，使甘肃省物业从业人员的管理能力、服务意识、操作技能上一个台阶。

四、行业发展思路及政策建议

（一）加大物业管理行业的宣传力度，提高物业服务质量和水平

加大物业管理行业的宣传力度，帮助老百姓正确认识物业管理行业，理解物业管理行业，关心物业管理行业，支持物业管理行业。广泛宣传物业管理相关政策法规，增强业主法律意识和诚信意识，提高业主缴纳物业费的自觉性，加快物业管理行业的健康发展。客观公正对待居民有关物业管理问题的投诉，改变媒体对物业管理行业以批评为主的现象，还应大量宣传报道物业管理所起的作用，给人民安居乐业带来的好处，引导人们树立正确的物业管理消费观念。

（二）充分利用行业的扶持政策，支持行业良性发展

物业管理行业承担了很多城市的公共服务和公共责任，如维护社会稳定、维护社会治安、开展社区文化活动，这些公共服务的担当，政府可否以专项资金形式，购买行业所承担的不属于自身服务范围的公共服务业务，从而支持行业良性发展。

企业投入大量的人力、物力、财力对其中相当一部分没有一技之长、综合素质低的人员进行培训，为促进社会和谐，缓解就业压力做出了重要贡献。因此，建议政府相关部门加大对物业服务企业的用工扶持力度，针对企业对员工的技能培训予以补贴，对于吸纳下岗失业人员、农民工达到一定比例的企业，政府给予公益性质补贴和社会保险补贴。

（三）完善定价机制，改善行业生存现状

积极与政府相关部门沟通，研究完善现行的物业收费管理办法，全面落实“菜单式服务，等级化收费”的物业服务费分级定价机制。选择有条件的住宅小区开展物业服务酬金制收费方式。鼓励物业服务企业提供“菜单式服务”，由业主自由选择“服务套餐”并按照相应的标准交纳物业费。建立对恶意拖欠物业费案件快速审判的绿色通道，对一些恶意拖欠物业费的行为，依法快速处理。

（四）培养品牌企业，推动行业转型升级

拟在今后三五年内着力引导甘肃省企业通过整合、收购、兼并等方式做大做强做优，培养打造10～15家物业服务品牌企业，并通过品牌的示范作用推动全省整个行业的转型升级、向现代服务业迈进。

（五）开展优秀项目创建工作，提升服务品质

实践证明，开展物业管理示范项目创建工作，对甘肃省物业服务上台阶、提水平起到了积极的促进作用。各物业服务企业要明确创建目的，积极参与，把严格规范服务行为，努力提高服务水平作为创建的出发点，把提高企业知名度、增加业主满意度、增强市场竞争力作为创建工作追求的目标，通过广泛的创建活动，树立行业典型和标杆，向社会展示物业管理行业的良好形象，促进甘肃省物业管理行业规范健康发展。

兰州市物业管理行业发展报告

兰州市物业管理行业协会

一、兰州市物业管理行业发展概况

据《2017 年兰州市下半年度第三产业增值发展报告（物业管理行业）》显示，在管理规模上，2017 年兰州市物业管理行业管理面积达到 25385.924 万平方米，较前 3 年提升了 48%；从经营绩效看，全市物业服务企业实现营业收入 37.28 亿元，同比增幅达到 21.33%，其中，物业服务收入总值 33.83 亿元，增长 13.23%；多种经营收入总值 2.94 亿元，占营业收入的 7.89%，成为企业盈利的主要因素。

随着兰州市物业管理行业市场不断成熟，物业服务企业间的竞争不断加剧。截至 2017 年，兰州市物业管理行业已拥有 822 家企业，15.11 万从业人员，管理各类房屋面积 2.54 亿平方米，年营业收入超过 30 亿元，超过上一年度同期额的 50%。业务范围主要以提供普通的公共服务为主，如清洁卫生、秩序维护、车辆管理、绿化管理等，在物业管理行业转型时期面临着优胜劣汰的严峻考验。

兰州市物业管理范围主要集中在住宅物业、办公物业、产业园区物业、学校物业、医院物业、商业物业、公众物业等领域。行业年均人员流动率约 27%，其中秩序维护人员年均流动率 39%，个别企业秩序维护人员年均流动率高达 50% 以上。年龄结构层次偏高，基层员工年龄段集中在 40 至 45 岁，管理人员中 42% 的人员为 30 岁以下，每月薪酬水平在 3000 元以下的员工占 87.13%，3000 ～ 5000 元的占 11.28%，5000 元以上的占 1.59%。

二、兰州市物业管理行业创新转型发展举措

2018 年是兰州市物业管理行业进入发展、完善和成熟的重要阶段，依托协会党总支、行业工会、行业妇联的资源，调动企业职工的参与性，充分发挥行业“文明智慧，共享共建”的作用，利用现有网格化资源，实施目标工作的推进，将企业、行业有机地嫁接到网格中来，以点成线，以线推面，简化管理流程，促使管理手段有效化，充分履行监管的责任，起到督促企业进步的辅助作用。

针对“四位一体”的工作协同机制，进行全覆盖落实工作，以业主为载体、社区为媒介、企业为实施手段、协会为驱动力，进行多渠道、多方面、多元化的深入推进。以此为契机，加强物业基础管理在物业小区发挥重要作用，加快优质物业服务的有效供给，以物业服务质量的提升，从“管理”向“服务”方向发展，引领全行业从传统的单一化物业管理模式向多元化物业小区服务模式转变。

根据 2017 年兰州市物业服务企业信用等级评定和星级服务测评工作，对于 2018 年的测评工作进行改良升级，实行电子化、动态化的双渠道管理，统一系统数据库，保障企业信息能够传递畅通，实现资源共享，以行业主管部门的电子监管系统、物业管理行业协会自律管理系统（企业、物业从业人员信用档案库）和企业经营管理系统为基础，形成

覆盖物业管理行业所有企业及从业人员的信用档案系统。进行全智能化管理，完善企业信息、优化企业诚信体系的同时，将业主的信息进行电子化、信息化管理，与企业的诚信体系电子系统建设纳入同一平台，进行双渠道、多元化的评价，让业主的诚信体系电子信息系统与企业的诚信体系电子信息系统共生共存，互相促进。秉持“诚信激励、失信惩戒”的原则，联合各区（县）、街道（乡镇）物业管理部门严格落实物业属地化管理责任，采取随机抽查、随时检查、定期通报的方式，采用人工、电子信息化双管齐下的途径，加强对物业服务企业和物业小区进行全方位动态化监管。

建设“智慧小区”，挖掘“安居小区”，打造“标准化小区”，以提升业主的幸福感作为基本出发点，通过打造智慧社区为百姓提供便利，服务社区客户、满足客户多元化的生活需求，将超前的服务意识向居民小区延伸，不断更新物业小区智能设备，打通居民联动渠道，探讨便民亲民服务进小区，创新探索出一条“互联网 + 物业”服务社区、服务居民的新路径。

加快社区循环经济圈的建设进程，联动线上线下体系。通过对接兰州市“瓜果飘香进小区”的系列策略，将对接的线下产品从瓜果粮油发展到日用百货，充分打造方便业主的优惠日常生活产品，将社区 O2O 真正进行到“一对一”，即业主 – 物业服务企业，从而将社区 O2O 放置在统一的平台上，达到行业、市场的自主有效监管，起到行业推动运维作用，充分体现“以民为本、为民解困、为民服务”的工作宗旨，开创兰州市物业管理终端服务网点从“物业管理办公室”到“一站式集合服务中心”的转变，“共建社区命运共同体，共建社区美好生活共同体”。

银川市物业管理行业发展报告

银川市物业管理协会

近年来，银川市物业管理行业取得了一定发展，建立并完善物业管理体制及运行机制，物业服务水平得到较大提高，但仍然存在物业监管体制不完善、市场行为不尽规范、服务水平参差不齐、行业发展环境亟待改善等问题。

一、银川市物业管理行业发展概况

（一）积极探索物业管理新模式，为银川市物业服务水平的提升做好基础准备工作

理顺管理体制，明确各级管理部门职责分工。为有效提升城市管理效能，明确各级政府城市管理的职能权限，推进城市管理创新，探索物业管理新模式，提升全市物业管理服务水平，根据中共银川市委、市人民政府《关于调整和明确银川市区城市综合管理部分职责的意见》(银党发(2014)第15号)文件精神，自2014年起，分别将物业日常管理工作、业主大会和业主委员会工作、物业专项维修资金使用初审工作、物业行政执法权限移交给辖区政府负责。职能下放后，辖区政府分别成立了物业管理机构，加强了银川市物业管理行业市场的监管力度，优化了物业管理行业办事流程，有效规范了各辖区物业市场环境。

建立物业管理行业诚信监管机制，用诚信规范行业行为。主动适应新形势下物业服务企业资质认定取消的新要求，通过打造银川市物业管理行业信用监管平台，建立守信失信奖惩机制，形成物业服务企业、辖区物业办和市级物业主管部门的“三级网络管理”新模式，按照《银川市社会信用体系建设综合试点工作方案》要求，2017年银川市物业管理行业监管平台已试运行，截至2017年年底，银川市物业管理行业监管平台物业服务企业信息录入已达279家，物业从业人员录入信息1637人，其中项目经理314人。对115家物业服务企业提出扣除信用记分或全市通报批评的处理，出具物业服务企业诚信证明140份。通过将物业服务企业不良行为及业主投诉核查处置情况记入企业信用档案，向社会进行公布，加大对企业信用档案的运用，与物业招投标、物业项目评优、优秀企业评选等挂钩，提高了物业服务企业诚信水平，引导了物业服务企业争先创优，树立品牌意识，实现全市物业服务行为的动态和长效监管机制。同时，根据《银川市物业服务企业及物业从业人员信用信息管理办法》，银川市住建局出台了《银川市物业企业及从业人员信用信息管理办法》，将从业人员的管理也逐步转向信用管理模式。

（二）强化市场监管、培育和引导，进一步规范物业服务市场行为

制定印发了《关于开展我市物业服务标准化建设工作推进情况检查的通知》《银川市住宅小区物业服务行为专项整治工作方案》，组织三区二县一市物业主管部门和银川市各物业服务企业开展整治

工作。专项整治工作以建立规范有序、开放竞争、权责分明的物业管理市场为出发点，以国务院《物业管理条例》和自治区、市有关法规规章为依据，以查处物业管理市场中的违法违规行为为重点，以提升物业管理水平，提高群众满意度，创建规范、健康的物业管理行业市场为目标，多部门联合，加大整治督查力度。2018 年 8 月份抽调市物业办、市房地产执法支队、辖区物业办工作人员组成专项整治检查组，开展了为期一个月的专项检查，共对辖区 6 个物业主管部门、27 个物业服务企业、6 个开发企业、4 个业主委员会、1 个产权单位、27 个物业项目进行了检查，对不规范行为及时下发整改通知，取得了明显的整治效果。

在开展专项整治工作的同时，加强标准化建设和巡查通报。一是通过规范企业经营管理、物业招标行为、维修资金使用、合同文本使用、业主委员会建设、物业服务事项公开公示等内容，实现物业服务“六个标准化”。二是通过建立物业管理项目日常巡查制度和月通报制度，督促辖区物业主管部门每月对辖区内不少于 30% 的物业管理项目进行巡查、上报。针对违法违规行为整改和立案查处的情况，提出企业信用记分扣分建议，在全市范围内公开通报。同时，对未按时上报物业巡查月报、未完成物业巡查任务的单位，计入年度物业管理考核扣分项。截至 2017 年年底，各辖区物业主管部门已上报 6 期物业巡查月报，共巡查小区 978 个（次）。形成了有效的监督检查机制，进一步强化物业管理行业行为规范。

（三）加强物业专业知识培训，全面提升物业服务水平及从业人员综合素质

为加强全市物业管理业务能力，规范物业管理行业市场行为，提高从业人员综合素质，培养实用型物业管理人才，更好地适应物业管理行业不断发展的新形势。2017 年，银川市住建局联合市物业管理协会开展“物业大讲堂”活动，授课讲师均为区内外具有理论和实践水平的专家。“物业大讲堂”活动通过“客户关系管理”“物业项目成本管控与预算管理”“物业管理法律知识及实务”三期专题培训，累计培训 1200 余人，累计培训企业 200 余家。同时，银川市住建局组织人员对三区物业主管部门、街道办事处、社区居委会、物业服务企业及相关业主开展专项培训 6 次，累计培训 600 余人。组织 250 余人观摩学习银川市示范物业小区，从物业和建筑基础、法律知识、业主委员会组建、住宅专项维修资金使用和现场实操等方面提高物业从业人员和行政管理人员业务素质和服务技能。对银川市物业服务企业与业主之间的关系、物业服务企业成本管控及物业管理相关法律法规做了系统梳理，并对物业管理常见案例进行深度剖析，引导物业从业人员积极思考，厘清各方主体权利、义务。

（四）开展“物业示范项目”“平安小区”评选工作，引导全市物业管理行业服务水平提升

为切实提升银川市物业管理的能力和服务质量，树立行业标杆形象，根据《关于开展 2017 年度银川市物业管理示范项目评审复检工作的通知》安排，银川市住建局组织三区两县一市物业主管部门及专家评审组，对 2017 年物业服务企业申报、三区两县一市初审合格的 39 个物业管理项目进行了评审和复检。经过现场查看、物业档案资料审阅和征询业主、委托单位的意见，进行现场打分，召开综合评审会议，从严逐项审定，最终评选出 9 个 “银川市 2017 年度物业管理示范住宅小区”，7 个“银川市 2017 年度物业管理示范大厦”，3 个经复检保留“物业管理示范项目”荣誉，并对存在服务不到位问题的项目提出限期整改要求。

为深入贯彻落实自治区、市党委、市政府进一步深化平安建设的精神，全面深化“平安银川”建设，根据银川市社会管理综合治理委员会《关于建设“平安”细胞工作的实施意见》任务分工，结合规范化住宅小区治安责任追究机制工作，按照《银川市平安小区创建活动实施方案》和《银川市“平安小区”

创建考评标准》，银川市住房和城乡建设局联合市公安局、市司法局、三区城管局成立了银川市“平安小区”评定工作领导小组，共对 26 家物业服务企业申报的 35 个住宅小区进行了评定。经现场考评和综合评审，分别评出“五星平安小区”“四星平安小区”“三星平安小区”共 7 个达标小区，6 个小区保持原评定等级。

通过开展“物业示范项目、平安小区”的评定工作，可以激励银川市物业服务企业加快推进物业管理标准化建设的进程，树立银川市物业管理行业的良好形象，以标准化助力物业服务质量提升，以高标准服务创造美好家园生活，切实提高业主的满意度。

（五）开展物业宣传活动，倡导业主理性维权、依法维权

2017 年，为化解业主与物业服务企业之间的突出矛盾和投诉热点难点问题，通过多种宣传形式展示银川市物业管理行业良好社会形象。一是与《新消息报》合作，对物业管理行业热点难点问题进行宣传，围绕物业服务责任边界、物业费纠纷、物业管理主体法律意识等热点难点问题开展了 5 期正面宣传。二是通过协会微信公众号“银川物业管理”做好日常宣传。三是按照《宁夏回族自治区物业服务企业标准化行为准则》要求，对全市物业服务企业下发《关于推进物业服务标准化建设 加强公开公示标准化工作的通知》，要求全市各物业服务企业在物业管理区域内主出入口、业主重要公共活动场所、客户服务接待处等显著位置，将物业管理及相关政策法规、物业服务企业营业执照、管理人员信息及联系方式，以及物业服务合同约定的物业服务等级、内容和标准等物业项目信息，通过上墙悬挂，宣传栏、公示栏张贴，电子屏幕播放等多种方式，推行公开公示标准化工作，进一步畅通了物业服务企业与业主、社会公众的沟通和信息交流，有效保障广大业主的知情权、监管权、参与权等合法权益，创造和谐、舒适的居住环境。

二、银川市物业管理行业下一步发展方向

（一）强化物业管理工作考核机制

出台《银川市物业管理工作考核办法》，落实行政监管和公共服务责任，完善各级各部门物业管理工作机制和管理措施，按照“统一领导、分级负责，以块为主、综合协调”的原则，进一步明确市、县（区、市）两级职责分工，健全银川市住建局行业管理、各县（区、市）政府属地负责、街道（乡镇）具体组织、职能部门密切配合的工作体制，有效发挥社区基层组织和业主自治组织作用，共同推进银川市物业管理工作。建立长效的物业管理工作考核制度，加强对各区、县（市）物业主管部门的行业指导、监督、考核，促进全市物业管理工作的整体提升。

（二）全面启用物业管理行业监管平台

全面启用银川市物业服务企业及从业人员信用信息监管系统，通过信用信息监管，实现物业服务企业、辖区物业办和市级物业管理部门的“三级网络管理”体系，全面实施对物业服务企业及从业人员的信用监管。建立守信企业激励机制、失信企业惩戒机制和严重失信企业淘汰机制，将物业服务企业不良行为及业主投诉经核实查处情况记入企业信用档案，及时向社会进行公布。并加大对企业信用档案的运用，与物业招投标、物业项目评优、优秀企业评选等挂钩，营造物业管理行业诚实守信的良好服务氛围。

（三）规范物业服务行为

完善银川市物业管理项目日常巡查机制，监督、查处物业管理服务中的不规范行为，增强物业服务企业守法履约意识，进一步提升银川市物业服务水平。加速市场竞争，淘汰经营不规范、管理服务质量差和承担市场风险能力差的物业服务企业，实现物业管理行业的持续健康发展。

引导物业服务企业提质升级，创优争先。研究制定表彰、奖励办法，引导、扶持物业服务企业做

大做强；鼓励企业申报国家示范、省优项目，推动物业服务企业走规模化、品牌化发展道路。引导物业服务企业加强自身建设，保持项目经理工作相对稳定性；利用信息化手段，提高服务效率，降低企业管理成本；培养满足现代物业服务业发展需要的专业人才。

规范物业招投标市场，建立市场公平竞争机制。制定出台《银川市物业管理招投标暂行办法》，建立公平、公正、公开的物业管理市场竞争。银川市自2004年逐步建立物业管理招投标市场，从刚开始个别项目通过招投标选聘物业服务企业，到2011年所有超过2万平方米的新建住宅项目全部经过招投标选聘物业服务企业。近些年，虽然通过招投标选聘物业服务企业取得了一定的市场竞争效果，但仍存在物业管理招投标市场竞争力不足，压价或低价中标等不正当竞争现象时有发生。2018年，通过《银川市物业管理招投标暂行办法》，将有效规范物业项目招投标市场行为，净化物业项目招投标市场环境，并逐步将已建物业项目（既有建筑、老旧小区）的物业服务企业的更换纳入物业项目招投标监管范围。同时，拟推行委托第三方代理机构实施物业招投标，提升招投标活动的专业性，保证银川市物业管理招投标的公平、公正、公开。

根据《物业管理条例》《宁夏回族自治区物业管理条例》《银川市物业管理条例》等法规规章，为规范物业服务企业经营行为，维护良好的物业发展环境，在全市开展物业服务企业违法违规行为、物业服务管理、安防和消防等共用设施设备管理、车辆管理等专项检查活动。建立物业服务企业优胜劣汰及维护业主合法权益的良性循环，创建“最美物业、幸福物业、智慧物业、和谐物业、发展物业”新环境。

（四）建立物业服务市场化价格机制

进一步推行对保障性住房小区、拆迁安置小区、老旧住宅小区等无条件实行市场化物业服务的小区实行政府定价；新建商品住宅和非住宅，或者接受业主委托开展特约服务等其他物业服务项目，实行市场调节价的价格体系。联合市物价局加大对开发企业前期物业费和物业服务企业物业收费管理的检查力度，要求开发企业和物业服务企业建立收费公示制度，所有收费项目必须公示，未经公示项目不得收费。同时要求在公示时必须标明收费企业名称、服务内容、服务标准、计费方式、计费起始时间、服务项目、代收费标准、收费标准、收费依据、共有收益收支情况和价格举报电话（12358）等内容，接受业主和社会的监督。针对不按规定公示收费标准，不明码标价的予以严肃查处，性质恶劣的予以曝光，并扣除信用得分。

（五）建立住宅小区差别化管理机制

制定出台《银川市住宅小区差别化管理实施方案》，通过物业服务企业自查自纠与行业主管部门检查督促相结合、全面规范和重点提升相结合、专项整治与长效管理相结合，加强银川市住宅小区物业服务整治工作，强化银川市物业管理市场化、专业化、社会化程度。加大各区、县（市）物业主管部门对住宅小区的检查，结合物业服务标准化建设及物业日常巡查，将住宅小区划分为“绿色”“蓝色”“黄色”“红色”4个等级，实施差别化管理，建立差别化管理台账。建立健全住宅小区和物业服务企业动态监管制度。对物业服务企业实行动态考核，对评级高的物业服务企业加大信用加分力度，扩大物业服务接管范围；对评级低的物业服务企业将其作为重点监管对象，列入惩戒范围；对整改不及时不到位的物业服务企业，将其清退出银川市物业服务市场。

（六）加强物业承接查验工作

根据《物业管理条例》《物业承接查验办法》，制定出台《银川市物业承接查验实施细则》，进一步规范房地产开发企业、物业服务企业及业主委员会实施物业承接验收的程序、标准，明确各自承担的责任和义务，强化物业配套设施交付使用监督管理，避免新建小区配套共用设施设备不全，保障业主的合法权益。

（七）建立业主委员会行为规范

制定出台《银川市业主委员会行为规范》，指导业主委员会在解聘、选聘物业服务企业、签订物业服务合同、协调物业纠纷、监督物业服务质量、使用专项维修资金等方面符合相关法律法规。截至目前，银川市仅有近五分之一的物业服务项目成立了业主大会，组建业主委员会，已成立的业主委员会普遍存在执行业主大会决议不力、职责不清、履职不强问题，委员不履行职责或随意履行职责或随意退出的情况较为普遍，直接影响到小区物业服务质量提高。规范行为将有效改善银川市业主大会成立难、履职难、监管难的“三难”处境，充分发挥业主委员会的作用。

（八）建立物业项目撤出备案登记制度

为促进银川市城市长效综合管理，维护物业管理行业市场的稳定性、连续性，根据《关于银川市物业服务项目撤出备案登记管理的通知》要求，各区、县（市）物业主管部门建立物业项目撤出备案登记制度和台账，全面清查 2017 年 1 月 1 日以来，物业服务企业退出未办理项目撤出备案登记手续问题，解决物业服务交接期间出现“空档期”“带病期”等问题，加强物业主管部门撤出监管力度，规范物业服务撤出行为。

新疆维吾尔自治区物业管理行业发展报告

新疆维吾尔自治区房地产业协会物业管理专业委员会

一、新疆物业管理行业发展概况

全疆共有物业服务企业 1933 家，从业人员达到 11.1 万人，物业管理面积达到 3.25 亿平方米，其中住宅物业管理面积 2.65 亿平方米，占建筑总面积的 75.4%，住宅小区项目 9111 个，成立业主委员会 692 个。物业管理的覆盖面已从单纯的住宅小区延伸到写字楼、工业区、商业大厦、医院、机场等，形成了包括房屋及相关设施设备维修养护、小区安保管理、环境清洁、绿化、居民生活服务等多层次、全方位的配套服务体系。

二、新疆物业管理行业发展存在的主要问题

（一）质价相符的物业服务收费机制尚未建立

自 2004 年自治区出台《物业服务收费管理办法》以来，至今很多地州市未调整物业服务收费标准，而人工成本和最低工资标准 10 年涨幅达 200% 以上，社保缴费基数涨幅达 236% 以上，社会平均工资涨幅 150% 以上；受物业服务收费价格的限制，物业服务企业因工资待遇低，养不起、留不住人，人员流动性大，招工难，已成为物业服务企业的普遍现象，服务质量明显下滑，行业面临着生存困境。

（二）开发建设遗留问题制约物业服务企业发展

房地产开发企业在项目开发建设前期规划设计考虑不完善，公共设施设备配套不合理，项目竣工缺少规划竣工验收，物业服务企业承接查验制度不落实，盲目接受委托，开发企业与物业管理建管不分等原因，导致责任主体不明，加之物业服务企业服务意识不强，服务质量不高，易发生物业矛盾纠纷。

（三）业主大会缺位，责任主体缺失

《物权法》和《物业管理条例》明确业主是物业的责任主体，物业服务企业是服务主体，业主与物业服务企业之间是基于有效民事合同为基础的合同关系，依据合同履行各自责任，而作为合同主体一方的业主需要通过业主大会执行机构——业主委员会行使权力。目前，基于计划经济的传统管理方式、业主自主维权意识、公民文化素质，以及物业服务企业不配合等方面的因素，全区实行物业管理项目中，成立业主大会选举产生业主委员会的只占 7.6%，业主大会和业主委员会严重缺位，业主共同行使权力和履行责任缺失主体，造成一方主体难以有效发挥作用。

（四）物业服务企业服务意识不强，综合服务能力差

自治区物业管理行业仍处于初级粗放型发展阶段，物业服务企业良莠不齐。受物业企业服务范围规模小、服务意识不强、服务水平不高、服务行为不规范、服务人员不到位、服务项目单一等因素的影响，造成了业主与物业服务企业彼此间的信任度

低，物业服务矛盾纠纷突出。

（五）物业服务企业经营理念滞后

在信息化、知识化、网络化、全球化为主要特征的经济环境下，一些企业对成本上涨给行业生存发展带来的问题束手无策，看不见潜在市场环境变化带来的新的市场需求和商机，没有从客户价值、企业资源和能力、盈利方式等方面研究应对困难的路径。对一些龙头企业转变经营理念、创新商业模式、拓展生存和盈利空间、适应环境变化、获取持续竞争力的经验不敏感，相当一部分中小企业长期处于低水平运行状态，经营风险加剧，引发了降低服务标准和弃管小区等一系列社会问题。

（六）物业市场机制不尽完善

服务质量和管理水平一直是影响行业公信力的主要瓶颈。部分企业在物业管理服务中，习惯于以管理者自居，不尊重业主权利，不按合同约定提供质价相符的服务，多收费少服务、收费不透明甚至乱收费等问题在行业中不同程度地存在；部分业主权利义务对等及守约意识较为薄弱，不遵守管理规约；有的业委会不能代表大多数业主利益，任意决定业主共同事务，致使业主状告业委会的现象时有发生。业主和物业服务企业双向选择，以及物业服务企业退出机制尚不完善。

三、新疆物业管理行业下一步工作思路

（一）进一步加大《新疆维吾尔自治区物业管理条例》（以下简称《条例》）的宣传贯彻力度

《条例》作为新疆物业管理的一部地方性法规，自 2017 年 7 月 1 日正式实施以来，对规范物业管理工作，提升物业服务的质量和水平，起到了积极的推进作用。目前，已在全疆范围内举办了 3 期宣贯班，有近千人参加了专题培训。制作了两期宣传展板，加强对《条例》和释义的宣传解读，取得了一定的成效。

2018 年，开展《条例》学习贯彻活动依然是工作重点。一是以内部刊物形式下发由新疆维吾尔自治区住房和城乡建设厅、自治区人大常委会法工委、自治区政府法制办联合编印的《新疆维吾尔自治区物业管理条例释义》，促进各地州市对《条例》的学习；二是继续开展 3 期《条例》宣贯班，进一步加大对《条例》和《自治区物业管理条例释义》的讲解、宣传，不断提高物业管理行业的管理水平，促进行业健康发展。

（二）修订地方标准《新疆维吾尔自治区住宅物业服务标准》

2013 年 7 月颁布实施的《新疆维吾尔自治区住宅物业服务标准》（XJJ056—2013），对提高全区住宅物业服务水平，建立质价相符的物业服务机制，发挥了积极的促进作用。但是，随着全区居民生活水平的不断提高，物业管理模式的调整，对物业服务标准和水平也有了更新的要求，《新疆维吾尔自治区住宅物业服务标准》的修订工作迫在眉睫。目前，自治区已将《新疆维吾尔自治区住宅物业服务标准》的修订工作列入 2018 年地方标准制定计划，力争于 2018 年 11 月前修订完成。

（三）加强物业管理行业监管

一是加强对物业服务企业的事中、事后监管，强化企业诚信服务意识，建立企业信用体系。印发《自治区物业企业信用管理办法》，对物业服务企业诚信信息实时采集、定期公示，并形成相应的奖惩措施，努力规范物业管理行业从业行为；二是召开自治区物业管理现场会。认真总结乌鲁木齐市充分发挥各辖区（县）、管委会（街道、乡镇）和社区在物业管理工作中的主体作用，推动物业监管工作重心下移，积极开展物业服务企业备案、物业项目招标及建立物业服务企业信用体系等措施办法；昌吉州采取社区介入、专业物业服务企业接管等多

种方式探索破解老旧小区无物业管理难题的经验和做法，建立健全物业服务监管体系，在全区积极推进物业服务与社区管理相结合的新模式。

（四）加快建立质价相符的物业服务收费机制

自治区发展改革委按照《条例》中的物业服务收费有关规定，加强物业服务收费管理，及时调整《自治区物业服务收费办法》，并督促指导各地根据实际情况，制定发布普通住宅前期物业服务收费和保障性住房物业服务收费标准，积极推行其他物业服务收费实施市场调节价，加快建立质价相符的物业服务收费机制。

（五）努力提升物业管理行业自律水平

充分发挥行业协会的积极作用，通过增强行业自律行为，建立行规、行约制度，开展行业创优、物业技能竞赛、管理人员培训等活动，引导物业服务企业不断增加服务项目、提高物业服务品质，树立行业形象，更好地为全区各族人民群众的居住生活提供优质服务。

乌鲁木齐市物业管理行业发展报告

乌鲁木齐市物业管理协会

一、乌鲁木齐市物业管理行业基本情况

乌鲁木齐市物业管理行业起步于 1994 年，历经了 24 年的探索与实践，在法制建设、市场培育、服务并促进经济社会发展，以及城市建设和管理等方面均取得了较大成绩。物业服务企业规模和服务范围不断扩大，物业管理服务水平不断提高，有效促进了城市管理和社会和谐，为推动和谐平安的乌鲁木齐城市建设和管理发挥了重要的作用。

（一）发展概况

截至 2017 年年底，乌鲁木齐市登记备案物业服务企业共计 621 家，其中按要求上报年度统计数据的企业 601 家。物业管理总建筑面积 1.33 亿平方米，较上年度增长 12.19%，其中住宅 1.08 亿平方米，占总面积的 81.2%；非住宅 2500 万平方米，占总面积的 18.8%。

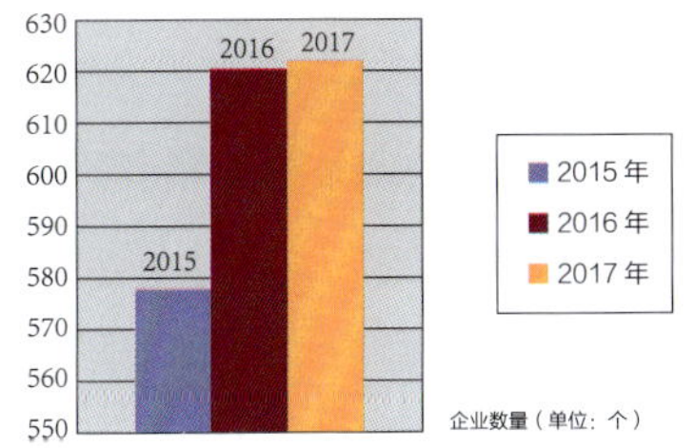

图 1　近三年物业服务企业数量对比

从图 1 可看出，近两年来企业数量增长速度放缓，一方面是由于行业诚信管理加快了市场优胜劣汰，部分企业不适应当前市场环境被市场所淘汰；另一方面少数综合实力较强的物业服务企业逐渐独占鳌头，部分缺乏竞争力的企业逐渐退出市场。同时少数企业利用资本优势，通过兼并收购并整合其他企业，增强自身实力，提升综合优势和能力。如阳光恒昌物业，通过并购整合，完成了脱胎换骨的蜕变，实现了量与质的飞跃，使企业产权结构、资产结构、经营业态得到进一步优化，同时成为新疆首家新三板挂牌的物业服务企业。

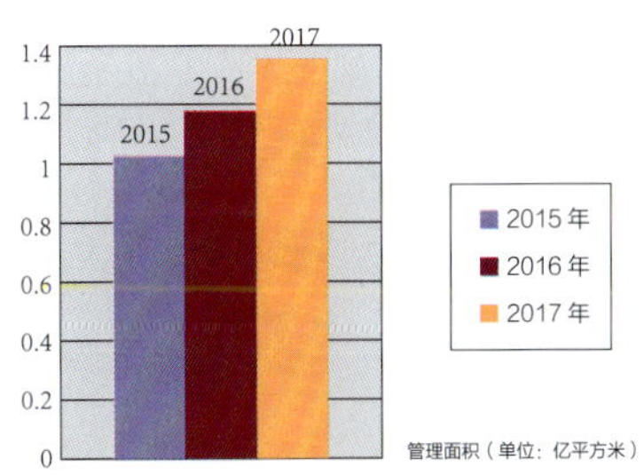

图 2　近三年物业管理面积对比

图 2 显示，近三年来物业管理面积增长率趋于平稳，经统计，年增长率在 12% ～ 16.5% 之间。新建物业服务项目大多类型复杂，规模较大，商住综合体居多。

（二）从业人员情况

据年报统计，物业管理行业从业人员近 3.8 万人，其中管理技术人员 7000 余人（包括项目经理和其他管理人员），其他人员 3.1 万余人（包括秩序维护、保洁、绿化养护等人员）。行业从业人员总数较上年度减少 1.15%，其中秩序维护人员数量减少较多，较上年度减少 3.23%。

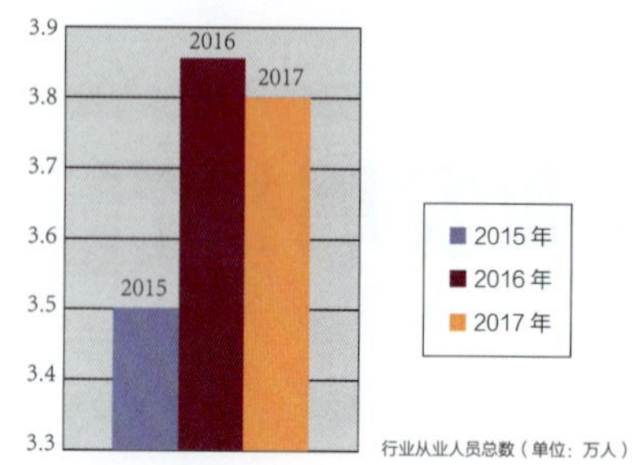

图 3　近三年物业管理行业从业人员总数对比图

调查结果显示，2017 年乌鲁木齐市物业服务企业职工人均收入为 2975 元 / 月，人均收入仅为城镇职工平均收入的 57% 左右，其中人均收入 3000 元 / 月以下的企业占企业总数的 67.74%、人均收入 5000 元 / 月以上的企业占企业总数的 1%，行业整体人均收入偏低。

（三）管理项目情况

2017 年全市新增新建物业项目 160 个，建筑面积 2200 万平方米。截至 2017 年年底，全市实施专业化物业管理的项目 1565 个，较上年度增长 3.85%，涵盖近 2.04 万栋建筑物，服务对象涉及各族群众 107.2 万余户、321 万余人口。所管理服务的物业类型也从普通住宅、公寓、别墅、办公、工业仓储、学校、医院、商业物业延伸到了大型场馆、武警训练基地等特殊物业类型，已覆盖了人们生活和工作的各个领域。

从全市统计数据（见图 4）来看，在市属的七区一县中，高新（新市）区物业管理面积最大，占全市的 25.96%，天山区物业管理服务项目数量最多，占全市 28.24%。

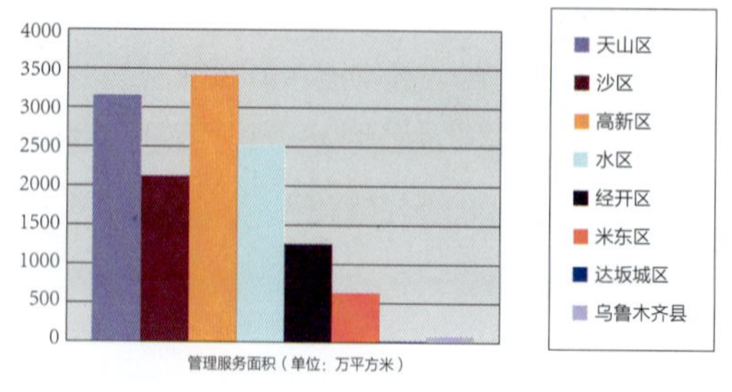

图 4　七区一县物业管理面积对比

随着时间的推移和新建项目数量增长速度减缓，相对老旧的小区数量成逐年递增趋势，但近年新建项目特别是住宅小区均呈现出规模和面积大的特点。统计数据显示，2000 年之前建成的物业管理服务项目有 478 个，占物业项目总数的 31%，建筑面积 3130.43 万平方米，占全市总建筑面积的 23.52%；建设年代在 2000—2010 年之间的项目 664 个，占物业项目总数的 42%，建筑面积 4758.05 万平方米，占全市总建筑面积的 35.76%；而 2010 年之后建成的项目有 423 个，只占物业项目总数的 27%，而建筑面积 5415.76 万平方米，占到全市总建筑面积的 40.71%。

（四）行业经营情况

2017 年行业经营总收入约为 39.32 亿元，平均利润率为 7.84%，总利润为 3.08 亿元。总利润相比上年度（总利润 1.78 亿元）增长 72.76%，一定规模的商业项目仍然具有较强的盈利能力，且拉升了整个行业的利润水平。从整体来看，盈利情况较上年有所好转，但仍不乐观。

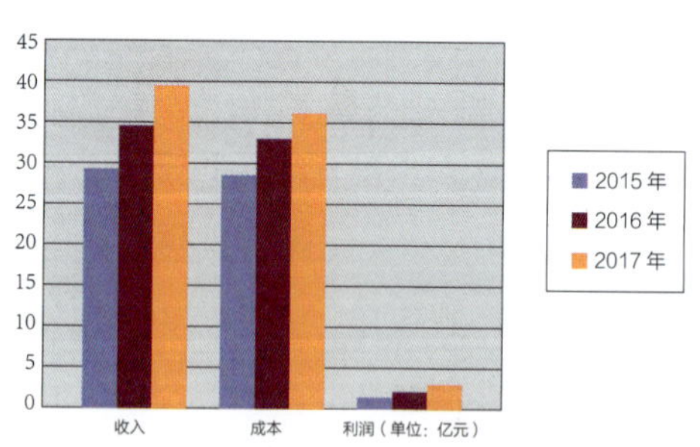

图 5　近三年企业经营情况对比

从统计数据看，2017 年，全市 601 家企业中亏损企业 306 家，占 50.92%，较上年降低了 4 个百分点，亏损额 1.87 亿元；盈利企业 271 家，占 45.09%，较上年提高了近 3.5 个百分点，盈利总额 4.97 亿元。其中盈利 20 万元以下企业 141 家，占企业总数的 23.46%；盈利 20 万元以上 100 万元以下的企业 81 家，占企业总数的 13.48%；盈利 100 万元以上企业 49 家，占企业总数的 8.15%。全市 54.91% 的物业服务企业依然处于亏损或持平状态。

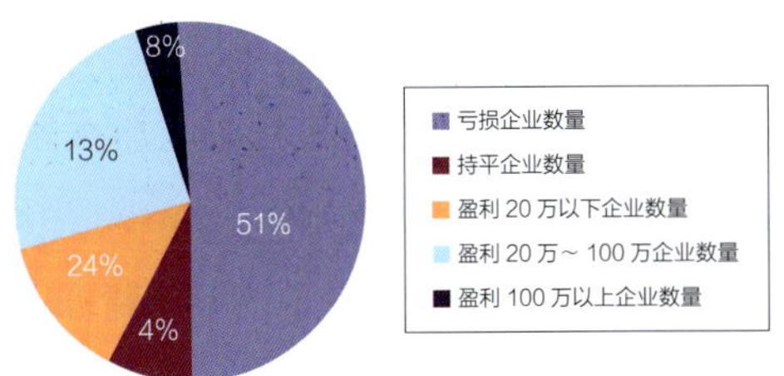

图 6 2017 年行业经营情况对比图

2017 年乌鲁木齐市物业服务企业盈利情况略有好转的原因包括四个方面：一是经过全行业多年的努力，市价格主管部门在 2004 年指导价标准的基础上对普通多层住宅前期物业服务费收费标准上调了 0.2 元 / 月・平方米，增加了企业经营收入；二是面对刚性成本不断上涨的客观现实，企业大力加强内部成本管控，例如探索智能化建设，运用信息化系统、引进高科技设备，以减少人员配置节约人力成本；加强内部管控，节约物料损耗；对设施设备科学维保，减少故障，延长设备使用年限，节约运行和维修费用等；三是全行业推行新的住宅物业服务标准，督促企业提高服务品质、提升业主满意度，使得物业服务费收缴率有所提高；四是越来越多的物业服务企业开始尝试开展多种经营，向资源要效益。

二、乌鲁木齐市物业管理行业取得的主要成就

（一）企业诚信体系和行业监管体系日臻完善

2017 年，国务院明确取消物业服务企业资质审批事项，要求进一步加强事中事后监管，这不仅标志着物业服务企业资质管理时代的结束，更是加快推进物业管理行业信用体系建设、进行诚信管理时代的开始。乌鲁木齐市紧跟行业变革的步伐，紧扣物业管理行业发展的脉搏，不断探索和建立完善行业诚信体系建设，为行业健康发展打下了坚实的基础，行业诚信建设已初见成效。

1. 制度体系建设为完善行业诚信管理提供了保障

先后出台了《乌鲁木齐市物业服务企业诚信档案管理规定》《乌鲁木齐市物业服务项目经理诚信档案管理规定》等十余项配套规章制度，为建立和完善行业诚信管理提供了制度保障。

2. 实现对相关职能部门、企业和项目考核全覆盖

按照《乌鲁木齐市物业管理工作考核办法》，对涉及物业管理工作的市建委、城管委、发展改革委、规划局等 11 个职能部门纳入年终绩效考核。在健全完善市、区（县）、管委会（街道或乡镇）、社区四级监管体系的基础上，将全市 7 区 1 县、90 多个管委会（街道、乡镇）、930 多个社区纳入考核范围，实现了四级监管体系的考核全覆盖。

3. 加强诚信信息动态监管，实施等级评定，发挥评定效能

一是加强诚信信息动态监管，实施等级评定。在建立行业诚信信息动态监管机制的基础上，明确了市、区（县）、管委会（街道或乡镇）、社区及行业协会对企业诚信信息的采集、确认及逐级上报工作，进行每月收集、每季公示及年度评定。二是充分利用评定结果，发挥评定效能。以诚信等级评定结果作为企业信息登记备案管理、创先评优、招投标、日常监管等工作的重要依据。三是建立“黑名单”制度，对不合格企业实施重点监管。例如 2018 年已将 2017 年度诚信评级为不合格的 22 家企业纳入“黑名单”进行重点监管，实行月抽检、季度公示，同时限制参与创先评优、招投标等活动，大幅提高失信成本，充分发挥诚信评定结果效能，推进行业诚信制度建设。

4. 加强项目经理管理，提高项目经理综合服务能力

为了提高项目经理的理论专业水平和综合管理服务能力，乌鲁木齐市行业行政主管部门申请了政府专项资金，于 2017 年起分批次对全市 1200 余名在岗项目经理开展岗位培训工作，课程内容包括

制度与政策、物业管理方案的编制、费用测算、客户服务与沟通技巧，以及物业服务项目管理实务等，培训考核合格者由市住房保障和房产管理局统一核发项目经理岗位培训合格证。

5. 加大宣传力度，树立行业标杆，引导物业服务企业诚信经营

充分利用行业协会与《乌鲁木齐晚报》联合开设的物业管理专版，及时发布行业政策法规、行业动态，公示企业诚信信息及项目考核结果；与晚报联合开展全市“十佳物业服务企业”及“十佳”项目经理、秩序维护员、保洁员、维修工的评选活动，树立行业标杆，扩大社会关注度和行业影响力；通过广播电台的服务民生热线节目、电视、网络以及行业协会的会刊、微信公众平台等宣传媒介对行业进行宣传报道，牢牢掌握宣传工作主动性，营造良好舆论氛围，引导企业依法经营、诚信经营。

6. 以行业协会作为企业诚信体系、行政监管体系的有力补充

在继续加大简政放权、放管结合、优化服务等改革力度的背景下，充分发挥协会作用，积极推进行业自律建设，大力开展行业自律活动。每年抽取项目开展自律检查，检查结果向社会公示并纳入企业诚信管理。促进了企业自律意识，规范了企业诚信经营行为。

（二）信息化建设取得突出成就

乌鲁木齐市住房保障和房产管理局于 2012 年开始着手信息化建设，2013 年春，作为房产管理信息化平台子系统的物业管理信息系统开始试运行，经过四年的建设和完善，到 2017 年该平台各项功能已基本完善，对行业发展的影响也逐步显现。

1. 落实分级考核和四级监管体系

在物业信息平台中，通过流程设置，依托物业项目建立、物业合同备案、诚信信息采集、矛盾纠纷处理等渠道，切实将建立“四级”监管体系和分级考核工作落到实处。

2. 实现从资质管理向企业备案流程的过渡

通过信息化建设，对物业服务企业的物业委托合同、人员合同等备案资料实现电子存档，同时通过流程管理，完成对企业申报资料的扫描存档、审核备案。目前，物业服务企业全部相关的备案等业务已全部实现系统申报和办理。物业服务企业资质取消后，2017 年年底，已逐渐实现从资质管理向企业备案流程的过渡。

3. 通过信息平台实现对企业的诚信管理以及物业服务招投标等业务的信息化管理

在物业管理信息平台中，设置了市、区（县）、管委会（街道、乡镇）、社区四级诚信信息采集端口，对企业诚信信息实施每月采集，每季度公示，每年评定诚信等级并及时在房产局官方网站及公众媒体进行公示，接受社会公众的监督。企业可以通过密钥登录信息系统查看物业项目招标公告，并在网上报名参与招投标活动，监管部门通过系统监控报名情况，同时在系统中建立了物业服务评标专家库，随机抽取评标专家，保证了招投标活动的公开、公正与公平。

（三）市场竞争机制的确立和完善

乌鲁木齐市自 2014 年起着手推行前期物业服务招投标工作，加快推动“建管分离”，到 2016、2017 年，公开、公平、公正的物业项目招投标制度全面施行。几年来，对 300 余个物业服务项目、建筑面积 3500 余万平方米进行了公开招投标。同时对 15 家存在违规招标行为的开发企业做出暂停或重新组织招标的处理，限制了 4 家物业服务企业的投标资格，对违规承揽项目的 32 家物业服务企业进行了诚信扣分处理，并在媒体予以公示。

（四）行业法规体系不断完善，法制环境日趋规范

截至 2017 年年底，在《物权法》《物业管理条例》等法律法规统领下，乌鲁木齐市已形成以《乌鲁木齐市物业管理条例》为主干，以企业经营、项目管理各环节为调整对象的较为完善的物业管理法规体系，为行业健康发展提供了法规保障。

具体包括《乌鲁木齐市前期物业服务招标投标管理试行办法》等十余部地方法规及行政规章，以及《乌鲁木齐市前期物业服务合同》《乌鲁木齐市物业服务合同》《乌鲁木齐市业主大会议事规则》等5套示范文本。

（五）协会的行业引领地位得以确立和巩固

乌鲁木齐市物业管理协会自2002年成立以来，在市住房保障和房产管理局、市民政局的领导和指导下，始终以推动乌鲁木齐市物业管理行业规范健康发展为己任，在为政府部门做好参谋助手、为会员单位搭建信息交流平台、开展行业培训提升从业人员管理服务水平、培育和打造品牌企业、塑造行业良好社会形象、营造健康媒体舆论环境、加强行业自律建设等方面做了大量卓有成效的工作，赢得了行业主管部门、广大会员企业和社会各界的信任和认可，并被中国物业管理协会评为优秀地方物业管理协会。

三、乌鲁木齐市物业管理行业工作经验与成果

（一）物业管理行业在社会维稳中发挥着极为重要的作用

习近平总书记在第二次中央新疆工作会议上提出社会稳定和长治久安是新疆工作的总目标，乌鲁木齐市委、市政府认真贯彻落实中央、自治区举措部署，确定了“紧紧围绕社会稳定和长治久安这一目标和着眼点着力点，坚持稳中求进、改革创新，紧贴民生推进跨越式发展”工作思路。承担着社区安全防范职责的物业服务企业，毫无悬念地被推到了维护社区稳定的第一线，在新疆社会维稳工作中发挥出了极为重要的作用。

一是各物业服务项目形成以项目经理、秩序维护部负责人、当值人员为主的三级维稳防范体系，分片分户划分责任区，配合社区干部进行入户登记，同时，建立人口登记分类制度，对物业管理区域内所有业主按常住人口和流动人口实行分类登记，做到底数清、情况明。要主动向社区居委会、综治工作站、警务室通报小区治安防控工作情况，自觉接受各级综治部门、公安部门、房管部门和管委会（街道）、社区的监督、检查和指导。

二是采用人机结合方式，在物业管理区域行人、车辆各主出入口增设秩序维护员数量。增添防爆器材器具，增补摄像监控系统，门禁对讲系统、报警与视频系统按政府相关工作要求接入公安专网，点面结合，不断提高物业项目的安全防范能力。

三是针对写字楼、商场、集贸市场等商业类型物业服务面积大、商品种类繁多、营业时间内人流量大、人员庞杂等特点，响应政府相关工作要求，在行人出入口增设安全通道及安全检查门，增派专职安检人员，对行人所携带的大、小包开包查验，同时在车辆出入口进行信息登记，并派专人对车辆的后备厢逐一查验。

（二）在老旧小区改造方面取得了一定的成果

乌鲁木齐市在经过充分的摸底调查、专业论证、数据汇总和梳理核查后，制定了《乌鲁木齐市无物业管理老旧住宅小区改造实施方案》，投资20多亿元，利用三年时间对全市993个无物业管理老旧小区进行了改造，着力解决了老旧小区环境脏乱、外立面老旧及存在安全隐患等严重影响居民正常生活的突出问题，改造后的小区根据实际情况采取社区代管、业主自管和选聘专业化物业企业三种模式，30多万各族群众从中受益。

四、乌鲁木齐市物业管理行业发展面临的问题及未来发展方向

（一）当前乌鲁木齐市物业管理行业发展面临的主要问题

1. 物业服务收费缺乏科学合理的动态调价机制

缺乏合理的动态调价机制、物业收费标准偏离

服务成本，是制约乌鲁木齐市物业管理市场健康发展的一个重要因素。目前乌鲁木齐市普通住宅前期物业管理实行的是政府指导价，已成立业主大会（业主委员会）的普通住宅物业服务收费实行市场调节价。由于业主大会成立困难、物业管理市场主体协商机制不健全、业主对物业费上调普遍存在排斥心理等多种原因，物业费难以上涨，严重背离质价相符的基本市场规律，物业服务企业普遍亏损，普通住宅和老旧小区尤为严重。

2. 物业服务企业承担的社会责任，与行业的生存状况、社会地位不成正比

一是维稳经费的巨额投入大大加重了物业服务企业的经济压力。特别是按政府相关工作要求增加秩序维护员数量、增添防爆器材器具、增补摄像监控系统，对原有门禁对讲系统、报警与视频系统进行更新改造并接入公安专网，这些费用额度较大，又超出了物业服务费正常的成本构成，大大加重了物业服务企业的经济压力。二是一些城市管理部门将自己在物业管理区域内应履行的行政职责转嫁给物业服务企业。使得没有行政执法权的物业服务企业陷入了要么束手、要么越权的两难境地。三是从业人员人均收入过低，行业社会地位待提高。2017年统计数据显示，物业服务企业职工人均收入仅为城镇职工平均收入的57%左右，67.74%的企业人均月收入低于3000元，这在很大程度上造成了物业服务企业的“用工荒”，行业从业人员较上年度明显减少正说明了这一问题。同时，物业管理从业人员的受尊重程度、行业的社会地位明显低于其他服务业，这些都严重制约了物业管理行业的发展。

3. 物业服务企业法律意识、合同意识亟待加强，企业依法维权意识淡薄

一方面表现在部分物业服务企业的运营和管理服务行为仍然不规范，为了抢占市场在招投标中盲目压价、低价接盘以致在后期管理服务中入不敷出、弃管小区的现象时有发生，还有些企业不学法、不懂法，专业知识匮乏，在管理服务过程中又缺乏耐心、简单粗暴，成为很多矛盾纠纷的导火索。另一方面，多数物业服务企业在自身利益得不到保障甚至受到侵害的情况下委曲求全，不懂得依法保护自身的合法权益，以至于生存环境日益艰难，在很大程度上也限制了全行业的健康发展。

4. 因地域、企业自身运营能力等原因，造成物业服务企业发展失衡

随着政府简政放权、城市管理重心下移，乌鲁木齐市各区（县）政府部门在一些工作中存在不同的尺度分寸把握和不同的贯彻执行方式，使得跨区（县）管理项目的企业往往无法在同一项工作中对各小区统筹规划和安排。全市物业服务企业发展水平整体较低，且存在严重的两极分化。2017年全市实施专业化物业管理的项目1565个，其中近20%的项目集中在2%的企业手中；全市物业管理行业39.32亿元的年经营总收入，其中5000万元以上的企业只有13家。而参加统计数据采集的601家企业中，有422家的物业管理面积尚不足20万平方米，占企业总数超过70%。

2017年统计数据显示，乌鲁木齐市物业管理行业主营业务收入占经营总收入的比例超过90%，正是因为物业服务企业对物业服务费收入的完全依赖，造成企业盈利能力低、抵御市场风险能力弱，以至于在物业服务费政府指导价标准滞后于行业发展时缺少自救的能力而陷入经营困境，甚至形成降低服务标准、业主满意率降低、收费率越发下降的恶性循环。

（二）未来发展思路和工作重点

1. 进一步完善行业诚信体系

2018年，乌鲁木齐市将在对全市在岗物业服务项目经理进行岗位培训核发证书的基础上，建立起项目经理数据库，全面落实物业服务项目经理诚信档案管理制度。

另一方面，建立完善守信激励和失信惩戒管理机制，逐步实现企业诚信信息与工商行政管理部门及其他相关部门互联共享、联合惩戒。对优秀企业予以重点扶持、大力推介，使守信者在市场中获得更多市场机会；对不合格企业纳入“黑名单”管理，限制参与评选评优、招投标等活动，加大检查整治力度，多措并举、多方联动，建立完善守信激励和失信惩戒管理机制，不断推进行业诚信建设。

2. 全面落实承接查验制度，开展承接查验活动

从 2018 年起乌鲁木齐市将全面推行承接查验制度，进一步规范物业服务项目移交行为，明确各方责、权、利关系。在试点开展承接查验的基础上，制定具体操作流程和查验协议示范文本，组织培训，引导物业服务企业和开发建设单位遵循诚实守信、客观公正、权责分明以及保护业主共有财产的原则，共同对物业共有部分、共有设施设备及相关场地进行检查和验收，指导区（县）加强查验资料备案管理，进一步规范物业承接查验行为，加强对物业共有部分、共有设施设备的管理，维护业主的合法权益。

3. 敦促动态价格机制的建立

继续凝全行业之力，积极与价格主管部门进行沟通，敦促物业服务动态价格机制的建立，在现行普通住宅前期物业服务收费政府指导价的基础上，强化价格构成要素的变化在价格上的体现，设计更能及时反映物业服务成本变化情况的调整机制，将人力成本等物业服务成本变化情况与物业服务收费标准联动，使政府指导价更具客观性和时效性。

4. 加强业委会的监管

加强业主委员会建设管理，推动业委会成员“资格化”。通过政府定点培训机构对业委会成员进行物业专业培训，经考核合格，颁发业委会委员资格证，对新成立的业委会，其候选人必须取得相应的资格证；已成立的业委会，通过分批组织培训，考核合格取得资格证的保留其业委会资格，不合格的，建议业主大会给予免职。建立业主委员会委员诚信档案，并尝试与社会征信体系的个人信用接轨。组织评选“优秀业委会”，树立标杆，依靠媒体扩大影响力，带动业委会向标杆靠齐。

5. 配合国有企业“三供一业”分离移交相关工作以及部队物业管理的地方化

随着“三供一业”分离移交工作的逐步推进和深入，乌鲁木齐市已有不少物业服务企业参与其中，因多种因素，在实际操作中也不可避免地出现了一些问题。鉴于此，乌鲁木齐市行业主管部门将与行业协会一起，就国企“三供一业”分离移交以及部队物业管理地方化工作推进过程中的问题进行调研和探讨，并提出解决方案。

6. 探索物业矛盾纠纷的诉前调解机制

针对物业服务矛盾纠纷长期以来居高不下、物业费和物业合同纠纷案件层出不穷的现状，近年来，乌鲁木齐市物业协会与各级法院初步建立了联系，一方面对物业服务企业开展法规讲座进行现实案例分析，提高企业防范诉讼风险的能力，另一方面着手探索物业矛盾纠纷的诉前调解机制。我们也将充分借鉴中国物协和兄弟城市物业协会相关工作的成果和先进经验，争取在两年内能取得实质性进展。

7. 提升行业媒体的工作水平和宣传力度

2018 年 6 月，第四届全国物业管理行业媒体工作会议在贵阳召开，乌鲁木齐市物业协会会刊《乌鲁木齐物业管理》和微信公众号双双跻身于“影响力 TOP50”，乌鲁木齐市物协将以此为契机，顺势召开全市物业管理首届行业媒体工作会，改变多数物业服务企业“只会干不会说、只重业务不重宣传”的现状，提高企业对宣传工作的重视程度，充分利用行业现有资源，大力提升行业媒体的工作水平，充分发挥出其在行业发展中的强大作用。

8. 更好地发挥协会的媒介纽带作用，在企业与政府、企业与社会之间搭建沟通的桥梁

加强与各行政职能部门的业务交流，在提升行业社会形象方面多做实事，就行业中具有普遍性的问题加强沟通与宣传，为企业“减负”，呼吁政府部门和社会各界关心、扶持物业管理行业，为这个具有“准公共性”的社会服务业争取它应有的社会地位。

9. 建立健全行业自律体系

在市物协多年来开展行业自律活动的基础上，健全完善行业自律体系。借鉴内地省市先进经验，探索拟定《乌鲁木齐市物业管理行业自律监督检查

暂行工作规程》《乌鲁木齐市物业管理行业自律管理惩戒实施办法》《乌鲁木齐市物业管理行业自律管理案件办理规则》《乌鲁木齐市物业服务企业失信名录管理办法》，努力健全协会自律体系，使之真正成为企业诚信体系、行政监管体系的有力补充，有效引导行业良性有序发展。

10. 加强行业党建工作

2018年是全面贯彻十九大精神的开局之年，中国物业管理协会沈建忠会长指出："企业党建工作不是要不要做的问题，而是如何做好、如何让党建的政治效应与企业的经济效应有机融合的问题。"乌鲁木齐市物业管理行业也要将开展行业党建工作作为一项重点工作来抓，在摸底调研的基础上提出具有新疆特色的物业管理党建工作创新模式。

11. 适应新形势、新要求，引领乌鲁木齐市物业管理行业向现代服务业转型升级

鉴于前述乌鲁木齐市物业服务企业普遍存在的企业发展不均衡、经营收入来源单一等问题，乌鲁木齐市将在未来几年的工作中，引领全市物业管理行业适应新形势、新要求，加速向现代服务业的转型升级。

继续致力于引导企业打破"靠劳动力提供基础服务、靠有限的物业服务费糊口"的原有模式，探索"在做好四项基础服务的前提下，拓展物业管理价值链和基于业主需要的延伸服务"这一新的经营理念，在做好做实物业服务的基础上，抓住社区增值服务潜在需求，促进企业转变经济增长方式，积极拓展各种增值服务，创新服务内容和盈利模式，获取产业附加值，以应对服务费与管理支出倒挂给企业生存带来的困境，实现对在管项目的坚守和企业进一步的发展。

积极引导企业提升服务品质、优化企业经营结构。鼓励企业优化结构、资源共享、强强联合、带动行业整体发展，创高端物业、创名牌管理、创国家级示范、创区优、创市优，全面提高服务质量，力争业主的满意度达到85%以上，创建和谐小区。走进物业服务企业，深入了解企业经营发展现状和存在的问题，指导企业夯实管理基础、参与市场竞争、优化项目资源，向规模要效益，向创新要效益。

香港特别行政区物业管理行业发展报告

香港物业管理师学会

香港作为大湾区的发展枢纽、“一带一路”的驿站，物业管理行业的未来发展，必须加以配合地域发展的背景，朝着宏观的目标迈进。

香港特区政府表示，粤港澳大湾区九个内地城市和澳门持续发展，香港不能忽视，应参与大湾区的规划工作，并发挥在专业服务方面的优势，借大湾区共同发展得益。大湾区九个内地城市在社会秩序和市政卫生等方面进步神速，随着三个连接香港与大湾区城市的基建项目港珠澳大桥、高铁和莲塘香园围通道相继落成，届时三地的联系更加密切，促使整个区域融和贯通，代表流动人口居住的覆盖范围将大大拓展。

香港特区已准备迎接新挑战，物业管理行业已紧锣密鼓地把本地市场向外发展，通过学术交流、行业考察、培训工作为从业人员了解内地与澳门的需求，配合香港多年来已建立的高素质服务，制定一套新标准来配合市场。香港物业管理师学会（前称大中华物业管理学会）不遗余力，过去三年组织多个学习访问团，集中考察广东省内重点城市及项目，为学员安排拜访当地行业协会代表，并与资深从业人员举行交流座谈会，深入了解内地市场，对客户要求、标准作重新定位，以配合大湾区一体化下的切实需求。同时，内地物业近年在硬件上及管理服务理念的跃进，亦令香港市场得到启发，包括大型物业服务企业纷纷寻找资本市场之路，通过收购合并、O2O 平台、资讯科技等营运模式进行上市融资，亦促使行业竞争白热化。

为进一步深化香港物业管理行业与内地的沟通，特别是与大湾区的联系，香港物业管理师学会在广东省注册物业管理师协会成立联络处，通过定期的会议、活动、学术专题高峰会、从业人员沟通等促使两地的交流，互相学习。

实际上，除了以广东省大湾区做起点外，香港物业管理行业更怀着一种使命感，2017 年为香港特别行政区回归祖国二十周年，配合“一带一路”的理念，我们希望把香港物业管理经验拓展得更远、更广阔。为此，香港物业管理师学会走访交流了四川省国土资源厅、成都市物业管理协会等单位，同时于香港接待多个团体及协会，包括四川省国土资源厅代表团，安排拜访香港特区政府地政总署、土地注册处等部门。

行业要稳定发展，把经验一点一滴传承下去，人才培养是重要的一环。现今香港的物业管理市场处于非常时期，2016—2018 年平均房价每年均有双位数字的增幅，明显业主付出高昂房价的同时，必然对物业服务的要求大大提升。据业内统计，于 2016—2018 年间新落成住宅的物业管理费，平均在 40 港币 / 平方米以上，办公楼及购物商场的物业管理费，平均更高见 150 港币 / 平方米，可见业主面对如此高昂的管理费，必定对服务有所期望，造就了物业管理专业大幅转型的环境，相对过往较被动的角色，业主对物业管理的参与意识增强，要求的服务层次越来越高，期望的服务内容越来越多，服务提供者必须具备卓越的专业知识、优秀的沟通技巧来处理各种问题，物业服务企业亦要花尽心思去提供基础管理以外的服务来满足客户，我们就必须积极自我增值，应对挑战。

职业训练局2017年房地产服务业的人力更新报告显示，未来数年楼宇落成量将会急增，预期物业管理及工程类别人力需求增幅会达双位数；当中，对秩序维护员及客户服务等前线人员的需求尤其殷切。《物业管理服务条例》对物业管理从业人员的资格有新规定，或会增加行业人才短缺的问题。为应对这个情况，部分例行工作可运用科技取代人工，同时简化日常工作流程。预期香港物业管理行业将采用更多科技，因此需要聘用更多对科技有认知能力的人员。这种现实情况与国内物业管理市场发展相呼应，共同朝向高科技、高技术、高成效目标出发。

从数据分析上，亦能显示市场对物业管理人才的渴求。2017年间，房地产服务业（包括地产发展、中介服务、估价顾问及物业管理）招聘广告数目合计8580个，其中物业管理职位占4986个，可见需求比重绝不可轻视。

此外，为配合智能家居及智能商场的需要，预期将聘请更多高素质科技型人才，并能实际应用于日常工作上。虽然部分高校毕业生已具备相关知识，但他们在商业应用上的实务训练还须加强。要求应征者具备IT技能的招聘广告数目，物业管理板块在房地产服务业中占比重达66%。

同时，应为在职从业人员提供增修训练，促进他们的持续专业发展和竞争力，亦需安排适当培训以吸引新人入职，因应房地产服务业的未来发展及殷切的人力需求，政府、大专院校和企业须合力为行业从业人员和学生提供训练。香港物业管理师学会一直不遗余力推动培训，除与香港公开大学李嘉诚专业进修学院共同合办了多年的资历架构认可为第四级学历(QF4)的《物业管理专业文凭课程》外，更促成台湾华夏科技大学与香港树仁大学合办的《资产与物业管理硕士》，其内容包括物业管理理论与实务、绿色环境管理、物业智慧化管理、两岸物业管理法规等宏观课题，更体现了跨地域的特性，涵盖广阔。

就着这个发展路向，直指客户要求、市场竞争、政府政策、智能化物业发展及科技高速发展等因素，均加速了物业管理由传统以物业为本、日常工作主要集中于秩序维护、清洁、维修及简单的财务会计工作等的管理模式，逐渐转型为以客户为尊的专业管理概念。

无论社会如何变迁，物业管理行业未来仍有很多发展空间，前景亦非常乐观。身为物业管理行业的一分子，不论行业发展到什么阶段，为业主服务、满足其无限需求的中心思想，其本质是不会改变的。在种种条件推动下，未来的物业管理行业必会更规范化、专业化、科技化、人性化。

澳门特别行政区物业管理行业法制建设报告

澳门物业管理业商会

澳门物业管理行业经过30多年的发展，近年在法制建设方面作出不懈的努力，至今已取得阶段性的成果。规范物业管理公司经营运作的《分层建筑物业管理理商业业务法》和规范业主大会运作的《分层建筑物共同部分的管理法律制度》在2017年经立法会审议通过，并将于2018年8月22日生效。对于物业管理行业和广大市民大众而言，绝对是影响民生的大事。万众瞩目，各方关注。

一、两部法规的主要内容和影响

澳门特区政府为了进一步规范特区内分层建筑物业管理理商业业务，以回应广大市民要求改善及提升物业管理服务水平及居住环境的诉求，以及提高物业服务企业的专业水平，监管及规范物业服务企业管理工作，制定了《分层建筑物业管理理商业业务法》。该法生效后，仅具备有效的分层建筑物业管理理商业业务准照的分层建筑物业管理理企业主（包括个人企业主和公司），方可在澳门特区从事相关业务，否则即属违法。

《分层建筑物业管理理商业业务法》执行后，政府另制定《分层建筑物业管理理商业业务法施行细则》行政法规。内容包括：订定分层建筑物业管理理商业业务准照申请、发给、续发、中止、取消中止和注销的行政程序，包括需提交的文件。发给准照和续发均须付费，具体的金额及保证金额由行政长官批示确定；订定使用房屋局电子系统的相关规定及程序。分层建筑物业管理理商业业务准照亦将采用电子准照形式。同时，制定分层建筑物业管理理商业业务临时准照的申请程序，以及由临时准照过渡至正式准照的程序。

特区政府主管部门房屋局根据职权对准照的发给及续发、中止、取消中止和注销组成卷宗和作出决定，并负责监察有关业务，以及就行政违法行为组成处罚卷宗和作出决定。

澳门是自由经济体系，一般由个人企业主或公司在财政局登记开业即可营业，公司的注册资本最低25000元，以法律规定需领取专门准照才可经营的行业并不多。但《分层建筑物共同部分管理商业业务法》生效后，提升注册资本至25万元、需领取专门准照、附加以保证金、设定处罚机制、要求聘请法定的技术主管等规定，充分显示特区政府对物业管理这个民生服务性行业的关注和重视。

《分层建筑物业管理理商业业务法》主要涵盖内容，从准照发给、续发、中止、注销、提升注册资本额、提供担保金、聘请符合法定任职要件的技术主管、订立罚款机制、明确从事有关业务而须遵守的义务等多方面进行法定规范，将是全方位的监管，有利于提升业界营运者的专业素质，但也增加了营运成本。

特区政府制定的《分层建筑物共同部分的管理法律制度》，是将《民法典》中有关分层所有权的规定内容抽出单行立法。本法律订定分层建筑物共同部分的管理法律制度，分层建筑物的管理包括一切旨在促进及规范分层建筑物共同部分的使用、收益、安全、保存及改良的行为，亦包括按本法律规定属于分层建筑物各机关职责范围的其他行为。

随着上述两个法律生效执行，对业界直接的影响是公司加大营运成本，在三年期限内未开业主大会的分层建筑物楼宇都要召开业主大会；如能大部分楼宇成功开成业主大会，将会改变目前普遍存在的“无因管理”状况，而转为分别与各楼宇业主大会的管理机关签订物业管理服务合同；至于管理服务合同是采用承包制或还是采用酬金制的模式，取决于各业主大会管理机关的取向，有待观察。可以预见的是，市场会有很多的招投标个案出现，在招投标的过程中，如何保障公平性和符合长远利益可持续发展，也有待观察。但是，广大业主的“价低者得”的取向与行业提升服务专业发展的目标仍存在不协调性，短时期内无法解决。

二、对两部法规的思考和意见

作为物业管理业界的代表，我们应该对执行两个法律后行业可能面对的难题有所认识，尤其针对无业主大会无合约的大厦管理模式、“无因管理”模式、业主自管大厦模式、“价低者得”的取向、合理收入保障业界可持续发展方面，表达我们的看法，并以此提供政府施政参考。

就《分层建筑物共同部分的管理法律制度》而言，整个法律制度设定的基础，首要有业主们的守法及参与大厦管理事务的意识，行使权力参与大厦管理事务，而非选择性参与；再者有诸多如何由业主行使管理权责的法律条文，构成此专项法律。在法律的定位下，大厦物业管理公司应是按合约提供服务。

《分层建筑物共同部分的管理法律制度》并没有提及无业主大会或开不成业主大会的情况下，大厦管理的法定方式。按我们对此法的理解，无业主大会的情况下，大厦管理事务的权责仍是不变的，全体业主仍是管理主体，但问题在于无业主大会情况下如何体现其权责及操作？无业主大会即无合约，管理公司又可以什么管理模式提供大厦管理服务？这也涉及行业的生存和发展空间。

在《分层建筑物业管理理商业业务法》生效执行后，管理公司为符合发牌及续牌的法定要素，必然要依法定程序召集首次业主大会。但有可能出现开不成会或选不出法定管理机关业主管理委员会的结果，出现此类情况的大厦目前无法评估会有多少。而出现类似个案的大厦，是否可能陷入管理公司无奈撤出和无业主自管的局面，对此，我们业界未找到出路和没有共识。

目前，管理公司尚可以“无因管理”的模式为大厦提供管理服务。此模式对业界和业主有利有弊，弊大于利。利者是以原发展商合同或业主协议合约提供服务的楼宇在合同失效后，仍可延续服务，免除了大厦无人管理的危机，以及为业界特别是一些小微型公司以“价低者得”而获取了经营的机会。弊者是以这模式管理大厦，业主无意识分担管理责任，未必事事配合；管理公司则属“无权有责”，收支平衡难及收管理费难，无资源去策划和实施更新改善工程，大厦整体和各类设施看着日渐残旧，而无机制可调整管理费；大量的管理费积欠难以回收，入禀法院轻微民事案件法庭追索欠交管理费个案的程序相当不“轻微”和不“简易”，完全取决于法院是否接纳案件等因素，判决的欠费金额可能与大厦共识应缴交管理费的金额差异甚大。

业界并不赞赏和依赖“无因管理”的模式，大厦管理事务是属于小业主及其群体的私人事务，最终的目标如同《分层建筑物共同部分的管理法律制度》所规范，业主自身需分担自己家园的公共管理责任，大厦业主大会是决策机关，大厦业主管理委员会是管理执行机关。管理公司只提供服务，并以其专业知识提供合适的管理方案及实施，力求达至收支平衡略有盈余和服务“质价相符”。这才是对大厦和业主长远利益的保障。

按《分层建筑物共同部分的管理法律制度》召开业主大会，再以合约内容规范提供服务，是比较理想的大厦管理模式。但在无业主大会的情况下，还是要寻求出路，有管理公司管理好于大厦无人管理。我们假设以“无因管理”的模式继续维持部分有需要大厦的管理服务，作为一种临时性的过渡期管理模式，以相对保障大厦有人管理。但如何保障能收到应收的管理费、如何适时调整管理费、以支付应支付的大厦管理各类费用，的确未有既保障业主又保障管理公司的行之有效的解决方法，迫切需要政府施政协调。

如果行业的收入水平可以优化，有助于提升行业的服务水平和专业性。如何确保行业有合理的收入，从而维持行业有可持续发展的动力，在市场经济主导的体制下，政府施政如何协调业界和市民的需求，都将是执法后政府和业界会共同面对的课题。

①	②
	③
④	⑤

① 北京物业管理行业协会：北京物业管理行业协会第四届会员大会第二次会议

② 上海市物业管理行业协会：上海市首届“最美物业人”表彰大会

③ 天津市物业管理协会：天津市物业管理行业职业技能竞赛闭幕式颁奖

④ 重庆市物业管理协会：第二届全国物业管理行业职业技能竞赛重庆赛区选拔赛

⑤ 河北省物业管理行业协会：中共河北省物业管理行业协会党支部组织党员及协会工作人员到华北军区烈士陵园缅怀革命先烈

①	
②	③
	④
⑤	⑥

① 石家庄市物业管理协会：石家庄物业大讲堂

② 内蒙古自治区物业管理协会：内蒙古物业人为内蒙古第十三届运动会提供志愿者服务

③ 沈阳市物业管理协会：沈阳市物协组织开展“三走进”活动 促进服务质量提升

④ 辽宁省房协物业管理专业委员会：辽宁省人民政府举行“物业服务质量提升年”行动新闻发布会

⑤大连市物业管理协会：大连市物协赵金旭会长代表行业参加大连市委书记座谈会

⑥ 吉林省房协物业管理专业委员会：技能争先，成长共赢

①	②
③	④
⑤	⑥
	⑦

①黑龙江省房协物业管理专业委员会：黑龙江省推动县（市）级物业管理工作齐齐哈尔现场会

②安徽省物业管理协会：政府会议会务服务

③合肥市物业管理协会：第二届全国物业管理行业职业技能竞赛安徽赛区选拔赛

④杭州市物业管理协会：2017 年杭州市第二届最美物业人表彰

⑤浙江省房协物业管理专业委员会：浙江物业人护航 G20

⑥福建省物业管理协会：2017 年福建省物业管理转型升级高峰论坛

⑦江西省房协物业管理专业委员会：天使金融广场

①	②
③	④
⑤	
⑥	

① 河南省物业管理协会：河南省住建厅、河南省物业管理协会精准扶贫工作

② 广州市物业管理行业协会：广州市物业管理行业协会首届五四青年节大型公益活动

③ 长沙市物业管理协会：最美客服员风采展示

④ 郑州市物业管理协会：郑州市物业管理行业“我诚信我光荣”演讲比赛

⑤ 广东省物业管理行业协会：“诚信建设永远在路上”高峰论坛上《帮扶工作协议书》签字仪式

⑥ 云南省房协物业管理分会：“两学一做”党建活动

①	②
③	④
⑤	⑥

① 深圳市物业管理协会：2017 年第五届深圳物业好声音

② 中山市物业管理协会：2018 年志愿服务总队慈善万人行

③ 广西房协物业管理专业委员会：广西物业管理项目经理岗位技能培训班

④ 海南省物业管理协会：首届国际物业管理产业博览会海南展厅

⑤ 江苏省房地产业协会物业管理专业委员会：江苏省物业管理行业职业技能竞赛

⑥ 武汉市物业管理协会：武汉市物业管理行业五星级红色物业企业经验交流活动

①	②
③	④
⑤	⑥

① 成都市物业管理协会："物业诵 颂歌献给党"红色经典诵读会

② 四川省房协物业管理专业委员会：四川消防暨防汛工作演练活动

③ 湖北省物业服务和管理协会：湖北省物业管理行业乒乓球赛

④ 陕西省物业管理协会：2018 年陕西省第二届物业管理行业职业技能竞赛

⑤ 甘肃省房协物业管理专业委员会：西部物业联盟成立大会

⑥ 兰州物业管理协会：庆七一兰州物协赴"红色甘肃"馆瞻仰先辈事迹

① ②
③
④ ⑤

① 银川市物业管理协会：银川市民大厅

② 新疆房协物业管理专业委员会：《新疆维吾尔自治区物业管理条例》发布会现场

③ 乌鲁木齐市物业管理协会：协会携爱心企业一同向残障儿童送上关爱

④ 香港物业管理师学会：参观广州国际金融中心（广州 IFC）项目

⑤ 澳门物业管理业商会：2017 澳门物业管理业商会谢思训会长担任香港物业管理师学会演讲嘉宾

企业发展

COMPANY DEVELOPMENT

物业服务企业发展报告

中国物业管理协会
上海易居房地产研究院中国房地产测评中心
深圳中深南方物业管理研究院

2018 年，为全面落实行业“服务质量提升年”，提高物业服务企业的服务质量水平、质量层次和品牌影响力，促进行业集中度和核心竞争力提升，中国物协将物业服务企业综合实力测评工作持续深入推进，此次测评工作面向会员单位，由中国物业管理协会、上海易居房地产研究院中国房地产测评中心共同主办，会同各地方行业协会，历时 5 个月组织撰写并发布《物业服务企业发展报告》（以下简称《企业报告》）。《企业报告》对企业管理规模、经营情况、服务特色等方面进行综合分析，树立优秀企业典型，全面、客观、真实地反映物业服务企业发展状况和发展趋势。

一、物业服务企业综合实力 TOP100 分布情况

本次物业服务企业综合实力测评共有 262 家优秀物业服务企业入围 TOP100。从区域[1]分布情况来看，

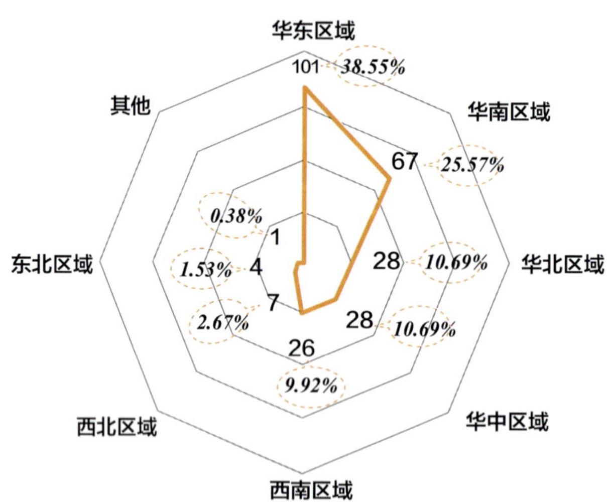

图 1 TOP100 企业区域分布

[1] 华东地区包括山东、江苏、安徽、浙江、福建、上海；华南地区包括广东、广西、海南；华中地区包括湖北、湖南、河南、江西；华北地区包括北京、天津、河北、山西；西北地区包括宁夏、新疆、陕西、甘肃；西南地区包括四川、云南、贵州、重庆；东北地区包括辽宁、黑龙江；其他包括香港地区。

华东区域 TOP100 企业 101 家，占比达 38.55%[1]，分布数量最多；其次是华南区域，TOP100 企业有 67 家，占比为 25.57%；华中和华北区域的 TOP100 企业数量均为 28 家，占比均为 10.69%；西南区域 TOP100 企业 26 家；西北和东北区域 TOP100 企业数量较少，分别为 7 家和 4 家；1 家香港企业。

受物业管理行业发展历史与区域经济因素影响，当前我国 TOP100 企业区域分布差异明显，依然呈现出东南强、西北弱的格局。

二、物业服务企业综合实力 TOP100 发展特点分析

（一）管理规模：行业市场空间进一步扩大，管理规模持续增长

1. 管理面积均值 3020.30 万平方米，市场规模稳步提升

近年来，随着物业管理行业内外部环境发生巨变，物业服务企业出现迅猛增长势头。物业服务企业紧跟城镇化发展节奏、发挥协同效应，加速扩张力度，TOP100 企业管理面积大幅提升。2017 年 TOP100 企业管理面积总值达 79.13 亿平方米，比 2015 年（49.59 亿平方米）增加 59.57%；管理面积均值[2]达到 3020.30 万平方米，比 2015 年（2361.48 万平方米）增加 27.90%。

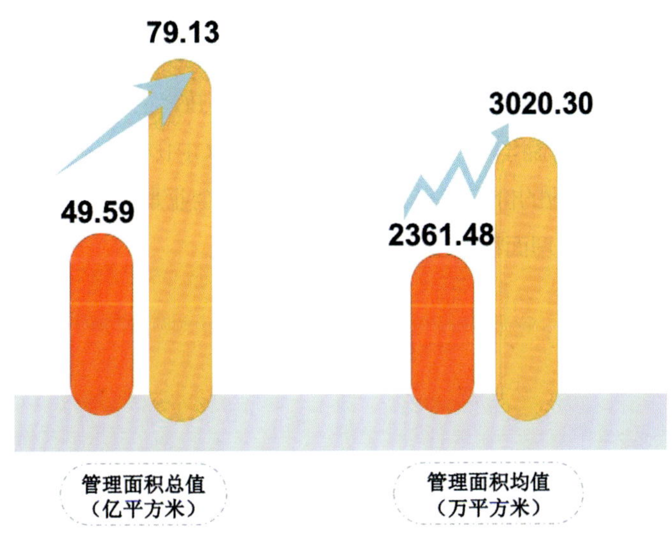

图 2　TOP100 企业管理面积情况

按管理面积层级划分，2017 年管理面积在 5000 万平方米以上的 TOP100 企业有 31 家，相比 2015 年增加 14 家，其中 5000 万 ~10000 万平方米和 10000 万平方米以上分别为 16 家和 15 家；3000 万 ~5000 万平方米有 34 家，比 2015 年增加 11 家；2000 万 ~3000 万平方米有 30 家，比 2015 年增加 5 家；

[1] 报告中部分数据由于四舍五入存在计算误差，对占比之和不等于 100.00% 的数据进行了机械调整。

[2] 管理面积均值 = 管理面积总值 / 企业数量。

1000 万 ~2000 万平方米有 81 家，比 2015 年增加 14 家。整体来看，管理面积在 1000 万平方米以上的 TOP100 企业比 2015 年增加了 44 家，市场规模总体扩张迅速，一方面是存量房时代来临所产生的契机，另一方面是区域拓展与行业整合促进 TOP100 企业做强做大。

图 3　TOP100 企业管理面积分层级情况

2. 多元业态全面拓展，住宅物业仍占主导地位

分业态来看，2017 年住宅物业管理面积达 52.09 亿平方米，相比 2015 年（35.45 亿平方米）增长 46.95%；办公物业管理面积 6.70 亿平方米，均较 2015 年增长 51.86%；商业、工业和其他类型物业管理面积合计 20.34 亿平方米，较 2015 年翻了一番。当前住宅物业在 TOP100 企业多业态经营中仍处主导地位。由于社区经济的兴起，管理住宅物业的价值进一步凸显，TOP100 企业兼并收购也以住宅物业管理项目为主，助推了 TOP100 企业中住宅物业管理面积的主导地位。

图 4　TOP100 企业分业态管理面积情况

2017 年 TOP100 企业住宅物业管理面积占比 65.83%，相比 2015 年下降 5.65%；办公物业管理面积占比 8.46%，相比 2015 年略微下降 0.43%；商业、工业和其他类型物业管理面积占比均有上升。当前尽管住宅物业管理面积仍占据主导地位，但占比有所下降，在住宅物业费水平较低且难以上涨，而人工成本、

物料费用等持续走高背景下，TOP100 企业开始在传统住宅、办公物业基础上，审时度势，积极开展物业多种业态经营，商业、高校、医院、工业园区等业态物业管理面积占比均有增长。

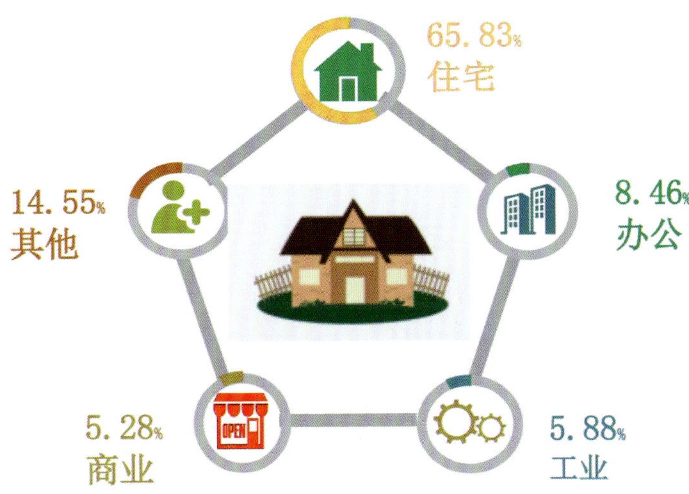

图 5　TOP100 企业分业态管理面积分布情况

3. 管理项目数量持续增加，已入驻城市深耕力度加大

随着物业管理面积的增长，企业管理项目数量也持续增加。2017 年 TOP100 企业管理项目总计 47970 个，相比 2015 年增加 15569 个，增幅达 48.05%；TOP100 企业管理项目数量均值 183 个，相比 2015 年增加了 29 个。

图 6　TOP100 企业管理项目情况

从 TOP100 企业管理项目省级分布情况来看，2017 年 TOP100 企业在广东省的管理项目最多达到 9163 个，相比 2015 年增加 41.80%；管理项目在 2000~5000 个的省份占 20.59%，共有 7 个省份，其中浙江省管理项目 4905 个，相比 2015 年增加 51.67%；管理项目在 1000~2000 个的省份占 26.47%，共有 9 个；管理项目在 500 个以下的省份数量占 41.18%。

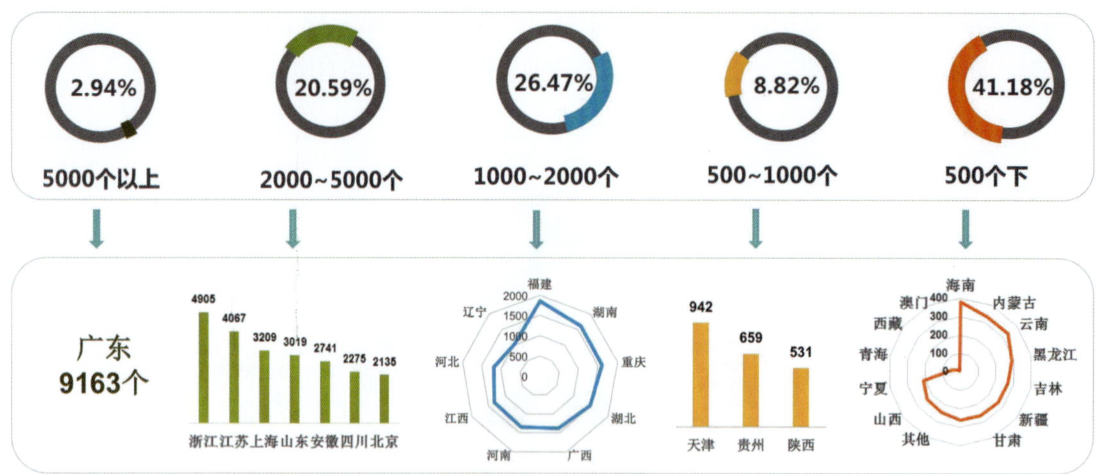

图 7　TOP100 企业管理项目省级分布情况

从城市分布结构来看，2017 年 TOP100 企业在一线城市管理项目 27218 个，占比 56.74%，占比较 2015 年增加 33.92%；二线城市管理项目 16119 个，占比 33.60%，占比较 2015 年下降 8.94%；三四线城市管理项目 4536 个，占比较 2015 年下降 24.71%；TOP100 企业在香港的管理项目共 97 个，占比为 0.20%。进入城市数量超过 30 个的企业有 41 家，占比 15.65%。TOP100 企业在一线城市管理项目数量增加，而在二、三四线城市管理项目数量下降。一线城市物业费毛利相对较高，且业主对物业服务要求越来越高，推动物业服务企业在一线城市的布局。

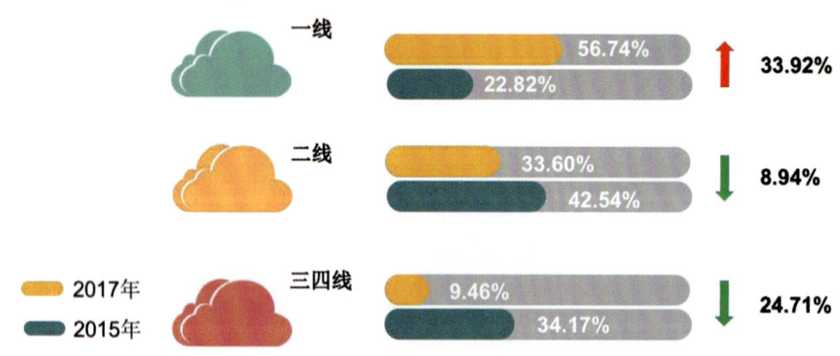

图 8　2017 年 TOP100 企业管理项目城市分布情况

4. 劳动密集型特征显著，学历结构差异较大

随着服务规模的不断扩大，从业人员规模也相应增长。2017 年 TOP100 企业从业人员共计 163.95 万人，比 2015 年增加 56.00%。从人员岗位构成情况来看，经营管理人员 22.30 万人，比 2015 年增加了 44.49%，占整体人员比重为 13.60%；其中管理员占 77.44%，项目经理占 18.14%，高层管理人员占 4.42%。经营管理人员结构呈金字塔形，结构合理。操作人员 141.66 万人，比 2015 年增加了 57.97%，占整体人员比重为 86.40%。包括秩序维护员、清洁工、工程维修工、绿化工以及其他工种，其中秩序维护员数量最多，占 37.07%；清洁工次之，占 26.55%；工程维修工占 12.11%，绿化工占 5.22%，还有 19.05% 的其他工种。

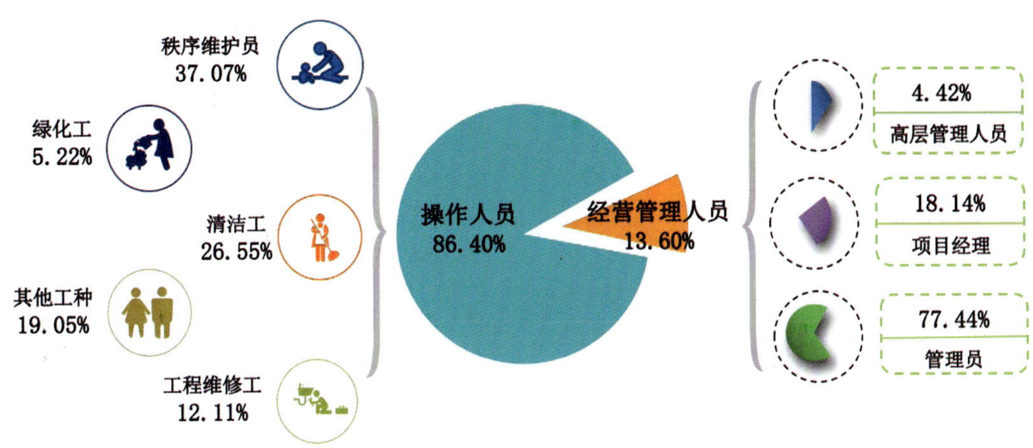

图 9　TOP100 企业从业人员岗位构成情况

经过近 37 年的发展，物业管理行业从业人员整体学历水平有所提高，但仍存在高素质人才稀缺的情况。从 TOP100 企业从业人员学历构成情况来看，高学历从业人员相对较少，本科生、硕士研究生和博士研究生数量相对较少，分别占从业人员的 6.85%、0.23% 和 0.01%；高中以下、中专生和大专生学历，占比分别为 57.71%、20.22% 和 14.98%，占比较大。

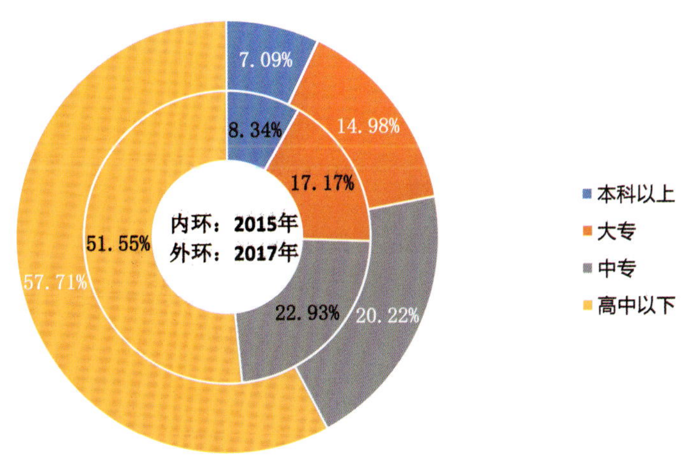

图 10　TOP100 企业从业人员学历构成情况

5. 党建工作融入企业发展，提升企业的核心竞争力

2017 年 TOP100 企业中，共有 211 家企业成立基层党组织，占比 80.53%；其中党的基层委员会 53 个，总支部委员会 34 个，支部委员会 124 个。党建的政治优势转化为促进企业发展的内在动力，融合进企业文化、企业管理、企业经营、创新发展等方方面面，成为物业服务企业加强基层建设、提升组织力、突出政治功能、优化战略部署的重要组成部分，与企业发展同频共振，提升了企业竞争力。

6. 兼并收购扩大企业规模，资本重组寻求新突破

近几年，部分 TOP100 企业凭借资本实力开始对中小物业公司收购并购，积极完善企业战略布局，快速实现做强做大目标。可见物业服务企业在盈利需求驱动下，通过规模扩张提升市场地位、获取优质社区资源的意愿强烈。物业服务企业兼并收购价值主要体现在三个方面：一是从市场环境来看，兼并收购有助于提高企业抗风险能力，扩大资本市场，并有助于为 A 股上市融资做准备；二是行业角度来看，兼并收购可提升企业行业地位，增强品牌效应，并有助于第三产业嫁接；三是从企业运营角度看，兼并收购有助于企业扩大规模效应，降低综合运用成本，稳定现金流。

（二）经营绩效：守正出奇营收再攀高峰，多元拓展净利润持续增长

1. 总资产大幅增长 82.41%，企业资本积累成效显著

2017 年 TOP100 企业总资产 1644.32 亿元，相比 2015 年（901.42 亿元）增长 82.41%；企业总资产均值达 6.28 亿元，相比 2015 年增长 46.29%。其中，总资产超过 5 亿元的企业有 77 家，比 2015 年增加 41 家；2 亿 ~5 亿元的企业 75 家，相比 2015 年减少 1 家；1 亿～ 2 亿元的企业 65 家，比 2015 年增加 11 家。TOP100 企业净资产 520.66 亿元，其中超过 5 亿元的企业有 22 家，而 0.5 亿元以下的企业有 71 家，分布形态与总资产相反。2017 年 TOP100 企业总资产增幅显著，一是得益于规模扩张，通过技术与管理双提升，强化市场开拓，壮大企业，实现资本快速增长；二是得益于 TOP100 企业积极利用资本市场，香港主板市场已成为上市首选，A 股追随者众多，物业 ABS 持续发酵，助力物业服务企业资本跨越发展；三是通过对中小企业兼并收购，可以形成规模化经营，加速企业资本扩张。

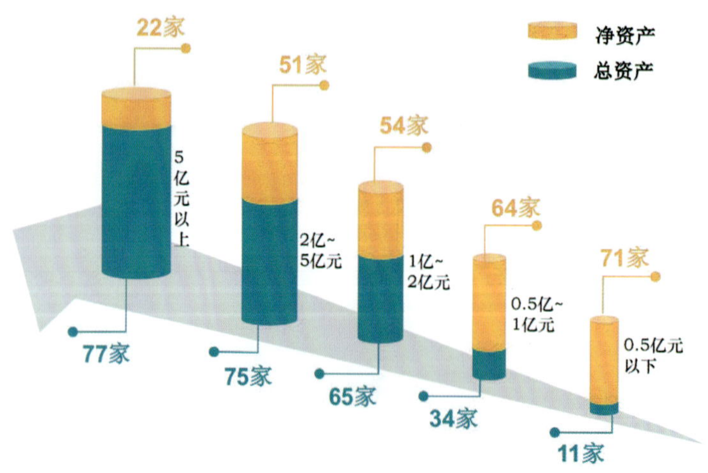

图 11　TOP100 企业总资产及净资产分布情况

2. 企业营业收入同比增长，增值业务增长向好

随着人口结构不断改善以及业主消费持续升级，TOP100 企业顺势而为持续提升业务水平，企业营业收入快速增长，基础物业服务仍占主导，多元经营服务后来居上。2017 年，TOP100 企业营业收入达 1804.27 亿元，相比 2015 年（1135.61 亿元）上升 58.88%。在营业收入构成方面，2017 年物业费收入担当创收主力，收入达 1494.47 亿元，占比 82.83%；多种经营收入 309.81 亿元，占比 17.17%，相比 2015 年有所上升。一方面，作为收入的主要来源，基础物业收入依靠管理项目的加速扩张有所提升；另一方面，

TOP100 企业通过创新拓展经营业务范围，多种经营模式经过前期培育开花结果，为 TOP100 企业营收增长助力。

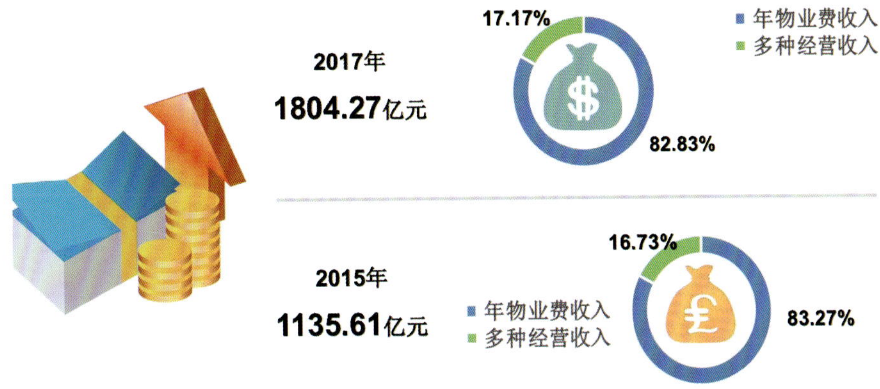

图 12　TOP100 企业营业收入构成及变化情况

2017 年 TOP100 企业营业收入在 10 亿元以上的有 44 家，较 2015 年增加 20 家，其中 10 亿 ~20 亿元的企业 29 家，20 亿 ~50 亿元的 13 家，50 亿元以上的 2 家；5~10 亿元的企业有 63 家，比 2015 年增加 24 家；2 亿 ~5 亿元的企业 125 家，比 2015 年增加 28 家；2 亿元以下企业 30 家，比 2015 年减少 20 家。

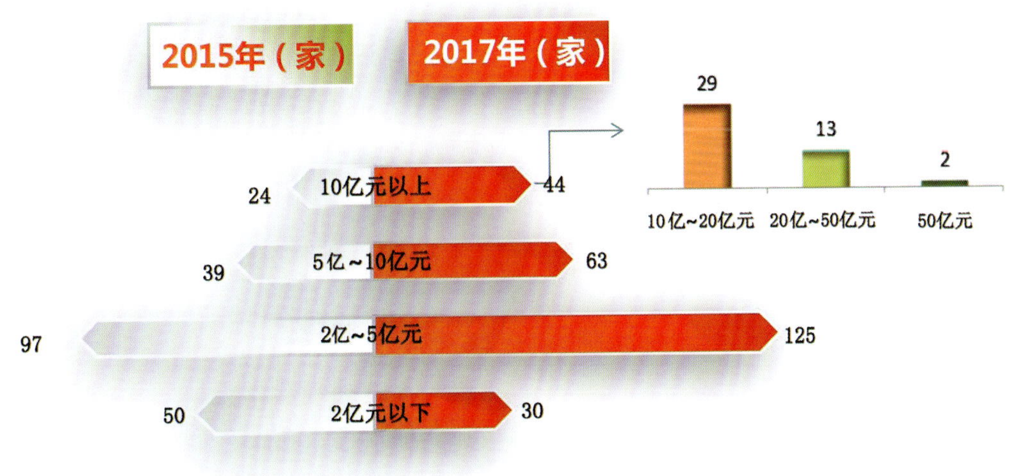

图 13　TOP100 企业营业收入分布情况

从不同物业形态来看，各种类型物业费收入差距较大。2017 年住宅类物业费收入达 689.48 亿元，相较 2015 年（506.50 亿元）增长 36.13%，占物业费总收入的 46.13%，相比 2015 年下降了 7.42%；办公和商业物业费收入分别为 322.79 亿元和 110.33 亿元，占比分别为 21.60% 和 7.38%；工业园物业费收入相对较低，为 87.38 亿元，占比 5.85%。可见，作为传统物业领域的住宅物业在 TOP100 企业营业收入中占主导地位，但占比有所下降，其他业态物业费收入占比上升。

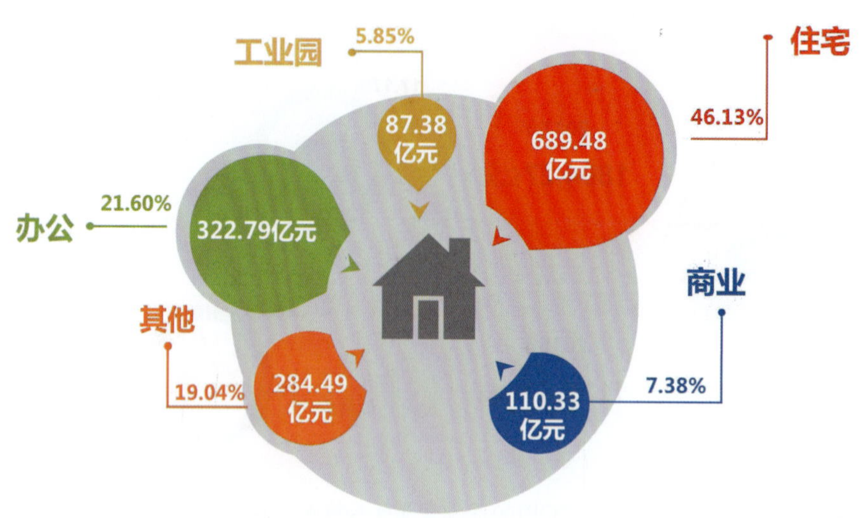

图 14 TOP100 企业不同业态物业费收入情况

从经营范围来看，TOP100 企业在多种经营业务方面积极探索，开展的多种经营服务涵盖了社区服务、顾问咨询和其他多元化经营服务。2017 年，TOP100 企业社区服务收入 115.29 亿元，均值 0.74[1] 亿元，占多种经营收入的比重达到 37.21%，与 2015 年基本持平，其中社区电商服务收入和社区房屋经纪收入是 TOP100 物业开展社区服务的主阵地，二者占比分别为 5.29% 和 8.23%。同时，TOP100 企业凭借丰富的管理经验和先进的管理技术，取得顾问咨询收入 17.8 亿元，占比为 5.75%；此外，TOP100 企业整合内外部资源开展其他多元服务，其他业务收入为 176.72 亿元，占比达到 57.04%。

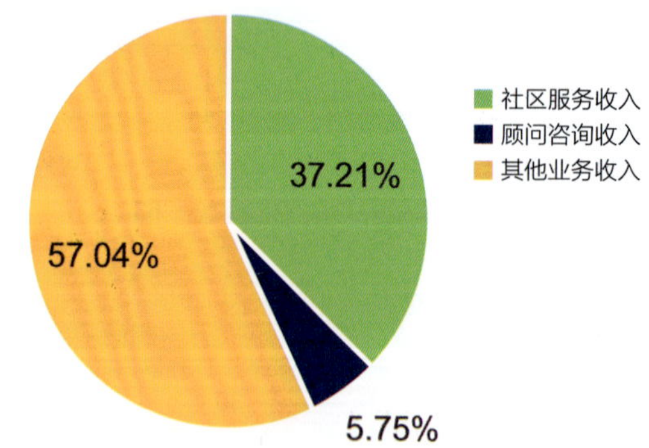

图 15 TOP100 企业多种经营服务收入构成情况

3. 净利润同比增长，新盈利空间逐步打开

2017 年，TOP100 企业净利润总值 142.93 亿元，盈利规模迅速扩大，相比 2015 年上涨 73.76%；净利润均值为 5455.42 万元，相比 2015 年（3916.93 万元）上升 39.28%。近年来，TOP100 企业抓住消费升

[1] TOP100 企业中有 155 家企业有社区服务收入，计算公式为 115.29/155=0.74。

级的机遇，拥抱“互联网 +”，不断创新求变，推出各项增值服务，挖掘社区“金矿”，重构物业服务企业的赢利模式，打开新的利润增长空间。

图 16　TOP100 企业净利润及变化情况

TOP100 企业中，2017 年净利润在 3000 万元以上的企业数量达到 135 家，较 2015 年增加 45 家；且净利润超过 5000 万元的企业数量由 2015 年的 48 家增加到 77 家；净利润在 1000 万元以下的企业比例由 2015 年的 22.38% 下降至 11.07%，TOP100 企业盈利水平不断提升。此外，有 47 家企业净利润在 8000 万元及以上，符合证监会对上市企业净利润条件的要求。

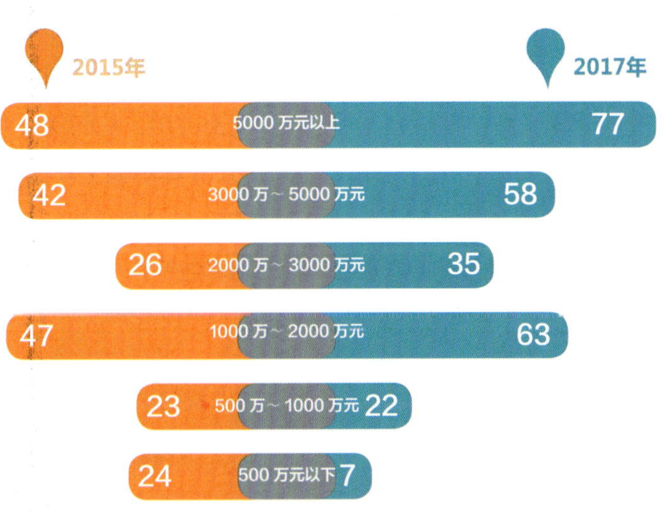

图 17　TOP100 企业净利润分布情况

从 TOP100 企业盈利结构来看，2017 年 TOP100 企业继续呈现以物业服务为主、多种经营服务为辅的盈利模式。其中，物业服务净利润均值 3789.24 万元，相比 2015 年上涨 40.36%，占比 69.46%；多种经营净利润均值 1666.18 万元，相比 2015 年上涨 36.88%，占比 30.54%，与 2015 年基本持平。多种经营在营业收入中占比 17.17%，但在利润构成中占比却达到 30.54%，可见多种经营服务在为 TOP100 企业创造利润方面继续发挥关键作用。

4. 经营成本持续上升，人均效率不断提高

TOP100 企业 2017 年经营成本总值为 1534.11 亿元，均值 58553.90 万元，相比 2015 年（43239.94 万元）上升了 35.42%，经营成本有所上升。2017 年营业成本率为 85.03%，相比 2015 年（79.96%）上升了 5.07

个百分点。营业成本的上升，一是随着物业服务企业规模扩大，管理项目增加，物业服务企业需投入更多人力物力成本，在物业费标准基本不变的前提下，各项人力、材料、资源成本的上升导致成本率必然上升；二是随着中国经济的发展，经济总量和社会财富的增长，人民生活水平也大幅提高，经济的发展与服务成本的上升呈现水涨船高的“正相关关系”。

图 18　TOP100 企业营业成本及营业成本率情况

从成本构成来看，2017 年 TOP100 企业人力成本依然较高，占比过半，但相较 2015 年小幅下降 2.59 个百分点，这主要得益于近年来 TOP100 企业对智能化设备的使用，以及引入移动互联等新技术改造业务形态，在提升服务质量的同时降低基础服务对人力成本的大量占用，从而使人力成本比重下降。物业共用部分共用设备设施日常运行和维护费用占比为 9.73%，较 2015 年小幅上升 0.11 个百分点；秩序维护费、办公费用、绿化养护费和其他费用占比分别为 5.89%、2.87%、2.74% 和 15.76%，较 2015 年均有不同程度增加；仅清洁卫生费和物业共用部分共用设备及公众责任保险费用占比分别为 8.05% 和 0.76%，较 2015 年有下降。

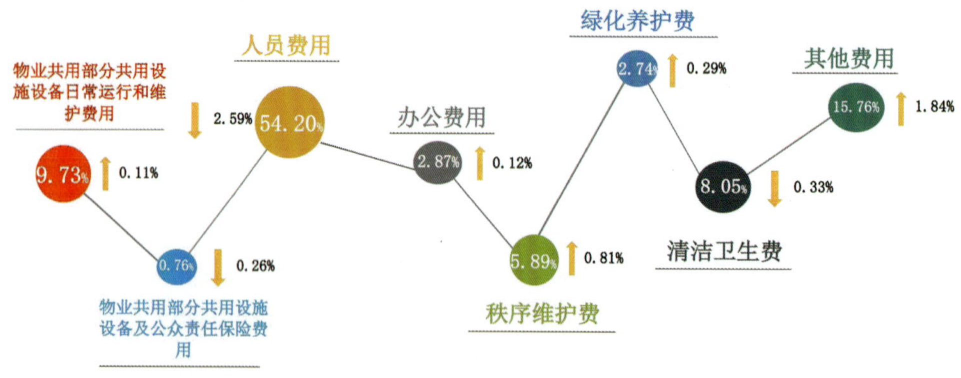

图 19　TOP100 企业营业构成情况

TOP100 企业人均产出不断提升，2017 年人均产出为 11.00 万元，相比 2015 年（10.39 万元）增长 5.92%；人均管理面积 4826.54 平方米，较 2015 年（4538.77 平方米）增长 6.34%。一方面物业管理的信息化、智能化有助于提升管理效率，同时操作的机械化、自动化提升了作业效率，从而使人均产出显著提升；另一方面随着企业规模化、集约化程度不断提高，人均管理面积也不断增加。

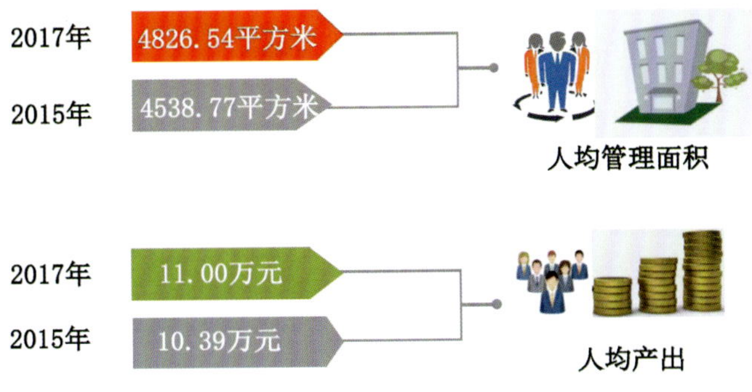

图 20　TOP100 企业人均管理面积和人均产出变化情况

（三）服务质量：转变理念服务品质持续提升，业主认可获得较高收缴率

1. 积极改进服务理念，业主满意度处于较高水平

数据显示，96.95% 的 TOP100 企业进行了业主满意度调查工作，调查内容涵盖客户服务、保洁、绿化、维修、秩序维护等基本物业服务指标，TOP100 企业业主满意度均值为 88.03[1]。较高的满意度调查参与率，说明了物业服务企业服务理念正逐步由“管理”向“服务”的转变，通过积极开展业主满意度调查，寻找服务短板与改进方向，为满足业主美好生活的需求不断努力。

图 21　TOP100 企业业主满意度调查情况

2. 物业服务费同比增长，收缴率保持平稳水平

2017 年物业费平均水平为 4.85 元 / 平方米 / 月[2]，与 2015 年相比增长了 13.32%；各城市等级和各物业形态的物业费水平均上升。其中，2017 年一线城市物业费水平为 7.56 元 / 平方米·月，比 2015 年增长

[1] 由于各地企业满意度测评的口径和方法略有差异，结果仅供参考。

[2] 物业费平均水平为各类业态平均值。

了16.13%；二线城市物业费水平为4.09元/平方米·月，比2015年增长了10.84%；三四线城市物业费水平为3.86元/平方米·月，比2015年增长了10.18%。

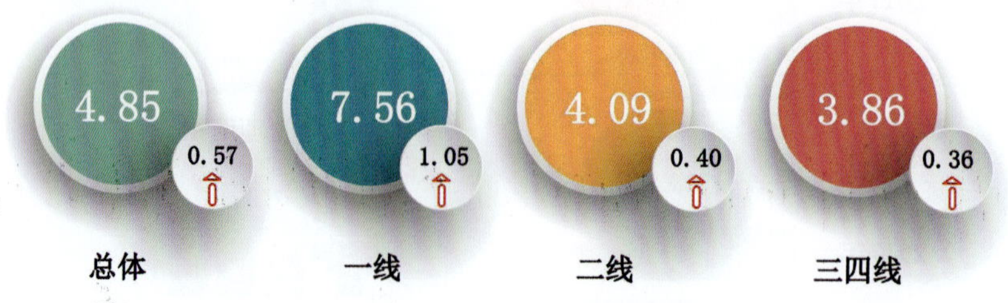

图22 不同城市等级物业费水平（元/平方米·月）

从各物业类型看，办公物业与场馆物业的物业费水平较高，分别为8.54元/平方米·月和8.48元/平方米·月；其次是医院物业、商业物业和其他物业，物业费水平分别为7.07元/平方米·月、7.01元/平方米·月和7.04元/平方米·月；工业物业和学校物业的物业费水平分别为5.27元/平方米·月和4.32元/平方米·月；住宅物业的物业费水平最低，为2.91元/平方米·月。与2015年相比，工业物业和住宅物业的物业费增长幅度较高，分别为39.79%和29.91%；其次是学校物业、场馆物业和其他物业，分别增长了16.76%、12.17%和10.69%；办公物业和医院物业分别增加了8.24%和4.12%；商业物业的物业费水平增长幅度最小，仅0.72%。

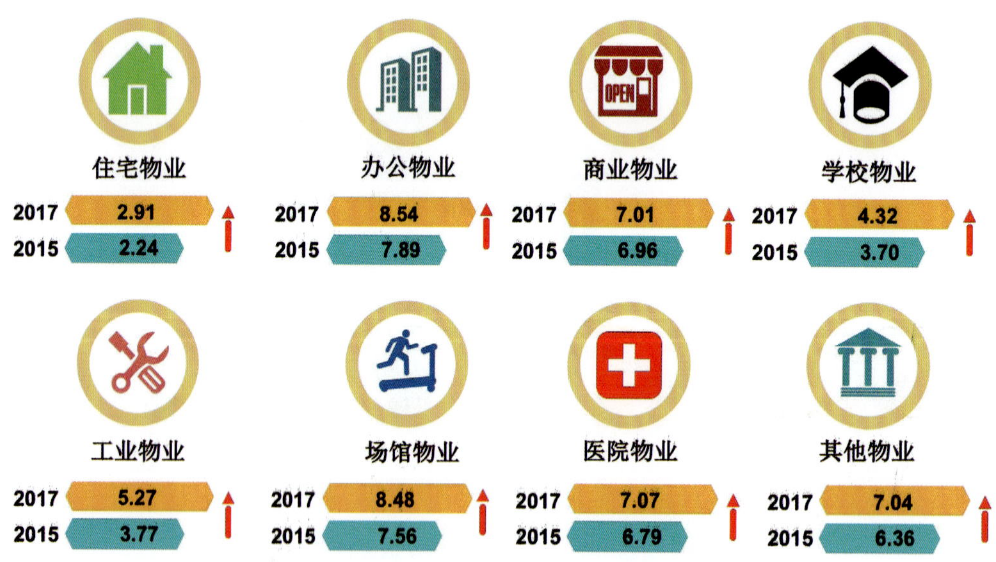

图23 不同物业类型物业费水平（元/平方米·月）

2017年物业费平均收缴率为94.27%，比2015年增长了0.18%。其中，住宅物业平均收缴率为90.52%，学校物业、医院物业、场馆物业、工业物业和办公物业的物业费收缴率均超过99.00%，其他物业和商业物业的收缴率也较高，分别为97.78%和92.65%。与2015年相比，办公物业、其他物业、工业物业和场馆物业的物业费收缴率均上升，学校物业、医院物业、住宅物业和商业物业的物业费收缴率略有下降。

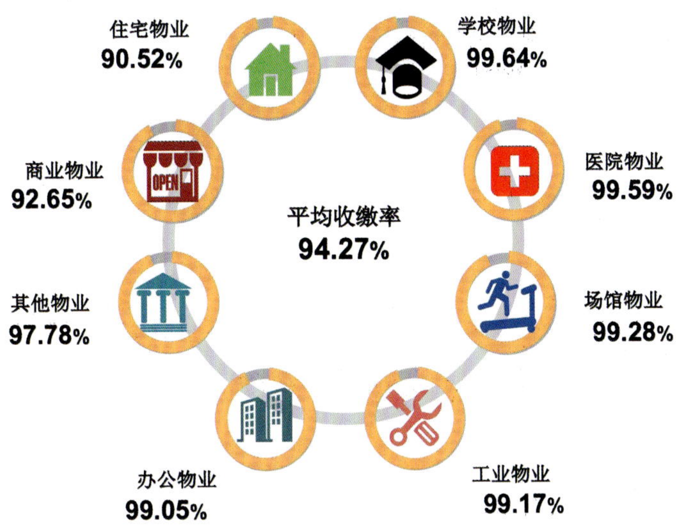

图 24 不同物业类型物业收缴率

3. 物业基础业务外包[1]降本增效，推动行业上下游产业链成熟

2017 年有 209 家物业服务企业将部分基础业务交由专业外包企业管理，比 2015 年（169 家）增加了 23.67%。近年来，越来越多的物业服务企业通过实施服务外包管理模式，寻求专业的服务商承接其非核心的业务，并在有效的管控之下完成服务，从而使其专注核心业务，降本增效、提高企业核心竞争力并增强对环境应变的能力。此外通过外包服务商更加“专业化”的服务，有助于提高物业服务的质量和业主的满意度。

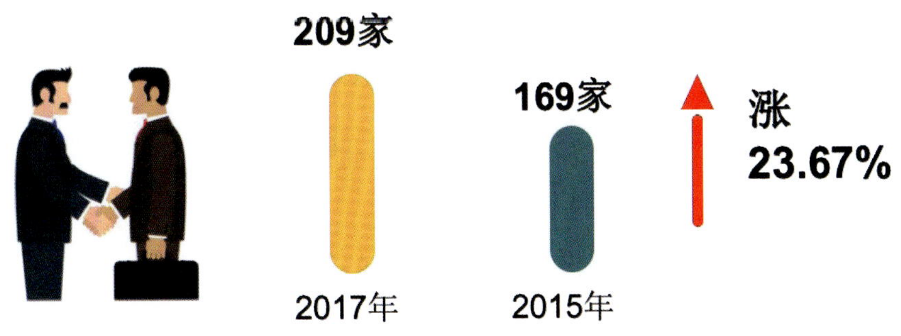

图 25 业务外包 TOP100 企业数量

对比外包人员数与企业员工数量，2017 年 TOP100 企业外包人员数为 66.79 万人，占一线员工总数的 32.04%，与 2015 年相比增长了 5.49%。物业基础业务外包作为一种发展趋势，一方面将逐渐发展成为一个独立的行业，产生大量工作岗位，促进社会就业；另一方面，在业务外包企业数量增加 23.67% 的情况下，

[1] 外包是指除电梯设备等强制外包以外的，具备市场选择性质的外包业务。

外包人员占比增量为 5.49%，说明专业化的分工可以带来工作的高效率，从而使物业服务企业与外包业务承接商均达到降本增效的双赢目的。

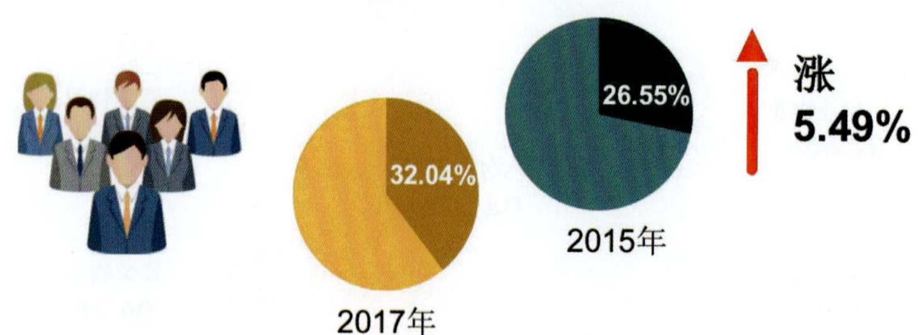

图 26　TOP100 企业外包人员占一线员工比重[1]

2017 年外包业务仍主要以设备维修养护、秩序维护、保洁服务和绿化养护四项基础服务为主。从业务外包项目总体情况看，2017 年业务外包项目比重[2]为 120.29%，与 2015 年（107.69%）相比增长了 12.60%。为满足业主差异化、高质量的消费需求，物业服务企业根据自身及外包业务承接商的优劣势，将多项基础业务交给外包业务承接商。从各业务外包项目看，设备维修养护业务外包项目占比为 26.06%；秩序维护业务外包项目占比为 15.98%；保洁业务外包项目占比为 33.26%；绿化业务外包项目占比为 24.70%。除秩序维护服务业务外包比重略有上升外，其他三项比重均下降。物业基础业务外包的发展与壮大，将进一步促进物业管理行业专业细化，从而推进物业管理行业上下游产业链的成熟。

2017 年设备维修养护业务外包项目人员投入占比为 8.93%；秩序维护业务外包项目人员投入占比为 24.75%；保洁业务外包项目人员投入占比为 55.57%；绿化业务外包项目人员投入占比为 10.75%。其中保洁业务外包人员比重较 2015 年上升了 13.43%，其他三项外包业务人员投入比重均下降，进一步证明了物业基础业务外包和专业化分工有利于提高工作效率。

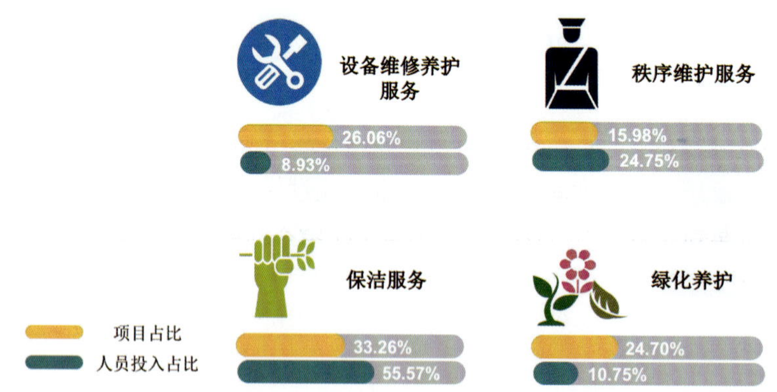

图 27　TOP100 企业外包项目及人员比重

4. 业委会成立比率不断提升，业主参与促进社区和谐共治

TOP100 企业 2017 年管理的 47970 个项目中，已成立业委会的有 7534 个，占比 15.70%，比 2015

[1] 一线员工 = 企业操作人员 + 外包员工数。

[2] 业务外包项目比重 = 各项外包业务项目数 / 管理物业项目总数。存在一个项目中有多项业务外包情况。

年增长了1.01%。分业态类型来看，住宅物业成立业委会的比例为22.03%，与2015年相比增长了2.21%。分地区来看，浙江、上海、广东等地业委会总量较多，内蒙古、上海、湖北等地业委会成立比例较高，业委会占比均超过当地物业项目的30.00%。

业委会作为与物业服务企业、政府基层机构沟通的桥梁，是当前社会治理创新的重要组成部门，是实现多方参与，形成社区共治的主要抓手，它的合理运行能够对物业服务进行监督和建议、表达业主诉求、促进信息公开透明，为业主带来实实在在的实惠和方便，有利于促进和谐社区的建设。

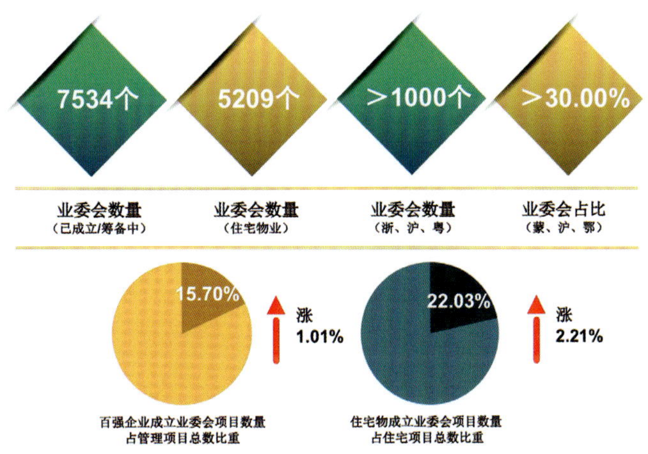

图28　TOP100企业业委会成立情况

（四）发展潜力：开源节流企业发展扎实稳进，利润增长行业估值再提升

1. 净资产收益率表现卓越，行业估值仍有进一步提升空间

2017年TOP100企业净资产收益率（ROE）[1]值为27.45%，其中有191家企业的ROE值高于20.00%，8家企业的ROE值超过100.00%，行业整体表现卓越，这也是行业获得高估值的决定因素。可见，随着物业管理行业的转型升级，行业净资产收益率仍有较大的进步空间。

2. “成本控制＋增值服务”双措并举，利润增长具有可持续性

2017年TOP100企业净利润率[2]为7.92%，其中有121家企业的净利润率高于8.00%。若按酬金制和增值服务业务计算，净利润率可能会更高，毫不逊色其他行业，势必将成为吸引投资人眼球的一抹亮色。

2017年TOP100企业人工成本占比[3]为54.20%。由于科技手段的运用，人工成本在总成本中的占比得到控制，占比呈下降的趋势，比2015年下降了2.59%。使得物业服务企业的利润增长更有保障。

[1] 净资产收益率（ROE）＝净利润/净资产。

[2] 净利润率＝净利润/营业收入。

[3] 人工成本占比＝总人工成本/总成本。

结语

随着宏观经济环境变化和国家对房地产市场的调控，住房将回归到基本的居住功能，在从增量迈向存量市场的趋势下，随之而来的是物业管理行业的大势崛起，物业服务企业顺势而行，通过整合资源、创新模式和技术赋能，不断扩大企业规模、提升企业效益、改进服务质量，将迎来前所未有的发展良机。TOP100 企业应着力推动技术创新，以积极、开放、包容、协同的姿态去拥抱互联网、拥抱资本，提升产业集中度和科技含量；通过科技创新、技术赋能的方式重新梳理企业架构、商业模式和管理流程；应高度重视人才培养和人才队伍建设，全面提升员工的专业素质，从更深层次提供相适应的延伸服务和增值服务。在物业管理行业迈向高质量发展的新阶段，物业服务企业要不忘初心，以共建人民美好生活为使命，实现新作为，做出新贡献。

专题一　物业服务企业综合实力 TOP10 发展特点

一、TOP10 企业主要指标均值涨幅明显，均超过 TOP100 企业 6 倍以上

2017 年，TOP10 企业管理面积均值为 21430.76 万平方米，比 2015 年（13332.60 万平方米）增长 60.74%，是 TOP100 企业均值的 7.10 倍；TOP10 企业总资产均值为 40.44 亿元，比 2015 年（21.99 亿元）增长 83.90%，是 TOP100 企业均值的 6.44 倍；TOP10 企业营业收入均值为 33.14 亿元，比 2015 年（22.17 亿元）增长 49.44%，是 TOP100 企业均值的 4.81 倍；净利润均值 2.68 亿元，比 2015 年（1.82 亿元）增长 47.41%，是 TOP100 企业均值的 4.92 倍。

从 TOP10 企业主要指标在 TOP100 企业中的贡献率来看，各项指标的占比均超过 20.00%。其中，管理面积总值 25.72 亿平方米，占 TOP100 企业管理总面积的 32.50%，比 2015 年增长 5.61%。总资产 485.32 亿元，占 TOP100 企业总资产的 29.52%，比重比 2015 年增长了 4.16%。净利润总额 32.21 亿元，占 TOP100 企业净利润总额的 22.04%，比 2015 年增长了 2.51%。

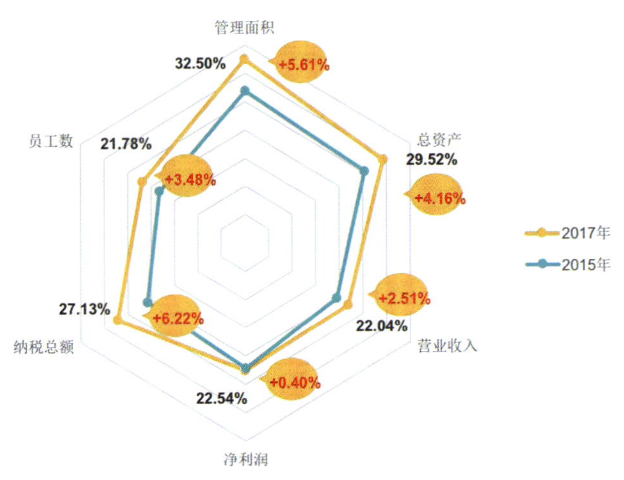

图 29　TOP10 企业主要指标在 TOP100 企业中的占比及变化趋势

二、TOP10 企业管理面积均值增长翻番，行业集中度进一步提高

TOP10 企业管理面积均值 21430.76 万平方米，平均管理项目 1028.50 个，分别比 2015 年增长了 60.74% 和 38.24%，行业集中度进一步提高；人均管理面积为 7202.85 平方米，与 2015 年相比上升了 3.89%。

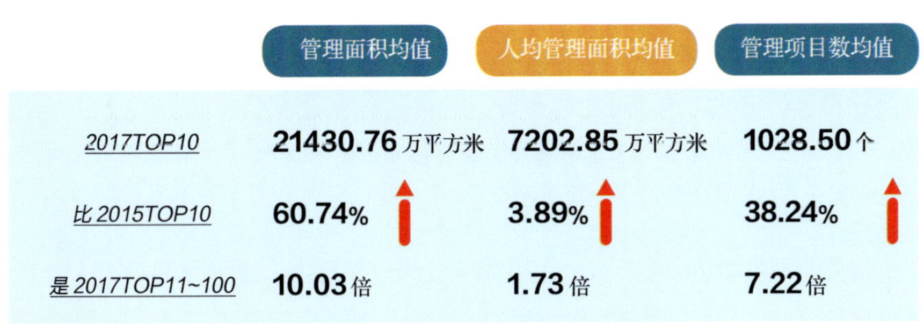

	管理面积均值	人均管理面积均值	管理项目数均值
2017TOP10	21430.76 万平方米	7202.85 万平方米	1028.50 个
比 2015TOP10	60.74% ↑	3.89% ↑	38.24% ↑
是 2017TOP11~100	10.03 倍	1.73 倍	7.22 倍

图 30　TOP10 企业管理面积情况对比

三、TOP10 企业营业收入均值增长显著，增值服务空间进一步扩大

2017 年，TOP10 企业的营业收入均值为 33.14 亿元，与 2015 年相比增长了 49.44%；净利润均值为 2.68 亿元，与 2015 年相比增长了 47.41%。对比来看，TOP10 企业的营业收入均值和净利润均值分别是 TOP11 ～ 100 企业的 5.89 倍和 6.06 倍。从人均产出来看，2017 年，TOP10 企业人均产出为 11.14 万元 / 人，与 2015 年相比下降了 3.40%。

	营业收入均值	人均产出	净利润均值
2017TOP10	33.14 亿元	11.14 万元	2.68 亿元
比 2015TOP10	49.44% ↑	-3.40% ↓	47.41% ↑
是 2017TOP11~100	5.89 倍	1.02 倍	6.06 倍

图 31　TOP10 企业经营情况对比

从营业收入构成来看，2017 年，TOP10 企业物业服务费收入均值为 25.11 亿元，比 2015 年增长了 57.41%，占营业收入比重为 75.77%，依然是物业服务企业的主要收入来源。TOP10 企业多种经营收入均值为 8.03 亿元，比 2015 年增长了 28.91%，占营业收入比重为 24.23%。相比 TOP11 ～ 100 企业多种经营收入占比 15.17% 而言，TOP10 企业倾向于将基础物业服务外包，集中优质资源，聚焦物业服务的细分领域做精做强，打造更为专业化、精细化的专业服务。同时，依托多元化布局及综合资源整合能力开展增值服务，一是社区增值服务，围绕社区开展居住社区平台服务运营，打造覆盖全生命周期服务链的社区生活服务体系；二是非业主增值服务，开展城市公共运维服务、智慧产城综合运营服务，深度拓展现代城市服务上下游产业链。通过发展多种经营业务，为企业带来更高的附加值。

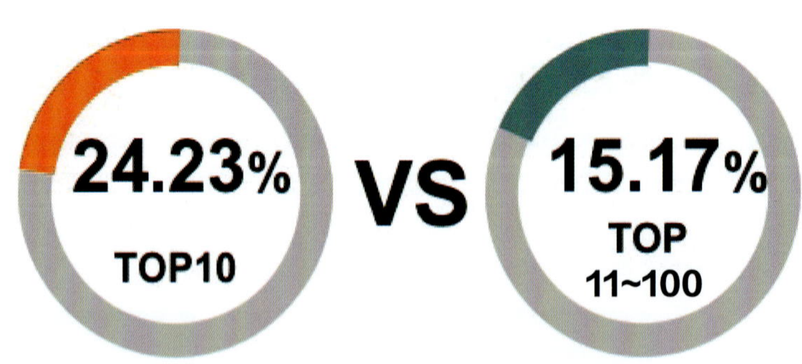

图 32　企业营业收入构成情况对比

2017 年，TOP10 企业营业成本率为 84.65%，比 2015 年上升了 9.52%，低于同期 TOP11~100 企业 0.48 个百分点。2017 年物业服务企业积极扩大互联网、物联网等技术创新多元业务布局，前期成本投入大，同时整个行业面临人力成本及各项费用快速上升、物业费水平难以提升等压力，营业成本率呈上升趋势。

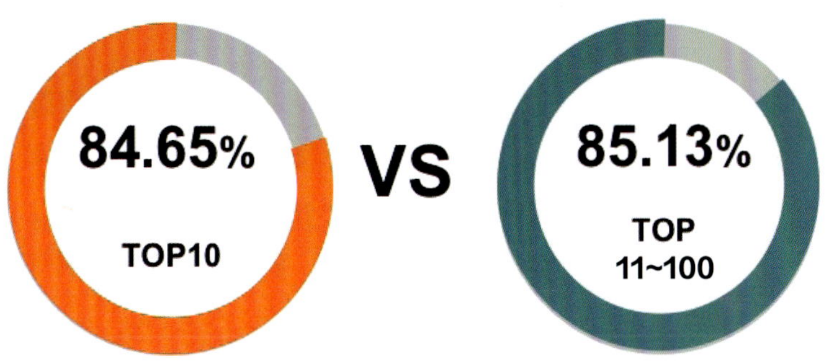

图 33　企业营业成本率对比

四、TOP10 企业注重优秀人才引进，人员结构进一步优化

2017 年，TOP10 企业员工人数均值为 29753 人，比 2015 年增长 54.72%；外包人员均值为 23335 人，比 2015 年增长 132.05%；相比较看来，外包人员数量增长速度远高于企业员工人数，物业管理行业上下游产业链的逐步成熟，促进物业服务企业优化人员及业务结构。而 TOP11~100 企业的外包人员数量增速为 37.55%，远低于 TOP10 企业，说明 TOP10 企业人员及业务结构更加优化。TOP10 企业本科及以上学历人员数量均值为 3042 人，是 TOP11 ～ 100 企业的 9.55 倍，比 2015 年增长了 89.55%。

随着我国物业管理行业的蓬勃发展和市场竞争的加剧，优秀人才的选拔、培养和科学合理的使用是物业服务企业在快速发展阶段的一项重要工作；而 TOP10 企业作为行业品牌企业，强大的综合实力和良好的发展平台，对优秀人才更具吸引力。部分 TOP100 企业培训院校的成立，构建了覆盖全业务的培训体系，推动物业管理人才储备基地的发展，从而提高物业服务品质、引领中国物业管理行业迈进高品质服务时代。

表 1　TOP10 企业人力资源情况对比

指标名称	单位	2017TOP10	2017TOP11 ～ 100	2015TOP10	2015TOP11 ～ 100
员工人数均值	人	29753	5130	19230	4459
外包人数均值	人	23335	1989	10056	1446
经营管理人员 : 企业操作人员	-	1 : 4.56	1 : 7.08	1 : 3.88	1 : 6.47
外包单位投入人员 : 企业操作人员	-	1 : 1.05	1 : 2.26	1 : 1.52	1 : 2.67
本科学历以上人数均值	人	3042	319	1605	372

专题二　物业服务企业服务价值的诠释

“房子是用来住的”回归了房屋居住属性，明确指明了房地产业的发展方向和定位，将大众视野由投资价值引向服务价值，各大房地产企业纷纷靠拢“城市运营商”“城市配套服务商”等概念，谋求多元化发展。物业管理也被“委以重任”，成为面向终端消费者、塑造地产商品牌、提升房子附加值、培育新经济增长点的关键。在新时代背景下，物业服务企业不断拓宽工作思路，积极探索全新业务领域，用新的有力作为诠释行业服务价值。

一、创新，推动企业转型升级

（一）组织创新激发市场活力

企业要想升级，首先需要拆解企业的构成，打破原有的运作体制，再在人、财、物、责、权、利等方面进行重新分配，在重组过程中产生新的商业模式。传统物业管理业务结构单一，劳动人员密集，通常采用金字塔形进行组织逐级管控。随着物业增值服务、资产管理、社区商业等业务领域的创新和拓展，以及互联网技术的普及应用，组织创新成为保障业务发展的重要环节。

以万科为例，2015年5月万科董事会审议通过《关于物业服务市场化发展及建立事业合伙人机制的议案》后，万科物业将原有的项目经理制变革为合伙人制，推出“睿服务”体系，最大限度地提升整合人力资源的能力，通过合伙人管理物业管理项目的创新形式，实现多元业务开展和市场化道路扩张。截至2017年年底，万科物业的合同管理面积已超过4.6亿平方米，是变革前管理面积的4倍。这种根据项目来组织团队的扁平化管理，任务清楚，目的明确，减少层级的管理方式能保持很强的灵活性和战斗力，员工也会有更强的责任感。传统雇佣关系以占有时间和技能为导向，会导致角色固化、层级固化和信息僵化，把员工当作合作伙伴，员工帮助企业达成目标，企业帮助员工塑造职业生涯，双方互助互利，基于信任和契约精神的合作也将是未来的发展趋势。

除物业服务企业内部的组织架构调整外，企业之间的整合也在不断创新。2017年6月，雅生活集团收购上海绿地物业服务有限公司100%股权，由此开启“雅居乐物业”和“绿地物业”双品牌驱动战略。雅居乐物业是中高端住宅和旅游地产物业管理的先行者，绿地物业则是超高层以及商务办公等非住宅物业的标杆企业。两大品牌形成优势互补，将雅生活打造成商办及高端住宅物业管理的品牌标杆企业，助推雅生活发展成为业务更全面、结构更健康的综合性产业集团。

（二）模式创新拓宽业务领域

物业服务企业专注于为住宅物业、办公物业、工业园区物业、商业物业和其他物业提供基础物业管理服务，精耕细作，将服务做到极致的同时，不断围绕业主不动产保值增值提供全生命周期服务，延伸物业管理产业链、拓宽服务面，在前介服务、社区资产服务、智能科技服务和社区生活服务等领域，形成了独具价值的商务与盈利模式。

蓝光嘉宝运用“互联网”思维，开发了基于客户服务价值的“生活家服务体系”新型商业模式。功能方面涵盖了基于物业服务需求的“在线缴费、在线报修、在线投诉、小区公告、便民服务”等，基于社区生活服务需求的“一键开门、我的邮包、邻里圈子、社区生活商城、房屋租售、拎包入住、生态粮油、旅游出行、家政服务”等功能。

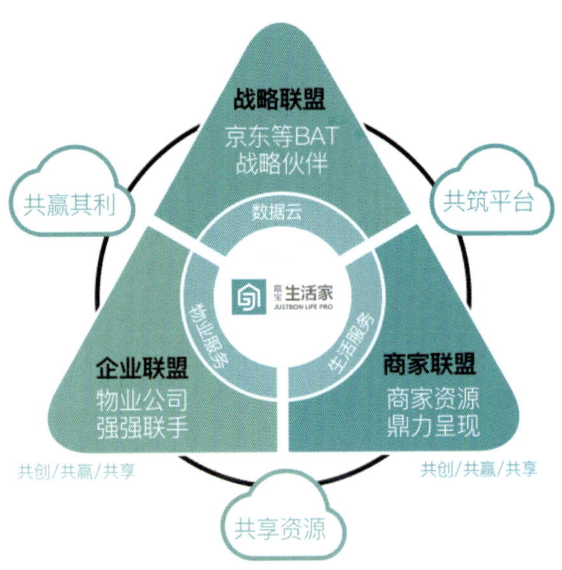

图 34　蓝光嘉宝“生活家服务体系”

保利物业以“全生命周期”的服务创新与科技创新，提供大客户基础服务、社区健康管理、资产增值等多元化服务。

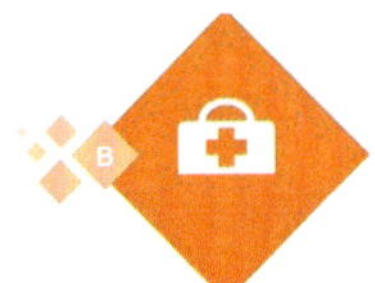

大客服基础服务

- 亲情管家服务
- 全员客服化

健康生活服务

- “全产业链”养老模式
- 和院健康生活馆
- 围绕长者衣食住行适老化改造

资产运营

- 物业租售
- 物业托管打理
- 商业物业整体运营
- “全介通”物业前期咨询

图 35　保利物业“健康生活服务体系”

（三）技术创新提升服务品质

今天，我们正在享受互联网带来的第三次技术革命带来的红利，移动互联网、物联网、人工智能、大数据等新技术在物业管理行业的大量运用，正在用新科技赋能管理效率、用互联网重构商业模式，全面推进物业管理介入智慧商圈、智慧社区、智慧城市的建设工作。通过智能硬件替代人工，包括机器人、人脸识别技术、生物识别技术等，提升物业服务企业多元化、智能化、信息化、科技化发展水平，节约运营成本，提高客户服务品质。

碧桂园服务则构建了完善的智能物联与信息化体系，并孵化“社区大脑”——“统一集成平台”。通过系统集成和数据打通，以数据管理模型和人工智能分析为核心驱动，实现对设备端和应用端的集中管理，2018 年 6 月又与腾讯签署“共建人工智能社区”合作协议，并在“云平台服务”和“云监控服务”两个领域启动联合研发项目，率先共建国内首个“AI+ 服务”社区。

图 36 碧桂园服务"AI+ 服务"社区

二、数据，掌握未来核心资产

这是一个数字化崛起的时代，在虚拟世界和现实世界交汇融合的新时代，数据是企业的核心资产，掌握和挖掘核心数据价值，并基于数据实现对资源的优化调度和问题的快速响应，支撑业务规模化扩张和创新机会探索，将会是物业服务企业在科技革命浪潮中的重要使命。

（一）深度挖掘客户数据

物业管理的数据类型涵盖业主信息、员工信息、设备信息、社区信息、日常运营信息等方面，近年来企业越来越重视信息管理系统的开发，利用互联网优势，在提供优质服务的同时，实现快速响应、服务跟踪、反馈采集，对传统物业管理手段进行革新，进而提升物业服务效率。通过各类传感器、数字天线、无线路由等智能化设备，沉淀积累人流、物流、商流等相关数据，整合客户、运营、财务、智能设备等各类模块，实现数据的采集。利用大数据分析，提前把握市场动向，深度挖掘客户需求，对业务需求进行智能管理，统一接受、派发、处理，智能化管控任务，精细化服务业主和客户，满足每一位客户的独特需求。

龙湖物业年均产生 235 万条客服中心话务量、413 万条报事工单、150 万条 APP 工单处理、118 万次智能门岗放行、664 万笔业主在线缴费，以及 4500 余条数据管理标准等一串串数据，对数据的处理能力直接决定了企业的管理水平和效率。金科服务依托天启大数据平台，通过建设工程数据管理中心系统来集中解决数据质量、数据访问、数据交换、数据共享以及工程数据管理的业务流程协同问题，为物业系统的经营工作提供数据支撑。

（二）数据让建筑物更智能

200 亿平方米既有建筑运营维护的能耗管理，是城市管理必须面对的一个重要课题。物业服务企业也将在这个领域发挥更加关键的作用，通过实时数据和移动应用提升建筑互联互通的能力，集中获取单个或多个楼宇的运营数据与能效报告，建立标准化的智能服务管理模式，随时掌握建筑物设备系统运营的真实状态，让业主和物业服务企业对于设备系统的报警和维护、运营成本、能耗指数、员工效率以及客户反馈等信息一目了然，控制成本，提升效率，开启智慧建筑的科学管理模式，实现建筑运营维护的可持续发展。对于物业管理者而言，未来的关注点还远不再停留于设备各个子系统的监控，而是如何应对日益增加的物业管理复杂性以及楼宇人员流动性，通过建筑效能和人员行为数据分析，实现对整个建筑物设备系统进行科学有效的管理，降低运营与维护成本，确保物业资产的保值与增值。

中航物业的 π 巡平台（设施设备运营平台）是基于物联网、云计算、大数据等 IT 先进技术贯通建筑的水、电、空调等设施设备系统管理平台，通过实时数据、历史数据、维保数据、人员数据，在云端进行数据整合增值、智慧分析、辅助决策、模型建立，实现设施设备全生命周期管理，进而提升运作效率、节约运营成本、减少能源损耗、提高客户感知。

（三）招蜂引蝶的线下流量入口

2017 年 12 月 22 日，腾讯公布了智慧社区开放平台“腾讯海纳”，意图通过云计算、大数据、人工智能等技术改造传统物业。同月 30 日，阿里巴巴旗下支付宝上线便民生活服务站，推出六个大类服务项目，包括家电维修、电工服务、管道维修、房屋筑漏、锁具维修、搬家服务。相信不少人对前几年微信和支付宝的“打车补贴大战”记忆犹新。如果说打车仅仅代表单个线下流量入口，那么坐拥社区流量入口和支付场景物业，就是无数个优质线下流量入口的集合，投诉、缴费、收快递、门禁进出、停车场进出、水电煤问题报修等复杂场景不仅数量上庞大无比，而且使用频率、支付量级上也远超打车场景，产生巨量有价值的数据资源，以此为延伸的商业生态潜力巨大。

金地物业推出了“享系列”平台产品，并不断更新迭代。目前，“享家社区”APP 用户已突破 40 万人，用户活跃度超 40%。在标杆项目智慧社区建设中，社区智慧门禁、智享停车云平台、“智享 +Home”智能家居平台、最后一公里宅配等功能和服务也陆续试点上线，抢占线下流量入口，让物业服务越来越数字化、规范化和全面化。

三、共享，搭建有价值的生态平台

（一）搭建共享服务平台

共享经济的思维打开了物业管理行业很大的想象空间。现在轻资产、众筹、合伙人制等带有共享色彩的做法越做越红火，越来越受欢迎。物业管理服务着 5 亿人的业主群体，社区这个存量市场是做共享经济的天然市场，具有最典型的高频、低额消费特征。目前，受物业收费价格过低、员工流失率大、人工费用持续上涨等多种因素影响，物业服务方面痛点还比较多；社区居民在物业服务需求、社区服务消费需求方面同样有不少痛点。用共享的方式去解决痛点、盘活存量，为业主提供增值服务，是较好的出路和方法。

万科的“睿服务”、绿城的“幸福绿城”、彩生活的“彩之云”、长城的“一应云”、龙湖的“千丁”、嘉宝的“生活家”等，都是共享方面做得比较有特色的例子。2017 年绿城的“幸福绿城”覆盖 500 个园区 20 余万个家庭。彩生活与兰州城关、江苏中住等超过 30 家物业服务企业达成平台输出合作，平台服务面积逾 9.1 亿平方米。长城物业输出一应云 3.0，以联盟模式进行扩张，平台覆盖面积达 9.3 亿平方米。通过搭建一个完全开放的系统，任何一家物业服务公司的任何一个项目都可以加载到这个系统上去（当然应该是有共同的服务价值理念），形成合作伙伴关系，类似于 Uber 平台上经认证合格的出租公司和司机。物业服务企业无须出让股权或者关键合同，在保持经营和品牌的相对独立性的前提下，系统平台上的各种资源可以实现共享。

（二）构筑合作共赢的新型社区经济生态圈

随着 2016、2017 年一个又一个社区 O2O 创业企业的倒闭，人们也在重新思考社区经济的真正内涵和可行性。在新零售理念的影响下，运用大数据、人工智能等先进技术手段，对商品的生产、流通与销售过程进行升级改造。充分发挥物业服务企业天生具备线上引流优势，重塑生态圈，对线上服务、线下体验以及现代物流进行深度融合，进一步优化上述企业“基础物业服务 + 增值服务”的平台建设，通过运用互联网思维变革企业管理体制，倡导去中心化和去中介化的平台化管理体制，控制运营成本，提高服务质量，取得业主满意；通过有效整合相关产业资源、引导用户深度参与交互、鼓励员工参与平台建设等方式，把与物业管理相关的“物”聚合在平台，把业主、员工和资源所有者等利益相关者凝聚在一起，构筑起新型的社区经济生态圈。

2016 年彩生活全面进入构建生态圈的战略阶段，通过小比例参股合作伙伴的方式构建社区服务生态圈，并通过自身社区资源孵化合作伙伴，实现共赢共生的目标。经过两年的探索，彩生活社区服务生态圈已逐渐完善，未来进一步丰富生态圈的功能和设计，不断通过小股操盘增加生态圈的覆盖范围，以“彩惠人生”“彩富人生”以及饭票为抓手提升生态圈活跃度，是彩生活未来 5 年的核心战略。

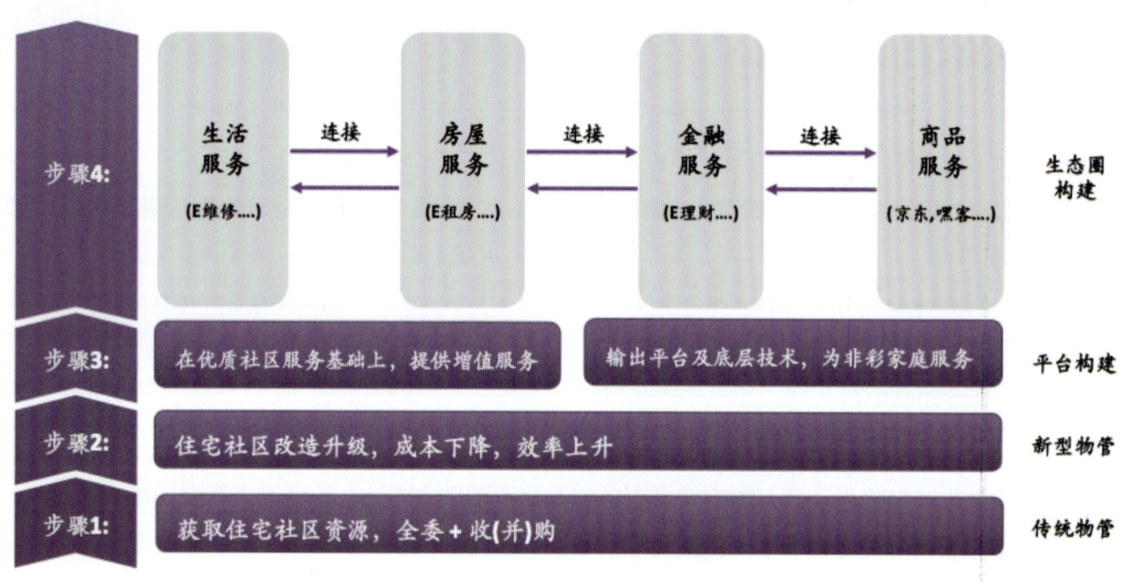

图 37　彩生活生态圈战略构建

在这个生态圈内，物业服务企业将实现与竞争对手、与合作伙伴、与服务者的和谐共享与合作共赢，由过去的此消彼长，到未来的相得益彰。现在不是一个零和竞争的时代，而是一个竞合的时代，在产业集中度提升、现代服务业转型的过程中，需要解决很多问题，包括物业服务线上与线下的结合、产业与资本的对接，互联网企业、平台公司还有社区垂直服务企业跨界融合，以及智能化、资本化、大数据、云技术等迭代更新。物业服务企业要在创新的生态型商业模式下生存发展，就要对商业模式的创新，抱有一种开放和敬畏的心态。

专题三　物业服务企业资本市场的表现

自 2014 年彩生活登陆港股，到南都物业登陆 A 股，雅生活服务、碧桂园服务登陆港股，物业服务企业正以前所未有的热情拥抱资本市场。截至 2018 年 6 月底[1]，新三板挂牌的 58 家，已上市的物业服务企业有 9 家，其中，A 股上市物业服务企业仅有 2018 年 2 月 1 日上市的南都物业（603506），而在香港上市的有 8 家，分别是彩生活（HK1778）、中海物业（HK2669）、中奥到家（HK1538）、祈福生活服务（HK3686）、绿城服务（HK2869）、浦江中国（HK1417）、雅生活服务（HK3319）和碧桂园服务（HK6098）。

统计显示，2014 年至 2018 年 6 月，三板物业管理行业定向增发募集资金金额累计达 8.99 亿元；港股市场上，8 家港股上市物业服务企业募集资金总额均过亿，雅生活超过 30 亿元，A 股市场上南都物业首发 IPO 募资逾 3 亿元。在服务板块的概念之下，物业管理行业正拥抱资本红利。

一、物业服务企业纷纷登陆资本市场

（一）三板市场：挂牌总数逾 50 多家，优质物业服务企业热情高涨

三板市场上，自 2014 年以来，物业服务企业相继挂牌，并在 2016 年迎来高峰，24 家企业进入新三板，较 2015 年翻了一番。从 2017 年开始，新三板物业服务企业有持续扩张的趋势，23 家企业陆续落地。同时，外延式并购已成为物业服务企业拓展业务范围的新趋势，新三板公司数量多，信息披露程度高，便于筛选企业寻找合适标的，在地产物业服务企业的并购浪潮中，三板也成为颇具热度的“并购池”。

（二）港股市场：分拆上市成趋势，品牌物业服务企业争先恐后

港股市场上，物业服务企业受到了资本的追捧。2014 年彩生活在港交所分拆上市后，仅用 3 个交易日便在市值上反超母公司。分拆物业资产上市的模式引来众多房地产企业效仿，物业作为房地产企业市值重建的平台作用开始凸显。此后，绿城集团分拆绿城物业、中海地产分拆中海物业、雅居乐分拆雅生活服务、碧桂园分拆碧桂园服务纷纷登陆港交所。至今已有 8 家物业服务企业在港上市，港股成为 TOP100 物业服务企业选择最多的上市地点。

（三）A 股市场：南都物业成为 A 股物业第一股

2018 年 2 月 1 日，南都物业正式在 A 股挂牌交易，实现了资本市场的重大突破，成为首家登陆 A 股市场的物业服务企业，由此也证明了国内资本市场对物业管理行业的认可。实质上，通过上市募资，借助资本市场之力，物业服务企业的模式创新能力将被进一步催化，其服务质量与智慧物业的跨越升级将得到加速。同时，物业管理的价值将会得到更广泛的认可，也会促进整个行业的健康发展。

表 2　南都物业上市历程

时间	事件
2015.12	完成股份制改革
2016.06	递交 IPO 招股书
2017.10	招股书预披露更新
2017.12	发审委首发获通过
2018.02	IPO 首日上市

[1] 专题报告中所有数据截至 2018 年 6 月底。

二、上市物业服务企业资本市场表现亮眼

一直以来，物业管理行业整体呈现大行业、小公司格局，因此资本化率比较低，在2016年以前，受资本市场关注度较低。但自2017年以来，从已上市企业的估值、股价表现等方面来看，物业服务企业已开始受资本追捧，尤其受境内资金的认可。

（一）从规模方面看

多个上市品牌物业服务企业管理规模领先，作为中国物业第一股，截至2017年年底，彩生活的管理面积累计达9.0亿平方米（含平台面积约5亿平方米），包括战略合作及小股操盘模式下的合作，管理面积遥遥领先；排在第二位的是碧桂园服务，管理规模也达到3.6亿平方米。

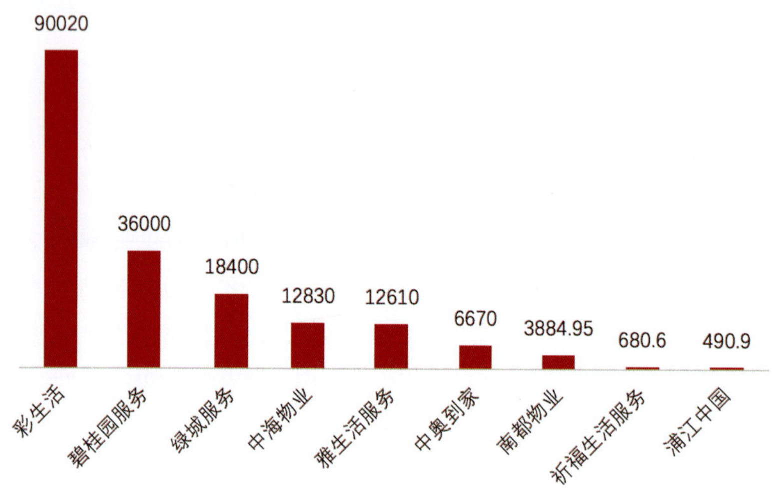

图38 上市物业服务企业管理规模（单位：万平方米）

（二）从股价表现上看

在上市后表现方面，优质物业服务企业经受了市场考验。2018年，从年初至今物业服务企业股价整体涨幅较好。港股市场上，在行情整体平稳的情况下，多家物业服务企业也均有不俗表现。在A股市场上，南都物业服务企业业绩可持续增长，股价屡创新高。

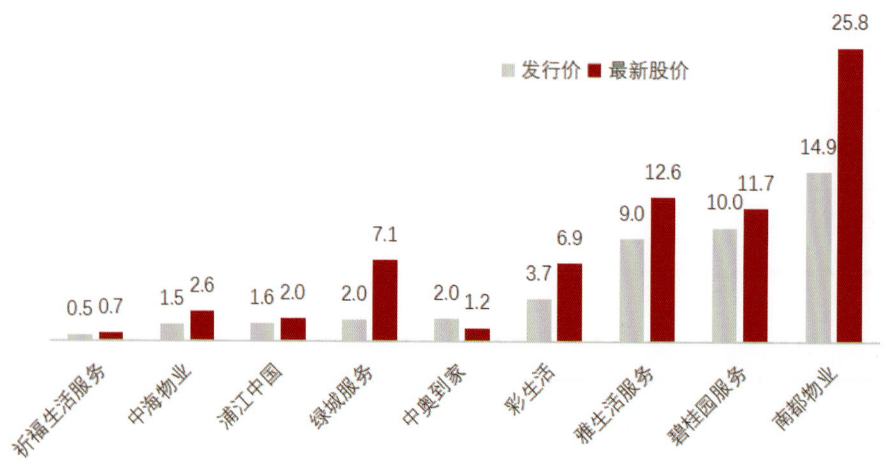

图39 上市物业服务企业股价变化

整体上看，资本市场对物业管理行业中长期看好态势明显。但是，当物业管理行业接受资本热捧时，作为物业服务企业本身也必须清楚认识到服务质量是根本，增强自身持续经营能力、扩大服务竞争优势、保持业绩的可持续增长，对企业估值起到决定性作用。

（三）从市盈率表现上看

截至2018年8月6日，几家主要的港股物业服务企业市盈率都在25倍以上。在市盈率方面，碧桂园服务、绿城服务、雅生活服务处于第一梯队，特别是碧桂园服务、雅生活服务，市盈率达60倍左右，相比之下其母公司市盈率大多不到10倍。分拆公司的市盈率和市净率也均大幅高于母企的市盈率和市净率。

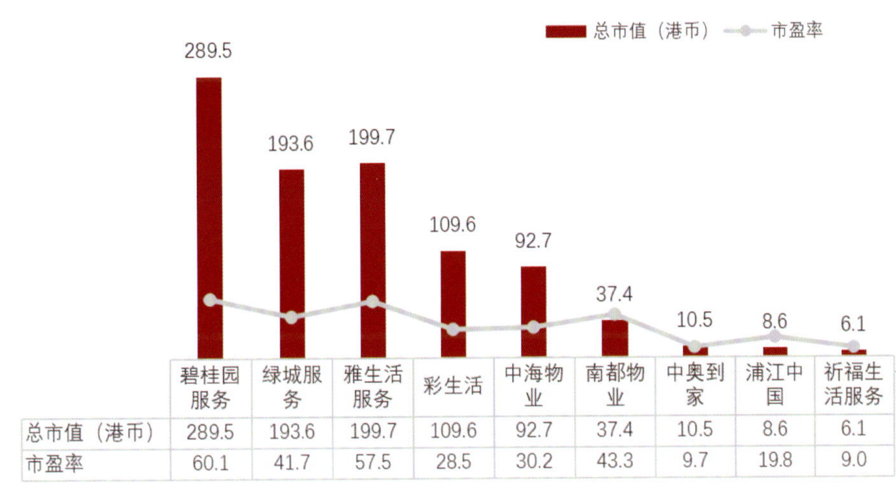

	碧桂园服务	绿城服务	雅生活服务	彩生活	中海物业	南都物业	中奥到家	浦江中国	祈福生活服务
总市值（港币）	289.5	193.6	199.7	109.6	92.7	37.4	10.5	8.6	6.1
市盈率	60.1	41.7	57.5	28.5	30.2	43.3	9.7	19.8	9.0

图 40　上市物业服务企业市值及市盈率

从房地产企业分拆物业服务企业的市值来看，表现均不俗，彩生活目前市值 109.6 亿港元，反超母企花样年控股的 65.7 亿港元市值；绿城服务市值 193.6 亿港元，超过绿城中国 180.1 亿港元市值；雅生活服务市值 199.7 亿港元，占雅居乐集团 449.7 亿港元市值的 44%。

正因为如此，房地产企业纷纷选择将物业部门拆分上市，以使市场对其进行正确价值评估。对此，资本市场给予了热烈回应，均给出了较高的估值。

（四）从财务表现上看

“最会赚钱”的物业服务企业碧桂园服务，2015 年到 2017 年净利润分别为 2.2 亿元、3.5 亿元以及 4.4 亿元，2016、2017 年同比增幅分别为 59% 以及 26%，三年的营业收入分别为 16.7 亿元、23.6 亿元以及 31.2 亿元。

从营收看，物业服务企业 2017 年业绩普遍提升，行业整体增幅超过 20%，增长主要动力源于人口结构不断改善与业主消费持续升级，物业服务企业在管面积快速扩大，增值服务收益显现。

从 ROE 看，房地产企业中分拆独立上市的物业服务企业里，保利物业净资产收益率 65.83%，位居上市物业服务企业第 4，中海物业位居第 14，雅居乐旗下雅生活位列第 16，碧桂园服务位居第 22，绿城服务位居第 32。

与房地产企业对比，可以看出，物业上市企业整体净资产收益率较房地产企业明显偏高，净资产收益率超过 50% 的有 8 家。而 2017 年上市房地产企业 ROE 榜冠军富力地产上年的净资产收益率为 40.24%。

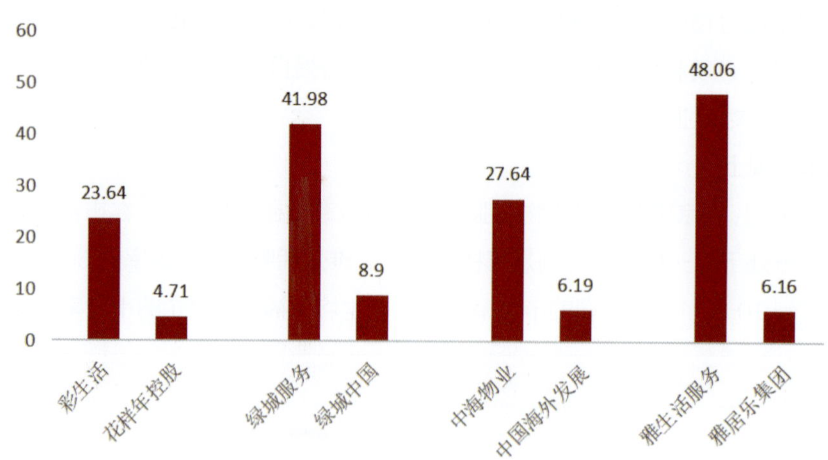

图 41　港股主要物业服务企业及其母公司市盈率

目前，房地产企业市盈率与市净率均不高，而旗下分拆上市的物业服务企业明显享有更高的市盈率与市净率，具有估值优势。主要因为一方面物业服务企业具有轻资产和逆周期的属性；另一方面，物业服务企业的现金流也相对更加稳定。

三、上市物业服务企业的扩张模式

第一种是传统的内生增长模式，倚靠母公司建设物业项目而增加物业管理面积，例如中海物业。

第二种是大举并购，例如雅生活收购绿地物业，彩生活收购开元国际，花样年收购万达物业（由美易家接管），绿城服务收购浙元物业。

第三种是平台输出，通过输出管理技术和品牌扩大面积，共享用户入口，形成联盟。比较突出的有：绿城的“绿联盟”、雅生活的“雅生活联盟”，以及 2016 年彩生活入股银湾物业，与银湾及银钥匙联盟企业形成资源融合。

图 42　主板上市企业扩张模式分析

第四种是专业服务输出，进行产品扩张，即物业管理公司进行多元化业务转型。一方面是从传统物业管理服务向提升家政、社区服务等增值服务占比转型；另一方面是跨领域业务拓展，例如绿城服务（教育、社区零售）、彩生活（社区零售等）等。

第五种是复合型扩张，同时融合几种模式。如碧桂园物业主要通过与中小开发商合作、为政府合作提供城市基础市政服务，以及并购和股权合作等方式进行扩张。

四、上市可成为目标，但不能当作目的

房地产行业作为物业管理的直接上游行业，目前已经结束了“野蛮生长”的时代，体现为销售增速放缓，利润空间也开始下滑。在宏观融资环境收紧、持续调控的大环境下，房地产市场逐渐从原来的增量市场向存量市场转换，从住宅开发向运营业务过渡，房地产企业的竞争赛道正在发生转变。

区别于房地产板块，物业管理板块具备防御属性，上市物业服务企业基本处于净现金状态，受融资持续收紧影响有限，上一轮市场的强劲复苏有效保障了物业服务企业未来几年管理面积的稳健增长。增长势头强劲、市场存在发展潜力、具有抗周期特性的物业服务企业，对资本市场更具吸引力。

实际上，地产后时代，物业服务企业在存量运营中理应扮演着越来越重要的角色，而如何让这个角色在资本市场上反映出它真实的价值，尚需每一家物业服务企业去认真思考。

但是，尽管分拆物业上市具有更高的市盈率和市净率，且已成了一种趋势，但也有一定门槛。根据研究，房地产企业要分拆物业管理上市实现资本化，面临三大挑战。首先，行业小而散的特征意味着众多中小型企业的盈利情况较难达到上市标准；其次，物业服务企业大多由地产母公司分拆而来，存在较多的关联交易；最后，行业规范程度不高，上市前要进行业务、人员架构、内控三维度管理。

对于上市，各个物业服务企业应该放平心态，上市不仅是为了提高品牌影响，更为了在资本市场上获得融资，推动自身服务能力的更大发展。想要真正融入资本市场，对于已上市还是未上市的物业服务企业来说，做好围绕人的服务连接、思考清楚可持续的业务模式才是真正的关键。

附表一 部分省市 TOP100 企业数据分析

指标名称	企业数量	项目个数	管理面积（万平方米）	总资产（万元）	年经营收入（万元）	年净利润（万元）	年纳税总额（万元）
全国	262	47970	791318.83	16443193.61	18042728.76	1429319.43	1211877.20
北京	19	1954	22635.59	962581.76	1131450.22	71548.00	64779.47
上海	35	4936	60390.52	1753048.26	1940049.93	138433.43	116937.25
天津	2	326	2525.67	67491.43	252913.3	8736.42	15928.34
重庆	10	2343	66898.01	779771.07	782947.75	72624.49	46739.29
河北	6	1036	25288.53	555798.39	505573.10	51639.44	32535.46
辽宁	2	244	3673.22	64530.69	52352.62	2849.10	2887.94
黑龙江	2	105	2035.00	12496.00	27809.23	1055.68	1559.16
山西	1	63	1176.29	21246.05	27975.14	2094.72	1452.69
江苏	8	1022	12786.39	240261.45	350240.13	26528.18	23261.24
浙江	13	3316	48243.48	872038.37	1318338.57	96582.12	92101.04
安徽	23	1727	29352.92	433139.51	620491.17	59044.82	41965.58
福建	11	1284	16968.79	405400.15	390772.62	34923.93	24496.07
江西	1	181	1975.09	16020.90	67158.74	3109.54	2014.76
山东	11	2698	38782.69	367584.94	779391.23	64013.60	53533.94
河南	8	764	18441.51	484777.86	517675.22	61730.37	32646.32
湖北	9	537	8607.98	200276.92	252836.22	17735.39	15836.92
湖南	9	751	23930.25	339441.54	455236.49	35603.71	33257.47
广东	65	21703	365137.84	7936203.07	7312939.69	557524.88	526705.56
其中：深圳	43	12101	202067.03	4673526.68	4609821.71	355096.85	318542.83
广西	1	124	1380.29	4997.00	22202.06	801.57	1588.00
四川	14	1792	25485.65	395842.12	665653.81	76041.32	46436.15
云南	1	62	1157.66	26951.10	17732.35	3432.15	1650.62
贵州	1	100	1371.82	5539.00	23372.95	2271.51	1542.00
宁夏	1	110	1313.84	13339.00	23259.56	3106.23	1132.74
陕西	3	140	1485.5	27225.31	62163.55	3426.02	3435.27
甘肃	2	213	3280.13	147780.77	222796.62	16376.55	13010.67
海南	2	223	2853.57	83882.95	113248.14	7423.74	7837.59
新疆	1	119	1721.61	159978.00	25939.35	4228.52	986.66
香港	1	97	2418.99	65550.00	80209.00	6434.00	5619.00

附表二 TOP100 企业管理项目情况

	项目个数			各类型项目数量占比 %			管理面积（万平方米）			各类型项目面积占比 %		
指标名称	2017 年	2015 年	2014 年	2017 年	2015 年	2014 年	2017 年	2015 年	2014 年	2017 年	2015 年	2014 年
物业项目总数	47970	32401	24558	100.00	100.00	100.00	791318.83	495916.33	321816.13	100.00	100.00	100.00
1. 住宅物业	23642	17896	11242	49.28	55.23	45.80	520948.20	354532.17	221304.48	65.83	71.49	68.80
其中：多层住宅	-	-	-	-	-	-	119520.04	73255.62	54327.46	-	-	-
高层住宅	-	-	-	-	-	-	383842.89	257983.20	150696.24	-	-	-
独立式住宅	-	-	-	-	-	-	17585.26	23293.35	16280.78	-	-	-
2. 办公物业	10912	6963	7209	22.75	21.49	29.40	66972.41	44086.47	33174.62	8.46	8.89	10.30
3. 工业园区物业	2299	1135	744	4.79	3.50	3.00	46508.71	22068.03	14034.86	5.88	4.45	4.30
4. 其他类型	11362	6408	5363	23.69	19.78	21.80	156889.5	75229.66	53302.17	19.83	15.17	16.60
其中：学校物业	3068	1528	1179	-	-	-	48870.77	20187.84	13553.48	-	-	-
医院物业	1609	608	658	-	-	-	14126.44	6746.62	5567.92	-	-	-
商业物业	3976	2999	2417	-	-	-	41778.29	19836.65	20250.46	-	-	-
场馆物业	847	543	469	-	-	-	12063.19	6716.47	4016.84	-	-	-
其他物业	1862	730	640	-	-	-	40050.81	21742.08	9913.47	-	-	-

附表三 TOP100企业人力资源情况

指标名称	2017年 人员数量（人）	2017年 占比%	2015年 人员数量（人）	2015年 占比%	2014年 人员数量（人）	2014年 占比%
企业从业人员	1639516	-	1050985	-	983183	-
一、按学历分类	-	-	-	-	-	-
其中：博士	107	0.01	107	0.01	95	0.01
硕士	3699	0.23	2539	0.24	1951	0.20
本科	112333	6.85	85056	8.09	58428	5.94
大专	245537	14.98	180474	17.17	149283	15.18
中专	331502	20.22	241011	22.93	237736	24.18
高中以下	946338	57.72	541798	51.55	535690	54.49
二、按工作岗位划分	-	-	-	-	-	-
1. 企业经营管理人员	222955	13.60	154313	14.68	140239	14.26
其中：高层管理人员	9858	0.60	5525	0.53	4779	3.41
管理处主任	40450	2.47	24440	2.33	22528	16.06
管理员（主管）	172647	10.53	124348	11.83	112932	80.53
2. 企业操作人员	1416561	86.40	896672	85.32	842944	85.74
其中：工程维修人员	171507	10.46	117607	11.19	105118	12.47
秩序维护员	525157	32.03	376945	35.87	334534	39.69
清洁工	376125	22.94	225216	21.43	236455	28.05
绿化人员	73869	4.51	35381	3.37	30784	3.65
其他工种	269903	16.46	141523	13.47	136053	16.14

附表四 TOP10 企业综合指标数值对比

指标名称	单位	2017 年数据			2015 年数据			2014 年数据		
		TOP10	TOP100	TOP10/TOP100（%）	TOP10	TOP100	TOP10/TOP100（%）	TOP10	TOP100	TOP10/TOP100（%）
管理面积	万平方米	257169.11	791318.83	32.50	133325.98	495910.77	26.89	76254.75	321815.91	23.70
其中：住宅	万平方米	224311.43	520948.2	43.06	117035.01	354352.17	33.03	65947.11	221304.13	29.80
总资产	万元	4853247.83	16443193.61	29.52	2199189.20	9014212.24	24.40	1884716.80	6806560.16	27.69
年经营收入	万元	3976644.46	18042728.76	22.04	2217494.79	11356161.58	19.53	1764066.67	8500290.35	20.75
其中：物业管理收入	万元	3012913.51	14944658.96	20.16	1594859.33	9456728.43	16.86	1253597.52	6759833.15	18.54
年经营成本	万元	3366396.46	15341122.57	21.94	1666023.03	9080387.36	18.35	1449924.57	7419368.47	19.54
年净利润	万元	322135.99	1429319.43	22.54	182103.25	822555.32	22.14	142489.34	525776.30	27.10
年纳税总额	万元	328783.56	1211877.2	27.13	132060.84	631438.54	20.91	179318.49	611198.04	29.34
员工总数	人	357038	1639516	21.78	192298 .00	1050985.00	18.30	185772 .00	983183.00	18.89
其中：经营管理人员	人	64232	222955	28.81	39417.00	154313.00	25.54	41073.00	140239.00	29.29
企业操作人员	人	292806	1416561	20.67	152881.00	896672.00	17.05	144699 .00	842944 .00	17.17
本科以上人员	人	36507	116139	31.43	16047 .00	87702.00	18.30	13903 .00	60474.00	22.99
外包人员总数	人	280017	667888	41.93	100559.00	379971.00	26.46	78257 .00	279261 .00	28.02

附表五 各地区物业服务费标准及收缴情况

	总样本量	独立式住宅			多层住宅			高层住宅			商业物业			办公物业		
		样本数	物业服务费	收缴率	样本数	物业服务费	收缴率	样本数	物业服务费	收缴率	样本数	物业服务费	收缴率	样本数	物业服务费	收缴率
全国	45612[1]	1292	3.85	91.49	5808	2.47	90.54	16091	2.42	90.44	3718	7.01	92.65	10152	8.54	99.05
北京	2026	69	5.72	92.67	385	4.09	93.03	563	3.42	89.68	153	13.86	96.58	625	13.36	99.33
上海	2959	136	4.51	92.16	315	2.84	89.18	891	2.82	89.71	270	12.30	95.78	745	16.36	98.69
天津	906	36	3.60	91.19	107	2.77	86.62	312	2.81	90.27	73	13.49	92.63	199	13.83	98.86
重庆	1493	30	4.03	88.36	137	2.86	89.69	591	2.24	94.64	150	7.65	95.00	242	8.32	99.12
河北	1135	44	2.80	91.26	107	1.94	92.44	352	1.83	93.94	120	4.62	95.69	138	3.53	99.57
内蒙古	318	2	2.58	86.74	30	1.64	74.64	85	1.82	83.50	19	4.63	87.86	132	8.52	99.50
辽宁	956	45	3.84	92.82	167	2.14	87.64	425	2.43	93.75	68	5.98	84.25	126	8.65	99.45
吉林	251	13	3.71	80.67	41	2.21	89.70	110	2.18	90.55	42	4.29	79.23	16	9.50	94.45
黑龙江	275	3	2.24	98.23	38	2.56	92.32	98	1.76	87.28	45	3.53	85.96	51	8.34	99.57
山西	222	1	3.00	91.25	15	2.56	93.45	123	2.03	91.45	23	4.12	80.15	11	5.49	100.00
江苏	3697	144	3.35	88.55	480	2.02	88.09	1484	2.20	86.75	301	6.11	92.66	639	6.08	98.52
浙江	4449	178	4.11	91.22	498	2.42	91.50	1753	2.42	91.30	455	4.75	93.62	876	5.95	98.06
安徽	2393	26	2.80	92.86	229	1.70	92.25	706	1.47	92.87	204	4.21	82.98	627	6.31	99.39
福建	1677	63	4.60	94.05	212	2.02	91.88	669	2.07	91.28	103	6.36	95.93	318	6.32	99.15
江西	1236	26	2.11	93.82	238	1.97	86.85	533	1.74	80.93	89	3.89	81.21	218	5.65	96.47
山东	2733	52	3.14	90.89	242	2.51	94.02	684	2.24	93.81	271	5.51	95.43	670	5.15	99.55
河南	1277	41	2.34	95.61	211	1.80	95.19	588	1.79	93.95	119	4.69	94.65	140	5.52	98.26

[1] 样本总量为剔除极端值样本后的数据，其中极端值样本为2358个，各物业类型样本量也同样做剔除极端值样本处理，特此说明。

续表

	总样本量	独立式住宅			多层住宅			高层住宅			商业物业			办公物业		
		样本数	物业服务费	收缴率	样本数	物业服务费	收缴率	样本数	物业服务费	收缴率	样本数	物业服务费	收缴率	样本数	物业服务费	收缴率
湖北	1386	37	2.76	83.73	223	1.90	89.67	554	2.23	88.67	125	5.91	93.56	256	9.08	98.94
湖南	1486	21	3.02	89.91	226	2.12	95.05	634	1.91	86.86	116	4.80	93.50	283	5.44	99.11
广东	8606	177	3.93	93.43	871	2.46	95.13	2336	2.96	92.56	444	9.77	95.55	2612	9.29	99.61
广西	1221	12	3.06	91.82	346	1.35	75.41	580	1.61	81.26	89	5.43	90.95	152	5.54	98.02
四川	2079	59	3.08	93.88	239	2.05	90.55	822	2.09	93.34	201	7.56	93.53	578	8.81	99.20
云南	308	14	2.63	87.63	58	2.00	93.47	130	2.13	93.18	33	6.06	92.29	40	9.37	99.08
贵州	586	14	3.00	92.98	86	2.62	89.57	196	1.68	87.96	67	3.68	84.98	106	5.12	99.68
宁夏	195	-	-	-	22	1.51	87.26	68	1.60	90.03	15	3.28	88.13	67	7.80	98.10
陕西	516	2	4.25	94.58	46	2.11	87.38	245	1.87	88.39	61	5.72	96.08	93	9.84	99.14
甘肃	259	1	2.50	100.00	40	1.76	94.24	65	1.55	89.79	9	3.08	84.70	101	2.19	99.70
海南	364	33	5.33	89.58	72	3.13	92.01	167	2.78	88.90	21	8.17	85.17	32	8.04	94.57
青海	40	1	0.85	71.00	4	1.13	78.30	14	1.38	92.41	1	3.00	82.67	2	1.15	100.00
新疆	231	8	3.95	90.83	75	1.58	-	84	1.93	87.35	8	2.91	73.96	36	5.55	96.21
西藏	11	-	-	-	1	2.00	95.00	1	18.14	100.00	-	-	-	3	19.53	100.00
香港	75	4	23.43	-	2	21.86	88.43	53	16.30	-	5	12.33	-	10	19.16	-
澳门	4	-	-	-	-	-	-	3	15.18	99.00	1	16.93	99.00	-	-	-
其他	242	-	-	-	45	21.36	99.23	172	8.62	97.56	17	18.52	99.12	8	20.25	99.63

企业案例

COMPANY CASE

让更多用户体验物业服务之美好

万科物业发展股份有限公司

幸福驿站客服

TOP20

万科物业发展股份有限公司（简称万科物业）是万科企业股份有限公司下属控股子公司，成立于 1990 年。万科物业致力于让更多用户体验物业服务之美好，围绕业主不动产保值增值提供全生命周期服务，业务布局涵盖住宅物业、商企物业、开发商前介服务、社区资产服务、智能科技服务和社区生活服务六大业务板块。

截至 2018 年 1 月底，万科物业已布局中国 69 个最具发展潜力的大中城市，合同项目共计 2429 个，其中住宅项目 1833 个、商企项目 596 个，合同面积突破 4.6 亿平方米，服务 328 万户家庭、超 1174 万人口，在职员工人数超 6 万名。

一、企业现状：领跑中国物业管理行业

体现企业数字化

过去的28年，作为中国物业管理行业的领跑者，万科物业打破陈规，勇于创新，尤其是在进入新世纪以后，更是迅猛发展：2009年正式成立物业事业部。2014年依托移动互联网和合伙人制度，万科物业发布睿服务体系，正式步入“睿”时代；2015年万科物业开启全面市场化之路；2017年，万科物业营业收入突破80亿元，成为中国物业管理行业首个年营业收入突破80亿元的物业服务企业。

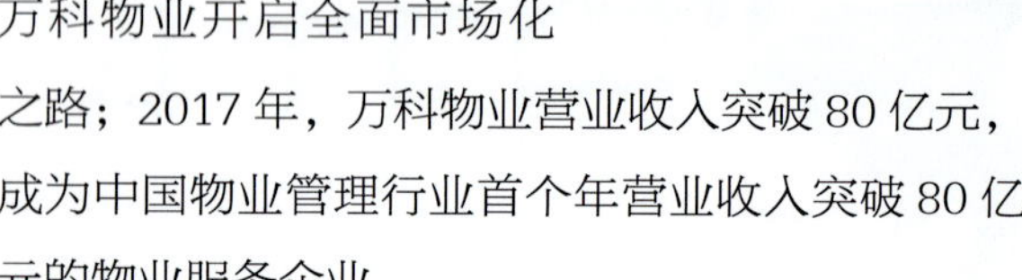

2017年之于万科物业，依然是高歌猛进的一年，营业收入比上年同比大幅增长54.9%。同年，万科物业的在管项目总建筑面积达到4.6亿平方米，管理规模同比上年大幅增长51.7%。回望一整年历程：6月，万科物业在管的万科住宅项目全面步入移动考勤时代；9月，万科物业旗下科技公司万睿中标深圳全新地标级智慧互联综合体项目——万科云城；11月，万科物业大型社区活动——万科物业“朴里节”在重庆闭幕，在40余天的活动时间里，总计覆盖了55个大中城市、1400个社区，举办了2000余场社区活动。

二、经营理念：以客户为中心，围绕资产保值增值展开服务

（一）以客户为中心

自1990年承接第一个物业项目以来，万科物业始终坚持“让更多用户体验物业服务之美好”的企业使命和“安心、参与、信任、共生”的核心价值观，提出了“客户无错、无功即过、敢为人先、诚信礼廉”的行为准则和“生活因幸福而改变”的品牌愿景，持续为客户提供专业优质的物业服务。

2012年，万科物业首家“幸福驿站”开业，幸福驿站为业主提供邮包代收、租售、业务代办、家政、便民服务等一站式服务。2013年11月，万科物业独立研发的万科物业业主专属APP“住这儿”上线，实现了业主足不出户即可随时了解社区动态。

万科物业在2014年开启了中国内地物业公司“管家模式”的先河，为每位业主配备真人专属管家，并在“住这儿”APP上推出管家“一键直呼”服务，以回应业主“在线服务更加本地化”的诉求，其中包括装修申请、报修、投诉、服务咨询等。

为丰富业主的社区生活，万科物业定期组织丰富多样的社区活动。譬如，“朴里节”（英文名称Please Day）就是回馈业主、促进社区邻里和谐、推动社区文化建设的大型社区公益活动。“朴里节”的前身是万科物业“Happy家庭节”。2003年至2014年，万科物业共举办了12届Happy家庭节。2015年，“Happy家庭节”更名为“朴里节”，并且走出万科小区，辐射“睿联盟”社区。2017年第三届“朴里节”有55座城市、逾1400个社区参与其中，联合上千个街道，举办了2000余场

社区活动，吸引超400万业主线下参与、数百万业主线上参与。

万科物业致力于为客户搭建幸福的平台，住户对物业管理的“满意度”则是衡量这项工作是否到位的重要指标。万科物业设有呼叫中心，每月通过4009电话开展客户满意度调查、投诉追踪回访，以此保障万科物业服务闭环。

（二）围绕客户资产保值增值展开服务

让“客户感受物业服务之美好”，不仅要在服务上“动人”，还要助力客户实现资产的保值增值。2016年8月，万科物业对15个大中城市近1500万平方米的10年以上住宅项目进行抽样调查，并将其对标周边2公里范围内同类型、同时间、同价格的楼盘。结果显示，98.3%的万科物业在管住宅价格高于周边，溢价空间达26.77%。以天景花园为例，这一项目由万科1990年在深圳开发，在万科物业的精心养护和服务下，目前售价远超一街之隔同期小区的售价。

切实的数据反映出物业服务“资产管理”的本质。围绕这个本质，万科物业在传统的物业服务之外，还开展了资产的交易、管理、配套服务，以及房屋美居、房屋经纪、社区资产投资运营等模块的“不动产全生命周期服务”。

另外，万科物业在夯实基础物业服务的同时，亦在探索有效促进业主资产保值增值的多种模式。针对老旧住宅社区设施老化但资金有限的情况，万科物业发起倡议，提出了“友邻计划”，即“消费支持社区更新计划”。万科物业将社区内开展的邻里团购等有偿服务所产生的利润反哺社区，用于社区硬件常新、邻里文化建设两大领域，并对社区建筑物本体维修基金做补充，旨在汇聚友邻的共同行动，让社区变得更好。友邻计划自启动以来，理念得到万科物业业主的认可与热捧。

截至2017年9月，共有超过12万用户通过“友邻计划”，为全国已上线“住这儿”APP的社区募集了超过600万元的“友邻计划”资金，用于支持今后的社区更新。2017年6月18日，“友邻计划”第一个项目落地。深圳公园里业主投票公示通过，由“友邻计划”与万科物业共同支持人行道拓宽工程，公园里“友缘人”贡献的10100.6元被全部用于人行道拓宽的建设中。2017年第三届睿联盟社区“朴里节”期间，“友邻计划”有效汇集了友邻力量，助力业主资产保值增值。

深圳公园里项目

三、服务领域：专注六大业务单元

作为中国物业管理行业的领跑者，万科物业致力于让更多用户体验物业服务之美好，围绕业主不动产保值增值提供全生命周期服务，业务布局涵盖住宅物业、商企物业、开发商前介服务、社区资产服务、智能科技服务和社区生活服务六大业务板块。

万科物业将住宅物业服务作为基础业务之一，致力于推动住宅物业的持续健康发展和实现业主资产的保值增值，不断提升万科物业服务社区的生活质量，成就幸福社区梦想，让更多用户体验物业服务之美好。

商企物业服务是万科物业的重要业务之一，为自用型物业提供 FM 服务，助力企业客户聚焦核心业务发展；为运营型物业提供 PM 服务，提升不动产全生命周期的资产价值。目前，万科物业商企业务的业务形态分为企业总部、政府机构、商务写字楼、城市综合体、产业园区等。

万科物业开发商服务业务自 2001 年起步，最初专注于物业服务方案设计和销售案场保安保洁服务，发展到现在的围绕房地产开发业务节点提供一系列的物业相关专业服务。

依托多年在住宅物业服务领域的耕耘，万科物业积累了打理业主资产的丰富经验，并对业主居住生活习惯有了深入了解。万科物业资产服务，力争做业主身边的资产管家，以房产经纪、房屋美居、社区资产为着力点构建房屋资产全周期服务，发现并提升房屋资产的真正价值。

楼宇智能化服务主要由万科物业旗下全资子公司万睿科技实施与开展，万睿科技以 20 年的智能化行业经验，以及对地产需求和物业管理的深度理解，提供涵盖住宅社区、城市综合体、商业写字楼、酒店等多类型物业的建筑智能化系统的咨询、规划、设计、施工、集成到后期运维的贯穿建筑全周期的一站式全方位服务，并将专业领域扩展到楼宇机电设备运维等配套服务。

物业管理的价值，真正体现在对物的管理与对人的服务上。住这儿 APP，为社区公共权益而生。设施设备“身份证”，让业主知晓每一个资源的经营状态；每一个资源的系统运营，带来单位经营价值的提升，促收入增长；为业主打造“阳光社区”，让公共资源收入和支出清晰可见。

四、服务特色：住宅商企齐首共进 商企业务持续发力

万科物业的商企业务形态分为企业总部、政府机构、商务写字楼、城市综合体、产业园区等。万科物业在工作实践中，聚焦于提升空间场所的使用效能，以空间为单位，通过对设施、资产、流程、人员的综合整合服务，降低使用成本，提升工作效能，为自有用型企业客户创造价值；万科物业在多年的物业管理实践中总结出 PM 物业管理的核心价值，以资产保值增值为目的，通过与单一大业主达成的共识，对不动产公共区域的维护与改造，以提升资产价值和租金坪效。

截至 2018 年 1 月，万科物业在管商企项目数量已经遍布全国 48 个城市，接管项目 596 个，占万科物业项目总数的 24.5%。2017 年 9 月至今，万科

管家一键直呼功能上线

物业商企业务增长幅度高达 64.6%。商企业务已经成为万科物业整体业务版图中非常重要的一部分。

五、科技助力:“睿服务”助力传统物业“睿联盟”促进合作共赢

2014 年万科物业推出了“睿服务”物业管理体系，将传统物业人管人的管理模式，进行颠覆式的管理变革，将人员、设备与管理都通过网络系统连接，建立完整的后台管理体系，提高日常物业管理效率和应对突发事件的及时性。

睿服务，是万科物业针对行业痛点，借助移动互联网推出的一整套解决方案，由睿平台、服务中心、管理中心三大部分组成。睿平台是睿服务的核心，由包括 FM 系统、战图系统、营账系统、“住这儿”APP、“助这儿”APP 等在内的一整套互联网应用系统组成。服务中心，是睿服务的“产品”，借助睿平台，万科物业及合作伙伴员工直接与客户联系、产生工单、提供服务，简捷易行。管理中心借助睿平台和后台操作，对员工、设备、房屋、财务进行系统管理，实现了智能化管控。

睿服务至今共经历了三次产品迭代，睿服务 1.0 实现人和物基础数据的上线，睿服务 2.0 实现了人和物的连接，睿服务 3.0 则实现了人、财、物的连接。2017 年，万科物业业主共发出 771 万次报事请求，覆盖事件类型 1191 种，其中通过睿服务线上平台发出的报事请求 643 万次，线上报事总量已超 8 成。借助这些互联网应用系统，万科物业实现了对人、对物、对财的全面“数据化”管理，这不仅仅是一次科技的升级，更是科技与人文的交汇，为用户带来更加阳光的社区、更加透明的物业。

“睿服务 3.0”最大的亮点是对物业服务费之外的“公共广告收入、场地租赁收入等”向业主公开，业主可以通过“住这儿” APP 扫描电梯广告旁的二维码，了解小区内的物业服务之外的公共收入有哪些。通过“睿服务 3.0”，万科物业实现了对设施设备的监督“闭环”，业主只要扫描二维码，即可查看、监督该设施设备信息及维修保养记录。万科物业通过睿服务平台，推动物业与用户之间的充分信息对称，打造阳光物业，让用户参与社区管理，影响社区的物业服务，并增强客户满意度和居住幸福感。

万科物业对外提供“睿服务”解决方案，为企业、商家和业主等提供一个合作共赢的社区平台。合作物业服务企业可继续保留原来的物业品牌，无须出让股权或者关键合同权益，只需通过对价的方式，将其现有项目委托至万科物业管理中心，使用统一的房屋、设施设备、员工、客户支付系统等，共享包括客户、采购、营销、权益、专业服务等领域的资源。

六、未来展望：提供全生命周期服务，助力资产保值增值

物业管理的本质是对建筑物的打理，用资产的价格衡量物业工作的价值，用数据与信息化技术整合社区资源，劳动密集行业的关键是盘活生产力。近 30 年来，万科物业通过专业化管理，有效延长了在管项目的“青春期”，令业主资产实现增值保值，让更多用户体验物业服务之美好。

随着业务维度的丰富，万科物业从物业管理向不动产的交易、服务延伸，为客户提供围绕不动产的全生命周期解决方案。围绕“不动产的保值增值”提供全生命周期服务，万科物业要进一步强化“基础数字化能力建设”及“针对多业态的能力建设”。借助移动互联网思维、机制创新、组织优化等工作，万科物业将进一步向现代服务业转型。

未来，万科物业将把物业管理行业和业主的资产深度挂钩，从心出发。因为只有行业和业主的资产深度挂钩，让物业管理在业主资产保值增值的过程中体现出真正的价值，物业管理行业的未来才有一片更加广阔的天地。

践行“好服务” 共建自在生活

碧桂园服务控股有限公司

一、企业概况

碧桂园服务控股有限公司（HK.6098）（以下简称“碧桂园服务”），是国内领先的住宅物业管理服务商。截至 2017 年 12 月 31 日，碧桂园服务遍及全国 28 个省、直辖市、自治区，覆盖 240 多个城市，近 2.4 万人的服务团队为约 100 万户业主提供专业细致的社区服务。

秉持“急业主所急，想业主所想”“一切以业主为中心”的服务理念，碧桂园服务完成英国标准协会（BSI）三大认证，建立完善和精益化的物业管理和服务体系。

近年来，碧桂园服务主营业务持续高速增长，增值服务增速也明显高于物业服务。作为市场化运营的公司，碧桂园服务始终保持市场业务扩展，追求有质量的规模增长，在上市的物业公司中盈利能力第一。

碧桂园服务作为中国社区服务领导品牌，以业主需求为核心，依托强大

碧桂园服务控股有限公司于 2018 年 6 月 19 日在香港上市

TOP20

的线下服务体系，整合社区商业资源，致力让业主体验社区服务的美好，围绕业主不动产保值增值，提供全生命周期服务。现已逐步在社区引入共享汽车、共享单车、miniK 等便利生活新业态，为业主构建 "1+N" 社区场景化生态圈。

2018 年 6 月 19 日，碧桂园服务正式在港交所主板挂牌上市，开市价格每股 10 港元，截至 7 月 20 日，总市值跃升至 347.5 亿港元，稳居港股物业服务板块第一的位置。这将助力碧桂园服务进一步增强品牌效益、吸引高端人才，进而为业主提供更为优质的服务。

碧桂园服务执行董事、总经理李长江（右一）向港交所捐赠公益金

二、极致服务

碧桂园服务始终秉承“123 服务法则”，即：一切以业主满意为中心；视业主为亲人，视业主为朋友；微笑服务、跑步服务和专业服务。在基础服务上追求极致，打造行业最高标准和服务最好体验。

（一）“有事找管家”已成为业主习惯

凤凰管家作为碧桂园服务的核心服务载体，“有事找管家”已成为碧桂园业主的生活习惯。通过重塑管家“四者定位”，构建管家岗位胜任力模型，完善管家激励机制，解客户难题、让客户信赖、给客户惊喜、创幸福社区。目前，碧桂园服务共有超 2100 名凤凰管家，业主识别率达 100%，管家满意度达 99%，让业主真正感受到好服务带来的安心、舒适、尊贵。

（二）管家 100% 取得红十字救护员资格证

碧桂园服务携手广东省红十字会，在全国率先开展管家应急救护专业培训。自 2018 年 3 月启动至 6 月底，凤凰管家 100% 取得救护员资格证，守护超百万户家庭。培训期间，六安碧桂园及顺德碧桂园等项目就相继出现因管家及时妥善抢救，挽救业主生命的动人故事。下一步，应急救护培训将覆盖碧桂园全国各岗位物业人员，并逐步通过社区活动向业主普及，在社区实现“应急救护全民化”。未来只要是碧桂园服务的项目，都会有应急救护培训。

（三）“彩虹工程”打造绿色氧吧

2018 年，碧桂园服务在全国首推社区环境“彩虹工程”，这是社区环境品质提升的又一次探索。根据不同项目所处的地理环境、气候条件和植被特性，打造属于该小区的独特景观，营造怡人、舒适、安逸的社区环境。碧桂园服务的环境工作人员甚至能将小业主的涂鸦绘画融于景观小品打造，让人目之所及皆美好。同时，鼓励业主发挥绝妙的想象，绿化房屋阳台等对外展示空间，共同营造园林式、花园式的社区“绿色氧吧”。

（四）连续 10 年零安全责任事故

守护所有碧桂园小区全体业主的人身和财产安全，是碧桂园服务的第一要务。百日无事故“亮剑”行动，就是碧桂园服务守卫社区安全的一面闪亮的“盾牌”。在每年接近年关的前三个月，全国碧桂园社区同步开展“亮剑”行动。全体物业员工参加集体誓师，升级安保标准，切实维护好消防和安防的双重保障。2017 年正是“亮剑”行动十周年，在连续 10 年里，全国碧桂园社区未发生安全生产责任事故和消防安全责任事故。

三、创新管理

碧桂园服务始终“以业主需求为中心”，不断升级社区服务体系。

（一）服务分级，首家引入精益管理理念的物业服务企业

碧桂园服务通过对服务进行分级，从菜单式服务、产品标准化和模块化定价切入，让业主清晰了解到物业服务的具体内容包括哪些，并能够根据菜单自主选择所需服务，实现服务按需，同时也优化物业方的资源配置。针对每一项服务，制定标准的服务内容、服务动作、服务频次，实现产品标准化。对于物业传统服务的十大抓手，利用大数据和机器学习的手段，采用 KNN 模型，建立了服务菜单和成本间的匹配模型，只需要结合项目实际情况，由业主自主选择所需要的服务内容，便可以生成服务成本，并计算定价。

（二）服务标准化

碧桂园服务 2016 年年底开始“浮标”项目，将服务看作是一个浮标，随着业主要求的提升不断提高要求。2017 年，碧桂园服务针对业主的触点进行梳理，对于重点触点，如门岗、管家、诉求等开始专项提升。2018 年开始推进 SOP（标准操作程序），本着“面向一线、知行合一”的理念进行设计和实施，切实做到用最简单、最直接、最有效的方式面向项目经理以及现场各条线一线人员提供标准化的作业指导书、操作演示视频和一页纸指导卡。

（三）行业领先服务评价体系

为有效获取业主真实声音，促进服务品质提升，碧桂园服务 2017 年引入 CRM 系统，作为服务评价体系的支撑，并围绕 CRM 系统搭建完整的评价体系。利用 CRM 实现了以天为单位的满意度监控，即“天天满意度”。2017 年 9 月正式开展“天天满意度”以来，共调研 66964 业主，覆盖 369 个项目。同时，2017 年启动“业主体验官”计划，招募各社区有参与社区治理热情的业主，鼓励其对社区治理提出建议，并通过线下体验活动及线上调研，让他们真正参与到服务设计优化的过程中。

业内首推凤凰管家应急救护能力标准化，守护超百万户业主

（四）打造国内首个“AI+服务”社区

目前，碧桂园服务已构建了完善的智能物联与信息化体系，并孵化“社区大脑”——“统一集成平台”。通过系统集成和数据打通，以数据管理模型和人工智能分析为核心驱动，实现对设备端和应用端的集中管理。2018 年 6 月 26 日，碧桂园服务与腾讯签署“共建人工智能社区”合作协议，并在“云

平台服务”和“云监控服务”两个领域启动联合研发项目。双方正式携手，率先共建国内首个“AI+ 服务”社区。

牵手科技巨头腾讯，碧桂园服务打造国内首个“AI+ 服务”社区

（五）创新社区文化塑造，全国首倡“0.5 幸福”社区文化价值主张

2018 年 6 月 27 日正式启动碧桂园服务首届“628 和美家庭日”，全国首倡“0.5 幸福”社区文化价值主张，打造和睦友邻的社区文化氛围：每天，花 0.5 小时陪孩子学习玩耍；每天，花 0.5 小时陪家人吃饭聊天；每周，花 0.5 天结识邻居朋友、友邻互助；每周，花 0.5 天参加社群活动、精彩生活。在此基础上，重新定义 5H 文化体系：Health（健康运动）、Happiness（欢乐童趣）、Heart（文化滋养）、High-tech（未来科技）、Hope（公益情怀），推行“5H”社区认证；通过打造多元的社群，发挥业主潜力与活力，与业主共建“温度、精彩、情怀”的和美社区。

（六）人才策略：不讲资格，不讲资历，只讲能力

火箭军计划，是碧桂园服务人才加速成长计划，寓意着碧桂园服务未来领导者，也是公司发展的重要保障力量。我们通过 1/2/4 限时成长机制、联动培养机制以及制度管理机制，促使学员在 1 年内挂职项目副经理，2 年内晋升为项目经理，4 年内发展为区域总经理，实现在学员不同阶段的有效培养和快速发展。

凤翎计划，寓意碧桂园服务未来中坚力量，能够像凤凰一样展翼翱翔，成为公司发展的加速器。通过 1/3/5 限时成长机制，依托多样的培养方式和明确的发展通道，让学员在 5 年内成为物业项目经理或职能部门经理，为学员成长赋能，为公司发展助力。

四、展望未来

“物业决战主战场在增值服务”。碧桂园服务已拓展生活服务、传媒服务、资产服务等多项社区增值服务，未来碧桂园服务将通过投资孵化、合作经营、直营等多种模式拓展更多社区增值服务领域。

同时，碧桂园服务将面向大客户、开发商、政府进行规模布局，也会将自身优秀的能力、技术对外输出，赋能中小物业，助其降本增效。

历经 26 年快速稳健发展，碧桂园服务已成为业界标杆，并迈入迅猛发展的全新时期。带着对服务初衷的坚持，秉持“急业主所急，想业主所想”的服务理念，碧桂园服务将持续升级社区服务，与社会各界强强联合，为数百万业主的美好生活提供坚实的保障，让广大业主尊享自在生活。

绿城服务进击创新 4.0 时代

绿城物业服务集团有限公司

管家服务 时刻为您

随着我国当前主要矛盾的转换，美好生活需要的供给实践成为社会发展的强大共识。作为改革开放涌现的新型物业服务行业，成为这一愿景的基层实践与社区入口。绿城服务作为行业的头部公司，确定自身发展愿景和目标即是做幸福生活服务商。此愿景与十九大党中央发出号召与追求，有着高度一致性。这成为绿城服务转换发展航道、推行企业创新的不竭动力。

与此同时，在国家发展背景下，大服务时代的到来，推进了服务业的生长需求，金融、能源、科技、地产纷纷向服务业重点布局。物业服务行业进入新的发展风口。尤其重要的是，物业股在香港市场的优异表现及资金避险特质，2018 年以来，无论是涨幅还是整体估值，均高于房地产板块。绿城服务亦成为这一轮以资本为助推，向生活服务深度转型与创新的风向标之一。

人们的需求也在起变化。城镇化快速发展步入中后期之后，房地产行业从增量市场逐步转为存量市场，市场的供求关系从原来的卖方市场逐步扩展到了买方市场，中产阶层日益追求更有品质的生活。人们的观念也从过去的“住有所居”转向了“住优所居”。

因此，绿城服务面临新的变化、业主的要求、社区治理的期望、消费的升级带动的美好生活实践等要素，都在推动物业服务行业做出更多探索。

睦邻生活一家亲

一、进击的绿城服务

互联网的下半场，阿里、腾讯、苏宁等科技企业在新零售、物联网、互联网房产方面快速跨界融合发展。物业管理行业在这些领域有天然的服务资源和发展基因。例如物联网在智慧园区、物业服务中的应用，资产服务和互联网房产的融合，长租公寓线上线下的服务打通等。物业管理行业的领先企业在城市生活服务领域不断的尝试、迭代，形成自己独特的发展模式。承载社会、行业发展不可提替代的责任。

绿城服务作为行业领先的企业，也有着自身对于行业的担当和思考。20 年前，随着住房改革，杭州市场上的物业企业初具雏形。大部分的物业企业为商品房的开发而生，其使命是作为房子本身的配套而存在，此时的绿城服务是 1.0 亲情化服务，也是物业服务企业的 1.0 时代。主要集中在房屋维修、小区管理和设备维护等方面。

及至 2007 年，绿城服务首创并在全国范围内推广园区生活服务体系，着重将物业服务的重心从“物的管理”转移到“物的管理和人的服务并重”上来，围绕健康、文化、居家生活服务，全面开启属于绿城服务的“2.0 时代”。

绿城园区生活服务体系由健康服务、文化教育服务和居家生活服务三大服务系统组成，将房地产开发、社区服务、城市管理的关系有效结合起来，满足了不同阶段的业主的不同需求，进一步丰富和提升了生活品质。

在前两个阶段，大部分物业企业的发展方向都是一致的，只是从服务的精细的颗粒度上辨识服务优劣。而到了 2014 年左右，物业管理行业内部开始了分化阶段，有的企业在基础物业服务领域持续深耕，也有一批企业开启了互联、智能化应用的尝试。

移动互联网技术的加入让物业服务具备更多的可能性，“互联网 + 物业”使得企业开始跨界成为社区服务运营商。接地气的物业服务企业天然具备“流量入口”的功能，把客户转变成用户的能力将决定未来谁独占鳌头，因此，物业服务企业扩张的目的不再仅仅是增加服务面积，更是蓄积与积累服务用户。

在服务面积上具备积淀的绿城服务，转型之要务正是将业主转变成具有黏性、体现信赖的用户，也是其所称谓的“业主家人”。绿城服务在原有园区生活服务体系基础上，借助互联网技术以及大数据的资源，与中国城市科学研究会合作，研究智慧社区的建设运营服务标准，提出 3.0 智慧园区服务，构建了技术系统（云平台）、服务系统（一体化服务平台）、社交系统（睦邻社）三大系统。有机联动智能硬件、物联网传感器等设备进行信息交互，协同“室内 + 户外 + 特种”服务机器人，进而实现基础物业服务订单化，提升服务效率；另外建立自动化、集中化、标准化的管理体系，在确保不同项目客户体验一致性的前提下根据不同的小区制定不同的收费标准，保证客户满意度，提高管理服务效率。

随着行业的分化和市场的变化，绿城服务希望能够为“美好生活”的构建贡献自己更多的力量。通过改造智能道闸设施系统及运用巡逻机器人、生活体验馆（注：通常所说的案场）机器人等，绿城服务有效提升运营效率及服务质量，为客户提供功能齐全、管理科学、操作简便的智能化服务以及面向行业的解决方案。

面对市场提出的新要求，绿城服务开启个性化的二次开发服务，自身向标准化、专业化、集团化、国际化的方向发展，实现管理信息化。体现出绿城服务企业精神中的紧跟时代、自我革新与社会责任。

二、社区生态圈初步构建绿城服务的 4.0 时代

预计到 2020 年，社区增值服务的市场容量将超万亿元，而物业服务企业发展社区服务有着得天独厚的优势；通过开展多样化的社区增值服务加强自身盈利能力，拉动庞大的社区终端消费资源，这也正是资本市场看好行业的关键。

物业服务企业通过植入互联网基因搭建社区平台，整合社区内外资源，积极利用大数据对业主的需求偏好进行数据化解读，基于业主家庭的资产价值，围绕房屋、汽车、生活配套三类开展创新增值业务。其中，围绕房屋提供包括房屋托管、装修、维修、房屋租赁等服务，围绕汽车提供洗车、养护服务、车位租赁等，围绕家庭提供家居品零售和配送、家政、旅游、教育、休闲文娱等服务，带动企业营业收入提升的同时加强与所服务社区的紧密信任关系。

绿城服务在布局社区服务生态方面卓有成效，开展了社区教育、社区零售、园区服务、资产管理等一系列业务。2017 年，绿城服务通过自营与合作的方式共投入建设 27 家奇妙园及相关教育点，以期快速占领社区教育市场。随着新零售热度持续升温，围绕社区场景的新零售探索愈发受人关注，绿城服务联合鲜生活和易果共同收购北京好邻居连锁便利店，借助其在新零售领域的管理经验及优势建立无人社区便利店“绿橙 Pro”，标志着绿城服务正式杀入社区新零售领域。

业主满意累于点滴

这是面对新零售趋势下的创新尝试，也是绿城服务布局社区商业运营的一个缩影。2018 年绿橙便利店将面向全国推进，门店总量计划达到 200 家以上。此外，绿城服务还布局了社商运营及全国租售中心领域，其中社商运营主要依托于湖畔琴声、绿城早教等自营生活服务品牌，融合外部优质生活服务资源，盘活剩余社区商业资产，为社区商业提供生活全景服务。

三、输出行业标准

业主物业，鱼水情深，携手共进

当前，绿城服务已经布局全国24个省及直辖市、120个城市，与近千个房地产商或政府机构拥有合作关系，为其开发或经营的住宅、写字楼、产业园、酒店、学校、保障房、城市综合体、医院、银行等提供物业管理服务，但在绿城服务看来，这还远远不够。

在大型物业企业迅速发展的同时，行业里同样有不少中小型物业管理企业正在面临艰难的困境。因此，在4.0时代，绿城服务除了将业主作为服务对象外，还将向整个房地产行业和物业管理行业输出自己的成果，建立行业标准，提升行业整体水准。

绿城服务期望把在物业服务、生活服务、资产服务，以及智慧物联科技领域的一些研究成果、标准体系、信息技术打包向整个房地产、物业服务行业输出。输出的模式是多元的，可以是输出标准化的服务体系，也可以由绿城服务来委派核心团队，更可以只是输出一套完整的智慧园区服务解决方案。在信息开放、共享的时代，成熟、优秀的标准、技术理应应用到每一个有需要的园区内，为更多的业主服务，这才是新技术、新生态的价值所在。

其实这一设想在2012年“绿联盟”成立时，就已经有了一些实践。彼时，绿城服务尝试对外输出管理模式和管理经验，并派驻主要管理人员驻场，负责委托公司或项目的日常管理及运作。

在此基础上，绿城服务将推出“联盟服务4.0”，为联盟企业提供物业服务全方位运营方案。绿城服务将通过管理平台和技术平台两个层面，对外输出优质资源，例如企业管理咨询、硬件改造升级、物联网平台等。

让更为成熟的技术和更为优质的服务发挥普善价值，这是绿城服务作为行业龙头的担当，也是作为行业变革先行者的实力体现。

从1.0到4.0，20年来，绿城服务从未停止过前行的脚步，也从未放弃过创新和思考，并在实践中布局共享价值生态。

四、布局资产增值服务生态链

除了行业标准输出、产业服务的全新布局外，绿城服务4.0还将迎来众多尝试。比如，依托于原有的绿城置换等资源，绿城服务成立了全国租售中心，为业主提供盘活闲置资产等服务，让资产变现变得更为专业与便捷。

2017年，绿城服务布局资产增值服务生态链便初见端倪。

下半年，绿城服务成立绿城产业科技服务有限公司，布局产业服务领域，此后不断开发产业园新领域，先后为杭州海创园、合肥双创园、衢州衢时代等项目输出产业运营服务体系。由杭州、浙江出发，向全国铺展与引领，从小切口打开大局面，这是浙商一贯的雄心。

产业服务领域是绿城的一次全新尝试。绿城服务的项目中，还有大多数的非住宅业态，在这些业态中，办公的企业、人员也需要一个“非住宅版本的园区生活服务体系”来满足他们“乐业”的需求。

全国租售中心则依托于绿城置换这一深耕华东地区十余年的“高端二手房经纪品牌”，为全国的绿城业主提供家门口的高端经纪服务，目前已开设租售中心近 300 家。

资产增值服务生态链，从理论上来说是一个大而全的“资产服务包”，涉及的内容大而广，一家企业实力再强，也不可能面面俱到。因此，绿城服务 4.0 的核心逻辑，依然是以物业服务为中心，通过对所管理资产服务的外延，做实产业园区、写字楼群、社区商业的运营服务以及住宅园区的二手经纪服务，并以此为基础构建一个具有极强业务延展性的资产服务平台。

五、优良业绩支撑高估值

风起于青蘋之末，浪成于微澜之间。物业的资本时代已然开启。绿城服务夯实的服务生态链在资本市场表现出彩，估值连续创下新高，也让资本市场对行业的认识不断加深。

轻资产化、充足的现金流、低负债、高营收已经成为绿城服务的代名词，也是物业服务行业的代名词。在新一轮的转型和升级过程中，绿城服务在资本的加持下演变成技术密集型的企业，为行业的发展提供了样本。

分析在港上市企业的收入、利润和市值、市盈率（截至 2018 年 5 月 28 日）的表现，可以看出，企业的营业收入、净利润和市值、市盈率成正比关系。2017 年，绿城服务收入实现 51.40 亿元人民币，同比增长 38.1%，净利润达 3.92 亿元；营业收入包括物业服务板块实现收入、社区生活收入、咨询版块收入三部分，分别占总收入的 69.3%、17.5% 和 10.10%，三大业务协调发展，高品质基础物业服务的稳定增长保障现金流来源、积累中高端客户资源，高利润率园区增值服务快速推进、打开利润空间，助推了绿城服务的高估值。

作为继彩生活、中海物业、中奥到家之后，第四家登陆香港资本市场的物业服务企业，绿城服务推动行业资本化进程全面加速。自上市以来，绿城服务估值一路强势上扬，截至 2018 年 5 月 28 日，绿城服务市值达 227.8 亿港元，居港股物业股市值第一位。

资本市场对规模大、增长快、有发展潜力的企业一直偏爱有加，市场估值普遍较高。目前已上市企业和准备上市企业中，多数都是在行业内具有一定综合实力地位或者在细分领域市场占据领军优势的物业服务企业。绿城服务具有明显的资源优势，而规模庞大意味着拥有更强的市场竞争力和更快的新业务开展速度，未来发展潜力也更大。

同时，行业地位奠定了绿城服务坚实的发展基础，有助于提升市场对绿城服务的品牌认知度，并对潜在竞争对手进入市场形成较大壁垒；伴随着行业集中度的日益提升，强者恒强局面的形成，绿城服务所处的行业地位也变得尤为重要。

上市只是企业成长的一个重要里程碑，而不是终点。在新形势下，绿城服务将面临更加复杂的市场环境，有大机遇，更有大挑战。

在可预见的未来，绿城服务继续积极拥抱资本市场，充分利用资本为企业创造更大价值，努力提升资源整合能力、战略布局能力和创新发展能力，真正做到源于传统，固本创新，在资本与实体两个市场荣光绽放。

在专注中进化 构建社区服务生态圈

彩生活服务集团有限公司

彩生活成为中国第一家上市的物业服务企业

一、彩生活简介

彩生活服务集团有限公司总部位于深圳，是中国领先的科技型、综合型住宅社区服务运营商。其运营历史可以追溯至 2002 年 5 月，深圳市彩生活物业管理有限公司的成立。经过 16 年的快速发展，彩生活已经成为行业内的领军企业，并于 2014 年 6 月 30 日在香港联交所主板实现集团上市，股票代码为 HK 1778。

近些年彩生活服务面积保持快速增长趋势，通过实施标准化、集约化及自动化的业务战略，彩生活为业主提供品质如一且具成本效益的住宅社区服务，不断维持其在中国住宅社区管理行业的领先地位。此外，彩生活专注于通过互联网，搭建线下及线上服务平台，高效联系社区住户与各类商品和服务供应商，为社区住户提供最佳的居住服务体验。

二、彩生活发展历史及现状

任何企业的战略均是基于自身要素条件以及外部环境所形成的决策和判断，同样彩生活的历史以及现状也将影响其未来战略发展的方向。

（一）线下管理规模扩张，海量住户资源积累

彩生活定位独立发展的社区服务运营商，在管项目中 99% 为非母公司花样年开发的楼盘。彩生活专注于基础物业管理，坚持平台战略，其自身并不从事任何一类垂直服务。而平台的关键是流量和用户，因此彩生活核心战略之一就是线下服务面积的快速扩张。经过 16 年的运营，彩生活积累了丰富的独立扩张经验，主要通过外延式收并购以及内生式增长实现了管理面积的快速上升。

外延式收并购。中国的物业管理市场具有很强的地域特征，开发商通常在所建楼盘当地选择具有一定品牌及知名度的物业管理公司合作，因此彩生活通过收购目标市场内的一些物业公司来完成异地扩张的第一步。2015 年彩生活完成对行业领军企业——深圳市开元国际物业管理有限公司（以下简称“开元国际”）100% 股权收购，2018 年 3 月彩生活完成对万象美（前身为万达物业）的收购，实现了高端物业承接能力的不断提升。

内生式增长。在完成目标市场物业公司的收购后，彩生活会在当地迅速建立起良好的市场声誉，并派遣市场人员与当地开发商和物业协会建立关系，且利用被收购公司的原有股东等社会资源，在当地迅速承接楼盘的全权委托管理合约，包括新楼盘的全权委托管理和成熟社区业委会委聘彩生活管理两种情况。

截至 2017 年 12 月 30 日，彩生活社区服务面积达到 4.36 亿平方米，服务 2384 个社区、超过 400 万个家庭，遍布于全国 222 个城市和新加坡，是全球最大社区服务运营商。同时，从市场分布情况来看，彩生活所管理的项目大多分布于经济较发达的沿海地区，华南、华东区域管理面积占比超过 50%，市场结构性优势显现。

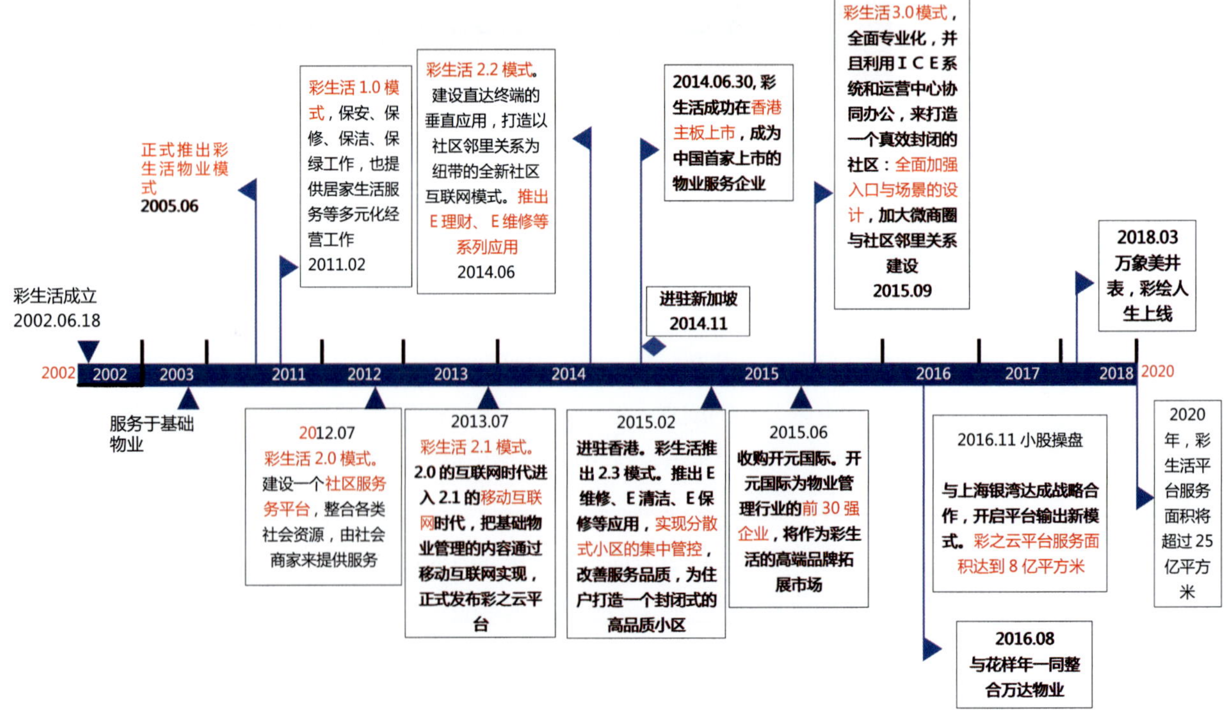

图 1　里程碑事件

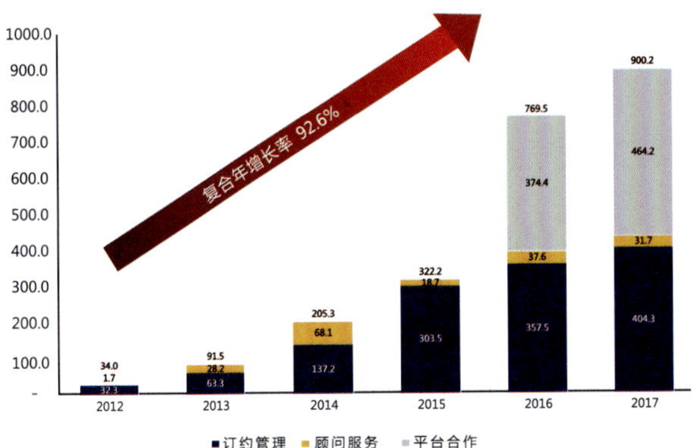

图 2 订约管理及提供顾问服务的总建筑面积变化情况

（二）利用技术设备替代劳动力，基础物业服务效率改善

基础物业管理呈现出明显的劳动密集型特征，在劳动力成本快速上升但物业管理费难以上涨的情况下，物业管理公司往往面临亏损的风险。然而，彩生活坚持利用机器设备替代传统劳动力。通过标准化、集约化、自动化手段的使用，目前彩生活的服务效率已经处于行业领先地位，每百万平方米的劳动用工数约为行业的一半。同时，物业服务满意度处于行业领先水平，说明彩生活在保持规模扩张、劳动效率提升的同时，也保障客户满意度的改善，为后续开展到家增值业务奠定基础。

彩生活历年均会对社区进行升级和改造。2018年，彩生活智慧社区模式升级为 4.0 模式，不仅实现了智能开门、车辆自动识别，还通过智慧社区服务平台，让客户在彩之云获得更加丰富、实惠、便捷的服务。同时，深度利用 ICE 系统和运营中心协同办公，彩生活打造一个对内高效专业、对外可为客户提供多样化、个性化产品服务的智慧社区平台。

此外，智慧社区 4.0 版本在组织专业化、产品化方面继续进行了深度完善，包括但不限于引入 E 能源、E 停车、E 入伙、E 家访、彩富人生、彩住宅、太平洋保险、彩生活特供、京东特供、汇生活、环球精选、机票、良食网，进一步从用户需求和高效支撑等多个层面来打造社区 B2F 生态圈。

（三）线上线下平台与业主形成多触点，建立信任和黏性

为更好地服务社区业主，彩生活搭建线上和线下平台。

线下平台为全国范围内的超过 2384 个社区的彩生活空间或物业管理处，以及数千名的客户经理和社区主任。客户经理的核心职责为定期上门拜访业主，是彩生活连接业主的主要纽带，也是业主各类需求的汇聚点。

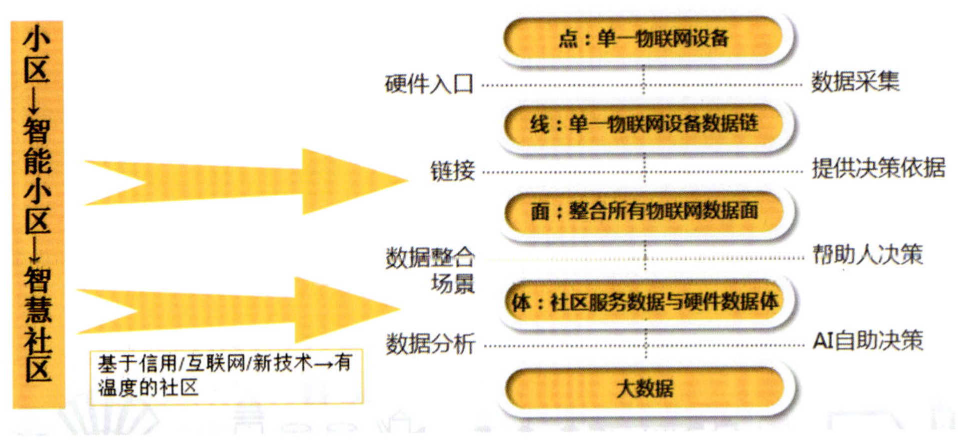

图 3 从普通小区到智慧社区的改造过程

线上平台为彩之云 APP，其中包括缴纳物业管理费、开社区大门等一系列刚性应用，确保用户黏性。同时，彩生活以开放的心态与众多第三方企业合作，在彩之云 APP 上引入维修、租房、家政等一系列垂直应用，因为客户经理对业主家庭需求的精确掌握，可大幅降低第三方垂直服务的获客成本，提升其货币化能力，也为业主创造更便利、舒适的社区居住环境。截至 2017 年 12 月 30 日，社区平台彩之云 APP 的注册用户数达到 1034.0 万，活跃用户 349.4 万，活跃度高达 33.8%。

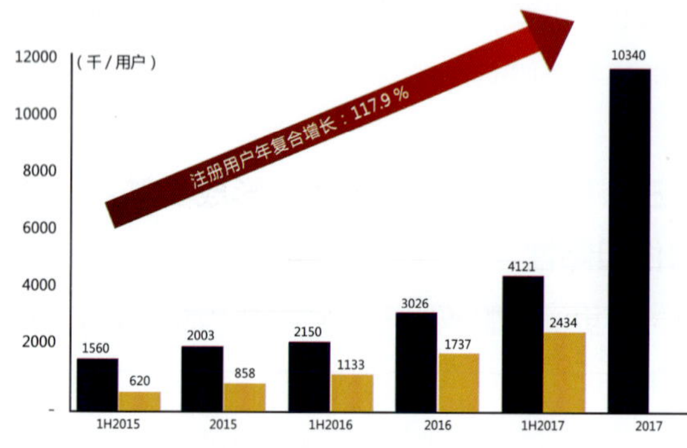

图 4　彩之云注册用户和活跃用户数

三、未来发展战略重点

目前彩生活已经拥有海量客户资源，高效的基础物业服务实现了海量客户的良好满意度，且通过线上和线下服务平台的搭建，彩生活与业主建立起不同维度的触点，形成了线下的信任关系和线上平台黏性。基于上述已经形成的优势条件，彩生活以传统的物业管理服务作为切入点，与第三方专业垂直领域公司合作，对社区场景进行“解构＋重构”，实现构建从社区 (Business) 进入家庭（Family）的 B2F 生态圈的战略目标。

（一）构建社区服务 B2F 生态圈

2016 年 6 月彩生活举行生态圈揭幕仪式，代表彩生活全面进入构建生态圈的战略阶段。彩生活联合希望进入社区的垂直服务供应商，通过小比例参股合作伙伴的方式构建社区服务生态圈，并通过自身社区资源孵化合作伙伴，最终实现共赢共生的目标。彩生活生态圈不仅是将其应用加入彩之云 APP 或是一些简单的信息交换，更多的是商业模式的解构和重构，以及帮助不同垂直应用间的复合生长。

商业模式的解构和重构。将缴纳物业管理费的场景与住户投资需求相结合，与 P2P 企业合作，打造“彩富人生增值计划”。业主可以享受比银行定期略高的理财收益，也可以避免定期缴纳物业管理费的麻烦；彩生活将不断重复的管理费催收工作优化，提升服务效率，并收取年化 2% 的渠道费用；优秀的客户经理与业主建立起良好的信任，业主通过客户经理购买产品，客户经理可收到一定比例的佣金，带来信任变现的途径；而对于 P2P 企业则拓展了融资渠道，探索开展社区金融的新路径。2017 年全年，“彩富人生增值计划”投资交易金额累计达 56.81 亿元，贡献增值业务收入 3600 万元。

不同垂直应用间的复合生长。生态圈优势在于不同资源之间的复合和协同效应。彩生活作为社区生态圈平台，希望孵化的企业可以复合生长。具体看来，目前租房应用已经与清洁服务合作，E 师傅也已经和 E 能源、E 装修合作，这些合作的意义不仅在于业务量的协同增长，更在于业务量波峰、波谷平衡。例如，家政服务的波峰在周末，但是周一至周五的单量较少，因此可以在工作日承接来自合作伙伴的订单，减少时间闲置进而增加收入。

2017 年全年，彩生活实现增值服务收入 2.76 亿元，同比增长 76.5%，其中包括平台使用费 1.37 亿元，主要为合作方通过彩之云达成交易后的返点收入，同比增长 85.4%。增值服务对分布溢利的贡献程度达到 42.9%，同比上升 10 个百分点，处于历年来最高水平，成为彩生活收入和利润增长的第二大驱动因素。

（二）小股操盘的平台以及生态圈输出

彩生活的最终目标并不是成为一家物业管理公

司，因此通过物业管理面积增加带动用户规模上升的方式显然不能够满足彩生活的要求。与此同时，我们发现行业内很多尚不具备经营优势的企业，在物业上市热潮的推动下，接受了资本的注入，面临线下收并购和线上 APP 开发的双重压力。而对于彩生活自身而言，其平台和生态圈构建已经初具规模，能够贡献可观的收入和利润，因此彩生活及时调整战略，迈出了平台输出的第一步。

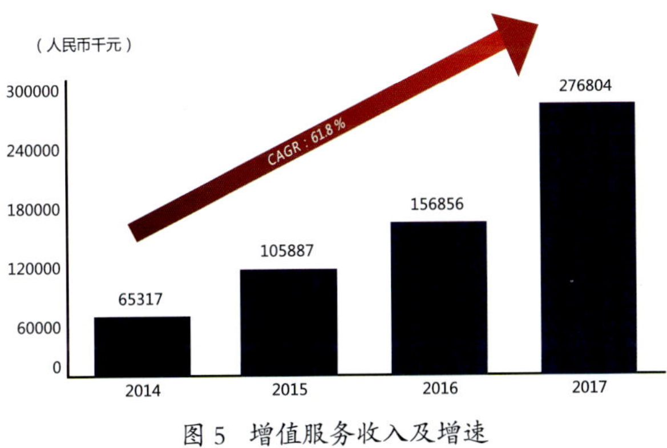

图 5　增值服务收入及增速

平台输出模式下，彩生活首先对合作企业进行 5% ～ 20% 的小比例参股，保障双方拥有共同的长远利益。同时，彩生活并不切分合作伙伴原有的物业管理收益，而是将其线上平台的使用权输出给合作伙伴，帮助合作伙伴创造增值服务收益。针对这部分增量收益，彩生活与合作伙伴对半分成。相比于收并购模式，平台输出对于合作伙伴的决策成本更低，并且能够提高彩生活的资金使用效率，帮助彩生活实现更轻、更快的增长。因此，2016 年下半年开始，彩生活逐渐放弃了以收并购为导向的物业管理面积增长，转而更加关注以平台输出为驱动力所带来的平台服务面积、用户规模增加。截至 2017 年 12 月 31 日，彩之云平台服务面积达到 9 亿平方米，通过平台输出实现的面积扩张占比已超过一半，达到 4.64 亿平方米。未来，彩生活将继续通过平台输出逐步覆盖非彩生活服务的社区，带动生态圈合作伙伴的扩张，实现更高质量的业绩增长。

（三）彩生活住宅 / 车位形成饭票的积累

未来 5 年彩生活的核心战略除了构建生态圈、扩张生态圈的服务范围以外，更重要的是提升生态圈的活跃程度。

2015 年 6 月，彩生活创新推出“彩生活住宅”，将一次性的卖房行为转变成为“房屋 + 服务”的销售形式，加快房地产商的销售速度，帮助购房人降低生活成本，是对参与各方均有吸引力的一种模式。经过两年的探索和努力，彩生活住宅模式得到了市场的认可。2017 年，彩生活将思路进行延展，推出“彩生活车位”，进一步帮助开发商盘活存量车位资源。

“彩生活住宅”与“彩生活车位”主要是针对难以销售的尾盘，或销售成本较高的存量车位而打造的销售模式。开发商将购买者支付的部分资产购置款返还，形成购买者在彩之云平台的饭票，饭票可用于彩之云平台上的各类消费，提升平台的活跃度。彩生活住宅已在南京、成都、长沙、武汉、徐州、福州、无锡、惠州等在内的全国 67 个城市落地，并与包括安徽国购集团、西安荣华集团在内的 41 个开发商签署合作协议。截至 2017 年 12 月 31 日的 12 个月，已经销售彩生活住宅及车位共计 10057 套，累计待发放的饭票金额达到 8 亿元人民币，积累了金额庞大的购买力。此外，通过商品与服务的团购，彩生活实现了饭票比现金更值钱，而饭票作为彩生活商业生态圈的连接纽带，也将带动生态圈的进一步完善。

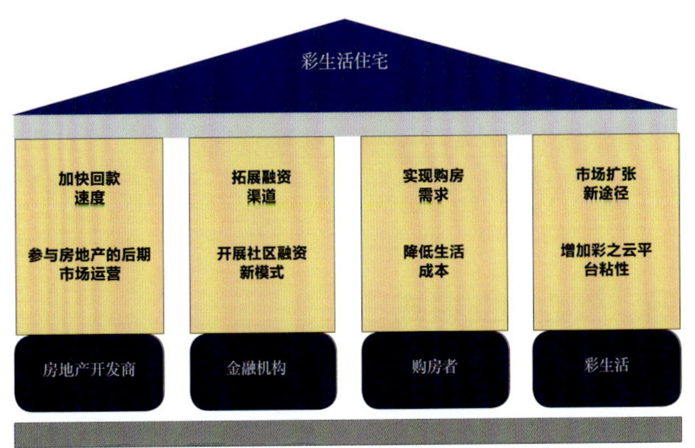

图 6　彩生活住宅模式

（四）彩惠人生构建社区新物种

新物种往往诞生于恶劣的外部环境。而对于社区服务行业，恶劣的外部环境就是日益增长的劳动力成本，以及难以上涨的物业管理费。如何从根本上扭转这种矛盾？彩生活结合社区场景，打造社区新零售模式，于2018年3月31日推出“彩惠人生”。业主通过“彩惠人生”购买日常所需的商品和服务，可以享受到物业管理费的减免。其本质是彩生活通过独特的社区场景构建，帮助商品及服务的供应商降低获客成本，而供应商将部分节约的营销费用对业主以物业管理费的形式返还。

彩惠人生搭建了B2F（从商家到家庭）的直通模式，业主在彩惠人生平台购买产品即可获得对应额度的物业费减免。这一新模式聚合了社区衣、食、住、行、娱、购、游等供货商、服务商等，并把原本分离的物业与商业服务相结合，通过将商家携手平台共同让利给业主，赠送物业费的方式，构建了一种全新的社区新零售模式。

另一方面，“彩惠人生”将业主的生活刚需与平台对接，一方面提高线上平台的用户黏性，让优质商家获得直进社区市场渠道；另一方面提升物业管理费的收缴效率，从根本上扭转了以往物业向业主收费的模式，改变了传统物业与业主之间的矛盾，有助于彩生活重新获得物业管理费的定价权，进而帮助彩生活进化成为一家社区服务行业的新物种企业。

自2018年3月30日彩惠人生上线，经过三个月左右时间运营至7月5日，彩惠人生平台成交订单总数为391818单，共计为业主减免物业费用1328万元，惠及1420个社区的56000个家庭，充分证明了业主对于彩惠人生的认可。

四、核心商业模式

彩生活在行业普遍缺乏对于技术和互联网认知时，利用科技化手段提升效率，并在行业面临成本压力时，利用自身成本优势快速进行收并购扩张，形成了基本的用户规模积累，为搭建平台奠定基础。伴随互联网特别是移动互联网的诞生，彩生活创新构建“线上＋线下”平台，利用自身物业管理业务优势，不断与业主建立多维度的触点，形成信任的粘性关系，为后续生态圈战略埋下伏笔。

2014年彩生活上市后，社区到家服务被推上风口，很多致力于为家庭提供垂直服务的企业纷纷与彩生活合作。经过两年的探索，彩生活社区服务生态圈已逐渐完善，未来将进一步丰富生态圈的功能和维度，不断通过小股操盘增加生态圈的覆盖范围，以“彩惠人生”“彩富人生”以及饭票为抓手提升生态圈活跃度。

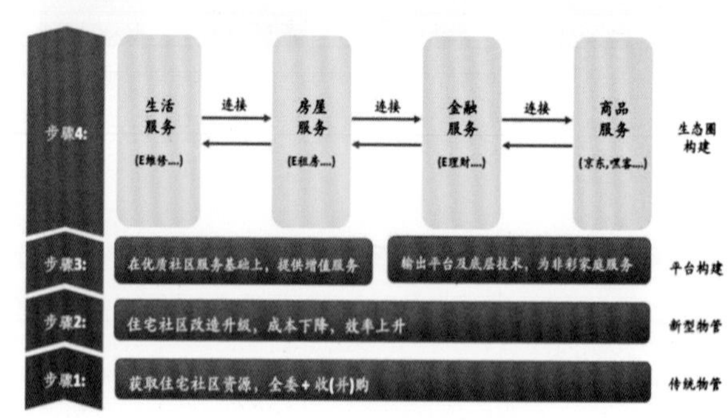

图7　生态圈战略构建

具体来看，彩生活战略规划主要分四步：(1)总服务面积不断增加，物业管理收益相应增加，为新业务拓展提供现金资源；(2)用户人数不断增加，实现增值业务高速发展的规模优势日趋明显；(3)构建平台，逐渐与社区垂直门类服务供应商构建社区家庭服务生态圈；(4)建立垂直服务平台之间的相互连接，实现更强大的社区家庭服务运营商。目前，彩生活已经开始进入到第四个阶段，即生态圈构建。

保利®物业 | 相伴一生的幸福

蓄发展动能 聚力布局百亿版图

保利物业发展股份有限公司

保利物业携手天创物业正式签署战略合作协议

当下，物业管理行业资本化日趋白热化，企业并购成为常态化，行业集中度快速提升。写字楼、公共物业等具备较强的服务溢价水平的非住宅物业获得高度青睐，为行业未来发展提供了新的方向。

保利物业在坚持市场化导向的同时，以住宅和写字楼管理为基础，以企业并购为主要手段，着力打造校园、产业园、政府和医院物业管理平台，丰富“2+4”多业态产品序列内涵，提高公司市场份额。依托保利芯智慧平台，打造大数据客户管理体系，全面升级业主居住体验，积极参与社区细分服务领域投资，并通过打通上下游产业链，全面拓展延伸服务和创新服务垂直细分市场。

迈进全新发展时代的保利物业将借助资本的力量，依托“保利芯智慧”平台优势，不断加强市场拓展和经营产品开发，集聚创新动能，以对生活细节的细微体察和科学考量，充分发挥物业在建设美好和谐生活中的积极作用，致力探索百亿布局上的广度与深度。

一、品牌印象

（一）公司发展历程

保利物业于 1996 年 6 月在广州成立，并于 2017 年 8 月 29 日在新三板挂牌上市（证券代码：871893）。旗下分、子公司 28 家，业务遍及北京、上海、广州、成都、长春等超过 100 个大中城市，承接的物业管理项目 600 余个，管理面积超过 1 亿平方米，合同面积超 1.7 亿平方米。管理项目涵盖了普通住宅、高端住宅、写字楼、政府办公楼、商业综合体、旅游综合体、购物中心、酒店公寓、学校等多种业态，并建立了一整套有自己特色的管理制度和服务标准体系。

在保利地产 5P 战略支持下，保利物业拥有强大的资源平台和技术平台，全面搭建保利“芯”智慧体系，以社区的“人（用户）”为核心进行资源整合与运营，定制亲情和院 3.0 版的服务产品，提供物业管理、资产增值、亲情社区生活配套，社区健康管理、青少年成长教育等多元化服务，以“全生命周期”的服务创新与科技创新，让“亲情和院”更有生命力和感染力。

2015 年，保利物业进军社区居家养老产业，在广州、北京、武汉、成都、上海等城市开业了多家和院健康生活馆的旗舰店和体验店，在行业内首次发布《社区居家养老服务蓝皮书》，并成为中国物业管理协会养老联盟首任主席，是物业管理行业升级转型的领先企业。

百强企业管理规模和经营业绩持续分化，行业资本化和科技化趋势愈演愈烈。2017 年 8 月 29 日，依托市场化和信息化双引擎发展模式的保利物业在新三板挂牌上市。次月，凭借优秀的品牌影响力、强大的市场号召力荣获“2017 中国物业服务专业化运营领先品牌企业”，品牌价值高达 48 亿元，彰显了央企保利物业的品牌实力。如今，借助新三板资本的力量，依托“保利芯智慧”平台优势，保利物业将不断加强市场拓展和经营产品开发，并进一步提升公司行业综合竞争力，持续打造最具人情味的第五代生活服务方式。

（二）能力建设

22 年的砥砺前行，保利物业已形成了央企物业标杆、中国最具人情味服务品牌、全时全域物业管理领先者、第五代生活服务方式创造者等四大核心竞争力。

全业态发展的拓展力：致力于发展全业态管理的保利物业，2016 年启动“2+4”外拓方针，在保持住宅物业及商办物业的领先优势的基础上，加速扩张政府办公楼、医院物业、学校物业和产业园物业等非住宅物业业态的发展版图。以超强实力提升合作伙伴的物业价值，为合作伙伴带来更大的资源平台与发展空间，以共享实现共同发展。2018 年 6 月 23 日，保利物业与天凝镇就公共服务全域化管理达成合作，正式开启“政府 + 企业”共建共治的新模式，成为行业内首个涉足乡镇公共治理，践行国家乡村振兴战略的物业服务企业。与天凝镇的战略合作，是保利物业全面推进“2+4”战略、深耕多元化业务的阶段性成果。

中国首个物业服务企业智库：2017 年 10 月 12 日，保利物业成立行业首个企业智库，同时发布四大研究课题，掀起了一场物业管理行业发展极具里程碑意义的智造革命。保利物业成立企业智库后，将重点打造三个关键平台：行业专家与企业精英互相交流的沟通平台、课题研究成果转化的应用平台、企业成果向行业输出的共享平台。企业智库的成立给企业的转型升级奠定坚实的理论基础，建立完善的服务产品体系，构建有活力的“智慧型”人才体系，为公司的“市场化、资本化、信息化、专业化”战略发展，提供源源不断的发展动力。

（三）经营业绩

2017 年，保利物业坚持市场化和信息化双擎发展模式，依托“保利芯智慧”平台优势，加强市场拓展和经营产品开发，并将依托新三板资本市场平台优势，进一步提升公司的行业综合竞争力，从而推动公司的业绩快速增长。

1. 营业收入、净利润

2017 年，保利物业营业收入 32.4 亿元，百强企业营业收入均值为 7.4 亿元，高出百强企业平均水平 336.2%；净利润为 2.4 亿元，百强企业净利润均值为 0.6 亿元，高出百强企业平均水平 310.6%。保利物业营业收入、净利润及利润率均高于百强企业平均水平，保持领先地位。

2. 物业服务费收入、多种经营收入

2017 年，保利物业服务费收入约 29.5 亿元，多种经营业务收入约为 2.9 亿元，分别是百强企业平均水平的 4.9、2.1 倍。保利物业多种经营业务收入占比营业总收入 8.8%，近年来致力于扩大多种经营服务，大力拓展社区增值业务，并取得了很好的成效。

3. 管理项目规模

2017 年，保利物业的在管项目总建筑面积逐年增长，管理规模持续扩大，管理面积 10732 万平方米，同比上年同期增长 20.98%，百强企业在管面积均值为 3164 万平方米，高出百强企业平均水平 239.2%。

二、创新看点

（一）企业经营管理理念

实现持续增值——资产优化运营

成长比成功重要——人才培养规划

简单就是价值——信息管理集成

科学预算严控审计——动态资金管控

（二）服务特色

亲情和院（住宅物业）：亲情和院，保利物业住宅项目服务品牌，是保利地产“和者筑善”品牌理念的具体体现，核心理念是“相伴一生的幸福”。以“大客服”基础服务制度为导向，以亲情管家小组的形式服务业主，提供全天候、全生命周期的生活服务、安全管理、设备设施管理、环境管理等。坚持打造“最具人情味物业服务品牌”，让“亲情”成为保利社区的文化标签。

和创服务（非住物业）：为配合保利地产以房地产开发经营为主，以房地产金融和社区消费为翼的“一主两翼”战略布局，针对非居客户，保利物业以“创 · 思价值之道”为理念，以为业户创造效

保利上海——迎接朝阳，入驻西塘

益实现增值为目标，搭建起集综合顾问服务、全局管理服务、企业资源整合服务、资产运营服务、大客户定制服务、楼宇智能化服务等六大功能的“保利和创服务体系”。产品体系包括：全局管理服务、综合顾问服务、企业资源整合服务、资产运营服务、大客户定制服务和楼宇智能化服务六大方面。

“保”，是保证的“保”

“五位一体”（校园物业）：从2016年起，公司重点开拓学校业态，截至目前，保利物业已经成为12所学校的物业管理和服务供应商，管理面积达到318.72万平方米。

保利物业根据校园特色，结合校园管理七大举措，为校园物业量身打造了服务方案。包括高效专业的客服工作、因校制宜的管理制度、承接查验工作、先进清洁服务、应急防范方案、零干扰服务，并结合校方工作安排，开展便民服务。保利物业还从民宿管家、学伴护航、食味安心、乐活小保、优享环境等五个领域着手，精心打造“居学食乐优”五位一体的基础服务体系。

“星网计划”（旅游业态）：在推进外拓的道路上，保利物业相继承接了浙江嘉善西塘古镇，以及湖南常德桃花源古镇等国内五星级景区的全套物业服务，让这些孕育了千年的水乡古镇，从一个单纯的旅游景区，向现代特色小镇华丽转身。

在古镇业态的管理上，保利物业始终本着打造古镇业态物业管理先行者的目标努力着。一方面从环境秩序管理、经营户管理、安全管理、保洁管理、风貌管理，以及配合相关部门综合治理管理等多方面常规动作着手，用心做好基础服务；另一方面，保利物业对景区商户经营和景区水系环境实施“柔化管理手段，力保整治效果”两手抓，力求以高标准、高质量推行管理服务。

“三化服务”（医院物业）在运营现代医院物业方面，保利物业结合医院物业的特点，重构了标准化、专业化、精细化的定义。以超越临床医疗体系对于后勤工作的期望值，提高患者对就医环境的认同，从而筑就“医生与患者互惠，效益与健康互利”的良性医疗健康体系。凭借着丰富社区资源和运营经验，保利物业还实力整合医疗、人才、技术等各类资源，助力医养创新模式的不断探索。

（三）商业模式

公司作为现代社区综合服务运营商，专注于为住宅物业、办公物业、工业园区物业、商业物业和其他物业（学校、医院、体育场馆等）的开发商、业主，提供基础物业管理服务、顾问咨询及协销配合服务和社区增值服务，并获得相关收入。

（四）基础物业服务

保利物业管理服务的物业业态非常多元化，基础物业服务费仍为保利物业最主要的收入来源，其中主要集中于社区住宅物业。除此之外，非住宅物业也同样具备较强的服务溢价水平，包括商业物业、办公物业、学校物业、产业园物业等各类公共物业。在公共物业管理领域的服务内容已大大拓展，如餐饮、会务、消防等，并呈现出规格高、品质高、要求高等诸多特点。非住宅物业由传统住宅物业的 2C 模式转变为 2B 模式，具有更高的盈利能力，竞争更市场化，服务更高端化。保利物业积累了丰富的全业态物业管理专业经验，形成了真正的全业态物业管理实力。

（五）顾问咨询及协销配合服务

保利物业市场拓展模式主要是通过全委、顾问和并购的方式拓展物业服务市场，同时通过提供酒店经营、会所经营、顾问咨询、协销配合、绿化养护、清洁保洁等专项服务拓展专业服务市场。始终坚持利用新技术、新方法，充分挖掘客户需求以开放的形式整合各种服务资源，以专业、精准深度的方式为客户提供基础物业管理服务顾问咨询及协销配合服务、社区增值等，为客户提供高品质的居住、办公体验，实现物业的保值增值。采用业务分包模式，将所需劳动力较多且技术含量较低的业务分包给专业服务公司。

（六）社区增值服务

多种经营的物业服务主要由案场服务与“和 +”社区生活服务体系构成，其中“和 +”社区生活服务体系包括生活服务、便民服务、美居服务、资产服务、财富增值服务等。保利物业除了继续深耕基础服务，还全面拓展延伸服务、创新服务垂直服务细分市场，培育新盈利增长点；以“芯智慧”平台为依托，打造大数据客户管理体系，构建“客户云”平台。打造企业商业联盟，整合产业链上下游资源。

三、企业发展目标和发展战略

（一）发展目标

过去的 2017 年，作为公司实施“十三五”发

天凝镇全域化管理签约

展规划打练内功、求突破的关键性一年，保利物业管理规模继续扩大，签约项目、签约面积、实现接管面积、营收、服务业主人数、利润率等各项指标实现跨越式提高，2017年企业品牌价值超过48亿元，业已成为行业领导品牌。未来，保利物业将围绕以下重点开展工作：

以深入推进公司资本化进程为目标，加大市场化拓展力度。企业要实现可持续发展的必由之路，必须是资本经营和资产运营相结合，以资本助推，以上市促发展，实现量变到质变的跨越。

以搭建大消费共享平台为抓手，加快信息化建设，提升盈利能力。加快信息化建设，有赖于标准统一和基础管理服务的到位。唯有实现流程标准化、表单标准化，信息化才更有效。

以客户满意度为抓手，夯实基础服务能力，形成高标准的管理服务流程、品质和运营能力，这其中没有太多的技术壁垒，但一定有不可逾越的精神。

以树典型为抓手，激起员工荣誉感，加强人才培养，进而带动工作高效开展。加强党的建设，加强党员对新形势的学习，做到廉政奉公、守住红线底线。

以安全生产为抓手，把安全生产工作放在重要位置，切实消灭隐患苗头。保利物业始终以为业主提供美好生活保障为目标，着力推进“筑院行动”在各区域的有效落地，通过对各类主要特殊事件的预防实战演习，全面检验保利物业各类主要特别事件的应急预案，健全应急处置工作指挥体系，完善应急工作机制，强化应急防范技能训练。

以打造社会责任为抓手，在全国保利社区推行物业企业牵头、居民共治、专注社区的公益服务，鼓励业主和员工从身边做起，让爱心与善行在保利社区扎根，以浓厚的亲情文化回馈社会。保利物业在公益方面的探索和实践，还将形成全国战略，致力开启社区新公益时代。

（二）发展战略

在地产集团“一主两翼”战略规划及公司“十三五”发展规划下，保利物业一方面推动基础服务升级，另一方面通过“市场化、资本化、信息化、专业化”四化发展战略，与时俱进地推进创新服务突破，促进公司提升核心新动能。

市场化。保利物业目前正在采取全委、合资合作、企业并购、兼并重组等方式进一步开拓物业市场。通过积累丰富的全业态物业管理专业经验，成为真正的全时域的物业管理专家。为客户带来更大的资源平台与发展空间。

资本化。保利物业2017年刚刚登陆新三板，目前主要工作是依托新三板资本市场优势资源，稳步推进公司市场化战略，扩大品牌影响力，巩固行业第一梯队地位，为广大业户创造幸福居住体验，为股东及合作伙伴创造。

信息化。保利物业积极构建芯智慧信息化平台，依托社区大数据平台，实现物业“人”“物”互联互通，重构了融合社区商业、健康、教育、服务、金融和资产于一体的“物业垂直服务集成”产品体系。

专业化。保利物业将进一步加强人才团队建设，加强人才的专业化，并借助科技实现管理内控的专业化，实现减员增效的基础上，为不同业态的业主提供高度专业的服务。

未来，保利物业将充分借助资本市场平台资源，将公司业务进一步做强做大，以更优质的服务为客户打造最具人情味的新生活方式，以更深层的产融互动助推企业效益最大化。通过凝聚专业服务能力、信息管控能力、创新业务能力、市场运营能力，进一步提升公司行业综合竞争力，持续打造成为能够提供全态管理、多元化产品、全方位服务的现代服务企业集团，在管理规模、经营绩效、服务质量、发展潜力和社会责任等综合能力保持行业领先地位，实现“做受人尊敬的物业服务企业”的远景战略。

贴心服务 真诚相伴

金碧物业有限公司

一、管理规模及经营业绩

金碧物业系恒大地产集团旗下公司，成立于 1997 年，注册资金 1.7 亿元，迄今已在全国 31 个省、直辖市设立分公司，管理项目遍布全国 200 多个主要城市，管理物业业态涵盖中高档住宅、甲级写字楼、旅游综合体、城市综合体、学校及会所运动中心等，在管项目超 1000 个，在管面积逾 2.3 亿平方米，服务 500 多万业主，规模稳居行业前列。

公司员工逾 6.4 万人，拥有高素质、高学历、年轻化的管理团队，其中管理人员本科率 90% 以上，拥有注册物业管理师、专业工程师等中高级职称的管理技术人员 600 余名，各类专业技术骨干 5000 余名。

2017 年，金碧物业继续领跑行业，在管项目总建面积稳步增长，较 2016 年同比增长 17.7%，管理规模进一步扩大，稳居行业前列。2017 年，营业收入达 41.1 亿元，同比增长 34.2%。

展现阳光团队

创新客户服务

强化专业保障

二、服务理念及特色

经过多年专业沉淀，金碧物业形成了科学完善的服务体系，倡导“贴心服务、真诚相伴”的人性化服务理念，始终贯彻“急业主所急，想业主所想，全心全意为业主服务”的质量方针，执行“过程与结果双满意”的工作宗旨，不断创新相继推出“贴心管家”“总经理信箱”“总经理服务日”等服务举措，形成了广受客户赞誉的特色服务。

（一）为百万业主提供“响应快速、服务高效、满意至上”的维修售后服务保障，赢得了广大客户的信赖。金碧物业拥有一支雷厉风行的物业服务队伍，在长期的物业服务中，建立了业主求助报修“1”“5”“30”的快速反应机制，即 1 分钟记录，5 分钟到场，30 分钟内开始维修，最后满意程度由业主评价，充分体现其人性化服务。

（二）提出了大幅升级“社区标准商业配套”的战略计划。采取独立商业街或裙楼底商形式，规划欧式风格社区标准商业配套，布局开放式的商业群落，涵盖餐饮配套类、生活配套类、服务配套类三大类业态，目前已与全国 700 多个知名商家达成合作协议，可充分满足业主购物、娱乐、社交、休憩的全方位需求，极大增强了区域内商业氛围，提升楼盘品质及产品附加值。

（三）社区会所采用多元化的设计理念，以业主需求为本，融入现代消费特点、生活方式及发展潮流，合理布局，精细规划，致力于为业主提供一流硬件配置、优质服务产品及贴心服务体验。通过专业化服务团队，针对社区内各年龄层次的业主提供舒适的服务体验，并开展多彩、优质的社区会所活动，创造多样化的社区生活，提供最专业、最全面、最高端的社区会所体验，真正实现老有所乐、少有所长，各年龄层、拥有各类兴趣爱好的业主都能在社区会所内找到归属感，营造幸福感“家”生活。

会所作为金碧物业打造社区功能配套代表作之一，为业主量身打造专属的奢华生活，目前总计有 484 个会所已投入使用，未来两年预计建成投入使用会所 550 个，真正做到为业主和市民打造一个便捷的高规格运动殿堂。

（四）实施“红色引擎工程”，打造恒大“红色物业”，全面筹建物业党支部，建立物业服务队伍“54321”快速响应机制，提供惠民增值服务。积极履行社会责任，探索社区网格与物业管理片区相融合，试点“三代”服务机制，对周边老旧小区开展保洁、保修和志愿服务等活动，参与街道“四水共治”和文明创建。

社区标准商业外立面

三、发展目标和战略

在集团“新恒大、新起点、新蓝图”的战略决策指导下，金碧物业于 2017 年制定“233”八年发展规划，通过一个两年计划、两个三年计划实现强服务、增效益，全面提高物业管理水平。具体工作方向如下：

（一）高效开展物业管理核心业务 + 溢价，夯实基础管理工作，实现附加值提升。物业系统将围绕维保修完成率、物业服务品质（含业主满意度）、物业费收缴率、设施设备完好率、会所服务品质五个维度，重点提高物业系统的整体服务意识和服务质量，实现业主满意度和品牌美誉度的双提升。

（二）探索公寓租赁、空置房运营、会所经营创收模式。随着置业门槛大幅提高以及租购并举、租售同权的政策导向，租赁市场将引来爆发式增长。空置房运营模式重点研究新发包模式下，针对未售及已售未收的空置物业，探讨通过租售等多种形式构建空置房运营模式，寻找利润新增长点。会所经营创收方面，在成立恒运体育发展公司的基础上，重点研究运营管理思路，降低运营成本，增加经济效益。

（三）根据集团“不惜代价，做大做强恒大物业”的要求，金碧物业不断优化管理，整合内部资源，加强外部合作，推进企业专业化，市场化运作，实现企业高速发展。

至 2025 年，金碧物业管理面积预计达到 9 亿平方米，管理户数达 1000 万户。商业模式从专业的物业服务提供商向物业资产运营商、物业资源开发商等模式转化，在保持核心业务专业优势前提下，通过整合产业价值链条以及建立战略合作联盟等方式，探索多元化的商业模式，实施物业服务多元化战略。

在二十余年的发展过程中，金碧物业始终坚持以客户需求为导向、客户满意为目标，以超前服务意识，创新服务形式与内涵，倡导精品生活理念，致力为遍及全国各地的恒大百万业主构建中国“最具居住价值、人文价值、投资价值”的幸福社区，矢志成为“规模最大、服务最好、品牌最响、管理最优、队伍最强”的中国物业管理行业标杆品牌。

中海物业

以资源整合定型多维空间

中海物业集团有限公司

服务人员形象

中海物业集团有限公司（以下简称中海物业）国际化管理视野的开启走在了时代前列。从起点港澳到落足内地，散布全国的触点给中海物业带来了一番自由而平面的资源支撑，也带来了一番计划之中的资源规整。上市香港联交所主板以来，中海物业在既有的资源整合基础之上打造出了立体发展空间，服务创新与产品优化、保值增值与客户主导……一系列转型升级元素，是架构中海物业体系的多元维度。当资本的浪潮来临，如何疏通这座空间的接口，为既有的工程浇灌能量，中海物业给出了一本临摹贴。

一、品牌简介

（一）战略定位与愿景

历经三十年的市场锤炼，中海物业已将全国性战略布局和国际化管理视野打通。遍布全国 73 座城市的项目分部，以及位列港股通名单所获取的更为深厚的资本力量，帮助中海物业实现了集多元与专业于一体模式构想的变现。

转型升级的时代趋势正将物业管理行业的服务理念不断刷新、服务边界不断延展，中海物业审时度势，在多元化经营、经营模式创新、物联网融合等行动层面不断发力，重新规划企业中长期发展，并以“成为卓越的国际化资产运营服务商”的企业愿景作为未来的标靶和落脚点。

（二）公司上市历程

2015 年 10 月 23 日，中海物业在香港联交所主板上市，股票代码 2669.HK，标志着中海物业正式迈入国际资本市场。

释放出“模式成熟、品种丰富、交易灵活”等特质的港股市场，在吸引中海物业进驻其中的同时，也不失所望地帮助中海物业积累资本、做大规模。

2017 年 12 月 21 日，中海物业完成收购中国海外发展公司旗下约 120 项物业管理项目及其相关物业管理子公司，管理面积合计约 12830 万平方米，这场“基础设施”的整合，为中海物业紧随其后的增值服务的开展及智慧平台的搭建，开辟了更为开阔的空间。

2018 年 3 月 5 日，中海物业被恒生指数有限公司及深圳证券交易所列入深港通下的港股通股票名单，这意味着中海物业踏上了个更具国际投资吸引力的快车道。截至 2018 年 7 月 25 日，中海物业市值约为 93 亿港元。

具有港澳资本基因的中海物业，在上市前走过了一段拓展与整合的历史，其阶段鲜明的成长履历，铸就了今天中海物业长效而立体的竞争力。中海物业的发展可以概括为五个阶段：

一是 1986—1995 年的最初发展及早期增长期。成立于 1986 年的中海物业（香港）有限公司开始在香港提供物业管理服务，并配合母集团中国海外发展集团有限公司开展当地房地产业务；1991 年中海物业落地深圳，中海物业率先将港式物业管理服务引入内地；当 1995 年“广州中海物业”和“上海中海物业”等分公司在内地相继成立时，公司早期的香港物业市场经验得到了更多施展。

二是 1996—2006 年的服务范围和运营规模拓展阶段，公司业务向内地一、二线城市广泛拓展，服务业态也扩展到智能楼宇、电梯维保等专业领域。

三是 2007—2010 年的地区业务整合阶段。伴随母集团中一个集中式质量控制部门的诞生，中海物业各地区的管理模式和资源规划结束了各自为营的局面，公司在 6 大片区开设区域总部，各区域间实行异地监督，力求实现物业管理服务的标准化。

四是 2011—2015 年的模式优化阶段，透过集

中央人民政府驻香港联络办公大厦

北京新浪总部大楼

中式质量控制部门的持续发力，公司业务统筹向6个区域总部下的12个城市管理中心延伸，业务开展轨迹拓展到了48个城市总计约6760万平方米管理面积。

五是2015年至今的市场化与国际化阶段。自中海物业成为香港联交所主板的一员以来，公司的资本运作已经被并入国际化的大本营，此前的规模拓展和口碑积累开始有了用武之地。从上市前的品质积淀到上市后的品牌发扬，中海物业所经历的各个阶段都有所贡献。

二、四维导读

（一）企业印象

伴随着“工科中海”理念的深入人心，中海物业秉承了其中的精工典范与低调务实，并以“成为卓越的国际化资产运营服务商”的企业愿景自我鞭策，通过自主经营、自我积累和自我超越，践行企业“物有所依、业有所托”的服务承诺。通过三十余年在住宅、别墅、商业综合体、写字楼等各业态的管理服务，中海物业积累了丰富的经验，并形成了一套较为完善的管理体系。未来，中海物业将继续在物业管理专业化、精细化的道路上砥砺前行。

（二）服务供给

1. 优化产品设计，创新服务模式

基于客户对服务的需求日趋个性化、多样化和精细化，中海物业不断创新服务模式，满足客户不断提升的服务需求，在业内率先提出“服务是可以设计的，也是可以量化的”这一观点，围绕客户体验感受，进行了多层次的服务产品设计，实现了客户服务“可知、可感、可辩、可验”。

在行业内首创酒店式物业管理模式、全面推行“一站式”管家服务，为高端客户打造“中海深蓝”专属服务；2013年推出全新的“紫金执事”服务理念，通过“1+3”服务体系，为客户提供“享、安、净、韵”的精致生活。为满足商业客户高品质服务需求，中海物业从时间维度、空间维度和第三维度，创新客户接触点模式，识别出服务过程中的33个客户重要接触点，通过客户重要接触点管理，不断提高服务品质。

2. 构建以客户满意度为导向的品质管控体系

有赖于中海物业长期建立的以客户满意度为导向的品质管控体系，通过严格的质量控制，确保提供优质、安全、高效的产品和服务，中海社区各项服务管理工作的持续良好运营。

按照质量管理三体系认证标准，中海物业建立健全了物业管理各类制度、流程、标准，并将之形

成管理手册、程序文件、各类物业服务指南、各专业作业指导书等 70 万字的管理体系文件，编制《中海物业住宅四级服务标准》，来满足不同建筑产品与客户群体对物业服务的差异化需求。同时不断完善服务质量监督管理体系，丰富服务监督手段，充分引入客户评价机制，通过品质观察员活动、客户评选满意员工等活动提升客户服务监督的参与性。

以此为基础，中海物业建立起客户感知评价考核指标体系，以关键服务、关键过程、关键客户作为指标评价核心，建立服务考核问责机制，督导员工时刻保持职业紧张感，始终如一地提供优质服务。规范与标准的执行落地，有效实现了中海物业现场服务品质的标准化、稳定性与持续性。

3. 强化物业保值增值的专业能力

为进一步增强和拓展公司的专业维保能力，中海物业不断探索，通过管理创新以及推广应用智能科技，努力提升内部管控及现场管控成效，构建中海物业“工匠体系”，打造了机房监控系统、设备设施管理平台、电梯远程监控系统、能耗管控平台等信息化管理平台。

4. 技术创新构建科技物业管理服务体系

中海物业旗下的兴海物联科技有限公司，向来有“国内领先的智慧社区服务提供商”之美誉。依托中海物业的资源及平台优势，兴海物联积极打造“物联网大数据平台 + 设备设施运维平台”双核动力，提供基于双平台的智慧园区整体解决方案，打造中海智慧社区，构建科技物业管理服务体系，进一步满足业主美好生活需求并引领行业发展。

为满足客户个性化、多样化的服务需求，中海物业旗下深圳市优你家互联网科技有限公司积极运用信息化技术提升服务质量，大力发展基于移动互联网平台的多元服务，以开放性、兼容性的“优 +”互联网生态圈作为运营载体，实现客户、商户、物业、合作方多方共赢，探索房屋经纪、家居装修、到家服务、商品销售、创新服务等业务增长点。通过各类服务资源整合，对物业服务的内容和体验进行了升级，打造新型的商业生态服务体系，营造具有持久生命力的社区商业生态圈，进一步贴近客户需求、提升客户体验，持续地进行产品迭代，共同精心打造中海智慧社区。

（三）市场分析

近年来，随着《国家新型城镇化规划（2014-2020 年）》的推进以及中国房地产市场持续发展，物业管理行业有了广阔的发展空间。随着政府和行业的相关政策配套正逐步完善和放开，物业服务企业正通过硬件设施智能化升级、移动互联网技术应用等手段提升服务效率和效果，降低运营成本。

中海物业正是通过向外延伸接入房地产产业链，横向整合生活服务类资源，通过对服务的创新与提升，实现物业服务领域的拓展，为中海物业带来了新的利润增长点。2017 年，除内生增长外，中海物业通过合成增长，收购共约 120 项物业管理项目，总增长规模达 3480 万平方米，以持续增长中海物业的市场占有率及扩大市场规模，巩固了中海物业作为中国内地领先物业管理公司之一的地位。

（四）竞争力

总结起来，中海物业具备以下优势：

1. 工科中海，匠人本心

一直以来，中海物业秉承“工科中海”的精工典范与低调务实的优良传统，致力于精细、长效地做好楼宇硬件设备设施的维护与保养，增强物业保值增值的专业能力。即通过设备机房标准化、集约化维保、设备设施三级保养机制及双大班的管理模式，对设备设施全生命周期进行管理规划；通过机房远程监控系统、设备设施管理平台、集约化维保系统、能耗管控平台等信息化平台，形成全程无忧工程服务链体系。

在工匠精神的召唤下，2016 年，中海物业积极构建“工匠体系”。即在日常工作中打造“匠人、匠心、匠才”，发扬精益求精的工匠精神，抓好团队建设和人才选拔工作，提升中海物业在物业管理行业的人才竞争力。

2. 整合资源，拓展市场

自2015年中海物业在香港联交所主板上市以来，中海物业正式迈入国际资本市场，并通过以下战略达到业务持续增长的目标：

以领先的“中海物业”品牌拓展业务范围。即通过专注于内地主要城市、香港和澳门的中高端物业管理的核心竞争力，稳固作为中高端物业管理服务供应商的品牌知名度。通过扩大业务范畴为客户提供更完善和多样化的服务，打造差异化的服务产品。中海物业借助在香港的高端物业管理经验，积极拓展中国及海外高端物业管理市场，以实现此目标。

通过整合先进的物业管理技术进一步拓展业务领域。凭借高端物业管理方面的丰富经验，中海物业致力于提供房地产开发全业务链的物业顾问服务，以及持续扩展顾问咨询服务、专业技术顾问及全程物业顾问服务。进而切合客户需求，达到降低开发成本及优化物业功能的目标；同时发挥出平台优势，横纵整合上下游资源及合作资源，开拓新的业务领域，如提供写字楼、商用物业的租赁及运营服务。

3. 海纳百川，以人为本

中海物业通过“海纳”“海之子”双动力人力资源品牌，为公司输送大量社会精英与高校人才，搭建“管理＋技术”双通道发展的职务序列，拓宽员工晋升通道，充分发挥各类人才的自身优势。同时注重创建培训品牌，分层次、有重点地对各类员工开展培训，搭建“在线网络教育培训平台”，进一步丰富培训形式，提升培训效果。

此外，中海物业设计并实施具备竞争力的薪酬及考核制度，激励员工多劳多得、提高员工的工作积极性；持续实施多维度考核和公开竞聘，为员工提供更丰富的职业发展空间。

4. 回馈社会，彰显责任

长期以来，中海物业开展了形式多样的爱心公益活动，如关爱孤寡空巢老人，定期组织无偿献血，福利院送温暖等，并组织中海物业义工队至贫困山区小学开展捐赠，向特殊教育学校捐赠爱心物资等，持续向社会传递物业服务企业爱的能量。

工程服务

5. 智慧布局发展

在“互联网＋”的新经济引擎生态下，消费升级驱动所引领的物业服务升级，使得物联网得以快速的发展。随着科技的每一次进步和融入，中海物业不断引导业主的智慧生活方式，运用信息化技术提升服务质量，大力发展基于移动互联网平台的社区资产运营和服务运营业务，以满足客户持续增长的各类需求。进而借助移动互联网打通线上线下，为用户打造更加优质、便捷的美好生活体验，搭建物业与业主沟通桥梁。目前公司主营业务主要包括以下几类：

全委服务：中海物业以精英团队提供健全的物业管理服务，坚守“物有所依、业有所托”的服务承诺，为住宅、商业、写字楼及政府物业提供精细、专业的全委托物业服务，以高品质服务为客户创造完美的服务体验，实现客户资产的保值增值。

顾问服务：依托国内一流的“专业物业服务团队＋集团化运作”的管理模式，为高端住宅、商业、写字楼等物业提供涵盖房地产全流程物业管理顾问服务。

工程服务：根据物业发展商需求，结合项目建设进度，提供规划设计评审、智能化工程设计、设备选型等技术咨询服务，提供工程承接查验专项服务、工程产品销售服务等。根据物业管理公司需求，提供检查、维修、保养及设备升级改造服务。

增值服务：满足客户个性化、多样化的服务需求，提供如物业租售、房屋装修、生活服务及其他服务，协助客户高效的透过在线互联网平台获得丰富、便利的消费体验，提升客户的生活质量，为客户创造价值。

6. 融入房地产开发全程服务价值链

在物业管理的经验基础上，中海物业不断总结和提炼物业管理服务核心要素与需求的关键点，发挥协同效应，全面融入房地产开发全程服务价值链，积极参与、全面配合各阶段，努力在项目开发的全过程中注入更多价值。

7. 精心打造品牌活动

中海物业致力于建设幸福社区、促进邻里社交、营造具有中海特色的社区文化氛围与和睦温情的人文居住环境，经过多年的沉淀与雕琢，中海物业“美好生活”的社区文化日渐成熟。另一方面，社区文化活动、客户关怀活动、便民服务活动、社区环境布置、节日氛围包装等共同构成中海物业社区活动体系，形式多样、主题鲜明的各类活动，切实地承载了中海物业社区美好生活的主张。“小小业主成长体验营”“中海时光秀”“绿动中海 · 环保嘉年华”“欢乐家庭节”等一系列全国范围内的大型主题品牌活动，搭建邻里之间沟通桥梁，用诚意酿造精品，为业户构建出一个个和谐幸福的好家园。

三、未来发展

未来中海物业的发展空间是多维的，以资本、人才、科技为代表的各项维度将会更加细致而专业。“市场拓展”与“智慧物业”是中海物业的当下，也是其更加精致的未来。

中海物业工匠体系

小小业主成长体验营

（一）未来发展计划

当技术与资本成为时代热点，中海物业迎来了创新与开拓的发展元年。在平台打造及全程服务价值链已经成型的基础上，中海物业将进一步拓展未来空间的广度和深度。

更专业。中海物业将未来的角色定位为“物业资产管理商”及“物业运营管理商”。前者以物业资产管理为主，包括咨询、租赁、销售、并购、招商及部分日常物业运营服务；后者主要负责制定物业管理方案、组织调度专业服务商提供相应服务。

更多元。一方面，在“四保一服务”的基础服务上，中海物业将加速拓展家装、房屋经纪、家政、财务运营等多元化服务；另一方面，公司将从运营环节向投资拓展、设计及建设等产业链上游环节延伸，提供相配套的服务。

更智能。随着基础数据的不断积累，公司将基于沉淀的人流、物流、商流等有效数据来提升管理效率，建立一体化的信息化管理平台。依靠智能管理策略，中海物业将在业务创新道路上进一步跨越。

（二）发展潜力分析

新时代的物业管理行业凸显出两个特点：一是以信息技术为代表的新兴技术对传统物业经营模式的颠覆和创新；二是大量物业服务企业的上市发展打通了资本对接行业的渠道。

自上市香港联交所主板以来，中海物业借助资本的力量加速了变革，一方面对社区进行智慧物业升级改造，提效降成本；另一方面以并购、股权合作等方式实现市场扩张。由相关数据可见，中海物业整体发展保持稳健，内生增长值得期待。

公司以“优＋”互联网生态圈为代表的社区生活服务运营成效良好，社区资产运营等增值服务挖掘潜力较大。目前中海物业管理面积已突破一亿平方米，线下服务的业主数量相当可观；公司服务主体中高端住宅、商业项目等领域对增值服务消费能力较强。多层次的客户需求要求多元化的增值服务发展，期待未来中海物业以线上平台为媒介，根据客户特性有针对性地推进增值服务。

伴随物联网、社区商业及用户中心时代的来临，统一整合的平台、深度定制的系统、功能强大的终端及高效专业的运营，将是中海物业着力于当下并致力于未来的发展前景。

加强股权并购
双品牌战略打造百亿目标

雅居乐雅生活服务股份有限公司

雅生活物业服务团队

一、企业动态

2018 年上半年，雅生活集团两大动作再次引起行业内关注，一是以 2.05 亿元收购了南京紫竹物业 51% 的股权，二是以 1.479 亿元收购了兰州城关物业 51% 股权。

雅生活集团在寻找股权合作伙伴过程中，坚持抓大项目、抓优项目。无论是 2018 年 4 月份并购的南京紫竹物业，还是城关物业都属于当地区域龙头企业，两家企业均与雅生活形成良好的区域和业态互补，为雅生活集团完善区域布局奠定坚实基础。

未来，雅生活集团的收并购将从单一物业投资转向多元化产业链投资布局，包括集采平台、广告、营销、医疗、长短租公寓、社区消费和社区金融等领域，为雅生活带来产业链、价值链的提升，助力雅生活集团 1+N 多元化发展战略全面开花！

二、企业概况

“人是雅居乐关注的核心，雅居乐不仅要盖好房子，更希望全方位呵护业主的一生。”作为雅居乐集团“以地产为主，多元业务并行”战略规划下的首个产业集团，雅生活集团于2018年2月9日正式在香港联合交易所主板挂牌上市（股票代码03319.HK），成为中国首家红筹分拆H股的物业服务企业，竭诚为业主提供全面的居家生活解决方案，目前已集结物业服务、网络科技、旅游、广告、营销、验房六大业务舰队。

作为雅生活集团的主营业务，雅居乐物业1992年率先引入港式物业管理模式，是国家首批一级物业管理资质企业。截至2018年6月30日，雅生活集团管理范围覆盖全国27个省（自治区、直辖市），服务类型涵盖主流住宅、高端豪宅、旅游地产、商业、写字楼等多种业态，合约总建筑面积为18563万平方米，拥有200多个项目，服务业主逾100万人。

2017年6月，雅生活集团收购绿地物业100%股权，并与绿地集团签署战略合作协议，8月，绿地集团投资10亿元获得雅生活集团20%股权。未来，雅生活集团将实施“雅居乐物业”与“绿地物业”双品牌驱动战略，不久还将寻求在A股上市，力争打造中国物业“A+H”第一股。此外，雅居乐物业即将接管马来西亚等海外项目，开始走向世界。站在全新的起点，未来雅生活集团的服务版图将呈现出“立足北上广，面向全中国，走向全世界”的美好愿景。

三、企业管理特色与优势

（一）双一线地产背书，提升企业核心竞争力

2017年8月，绿地控股集团股份有限公司（简称“绿地控股”）以10亿元战略入股雅生活，取得雅生活20%股份，成为雅生活集团长期战略性股东。此战略联盟将有助于雅生活扩大业务规模、提高市场覆盖率、丰富服务组合、拓展中高端客户群及整合增值服务。由此，雅生活集团成为中国物

雅生活集团收购绿地物业100%股权

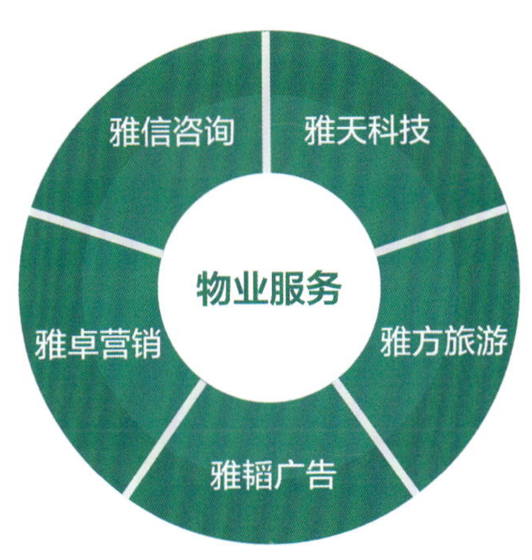

"1+N" 多元战略

业管理行业唯一一个同时拥有两大一线地产商作为背书的物业服务企业。

绿地集团项目遍及全国 29 个省（自治区、直辖市）的 80 余座城市，主要覆盖区域为华东、华中、华北、东北、西北、西南、华南及港澳台地区，与雅生活集团目前主要覆盖的华南地区形成明显的优势互补。与此同时，绿地集团积极参与全球化市场竞争，近几年成功进入美国、英国、加拿大、澳大利亚等四大洲九国十余座城市。绿地集团广泛的业务覆盖，不仅能快速完成雅生活集团业务广泛、全面的地理覆盖，也将有助于进一步提升品牌知名度。

绿地集团承诺，在 2018—2022 年，将确保雅生活集团每年自绿地开发的物业中获得 700 万平方米物业服务面积，还有 300 万平方米物业服务面积的优先获得权。自与绿地控股合作以来，雅生活已于 2017 年下半年提前实现从绿地控股接管 500 多万平方米的合约物业管理面积。同时，两大集团在小区养老、小区金融、小区保险、小区医疗等领域实现全面连接，雅生活核心竞争力得到显著提升。

（二）双品牌驱动战略，优势互补打造物业品牌标杆

2017 年 6 月，雅生活集团收购上海绿地物业服务有限公司（简称"绿地物业"）100% 股权，由此开启"雅居乐物业"和"绿地物业"双品牌驱动战略。雅居乐物业是中高端住宅和旅游地产物业管理的先行者，绿地物业则是超高层以及商务办公等非住宅物业的标杆企业。两大品牌形成优势互补，助推雅生活发展成为业务更全面、结构更健康的综合性产业集团。

未来，雅生活集团将以"雅居乐物业"和"绿地物业"两大知名品牌开展经营。品牌的双轮驱动战略，有助于将雅生活打造成商办及高端住宅物业管理的品牌标杆企业。

（三）"1+N"战略显成效，多种经营成新经济增长点

为了让企业品牌在客户中赢得较高的满意度和口碑，雅生活还提供多种经营和多元服务，目前已集结物业服务、网络科技、旅游、广告、营销、验房六大业务舰队，竭诚为业主提供全面的居家生活解决方案，持续增强品牌在客户心目中的影响力。

利用现有的服务资源，雅生活打造了更为专业化、精细化的专业公司，包括雅天网络科技有限公司、雅方旅游有限公司、雅韬广告有限公司、雅卓房地产营销有限公司和雅信工程咨询有限公司。目前，主营业务物业板块发展势头良好，各专业板块的表现也十分抢眼，未来有望与物业板块一起，成为雅生活的主要增长点，成为雅生活在行业内颇有品牌竞争力的一张名片。

2018 年，雅生活学院盛大揭幕，通过引入行业专家教授，打造覆盖全业务的培训体系。雅生活学院将被建设成为中国物业管理行业的智库，建立一个分享知识、传播技能、共享资源的"学院式"平台，成为中国物业管理行业的"黄埔军校"，打造成为一流的物业管理商学院。

（四）雅管家联盟，开启智慧社区服务新模式

2017 年雅生活顺应行业发展趋势，积极探索转型升级路径，打造"雅管家"平台。平台从"人、财、物、管"四个维度输出小区服务全面解决方案，

整合线上及线下资源，使收入来源呈现多元化增长趋势。平台同时联盟中小型物业服务企业，并协助它们实现增收节支、提升效能的目标。截至 2018 年 6 月 30 日，雅管家平台总用户量 69 万人，同比 2017 年增长 141%，联盟面积逾 9.7 亿平方米，服务业主超 800 万户。

（五）借力资本市场，打造中国物业“A+H”第一股

2018 年 2 月 9 日，雅生活集团在香港联合交易所主板挂牌上市（股票代码 03319.HK），成为中国首家红筹分拆 H 股的物业服务企业。在香港资本市场的成功登陆，标志着雅生活集团的业务价值、行业地位及发展战略受到投资者的广泛认可，公司发展站上新的起点。

借力资本市场，雅生活集团将抓住中国物业管理发展的最佳机遇期，开展更多的并购，同时拥抱互联网，提升服务质量，打造具备国际一流标准的综合性现代服务管理平台。不久的将来，在合适的时机，雅生活集团还将寻求在 A 股上市，力争成为中国物业“A+H”第一股。

（六）四化建设提升品质服务，提高业主满意度

雅生活集团已在广州总部建立集控中心，包括呼叫中心、EBA 管控平台、质量核查系统、视频监控指挥系统、停车场管理系统等数据集成管控平台，将实现服务过程可视化监控及集中管理全国运营。此外，雅生活集团根据物业的特点及需求配置清洁、安保设备，如大型环卫车、自动平衡巡逻车及无人机，取代人工操作。一方面降低人工成本，提高服务效率；另一方面也最大限度地防范员工意外伤害风险。

（七）旅游地产服务引领者

雅生活集团的旅游住宅物业管理规模在 2017 中国物业服务百强企业中排名第一，是中国旅游地产管理行业的龙头。截至 2017 年 12 月 31 日，雅生活集团向位于广东、海南、云南、湖南等多个具发展潜力地区的 18 个旅游地产项目提供管理服务。2017 年，雅生活集团成为唯一一家受中国物业管理协会标准化工作委员会邀请起草旅游地产管理行业标准的物业管理公司。此外，雅生活集团还深入探索旅游地产物业细分领域的个性化、精细化、高标准的服务需求与特性，形成具有雅生活服务特色的旅游地产物业服务体系。

三、上市历程

创立于 1992 年的雅居乐集团，一直坚持以人为本，品质至上，全方位呵护业主的一生。1997 年，雅居乐集团率先引进香港物业管理模式，主打中高端物业管理服务，才有了现在的雅生活集团。

在很多人看来，雅生活集团的上市之路走得快，也很顺利，但是只有参与上市准备的人才了解其中的艰辛。雅生活集团总裁刘德明说过，“道路决定命运”。看似一句简短的话语，背后却是关于“是 A 股还是 H 股”，反反复复不下十来次的前后论证。

与此前上市的所有物业服务公司不同，雅生活集团背后站着雅居乐和绿地两大知名地产商。2017 年 2 月 24 日，雅生活集团正式启动上市工作；2017 年 6 月 30 日，世界 500 强企业绿地集团将其全资子公司上海绿地物业 100% 股权转让给雅生活集团。同年 8 月 17 日，绿地集团又以 10 亿元战略入股了雅生活，取得雅生活 20% 股份，成为雅生活集团长期战略性股东。

这意味着，雅生活集团成为中国物业管理行业唯一一个同时拥有两大中国一线地产商作为股东的物业服务企业。

同年 9 月 14 日，雅生活向香港联交所正式提交上市文件，随即在香港、深圳、上海、北京、新加坡、英国、美国开始路演和反向路演，一家家公司拜访，每天 7 场，共计超过 70 家。同年 12 月 21 日，雅生活集团正式取得中国证监会大路条。2018 年 1

雅生活在香港联交所主板挂牌上市

月 28 日，雅生活集团公开招股，2018 年 2 月 9 日，雅生活在香港联交所正式敲钟上市，成为中国首家红筹股拆分 H 股上市的物业服务企业。

2018 年上半年，雅生活集团收入为人民币 1405.7 百万元，较上年同期增长 103.1%。期内实现净利润为人民币 335.8 百万元，较上年同期增长 175.4%。

四、未来发展

根据雅生活的战略部署，登陆港股是雅生活借力资本市场、布局万亿物业蓝海的第一步。未来雅生活会寻求在 A 股上市，力争成为中国物业“H+A”第一股。这样的上市路径，与雅生活“立足北上广，面向全中国，走向全世界”的战略不谋而合。

资本的背书给了雅生活底气，使它有足够的能力进行战略性投资及大规模扩张和致力于提供多元化增值服务。接下来，雅生活规模扩张有更大的余地。一方面，可以通过接管雅居乐和绿地控股所交付的物业，每年新增 2000 万平方米的物业面积；另一方面，雅生活计划国内和国外市场的收并购扩张，填补雅生活的区域和专业业务布局。收购兰州城关物业和南京紫竹物业股权便是这一战略的直接体现。

针对雅生活未来的发展，刘德明提出了雅生活集团企业梦：“‘立足北上广，面向全中国，走向全世界’，雅生活集团进入中国前五强，成为股票市值最高的物业服务企业。”

随着规模的快速扩张和庞大的业主群体覆盖，未来在提升小业主的增值服务和对于开发商开展的非业主增值服务方面有更多的想象空间，从而提升公司的利润和效益。品牌的双品牌驱动战略，将确保雅生活在“2020 年实现年收入 100 亿元”这一宏大经营目标。

长城物业
CHANGCHENG PROPERTY

将“陌生人社区”变成“熟人社区”

长城物业集团股份有限公司

一、缘起深圳 · 1987

1987 年，对很多老深圳人来说，注定不平凡。这一年，令深圳人骄傲的华为集团与招商银行诞生了。同一阶段，众多物业管理公司相继成立，深圳作为全国物业管理行业的起点，正式开启了物业新纪元。前身为长城地产公司房管部的长城物业在这一年迎来了他成长的起点。刚成立的长城物业，负责的第一个项目，便是长城地产公司开发建设的长城大厦。这是当时最长的单体民用建筑，也是深圳市地标建筑之一，不论深圳拍什么风景片，长城大厦 1 号楼都会出现在镜头里。随着深圳物业管理发展史上两次制度改革（1988 年房改与 1989 年房管所改制），物业管理行业由“体制内”转向了“体制外”，正式进入全新时代，发展极为迅猛。长城物业顺应当时的“深圳模式”，大胆创新，锐意改革，不再局限于长城地产公司项目，而是选择在市场的浪潮中淬炼自己。立足深圳，拓展珠三角，主攻北京，辐射全国的发展战略高瞻远瞩，为长城物业今后夯实的市场业务基础起到了不可忽视的作用。在这一发展过程中，长城物业先后拿下“全国第一标”北京回龙观项目以及 2008 年北京奥运会国奥村

TOP20

项目，为长城物业带来“黄金十年”，在全国物业管理行业发展史上留下浓重的一笔。正因为长城物业成立之初便明确走市场化道路，才奠定了在今后发展中长城物业能获得物业管理领军企业的一席之位，并连续十几年市场化运作第一。

二、蓄势腾飞 · 从平凡走向卓越

刚刚过去的2017年，是长城物业成立30周年。30年饮冰，难凉热血，长城物业从最初的10人团队，茁壮成长为拥有30000多名服务人员的现代物业集团，并布局全国31个省、自治区、直辖市的80余个城市，业务范围覆盖全国所有大中型主流城市。截至目前，长城物业在管物业项目约750个，物业面积逾1.7亿平方米，所服务的物业类型包括住宅（独立式房屋、多层、高层）和公建（写字楼、商业综合体、政府办公楼、大学、医院、公园、会展中心、工业物流园区）等全物业管理项目业态。

纵观长城物业所服务过的众多物业项目，很多都极具行业意义：1999年长城物业中标“全国第一标”北京回龙观项目；2008年中标北京奥运会国奥村项目，赛事期间国奥村实现礼宾活动零失误，接待服务零投诉，安全运营零事故，被时任国际奥委会主席罗格称赞为“40年来最好的奥运村”，长城物业因此获得“零投诉”的金字背书以及“金牌奥运物业管理”称号。此后长城物业在国际大型赛事、展会等相关领域积攒了丰富的服务经验，为西安世界园艺博览会、天津达沃斯论坛提供世界级服务。2018年，长城物业携手富龙控股，再次牵手奥运，为张家口富龙 · 四季小镇及配套滑雪场等提供物业服务。还有众多优秀项目，在不断为长城物业这张名片增加含金量，如天津腾讯数据中心、西安双子楼、南昌紫峰大厦、重庆江北机场，等等。

长城物业30年令人瞩目的成绩离不开长城物业人的无私贡献。据统计，在公司任职超过5年的员工达到2000余名，任职10年以上员工达到500

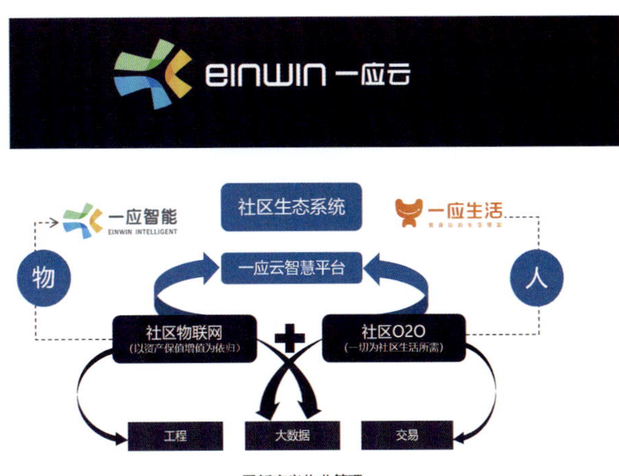

余名，其中20年以上员工有30余名，30年以上员工有2位，其中一位便是现任长城物业集团董事长兼总裁陈耀忠先生。他们将青春与智慧奉献给了长城物业，共同筑起这家公司的宏伟基石，是长城物业永远的守卫者。

三、突破自我 · 在大变局中求发展

坚守不意味着墨守成规，长城物业在发展中不断变革寻求突破。自1998年开始，长城物业启动了一系列内部改革。长城物业率先实行员工持股，充分保障公司高层管理团队的稳定，实现公司长期愿景与目标，并在业内率先实行三精化、网格化管理，践行“服务精到化、专业精深化、经营精细化”，实现物业管理业务从粗放运营模式到精细运营模式的转变。

从2002年开始，长城物业在与长城一花园的合作中摸索建立自己的“酬金制”实现形式——阳光物业管理模式。2005年底，长城物业与长城一花园业主委员会签署了《长城一花园物业服务合同》，这是基于长城物业阳光物业管理模式的服务契约。通过“财务阳光、管理阳光、服务阳光”，充分保障业主对物业服务事务的知情权、决策权和

监督权，让更多老百姓享有阳光物业服务。

（一）一应云：引领物业管理转型新思维

随着社区商务的快速发展，物业社区成为商家必争之地，行业边界正在变得模糊。移动互联网及物联网技术的广泛应用，资本的入局，物业管理行业进入前所未有的混沌期与大发展时期。

长城物业利用“移动互联网 + 社区物联网”技术对 IT 系统进行改造升级，在业内首创“一应云智慧社区服务平台”（简称“一应云智慧平台”），并以平台为基础，进行组织重构，在传统物业管理业务的基础上，大力开展社区商务业务，这是长城物业新时期发展的重点。

2015 年 9 月，正值扬州市建城 2500 周年庆。扬州市住房保障和房产管理局（以下简称“扬州房管局”）与深圳一应社区商务集团（以下简称“一应集团”）合作的一应云服务平台在名都华庭小区举行揭牌仪式。一应云智慧平台已成为国内政府房产管理部门以及物业企业转型升级，实现“互联网 + 物业”的首选解决方案。中国物业管理协会会长沈建忠先生曾评论：长城物业借力一应云平台，是颠覆式的创新。广东省物业管理行业协会会长罗小钢先生对一应云智慧平台有极高的评价，他表示，一应云智慧平台代表了物业管理的发展方向。

长城物业在自身发展的同时，创立“一应云联盟”，倡导“开放、合作、共享”的理念，通过一应云智慧平台及“三精化”网格管理模式的推广，有效地帮助其他物业企业全面升级，努力构建物业和社商“双生态圈”。目前，一应云联盟链接了超过 500 家物业服务企业，在 140 多个城市中覆盖的物业管理面积超过 10 亿平方米，服务社区超过 6800 个，服务家庭超过 780 万户，是中国物业管理行业最大的行业联盟。基于服务平台和资源，长城物业形成了全生命周期的物业服务产业链和社区生态圈。由此，长城物业也转型为社区生态运营商。

（二）绿色生态 + 智慧生活 = 绿色智慧社区

随着城市化程度越来越高，居民生活水平不断提高，智慧城市建设迫在眉睫。社区是智慧城市建设的最终体现，社区居民生活直接反映了城市智慧发展水平。智慧社区是智慧城市的最后一公里，智慧社区建设也是物业管理行业的工作重点之一。2013 年及 2014 年，深圳连续两年将“智慧社区”建设试点工作列为市政府民生实事之一，共计启动

中美绿色基金战略入股长城物业发布会

一应云联盟内训师大会

了包括长城物业等 82 个小区在内的“智慧社区”建设试点。小区实现了环境美化、节能节水、垃圾分类、智能家居、安防监控等物业服务，让社区居民生活更加智能化、便捷化。2018 年 6 月，长城物业携手中美绿色基金，未来将顺应绿色发展和智慧城市建设的趋势，共同探索绿色智慧社区的发展之路。

在此之前，长城物业便积极探索绿色智慧社区，参与和推动相关涉绿政策及相关标准的建立。长城物业主导起草了深圳市绿色科技促进中心组织编写的《深圳市绿色物业管理项目评价细则（2016 年修订）》以及深圳自动化学会组织编写的《深圳市智慧社区评价标准》，参与起草了全国智能建筑及居住区数字化标准技术委员会组织编写的《建筑及居住区数字化技术应用智能硬件技术要求》、中国工程建设标准化协会组织编写的《智能住区建设评价标准》等。这些标准和技术，都可以运用到绿色智慧社区建设之中。

长城物业加速转型“社区生态运营商”的步伐，并发布了 “长城物业绿色智慧社区行动方案”。根据行动方案，长城物业拟联合相关主管部门、行业协会、专业机构、公益组织等推动构建绿色智慧社区三级（5A、4A、3A）标准体系，设立规模为 500 万元的绿色智慧社区首期发展基金，同时升级打造绿色智慧社区管理服务平台。通过一系列措施，长城物业旨在为社区提供一个绿色生态、智慧智能的居住环境。

绿色智慧社区与长城物业的组织使命“让社区变得更美好”的内涵是高度契合的。长城物业立足社区，选用清洁能源及高效能源体系以及配套的技术节能举措来实现节能降耗，会降低对传统能源体系的依赖，减少环境承载力，这也是国家推行节能降耗的重要组成部分之一。毫无疑问，绿色发展已成为我国“十三五”乃至今后更长一个时期经济社会发展的主旋律，长城物业将顺势而为，与祖国同频共振，积极投身绿色发展事业，这是长城物业的战略选择。

四、改变自我：将“陌生人社区”变成“熟人社区”

2017 年 10 月，党的十九大提出，我国社会主要矛盾已经转化为“人民日益增长的美好生活需要和不平凡不充分的发展之间的矛盾”，并明确提出中国特色社会主义进入新时代。回看行业最“动荡”的这几年，不难发现，问题几乎都出在“心”上。物业管理行业是一个矛盾的多发地，开发商与业主的矛盾，物业与业主的矛盾，业主与业主之间关系的冷漠，是所有物业管理行业从业主面临的大难题。在2017年北京雁栖湖大会上，长城物业集团董事长陈耀忠提出必须重构社区美好家园，把“陌生人社区”变为“熟人社区”这一重要观点。

几十年间，城市建设了数十万个新社区，上亿人搬进了配套齐全的新社区。虽然物质生活得到了很大的改善，但是原有的安全感和归属感却大幅度降低——邻里变得陌生、社区关系淡漠、家园情怀缺失，这无疑是社区的重大根本性问题。为此，长城物业提出将“陌生人社区”变为“熟人社区”的战略方针，就是要力争改善业主和物业公司的关系，拉近社区居民之间的距离，用“诚意”与“信任”构建物业公司、业主、合作伙伴之间心与心的链接，从而提升服务品质，解决行业根本问题。

一应青藤，打破社区藩篱，重构社区美好关系。

2017年底，长城物业正式启动“一应青藤”计划，这是长城物业谋划已久的一项伟大事业。一应青藤是在员工、业主、联盟伙伴之间串起心灵的纽带。它通过借助圣贤的思想，在公司与员工、客户、联盟伙伴间开展一系列的互动活动，推动员工与员工之间、客户与客户之间、联盟伙伴与联盟伙伴之间“心与心”的连接，并将员工与客户、与联盟伙伴融为一体，致力于构筑让社区人彼此心与心相连的新社区，使社区关系更和谐，让社区变得更美好。

一应青藤·向东时光构建业主间诚意的连接，自2018年实施以来，得到长城物业几百个社区业主的大力支持。2018年4月底，长城物业100个“向东时光”课堂在社区落地。这里成了长者的乐园、孩子们放学后的课堂、太太的客厅、奋斗者的港湾、志愿者的舞台。长城物业润物细无声地滋润社区的不同人群，让阳光照亮社区，让渴望在社区找回故乡般温情的人们体会到“远亲不如近邻”的社区温暖。

长城物业积极推进与合作伙伴的友好关系。由长城物业发起的一应云联盟，在2018年组织了首届一应云联盟内训师(贵阳)大会，并陆续在石家庄、余姚、长沙、武汉、嘉峪关举行五大区域千人内训师大会，参会者人数累计超过1500余人。在此之前，长城物业曾参与并制定过多个业内体系标准，被称为业内的“黄埔军校”，同时，长城物业丰富的企业内训经验也为众多物业服务企业所青睐。在一应云联盟千人内训师大会上，长城物业将从业30年的知识成果毫无保留地分享给联盟企业，并承诺后续将持续性提供配套资源及培训支持，得到众联盟企业拍手称赞。经验弥足珍贵，共享更能体现价值。

五、未来·成为社区生态运营商，打造百年老店

长城物业以“让社区变得更美好”为使命，秉承“值得托付 = 诚意链接 + 满意服务”的组织价值观，为客户提供“值得托付”的物业服务，多年来稳居中国物业管理行业市场化运营领先企业第一名、中国物业管理行业综合实力前五强。

2018年是长城物业“三五”发展规划的开局之年。“二五”规划是长城物业战略转型的基础打造期，实现“0到1”的突破，开辟了“物业管理发展 + 社区生态建设”双主航道的发展路径。无论哪条主航道，长城物业都将秉承工匠精神，厚积薄发，为顾客创造价值。“三五”规划则是长城物业战略转型的快速转型期，实现“1到N”的发展，完成从物业管理到增值经营，再到社区生态的转型，成为社区生态运营商，引领社区生活方式。在未来相当长的时期内，长城物业将继续以合作共赢的理念、资源整合的能力、跨界协作的模式，应用科技改进传统物业服务模式，致力于包括客户、事业伙伴和员工在内的“心与心”的连接，促进存量物业项目可持续增长，大力发展社区生态价值是长城物业实现基业长青的战略选择。

打造中国最大的机构类物业服务集成商

中航物业管理有限公司

中国人民银行总行

一、诞生·深圳特区

1980 年 8 月，广东省深圳市经济特区正式成立。为支持深圳经济特区建设，航空工业人来到深圳，成立了中国航空技术进出口（简称“中航技”）深圳公司。不久，中航物业的前身——深圳中航建设服务公司作为中航技深圳公司的后勤服务部门也相继成立，主要负责管理服务上级公司开发的项目。伴随着改革开放的不断深入，物业管理行业进入了发展的黄金时期。1992 年 2 月，深圳中航物业管理有限公司正式成立。1998 年 6 月，中航物业通过洽谈的方式顺利接管武汉信合大厦物业管理项目，迈出了走向全国市场的第一步，这是中航物业发展史上看似平常但却颇具浓墨重彩的一笔。今天来看，中航物业当时的决策无疑是具有战略意义的，这个全国范围内市场化发展的战略决策，直接奠定了中航物业今天在中国物业管理行业的“江湖地位”。从此，中航物业的市场拓展便开始捷报频传。

二、裂变·成就辉煌

中航物业积极参与市场竞争，拿下一个又一个项目，进军一个又一个城市，并逐渐聚焦高端机构物业项目，实现布局全国。截至2018年4月，中航物业全委托管理项目近500个，业务范围遍及北京、上海、天津、广州、深圳、成都、西安、珠海、重庆、济南、郑州、合肥、武汉、长沙、南昌、南京、苏州、厦门、昆明、贵阳、大连等二十余个主流大中城市。中航物业管理的项目主要集中在政府类物业、公众类物业、企业总部类物业、商业类物业、高端住宅类物业，大部分是公众耳熟能详的物业项目，包括：人民大会堂、国家司法部、中国人民银行总行、中共深圳市委、港珠澳大桥管理局、国家图书馆、中山大学、南开大学、广州白云国际机场、济南奥拉林匹克体育中心、深圳大学总医院、腾讯大厦、广东全球通大厦、深圳国际创新中心……并且大多数项目荣获国家、省、市“优秀示范大厦（小区）”称号。

中航物业近年来取得了裂变式的发展各项经营指标不断攀升。公司2017年度营业收入30余亿元，营业收入复合增长率达24.72%，利润复合增长率高达35.69%。中航物业隶属于上市公司中航善达（000043.SZ，其前身为中航地产），最新年报显示，其占该上市公司营业收入的48.65%，已经超过地产板块成为中航善达第一大营收来源和营收增长的新引擎。值得一提的是，中航物业的外部市场收入在公司的总营业收入中占81%，内部地产收入仅占19%，市场化程度行业领先。

中航物业的发展离不开一个锐意进取的强大团队。公司当前拥有员工逾18000人，其中包括一大批经验丰富，技术精湛的人才团队，其中：深圳市物业管理学院兼职教授4人，现有国家注册物业管理师超过230人，大专以上学历2500多人，中高级技术人员900人，高级工程师50多人，电梯注册检测员8人，工程师、技师及专业技术人员1520多人。卓越的员工团队能够给项目后勤管理提供良好的人力资源支持，为各项服务的策划、开展、持续完善，提供强大的后勤保障。

经过二十余年的发展，作为中国航空工业集团下属中航国际的骨干企业，中航物业依靠强大的航空工业背景和技术，逐步成为中国物业管理行业的专业力量，是中国物业管理行业首批国家一级资质企业，连续多年在全国物业管理行业排名前列。2013年荣登深圳市市长质量奖榜单，2015年成为全国物业服务标准化技术委员会(SAC/TC560)秘书处承担单位，并凭借领先的综合实力和卓越的管理服务水平，连续多年获评中国特色物业服务（机构物业）领先企业。

从2005年开始，面对行业发展出现的新变化和新形势，中航物业提出了转型发展的创新思路，转变了经营管理理念，有力地推动了企业发展。

三、打造中国最大的机构类物业服务集成商

长期以来，劳动密集型行业和简单服务提供者的角色认知，制约着物业管理行业的前景和对未来的描绘。随着社会经济的发展，中航物业的物业服务模式创新提上了发展日程。在中航物业看来，物业管理未来市场需要的，必定是知识密集型的，能够为业主量身定造各类服务的物业管理咨询公司，以输出物业管理方案和管理技术为主业，提供咨询策划、组织协调等专项服务，以及前瞻性把握市场发展规律的公司。于是，2006年前后，中航物业拉开了改革的大幕，提出要实现两个转变：一是要实现由劳动密集型向知识密集型的转变；二是要实现由物业管理服务生产者向服务组织者的转变，全面践行物业管理服务集

国家图书馆

成商的运营模式。2010 年，中航物业对“服务集成商”的企业定位又进行了进一步完善优化，提出了做机构类物业服务集成商的定位，进一步将自身市场拓展的目标定位于机构类物业，其服务内容除了传统的物业管理服务之外，还包括会议服务、餐饮服务，以及重大活动、重要的组织接待等延伸服务，拓展的机构物业类型则定位于金融、政府、综合性院校和高科技名企。诸如中国人民银行总行、国家司法部、国家图书馆、南开大学、香港中文大学、深圳会展中心、广州白云机场、广州医科大学附属第三医院、深圳龙岗区人民医院等一系列大型机构类标杆物业项目就是在这一发展思路指导下成功接管的。

四、向提供标准化服务转型

面对管理规模的不断扩大，如何确保服务品质始终保持稳定是中航物业面临的一个重要考验。在这种情况下，中航物业的选择是研制标准、推广标准，为客户提供标准化服务。

众所周知，物业管理是一个年轻的行业，国家标准和行业标准几近空白，此外，既懂物业服务行业相关技术又懂标准化知识的人才极为稀缺。面对困难，中航物业领导班子决定组建企业标准化队伍，从在管的物业项目中挖掘出最佳的服务产品并拨出标准化专项资金。2007 年，中航物业在公司运营管理部设立了专职的标准化岗位，组织成立了若干个由物业项目一线人员和相关的专业人员组成的标准化工作小组，开始进行服务产品标准的研发。2010 年 1 月 30 日，中航物业自主研制的第一个企业标准——《会务服务标准》发布，标志着中航物业企业标准化战略的实施已初显成效。

《会务服务标准》一经发布实施，便对中航的会务服务起到了规范和引导作用。同时，中航的深圳大学项目在为校方提供的各种大型会议（如国际的学术交流活动、运动会、毕业典礼等）和院方的日常会议服务都得到了校方的认可，会务服务标准也为中航物业顺利完成济南全运会、北京奥运会、广州亚运会、深圳大运会、全国人大会议的服务等提供了良好的保障。

随后，物业项目的应急管理规范、保安服务规范、房屋本体与设施设备管理规范、清洁服务规范、绿化养护服务规范等近百余项企业标准相继发布并在物业项目实施，这样的规范高品质服务为中航物业赢得了客户的称赞及社会、政府的认可。

中航物业在加快企业标准化进程的同时，又进一步借助政府、协会、标准化研究机构、高等院校及行业专家的力量，将企业的服务产品标准向地方标准和国家标准升级转化并取得了新的成效。2011 年，中航物业主导编制的广东省地方标准《物业服务·会务服务规范》，经广东省质量技术监督局批准正式发布；2012 年，广东省地方标准《物业服务·应急管理规范》《物业服务·清洁服务检查规范》《物业服务·绿化养护服务检查规范》也相继发布。参与地方标准制定积累的经验，增加了中航物业参与国家标准制定的信心。同年，中航物业向国家标准委员会申请了国家标准《物业清洁服务基本要求》的编制任务，并于 2015 年 5 月完成该项国标审定工作，这标志着首个物业服务国家标准的诞生。

2015 年 11 月 23 日，由住房和城乡建设部同意、国家标准化管理委员会批准，全国物业服务标准化技术委员会(SAC/TC560)在深圳成立，秘书处设在中航物业管理有限公司。2015 年 11 月 24 日，在全国物业服务标委会成立的第二天，中国物业管理协会也批准成立了标准化工作委员会，秘书处同样设在中航物业管理有限公司。今天，中航物业仍然继续致力于完善行业标准，组织和推动物业管理行业团体标准的制定，增加物业服务标准的有效供给，满足标准消费个性化趋势和市场多样化需要。

全国人大宴会服务

标准化服务

五、向提供信息化、智慧化服务转型

面对互联网浪潮的冲击，物业管理行业正逐渐从劳动密集型行业向技术密集型行业转型。在行业转型升级的大潮中，中航物业也顺应行业发展趋势，运用先进的移动互联网技术、物联网技术，融合“互联网 +”“智慧城市”等理念，打造了智慧物业集成服务平台——“π 平台”。中航物业推出的“π 平台”，拥有“服务无止境”的理念，包括“π 修”“π 巡”“π 控”“π 防”“π 洁”“π 钱”等子服务品牌。

π 修平台基于移动互联网思维，重构物业管理维修服务市场生态圈，成为物业服务企业、终端用户最值得信赖的维修服务平台。平台目标是实现品质提升、流程规范、资源整合、效率提高，并串联整合一定物理边界内的项目，形成区域资源共享，从而全面提升客户服务体验，提高管理水平，提高服务效率，产生价值。π 修平台以类似滴滴打车的模式，客户无须致电客服中心，只需拍照或者发语音，系统会自动向最合适的维修工派单，也可以让客户根据资质、评分等直接选择维修工，服务完成后由客户进行评价。这样的变革，既可降低人工成本，也可极大地提升各项服务的响应速度、服务态度和服务品质。

π 巡平台（设施设备运营平台）是基于物联网、云计算、大数据等 IT 先进技术，贯通建筑的水、电、空调等设施设备系统的管理平台。通过实时数据、历史数据、维保数据、人员数据，在云端进行数据整合增值、智慧分析、辅助决策、模型建立，实现设施设备全生命周期管理，进而提升运作效率、节约运营成本、减少能源损耗、提高客户感知。楼宇设施设备的管理是一项专业化工作。近年来大量写字楼存在老化设备升级改造需求，楼宇设施设备市场潜力巨大。

未来，“π 平台”将帮助中航物业实现“全闭环管控”及“智慧运营”，实现物业管理各项运管服务专业子系统的集成管理；实现统一平台下的任务流转、辅助决策、信息发布等业务应用管理；实现物业管理服务运营数据的全面云端化，建设全面贯通的服务系统，逐步将设备、员工、客户、物业内部各模块与服务系统贯通；实现物业管理服务的数据化量化管理和考核，有效规避管控风险、优化成本和提升效能，实现集约化与精细化。此外，“π 平台”还将为中航物业带来以下四大变革：一是角色代替组织，即代替组织架构，去中心化、扁平化，关注用户端到端的体验，提升效率；二是交易代替管理，即把传统以“人工系统”为核心的运营模式转变为“实时的自治系统”，用交易机制促使员工变被动服务为主动服务；三是数据驱动决策，即实现全连接后，基于大数据进行运营，可以把实时决策融入业务流程，使运营更加简单、高效和智能；四是构建健康生态，即通过云端化实现企业的内外部运营系统实时打通，构建出一个客户、平台、员工、供应商高效协同、开放、共享的生态圈，客户所有问题都将得到解决。

六、聚焦 · 机构物业

二十余年来，中航物业以打造中国最大的机构物业集成服务商为愿景，秉持“我们多努力，让您更满意”的客户价值主张，引入精益六西格玛、平衡计分卡、五常法等管理工具，充分挖掘现有的客户资源和物业资源，将核心业务聚焦于机构类市场，同时以传统“三保”物业管理业务为基础，重点发展设备设施管理、资产经营以及客户一体化服务承包三项核心业务，并利用互联网技术变革传统集成管理方式，建立以服务标准体系、完善的供应商管理体系、面向客户的一站式便捷服务体系为核心的高效集成服务模式。

LONGFOR
龙湖智慧服务

智慧龙湖 品质服务

龙湖物业服务集团有限公司

一、企业概况

龙湖智慧服务成立于 1997 年，是龙湖集团四大业务板块之一。深耕住宅物业 21 年，“满意 + 惊喜”的龙湖式幸福是龙湖智慧服务最深入人心的标签。借助科技与互联网等技术手段，龙湖智慧服务实现了高效自主运作的科技创新。2017 年，龙湖智慧服务业主满意度 93.16%，连续 9 年保持在 90% 以上。作为备受行业肯定的物业管理标杆企业，中国物业管理协会副会长单位，第四届品质住宅联盟主席单位，坚持为客户提供温馨、全面、细致、周到的专业物业服务。在服务中充分体现人文关怀，营造和谐、文明、高雅的居住文化氛围，树立城市物业服务水平的行业标杆。

（一）发展历程

起步阶段（1997—2000 年）：

这个时期，物业是属于地产的一个部门。当多数物业企业还停留在“看楼

秋游活动

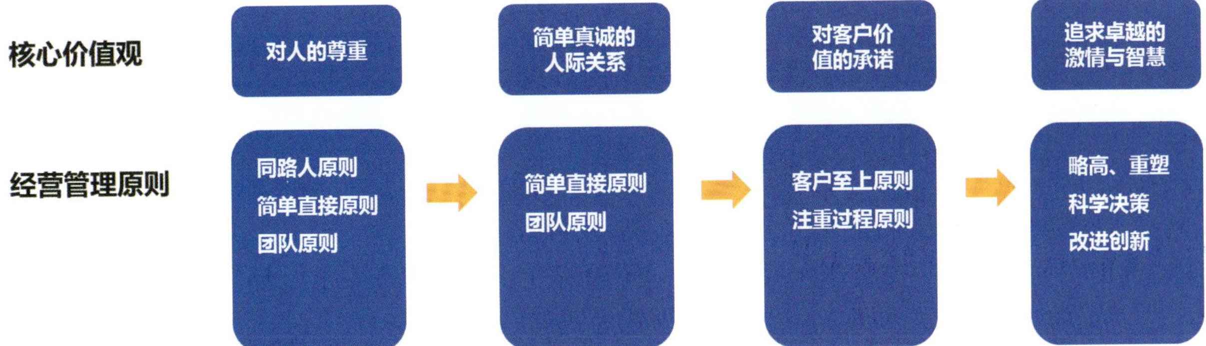

护院”标准时，龙湖就高起点高标准地把物业当成事业经营。同时，提出了“善待你一生”的服务理念，并通过大型社区活动建立起市民对龙湖智慧服务的感性认知。

探索阶段（2001—2003 年）：

提出了“满意＋惊喜”的服务模式，并通过系列亲情社区活动来影响业主的生活方式，营造“回家就是度假开始”的生活氛围，开始从静态物业向动态物业拓展。

快速发展阶段（2004—2008 年）：

更新了“满意＋惊喜＋幽默＋乐趣”的服务模式，龙湖式幸福开始走进龙民的生活。在引入文化理念的同时，引入资产管理概念。

全国发展阶段（2009—2014 年）：

集团物业管理部成立，《龙湖智慧服务服务标准白皮书》发布，涵盖人力资源、服务流程、安全防护、园区环境等 7 个专业近 3000 条标准，是国内首个物业标准白皮书。

专业化阶段（2015 年至今）：

正式开启了集团化、专业化、市场化之路。同时，探索科技物业，参与智慧社区建设，FM&RBA 设施设备监管中心，集成指挥中心、员工 APP、业主 APP 陆续上线，均对物业基础工作形成强有力的支撑，让物业工作全面拥抱高科技。

（二）管理规模

2017 年，龙湖智慧服务的在管项目总建筑面积持续增长，管理规模持续扩大，合约管理总面积为 20785 万平方米，为百强物业企业均值的 6.57 倍。

截至 2017 年 12 月，龙湖智慧服务已在重庆、成都、北京、西安、上海等 50 余个城市、700 余个项目开展了规范化的物业服务工作。龙湖智慧服务的服务涵盖别墅、花园洋房、高层住宅、商务公寓，企业总部，商业城市综合体、写字楼、银行、展馆、政府办公大楼、交通枢纽等，拥有一支超过万人的物业服务员工队伍，服务超 173 万户业主。

（三）经营业绩

2017 年，是龙湖智慧服务聚力发展，持续跨越的一年。在业务体量陡增的情况下，龙湖智慧服务管理规模进一步扩大，并致力于扩大多种经营服务，取得了很好的成效。

1. 营业收入、净利润

2017 年，龙湖智慧服务营业收入 21.73 亿元，远高于 7.42 亿元的百强物业企业均值。净利润方面，龙湖智慧服务 2017 年净利润为 2.16 亿元，远高于 0.57 亿元的百强企业均值。龙湖智慧服务营业收入、净利润均高于百强物业企业平均水平，在行业内保持领先地位。

2. 物业服务费收入、多种经营收入

2017 年，龙湖智慧服务服务费收入为 13.53 亿元，多种经营业务收入约为 8.2 亿元，分别是百强企业平均水平的 1.23 倍、5.07 倍。龙湖智慧服务多种经营业务收入占营业总收入的 37.74%。近年来，龙湖智慧服务致力于扩大多种经营服务，取得了很好的成效。

（四）企业文化

“善待”文化是龙湖智慧服务文化的核心精髓，我们将“善待你一生”的理念融入企业核心价值观和经营管理原则，更体现在员工的行为中，确保各项目的服务呈现连贯性、一致性。

二、物业服务特色及优势

（一）“满意 + 惊喜”的服务品质，“丰富 + 创新”的社区活动

龙湖智慧服务早在 1997 年成立之初，就提出了“善待你一生”的服务理念，并一直贯穿为业主服务的始终。龙湖智慧服务一直秉承“略高”原则，经历了 8 次服务标准升级，积淀出一系列的快速高效的服务制度，打造出完善的服务管理体系，梳理出闻名业界的近 3000 条服务标准，使其服务质量在业内始终属于领先水准。是国内最早获得香港品质保证局 ISO9001 质量保障体系认证的企业。

在这些行业标准的基础上，龙湖智慧服务渐次提出了“满意”“满意 + 惊喜”“满意 + 惊喜 + 幽默 + 乐趣”的服务模式，将物业服务体系通过龙湖式再造，营造得更加有内涵、有乐趣。龙湖智慧服务有针对性地设计了很多服务流程和环节，如成立了老年艺术团、举办园区亲子运动会，因地制宜地推出“捕鱼节”“晒北节”“金婚日”“踏青季”“便民日”等社区活动，在提升业主生活乐趣的同时，营造和谐的社区氛围和邻里关系。

（二）高科技的物业服务

物业管理普遍存在靠人管理、管理项目分散、项目灰色空间等管理难题。龙湖智慧服务用科技解放人力，以温度服务和万物互联打通行业任督二脉。FM 设施设备管理系统将每一台设施设备、每一个触点用户化、数字化，安装“身份识别”系统，赋予每台设施设备唯一的 ID 号码，帮助后台数据系统识别设立完整的设备设施“健康记录”。同时，RBA 设备运行远程监控系统则给每一个设施设备

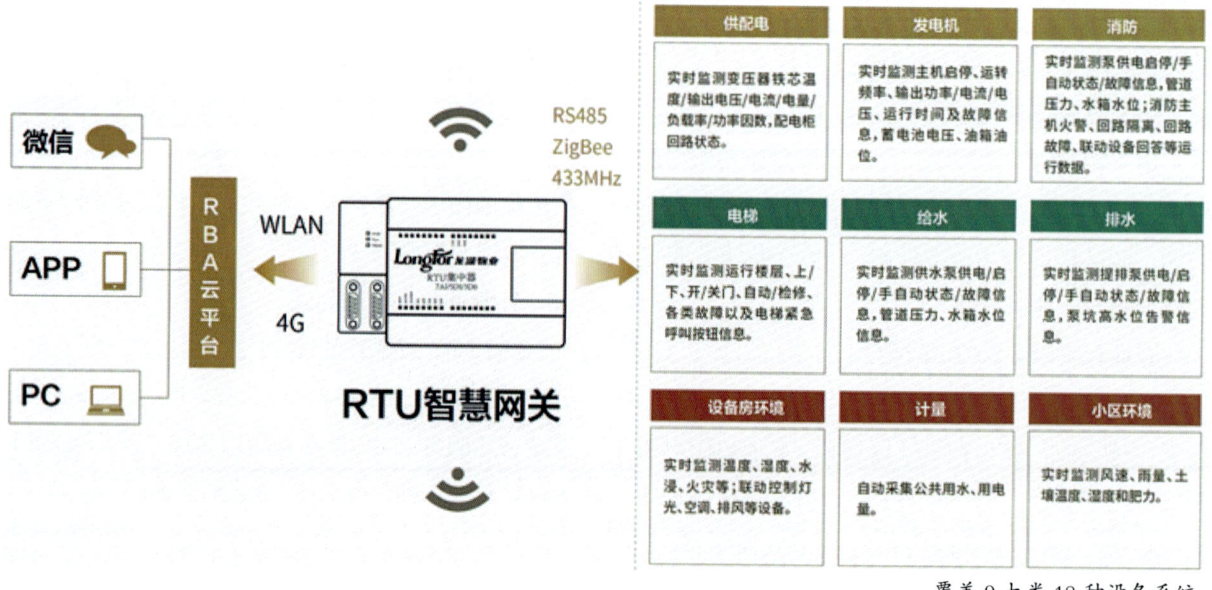

覆盖 9 大类 18 种设备系统

集成指挥中心

安装上传感器，实时读取诸如电压、水压、设备温度等关键数据，让设备自动生成运行记录。

集成指挥中心具有智能弹窗、漏接回拨、知识库、管理工作台、精准预估、紧急通知等功能，预警管控的兜底机制声呐全国，来自客户、外部、员工的声音，通过三级过滤，分层管控，根据不同等级风险通报响应管理人员，对全国任何项目的任何设备进行监控、自动报警和远程诊断。

实时传递的所有信息一目了然地体现在 BI 分析大屏上，远程品检替代现场检查，24 小时 ×365 天随时查看，随时调取监控。基于大数据技术支持，变主动决策为数据系统决策，通过各端口数据有效汇集，进行适当分析，反馈并指导业务，从而实现 80% 的业务通过系统自动驱动，20% 的业务通过集团专家解决，进而持续提升改善物业服务。

在这一过程中，为了优化使用体验，完成价值实现，龙湖智慧服务不断夯实基础，在数据标准化、故障结构化、流程标准化的基础上，凭借大量的投入和实践，在不断的试错中迭代和完善。现如今，龙湖智慧服务已经在全国范围内完成了系统的切换和应用，全面实现标准化的集中管控和精益的细节设置带来的效率提升和成本下降；而业主享受的则是更为便利、高效且个性化的服务。

（三）“互联网 + 物业”的体验模式

在互联网大行其道的今天，“互联网 + 物业”让互联网与传统行业深度融合，创造了新的发展生态。作为行业领先者的龙湖，也在思考如何通过互联网为客户创造更大的价值，为客户提供更加便捷而丰富的服务。龙湖智慧服务从客户应用场景角度出发，业主 APP 具备五大基础功能（即社区信息推送、报事保修、物业账单查询、小区访客管理、生活服务）和其他日常功能。

龙湖业主 APP 不仅提供各种便利服务，还开启了“淘宝状态可查模式”，客户界面简单，内部流程优化。基于报事，业主可实时查看服务状态，具备信息知情权；基于任务，业主可以给工单作评价，实时反馈到 CRM 和各管家 APP，有助于业务的提升。自应用以来两年内，员工手持终端已上传报事 300 万条，年均完成 150 万条业主报事，报

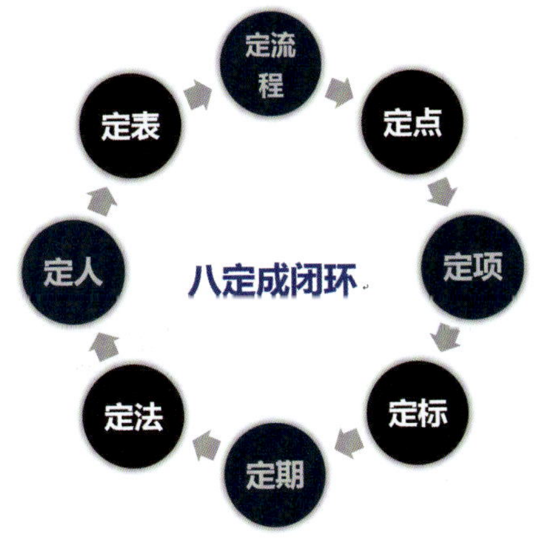

从线下到线上的精细化管控

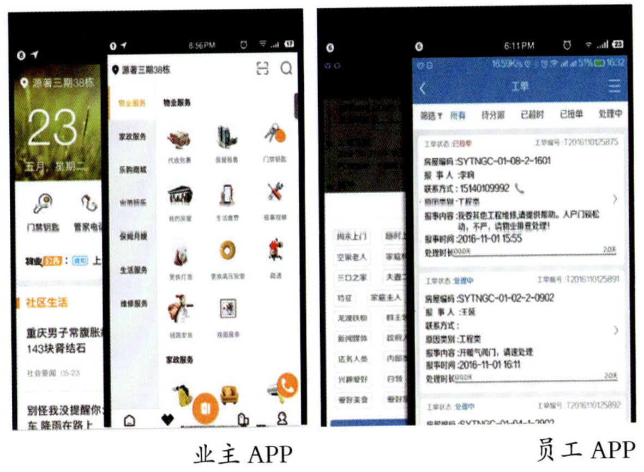

业主 APP　　员工 APP

重庆西站场景服务图

事完结率在 99% 以上。这一闭环流程使人员效率从日均 3 ～ 4 单提升至 8 ～ 10 单，按单计酬的激励机制有效提升了员工的主观能动性。即便是对使用智能手机颇为犯难的老师傅，在一段时间后，也成了员工 APP 的拥护者。

三、龙湖智慧服务品质服务的必要支撑

在龙湖看来，品质服务，是物业企业不断发展壮大，追求更多发展可能性的坚强基石。因此，不管行业如何发展变化，龙湖智慧服务始终把品质服务放在第一位。那么，服务品质如何来保证呢？龙湖智慧服务通过专业、完善的客户研究机制深入了解业主需求，在精耕精细化运营的同时，深入探索科技物业的研发及实践，并注重高水平物业管理人才的吸纳与培养。

（一）品质服务的基础支持——运营能力

在管理体系上，龙湖智慧服务系统地搭建了运营管理体系，按照质量体系、环境管理体系、职业健康安全管理等体系，高标准地要求与执行各项业务；在运营定位上，秉承了龙湖智慧服务特有且始终坚持的客户导向、“略高”原则以及持续改进；在运营工具上，早就有了六大会议、八大指标，包括第三方满意度调查、深度访谈、神秘访客等服务标准和管理标准。

（二）物业转型升级的必经之路——科技物业

传统物业管理行业属于劳动密集型企业，过度依赖人员经验，效率低下；人工成本逐年上浮，且属于刚性构成，而物业费调价困难，因此盈利困难；低价格提供低水平服务，无法满足 C 端用户的需求。

在从劳动密集向知识密集转型的过程中，龙湖智慧服务的科技化升级有效地解决了传统物业管理行业劳动效率低下、人工成本过高的痛点，科技物业是这场变革和龙湖式幸福背后的最有力支撑。

（三）根据不同客群需求，提供更具针对性的服务——客户研究

2016 年，龙湖智慧服务增设客户研究中心，引入国际知名市场研究及咨询机构的专业客研团队，运用国内外先进理论模型、分析框架，基于客户视角的深入需求与行为洞察，将不同级别社区内业主生活场景、业主生活形态与价值观、业主对物业服务的需求与态度进行全面梳理与整合，并进一步转化为业务模块中可视化、可操作、可监控的人际、物理、数字触点，形成针对不同级别项目的分类“服务包”。

（四）高水平服务的根本保障——人才培养

1997 年，龙湖提出了善待你一生的经营理念，善待文化包括善待自己、善待同事、善待客户和善待同路人。龙湖智慧服务不断向员工灌输“善待你一生”理念，培养企业文化认同感。与此同时，龙湖智慧服务各地会定期召开员工恳谈会，设立员工互助基金、定期组织健康体检等。

为提高物业人才的专业素养，针对物业管理行业和公司的特点，龙湖智慧服务建立了一套完善的培训系统，为不同阶段的员工提供了不同的培训，对不同情况的新员工，为其设定发展路径，通过各种激励措施将其培养成能和龙湖智慧服务共同稳步前行的中层管理人员。

招商物业

做中国领先的房地产价值链全程综合服务商

招商局物业管理有限公司

商 7 邮轮母港

一、企业概况

（一）企业简介

招商局物业管理有限公司（以下简称“招商物业”）是招商局集团旗下唯一一家从事物业管理与服务的企业，隶属于招商局蛇口工业区控股股份有限公司（以下简称“招商蛇口”）；公司运营管理总部位于深圳，拥有国家一级物业服务企业资质，是国内最早以产权为纽带、以资产管理为核心的规模化、品牌化和集团化物业服务企业。

招商血脉、蛇口基因。招商物业“百年诚信，至尊服务”的发展理念，源于跨越三个世纪的历史传承。近 40 年耕耘，招商物业已发展成为中国领先的房地产价值链全程综合服务商，业务遍布全国 40 多个城市，并跟随“一带一路”倡议开始了海外拓展的脚步。目前，员工规模 16000 余人，在管物业 464 个，服务项目面积超 7500 万平方米，服务客户人数超百万。

截至 2017 年 12 月 31 日，总资产 14.18 亿元，净资产 2.63 亿元，总收入 24.24 亿元，公司拥有下属机构 61 家（全资子公司 13 家，分公司 44 家，合资公司 4 家），业务涉及国内 40 多个城市和地区，其中招商物业以及下属北京公司、武汉公司、上海公司、南京公司均拥有一级物业管理资质。

公司在行业内率先通过了 ISO9001、ISO14001、OHSAS18001（能源管理）体系认证，已培育出 13 个国优示范项目、9 个省优示范项目和逾百个市优示范项目。

公司服务范围覆盖“智能化楼宇”、“中高档住宅”、“豪华别墅群”及“城市综合体”、“高科技产业园区”、“高新工业园区”、“大型公建”、“商业地产”、“邮轮母港”等不同类型的物业形态，服务对象包括中央及地方公权机构（最高人民法院、国土资源局、武汉市人大等）、金融机构（招商银行、北京银行、中国人寿等）、国内著名企事业单位（中国移动、中国联通、华为、神州数码、ATL、中科院高能物理研究所、菜鸟网络、搜狐、上海世博园等）和跨国集团（苹果、微软、惠普、宝马、宜家家居等）。

（二）2017 企业大事记

1.2017 年入列 2017 中国房地产 500 强首选服务商品牌物业管理类 TOP10 榜单

2017 年，先后荣获 2017 中国房地产 500 强首选服务商品牌物业管理类 TOP10 榜单第 9 位、2017 中国社区服务商 TOP10 榜单第 7 位、中国蓝筹物业企业、卓越创新标杆双奖项、华为公司颁发的“王者之师 2017 年度供应商优秀团队”等多项荣誉，连续 12 年入列深圳物业管理行业综合实力 TOP10 榜单。

2. 招商通智慧服务平台正式发布

2017 年 10 月 12 日，招商物业正式对外发布了数字化转型的工具——招商通智慧服务平台 1.0，“招商通智慧服务平台”作为招商物业打造“一片沃土、四朵金花”商业模式的重要工具，拥有一级城市根密钥、超级电子收银员等技术优势，实现了对住区管理和服务的智慧化应用，创新了“智慧生活、智慧服务”现代住区运营模式，被全国智标委授予全国首个“智慧住区标准应用示范平台”称号。

3. 升级标准化服务体系

2017 年，招商物业升级运营双工具之标准化服务体系，优化了企业标准化体系结构，改版修订了 538 个标准，新建了邮轮母港物业管理文件体系，推进能源管理体系和安全生产标准化中风险分级管控和隐患排查治理双体系的建立和运行。

4. 招商建筑科技正式揭牌成立

9 月 15 日，招商物业旗下品牌招商建筑科技正式揭牌成立，自主研发智能排污系统荣获专利证书；研发的机器人门岗、无人代收间、无人值守冰箱、迷你储物仓将相继投入使用；先后成为万科、融创广深区域智能化集采工程战略合作供应商，标志着招商物业建筑智能业务走向全面市场化的新阶段。

5. 招商设施运营正式揭牌成立

11 月 3 日，招商物业旗下品牌招商设施运营正式揭牌成立，按照设施设备全生命周期管理思路以及国际设施公司标准对公司进行组织架构和运营体系梳理，初步建成智能运营服务中心，专注于大型产业园区和设施设备系统的综合运营管理，大力拓展和培育市场并取得初步成效。

6. 招商到家汇企业商城 PC 端正式上线

2017 年 10 月 30 日，招商物业旗下品牌招商到家汇企业商城 PC 端正式上线，并先后与京东、联想集团签署战略采购合约，标志着招商到家汇从社区用户到企业客户均可提供一站式的购物体验，招商物业正式全面开启互联网 + 的全新业务模式。

（三）组织架构

目前，招商物业采取直线式“总部 – 中心城市公司 – 城市公司 – 项目”四级管理架构。总经理统筹公司运作，副总经理、财务总监、总经理助理协助总经理进行日常运营管理。总部设置行政与人力资源部、运营管理部、财务管理部、市场发展部、风险管理部、安全生产监督管理部、创新与信息技

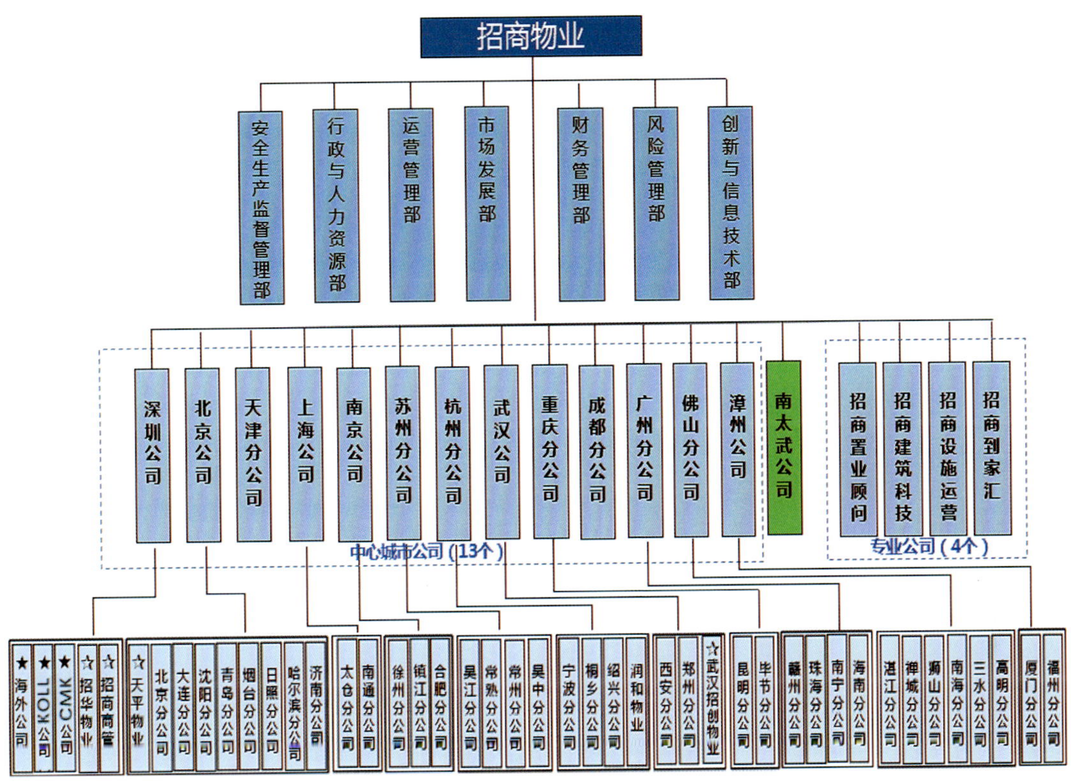

组织架构图

术部共七个职能部门，统筹和指导各下属公司的具体业务工作。

这种直线式的组织结构清晰、分工明确、责任分明、指令统一，便于总部与各公司的直接管理和信息渠道畅通，有利于提高工作效率。

二、企业经营特色及优势

（一）公司定位

以国内规模第一大央企——百年招商局为战略背景，以母公司招商蛇口为战略起点，招商物业按照“根植市场，协同升级”的战略思维，确定了“房地产价值链全程综合服务商”的发展定位，聚焦国内外中高端物业管理服务市场，秉承“百年诚信、至尊服务”的经营理念，致力于为客户打造优质、高端、精品的物业服务。

（二）“一片沃土，四朵金花”的商业模式

“一片沃土，四朵金花”，是指在保证好基础服务这片“沃土”的基础上，深耕房产经纪、物业管理、设施设备运营、智能化工程、智能建筑科技、社区商业等多家子公司，提供投资代理、租售代理、物业及设施管理、项目及建筑顾问、估价和顾问服务，以及投资及资产管理服务。为此，招商物业成立了招商建筑科技、招商设施运营、招商置业、招商到家汇四个专业公司，称为“四朵金花”，通过四家专业公司的业务升级，为整个公司创造新的利润增长点。

招商物业“一片沃土，四朵金花”的商业模式，得益于优质的基础物业服务，及行业上下游产业的拓展，已经焕发出勃勃生机，形成了房地产价值链

全程智慧综合服务能力，获得了更多客户的信赖。

（三）服务特色

基于“一片沃土 四朵金花”的商业模式，招商物业还打造以“双文明”（即“家在情在”的人本文明和“健康低碳”的绿色文明）为特色的卓越服务能力，以企业标准化体系和招商通智慧服务平台作为运营双工具，扩大培育市场，形成企业发展的沃土；以此为依托，培育和发展智能科技、设施运营、置业顾问、社区商业四大专业服务，形成相互协作、互为客户、组合发展的业务发展体系，培育和打造房地产全价值链全程综合服务能力，为客户居家、商业、办公提供综合解决方案。

1. 运营“双工具”

为确保物业基础服务的品质，招商物业打造了运营“双工具”，即招商物业企业标准化体系和招商通智慧服务平台。招商通匹配招商物业企业标准化体系，将业务流程与管理实现在线联通与监管，可支持总部运营管理、城市公司管理、项目管理等不同层级角色管理需求，分别为日常管理、运营分析、管理决策提供支持，形成卓越的服务能力，从而扩大培育市场，为“沃土”输送养分。

2. 服务“双文明”

为打造特色的基础服务，招商物业坚持以客户满意为根本，倡导并践行“家在情在”的人本文明和“健康低碳”的绿色文明，开展一年一度的“家文化节”和“绿萝行动”。活动开展至今，每年吸引上百万业主和客户参与其中，既彰显了招商物业的人文情怀，又带动了广大业主积极参与到社会可持续发展中来，不仅增加了客户对招商物业品牌认可度，同时为“沃土”更沃不断输送营养。

要求
1. 客户需求
2. 行业发展
3. 法律法规
P
风险管理
基础标准
员工管理
服务标准
管理标准
工作标准
市场导向
资源管理
A
D
规范化、流程化、标准化
C
产品
客户满意
1. 服务理念
2. 服务行为
3. 服务过程视听
4. 服务监测及督导过程

双工具 1

双工具 2

三、企业发展目标及战略

（一）准确定位，目标聚焦中高端市场

在竞争激烈的物业管理市场上，招商物业始终坚持中高端市场策略，在高端写字楼、产业园区、商业综合体等服务业态方面，积累了丰富的服务经验，获得一批知名企业的信赖，获取了一批优质物业管理项目，招商物业的品牌影响力稳步上升。未来，招商物业将继续聚焦中高端物业服务市场，充分发挥自身优势，致力于给客户提供更加优质的服务。

（二）立足服务，充分应用智能化手段

家文化节

依托于招商设施服务、招商建筑科技等子公司的科技优势，招商物业积累了多个成功案例及管理经验，为客户提供特殊项目智能化方案咨询、规划设计、设备保障、施工管理、系统集成等业务及增值服务，保障具有特殊设施设备需求的客户要求能够得到最大化的满足，并致力于将智能化技术手段广泛应用于各种物业类型，为客户提供高效、节能、环保、便捷、安全、舒适、健康的服务环境。

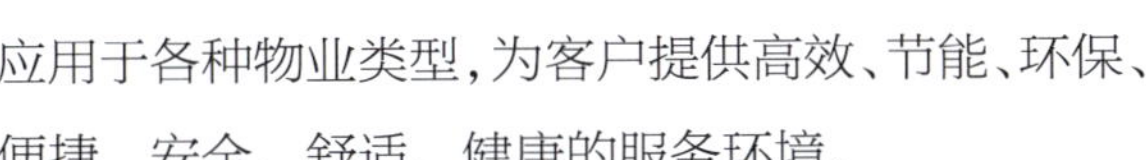

（三）积极践行“在市场的跑道上赛跑”战略

2017年初，招商物业将本年度的发展主题 确定为“在市场的跑道上赛跑”，吹响了全面回归市场化发展道路的冲锋号。未来，招商物业将积极践行“在市场的跑道上赛跑”战略，继续在国内物业市场开疆拓土。

（四）立足国内市场，积极拓展海外业务

2018年初，招商物业与白俄罗斯中白工业园区物业正式签署物业管理顾问服务协议。中白工业园是中国在海外开发面积最大、合作层次最高的经贸合作区，是国家“一带一路”战略的重要布局，被称为“丝绸之路经济带上的明珠”。此次签约，也标志着招商物业正式吹响了市场拓展国际化的号角。

（五）致力成为中国领先的房地产价值链全城综合服务商

招商物业自成立起，专注物业服务领域30余年，业务遍及国内40多个城市。长期以来秉承“百年诚信、至尊服务”的经营理念，得到了客户和业主的充分信赖。基于优质的客户资源和科学的经营管理模式，招商物业将服务贯穿整个房地产价值链，力求从源起到终身服务，实现房产开发、销售、物业管理和资产运营全周期各模块无缝对接，为客户提供房地产价值链全程解决方案，致力于成为“中国领先的房地产价值链全城综合服务商”。

四、坚守品质，不忘初心

经过多年的发展，招商物业已经建立了完善的标准化体系，具备体系化的服务能力。

随着服务时代的到来，规模不再是发展的核心，从“量”向“质”转变才是王道。招商物业将更加追求服务精细化与专业化，坚守做好物业基础服务的“初心”，坚守物业品质，持续为客户创造价值。

未来，招商物业将持续践行“在市场的跑道上赛跑”战略，着力打造全价值链服务并以互联网技术构建智慧物业，在立足国内的基础上发力海外市场。同时，持续推动行业发展，为物业管理行业的深化发展及实现科技物业、人本物业、绿色物业贡献一分力量。

百年品牌传承，招商物业践行以商业成功推动社会进步。百年诚信服务，招商物业以客为尊，创新赋能，致力为客户创造价值。

金地物业

“3+X”多元化发展全面提速 全方位提升服务品质

深圳市金地物业管理有限公司

团队合影

金地物业是金地集团旗下提供物业管理服务、资产和客户资源运营的平台，1993年起步于深圳，经过25年的经营发展，在华南、华北、华东、华中、西北、东北、东南、西南等区域大中城市落子布局，下辖多个物业服务公司及智慧享联、金地楼宇等多个专业公司，拥有具备自主知识产权的高端物业服务品牌“荣尚荟”，已成为中国物业物业管理行业领先的社区服务与资产管理整合运营商。

一、发展历程

金地物业成立至今，经历了精耕口碑和全国扩张两大阶段。2013年，通过整合全国物业公司，金地物业管理集团成立，开启全新的整合提速阶段。在金地集团的鼎力支持下，金地物业在战略上保持了定性和前瞻性，抓住了纲领性的大事，将发展方向问题、内外部界面问题、人才培养和发展的问题、新老员工融合的问题一一妥善处理，并制定了要成为中国物业管理行业第一品牌和最佳雇主的长期发展目标。

在 2013 年这一整合元年，金地物业即取得了客户满意度达 91% 的好成绩，呈现出“方向明确、界面清晰、队伍稳定、业绩优秀”的欣欣向荣的景象，向着更大规模、全新平台的未来前进。

近年来，金地物业依托金地集团的产业发展优势，秉承“有质量的增长”的发展策略，规模快速增长。尤其自 2015 年起，金地物业步入发展快车道，服务面积、收入、品牌价值均实现快速增长，信息化系统建设从无到有、全面开花，客户满意度指标持续提升，全服务产业链布局已经形成。

截至目前，金地物业合约服务面积突破 5 亿平方米，盖洛普客户满意度 98%，品牌价值突破 50 亿元，服务已遍及国内 100 余个大中城市，服务客户累积达 500 余万人。

2018 年金地物业管理集团开启“3+X 战略”，以住宅物业、商业物业和科技产业为主业组成部分，孵化资产管理、公寓运营、养老健康等新产业，形成了商业资产运营管理、住宅物业服务、科技智能化三大业务版图，楼宇工程、半径颐养、荣尚荟、智慧享联四大品牌齐头并进，全面提速的多元化发展格局。

金地楼宇是多年从事智慧社区、升级改造等建筑智能化、机电一体化管理的多元化专业型企业，提供涵盖居民住宅社区、城市综合体、工业综合园区等多元业态楼宇设备管理综合解决方案。

智慧享联具有丰富的信息系统和互联网产品开发经验，为客户提供“互联网 + 物业”“互联网 + 物联网”“互联网 + 云服务”三套不同的解决方案，已累计取得 23 项中国知识产权保护中心审批的软件著作权，被评为国家高新技术企业、深圳市高新技术企业，深圳市软件行业协会副会长，中国智能家居产业联盟（CSHIA）理事单位，深圳市停车技术企业行业协会会员单位。

荣尚荟面向豪宅公寓、企业总部大厦、科技园区、营销案场等各类不动产物业管理等，提供服务设计、委托经营、管理咨询、培训输出、人才培养、体系搭建和认证等服务。

半径颐养打破“居家养老、社区养老、机构养老”的边界，以社区老人为圆心，以“家、社区、生活圈”三个场景的距离为半径，通过“居养态”一体化连接模式，提供“半径颐养”养老全方位服务。

依托金地集团和金地商置投资的美国房地产市场，金地物业 2018 年正式落地美国，所服务的写字楼、公寓、科技园区等各业态项目遍及纽约、旧金山、洛杉矶、西雅图和达拉斯等核心城市。未来，金地物业将向“做中国最有价值的国际化企业”的宏伟愿景持续迈进，致力于将 Gemdale Service 带到全世界，打造国际物业资产管理行业的中国名片。

二、商业模式

作为行业领先的社区服务与资产管理整合运营商，金地物业不仅为业主提供基础物业服务项目，而且利用自身资源，统筹搭建智慧社区平台、智能家居平台，与享家社区服务平台等基础物业服务及全产业链服务新业务一起，借助科技智慧、管家服务体系等，在保证服务品质的同时，高效协调各类资源满足客户需求，人性化定制服务，提升客户幸福居住体验。

近年来，金地物业线上线下规模持续扩张，与此同时，秉持匠心、坚持有质量的增长，陆续与陕西信达集团、中原集团等战略伙伴达成合作，通过为项目提供优质服务，获得地产开发商以及大型企业的交口称赞。此外，金地物业在二手项目方面也获得了业主及业主委员会的广泛认同，上海尚海湾、东莞新里城等项目的业主都以超高的支持率欢迎金地物业入驻。截至目前，金地物业合约服务面积累计突破 5 亿平方米，业务遍及全国 100 余个大中城市，服务 2000 个社区。

不仅如此，金地物业产业园及商写项目营管

能力稳步提升。从 2013 年开始，金地物业在商业资产管理、产业园运营服务、企业总部服务等领域发力，与香港品质保证局等国际专业机构一起搭建了完善的商业资产管理、各种业态类型的产业园、企业总部服务的管理体系和服务流程标准，国内首家独立开发上线商业物业资产管理服务运营平台和 APP，将资产管理业务、商业运营业务全产业链服务融入平台。

针对产业园项目，金地物业提供产业园集成服务: 集聚资源 & 搭建平台。集聚行业龙头企业、招商、推广、产业配套、生活配套等多项资源，构建智慧化的园区服务平台，为产业园区开发企业 / 机构提供服务保障，优化产城生态圈；针对写字楼项目，进行生态圈搭建：提供全生命周期 & 全方位服务；针对项目物业管理：提供专属智慧化服务——提供工程管理、客服服务、环境管理、安全管理及线上管理平台输出；针对企业总部项目，金地物业通过商业物业管理运营系统平台，紧紧围绕客户需求：整合各方资源，提出整体解决方案，全方位服务好客户多样化个性化需求。

与此同时，金地物业不断加速推进信息化建设。金地物业自 2013 年整合以来，信息化团队经历了从无到有、进而发展壮大的过程，从 0 开始自主建设 30 多个信息系统，享系列产品、智慧社区建设、自主研发系统等齐头并进，取得了阶段性成果，智慧享联科技公司成为高新技术企业。统筹搭建了智慧社区平台（智慧门禁、智慧车场、智慧安防与监控、智慧网络）、智能家居平台与享家社区服务平台等基础物业服务及全产业链服务新业务一起，组成了“智享生态圈”。目前智慧社区建设成效明显，“智享生态圈”覆盖 100 余座大中城市，合作单位达 200 家以上，蚂蚁金服、摩拜单车、中原集团等企业也纷纷携手金地物业，展开跨界合作，战略合作伙伴涵盖多个领域。

除此之外，在金地物业全体同仁的共同努力下，公司各项工作取得长足发展，许多方面不断突破和创新。深化享系列产品应用，自主研发新的收费共享平台：“享家社区”APP 对接业务涵盖金主贷、家家盈等，已认证用户数突破 50 万人；智慧社区建设成效明显，车场改造项目、享停车项目、二维码门禁改造项目进展顺利，智能家居系统平台建设初见成果；构建智享生态圈，享家商业运营初具规模，首家智享生活馆旗舰店成功开业。

金地物业亮相首届国际物业管理产业博览会

全服务产业链建设方面不断突破和创新，楼宇工程、公寓运营、养老业务蓬勃发展，行业知名度迅速提升。金地楼宇工程公司入列 2017 中国房地产供应商服务力品牌 TOP5 榜单，荣获 2017 年度“智慧城市建设优秀工程商”、国家及深圳市高新技术企业等荣誉；荣尚荟公寓公司获评 2017 中国物业服务优秀配套服务商，武汉荣尚荟公寓物业服务有限公司列入武汉市首批住房租赁市场试点项目名单；半径

金地物业——精品服务 真情关爱

顾养健康管理公司试点落地和护理等业务稳步推进。

源于对“固本”战略目标以及工匠精神的坚持，全体金地物业人始终致力于全方位提升客户服务品质。面对纷杂的市场环境，务实而奋进的金地物业人在积极拥抱互联网，推进规模化、信息化的同时，以扎扎实实的实业精神经营服务，坚持贯彻“客户满意是检验工作的最终标准”的服务理念，用心耕耘终结硕果，实现近5年客户总体满意度从91%到98%的逐年稳步提升。

近年来，金地物业规模化、科技化的巨大变化对管理提出了更高的要求。目前推出的“享系列”平台产品中，“享家社区”APP已升级为V2.9.4版本，不断更新迭代的产品，始终致力于满足社区用户基本需求的同时，不断挖掘深层次需求，完善服务功能，连接更多社区服务资源，提升服务品质。目前，“享家社区”APP用户已突破50万人，用户活跃度超40%。不仅如此，在标杆项目智慧社区建设方面，金地物业也有新的智能突破，社区智慧门禁、智享停车云平台、“智享+Home”智能家居平台、最后一公里宅配等功能和服务陆续试点上线，让物业服务越来越数字化、规范化和全面化。

在此基础上，金地物业还推出了管家服务模式，通过以信息化技术为代表的“先进生产力”广泛应用，倡导更便捷、美好的生活方式，营造幸福氛围——网格化管理，打造业主的26°专属管家，作为客户和服务的连接者，26°专属管家换位“客户视角”，以“靠谱”“走心”的优秀服务体验，确保客户服务，增强客户黏性；围绕26°专属管家展开项目运营式变革，利用“线上享家+线下管家”的服务模式，高频互动极速响应客户需求，高效协调各类资源满足客户需求；服务资源及平台资源有效调度，让所有资源最终汇聚，只为提升客户幸福居住体验。

三、发展战略

一直以来，金地物业都希望通过全员努力，建立好平台，设立好机制，形成好文化。好公司要有好平台，好平台要有强大的体系、响亮的品牌、充分的信任。金地物业逐步健全机制来保证竞争力，激发组织活力。在坚守金地集团核心价值观文化的基础上，金地物业也要有信仰和精神追求。

金地物业秉持“诚信 规范 开放 共赢”的经营管理理念，把握客户需求，不断提升企业综合能力，践行“精品服务 真情关爱”的服务理念，实现客户需求到客户满意的转化，向成为最受客户信赖的物业管理服务企业和物业管理行业第一品牌而不懈努力，同时也朝着行业最佳雇主的目标奋勇向前，打造员工最有幸福感的公司，还要做桃李满天下的“黄埔军校”。

基于2018“提质 焕能”的年度主题，金地物业坚定地贯彻“3+X战略”，做好各项相关工作——住宅物业作为金地物业的根基，未来五年一定要做大体量和规模；商业物业蕴藏巨大机遇，应抓住机会，不断发力；科技产业是发展助力，将为金地物业发展提供科技支持、智慧社区建设、管理支持、模式创新、降本增效等方面的支撑；通过在荣尚荟公寓、资产管理、养老等领域不断探索，进行更多的业务延伸和创新，增加跨界经营效果；建立强大的平台，激发员工潜能，提高金地物业的组织效能；做好人才梯队建设和企业文化建设，为员工创造简单、透明、有阳光的文化氛围。

同时，金地物业将聚焦品质、技术、规模、模式以及创新这五大方面来开展业务，推进平台建设——物业服务品质永远都是金地物业的基础和生命线，无论何时何地都要放在首位。2018年以及未来发展，都要继续秉持匠心精神，利用“互联网+物联网”应用，保持服务水平。

做好技术保障。技术也是“提质 焕能”的一部分，技术为王，要积极打造金地物业的技术库。金地物业智慧享联要进一步做大规模，重点推进平台建设，支持各项业务落地。同时持续推进智享生态圈建设，为用户打造更为美好的智慧生活。

规模是衡量一家大企业的标准，可以决定市场地位和影响力，也是整合各方资源的基础。金地物业的发展要注重规模，有质量的规模扩张要成为公司发展的常态。因此，各业务板块一定要积极拓展规模，把业务做大做强。各下属物业公司要找出适合自己的道路，提炼好的经验在全国推广。

模式创新可能会引发整个行业的革命，金地物业要不断摸索，推进组织模式变革，提升管理效能，打造五位一体的大平台，通过机制和体系充分激励员工，充分释放员工个人价值，实现人均效能提升和员工积极性提高的双赢。

金地物业不仅追求规模，还需要不断创新，不断做强。2018年公司将努力把商业业务、公寓业务、养老业务等发展起来，完善商业模式，力争实现跨越式发展。

站在25周年这个特殊的时间节点展望未来，金地物业将不忘初心，巩固根基，切实做好标准化基础服务，并继续加大市场化拓展的步伐，线上线下有质量地扩大规模；进一步完善升级基础服务，挖掘客户需求，连接“互联网+物联网”的科技应用，进行产业聚焦和服务整合，充分赢得业主信任，整合信息化平台，与市场合作共赢，实现规模和效益共发展。

JINKE 金科服务
美 好 你 的 生 活

让服务产生价值 做最美好的生活服务商

金科物业服务集团有限公司

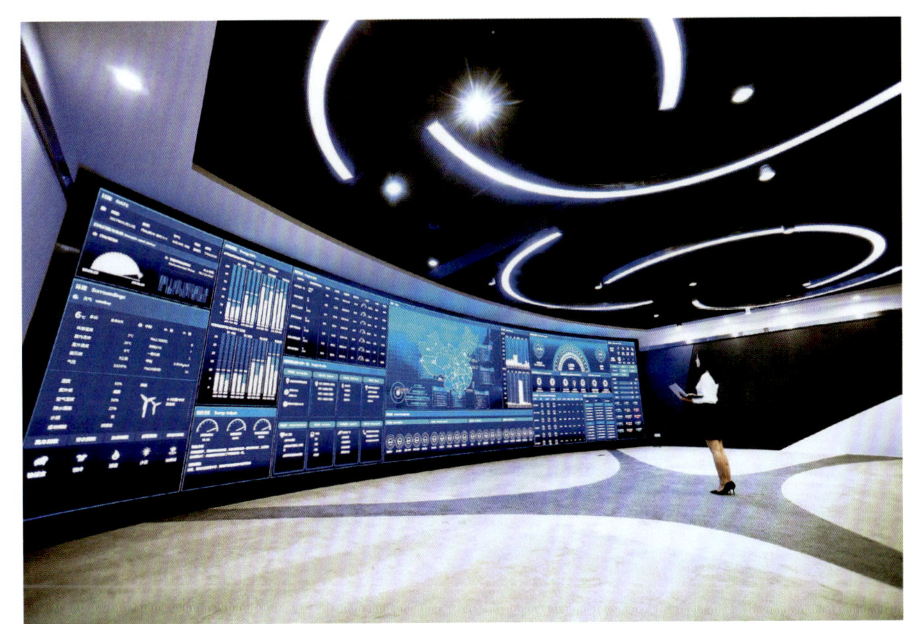

天启大数据中心

一、企业简介

金科物业服务集团有限公司（以下简称金科服务），隶属于金科地产集团股份有限公司（股票代码：000656），中国知名物业服务商之一。金科服务成立于 1998 年，公司注册资本 5000 万元，在职员工 12000 余人。2018 年，以优质的物业服务质量占据行业领先地位，业主满意度已连续 7 年超过 90%。

2017 年，金科服务已覆盖北京、重庆、四川、北京、广东、江苏、湖南、陕西、山东、贵州、新疆、云南、河南等 23 个省（自治区、直辖市），进入 105 个城市，管理规模超过 2.2 亿平方米，管理项目超过 600 个，服务业主超过 300 万人，其管理业态涵盖住宅、商业中心、写字楼、高校、政府、酒店会所等多种类型。

2018年，金科服务将继续坚持“以业主满意为核心”，全面启动“美好家园”和“生活方式”两大升级计划。深耕“金管家”“金悦家”“金慧家”三个子品牌，打造人、云、端的智慧社区生态。从邻里文化到社区志愿者体系建立，从传统园区服务到业主“衣、食、住、行”的生活全方位服务，从天启大数据到人工智能客服、AI家，金科用温暖的心做有温度的服务，为业主实现资产增值保值。未来，金科服务将继续保持30%以上的年复合增长率，至2020年，实现物业服务合同面积5亿平方米，总产值约100亿元，服务社区超过1000个，让更多人享受金科带来的美好生活。

二、经营业绩

（一）营业收入、净利润

2017年，金科服务营业收入达23.88亿元，较上年大幅增长35%；净利润1.64亿元，同比增长0.1%。金科物业营业收入的增长得益于企业服务规模的快速增长带来的规模效应，加上物业服务品质不断提高，业主广泛认可，物业服务费收缴情况良好。与百强企业相比，金科服务营业收入与净利润远高于TOP11～TOP30均值，行业领先优势明显。

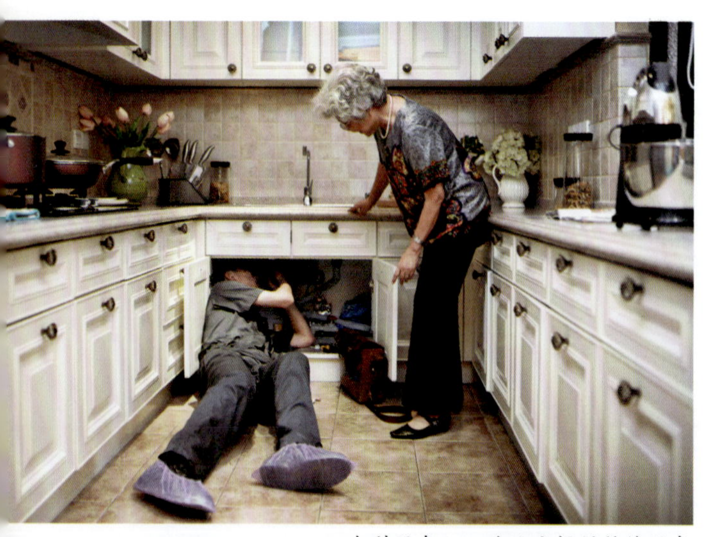

金科服务——为业主提供维修服务

金科卫士

（二）物业服务费收入、多种经营收入

2017年，金科物业服务费收入18.18亿元，同比增长30.76%；多种经营收入5.7亿元，同比增长50.48%。金科物业服务费收入和多种经营收入分别是百强企业平均水平的3倍、4.22倍。在“互联网+”大浪潮下，金科物业越来越重视多元化经营，为业主提供增值服务，2017年多种经营收入占比从2016年的21.4%提升到23.86%。

（三）物业服务项目类型

金科物业服务项目类型主要包括住宅物业、商业物业、办公物业、公众物业、产业园区物业等。2017年，住宅物业仍是金科服务管理面积最大的业态，占比达77.87%，住宅物业也是业绩贡献度最高的业态，占比83.47%；商业物业、办公物业面积相当，占比分别为7.99%和6.94%；公众物业、产业园区物业、学校物业所占面积相对较少。

（四）服务领域

金科物业管理形态由单一到多元，目前已涵盖住宅、写字楼、商业、酒店会所、高校、政府部门办公楼、科技产业园等诸多物业类型，业务范围涵盖小区前期规划、秩序维护与清洁服务、园艺绿化设计及养护、设施设备集约化管理、楼宇智能化设计与施工、会所经营、房屋经纪、家居装饰、社区资源经营等诸多领域。

（五）基础物业服务

金科物业的物业管理仍以居住物业为主导，以直接承接项目物业管理业务的方式，为业主提供全面专业社区服务、家庭服务与智慧生活服务。居住物业：住宅物业管理、别墅物业管理，例如金科 10 年城。商业物业：包含写字楼和购物广场，例如重庆信达国际；工业园区物业主要是一些科技产业园的管理，例如江苏苏通科技产业园；其他物业则包含学校物业、公共物业等。

邻里一家亲

（六）多种经营服务

以社区电商、房屋经纪、家政和其他为主要组成部分。金科依托近 20 年的管理经验和品牌优势，为合作方物业全生命周期的各阶段提供咨询服务，包括前期产品定位、设计管理咨询、销售案场、全程营销策划和物业管理咨询等专项顾问咨询服务。

三、服务特色

（一）金科邻里社区，全国首倡中国邻里文化

2008 年，金科在全国率先提出“隔壁邻里文化”，提出“敬老、爱妻、亲子、睦邻、惜己”的社区文化主张，打造亲情社区。先后搭建六大邻里“万”系活动平台，在无形中拉近业主与业主之间的距离，同时促进服务商和业主之间的亲密关系。金科邻里文化被越来越多的人所接受，逐渐成为一种城市文化符号。经过多年来的提倡，隔壁邻里文化已经在重庆、江苏、北京、湖南、四川成为一种全社会的文化现象，成为一种社会价值。

金科邻里文化典型案例：

1.2017 年 4 月，“金科万人游——美国西海岸”活动圆满成功

2017 年 4 月，“金科万人游——美国西海岸”活动正式启程，来自 100 多个城市的金科邻居在旧金山、拉斯维加斯、科罗拉多大峡谷，留下了自己的倩影。

2.2017 年 7 月，金科万人运动会——双球联赛全国开启

2017 年 7 月 1 日—10 月 1 日，一场专属金科邻里的运动盛会——金科“邻好杯”球类联赛在 91 座城市展开，来自全国 449 个金科大社区的 10237 名金科邻居共同参与了此次“运动狂欢节”。本次“邻好杯”共分为重庆、涪陵、四川、江苏、湖南、北京、河南、新疆 8 大赛区，涵盖了足球、篮球、乒乓球、羽毛球四项赛事。

3. 金科 20 爱邻服务日，每月 20 号为业主提供贴心服务

在金科大社区，每月 20 日会如期展开“金科 20 爱邻服务日”，通过磨刀、缝纫、理发、义诊等传统的爱邻服务为业主提供生活便利，除此之外，还有“福邻社”丰富的好物分享，以及有趣的邻里互动，增进邻里之间的感情。

（二）实施 360° 客服沟通机制，将业主满意放在首位

24 小时服务在线：金科服务开通了 400 企业直达号、952191 全天候服务热线，以及金科大社区 APP 报事，24 小时服务在线，服务响应速度更快；

聆听行动：定期组织倾听业主意见，实施相应整改措施；

满意度评价体系：通过第三方满意度调查机构、终端评价系统以及线上服务平台，连年开展满意度调查；

客户沟通体系：实行专属管家责任制、客户投诉首问责任制，客户资料独立建档，并定期走访客户，实现与业主的百分百沟通。

美好家园计划：2018 年金科开展了“美好家园计划”，针对老旧社区进行整改升级，对全国 20 余个城市公司的 40 多个老项目进行改造维护，共涉及整改项 160 多个，涵盖健身场地和设施翻新、园区道路升级、重要景观点改造、园区安保设施升级等方面。

（三）科技物业加持，建设智慧社区

在天启大数据系统的基础上，金科服务建立起金慧家体系，以智慧社区赋能为核心，旨在为美好生活提供一个高效智能的平台。金慧家体系包括智慧园区（EBA 集成系统）、智慧物业（大管家巡航系统）、智慧生活（智能客服和智慧家居）以及智慧决策（天启大数据中心）四大部分。

智慧园区：通过阿里云技术，对车行闸、门禁、视频监控、电梯平台、消防平台、周界报警和 EBA 都进行了智能化改造，并拥有各自的云平台。各云平台之间互联互通，都是天启物联网的组成部分，为金科智慧社区集成平台管理奠定了基础。

智慧物业：物业管理人员标配社区管理软件，帮助物业人员进行社区的工作事项管理，跟进报事信息以及巡检工作。金科启用了大管家巡航系统、楼栋管家系统，用智能技术来提升物业服务每一个环节的效率。

智慧生活：金科为社区提供智慧生活解决方案，以物联网技术和大数据分析，通过智能设备让社区服务更便捷、家居状态更直观。APP 实现远程控制家中设备、查看设备能耗、设备之间互联互通，添加多种场景模式。

智慧决策：依托天启大数据平台，通过建设工程数据管理中心系统来集中解决数据质量、数据访问、数据交换、数据共享以及工程数据管理的业务流程协同问题，为物业系统的经营工作提供数据支撑。

金科智慧社区

（四）六大智慧生活服务 一站式享受

基于天启大数据平台，金科通过服务 4.0+ 为其所服务的社区提供“智能家居服务、家庭环境服务、不动产管理服务、生活配送服务、旅游出行服务以及汽车后服务”六大智慧生活服务，将 1.5 公里半径内的生活服务整合升级。

服务转型再升级
再写国际化物业管理道路新篇章

山东省诚信行物业管理有限公司

诚信行物业区域布局

一、企业概况

（一）企业简介

山东省诚信行物业管理有限公司成立于 2000 年 9 月，注册资金 1 亿元人民币，是一家融物业管理全过程服务、顾问和增值服务为一体的综合性房地产增值服务集成供应商，现有员工 10000 余人，管理面积超过 10000 万平方米，管理区域北至内蒙古，南至香港，在北京、上海、浙江、江苏、陕西等地，设有分、子公司 32 个，业务覆盖全国，重点涵盖政府办公楼，写字楼，城市综合体，高档住宅小区，产业园，学校等类型。

作为一家纯粹的第三方物业管理公司，诚信行多次荣获“全国物业管理综合实力百强企业”称号，以诚信行独特的运营模式领跑中国物业管理。

作为山东省首家业务范围涉及长三角、珠三角地区的物业服务企业，诚信行开创了内地服务企业并购香港物业公司的先河，也是中国首家走向国际化的物业服务企业。2011 年完成香港诚信行物业管理集团的注册，并开始集团化运营。目前公司在香港、韩国、柬埔寨、西班牙、英国、马来西亚、加拿大等已经陆续开展业务。立足本土，多元迈进，将打造百年物业品牌的梦想延续海外已经成为诚信行物业矢志不渝的追求，诚信行作为世界物业的中国面孔，正在改变世界对中国服务的认识。

（二）管理规模及经营业绩

1. 管理规模

2017 年，诚信行物业的在管项目总建筑面积逐年增长，管理规模持续扩大，全球管理项目共计 693 个，管理面积高达 13205.31 万平方米。诚信行物业以中高端住宅小区为业务重点，始终坚持以物业服务为主线，应用各种新技术，以满足业主不断提高的生活服务需求，提高业主满意度。

为了扩大公司规模，保持稳健的可持续发展，诚信行也在不断丰富自身的多种经营服务内容，目前服务范围已涵盖社区服务、顾问咨询及其他多种服务业务。

2. 区域布局

立足国内。在北至内蒙古，南至海南的 15 个省区 38 个城市拥有 300 多个项目，服务物业包括中高端住宅、城市综合体、政府办公楼、商务写字楼、产业园区等类型、服务内容涉及物业管理、营销策划、招商运营、销售代理、委托租赁等房地产全产业链服务。

走向国际。海外业务重点分布在韩国、日本、英国、马来西亚、西班牙、加拿大、美国、意大利等国家，拥有 500 个项目，业务类型主要有国际产业园、学生公寓、老年公寓、酒店式公寓各业态资产运营，海外房产销售及租赁代理。

3. 经营业绩

2017 年，诚信行物业营业收入 27.6 亿元，净利润为 2.8 亿元；2017 年，诚信行物业服务费收入约 21.32 亿元，多种经营业务收入约为 6.28 亿元。诚信行物业近年来致力于扩大多种经营服务，大力拓展社区增值业务，并取得了很好的成效。

二、企业经营管理理念、服务特色综述

（一）企业经营理念：精细管理 亲情服务 做中国一流的房地产增值服务集成供应商

做中国一流的房地产增值服务集成供应商是诚信行的战略目标，也是品牌最直接的定位，为每一位诚信行业主定制最丰富、最尊贵的业主体验特权，其源泉在于丰富的配套产业资源。诚信行物业管理集团旗下衍生出一系列的产业链品牌，如益高健身、百事无忧家政、铂诚智能泊车、新能源汽车租赁等，为业主提供一系列的丰富生活体验，解决了业主服装干洗与保养、小区智能停车及绿色出行等需求，将先进而绿色的生活方式和理念践行到每一位业主的日常生活，方便并丰富每一位诚信行业主的幸福生活。

在诚信行 17 年的发展历程中，推动公司不断前进的力量来自对服务品质的精益求精。公司在日常管理运作中，强调标准化、规范化，打造了一套科学有效的管理制度和流程，保证了公司从治理结构、管理决策到员工基层操作的规范性和一致性，实现人尽其责，物有其位。同时，诚信行公司贯彻 ISO9001 质量管理体系、ISO14001 环境管理体系、OHSMS18001 职业健康安全管理体系的工作标准，使公司在规范服务、严控质量、环境保护、职业安全方面的工作上更进一步。

诚信行人在兢兢业业开展物业管理服务的同时，不忘自身素质的提高、专业技能的强化、服务质量的提升，同时不忘团结凝聚员工、密切联系业主，通过丰富多彩的活动，诚信行物业与员工、与业主亲如一家，形成了特点鲜明的“家人文化”。它既包含员工对于业主的“家人情”，也包含员工团队的“家庭情”，更容纳了涵盖社区每一个元素的“社区情”。

作为中国本土的第一家国际化物业公司，诚信行对于美好的社区的定位高度是放在全球的，借用公司已在马来西亚、加拿大、西班牙、柬埔寨等国家及地区开展业务的契机，将来自不同国家、不同

民族、不同风格的全球化资源带到每一位诚信行业主身边，每一位业主都可以参加海外夏令营、海外游学、专属线路特色旅游等，这些是非诚信行业主没有机会享受到的，这种全球资源的共享，让每一位业主能够在自己的位置触碰世界的高度，感受国际化社区的潮流与进步。

（二）品牌竞争力：品牌亮点为企业的发展插上腾飞的翅膀

1. 丰富的社区文化建设

丰富的社区文化活动是诚信行特色的核心竞争力之一。整合社区活动资源，将全年活动分为“春到我家”“激情夏日”“团圆金秋”“温情冬日”四个主题活动季，在每季的活动主题中设计不同的线上线下活动丰富业主生活，如“清明节——带上小诚去走走”“致敬隐形的爱——最美物业人工作掠影大赛”“为爱奔跑——全名马拉松活动”等，业主可以通过官方微信了解活动的举办情况，活动形式设计多样，除此之外，每个管理处都有自己的社区活动计划，部分管理处已经形成了专属于自己管理处的特色社区活动，如邮电新村的新年团拜会，富翔天地的新春游园等，业主的参与度极高，为和谐社区的建设提供了无限活力。

为丰富业主的业余文化生活，为更多希望展示自我才艺的业主提供更多的舞台，诚信行以热心公益、服务业主、展现自我、助力行业、奉献社会为团队的奋斗目标，建立了集团百事无忧社区艺术团。2017 年，首个百事无忧社区艺术团优秀试点在富翔天地管理处落成揭牌，诚信行常青藤合唱队的阿姨们带着自己的梦想登上了由电视台举办的中老年合唱比赛，并以第四名的好成绩进入了最终的会演，展示了自己的才艺，圆了自己年轻时的舞台梦。

2. 智慧物业：链接世界，触碰幸福人居体验

随着“互联网 +”浪潮的来临，整个物业管理行业也经受着大潮的冲击，诚信行集团早在 2014 年就看到了物业管理行业互联网应用的真谛及前景，开始研发自己的智慧物业平台，坚持以物业服务为基础，将物业服务作为线下服务的主体，结合多种延伸增值服务，打造广义的移动互联网生活平台，将业主引入线上，以满足业主需求为目标，为业主提供全方位的生活服务及信息交互的平台。

诚信行智慧物业体系以业态分类为基础，满足多种业态的智慧物业管理模式，分为六大 APP 系统（住宅类 App 平台——幸福爱家，工业园产业园 APP 平台——Inpark，政府办公楼 APP 平台——政通人和，学校 APP 平台——开心校园，景区 APP 平台——大美景区）及“E+ 机器人计划”，后者成功实现了安全监控巡逻及设施巡逻的无人化操作，而陪伴机器人也成功解决了更多家庭的陪护烦恼。近期，诚信行集团基于电视机顶盒应用的“悦生活”系统即将上线，业主可以通过自家电视享受实时一对一的家教、医疗咨询以及健身指导等服务，将原先需要面对面进行的生活服务放在线上，通过家中的第二块屏幕——电视屏幕来实现。

我们始终坚持物业服务为主线，以各种新技术的应用来满足业主不断提高的生活服务需求，提高业主满意度。诚信行必将继续坚持业主至上的服务原则，将更多更好更新的新技术手段应用于物业服务当中，以坚持基础物业服务为使命，以满足客户需求为己任，致力于引领整个行业回归物业服务的行业本质，提高社会对物业管理行业的认同度，让物业管理行业成为受人尊敬的行业，让诚信行成为受人尊敬的企业。

3 . 站在市场的云端，换一个角度，构思资产增值新思路。

诚信行在成立之初，就致力于通过对设施设备的有效管理和运营，实现业主资产的保值增值！17 年来，通过诚信行独有的技术经验、交涉力和行动力，最大限度地发挥长期修缮计划、能源效率化以及未来升值等优势，既向租户提供品质、格调、功能性和设计性满足的产品，又让业主方得到了更好的回报。

随着房地产业的发展，诚信行逐渐以物业管理项目为运营平台，纵向延伸服务链，开始涉及

营销策划、租售代理、商业管理、酒店管理、体育文化投资等业务，打造房地产开发一站式的全方位增值服务平台。公司目前在全球各地运营的资产运营管理项目总面积达 120 多万平方米，业态涵盖高端商业、写字楼、酒店式公寓、学生公寓、青年公寓等，代表项目包括诚信商务大厦、爱信诺、舜泰广场等，成功打造了多个资产运营标杆项目。展望未来，我们放眼全球，资产运营管理的脚步将更加坚定，为更多项目的资产增值放大新的格局。

三、放眼未来：管理升级，全球角度，点亮品牌发展的期翼

（一）发展战略

做中国一流的房地产增值服务集成供应商，在地球任何一个地方，有诚信行的地方就有家。

成功的企业都倡导为客户提供优质服务，客户满意是企业成功的基础。诚信行的发展目标是以优质服务创造价值，并实现企业持续增长，成为中国一流的房地产增值服务集成供应商，通过优质品牌资源及服务的复制，跟随“一带一路”的发展步伐，努力实现“在地球任何一个地方，有诚信行的地方就有家”。

（二）2018，服务升级，品牌升级

1.“管家制 + 专业化双轮驱动”改革，强化服务，为品牌发展奠定服务基石

从“标准化管理”到“精细管理、亲情服务”，从“三米微笑”到“家人文化”，公司始终抓牢物业管理的根基，全面落实品质服务的细节化要求，2016—2020 小诚第四个五年规划，全面推进“管家制 + 专业化双轮驱动”改革，以诚心、用心、恒心的服务理念构建“主动 + 信任”的新型服务关系，全面实现资产保值增值为核心的管理价值理念，做“丰盛物质生活的奠基者，精彩精神盛宴的缔造者”。

家人文化之暖心问候

2.18 周年特别企划，深度了解小诚物业的深度与高度

结合小诚 18 周年的活动主题，集团品牌特别企划 18 周年“向爱成长”特别活动，以“爱社区”、“爱小诚”“爱生活”“爱行业”“爱发展”五个维度全面阐释诚信行的品牌价值理念，特别企划“暖心小诚”项目，以诚信行的特色项目、特色管理及人物故事为切入点，展现现代小诚物业人的良好面貌，首届“小诚朗读者”活动将员工与业主的全民朗读热情推到高潮，而首届员工艺术节的开展，更为员工的业余生活提供了展示的舞台。诚信行紧跟时代步伐，全力打造“红色物业”建设，完善党支部自建与共建体系，在省内行业中率先垂范，积极响应省市文明行业创建要求，推动“传统文化进社区”。一切为了业主，一切助推发展，在发展中放大企业的社会责任与担当。

悦管家

3. 绿丝带计划，小诚公益走出中国，将爱播撒到世界各地

精准扶贫，教育支持，抗震救灾，关爱特殊群体……在公益的道路上，诚信行从未停止脚步。2018 年，诚信行特别企划小诚“绿丝带”公益计划，策划并参与了“地球一小时”主题活动、“全民禁毒，为爱奔跑——全民马拉松活动”等，并加入中欧邓飞基金筹划的“e 农计划”－通过诚信行智慧物业“e 农诚商”电商平台，立足销售乡村优质农产品与旅游资源，提升农民收入，进而帮助中国乡村自我造血与可持续发展，同时捐助非洲坦桑尼亚“国际免费午餐”项目。在这一年，小诚人的爱不仅播种在中国需要的地方，更在世界的舞台上发芽，真正践行了诚信行“在地球任何一个地方，有诚信行的地方就有家”的品牌价值。

4. 世界广度：“一带一路”，携手发展，共创新舞台

2017 年，在由诚信行主办的首届国际物业博览会的分论坛现场，诚信行正式启动“一带一路资产联盟”，2018 年，诚信行迎着“一带一路”发展的强势浪潮，继续挖掘海外市场，不断拓宽国际业务的领域与深度，共创国际发展的新高度。

四、结语

2018 年，是小诚从年轻走向成熟的成长新纪年，每一位诚信行人都怀揣着“让物业成为令人尊敬的行业，让诚信行成为令人尊敬的企业”的梦想，不断发展，不断前行，让世界了解诚信行人的专业，让世界赞许诚信行的服务，让世界领略诚信行的蜕变，让世界感受诚信行的爱。未来，我们不忘初心，携梦前行。

时代物业
TIMES PROPERTY

社区生态赋能　重塑行业价值

广州市时代物业管理有限公司

一、企业概况

广州市时代物业管理有限公司（以下简称“时代物业”）是中国房地产50强，中国财富500强，香港联合交易所上市企业时代中国控股有限公司（股票简称：时代中国控股，股票代码：1233.HK）的重要核心成员。

时代物业成立于1998年12月，与时代邻里邦网络科技有限公司（社区O2O）、邻里智能化工程有限公司（智能化居家生活、智慧化生活环境）、时代融信股份有限公司（社区金融、理财），以及时代邻里学院（专业人才培养）五家专业公司共同组成集物业服务、楼宇智能、金融运营、产品研发于一体的科技型、综合型的社区综合服务运营集团——时代邻里集团，通过打造综合生活服务平台，创建智能、便捷、周到的新生活模式，为客户提供涵盖居住、饮食、旅游、理财、教育、医疗、养老等全方位生活服务。

一直以来，时代物业始终秉承“让我们的客户享受更美好的生活”的理念，坚持贯彻“用心呵护你一生”的服务理念，通过打造综合生活服务平台，引领智能、便捷、高效的新生活模式，打造中国最好的社区综合服务运营商。

经过近二十年的快速发展，时代物业专业化的服务和创新模式不断赢得行业认可和业户信赖。先后成为国家一级资质物业服务企业、中国物业管理协会常务理事单位、广东省物业管理协会副会长单位、广东省网商协会副会长单位、

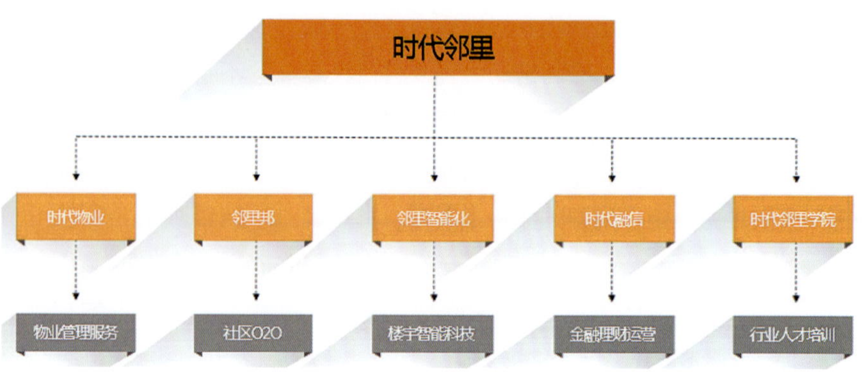

广东省互联网商会副会长单位、广东软件行业协会会员单位、中国物业管理协会标准化委员会单位、全国城市开发企业家联盟单位。

二、经营状况

（一）服务领域

时代物业服务项目覆盖大型商业综合体、大型住宅组团、甲级写字楼、高端别墅、高端住宅、安居房、学校及医院等。

（二）区域布局

2017 年以来，时代物业外部市场拓展进一步深挖珠三角区域，并积极拓展全国市场，同时，与其他物业企业合作并成功进军多个城市。截至目前，时代物业已进入广州、深圳、珠海、佛山、中山、清远、东莞、长沙等 20 多个城市，逐渐形成以珠三角地区为核心的业态布局。策略性的发展进一步增强和巩固了时代物业的市场地位，市场竞争力得到提升，企业规模进一步扩大，成为行业规模发展的典范。

三、物业服务特色及优势

（一）服务品质

1. 向日葵模式：158 项免费服务，115 项商务创新服务，122 项家庭智能类服务项目

时代物业秉承“用心呵护你一生”的理念，打造与客户生活融为一体的“向日葵”服务，纵向以客户需求为出发点，从前期物业、成熟物业到 70 年的全房屋生命周期着手，以客户感受和体验为出发点，涵盖客户衣食住行等需求。

“阳光下花园里”从建筑选址、园林设计到后期多元化的绿化美化着手为客户打造“公园里的家”；

“前置式体验服务”让准客户从走进时代物业开始就被细致温暖的服务场景所吸引，据专业第三方咨询公司调查数据显示，近六成的客户将时代邻里的优质服务作为在时代购房的关键考量因素；

“360° 居家卫士”运用移动互联网先进技术，不断升级社区安全设备和强化紧急防御机制，为客户建立起 360° 安全居家立体防护网络；

“社区小蜜蜂”则是为确保现场服务品质所设立的“24h 巡检师”和“客户体验家”，保障现场服务品质的落地；

“候鸟计划”专门针对社区里的不常住客户，为他们提供即时的社区动态和服务，让他们能参与到社区的生活中来；

“守护天使”确保社区孩童上学、放学的各个高峰时期，在社区开辟校车专用停车点，并由物业服务人员安全将孩童送回家……

2. 金百合模式：私人定制，按客户喜好量身定做

“金百合管家”是为时代高端项目定制的服务模式，为客户提供“私人定制——按客户喜好量身定做”服务，是对社区家庭，更高层次的成长发展需求的精准把握所打造的，以客户的各项差异值为分水岭，以更便捷的智能手段为客户提供更高效的服务。

“黄金资产”实现物业资产专人专项代管，持续保持增值；

“卓越人生”为客户定制独一无二的教育、理财、成长计划；

“居家智慧”智能门禁、智能手环、智慧家居、智慧停车场、智慧商圈、智慧家政等，让客户实现家居安防、智能家电等居住环境的随时自由掌控；

“大厨上门”让客户一回来就能闻到“家”的味道；

“营养总管”随时监测全家人各项身体指标，提供最优化营养搭配方案；

“邻里出发”让客户“出门看世界”的计划更简单、出行更省心；

“创新工厂”使得客户可通过 VR 在邻里邦

服务展示

APP 平台自主设计新家，再由总控平台根据数据进行不断优化，给客户打造最合适的家居产品；

“邻里圈圈”让拥有不同兴趣爱好、不同需求的客户都能找到“知己”，如驴友圈、吃货团、妈妈团、股友吧等。

（二）服务创新

1. 自主研发“融”物业生态体系

随着“互联网 +”的浪潮席卷，时代物业积极拥抱互联网，利用信息通信技术及互联网平台，让互联网与传统物业进行深度融合，再熔铸 20 年卓越管理经验，打造物业基础服务、客户需求管理、设施设备管理、移动终端设备管理等一体化管控平台——“融”物业生态体系，“融”物业生态体系包含融管理、融服务、融生活、融平台四大核心板块，结合板块之间相对独立，却又能从纵横交错的服务节点中实现相互支持的智能化生态格局。

融管理——结合近 20 年日常物业服务管理经验，发现物业服务中产生的种种弊端、不足之处。凭借融管理板块的智能技术力量，对现场服务进行针对性的智能系统研发，实现传统物业企业转型现代化企业管理，达到高效化、智能化、节约化的新型物业服务模式。融管理现已针对日常物业服务开发出六大智能管控系统，包括社区设施设备 BI 管理系统、工程维修抢单系统、OQC 现场品质服务系统、400 投诉服务系统、视频远程管控系统、财务综合运营管理系统。

融服务——经过持续升级的服务模式为客户提供优质的服务，并将繁杂的物业基础服务实现规范体系化，通过融管理实现智能化管控，使服务达到智能化、规范化和精细化。

融生活——自主研发定制邻里邦 APP，为客户提供各种生活需求，融生活拥有技术开发、产品研发、运营管控等优秀团队的强大支撑后盾，根据融平台提供的各类分析数据，结合社区生活生态的整体规划，创新研发出一系列服务产品，并通过专业化运营团队，实现产品线上线下融合运作与管理的模式。

融平台——作为时代物业建造的大型数据库智能管控平台，主要持续收集、追踪、分析和管控关于客户直接需求和潜在需求的数据平台。直接需求数据来自融服务中一线物业服务人员与客户日常服务、互动过程，以及客户与融生活互动发生的各类相关数据。潜在需求数据来自融管理中各类智能管控服务系统与客户服务的需求数据，以及结合分布于社区的各类智能服务设备实时回传的数据等。融平台对管理的社区进行数据即时分析，并通过分析

"融物业生态体系"四大核心板块

实现提前服务预警及平衡调整。

2. 线上线下搭建智慧生活平台，开启"时代"智能新生活

时代物业充分发挥互联网优势，打造邻里邦APP承载着时代邻里所服务的社区O2O业务，围绕"业户需求"推出近30项创新服务产品，可一站式满足用户商品购物、智能家居、资产管理、家居装修、社区交友等多种生活服务需求，并拥有家庭出游、社区金融、社区教育等优势拳头产品，固化"互联网+物业+社区+生活"模式，给业户带来更优质的居家社区生活体验。在原有的逾30项核心业务超预期发展的同时，时代梦享家、最强大脑等创新业务后来居上，还创新了O2C2B的崭新模式，成为行业社区生态产业的创造者和引领者。

邻里邦APP走进千家万户

时代5公里内生活圈，社区智慧生活平台。以"客户需求"为核心，以"邻里邦APP"为载体，自主研发手机摇一摇开门、时代智能云车场系统、智能居家系统等全面智能居家系列产品相继上线，逐步将业主的生活圈范围扩展到社区外1公里、2公里……最后到5公里！

全国集成管控指挥平台，全面实现现代化转型。行业首家"全国集成管控指挥平台"，融合了日常服务管控数据、400呼叫中心服务数据、邻里邦线上实时数据以及社区物联网信息等，其核心是将服务需求与客户各类数据深度融合，实现远程服务即时管控和社区大数据化管控。

机器人正式落地，传统物业贴上智能化标签。随着定制版的智能保洁机器人、客户服务机器人、空间巡查机器人、社区巡查机器人即将正式落地运行，时代物业首个全智能化社区将全面建成，这标志着时代物业从线上到线下、远程到现场讲全面实现一体化数据管控，服务将再造巅峰，同时为30多年的传统物业管理模式贴上了智能化的标签。

四、企业发展目标和战略

（一）企业竞争力

品质是企业发展的生命线，时代邻里坚持一切以客户为中心的核心理念，所有的服务、标准规范都从客户角度出发，对客户需求的感知能力、保证服务品质的能力以及保障品质落地都是最强的。为将服务深入到每一个环节，时代物业以业户“日常生活需求—多元深层次需求—个性化发展需求”为轴心，提炼出向日葵服务模式，用阳光般的微笑式服务温暖感动业户，并与时俱进地持续升级服务模式。

随着“互联网+”的浪潮席卷，时代物业积极拥抱互联网，利用现代化科技及互联网平台，让互联网与传统物业进行深度融合，再熔铸20年卓越管理经验，打造物业基础服务、客户需求管理、设施设备管理、移动终端设备管理等一体化管控平台，建成了“融”物业生态体系，体系包含融管理、融服务、融生活、融平台四大核心板块，通过持续升级的服务模式为客户提供优质的服务，致力于让繁杂的物业基础服务实现规范体系化，通过融管理实现智能化管控，使服务达到智能化、规范化和精细化。

新社区经济运营方面，时代物业充分发挥互联网优势，通过邻里邦APP、社区O2O、智能家居、智慧社区四位一体的线上线下网络搭建，自主研发手机摇一摇开门、时代智能云车场系统、智能居家系统等全面智能居家系列产品，逐步形成满足客户衣、食、娱、购等一体化生活服务的5公里生活圈。时代物业自主研发了行业首个“全国集成管控指挥平台”，全面实现现代化转型，融合了日常服务管控数据、400呼叫中心服务数据、邻里邦线上实时数据以及社区物联网信息等，将服务需求与客户各类数据深度融合，实现远程服务即时管控和社区大数据化管控。随着定制版的智能保洁机器人、客户服务机器人、空间巡查机器人、社区巡查机器人即将正式落地运行，时代物业首个全智能化社区将全面建成，这标志着时代物业从线上到线下、远程到现场讲全面实现一体化数据管控，服务将再造巅峰，同时为30多年的传统物业管理模式贴上智能化标签。

经过三年的创新实践，时代融物业3.0版本以六大智能服务系统（即社区设施设备BI管理系统、工程维修抢单系统、OQC现场品质服务系统、400投诉服务系统、视频远程管控系统、财务综合运营管理系统）为中心的品质智能综合管控系统，充分利用现代化科技完善现场管理和提升服务效率，为企业节省成本至少40%。升级之后的品质智能综合管控系统，在“4+1”（即智能保洁机器人、客户服务机器人、空间巡查机器人、社区巡查机器人和“融平台”）的基础上实现了管理和服务的场景化解决方案，打造“平台+VR+AR+机器人+服务”垂直管控模式，可以为企业节省60%的总人力成本，真正实现减员增效的目标。这种方案直击行业痛点，因此融物业3.0备受中小型同行企业热捧。

（二）企业战略目标

一直以来，时代物业服务采用“优质的服务+需求的产品+居家生活平台”，形成以物业服务为基础的“1+N”全生命周期产业链，通过打造综合生活服务平台，引领智能、便捷、高效的新生活模式，打造中国最好的社区综合服务运营商。

在物业管理行业及社区经济不断发展的环境下，时代邻里将继续坚持创新、持续进步，以融合共生的理念，创造性整合社区优质资源，创建“融物业生态体系”，为解决物业经营发展难题提供一个全新的方向，助力行业转型升级。同时，致力于为更多客户创造有温度有品质的生活，并把这种追求延伸为一种充满无限可能的新商业图景。

在资本运作方面，时代邻里将借助产业集群优势，对品牌组合进行一揽子资本运作，迅速扩大时代邻里的市场影响力。

“一体三翼五驱” 做领先的泛物业产业运营商

鑫苑科技服务股份有限公司

新三板挂牌

一、引言

在经历了城市化、信息化、资本化等一波波变革冲击之后，物业管理行业在近两年华章尽显，呈现出前所未有的意气风发。作为一个经过 20 年发展的老牌劲旅，鑫苑物业立足物业服务本源，打造“一体三翼五驱”多元化产业发展模式，围绕人和空间提供服务，挖掘价值蓝海，以领先的泛物业产业运营商站位，引领中国社区服务升级。

鑫苑科技服务股份有限公司（简称鑫苑物业）成立于 1998 年，注册资金 5000 万元，拥有国家一级物业服务企业资质，中国物业管理协会副秘书长单位。新三板挂牌企业，股票代码 870929。伴随全国化战略的实施，鑫苑物业顺应市场发展，在郑州、济南、苏州、合肥、成都、昆山、徐州、北京、天津、西安、三亚、上海、长沙及河南省部分地级市成立了 28 家分公司，实现管理规模新一轮扩张。公司通过全委、顾问、合作联盟等方式，接管总面积持续攀升，

业态覆盖住宅、办公、商业、综合体、工业园、文旅、酒店等。

公司坚定发展初心，做强物业服务，顺应社会互联网化发展形势，敢为人先、勇于创新，成为中国社区服务升级的引领者，成为物业管理行业“智慧概念第一股”。近年来，顺应社会消费升级形势及新型客户需求导向，公司升级战略定位，以“一主多辅”商业模式为基础，以“转变发展方式、优化经营结构、转换增长动力”为中心思想，依托企业服务优势与资源优势，创新构建“一体三翼五驱”的“135”发展模式。以大物业管理、大资管和大商管为龙头，鑫苑物业系统构建以社区为基点、以城市为服务空间、以多元产业为支柱的泛物业产业生态圈，并以技术资本高效聚集融合，革新产业运营方式，致力于成为领先的泛物业产业运营商。

二十年砥砺奋进，鑫苑物业发展硕果累累。多年来数次获得党和国家领导人、各级政府、行业和社会团体认可，党和国家领导人胡锦涛、吴邦国、刘云山、李源潮等先后视察郑州鑫苑名家，对鑫苑的社区环境、社区文化建设、和谐社区氛围等给予充分肯定。

二、战略布局，“一体三翼五驱”模式强化发展动能

新时代是奋斗者的时代，是变革者的时代。在消费升级、社会主要矛盾转化为人民日益增长的美好生活需要和不平衡不充分的发展之间的矛盾的形势下，鑫苑物业与时代同步，立足主业、多元辐射，绘就“一体三翼五驱”的壮美蓝图，成就服务数十万人的新创举，推动企业发展跨越。

具体而言，“一体”是以社区服务为主体，将社区服务和社会资源有效链接，构建社区服务产业新生态。“三翼”是指支撑社区生态的物业管理、资管、商管三大核心体系，具化为物业、资管、商业、科技、金融、产业延伸等六大业务板块。做强物业管理服务，公司将主业向环渤海经济圈、长三角、泛珠三角外拓迈进，业态涵盖商写、文旅、特色小镇等，发力存量市场，深耕不动产资管、房屋经纪、长租公寓等板块，提升房屋后服务价值。“五驱”是以品牌、规模、人才、技术和竞争力五大要素为核心驱动，从资源上、机制上助力战略实现。

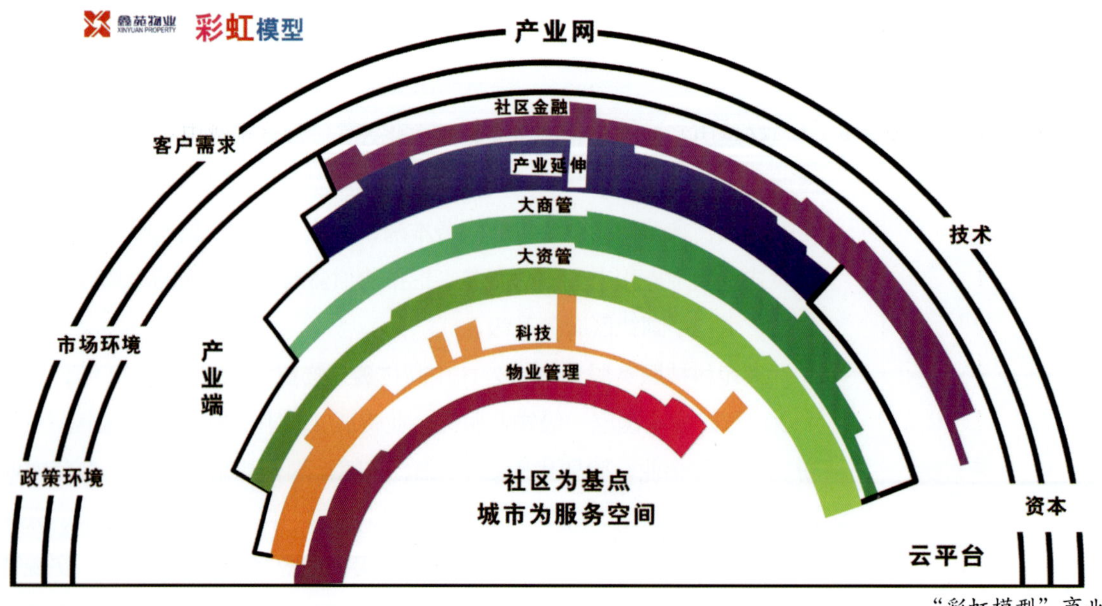

“彩虹模型”商业模式

鑫苑物凭借以包含商业管理、商业咨询、商业托管等三大系统的商管产业链，为商业项目提供高品质、全方位的商业资产增值服务，将 AI、区块链等新动能融入“智慧物业 + 智慧社区 + 智慧家庭”体系，持续延伸智能科技与智慧服务体系，致力于立体化、智能化管理与生活模式输出。打造智慧金融平台“升级版”，鑫苑物业在社区教育、健康、养老、增值服务等方面进行产业延伸，促进经济规模扩容。

党建风采

鑫苑物业通过企业优势的充分发挥、先进模式的系统设计、关联资源的有效整合，以源于物业、大于物业的战略实践，构建多元化产业集团，领航企业发展。

三、多产业联动，“彩虹模型”创新商业模式培育竞争优势

在“一体三翼五驱”的“135”发展模式中，“三翼”囊括鑫苑物业成熟优质产业与孵化产业，体现企业的生产力和未来张力。依托于“一体三翼五驱”的发展模式，鑫苑物业构建了企业发展的“彩虹模型”。主要体现出四个方面的特征：一是鑫苑物业旗下物业管理、资管等主要产业如彩虹的光谱，以独特的产业属性，产生不同的产业价值，构成了企业生态的“产业端”。二是多元产业紧密关联、相辅相成，资源共享、交相辉映，形成“产业网”，构建了彩虹模型的完整生态和立体环境。三是以信息技术和大数据为核心的云平台，成为鑫苑物业产业生态运作的重要驱动，推动着企业商业模式的创新、盈利效率的提高。四是以客户需求为导向、以社区为中心的构架，使各类生产要素、各类发展主体、信息流、现金流等，高效聚集、形成合力，产生价值“虹吸效应”。

其中，在“产业网”中，物业管理产业链与科技产业链紧密融合，以鑫苑物业特色六心服务理念、四全服务模式为基础，涵盖健全的服务体系、四享服务系列及五大体系社区文化等，保障物业保值增值及业主居住的品质感，同时实践鑫 E 家信息化模式、鑫苑自主知识产权的蔚蓝 N9 信息系统和 “云 PARK” 智慧化服务体系，形成现代化物业服务体系，提升业主体验，以良好的服务能力和客户口碑，为企业规模拓展做背书，结合资本的力量，实现规模由线性增长向几何级增长的跨越，目前拓展覆盖北京、广州、青岛等重点城市。依托持续增长的客户资源，企业互联网化发展向健康智能、绿色智能、生活智能、安防智能、家居智能五大智能科技体系，智慧医疗、智慧教育等智慧服务体系延展，以“信息平台、移动终端、智慧产品、智能体验、大数据管理”为基础的全方位智慧服务，创造智慧化社区服务经济综合体，为企业带来更多效益。目前线上 APP 与线下社区服务中心有效结合，开展智慧生活服务，以鑫苑物业推出的河南省首家智慧家庭体验中心为线下观摩试点，进行家电运行监测系统、家庭视频监控及防盗系统、防霾系统等智慧家居的推

广，给业主带来定制化的“安全 + 便捷 + 绿色”体验。

资管产业链与商管产业链互为补充，以存量经营与配套资产盘活为双剑，把握“租购并举”等政策红利，发力房屋经纪、长租公寓、社区商业、商业街区、配套资产管理等存量市场。一方面，依托物业基础服务形成资管经营新模式，公司开展房屋全产业链服务，通过系统规划、标准化运作、特色化服务、精细化成本“四维控制”，并建立企业特色的服务场景与服务子品牌，目前主要以“旗舰店 + 区域中心店 + 社区店”的多层次运维结构，运作“聚合房产”大资管品牌，门店遍布郑州、苏州等多个城市，并以全国化布局、“集中式产品 + 分散式产品”的产品线组合，凭借差异化核心竞争力打造“服务 + 品牌 + 金融”的发展模式，开展“青柠公寓”长租公寓业务。另一方面，以“轻、中、重”三种资本与管理配比模式，运营“鑫都汇商业生活邻里Mall”“大都汇购物中心”等商业品牌，以直接或间接服务提供，帮助客户提升经营效益和投资效益，在西安等地形成品牌效应。专业的人才队伍、先进的管理理念、成熟的运营体系，为资管与商管产业的快速稳健发展奠定基础，客源、信息、配套的互享，使两者高效协同。

产业延伸与社区金融互为借力，根据业主服务升级需求，将社会专业资源与业主资源有效对接，构建融合健康服务、教育服务、汽车服务、文娱、旅游等 12 类元素，覆盖住宅商业等多业态、综合性、开放性的平台，拉动移动支付等社区金融业务开展。同时，移动支付、理财代理等金融服务，不仅近距离满足业主消费、理财需求，而且从配套服务、现金流上，形成对延伸产业的支持，创新发展生态，最终转化为商业价值和资本价值。目前公司重磅打造教育品牌，通过参股、控股、直营等方式，构建以幼儿教育、兴趣教育、国际教育为三大支柱的鑫苑教育集团，营造更加浓厚的社区人文氛围。同时深耕居家养老产业，与政府相关部门等结合，建设包含医疗保健、生活呵护、文化娱乐等多层次体系的居家养老服务模式，将爱老助老事业发展成为企业的增值产业。

业主服务

鑫苑物业 & 青柠公寓战略品牌发布会

四、赋能裂变，“从全天候到全方位”定义现代服务标准

“物业服务质量提升”关乎行业稳健发展与产业升级，关乎民生幸福与消费增长，鑫苑物业站在产业生态的高度，从内生动力与外部动力双向深挖，从标准建设、供需匹配、监管机制等层面共同着力，构建新体系、打造新坐标，提升行业发展水平与价值贡献。根据时代发展与业主需求变化，鑫苑物业不断提升服务标准，完成从鑫服务 1.0 关注物的管理到鑫服务 3.0 关注整个服务生态的蝶变，进行从 365 天全天候服务到标准化、精细化、差异化“全方位服务”的升级，从管理规范、服务内容、服务体验等方面定义“服务质量”。鑫苑物业服务标准体系覆盖现场品质、设施设备管理、客户服务等各个方面，贯穿物业前期规划设计、交付使用到后期退出的全生命周期，并按照业态差异，形成分业态管理标准，规范健全的标准体系，为企业专业管理、诚信服务提供制度依据。鑫苑物业还将标准化与信息化结合，将服务标准植入信息化系统，推动标准有效落地。

鑫苑物业以“大数据应用”为核心，提升以客户为中心的需求预判与精准服务能力。一方面，以全国 400 客服中心为枢纽，更为快速地解决业主反馈的问题，提升服务效率，并结合业主档案、微信、APP 等多渠道，在加强与业主互动的同时，抓取海量信息，对业主需求进行画像和深度分析，从而针对性地在中医、教育、环保、海外购等领域开展延伸服务，方便业主生活，并促进企业经营结构优化。另一方面，以智慧社区、智慧家庭系统为生态，基于互联网、物联网技术，汇聚园区物业各模块、业主居家安全、智能产品等信息，有效掌控业主智慧生活需求和智能化消费意识等，并依此在智慧医疗、智慧养老等领域持续深耕，成为提高业主满意度的重要因素，为企业带来经营收益增长。

鑫苑物业聚焦客户服务感知，进行了细致入微的服务内容设计，服务体系包含生活照料、精神关怀、文化活动等不同层面，并具化为年度、季度主题，形成“欢鑫迎春季”“春风行动”“温情邻里季”等服务活动，为业主营造温馨环境。为了满足不同业主群体的个性化需求，鑫苑物业按照业主性别、家庭构成、兴趣爱好等因素，进行客户细分，针对性地建设欢享、安享、尊享等“四享服务”系列，使服务更人性化，优化业主服务的体验感。

五、“党建 +”引领，“智慧社区 + 智慧党建”营造党建创新生态

非公党建是实现党建工作全覆盖及党对经济社会发展领导的重要杠杆，也是促进非公企业发展的重要动力。鑫苑物业党支部自成立以来，紧跟新时期党建的新要求，把握时代、行业、企业发展的新特点，以“用党的思想武装团队，用党员的模范作用引领团队，用党的群众路线促进服务深化，以党建旗帜提升品牌厚度”为“四大方略”，并紧密结合现代信息化手段应用，形成“智慧社区 + 智慧党建”的创新模式。目前已建立“三化一体”大服务型智慧党建结构，即：精细化大服务 + 网格化服务 + 智慧化服务，服务“群众”为主体。以独立客观、全局前瞻的站位，以服务的广度、深度、速度为三大着力点，在服务的全面性、深入性、高效性与难点问题处理的彻底性等方面，起到对民生幸福的改善作用和对社区治理水平的提升作用。

“精细化大服务”，主要着力于服务的“广度”，形成平安社区、文明社区、幸福社区、慈善社区“四大社区建设系统”，以及相应的服务工作台历和动态管理机制，提高党的工作覆盖水平。平安社区，通过党员巡查与传统物业安全管控结合，提升小区安全系数。文明社区，通过党建专栏、红歌大赛等活动，增强群众的感知。幸福社区，党员义务服务与物业服务结合，开展多类型便民服务，如：放置便利百宝箱，组织健康义诊等。慈善社区，主要体现党对特殊群体的关爱，如爱老敬老、弱势帮扶、奉献爱心等。党员、入党积极分子及志愿者三级组织成员，对所有的党员及积极分子等定岗设责，实施划片的网格化、下沉式流动服务。同时党支部建立党员示范岗、志愿者服务队、党员突击队等。

“智慧化服务”主要着力于服务的“速度”。为了提高党组织的服务效率，鑫苑物业整合智慧社区建设的资源优势，用科技创新服务方式，形成畅通的多元化民情反馈渠道和分层级的群众问题调处机制。这既是党支部践行诚信的重要体现，也以独立于企业现有管理机制的全面客观视角，成为“发现管理缺失、发掘客户需求”的重要体现，具体实施手段包括：400 党员专席服务、业主群服务、党员服务 e 站。400 党员热线是党员为辖区居民及党员家庭服务的重要途径，由党员专席通过“接单－处理－回访”的服务闭环，24 小时内帮助群众解决日常问题。为了给群众提供难点问题反馈渠道，企业组织资深党员与广大群众，形成即时互动的服务群，推动突发问题、重大矛盾的化解，减少纠纷。此外，成立党员服务 e 站，建立“支部书记线上回复、支部委员及优秀党员线下轮值”的群众接待机制，拉近党群关系，排除管理死角，促进社区建设。

通过四大方略的实施，鑫苑物业党建效果初步显现，从思想和行动上代表着企业发展的先进方向，并成为鑫苑品牌的新名片。

六、行稳致远，致力于成为中国领先的泛物业产业运营商

在鑫苑物业发展规模不断扩大、产业日趋多元的过程中，我们始终坚守“诚信自律”的发展信念、“质量为本”的增值观念，把基础做实、把服务做精、把专业做深、把品牌做强。实现“量的有效增长”与“质的大幅提升”相辅相成，实现由物业服务品牌向多产业运营品牌的转换和升级。

面向未来，鑫苑物业将牢记使命，拥抱变革，坚定战略自信、真抓实干，围绕客户需求做产业，围绕城市发展做布局，建设覆盖多个领域、品牌特色鲜明、竞争力突出的发展模式，竭诚为广大业主创造幸福美好的高品质生活，提升企业商业价值、品牌价值和综合实力，回馈股东与社会，参与和推进智慧城市、幸福城市建设，致力于成为中国领先的泛物业产业运营商，做值得信赖和尊敬的公众公司。

风雨十九载 初心终不改

佳兆业物业集团有限公司

佳兆业物业集团（简称佳兆业物业）成立于 1999 年，是佳兆业集团（股票代码：1638.HK）成员企业，主要负责集团控股地产业务后勤物业保障服务，遵循集团地产开发的目标进行市场化运营。

服务业态涵盖住宅物业、商业物业、写字楼物业、公共物业、旅游物业、工业园物业、政府物业等；现有业务涉及物业管理、智能工程、资产管理、房产租售，社区经营、景观工程、“互联网+”等领域。

作为具备国家物业服务一级资质企业，佳兆业物业已通过 ISO9001 质量管理体系认证，连续多年荣获“中国物业服务百强企业”称号，品牌估值 28.06 亿元，先后获评中国物业企业综合实力第 14 名，深圳市物业服务企业综合实力 50 强第 6 名，并荣获 2017 中国物业服务专业化运营领先品牌企业第 8 名，2016 年全国校园物业服务百强单位第 20 名，金钥匙物业最具品

服务特色

位服务奖、中国优秀物业服务质量TOP10、中国物业管理标杆企业等荣誉，凝聚着社会各界对佳兆业物业品牌的充分信赖。

物业服务企业一切工作根植于服务

一、经营理念

从1999年成立之初，到行业的不断改革创新，佳兆业物业转型升级，成为中国领先的全生态物业服务商，突破单一的基础物业服务导向，通过信息化技术、专业化管理弥补不动产的无形损耗和更新需要，保持并提高不动产的投资收益。同时，秉持对客户服务的无止境追求，将客户工作、生活中的每一处需求照拂周全。

佳兆业物业为打造新时期理想化的社区生态，以“大数据＋”智能化解决方案开启全场景服务新篇章，构建物业服务智能化集成平台，以此成为客户心中的“资产运营专家，贴心生活助手”。

二、服务特色

佳兆业物业坚持以“客户需求”为中心，秉承“服务·美丽中国”的企业发展愿景，把对客户的关爱、对社区的呵护、对社会的责任融入物业服务，构建幸福、和谐的社区生活氛围，提升住户业主的幸福感，以社区为全社会、城市的缩影，提升客户满意度及品牌美誉度。为实现“服务·美丽中国”愿景，力行佳兆业物业作为资产运营专家和贴心生活助手的价值实现，佳兆业物业开展“美丽四化、美丽客户、美丽员工、亲情服务计划”系列活动。

美丽四化：为了让园区环境真正做到美观、优雅，各物业服务中心以绿化、亮化、美化、标准化为向导，推行高效的环境美化行动，包括生活垃圾分类知识的公益宣传、绿色星期六、废弃资源大回收、美丽电梯厅、井盖涂鸦等，从而提高服务品质，让业户们能直观地看到美丽的家园。

美丽客户：各物业服务中心聚焦社区活动、客户文明自治和社群公益介入开展一系列主题活动，包括绿色环保月、“幸福佳生活系列活动”、业主文明爱家公约揭牌仪式及社区义务志愿者活动，让业主参与物业管理，以提升物业服务质量。

美丽员工：企业的发展离不开员工们的辛勤付出，佳兆业物业包容每一位员工，关心他们的生活，重视他们的发展。通过开展“佳有名厨”厨艺大比拼、“火焰杯”篮球大赛、员工生日会、季度素质拓展训练等活动，关爱员工身心健康，激励全员拼搏奋进，凝聚团队力量共同创造美好的未来。

亲情服务计划：为了让住户业主的日常生活能够更省心省力，佳兆业物业全面推行终身免费的亲情服务计划，开展“五大免费、十项便民”的亲情服务。五大免费：免费磨刀、地毯清洗、挂画钻孔、空调滤网清洗、婚庆服务；十项便民：居家工具箱、轻便登高梯、爱心雨伞、幸福手推车、多功能打气筒、万能充电宝、应急药箱、宠物乐园方便袋、便携针线盒、老花镜。佳兆业物业用贴心的服务让业主感受家一般的温暖。

三、商业模式

佳兆业物业定位于中国领先的全生态物业服务商，通过运用差异化的物业思维和运行体系，建立了集超现代服务理念和现代智能科技于一体的全新物业服务运营模式，最终通过互联网化多种经营实现了对业主的全方位服务，构建起理想化的社区生态。

佳兆业物业整体经营模式由七大业务模块组成，包括：物业管理、智能工程、资产管理、房产租售、社区经营、景观工程、“互联网 +”。

物业管理方面：佳兆业物业采用“联网信息平台”“品质管控体系”“设备维护体系”“人才培养体系”四大管控体系协同进行。其中，CRM 物业管理平台与全国 400 热线对接，对全服务过程进行实时监控及跟进。另外，通过扁平化的三级组织架构，从项目到总部建立了完善的人才培养、品质管控、设备维护体系，打造了兼具科学管理与人性化的物业服务体验。

社区经营方面：以便民、利民、满足和促进居民综合消费为目标，通过对项目人口规模、消费能力、消费需求的准确把握，为开发商提供全程社区资源托管服务。利用雄厚的招商引资资源，充分挖掘项目商铺、会所、泳池、广告等商业潜力，提升社区商业价值，以升级物业服务配套，提升项目档次。

房产租售方面：创立了佳兆业物业自营品牌租售中心，业务覆盖房产租赁、新房购买、二手房交易、房产托管、海外房产等领域。以建立卓越的客户关系为工作目标，努力为客户提供高效、安全和个性化的服务。

智能工程方面：创立了“佳科智能化工程有限公司”，是一家专业从事楼宇智能化设计、施工的建筑智能化企业。它凭借多年的楼宇智能化实战经验，打造了多个安全便捷、科学适宜的工程项目。除了服务于佳兆业物业在管的物业项目之外，佳科公司还对外提供楼宇智能技术顾问以及楼宇设备维护管理业务，并开创了全新楼宇工程维护服务——“佳急修大篷车”。“大篷车”配备了全能楼宇工程维护及家居维修作业的专业团队，通过流动快车的维修模式，建立“物料集采与配给基地”，为客户提供配送、安装及维修服务，范围涵盖公共设备维护、公共清洁、家电设备维护、防水工程、弱电工程等。“大篷车”通过 CRM 呼叫系统接受任务，技术精湛、服务周到的“大篷车”让客户享受高效、便捷的工程维修服务。

“互联网 +”方面：K 生活 APP、微库商城、社区金融、美丽生活“佳”四大平台鼎力实现社区互联网生态。通过 K 生活 APP，业主可在线实现智能门禁、账单缴费、报事报修、邻里社交等需求，此外还无缝对接佳兆业集团内外部优质资源，增加了佳兆业物业特色会员服务、管家严选、社区金融等，让智慧连接社区，让购物、餐饮、休闲、娱乐、家政、理财等各方面的需求都能在社区得以满足。一手打造的线上商品服务平台——微库商城，业主可在线购买异地或社区一公里商圈内商品，在线下的“微库食验室”，为一公里商圈内的商家提供了一般商品及生鲜食品的定点配送，“微库食验室”定期聚集社区业主开展养宠交流、美食 DIY、社区集市、传统节日社区文化活动等，通过体验式服务增进邻里关系。另外，佳兆业物业通过大力发展社区 P2P 借贷平台，服务于已有的物业住户和上下游企业，向社区住户提供超低利率借款平台筹措资金，

K 生活 APP

同时向社区有投资需求的住户提供投资渠道和产品，解决住户投融资需求。美丽生活“佳”平台则专注于提升客户生活品质，力求打造行业内领先的一站式日用、生鲜、五谷等生活用品便民消费服务平台。

佳兆业物业坚信，未来物业服务将围绕“人”的根本需求及潜在需求而演变，智慧城市也会随着需求的改变而被真正定义，佳兆业物业将通过产业链的纵向与横向延伸，提供创新的个性化服务内容，拓展业务范围，在服务增值的同时，也让企业在转型升级中获得经济效益；通过多年的物业服务经验和强大的全方位业务资源，丰富内容的综合物业服务链，继续颠覆传统的人力密集型的物业管理特征，创造更具创新价值与未来的房地产物业增值模式，实现自身的引领性发展，更与客户、合作伙伴、众多商家的根本利益相一致，实现三方合作共赢。

四、企业发展战略

近 20 年来，佳兆业物业为夯实企业可持续发展的基础，将人才团队和管理体系的建设作为重中之重。广泛吸收拥有各种知识和才能的专业人才，为员工提供既有激励性又富有挑战性的工作环境，贯穿员工整个职业生涯的学习、晋升机会，为员工营造良好的工作氛围和发展空间。NKP 培养计划、新经理训练营、高管训练营、骨干训练营、技能大比武等，无不彰显佳兆业物业在人才方面的孜孜追求。特别是近年来，佳兆业物业深化了校企合作，与沈阳工程学院、重庆理工大学、长沙学院等多所高校正式签约，佳兆业物业班开班，并举办“项目经理认证”“铁甲指挥官”“将帅训练营”等各项素质提升训练营，形成了具有佳兆业物业集团特色的以点带面布局全国的高校人才培养模式。

在体制建设方面，通过“品质检查体系”“设备维护体系”“岗位标准化模型”“企业文化建设”四大体系协同支持，强化监督、严格考核，铸造出严苛、准确、完善的服务标准机制。其次，开展品质大巡检、消防演习、社区文化活动等，树立优秀员工标杆，让员工感受到温暖，提升管理人员素质同时紧扣物业管理的根本。

训练营活动

通过多年的内修管理、外炼服务，佳兆业物业在管理经验、服务品质、人力资源、品牌竞争等各方面独具优势，酿造出“一事一物皆品质，举手投足皆服务”，品质贯穿物业管理整个过程的服务理念。通过建立“品质文化”，整体物业服务水平最终体现在对顾客的细节服务上，在提升管理人员素质的同时紧扣物业管理根本，促使客户满意度的持续提升，为物业服务注入活力。

佳兆业物业在战略上以“客户需求”为中心，发挥自身品牌、管理、地缘的优势，稳步延展物业服务内容。致力于颠覆传统小区物业管理仅对“人和物”的浅服务，以信息流、物流、系统工程等为基础，形成完整的服务链，打造企业、物业、业主多方联动的全生态物业服务体系，深刻变革物业管理行业，开创全新服务时代。

嘉宝股份

创造智慧生活新可能

四川嘉宝资产管理集团股份有限公司

2015 年 12 月，嘉宝挂牌新三板，在北京中小企业股份转让系统正式敲钟上市

蓝光嘉宝成立于 2000 年，系蓝光发展（SH：600466）旗下控股公司，拥有“国家物业服务企业一级资质”。现为中国物业管理协会副会长单位、四川省房地产业协会副会长单位、四川省房地产业协会物业管理专委会主任单位、成都市物业管理协会副会长单位。蓝光嘉宝于 2015 年 12 月成功挂牌新三板，全新的资本平台为公司开启“产业 + 资本市场”发展新时代。

蓝光嘉宝以“物业管理 + 商业运营”为主要产业，管理业态涵盖住宅物业、商业物业、办公物业、城市综合体、总部基地、旅游地产等六大运营服务产品。2016—2018 年，蓝光嘉宝陆续与四川国嘉、杭州绿宇、上海真贤、成都东景、四川天立达成了股权合作关系，规模化、市场化发展速度迅速。目前，蓝光嘉宝在职员工 10000 余人，在管项目 400 余个，受托管理面积 7000 余万平方米，进驻全国 50 余个城市。

蓝光嘉宝始终遵循“客户满意是我们的第一目标，尊重和关心员工的个人利益”的核心理念，坚持“诚信、责任、专业”的企业核心价值，崇尚“阳

光、智慧、合力、和谐、激情绩效、快乐工作”的团队文化。坚守物业服务本质、守正出奇，通过以“金管家”（专利注册号：8920560）为核心的四种服务模式为业主提供“满意＋惊喜＋感动”的物业服务，持续致力于将互联网、物联网技术与传统物业服务深度融合，打造科技智慧物业，形成对中小企业信息化、互联网化的产业输出，通过多种信息化手段，形成了具有嘉宝特色的“服务云”“管理云”“经营云”三大智能化经营管理体系。同时，探索形成新的商业模式，加快向现代服务业转型升级，力争成为“中国领先的社区生活服务集成商”。

电动扫地车

一、坚守物业服务本质 守正出奇

嘉宝在创新和探索的道路上，形成了“三书模式”“多业权资产经营”“CRM 呼叫中心”“金管家服务体系（注册号：8920560）”“业主义务监督代表机制”“第三方服务品质监督评价机制”“网格式客户经理制”“业主艺术节”“蓝色运动营”“项目合伙人制”“生活家服务体系”等 12 大经营管理特色。基于客户需求，形成了以“金管家服务体系”为核心，共计 707 项标准、十余万字的“四种服务模式”，并通过了 ISO9001、ISO14001、OHSAS18001 三标一体化认证。

基于地产产业链需求，嘉宝形成了《产品规划设计阶段物业管理建议书》、《产品设计阶段物业管理建议书》和《物业服务策划书》“三书模式”，在此基础上，持续深化形成《物业强配套标准》、《人居红线标准》、《产品后评价前反馈机制》“新三书”，为开发项目的提档升级、物业企业的效益增长、业主居住的舒适安心发挥了重要作用。

基于住宅和商业地产全程运营，特别是商业资产经营，探索形成了“返租、整租、联营、托管”四种运营模式，“稳、补、提、变”四大运作策略，在破除行业多业权商业地产经营难题的同时，实现了业主的资产保值与增值。

与此同时，嘉宝持续夯实基础物业服务，以优质物业服务为核心，基于社区生活服务，带动客户消费升级，构建社区生活生态圈。持续创新，充分利用互联网、物联网等新技术、新方法改造传统物业服务与管理，打造智慧科技物业服务。利用“居家安防系统”“ECM 设备远程监测系统”“停车场智能管理系统”“全国远程中央监控指挥中心”“电动扫地车”“安全巡逻车”“节能改造技术”“车辆识别系统”“无人巡航机”“智能巡检系统”“云考勤系统”等，为用户提供智慧服务，为员工提供高效管理手段。

二、“生活家服务体系”核心商业模式 助力用户体验升级

基于对用户和行业的深入研究，嘉宝运用“互联网”武装思维，从解决物业服务高成本、低收入“痛点”出发，于 2015 年 7 月正式发布了基于客户服务价值的“生活家服务体系”新型商业模式，并不断迭代更新。2018 年，“生活家服务体系”将迎来全新的 3.0 版发布。此次“生活家 APP”3.0 版本的升级，主要体现在使用功能方面，涵盖了基于物业服务需求的“在线缴费、在线报修、在线投

诉、小区公告、便民服务”等；基于社区生活服务需求的“一键开门、我的邮包、邻里圈子、社区生活商城、房屋租售、拎包入住”等。2018 年，生活家服务体系 3.0 版在社区服务功能已覆盖了生态粮油、旅游出行、家政服务等功能，邻里社交功能也为和睦邻里关系提供了通道。截至目前，生活家 APP 的安装使用已覆盖全国超 300 个项目，注册用户超 60 万，建成线下社区体验中心超 100 家，拥有超 1000 名专属经营管家，整合社区周边商家超 10 万家，年交易流水超 10 亿元，真正实现了“让服务更简单，让用户更幸福”。

同时，嘉宝以“共创联盟、共享平台、共赢未来”的理念，构建“生活家联盟大生态圈”的大平台发展模式。用技术换市场，换取可货币化的用户资源，实现平台联盟者的多方共赢。生活家企业联盟成员目前已达 45 家，签约规模达到超过 1.2 亿平方米，管理项目 700 余个，可货币化的用户规模达到 360 万。社区生活商城已覆盖生活用品、生鲜食品、家政服务、数码产品等业态，上千个品种。

三、嘉宝“三朵云”助力嘉宝智慧新型生活方式

2018 年，嘉宝升级完善“服务云”实现金牌服务高体验、“经营云”支撑社区业务高价值、“管理云” 助推管理高效。服务云将实现多业态支持、服务标准化、服务信息化；经营云，将实现社区经营、房屋经纪、拎包入住、居家安防等业务信息化支撑，形成大数据分析；管理云，借助信息科技化手段支撑管理移动化、集成化、智能化，降低成本。同时，进一步推广应用财务收费系统、决策支持系统、生活家云平台系统、综合管理系统、合同管理系统、智能巡检系统，提升管控效率；持续完善和强化居家安防系统、魔镜系统、ECM 系统、生活家 APP 的功能，提升客户体验，让服务更简单，管理更智慧。

智慧居家服务方面，嘉宝通过对调研报告结果的应用，充分聚焦用户关注痛点，围绕业主居家安全需求，与行业领先的第三方专业机构合作，从居家生活应用场景出发，找准用户安防需求，用服务整合产品，从解决方案的“标准化”到“差异化”，再到“扩展化”，为客户深度解决居家场景的安全问题，以安防产品为先导，全面构建了以突出差异化服务优势和创造客户满意体验为核心的一站式职能居家安防服务体系。目前，嘉宝已成为物业管理行业内首家打造户内居家安防系统服务解决方案的企业，同时，嘉宝结合自身多年的公共区域安防经验，运用新技术、新方法，依托物联网技术，自主研发设施设备状态远程监测系统（Equipment Condition Monitor，ECM），推进了物业管理的智能化进程，将

嘉宝业主正在使用 APP 开门

推进了物业服务的全面信息化、智能化，充分实现数据信息与智能物联，将户内安防与公区安防相结合，实现了双重防护，让业主安全感倍增。

嘉宝活力团队

四、获资本市场青睐 做实“利润＋市值”的“双提升”

早在2015年初，蓝光嘉宝战略中也明确提出了“现代服务业＋互联网＋资本市场”的规划，通过借力资本市场，推动企业的规模扩张、资源整合，乃至推动行业的转型升级，大幅提升物业管理行业的服务水平和行业形象。

清晰的商业模式，良好的营收情况与较大的市场规模，使嘉宝仅用7个月时间便达成了挂牌新三板、登陆资本市场的战略目标。2015年12月，嘉宝挂牌新三板，在北京中小企业股份转让系统正式敲钟上市。很快，嘉宝以高估值引入6家做市券商，成功融资3910万元，达到新三板创新层条件。2017年5月，进入新三板创新层，在全国同类型企业新三板市值中名列前茅，再次见证“嘉宝速度”。

据嘉宝2017年年报显示，嘉宝营业收入9.72亿元，净利润1.94亿元，均远远高于全国物业管理百强企业均值。尤其是净利润，比百强企业均值0.57亿元高出240.4%。优秀的经营业绩为蓝光嘉宝打造了持续高位发展的“安全环境”，增强了蓝光嘉宝的行业竞争力，惯性良好的发展态势让资本市场投资者纷纷侧目关注。

18年发展，18年蜕变，蓝光嘉宝一直在变革中求发展，在发展中坚守初心。随着我国社会主要矛盾的转变，人民对美好生活的向往和需求日益凸显。蓝光嘉宝顺应国家供给侧改革宏观形势，抓住现代服务业发展机遇，秉持“用心服务生活”理念，致力于和谐社会、幸福社区建设，为推动物业商业模式创新和产业转型升级贡献力量 。通过科技化 、智慧化的工具和方法，通过平台化、智慧化、规模化、市场化、资本化的战略路径，夯实金牌物业基础，深挖社区边际价值；将“金牌物业服务＋社区生活服务”紧密结合，构建嘉宝特色的“生活家服务体系”。全面升级服务品质，着力打造嘉宝物业金字招牌。定位改善型、中高端市场 ，向差异化、标准化、品牌化、智慧化迈进；深挖社区边际价值，发展“社区＋”创新业务；继续推进资产增值业务市场化发展；优化基础管理体系，全力打造运营规范、风险可控的企业内控体系；系统推进人才领先战略，优化团队结构，提升人力效能；务实高效推进信息化建设，打造高度信息化、智能化业务平台。

未来，嘉宝将一如既往地以业主需求为己任，以发展开拓为使命，通过持续不断的信息化技术建设，构建科技智慧物业，加快向现代服务业转型升级的步伐，努力为满足人民对美好生活的追求提供高体验、高附加值的服务产品！

追求卓越 共筑智慧之城

幸福基业物业服务有限公司

一、企业概况

（一）企业简介

幸福基业物业服务有限公司（以下简称“幸福基业”）成立于 1999 年，系华夏幸福基业股份有限公司的全资子公司。幸福基业为国家一级资质物业服务企业，中国物业管理协会常务理事单位。和一般的物业服务公司不同，幸福基业以“以文化引领发展，为产业新城提供服务，不断追求卓越，创造价值”为使命，从城市角度为每一座产业新城提供城市基础生活、城市综合保障、城市公建设施等物业服务职能，致力于在中国城镇化的发展中贡献独特的价值，成为全球“产业新城服务”的引领者。

（二）发展历程

1999—2006 年（起步廊坊，志存高远）：1999 年，幸福基业成立，从廊坊起步，接管第一个住宅项目——廊坊华夏花园，稳扎稳打，所管理项目多次获评国优、省优、市优物业管理住宅示范小区。

2007—2010 年（厚积薄发，深耕华北）：幸福基业在华夏幸福带领下，不断拓展华北市场，于 2007 年进驻京南固安区域，2009 年进驻京东大厂区域，不断夯实基础，巩固经营业绩。

2011—2014 年（乘风破浪，全国布局）：幸福基业于 2011 年整合资源，成立物业事业部，加快全国布局。2012 年进驻怀来，2013 年北上进驻沈阳，同年挺进长三角，进驻无锡、镇江等区域。

2015—2017 年（战略升级，勠力谋远）：2015 年 6 月，公司名称由“廊坊市幸福基业物业服务有限公司”变更为“幸福基业物业服务有限公司”，更新品牌 Logo，正式公布新的企业战略，即以“全球‘产业新城服务’的引领者”为发展愿景，以“以文化引领发展，为产业新城提供服务，不断追求卓越，创造价值”为企业使命，致力于所服务的城市人民幸福、社会和谐。公司业务涵盖住宅、市政、商业、产业园、写字楼等五大业态，实现跨越式增长。

TOP20

（三）经营状况

2017 年，幸福基业营业收入 17.02 亿元，同比增长 21.92%；净利润为 2.02 亿元，同比增长 23.17%。与此同时，幸福基业在管面积超过 7000 万平方米，项目总数共计 448 个，并在 2017 年进入长沙、咸宁、成都、眉山、邯郸、开封、许昌、新乡、六安、秦皇岛、湖州等 11 个城市，企业规模不断扩大。

二、管理类型

顺应国家城镇化的快速推进及物业管理转型升级的大趋势，幸福基业率先提出“产业新城运营”的全新理念，布局全球产业新城物业服务新蓝海，由传统的社区物业服务向城市物业服务转型。幸福基业始终坚持自身服务产业新城的定位，不断创新业务模式，引领行业发展。

从服务主体来看，与传统物业服务公司有所区别，幸福基业管理和服务的不只是一栋楼宇、一个小区，而是一座城市。关注的也不仅是一个社区的完善，一个商圈的兴旺，更是一整座城市的茁壮成长。幸福基业要为产业新城提供城市综合保障服务，包括道路清洁、城市妆点、城市亮化、城市消防、安保巡防、城市抗洪、工程管理等，并为整个城市提供供热、供水、城镇污水集中处理等服务。

从服务业态来看，幸福基业管理类型多元化，包括住宅物业、市政物业、商业物业、写字楼物业、产业园物业等五种业态。管理规模大，服务业态多，这也对幸福基业提出了更高的要求。作为产业新城服务的引领者，幸福基业开创出独一无二的产业新城服务模式，将“行使政府部门职能，管理与服务城市”变为现实。

固安产业新城

（一）住宅物业

住宅物业作为幸福基业核心业务之一，致力于规范化、专业化、亲情化管理，关注服务细节，营造物业服务特色，不断提升服务品质。在服务过程中，随时接受客户监督，不断提高物业管理的透明度。同时住宅物业致力于建设和谐社区，为客户组织丰富多彩的社区文化活动，加强邻里互动，营造浓郁的幸福社区氛围。

（二）市政物业

市政物业为城市提供综合保障服务，通过智能管理平台和实时监测体系，实现城市的智慧运行，服务产业新城，为整个城市提供供热、供水、城镇污水集中处理服务，实施“绿、美、亮、净、序、专”服务标准体系，使服务成为展现产业新城形象的“城市名片”。

（三）商业物业

固安“幸福港湾”是幸福基业商业物业的代表项目。它地处北京天安门正南 50 公里处的固安核心区域，是集零售、休闲娱乐、餐饮、儿童四大主题于一体的“现代家庭生活中心”的商业项目。幸福港湾所拥有的丰富业态品类辐射固安及泛京南区域人群，秉承“幸福商业丰盛生活”的品牌理念，巧妙结合浓郁欧洲艺术设计感，呈现出一线城市的商业氛围感受。此外，“大湖花园天地”坐落于京津冀实施“一线两厢”战略的“一线”前沿地带，与首都一线商业功能接轨，以休闲餐饮、生活体验为核心业态，一站式解决从身体到心灵的独特关照，满足从个人到家庭的全面休闲诉求。“新西塘水街”位于嘉善高铁新城核心区，呈环形布局，由 17 幢江南水乡仿古建筑围合而成，内环水系贯穿其中，业态分为艺术体验、特色餐饮、休闲体验和精品住宿四大板块，在原汁原味的传统文化建筑地板中，实现高品质客群对于现代品质休闲生活的追求，打造传统文化的时尚化。

（四）写字楼物业

在国家供给侧结构性改革背景下，幸福基业从创新企业的需求出发，以国际化的视野，将产业生态、商务生态、孵化生态、自然生态融合在社区环境中，以产品配套、客户品质、产业服务为基础，为企业提供全方位的产业发展服务，旨在打造国际化的创新生态社区。

（五）产业园物业

幸福基业在产业园区内，对其所有的建筑物及其附属设施进行维修、养护和管理。其中，“固安肽谷生物医药产业园”位于大广高速以西，固安高新区域内。在产业选择方面，固安肽谷生物医药产业园顺应生物医药产业高速发展的趋势，构建以单克隆抗体与治疗性疫苗为特色产业，以生物诊断试剂、多肽和蛋白质类药物、高端医疗器械为支柱产业的产业体系，覆盖生物医药临床前研发、中试，及绿色无污染、经济效益显著的高端制造，构建集生活、办公、休闲、文化于一身的国际性园区，树立人文、生态、花园式科技园区标杆。

三、物业服务特色及优势

（一）服务理念

幸福基业以“以文化引领发展，为产业新城提供服务，不断追求卓越，创造价值”为使命，以“追求卓越，成为受人尊敬的企业”为目标，以“谋划紧跟产业新城发展节奏的组织发展战略，研究创新多种业态的业务管理标准，整合城市运营管理资源”为核心策略，建立以客户为中心的品质文化，用全新的理念和实践诠释自身的价值，为成为全球“产业新城服务”的引领者而不断开拓进取。

（二）服务标准和规范

企业标准化运营，是企业发展战略的基础和重要组成部分。幸福基业已经建立了一整套管理体系，通过了 ISO9001：2008 质量管理体系和 ISO14001：2004 环境管理体系认证，实行规范化管理和标准化服务。目前，幸福基业完善并升级企业标准化管理体系，进一步保障公司“三标一体”管理体系文件的完整性、适宜性、有效性，对公司级体系文件进行全面梳理，并对文件的适宜性进行了全面提升修订，分为管理制度（涵盖人力资源管理、行政管理、业务管理、运营管理、财务管理、风险管理、品牌管理等 7 个专业领域）及操作指引类制度文件（包括作业指导书、端到端文件、程序文件）。

幸福基业凭借标准化管理体系，明确规定每一个岗位的工作职能、每一类工作的操作步骤、各种问题的处理方法，让每一个员工工作都有章可循，全面提高企业的管理水平和服务质量。

（三）服务工具

随着幸福基业业务规模的不断扩大，为更好地支撑集团业务，幸福基业建立了物业管理移动平台，借助移动互联网深化应用，围绕客户服务及生活需求，以优化提升物业服务品质为切入点，推进物业服务向高端化、智能化方向迈进，实现客户生活品质的全面提升，构建智慧服务生态圈，提升客户的满足感和幸福感。

1. 在线移动缴费，提升客户缴费的便捷度及体验感

幸福基业移动缴费功能的实现，避免了客户到物业服务中心缴费或物业服务人员上门收费的传统模式，为客户日常缴费提供便捷渠道，满足客户足不出户缴费的需求，减少现场缴费排队等候时间，简化了物业缴费流程。缴费记录与电子发票均随时可查，客户在智能菜单页面选取点击缴费项目，一分钟之内就可以完成缴费，优化了客户体验。

2. 信息实时送达，让客户体验亲情式人文关怀

幸福基业立足基础物业服务，重视对客户的人文关怀，推行服务前置，通过物业管理移动平台微信端，使客户在第一时间收到物业管理相关通知与节假日祝福信息。通过与客户 CRM 系统数据库进行关联，获取客户生日信息，及时为客户发送生日祝福，给客户带来和谐幸福的美好生活体验。

3. 智能工单系统，创新服务闭环模式

幸福基业的智能工单系统，让客户足不出户就可向指定工作人员进行报事报修申请，约定上门时间，实时跟踪报事报修状态。客户报请需求单可进行抢单、派单操作，自动派发、进度追踪、完工反馈，报修记录与报修结果的及时性、客户的满意度评价随时可查，便于追踪管理，实时跟踪工单执行状态，提高工程师工作效率及服务品质，提高入户维修满意度。

4. 优化管控模式，搭建客户沟通平台

幸福基业优化管控模式，搭建客户沟通平台，提高与客户之间沟通与信息传导的及时性，实时监管物业服务质量，顺利完成客户在线咨询及信息反馈，实现信息反馈渠道多样化、智能化。优化升级 950955 客户信息平台功能，物业客服人员看到咨询建议信息后，可实现内部线上回复或派单并流转至责任部门，责任部门相关人员可直接回复反馈意见。对客户的每一条建议信息，系统后台均能够随时查询与导出，实现全过程追溯管理，形成服务闭环。

（四）服务创新

幸福基业自主研发并拥有全部知识产权的城市运营管理“云”平台，是从“传统物业服务供应商”向“城市运营管理服务集成商”转变的果敢探索，它构建以城市为单元的运营管理体系，覆盖城市设备设施维修保养服务、城市智能环卫监控、城市电子档案智能管理等。

同时，构建“三合一”城市“云”服务架构的信息化系统，开创“智能化、可视化、数字化”的物业服务新模式。通过城市 GIS 地图，实现多维图形、基础档案、实时动态数据、运营决策分析数据的一体化管控。城市智能化运营中枢，城市地图、数据和应用系统的高度整合，为城市管理者提供

香河产业新城智慧城市指挥中心

直观、全面、高效的管理工具。此外，幸福基业借助远程管控体系，实现跨区域智能管理。

1. 幸福 ECA

作为幸福基业的线下识别模式的封装工具，利用全面质量管理体系运行的基本方法 “P-D-C-A” 里的 “C-A” 两个实施阶段，来整合客服、秩序、清洁、绿化、工程等五大模块的手持终端与云端数据，实现标准化的线下识别动作与改进动作的动态监控、跨区域式智能管控。

2. 幸福 ECM

幸福基业在传统物业服务提供渠道前台问询、电话问询的基础上，拓展新型电子客户沟通平台，丰富物业服务领域，缩短客户信息及诉求到达时间，提升服务效率。平台将信息受理渠道多元化拓展，使业务受理操作便捷，实现远程在线语音质检及数据监管，结合客户评价数据形成评价档案，促进现场业务品质提升，增加对客服务黏度。

四、人才管理与培养

幸福基业一直以来非常重视尖兵团队打造，把优秀人才作为公司的立足之本，并建立了 “用前景吸引人才、用制度培养人才、用激励留住人才” 的用人理念。在事业构建、薪酬福利、工作环境、员工关怀等多个方面为优秀、忠诚、想要干出一番成绩的员工提供巨大空间，使得员工成长与公司发展有机结合，建设 “以人才促发展” 的伟大企业。

除了持续不断引进行业优质人才，幸福基业还格外重视年轻血液的注入，并每年在 985、211 等中国重点大学选拔优秀的本科生或研究生，专门为其设计职业发展路径与培养机制，并配备优质导师，力争用 5 年时间将其培养成能独当一面的经理级管

城市服务

理人员。

此外，幸福基业借助华夏幸福的平台搭建企业内部大学，通过引进外部通用管理类课程与开发内部讲师专业能力类课程相结合，为员工提供广阔的学习平台。经过几年的实际运作，内部大学已经成为幸福基业员工持续进步的阶梯，能力提高的员工又将作为导师反哺内部大学，形成良性机制，为公司源源不断地输送人才。

结合互联网时代教育发展特色，幸福基业还采用国内领先科技，打造“幸福 e 学院”学习资源共享平台，平台中课程视频、课件、电子图书琳琅满目，员工可通过电脑、手机等智能设备随时随地学习，为员工提供了充分的灵活性与自主性，将公司打造为学习型的组织，让幸福基业的每一个人都能在其位、善其责、专其职。

幸福基业将继续积极践行企业的社会责任，协助地区产业集聚和升级，提升区域综合价值，打破传统的各类城市运营功能单独运行的壁垒，互相依存，实现各业态的服务升级与资源整合，并运用科技手段构建核心竞争优势，推动城市功能提升，让城市更美丽、让人民更幸福！

开启“悦+”智慧服务生活

华润物业科技服务有限公司

一、公司简介

华润物业科技服务有限公司（以下简称“华润物业科技”）是华润置地全资子公司，母公司华润集团位列 2018 年《财富》世界 500 强第 86 位。华润物业科技是华润置地在新时代背景下厚积薄发的重要业务领域，华润物业科技坚持以科技为载体进行企业内部创新，为业主和客户提供专业的物业服务和管理方案，是定位于集品质物业服务、资产托管运营、智慧物联管理与科技平台创新为一体的“平台型泛社区经济服务商”。

华润物业科技管理的业态涵盖住宅、商业、写字楼、综合型体育中心等，截至目前，在全国范围内管理物业项目 600 余个，遍布北京、上海、深圳、成都、沈阳等 60 个城市，下设 11 家中心城市公司，拥有 2 万余名精英员工，服务面积超 1.1 亿平方米。

华润物业科技延续华润集团“与您携手改变生活”的品牌主张，以及华润置地的“高品质战略”，坚持以高品质为核心，推进企业管理与发展，保持企业服务高水准，以专业与真诚收获信任。

华润物业科技开创物业服务新格局，以“科技＋服务”的理念为业主和客户提供专业解决方案。已完成 OA、ERP、门户、收费、客服、智慧社区

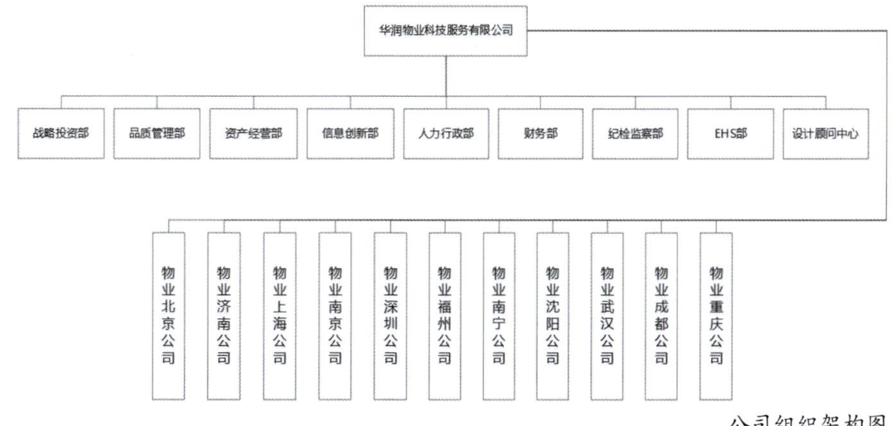

公司组织架构图

等多套系统的建设及上线，研发并运营全新产品体系——“悦＋”智慧生活服务平台，涵盖全流程解决方案的品质物业、资产托管、智慧物联、平台创新，从线上到线下，从员工到客户，以智慧服务生活。

华润物业科技坚持以人为本，在将科技注入物业、提高内部管理效率的同时，为业主及客户提供更精准、更专业的服务，以丰富的线下场景为入口，链接高品质服务。

二、品牌理念

华润物业科技“悦＋”品牌创作的初衷就是将科技作为物业创新的重要手段，其核心在于解放人的时间和精力，去思考和完成更智慧的事情，从而为客户提供更好的生活解决方案。

“悦＋”是华润物业科技的战略性品牌，体现了华润物业科技对于服务和产品的价值追求，是华润物业科技对品质服务的再造升级；坚持“智慧服务生活”的品牌主张，倡导科技与物业的有机结合，不仅致力于提供更高效的品质服务，更强调传递人的温度，为创造美好生活提供空间。

“悦＋”基于洞察客户需求和产品体系设计蓝图，从高端日常生活，到资产与消费，到科技互联网再到追求定制化的服务，通过将四大战略业务板块重新赋能，形成了完整的产品体系——“悦服务”“悦资产”“悦智慧”“悦生活”，从便利到质量到价值再到生活方式，四大产品按照客户需求的思考路径出发，服务于客户。物业管理行业正在发生飞速的改变，需要改变的不仅是所开发的产品和简单的注入科技，真正变革应是如何创造出让业主和伙伴感受到拥有物业科技的感动。

“悦＋”通过品质物业、资产托管、智慧物联、平台创新四大业务板块，满足不同需求。

悦服务：通过科技的介入，将人投入到更需要智慧的事情中去，从而提升服务质量，传递品质温暖。

悦资产：通过专业的管理，让客户轻松掌握资产增值保值，从而创造预见价值。

悦智慧：通过连接人、物、管三方渠道，实现智慧物联，以科技凝聚智慧。

悦生活：通过洞悉客户数据，创造全新消费场景，继而构筑更贴心的生活方式。

三、服务战略

随着对美好生活需求的日益增长，人们对居有所乐的需求越来越明显，房地产行业后端的服务环节重要性日趋凸显。物业作为房地产产业链的后端，是用户需求最有效的入口，也是整个房地产产业链价值链转移的重要环节。我们清楚地看到，物业从传统的、作为房地产开发的配套服务环节，剥离出来独立化、实体化运行势在必行。今天的物业管理行业正迎来一个变革风口期。

战略转型后的华润物业科技服务有限公司将重点布局四大业务板块：品质物业业务、资产托管业务、智慧物联业务、平台创新业务。致力于打造“中国最值得托付的资产管理者”，秉承“时刻以客户为中心”的原则，通过专业化、标准化以及信息化的优质产品，来服务广大客户。

四、业务战略

（一）悦服务：传递品质温度

通过科技的介入，以“情感悉心服务”为理念，通过信息化手段提升高品质的基础物业服务，让使用者感受到悦 + 带来的愉悦体验，从而提升服务质量，传递品质温度。

1. 安全与权益保障

通过整体化安全管理，保证园区安全；重视服务约定履行和收益共享，保障业主权益。

维护宜居生态环境和良好设备状态，创造友善人文居住氛围。

3. 情感悉心服务

关注客户所需，终生体贴陪伴，做忠实、贴心的服务者。

（二）悦资产：创造预见价值

通过专业的资产托管服务，围绕有形资产提供增值服务，使资产托管可视化，让客户轻松掌握资产增值保值，创造预见价值。

华润物业科技以“平台型泛社区经济服务商”为定位，根据企业长远规划布局，构建了“资产 +”“客户 +”“机会型投资”战略业务组合，致力于成为行业领先企业。

“悦资产”作为华润物业科技核心业务之一，基于主业服务，一方面围绕客户发展多元业务组合，全面升级服务品质、专业能力、管理效率及品牌价值，最大限度地实现客户资产的保值与增值。

同时，全方位贴近客户全生命周期以及消费转型升级的多元化、高品质、个性化需求，为生活注入定制式情感悉心服务，创造安全、舒适、完善的社区居住体验。

另一方面，“悦资产”围绕企业客户，以资产投资与运营为核心，助力企业低效资产转化、保障资金快速回笼，同时促进资产快速增值，满足房地产后端价值链的需求。

同时，“悦资产”将整合华润置地优质资源，充分发挥社区资源优势，通过线上“悦家”APP 中资产经营业务模块的创建与输出，以及线下实体社区门店如租售中心、家装中心等的设立，倾力为客户提供“线上 + 线下”的全方位增值服务。

凭借成熟的资产经营业务运营管理经验，以及专业化服务团队，华润物业科技针对“悦资产”业务竭诚承接多业态市场化合作，为地产企业及物业企业，提供专业高效的服务方案与平台功能模块输出。

（三）悦智慧：科技凝聚智慧

通过智能技术的加入让悦 + 建立起自己的管理信息系统，并通过其应用连接人、物、管三方渠道高效配合。实现智慧化物联网，以科技凝聚智慧。

1.“悦 +”，定义智慧生活

“悦 + 智慧社区”，结合业主日常生活的实际场景，探求业主真实内心感受，运用前沿科技手段，倾心打磨社区智能设施，贴心定制管理咨询服务，打造具备科技价值的智慧社区，为业主提供一站式智能生活享受。

2.“悦 +”，科技改变生活

采用最先进的云计算、人工智能、物联网等技术，描绘“数字化社区”蓝图，构建以业主为中心，安全为基础，在保证社区智能基础设施安全运行的情况下，全面提升华润社区管理模式。

3.“悦 +”，诚意感动生活

华润关注业主生活于细微之处，紧贴业主生活脉搏，深度挖掘业主生活痛点，串联智慧社区真实环境，打造“悦家”业主 APP，为业主一键连接智慧生活，24 小时保证社区安全，珍视社区环境，呵护业主感受，提升业主生活满意度与品牌认同感。精致的生活，就交给诚意的“悦 +”智慧社区。

（四）悦生活：构筑生活方式

通过大数据洞察客户需求精准定位，以平台创新业务，不断升级生活品质，为客户研发更慧心的服务，创造全新消费场景，构筑品质生活方式。

随着生活方式的改变，消费者对生活品质的要求日益增加，开始追求更专业、个性化、有增值服务的消费，推动着消费市场的不断升级。同时“互联网 +”时代的到来，让企业能通过互联网捕捉消费者更多的需求，从而与消费者建立更亲密的关系，为消费者提供更贴心的服务。

消费升级驱动服务升级，物业服务也从基础服务到专业服务再到提出生活方式的解决方案方向转变，物业升级成为物业服务的核心命题。品质物业开始从消费者的生活方式为切入口，从利他性的视角去提供服务，为消费者在物业部分的消费提供更好的可能。

更好的生活，是每个人的向往，也是“悦 +”永恒的命题。“悦 +”将通过线上技术平台与线下场景服务，为人们提供更好的服务与生活，为你寻找并创造所期望的生活方式。

五、智慧服务平台——悦家 APP

“悦家”是华润物业科技专为小区业主量身打造的一站式社区生活服务的掌上移动 APP，是一个与业主日常生活密切相关的综合性智慧社区移动端。拥有全新的物业生态管理方式，集智能物业功能于一体，提升服务品质的同时，更为客户提供快捷舒适的生活体验。

华润物业科技服务有限公司是立足服务客户品质生活，着眼科技改善未来的物业公司，悦 + 体系的悦服务、悦资产、悦智慧、悦生活已在全国在管的 60 个城市逐步落地，必将给华润客户带来更大的愉悦和持续不断的新体验。

践行责任 开拓创新 开启新时代高质量发展新征程

北京首开鸿城实业有限公司

北京首开鸿城实业有限公司（服务品牌为首开物业）成立于 2008 年 4 月，是由有 30 多年发展历史的大型房地产企业北京首都开发（控股）集团有限公司独家出资设立的大型国有企业，注册资金 1 亿元人民币。首开物业现有成员企业 27 家，已形成以物业管理为主业，企业布局涉及建筑设计、房地产销售、建材供应、房地产经纪、酒店经营等六大类行业的综合发展的现代化产业链。2017 年底，首开物业资产总额达 28.70 亿元，年经营收入 18.96 亿元。首开物业旗下拥有六家全国物业服务一级资质企业，在管项目覆盖住宅、公寓、别墅、办公、商业、学校、工业园区、博物馆、艺术展览馆及体育场馆，以及军队营房等多个产品系列，物业管理足迹遍及北京、天津、河北、山西、内蒙古、辽宁、山东、江苏、浙江、广东、福建、四川、贵州等 13 个省区的 22 个城市，在管面积达 4671 余万平方米，项目总数 348 个。

作为国有物业服务企业，责任担当是首开物业的出发点和落脚点，而不断满足业主对美好生活的需求则是首开物业服务工作的目标。多年来，首开物业通过规范服务，不断打造精良品牌，管理和服务的中国人民革命军事博

首开物业品牌推进会

物馆、北京电视台等公众物业，安贞西里、方庄、望京、大运村、华侨村、回龙观等组团社区，为提升首都城市功能和提高居民居住水平发挥了重要作用。

北京电视台

一、坚持党的领导，实现党建与企业生产经营深度融合

作为国有物业企业，首开物业坚定自觉地坚持党的领导，强化“四个意识”，提高政治站位和党性观念，坚持党组织的领导地位，切实筑牢国企的“根”和“魂”。积极发挥党委核心作用与完善现代公司治理的有机结合，把党组织内嵌到公司法人治理结构之中，修改《公司章程》《董事会议事规程》《三重一大决策制度实施办法》，完善党委前置工作程序，健全议事决策机制，提高科学决策能力。坚持党的建设与企业改革发展同步谋划，把建立健全党的组织、开展党的工作作为企业发展的必要前提，认真落实党委主体责任和纪委监督责任，在战略上把关定向，为企业发展保驾护航；把国企基层党组织建设成为坚强战斗堡垒，公示党员服务岗，打造一支作风过硬、严于律己的党员队伍，作为全心全意服务业主的重要保障，有效带动物业服务质量的提升。通过推进党建工作全覆盖、创新基层党建工作方式，党建优势已经转化为首开物业永葆战斗力、扩大影响力的重要动能，推动企业健康发展。

二、秉承品牌理念，不断提升服务品质

首开物业始终秉承“您的信任，我的责任”这一品牌主张，在服务品质提升上持续用心用力。自2011年起，首开物业根据业务发展需要，逐步制定了《首开物业服务标准》及其《考核细则》，涵盖住宅（初、中、高三级）、大厦、学校、写字楼、售楼处及别墅等多种服务类型。制定了《服务标准贯标手册》《服务标准操作图示》《项目经理管理手册》《品牌管理手册》等一系列配套文件；同步开展相关培训，进一步强化基层服务人员理解，有效支撑《首开物业服务标准》落地。2016年底，首开物业成立了物业服务品质控制中心，2017年制定《品控师管理办法》，建立起一支技能专业化、结构复合化的品控管理人才队伍，采取“集中检查＋随机抽查”“专项品控＋日常品控”的方式，打通全面落实《首开物业服务标准》的“最后一公里”；既重视结果，又重视过程，做到善始善终、善做善成，形成可操作、可量化、可闭环的物业服务质量责任制，做实做优物业基础服务。2018年，将品控管理与落实北京市安全隐患“大排查、大清理、大整治”专项行动有机结合，形成《隐患排查报表》月报制度，在品控检查中重点关注，逐一核查、整改安全隐患，确保业主生命财产安全。持续开展第三方业主满意度调查，把脉服务效果，与业主零距离互动，收集业主真实感受，精准定位服务需求，第三方满意度调查得分常年高于北京市行业平均水平。

三、坚守国企责任，服务保障住房民生

秉承首开集团的“尚责”文化，作为北京市首家除房管局之外公房自管的物业服务企业，首开物业承担着首都保障性住房物业管理的重要责任，服务的保障性住房项目面积达到 830 万平方米，以实际行动践行国企责任。其中，既有复外小区、安贞西里小区等 20 世纪 80 年代的统建房小区，也有回龙观、开阳里、建内危改小区、通惠家园、中晟新城等危改回迁及保障房项目。本着全心全意为业主服务的理念，首开物业努力克服资金紧张的困难，先后完成了对老旧小区的消防、电梯、引用水泵等涉及业主生命财产安全的设备改造工程，切实履行了国有企业的政治责任和社会责任。积极响应“房住不炒”“租售并举”的住房民生政策，首开物业先后接管了北京市首个整建制公租房项目——燕保・京原家园、双桥家园、马泉营家园、大学城项目和北京市首个街区制公租房项目——燕保・郭公庄家园等多个整建制公租房项目，已成为首都保障性住房物业管理领域的中坚力量。在深化国企改革导向下，为加快央企瘦身强体，国务院国资委等部门多次发文推进“三供一业”物业分离移交工作。对此，首开物业本着既实事求是、不回避困难，同时用战略思维、创新发展理念解决问题的原则，充分发挥国有企业的制度优势和集团全产业链资源整合优势，2017 年以来开展了京内多个项目的现场踏勘，主动对接在京央企的“三供一业”物业分离移交工作，共签约中电建集团北京设计院家属区等物业服务业务 10.3 万平方米，并先后赴山东肥城矿业集团、湖北鄂州市、山东省国资委调研“三供一业”物业分离移交改造工作，争取业务机会，服务国企改革和住房民生。

四、示范引领，围绕首都发展布局落子

首开物业立足首都国企物业的企业性质，自觉融入首都“疏解整治促提升”发展大局，在落实首都发展新蓝图中发挥引领示范作用。首开物业高度重视地下空间综合整治工作，确定“不留死角、不主观划分轻重缓急、不计较蝇头小利、不存在侥幸心理”的工作原则，全面清理核查地下空间使用状态，通过上下统筹、协调配合，历时两年多，有序推进 246 处共 16.5 万平方米住人地下空间腾退，基本将所辖散居住人地下空间清理完毕。同步配套制定《地下空间管理办法（暂行）》，拆除原有隔断墙，恢复原状或原规划用途使用，避免反弹。同时，坚持“疏解”与“提升”并重，积极探索地下空间的再利用。在方庄芳城园一区 14 号楼地下空间巧妙设计，开启社区公益便民服务和居家养老服务的新模式。通过精心设计、策划和改造，这处 1200 余平方米的地下空间已成为居家养老服务、公益活

美丽方庄

动和便民服务的共享空间，得到了业主的广泛好评。

秉承首开集团“城市复兴官”的品牌战略定位，首开物业从影响业主生活质量的问题入手，因地制宜开展老旧小区更新改造，在共建共治共享的氛围中，办好业主家门口的事，改善人居环境，提升业主满意度。2016 年，首开物业与住房和城乡建设部政策研究中心合作开展北京市旧住宅区有机更新研究，提出实施以加装电梯为主的旧住宅区综合有机更新模式，针对现实情况，提出包括加装电梯、增补车位、管线改造、飞线入地、绿化提升、节能改造等一揽子解决方案。2017 年，首开物业取得“北京市海淀区既有多层住宅增设电梯试点”实施主体资格。以增设电梯为切入点，在海淀区芙蓉里小区、西城区小红庙小区率先开始老旧小区改造试点工作。2018 年，芙蓉里 2 号楼加装的 4 部电梯全部投入使用，由此成为北京市首个采用深基坑全楼取证项目，同时增设停车位，开展飞线入地及景观提升等综合改造工作；取得市国资委拨付的老旧小区综合提升试点支持专项资金 1000 万元；形成 140 页、近 5 万字的《电梯安装指引》初稿，为下一步大范围、系统开展老旧小区改造奠定了坚实的基础。通过这一系列的工作，首开物业将老旧小区综合改造成效转化为看得见、摸得着的真实感受，实现成果共享，增加广大业主的居住满意度和幸福感，打造出可复制、可推广、可示范的首开模式。

五、创新发展，开启“首开物业”智慧服务

在探索“物业 + 互联网”创新管理模式成为行业趋势的背景下，首开物业与时俱进，与智慧出行领域的领先企业千方科技资源共享，利用物业这一线下流量入口，围绕业主的“住”与“行”，自主研发“首开物业”智慧社区平台，开启智慧服务，让传统物业服务插上“互联网 +”的翅膀。通过“首开物业”智慧社区平台，一方面利用服务物业项目管理的“首开物业管理”APP，将传统基础物业服务向精细化、专业化、智能化升级改造；另一方面通过面向业主开放的“首开益点通”APP，在方便业主报修、报事等服务的基础上，整合社区线上线下优质资源，服务业主出行、开展社区服务，布局智慧社区服务生态圈。目前，已完成智慧社区基础物业平台的搭建，首开物业管理 APP 客户端、首开益点通 APP 客户端、微信公众号同步开通，并将在 2018 年底前实现所有项目全覆盖。

智慧停车服务采用车牌识别模式取代传统的人工模式和蓝牙卡模式，通过条块结合、监管分离，实现了基于云平台的互联网车场管控新模式，在提升管理效能的同时，随着共享停车、自助洗车等新功能的陆续落地，不断优化停车用户体验。2017 年，首开物业母公司——首开集团联合首发集团、首钢集团和京能集团共同发起设立北京静态交通投资运营有限公司，开展静态交通建设、静态交通投融资、静态交通科技和静态交通资产管理。借助上述平台与资源，首开物业以三环内最大的居住社区——方庄居住区为试点，积极开展停车综合管理建设试点，通过构建“互联网 + 停车”智能化体系、整合停车资源、投资建设停车设施等市场化方式，增加总量、优化结构，探索解决社区停车难问题。围绕业主生活场景形成的智慧服务，不仅满足了业主对美好生活的需求，更拓展了企业发展的宽度，实现了业主的良性体验与企业的服务能力双双提升。

进入新时代，迈向新征程。面对难得的历史机遇和诸多现实挑战，首开物业不驰于空想、不骛于虚声，作为扎根北京的国有物业企业，将进一步把自身的发展与党和国家的使命更加紧密地联系在一起，不忘全心全力为业主服务的初心，更加突出创新驱动，在品质提升上用功发力、在顺应国家政策导向上主动作为、在对外合作上创新精进、在智慧服务上做实推深，以全面提高发展质量效益，更有效地对接业主日益增长的美好生活需要。一个充满生机活力的首开物业，正扬帆起航，在企业高质量发展的航道上不断前行！

创新聚力 开启明喆服务 4.0 时代

深圳市明喆物业管理有限公司

深圳市明喆物业管理有限公司成立于 2000 年 10 月，注册资金 10582 万元，拥有国家一级资质，致力于为客户提供高品质一体化物业服务。在管物业类型包括医院、学校、政府机关办公楼、大型国企办公楼、大型公共场馆等。经过 18 年茁壮成长，市场遍及 24 个省（自治区、直辖市），拥有 8 家子公司、60 余家分公司、近 400 个项目、2 万余名员工，年产值超过 20 亿元，并以每年 20% 的速度增长。如今的明喆，已成为集物业、环保、餐饮、资产管理、医疗器械、教育投资、电梯服务等于一体的后勤支持优选企业。

深圳市明喆物业管理有限公司总部设八大职能部门，下设八大区域。目前，公司建立了“总部战略决策、区域管理指导、一线实践操作”的运营模式，总部只定方向、建渠道、监督指导，将管理权限充分下放至区域，使组织功能实现精干高效，确保公司科学、规范运营和发展。

在全体明喆人的努力下，公司先后引入 ISO9001、ISO14001、OHSAS18001、

明喆匠人计划启动仪式

TOP20

ISO22000 等七大国际标准化管理体系及卓越绩效管理模式。借助这些科学管理平台，明喆打造了一大批获得国优、省优、市优称号的优质服务项目，并获得“广东省著名商标”“深圳市福田区区长质量奖”“深圳市知名品牌”等荣誉。

先进的企业文化，凸显八大核心理念体系，开拓了明喆基业长青之道，锻造了明喆坚挺的脊梁。明喆始终坚持“我们与客户是两个团队一个整体”的合作理念，追求“唯有专业，方得品味”，专注于高端后勤服务，成为中国机构物业领域的领先品牌。

愿景：成为高端客户依赖、团队员工爱戴、广受社会尊敬的高端服务产业领头羊。

使命：致力于为普天下有志之士提供广阔的发展平台，使其实现最大的人生价值。

核心价值观：勤奋善思，合作守信，诚实感恩，创新坚韧。

质量方针：精益求精，创百年明喆品牌；不断创新，建卓越物业管理企业；真诚服务，做客户永远的朋友。

服务理念：使客户的权益得到充分保障；使客户的人格得到充分尊重。

明喆以学习为立世之本，以善思为壮大之道，以创新为夺魁之魂。在这个“三力合一”的智慧平台上，构建了明喆 4.0 战略发展规划，推出了明喆 4.0 人才培养方案，确立了明喆 4.0 岗位技能标准，培育了明喆 4.0 管理服务团队，结出了明喆 4.0 卓越服务成果……

一、波多里奇绩效准则，奠基明喆策划 4.0

ISO9001、ISO14001、OHSAS18001、ISO22001……是明喆服务 3.0 时代依循的利器。这柄利器，为明喆催生和孕育了极高的客户口碑，使 3.0 时代的明喆服务在广袤华夏势如破竹、星罗棋布……

明喆服务 4.0

如今，站在时代潮头的明喆，以抢先一步的姿态，将美国国家卓越绩效管理体系——波多里奇绩效准则，作为明喆战略策划的总纲领，使明喆的系统策划步入了崭新的 4.0 时代！

依托 4.0 战略发展框架，明喆将世界名企惯用的 PEST 环境分析法，用于分析当今中国乃至世界的政治、经济、社会、技术发展趋势，以此精准定位自身的发展地位及应有作为；用波多里奇力荐的 SWOT 优劣分析法，以洞若观火之态，精准辨析明喆与竞争对手在人员、技术、文化、制度、设备等方面存在的差异，由此为精准地投放资源、高效地利用资源提供科学、系统的解决方案。

更重要的是，高举“文化为本、理念为先”旗帜的明喆，充分运用 4.0 发展框架提供的科学管理模式，建立了独树一帜的明喆文化体系，使明喆的愿景、使命、价值观，与明喆的战略目标、管理制度、操作规程、服务标准形成了彼此呼应、相互映衬的有机互联，由此为明喆在面对客户诸多需求时能有效输出强大执行力创造了最有利的条件！

二、量化培训提升产能，夯实明喆执行 4.0

科学策划，只有依靠强大的执行力，才会焕发蓬勃的生命力。为此，明喆 4.0 执行系统心无旁骛地把强化执行力的着力点聚焦在培养人这一核心要素上，义无反顾地打破沿袭多年的统筹培训模式，将“量化培训 + 个性化培训”融入各级人员的培训体系，由此使取长补短、扬长避短这一核心人资要务通过更有效的培训机制得以完美体现。

“量化 + 个性化”的培训机制，加速提升了明喆各级人员的“出炉”速度和“出炉”水平，大大提高了各类培训的“保真度”，由此使早已享誉业界的明喆产能和明喆量能再次跃上一个崭新台阶，使童话般的“以一当十”的高效执行模式，逐渐成为明喆区别于其他竞争对手最显著的特征！

三、关注数据善用信息，助力明喆改进 4.0

数据和信息，已然成为新时代的骄子，谁青睐它们，谁就会成为竞争中的王者。深谙此道的明喆，利用国际标准化管理的优势，对各个管理和服务过程铺设了完整的运营数据信息链，由此使明喆率先跨入完全实现了数据化管理的现代企业行列，让明喆无论在市场竞争、品质管理，还是在文化创建、团队建设等方面均占尽先机，实现了快步如风的大发展。

如今，面对全新的“互联网 +”时代，明喆不失时机地与著名 IT 企业联手，充分利用 ERP 大信息化平台既有的技术优势，共同开发了业内首个客户需求管理模块和全面品质管理模块，由此使分布于各个管理和服务环节的巨量数据终端形成了一个能彼此互联互通的信息网络，使明喆的各类管理和服务信息时刻呈现在各级决策层面前，为明喆在面对各类机会和挑战时能在第一时间迅速做出最有利的反应提供了竞争对手无法比拟的先决条件，同时也为明喆在最短的时间内改进管理和服务中的不足提供了科学、客观的决策依据。

医院服务

四、突破自我追求卓越，激活明喆创新 4.0

创新，是一个民族进步的灵魂。创新的核心要旨，就在于不断突破自己，层层跃上新台阶。当代企业要切实步入创新之路，就必须通过制度创新营造创新土壤，为企业在市场开拓和管理服务领域培育广袤深邃的创新之林创造不可或缺的条件。

创新之路历来充满荆棘，但明喆通过 18 年的凝心聚力，已用心营建起能确保核心人才这个“第一资源”培养和供给的平台，有了良好的“第一资源”，并通过建立科学的制度、营造合宜的环境氛围，促使“第一资源”人才团队，将其智慧和汗水就应齐心协力地聚焦在“创新”这个刀刃上。

基于职责所在，明喆核心团队的创新视野，投向了“如何使明喆体制机制更加健硕”“如何确保明喆大业稳健长青”的新立场、新观念、新服务、新价值等方面，以此为打造“人心更齐、热情更旺、操守更美、技能更精、效率更高、服务更好”的明喆团队新辟更丰美的沃土；明喆骨干团队的创新目标，锁定在了有助于团队建设、品质管理、市场开拓、财务精算、品牌宣传等职能作用愈加显著的新系统、新设备、新工具、新方法等方面，以此为铺设更科学、更人文、更标准、更规范的管理轨道拓展新路；而明喆基层人才队伍的创新使命，则是致力于服务流程的细化、服务产能的深化、服务形象的优化、服务结果的感化等创新活动，以此为创建更有质感、更富温度、更令客户怦然心动的明喆创新服务提供行动指南。

创新路上，明喆的人才队伍正按照上述规则践行创新活动，并以“明确分工、密切合作”的姿态碰撞和灼燃创新火花，由此形成的创新之举和创新之果，成为推动明喆大业突飞猛进、稳健前行的“第一动力”。

五、智达云端暖透心意，完美明喆体验 4.0

现阶段，明喆服务 4.0 已陆续推出一系列服务产品：

“明喆关怀计划”，以“有爱心，日日新”创新个性化服务，将情景设定和系统设定完美对接，探知客户心意，追求温馨服务的最高境界。

“明喆 E +”，以信息化和智能化为科技支撑，所有服务数据直达云端，人工作业转向人工智能，物联网关联多行业和多专业，率先步入物业管理 AI 新时代。

“明喆爱 SHE”，从体制和机制上保障服务的安全、健康和环保，深度践行国际先进理念。

“明喆智服”，专业顾问早期介入，从设计到运营提供全系列优化方案，客户安心、舒心，资产保值、增值。

“明喆匠人”精雕细刻，精益求精，追求极致，提供的服务产品有文化，有温度，有情怀，经得起时光的打磨。

4.0 系列以国际标准为支撑，以科技创新为手段，以人文关怀为纽带，使明喆获得了众多的“行业第一”：第一家全面导入波多里奇卓越绩效管理体系；第一家通过七位一体国际标准化管理体系认证；第一家全面导入国际金钥匙服务理念；第一家与世界 500 强企业搭建战略合作关系……

明喆以参天大树根深叶茂之姿，正在结出高端后勤服务智慧之果。近 400 个项目践行明喆服务 4.0，实现了与客户的高度契合，合同有效续签率达到 100%。

以员工为本，是明喆发展的源动力。先进的明喆文化、完善的培训体系和健全的激励机制、良好的团队氛围，为员工提供广阔的发展平台，培养了大批忠诚明喆事业的业内明星、专业工匠，从士兵到将军，群星璀璨，兴企育人相得益彰。

因为胜任，所以信任。明喆博得了客户和社会的广泛赞誉，托管的机构物业项目获得“国优”称号数量居业内第一，令明喆品牌熠熠生辉。

恪守社会责任，是明喆发展战略的重要基点。明喆始终坚持守法经营，构建“绿色”服务体系，积极参与众多社会事业和慈善活动，在扶贫助困、安置残疾人及大学生就业、抗震救灾中挺身而出，无私奉献，为建设和谐社会贡献应有力量。

问及明喆的未来，明喆创始人高海清董事长给出的答案是：“以先进文化立业，方得无敌团队；以科学方法管理，方得最佳绩效；以卓越准则激励，方得各方满意。因此，未来的明喆，一定是业界航母的明喆；未来的明喆服务，一定是匠心独具的卓越服务；未来的明喆品牌，一定是能让客户‘安心+放心’的首选品牌！”

有蓬勃的明喆文化做依托，有不忘初心、砥砺前行的明喆人做后盾，方兴未艾的明喆大业在学习、善思、创新精神的激励下，在凝聚诸多国际化先进方法与明喆人智慧的明喆服务 4.0 的支撑下，一定会在不久的将来书写出更瑰丽、更宏伟、更远大的行业传奇！

以多元发展促转型升级 以匠心服务创美好生活

卓达物业服务股份有限公司

一、企业概况

（一）基本情况

卓达物业服务股份有限公司（简称卓达物业）为卓达集团旗下子公司，成立于 1996 年 2 月，注册资金 5000 万元，中国物业管理协会副会长单位，石家庄市物业管理协会副会长单位，管理类型包括中高档住宅、城市综合体、写字楼、商业、机关楼院、工业园区、学校、市政公共设施等多种业态。

近年来，卓达物业顺势而为，锐意进取，坚持走精细化、标准化、专业化及多元化发展之路，已成为集物业管理、养老服务、餐饮服务、社区商务、顾问咨询五大业务板块于一体新型生活服务商，项目遍布华北、华南、华东、东北等全国多个城市与地区，管理项目 150 余个，管理面积超 5000 万平方米。截至 2017 年底，经营收入已达十多亿元，成为国内有较强品牌影响力的中大型现代化物业服务企业。

企业在发展过程中，特别重视无形资产的积累，连续多年被市行业协会评为“品牌企业”、“诚信企业”和“物业管理先进单位”，获得各种荣誉 300 余项，20 年来，业主综合满意度达 95% 以上。2013 年、2015 年连续被中国物业管理协会评为“全国物业企业综合实力百强”第 13 名；2017 年 10 月，申报通过中国清洁委员会清洁一级资质；2017 年 10 月获河北发改委、河北商务厅、河北质量监督总局等部门颁发的物业管理行业“2017 年河北名片”奖；2017 年 12 月，卓达物业副总丁卫民当选为“全国 1000 名优秀社区消防宣传大使”等。

（二）组织架构

卓达物业谋求全国布局，积极实施市场外拓。随着企业规模的日益扩大，为更好推行现代化管理体制机制，切实促进企业高效运行，提升整体服务水平，打造企业品牌，2015 年 10 月，卓达物业进行了股份化体制改造，对管控方式、组织架构、岗位配置等进行了全面调整优化，实行六级管控管理组织架构。如下图：

TOP20

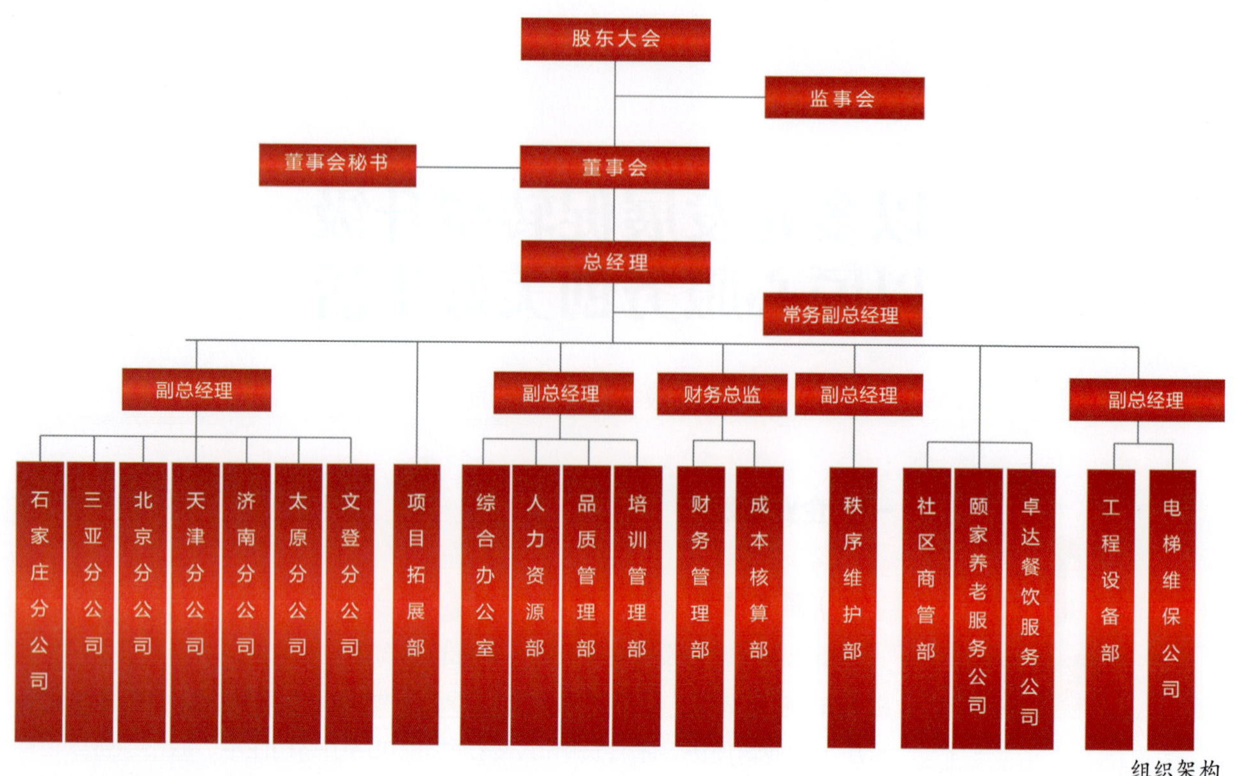

组织架构

（三）管理规模

近年来，卓达物业积极顺应供给侧改革、三供一业等利好政策，大力拓展外接全委与顾问业务，并由单一住宅向商业、高级写字楼、机关楼院物业、工业园区物业乃至市政管理方面拓展，提高市场份额，以规模促服务模式改变、促管控架构改变、促盈利方式改变。凭借良好的市场口碑实现了跨越式的规模化扩张，形成全国性的拓展态势。

近两年，卓达物业先后接管河北省第三医院、河北中西医结合儿童医院、河北劳动关系职业学院、河北省老干部活动中心、河北省老干部局、石家庄市工商行政管理局、石家庄市检察院、石家庄市长安区检察院、石家庄地铁 1 号线、天津市高村镇政府办公楼、邢台加州小镇（顾问）、沧州瀛城水郡（顾问）等 32 个项目，扩展管理面积近 700 万平方米。

二、服务特色和发展模式

卓达物业遵循“追求卓越，德达天下”的发展理念，坚持“服务就是爱与爱的交换”的核心价值观，以客户需求为导向，不断开拓创新，结合自身优势和特点，积极探索具有规律和实践价值的服务和商业模式，得到了行业及社会各界及行业的广泛认可与好评。

（一）“3+6+5”社区文化建设

卓达物业将“具有人文关怀、以德为先”的企业文化融入物业服务，积极参与并推动多元化的社区文化建设，为业主提供一种崭新的生活方式，构建“3+6+5”社区文化服务特色。

“3+6+5”社区文化服务，即在社区中，在业主委员会、居委会和物业公司三方的协作联动下，以社区服务、活动、图片、展览、讲座等为载体，通过推行校园文化、娱乐文化、服务文化、环境文化、科普文化、道德文化等六种主要文化，培养社区的凝聚效应、引导效应、约束效应、激励效应和改造效应五种效应，形成互助、文明、理性、包容、和谐、温馨的社区生活氛围。

以社区文化社团为例，卓达物业将不同爱好的居民通过各类协会或社团的形式凝聚在一起，如社区合唱团、太极拳协会、摄影协会、车友协会、老年健康协会、秧歌队、票友协会等。各种各样的团队，繁荣了社区的娱乐文化。通过丰富多彩的文化活动，激发了住户的生活热情，增进了户与户、人与人之间的交流。卓达物业多年来为社区文化建设投入了大量人力物力，取得了良好的社会效益。

（二）以匠心精神，构建“2+5”服务体系

安全、舒适、文明、和谐的人居环境是居民对品质生活的向往，更是卓达物业的价值追求和崇高使命。总结 20 年的服务管理，卓达物业从文明、健康、和谐、智慧等多个维度，构建“2+5”全新的服务价值体系。

“2+5”服务体系，即创建亲善文化与智慧平安双标准社区，构建居家生活、健康管理、文化教育、全龄化养老 、智慧易家等五重全生命周期服务体系。

亲善文化社区：倡导“孝爱、亲老”服务，注重精神文明建设，并融于日常基础服务之中，突出关注社区情感氛围与持续发展，营造社区邻里和谐共生生活氛围。

智慧平安社区：融入物联、互联、人工智能监控系统，打造立体式安防社区，构建有温度的智慧平安社区。智慧平安社区可视化综合解决方案图解如下。

五重服务：以舒适、雅致、品质、轻松四个维度生活体验为立足点，构建居家生活、健康管理、

智慧社区可视化综合解决方案图解

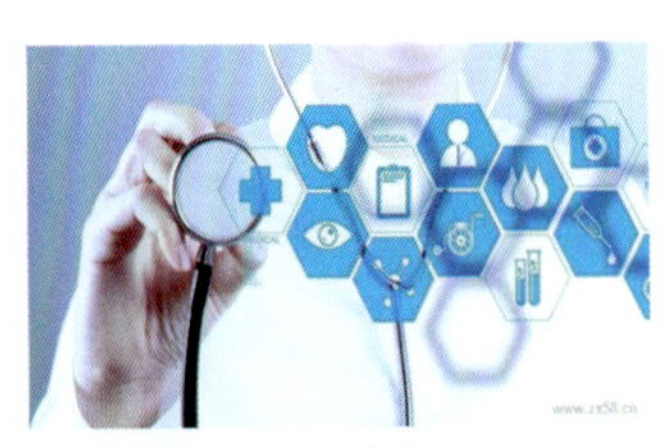

文化教育

将教育服务延伸至园区，提升园区人文居住环境，开展育婴胎教、家园小卫士、小小天使、“四点半”学堂、志愿服务、好儿媳评选、老年教育、百项社团等服务。

养老服务

导入社区、居家、机构“三位一体”养老服务，提供居家照料、医院陪护、康复护理、康复训练、医疗保健、餐饮膳食、老年救助、乐享旅居、老年社团等服务。

健康服务

定期举办各类养生讲座，为业主提供包括健康咨询、健康体检、家庭环境健康指导、育儿保健、小儿防疫、农业安全食品特供、健康保健及远程就诊与治疗等服务。

居家生活

根据业主的需求，围绕“衣、食、住、行”四个方面，通过整合优质商业资源，为园区业主提供全方位的服务，让业主更多享受生活的便利。

智慧易家

通过智慧云平台建立，让业主方便地获取健康、文化教育、养老服务、居家生活等服务，感受智能、安全、轻松的优越生活新体验。

五重服务价值体系

文化教育、全龄化养老 、智慧易家等五重全生命周期服务体系，以满足客户个性化需求。

（三）以养老服务，创行业标杆

卓达物业从 2007 年开始进入社区居家养老服务领域，探索创新物业模式，逐步建立了较为系统的全龄化社区居家养老服务体。近年来，卓达物业将居家、社区、机构、旅居、智能、连锁集合为一体，综合社区内外品质养老服务资源，形成可持续养老服务生态圈。同时融合地产集团与社会品质养老资源，借助网络科技、分权度假与换住养生交易交互系统、互联网 PC 与 APP 智慧养老服务终端系统，以“用户思维 + 工业化 4.0 标准”解构并重建了“六位一体 4+1+N”养老产品体系与服务标准，为广大业主提供专业的家政保洁、生活照料、母婴护理、住院陪护、长者照护等服务，惠及万千社区长者。

以石家庄太阳城小区为例，卓达物业在社区居家养老服务的基础上，集中建设了长者日间照料中心（集中养老服务设施）、田园休闲农场（田园养老）、引入市人民医院分院（医养结合服务设施）等适老服务设施，涵盖了老年生活照料、适老用品、老年病护理、助老康复、保健服务、文体健身、文化娱乐、信息服务、养生、养老专护等服务与产品，满足长者全方位、多层次、高品质文化生活需求。

近些年，卓达物业先后参与了《全国养老服务业发展“十三五”规划》和《中国老年宜居社区标准》、中国物协《养老物业服务指南》、河北省《养老护理员》等图书的编撰，并先后荣获“河北省养老产业典范奖”“河北省示范性养老服务企业”“河北省家政行业标杆企业”等多项荣誉。

通过十余年的探索与实践，卓达物业在开展养老服务方面取得了一定成效。养老服务的开展，既拉近了物业与业主的关系、增加了市场合作砝码，又扩展了物业增收渠道，取得了良好的社会口碑，实现了良好的经济效益和社会效益。

（四）立足多元化，打造“1+N”产业模式

随着居民新消费模式的升级，居民对美好生活的需求多样化，卓达物业基于自身平台，全新实施“1+N”的多元化产业发展模式。“1+N”即坚持做好物业常规服务基础，依托物业服务为平台嫁接、孵化 1 到若干种增值服务或产业。目前，卓达物业把业务逐步进行纵向延伸、横向扩展。

纵向由单一物业管理向房地产开发全业务链延伸，横向整合资源向满足业主社区生活的个性化需求辐射，即打造房地产开发（规划顾问、营销策划、代理销售等）全过程服务提供商和业主个性化需求（家政、家教、养老、家庭医生、宠物看管、中介代办、法律咨询、送餐、家庭采购、保险箱等）服务的集成商。

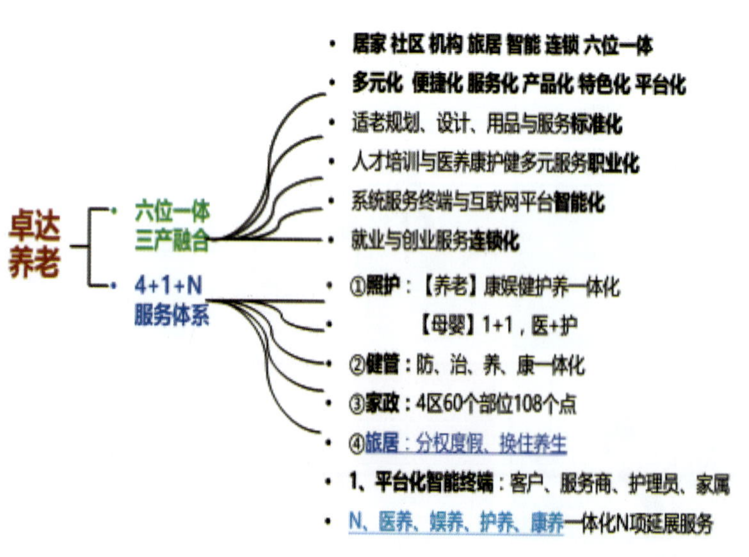

六位一体三产融合　4+1+N 服务体系

三、战略目标

面对“跨界、整合”

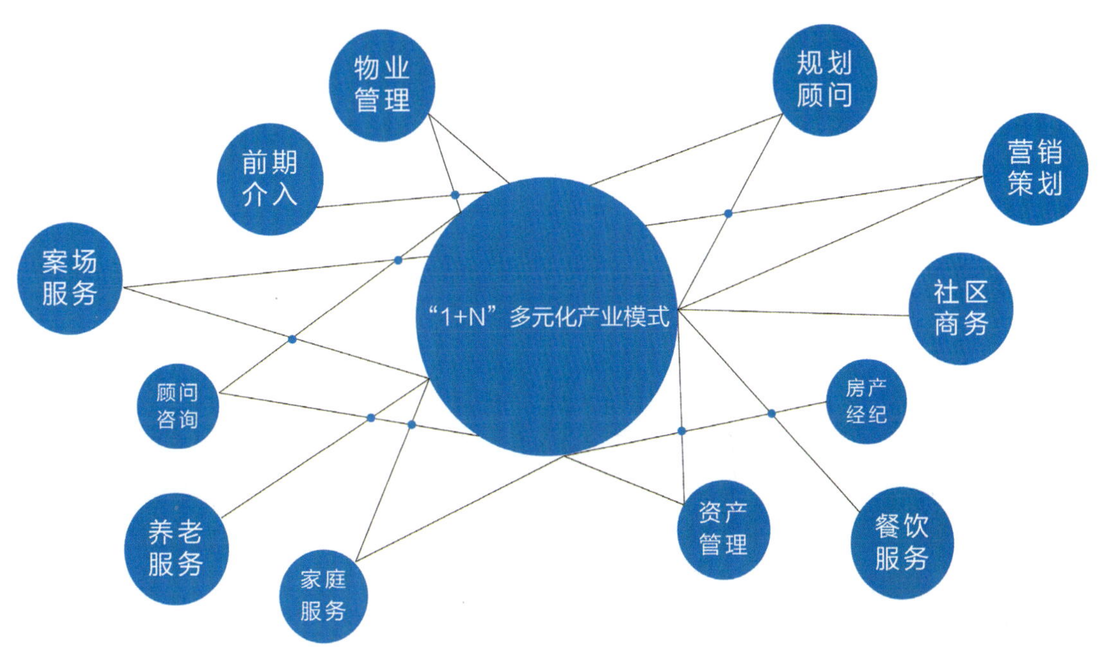

"1+ N"多元化产业模式

的竞争态势，卓达物业将顺势而为，以匠心精神积极拥抱新常态，结合自身发展特点，培育适合企业自身发展的特色模式，以养老服务为品牌，着重培育适合自身发展"1+N"多元化发展产业模式，并稳步做好以下五个方面的工作：

一是多元拓展，以规模促发展。在单一市场招投标拓展基础上，延展采取股份合作、技术合作、商业资源合作、市场化招投标等多元拓展方式，强化市场外拓能力，拓展客户资源，实现规模化发展。

二是"精细"管理，以品质树品牌。坚持推行"精细+惊喜"服务质量模式，注重"向细节要管理，向细节要品质，向细节要惊喜"，以此提升物业服务品质和业主满意度，树立行业百年品牌。

三是尊老服务，以特色创标杆。在开展养老服务的基础上，继续通过完善智能养老服务平台、整合更多品质养老资源等，适时丰富社区养老服务管理体系，更切合实际地为万余名社区长者提供更多元化的服务。

四是善用科技，好服务再升级。从优秀到卓越，必然是一个艰辛的过程，卓达物业将积极拥抱"互联网+"新常态，借助互联科技，以搭建社区物业管理信息平台为切入点，升级服务和提高管理效能。

五是多元经营，延伸服务产业链。加快向打造房地产开发全过程服务提供商和业主个性化需求服务的集成商发展。

新时代，新作为，卓达人深知，唯有用心服务，才会赢得更多业主的信赖。卓达物业将紧跟行业发展趋势，紧密联系业主需求，以"人文、智慧、亲老"为企业发展特色，坚持规模化、专业化和品牌化发展之路，继续深入开展物业管理与社区养老相结合的探索实践，努力打造成为一家最具专业价值的物业管理与生活服务商。同行业同仁一道，共谋行业新发展，为业主的美好生活、行业的进步与提升贡献力量。

城关物业
CHENGGUAN PROPERTY

实与变 从小企业到大集团

兰州城关物业服务集团有限公司

2018 年，我国经济运行平稳，现代服务业转型升级加快、新型城镇化持续推进、居民消费升级衍生多层次需求，在众多有利因素的助推下，中国物业管理行业迈入加速发展期，不断注入新的元素，开始了社会化、专业化和市场化的新阶段。甘肃物业管理行业受到相同利好因素的影响，迎来了全新的发展。

一、业态丰富 全面助推企业发展

城关物业是甘肃省成立最早、规模最大、管理面积最多、涉及业态最广、服务标准最优、管理模式最先进的物业服务企业。公司目前管理的业态主要有住宅类、写字楼类、医疗类、城市管理类、院校类、其他类等六大类。其中住宅类物业占 49%，城市管理类物业占 21%，写字楼类物业占 14%，医疗类物业占 7%，院校类物业占 6%，其他类物业占 3%。城关物业名列全国物业百强企业第 29 名，甘肃省物业服务企业十强第一名，公司接管面积为 3700 余万

集团新办公楼

兰州城关物业管理人员团队

平方米，是目前甘肃省物业管理行业管理面积最大的企业。

作为甘肃最具有代表性的物业管理企业，城关物业在做好基础物业服务的同时，借力“物业＋互联网”模式，凭借较强的战略发展力、服务创新力、团队凝聚力、资本增值力、文化驱动力和品牌感召力，使公司综合实力不断增强，品牌效应不断扩大，企业利润持续增长，助推集团尽快进入二级市场。

二、以人为本 源源不断引入人才

作为一家“以人为本”的物业服务企业，人才引入为公司发展提供了源源不断的动力。城关物业从员工培训、人才储备、潜力挖掘等方面全面提升员工整体素质，同时充分发挥党委积极作用，使党员起到先锋带头作用，帮助全体员工不断学习、进步，因为只有把自身整体素质提升上去，为业主提供的服务才能不断提升。

经过多年来的发展和摸索，城关物业巨大的社会效益、品牌效益、经济效益、强大的生命力和广阔的发展前景日益显著。随着行业改革的不断深入，服务模式的逐步优化、管理面积的迅速扩展、管理人才的扩充储备，都成为城关物业蓬勃迸发的助推器。

三、一心为您 服务理念贯穿始终

城关物业服务集团的发展历程，无疑是甘肃地区物业服务行业发展的缩影。人们从没有听说过物业服务到逐渐接受物业服务再到现在离不开物业服务，城关物业带给民众生活的改变不容小觑。城关物业由一开始只有十几名员工的企业，历经19年发展，成为拥有数千名员工、家喻户晓的集团公司，企业发展不是一蹴而就，品牌沉淀更不是一朝一夕。其内部完善的组织构架支撑着企业的发展，不断优化的服务质量、不断提升的工作标准，使城关物业的服务深入人心。城关物业始终将人才培养放在第一位，坚信企业的发展离不开人才的支撑，从人才着手重点打造核心竞争力。经过近 20 年的发展，城关物业将“一心为您”的企业文化贯穿始终，以“做您生活服务的集成商”为企业使命，利用“多元、开放、融合”的企业特点，从“对物的管理”转变为“对人的服务”，搭建服务管理平台体系，不断提升物业服务水平，以期给业主带来高质量、全方位服务体验。

四、数据分析 以客户价值为导向

“物”实求新，变革强“业”。大数据时代的到来使得物业管理行业在客户需求搜集、业务分析、行为分析等方面展现出了前所未有的可能性；全渠道的平台打造加速了数字化、全自动化的普及；人工智能等前沿科技的实现为基础物业的升级奠定了基础；信息时代下的业主也随时随地做好了接触新服务产品和新服务手段的准备；数字技术化的崛起使物业服务企业迸发出新的市场驱动力。在这个虚拟世界和现实世界交汇融合的新时代，基础服务是命脉，数据分析是核心，如何将数据转化为效益，如何利用科技手段不断升级服务品质，是城关物业现阶段的主要工作目标。

城关物业以客户价值为导向，在不断提高基础物业服务品质的同时，旨在让业主认识物业管理的专业价值，使物业与业主产生“黏性”，从“衣、食、住、行、游”等方面离不开物业的帮助，真正做到以物业服务为平台发展多种相关联服务，如：社区家政服务、金融服务、餐饮服务、房屋托管服务、汽车检测、陪护服务等，从而提高业主的满意度和便利度，提升生活质量。

五、平台软件 打造全新管理模式

公司充分运用互联网技术，全面导入管理平台及服务平台。一方面在集团内部管理中引入 HR 人力资源管理软件、OA 办公管理软件、财务管理软件和收费管理软件，真正实现办公全自动化；另一方面，打造业主端服务软件，将上述各类服务通过平台导入线上，使业主的需求在第一时间得到回应，同时与项目管理人员随时无障碍对接，实现了物业服务智能化。通过服务平台的应用，城关物业进行线上“家访”“投诉”“业主满意度调查”，业主们的评价成为每个物业工作人员月度考核的数据参考，从而督促员工更好地为业主服务。

此外，城关物业结合“扁平化”企业管理机制，进一步用于企业员工管理，采用一体化服务模式，打造自己专属的管理模式，通过硬件设施改造、平台搭建、APP 应用推广等方面，全力提升物业服务水平，将“做您生活服务的集成商”的企业使命贯穿始终。

六、借力科技 全面打造智慧社区

自 2017 年起，公司立足原有的基础服务，投入大量资金进行智慧社区建设，通过智慧门禁、道闸、“远程监控”等设备的安装，完成了智慧社区相关配套设施的硬件改造。同时建立集团集中管控中心，将现有管理权限集中至专业职能部门进行有效管理，做到集团上下联通、实时数据收集与分析，使业主的需求更加清晰化，把“做您生活服务的集成商”这一服务理念贯穿始终，力争将服务做到极致。

为了更好地打造服务品牌，城关物业在管理项目引入线上社区平台，构建全新智慧社区生态圈。该生态圈既包括有线上 APP 的全应用、全覆盖，也包括社区远程监控设备、停车系统改造、线上收缴物业费等智能设备的投入和改良，将服务做到家，把对物的管理转换成对人的服务，有效解决了社区难点、痛点，将社区邻里关系、服务商与居民的关系等串联起来，大大提升了“社区最后一公里”的服务效率和品质。

七、转变理念 打造核心竞争力

“多元、开放、融合”是城关物业的特点，也是公司发展历程中的核心竞争力。“多元”意味着公司已由单一化管理模式向多元化资产管理模式转变；“开放”表明公司以包容的态度，真诚向市场抛出橄榄枝，以期寻求更多合作的可能性；“融合”标志着公司不断寻求多种模式的合作经营，将物业管理与物业经营融为一体，为开发商、业主、客户策划并实施物业经营方案，发挥物业的增效潜力。

公司在 19 年的发展历程中，近 80% 的物业管理项目持续多年完成续签，合同中标率高达 79%，物业管理面积平均每年以 10% ～ 15% 的速度增加，员工人数逐年递增 10%。公司不断优化管理队伍，启用专业技术人才，将物业管理从一般维护、运行阶段提升到对管辖物业全过程的营销、服务的管理层次。在管理过程中不断推行新型智能化物业，充分利用整合客户资源，建设智慧社区平台，从平台、资源、人力等方面，多维度打造核心竞争力。

城关物业作为一家无房地产开发背景的专业物业服务企业，能够在全国物业管理行业百强企业中脱颖而出，足以说明市场赋予企业足够的信心与肯定。作为甘肃规模最大的物业服务企业，城关物业已成为行业主导和领袖，凭借资金实力、品牌积淀、资源整合能力等，持续扩大管理规模，挖掘市场价值，逐步朝着航母级企业发展。

八、多元发展 造就服务集成商

随着行业越来越成熟，不能做到规范化、规模化的物业服务企业将止步不前，不能做到精细化、决策数字化、经营化的物业服务企业将无法持续盈利，最终被市场淘汰。鉴于此，2017 年，兰州民召物业管理集团在原有基础上，以业态为划分标准，衍生出兰州城关物业服务集团和甘肃民召城市服务集团，增强企业的规范化、精细化和集成化。通过整合资源，利用互联网技术，把收入管理、成本管理、品质管理等业务功能和流程都在软件中实现，实现了过程可控。同时合理制订计划、预算，进行各种经营过程和结果的测量、统计分析，与绩效考核、员工激励进行关联，并且辅助集团进行决策，摆脱了以前无依据进行计划、预算、考评、决策的工作模式，一切靠数据说话，使服务资源得到稳定持续的增值，力争打造甘肃省最专业的全产业链服务集成商。

今后，城关物业将持续进行智慧社区建设，建立“商务中心”，为业主打造全方位的社区服务生活圈。并通过对既有业主提供全价值链服务，不断拓展物业服务面积，扩大服务社区周边商圈，不断延伸现有服务产业链条，利用互联网工具改进服务流程，提升服务体验，挖掘并提升物业服务价值，构建完善的既有物业产品链，通过品牌输出、管理模式输出、适时采取灵活多样的合作模式，与西北物业公司建立“共赢”机制，快速实现规模的扩大以及客户资源的积累，快速实现城关物业逐步向二级市场迈进的短期目标。

城关物业将在做好现有基础服务的同时提档升级，全面创新物业服务，打造企业盈利模式，利用自身优势及相关产业延伸服务，面向业主和客户提供如家政、房屋中介、餐饮、汽车检测、陪护等全产业链服务。并且，结合自身发展现状，不断拓展业务渠道，成立专业化服务公司、打造智能化服务平台、搭建，集中管控平台，做到数据真实和管理及时。最终，以多元化的姿态，开放的态度，融合的原则吸引广大投资者和合作伙伴，立足于西北这片热土，以多元化发展为广大业主提供了更优质的服务。

送达美好体验 丰富和滋养人们的生活

爱玛客服务产业（中国）有限公司

一、企业概况

（一）发展历程

爱玛客总部设在美国费城，拥有 80 多年的历史，是全球外包服务行业的领先者。爱玛客在全球拥有员工近 27 万人，年营业额达 147 亿美元。爱玛客是包括奥运会、世界杯、F1 在内的多项国际顶级赛事的服务提供商。自 1968 年以来，连续为 16 届奥运会提供服务，其中包括 2008 年的北京奥运会。

爱玛客服务产业（中国）有限公司是注册在天津经济技术开发区的外商独资企业，总部设在北京。公司成立于 1999 年 8 月 20 日，注册资本为 1800 万美元。前身是光华服务产业（中国）有限公司。2004 年美国爱玛客集团收购了光华公司，并于 2007 年正式更名为爱玛客服务产业（中国）有限公司。

爱玛客美国总部大楼

（二）发展情况

爱玛客中国成立以来，已在 60 多个城市开展专业服务外包业务，目

TOP20

前设有 76 家分公司，覆盖北京、上海、南京、广州、深圳、天津、沈阳、西安等主要城市，拥有三万多名员工。业务主要包括设施管理和餐饮服务。

（三）发展战略

爱玛客中国为多家不同领域的工业、商业及政府机构的客户提供高质量的、量身定制的项目管理服务和配餐服务解决方案。爱玛客中国在工商业市场项目管理服务的主要内容包括：设施管理、环境保洁、绿化、保安及综合的项目管理服务，它使得客户可以专注于他们的核心业务，而不必将注意力放在非核心业务需求上。

爱玛客中国致力于为中国医疗市场客户提供最佳关爱、最佳环境的项目管理服务及配餐服务。在充分理解了护理与环境是互相依赖、密不可分的基础上，爱玛客中国为医疗市场客户提供医、教、研之外的非核心业务服务，它不但是病患护理过程中的关键，还直接影响着整个医疗护理过程的连续统一性。在中国，每天有数以十万计的患者在爱玛客中国提供的最佳关爱及最佳环境中受益。公司致力于提高患者的满意度，使医护人员专注于自己的核心业务和服务于患者，并提高医疗机构的综合竞争力和持续发展能力。

从国家政府机关，到银行、商业写字楼、公司、工厂、使领馆、国际学校以及在医院为职工和病患提供服务，爱玛客中国为客户提供量身定制的配餐服务解决方案，以满足客户不同的口味需求。爱玛客中国提供与众不同的创新配餐服务方案—— 一个由安全、督导、培训、环境、烹饪、零售、设计、推广组成的专家团队，将创造一种领先、时尚、营养、高质量且互惠互利的就餐环境和就餐方案。

（四）取得成效

在公司的 300 多个客户中，既有华为、京东、联想这样的国内领先企业，也有像耐克、宜家、沃尔沃、艾默生、诺和诺德这样的国际知名公司。同时，还有北京协和医院、北京大学第三医院、南京鼓楼医院、四川大学华西医院、上海瑞金医院、天津大学等全国乃至亚洲知名的医疗机构和教育机构。爱玛客为数百家不同领域的中国工商业市场、教育市场和医疗业市场客户提供高品质、量身定制的项目管理服务解决方案，以专业的运作管理提升服务，以更好的资源管理给客户带来更佳的服务品质。

2017 年，爱玛客中国承接服务外包的收入达人民币 21.82 亿元。

（五）竞争力技术创新

爱玛客中国认识到如果想要给客户提供一个完善的服务体验，需要做到不同、做得更好。因此公司组建了创新队伍，致力于建造和提高能力，以客户为中心，开发适合的策略，更好地服务我们的客户。互联网时代正在深刻改变每一位患者

综合设施管理服务

配餐服务

爱玛客中国服务之星在美国参加“指环之星”庆祝盛典

的就诊环境和就医体验，作为行业引领者的爱玛客中国，在保持引进的美国 Facility Fit 国际版系统优势基础上，进行了大量前期市场需求调研和多维度自主研发。医疗临床支持服务系统在中国的诞生，将给中国医院的临床支持服务带来一次史无前例的变革。 它通过运用移动互联网、移动手持设备等高科技手段，在完美融合 Facility Fit 系统的同时，安全对接医院信息系统，实现互联互通，帮助医院形成闭环式、全数据、全流程的整合方案。

二、文化建设

（一）企业的经营理念和价值观

爱玛客中国自成立之日起，秉承的就是“送达美好体验，丰富和滋养人们的生活”使命观，和“以满腔热情销售并提供服务；制定目标，采取行动，赢得胜利；一线优先；永远诚实正直、尊重他人”的价值观，以此来引导企业的发展。

公司希望成为最优秀的人愿意为之工作的公司；成为不断超出客户的期望而被客户所推崇的公司；业务增长和员工发展作为公司成功与否的衡量标准；成为世界级的管理服务领先者。

公司的使命和价值观清楚地体现了公司的文化观。企业使命感是全体员工工作的目标和方向，是企业不断发展或前进的动力之源。

优秀的企业的文化赋予员工自豪感和成就感。中国优秀的一线经理和员工每年都会参加美国总部举办的全球“指环之星”庆祝盛典，表彰他们在日常工作中能以优异的表现践行公司的价值观和使命。

（二）企业的团队意识

爱玛客中国相信，优秀的团队就是可以成功地把不同的知识、力量、资源和技术联合起来。依赖着良好的沟通、正直的品德、相互的尊重，大家齐心合力达成共同的目标。企业的文化增强了员工的归属感， 员工不仅仅是在公司打一份工，无数的他们组成了公司密不可分的一个整体，让一群来自不同地方的人共同追求同一个梦想。

员工用自己的行动诠释着对公司文化的理解和认可。在一线的项目上，大家把项目当成自己的第二个家，工作上勤勤恳恳，在自己的工作岗位上努力而敬业。每个月都会涌现出一批服务之星，他们的服务得到了客户的认可，而公司的激励又让他们充满了干劲。业余时间，项目也组织了丰富多彩的活动，或郊游，或体育活动，或读书会，通过这些活动，大家增进了彼此的了解，更加互相关照，取长补短，共同为集体的荣誉添砖加瓦。

1. 爱玛客员工感谢日

每年，公司都会举办员工感谢日。全球 21 个国家的 27 万名员工在同一时间，在世界各地，用同一个方式表达对员工的感谢。爱玛客全球的 CEO 通过感谢函致谢每一位为了实现公司对客户的承诺而努力工作的爱玛客员工。在中国，3 万多名员工也在同一时间，在各自的岗位上庆祝每年一次的感谢日。

2. 爱玛客的培训

公司特别关注基础员工的成长。充分地培训员工，有效地激发团队，提供卓越的客户服务。对员工的培训不仅是提高员工的职业素养，也是对客户服务的承诺。爱玛客中国非常重视对员工和管理人员的培训，帮助员工增强能力，提升未来的价值和发展空间。这是公司吸引人才的重要手段，也是公司文化重要的一部分。

良好的培训和士气高昂的团队将会提供最卓越的服务。当员工以自豪的心态工作时，将会更愿意付出额外的努力来服务客户。爱玛客的经理和员工们立志给客户提供最专业、最优质的服务，为的是适应甚至是超越客户的期望。因此，公司培训的设计是为了确保所有团队的聚焦不仅只满足于让客户满意而且感觉到愉悦。

Eric Foss
董事长、总裁兼首席执行官

2018 年 4 月

亲爱的同事们：

祝大家员工感谢日快乐！

今天我们在这里庆祝您为公司做的所有贡献，无论是您在为客户和顾客提供服务时以实际行动践行我们的价值观，还是不断创新使爱玛客成为更好的公司和工作场所。

今年员工感谢日的主题是“每天的梦想家和实干家”，感谢您和全球 270,000 名爱玛客人每天致力于在日常工作中践行公司的使命。丰富和滋养人们的生活，没有人比您做得更好。

我在走访各地时遇到的每一位爱玛客员工都令我肃然起敬。您有才干，辛勤工作，并且一直努力用更新更好的方式送达我们的承诺。提供健康美味的餐食，创造清洁卫生的环境，准时交付清洁干净的制服和产品，保证设备的顺利运行，时时刻刻一线优先，正是每一位爱玛客人恪守对品质和服务的承诺，才使得我们与众不同。

您就是爱玛客，今天这个特别的日子属于您，感谢您所做的贡献，才使得爱玛客和我们的服务对象在去年取得佳绩。

再次感谢您的奉献，愿您度过美好的一天。

让我们坚持梦想，再接再厉！

Eric Foss

1101 Market Street I Philadelphia, PA 19107 (USA) I 215.238.3000

来自爱玛客全球 CEO 的一封信

玛客 WEST-4111

爱玛客 FF 信息系统

到社区服务中心参加志愿者服务

针对不同的人员，公司准备了必修和选修的培训。在爱玛客培训程序里，员工会必修一些课程，如客户服务等。贯穿全年，定期让员工温故知新，并且提供必修和选修的拓展课程。

这些培训是为了提高不同岗位员工的能力。管理类课程有团队建设、战略性管理、超越客户的期望、客户需求敏感度以及时间管理技能等，技术类课程有配餐模块、运送模块、设备维护与保养模块、保洁模块等，可以确保员工在工作中有职业化和专业化的表现。

针对具有发展潜力的人员，公司会提供机会改进其现有的技能，或者学习新的技术，提升他们的工作价值，把更卓越的服务传递给客户。利用丰富的国际资源，公司会选派适当的人员去海外研修。与世界同步，保持行业领军者的优势。

（三）企业的社会责任

企业的文化增强了员工的责任感，企业要有担当，对社会和社区的建设也负有不可推卸的责任。

1. 爱玛客安全日活动

爱玛客安全视频拍摄花絮

爱玛客领导层的努力

2. 爱玛客社区活动日

公司每年会定期组织“社区活动日”，到社区、到项目中去亲身力行，去宣传环保，安全，去帮助智障孩子，为社会尽一份微薄之力，希望能影响到更多的人去为建设更加和谐的社会而努力。

三、结语

爱玛客公司的文化，归根结底就是人的文化。公司有什么样精神风貌的员工，就会达成什么程度的成功。

公司的文化无处不在，它反映在员工的一言一行中，也反映在公司的业绩中。爱玛客中国业绩每年以 2 位数的速度增长，这展示着公司的成长，而员工不仅是成绩的缔造者，也在这个创造的过程中成就了个人的成长，他们是公司不可分割的一部分。

新型生活方式服务商 精准服务河南 1000 万人

河南建业物业管理有限公司

建业物业管家团队

一、企业基本情况

河南建业物业管理有限公司（以下简称“建业物业”）成立于 1994 年 8 月，是国家级一级资质物业服务企业，中国物业管理协会常务理事单位，河南省物业管理协会副会长单位，郑州市物业管理协会副会长单位，河南省第一批注册成立的专业物业服务企业，在河南省率先导入 ISO9001 质量管理体系的物业服务企业，并通过了 ISO14000 环境管理体系认证，是河南省率先入围由世界级专业机构评定的“中国物业管理公司 100 强”的企业。

建业物业坚持“物业管理 尽善尽美”的质量方针，秉持“根植中原，造福百姓”的经营理念，凭借多年锤炼的品牌、人才管理模式、资金以及客户资源等优势，不断引入国内外先进物业管理理念，丰富公司的省域化和时代化内涵，塑造物业管理品牌，成为国内最具规模和极负盛誉的专业物业公司之一。

二、服务特色

（一）服务体系

建业物业以丰盛的大商业生态资源和“建业 +”幸福生态系统为依托，完善 1.0 物业社区基础服务、2.0 一家社区 O2O 增值服务和 3.0 君邻会订制服务三级服务体系，根据业主在人生不同阶段的个性化需求提供全生命周期服务，依据社区价值提供全方位服务，为业主私人订制新型生活方式。

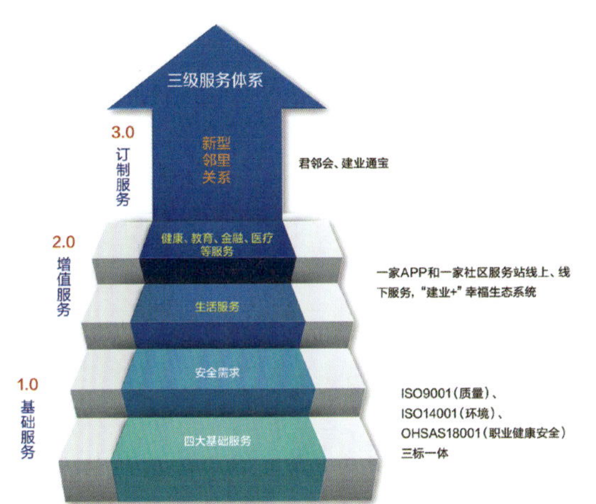

建业物业三级服务体系

1.1.0 物业社区基础服务，尽善尽美

建业物业现服务业主 50 多万人，服务涵盖多层、小高层、高层、别墅、商业等物业类型在内的 100 多个项目。

在物业管理 1.0 时代，建业物业于 1998 年导入 ISO9000 质量管理体系，狠抓秩序维护、保洁、绿化、维修等基础服务，严格按照质量标准和环境标准做好每一项工作，铸就高端品牌，获得了业主的一致赞誉。20 多年来，建业物业持续推动中原物业管理行业发展，共获得国家级荣誉 50 余个、省级先进荣誉 80 余个、市级先进荣誉 130 余个、其他荣誉 60 余个，树立了良好的企业形象。

2.2.0 社区 O2O 增值服务，追求卓越

在物业管理 2.0 时代，建业物业积极探索智慧园区服务体系，推出建业一家 APP 和建业一家社区服务站，集合线上、线下服务，对内整合教育、足球、酒店、商业、绿色基地、嵩云科技等“建业 +”幸福生态系统资源，对外开拓社区周边商家、家政服务、洗衣洗车、旅游中介、网购快递配送等增值服务项目，完成“最后一公里”微商圈建设，打造更加智能化的幸福生活体验模式。

建业物业礼兵

建业物业保洁员

建业物业维修工

3.3.0 君邻会订制服务，共享共赢

建业集团整合内外优质资源，搭建起一个满足高端生活品质追求和高效资产增值需求的新生活服务平台，并以建业通宝形式打通建业集团旗下各产

业，建立建业大商业生态流通平台。同时，君邻会以营造新型邻里关系为目标，围绕品质生活、商务社交、投资合作三类服务领域，为会员提供订制型多样化新生活服务。

（二）区域布局

建业物业以“让河南人民都住上好房子”“让河南人民都过上好生活”为企业愿景，于 2002 年底全面启动省域化发展战略，持续深化省域化服务战略，目前已布局河南省 18 个地市、108 个县，全面布局河南省、市、县、镇、村五级市场，形成独特的省域化服务网络。建业物业所管理的小区管理规范、运作成熟，各地物业分公司均已成为当地物业管理的一面旗帜。

建业省域化战略图

三、服务亮点

（一）标准化的物业服务

建立 ISO9001（质量）、ISO14001（环境）、OHSAS18001（职业健康安全）三标一体的国际管理体系以及 OEC 管理法考核体系，实施全方位的质量管理体系。

（二）服务深潜的星级服务

建业物业一直致力于服务标准与管理制度的创新，形成了独具特色的管理模式和企业文化，为业主提供以健康、生活、教育为主题的星级服务，营造和谐人性的社区氛围。

1. 星级服务之健康篇

为了让孩子们在这个大家庭里找到自己儿时的玩伴，建业物业每年都会举行少儿滑轮大赛、少儿趣味运动会、少儿夏令营、风筝节、开笔礼等丰富多彩的活动。建业物业还建立了老人、儿童档案，定期组织老人体检，看望留守老人，提醒家长给孩子接种疫苗。

2. 星级服务之生活篇

在每个社区大门口，建业物业均放置有免费的小推车、爱心伞、打气筒，业主只要打一个电话便可以享受免费磨刀服务。物业人员还会在特殊的日子为业主写生日贺卡或发送短信祝福、帮新人铺设婚礼红地毯，让细节体现用心。

3. 星级服务之教育篇

每年定期组织安全常识讲座、儿童教育讲座、家庭教育讲座、健康常识讲座等各类讲座，为儿童举办各种兴趣班、“四点半课堂”等，教育进社区，建业物业共成长。

针对银发老人，建业物业主张“活到老，学到老”，为此，特地开办“老年课堂”，围绕健康养生、生活科技等方面举办社区专题讲座，帮助老年人“充电”，让他们在科技飞速发展的当下，依然能够跟上时代的步伐。

（三）军事化、现代化的礼兵服务

建业物业将“公共秩序管理员”名称变更为“礼兵”，即“礼仪之兵”，对礼兵进行军事化管理；通过开展全省社区礼兵军事化技能大比武，提升礼兵专业技能水平。同时，建业物业导入无人值守门禁、远程监控、电梯智能刷卡、身份证刷卡登记及访客拍照、机动车远距离读卡等多种智能安防系统，构筑立体安防体系。

社区文化活动：少儿开笔礼

（四）建业特色的社区文化运营

建业物业的社区文化活动以邻里和谐为出发点，以社区服务站为纽带，重点关注老人、孩子及未入住业主三个群体，发挥全省区域化优势，建立起健全、成熟的业主活动组织体系，探索出一系列具有建业特色的社区文化模式，实现“月月有主题，节节有活动”，为业主打造“尊贵、和谐、健康、成长、开放”的建业生活方式。

此外，建业物业管理的社区还建设运营有太极、旗袍、篮球等 300 余个协会、艺术团，定期组织参加社会各种公益活动和大型演出，丰富业主文化生活，促进业主间的互动交流，建设具有建业特色的和谐社区文化品牌。

2017 年、2018 年，建业物业举办了以“社区厨神争霸赛”“乐活在建业 邻里健康行”“少儿才艺梦想秀”“金婚庆典”“少儿开笔礼”等为主题的社区文化活动，全省 18 个地市分公司共举办活动 2000 余场内容丰富、形式新颖的活动，共计 20 万余名业主参与到活动中，赢得了业主的一致好评，收获了良好的社会反响。

（五）独具特色的 O2O 智慧社区

1. 建业一家手机 APP

建业一家 APP 由建业嵩云科技开发，业主在智能手机、平板电脑上都可以使用。业主登录一家 APP 平台后，足不出户即可获得建业内部资讯，独享商城折扣及 24 小时贴心管家全方位服务（如优质优惠的果蔬鲜花供应、家政服务），还能随时在线报修、投诉并实时监控问题的处理进度。

建业一家 APP 还实现了门禁系统的智能升级，建业物业利用蓝牙感应技术，开发了 0.5 米范围内自动识别 APP 业主身份的功能，有效解决了业主在生活中双手提重物不便扫门禁、有客来访等场景中出现的问题，提高了用户体验。此外，建业物业通过引进和自主研发，已经实现了业主通过手机 APP 遥控小区天眼系统、智能家居、智能楼宇等功能。

2. 建业一家社区服务站

一家社区服务站是建业多元化服务的窗口，设有 24 项便民服务、4 项健康服务、2 项教育服务，既是为业主提供各项免费或增值服务的平台，又是建业一家 APP 平台的线下有机载体，更是“建业 +”幸福生态系统的宣传推广及落地窗口。

建业一家 APP

目前，建业物业已在全省 18 个地市建设 60 多个一家社区服务站，相关业务已覆盖 100 多个建业小区，通过与一家 APP 软件的联动效应，为建业业主打造新型的智慧云端社区，并力争为每一位业主提供周到细致的线上、线下服务。

一家社区服务站

以一家社区服务站为圆心，以互联网为平台，建业物业为业主们画了一个智慧社区之圆。

（六）智慧物业建设

建业物业以客户为中心，围绕 CRM（客户关系管理）、EBA（设施设备管理）、员工 APP、业主 APP，形成了建业特色的 3.0 服务平台，为业主提供更加便捷的增值服务。

物业信息运营管理平台是建业物业为更好地服务业主而打造的内部业务流转平台，可以及时响应业主的报事报修需求、增值服务需求，效率高、差错率低，有助于进一步提升业主生活体验和满意度。通过对物业基础服务流程及标准进行梳理，实行全线信息化管理，建业物业实现了公司内部的信息公开、资源共享，同时建立了与业主沟通的良好渠道，实现客户数据的及时更新，建立客户大数据库，通过对信息的分析和研究，了解客户需求，深度挖掘客户价值，制定切实可行的业主关怀策略，为业主提供更加高效的服务。

（七）铂金管家服务

建业物业拥有一支为业主提供个性化、定制化服务、提高客户满意度而精心打造的“特种部队”——建业物业国际铂金管家。铂金管家代表了建业物业服务的最高水准，均持有由英国管家协会及国家认证的国际白金管家证书和徽章。他们以英式管家的绅士风度、东方管家的体贴入微，为业主提供尊尚服务。

四、企业创新

（一）物业费收费权资产证券化

2016 年 4 月 13 日，凭借实力赢得资本市场认同的建业物业在上海证券交易所挂牌，物业费证券化“建业物业资产支持专项计划”成功设立，建业物业利用物业费成功融资 9 亿元，成为河南首单物业费 ABS 业务。

该计划不仅成功探索了非上市物业公司融资的新渠道，同时有效盘活了建业物业公司管理的存量资产，为物业管理行业树立了标杆。通过轻资产的模式，建业完成供给侧改革，构建起大建业的商业生态系统，实现了建业从房地产开发商到新型生活服务商的战略转型目标。

（二）“建业 +”幸福生态系统

在消费升级、需求多元及互联网普及等大背景下，建业物业紧跟建业集团方向，向“新型生活方式服务商”转型升级。借助“建业物业 + 文化 + 旅游 + 农业 + 商业 + 教育 + 体育 + 酒店 + 科技 + 金融”的“建业 +”这一幸福生态系统，建业物业可以为河南省业主提供时间、内容、地域上无盲点的具有建业特色的服务平台，整体上形成了一种居住在建业、

建业物业铂金管家

日常消费在社区、特色消费在联盟商家的多层次消费服务体系。

未来，建业物业还将利用技术、制度、组织这三大平台的支撑，打通“建业+”幸福生态系统资源与房地产资源的互通转换，使客户购买建业房地产后，能够享受“建业+”幸福生态系统带来的高附加值的菜单式服务和套餐服务，真正实现建业业主的专属服务。凡是建业物业接管的项目，业主均可尊享“建业+”幸福生态系统的各项服务。

（三）双品牌市场拓展

建业物业坚持市场化原则，采用“建业物业+至尚物业”双品牌市场拓展，“建业社区+外部社区”双社区模式，以及“直接管理+咨询服务”双业务模式，在市场外拓方面表现突出。除了服务于建业集团旗下项目外，建业物业还将目光投向更加广阔的市场，积极接管外部住宅、商业、写字楼、政府办公楼、公寓等项目，让河南省的更多居民享受到优质、全面的服务。

“建业+”幸福生态系统

五、新型生活方式服务商

目前，建业物业以家庭为单位，根据业主在人生不同阶段的个性化需求提供全生命周期服务，依据社区价值提供全方位服务。

在新的时代格局下，建业物业将紧扣时代脉搏，不忘初心、砥砺前行，全力打造建业特色的新型生活方式，继续以优质服务提升业主生活幸福感，以自身力量践行企业的社会责任，持续引领河南省人居服务新高度，为精准服务河南1000万人而努力！

明德物业
MINGDEWUYE
中国物业管理专家

立足山东 面向全国 走向世界 做新时代公共服务领军企业

山东明德物业管理集团有限公司

山东明德物业管理集团有限公司成立于 2004 年，是国家一级资质企业。经过十余年的发展，目前，公司在管项目涉及大学城、医院、城乡环卫一体化、产业园、高档住宅区、写字楼、机关办公楼等多种物业业态。服务项目遍及山东 17 地市及全国 24 个省、直辖市、自治区，在管项目 500 多个，是国内管理高校最多的物业服务企业。集团管理了日照大厦、吉林大学、山东大学、哈尔滨理工大学、青海师范大学、博兴县检察院、金茂中心等多个国家级、省级优秀示范项目，其中吉林大学项目、山东大学兴隆山校区项目荣获全国高校后勤物业服务“优秀项目”称号。2016 年，明德物业管理集团跻身“全国物业服务企业综合实力 20 强”。2017 年，荣膺“全国校园物业服务百强单位（企业）第一名”。

为进一步适应“大后勤”“大服务”定位，集团坚持“物业 + 专业”的发展战略，集团业务除涉及物业管理主营业务外，还涉及专业服务领域，如酒店管理、家政服务、电梯维保、保安服务、环境服务等业务。

《高校物业管理指南》正式公开发行

一、坚定政治方向 承担社会责任 打造“公共服务领军企业”

明德集团服务质量提升年动员大会

2018 年是全面贯彻十九大精神的开局之年，也是集团开启发展新纪元的一年，集团提出了“三年发展规划（2018—2020 年）”。随着政府购买服务的不断推进，集团将坚定政治方向，积极承担社会责任，着力打造“公共服务领军企业”。2018 年初，集团董事长刘德明先生当选政协第十二届山东省委员会委员，为进一步带领集团全体职工坚定政治信念，坚持共产党的领导，承担更多社会责任，提供了更加广阔的平台。

具体到“公共服务领军企业”的角色定位，集团着重发力四大优势业态。凭借“高校物业管理”一招鲜的优势，立足山东，面向全国，走向世界。从 2005 年服务于山东师范大学开始到今天，明德集团已经在全国管理了吉林大学、山东大学、华中科技大学、北京理工大学等近 200 所高校。

医院物业是明德集团服务的第二类优势业态。目前，公司在全国管理了山东省立医院、山东省中医院等近百所医院，集团下属的云南城市公司更是中国医院后勤社会化服务的领先企业。

城乡环卫一体化是明德集团服务的第三类优势业态。集团取得了山东省城市市政公用事业经营许可证，获得生活垃圾经营性清扫、收集及运输专业一级资质，目前在管齐河环卫、烟台市芝罘环卫等 40 余个环卫项目，累计投入各类清扫车辆价值达 4000 余万元。

产业园区是明德集团服务的第四类优势业态。公司目前在管中国创新谷、青岛国际创新园等近百个产业园区项目。在产业园区物业管理方面，集团积累了丰富的管理经验，形成了“人力资源共享、管理资源共享、网络信息资源共享”的产业园区管理共享体系。

二、塑造企业品牌 打造行业标准

“物业管理不仅是一项服务，更是一种文化。”这是明德人的文化观，也是明德人的价值观。公司成立以来，立足高起点，融入中国传统“德”文化，塑造出有中国特色的“明德集团”品牌，并注册了“学苑管家”“大道明德”两个商标。

公司先后荣获“国家级守合同重信用企业”“中国物业管理行业突出贡献品牌企业”“中国物业管理行业标杆企业”“省级守合同重信用企业”“山东省服务名牌”“山东省消费者满意单位”“山东省著名商标”等称号。

一流企业做标准。明德集团始终致力于服务标准化和工作流程标准化的研究。在总结企业实践经验的基础上，受山东省住建厅、省质监局委托，明德集团负责起草的《山东省高校物业管理服务标准》《山东省中小学物业管理服务标准》已经颁布。2014 年 5 月，明德集团发布企业标准白皮书，成为省内首家面向社会公开发布企业标准的物业服务集团。2017 年 3 月，集团顺利通过国家级服务标准化试点单位终期评估验收，成为“国家级物业服务标准化试点单位”。公司发起成立了“中国高校物业管理企业联盟”，并担任首届联盟主席单位，着手起草并发布了高校物业服务国家标准。目前，集团作为编委会主任单位牵头起草的《高校物业管理指南》一书已正式出版。与此同时，集团还承担了起草中国物业管理协会组织的《高校物业服务基本要求》（团体标准）的编写工作，将为进一步打造行业标准、国家标准提供支持。

明德物业致力于建设完备的文化体系，从员工入职的手册和培训，到企业文化宣传的报纸、画册、网站、微博、微信，到管理项目中的各类企业文化墙，以各种渠道传递着明德人的精神内核。

三、积极拥抱科技 向新时代物业服务企业转型升级

2015 年，《国务院办公厅关于加快发展生活性服务业促进消费结构升级的指导意见》印发，肯定了我国服务业发展取得的显著成效。随着政府一系列政策的引导，现代服务业的重要组成部分——物业管理行业也迎来了发展的黄金时期。明德集团在充分考量国家政策环境和行业发展形势的基础上，提出了集团“十三五”发展规划。力争在“十三五”时期形成以物业管理服务为核心，各专业服务协调发展的综合性公共服务领军企业的总体发展定位，实现“产业规模一流、管理水平一流、企业效益一流、社会贡献一流、员工待遇一流”。要以“创新、协调、绿色、开放、共享”的五大发展理念为指导，创造新的业态，发展新的空间，研发新的技术，创建新的机制，实现新的目标。

为此，明德集团立足于行业在“转折、转轨、转型、转机”的发展趋势，顺势而为，提出了“管理数字化、服务专业化、流程标准化、操作机械化”的发展理念，“四化并举”打好优质服务“组合拳”。

（一）管理数字化

明德认为，数字化能从根本上突破传统物业管理的发展瓶颈，全面提升物业管理机构的管理与服务水平，而且还能为行业自身赢得巨大的市场发展空间，是符合我国信息化建设的新型物业管理模式。为此，在管理数字化方面，明德集团着重打造数字化办公平台、数字化校园平台、数字化指挥平台和数字化环卫平台。

首先，在数字化建设方面，明德本着分享精神，利用山东省发改委服务业引导资金拨款，全面建成云智能标准化物业服务平台，并将平台打造成山东省物业管理行业数字化管理的示范平台，免费开放给全省 7000 余家物业企业使用。

其次，打造了明德智慧校园服务平台。校园快递管理混乱、放置杂乱在当前的校园中可谓司空见惯，为了在改善校园环境的同时满足学生的创业需求，明德建立起了线上线下的“校园一号店”，实现快递－体验店－创业创客平台“三位一体”运营模式，实现设备的移动巡检，还将线下体验店与校园快递揽件区整合，打造师生一站式消费平台体验区，同时将资源整合，引入社会资本，帮助辅导学生创业，搭建大学生创业创客平台。

在明德智慧校园服务平台上，学生们可以通过“雅学院 APP”随时报修、投诉，物业的员工手机接单。这要归功于明德将校园的智慧平台，通过云平台将设备设施管理、呼叫中心、指挥中心、报修投诉咨询等业务模块进行了整合，实现设备的移动巡检。

再次，数字化也充分应用在明德集团的内部管理上。通过数字化指挥系统，实现了明德公司总部与各服务项目的远程对接，通过视频指挥系统，总

国家主席习近平视察烟台来福士项目，明德集团提供后勤保障

部中心可以实时了解高校服务项目现场服务状况、监控现场管理及“三会一课”情况，调动总部优质资源实现项目应急统一指挥、巡检及安全防范。

最后，打造明德智慧环卫平台。为了提升环卫作业质量，降低环卫运营成本，用数字评估和推动垃圾分类管理实效，实现垃圾减量化、垃圾资源化、垃圾无害化。明德集团依托物联网技术与移动互联网技术，对环卫管理所涉及的人、车、物、事进行全过程实时管理，合理设计规划环卫管理模式。

数字化平台的搭建，实现了公司总部与各服务项目的远程对接。明德集团战图实现实时数据可视化，并实现多维度数据分析，为科学决策提供了技术支持。

（二）操作机械化

机械作为一种现代化生产手段，是先进生产力的代表，是现代物业管理的重要物质基础。机械化不仅是物业管理现代化的重要标志，而且在现代农业建设中具有基础性、承载性和助力性，有不可或缺的重要地位和作用。在操作机械化方面，明德集团坚持走机械化发展道路，先后与中联重科、五征集团、深圳东风以及济南豪瑞通达成战略合作协议，通过与知名环卫设备生产商之间的强强联合，快速普及各类机械化清洁设备，提升全业态、全服务领域机械化作业能力，不断提高技术含量和科技投入，用机械替代人力，走可持续发展之路。

（三）流程标准化

明德物业清楚地认识到，谁掌握了标准，就掌握了市场的话语权。一个企业只有推行标准化，才能实现管理的科学化。明德集团作为任首届高校物业服务企业联盟主席单位，组织编写《高校物业管理指南》一书，目前正在参与制定校园物业服务国家标准。

（四）服务专业化

在物业服务市场高速发展的今天，专业化服务已经成为一种必然的趋势。在服务专业化方面，明德集团梳理了内部产业布局，立足于物业管理主营业务，将服务内容和服务优势整合，共成立 17 家物业板块子公司，打造更为专业化、精细化的服务公司，不断延伸合同能源管理、居家养老、酒店管理、停车场管理、专业安保、电梯维保、文化创意等领域，提高个性化、定制化服务能力，不断满足多元化市场需求。

物业服务企业提供的服务产品具有非实物性、不可储存性和生产与消费的同时性等特征，这些特征决定了集团必须从供给侧结构性改革的角度出发，不断适应新时代提出的新要求，满足业主日益个性化、定制化、精细化的多元需求。明德集团承载着为无数家庭的创造幸福生活的崇高使命，将在提供优质服务的道路之上阔步前行，不懈怠、不动摇！

“移动互联 + 智慧物联”催生企业新生命力

上海东湖物业管理有限公司

在行业跨越式发展的大背景下，众多物业企业跨界经营、兼并重组、捆绑上市，可谓奇招频出、神通各显。而东湖物业始终坚守物业服务主阵地，以业主需求为导向，积极应用移动互联与智慧物联，着力打造“深智”“东湖 e 家园”“东湖网院”等应用载体，构筑高质量、多元化、综合性的物业服务云平台，对商业模式、管理体系和服务进行创新升级，通过挖掘内在潜力，实现核心价值，催生出强大的生命力。

一、顺势而为 构筑市场潮流中的强劲动力

在纷杂变幻的物业市场中，东湖物业高层审时度势，做出前瞻性判断，迈出的每一个步伐都铿锵有力，无不朝着高端物业服务集成商的愿景奋进。

1985—1993 年：蹒跚起步。依托上海首座现代化写字楼——瑞金大厦，

东湖物业项目开放日（班前会展示）

东湖物业苦练内功，打下了办公楼管理的基础，一举成为上海物业管理的先行者。

1993—2002 年：精耕细作。秉承初心、苦练内功、外树品牌，依托东湖集团高星级酒店管理和高端办公楼管理传统优势，构筑了企业良性发展的基础，一举成为首批物业服务一级资质企业，也是上海市最早走向全国的物业服务企业。

从 2003 年开始，东湖物业按照“一年一个目标，五年一个跨越”的发展方向，通过 3 个五年发展规划，完成了精耕细作、化茧成蝶、实现跨越的过程。

2003—2007 年：高速发展。东湖物业以“精耕细作、做精做强”为发展战略，全面实施卓越绩效模式，形成了独具东湖特色的物业管理模式。

2008—2012 年：化茧成蝶。东湖物业外创品牌，内练素质，获得上海市著名商标、上海市质量金奖等多个首家和独家荣誉，并在 2008 年成为首家签约上海世博会的物业服务企业，声名鹊起。

2013—2017 年：实现跨越。东湖物业积跬步至千里，企业综合实力连续四届位列全国物业管理行业 20 强，取得了优良的经营效益和品牌成就。李风总经理当选中物协副会长和上海市物协执行会长，为行业发展发挥积极作用。

东湖物业 e 家园微信公众号平台

二、守正出奇 开创东湖特色的盈利模式

“微利”是物业服务企业的特点。在很多同行另辟盈利点，兼并重组、线上线下服务层出不穷之时，东湖物业却显得淡定而沉稳。淡定源于自信，得益于独具东湖物业特色的盈利模式，仅凭百余项目、千万管理面积，夺得 10 个多亿元营收，多年稳居上海乃至全国物业管理行业前茅，即是最佳佐证。

采用深耕战略。东湖物业始终立足于物业服务的“一亩三分地”，精耕细作，将服务做到极致，而非舍本逐末。借助专业化、差异化的经营手段，东湖物业从延伸物业管理产业链、拓宽服务面出发，向前增加前期设计顾问、设备选型顾问、现场管理顾问，向后向物业保值增值、大修改造等全生命周期管理发展，左右则探索关联业务的多元化发展，找到了物业管理发展的新突破口。近些年来，公司的管理面积无明显扩展，但经营收入持续增长，形成了独具价值的商务与盈利模式。

推出东湖 e 家园。在非传统优势——住宅物业上，根据业务结构和区域特性，结合公司项目发展的需要，以区域化和专业化为基础，对小区物业项目进行评估调整，探索实行“区域制”“管家制”，建立“工程实训基地”，优化人员配置，实行资源共享，提高项目经营效益。探索社区 O2O，推出“东湖 e 家园” 应用载体，围绕“互联网时代物业转型升级”“互联网助力创新发展”等主题，探索挖掘在居住物业触网后的新价值。通过东湖 e 家园，用户可随时运用掌握小区动态，第一时间收到社区、物业及居委等各类信息，实现在线报修、物业缴费、东湖集团属下酒店优惠等多项服务功能。

探索 FM 设施管理。东湖物业切身力行实践 FM 设施管理概念，初步建立了东湖物业 FM 设施管理模型，通过人、场所、过程和科技的整合，将多个现场的运营、维护、员工服务整合在单一的服务管理合同中，确保传统的工作场所及环境功能的目的。FM 设施管理也是东湖物业当前以及今后的重点主攻方向。

三、厚积薄发 着力打造设施设备管理核心竞争力

洗尽铅华呈素姿，不苟修饰。在长期实践中，东湖物业扎实培育“设施设备管理”这一核心竞争力，形成了与自身发展相配套的独立业务支撑能力和技术支持团队，并将此作为拳头产品成功运用到承揽项目的市场运作中，为业户提供专项和顾问服务，在市场拓展中占有不可超越的先机。

公司以总工程师为牵头人，以专业为条线，设置了强电、弱电、暖通、给排水工程等多个技术专业组，开展设施设备多样性的课题研究，有针对性地与物业管理日常运行相融合，建立了一套全新的、与国际化楼宇管理标准相对接的专业化流程。公司还建立了设施设备维修培训基地、制冷空调设备实训基地，整合资源，推进解决工程技术人才培养和服务技能提升的难题。

公司实行“专业首席工程师”挂牌制度，评聘首席工程师，颁发聘书，给予津贴。通过集合技术人才资源，为设施设备关键系统的接管验收、运行管理、维修养护和大中修等工作，提供人才保障与技术支持。如遇设施设备疑难杂症，由公司总工程师挂帅，各专业首席工程师参加，进行会诊并给出

首席工程师团队

诊断报告和解决方案，凸显出公司的设施设备核心竞争力优势。

四、多管齐下 建设管理骨干储备梯队

东湖物业“不拘一格选人才”，“人尽其才、才尽其用”，管理骨干流动率一直保持在较低水平，个别跳槽者时隔多年重新回归，得益于公司富有竞争力的薪酬激励机制和职业上升通道。

公司制定并全面落实“5321”人才发展战略，并专门设立百万元人才储备金和50万元拜师带徒储备金，用于人才库的构建；与专业咨询公司合作，制定“卓越管理”主题培训方案，全面导入MBA经营模拟体验式培训，提升项目经理综合素质；广开“校企合作”，通过“外引、内提”等办法，有效配置并利用学校优质资源，培养专业人才；与青浦职业技术学校合作开设“专业中专班”；与上海科技管理学校合作设立“制冷空调工程及维护专业实习实训基地”，全面启动“订单式”人才培训合作模式。设立“东湖工匠”助学基金，有针对性地奖励优秀、扶助困难学生，履行企业社会责任，同时也塑造了企业良好形象，增加了企业对人才的吸引力。

东湖物业与物学网合作建立“东湖物业网络学院”，融“教、学、考、管”于一体，最大限度地满足了项目、岗位需求和骨干多样化、个性化的需要，满足了学员在线学习时间碎片化、灵活化的需求。2017年，公司联合物学网开办“东湖物业后备项目经理”培训班，33名优秀员工经过为期半年的集中教学、线上学习与个人自学，完成分模块培训，顺利通过结业答辩，取得物业经理初级证书，并投入物业经理中级的学习中。而公司也会对历届后备项目经理班学员单独建档、追踪培养、优先启用，逐步充实和完善公司后备人才储备梯队。

训练

五、精耕细作 尽显东湖物业工匠精神

“工匠精神”的核心是严谨务实、精致精细、执着专一，这与东湖物业“精耕细作、做精做强”的企业精神不谋而合。东湖物业从来不以面积或低价取胜，靠的是精雕细琢、精益求精的经营理念，靠的是一份工匠般的执着、敬业与创新，将“认真、仔细、严谨”移植到物业管理的点点滴滴细节中，做到：立足一个项目，做好一个项目，带动一片项目。

东湖物业始终坚持以业主需求为导向，坚持精耕细作、做精做强。25年来，在银行为代表的高端金融物业设施管理领域独领风骚，并覆盖公安司法、政府、商务、科教产业园区、隧道、图博中心、宾馆以及酒店式公寓、别墅、高端住宅等多种业态，始终为业户提供落地的全生命周期解决方案。

东湖物业以信立业、以质取胜、以工匠精神扎根物业服务，依据“区域滚动发展”“以点连线成片”的发展思路，立足现管项目，采取打造样本、

纵深渗透的策略，培养了张江、陆家嘴、虹梅等区域强势品牌，尽显东湖工匠精神，赚足口碑。示范效应助推了市场联动发展，东湖物业现拥有诸如中国工商银行、上海银行、国泰君安证券、张江集团、张江股份、上海土控、申迪集团等具有高黏合度的合作伙伴。自2011年起，东湖物业连续四届上榜中国物业管理综合实力百强企业，2016年位列“全国物业服务百强企业综合实力20强”，并获得“办公楼物业服务特色企业”等荣誉称号。

六、“互联 + 物联”催生企业更强生命力

信息化管理系统作为东湖物业创新发展的三大支撑体系之一，明确写入五年发展规划，并建立了一整套支撑公司发展战略目标的软件系统。公司主动拥抱互联网，推进“互联网 + 物业服务”融合，在信息化工作组、软件公司及相关管理项目的共同配合下，扎实落实信息化规划，分享新技术革命带来的红利。优先在“设备巡检、财务预算、人力资源管理”三个条线，逐步构建出符合东湖物业管理实际，提高服务品质和服务效率为目标的综合性信息化管理平台，达到“支撑决策、快速应变、服务管理、高效执行”的目的，提高公司管理水平和市场竞争的优势，加快物业服务升级的步伐。至今，公司信息化管理覆盖率达到90%以上，其中行政、财务、人事软件覆盖率达100%。

推出“深智”智慧设施管理系统平台。东湖物业联合能效通、费哲共同打造“深智”智慧设施管理系统平台，创新性将智慧物联技术接入物业设施管理系统，构筑成物业设施管理全过程、全流程、全生命周期的智慧管控平台，立志成为国内最具创新效力的物业设施管理解决方案。在张江创业源、张江创新园、张江大厦、集电港四期等项目实施以来，项目物业运行的管控能力得到很大的增强，效果明显。2018中国上海国际物业管理产业博览会期间，东湖物业承办了“移动互联与智慧物联”分论坛，充分展现了公司先进的设施管理理念和解决方案，吸引同行高度关注。

以守正实现价值，以创新引领未来，东湖物业深耕传统物业，坚持走专业化、多元化、集成商道路，积极应用移动互联与智慧物联，拓展新视野，开创新作为，实现新超越，成为业主值得拥有和信赖的高端物业服务集成商！

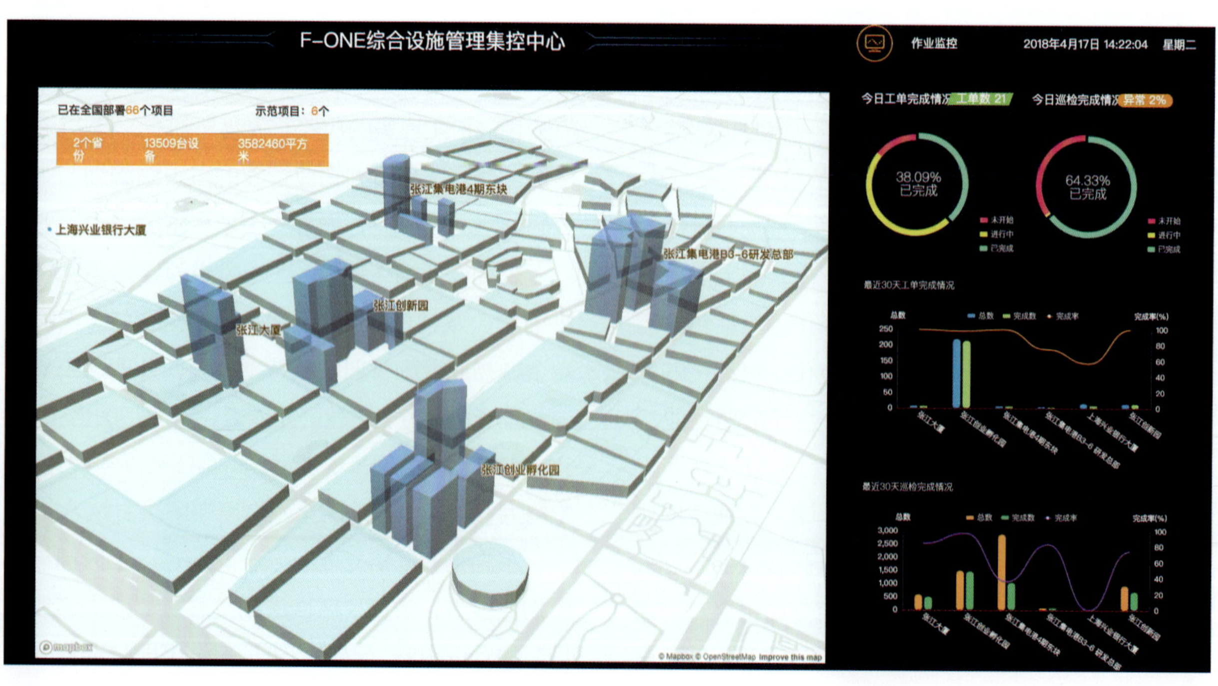

追求卓越品质 永创一流品牌

深圳市龙城物业管理有限公司

公司前台

TOP20

互联网的发展，不断地刺激物业服务行业持续追求技术求新，促使服务半径扩大；同时，修炼内功，精进服务品质，强化市场拓展，加大项目竞标与战略合作。伴随着互联网和资本市场的冲击，物业管理行业整合程度不断加深，为了应对物业管理行业出现的新变化，结合龙城物业发展战略，2016 年 12 月 23 日，中民未来和龙城物业在深圳签署战略合作协议，这标志着双方建立了稳固的战略合作伙伴关系，为龙城物业在全国性战略布局持续、健康、快速发展奠定了良好的基础。

龙城物业业务遍布全国，涵盖物业管理、物业咨询、商业物业运营、物业资产运营等领域，管理着政府办公楼、写字楼、商业、住宅、别墅、医院、学校、公园、展馆、剧院、图书馆等多种类型的物业。系中国物业管理协会常务理事单位、深圳市物业管理行业协会副会长单位、深圳市物业管理行业综合实力10强企业。目前，龙城物业已在全国32个城市开展业务，为10多万家庭客户和300多个机构客户提供物业服务，其中包括5个省部级项目和众多战略性城市物业项目，以及江西省委省政府、安徽省委省政府、深圳市市民中心、东莞玉兰大剧院等诸多城市标志性建筑。

龙城物业经过市场的市场磨炼和洗礼，已积累了丰富的物业管理经验，创立了知名的物业管理品牌，多次获得“深圳知名品牌”的称号。2008—2017年连续10年被评为“广东省诚信示范企业”；2010—2017年连续8年获得“广东省守合同重信用企业”等多项荣誉。

在激烈的竞争中，龙城物业凭借丰富的管理经验脱颖而出，并保持着强劲的发展势头。公司对自己所辖物业的管理水平定位于《全国物业管理示范大厦（小区）》标准，先后获得11个“国优”、36个“省优”和一大批“市优”奖项和荣誉。

一、优化管理架构适应新发展

公司经营班子始终把提高物业服务水平、提升现场品质管理作为今后可持续发展的必由之路，做到“标准化、精细化、系统化’”。要实现这一目标，优质服务是根本的基础所在。

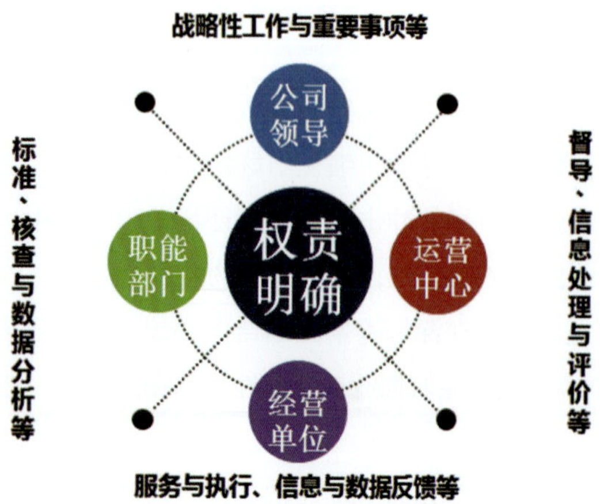

组织调整

为促进公司核心层级能影响所有在管项目，对全局进行管控，同时能够满足公司不断规模扩大和逐步管理升级的要求，按公司现行组织架构，进一步优化公司内部管理。

同时，遵循“职责与权限对等”原则，根据公司的体系文件与规章制度，公司将进一步优化公司内部管理，调整相关授权，明确各层级的职责与工作任务。

公司高管层主要负责公司战略性工作和相关重要事项，各职能部门按业务归口负责相关的标准制定、过程核查、数据分析和结果评估等，各运营中心负责各类工作的督导、相关信息与数据处理、结果评价与考核，各经营单位负责对客户的服务、执行相关要求并反馈相应的工作结果等。

二、信息化平台提供高效服务

龙城物业的IT系统平台建设，通过与多个不同的IT系统服务商进行协调，实现了公司年初提出的搭建信息化管控平台的计划。目前，OA系统、人力资源管理系统、EAS预算系统全面上线，有效促进了公司在信息化建设方面的步伐。宏景人力资源管理软件的上线使用，可以有效促进公司所有在管项目的人员管理，强化公司在用工风险方面的防范，全面上线实施后，能够及时发现与干预，有效预防用工风险。同时，实现了公司人事任命等统一管理，促进了公司的人才梯队建设。

截至目前，龙城物业信息化平台基本框架已经搭建完成，以蓝凌OA平台为核心，多平台集成，实现待办中心、消息中心、报表中心的功能。独立平台逐步推广，部分平台模块进入试用阶段，如维修巡检调度平台目前正在深云村进行试点，运行情况良好。公共服务平台已开发完成，正在深圳中国人寿大厦试运行。

信息化平台搭建作为龙城物业 IT 工作重点。搭建完成标志着一期工作告一段落，各模块的推行应用，有效地支持了公司管理运营，促进公司全局管控的实现。

2018 年度，龙城物业将在原有基础之上，根据具体实施效果继续完善 IT 系统平台的建设，进一步推进公司全员参与其中，让 IT 系统平台支撑公司提出的各运营中心“公司化自运转”的要求。

三、“四步走”提供专业服务

（一）标准化管理体系

龙城物业通过引入 ISO9001、ISO14001 与 OHSAS18001 等标准体系，结合公司运营实际情况，形成了具有自身特色的体系专业服务流程、管理制度和作业标准，为公司在日常运作中逐渐形成制度化、程序化管理方式奠定了基础。以高科技，高标准，高效率的“三高”要求为诸多项目提供丰富的管理资源。

（二）精细化服务水平

龙城物业在激烈的竞争中，凭借丰富的管理经验脱颖而出，并保持着强劲的发展势头。公司对自己所辖物业的管理执行《全国物业管理示范大厦（小区）》标准，不断提升项目管理品质，为客户提供优质、专业的服务。同时，公司作为物业管理行业服务标准化编制单位之一，还与时俱进，不断引进运用新的科技工具，进一步提高了公司管理水平，提升了项目的服务品质和顾客满意度。

（三）专业化品牌形象

龙城物业业务遍布全国，涵盖物业管理、物业咨询、商业物业运营、物业资产运营等领域，管理着政府办公楼、写字楼、工业园、住宅、别墅、医院、学校、公园、剧院、图书馆等多种类型的物业，尤其是在政府机关类物业服务领域保持着居业内领先地位的管理水平和市场规模。

（四）职业化服务团队

龙城物业拥有专业的人才培养团队，将人才的培养作为企业发展的重要环节。经过二十余载的磨

市民中心

一体四翼

砺沉淀，已经形成一套高效的培训机制，每年为公司培养大批优秀的职业管理人员。上万人的职业化服务团队，服务团队政治合格、业务精通、纪律严明。

四、新发展 新活力 新征程

为了提升龙城物业发展潜力，优化企业发展形式，增强企业在新的社会环境中不断突破自我，强化自我的能力，龙城物业根据自身发展优势，通过利用项目管理过程中所拥有的各项资源，优化组织架构，聚集目标市场，落实目标管理，强化企业文化等形式，再次明确了企业新的发展方向。

龙城物业董事长徐永平、总裁曹选在 2018 年龙城物业经营工作会议中正式提出了"一体四翼、协同发展，促进管理升级，提高经营效益"的目标。

"一体"——物业服务，是公司的主营业务，是基础，是平台，是主体。

"四翼"——四类服务，是公司的重要组成，是补充，是亮点，是未来。

（1）餐饮业务，整合客户资源，顺应客户需求，提高客户黏性，拓宽经营效益；

（2）工程业务，满足客户需求，支撑项目服务，助推主体发展，打造多方共赢；

（3）多种经营，借助上级资源，叠加多种产品，强化服务体验，提高经营收益；

（4）智能化建设，助力智慧城市，提升客户满意度，降低运营成本，促进管理升级。

现如今，一体四翼的企业发展模式在全国各地推广，龙城物业各运营中心、各专业公司在公司经营班子的统一指挥下，按照公司既定发展规划再一次集中力量干大事，信息共享，资源共享。通过各方协调，统一行动，一体四翼的发展模式以一种前所未有的姿态再一次展现出龙城人不断积极进取，大步前行的高昂姿态，取得了一系列的成绩，为企业发展注入源源不断的动力，也为企业所有员工不断提升自身能力、实现自我提供了一个平台。正是凭借着对市场环境和物业管理行业发展趋势的准确评判，龙城物业以积极的姿态迎接每一次变化，道路是曲折而漫长的，但龙城的发展始终没有停下脚步，每一次都挺直了腰板，以坚实而有力的步伐不断前进。

"追求卓越，永创一流"是龙城人永恒的目标。龙城人将一如既往开拓进取，以全新的经营理念、规范的管理、优质的服务为广大客户营造美好的工作、生活环境，实现客户物业资产价值的最大化。

商住产一体化全息生活服务运营商

重庆天骄爱生活服务股份有限公司

一、企业基本情况

（一）发展概况

天骄爱生活服务股份有限公司（以下简称“天骄爱生活”）前身为协信天骄物业，1999 年发轫于重庆，目前已在西南、华东、华北、华中、华南等区域实现全国深度布局，拥有国家一级企业资质，通过 ISO9001/ISO14001/OSHAS18000 体系认证。2016 年 1 月，天骄爱生活成为重庆首家新三板挂牌物业企业（证券代码：835422）。

通过住宅物业服务平台、商业物业服务平台、产业物业服务平台、公建物业服务平台、资产管理平台、设施设备管理平台等六大平台体系，天骄爱生活已构建了物业服务全生命周期闭环生态圈。目前管理规模超 5800 万平方米（含顾问服务）。

重庆总部城（天骄爱生活产业物业服务项目）

TOP20

天骄爱生活集中培训

（二）经营特点

天骄爱生活以"物业管理＋互联网"思维，植根社区经营，创新服务模式，加速企业转型升级，面向全国中高端社区推出小 A 智慧物业平台，结合线下服务体验打造全新的社区生活服务场景，并推出资产管理、社区车管家、天骄小厨等多种经营项目，为业主提供全方位增值服务，构建起业主、物业、服务商有机融合、共生共荣的社区生态圈。

通过移动互联网、云计算、物联网，融合物业基础服务、公共服务、邻里互动及各类 O2O 垂直服务资源，天骄爱生活多维度、全方位地为业主提供社区生活解决方案，并依托协信集团独有的商住产一体化资源优势，打造一站式全息生活服务模式。在小 A 智慧物业平台上，物业可使用小 A 管家实现移动式管理，也可通过手机使用天眼远程移动监控系统即时查看工作状态，提升工作效能；住户可以使用小 A 帮 APP 实现在线报修、物业及水电气缴费、天天美食汇、线上房屋银行、家政预约、社区乐购、扫码开门、扫码领快递等多种便捷功能，不用出小区门就能体验天骄资产管理、天骄车管家、天骄小厨、天骄半养老、小 A 智慧生活馆、社区医疗、社区金融等服务，共通共享的社区经营生态日臻成熟。

（三）区域布局

天骄爱生活深耕巴山渝水，相继布局以重庆、成都、昆明为中心的西南地区，以长沙为中心的华中地区，以上海、苏州、无锡、镇江为中心的长三角地区，以北京、青岛为中心的泛渤海湾地区，以西安为中心的西部地区，进入了重庆、成都、昆明、长沙、上海、苏州、无锡、镇江、北京、青岛、西安、三亚、深圳等大中型城市。

通过以全委接管、代管服务、咨询服务三种模式为主的创新合作服务体系，天骄爱生活接管物业类型涵盖城市综合体、产业园区、商业综合体、购物中心、商务写字楼、公共设施、高档公寓、住宅、别墅等，已发展成为布局跨区域、项目跨业态、服务跨业界的大型综合性现代服务企业。对高端住宅、城市综合体、市政公建等，天骄爱生活直接提供"品牌化全委服务"；对认同天骄企业文化、有实力的开发商，为其开发项目或下属物业公司提供“全方位代管服务”；对希望通过顾问形式在前期建设及后期使用阶段提升产品与服务品质的项目提供“全过程咨询服务”。

（四）价值理念

多年来，天骄爱生活以“品质筑就价值”为核心价值理念，以“致力于成为商住产全息生活服务运营商”为使命，专注服务，持续创新，为业主营造了温馨、和谐、高雅、人文的“天骄生活方式”，目标是实现管理现代化、经营集约化、服务专业化、协作社会化，并以不断创新的管理理念和服务方式，打造物业管理高品质服务，提升天骄爱生活品牌形象，持续保持行业领先地位。

未来，天骄爱生活亦将不断探索新常态下物业服务新模式，通过科技化变革不断推动物业转型升级，为客户和股东持续创造价值。

天骄爱生活方式

二、模式解读

（一）人力资源管理优势

为配合公司的快速成长，天骄爱生活将人力资源的培养能力作为其业务发展核心能力之一，在人才的储备、培养、管理、激励等各方面已经形成了较为健全的体系，并通过具有行业竞争力的薪酬和完善的个人发展计划，吸引来自各个领域的优秀人才，不断充实管理团队，打造优秀的人力资源梯队。突出的人力资源管理优势使天骄爱生活在进一步扩张项目管理规模时，能够保持高质量的项目团队和服务品质。

2018年6月，天骄爱生活正式启动“231人才计划”，以“新时代、新机遇、新青年”为主题，聚焦青年、诚聘精英，面向全国招募2名青年领袖、30名中层管理干部、100名项目经理，强化人才基石，为公司战略发展提供人才保障。对于进入“231人才计划”的人员，公司通过集中培训、综合素质提升、课题项目调研、乐享生活等活动，从“自我认知”“自我管理”“自我实现”三个阶段进行全程培养，确保人才战略落地。

（二）项目管理经验优势

天骄爱生活在物业管理行业深耕发展近20年，通过提供不断优化的服务，积累了丰富的项目管理经验，形成了覆盖“商住产”的全息服务体系。

不仅如此，天骄爱生活也为开发商提供前期介入服务，为中小型物业服务企业提供物业管理顾问服务，目前已建立了一套高效的服务体系和质量控制体系，能够使其提高经营效率、降低交易成本、稳定经营成果。

根据多年的物业管理经验，天骄爱生活全面深入地了解并总结业主的痛点、难点、关注点以及房地产开发可能遗留的问题。在此基础上，从概念方案的开发开始介入项目，给开发商合理化建议，规避以往设计缺陷给业主造成的不便，减少后期的纠错成本。在施工阶段，及时跟进进度，针对一些可能为后期管理带来困难的问题（如渗水、裂缝等）重点关注，第一时间发现问题、及时督促施工单位整改，降低风险，明确后期整改的责任划分。经过多年的打磨，前介服务已经成为天骄爱生活的核心竞争力之一。

同时，天骄爱生活十分注重社区文化建设，以运动会、文化艺术为主线，以重大节日和季节性社区活动为支撑，根据具体社区情况打造月度活动作为补充，以系列活动建立生活仪式感，创新活动形式，激发新的生活方式，由此打造温馨和谐的天骄式生活社区。

（三）品牌优势

天骄爱生活始终致力于为广大客户提供高品质的服务，以“品质精细化、服务现代化、管控科技化、运营高效化、社区人文化”为内核，倡导和谐、文明、进步的“天骄生活方式”，所管理的项目曾多次获得国家、省、市级荣誉。2010 年，重庆市协信 TOWN 城项目获得住房和城乡建设部授予的“全国物业管理示范住宅小区”称号；2012 年，重庆市协信天骄城项目获得住房和城乡建设部授予的“全国物业管理示范住宅小区”称号；2011 年，协信云栖谷住宅小区项目获得重庆市国土资源和房屋管理局授予的“宜居重庆物业管理房屋示范小区”称号等。天骄爱生活以其良好的市场口碑，不断提升品牌影响力。

（四）科技创新能力

经过多年的开发运用和持续创新，天骄爱生活已经形成了较为完善的物业管控系统、客户资源管理系统，依托强大的信息化建设体系和运营平台，实现物业管控智能化及客户资源 O2O 运营能力。这不仅最大限度地满足了业主对物业服务准确性、安全性和及时性的需求，也帮助天骄爱生活实现了低成本和高效率运营。

天骄车管家

（五）社区多种经营服务能力

天骄爱生活以客户满意度为前提，深挖客户需求，构建了商家、物业、客户、平台融合共生的社区经济生态圈，通过专业化运作、社区 O2O 等多种经营服务开拓新型商业模式，在健康、家政、食品、餐饮、汽车、教育、金融、医养等各个领域全方位提升物业增值服务空间，具备较大的竞争优势和较好的品牌效应。

三、未来发展

（一）总体战略目标

天骄爱生活以打造住宅物业管理、商业物业管理、产业物业管理、公建物业管理、资产管理、设施设备管理六大平台为基础，以“商住产一体化全息生活服务商”为战略定位，从传统物业管理向现代服务业转型，开启“住户转用户”的全新模式。利用“积木式创新”构建孵化平台，建立生态体系，逐步实现专业运营能力向资本运作的转换。未来，依托商住产集成开发先进模式，在科技产业园、教育小镇、农业小镇等新型城镇领域中，取得了领先发展机会和优势。

（二）发展规划

1. 回归物业服务本质，增强物业服务能力，持续提升客户便捷度及体验感

天骄爱生活践行“温情永恒，关爱一生”的服务理念，全方位提升服务触点感知，基础服务体系全面迭代升级，建立与项目开发进度相匹配的物业服务体系，实现前期介入、示范区管理、后期服务全生命周期的物业服务体系。

同时以信息化为基础，融合互联网、物联网技术，实现扁平化“管人”和智能化“管物”，完成效能提升。利用信息技术优势，缩短响应时间，提升服务效率，助力服务更精准到位。

2. 多种方式并举，实现规模快速扩张，积累客户资源

天骄爱生活依托重庆、上海双总部，实现双核驱动，将山东作为第三大市场发展核心，建立西南、华东、华北、华中、华南五大市场区域，形成纵线贯穿，实现深度全国布局。市场拓展方式多样化，通过项目拓展、股权合作、物业顾问、合作经营和授权经营等多种方式，绑定优势资源，拓展优质项目及平台输出，实现管理规模及客户规模的快速增长，低成本高效率地提高市场占有率、打开新市场。选择发展战略高度契合、成长性良好的物业服务相关企业，进行深度合作，谋求共赢发展，增强资源优势，实现规模经济。

3. 深耕社区资源，创新经营模式，构建多层次、全方位社区多种经营体系

天骄爱生活持续发力社区平台运营，构建商家、物业、客户、平台融合共生的社区经济生态圈，从住户到用户的价值转换、平台开放性合作、社区服务多样化、客户满意度提升等各个方面提升物业增值服务附加值，努力成为行业领先的社区综合服务商。

匠心筑梦 孜孜不辍

广州珠江物业酒店管理有限公司

1987年，广州珠江实业集团由于合作管理广州花园酒店的需要，出资成立了广州珠江酒店管理公司。生来条件优越的珠江管理没有安于现状，怀着“塑一个品牌、做一番事业”的梦想投入了市场竞争的大潮。出身国资的珠江管理早在成立之初，便确立了“以诚待人，以信立业”的经营理念，“专家品质，忠诚服务；严谨周到，尽善尽美”自然化为企业遵循的服务理念。

30年来，珠江管理始终坚持以规范化、专业化、科学化、系统化的管理原则指引项目管理工作，打造精品，服务大众。未来，面对新经济、新时代的发展浪潮，珠江管理仍将坚守品质、不忘初心，同时以党建为引领，改革创新、拓展经营，开创珠江特色的新格局，融入国家经济社会高质量发展的大潮。

一、心存远志，艰苦创业

（一）酒店起家，乘势追击

凭借对事业的追求，从广州花园酒店开始，珠江管理先后接管了三亚珠江花园酒店（四星级）、三亚珠江南田温泉度假区（五星级标准）、顺德金茂华

珠江管理汇聚了一批理论与实操兼备的职业经理人

珠江管理自成立之初便确立了“以诚待人，以信立业”的经营守则

美达广场酒店（五星级）、高明皇家银海大酒店、洛阳牡丹大酒店、江悦酒店（广州市总工会）、广东省经贸招待所等酒店。为此，珠江管理获得过饭店业奥斯卡奖——金星奖，成为海南温泉旅游协会会长单位，被广州市总工会誉为“工会资产的管理典范”。近年来，公司又承接了广州大厦（四星级）、广东省人大代表之家等酒店，承担起了“广州市政务接待酒店”的重任。

（二）介入物业，敢为人先

1992 年，珠江管理与第一太平戴维斯合作接管集团旗下的广州世界贸易中心大厦，正式进军物业管理领域。作为内地首批成立的物业管理公司之一，珠江管理没有照搬香港物业管理公司模式，而在实践中不断推陈出新，在行业内开创了数个先河：首创广州地区商业大厦物业管理，首推“一站式窗口服务”、服务承诺制、财务公开制、酬金代理制，首推大厦社区文化活动，首个成立业主委员会，首开物业管理大专班，首创省外项目输出管理，形成了独具特色的“珠江管理”模式。在钻研业务的同时，珠江管理还编撰了行业内首套物业管理大专院校教科书。至今，珠江管理专修学院桃李满天下，毕业生遍布行业内耳熟能详的物业公司，有的甚至已挑起领导班子的重担。

珠江管理是国家旅游局首批酒店管理资质企业，也是国家建设部首批物业服务 级资质企业，是华南地区最早成立的物业管理公司之一。30 年来，珠江管理栉风沐雨，不忘初心，砥砺前行，目前已成长为一家以物业、酒店管理为龙头，清洁保养、工程维修、餐饮经营、居家养老、安保服务、房地产代理、教育培训等多元化经营的综合性服务企业，在管项目涉及酒店、写字楼、商场、住宅、医院、工业园区等十多个领域，地跨广东、广西、湖北、湖南、安徽、海南等十多个省区。

（三）筑建队伍，共聚事业

珠江管理坚持以人为本、以才生财的用人原则，汇聚了一大批德才兼备、敬业拼搏的高素质管理专家，主要领导和管理骨干有十余人拥有硕士学位，并且理论与实践经验兼备；另有百余名具有专业水准的人才队伍，能独立承担项目的经营管理，甚至处理财务、工程等专业类问题。公司还有十余名业务骨干进入了国家、省、市物业管理行业专家库，参与行业规范、政策的制订，参与示范项目考评、物业项目评标，作为行业师资库成员承担开展培训等工作。中国物业管理协会前会长谢家瑾曾这样评价珠江管理：高学历的职业经理人队伍、多元化的知识结构、共同理想凝聚下的团队精神，引领着珠江管理不断走向成功！

（四）勤练内功，夯实基础

为打造精益求精、高要求的服务团队，珠江管理在行业内首创“服务技能大赛”，比赛形式新颖，涵盖灯管组装、宴会摆台、消防技能、卫生清洁等多个项目。此外，公司还结合开展“企业文化节”活动，通过企业文化讲座、物业管理知识竞赛等形式，在内部掀起“学业务、比服务、赛技能”的热潮，有效提升了公司整体服务水准，同时也向员工展现了“岗位虽平凡，工作不简单”的道理，增强了员工的职业自豪感。在首届技能大赛上，中国物业管理协会前会长谢家瑾亲临现场，为公司送出希望的祝语——“有理由相信珠江管理的明天会更好”。多年来，珠江管理在管各项目仍延续着良好的传统，定期或不定期地开展各类技能比赛与评比活动。

二、诚信经营，耕耘基业

（一）诚信服务，共建和谐

珠江管理在日常管理工作中推行财务与信息公开，管理费预算经业委会审批，费用收支每月公开，重大事务公开听取业户意见，用真诚将业户与珠江管理牢牢结合到一起。同时，公司以物业保值增值为落脚点，积极开展设施设备改造，管理费节余均转入大厦维修基金，设施设备改造让业户常常都有新体验。多年来，纵使行业人工成本上涨挤压利润，珠江管理在经营中坚持“有所为，有所不为”的管理规范，在项目分散、员工人数众多的现状下，仍能保持多年无重大安全生产事故，无重大劳动纠纷。

德高而远行，点点滴滴的诚信经营之举凝结为企业之魂，塑造了珠江管理这家企业，也赢得了行业与社会的认可。至今，公司获得了“广东省优秀企业”、“广东省诚信示范企业”、连续 23 年省市级“守合同重信用企业”、“广东省物业管理行业协会诚信标杆企业”、“广东省物业管理诚信服务实训基地”、“广州市用户满意服务明星企业”等多项荣誉，企业美誉度持续上升。

（二）规范管理，高效服务

早在多年前，珠江管理即抢占机关单位后勤外包先机，将政府物业项目作为市场开拓的一大方向。经过不断的沉淀积累至今，公司在管政府机关、行政事业单位物业项目占在管项目总数的三分之一。政府物业管理已成为公司业务组成中的一大“招牌”。其中，粤能大厦（省国资委办公地点）、瑞兴大厦（省发展改革委办公地点）、经贸大厦、省

珠江管理服务技能大赛

珠江管理世贸管理公司获国际金钥匙组织颁发的"6S管理创新奖"和"联盟品味·品位服务奖"

外事办、省安监局等连续接管十年以上的项目比比皆是，公司也形成了一套包含会务服务、膳食保障服务等在内的独有的政府物业管理模式。诚信质优的服务也持续得到各机关单位的广泛认可，从多年前中共中央组织部发来感谢信，感谢公司"公而忘私的工作精神、严谨务实的工作作风，积极主动的工作态度"，到近年来广东省国资委、广东省外事办、广州市公安局、广州市司法局、武汉市委党校等纷纷发来感谢信，就是这种认可的有力体现。公司始终不忘"以诚待人，以信立业"的创业初心，持续发挥国有老牌物业企业诚信、规范、专业的管理优势，为甲方提供优质高效的服务。

（三）专家品质，雕琢精品

多年来，珠江管理以诚信为经营准则，在业务上勤练内功、精益求精，在服务上关注细节、耐心周到，以追求完美的态度，用心打造"满意加惊喜"的服务精品。

珠江管理作为国内为数不多且兼具酒店管理与物业管理双重资质的两栖物业管理公司，最先把"五星级"高标准酒店服务经验引入物业管理，细化和丰富了物业管理的服务职能。公司也在业内较早地将酒店管理模式与金钥匙服务导入物业管理，以金钥匙服务为主线，彰显有温度的服务。这是业内同行少有的、独具珠江管理特色的优势，对公司提高、保证高档物业的管理和服务质量起到了良好的助推作用。近年来，公司属下世贸管理公司先后被国际金钥匙组织授予"中国金钥匙精选物业""最佳金钥匙高端商厦""6S管理创新奖""中国服务优秀团队""中国服务示范企业"等荣誉称号。

三、创新开拓，砥砺前行

（一）狠抓党建，统领发展

近年来，珠江管理积极以党建统领企业发展，落实贯彻新发展理念，充分发挥党组织在公司治理结构中的作用，坚决推进党风廉政建设。积极开展十九大精神、习近平新时代中国特色社会主义思想、习近平总书记关于广东"四个走在全国前列”指示精神、全市国有企业党的建设工作会议精神等专题学习和党课，统一思想，凝聚共识，打造出一支“担当、规范、专业、活力”的人才队伍，引领公司高效发展、规范发展。

此外，公司利用接近“社区”的天然优势，大力开展“红色物业”建设，配合开展党组织基层治理，践行国有企业的社会责任。一方面加强基层党组织、党小组的建设，提高党组织的覆盖面；另一方面，加强企业与社区、业委会的联系、合作，培养党的政策宣传员，实现党建共抓，深化党的政治建设；同时凝聚人心，传递社会主义核心价值观，推动文明家庭、家风建设，弘扬正能量，共建社区和谐。

珠江管理下属江颐公司社区养老服务

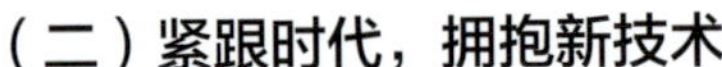

（二）紧跟时代，拥抱新技术

随着互联网红利普惠多个产业，珠江管理也以积极的态度拥抱互联网新技术，乘上创新升级的东风。从在行业内较早使用单机版物业管理软件，到各类智能化设施设备的投入使用。近年来，公司着手在全公司范围上线新视窗智能化物业管理系统，开启了信息化管理的3.0时期。

除了提升日常管理服务效率，结合信息化实现业务流程再造之外，公司也努力对内进行项目管理结构、人事薪酬结构、预算管控体系、品质管理体系等的升级再造，形成了物业项目服务品质量化管理指标（QPE标准）和项目健康度指标体系。QPE标准与健康度指标双管齐下，将结合智慧社区为业户提供可靠、到位的品质服务，珠江管理正大步向前，努力将这一愿景变成现实。

（三）抢抓机遇，布局经营

随着人口红利的消失，行业传统依靠管理费收入为主营收入的局面已不可持续。近期，珠江管理抓准市场机遇，抢先开始涉足社区养老、安保行业、特色小镇管理服务，布局经营版图。

公司属下的江颐养老服务公司以社区健康管理服务与社区养老服务机构为切入口，积极进行嵌入式养老服务机构布点，提供以“互联网＋护理中心＋长期护理险”为核心支撑的社区居家养老解决方案，目前已在广州荔湾区稳步推进居家服务驻点，并打造综合服务点“社区长者安康小屋”，精准输出社区养老服务；公司抢抓安防行业蓝海机遇，收购雄耀保安服务公司，抢先进行战略布局，研发打造安防科技体系，筹备开展保安员培训、社会治安防控、武装押运等专业业务；公司响应国家特色小镇建设号召，量身制定小镇管理方案，先行介入南平静修小镇、广汽智联新能源汽车产业园物业服务，为布局小镇管理业务夯实基础。

中国特色社会主义建设已进入新时代，坚持新发展理念，主动适应经济发展新常态，推动社会经济向高质量发展转变，成为新时代下每个人、每家企业的使命。感此号召，珠江管理将在不懈坚持以诚信实现自我规范、以创新提高服务质量的基础上，继续在诚信经营、提升服务质量上深耕细作，秉承“专家品质，忠诚服务；严谨周到，尽善尽美”的服务理念，让珠江管理的美誉和品牌长盛不衰，积极融入国家经济社会高质量发展的大潮！

新大正物业

专业价值创造者

重庆新大正物业集团股份有限公司

真诚专业 不负所托

一、企业简介

重庆新大正物业集团股份有限公司成立于 1998 年，是重庆市最早成立的具备独立法人资格的专业物业管理公司之一。经过 20 余年的快速发展，新大正物业在管项目约 300 个，管理服务面积约 6000 万平方米，是中国物业管理协会常务理事单位，重庆市物业管理协会会长单位，国家级服务业标准化试点单位。

新大正物业坚持市场化发展之路，成长为专业的第三方物业服务公司，同时基于市场需求从传统的住宅物业逐步转向以机构、场馆为主体的公共物业，

以高校后勤一体化服务为主的学校物业，以开发区、科技园区、保税港区为主体的园区物业和以百货商场、城市综合体为主的商业物业，逐步形成以城市公共物业管理为特色的专业物业服务公司。目前，新大正已进入 11 个省区市开展业务，为社会提供就业岗位 13000 多个。

面对行业新变化，未来新战略，新大正物业坚持以客户为本、以员工为本、以可持续发展为本，追求社会、企业、员工和谐进步，继续传承和发扬优秀文化传统，着眼于客户需求，加快发展速度，调整产业结构，实现产品标准化。

二、企业经营

新大正系西南地区具有国家一级资质的专业物业服务供应商，专注智慧城市公共建筑与设施管理，提供一体化后勤保障服务。其业务立足重庆，精耕西南，逐步向全国拓展。公司连续三届入选全国物业服务百强企业，通过完善自身、跟随行业发展浪潮前进。回顾企业发展历程，新大正物业大致经历了三个阶段：步入市场化的初创阶段、业务范围和产品结构的调整阶段、标准化运营的快速发展阶段。2015 年，新大正启动了基于移动互联网的信息化规划建设；2016 年，推出“慧服务”——城市公共物业全周期智慧运营解决方案；2017 年初，在新三板成功挂牌；随后，公司开始正式筹备 IPO，开启了借助资本市场力量的新发展道路。

近年来，新大正物业依靠专业化高品质的服务所形成的品牌效应，不断获取新的客户，逐步走出重庆，完成了四川、贵州、云南、广西、湖北、湖南、河南、陕西、江西等中西部区域的布局，进入快速成长期。2017 年，新承接及中标项目 108 个，新进入郑州、江阴、西安、咸阳 4 个城市，实现物业服务布局 11 省 20 城，与 2017 年百强企业相比，新大正物业营业收入及净利润均高出百强均值。

三、服务供给

新大正创立 20 年来，坚持“真诚专业、不负所托”的服务理念，践行“以客户为本、以员工为本、

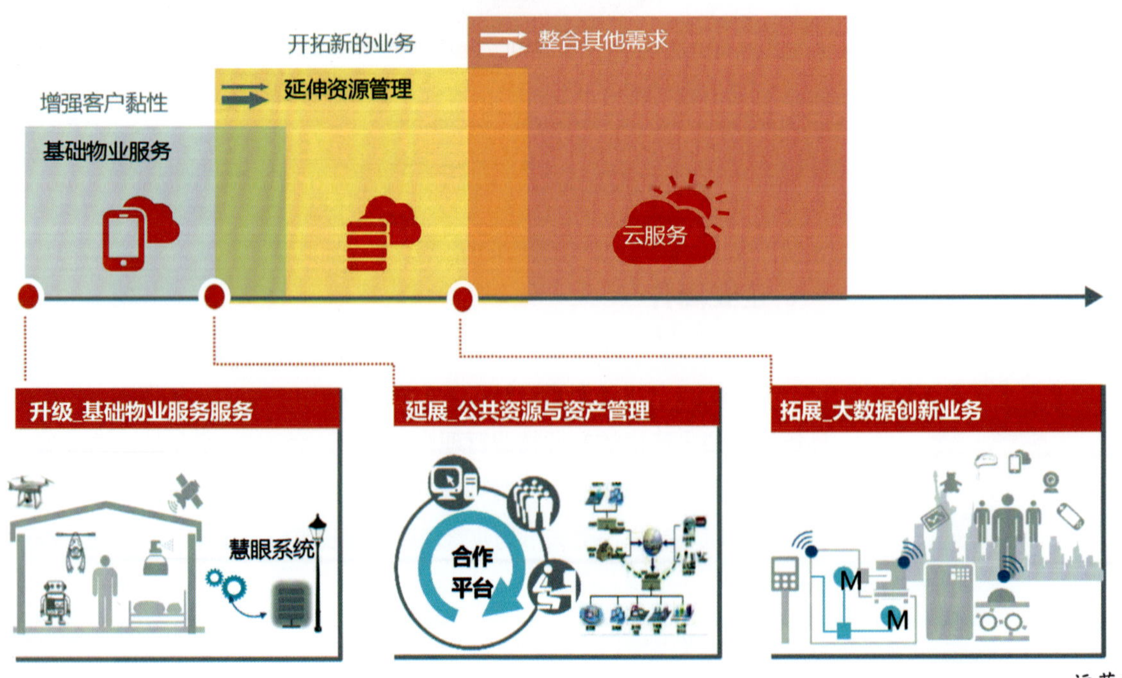

运营模式

以可持续发展为本”的宗旨，成为智慧城市公共建筑与设施管理运营服务提供商，全面打造“升级基础物业服务 + 延展公共资源与资产管理 + 大数据创新业务”运营模式。致力结合多种方式实现服务的专业化、提高服务的技能和品质。通过健全客户服务体系、完善企业运营管理、提供创新性服务、紧跟智慧化服务研究等各种方式，从制度上提供服务品质的基础，从管理上保障服务质量的稳定性，从创新化满足日新月异的服务需求，从智慧化实现服务品质的提高。

首先，为保障服务品质，新大正建立健全三项客户服务体系保障措施：

一是畅通客户需求反应机制和投诉机制，多渠道定期了解客户需求和分析研判。统一投诉电话，实行项目经理、客户经理双重责任制，快捷、高效满足客户需求和处理投诉；二是实施服务产品标准化。1999 年率先通过 ISO9001、ISO14001、ISO18001 体系认证，配置专职标准化工程师负责产品标准化研究、编制。配合主管部门承担“重庆市商务楼宇物业管理服务标准 (DB50/T307—2008)”“重庆市公共租赁房物业服务规范”地方性标准编制。通过“重庆市高校物业管理服务标准化”试点及验收；三是每年启动第三方开展满意度调查，不定期开展神秘客户调查，保证服务品质持续改进和客户满意度持续提升和稳定。

其次，为保障服务的稳定性，新大正摸索出适合自身发展的企业管理模式：

在企业运营管理方面，新大正不断建立健全总部职能部门，一直以来通过强大的总部职能支持、拓展、完善各大业务的优化开展。目前，公司设立三大事业部对不同物业业态进行专业化细分管理，同时针对全国不同地区特有的地方特色，设立了成渝、西北、西南、华中、华东五个区域公司提供“一区一方”的特色化物业服务。通过对不同业态、不同区域的细分管理，让广大客户感受传统物业细心周到的服务，并逐渐形成具有新大正特色的一体式后勤保障服务。

另外，为满足客户不同类型的多方位的服务需求，新大正探索了各项创新服务：

适时开展线下体验活动，满足客户的现场体验感；通过线上平台的便捷服务，满足客户居家生活、学生在校日常消费、学生家教对接等实现经营创新；结合商业物业季节性租赁规律频繁整合出租；开展校园自助洗衣、投资机械停车位等经营创新活动。

为保持对客户服务质量的公正判断，新大正坚持内部质量检查 + 外部质量评价相结合：

内部：定期进行品质检查，畅通客户需求反应机制和投诉机制，统一投诉电话，实行项目经理、客户经理双重责任制，快捷、高效满足客户需求和处理投诉。

外部：新大正聘请第三方每年进行客户满意度调查，从近三年的调查结果看，2015 年至 2017 年的整体客户满意度达上升了 11.19%，2017 年公共物业客户满意度为 96.26%，处于“非常满意”水平，学校物业客户满意度为 91.69%，处于“满意”水平。

四、智慧物业

随着社会的发展，城市公共建筑物业逐步开放，公共物业服务处于快速变化和转型中。面对未来，在全行业涌入社区电子商务、专注于小型社区改造的潮流之时，新大正保持独立思考的个性，坚持市场化发展，用移动互联网和物联网技术改造传统的基础物业管理提升物业服务的效率与体验，并从智能保洁、智能维修、智能安防等方面对智慧物业进行改造和设想。针对城市物业未来演变的趋势，研究制定了未来在智慧物业场景下物业的运营模型——慧服务。

（一）智慧清洁保洁

新大正物业作为城市公共建筑物业服务提供商，发展智慧物业的目的是立足于通过科技创新实现对广阔公共空间的有效管理，实现公共资源的安全保护和公共建筑的保值增值。环境的清洁保洁是公共空间中最普通，却不可忽视的内容，新大正在传统的人工或普通机械清洁的方式之外，结合机器与软件开发、数据分析等方式，开发出了特有的公共空间智慧清洁服务模式。

例如，重庆机场 T3 航站楼总建筑面积约 53 万平方米，新大正物业针对航站楼空间大、客流量大、服务标准高的特点，投入 200 余万元进行人机替换，采用现代化机械设备，如多功能进口洗地机、尘推车、牵引车、手推车等高科技设施设备，机械智能、高效服务，助力机场美容。同时，为打破传统保洁模式的限制，在清洁区域、清洁设备隐蔽处上安装传感器、摄像头，并给保洁员配备带有 NFC 功能的智能手机，自动制定员工工作任务，采集清洁保洁数据，记录清洁轨迹和场景动态。

（二）智能安防预控

智能安防系统通过人机交互、人技融合、全域覆盖、事前预警的模式改变传统服务安防预警方式，植入员工流动检查系统、重点部位防侵系统、作业车辆移动监控系统、固定摄像头、门禁、人脸识别，解决传统安防的空白盲点、事后查证等问题。

例如，在重庆大学虎溪校区，利用固定摄像头与作业机具车辆上加装的智能传感摄像头回传的图像信息，实现校园服务区域 360 度无死角覆盖，通过与公安系统联动、将危险源预先植入数据库等方式，利用图像识别技术及红外线热成像技术，警示系统同步连接至学校警卫室、辖区派出所的监视器画面，有效提高了学生出入校园安全问题的及时发现和解决能力。

（三）智能设施设备管理

通过互联网和物联网技术的广泛运用，形成公共资源数据库，使公建的资产与设施管理等利用智能化，实现更实时的管控，更便捷的服务，更有效的利用。

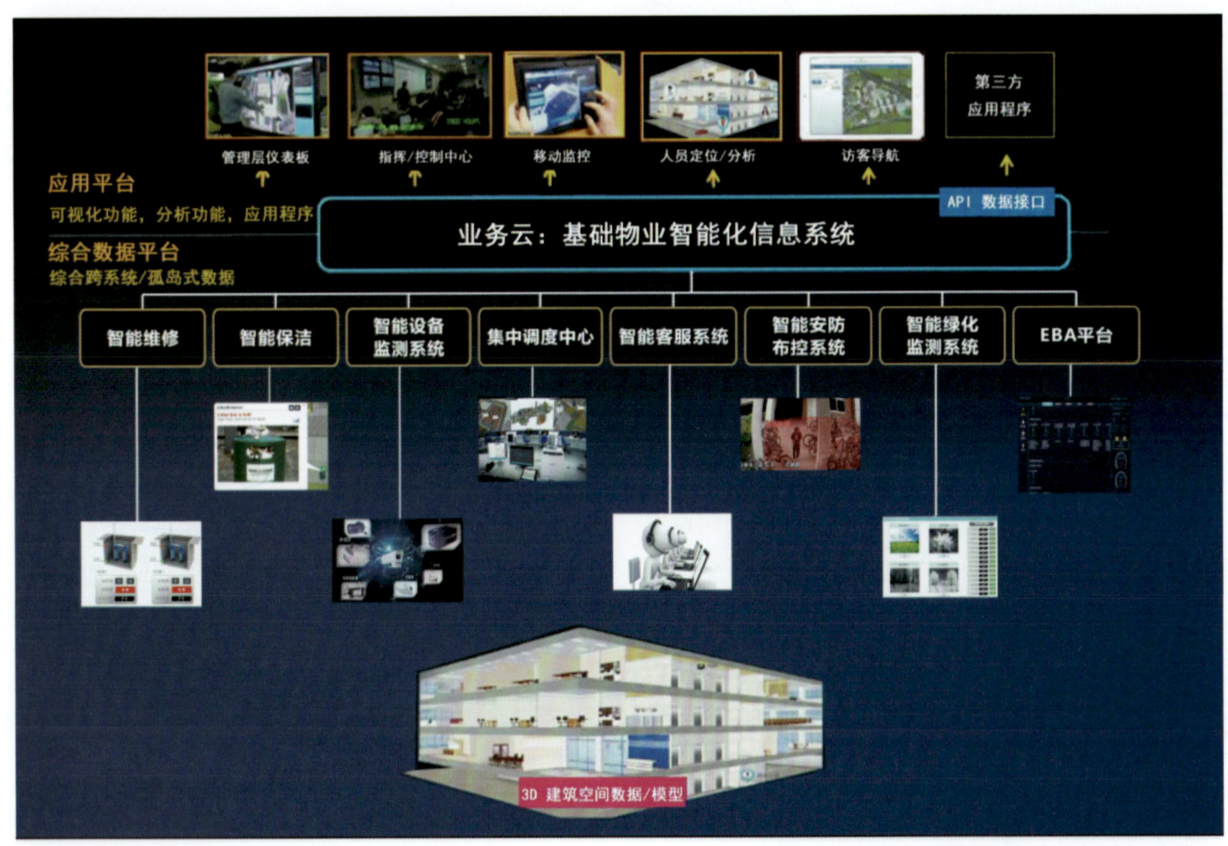

新大正物业智能化信息系统

例如，新大正“慧服务”中的 EBA 系统，通过在设施设备加装远程智能传感器，对照明设备、电梯、水电表、高压仪器等实时接收设备运行数据，智能统计设备使用频率和强度，实时掌握设备运行状况和保养的及时通知。在推进智慧校园建设过程中，通过新大正“慧服务”业务系统线上报事报修功能，让用户的真实报事报修信息直接通过慧服务系统传递到维修工手持终端，有效提高物业的服务响应及时率和服务效率。

智能机械 助力物业服务

五、未来发展

近年来，物业管理行业规模快速增长、集中度进一步提升，互联网智能化应用和资本市场介入推动物业管理行业进入了变革的拐点。未来，新大正将重心置于经营管理输出能力，来实现外地区域的快速拓展；在传统的物业管理作业方式上，进行智能化升级，为城市智能化建设添彩；引入资本运作手段，促进企业在未来激烈的市场竞争中具备更多的竞争手段。

（一）立足现有区域 布局全国业务

通过在原有业务区域的深入拓展，以快速扩张基础物业管理业务为基础，立足现有区域市场，在全国新开发区域布局未来战略业务。以专业的综合型基础物业管理与面向未来需求的智能生活服务提供商为战略定位，经过调整、深化布局、全面发展等三个阶段，从基础业务、创新业务、体系建设、组织保障、财务融资方面进行业务布局和能力建设。

创新服务业务是战略突破的重要窗口。公司依托现有的“慧服务”平台，利用互联网与物业管理的深度融合，应用移动互联网、云平台等新技术，整合物业周边餐饮、房屋经纪、物流等商业资源，渗透至衣食住行等与生活息息相关的领域，形成一站式综合服务平台，提供便捷、周到的高品质服务。目前，这方面的业务已经在部分项目开展试点。

（二）智慧物业信息化转型路径

新大正物业未来的战略定位是专注于智慧城市公共建筑与设施管理，坚持未来智慧物业场景下物业的运营模型。第一阶段升级智能物业综合服务；第二阶段拓展公共资源智慧服务；第三阶段转型智慧物业综合服务平台。通过前两个阶段，实现物业管理与资产管理的智能化运营，积累大数据，同时整合各类需求，搭建信息平台，协助实现信息交互，资源共享。

（三）资本之路助推新大正物业转型升级

随着近年来物业资本化趋势愈演愈烈，借力资本发展发展创新物业、智慧物业之路少不了资本的支撑。2017 年 2 月，新大正物业挂牌新三板，同年开始启动 IPO，为完成“让城市更美好”的使命，新大正走向资本之路！

六、结语

新大正物业集团专注于中国未来智慧城市公共建筑与设施的管理和运营，以高校后勤一体化管理运营为蓝本，打造出智慧城市公共建筑与设施管理运营的“慧服务”综合平台；通过提供一体化后勤保障服务，实现企业的多重价值：为客户提供优质服务，为员工带来更多幸福，为社会做出更大贡献。

坚持高质量发展 提供高水平服务

广州广电物业管理有限公司

一、公司简介

广州广电物业管理有限公司是广州市属国企广州无线电集团成员企业之一，于 1998 年成立，具备国家物业管理一级资质，是国内首家加入物业管理国际金钥匙联盟的企业，为高新技术企业。

广电物业定位为“现代城市服务平台集成商”，立足标准化、专业化、高端化、信息化、资本化的“五化”发展战略，依托国家企业技术中心现代城市服务分中心、广东省现代城市服务工程技术研究中心、广东省院士专家企业工作站、广州现代城市服务研究院、广电物业现代城市服务学院等资源优势，通过信息化手段所构建的现代城市服务生态系统，推动了企业从传统物业管理向现代城市服务转型升级。同时，广电物业利用“物联网 +”和“互联网 +”技术，

广电物业欢迎您

自主研发出现代城市服务运营平台（Musoc），荣获广州市科学技术进步二等奖。

广电物业聚焦政府公共服务、城市运维服务、园区后勤服务、产业运营与服务、会展赛事服务、关联产业领域服务六大业务板块，服务范畴涵盖基础物业管理、数据中心托管、信息服务、会务会展、酒店管理、档案管理、图书管理、后勤服务等，在管项目包括大型城区、科教文化场馆、市政服务中心、大型企业园区、商务中心 CBD 等。

目前，广电物业业务已遍及广州、佛山、珠海、江门、揭阳、汕尾、长沙、衡阳、邵阳、武汉、福州、厦门、平潭等 20 余个城市，管理服务面积超过 4000 万平方米，是国内最具竞争力的高端物业服务企业之一。

二、组织架构

近年来，公司进一步优化组织架构，成立了企业发展、党政办公、工程技术、人力资源、财务管控、运营管理、新业务管理中心 7 大职能中心，打破部门合作壁垒，着力打造赋能型组织；大力推进市场化用人机制改革，开辟人才“外部引进”和“内部选拔”新路径，全方位开展人才竞聘述职工作，形成浓厚的能上能下市场化用人氛围。

三、经营理念及服务特色

作为广州无线电集团旗下一家具有 20 年历史的国有企业，广电物业秉承广州无线电集团的军工精神和国有企业“创新不止步、改革不停步”的理念，深入实施“强中心、强广州”战略，2018 年，秉承“高质量发展”思路，深化“四大发展支撑”，走出了一条引进、消化、吸收、再创新直至自主创造的道路，技术创新能控体系从粗到细，成功实现了从传统物业管理向现代城市服务转型的目标。

（一）服务创新

党的十九大报告指出，“我国经济已由高速增长阶段转向高质量发展阶段，正处在转变发展方式、优化经济结构、转换增长动力的攻关期”。由此可见，我国经济将从总量扩张向结构优化转变，从“有没有”向“好不好”转变，这是对经济新常态的新适应，对开放状态的新探索，对发展瓶颈的新突破。

作为一家党领导下的国有企业，广电物业近年来也在推进高水平、高质量转型之路，紧密围绕“现代城市服务平台集成商”的战略定位，完善现代城市服务运营平台建设，继续增强主营业务的辐射能力，拓展高校、医院、商业综合体等业务板块；继续构建主营业务生态圈，推进会务会展、酒店式公寓、新能源汽车、消防维保、高端餐饮业态协调发展，增强与消费者、供应商、合作者的多方面关联，形成一张巨大的平台网络，创造出共创共享的生态圈。

目前，广电物业的服务领域已经从传统物业管理拓展至政府公共服务、城市运维服务、园区后勤服务、产业运营与服务、会展赛事服务、关联产业领域服务等六大板块，从单一走向多元化齐头并进式发展，管理全国百余个项目，管理服务面积已超过 4000 万平方米。

需要指出的是，针对不同业务领域的特点，广电物业还借助物联网技术，打造信息化、一体化管控平台，将自身丰富的管理服务经验通过信息化平台输出成标准化、可复制的服务产品包，将大型城市片区运维管理、文化场馆运营管理、体育场馆运营管理、产业园区运营管理、市政窗口管理等王牌服务打造成可量化、有内容、有标准、有定价的产品手册，从无形到有形，强化品牌效应，并通过智慧平台实现人、财、物、事的互联，以信息化手段支撑服务品质，打造现代城市服务第一品牌。

其中，在城市运维领域，广电物业主要推行网格化管理机制，建立项目层级化品质管控系统和平台，为大片区运维提供全链条解决方案。基于城市管理中易出现的各类突发性事件和灾害性天气，广电物业还建立了城市管理动态化监测与管理平台，就灾害性天气应急管理方案与后期工作安排、公共秩序安全风险防范、蓝天保卫战服务、文明城市创建服务、重要接待保障服务等提供专业解决方案，同时建立完善的设备设施和车辆管理调度机制，即时对各在管区域的车辆运行与维保进行管理，并借助公司自主研发的智慧城市运维管理平台，实现对城市运维领域网格化、大片区的精准调度与管控，全方位确保员工人身安全和车辆行驶安全，提升项目应急救援及处置能力。

保安巡逻

目前，广电物业城市运维领域的代表性服务项目主要有长沙梅溪湖国际新城（该项目获得全球人居环境示范住区奖，是长沙的新地标）、湖南松雅湖国际湿地公园（该项目获评 2017 年度长沙市“最美综合项目”）、平潭金井湾商务营运中心。

（二）技术创新

近年来，广电物业以物联网、云计算、大数据、“互联网 +”等新一代信息技术为基础，不断打造信息化平台，结合公司三级管控模式，自主研发了运营管理系统，运营管控平台和指挥调度平台，提高项目运维效率，提升智能化水平，为客户提供更多增值延伸服务。

由公司自主研发的现代城市服务运营管理平台（Musoc）），是公司功能最全、应用最广的一个系统，拥有维修调度管理、安保巡更管理、设施设备管理、维修物料管理、品质核查管理、考勤管理、访客管理等十大功能板块，具备信息安全管理体系和保障机制，可实现对现代城市运营管理中人、财、物、事的互联互通和信息数据的安全管控，助力公司成功实现从传统的物业管理到现代城市服务的转型升级。目前，该平台已获得广州市科学技术进步二等奖。

公司总部还建立了监控指挥中心和视频监控系统，打造了全透明化、标准化的运营管理服务模式，实现了对全国近 100 个在管项目的实时管控，打通了项目管理的“最后一公里”；分子公司打造的智慧城市运维管理平台，则主要发挥调度作用，可实现对城市运维领域网格化、大片区的精准调度与管控，重点解决大面积作业域内人员、车辆定位及调度问题，并具备“一键呼叫”“一键求救”等服务功能，全方位确保员工人身安全和车辆行驶安全，提升项目应急救援及处置能力。

为提升现代城市信息化服务品质，打造标杆类信息化服务业态，公司还借助广州无线电集团先进的科技资源，成功构建了基于广电物业生态的信息安全管控平台，并以此建立了信息安全管理体系和保障机制，实现了对现代城市服务中人、财、事、物信息数据的安全管控。

四、商业及服务模式

（一）市场开发模式

市场开发主要方式是通过一系列市场调研、论证，对目标城市进行锁定，通过向当地政府主管部门推介和与在建项目直接联系等方式进行开发。

（二）服务模式

公司的服务主要体现为两个维度：纵向，主要指公司的服务贯穿整个项目从前期（建设）到中期（交付），再到后期（使用）整个流程；横向，主要指公司的服务板块，包括政府公共服务、城市运维服务、园区后勤服务、产业运营与服务、会展赛事服务、关联产业领域服务。其中政府公共服务涵盖大型新城、市政道路、政府高端公共物业、企事业办公大楼、高档商业写字楼、工厂、学校等多种物业形式。

五、发展目标和发展战略

（一）公司发展战略

企业愿景：创造可持续发展的创新型现代城市服务企业。

发展战略：广电物业立足标准化、专业化、高端化、信息化、资本化的“五化”发展战略，以利用“物联网 +”和“互联网 +”技术自主研发出的现代城市服务运营平台（Musoc）为支撑，通过信息化手段构建现代城市服务生态系统，推动企业实现从传统物业管理向现代城市服务转型升级。

（二）发展目标

市场开拓上，除稳扎稳打发展广东本土市场外，重点开展全国范围内的市场布局，实现高质量发展和高水平转型。

业务层面上，加快推动由物业管理这一传统业务向现代城市服务的转型升级，依托当前在管项目提炼出可实现的、整体化的服务解决方案，在现有物业管理服务产品上进行服务链延伸，打造现代城市服务的一系列产品，并进行包装展示和宣传推广。

资本层面上，积极推进产业与资本双轮驱动，推进企业股份制改造，建立结构完善的现代企业制度，全力开展公司上市工作，充分发挥资本杠杆作用，打破企业融资天花板，加速企业的规模化发展。

六、结束语

2018 年，是全面贯彻党的十九大精神的开局之年，是改革开放 40 周年，是实施“十三五”规划承上启下的关键之年，是深化供给侧结构性改革的重要之年，也是广电物业推进“拓展与扩张”战略的发力之年，广电物业将继续依托自身的产业平台与技术优势，积极为广州乃至全国营造共建共治共享社会治理格局增添力量。

一方面，将进一步强化组织策略，进行高质量地拓展与扩张，深入实施“五化”战略，完善服务标准，以“标准化”提升管理效能；优化各职能体系的专业化水平，以“专业化”增强品牌实力；优化业务结构，以“高端化”集聚发展资源；加快信息平台建设与应用，以“信息化”推动模式创新；大力拓展融资渠道，以“资本化”推动拓展扩张。

另一方面，将秉承“志在让城市更美好”的企业使命，致力于推动“城市服务”和“社会责任”的深度融合，通过优异的城市服务水平，助推城市宜居性和宜业性的提升。同时，依托现有的产业和科技优势，推动大智能城市技术和解决方案全面发展，积极优化“互联网 +”和“物联网 +”的现代城市服务运营等方面的平台建设，立足于广州，助力广州“平安城市”建设，增强市民的获得感和幸福感。

保利物业
POLY PROPERTY MANAGEMENT

让生活更美好

上海保利物业酒店管理集团有限公司

员工风采——客服认真记录来电反馈问题

时光荏苒，上海保利物业酒店管理集团有限公司（以下简称上海保利物业酒店）已度过20多年的时光。面对复杂多变的市场，上海保利物业酒店人风雨兼程、齐心协力，始终坚持“让生活更美好”的服务理念，在服务质量、内部管理等方面均取得了丰硕成果。

近年来，上海保利物业酒店大胆开拓，勇于实践，奋力拼搏，搭建了坚实的发展平台，使物业管理逐步向科学化、规范化、标准化、专业化发展。2016年4月6日，上海保利物业酒店16亿元资产支持证券成功发行，这是物业管理行业内融资渠道及融资模式的积极创新，也为整个物业管理行业拓展融资渠道提供了新的成功案例。公司各项工作计划扎实推进并取得实效，顺利地完成了各项奋斗目标，物业管理面积将近3000万平方米。公司已形成了具有文化特色的专业化管理运作模式，综合服务平台“保利悠悦荟APP”在管理的社区全面上线和运行。

一、夯实企业基础，专注卓越发展

上海保利物业酒店隶属于保利置业集团，注册资金5000万元人民币，公司在全国设有30余个分支机构，其中有5家国家一级资质物业服务企业。公司于1996年12月在北京成立，是首批国家一级资质物业服务企业。公司依托自有的五星级酒店，最早提出将酒店服务理念导入物业服务，成功助推旗下物业项目服务水平的飞跃，践行“让生活更美好”的物业服务理念，追求带给客户恒久价值体验。

上海保利物业酒店业务已涉及住宅、商业、办公楼、城市综合体、星级商务酒店、度假酒店、文化广场等多种类型的物业经营管理服务，公司140余个项目分布在全国20多个省区，标志性项目包括已经获得全国物业管理示范称号的北京新保利大厦、上海证券大厦、广州中信广场等商用项目和一批高端住宅项目。雄厚的资金和品牌实力、专业的管理能力、深厚的企业文化、广阔的成长空间，以及聚集了一支富有学习力、融合力和执行力的管理团队，成为推动公司发展的主动力，为上海保利物业酒店赢得了良好的口碑。

（一）住宅管理打造业主精致生活

公司将多元化的星级品质，注入公寓别墅管理，于建筑物维护、环境打理、社区服务等细微处，融入酒店的精细化管理体系，为业主打造精致、高端、优质的生活圈，彰显物业的使用价值、经济价值及文化价值。让“上海保利物业酒店”成为幸福、无忧生活的代名词。

（二）写字楼管理引入五星级酒店服务

坚持长效管理目标，彰显细节和个性化服务，以“零打扰”等服务方式打造高品质、高标准的服务内涵，融合客户企业文化，以专业服务营造安全、环保、舒适、智能办公环境，保持和提升物业价值。

（三）酒店管理营造至善居停体验

承袭央企品质，始终专注于细节的打磨和专业化的坚守。极致呵护宾客体验，量身定制的关怀服务，给客人带来更多惊喜，让居停体验尽善尽美。

（四）资产支持证券成功发行

2016年4月6日，上海保利物业酒店16亿元资产支持证券成功发行。在这次融资计划中，上海保利物业酒店结合自身现金流稳定的优势，积极跟踪国内资本市场发展，在融资领域不断寻求创新和突破，最终经上海证券交易所批准，于2016年3月21日取得了无异议函。

上海保利物业酒店成功发行资产支持证券，是公司“十三五”规划的一个重要内容，也是物业管理行业内融资渠道及融资模式的积极创新，为整个物业管理行业拓展融资渠道开创了新的成功案例。

（五）积极拓展市场项目，超额完成年度各项指标

近两年上海保利物业酒店着力品质提升，发展态势持续向上，超额完成各项指标，全力推进了公司增值创效。在市场拓展项目方面也取得了良好的成绩，先后通过市场招投标方式新接管南京华泰证券广场、

员工风采——武汉保利大酒店工作人员一丝不苟地布置现场

苏州生物纳米园、广东广播电视台、广东中烟运营中心、广东广播电视台环市东大院电视中心、云南昆明昆钢科技大厦等新项目，不仅为公司带来较好的经济效益，也为市场拓展打下了坚实的基础。

服务特色——上海保利物业酒店管理集团有限公司广州分公司特勤队

二、坚定服务理念，打造保利名片

（一）建立住宅品质管控体系，稳步提升物业服务质量

为加强对住宅项目品质管理，上海保利物业酒店总部组建专业工作小组，以第三方独立身份对全系统各住宅项目每年进行一次全面、系统的服务品质大检查。检查采取边检查、边交流、边培训的方式，在检查中秉承服务指导的理念，对问题集中的地方进行现场培训，同时针对在各项目上发现的问题，物业总部每年对各项目编写服务品质检查报告，使各项目能够及时纠正不足、提升服务品质。通过每年的服务品质检查有效地促进了各项目管理团队的业务能力和服务水平的提升；业主满意率逐年提高的同时在业界形成了较好的服务口碑。

（二）服务让生活更美好，共同营造幸福蓝图

面对当今物业服务多样化的发展趋势，公司坚持“让生活更美好”的服务理念，认真研究住户不同需求，扎实推行综合服务体系建设，创立八大社区文化服务：保利红袖坊、保利兰亭会、社区文化长廊、羽毛球联谊会、业主短途旅游、小学生作文评选、便民服务点、小区节庆布置。通过全方位、全系统地开展八种文化生活服务，逐步打造上海保利物业酒店住宅品牌特色——文化社区。通过有目的地在全国系统内的所有住宅小区开展文化活动，促使各项目呈现出统一的文化品牌，将社区文化服务打造成为公司品牌特色的一个重要支撑点，保利社区文化建设已成为保利住宅管理的一张名片。除此之外，公司鼓励各分、子公司积极开展具有鲜明特色的个性化服务，以此提升服务品质，给客户恒久的文化体验。

（三）编制商业物业专业标准，完善商业物业管理模式

根据公司“十三五”规划关于深化品牌构建的要求，结合实际工作的需要，自2017年5月起正式启动《保利物业商业物业管理标准》文件的编写工作，先后组建各类专业委员会共同整理各项目在用制度、表单和操作规范等文件。并展开分组讨论，运用边工作边总结，边总结边精炼的方法，系统完善了一批各专业在实际工作中能充分体现上海保利物业酒店品牌特色服务特点和上海保利物业酒店高端商业物业管理优势的专业标准。以对客服务、安全管理、工程管理三个要素为切入点，依照“重点突出、要素完备”的思路，将多年来的优良管理经验加以沉淀，形成基础性、操作性文件，从而推动商业物业管理工作再上新台阶。

对于写字楼品质的管控，公司有针对性地开展物业管理品质检查新方法的探索，在各项目抽调专业委员会成员，采用服务体验式、随机走访式、工作整合式的方法开展品质检查，并且有针对性地收集项目内控文件和节能降耗计划，一方面为品质管控方式的不断创新拓宽了思路，另一方面用探讨引导的方式，协助项目找到经营管理中的节能减排增长点，真正将绿色环保理念落实到具体管理过程中。

（四）打造智慧服务平台，助力上海保利物业酒店腾飞

公司于 2013 年开始全面建设上海保利物业酒店信息化管理服务平台，2016 年 6 月“保利悠悦荟 APP”正式上线。“保利悠悦荟 APP”是上海保利物业酒店智能化手机移动服务平台，是社区 O2O 物业服务平台，突出服务快捷、功能智能、简单实用的特点，秉持为业主提供“智慧生活、创美好家园”的理念，充分体现高科技在现代物业管理与服务中的应用。业户使用“保利悠悦荟 APP”，可实现足不出户一键缴费、在线查缴物业费、在线预缴物业费、在线报修、在线投诉、在线申请特约服务等功能。

以“保利悠悦荟 APP”为契机，以增加客户黏性为目的，把日常物业服务功能通过 APP 输出给业主，通过 APP 的使用，带给业主便捷、高效、个性化的服务体验，为上海保利物业酒店业主提供了智能、便捷、高效的服务，塑造了上海保利物业酒店品牌升级的新形象。

（五）推进全系统人才培养“三大计划”

上海保利物业酒店一直重点致力于人才的培养与招募，通过提升上海保利物业酒店每个人的价值，提升企业实力。为此，公司推行了“蒲公英计划”“曙光计划”“英才 100 计划”三大人才培养计划。公司近几年在干部储备、人才录用、校企合作、系统内人才再教育提升工作等都取得了显著的成效，为企业在市场中永葆竞争力打下了坚实的基础。

（六）推行实现员工梦想启动计划

公司于 2017 年 4 月制定出台了《关于组织实施员工职业梦想计划指导意见》，要求各分、子公司在公开、公正、公平选拔人才的同时，让有理想、有潜质、德才兼备又愿意勇挑重担的员工脱颖而出。力求帮助有理想、有潜质、有意愿勇挑重担的员工获得更多的培训机会、发展机会和成长空间，并且在实现员工职业梦想计划的同时，促进企业发展，增强企业的凝聚力和向心力，打造员工与企业共同成长的良好企业文化。

员工梦想计划已成为公司人才发展和储备计划的重要组成部分，公司将辅以一定时间节点的考核，进而促进员工的快速成长，实现员工发展与公司发展的双赢。

三、立足当下，展望未来

岁月沉淀铸就上海保利物业酒店服务品牌，朝夕相伴体会上海保利物业酒店品牌服务。近年，公司不断提升服务品质，获得了各省住建局、物业管理协会的高度认可，已有省级示范项目 21 个，在以“让生活更美好”的服务宗旨下，上海保利物业酒店人将把更好的服务品质提供给业主与客户。而在这一份份靓丽的成绩单背后，公司也更清醒地认识到，要时刻保持对自身的建设，只有不断完善自我才能不断进步。

回望征程，上海保利物业酒店的建设日新月异，渠道拓展纵深发展，业绩不断攀登高峰，团队建设成绩斐然。放眼未来，上海保利物业酒店将保持一贯的胸怀与气魄，坚持务实与创新并举，坚持员工与公司同成长，坚持客户与公司互惠共赢，深耕保利酒店与上海保利物业酒店品牌，不断带给客户更美的服务体验和更佳的生活品质。

上海保利物业酒店，让生活更美好！

FSPM 金融街物业

致力于成为中国商务物业服务的引领者

北京金融街物业管理有限责任公司

高效协同 品质尊享

一、企业概况

北京金融街物业管理有限责任公司成立于 1994 年 5 月，隶属于北京金融街投资（集团）有限公司，现为全国一级资质物业管理企业，中国物业管理协会常务理事单位，北京市物业管理协会副秘书长单位。连续多年荣膺“中国物业服务百强企业”“中国优秀办公物业服务企业”等称号。

公司始终坚持高品质服务，市场拓展发展迅速，业务规模不断提升，现已成为集全国性战略布局、国际化管理视野于一体的一流物业品牌，业务范围包括物业项目顾问和咨询、全委托物业管理服务、专业物业管理服务、酒店管理服务、餐饮服务等。主要经营业务包括客户服务、会议服务、设施设备管理服务、绿色节能管理、秩序维护服务、环境卫生服务、绿化养护服务、车场管理以及组织丰富多彩的各类客户活动；特色经营业务包括餐饮及咖啡厅经营、房产经纪、保险经纪、养老照护、汽车租赁等多选择性菜单式定制服务。

二、内接外拓并举，规模利润双增

在消费升级、存量物业面积持续增长的背景下，物业管理市场迎来快速增长的黄金发展期，金融街物业在承接系统内企业开发项目外，凭借专业优势和品牌影响力，加大市场拓展力度，通过合作方式进行市场拓展，在北京、重庆、淮安、南京、哈尔滨成立了多家区域性的合资公司。

截至目前，金融街物业管理项目遍布北京、天津、上海、广州、重庆、惠州、淮安、临沂等全国一线、二线核心城市及三线经济发展迅速城市，总面积逾1600万平方米，业态包括5A级智能大厦、商务综合体、超高层写字楼、文化演艺中心、园区式办公楼、大型综合社区、中高档酒店式公寓等，服务客户有包括中国证监会、中国银保监会、中国银行间协会在内的国家金融监管机构，以国际多边机构亚洲设施基础投资银行(AIIB)、国家开发银行、工行牡丹卡中心为代表的银行总部；以泰康保险、卓著大厦、美国EXCEL基金投资公司为代表的外资金融企业，以及各大证券、基金、期货、保险等金融企业和企业集团。

在积极进行市场拓展的同时，金融街物业通过科学管理、信息化技术创新等手段持续降低运营成本，提高运营效率，净利润连续几年实现大幅增长，净利润年复合增长率为30%以上。

三、统分结合的科学组织管控模式

金融街物业对各业务单元实行统分结合、各有侧重的管控模式和运行机制，利用扁平化管理的结构，使总部与分公司、子公司之间的权责划分清晰明确，构建集约总部的管理模式。“统一管理、属地经营”，即在全国各区域设立分公司、子公司等分支机构开展物业服务，总部负责对企业发展战略的规划和重大问题的决策，并将其进行分解，由各分公司、子公司执行；经理班子受董事会领导和监督，管理各职能部门和下设的多家物业分/子公司和其他几家专业公司。

该组织架构管理和经营契合度高，管理体系运行效率提升，可以强化公司在战略管控、资本运营、品牌管控、运行协调和文化建设等方面的能力，保持在商务地产物业服务领域的竞争优势，强化各业务单元的业务营运能力、执行力和内部整合、互动能力，在推动主营业务发展的同时通过内部资源整合其他业务间的良性互动。根据公司的战略规划，随着规模的持续增长和业务的不断拓展，总部管理幅度越来越大，未来几年内将在其他区域设立更多的分支机构，管理架构将不断创新优化，打造更为高效的组织平台。

四、立体化风险监控运营机制

作为一家国有企业，金融街物业严格制定并执行各项管理制度，采用动静结合的内部管控模式，静态的企业规范制度、标准及流程，动态的多元化

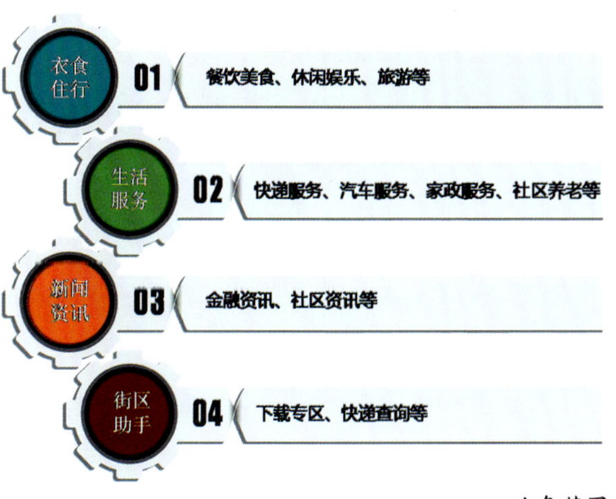

业务范围

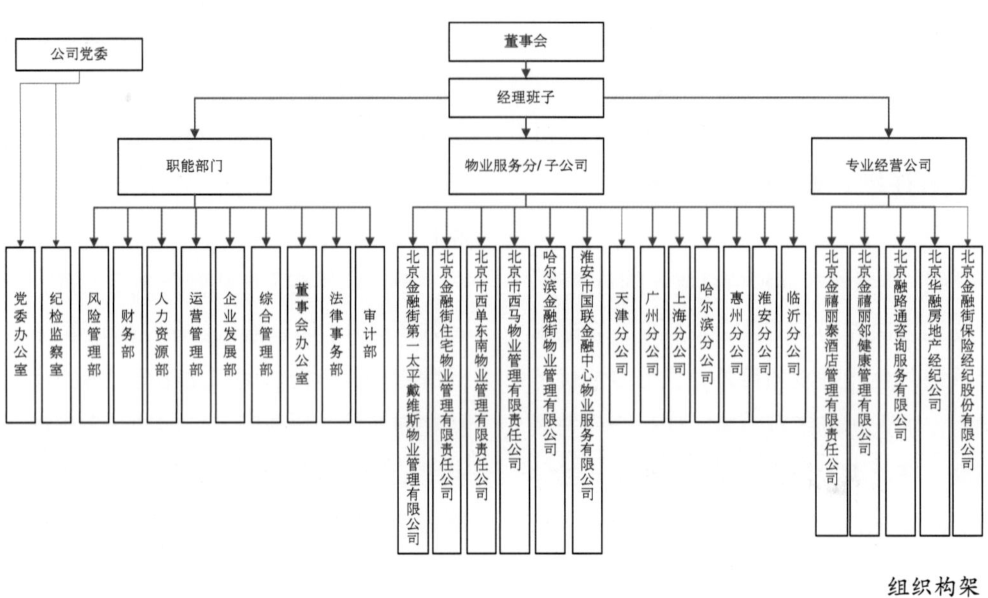

组织构架

监管机制。从上而下的三位一体监管机制，包括集团层面的实时客户满意度调查系统，项目开发企业的神秘访客和满意度调查系统，企业自身层面的品质巡检和第三方运维评估。此外，为更有效地做好风险管控，公司还制定了独立的风险管控体系。全面加强企业的规范化、标准化、模式化建设，并大力强化执行力，已形成整套的、具有自身特色和特长的服务、经营和管理模式。

贯彻实施 “三标合一”的管理体系，并结合内外部环境的发展对公司的管理体系进行有效的执行、督检、评审和整合，逐步在业户、公司与供方之间建立起闭环式的链状纽带，持续改进公司的服务和管理工作。

依照行业标准，以创建“物业管理优秀项目”作为企业的管理目标，通过“创优”的实践过程，不断加强公司管理和服务的规范化、标准化建设，提高整体素质和管理水平，增强企业的品牌形象。

在管理中加大科技投入，借助高科技手段提升公司的管理和服务水平，建立实施信息化管理系统，将传统的物业管理手段与先进的信息技术相结合，提高公司的业务工作效率，促进公司管理的科学化、集约化。

五、提高用户体验，搭建移动交互平台

“96018 呼叫中心系统”是金融街物业全国电话服务热线平台。该系统覆盖金融街物业所有服务项目，受理全国所有项目业主 / 客户的投诉、咨询及建议。金融街物业充分利用 96018 呼叫中心系统与 CRM 客户关系系统，使之紧密结合，完成数据互联互通，为所有金融街物业客户提供高品质、专业化和针对性的线上服务，以互联网为主导，处理物业服务体验中遇到的各项难题，确保信息传递的时效性与有效性。该系统对接 EFM 客户满意度调研系统，依托线上满意度调查方式与之联动，结合客户及业主不同阶段的物业诉求，收集反馈客户满意度的变化趋势，进而为广大业主提供个性化、高品质的物业服务。

为更好地服务客户，金融街物业对用户服务需求及周边资源进行梳理和分析，通过建立和运营“金

融街生活在线”，将金融街区域内的从业者、商家、业主凝聚在同一个网络平台，并结合移动大数据，分析写字楼用户和社区居民日常生活习惯，定期推送衣食住行、生活服务、新闻资讯、社区助手等专属的工作、生活所需的各类信息。以企业品牌推广为导向，传递文化价值；以客户服务为基石，传播服务理念；以业主满意度为标准，实现企业使命。通过微服务不断满足业主、客户需求，通过微活动将线上与线下有机结合，不断扩大品牌传播范围和传播效率。以互联网的形式给业主、用户等带来全新的产品与服务体验。

六、打造商务服务的科技领先优势

金融街物业公司聚焦商务物业服务需求，打造安全、私密、高效、科技、信息化的品质服务体系。商务运营项目设备设施科技化、智能化程度较高，业主 / 客户商务活动多、会议多、访客多，政务活动涉密性强；金融类客户基于业务全球性特点，需具备全年 365 天 24 小时安全通信营运保障。金融街物业围绕创新服务方式，建立“5S 管理体系”及安全标准化管理体系，持续更新管理服务技术，以专业化、精细化、智能化、信息化的技术手段，使物业项目保值增值，紧紧围绕客户需求，通过客户对物业服务的接受和认可展现企业存在的真正价值，将“服务品质”作为企业生存和发展的基石。

金融街物业倡导绿色与节能的管理理念，打造“资产保值增值、节能低碳环保、专业化工程管理”的竞争优势，对承接项目设备设施施行全生命周期管理，通过实施现代化技术与管理手段，持续提升能源使用效率。公司引入 LEED 绿色建筑认证标准，PM2.5 空气质量净化技术，BIM 模型建设、三维工程动画应用技术等，不断更新设施管理技术、及时了解掌握最新发展趋势和研究领域的前沿动态，将互联网、物联网、云计算、电子商务等最新科技的发展成果引入物业管理运营，全面推进旗下物业

服务精英 福泽大众

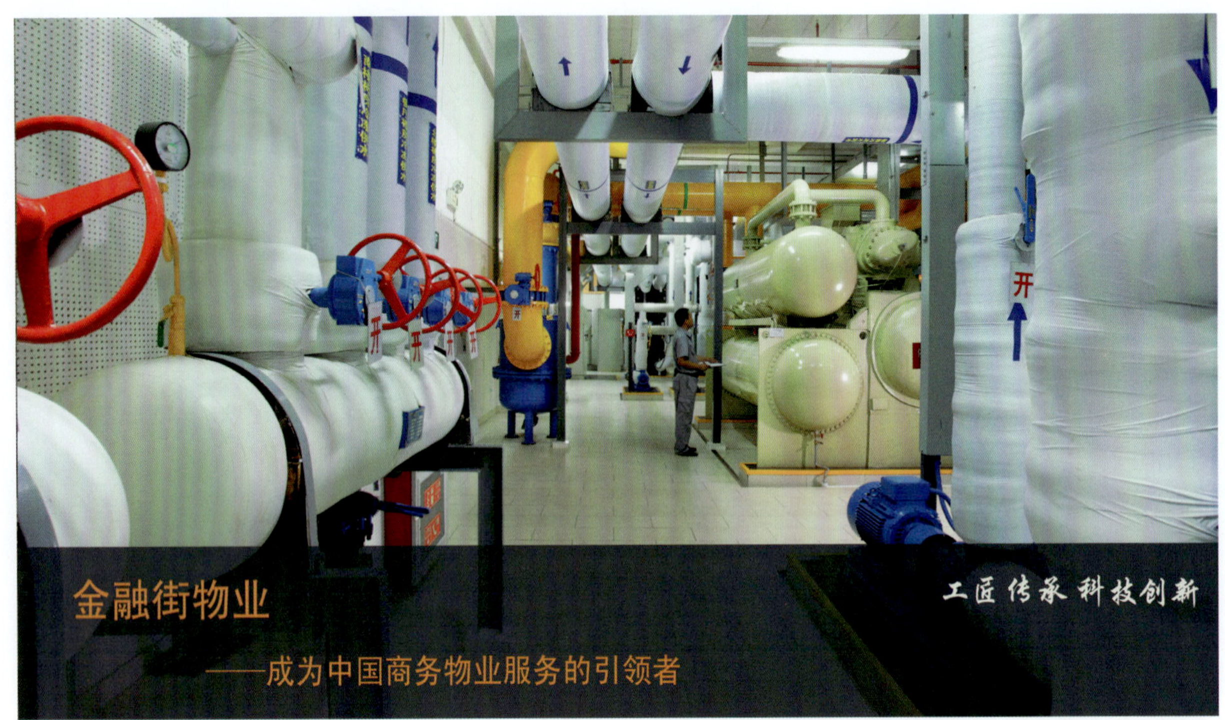

工匠传承 科技创新

管理、养老服务、酒店管理、餐饮服务等业务实现科技化、智慧化发展。提升公司业务多元化、智能化、信息化、科技化发展水平，实现物业设施管理价值的最大提升，全面提升公司业务多元化、智能化、信息化、科技化发展水平，节约运营成本，提高服务品质。

七、全频道教育体系创新人力资源建设

作为国有企业，金融街物业坚持以人为本的发展理念，注重对员工的关怀与培养，通过完善薪酬福利制度，为员工提供可持续发展的职业规划，助力员工自身价值的实现。公司员工综合发展平台“融泽培训中心”，秉承“融会贯通、泽企育人”的理念，为员工提供全频道教育，塑造并弘扬工匠精神与职业风范，促进全员综合素质发展。培训中心作为企业多维度、全频道教育的综合培训体系落地机构，一个集专业引领、思维碰撞、文化创新、组织赋能的崭新平台，承担起企业人才培养与团队建设的职能和使命。同时，公司和重庆房地产职业学院合作成立金融街物业职工大学，通过继续教育和专家培训的方式，为公司员工提供更为丰富的知识、技术学习资源，助推个人职业规划发展。借助大学校园文化优势，促进企业人力资源多元化、系统化、专业化发展。为企业不断创新与突破发展提供强有力的人力资源保障。

八、致力于成为中国商务物业服务的引领者

金融街物业历经二十余年的锐意革新与开拓进取，依托高端商务物业服务经验与核心竞争优势，秉承国际化管理理念、提高现代前沿科技应用、创新复合型人才建设，将运营管理与科学智能、信息技术有机融合，探索商务办公客户高效服务协同机制，构建业主资产保值增值科学管理体系，致力于成为中国商务物业服务的引领者。

走进物业新时代 重构社区新生态

河北恒辉物业服务集团有限公司

18

幸福全家福

河北恒辉物业服务集团有限公司（以下简称恒辉物业），成立于 2001 年，集团下设石家庄森特麦瑞物业服务有限公司、石家庄恒辉万润房地产经纪有限公司、石家庄恒辉宾乐商务快捷酒店有限公司 3 个控股子公司及北郡、西南、新华、中宏、智汇城、北京、建华国贸、中华南、中远、建安、槐安、裕华、开发区、电信、科创、地铁、衡水、保定、邯郸等 19 个管理区域。

国家一级资质物业服务企业，通过 ISO9001 ：2008 质量管理体系、ISO14001 . 2004 环境管理体系、GB/T28001—2011 职业健康安全管理体系认证，自 2011 年起蝉联全国物业服务企业综合实力百强企业，2011 年获得“物业管理最具成长性企业”称号，2012 年荣获“河北省著名商标企业”称号，中国物业管理协会常务理事单位，河北省物业管理行业协会副会长单位，石家庄市物业管理协会副会长单位，被国家、省、市相关管理部门与行业协会评审为“物业管理先进单位”“知名品牌企业”“守合同重信用单位”“消费者信

得过单位”“诚信企业”“最具公信力物业管理企业”，通过国家、省市优示范（优秀）物业管理服务项目的管理业绩近50余个。

恒辉物业始终坚持“品质为首，安全运行”的发展战略，充分发扬“诚信严谨，卓越创新”的企业精神，时刻牢记“客户至上，情系恒辉”的服务宗旨，认真落实“马上就办，办就办好”的服务理念，以CS（顾客满意）作为服务的出发点，针对不同的项目类型，住宅按照CTT型（乐居型）、LVT型（宜居型）、HUT型（安居型）；公建按照VSC级（五星级）、FSC级（四星级）、TSC级（三星级）进行等级品质定位服务，致力打造精品物业服务保障商。

一、企业文化

企业精神：诚信严谨，卓越创新。

企业理念：营造美好生活，温暖你的一生。

服务宗旨：客户至上，情系恒辉。

服务理念：马上就办，办就办好。

满足顾客的需求是第一位的，不仅要最快，而且要最好，并跟踪到底，做到速度和质量的完美结合。

卓越服务：卓越服务并不是在某一件事上比别人优胜10倍，而是在每件事上都比别人优胜1%。

二、走进物业新时代 开启智慧社区

随着互联网、物联网的发展，实现楼盘管控智能化，现场作业机械化，服务反馈即时化，品质监控远程化，业务管理网络化，恒辉集团在物业新时代，实施以下发展措施：

恒辉物业战略合作伙伴一应云智慧社区平台。一应智能，在内部管理上，实现基础数据信息化，基本流程信息化，基础设施信息化，基层员工信息化；一应生活，在客户服务上，提供安全、快速、便捷的物业互联服务。

在新时代物业服务的环境下，坚守物业管理本质是物业管理行业之根本。物业管理的本质是通过对物的管理实现对人的服务。社区物联网是基于对物的管理；社区O2O是基于对人的服务。通过一应云智慧社区平台，将“对物的管理”和“对人的服务”完美融合，把线下物业服务当作核心业务，也就是将物业基础服务做好，与业主产生有效联结。

远程监控中心

运营监管中心。16块高清显示屏将恒辉物业在管项目的主出入口、车辆出入口、设施设备机房、监控室、客服中心，第一时间同步回传，实时监控，通过远程监管和现场品质检查相结合的多维管控进行品质提升。

全国统一客服热线。7×24小时不间断，100%漏接回拨，覆盖恒辉物业在管的全部项目，除基础的问询、报事等服务外，还进行《恒辉社区周刊》的阅读回访、满意度调查等。当业主拨通40089-40066热线的那一刻，话务后台会自动判断业主的“来电动机”，第一时间“弹窗”，显示业主信息和近期报事等联系事项，便于客服人员提供有针对性的回复，有效提升一次接待成功率，最大限度地降低业主的沟通成本，哪怕小到一通电话也能感受到“恒辉式服务”。

“恒仔”在商务楼大堂闪亮登场。机器人来为您服务，迎宾带路，传播信息宣传，这样的服务您是否想体验？“恒仔”机器人于2017年在恒辉物业钻石广场项目上线，受到了商户的一致喜爱，每位工作在本楼的职员都与“恒仔”进行了多次互动。

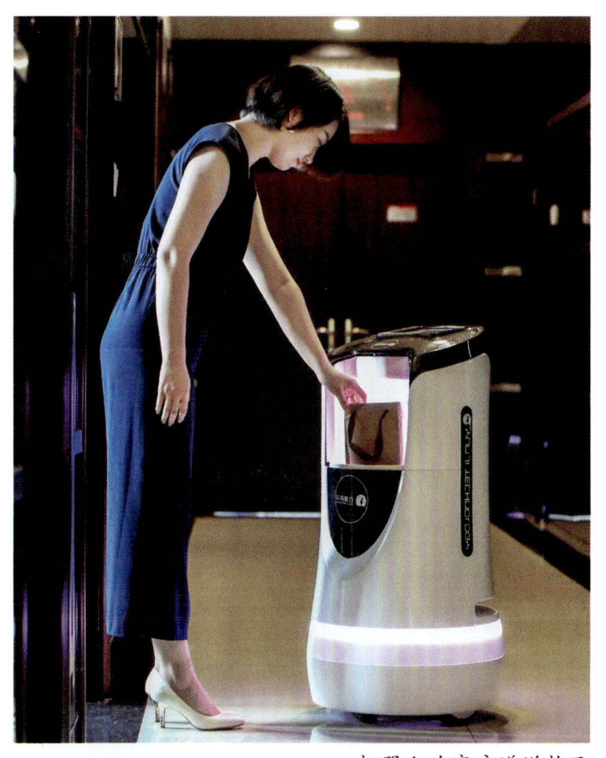

机器人为客户递送物品

截至 2018 年 6 月底，“恒仔”累计运行里程数超过 248 公里，并实现 7×24 小时随时待命、认真工作，帮助商务楼减少了人力成本、人员管理成本和培训成本。“恒仔”在行走过程中能够自动避开行人和障碍物，迎宾带路，解答问题，传播信息，还可以协助工作人员跨部门跨楼层配送物料与证件，它真正成为商务楼大厅的小管家、物业服务的新形象。

“恒仔”的到来，开启了大堂早晚迎送宾的新模式。

“恒仔”的到来，增加了日常巡视及特殊天气巡视的频次。

作为工作人员，“恒仔”将进行协同作业，进入智能服务模式，全新升级了客户的体验，提高运营效率，同时保护客户隐私，提升客户满意度。

三、携手恒辉 共创未来

（一）物业全委管理服务

恒辉物业作为河北省较早介入物业领域的企业，多年来致力打造“品质为首”的品牌优势，不懈努力，发展成为行业内物业管理服务类型较为丰富的企业，为居住领域和公建领域提供专业的物业服务。未来，恒辉物业仍将继续不断增强物业管理服务及物业经营服务的工匠精神，不断提高服务品质，持续为更多的客户群体提供高品质的物业服务。

（二）物业顾问咨询服务

恒辉物业开发出具有自身特色的顾问业务形态，包括物业管理常驻全程顾问服务、物业管理顾问培训服务等，根据客户需求和顾问项目的自身特点，整合有效资源，制定出客户发展需要的系统性解决方案，通过派驻顾问经理，定期提交顾问书和建议函，参加恒辉集团系统培训及岗位实习等多种形式，为合作方提供恒辉式管理与服务。

（三）资产保值经营服务

恒辉物业提供房产交易信息咨询、房屋租赁、房屋转让居间代理、房屋贷款代办、权证代办等多项服务，为客户资产保值助力。

四、善待服务 满意惊喜

（一）古筝弹奏表演

“秦筝吐绝调，玉柱扬清曲，弦依高和断，声

商办楼项目古筝弹奏表演

随妙指续。”在繁忙杂沓的日子里，听一曲古筝，饮一杯新茶，寻半盏闲逸，安享一日工作时刻。

（二）下午茶

一杯香气四溢的茶，一碟甜蜜的糖果，一块香甜的蛋糕，一盘新鲜的水果，构成了一幅甜美图画。对于工作大半日的小伙伴们来说，每日的精致下午茶成为保证努力工作的“兴奋剂”，上班都变得充满仪式感和活力。

（三）共享书屋

阅读使人进步，阅读让人愉快，一本书就是一个世界，在共享书屋可以欣赏这个世界的精彩。您也可以将爱书与他人分享，让他人也来领略另一番世界的别样秀丽，共同用阅读去丈量世界的辽阔。

（四）设备机房开放日

设备运行正常，地面一尘不染，交接班和巡检记录井井有条。“设备机房开放日”活动让业主清楚地了解设施设备的运行情况，享受着安心、放心的恒辉社区生活。

五、重构社区新生态　与业主“心与心链接”

恒辉 17 载，品质制胜！

以服务品质为标尺：一事一物皆品质，专注品质管理，为企业首要战略；

以业主需求为核心：一举一动皆服务，倡导服务细节，创领美好新生活。

2018 年恒辉物业正式启动“恒辉 · 心连心”社区文化活动：跃动人生、爱心永恒、睦邻计划、艺鸣惊人，打造专属恒辉业主的社区文化。

以完善社区体育服务体系为己任，开展“跃动人生”系列主题活动，是恒辉社区文化活动的使命与担当。恒辉物业多次组织社区赛事，“恒辉杯”全民社区足球争霸赛已成为社区足球爱好者沟通情感、切磋技艺的平台。恰逢 2018 世界杯酣战之际，恒辉物业帮爱运动的居者实现足球梦想，一场以“绽放健康生命色彩”为主题的社区足球争霸赛响彻石家庄，2018 年盛夏成为恒辉社区球迷的狂欢日。决赛通过策划开发线上直播、亲友助力等活动，充分调动了业主的参与热情，提升了赛事的互动性。据不完全统计，比赛期间，参与线上互动及观看线上直播的业主有 15796 人，恒辉物业四大品牌活动之“跃动人生”已经深深地植入了业主心中。

母亲节插花 DIY 沙龙活动

以构建和睦邻里关系为出发点，开展“睦邻计划”系列主题活动。营造邻里和睦的社区环境，是恒辉社区文化活动的宗旨和意义。2018 年 3 月 8 日，女神们相约恒辉物业所辖钻石广场商务楼，在专业调香师的指导下，定制出专属自己的芬芳，邂逅一场香水雨，于香气缭绕中成就自己。5 月 10 日，恒辉物业所辖梦溪园小区举行了母亲节香囊与插花 DIY 沙龙活动，让邻里之间共同度过了一段美妙的时光。每一个作品都展现了完全不一样的世界，更是艺术之于每个人不同情感的表达，但丁曾说，世界上有一种最美丽的声音，那便是母亲的呼唤。

以践行助人为乐的美好品质为基准点，开展“爱心永恒”系列主题活动，对需要关心爱护的群体给予无私的关注和关怀，勇于承担社会责任，用善举温暖人心，用爱心铺就希望之路，传递爱心，弘扬正能量，这是恒辉社区文化活动的理念和信仰。

以弘扬中国传统文化为宗旨，公司开展了“艺鸣惊人”系列主题活动，为业主提供展现个人艺术修养的平台，营造新时代的文化社区。业主或沟通交流，或展示技艺，抑或挥毫泼墨，畅快淋漓在艺术的海洋里愉悦身心，使中国传统文化得到有效传播，进而成为鼓舞社区文化的坚实力量，这是恒辉社区文化活动的温度和情怀。

打造专属恒辉业主的社区文化，提供有温度、有情怀的物业服务，以“心与心”的链接，重构社区关系，让业主享受到故乡般的邻里和睦、祥和温馨、自在舒坦的居住环境，让邻里成为没有血缘关系的亲人，让陌生人社区变成熟人社区，营造美好生活，温暖你的一生。

恒辉物业，将紧扣新时代脉搏，在深化供给侧结构性改革的背景下，在创新驱动发展战略的引领下，探寻新思想，新使命，新理念，新价值与新未来，通过互联网、物联网及共享经济的平台，识心达本，不忘初心，坚守物业管理本质，用匠人精神将物业服务做好、做实、做精，倡导践行社会主义核心价值观，创建安全、和谐的幸福社区。

参与精准扶贫活动

六、精准扶贫 践行公益

恒辉物业自 2001 年成立至今，在爱心捐助方面一直坚持不懈。2018 年 4 月 1 日，一应云联盟组织联盟企业助力由东方卫视、易居中国、新浪微博联合出品的全国首档精准扶贫公益纪实节目《我们在行动》，恒辉物业作为联盟伙伴，积极参与其中，一起来到河北丰宁十七道沟村，与东方卫视著名主持人陈蓉和公益大使王宝强、潘石屹、郭碧婷共同助力十七道沟村精准扶贫，为乡民们送去温暖。

通过对当地特色农产品的了解，在订货会现场，订购了当地村民养殖的丰宁生态跑山黑猪肉，在恒辉管辖的社区进行推广，感召更多爱心人士关注贫困地区，同时在农村与社区之间搭建“爱”的桥梁，把业主的爱心送到贫困地区，让爱传递的同时，也使业主们享受更多绿色天然、纯正的农产品，帮助丰宁人民打开当地特色农产品对外销售渠道，从根源上提高当地村民的生产能力，实现家家户户增收。

4 月 26 日，恒辉社区精准扶贫“丰阜康宁，我们在行动”启动会在石家庄玉龙小区举行，随着启动会的顺利举行，恒辉物业精准扶贫系列活动也正式拉开了序幕，之后，贫困地区的农产品将陆续进入各大恒辉社区，同时也让更多人了解精准扶贫，带动贫困地区增收、创富，实现脱贫。

5 月 16 日，《我们在行动》脱贫攻坚践行者颁奖典礼在北京举行。颁奖盛典上，恒辉物业获得“扶贫助农先进集体”和“脱贫攻坚践行者”称号。

扶贫是一项公益，更是一种责任。像丰宁这样的贫困县，全国还有很多很多。公司希望通过这些微薄的力量，让更多社会组织关注困难群体，给他们带去脱贫致富的福音，为社会美好发展贡献自己的一分力量。

恒辉物业践行公益，将以爱之名付出关怀，让爱撒满恒辉社区的每个角落。

聚焦医院大后勤服务廿载 成绩斐然

众安康后勤集团有限公司

一、企业基本情况

（一）发展历史

众安康后勤集团有限公司（以下简称“众安康”）是一家为现代医院和机关、企事业单位提供物业与后勤管理服务的专业机构，是中国医院后勤社会化服务的领先企业，并具有国家一级物业管理资质。公司成立于 1999 年 11 月，注册资本 2 亿元。2015 年 1 月经中国证券监督管理委员会批准，公司与宜华地产在 A 股市场重组上市，为宜华健康医疗股份有限公司全资子公司（股票简称：“宜华健康”；股票代码：000150）。

众安康成立 18 年来，在董事长林正刚的带领下，始终专注于医院后勤物业管理，开创了医院特种物业的一体化管理服务，并不断深挖服务品类，逐渐形成了以医疗后勤综合服务为核心、医疗专业工程整体解决方案为辅助、医疗用品销售为有益补充的业务结构。医疗后勤综合服务是集团发展之根基，主要针对医疗机构非诊疗支持保障服务体系提供全方位一体化管理服务。公

前台服务

TOP20

员工团队

司由南向北梯次拓展全国市场，创造了“众安康”模式，赢得了社会和市场的广泛认可。

（二）组织架构

集团公司设有八大职能部门，分别为总裁办公室、人力资源中心、财务中心、物流中心、品质安全与培训中心、信息化管理中心、项目管理中心和审计监察中心，还设有五大业务部门，分别为市场开发中心、医疗工程事业中心、餐饮事业中心、护理事业中心和商业事业中心。公司拥有员工近 15000 余人，由具有企业管理、医院管理、服务管理经验的人员组成经营班子。拥有一批高级工程师、主任护师、物业管理师、经济师、会计师、工商管理、物业管理等优秀专业人才、一批专业技术顾问和一支训练有素、工作经验丰富、服务意识优良的员工队伍。

（三）管理规模

公司创立至今，众安康品牌知名度不断提升，经营规模迅速扩大，服务市场已经遍及全国 27 个省区。公司总部设在深圳，在全国有 27 家子公司、126 家分公司，以分区域管理的方式，先后为 200 家医院和机关事业单位提供物业与后勤管理服务，在管面积 2000 多万平方米。主要项目有：北京大学深圳医院、深圳市宝安区人民医院、广东省中医院、广州开发区医院、南华大学第二附属医院、安徽医科大学第二附属医院、南京鼓楼医院、都江堰市医疗中心、山东齐鲁医院、温州医学院附属第一医院、华北石油管理局总医院、上海长征医院、中国人民解放军总医院（301 医院）等医疗单位及个别办公楼、场馆物业管理项目。

（四）经营业绩

公司实行专业化、标准化、规模化经营，高效、优质、低耗服务，打造了众安康品牌。公司秉持“管理严谨，服务精细，诚信忠实，和谐互助，劳动致富，追求价值，无私奉献，回馈社会”之经营理念，以及“品牌＋创新”与“倾听需求，贴心服务”之价值理念，始终专注于医院后勤物业管理服务，坚持以全方位一体化与单项管理服务为经营定位，紧贴服务对象的需求，紧贴业主的特点，紧贴业主的经济效益和社会效益。物业管理经营收入由2000年的1600万元增至2017年的148989万元，2017年总资产达196648万元，实现利润18701万元，向国家缴纳税款达5559万元。

（五）获得荣誉情况

众安康在医院后勤服务的广袤土地上精耕细作，不断塑造自己的品牌和企业文化，赢得了客户的一致好评，博得了社会各界的广泛赞誉。所服务的单位先后取得“市级物业管理优秀项目”“级物业管理优秀项目”“区级物业管理优秀项目”“园林式、花园式单位”“先进保卫组织”“市十佳文明卫生标兵单位”“物业服务文明示范点”“公安内保系统平安示范单位”等荣誉；公司先后获得“中国驰名商标”、“广东省著名商标”、“中国服务行业全国守信单位”、“高新技术企业”、“创新先进企业”、“综合实力百强企业”、“物业服务特色企业（医院物业）”、福田区2015年度“四强”先进企业、“推行卓越绩效模式先进组织”、“医院后勤物业管理标杆企业”、“深圳质量百强企业”、“全国医院后勤服务先进企业”、“深圳知名品牌”等称号。

二、经营管理理念、服务特色和商业模式

（一）经营管理理念创新

众安康精心经营，大胆探索，致力创新，打造品牌，在激烈的市场竞争中艰苦奋斗，自强不息，

荣誉墙

不断开拓创新，走出了一条可持续发展的道路，创立了一套成熟的包括企业核心理念、经营理念、管理模式、组织模式和合作模式等在内的企业文化体系，为保障医院后勤服务管理奠定了理论基础。

1. 实行微利低耗服务

以市场规模效益为主要经营战略，对每个委托服务的医院以微利为经济利益目标。在经营上，实行低消耗的科学管理，对医院的后勤保障消耗和公司内部服务运作的消耗以严格、科学、合理的成本管理加以控制。

2. 实行全方位、一体化服务与单项服务相结合

众安康为医院提供全方位一体化服务，以最合理的资源配置发挥最大的效应。有选择地为医院承担单项服务委托，凭借自身的实力，逐步扩展经营。

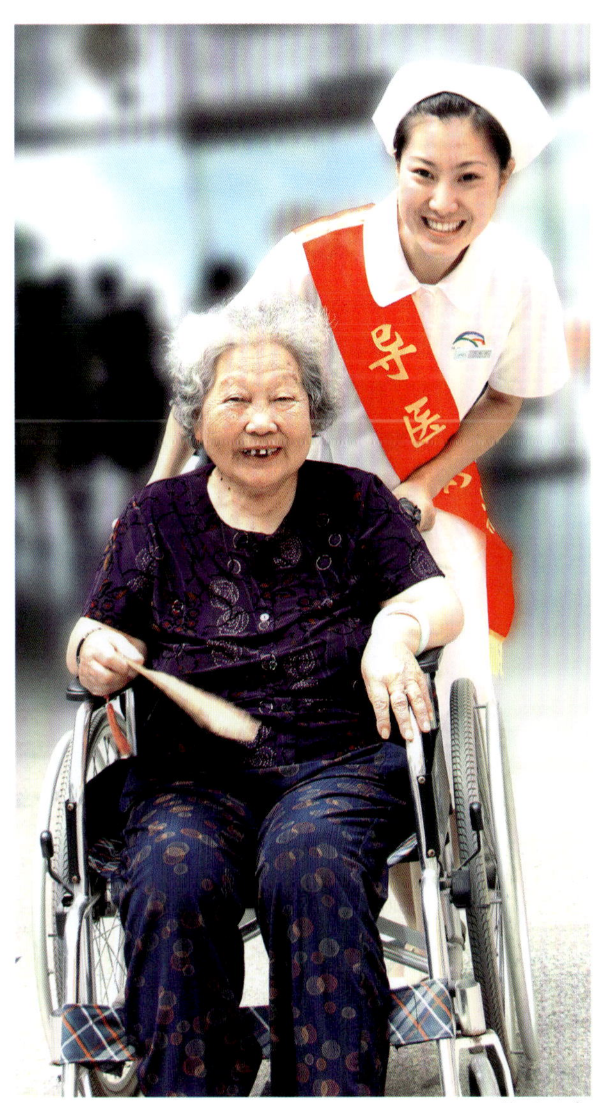

导医服务

（二）特色服务

众安康的服务理念源于众安康服务品类多样化、服务专业化、标准化以及以人为本的顾客要求。众安康的服务理念亦呈现出多元化的特点，具体包括服务经营市场化、服务功能综合化、服务风格人性化、服务标准星级化、服务管理严密化。

1. 服务经营市场化

众安康要求各地分公司参照政府颁发的法规和当地消费水平以及医院后勤基本费用确定服务取费标准，以微利经营，节省后勤费用，实现优质、高效、低耗的经营管理目标。为保证经营的市场化，众安康在总部成立了专门的预算管理委员会，要求各个管理机构每年定期制定预算，严格控制经营成本。

2. 服务功能综合化

服务综合化是众安康一体化服务模式的客观要求。对服务品类的开发也是因地制宜，按综合多样化功能定位来配置服务机构、服务队伍与技术装备，使众安康能够为医院（包括超大型综合医院）提供物业管理、生活保障、物资配送与商业、医疗辅助以及特约服务等全方位、一体化的服务支持。同时，众安康也会根据医院的实际情况，在医院难以将所有的后勤项目完全社会化的时候，考虑为医院承担单项服务管理，以后再通过互相配合，逐步推进后勤改革，扩展服务项目。

3. 服务风格人性化

众安康强调以人为本的服务理念，要求围绕病患者的心理需求和特点，处处考虑病人的感受，力求通过人性化的服务，改变医院色彩单调、环境灰冷、人面严肃、气氛神秘，让病人产生弱势心理的环境，帮助病患者树立战胜疾病的信心和勇气，塑造医院在病患者心目中的新形象，从而增加后勤服务的附加值。

4. 服务标准星级化

以星级宾馆标准订立服务规程。众安康在实践

中总结出了系列的服务标准，对各类服务实行标准化作业，程序化管理，保证质量，追求最高满意度，让服务、象进入医院就如同进入星级宾馆享受服务。

5. 服务管理严密化

严格、周密和协调的服务管理是保证高质量的关键。众安康设立了一整套对服务管理运行实施层层监控、严格考核、即时反馈的科学而周严的机制体系。

"六个一"是为达到"五化"而确定的实施手段及目标。众安康提出：在医院设计一套无时不在、高质量星级化的服务标准；创建一套"一个电话、一声招呼'OK'"的便捷服务机制；输入一套人性化、高品位的服务文化；导入一套显示现代医院形象的后勤服务视觉与标识系统；建立一套全方位高系数的应变和安全保障体系；打造一个优秀物业、花园小区和文明社区。众安康的"五化"及"六个一"是基于从服务理念到服务手段的系统性考虑而形成的，是对众安康品牌形象和质量的综合维护及保证。

（三）商业模式创新

众安康聚焦于医院后勤管理的服务，定义为"非诊疗后勤支持保障系统"，包括基建工程系统、动力能源系统、消防安全系统、消毒环境系统、临床支持服务系统、生活保障服务系统、医疗设备购销系统、信息化服务系统、节能减排绿色医院管理系统，同时也是一个多元化、集团化、品牌化的产业集团化平台。

目前，众安康在专业化服务品类的研发上，尤其是对专业化服务标准的研发上积累了医院后勤管理服务的实践经验。在组织机构的安排上，众安康根据实际业务发展需要成立了相关专业公司，如医疗器械的专业公司，医疗洁净工程公司，餐饮管理公司等，众安康的集团化已经成熟。在服务手段上，众安康的理念是要实现科技化和信息化，即用先进的智能化设备进行医院的后勤管理服务，用信息化集成相关服务，以提高组织的运行效率和服务水平。"非诊疗后勤支持保障系统"是众安康后勤管理服务的升级系统，为众安康的发展提供了升级改造的新思路。

三、众安康的发展目标及战略

众安康构建中国医疗支持保障系统，打造中国医院后勤服务第一品牌。

公司紧紧围绕"为企业极具持续发展能量、为员工构建职业生涯平台、为社会提供优良品质服务"的企业使命和"全心全意致力医院后勤管理服务，做行业领先者"的发展愿景，建立了不同发展阶段的战略目标和相应的行动计划，并在战略实施过程中进行监控、评价、反馈和战略调整，直至达成公司战略目标、愿景、使命。

基于对企业发展状况和核心竞争力的分析，众安康提出了聚焦战略、差异化战略和成本领先战略三大战略。并提出践行以下战略主题：

（1）坚持文化领先战略，加强企业文化建设和传播，为企业发展提供持久的驱动力。

（2）促进法律和道德行为，强化管理系统能力，完善机制、制度建设。

（3）贯彻规模化、科技化发展的战略运营管理，优质高效提高市场占有率。

（4）坚定推进标准化服务，保持综合认证管理体系的高效运行。

（5）创建学习型组织环境，制定组织继任计划，支持员工个人发展，为企业发展提供人力资源保障。

（6）秉承"倾听需求，贴心服务"的品牌战略，致力于将众安康品牌打造成国内医院后勤物业服务第一品牌。

以人为本
康景物业的品牌发展之路

广东康景物业服务有限公司

一、企业基本情况

（一）管理规模

广东康景物业服务有限公司（以下简称“康景物业”）成立于1999年，隶属于合生创展集团（股票代码：00754.HK），具有国家物业管理一级资质，是致力于为广大客户提供全方位、系统化物业管理服务的大型物业管理公司。

康景物业集团总部设在北京，分别在北京、上海、广州、天津、西安、宁波、杭州、成都等多地设有分支机构及分公司、各类专业服务公司等，全国管理总面积逾5000万平方米，在管项目130余个，服务近300000住户，涵盖了高档住宅、别墅、写字楼、商业综合体等。

（二）经营业绩

康景物业秉持“以人为本，创造健康生活”的企业理念，经过近20年不懈努力，已发展成为中国物业服务市场化运营领先品牌企业以及房地产服务品牌优秀企业，在管理大型高档住宅、别墅项目方面拥有一整套成熟完善的专业管理经验。推出“尊贵服务”“贴心管家服务”“全心、全意、全程满意服务”“社区智能、增值服务”等创新个性化服务。先后加入国际金钥匙物业联盟、CIH（英国特许房屋经理学会）等行业权威组织。

在管理上，康景物业强调透明化、专业化、规范化和程序化，建立了包括财务管理、人力资源管理、工程管理、服务监督管理等在内的完善的信息化管控体系，并取得了ISO9001、ISO14001、OHSAS18001三标管理体系认证，实现了企业的集中运营和集中化管理。

（三）团队建设

康景物业拥有一个专业、资深的管理服务团队，员工人数逾12000人，在中高层管理人员中，具备硕士学历者占30%，具备本科或专科学历者占70%，为广大客户提供全方位、系统化的物业管理服务。同时，康景物业注重对员工的系统专业培训，创新培训理念，加大培训投入，自主开发了覆盖客服、环境、安防、工程等多个业务领域的培训教程，制定了一整套行之有效的培训计划，有力地推动了康景物业的人才梯队建设。

康景物业总结自身近20年物业管理经验，依托行业标准，参考各地区物业管理先进经验及标杆企业标准，不断打磨、精琢，制定了一整套涵盖全部物业管理日常工作，规范、详尽、操作性强的标准作业指导书（简称“SOP”），并围绕该体系开发了一系列应用教材、课件和视频，在加强员工培训的同时，严格管控服务流程。

二、企业经营理念及商业模式

（一）经营理念

康景物业始终将环境管理服务、客户专属服务、工程技术服务、安保秩序服务等基础物业服务作为企业的根基，努力练好基本功。一直以来，康景物业以客户满意为宗旨，以“诚心、热心、耐心”的职业态度为客户提供高品质专业化的服务，臻善的服务和质量是企业的理想和目标，客户的每一份意见和建议都是企业创造更优质服务和品牌的动力。

康景物业根据楼盘位置、售价、客群（生态圈）、设计标准、建造标准、服务标准的不同，打造了华府、卓景、康景三大服务品牌，为业主提供全方位基础物业服务。同时针对不同需求，邀请凯悦/戴德梁行/仲联量行/世邦魏理仕（CBRE）等机构作为服务顾问及外部品质验收机构，力求与世界先进物业管理水平对接。通过酒店式金钥匙服务、首任问责、一站式延伸服务、400热线服务、贴心关键服务等一系列创新的个性化服务，致力于为客户提供全方位、系统化的物业管理服务。

康景物业坚持用细心换业主的省心，通过细心观察和多年的实践经验，紧扣客户入住前、入住时、

安保秩序服务

工程技术服务

入住后的核心关注点，推出适当前置的服务，为客户创造方便快捷、舒适温馨的生活环境。从前期开始就做好“准业主”服务。在小区开发建设阶段，康景物业主动开展前期介入工作，站在客户的角度对小区安防设施、公共配套、道路规划等方面提出专业意见和建议，确保后期优质的物业服务及相适应的物业管理成本。

康景物业坚持以服务品质制胜，用细节打动业主。除了既定的服务内容为业主持续提供周到、贴心、及时、有效的个性化服务之外，康景物业的服务人员时刻留意业主意想不到的服务体验。通过定期回访、业主恳谈会等多种沟通形式，关注客户的居家体验和疑难问题，倾听客户的声音。项目值班经理、管家与业主密切接触，随时为客户排忧解难。设置 24 小时 400 客服热线、公司投诉专线、业主意见信箱、网络投诉论坛等，确保客户可根据自身习惯畅顺表达意见及建议，获得及时的服务。

遵循“以人为本，创造健康生活”的企业理念，康景物业从业主实际需求出发，以不断优化业主的居住体验为己任，推陈出新，开展了“两点一线翻新工程”“穿衣戴帽工程”“触点行动”等一系列专项行动，多方位、多层次地提升服务品质，为业主构建优质居住价值。

新时代下人们对服务的需求日益提升，康景物业也从对“物”的管理转变到对“人”的服务上来，公司充分发挥管理创新，主动提高规范化运作水平，强化发展动能，内部实施管理模式的变革和创新，持续致力于开发智慧物业信息化平台，以业主真实需求为出发点，秉承“亲情服务 精细管理”的质量方针，在不同的城市、不同的物业服务领域，以标准化建设引领行业前行。

（二）商业模式

市场化运营是物业服务企业转型升级的一大趋势，而市场化的成功，必须以更高水准的服务为依托。康景物业依托开发商的优势，引入行业竞争机制，在人才、管理机制、操作模式、服务水平方面更具竞争力，更有动力和魄力提升创新经营模式，提高服务水平，成为行业佼佼者。

在巩固根基的基础上，康景物业以高水平的科技创新作为支持，推动互联网、大数据、人工智能和行业的深度融合，将传统物业和新兴产品结合，实现智能管控，推出物业管理系统、物业 BPM 管理系统、合生活线上社区服务平台、捷顺停车场管理系统、一卡通平台系统、智能门禁系统等，更好地为业主服务。

2015年，康景物业推出“合生活”全智能社区服务平台，通过移动互联思维改变传统物业管理商业模式、社区服务，整合社区周边商业资源，打造全新“合生活”智能社区时代。通过开展“邻里集”系列市集活动，把商家、业主、物业管理，以及“合生活”平台紧密联结在一起，利用移动终端实现线上服务，为业主以及住户提供更多优质服务，最大限度支持物业集团转型发展。通过精细化专业服务，以用户真实需求为出发点，将资源整合、重组，真正打通社区“最后一公里”生活服务生态圈。

“合生活”平台涵盖物业服务管家、生活管家及家庭管家三大模块。物业服务管家，即传统物业服务内容，如维修，报修等，满足业主的基础物业服务；生活管家，是“合生活”平台积极拓展外部资源，为业主日常生活更便利而展开的服务，如家政、保姆、月嫂、装修、旅游、房屋资产管理等；家庭管家，则是有针对性地提供家庭生活套餐及个性化家庭服务。

目前，“合生活”凭借新升级的平台3.0产品，已迅速占领华南、华东、华北市场，涉及20余个城市、100多个大综合性社区，服务于40多万户家庭的近200万业主。

康景物业以科技与互联网手段，将人与人、人与物、物与物相连相通，实现标准化、系统化、数据化、结构化的高效自主运作物业系统性解决方案。以优秀的基础服务为根基，根据物业产业链上下游企业的不同情况，制定了包含前期介入、管理顾问、系统输出、全委管理、社商经营、股权合作等多种形式的合作方案，为社区常住常新而投入精益养护，帮助业主实现了房产增值效益，也促进了社区的融合互通，达成了开发商、物业公司和业主的三方共赢。

客户专属服务

环境管理服务

在探索金融创新上，康景物业创物业费资产证券化发行规模最大单。2016 年 3 月，以康景物业为平台，合生创展携手长城证券发行了“长城证券－康景物业资产支持专项计划 1 号”，创下国内已发行物业费资产证券化产品的最大规模（总规模 23.41 亿）。该产品在增信措施、交易结构、基础资产构成等多个方面都进行了创新，中诚信证券评估有限公司给予了 AAA 的评级。资本市场的青睐印证了康景物业的强大实力，也进一步提升了公司品牌价值，助力康景物业成为物业管理行业市场化运营的引领者。

三、企业发展战略

未来，康景物业将倾力打造华府、卓景、康景三大服务品牌，匹配业主实际痛点需求，完善各层级物业管理服务内容，创新服务内涵，形成多层次、全方位的一整套服务标准，不断优化升级物业服务体系。通过优质的服务和卓越的品质，为业主提供持续增值的物业价值体验。

深耕传统物业服务的同时，在“互联网＋”的时代下顺势而为，依托“合生活”线上平台，以客户价值为核心，搭建满足客户居家生活需求的资源平台，实现线上线下互补、互通、相辅相成，提供综合性、多样化、持续升级的社区服务。

积极拓展新业务能力，可涉足顾问咨询、合资共管、股权合作、APP 平台业务，通过市场合作模式、业务能力、市场获取方式的创新实现公司管理体系、管理标准的快速落地，并通过市场覆盖率的提升，通过更多的合作方式为业主创造持续价值，实现康景物业“以人为本，创造健康生活”的企业使命，提升企业的社会价值。

加快市场化发展进程，进一步完善、落实服务标准，提高服务水平，不断提升服务内涵，增强客户口碑传送。通过打造具有鲜明特色的服务产品，形成企业核心竞争力，从而树立服务品牌影响力，拥有品牌优势，达到塑造品牌、经营品牌的目的，再依托品牌去开拓市场，不断创造价值，增强社会认可度和美誉度，增强品牌溢价能力及盈利能力，形成企业的特色品牌效应。

与此同时，康景物业始终把社会责任作为企业成长的根基、准则和使命，将持续积极参与公益事业，致力于支持中国的教育、健康、体育、环保等方面的工作，为社会进步和公益事业作出更多的贡献，切实承担企业社会责任，促进社会和谐发展。

用心构筑美好生活

——专业匠心，人文情怀，值得依赖的社区生活服务商

上海永升物业管理有限公司

一、永升物业简介

上海永升物业管理有限公司成立于2002年，截至2018年3月底，永升物业在管项目覆盖全国34城市，合同管理面积3770万平方米，签约项目241个，项目类型涵盖商务楼宇、大型住宅小区、别墅、工业园区、城市综合体、医院、学校和体育场馆等。

二、聚力跃升，蒸蒸向上

永升物业，犹如它的名字，一直在成长，向上不断攀登，飞跃！2002年

待客至诚

上海始扬帆，2018 年，居全国物业百强露锋芒，16 年专业匠心，永升已然成为一家具备资产能力，极具创新性和快速成长能力的新锐物业管理公司。

2002 年永升物业扬帆起航，进驻上海，开启了全新的征途。

2012—2013 年，永升物业厚积薄发，成功晋级一级资质物业服务企业，通过 ISO 质量、环境、职业健康安全管理三体系认证。

2017 年，永升实现跨越式发展，进入市场化规模化、资本化发展新阶段。

2018 年，永升物业全面启动“二五”发展新战略，致力于成为值得信赖的社区生活服务商。

永升物业自 2002 年进入中国物业管理服务市场以来，凭借卓越的服务品质、优良的客户口碑和多元创新的服务能力，实现了物业的保值增值，赢得了广泛赞誉，树立了良好的品牌形象：

北京“上海沙龙”连续 3 年获评“北京市优秀管理居住小区”，上海“永升大厦”连续 3 年获评“上海市优秀管理小区”，重庆“旭辉 · 朗香郡”获评“重庆市优秀住宅小区”，长沙“旭辉 · 藏郡”获评“湖南省优秀住宅小区”，厦门“永升花园”连续 5 年获评“厦门市物业管理优秀小区”……

三、多元业态，全国布局

经过多年的发展和积累，永升物业在各个物业类型的管理服务方面积累了丰富的经验，形成了较为完善的管理体系，具有领先优势。目前永升物业项目类型涵盖商务楼宇、大型住宅小区、别墅、工业园区和城市综合体等，其中主要是高端住宅、商业办公和公众物业以及后勤支援等。此外，永升物业还涉及多种经营业务，包括顾问咨询服务、社区服务收入、社区房屋经纪等。

截至 2018 年 3 月底，永升物业在管项目已覆盖上海、北京、苏州、合肥、重庆、成都、长沙、天津、杭州、武汉、沈阳、大连、南京、厦门、西安、郑州、太原、济南、青岛、德州、济宁、廊坊、徐州、镇江、无锡、嘉兴、宁波、温州、佛山、珠海、三亚、亳州、福清等 34 个城市。永升物业将继续攻城拔寨，扩大规模，在扩大全国化布局的同时，加强对重点区域、项目的深耕。

四、全程物业，特色服务

永升始终秉持“客户需求为导向”的产品设计理念，针对房地产开发的不同阶段和物业管理的不同业态的客户需求，有针对性地构建了几个代表性产品线。这些产品线构建了全程物业服务体系，能够为客户提供更加便捷、专业、优质的服务，营造安全、舒适、方便、优雅的工作和生活空间。

（一）前介服务

前介服务是地产与物业的桥梁。在新项目规划、设计、施工、验收、交付等阶段，前介工程师会从客户、开发商以及物业的角度输出专业化意见，减少产品交付瑕疵和质量问题，降低返工成本和后期业主报事量，使产品最大限度地满足业主需求，方便后期业主使用。

（二）售场服务

基于房地产营销需求，永升物业建立了专门针对售场的全生命周期服务体系。从售场筹备、售场开放到售场关闭，永升在各个时期提供的安全护卫、会所服务、保洁服务和绿化服务都在与客户短暂接触的过程中，带给客户“满意 + 惊喜”的服务体验。

（三）悦享生活

1. 社区关照体系：六大关照系统，42 项服务细节

服务意识时刻根植于永升心中。永升通过精细化的物业管理保证给予业主恰好妥帖的细节，从生活、秩序、环境、维护、问询、智能六大关

照体系入手，服务形式覆盖生活中的点点滴滴，始终以日积月累、坚持不懈的态度和关爱有加的方式照料到每位家庭成员。

2.37℃社区，共享文化关怀

“37℃社区”是永升物业从业主兴趣出发开展的专属于业主的互动模式，实现业主自发地共享互助和全龄关怀，打造富有永升特色的社区文化互动兴趣平台。永升物业选择孩子、主妇和老人作为主要的服务对象，因为这些是最容易深入到社区活动中的群体。

3.UP 增值服务体系

永升物业致力于打造乐观向上，崇尚新潮的国际化动感生活，包括旭惠团、旭惠美家、邻聚游、租售中心等板块。

4. 铂锐管家

铂悦管家是永升物业旗下的高端产品，致力于打造中国真正的社区管家，推出以管家为核心的全新项目管理模式，是一次对现有物业服务模式的变革和颠覆，铂悦管家从传统物业对“物”的管理向“人”的服务转变，最终为业主实现对家的打理。

5. 悦泽商办 & 悦泽公众

悦泽服务是永升物业针对商业、办公、公众类物业服务推出的专业化服务产品。永升认为商办楼宇由于其资产性质、投资价值、使用需求的特殊性，在传统物业管理服务以上，客户关注更多资产保值与增值的价值。悦泽商办让客户在悦享永升物业的同时，产生超越传统物业服务的价值。

随着互联网的发展和大数据时代的到来，永升物业深入了解客户需求，把客户需求放在第一位，加强运用互联网、移动化、云应用等信息化

永升物业青岛创新园项目

永升物业狮山商业广场项目

技术整合物业管理服务市场的碎片化管理，提高效率，降低成本，提升服务品质，为客户提供更便捷的物业服务，并不断探索新业务，为客户创造价值，用心构筑美好生活。

五、创新裂变，决胜未来

物业管理行业经过多年的探索和实践，早已进入市场化、规范化发展的新时期，这也打开了一个竞争激烈、管理完善、服务理念提升的新局面。在这样一个瞬息万变的时代，以人为本用心做好服务，定制化，个性化地成为一个拥有“匠人精神”的物业服务公司，则是提高公司核心竞争力的不二之选。

正如永升物业总裁、中国物业管理协会副会长周洪斌先生所说：“过去两年，我们仅仅完成了从0到1的起步，而企业的市场化之路是一项战略任务。在每个人都意识到这个行业的春天正在到来的时候，只有在未来五年实现从1到10的跨越，才能保证我们的企业在这一轮的快速发展中不掉队，也才能在新的行业机遇到来之时，继续站在竞争者的队伍中。”

展望未来，蓄势远航，永升物业将秉承“用心构筑美好生活”的企业使命，坚定不移地贯彻“以客为始，待客至诚，为客户创造价值”，创新裂变，以开放、共享、拥抱、合作的心态，找准定位，明确方向，坚定不移，致力于成为值得依赖的社区生活服务商。

永升物业，让物业更精彩！

创造服务新价值 商务生态服务体系构建者

深圳市卓越物业管理股份有限公司

深圳市卓越物业管理股份有限公司（以下简称卓越物业）于1999年从深圳起飞，是国际金钥匙服务组织物业联盟首批中国成员，具有国家一级物业管理资质。在近二十年的发展历程中，卓越物业牢牢抓住市场发展机会，以自身在高端商业写字楼及商用物业市场的独特优势，形成了完善的高端商务不动产服务运营模式，塑造了国际化高端商务品牌形象，奠定了“中国领先的不动产服务运营商”的行业地位。

一、立足深圳，服务全国，聚焦商务不动产为核心主营

区别于其他以住宅为主营的物业公司，卓越物业一开始就清晰地将自己定位在商务不动产服务领域。也正是基于其在一线城市CBD及商务领域的独特优势，卓越物业一步步成长为中国商务不动产服务运营的领跑者。从2006年起，卓越物业明确了以商务不动产为核心主营的企业发展战略。这一年，卓越物业凭借丰富的CBD商办物业运营管理经验，探索性地开启企业大客户资产管理

卓越E+智慧双平台之E+FM

服务外包业务之门，同年接管华为南岗、华为威新软件园。至此，卓越物业大步踏上了市场化道路。经历十余年耕耘，如今已承接腾讯、阿里、百度、华为、小米、OPPO、VIVO、联想、中兴、大疆、顺丰、京东、美团、微信、网易、携程、嘀嘀、海康威视、视源、新华三、BYD、美的、海信等国内知名互联网企业及高新科技企业的综合物业及行政后勤外包服务。2017 年卓越物业的经营数字无疑是最好的佐证：业务覆盖 3 个国家、10 大核心区域、25 个城市，在管项目 252 个、管理面积约 2500 万平方米，在职员工 10000 余名，管理商办资产总额超 10000 亿元，其中在一线城市核心区域在管的高端商办面积超过 1500 万平方米，目前国内众多知名高新科技和互联网企业几乎都能看到卓越物业的身影。

卓越物业秉承“成为领先的商务不动产服务运营商”的企业发展愿景，以提供特色物业服务为基础，实现全业态多元化的组合，形成不动产全生命周期服务运营管理的完整业务链条，并成功塑造了以国际化高端商务不动产综合服务与城市高尚住宅物业服务为代表的双子品牌形象。公司物业管理服务类型涉及高端商务写字楼 & 商务综合体、企业总部、企业综合办公场所、高新产业园区 & 现代物流园区、数据中心、政府公共建筑、高尚人文住宅 & 酒店式服务公寓、高等院校 & 国际学校等不动产物业的咨询顾问、资产运营管理、综合设施管理、企业综合行政后勤一站式服务等综合管理服务，旨在充分利用卓越商务物业服务领域的突出优势，聚焦商务不动产服务运营，为客户提供定制全链条全生命周期的不动产运营管理服务。

二、率先在国内打造高端商务礼宾服务，让服务更有温度和色彩

卓越高端商务物业服务，在行业内率先引入国际金钥匙礼宾服务，并首创 Concierge Service 礼宾服务理念，将“金钥匙”服务完美地融入物业服务，并且不断根据客户需求深入延展，持续提升物业价值，打造国际化的服务品质，将独具卓越特色的礼宾服务打造成了高端商务服务的国内标杆模式。这些年，随着卓越物业对礼宾服务的打造，不知不觉，礼宾文化逐渐在国内高端商务服务领域流行起来。一直在领先，从未被超越。当大家都在做礼宾服务的时候，卓越物业作为“布道者”，已经凭借对商务空间及客户更深刻的理解，在更高的领域内传播商务服务的文化价值观，并推出了卓越礼宾的核心价值主张：“让建筑森林更有温度和色彩”，除了在每一个服务场景和服务细节上从视觉、听觉、味觉、嗅觉、感觉等不同层面规划和提升客户感受，还赋予服务更多的人情味和丰富性，从而精心经营产品、用心经营客户，让场景和客户因服务而互联，因互联而更有温度和色彩。

卓越物业对商务不动产进行专业的统一运营，为客户提供全生命周期不动产管理服务和资产服务，凸显出超越其同类型商务物业的资产增值能力，实现资产价值最大化。卓越物业以“专业化服务 + 服务集成能力”，依托卓越商务物业平台优势，共享卓越商务客户资源，实现资产良性互动；通过卓越商务的产品和资源优势，建立一个开放的系统，创造出更多、更新的商务应用，提供更有价值的服务，创造共生共赢。卓越物业典型代表项目有深圳卓越世纪中心、深圳卓越后海金融中心、深圳卓越城、深圳阿里云大厦、深圳腾讯大厦、深圳百度大厦、广州腾讯微信总部、东莞华为 E1 总部、北京滴滴总部、北京华为研究所、珠海金山软件园、上海美团总部、杭州网易、杭州海康威视等。

三、擅长商务，更懂家，服务都市精英人群，塑造高端商务与高尚住宅双子品牌形象

卓越物业根据多年来高起点的物业管理实践，不仅在商务不动产服务领域首屈一指，在高端住宅及豪宅领域，更是提炼升华出了全新的服务模式——以“五心服务”（安心、省心、放心、开心、同心）为基础，围绕国际化 WELL 指标，提炼出“为爱筑家”的“五心服务”升级版，打造 5H 服务（安

全家、生活家、科技家、健康家、创享家），从客户需求的不同维度定义高端住宅服务新标准。同时，针对国际行政公寓、企业总部服务及五星级酒店等，推出“FOR ONE”顶级服务品牌，定义全球资产的服务标准，FOR ONE 服务品牌，超越传统服务标准，缔造“ONLY FOR ONE”服务理念，赋予行政服务全新意义，以对服务品质的全新追求，塑造三大服务平台，涵盖国际礼宾、商务中心和管家中心，全方位搭建“FOR ONE”的服务结构，献给全球顶尖人物。

四、“E+”智慧双平台，开启平台化运营，打造专属商务生态圈

知名项目案例

卓越商务多年来深入商务客户，不断洞察客户的需求，近距离聆听客户的心声，体察和感知他们现在和未来在商务方式和生活方式的不断延展和变迁。凭借 E+FM 和 E+OFFICE 智慧双平台，营造更安全、更舒适、更健康、更智能的商务办公空间，从而满足客户全方位的需求，打造卓越专属的商务生态圈。借助更加智能化的物联网科技，E+FM 设施设备信息化系统，适时掌握设施设备的运维状态，维护资产的保值和增值。E+OFFICE 客户端移动微生态圈，通过移动互联网技术连接办公空间（写字楼）、居住空间（公寓）、企业、员工，小微专业服务，开创新时代不动产的运营模式。“E+”智慧双平台以“专业化服务 + 服务集成能力”对商务不动产进行专业的统一运营，完成物业管理“保值增值”基本使命的同时，更为客户提供简单、精准的综合服务和更有价值的资产管理运营服务与商务生态圈服务，创造共生共赢的商务空间。

五、坚持、思变与进取

一个企业的价值观，是业务背后的支撑。作为中国领先的商务不动产运营商，卓越物业始终聚焦商务不动产，以客户需求为导向，用专业和服务为客户带来价值，通过构建商业生态体系，打造专属商务生活圈，持续提升客户体验与服务价值。未来，公司将通过对物业管理主要市场和客户需求的深入了解，在为客户提供专业的基础管理服务之上，不断探索运用智能化手段，深入研究服务产品，在为客户提供专业化的基础管理服务之上，结合特色服务、延伸服务，为用户提供定制化的综合服务整体解决方案，丰富服务内涵，创新服务内容，提升服务体验，最终致力于超越用户综合期望，不断创造服务新价值，保障不动产全生命周期资产价值，实现资产保值增值的管理目标！

“草根”物业也有春天

——银湾物业成长路上的“寻”与“获”

上海文化银湾物业管理有限公司

一、企业概况

银湾物业起源于中国南部美丽的海滨城市广西北海，1995 年创立至今已有 23 个年头了。从 2006 年的“广西化、南中国化、全国化”三步走战略开始，银湾物业一步步走向全国，到 2017 年底，已经成为中国领先的独立第三方物业和社区生活综合服务商，拥有 3 家国家一级资质物业管理企业，业务遍及 20 个省 100 多个城市，全国在管物业项目达到 800 多个，管理面积超过 1.1 亿平方米，以及银钥匙联盟会员 900 多家，7500 多个小区，8.5 亿平方米。连续 10 年位列“中国物业管理百强企业”，连续 6 年荣获“中国物业行业市场化前三名”荣誉称号。

银湾物业在中国的物业管理行业来说是一个非常特殊的案例。它没有一个“富爸爸”，完全靠自主发展获取市场，特别能吃苦，特别能战斗，特别能创新，是一个标准的第三方草根民营物业企业，能完成“三步走”战略目标，取得今天的成绩，实属不易。在伴随中国物业管理行业快速发展的三十多年里，银湾

银湾首家智慧社区生活馆开业

银钥匙联盟军事化训练营学员毕业照

物业也一直面临营收渠道单一、成本不断攀升、利润空间越来越小的行业痛点。从 2006 年银湾物业就提出了“1+N”商业模式并开始了社区超市、房产中介等社区增值服务的探索；2013 年推出银湾社区生活网，探索“物业 + 互联网”的社区服务模式；此后于 2014 年、2015 年、2016 年、2017 先后推出物业管理商学院、服务区 SaaS 平台、银钥匙物业联盟、业主诚信网等面向全国同行业企业提供服务的平台产品，并先后收购了三家以智能机器人、商超零售、网络科技为主题的新三板上市公司，积极探索实践物业产业升级并布局智慧社区未来。

银湾物业始终坚持“服务无限，价值无限”的理念，以物业为载体，以社区为资源，以互联网为工具，不但立足于为业主提供优质便捷服务，而且积极输出能力，为同行企业提供互联网服务产品和各种赋能，不断地为促进整个物业管理行业的升级转型而努力探索，力争早日实现“品牌化、智能化、资本化、国际化”发展战略。

二、企业互联网运用的发展历程

实际上，物业企业真正运用互联网工具应该是 2012 年以后的事情。首先，这个行业是一个相对技术落后的行业，人才、资金、技术都很缺乏，一个不具备规模的物业企业想应用互联网是很困难的一件事情；其次，物业行业应用互联网跟中国在移动互联网时代实现弯道超车的节奏是大致同步的，但物业行业平均落后至少三年到五年，也就是说，物业行业没有怎么经历桌面互联网的改造，一下子就直接进入了移动互联网的时代。

银湾物业对互联网运用的发展历程大致分为两个阶段：

2005—2012 年，桌面互联网时代的系统工具应用阶段。这一阶段主要是随着银湾物业局部市场和全国市场的高速发展，为了提升作业效率和加强管控，以逐渐取代纸质、电子表格台账，开始了物业管理系统的局域化应用，系统产品是向外采购的 C/S 模式的产品，实施成本较高，产品本身的技术架构相对落后，全国联网的可能性不大，所以是分区域的应用，无法实现数据信息的汇总和集中管控，即使在同一个项目上，各个业务系统也是独立运行的，不能达到信息共享和业务协同，比如社区的监控系统、停车场道闸系统、门禁系统、消防控制系统等。当然，到现在为止，基于硬件层面的业务系统互通共联仍然是一个重大课题，如果不能形成系统化的闭环，那么基于社区和物业企业的互联网化的升级只能是空中楼阁。

2012—2017 年，移动互联网时代的平台应用阶段。在这一阶段，区域化的系统应用和管控已经越来越不能满足银湾集团化发展的需要，也无法顺应社会发展的趋势以满足社区业主的需求。银湾物业在 2013 年曾经邀请国内十多家物业软件、社区平台开发厂商在上海召开见面会，希望能以开放合作的方式，寻找到合适的产品和服务商，以突破银湾信息化建设和互联网应用的瓶颈。在历经前后半年多时间的考察、论证后，认为基于当下现有架构的产品不能解决银湾未来五到十年甚至更长远的发展问题。2013 年，银湾开始了自己的互联网运用探索实践之路，2014 年推出 1.0 版本的银湾社区生活系统平台和手机端 APP 产品，2015 年 10 月推出升级版本的智慧社区服务平台——服务区 SaaS，重点解决物业基础工作中的客服、报修、公告、收费等系统化的协同办公问题，同时进行了车牌识别停车场管理、手机二维码 / 蓝牙门禁、电单车扫码充电等软硬件系统的集成，并进行了局部范围的试点推广，取得了不错的成果，也积累了丰富的经验。

银湾物业胡祝帮董事长早在 2006 年发表的文章就曾明确指出，物业企业未来就是一个高科技企业，就是一个互联网的企业。所以，银湾物业在发展的道路上一直坚持科技化应用和技术创新，不断进取。

三、在互联网运用方面的具体做法

（一）传统基础服务领域

银湾围绕基础物业领域展开的互联网改造和升级，主要依据的是从软件到硬件，从内部到外部，从员工到业主，从简单到复杂的实施路径和指导思想。

银钥匙联盟 CEO 王伟与江西银湾总经理袁召召、富思特物业总经理彭军为银钥匙联盟代言

依托软件系统层面的基础数据库的建立，细化作业单元和作业流程，对小区、建筑、房屋、设施、业主、租户、员工等基础元数据实现最小颗粒度的数据化，在此基础上，建立保洁、保安、绿化、维修等业务流程的流转和控制，实现所有行为必有记录，有数据可查。比如业主通过手机业主贝贝 APP 与客服在线沟通，系统会记录业主生活顾问的反馈间隔时间，通过对一个业主生活顾问、一个项目的一定时间段内数据的收集和分析，会做出业主生活顾问绩效的达标评比，以促进业主服务品质工作的提升。又如，对于业主建议和维修工单，系统会对整个过程进行监控，超过设定时间没有及时处理，会以短信和手机 APP 推送消息的方式逐级上报至集团业务负责人，在完成一个工单后，需要得到业主的评价。总体逻辑是梳理内部业务流程，建立过程监控机制，让员工实时在线，通过业主的参与来监督日常工作进展，以提升物业服务效率和服务质量，真正为业主提供优质便捷服务。

从硬件设施的层面来看，银湾更希望实现的是高度自动化，在解决安全问题的同时实现最大限度的便捷化。车牌识别进出是一个典型的社区生活场景，随着车辆保有率的不断上升，停车管理成了社区物业管理的一个痛点，如何快速识别让业主更便捷地出入，如何让业主更便捷地缴费？通过系统集成接口对接的方式，实现停车场管理系统和物业管理系统的互通，基本达到了车辆不停车进出通行、在线自主缴费的良好效果。智能门禁的改造则大大缓解了部分业主通行和访客放行的尴尬局面，业主可以借助手机蓝牙实现 APP 开门，发送访客二维码或密码给访客，在安全便捷的同时也大大减轻了社区门岗的工作量。电动自行车智能充电桩则是针对电动自行车数量较多的小区定向推出的智能共享充电解决方案，解决电动自行车难以管理、充电安全起火隐患严重的问题，通过充电设施的改造降低用电不安全因素，用手机业主贝贝 APP 扫码即可充电，支付自动结算，消费公开透明，管理成本也随之大幅降低。

（二）延伸服务领域

银湾物业在延伸服务领域的探索是比较早的，2006 年的时候就有了线下的社区超市、房产中介，目前线下社区超市店有 100 多家。自从开始互联网升级以来，如何利用移动终端手机 APP 为业主提供更多的增值服务，一直是探索实践的一个重要方向。但不可否认的是，用互联网的方式去满足业主更多的生活需求看起来应该是互联网企业该干的事，物业企业虽然有离用户最近的独到优势，但也天然地缺乏运营思维和能力，更缺乏渠道和资源的组织能力。

2013 年以来，银湾物业通过业主端手机 APP 开展了各种增值服务的尝试，提供水电煤公共事业缴费、电话费充值、加油卡充值、积分商城、便民黄页、开锁服务、家电维修、“智慧社区万里行”社区活动等一系列线上线下的增值服务，也积极引进新零售渠道资源，和苏宁小店、京东到家、美年大健康等达成战略合作，尝试为业主提供更多优质产品和服务，凭借订单返佣和广告收益取得了一定的效果，但是从规模盈利的能力来看还是有很大的不足。

仁盈科技是银湾集团旗下的新三板挂牌上市公司，是中国首家研发、生产和销售社区服务机器人的高科技公司。银湾物业研发第一代银湾售楼机器人、客服机器人和保安机器人，具备识别无线信号、通信、磁导航、视觉导航、车牌识别、语音识别等多重功能。在实际的运用推广中，取代了一部分人力，节省了运营和维护成本，但改进空间依然很大。如何运用互联网的工具，在离互联网最远的地方，提供差异化的服务，创造基础物业之外的服务价值和营收来源，是未来物业企业升级转型所需要思考和解决的焦点问题。

四、在互联网运用方面的成果、业绩

银湾物业在互联网运用方面取得的显著成效或业绩，主要包括基础领域的降本增效，以及搭建的互联网平台目前取得的效果和效益。

（一）基础领域的互联网运用成效

银湾物业经过近六年的探索，结合互联网平台工具的运用，取得的最大成果是使得内部管控逐渐统一，作业流程逐渐标准化，因而在降本增效方面取得了不错的成绩。

首先是物业收费系统的统一标准化，减少工作量，降低人工成本，在收费人员数量这块大约可以减少 30% 的投入。手机 APP 支付、扫码支付物业费和系统自动短信、语音催收欠费也带来了收费率的提升，一些收费率不高的项目近几年收费率每年提升约 4.7 个百分点。在线报修、客服、业主建议反馈和 OA 办公的实施，使得信息流转和单日服务效率平均提升约 5%。

其次在硬件改造方面，实施车牌识别停车场管理和智能门禁的小区项目，停车收费率上升明显，

银钥匙联盟全国运营会议

门岗人力节约率可达 30% 以上。

（二）互联网平台发展成果

2015 年中国物业服务百强企业研究成果发布会上，银湾物业获得“物业服务企业互联网 + 开发应用创新大赛领先企业”奖，2016 年通过上海市高新技术成果转化项目认定；2017 年“服务区 SaaS”获得国家信息产业公共服务平台和赛迪网联合颁发的“物业行业互联网优秀应用平台奖”。

到 2017 年底，银湾物业依靠自主开发，基本完成了物业管理 SaaS“云、网、端”一体化的系统架构和终端产品应用开发以及硬件产品系统集成，初步具备分布式、大数据的业务处理能力，覆盖基础物业管理的各种场景。在逐步满足银湾自身业务需求的同时也向全国同行业企业输出平台服务，迄今已经服务 900 多家中小物业企业、1900 多个小区、130 多万家庭，平台年收费流水额达到 10 亿元级别。

五、结语

“乘风破浪会有时”。随着通信产业基础设施的不断成熟完善和快速发展，借助移动互联网的东风，得益于前五年不断的试错、摸索，银湾物业取得了一点成绩，而升级转型的步伐才刚刚开始。在未来五到十年甚至更长的时间里，银湾物业将继续坚持以基础物业服务为本的匠心精神，通过互联网、物联网、智能机器人、AI 大脑等新技术的应用不断强化智慧社区建设，最终赋予每一个社区一个隐形的智能大脑，让社区业主随时、随地、随心享受到新型高科技智慧物业所提供的超值服务，享受到银湾物业给亿万业主创造的美好生活！

与此同时，银湾物业在互联网升级转型路上的探索，也将给类似银湾的“草根”型物业带来新的发展契机。只有拥抱互联网，借力共赢，才能重新迎来物业发展史上的春天。

南都物業
NACITY SERVICE

把握时代发展机遇 践行美好生活理念

南都物业服务股份有限公司

南都管家团队

一、企业概况

南都物业服务股份有限公司（股票简称：南都物业；股票代码：603506）是中国首家登陆A股的物业服务企业。公司成立于1994年，成立之初为房地产开发商下属的物业公司。2006年后成为完全独立的第三方物业企业。公司现为中国物业管理协会常务理事单位、杭州市物业管理协会副会长单位。

公司致力于为广大客户提供优质的物业管理服务、案场服务、顾问咨询服务与多元化增值服务，全面涵盖社区价值需求。服务对象涵盖住宅、商业综合体、写字楼、产业园区、学校、银行、政府公建项目等多种物业类型。公司与银泰集团、绿地集团、阿里巴巴等十余家大型企业集团达成长期合作伙伴关

系，承接了银泰城系列、绿地集团系列、阿里巴巴亲橙里、菜鸟电商产业园、玉皇山南基金小镇等一批知名项目。目前，公司服务版图涵盖苏浙沪，并已进入北京、重庆、四川等十余省（直辖市）。截至2018年6月30日，公司累计总签约项目392个，累计总签约面积4994.96万平方米。

自2011年起，公司先后多次被中国物业管理协会评为"全国物业服务百强企业"。此外，公司还先后获得"商业物业服务特色企业"（2013年，中国物协）、"浙江省服务业重点企业"（2014年，浙江省人民政府办公厅）、"物业管理商业模式创新企业"（2015年，中国物协）等荣誉称号。

2018年上半年，公司实现营业收入468,552,831.77元，同比增长24.92%，其中实现主营业务收入467,445,013.15元。此外，公司实现归属于上市公司股东的净利润为42,406,105.24元，同比增长18.91%。

二、经营特色

（一）经营管理理念

公司以"创百年卓越服务企业"为愿景，以"让生活更美好"为使命，致力于建立以物业管理服务为基础，涵盖案场服务、顾问咨询服务及增值服务等高附加值服务的一站式物业服务体系，以满足业主多元化的物业服务需求，并实现业主资产的保值增值。

（二）服务特色与商业模式

围绕"让生活更美好"的企业使命，公司通过"让生活更便捷"、"让生活更安全"、"让生活更美丽"、"让生活更丰盛"和"让生活更和谐"五大维度打造南都物业的特色服务。

1. 让生活更便捷

（1）悦嘉家智慧园区生活服务平台。

对行业趋势做出正确判断，如搭上历史前进的列车，可以事半功倍。在互联网时代，将物业服务与新技术进行深度融合正是物业服务之大势所趋。

2015年，公司应用移动互联网技术搭建了一个智能园区生活服务平台——悦嘉家。这是为业主提供便捷物业服务、生活服务、邻里交流与商圈服务的生活服务平台，主要产品模块分为针对住宅社区用户的悦嘉家APP，针对办公园区用户的Joypark APP以及物业人员的悦服务APP。

悦嘉家APP是应用于住宅服务的客户终端APP，主要有四大核心功能，分别是业主报修报事系统、邮包智能收取系统、智能人行门禁系统和在线缴费系统，业主还可以登录邻里交流的邻居圈论坛、远程管理访客通行、家政服务联系、手机网购等。

Joypark APP是针对办公园区用户的客户终端APP，增加了针对办公用户的新功能，如装修申请、场地预订、办公保洁、维修呼叫、园区配送、物品借用等物业服务，以及园区新闻、政策信息、法律服务、投融资服务、园区指引、租赁服务、车位申请、职场圈子等园区服务。无论是园区的企业用户还是个人用户，只要在手机上操作一下，就能轻松享受功能齐全的商务服务。

悦服务APP是应用于内部管理的员工终端APP，对一线物业工作人员、物业项目经理和物业公司总部的不同用户提供相应的匹配功能。使用悦服务APP可以实现工单管理、满意度管理、邻居圈管理、巡检管理、车辆管理和内部员工优惠购物等全方面的物业服务功能，提升工作效率。

另外，在高端写字楼项目，公司已经开始在部分项目使用智能楼宇服务机器人，便于写字楼用户

群岛国际青年社区实景

轻松完成访客审核通行等工作。

（2）群岛租赁公寓。

2016年，南都物业积极响应国家关于培育和发展住房租赁市场的政策指示，成立浙江大悦资产管理有限公司，将物业服务与租赁服务相结合，以社区客群为入口，以“产品+互联网+社群”为手段，对城市不动产进行综合管理，打造以针对中高端客群的服务式租赁公寓、针对青年客群的国际青年社区、涵盖办公商业等综合物业类型的复合型园区与为小业主提供房屋托管经营服务的托管式公寓四大产品为核心的“群岛”品牌，帮助业主实现物业资产持续增值。目前，公司已有三个项目建成开业，分别位于杭州滨江、九堡和朝晖等地。

2. 让生活更安全

南都物业在服务项目中推进社区智能化改造，上线智能化车辆管理系统、智能化人行门禁系统、设施设备远程监控系统和设施设备运维管理系统。

对园区进行智能化人行门禁改造后，业主可以直接通过手机打开园区入口、单元入口的门禁，解决了忘卡、带卡问题；业主还可以发送一次性开门密码或二维码给访客，访客到了大门口可以直接进入园区；物业还可以对临时通行人员（比如装修工）设定通行权限，限制只能从某个通道出入；另外，还可以通过人行门禁的出入数据辅助物业人员掌握房屋使用状况，及时发现群租等不安全居住问题。

对园区上线设施设备远程监控系统后，公司可以实时监控水箱水位、空调系统、冷却泵、锅炉、配电等系统的运行情况并做出故障报警；故障报警信息将会主动推送到工程人员手机，提醒及时处理；系统平时会自动统计历史维保维修记录，设备资料、维修要点等信息也都储存在系统内，为新进工程人员的快速交接、学习及管理提供便利。

同时，公司还在项目上配置了微型消防站、平衡车和大型巡逻车等工具，并关注人工智能技术的发展，通过技术手段提高项目管理效率。

3. 让生活更美丽

在环境维护方面，公司根据各项目环境差异配置各种不同功能特色的清扫设备，在园区设置绿化微喷灌与绿植维护区，并为业主提供低干扰、低噪音的人性化服务。

为提升清扫效率，公司已经开始使用智能洗地机。智能洗地机在工作的同时可以实时将设备使用情况传递至云端服务器，定时发送使用情况报告，以方便公司的精细化管理。

4. 让生活更丰盛

在社区文化方面，公司在2007年就成立了自己的客户服务俱乐部，多年来已形成“梦想成长”“阳光运动”“经典传承”“好礼过好节”，以及露天晚会、业主旅游、跳蚤市场、游园等系列社区主题活动，覆盖园区各年龄层客户的社区文化需求。

“梦想成长”是公司针对社区的儿童和青少年组织的暑期夏令营和社会实践活动，包括勇者挑战营、森林奇遇记、国际公益游学等。

“阳光运动”是公司主要面向社区中青年群体举办的比赛活动，包括星球联盟和全民运动会等，促进业主间交流，营造阳光健康的社区文化。

“经典传承”是公司与随心戏剧社合作举办的活动，特邀“小百花”名师到园区现场教学，让喜爱越剧的业主欢聚一堂，共同体验越剧的独特魅力。未来，公司还考虑陆续推出昆曲、京剧、话剧等文化艺术欣赏与培训。

5. 让生活更和谐

在和谐生活方面。公司在园区力推家园公约和“公益小黄人”活动。

家园公约是公司为倡导和谐有序的邻里关系，建设当代理想文明社区，于2016年4月起陆续在各服务项目发布的住户共同遵守的文明公约。家园公约明确了全体业主一起在园区内倡导怎样的行为，抵制怎样的不文明行为，共同营造和谐友爱的邻里生活氛围。

“公益小黄人”是公司组织的在服务项目内开展的以业主为主的各类公益活动，比如在植树节与业主一起种树，关怀看望园区内的孤寡老人，等等。

通过业主亲身体验感言、跟踪直播报道、后续延展宣传等手段，号召更多的业主参与公益，奉献爱心。

三、发展战略

公司以“让生活更美好”为企业使命，充分利用自身物业服务的技术优势和团队优势，将主营业务做大做强，扩大营业规模，提高利润率，提升品牌影响力，借助互联网与资本市场的力量，力争将公司打造成具有核心竞争力的百年卓越服务企业。

（一）增量开发，聚焦优势

公司通过全国网点布局，做好营销网络拓展，获取更多项目；同时寻找并购整合机会，稳步扩大业务规模。在具体策略上，实行聚焦经济重镇、突出商办优势、拓展战略客户的原则：

聚焦经济重镇：公司按照“3+X”城市发展战略，以苏浙沪为中心，逐步实现覆盖长三角、渤海湾、珠三角和内陆省会四大城市群的全国布局；在杭州、上海、北京、苏州、南京、宁波、无锡、成都、重庆、长沙、郑州、武汉、西安、青岛、济南、广州、深圳等一二线城市重点开展业务，发挥规模效应。

突出商办优势：在服务百余个商办物业项目的基础上，公司沉淀管理经验为标准化、透明化、专业化的服务产品，力争打造国内商办物业服务领先品牌，与旗下住宅物业服务业务均衡发展。

拓展战略客户：公司进一步加强大客户培育，以优势互补、合作共赢的思路扩大与大客户的合作。

悦嘉家智慧社区生活服务平台

（二）存量保有，提升品质

公司充分利用自身物业服务的技术优势和团队优势，通过服务标准化、管理信息化和人力优化等方式，提升服务品质和管理效率，从而提高客户满意度。

服务标准化：公司针对不同建筑类别、不同收费标准的物业，梳理形成分层的标准化服务体系并不断优化。

管理信息化：公司通过信息技术的应用，提升客户体验和便捷性，提高管理效率，降低管理成本。

人力优化：公司优化人力资源，提升人员价值，调整人力成本；坚持文化建设，提高内部管理水平。

（三）变量挖掘，模式创新

公司深入挖掘客户需求，以客户满意为前提，积极创造社区商业服务机会，提高物业增值服务附加值，用多样化的经营模式来增强公司的盈利能力。

悦嘉家智慧园区生活服务平台：公司以子公司浙江悦都网络科技有限公司（悦都科技）为主要平台，通过与互联网结合的方式，优化物业服务，缩短响应时间，提升服务效率，并使服务更精准、更到位，同时创新社区服务类别，接入多种第三方服务，例如家政、幼托、养老、健康、培训等，使得社区服务多样化，业主需求得到全方位满足，努力成为未来社区服务的整合者与领跑者。

资产管理服务：公司以子公司浙江大悦资产管理有限公司（大悦资产）为载体，依托南都物业综合运营实力与设计、开发资源，以住宅社区、企业园区客群为入口，以“产品+互联网+社群”为手段，打造“群岛”品牌租赁公寓，致力于实现客户投资、持有资产的持续增值，做高成长力的资产管理服务商。

政策法规

POLICIES AND REGULATIONS

中共中央 国务院
关于加强和完善城乡社区治理的意见

（中发〔2017〕13 号）

城乡社区是社会治理的基本单元。城乡社区治理事关党和国家大政方针贯彻落实，事关居民群众切身利益，事关城乡基层和谐稳定。为实现党领导下的政府治理和社会调节、居民自治良性互动，全面提升城乡社区治理法治化、科学化、精细化水平和组织化程度，促进城乡社区治理体系和治理能力现代化，现就加强和完善城乡社区治理提出以下意见。

一、总体要求

（一）指导思想。全面贯彻党的十八大和十八届三中、四中、五中、六中全会精神，坚持以邓小平理论、“三个代表”重要思想、科学发展观为指导，深入贯彻习近平总书记系列重要讲话精神和治国理政新理念新思想新战略，紧紧围绕统筹推进“五位一体”总体布局和协调推进“四个全面”战略布局，坚持以基层党组织建设为关键、政府治理为主导、居民需求为导向、改革创新为动力，健全体系、整合资源、增强能力，完善城乡社区治理体制，努力把城乡社区建设成为和谐有序、绿色文明、创新包容、共建共享的幸福家园，为实现“两个一百年”奋斗目标和中华民族伟大复兴的中国梦提供可靠保证。

（二）基本原则

——坚持党的领导，固本强基。加强党对城乡社区治理工作的领导，推进城乡社区基层党组织建设，切实发挥基层党组织领导核心作用，带领群众坚定不移贯彻党的理论和路线方针政策，确保城乡社区治理始终保持正确政治方向。

——坚持以人为本，服务居民。坚持以人民为中心的发展思想，把服务居民、造福居民作为城乡社区治理的出发点和落脚点，坚持依靠居民、依法有序组织居民群众参与社区治理，实现人人参与、人人尽力、人人共享。

——坚持改革创新，依法治理。强化问题导向和底线思维，积极推进城乡社区治理理论创新、实践创新、制度创新。弘扬社会主义法治精神，坚持运用法治思维和法治方式推进改革，建立惩恶扬善长效机制，破解城乡社区治理难题。

——坚持城乡统筹，协调发展。适应城乡发展一体化和基本公共服务均等化要求，促进公共资源在城乡间均衡配置。统筹谋划城乡社区治理工作，注重以城带乡、以乡促城、优势互补、共同提高，促进城乡社区治理协调发展。

——坚持因地制宜，突出特色。推动各地立足自身资源禀赋、基础条件、人文特色等实际，确定加强和完善城乡社区治理的发展思路和推进策略，实现顶层设计和基层实践有机结合，加快形成既有共性又有特色的城乡社区治理模式。

（三）总体目标。到 2020 年，基本形成基层党组织领导、基层政府主导的多方参与、共同治理的城乡社区治理体系，城乡社区治理体制更加完善，城乡社区治理能力显著提升，城乡社区公共服务、公共管理、公共安全得到有效保障。再过 5 ～ 10 年，城乡社区治理体制更加成熟定型，城乡社区治理能力更为精准全面，为夯实党的执政根基、巩固基层政权提供有力支撑，为推进国家治理体系和治理能力现代化奠定坚实基础。

二、健全完善城乡社区治理体系

（一）充分发挥基层党组织领导核心作用。把加强基层党的建设、巩固党的执政基础作为贯穿社会治理和基层建设的主线，以改革创新精神探索加强基层党的建设引领社会治理的路径。加强和改进街道（乡镇）、城乡社区党组织对社区各类组织和各项工作的领导，确保党的路线方针政策在城乡社区全面贯彻落实。推动管理和服务力量下沉，引导基层党组织强化政治功能，聚焦主业主责，推动街道（乡镇）党（工）委把工作重心转移到基层党组织建设上来，转移到做好公共服务、公共管理、公共安全工作上来，转移到为经济社会发展提供良好公共环境上来。加强社区服务型党组织建设，着力提升服务能力和水平，更好地服务改革、服务发展、服务民生、服务群众、服务党员。继续推进街道（乡镇）、城乡社区与驻社区单位共建互补，深入拓展区域化党建。扩大城市新兴领域党建工作覆盖，推进商务楼宇、各类园区、商圈市场、网络媒体等的党建覆盖。健全社区党组织领导基层群众性自治组织开展工作的相关制度，依法组织居民开展自治，及时帮助解决基层群众自治中存在的困难和问题。加强城乡社区党风廉政建设，推动全面从严治党向城乡社区延伸，切实解决居民群众身边的腐败问题。

（二）有效发挥基层政府主导作用。各省（自治区、直辖市）按照条块结合、以块为主的原则，制定区县职能部门、街道办事处（乡镇政府）在社区治理方面的权责清单；依法厘清街道办事处（乡镇政府）和基层群众性自治组织权责边界，明确基层群众性自治组织承担的社区工作事项清单以及协助政府的社区工作事项清单；上述社区工作事项之外的其他事项，街道办事处（乡镇政府）可通过向基层群众性自治组织等购买服务方式提供。建立街道办事处（乡镇政府）和基层群众性自治组织履职履约双向评价机制。基层政府要切实履行城乡社区治理主导职责，加强对城乡社区治理的政策支持、财力物力保障和能力建设指导，加强对基层群众性自治组织建设的指导规范，不断提高依法指导城乡社区治理的能力和水平。

（三）注重发挥基层群众性自治组织基础作用。进一步加强基层群众性自治组织规范化建设，合理确定其管辖范围和规模。促进基层群众自治与网格化服务管理有效衔接。加快工矿企业所在地、国有农（林）场、城市新建住宅区、流动人口聚居地的社区居民委员会组建工作。完善城乡社区民主选举制度，进一步规范民主选举程序，通过依法选举稳步提高城市社区居民委员会成员中本社区居民比例，切实保障外出务工农民民主选举权利。进一步增强基层群众性自治组织开展社区协商、服务社区居民的能力。建立健全居务监督委员会，推进居务公开和民主管理。充分发挥自治章程、村规民约、居民公约在城乡社区治理中的积极作用，弘扬公序良俗，促进法治、德治、自治有机融合。

（四）统筹发挥社会力量协同作用。制定完善孵化培育、人才引进、资金支持等扶持政策，落实税费优惠政策，大力发展在城乡社区开展纠纷调解、健康养老、教育培训、公益慈善、防灾减灾、文体娱乐、邻里互助、居民融入及农村生产技术服务等活动的社区社会组织和其他社会组织。推进社区、社会组织、社会工作“三社联动”，完善社区组织发现居民需求、统筹设计服务项目、支持社会组织承接、引导专业社会工作团队参与的工作体系。鼓励和支持建立社区老年协会，搭建老年人参与社区治理的平台。增强农村集体经济组织支持农村社区建设能力。积极引导驻社区机关企事业单位、其他社会力量和市场主体参与社区治理。

三、不断提升城乡社区治理水平

（一）增强社区居民参与能力。提高社区居民议事协商能力，凡涉及城乡社区公共利益的重大决策事项、关乎居民群众切身利益的实际困难问题和矛盾纠纷，原则上由社区党组织、基层群众性自治组织牵头，组织居民群众协商解决。支持和帮助居民群众养成协商意识、掌握协商方法、提高协商能力，推动形成既有民主又有集中、既尊重多数人意愿又保护少数人合法权益的城乡社区协商机制。探索将居民群众参与社区治理、维护公共利益情况纳入社会信用体系。推动学校普及社区知识，参与社区治理。拓展流动人口有序参与居住地社区治理渠道，丰富流动人口社区生活，促进流动人口社区融入。

（二）提高社区服务供给能力。加快城乡社区公共服务体系建设，健全城乡社区服务机构，编制城乡社区公共服务指导目录，做好与城乡社区居民利益密切相关的劳动就业、社会保障、卫生计生、教育事业、社会服务、住房保障、文化体育、公共安全、公共法律服务、调解仲裁等公共服务事项。着力增加农村社区公共服务供给，促进城乡社区服务项目、标准相衔接，逐步实现均等化。将城乡社区服务纳入政府购买服务指导性目录，完善政府购买服务政策措施，按照有关规定选择承接主体。创新城乡社区公共服务供给方式，推行首问负责、一窗受理、全程代办、服务承诺等制度。提升城乡社区医疗卫生服务能力和水平，更好满足居民群众基本医疗卫生服务需求。探索建立社区公共空间综合利用机制，合理规划建设文化、体育、商业、物流等自助服务设施。积极开展以生产互助、养老互助、救济互助等为主要形式的农村社区互助活动。鼓励和引导各类市场主体参与社区服务业，支持供销合作社经营服务网点向城乡社区延伸。

（三）强化社区文化引领能力。以培育和践行社会主义核心价值观为根本，大力弘扬中华优秀传统文化，培育心口相传的城乡社区精神，增强居民群众的社区认同感、归属感、责任感和荣誉感。将社会主义核心价值观融入居民公约、村规民约，内化为居民群众的道德情感，外化为服务社会的自觉行动。重视发挥道德教化作用，建立健全社区道德评议机制，发现和宣传社区道德模范、好人好事，大力褒奖善行义举，用身边事教育身边人，引导社区居民崇德向善。组织居民群众开展文明家庭创建活动，发展社区志愿服务，倡导移风易俗，形成与邻为善、以邻为伴、守望相助的良好社区氛围。不断加强民族团结，建立各民族相互嵌入式的社会结构和社区环境，创建民族团结进步示范社区。加强城乡社区公共文化服务体系建设，提升公共文化服务水平，因地制宜设置村史陈列、非物质文化遗产等特色文化展示设施，突出乡土特色、民族特色。积极发展社区教育，建立健全城乡一体的社区教育网络，推进学习型社区建设。

（四）增强社区依法办事能力。进一步加快城乡社区治理法治建设步伐，加快修订《中华人民共和国城市居民委员会组织法》，贯彻落实《中华人民共和国村民委员会组织法》，研究制定社区治理相关行政法规。有立法权的地方要结合当地实际，出台城乡社区治理地方性法规和地方政府规章。推进法治社区建设，发挥警官、法官、检察官、律师、公证员、基层法律服务工作者作用，深入开展法治宣传教育和法律进社区活动，推进覆盖城乡居民的公共法律服务体系建设。

（五）提升社区矛盾预防化解能力。完善利益表达机制，建立党代会代表、人大代表、政协委员联系社区制度，完善党员干部直接联系群众制度，引导群众理性合法表达利益诉求。完善心理疏导机制，依托社会工作服务机构等专业社会组织，加强对城乡社区社会救助对象、建档立卡贫困人口、困境儿童、精神障碍患者、社区服刑人员、刑满释放人员和留守儿童、妇女、老人等群体的人文关怀、精神慰藉和心理健康服务，重点加强老少边穷地区农村社区相关机制建设。完善矛盾纠纷调处机制，健全城乡社区人民调解组织网络，引导人民调解员、基层法律服务工作者、农村土地承包仲裁员、社会工作者、心理咨询师等专业队伍，在物业纠纷、农村土地承包经营纠纷、家事纠纷、邻里纠纷调解和信访化解等领域发挥积极作用。推进平安社区建设，依托社区综治中心，拓展网格化服务管理，加强城乡社区治安防控网建设，深化城乡社区警务战略，全面提高社区治安综合治理水平，防范打击黑恶势力扰乱基层治理。

（六）增强社区信息化应用能力。提高城乡社区信息基础设施和技术装备水平，加强一体化社区信息服务站、社区信息亭、社区信息服务自助终端等公益性信息服务设施建设。依托“互联网＋政务服务”相关重点工程，加快城乡社区公共服务综合信息平台建设，实现一号申请、一窗受理、一网通办，强化“一门式”服务模式的社区应用。实施“互联网＋社区”行动计划，加快互联网与社区治理和服务体系的深度融合，运用社区论坛、微博、微信、移动客户端等新媒体，引导社区居民密切日常交往、参与公共事务、开展协商活动、组织邻里互助，探索网络化社区治理和服务新模式。发展社区电子商务。按照分级分类推进新型智慧城市建设要求，务实推进智慧社区信息系统建设，积极开发智慧社区移动客户端，实现服务项目、资源和信息的多平台交互和多终端同步。加强农村社区信息化建设，结合信息进村入户和电子商务进农村综合示范，积极发展农产品销售等农民致富服务项目，积极实施“网络扶贫行动计划”，推动扶贫开发兜底政策落地。

四、着力补齐城乡社区治理短板

（一）改善社区人居环境。完善城乡社区基础设施，建立健全农村社区基础设施和公用设施的投资、建设、运行、管护和综合利用机制。加快城镇棚户区、城中村和危房改造。加强城乡社区环境综合治理，做好城市社区绿化美化净化、垃圾分类处理、噪声污染治理、水资源再生利用等工作，着力解决农村社区垃圾收集、污水排放、秸秆焚烧以及散埋乱葬等问题，广泛发动居民群众和驻社区机关企事业单位参与环保活动，建设资源节约型、环境友好型社区。推进健康城市和健康村镇建设。强化社区风险防范预案管理，加强社区应急避难场所建设，开展社区防灾减灾科普宣传教育，有序组织开展社区应对突发事件应急演练，提高对自然灾害、事故灾难、公共卫生事件、社会安全事件的预防和处置能力。加强消防宣传和消防治理，提高火灾事故防范和处置能力，推进消防安全社区建设。

（二）加快社区综合服务设施建设。将城乡社区综合服务设施建设纳入当地国民经济和社会发展规划、城乡规划、土地利用规划等，按照每百户居民拥有综合服务设施面积不低于30平方米的标准，以新建、改造、购买、项目配套和整合共享等形式，逐步实现城乡社区综合服务设施全覆盖。加快贫困地区农村社区综合服务设施建设，率先推动易地搬迁安置区综合服务设施建设全覆盖。落实不动产统一登记制度，做好政府投资建设的城乡社区综合服务设施不动产登记服务工作。除国家另有规定外，所有以社区居民为对象的公共服务、志愿服务、专业社会工作服务，原则上在城乡社区综合服务设施中提供。创新城乡社区综合服务设施运营机制，通过居民群众协商管理、委托社会组织运营等方式，提高城乡社区综合服务设施利用率。落实城乡社区综合服务设施供暖、水电、燃气价格优惠政策。

（三）优化社区资源配置。组织开展城乡社区规划编制试点，落实城市总体规划要求，加强与控制性详细规划、村庄规划衔接；发挥社区规划专业人才作用，广泛吸纳居民群众参与，科学确定社区发展项目、建设任务和资源需求。探索建立基层政府面向城乡社区的治理资源统筹机制，推动人财物和责权利对称下沉到城乡社区，增强城乡社区统筹使用人财物等资源的自主权。探索基层政府组织社区居民在社区资源配置公共政策决策和执行过程中，有序参与听证、开展民主评议的机制。建立机关企事业单位履行社区治理责任评价体系，推动机关企事业单位积极参与城乡社区服务、环境治理、社区治安综合治理等活动，面向城乡社区开放文化、教育、体育等活动设施。注重运用市场机制优化社区资源配置。

（四）推进社区减负增效。依据社区工作事项清单建立社区工作事项准入制度，应当由基层政府履行的法定职责，不得要求基层群众性自治组织承担，不得将基层群众性自治组织作为行政执法、拆迁拆违、环境整治、城市管理、招商引资等事项的责任主体；依法需要基层群众性自治组织协助的工作事项，应当为其提供经费和必要工作条件。进一步清理规范基层政府各职能部门在社区设立的工作机构和加挂的各种牌子，精简社区会议和工作台账，全面清理基层政府各职能部门要求基层群众性自治组织出具的各类证明。实行基层政府统一对社区工作进行综合考核评比，各职能部门不再单独组织考核评比活动，取消对社区工作的“一票否决”事项。

（五）改进社区物业服务管理。加强社区党组织、社区居民委员会对业主委员会和物业服务企业的指导和监督，建立健全社区党组织、社区居民委员会、业主委员会和物业服务企业议事协调机制。探索在社区居民委员会下设环境和物业管理委员会，督促业主委员会和物业服务企业履行职责。探索完善业主委员会的职能，依法保护业主的合法权益。探索符合条件的社区居民委员会成员通过法定程序兼任业主委员会成员。探索在无物业管理的老旧小区依托社区居民委员会实行自治管理。有条件的地方应规范农村社区物业管理，研究制定物业管理费管理办法；探索在农村社区选聘物业服务企业，提供社区物业服务。探索建立社区微型消防站或志愿消防队。

五、强化组织保障

（一）完善领导体制和工作机制。各级党委和政府要把城乡社区治理工作纳入重要议事日程，完善党委和政府统一领导，有关部门和群团组织密切配合，社会力量广泛参与的城乡社区治理工作格局。完善中央层面城乡社区治理工作协调机制，地方各级党委和政府要建立健全相应工作机制，抓好统筹指导、组织协调、资源整合和督促检查。各省（自治区、直辖市）党委和政府要建立研究决定城乡社区治理工作重大事项制度，定期研究城乡社区治理工作。市县党委书记要认真履行第一责任人职责，街道党工委书记、乡镇党委书记要履行好直接责任人职责。要把城乡社区治理工作纳入地方党政领导班子和领导干部政绩考核指标体系，纳入市县乡党委书记抓基层党建工作述职评议考核。逐步建立以社区居民满意度为主要衡量标准的社区治理评价体系和评价结果公开机制。

（二）加大资金投入力度。加大财政保障力度，统筹使用各级各部门投入城乡社区的符合条件的相关资金，提高资金使用效率，重点支持做好城乡社区治理各项工作。老少边穷地区应根据当地发展水平，统筹中央财政一般性转移支付等现有资金渠道，支持做好城乡社区建设工作。不断拓宽城乡社区治理资金筹集渠道，鼓励通过慈善捐赠、设立社区基金会等方式，引导社会资金投向城乡社区治理领域。创新城乡社区治理资金使用机制，有序引导居民群众参与确定资金使用方向和服务项目，全过程监督服务项目实施和资金使用。

（三）加强社区工作者队伍建设。将社区工作者队伍建设纳入国家和地方人才发展规划，地方要结合实际制定社区工作者队伍发展专项规划和社区工作者管理办法，把城乡社区党组织、基层群众性自治组织成员以及其他社区专职工作人员纳入社区工作者队伍统筹管理，建设一支素质优良的专业化社区工作者队伍。加强城乡社区党组织带头人队伍建设，选优配强社区党组织书记，加大从社区党组织书记中招录公务员和事业编制人员力度，注重把优秀社区党组织书记选拔到街道（乡镇）领导岗位，推动符合条件的社区党组织书记或班子成员通过依法选举担任基层群众性自治组织负责人或成员。社区专职工作人员由基层政府职能部门根据工作需要设岗招聘，街道办事处（乡镇政府）统一管理，社区组织统筹使用。加强对社区工作者的教育培训，提高其依法办事、执行政策和服务居民能力，支持其参加社会工作职业资格评价和学历教育等，对获得社会工作职业资格的给予职业津贴。加强社区工作者作风建设，建立群众满意度占主要权重的社区工作者评价机制，探索建立容错纠错机制和奖惩机制，调动社区工作者实干创业、改革创新热情。

（四）完善政策标准体系和激励宣传机制。加强城乡社区治理工作理论政策研究，做好城乡社区发展规划编制工作，制定“三社联动”机制建设、政府购买城乡社区服务等相关配套政策。加快建立城乡社区治理标准体系，研究制定城乡社区组织、社区服务、社区信息化建设等方面基础通用标准、管理服务标准和设施设备配置标准。及时总结推广城乡社区治理先进经验，积极开展城市和谐社区建设、农村幸福社区建设示范创建活动和城乡社区结对共建活动，大力表彰先进城乡社区组织和优秀城乡社区工作者。充分发挥报刊、广播、电视等新闻媒体和网络新媒体作用，广泛宣传城乡社区治理创新做法和突出成效，营造全社会关心、支持、参与城乡社区治理的良好氛围。

各省（自治区、直辖市）要按照本意见精神，结合实际制定加强城乡社区治理工作的具体实施意见。各有关部门要根据本意见要求和职责分工，制定贯彻落实的具体措施。

中共中央 国务院
关于开展质量提升行动的指导意见

（中发〔2017〕24号）

提高供给质量是供给侧结构性改革的主攻方向，全面提高产品和服务质量是提升供给体系的中心任务。经过长期不懈努力，我国质量总体水平稳步提升，质量安全形势稳定向好，有力支撑了经济社会发展。但也要看到，我国经济发展的传统优势正在减弱，实体经济结构性供需失衡矛盾和问题突出，特别是中高端产品和服务有效供给不足，迫切需要下最大气力抓全面提高质量，推动我国经济发展进入质量时代。现就开展质量提升行动提出如下意见。

一、总体要求

（一）指导思想

全面贯彻党的十八大和十八届三中、四中、五中、六中全会精神，深入贯彻习近平总书记系列重要讲话精神和治国理政新理念新思想新战略，牢固树立和贯彻落实新发展理念，紧紧围绕统筹推进“五位一体”总体布局和协调推进“四个全面”战略布局，认真落实党中央、国务院决策部署，以提高发展质量和效益为中心，将质量强国战略放在更加突出的位置，开展质量提升行动，加强全面质量监管，全面提升质量水平，加快培育国际竞争新优势，为实现“两个一百年”奋斗目标奠定质量基础。

（二）基本原则

——坚持以质量第一为价值导向。牢固树立质量第一的强烈意识，坚持优质发展、以质取胜，更加注重以质量提升减轻经济下行和安全监管压力，真正形成各级党委和政府重视质量、企业追求质量、社会崇尚质量、人人关心质量的良好氛围。

——坚持以满足人民群众需求和增强国家综合实力为根本目的。把增进民生福祉、满足人民群众质量需求作为提高供给质量的出发点和落脚点，促进质量发展成果全民共享，增强人民群众的质量获得感。持续提高产品、工程、服务的质量水平、质量层次和品牌影响力，推动我国产业价值链从低端向中高端延伸，更深更广融入全球供给体系。

——坚持以企业为质量提升主体。加强全面质量管理，推广应用先进质量管理方法，提高全员全过程全方位质量控制水平。弘扬企业家精神和工匠精神，提高决策者、经营者、管理者、生产者质量意识和质量素养，打造质量标杆企业，加强品牌建设，推动企业质量管理水平和核心竞争力提高。

——坚持以改革创新为根本途径。深入实施创新驱动发展战略，发挥市场在资源配置中的决定性作用，积极引导推动各种创新要素向产品和服务的供给端集聚，提升质量创新能力，以新技术新业态改造提升产业质量和发展水平。推动创新群体从以科技人员的小众为主向小众与大众创新创业互动转变，推动技术创新、标准研制和产业化协调发展，用先进标准引领产品、工程和服务质量提升。

（三）主要目标

到 2020 年，供给质量明显改善，供给体系更有效率，建设质量强国取得明显成效，质量总体水平显著提升，质量对提高全要素生产率和促进经济发展的贡献进一步增强，更好满足人民群众不断升级的消费需求。

——产品、工程和服务质量明显提升。质量突出问题得到有效治理，智能化、消费友好的中高端产品供给大幅增加，高附加值和优质服务供给比重进一步提升，中国制造、中国建造、中国服务、中国品牌国际竞争力显著增强。

——产业发展质量稳步提高。企业质量管理水平大幅提升，传统优势产业实现价值链升级，战略性新兴产业的质量效益特征更加明显，服务业提质增效进一步加快，以技术、技能、知识等为要素的质量竞争型产业规模显著扩大，形成一批质量效益一流的世界级产业集群。

——区域质量水平整体跃升。区域主体功能定位和产业布局更加合理，区域特色资源、环境容量和产业基础等资源优势充分利用，产业梯度转移和质量升级同步推进，区域经济呈现互联互通和差异化发展格局，涌现出一批特色小镇和区域质量品牌。

——国家质量基础设施效能充分释放。计量、标准、检验检测、认证认可等国家质量基础设施系统完整、高效运行，技术水平和服务能力进一步增强，国际竞争力明显提升，对科技进步、产业升级、社会治理、对外交往的支撑更加有力。

二、全面提升产品、工程和服务质量

（四）增加农产品、食品药品优质供给

健全农产品质量标准体系，实施农业标准化生产和良好农业规范。加快高标准农田建设，加大耕地质量保护和土壤修复力度。推行种养殖清洁生产，强化农业投入品监管，严格规范农药、抗生素、激素类药物和化肥使用。完善进口食品安全治理体系，推进出口食品农产品质量安全示范区建设。开展出口农产品品牌建设专项推进行动，提升出口农产品质量，带动提升内销农产品质量。引进优质农产品和种质资源。大力发展农产品初加工和精深加工，提高绿色产品供给比重，提升农产品附加值。

完善食品药品安全监管体制，增强统一性、专业性、权威性，为食品药品安全提供组织和制度保障。继续推动食品安全标准与国际标准对接，加快提升营养健康标准水平。推进传统主食工业化、标准化生产。促进奶业优质安全发展。发展方便食品、速冻食品等现代食品产业。实施药品、医疗器械标准提高行动计划，全面提升药物质量水平，提高中药质量稳定性和可控性。推进仿制药质量和疗效一致性评价。

（五）促进消费品提质升级

加快消费品标准和质量提升，推动消费品工业增品种、提品质、创品牌，支撑民众消费升级需求。推动企业发展个性定制、规模定制、高端定制，推动产品供给向“产品 + 服务”转变、向中高端迈进。推动家用电器高端化、绿色化、智能化发展，改善空气净化器等新兴家电产品的功能和消费体验，优化电饭锅

等小家电产品的外观和功能设计。强化智能手机、可穿戴设备、新型视听产品的信息安全、隐私保护，提高关键元器件制造能力。巩固纺织服装鞋帽、皮革箱包等传统产业的优势地位。培育壮大民族日化产业。提高儿童用品安全性、趣味性，加大“银发经济”群体和失能群体产品供给。大力发展民族传统文化产品，推动文教体育休闲用品多样化发展。

（六）提升装备制造竞争力

加快装备制造业标准化和质量提升，提高关键领域核心竞争力。实施工业强基工程，提高核心基础零部件（元器件）、关键基础材料产品性能，推广应用先进制造工艺，加强计量测试技术研究和应用。发展智能制造，提高工业机器人、高档数控机床的加工精度和精度保持能力，提升自动化生产线、数字化车间的生产过程智能化水平。推行绿色制造，推广清洁高效生产工艺，降低产品制造能耗、物耗和水耗，提升终端用能产品能效、水效。加快提升国产大飞机、高铁、核电、工程机械、特种设备等中国装备的质量竞争力。

（七）提升原材料供给水平

鼓励矿产资源综合勘查、评价、开发和利用，推进绿色矿山和绿色矿业发展示范区建设。提高煤炭洗选加工比例。提升油品供给质量。加快高端材料创新，提高质量稳定性，形成高性能、功能化、差别化的先进基础材料供给能力。加快钢铁、水泥、电解铝、平板玻璃、焦炭等传统产业转型升级。推动稀土、石墨等特色资源高质化利用，促进高强轻合金、高性能纤维等关键战略材料性能和品质提升，加强石墨烯、智能仿生材料等前沿新材料布局，逐步进入全球高端制造业采购体系。

（八）提升建设工程质量水平

确保重大工程建设质量和运行管理质量，建设百年工程。高质量建设和改造城乡道路交通设施、供热供水设施、排水与污水处理设施。加快海绵城市建设和地下综合管廊建设。规范重大项目基本建设程序，坚持科学论证、科学决策，加强重大工程的投资咨询、建设监理、设备监理，保障工程项目投资效益和重大设备质量。全面落实工程参建各方主体质量责任，强化建设单位首要责任和勘察、设计、施工单位主体责任。加快推进工程质量管理标准化，提高工程项目管理水平。加强工程质量检测管理，严厉打击出具虚假报告等行为。健全工程质量监督管理机制，强化工程建设全过程质量监管。因地制宜提高建筑节能标准。完善绿色建材标准，促进绿色建材生产和应用。大力发展装配式建筑，提高建筑装修部品部件的质量和安全性能。推进绿色生态小区建设。

（九）推动服务业提质增效

提高生活性服务业品质。完善以居家为基础、社区为依托、机构为补充、医养相结合的多层次、智能化养老服务体系。鼓励家政企业创建服务品牌。发展大众化餐饮，引导餐饮企业建立集中采购、统一配送、规范化生产、连锁化经营的生产模式。实施旅游服务质量提升计划，显著改善旅游市场秩序。推广实施优质服务承诺标识和管理制度，培育知名服务品牌。

促进生产性服务业专业化发展。加强运输安全保障能力建设，推进铁路、公路、水路、民航等多式联运发展，提升服务质量。提高物流全链条服务质量，增强物流服务时效，加强物流标准化建设，提升冷链物流水平。推进电子商务规制创新，加强电子商务产业载体、物流体系、人才体系建设，不断提升电子商务服务质量。支持发展工业设计、计量测试、标准试验验证、检验检测认证等高技术服务业。提升银行服务、保险服务的标准化程度和服务质量。加快知识产权服务体系建设。提高律师、公证、法律援助、司法鉴定、基层法律服务等法律服务水平。开展国家新型优质服务业集群建设试点，支撑引领三次产业向中高端迈进。

（十）提升社会治理和公共服务水平

推广“互联网+政务服务”，加快推进行政审批标准化建设，优化服务流程，简化办事环节，提高行政效能。提升城市治理水平，推进城市精细化、规范化管理。促进义务教育优质均衡发展，扩大普惠性学前教育和优质职业教育供给，促进和规范民办教育。健全覆盖城乡的公共就业创业服务体系。加强职业技能培训，推动实现比较充分和更高质量就业。提升社会救助、社会福利、优抚安置等保障水平。

提升优质公共服务供给能力。稳步推进进一步改善医疗服务行动计划。建立健全医疗纠纷预防调解机制，构建和谐医患关系。鼓励创造优秀文化服务产品，推动文化服务产品数字化、网络化。提高供电、供气、供热、供水服务质量和安全保障水平，创新人民群众满意的服务供给。开展公共服务质量监测和结果通报，引导提升公共服务质量水平。

（十一）加快对外贸易优化升级

加快外贸发展方式转变，培育以技术、标准、品牌、质量、服务为核心的对外经济新优势。鼓励高技术含量和高附加值项目维修、咨询、检验检测等服务出口，促进服务贸易与货物贸易紧密结合、联动发展。推动出口商品质量安全示范区建设。完善进出口商品质量安全风险预警和快速反应监管体系。促进“一带一路”沿线国家和地区、主要贸易国家和地区质量国际合作。

三、破除质量提升瓶颈

（十二）实施质量攻关工程

围绕重点产品、重点行业开展质量状况调查，组织质量比对和会商会诊，找准比较优势、行业通病和质量短板，研究制定质量问题解决方案。加强与国际优质产品的质量比对，支持企业瞄准先进标杆实施技术改造。开展重点行业工艺优化行动，组织质量提升关键技术攻关，推动企业积极应用新技术、新工艺、新材料。加强可靠性设计、试验与验证技术开发应用，推广采用先进成型方法和加工方法、在线检测控制装置、智能化生产和物流系统及检测设备。实施国防科技工业质量可靠性专项行动计划，重点解决关键系统、关键产品质量难点问题，支撑重点武器装备质量水平提升。

（十三）加快标准提档升级

改革标准供给体系，推动消费品标准由生产型向消费型、服务型转变，加快培育发展团体标准。推动军民标准通用化建设，建立标准化军民融合长效机制。推进地方标准化综合改革。开展重点行业国内外标准比对，加快转化先进适用的国际标准，提升国内外标准一致性程度，推动我国优势、特色技术标准成为国际标准。建立健全技术、专利、标准协同机制，开展对标达标活动，鼓励、引领企业主动制定和实施先进标准。全面实施企业标准自我声明公开和监督制度，实施企业标准领跑者制度。大力推进内外销产品“同线同标同质”工程，逐步消除国内外市场产品质量差距。

（十四）激发质量创新活力

建立质量分级制度，倡导优质优价，引导、保护企业质量创新和质量提升的积极性。开展新产业、新动能标准领航工程，促进新旧动能转换。完善第三方质量评价体系，开展高端品质认证，推动质量评价由追求“合格率”向追求“满意度”跃升。鼓励企业开展质量提升小组活动，促进质量管理、质量技术、质量工作法创新。鼓励企业优化功能设计、模块化设计、外观设计、人体工效学设计，推行个性化定制、柔性化生产，提高产品扩展性、耐久性、舒适性等质量特性，满足绿色环保、可持续发展、消费友好等需求。鼓励以用户为中心的微创新，改善用户体验，激发消费潜能。

（十五）推进全面质量管理

发挥质量标杆企业和中央企业示范引领作用，加强全员、全方位、全过程质量管理，提质降本增效。推广现代企业管理制度，广泛开展质量风险分析与控制、质量成本管理、质量管理体系升级等活动，提高质量在线监测、在线控制和产品全生命周期质量追溯能力，推行精益生产、清洁生产等高效生产方式。鼓励各类市场主体整合生产组织全过程要素资源，纳入共同的质量管理、标准管理、供应链管理、合作研发管理等，促进协同制造和协同创新，实现质量水平整体提升。

（十六）加强全面质量监管

深化“放管服”改革，强化事中事后监管，严格按照法律法规从各个领域、各个环节加强对质量的全方位监管。做好新形势下加强打击侵犯知识产权和制售假冒伪劣商品工作，健全打击侵权假冒长效机制。促进行政执法与刑事司法衔接。加强跨区域和跨境执法协作。加强进口商品质量安全监管，严守国门质量安全底线。开展质量问题产品专项整治和区域集中整治，严厉查处质量违法行为。健全质量违法行为记录及公布制度，加大行政处罚等政府信息公开力度。严格落实汽车等产品的修理更换退货责任规定，探索建立第三方质量担保争议处理机制。完善产品伤害监测体系，提高产品安全、环保、可靠性等要求和标准。加大缺陷产品召回力度，扩大召回范围，健全缺陷产品召回行政监管和技术支撑体系，建立缺陷产品召回管理信息共享和部门协作机制。实施服务质量监测基础建设工程。建立责任明确、反应及时、处置高效的旅游市场综合监管机制，严厉打击扰乱旅游市场秩序的违法违规行为，规范旅游市场秩序，净化旅游消费环境。

（十七）着力打造中国品牌

培育壮大民族企业和知名品牌，引导企业提升产品和服务附加值，形成自己独有的比较优势。以产业集聚区、国家自主创新示范区、高新技术产业园区、国家新型工业化产业示范基地等为重点，开展区域品牌培育，创建质量提升示范区、知名品牌示范区。实施中国精品培育工程，加强对中华老字号、地理标志等品牌培育和保护，培育更多百年老店和民族品牌。建立和完善品牌建设、培育标准体系和评价体系，开展中国品牌价值评价活动，推动品牌评价国际标准化工作。开展“中国品牌日”活动，不断凝聚社会共识、营造良好氛围、搭建交流平台，提升中国品牌的知名度和美誉度。

（十八）推进质量全民共治

创新质量治理模式，注重社会各方参与，健全社会监督机制，推进以法治为基础的社会多元治理，构建市场主体自治、行业自律、社会监督、政府监管的质量共治格局。强化质量社会监督和舆论监督。建立完善质量信号传递反馈机制，鼓励消费者组织、行业协会、第三方机构等开展产品质量比较试验、综合评价、体验式调查，引导理性消费选择。

四、夯实国家质量基础设施

（十九）加快国家质量基础设施体系建设

构建国家现代先进测量体系。紧扣国家发展重大战略和经济建设重点领域的需求，建立、改造、提升一批国家计量基准，加快建立新一代高准确度、高稳定性量子计量基准，加强军民共用计量基础设施建设。完善国家量值传递溯源体系。加快制定一批计量技术规范，研制一批新型标准物质，推进社会公用计量标准升级换代。科学规划建设计量科技基础服务、产业计量测试体系、区域计量支撑体系。

加快国家标准体系建设。大力实施标准化战略，深化标准化工作改革，建立政府主导制定的标准与市场自主制定的标准协同发展、协调配套的新型标准体系。简化国家标准制定修订程序，加强标准化技术委员会管理，免费向社会公开强制性国家标准文本，推动免费向社会公开推荐性标准文本。建立标准实施信息反馈和评估机制，及时开展标准复审和维护更新。

完善国家合格评定体系。完善检验检测认证机构资质管理和能力认可制度，加强检验检测认证公共服务平台示范区、国家检验检测高技术服务业集聚区建设。提升战略性新兴产业检验检测认证支撑能力。建立全国统一的合格评定制度和监管体系，建立政府、行业、社会等多层次采信机制。健全进出口食品企业注册备案制度。加快建立统一的绿色产品标准、认证、标识体系。

（二十）深化国家质量基础设施融合发展

加强国家质量基础设施的统一建设、统一管理，推进信息共享和业务协同，保持中央、省、市、县四级国家质量基础设施的系统完整，加快形成国家质量基础设施体系。开展国家质量基础设施协同服务及应用示范基地建设，助推中小企业和产业集聚区全面加强质量提升。构建统筹协调、协同高效、系统完备的国家质量基础设施军民融合发展体系，增强对经济建设和国防建设的整体支撑能力。深度参与质量基础设施国际治理，积极参加国际规则制定和国际组织活动，推动计量、标准、合格评定等国际互认和境外推广应用，加快我国质量基础设施国际化步伐。

（二十一）提升公共技术服务能力

加快国家质检中心、国家产业计量测试中心、国家技术标准创新基地、国家检测重点实验室等公共技术服务平台建设，创新“互联网＋质量服务”模式，推进质量技术资源、信息资源、人才资源、设备设施向社会共享开放，开展一站式服务，为产业发展提供全生命周期的技术支持。加快培育产业计量测试、标准化服务、检验检测认证服务、品牌咨询等新兴质量服务业态，为大众创业、万众创新提供优质公共技术服务。加快与“一带一路”沿线国家和地区共建共享质量基础设施，推动互联互通。

（二十二）健全完善技术性贸易措施体系

加强对国外重大技术性贸易措施的跟踪、研判、预警、评议和应对，妥善化解贸易摩擦，帮助企业规避风险，切实维护企业合法权益。加强技术性贸易措施信息服务，建设一批研究评议基地，建立统一的国家技术性贸易措施公共信息和技术服务平台。利用技术性贸易措施，倒逼企业按照更高技术标准提升产品质量和产业层次，不断提高国际市场竞争力。建立贸易争端预警机制，积极主导、参与技术性贸易措施相关国际规则和标准的制定。

五、改革完善质量发展政策和制度

（二十三）加强质量制度建设

坚持促发展和保底线并重，加强质量促进的立法研究，强化对质量创新的鼓励、引导、保护。研究修订产品质量法，建立商品质量惩罚性赔偿制度。研究服务业质量管理、产品质量担保、缺陷产品召回等领域立法工作。改革工业产品生产许可证制度，全面清理工业产品生产许可证，加快向国际通行的产品认证制度转变。建立完善产品质量安全事故强制报告制度、产品质量安全风险监控及风险调查制度。建立健全产品损害赔偿、产品质量安全责任保险和社会帮扶并行发展的多元救济机制。加快推进质量诚信体系建设，完善质量守信联合激励和失信联合惩戒制度。

（二十四）加大财政金融扶持力度

完善质量发展经费多元筹集和保障机制，鼓励和引导更多资金投向质量攻关、质量创新、质量治理、质量基础设施建设。国家科技计划持续支持国家质量基础的共性技术研究和应用重点研发任务。实施好首台（套）重大技术装备保险补偿机制。构建质量增信融资体系，探索以质量综合竞争力为核心的质量增信融资制度，将质量水平、标准水平、品牌价值等纳入企业信用评价指标和贷款发放参考因素。加大产品质量保险推广力度，支持企业运用保险手段促进产品质量提升和新产品推广应用。

推动形成优质优价的政府采购机制。鼓励政府部门向社会力量购买优质服务。加强政府采购需求确定和采购活动组织管理，将质量、服务、安全等要求贯彻到采购文件制定、评审活动、采购合同签订全过程，形成保障质量和安全的政府采购机制。严格采购项目履约验收，切实把好产品和服务质量关。加强联合惩戒，依法限制严重质量违法失信企业参与政府采购活动。建立军民融合采购制度，吸纳扶持优质民营企业进入军事供应链体系，拓宽企业质量发展空间。

（二十五）健全质量人才教育培养体系

将质量教育纳入全民教育体系。加强中小学质量教育，开展质量主题实践活动。推进高等教育人才培养质量，加强质量相关学科、专业和课程建设。加强职业教育技术技能人才培养质量，推动企业和职业院校成为质量人才培养的主体，推广现代学徒制和企业新型学徒制。推动建立高等学校、科研院所、行业协会和企业共同参与的质量教育网络。实施企业质量素质提升工程，研究建立质量工程技术人员评价制度，全面提高企业经营管理者、一线员工的质量意识和水平。加强人才梯队建设，实施青年职业能力提升计划，完善技术技能人才培养培训工作体系，培育众多“中国工匠”。发挥各级工会组织和共青团组织作用，开展劳动和技能竞赛、青年质量提升示范岗创建、青年质量控制小组实践等活动。

（二十六）健全质量激励制度

完善国家质量激励政策，继续开展国家质量奖评选表彰，树立质量标杆，弘扬质量先进。加大对政府质量奖获奖企业在金融、信贷、项目投资等方面的支持力度。建立政府质量奖获奖企业和个人先进质量管理经验的长效宣传推广机制，形成中国特色质量管理模式和体系。研究制定技术技能人才激励办法，探索建立企业首席技师制度，降低职业技能型人才落户门槛。

六、切实加强组织领导

（二十七）实施质量强国战略

坚持以提高发展质量和效益为中心，加快建设质量强国。研究编制质量强国战略纲要，明确质量发展目标任务，统筹各方资源，推动中国制造向中国创造转变、中国速度向中国质量转变、中国产品向中国品牌转变。持续开展质量强省、质量强市、质量强县示范活动，走出一条中国特色质量发展道路。

（二十八）加强党对质量工作领导

健全质量工作体制机制，完善研究质量强国战略、分析质量发展形势、决定质量方针政策的工作机制，建立“党委领导、政府主导、部门联合、企业主责、社会参与”的质量工作格局。加强对质量发展的统筹规划和组织领导，建立健全领导体制和协调机制，统筹质量发展规划制定、质量强国建设、质量品牌发展、质量基础建设。地方各级党委和政府要将质量工作摆到重要议事日程，加强质量管理和队伍能力建设，认真落实质量工作责任制。强化市、县政府质量监管职责，构建统一权威的质量工作体制机制。

（二十九）狠抓督察考核

探索建立中央质量督察工作机制，强化政府质量工作考核，将质量工作考核结果作为各级党委和政府领导班子及有关领导干部综合考核评价的重要内容。以全要素生产率、质量竞争力指数、公共服务质量满意度等为重点，探索构建符合创新、协调、绿色、开放、共享发展理念的新型质量统计评价体系。健全质量统计分析制度，定期发布质量状况分析报告。

（三十）加强宣传动员

大力宣传党和国家质量工作方针政策，深入报道我国提升质量的丰富实践、重大成就、先进典型，讲好中国质量故事，推介中国质量品牌，塑造中国质量形象。将质量文化作为社会主义核心价值观教育的重要内容，加强质量公益宣传，提高全社会质量、诚信、责任意识，丰富质量文化内涵，促进质量文化传承发展。把质量发展纳入党校、行政学院和各类干部培训院校教学计划，让质量第一成为各级党委和政府的根本理念，成为领导干部工作责任，成为全社会、全民族的价值追求和时代精神。

各地区各部门要认真落实本意见精神，结合实际研究制定实施方案，抓紧出台推动质量提升的具体政策措施，明确责任分工和时间进度要求，确保各项工作举措和要求落实到位。要组织相关行业和领域，持续深入开展质量提升行动，切实提升质量总体水平。

中华人民共和国国务院令

（第698号）

现公布《国务院关于修改和废止部分行政法规的决定》，自公布之日起施行。

总理　李克强

2018年3月19日

国务院关于修改和废止部分行政法规的决定

为了依法推进简政放权、放管结合、优化服务改革，国务院对取消行政许可项目及制约新产业、新业态、新模式发展涉及的行政法规进行了清理。经过清理，国务院决定：

一、对18部行政法规的部分条款予以修改。（附件1）

二、对5部行政法规予以废止。（附件2）

本决定自公布之日起施行。

附件1：国务院决定修改的行政法规

附件2：国务院决定废止的行政法规（略）

附件 1

国务院决定修改的行政法规

九、删去《物业管理条例》第二十四条中的“具有相应资质的”。

第三十二条第二款修改为：“国务院建设行政主管部门应当会同有关部门建立守信联合激励和失信联合惩戒机制，加强行业诚信管理。”

删去第五十九条。

第六十条改为第五十九条，删去其中的“情节严重的，由颁发资质证书的部门吊销资质证书”。

第六十一条改为第六十条，删去其中的“物业服务企业挪用专项维修资金，情节严重的，并由颁发资质证书的部门吊销资质证书”。

（注：原文有删减）

国务院安委会办公室关于开展电动自行车消防安全综合治理工作的通知

（安委办〔2018〕13号）

各省、自治区、直辖市及新疆生产建设兵团安全生产委员会，工业和信息化部、公安部、住房城乡建设部、应急管理部、市场监管总局：

近年来，我国电动自行车火灾频发且呈逐年增长趋势，造成大量人员伤亡，事故暴露出电动自行车生产标准、产品质量、流通销售、维修改装、停放充电、安全管理等方面存在突出问题。为有效遏制电动自行车火灾多发势头，国务院安委会办公室决定在全国范围内组织开展电动自行车消防安全综合治理工作。现将有关事项通知如下：

一、工作目标

全面排查整治电动自行车产品质量、维修改装和使用管理等方面存在的问题，严厉打击违法生产、销售假冒伪劣、不合格电动自行车行为，大力规范维修改装行为，重点推动建设一批集中停放场所及充电设施，强化日常消防管理，广泛开展消防宣传教育，力争通过综合治理，实现电动自行车产品质量明显提升，电动自行车使用管理明显规范，电动自行车亡人火灾事故明显减少。

二、治理重点

（一）电动自行车产品质量。不按标准或者降低标准生产电动自行车及蓄电池、充电器等配件。生产假冒伪劣电动自行车及蓄电池、充电器等配件。

（二）电动自行车流通销售。销售无合格证、伪造、冒用认证证书电动自行车及蓄电池、充电器等配件。销售无厂名、厂址等不合格电动自行车及蓄电池、充电器等配件。

（三）电动自行车维修改装。私自改装和拆卸原厂配件，私自拆除限速器等关键性组件。私自更换大功率蓄电池。

（四）电动自行车使用管理。电动自行车停放在建筑首层门厅、楼梯间、共用走道以及地下室半地下室等室内公共区域，占用、堵塞疏散通道、安全出口。电动自行车蓄电池、充电器老化或破损，充电线路乱拉乱接，充电设施安装不规范。未落实电动自行车停放、充电安全保障措施。

三、工作措施

（一）完善标准规定。加快出台实施国家新标准《电动自行车安全技术规范》；研究制定电动自行车停放场所规划建设标准；提请本级政府出台加强电动自行车生产销售、维修改装和使用管理的规定，并结合实际制定过渡期管理政策，积极稳妥有序淘汰不符合国家标准的电动自行车。落实国家不鼓励发展共享电动自行车政策，督促共享单车企业限期清理回收共享电动自行车。

（二）规范停放充电。组织清理建筑内的共用走道、楼梯间、安全出口等公共区域违规停放、充电现象。鼓励新建住宅小区同步设置集中停放场所和具备定时充电、自动断电、故障报警等功能的智能充电控制设施；推广安装电气火灾监控和可视监测系统，并加强日常巡查值守。

（三）依法严格整治。严格电动自行车生产、销售的监管，整顿维修改装市场，严厉打击违法生产、销售、改装电动自行车及配件行为。督促村（居）民委员会、建设管理单位落实安全管理责任，加强日常检查，发现违规停放、充电且拒不及时清理的，依法严肃处理。对电动自行车引发火灾的，依法追究事故责任单位和人员的责任，并依法倒查生产、销售、改装等单位和人员的责任。

（四）强化宣传教育。广泛运用各类媒体，宣传违规生产、销售、改装和使用电动自行车的危害，曝光违法违规行为和典型火灾事故。指导村（居）民委员会和建设管理单位、物业服务企业定期组织开展应急演练，提升居民逃生自救能力。

四、治理时间和步骤

2018 年 5 月开始至 2018 年年底，分两个阶段进行。

（一）动员部署阶段（2018 年 5 月底前）。研究制定实施方案，全面组织发动，广泛开展宣传。

（二）集中整治阶段（2018 年 6 月至年底）。按照综合治理工作要求，组织发动电动自行车生产销售、维修改装、使用管理等单位和个人自查，排查电动自行车产品质量、停放、充电和管理，并进行整改。

五、职责分工

（一）省、市、县安委会是组织实施综合治理的责任主体，负责统筹协调、组织部署，制定有关标准规定，明确相关部门职责，推动落实本地综合治理各项工作。乡镇政府和街道办事处具体负责使用管理方面综合治理工作的组织实施。

（二）工业和信息化部负责制定《电动自行车安全技术规范》。住房城乡建设部负责组织制定电动自行车集中停放场所规划建设标准。

（三）各级政府负有监管职责的部门依据相关法律法规和职能分工，负责电动自行车生产销售、维修改装、使用管理方面的监督检查，督促落实综合治理工作。

产品质量监督部门依法负责电动自行车产品质量监管，加大对电动自行车及配件生产企业的监督检查力度，严厉查处降低标准生产行为，严厉打击生产假冒伪劣电动自行车及配件违法行为，严把电动自行车产品质量源头关。

工商管理部门依法负责流通领域电动自行车及配件产品质量监管，加大对电动自行车销售企业、维修经营者以及仓库的监督检查力度，加强对网络销售电动自行车及配件的监管。对监管中发现的重大问题，及时发布警示信息，严厉打击销售不合格、假冒伪劣和无厂名厂址电动自行车及配件等违法行为，严厉查处经营者非法改装和拆卸原厂配件、更换大功率蓄电池、拆除限速器等关键性组件行为。

住房城乡建设部门依法负责电动自行车集中停放场所规划管理工作，指导、督促物业服务企业按照合同约定做好住宅小区共用消防设施的维护管理工作，推动建设电动自行车集中停放场所和充电设施。

公安、消防、安全监管等行政主管部门依法负责指导公安派出所、安监办等落实网格化管理责任，开展常态化安全检查和经常性宣传教育；依法查处电动自行车违规停放充电占用、堵塞疏散通道、安全出口或者违反电气安全管理行为；依法查处电动自行车引发的火灾事故。对生产、销售假冒伪劣电动自行车及配件涉嫌犯罪的，依法追究刑事责任。

（四）村（居）民委员会、住宅小区建设管理单位和物业服务企业要定期开展消防宣传教育，加强住宅小区、楼院公共区域电动自行车停放、充电消防安全检查，及时劝阻和制止违法违规行为。劝阻和制止无效的，要立即向公安机关等主管部门报告。没有建设管理单位或物业服务企业管理的住宅小区、楼院，由乡镇政府、街道办事处负责协调和组织业主明确安全管理主体单位，确定管理人员，落实管理责任。

六、工作要求

（一）加强组织领导。各地要高度重视，结合高层建筑消防安全综合治理、电气火灾综合治理和季节性火灾防控工作，明确任务分工，细化整治措施，确定重点地区和重点环节，有序组织开展综合治理工作。国务院安委会办公室成立电动自行车消防安全综合治理协调小组，消防局承担协调小组日常工作。电动自行车消防安全综合治理工作将纳入对省级政府安全生产工作考核、消防工作考核和国务院安委会安全生产工作巡查及安全生产综合督查检查内容。各地要相应成立专门工作机构，定期分析研判，实施统一指挥调度。

（二）强化部门协作。地方各级安委会要明确有关负有电动自行车安全监管职责部门和行业管理部门的具体工作职责，职能交叉、多头管理的领域，要及时协调，落实有关部门责任，防止推诿扯皮。要及时通报综合治理工作进展情况，采取针对性措施，推动形成监管合力。

（三）严格督导检查。省、市两级安委会要加强本地区综合治理工作的综合协调和督促检查，对电动自行车安全隐患问题集中的地区，省级安委会要派出工作组加强督导。对工作不力、问题突出的地区，要通报批评，督促其加大工作力度，落实整治措施。综合治理期间，因电动自行车引发火灾，尤其是发生较大以上火灾事故的，要依法从严从重追究有关单位和人员的责任。

（四）建立长效机制。各地、各有关部门要按照“党政同责、一岗双责、齐抓共管、失职追责”和“管行业必须管安全、管业务必须管安全、管生产经营必须管安全”的要求，压实属地政府、监管部门、管理单位和使用人员的责任，各尽其职，各负其责，建立健全电动自行车消防安全管理信息共享、情况通报、联合查处、案件移送等机制，拧紧生产、销售、改装、使用环节监管链条，有效提升公共安全和应急管理能力。

各省、自治区、直辖市及新疆生产建设兵团安委会综合治理实施方案和部署开展情况，请于 2018 年 5 月 31 日前报送国务院安委会办公室电动自行车消防安全综合治理协调小组；从 6 月份起，每月 28 日前报送当月工作小结；12 月 28 日前报送综合治理工作总结。

国务院安委会办公室

2018 年 5 月 15 日

住房城乡建设事业“十三五”规划纲要

住房城乡建设事业“十三五”规划纲要，根据党的十八大和十八届三中、四中、五中全会精神，中央城镇化工作会议、中央城市工作会议精神，以及《中华人民共和国国民经济和社会发展第十三个五年规划纲要》编制，主要阐明“十三五”时期，全面推进住房城乡建设事业持续健康发展的主要目标、重点任务和重大举措，是指导住房城乡建设事业改革与发展的全局性、综合性、战略性规划。

一、规划背景

“十二五”时期，我国城镇化和城乡建设取得了巨大成绩。城镇化持续推进，2015 年，设市城市数量达到 656 个，建制镇 20515 个，城镇常住人口 7.7 亿人，常住人口城镇化率提高到 56.1%。随着城镇化的推进，我国城乡和区域空间布局日益优化，基础设施不断完善，建设和管理水平进一步提升，城乡居民特别是低收入群体的住房条件明显改善。

（一）城镇住房保障取得突破性进展，保障性安居工程建设大规模推进，住房保障制度基本建立。2011—2015 年，全国累计开工建设城镇保障性安居工程 4013 万套、基本建成 2860 万套，超额完成“十二五”时期开工建设 3600 万套的任务，城镇低收入家庭住房困难明显缓解。各类棚户区改造进展顺利，“十二五”时期，全国累计开工改造棚户区住房 2191 万套、基本建成 1398 万套。一大批棚户区居民“出棚进楼”，改善了住房条件和生活环境。公共租赁住房建设取得明显成效，“十二五”时期，全国累计开工建设公共租赁住房（含廉租住房）1359 万套，基本建成 1086 万套。公共租赁住房不仅使现有城镇低保家庭基本实现了应保尽保，还解决了大量城镇中等偏下收入住房困难家庭、新就业无房职工、在城镇稳定就业的外来务工人员和进城落户农民的住房问题。实物保障与货币补贴相结合的住房保障制度基本建立，保障房管理制度逐步完善。

（二）房地产市场调控政策体系逐步优化，房地产市场基本保持平稳运行，对经济增长发挥了重要的支撑作用。根据房地产市场变化情况，各地区各部门密切协作配合，适时调整房地产市场调控政策，加强分类指导，实施分类调控，建立健全房地产市场调控工作责任制，实施差别化住房税收、信贷、土地供应等政策。“十二五”时期，房地产市场规模不断扩大，商品房竣工量和交易量均达到历史最高水平，二手住房市场逐步成为解决城镇居民住房问题的重要方式，住房租赁市场日益成为住房供应体系的重要组成部分。房地产业的平稳发展，对经济增长发挥了重要的支撑作用。2015 年，全国房地产开发投资 9.6 万亿元，比 2010 年增长约 1 倍，房地产业增加值占国内生产总值的比重从 2010 年的 5.7% 提高到 2015 年的 6.1%。房地产业链条长，关联度大，带动了建筑、建材、金融、家具、电器等产业的持续发展。

（三）住房公积金各项业务快速发展，在支持缴存职工住房消费、促进房地产市场稳定发展方面取得了积极成效。住房公积金制度覆盖面不断扩大，实缴职工人数和缴存金额快速增长。截至 2015 年年底，全国住房公积金缴存职工 1.18 亿人，缴存总额 8.95 万亿元，分别比 2010 年年底增加 3170 万人、5.7 万亿元。住房公积金提取条件逐步放宽，个人住房贷款力度不断加大，异地贷款业务全面推进，有力支持了缴存职工合理住房消费需求。截至 2015 年年底，全国累计提取住房公积金总额 4.88 万亿元，比 2010 年年底增长 3.41 万亿元。累计发放个人住房贷款 2499 万笔、5.33 万亿元，分别比 2010 年年底增加 1159 万笔、3.48 万亿元。住房公积金个贷率由 2010 年年底的 61.53% 提高至 80.8%。

（四）城乡规划编制的科学性和实施管理的有效性进一步提高，城镇化空间布局进一步优化。积极落实国家区域发展战略，编制京津冀城乡规划、长三角城市群和成渝城市群规划，完善国家和区域城镇体系，优化城镇布局与形态。指导省域城镇体系规划的制定实施，“十二五”时期，经国务院同意，批复 13 个省（自治区）省域城镇体系规划，推动各地合理确定大中小城市和小城镇的发展功能和发展目标，走符合当地特点的新型城镇化道路。启动城市划定开发边界试点工作。确立了符合新农村建设要求和农村实际需求、具有较强指导性和实施性的乡村规划理念，初步建立了以村民为决策主体、规划编制单位指导、政府组织推动的村庄规划编制机制。推动实用型村庄规划编制与实施，支持开展村庄规划、镇规划和县域乡村建设规划编制试点工作。

（五）城市市政基础设施建设水平不断提高，城市建设理念创新转变，城市综合承载能力进一步提升。城镇供水、排水与污水处理、生活垃圾无害化处理、燃气、集中供热、园林绿化、综合交通等设施建设步伐进一步加快，运营管理水平不断提高。“十二五”时期，城市市政公用设施固定资产投资累计完成 79131 亿元，是“十一五”时期的 1.8 倍。2015 年，城市污水处理率和生活垃圾无害化处理率分别达到 91% 和 92.5%，超额完成“十二五”规划确定的 85% 和 80% 的目标任务。城市公共供水普及率达到 93%、燃气普及率 95.3%、集中供热面积 64.2 亿平方米、人均道路面积 15.6 平方米、轨道交通线路长度 3311 公里、人均公园绿地面积 13.2 平方米、建成区绿地率 36.3%，较“十一五”期末均有较大幅度的提高。国家级风景名胜区数量达到 225 处。海绵城市、城市地下综合管廊试点建设启动并取得初步成效。城市市政基础设施的不断完善，对推进新型城镇化健康发展、保障城市经济社会发展、提高人民群众生活水平发挥了重要作用。

（六）农村危房改造加快推进，农村人居环境改善工作力度不断加大。按照优先帮助住房最危险、经济最贫困农户解决最基本安全住房的要求，将农村危房改造试点范围扩大到全国，提高中央补助标准。“十二五”时期，中央财政累计安排资金 1440 亿元支持 1794 万农户改造危房。建立了农村危房改造农户档案管理信息系统，实现一户一档。大力推动改善农村人居环境，启动农村生活垃圾治理 5 年专项行动并建立验收制度，开展县（市）域农村污水统筹治理示范，启动江苏、吉林、山东、宁夏等省级试点以及 100 个县级示范。启动传统村落保护，将 2555 个具有重要价值的村落列入中国传统村落名录，中央财政给予支持，建立了基本的保护管理制度。开展中国传统民居类型普查，挖掘整理出 599 种民居类型。开展全国农村人居环境村村普查并建立信息系统，指导各地累计对近 30 万个村庄开展环境整治。会同有关部门确定了 3675 个全国重点镇。开展特色景观旅游名镇名村示范，命名了 553 个全国特色景观旅游名镇名村。

（七）建筑业产业规模逐年增长，建造能力大幅提升，建筑业在国民经济中的支柱作用进一步增强。“十二五”时期，建筑业增加值年均增长 9%，占国内生产总值的比重保持在 7% 左右。我国在高难度、大体量、技术复杂的超高层建筑、高速铁路、公路、水利工程、轨道交通、核电核能等领域具备了完全自有知识产权的设计建造能力，新建成了一批难度大、品质高的标志性建筑。对外工程承包规模稳中有升，结构不断优化。建筑业体制机制改革持续推进，建筑业产业结构进一步优化，建筑业与制造、信息等行业融合发展势头显现。积极推动建筑市场监管信息化和诚信体系建设，大力推进建设工程企业资质审批制度改革。开展工程质量专项治理行动，推动落实工程建设五方主体项目负责人质量终身责任，切实保障工程质量安全。健全建筑业相关标准体系，共发布标准 2000 余项，标准国际化水平逐步提升。市场决定工程造价的机制初步建立，工程计价依据体系基本完善。

（八）建筑节能和绿色建筑加速推进，绿色建材工作稳步实施，行业科技支撑作用显著提升。城镇新建建筑执行节能强制性标准的质量和水平不断提高，截至 2015 年年底，执行强制性标准的比例基本达到 100%，共形成超过 1 亿吨标准煤的节能能力。绿色建筑、可再生能源建筑应用规模不断扩大，全国共有 3979 个项目获得了绿色建筑评价标识，省会以上城市保障性安居工程开始全面强制执行绿色建筑标准。“十二五”时期，全国累计新建绿色建筑面积超过 10 亿平方米，完成既有居住建筑供热计量及节能改造面积 9.9 亿平方米，均超额完成了国务院下达的目标任务。完成公共建筑节能改造面积 4450 万平方米。稳步推广绿色建材，对建材工业绿色制造、钢结构和木结构建筑推广等重点任务作出部署，启动了绿色建材评价标识工作。组织实施“水体污染控制与治理”“高分辨率对地观测系统”等国家科技重大专项，开发了城市污水处理厂提标改造、海绵城市建设等关键技术，开展城镇区域规划、城市功能提升与空间节约利用等重点领域技术攻关，行业科技能力持续增强。

同时，必须清醒地看到，住房城乡建设事业发展还面临着一些突出问题和薄弱环节。主要是，城镇空间分布和规模结构不尽合理，城乡规划前瞻性、严肃性、强制性和公开性不够；自然资源和历史文化遗产保护不够，建筑贪大、媚洋、求怪等乱象丛生，城乡建设缺乏特色；城市建设盲目追求规模扩张，城市市政基础设施总量不足、标准不高、运行管理粗放等问题突出；交通拥堵、环境污染、水资源短缺、城市安全隐患多等“城市病”问题加剧；城市管理执法体制亟待理顺，城市管理有待改善和加强；农村住房建设和居住环境治理欠账多；住房保障方式仍需完善；建筑业发展方式粗放，资源配置效率不高等。

二、总体要求

“十三五”时期是全面建成小康社会决胜阶段，住房城乡建设事业面临着更大的挑战，改革发展的任务艰巨繁重。

从城镇化进程看，2020 年我国常住人口城镇化率将达到 60% 左右。随着新型工业化、信息化、城镇化、农业现代化和绿色化的协同持续推进，“一带一路”建设、京津冀协同发展、长江经济带建设等战略的深入实施，我国发展的空间格局将进一步拓展和优化，城乡经济社会结构将发生深刻变化，对城乡规划、建设、管理工作提出更新更高的要求。住房城乡建设事业作为经济发展的重点领域、社会发展的重要方面，要积极适应把握引领经济发展新常态，把改革创新贯穿于住房城乡建设事业发展全过程，着力推进供给侧结构性改革，提高发展的质量和效益，助力经济增长，增进人民福祉。

从城市工作看，城市发展带动整个经济社会发展，城市建设是现代化建设的重要引擎。城市是我国经济、政治、文化、社会等活动的中心，在党和国家工作全局中具有举足轻重的地位。我国城市发展已经进入新的发展时期，我们要深刻认识城市在我国经济社会发展、民生改善中的重要作用，从协调推进“四个全面”战略布局、实现“两个一百年”奋斗目标高度，从贯彻落实创新、协调、绿色、开放、共享发展理念的高度，扎实做好城市工作。

全面深入地认识发展环境和条件的深刻变化，既要坚定信心、保持定力，又要增强忧患意识、超前谋划，准确把握有利条件，科学应对风险挑战，深入推进住房城乡建设事业的改革与发展，为我国经济社会转型发展作出积极贡献。

（一）指导思想

高举中国特色社会主义伟大旗帜，全面贯彻党的十八大和十八届三中、四中、五中全会精神，以马克思列宁主义、毛泽东思想、邓小平理论、“三个代表”重要思想、科学发展观为指导，深入贯彻习近平总书记系列重要讲话精神，按照“五位一体”总体布局和“四个全面”战略布局，牢固树立并坚决落实创新、协调、绿色、开放、共享的发展理念，围绕提高城乡规划、建设、管理水平，大力强化城乡规划工作，塑造城乡风貌特色，推进城市建设优化升级，推动城市管理走向城市治理，提高城市综合承载能力、环境质量和安全运行水平，加快改善农村人居环境，加强和改善房地产市场调控，进一步改善城乡居民住房条件，转变建筑业、房地产业、市政公用事业发展方式，强化建筑节能和城镇减排，建设宜居宜业、特色彰显的现代城市，打造和谐幸福、田园牧歌的美丽乡村，为全面建成小康社会、实现中华民族伟大复兴的中国梦作出新的更大贡献。

（二）基本原则

“十三五”时期，加快推进住房城乡建设事业改革发展，需要把握以下原则：

1. 统筹规划、优化布局。充分发挥城乡规划在城乡发展中的战略引领和刚性控制的重要作用，依法加强规划编制和实施监管，推动形成国际竞争力显著提升、区域经济优势互补、人口分布与生态资源承载力相匹配的城镇化总体空间格局。发挥大中小城市和小城镇各自优势，促进其协调发展。推动城乡一体化规划和建设取得实质性进展。

2. 以人为本、公平共享。坚持以人民为中心的发展思想，坚持人民城市为人民，加快完善城市市政基础设施，改善人居生态环境，治理“城市病”，提升城市建设、管理和服务水平。着力抓好住房保障和房地产市场调控工作，健全住房制度，加快建立以政府为主提供基本保障、以市场为主满足多层次需求的统一、规范、成熟、稳定的住房供应体系。

3. 绿色低碳、智能高效。走绿色优先、集约节约、高效便捷、特色彰显的城镇化发展之路。建设绿色城市，发展绿色建筑、绿色建材，大力强化建筑节能。建设海绵城市、智慧城市、低碳生态城市。推进城市修补、城乡生态保护和修复，增强城市、乡村的活力和宜居性。

4. 科学发展、提质增效。围绕发挥市场在资源配置中的决定性作用和更好地发挥政府作用，促进建筑业、房地产业和市政公用事业优化结构、转型升级，破除制约科学发展的壁垒和障碍，激发各类市场主体的发展活力，提升城乡建设水平和人民群众生活品质。

5. 深化改革、创新机制。继续深化住房城乡建设领域各项改革，将重点改革任务向纵深推进，全面推动改革取得新突破。更加注重改革的系统性、整体性、协同性，形成与深化改革相适应的体制机制。牢固树立法治思维，坚持运用法治方式推动住房城乡建设事业改革发展，全面提高治理能力和治理水平。

6. 区别对待、分类指导。认识、尊重、顺应城市发展规律，端正城市发展指导思想。善于把握不同地区、不同行业的发展阶段和发展特点，在维护全国住房城乡建设领域政策统一性的基础上，鼓励引导各地因地制宜、分类施策，增强政策的针对性、适应性、灵活性。

三、主要目标

为贯彻落实到2020年全面建成小康社会的奋斗目标以及党中央、国务院对住房城乡建设事业改革发展的决策部署，综合考虑未来发展趋势和条件，今后5年的主要发展目标是：

——城镇化空间格局不断优化，城乡规划的科学性、实效性、严肃性提高，城市风貌特色彰显。完成全国城镇体系规划和重要的跨省级行政区城市群规划编制，发挥城市群和都市区在解决城市病、优化城镇化空间格局中的重要作用。完成特大城市的开发边界划定工作，城市发展建设“摊大饼”式无序蔓延势头得到有效控制。城市设计的管理制度、法规体系和工作方式全面建立，城市新城新区风貌特色明显，老旧城区的城市功能、空间环境显著改善，建筑文化品质不断提高，自然景观、历史文化遗产和地方特色得到有效保护。与空间规划体系相统一的规划委员会制度初步建立，城乡规划的强制性进一步强化，实施监督力度逐步加大。城乡统筹规划、城乡基础设施一体化和基本公共服务均等化深入推进。

——城镇市政基础设施更加完善，建设和运营水平进一步提高，城市生态空间格局持续优化。加大城镇市政基础设施建设和节能改造力度，着力弥补薄弱环节。到2020年，建成一批具有国际先进水平的地下综合管廊并投入运营，城市建成区平均路网密度提高到8公里/平方公里，道路面积率达到15%，轨道交通线路长度达到6000公里以上，城市公共供水普及率达到95%，县城公共供水普及率达到85%，城市燃气普及率达到97%。城市人居环境逐步改善，生态空间保护力度加大，到2020年，城市建成区20%以上的面积达到海绵城市建设要求，城市人均公园绿地面积达到14.6平方米，城市建成区绿地率达到38.9%，地级及以上城市建成区黑臭水体控制在10%以内，城市污水处理率达到95%，县城污水处理率达到85%，缺水城市再生水利用率达到20%以上，地级及以上城市污泥无害化处置率达到90%，城市生活垃圾无害化处理率达到95%，力争将城市生活垃圾回收利用率提高到35%以上，城市道路机械化清扫率达到60%。

——城市执法体制机制基本完善，城市管理效能和服务水平大幅提高，现代城市治理体系初步形成。到2016年年底，市、县两级城市管理部门基本完成权力清单和责任清单的制定公布工作。到2017年年底，实现执法制式服装和标志标识统一，完成处级以上干部轮训和持证上岗工作。到2020年，城市管理法律法规和标准体系基本完善，执法体制基本理顺，机构和队伍建设明显加强，保障机制初步完善。城市基层治理机制不断创新，推动形成多元共治、良性互动的城市治理模式。市政基础设施管理和服务水平进一步提高，城市公共空间优化美化，城市应急和安全保障能力大幅提升，城市运行效率持续增强。加强城市管理数字化平台建设和功能整合，到2017年年底，所有市、县都要整合形成数字化城市管理平台。积极推进智慧城市建设，到2020年，建成一批特色鲜明的智慧城市，带动城市管理水平和效率持续提升，显著提高人民群众满意度，实现城市让生活更美好。

——农村人居环境明显改善，小城镇建设加快发展。加大农村危房改造力度，统筹推进农房抗震改造，基本完成现有农村危房改造任务。优先解决建档立卡贫困农户住房安全问题，提前完成中央扶贫目标“两不愁、三保障”中保障住房安全任务。深入推进农村生活垃圾治理，基本实现全面治理的目标，统筹开展农村工业垃圾、农业生产垃圾治理工作。继续开展农村生活污水治理省级试点和百县示范，探索建立农村污水治理的体制机制并在全国梯次推进。组织推动全国绿色村庄建设，建成一批绿色村庄。改革创新乡村规划理念和方法，基本实现乡村规划管理全覆盖。加大传统村落民居保护力度，将所有具有重要保护价值的约5000个村落列入中国传统村落名录，完善支持政策和保护管理体制机制。实施村庄亮化，到2020年，行政村有公共照明的比例提高到 80% 以上。推进城镇自来水管网向农村延伸，到 2020 年，将城乡自来水一体化水平提高到 33%。推动有条件的地方将天然气管网延伸到乡村。完善村内道路建设，因地制宜实施村内道路硬化。加快培育全国重点镇和特色小城镇，继续扩大特色景观旅游名镇名村示范。

——城镇保障性安居工程建设持续实施，房地产市场保持平稳健康发展，城镇住房建设稳步推进。加快推进棚户区改造，重点围绕难啃的“硬骨头”集中攻坚。“十三五”时期，全国开工改造包括城市危房、城中村在内的各类棚户区住房 2000 万套，力争到 2020 年基本完成现有城镇棚户区、城中村和危房改造。实物与租赁补贴并举，逐步加大租赁补贴发放力度，住房保障水平不断提高。完善购租并举的住房制度，大力发展住房租赁市场。房地产市场继续保持平稳健康发展，住房供需基本平衡，供应结构更加合理，空间布局更加优化，居住品质明显提升，住宅建设模式转型升级。“十三五”时期，城镇新建住房面积累计达 53 亿平方米左右，到 2020 年，城镇居民人均住房建筑面积达到 35 平方米左右。住房公积金制度对促进住房消费的作用进一步增强，到“十三五”期末，全国住房公积金缴存总额达到 15 万亿元，个人住房贷款总额 10 万亿元，个人住房贷款率提高至 90%。

——建筑节能标准逐步提升，绿色建筑比例大幅提高，行业科技支撑作用增强。到 2020 年，城镇新建建筑中绿色建筑推广比例超过 50%，绿色建材应用比例超过 40%，新建建筑执行标准能效要求比“十二五”期末提高 20%。装配式建筑面积占城镇新建建筑面积的比例达到 15% 以上。北方城镇居住建筑单位面积平均采暖能耗下降 15% 以上，城镇可再生能源在建筑领域消费比重稳步提升。部分地区新建建筑能效水平实现与国际先进水平同步。行业科技对发展的支撑作用不断增强，突破一批关键核心技术，开展新技术研发与示范应用，建立 20 个行业科技创新平台，中央地方协同、企业为主体、市场为导向、产学研用紧密结合的行业科技支撑体系初步形成。

——建筑业发展方式转变和产业结构调整加快，建筑市场秩序进一步规范，行业实力不断增强。建筑产业现代化全面推进，行业人才队伍素质、技术装备水平不断提高。以开发建设一体化、工程总承包、施工总承包为业务主体的龙头企业数量不断增加，实力日益增强。以技术、工艺、工种为基础的专业分包企业快速发展。以采用“互联网 +”为特征的新型建筑承包服务方式和企业不断产生。建筑市场准入制度更加科学完善，统一开放的建筑市场规则和格局基本形成。建设工程质量水平全面提升，安全生产形势稳定好转，建筑抗灾能力稳步提高。工程建设标准化改革取得阶段性成果，与市场经济相适应的工程造价管理体系基本建立。“十三五”时期，建筑业增加值年均增长 5.5%。

四、提高城乡规划编制和实施水平

（一）组织编制实施全国城镇体系规划和跨省级行政区城市群规划

组织编制实施全国城镇体系规划，优化全国城镇化布局和形态，明确城镇发展的指导思想和原则，确定全国城镇体系布局结构，确定主要城市的规模、功能定位，提高城镇建设质量，引导城市群协调发展，加强空间开发管制和规划实施管理，为制定和实施省域城镇体系规划和城市总体规划提供依据，促进各地走因地制宜、各具特色的新型城镇化道路。会同相关部门编制重要的跨省级行政区城市群规划，推动形成东北地区、中原地区、长江中游、成渝地区、关中平原等城市群，坚持因地制宜、分类指导，提出对提升国际竞争力、协调区域发展和资源保护具有重要战略意义的发展要求，促进城市群协同发展，拓展发展新空间。

（二）科学编制新一版城市总体规划

建立规划编制、规划实施和规划监督的完整制度。全面启动新一版城市总体规划编制，顺应城市发展规律，按照人口城镇化的规模、方式和城市资源环境禀赋，合理确定城市规模，优化功能和布局。将人居环境、交通出行、公共服务、城市安全等作为重要规划指标，在规划编制和实施管理过程中予以落实和考核。研究制定城市总体规划编制审批办法，改进规划内容和编制方法，严格落实“三区四线”管控，完善总体规划强制性内容，按常住人口配置各类公共服务设施。制定城市综合防灾规划标准，把保障城市安全作为制定城市规划的基本原则，及时开展城市安全风险评价。加强城市空间开发利用管制，在北京等 14 个城市试点工作基础上，因地制宜推广城市开发边界划定工作，推动城市有机更新、土地节约集约利用、功能混合和精明增长，建设空间结构合理、利用高效的紧凑城市。

（三）推进“多规合一”

针对不同地区发展特征，以解决新型城镇化人口落地、农村人口脱贫、创造优美人居环境、保护生态空间等具体问题为导向，推进“多规合一”，优化空间结构、明晰空间界线、美化空间环境，并制定相应管控要求。根据城乡空间结构、产业功能等配置交通、能源、综合防灾等基础设施以及教育、医疗等公共服务设施。推动海南、宁夏等地开展省级空间规划和“多规合一”改革试点，继续推动市县“多规合一”，以城乡规划为统领，以空间坐标落实为核心，以公共空间布局优化为抓手，通过“五定”（定性、定量、定形、定界、定策），实现“五统”（统一发展目标、统一技术指标、统一空间坐标、统一图例标准、统一实施平台），实现各类规划的有机衔接，建立健全覆盖城乡、事权清晰、上下衔接的空间规划体系，提高行政审批效率，构建结构优化、功能完善、交通顺畅、环境优美、形象独特的立体空间格局。

（四）高效利用地下空间

推动城市地下空间法规制度建设，研究制定城市地下空间开发利用规划管理办法。推动各地组织编制城市地下空间开发利用规划，鼓励竖向分层立体综合开发和横向相关空间连通开发，加强城市地下空间统一规划、建设和管理，促进地下空间与城市整体同步发展。推动各地加强地下空间管理部门的协调配合，建立地下空间规划建设管理协调制度。指导开展城市地下空间资源调查与评估，及时更新和动态维护地下空间开发利用信息，推进地下空间资源信息的共建共享。探索建立城市地下空间信息档案管理等制度。

（五）健全规划实施保障机制

建立权责明晰的城乡规划事权，明确各级政府的规划管理主体责任。全面推行城市规划委员会制度，研究建立住房和城乡建设部城乡规划委员会，对省域城镇体系规划、城市总体规划审查上报过程中的重大事项，以及国家级新区、自由贸易区审查等事项进行审议。完善和改进城市规划部际联席会议制度，健全城乡规划与主体功能区规划、土地利用总体规划协调机制。开展省域城镇体系规划和城市总体规划实施评估，形成有效的评估、反馈、调节机制。健全国家城乡规划督察员制度，实现规划督察全覆盖，进一步加大对违法违规问题的查处力度。利用卫星遥感等信息技术手段强化城乡规划管控，拓展遥感监测应用范围，实施动态监测和跟踪分析，提高监测精度。研究推动城乡规划法与刑法衔接。

（六）大力治理违法建设

坚持疏堵结合、拆改结合、拆控并举，积极开展违法建设专项治理行动。根据中央统一部署用5年左右时间，全面清查并处理建成区违法建设，坚决遏制新增违法建设。督促各地全面、系统地摸清违法建设底数。加快出台治理违法建设的地方性法规、规章，明确责任主体，完善治理制度。按照公平公正、实事求是的原则，推进违法建设分类处置，防止“一刀切”、避免“扩大化”。充分发挥公众和媒体的舆论监督作用，加强宣传，在全社会形成治理违法建设的强大氛围。

五、加强城市设计和风貌管理

（一）加强城市设计工作

完善城市规划管理体制和工作机制，在规划编制、审批、实施和监督各环节体现城市设计要求。加快建立健全城市设计相关法规，明确城市设计管理制度和要求，依法开展城市设计工作。全力构建城市设计技术体系，分层次、分类型、有重点地开展城市设计。加大城市设计实施力度，推动开展城市修补行动，推进城市中心、景观视廊、天际线、重要街墙、主要门户空间的更新整治。建立全国城市重点风貌区清单，将具有突出特色，代表地域特点、民族特色的城市风貌区列为全国城市重点风貌区，并作为城市规划监督检查的重点。建立全国城市设计工作重点城市名录，加强对首都、国家中心城市、边境口岸城市、风景旅游城市、国家历史文化名城等城市设计工作的指导，彰显国家形象和民族文化。

（二）提升建筑设计水平

坚决贯彻落实“适用、经济、绿色、美观”的新时期建筑方针，更好地体现地域特征、民族特色和时代风貌，扭转“贪大、媚洋、求怪”的建筑乱象，在建设项目规划、建筑方案审查审批中落实相关要求。充分发挥建筑师在建筑项目中的主导作用，鼓励引导其融合中国历史文化传统、国外先进设计思想和技术，在工程实践中大胆创新，形成多样化的本土建筑风格。加强建筑设计人才队伍建设，培养既有国际视野又有民族自信的建筑师队伍，提高建筑师整体设计意识、审美和创新能力。建立符合建筑工程特点的设计招标方式，根据工程项目实际情况选择采用设计方案招标或设计团队招标。建立大型公共建筑方案公众参与和专家辅助决策机制，完善专家评审工作程序、专家评审意见公示制度。推进精细化设计与施工，提高设计完成度和建筑品质。探索建立大型公共建筑设计后评估制度。大力普及建筑文化，提升全社会的建筑审美水平。

（三）推进新型社区规划建设

改进城市规划理念，将城市社区作为城市基本生活功能单元，完善城市居住区规划设计规范，合理确定公共服务设施规模、数量，统筹社区分布，完善交通系统和绿地系统规划，完善基础设施和公共服务体系布局。在新建城市社区中，根据社区管理、街区建设、人口布局、空间环境、发展潜力等要求，统一布局社区用地，明确商业网点、基本医疗、社区养老、教育文化、体育健身和防灾避难场所等配套内容，确定公共空间、道路交通（包括步行和自行车交通）等建设要求。积极推进老旧小区更新改造，编制整治规划，加快功能修补和环境治理，统筹公园绿地、停车设施等公共设施建设，推动街区制建设，推进生态社区和智慧社区建设，避免大拆大建。探索建立社区责任规划师制度。充分利用社区平台，加大居民参与规划的力度和深度，推动共建共治的城市治理方式转型。

（四）加强历史文化名城名镇名村保护

用5年左右时间，完成所有城市历史文化街区划定和历史建筑确定工作。继续组织申报国家历史文化名城和中国历史文化名镇名村。支持改善历史文化名城名镇名村和历史文化街区的基础设施、公共服务设施。鼓励社会力量参与保护工作，探索以政府投入为主、社会力量参与的保护资金筹集模式。督促各地做好保护规划的编制审批和实施工作，加强保护工作的技术指导和监督。

六、加强城镇市政基础设施建设

（一）建设城市地下综合管廊和改造城市地下管网

全面推动城市地下综合管廊建设，在继续做好试点工程的基础上，总结国内外先进经验和做法，在城市新区、各类园区、成片开发区域的新建道路同步建设地下综合管廊，结合老城区旧城更新、道路改造、河道治理、地下空间开发等，统筹安排地下综合管廊建设，逐步提高城市道路配建地下综合管廊比例。组织编制城市地下综合管廊专项规划，建立项目储备，制定5年项目滚动规划和年度建设计划。制定和完善地下综合管廊运行维护和安全等方面的技术标准和计价依据。推进地下综合管廊主体结构构件标准化，积极推广应用预拼装技术。加强管线入廊管理，明确入廊要求，建立良性的建设运营机制，强化监督检查。加强对城市供水、污水、雨水、燃气、供热等各类地下管网的建设和改造，优先改造材质落后、漏损严重、影响安全的老旧管网，确保管网漏损率达到国家标准要求。

（二）加强城市道路交通设施建设

提高城市道路网密度，将城市道路面积率、道路网密度标准作为城市规划强制性指标严格实施。加快编制城市综合交通体系规划，树立“窄马路、密路网”的城市道路布局理念，建设快速路、主次干路和支路级配合理的道路网系统。打通各类“断头路”，形成完整路网，提高道路通达性。加快编制城市步行和自行车交通规划，推进城市步行和自行车交通系统建设。加快城市轨道交通系统建设，鼓励有条件的城市推进地铁、轻轨等城市轨道交通系统建设，发挥其公共交通骨干作用，并做好城市轨道交通之间、城市轨道交通与其他公共交通方式的换乘衔接。加强城市停车设施规划建设和管理，加快编制城市停车设施专项规划，优化停车设施布局。完善城市建筑物配建停车位标准，推动路内停车泊位和政府投资建设的公共停车场实行特许经营。

（三）加快城市供水设施改造和建设

切实保障城市供水安全，建立从源头到龙头的安全保障体系，优先改造老旧供水设施和二次供水设施，关闭公共供水覆盖范围内的自备水，不断扩大公共供水服务范围。实施国家供水应急救援能力项目，提升供水水质监测能力和应急水平。建设节水型城市，全面推进城市节水综合改造，实施节流工程、开源工程和循环循序利用工程。到2020年，地级及以上缺水城市全部达到国家节水型城市标准要求。采用合同节水管理机制，加强城市供水管网改造，推进地理信息系统（GIS）、管网运行调度系统、分区计量管理（DMA）手段等维护管理能力建设，提高管网运行维护水平，降低漏损率。到2020年，全国公共供水管网漏损率控制在10%以内。

（四）强化城镇市政基础设施节能改造

促进燃气高效安全利用，拓展应用领域，提高利用效率。发展和改造城镇燃气设施，力争到2020年，新增城镇燃气管道5万公里，改造完成城镇燃气老旧管道2.5万公里。加强燃气运营安全监管。改善城市供热运营管理，加强供热系统节能，推进供热管网设施节能改造升级和精细化管理。大力推进采暖地区住宅分户计量，完善供热计量收费政策。健全供热服务质量标准和评估监督办法。加强城市照明设施建设和节能管理，大力推广使用节能、环保的照明新技术、新产品。推进城市绿色照明，创新建设和管理体制机制，推动产业化进程。

（五）多渠道筹集城市建设资金

继续通过现有渠道落实中央财政资金支持，发挥撬动功能，积极引导社会资本投入。大力推进政府和社会资本合作模式（PPP），建设和运营市政基础设施。通过特许经营、财政补贴、政府购买服务等方式，吸引包括民间资本在内的社会资金，参与投资、建设和运营有合理回报或一定投资回收能力的可经营性项目。鼓励引导开发性、政策性金融机构以及银行业金融机构，加大对城市市政基础设施建设的信贷支持力度。会同有关部门理顺市政公用产品和服务价格形成、调整和补偿机制，完善特许经营制度。培育大型专业化市政公用企业，鼓励跨区域经营，逐步提高产业集中度。

七、努力营造城市宜居环境

（一）建设低碳生态城市

完善城市规划建设管理机制，确保在城市规划、建设、管理全过程落实低碳生态发展要求，促进城市绿色发展和宜居城市建设。创新城市规划编制模式，控制市域和区域城市开发强度，优化城市功能和空间布局，适度增加城市规划建成区绿地和生态用地规模，限制城市建设挖山、填河，确保城市居民“望得见山、看得见水”。制定实施生态宜居城市规划建设指标体系和技术导则，按照低碳生态理念制（修）订规划建设标准，把绿色发展要求纳入城市规划。全力推进绿色建筑、绿色交通、绿色市政发展和低影响开发模式，加强可再生能源资源利用，大力建设生态住区、生态园区、生态新区。继续开展低碳生态城市、绿色生态城区试点示范，鼓励探索低碳生态城市规划方法和建设模式，及时总结推广成熟做法和适用技术。

（二）全面推进海绵城市建设

保护和恢复城市生态本底，通过源头减排、过程控制、系统治理，综合采取“渗、滞、蓄、净、用、排”等措施，有效控制雨水径流，实现自然积存、自然渗透、自然净化的城市发展方式。编制海绵城市专项规划，优化生态空间管控格局，划定汇水分区，明确雨水径流控制目标和建设任务。城市新区建设全面落实海绵城市建设要求，推进海绵型建筑与小区、海绵型道路与广场、海绵型公园与绿地、绿色蓄排与净化利用设施等建设。老城区结合棚户区和危房改造、老旧小区更新等，以解决城市内涝、雨水收集利用、黑臭水体治理为突破口，改造和消除城市易涝点，推进排水防涝设施达标建设，科学布局雨水调蓄设施，逐步实现小雨不积水、大雨不内涝、水体不黑臭、热岛有缓解。

（三）加强城市生态修复和园林绿化建设

编制城市生态空间规划，制定并实施城市生态修复工作方案，有计划有步骤地修复被破坏的山体、水体、湿地、植被，推进废弃地修复和再利用，增加绿地等生态空间，推进生态园林城市建设。加快城市绿地系统规划编制和实施，强化城市绿地与区域范围内山水林田湖等生态要素的联系，构建城市生态空间网络。优化城市绿地布局，按照城市居民出行“300 米见绿、500 米见园”的要求，加强城市中心区、老城区的园林绿化建设，增加社区公园、街头游园等小型绿地。开展立体绿化、集雨型绿地建设，设立城市湿地公园。结合公园绿地、广场因地制宜设置应急避难场所。加强城市道路绿化隔离带、道路分车带和行道树的绿化建设，提高道路成荫率。加强城市公园管理和老旧公园改造提升，加大城市公园免费开放力度，实施敞园工程，规范公园经营行为，限期清理腾退违规占用的公共空间。推行节约型、生态型园林绿化，使用环保绿化材料和生态管控技术，加强古树名木保护管理，积极推广应用乡土植物，让乔灌草合理搭配，促进自然群落营建。

（四）加快推进城市黑臭水体整治和污水治理

因地制宜、一河一策，采取控源截污、内源治理、生态修复等措施，系统整治城市黑臭水体。优先实施入河排水口和沿河截污系统整治，分步实现清污分流、雨污分流，逐步消除河水倒灌、地下水渗入等问题。以全面提高管网质量和推进污泥稳定化、无害化、资源化处理处置为重点，加强城市污水处理设施和管网改造建设，到 2020 年，全国地级以上城市建成区力争实现污水全收集、全处理。推进污水处理再生利用，在城市工业生产、道路清扫、车辆冲洗、绿化浇灌等方面优先使用再生水，积极推进中水洁厕，健全再生水价格机制。

（五）加强城市垃圾综合治理

因地制宜全面开展垃圾分类，完善生活垃圾统计指标体系，促进生活垃圾分类回收与再生资源回收体系的有效衔接，提高回收利用率。加快城市生活垃圾处理设施建设，在土地紧缺、人口密度高的城市优先推广焚烧处理技术。力争到 2020 年，城市生活垃圾焚烧处理能力比“十二五”时期增长 22 万吨 / 日，设市城市生活垃圾得到有效处理，县县具备生活垃圾无害化处理能力。统筹餐厨垃圾、园林垃圾、粪便等有机物处理，建立餐厨垃圾排放登记制度，在设市城市全面建设餐厨垃圾收集和处理设施。对现有建筑垃圾处理设施开展摸底和安全隐患排查，建立档案，推动建筑垃圾资源化利用。力争到 2020 年，基本建立城市餐厨垃圾、建筑垃圾回收利用体系。推进“清洁城市环境”活动，提升环卫保洁作业标准，以融资租赁等方式提高城市环卫保洁机械化作业水平。培育环卫龙头骨干企业，鼓励从源头收集到处理处置一体化的环卫企业加快发展。加快公共厕所规划建设和老旧公厕提标改造，增加公厕数量和面积，合理调整男女厕位比例，完善标识和导引系统，提升保洁服务水平。

八、提高城市管理现代化水平

（一）改革城市管理体制

着力构建权责清晰、服务为先、管理优化、执法规范、安全有序的城市管理体制。合理划分城市管理事权，框定城市管理职责边界，理顺各部门职责分工。健全中央到地方的城市管理工作体系，整合归并省级执法队伍，推动执法重心下移和执法事项属地化管理，实现城市管理领域综合执法。在设区的市推行市或区一级执法。推进市县两级政府城市管理领域大部门制改革，综合设置管理执法机构，并统筹解决好机构性质、执法人员身份编制及车辆装备等问题。逐步建立健全地上地下设施建设运行统筹协调的城市管理体制机制，在有条件的市和县推行建立规划、建设、管理一体化的行政管理体制。

（二）加强和改善城市管理

实行市政公用设施管理信息移交和档案信息共享，加强市政公用设施的管护，确保安全高效运行。规范报刊亭、公交候车亭等“城市家具”设置，加强户外广告、门店牌匾设置管理，加大对各类违法行为的查处力度，营造良好的城市公共空间秩序。加强大气、噪声、固体废物、河湖水系等环境管理。规范建筑施工现场管理，严控噪声扰民、施工扬尘和渣土运输抛洒。加强水、电、气、热、交通、通信、网络等城市生命线的管理，增强城市抵御自然灾害、处置突发事件和危机管理能力。

（三）推进城市智慧管理

加强市政管理、环境管理、交通管理、应急管理等城市管理数字化平台建设和功能整合，加强城市基础数据和信息资源采集与动态管理，建设综合性城市管理数据库，促进跨部门、跨行业、跨地区信息共享与互联互通。促进大数据、物联网、云计算等现代信息技术与城市管理服务融合，加强城市管理和服务体系数字化、精细化、智慧化建设，发展民生服务智慧应用。推动城市基础设施智能化，积极发展智慧水务、智慧管网、智能建筑，实现城市水务、地下空间、地下管网、城市建筑物的信息化管理和运行监控智能化。整合城市管理相关电话服务平台，统一“12319”城市管理服务热线。发展基于大数据的多规融合技术及城市规划、运行优化仿真系统，形成系列化的自主技术产品体系。结合高分辨率卫星对地观测、北斗产业化专项等科研项目实施，建立支撑行业发展的遥感影像和地理信息数据库。

（四）完善城市治理机制

健全城市管理和执法工作保障协调机制，推动立法工作，加快制（修）订一批规范标准，健全城市管理协调机制。推进城市网格化管理，建立健全市、区（县）、街道（乡镇）、社区管理网络。畅通公众参与城市管理的渠道。推进城市管理服务的市场化，通过政府和社会资本合作、向社会购买服务等方式，吸引社会力量和社会资本参与。合理设置、有序管理方便生活的自由市场、摊点群、流动商贩疏导点等经营场所和服务网点，促创业、带就业、助发展、促和谐。

（五）强化城管执法队伍建设

科学确定城市管理执法人员配备比例标准，建立符合职业特点的城市管理执法人员管理制度，严格实行执法人员持证上岗和资格管理制度，严格规范协管队伍。规范城市管理执法行为，依法建立城市管理和综合执法部门的权力和责任清单，向社会公开，并进行动态管理和调整。规范执法制度，完善外部、内部监督机制，提高执法水平。不断改进执法方式，提高执法素养，严格规范公正文明执法。

九、推动风景名胜区和世界遗产持续发展

（一）开展风景名胜资源普查

全面掌握我国各类风景名胜资源分布、价值、数量、保护、管理等情况，构建资源普查数据库，编制

资源普查图集和成果报告。在资源普查基础上，编制风景名胜区体系规划，指导各地有计划有步骤地将价值较高的风景名胜资源纳入法定风景名胜区体系，完善风景名胜区体系的资源构成、空间分布、功能结构。积极推进风景名胜区设立，支持中西部地区优先申报设立风景名胜区，逐步将价值较高的省级风景名胜区上升为国家级风景名胜区，稳步增加风景名胜区数量和面积。

（二）加强风景名胜区保护利用和管理

完善《风景名胜区条例》配套制度和技术规范，制定出台风景名胜区门票收入和资源有偿使用管理办法、设立审查办法、规划实施评估办法等制度，建立健全规划编制、保护分区划定、资源分类与评价、智慧景区建设等技术规范。研究探索建立国家风景名胜区保护和发展基金。推动完善风景名胜区生态保护补偿机制。积极探索按照保护管理绩效对国家级风景名胜区进行分等定级。加大保护投入，建设或提升一批资源保护和公共服务设施，开展智慧景区建设。通过“规划、建设、管控”妥善处理资源保护和利用的关系，创新风景名胜区规划理念，科学划定保护分区，合理安排保护与利用空间。严格依据风景名胜区规划实施用途管制，加强建设活动管理，有序引导资源利用。强化规划实施监管，加强规划实施评估、监督检查和遥感动态监测，严肃查处违规建设行为，维护规划严肃性。

（三）做好世界遗产申报和保护监督

坚持保护优先理念，增强履行《世界遗产公约》的能力，践行国际承诺。制订中国世界自然遗产保护发展战略，指导世界自然遗产事业有序发展。稳步推进世界自然遗产、自然与文化遗产的申报，完善申报机制，实行预备清单动态更新，积极培育新的世界遗产申报项目。加强世界遗产地保护管理状况的监测、督察和评估。加强国际交流合作，推进与有关国际组织和政府机构在政策、信息、技术等方面的资源共享和项目合作。

（四）推进国家公园体制建设

按照中央关于建立国家公园体制的部署要求，积极参与研究制定建立国家公园体制总体方案，科学界定国家公园的功能定位，妥善处理国家公园与已有各类保护地的关系，为全面建立国家公园体制提供支撑。积极发挥风景名胜区制度、体系和实践优势，推动建立国家公园体制试点，重点加强对国家级风景名胜区试点单位的工作指导，为建立国家公园体制探索可复制、可推广的经验和模式。

（五）加强宣传教育与公众参与

制订实施风景名胜区和世界遗产公众宣传与解说教育行动计划，提高全社会对风景名胜区和世界遗产事业的认识、理解与支持。积极推进公众参与，鼓励公众、媒体、社会组织对风景名胜区和世界遗产保护管理进行监督，做好规划公开公示，建立健全违规行为举报制度。加大风景名胜区和世界遗产管理干部的培训力度，推动培训的长期化、制度化，不断提高各级管理干部的知识水平和业务能力。

十、加速改善农村人居环境

（一）全力保障基本生活条件

加大农村危房改造力度，完善分类补助政策，统筹推进农房抗震改造，创新改造方式，基本完成存量农村危房改造。精准建立建档立卡贫困户农村危房改造对象信息档案，编制实施规划，提前完成现有建档立卡贫困户农村危房改造任务。在有条件的地方推进城镇自来水管网、天然气管网向农村延伸，大幅度提高农村居民使用自来水和天然气的比例。指导各地推进村内道路建设，加快实施 20 户以上自然村组道路硬化，推广本土化的路面铺装。组织推动村庄公共照明工程，在村内主要道路及公共活动空间设置路灯，提高有公共照明的行政村比例。

（二）大力开展村庄环境整治

全面推进农村生活垃圾治理，按照“五有”（有设施设备、有治理技术、有保洁队伍、有监管制度、有资金保障）标准，对符合条件的省份进行验收。建立完善村庄保洁制度，稳定村庄保洁队伍，推行垃圾就地分类减量和资源回收利用，完善农村垃圾收运处置设施设备。逐步放开农村生活垃圾治理环节的经营性项目，推行企业化运行机制。积极推动农村污水治理，继续组织实施好山东、宁夏、吉林、江苏、山西等省级试点和示范县建设，在此基础上梯次推进。因地制宜采取纳入城镇污水管网处理、村组集中处理、分户处理等污水处理方式。推行“统一规划、统一建设、统一运行、统一管理”的农村生活污水城乡统筹治理模式。推进政府和社会资本合作，政府购买服务、企业负责建设和运行。探索农村污水治理适宜技术，建立农村生活污水处理设施建设和运行维护机制。开展农村环境专项治理，解决乱堆乱放和违法建设等问题。

（三）稳步推进宜居村庄建设

创新乡村规划理念和方法，大力推行简便易行的乡村规划，全面推进县域乡村建设规划和村庄规划编制，以农房建设管控和村庄整治为重点，大幅提高乡村规划编制率和实用性，加强乡村建设规划管理。制定优秀田园建筑认定标准，认定一批优秀田园建筑实例，引导设计师、艺术家等专业人员下乡。推广优秀农房设计图集，培训工匠，开发和推广现代乡土建材和现代农房技术，大幅提升农房建筑风貌。组织推动绿色村庄建设，以提升村庄绿量为主要任务，重点做好村周边绿化以及村内道路、河道沟渠、居民房前屋后、公共空间绿化。制定绿色村庄建设技术指南，指导地方制定绿色村庄地方性标准，命名一批绿色村庄，与村庄环境整治、村庄美化和增加农民收入相结合，带动全国村庄绿化工作。加强传统村落和民居保护，进一步扩大保护村落的数量，建立较为完善的保护管理制度，将传统村落保护纳入法制化轨道。引导社会资本投资，设立传统村落保护基金，打通民间资本进入渠道。加强传统建筑建造技术调查，完成传统建筑风格和元素解析，研究优秀传统建筑文化传承方法。

（四）加快培育发展小城镇

印发推进全国重点镇、特色小镇建设的指导意见。制定特色小镇标准，开展特色小镇培育活动，推动重点镇建设成为名副其实的县域副中心，指导各地完善一般镇道路、供水、教育、医疗、商业等基本功能。加强小城镇规划建设指导，推进镇规划全覆盖，实现依规划管理。完善小城镇建设标准体系，开发推广小城镇污水垃圾处理、节能、交通、绿色建筑等适用技术。建立全国小城镇规划建设信息系统，评估特色小镇和全国重点镇建设工作情况。

十一、健全符合国情的城镇住房保障体系

（一）加快推进棚户区改造

将棚户区改造与城市更新、产业转型升级更好结合起来，加快推进现有城镇棚户区、城中村和危房改造，将棚户区改造政策覆盖全国重点镇。科学合理地确定各地棚户区改造目标任务，尽力而为、逐步推进。坚持政府主导、市场运作，发挥政府的组织引导作用，在政策和资金等方面给予支持。注重发挥市场机制的作用，充分调动企业和居民的积极性，动员社会力量广泛参与。提高棚改货币化安置比例，把一些库存商品住房转为棚改安置房。对选择货币补偿、有购买商品房意愿的居民，采取政府搭台、政策支持等方式，做好服务工作，确保搬迁居民得到妥善安置。创新融资体制机制，利用好中央补助资金，发挥开发性、政策性金融支持作用，鼓励棚改实施主体通过发行企业债券、公司债券、中期票据等方式筹资。

（二）实施公共租赁住房保障

住房保障采取实物保障与租赁补贴相结合。支持公租房保障对象通过市场租房，政府对符合条件的家庭给予租赁补贴。结合市场租金水平和保障对象实际情况，合理确定租赁补贴标准。

（三）加强公租房配套基础设施建设和后续管理

加快公租房及配套设施建设，组织排查已开工公租房项目的配套设施情况，列出不完备项目清单，纳入各地配套设施建设计划。积极探索和运用政府和社会资本合作模式，推进公租房及配套基础设施的投资建设和运营管理。强化公租房分配管理，完善住房保障申请、审核、公示、轮候、复核制度。建立公租房小区可持续运营机制，进一步提升管理服务水平，构建法制化、科学化、人性化的后期管理机制。健全公租房退出机制，合理引导不符合条件的承租家庭退出住房保障制度。

（四）完善住房保障支持政策

配合有关部门继续研究加大中央补助支持力度，对财政困难地区予以倾斜。支持国家开发银行、中国农业发展银行等银行业金融机构加大信贷支持力度。指导各地将棚改安置住房用地纳入本地区土地供应计划优先安排。简化行政审批流程，提高审批效率。落实免征棚户区改造项目的城市基础设施建设配套费等各种行政事业性收费和政府性基金，落实棚改安置住房税收优惠政策。

十二、促进房地产市场持续健康发展

（一）深化住房制度改革

以满足城镇新居民住房需求为主要出发点，建立购租并举的住房制度，健全以市场为主满足多层次需求、以政府为主提供基本保障的住房供应体系。对具备购房能力的常住人口，支持其购买商品住房。对不具备购房能力或没有购房意愿的常住人口，支持其通过住房租赁市场租房居住。对符合条件的困难家庭，通过提供公共租赁住房或发放租赁补贴保障其基本住房需求。

（二）编制实施城镇住房发展规划

科学编制城镇住房发展规划，明确新形势下城镇住房发展的指导思想、基本原则、发展目标，提出主要任务、重大工程以及土地、金融、财税、技术等政策措施，指导城镇住房建设和发展，引导舆论和社会预期。完善住房发展规划制度，建立健全国家、省（自治区、直辖市）、城市三级住房发展规划体系。强化与城市总体规划、土地利用总体规划等的衔接协调。建立备案、定期评估、动态调整、绩效评价和督察检查机制。

（三）加强和改善房地产市场调控

根据房地产市场分化的实际，坚持分类调控，因城施策。明确房地产业的功能定位，处理好经济属性与民生属性的关系，坚持加强政府调控和发挥市场作用相促进，使房地产业与经济社会发展和群众居住需求相适应。建立全国房地产库存和交易监测平台，形成常态化房地产市场监测机制，及时、准确掌握房地产市场动态。实施住宅用地分类供应管理，完善和落实差别化税收、信贷政策，研究建立住宅政策性金融机构，支持居民合理住房消费。强化地方政府调控主体责任，鼓励各地在中央政策框架内积极探索，因地制宜出台和实施房地产调控措施。

（四）加快培育和发展住房租赁市场

培育市场供应主体，发展住房租赁企业，鼓励房地产开发企业开展住房租赁业务，规范住房租赁中介机构，支持和规范个人出租住房。鼓励住房租赁消费，完善住房租赁支持政策，保障承租人依法享受公共服务。落实提取住房公积金支付房租政策。支持租赁住房建设，鼓励新建租赁住房，将新建租赁住房纳入住房发展规划；允许将商业用房等按规定改建为租赁住房；允许将现有住房按照国家和地方的住宅设计规范改造后出租。加大政策支持力度，对依法登记备案的住房租赁企业、机构和个人，给予税收优惠政策支持；向住房租赁企业提供金融支持；鼓励地方政府采用多种方式增加租赁住房用地有效供应。

（五）促进物业服务业发展

以推行新型城镇化战略为契机，进一步扩大物业管理覆盖面，提高物业服务水平，促进物业管理区域协调和城乡统筹发展。健全物业服务市场机制，完善价格机制，改进税收政策，优化物业服务标准，强化诚信体系建设。建立物业服务保障机制，加强业主大会制度建设，建立矛盾纠纷多元调处机制，构建居住小区综合治理体系。完善住宅专项维修资金制度，简化使用流程，提高使用效率，提升增值收益。转变物业服务发展方式，创新商业模式，提升物业服务智能化、网络化水平，构建兼具生活性与生产性双重特征的现代物业服务体系。

（六）促进房地产业转型升级

适应经济发展新常态的需要，推进房地产供给侧结构性改革，切实贯彻创新、协调、绿色、开放、共享的发展理念，促进房地产业转型升级。通过金融、税收等政策调整，引导房地产企业顺应市场规律，调整营销策略，创新商业模式，转变发展方式。促进房地产业兼并重组，提高产业集中度，鼓励企业做优做强；大力发展跨界地产，倡导在符合规划的前提下，将存量房转变为旅游、文化、体育、养老、健康等五大幸福产业和“双创”用房。加快推进住宅产业现代化，鼓励企业应用新技术、新材料建设省地节能环保住房。重点培育住宅产业集群，形成规模效应。鼓励采用环保型材料进行绿色装修，推行住宅全装修，实现住宅主体结构与室内装修一体化，住宅部品部件标准化、集成化，逐步建立住宅全装修质量保险保证机制。

（七）加大房地产市场监管力度

继续推进行政审批制度改革，建立动态管理与信用管理相结合的市场监管模式。加强对房地产开发、中介、物业服务企业和从业人员的信用管理，建设房地产信用管理平台，构建政府、社会共同参与的跨地区、跨部门、跨领域的守信联合激励和失信联合惩戒机制。加强房地产中介专项整治，严肃查处房地产中介机构和从业人员的违法违规行为。加强房源信息发布管理，强化中介服务明码标价，规范中介行为。严格落实中介机构备案制度，积极推行从业人员实名服务。加快研究出台《房地产交易管理条例》，完善新建商品房、存量房买卖合同网签备案和交易资金监管制度，加强房地产交易监管。

十三、建立公开规范的住房公积金制度

（一）规范缴存政策

扩大住房公积金制度受益范围，推进各地将缴存住房公积金纳入劳动合同示范文本和企业集体合同，明确缴存单位义务。严格规范缴存基数和缴存比例，对缴存基数和缴存比例实行“限高保低”。强化住房公积金管理中心的征缴执法权限，加大对应建未建、应缴未缴单位的处罚力度。

（二）支持个人住房消费

放宽住房公积金提取使用条件，允许提取用于支付自住住房物业费。加大住房公积金个人住房贷款力度，实行差别化贷款政策，合理确定贷款条件，适当提高贷款额度，全面推进异地贷款业务，支持缴存职工购买自住型普通住房。优化业务办理流程，缩短业务办理时限，减少提取和贷款审批环节，切实提高管理和服务水平。

（三）促进资金保值增值

研究在保证各地住房公积金提取和贷款的前提下，将住房公积金用于购买国债、大额存单和高信用等级固定收益类产品。促进个人账户存款保值增值，提高制度吸引力。调整增值收益分配用途，维护缴存职工权益。

（四）提升统筹管理层次

按照有利于规范业务管理、提高资金使用效率、防范资金风险、适应职工流动就业的要求，加快对独立管理的分支机构的调整工作，实现设区城市住房公积金统一制度、统一核算。研究提高住房公积金统筹管理层次，允许符合国家规定条件的省（区）实行省级统筹管理。

（五）建立健全监管机制

编制住房公积金管理人员职业标准，建立健全人员培训和职业能力评价制度，提高住房公积金管理人员政治素质和业务能力。建立绩效考核制度，形成有效的激励约束机制。继续做好信息披露，及时、全面、准确地向社会披露住房公积金管理运行情况，积极回应社会关注热点，接受社会监督。抓紧升级改造业务信息系统，适应业务发展和政策调整需求。建立健全住房公积金监管信息系统，实时监控各地住房公积金管理运营状况。

（六）提升服务效率

运用“互联网 +”技术，完善住房公积金业务信息系统。推动与房屋产权登记、人民银行征信系统等尽快联网，实现信息共享。建设住房公积金综合服务平台，健全综合服务网络，推动各地住房公积金管理中心以此为载体，积极开展网上业务咨询、查询、受理、初审和投诉举报等服务。适应劳动力跨区域流动需要，健全住房公积金转移接续机制，搭建全国统一的住房公积金转移接续平台，实现信息快速交换、资金安全划转。

十四、大力推动建筑节能和绿色建筑

（一）稳步提高建筑节能水平

制定实施我国建筑节能标准提升路线图。推动北方地区在城镇新建居住建筑中实施 75% 建筑节能强制性标准，南方地区以超大及特大城市为切入点，推动实施更高要求的节能强制性标准。分类制定建筑全生命周期能源消耗标准定额。鼓励保障性住房、政府办公建筑及公益性建筑率先执行更高水平节能标准。在不同气候区尽快建设一批超低能耗或近零能耗建筑示范工程，发挥建筑能效提升标杆引领作用。启动超低能耗社区建设试点。进一步完善新建建筑在规划、设计、施工、竣工验收等环节的节能监管机制。完善新建大型公共建筑项目的节能审查、调适及评估制度。推动北方地区城市对具有改造价值老旧住宅实施节能改造。推进北方城市供热系统节能改造工程，开展城市智慧热网试点。在城市老旧住宅小区开展以节能改造为重点，以助老设施改造、环境综合整治等其他改造为补充的节能宜居综合改造试点，探索可复制、可推广的改造模式和组织机制。深入推进公共建筑能耗统计、能源审计及能效公示工作，进一步加强能耗监测平台建设，逐步扩大监测建筑数量及监测深度，强化统计监测数据的分析和应用，构建分类型的能耗限额体系。建立基于能耗数据的重点建筑用能管理制度，支持采取合同能源管理、能效交易、政府和社会资本合作的市场机制推进公共建筑节能改造。促进城市建筑能源资源消费信息数据平台建设，逐步完善信息公开和共享机制，探索开展基于数据的城市建筑能效比对工作。

（二）全面推进绿色建筑发展

实施绿色建筑推广目标考核管理机制。建立绿色建筑进展定期报告及考核制度。加大绿色建筑强制推广力度，逐步实现东部地区省市全面执行绿色建筑标准，中部地区省会城市及重点城市、西部地区重点城市强制执行绿色建筑标准。强化绿色建筑质量管理，鼓励各地采用绿色建筑标准开展施工图审查、施工、竣工验收，逐步将执行绿色建筑标准纳入工程管理程序。完善绿色建筑评价体系，加大评价标识推进力度，强化对绿色建筑运行标识的引导，加强对标识项目建设情况的跟踪管理。推进绿色生态城区、绿色建筑集中示范区、绿色建筑产业示范园区建设。推进绿色建筑全产业链发展，以绿色建筑设计标准为抓手，推广应用绿色建筑新技术、新产品。在建造环节，加大绿色施工技术和绿色建材推广应用力度，在建筑运行环节推广绿色运营模式，发展绿色物业。

（三）推进可再生能源建筑应用

加大可再生能源在建筑领域推广力度，鼓励有条件地区全面做好可再生能源资源条件勘察和利用条件调查，并编制可再生能源应用规划。研究建立新建建筑工程可再生能源应用专项论证制度。加大太阳能光热系统在城市中低层住宅及酒店、学校等有稳定热水需求的公共建筑中的推广力度。在传统非采暖的夏热冬冷地区，积极推广利用空气源、地表水源、污水源热泵技术供暖，建立小区级的城市微采暖系统。具备条件的，利用工业余热，建立热电联产的分区域集中供热模式。利用海水源、江水源热泵技术，在末端用能负荷满足要求的情况下，因地制宜地建立区域可再生能源站。建立可再生能源与传统能源协调互补、梯级利用的综合能源供应体系，大力推广太阳能光伏等分布式能源，建立城市可再生能源微网系统，实现分布式能源与智能调度充分结合。制定分布式能源建筑应用标准，在城市燃气未覆盖地区，推广采用污水厂污泥制备沼气技术。

（四）大力发展装配式建筑

加快建筑业生产方式变革，推广绿色低碳建造方式，大力发展装配式建筑。加大政策支持力度，积极推动装配式混凝土结构和钢结构建筑发展，在具备条件的地方倡导发展现代木结构建筑。积极扩大装配式建筑应用规模，明确重点应用区域，提高应用比例。总结推广先进适用的装配式建筑技术和产品体系，加快推动发展内外装修、外围护结构和管线设备集成等建筑部品体系。制定装配式建筑设计、构配件生产、施工装修、质量检验和工程验收等规范，完善模数协调、部品部件协调等技术标准。加强装配式建筑产业能力建设，完善创新体系，加强关键共性技术研发应用，扶持培育一批产业龙头企业和产业联盟。加快推动装配式建筑与信息化深度融合，推进建筑信息模型（BIM）、基于网络的协同工作等信息技术应用，推进智能化生产、运输和装配，鼓励企业装配式施工，现场装配。建立健全装配式建筑人才培育机制，大力培养专业技术人员和产业工人队伍，提高技术技能水平。建设一批国家级装配式建筑生产基地。创新建设管理模式，探索适应装配式建筑发展的招投标、工程造价、质量监督、安全管理、竣工验收等管理制度。

（五）推广应用绿色建材

完善绿色建材评价体系，重点开展通用建筑材料、节能节地节水节材与建筑室内外环境保护等方面材料和产品的绿色评价工作。利用“互联网+”等信息技术构建绿色建材公共服务系统，动态发布绿色建材产品目录及相关信息，监管绿色建材评价和应用，实现绿色建材产品全程可追溯，促进形成全国统一、开放有序的绿色建材市场。围绕绿色建筑需求和建材工业发展方向，强化绿色建筑等对绿色建材的应用要求。大力开展绿色建材示范工程、产业化基地建设。以建筑垃圾处理和再利用为重点，加强再生建材生产技术和工艺研发以及推广应用工作，提高固体废弃物消纳量和建材产品质量。

十五、积极推进建筑业转型发展

（一）全面提高工程质量安全水平

完善工程质量安全管理制度和责任体系，研究建立工程质量保险等市场保障机制，强化工程质量终身责任追究，全面落实建设、勘察、设计、施工和工程监理单位五方主体质量安全责任。健全工程质量安全保证体系，推进工程质量管理标准化，全面开展建筑施工安全生产标准化考评，研究建立城市轨道交通工程建设全过程安全风险控制体系，提高工程质量安全管理水平。强化政府对工程建设全过程的质量监管，进一步完善施工图审查制度，充分发挥质量安全监督机构作用，推进工程质量安全监管规范化、标准化、信息化建设，研究创建全国统一的建筑施工安全生产信息化监管平台，提升监管效能。创新工程质量安全监管方式，鼓励采取政府购买服务的方式，缓解监管力量不足的问题。完善随机抽查、差别化监管以及质量安全事故查处机制，加大对违法违规企业和人员的查处力度。夯实城乡抗震防灾基础，强化实施超限高层建筑抗震设防审查和市政公用设施抗灾设防论证制度，积极推动减隔震等先进适用抗震技术的应用，建立健全城乡建设抗震防灾技术标准体系，不断完善住房城乡建设系统应急预案体系。结合旧城改造、老旧小区整治，推动开展全国城镇既有房屋抗震能力调查。

（二）优化建筑业组织结构

强化我国核电、高铁、超高层建筑等领域的工程建设优势，大力推行工程总承包，促进设计、采购、施工等各阶段的深度融合，提高工程建设效率和水平。深化建筑业改革，培育一批有较强国际竞争力的大型建筑业企业，打造“专、精、特、新”的专业企业，大力发展中小微专业作业企业。改革工程招标投标制度，探索放开非国有投资项目招投标限制，重点加强对政府投资工程的监管。强化企业的技术创新主体作用，加强建筑领域基础研究、前沿技术和重大关键共性技术研究，完善技术创新激励机制。在白图替代蓝图、数字化审图等领域取得突破，推进设计成果数字化交付使用。全面推进建筑信息模型等信息化技术在建筑全生命周期内的集成应用。优化建筑业装备结构，促进我国建筑业装备绿色化、智能化发展。

（三）提升工程勘察设计咨询服务业发展质量

发挥勘察设计在工程建设中的先导和灵魂作用，完善与国际接轨的注册建筑师制度，拓展建筑师执业范围，进一步明确建筑师的权利和责任，调整建立与之相适应的项目管理机制。强化工程监理制度，科学合理界定强制监理范围，以市场化和国际化为导向，引导工程监理服务主体和服务模式多元化，鼓励龙头企业通过兼并重组等方式做大做强，推动中小企业提高技术服务水平。进一步发挥工程监理在保障工程质量中的作用，大力提高监理单位现场服务的标准化、信息化、规范化水平，扎实做好施工阶段监理。鼓励引导工程勘察设计咨询企业发挥技术优势，开展项目前期咨询、工程设计、施工招标咨询、施工指导监督、工程竣工验收、项目运营管理等覆盖建筑工程全生命周期的一体化服务。鼓励促进大型企业向具有工程项目咨询、工程总承包、项目管理和融资能力的工程公司或工程设计咨询公司发展。

（四）加强建筑市场监管

建立统一开放的建筑市场，消除市场壁垒，打破各种形式的地方保护，营造权力公开、机会均等、规则透明的建筑市场环境。完善监管法规，构建以企业资质、个人执业资格、信用与工程担保相结合的市场准入和市场监管方式，大力推行工程担保、保险等，有效化解工程风险。深入推进建设工程企业资质行政审批制度改革，修订完善企业资质标准，科学设置考核指标，减少资质数量。改进资质审批方式，推进电子化申报和审批系统建设。规范资质审批行为，构筑科学监管平台，加强证后监管。加快建筑市场诚信体系建设，推进监管信息化，加大对项目建设五方责任主体违法违规行为的处罚力度。

（五）积极推进工程建设标准化改革工作

加快制定全文强制性标准，逐步用全文强制性标准取代现行标准中分散的强制性条文。完善推荐性标准，优化现行标准数量和规模，逐步向政府职责范围内的公益类标准过渡。培育发展团体标准，鼓励社会团体编制以促进强制性标准有效实施为目标的技术导则、指南、图集等标准衍生物。全面提升标准化水平，促进标准与科研互动，加强标准重要技术和指标研究，缩短标准复审周期，加快标准修订节奏，适度提高标准对安全、质量、性能、健康、节能等强制性指标的要求。建立完善工程建设标准实施监督工作机制，强化工程建设强制性标准实施情况的监督检查，研究建立标准实施效果评价指标体系、标准实施信息反馈和评估机制以及工程建设强制性标准实施情况统计分析制度。研究推动施工现场标准员岗位设置工作。

（六）健全市场决定工程造价机制

加快完善工程造价法规制度，全面梳理现有工程造价管理制度和计价依据，逐步统一各行业、各地区的工程计价规则，以工程量清单为核心，构建科学合理的工程计价依据体系。统一工程定额编制规则，提高工程定额编制的科学性，建立动态调整机制，及时准确反映工程造价构成要素的市场变化。建立全寿命周期的成本控制制度，加快编制建筑产业现代化、建筑节能与绿色建筑等方面的工程定额。构建多元化的工程造价信息服务方式，明确政府提供的工程造价信息服务清单，鼓励社会力量开展工程造价信息服务。建立国家工程造价数据库，开展工程造价数据积累。建立工程造价与招投标、合同管理相协调的管理制度，严格实施工程造价全过程管理。完善建设工程价款结算办法，转变结算方式，推行过程结算，简化竣工结算。推行工程全过程造价咨询服务，更加注重工程项目前期和设计阶段的造价确定。

十六、切实提高依法行政能力和水平

（一）加强重点领域立法

围绕加强城市规划建设管理，保障和改善民生，加强工程质量安全管理，规范建筑、房地产市场秩序，加强城市市政基础设施建设，改善农村人居环境等重点工作部署，分别在城乡规划、城市建设、城市管理、住房公积金管理、工程建设、建筑市场管理、房地产市场管理、农村规划建设管理等行业和领域，制定和完善相关法律、行政法规和部门规章，填补法规空白，完善住房城乡建设法规体系。根据推进简政放权放管结合优化服务改革要求，研究修改相关法律法规。

（二）强化执法监督

加大住房城乡建设执法力度，进一步健全住房城乡建设行政裁量权基准制度，规范执法行为，落实行政执法责任制，完善执法程序，严格执法责任。加强专项执法检查，推广随机抽查，建立健全“双随机”抽查机制，规范监管行为，提高监管效能。加强住房城乡建设稽查执法工作，健全部、省、市三级稽查执法工作体系，提高工作制度化、规范化、信息化水平，加大重点领域稽查执法力度，严肃查处违法违规案件，加大典型案例曝光力度。

（三）完善行政复议应诉工作机制

建立健全行政复议体制机制，规范行政复议申请和受理、案件审查、行政复议决定及监督等程序和制度。发挥行政复议的层级监督作用，坚决纠正下级住房城乡建设主管部门的违法违规行为，依法化解行政争议，进一步完善行政复议意见书和行政复议建议书制度。探索推进行政复议案件办理自动化、信息化，不断提高行政复议办案效率。加强行政应诉工作能力和队伍建设，完善机关工作人员出庭应诉制度，积极支持人民法院受理和审理行政案件，依法履行生效判决和裁定。加强对地方住房城乡建设主管部门的指导，加大培训力度，提高全系统行政复议和行政应诉工作水平。

（四）深入开展法治宣传教育

推动各级住房城乡建设部门干部特别是领导干部，带头深入学习宣传宪法和法律法规，加强对干部任职前法律知识的考察、学法守法用法情况的督促检查和年度评估考核。健全法律顾问制度，完善规范性文件、行政处罚等合法性审查机制。抓好行政执法工作人员普法，坚决依法履职，提高执法规范化水平。落实“谁执法谁普法”和以案释法制度，在执法中加强普法。结合住房城乡建设中心工作和行业实际，健全社会普法教育机制，大力推进“法律六进”活动。创新普法形式和方法，强化监督指导。

十七、保障规划实施

（一）切实加强党的领导

充分发挥党建工作在围绕中心、服务大局、推动“十三五”规划实施中的统领作用，坚持党建工作和中心工作一起谋划、一起部署、一起落实，实现“两不误、两促进”。按照全面从严治党的要求，不断强化党建工作责任，切实加强和改进干部队伍思想和作风建设，进一步调动广大干部职工干事创业的积极性、主动性和创造性，始终保持和发扬蓬勃朝气、昂扬锐气和浩然正气。大力培育践行社会主义核心价值观，持续开展群众性精神文明创建活动，充分发挥先进典型的示范引路作用，深入开展比学赶超活动，着力营造知荣辱、讲正气、做奉献、促和谐的浓厚氛围。大力加强党风廉政建设，严明党的政治纪律和政治规矩，严格执行中央八项规定，坚决反对和纠正“四风”问题，持续抓好“两个责任”落实，不断强化监督执纪，努力为住房城乡建设事业“十三五”规划的顺利实施营造风清气正的政治生态环境。

（二）加强人才队伍建设

配合中央组织部，定期组织地方党政领导干部城乡规划建设管理专题培训，提高统筹城乡科学发展的能力和水平。以城乡规划、城市管理、住房保障、城市市政基础设施建设、村镇建设、建筑节能、市场监管等为重点，加强住房城乡建设系统各级领导干部培训，加快培养一批专家型的城乡规划建设管理干部。进一步优化行业人才发展环境，深化人才体制机制改革，引导企业加强经营管理人才队伍建设。完善职业资格、专业技术职称、继续教育等人才评价、激励制度，加强专业技术人才队伍建设。探索建立国家层面的杰出建筑规划设计人才荣誉称号和表彰制度。建立健全相关职业标准体系，大力实施建筑工程、市政工程及相关领域现场专业管理人员岗位培训，加强技能人才培训和技能鉴定，加快构建适应行业要求的产业工人培养培训体系，稳定骨干工人队伍，提升工人素质和技能水平，保障农民工合法权益。引导行业企业加强与高等学校、职业院校合作，支持行业后备人才培养。发挥相关专家机构的智库作用，为行业人才培养培训提供智力支持。

（三）强化政策配套和组织协调

切实推进简政放权放管结合优化服务改革，继续深化行政审批制度改革，激发市场主体的活力和创造力，规范审批行为，提高审批效率，加强市场监管，创造公平竞争的市场环境。加强对涉及住房城乡建设领域改革发展全局的产业政策、行业管理政策、民生政策的研究和储备，相机施策、精准发力。围绕优化城乡规划、加强城市设计和建筑设计、改善城市建设和城市管理、发展绿色城镇和绿色建筑、推动建筑企业“走出去”等领域，加强住房城乡建设领域国际交流与合作。健全本规划与国家“十三五”规划《纲要》、国家级专项规划、相关部门和行业专项规划的衔接机制，推动国家层面的重大项目、重大政策尽快落地实施，尽早见效。建立完善与相关部门的协作机制，及时沟通信息，加强政策制定和实施的协调配合，推动各方面的政策措施和改革举措形成合力、落到实处。加强对各省（区、市）住房城乡建设主管部门实施规划的指导，协力完成本规划确立的各项目标和任务。

（四）加强监测评估和督办落实

加强住房城乡建设行业统计工作，健全统计调查制度方法，强化行政记录、“互联网＋”和大数据在统计中的运用。进一步夯实统计工作基础，不断完善适应经济发展新常态和住房城乡建设事业发展的现代统计指标体系和评价体系，强化对住房城乡建设重点行业和领域的跟踪监测和分析评估，推进行业统计工作与业务管理的深度融合。建立健全规划实施工作责任制，将本规划确定的重点目标任务分解落实，明确责任主体、实施进度要求。加强工作督办，每年对规划主要指标完成情况开展评估，在规划实施中期阶段，对规划实施情况开展全面评估，以适当形式向社会公布，自觉接受各方监督。

住房和城乡建设部关于印发建筑节能与绿色建筑发展“十三五”规划的通知

（建科〔2017〕53号）

各省、自治区住房城乡建设厅，直辖市建委，新疆生产建设兵团建设局：

根据《国民经济和社会发展第十三个五年规划纲要》和《住房城乡建设事业“十三五”规划纲要》，我部组织编制了《建筑节能与绿色建筑发展“十三五”规划》，现印发给你们。请结合本地实际，认真贯彻落实。

中华人民共和国住房和城乡建设部

2017年3月1日

建筑节能与绿色建筑发展“十三五”规划

推进建筑节能和绿色建筑发展，是落实国家能源生产和消费革命战略的客观要求，是加快生态文明建设、走新型城镇化道路的重要体现，是推进节能减排和应对气候变化的有效手段，是创新驱动增强经济发展新动能的着力点，是全面建成小康社会，增加人民群众获得感的重要内容，对于建设节能低碳、绿色生态、集约高效的建筑用能体系，推动住房城乡建设领域供给侧结构性改革，实现绿色发展具有重要的现实意义和深远的战略意义。本规划根据《国民经济和社会发展第十三个五年规划纲要》《住房城乡建设事业“十三五”规划纲要》制定，是指导“十三五”时期我国建筑节能与绿色建筑事业发展的全局性、综合性规划。

一、规划编制背景

（一）工作基础

“十二五”时期，我国建筑节能和绿色建筑事业取得重大进展，建筑节能标准不断提高，绿色建筑呈现跨越式发展态势，既有居住建筑节能改造在严寒及寒冷地区全面展开，公共建筑节能监管力度进一步加强，节能改造在重点城市及学校、医院等领域稳步推进，可再生能源建筑应用规模进一步扩大，圆满完成了国务院确定的各项工作目标和任务。

建筑节能标准稳步提高。全国城镇新建民用建筑节能设计标准全部修订完成并颁布实施，节能性能进一步提高。城镇新建建筑执行节能强制性标准比例基本达到100%，累计增加节能建筑面积70亿平方米，节能建筑占城镇民用建筑面积比重超过40%。北京、天津、河北、山东、新疆等地开始在城镇新建居住建筑中实施节能75%强制性标准。

绿色建筑实现跨越式发展。全国省会以上城市保障性安居工程、政府投资公益性建筑、大型公共建筑开始全面执行绿色建筑标准，北京、天津、上海、重庆、江苏、浙江、山东、深圳等地开始在城镇新建建筑中全面执行绿色建筑标，推广绿色建筑面积超过10亿平方米。截至2015年年底，全国累计有4071个项目获得绿色建筑评价标识，建筑面积超过4.7亿平方米。

既有居住建筑节能改造全面推进。截至2015年年底，北方采暖地区共计完成既有居住建筑供热计量及节能改造面积9.9亿平方米，是国务院下达任务目标的1.4倍，节能改造惠及超过1500万户居民，老旧住宅舒适度明显改善，年可节约650万吨标准煤。夏热冬冷地区完成既有居住建筑节能改造面积7090万平方米，是国务院下达任务目标的1.42倍。

公共建筑节能力度不断加强。“十二五”时期，在33个省区市（含计划单列市）开展能耗动态监测平台建设，对9000余栋建筑进行能耗动态监测，在233个高等院校、44个医院和19个科研院所开展建筑节能监管体系建设及节能改造试点，确定公共建筑节能改造重点城市11个，实施改造面积4864万平方米，带动全国实施改造面积1.1亿平方米。

可再生能源建筑应用规模持续扩大。“十二五”时期共确定46个可再生能源建筑应用示范市、100个示范县和8个太阳能综合利用省级示范，实施398个太阳能光电建筑应用示范项目，装机容量683兆瓦。截至2015年年底，全国城镇太阳能光热应用面积超过30亿平方米，浅层地能应用面积超过5亿平方米，可再生能源替代民用建筑常规能源消耗比重超过4%。

农村建筑节能实现突破。截至2015年年底，严寒及寒冷地区结合农村危房改造，对117.6万户农房实施节能改造。在青海、新疆等地区农村开展被动式太阳能房建设示范。

支撑保障能力持续增强。全国有15个省级行政区域出台地方建筑节能条例，江苏、浙江率先出台绿色建筑发展条例。组织实施绿色建筑规划设计关键技术体系研究与集成示范等国家科技支撑计划重点研发项目，在部科技计划项目中安排技术研发项目及示范工程项目上百个，科技创新能力不断提高。组织实施中美超低能耗建筑技术合作研究与示范、中欧生态城市合作项目等国际科技合作项目，引进消化吸收国际先进理念和技术，促进我国相关领域取得长足发展。

专栏1 “十二五”时期建筑节能和绿色建筑主要发展指标

指标	2010年基数	规划目标		实现情况	
		2015年	年均增速（累计）	2015年	年均增速（累计）
城镇新建筑节能标准执行率（%）	95.4	100	[4.6]	100	[4.6]
严寒、寒冷地区城镇居民建筑节能改造面积（亿平方米）	1.8	8.8	[7]	11.7	[9.9]
夏热冬冷地区城镇居住建筑节能改造面积（亿平方米）	—	0.5	[0.5]	0.7	[0.7]
公共建筑节能改造面积（亿平方米）	—	0.6	[0.6]	1.1	[1.1]
获得绿色建筑评价标识项目数量（个）	112	—	—	4071	[3959]

续

指标	2010 年基数	规划目标		实现情况	
		2015 年	年均增速（累计）	2015 年	年均增速（累计）
城镇浅层地能应用面积（亿平方米）	2.3	—	—	5	[2.7]
城镇太阳能光热应用面积（亿平方米）	14.8	—	—	30	[15.2]

注：①加黑的指标为节能减排综合性方案、国家新型城镇化发展规划（2014—2020 年）、中央城市工作会议提出的指标。
②[] 内为 5 年累计值。

同时，我国建筑节能与绿色建筑发展还面临不少困难和问题，主要是：建筑节能标准要求与同等气候条件发达国家相比仍然偏低，标准执行质量参差不齐；城镇既有建筑中仍有约 60% 的不节能建筑，能源利用效率低，居住舒适度较差；绿色建筑总量规模偏少，发展不平衡，部分绿色建筑项目实际运行效果达不到预期；可再生能源在建筑领域应用形式单一，与建筑一体化程度不高；农村地区建筑节能刚刚起步，推进步伐缓慢；绿色节能建筑材料质量不高，对工程的支撑保障能力不强；主要依靠行政力量约束及财政资金投入推动，市场配置资源的机制尚不完善。

（二）发展形势

“十三五”时期是我国全面建成小康社会的决胜阶段，经济结构转型升级进程加快，人民群众改善居住生活条件需求强烈，住房城乡建设领域能源资源利用模式亟待转型升级，推进建筑节能与绿色建筑发展面临大有可为的机遇期，潜力巨大，同时困难和挑战也比较突出。

从发展机遇看，党中央、国务院提出的推进能源生产与消费革命、走新型城镇化道路、全面建设生态文明、把绿色展理念贯穿城乡规划建设管理全过程等发展战略，为建筑节能与绿色建筑发展指明了方向；广大人民群众节能环保意识日益增强，对建筑居住品质及舒适度、建筑能源利用效率及绿色消费等密切关注，为建筑节能与绿色建筑发展奠定坚实群众基础。

从发展潜力看，在建筑总量持续增加以及人民群众改善居住舒适度需求、用能需求不断增长的情况下，通过提高建筑节能标准，实施既有居住建筑节能改造，加大公共建筑节能监管力度，积极推广可再生能源，使建筑能源利用效率进一步提升，能源消费结构进一步优化，可以有效遏制建筑能耗的增长趋势，实现北方地区城镇民用建筑采暖能耗强度、公共建筑能耗强度稳步下降，预计到“十三五”期末，可实现约 1 亿吨标准煤的节能能力，将对完成全社会节能目标做出重要贡献。

从发展挑战看，我国城镇化进程处于窗口期，建筑总量仍将持续增长；经济发展处于转型期，主要依托建筑提供服务场所的第三产业将快速发展；人民群众生活水平处于提升期，对居住舒适度及环境健康性能的要求不断提高，大量新型用能设备进入家庭，对做好建筑节能与绿色建筑发展工作提出了更高要求。

二、总体要求

（一）指导思想

全面贯彻党的十八大和十八届三中、四中、五中、六中全会精神，深入学习贯彻习近平总书记系列重要讲话精神，牢固树立创新、协调、绿色、开放、共享发展理念，紧紧抓住国家推进新型城镇化、生态文明建设、能源生产和消费革命的重要战略机遇期，以增强人民群众获得感为工作出发点，以提高建筑节能标准促进绿色建筑全面发展为工作主线，落实“适用、经济、绿色、美观”建筑方针，完善法规、政策、标准、技术、市场、产业支撑体系，全面提升建筑能源利用效率，优化建筑用能结构，改善建筑居住环境品质，为住房城乡建设领域绿色发展提供支撑。

（二）基本原则

坚持全面推进。从城镇扩展到农村，从单体建筑扩展到城市街区（社区）等区域单元，从规划、设计、建造扩展到运行管理，从节能绿色建筑扩展到装配式建筑、绿色建材，把节能及绿色发展理念延伸至建筑全领域、全过程及全产业链。

坚持统筹协调。与国家能源生产与消费革命、生态文明建设、新型城镇化、应对气候变化、大气污染防治等战略目标相协调、相衔接，统筹建筑节能、绿色建筑、可再生能源应用、装配式建筑、绿色建材推广、建筑文化发展、城市风貌塑造等工作要求，把握机遇，主动作为，凝聚政策合力，提高发展效率。

坚持突出重点。针对建筑节能与绿色建筑发展薄弱环节和滞后领域，采取有力措施持续推进，务求在建筑整体及门窗等关键部位节能标准提升、高性能绿色建筑发展、既有建筑节能及舒适度改善、可再生能源建筑应用等重点领域实现突破。

坚持以人为本。促进人民群众从被动到积极主动参与的角色转变，以能源资源应用效率的持续提升，满足人民群众对建筑舒适性、健康性不断提高的要求，使广大人民群众切实体验到发展成果，逐步形成全民共建的建筑节能与绿色建筑发展的良性社会环境。

坚持创新驱动。加强科技创新，推动建筑节能与绿色建筑技术及产品从被动跟随到自主创新。加强标准创新，强化标准体系研究，充分发挥新形势下各类标准的综合约束与引导作用。加强政策创新，进一步发挥好政府的行政约束与引导作用。加强市场体制创新，充分调动市场主体积极性、自主性，鼓励创新市场化推进模式，全面激发市场活力。

（三）主要目标

“十三五”时期，建筑节能与绿色建筑发展的总体目标是：建筑节能标准加快提升，城镇新建建筑中绿色建筑推广比例大幅提高，既有建筑节能改造有序推进，可再生能源建筑应用规模逐步扩大，农村建筑节能实现新突破，使我国建筑总体能耗强度持续下降，建筑能源消费结构逐步改善，建筑领域绿色发展水平明显提高。

具体目标是：到 2020 年，城镇新建建筑能效水平比 2015 年提升 20%，部分地区及建筑门窗等关键部位建筑节能标准达到或接近国际现阶段先进水平。城镇新建建筑中绿色建筑面积比重超过 50%，绿色建材应用比重超过 40%。完成既有居住建筑节能改造面积 5 亿平方米以上，公共建筑节能改造 1 亿平方米，全国城镇既有居住建筑中节能建筑所占比例超过 60%。城镇可再生能源替代民用建筑常规能源消耗比重超过 6%。经济发达地区及重点发展区域农村建筑节能取得突破，采用节能措施比例超过 10%。

专栏 2 “十三五”时期建筑节能和绿色建筑主要发展指标

指标	2015	2020	年均增速［累计］	性质
城镇新建建筑能效提升（%）	—	—	[20]	约束性

续

指标	2015	2020	年均增速［累计］	性质
城镇绿色建筑占新建建筑比重（%）	20	50	[30]	约束性
城镇新建建筑中绿色建材应用比例（%）	—	—	[40]	预期性
实施既有居住建筑节能改造（亿平方米）	—	—	[5]	约束性
公共建筑节能改造面积（亿平方米）	—	—	[1]	约束性
北方城镇居住建筑单位面积平均采暖能耗强度下降比例（%）	—	—	[-15]	预期性
城镇既有公共建筑能耗强度下降比例（%）	—	—	[-5]	预期性
城镇建筑中可再生能源替代率（%）	4	6 ▲	[2]	预期性
城镇既有居住建筑中节能建筑所占比例（%）	40	60 ▲	[20]	预期值
经济发达地区及重点发展区域农村居住建筑采用节能措施比例（%）	—	10 ▲	[10]	预期值

注：①加黑的指标为国务院节能减排综合性方案、国家新型城镇化发展规划（2014-2020 年）、中央城市工作会议提出的指标。
②加注▲号的为预测值。
③[] 内为 5 年累计值。

三、主要任务

（一）加快提高建筑节能标准及执行质量

加快提高建筑节能标准。修订城镇新建建筑相关节能设计标准。推动严寒及寒冷地区城镇新建居住建筑加快实施更高水平节能强制性标准，提高建筑门窗等关键部位节能性能要求，引导京津冀、长三角、珠三角等重点区域城市率先实施高于国家标准要求的地方标准，在不同气候区树立引领标杆。积极开展超低能耗建筑、近零能耗建筑建设示范，提炼规划、设计、施工、运行维护等环节共性关键技术，引领节能标准提升进程，在具备条件的园区、街区推动超低能耗建筑集中连片建设。鼓励开展零能耗建筑建设试点。

严格控制建筑节能标准执行质量。进一步发挥工程建设中建筑节能管理体系作用，完善新建建筑在规划、设计、施工、竣工验收等环节的节能监管，强化工程各方主体建筑节能质量责任，确保节能标准执行到位。探索建立企业为主体、金融保险机构参与的建筑节能工程施工质量保险制度。对超高超限公共建筑项目，实行节能专项论证制度。加强建筑节能材料、部品、产品的质量管理。

专栏 3　新建建筑建筑节能标准提升重点工程

重点城市节能标准领跑计划。严寒及寒冷地区，引导有条件地区及城市率先提高新建居住建筑节能地方标准要求，节能标准接近或达到现阶段国际先进水平。夏热冬冷及夏热冬暖地区，引导上海、深圳等重点城市和省会城市率先实施更高要求的节能标准
标杆项目（区域）标准领跑计划。在全国不同气候区积极开展超低能耗建筑建设示范。结气候条件和资源禀赋情况，探索实现超低能耗建筑的不同技术路径。总结形成符合我国国情的超低能耗建筑设计、施工及材料、产品支撑体系。开展超低能耗小区（园区）、近零能耗建筑范工程试点，到 2020 年，建设超低能耗、近零能耗建筑示范项目 1000 万平方米以上

（二）全面推动绿色建筑发展量质齐升

实施建筑全领域绿色倍增行动。进一步加大城镇新建建筑中绿色建筑标准强制执行力度，逐步实现东部地区省级行政区域城镇新建建筑全面执行绿色建筑标准，中部地区省会城市及重点城市、西部地区省会城市新建建筑强制执行绿色建筑标准。继续推动政府投资保障性住房、公益性建筑以及大型公共建筑等重点建筑全面执行绿色建筑标准。积极推进绿色建筑评价标识。推动有条件的城市新区、功能园区开展绿色生态城区（街区、住区）建设示范，实现绿色建筑集中连片推广。

实施绿色建筑全过程质量提升行动。逐步将民用建筑执行绿色建筑标准纳入工程建设管理程序。加强和改进城市控制性详细规划编制工作，完善绿色建筑发展要求，引导各开发地块落实绿色控制指标，建筑工程按绿色建筑标准进行规划设计。完善和提高绿色建筑标准，完善绿色建筑施工图审查技术要点，制定绿色建筑施工质量验收规范。有条件地区适当提高政府投资公益性建筑、大型公共建筑、绿色生态城区及重点功能区内新建建筑中高性能绿色建筑建设比例。加强绿色建筑运营管理，确保各项绿色建筑技术措施发挥实际效果，激发绿色建筑的需求。加强绿色建筑评价标识项目质量事中事后监管。

实施建筑全产业链绿色供给行动。倡导绿色建筑精细化设计，提高绿色建筑设计水平，促进绿色建筑新技术、新产品应用。完善绿色建材评价体系建设，有步骤、有计划推进绿色建材评价标识工作。建立绿色建材产品质量追溯系统，动态发布绿色建材产品目录，营造良好市场环境。开展绿色建材产业化示范，在政府投资建设的项目中优先使用绿色建材。大力发展装配式建筑，加快建设装配式建筑生产基地，培育设计、生产、施工一体化龙头企业；完善装配式建筑相关政策、标准及技术体系。积极发展钢结构、现代木结构等建筑结构体系。积极引导绿色施工。推广绿色物业管理模式。以建筑垃圾处理和再利用为重点，加强再生建材生产技术、工艺和装备的研发及推广应用，提高建筑垃圾资源化利用比例。

专栏 4　绿色建筑发展重点工程

专栏 4　绿色建筑发展重点工程
绿色建筑倍增计划。推动重点地区、重点城市及重点建筑类型全面执行绿色建筑标准，积极引导绿色建筑评价标识项目建设，力争使绿色建筑发展规模实现倍增，到 2020 年，全国城镇绿色建筑占新建建筑比例超过 50%，新增绿色建筑面积 20 亿平方米以上
绿色建筑质量提升行动。强化绿色建筑工程质量管理，逐步强化绿色建筑相关标准在设计、施工图审查、施工、竣工验收等环节的约束作用。加强对绿色建筑标识项目建设跟踪管理，加强对高星级绿色建筑和绿色建筑运行标识的引导，获得绿色建筑评价标识项目中，二星级及以上等级项目比例超过 80%，获得运行标识项目比例超过 30%
绿色建筑全产业链发展计划。到 2020 年，城镇新建建筑中绿色建材应用比例超过 40%；城镇装配式建筑占新建建筑比例超过 15%

（三）稳步提升既有建筑节能水平

持续推进既有居住建筑节能改造。严寒及寒冷地区省市应结合北方地区清洁取暖要求，继续推进既有居住建筑节能改造、供热管网智能调控改造。完善适合夏热冬冷和夏热冬暖地区既有居住建筑节能改造的技术路线，并积极开展试验。积极探索以老旧小区建筑节能改造为重点，多层建筑加装电梯等适老设施改造、环境综合整治等同步实施的综合改造模式。研究推广城市社区规划，制定老旧小区节能宜居综合改造技术导则。创新改造投融资机制，研究探索建筑加层、扩展面积、委托物业服务及公共设施租赁等吸引社会资本投入改造的利益分配机制。

不断强化公共建筑节能管理。深入推进公共建筑能耗统计、能源审计工作，建立健全能耗信息公示机制。加强公共建筑能耗动态监测平台建设管理，逐步加大城市级平台建设力度。强化监测数据的分析与应用，发挥数据对用能限额标准制定、电力需求侧管理等方面的支撑作用。引导各地制定公共建筑用能限额标准，并实施基于限额的重点用能建筑管理及用能价格差别化政策。开展公共建筑节能重点城市建设，推广合同能源管理、政府和社会资本合作模式（PPP）等市场化改造模式。推动建立公共建筑运行调适制度。会同有关部门持续推动节约型学校、医院、科研院所建设，积极开展绿色校园、绿色医院评价及建设试点。鼓励有条件地区开展学校、医院节能及绿色化改造试点。

专栏 5　既有建筑节能重点工程

既有居住建筑节能改造。在严寒及寒冷地区，落实北方清洁取暖要求，持续推进既有居住建筑节能改造。在夏热冬冷及夏热冬暖地区开展既有居住建筑节能改造示范，积极探索适合气候条件、居民生活习惯的改造技术路线。实施既有居住建筑节能改造面积 5 亿平方米以上，2020 年前基本完成北方采暖地区有改造价值城镇居住建筑的节能改造
老旧小区节能宜居综合改造试点。从尊重居民改造意愿和需求出发，开展以围护结构、供热系统等节能改造为重点，多层老旧住宅加装电梯等适老化改造，给水、排水、电力和燃气等基础设施和建筑使用功能提升改造，绿化、甬路、停车设施等环境综合整治等为补充的节能宜居综合改造试点
公共建筑能效提升行动。开展公共建筑节能改造重点城市建设，引导能源服务公司等市场主体寻找有改造潜力和改造意愿建筑业主，采取合同能源管理、能源托管等方式投资公共建筑节能改造，实现运行管理专业化、节能改造市场化、能效提升最大化，带动全国完成公共建筑节能改造面积 1 亿平方米以上
节约型学校（医院）。建设节约型学校（医院）300 个以上，推动智慧能源体系建设试点 100 个以上，实施单位水耗、电耗强度分别下降 10% 以上。组织实施绿色校园、医院建设示范 100 个以上。完成中小学、社区医院节能及绿色化改造试点 50 万平方米

（四）深入推进可再生能源建筑应用

扩大可再生能源建筑应用规模。引导各地做好可再生能源资源条件勘察和建筑利用条件调查，编制可再生能源建筑应用规划。研究建立新建建筑工程可再生能源应用专项论证制度。加大太阳能光热系统在城市中低层住宅及酒店、学校等有稳定热水需求的公共建筑中的推广力度。实施可再生能源清洁供暖工程，利用太阳能、空气热能、地热能等解决建筑供暖需求。在末端用能负荷满足要求的情况下，因地制宜建设区域可再生能源站。鼓励在具备条件的建筑工程中应用太阳能光伏系统。做好“余热暖民”工程。积极拓展可再生能源在建筑领域的应用形式，推广高效空气源热泵技术及产品。在城市燃气未覆盖和污水厂周边地区，推广采用污水厂污泥制备沼气技术。

提升可再生能源建筑应用质量。做好可再生能源建筑应用示范实践总结及后评估，对典型示范案例实施运行效果评价，总结项目实施经验，指导可再生能源建筑应用实践。强化可再生能源建筑应用运行管理，积极利用特许经营、能源托管等市场化模式，对项目实施专业化运行，确保项目稳定、高效。加强可再生能源建筑应用关键设备、产品质量管理。加强基础能力建设，建立健全可再生能源建筑应用标准体系，加快设计、施工、运行和维护阶段的技术标准制定和修订，加大从业人员的培训力度。

专栏 6　可再生能源建筑应用重点工程

太阳能光热建筑应用。结合太阳能资源禀赋情况，在学校、医院、幼儿园、养老院以及其他有公共热水需求的场所和条件适宜的居住建筑中，加快推广太阳能热水系统。积极探索太阳能光热采暖应用。全国城镇新增太阳能光热建筑应用面积 20 亿平方米以上
太阳能光伏建筑应用。在建筑屋面和条件适宜的建筑外墙，建设太阳能光伏设施，鼓励小区级、街区级统筹布置，“共同产出、共同使用”。鼓励专业建设和运营公司，投资和运行太阳能光伏建筑系统，提高运行管理，建立共赢模式，确保装置长期有效运行。全国城镇新增太阳能光电建筑应用装机容量 1000 万千瓦以上
浅层地热能建筑应用。因地制宜推广使用各类热泵系统，满足建筑采暖制冷及生活热水需求。提高浅层地能设计和运营水平，充分考虑应用资源条件和浅层地能应用的冬夏平衡，合理匹配机组。鼓励以能源托管或合同能源管理等方式管理运营能源站，提高运行效率。全国城镇新增浅层地热能建筑应用面积 2 亿平方米以上
空气热能建筑应用。在条件适宜地区积极推广空气热能建筑应用。建立空气源热泵系统评价机制，引导空气源热泵企业加强研发，解决设备产品噪音、结霜除霜、低温运行低效等问题

（五）积极推进农村建筑节能

积极引导节能绿色农房建设。鼓励农村新建、改建和扩建的居住建筑按《农村居住建筑节能设计标准》（GB/T50824）、《绿色农房建设导则（试行）》等进行设计和建造。鼓励政府投资的农村公共建筑、各类示范村镇农房建设项目率先执行节能及绿色建设标准、导则。紧密结合农村实际，总结出符合地域及气候特点、经济发展水平、保持传统文化特色的乡土绿色节能技术，编制技术导则、设计图集及工法等，积极开展试点示范。在有条件的农村地区推广轻型钢结构、现代木结构、现代夯土结构等新型房屋。结合农村危房改造稳步推进农房节能改造。加强农村建筑工匠技能培训，提高农房节能设计和建造能力。

积极推进农村建筑用能结构调整。积极研究适应农村资源条件、建筑特点的用能体系，引导农村建筑用能清洁化、无煤化进程。积极采用太阳能、生物质能、空气热能等可再生能源解决农房采暖、炊事、生活热水等用能需求。在经济发达地区、大气污染防治任务较重地区农村，结合“煤改电”工作，大力推广可再生能源采暖。

四、重点举措

（一）健全法律法规体系

结合建筑法、节约能源法修订，将实践证明切实有效的制度、措施上升为法律制度。加强立法前瞻性研究，评估《民用建筑节能条例》实施效果，适时启动条例修订工作，推动绿色建筑发展相关立法工作。引导地方根据本地实际，出台建筑节能及绿色建筑地方法规。不断完善覆盖建筑工程全过程的建筑节能与绿色建筑配套制度，落实法律法规确定的各项规定和要求。强化依法行政，提高违法违规行为的惩戒力度。

（二）加强标准体系建设

根据建筑节能与绿色建筑发展需求，适时制修订相关设计、施工、验收、检测、评价、改造等工程建设标准。积极适应工程建设标准化改革要求，编制好建筑节能全文强制标准，优化完善推荐性标准，鼓励各地编制更严格的地方节能标准，积极培育发展团体标准，引导企业制定更高要求的企业标准，增加标准供给，形成新时期建筑节能与绿色建筑标准体系。加强标准国际合作，积极与国际先进标准对标，并加快转化为适合我国国情的国内标准。

专栏 7　建筑节能与绿色建筑部分标准编制计划

建筑节能与绿色建筑部分标准编制计划
建筑节能标准。研究编制建筑节能与可再生能源利用全文强制性技术规范；逐步修订现行建筑节能设计、节能改造系列标准；制（修）订《建筑节能工程施工质量验收规范》《温和地区居住建筑节能设计标准》《近零能耗建筑技术标准》
绿色建筑标准。逐步修订现行绿色建筑评价系列标准；制（修）订《绿色校园评价标准》《绿色生态城区评价标准》《绿色建筑运行维护技术规范》《既有社区绿色化改造技术规程》《民用建筑绿色性能计算规程》
可再生能源及分布式能源建筑应用标准。逐步修订现行太阳能、地源热泵系统工程相关技术规范；制（修）订《民用建筑太阳能热水系统应用技术规范》《太阳能供热采暖工程技术规范》《民用建筑太阳能光伏系统应用技术规范》

（三）提高科技创新水平

认真落实国家中长期科学和技术发展规划纲要，依托“绿色建筑与建筑工业化”等重点专项，集中攻关一批建筑节能与绿色建筑关键技术产品，重点在超低能耗、近零能耗和分布式能源领域取得突破。积极推进建筑节能和绿色建筑重点实验室、工程技术中心建设。引导建筑节能与绿色建筑领域的“大众创业、万众创新”，实施建筑节能与绿色建筑技术引领工程。健全建筑节能和绿色建筑重点节能技术推广制度，发布技术公告，组织实施科技示范工程，加快成熟技术和集成技术的工程化推广应用。加强国际合作，积极引进、消化、吸收国际先进理念、技术和管理经验，增强自主创新能力。

专栏 8　建筑节能与绿色建筑技术方向

建筑节能与绿色建筑技术方向
建筑节能与绿色建筑重点技术方向。超低能耗及近零能耗建筑技术体系及关键技术研究；既有建筑综合性能检测、诊断与评价，既有建筑节能宜居及绿色化改造、调适、运行维护等综合技术体系研究；绿色建筑精细化设计、绿色施工与装备、调适、运营优化、建筑室内健康环境控制与保障、绿色建筑后评估等关键技术研究；城市、城区、社区、住区、街区等区域节能绿色发展技术路线、绿色生态城区（街区）规划、设计理论方法与优化、城区（街区）功能提升与绿色化改造、可再生能源建筑应用、分布式能源高效应用、区域能源供需耦合等关键技术研究、太阳能光伏直驱空调技术研究；农村建筑、传统民居绿色建筑建设及改造、被动式节能应用技术体系、农村建筑能源综合利用模式、可再生能源利用方式等适宜技术研究

（四）增强产业支撑能力

强化建筑节能与绿色建筑材料产品产业支撑能力，推进建筑门窗、保温体系等关键产品的质量升级工程。开展绿色建筑产业集聚示范区建设，推进产业链整体发展，促进新技术、新产品的标准化、工程化、产业化。促进建筑节能和绿色建筑相关咨询、科研、规划、设计、施工、检测、评价、运行维护企业和机构的发展。增强建筑节能关键部品、产品、材料的检测能力。进一步加强建筑能效测评机构能力建设。

专栏 9　建筑节能与绿色建筑产业发展

建筑节能与绿色建筑产业发展
新型建筑节能与绿色建筑材料及产品。积极开发保温、隔热及防火性能良好、施工便利、使用寿命长的外墙保温材料和保温体系、适应超低能耗、近零能耗建筑发展需求的新型保温材料及结构体系，开发高效节能门窗、高性能功能性装饰装修功能一体化技术及产品；高性能混凝土、高强钢等建材推广；高效建筑用空调制冷、采暖、通风、可再生能源应用等领域设备开发及推广

（五）构建数据服务体系

健全建筑节能与绿色建筑统计体系，不断增强统计数据的准确性、适用性和可靠性。强化统计数据的分析应用，提升建筑节能和绿色建筑宏观决策和行业管理水平。建立并完善建筑能耗数据信息发布制度。加快推进建筑节能与绿色建筑数据资源服务，利用大数据、物联网、云计算等信息技术，整合政府数据、社会数据、互联网数据资源，实现数据信息的搜集、处理、传输、存储和数据库的现代化，深化大数据关联分析、融合利用，逐步建立并完善信息公开和共享机制，提高全社会节能意识，最大限度激发微观活力。

五、规划实施

（一）完善政策保障机制

会同有关部门积极开展财政、税收、金融、土地、规划、产业等方面的支持政策创新。研究建立事权对等、分级负责的财政资金激励政策体系。各地应因地制宜创新财政资金使用方式，放大资金使用效益，充分调动社会资金参与的积极性。研究对超低能耗建筑、高性能绿色建筑项目在土地转让、开工许可等审批环节设置绿色通道。

（二）强化市场机制创新

充分发挥市场配置资源的决定性作用，积极创新节能与绿色建筑市场运作机制，积极探索节能绿色市场化服务模式，鼓励咨询服务公司为建筑用户提供规划、设计、能耗模拟、用能系统调适、节能及绿色性能诊断、融资、建设、运营等“一站式”服务，提高服务水平。引导采用政府和社会资本合作（PPP）模式、特许经营等方式投资、运营建筑节能与绿色建筑项目。积极搭建市场服务平台，实现建筑领域节能和绿色建筑与金融机构、第三方服务机构的融资及技术能力的有效连接。会同相关部门推进绿色信贷在建筑节能与绿色建筑领域的应用，鼓励和引导政策性银行、商业银行加大信贷支持，将满足条件的建筑节能与绿色建筑项目纳入绿色信贷支持范围。

（三）深入开展宣传培训

结合“节俭养德全民节约行动”“全民节能行动”“全民节水行动”“节能宣传周”等活动，开展建筑节能与绿色建筑宣传，引导绿色生活方式及消费。加大对相关技术及管理人员培训力度，提高执行有关政策法规及技术标准能力。强化技术工人专业技能培训。鼓励行业协会等对建筑节能设计施工、质量管理、节能量及绿色建筑效果评估、用能系统管理等相关从业人员进行职业资格认定。引导高等院校根据市场需求设置建筑节能及绿色建筑相关专业学科，做好专业人才培养。

（四）加强目标责任考核

各省级住房城乡建设主管部门应加强本规划目标任务的协调落实，重点加强约束性目标的衔接，制定推进工作计划，完善由地方政府牵头，住房城乡建设、发展改革、财政、教育、卫生计生等有关部门参与的议事协调机制，落实相关部门责任、分工和进度要求，形成合力，协同推进，确保实现规划目标和任务。组织开展规划实施进度年度检查及中期评估，以适当方式向社会公布结果，并把规划目标完成情况作为国家节能减排综合考核评价、大气污染防治计划考核评价的重要内容，纳入政府综合考核和绩效评价体系。对目标责任不落实、实施进度落后的地区，进行通报批评，对超额完成、提前完成目标的地区予以表扬奖励。

国家发展改革委关于印发《服务业创新发展大纲（2017—2025 年）》的通知

（发改规划〔2017〕1116 号）

各省（直辖市、自治区）人民政府，新疆生产建设兵团，中央编办，国务院有关部委、直属机构：

为深入贯彻习近平总书记关于供给侧结构性改革的重要讲话精神，落实党中央、国务院决策部署，推进服务业改革开放和供给创新，我们会同有关部门研究起草了《服务业创新发展大纲（2017—2025 年）》（以下简称《大纲》）。经国务院同意，现印发你们。请按照《大纲》确定的指导思想、发展目标和重点任务，加强组织领导，分解落实责任，认真组织实施。

附件：服务业创新发展大纲（2017—2025 年）

国家发展改革委

2017 年 6 月 13 日

服务业创新发展大纲（2017—2025 年）

加快服务业创新发展、增强服务经济发展新动能，关系人民福祉增进，是更好满足人民日益增长需求、深入推进供给侧结构性改革的重要内容；关系经济转型升级，是振兴实体经济、支撑制造强国和农业现代化建设、实现一二三次产业在更高层次上协调发展的关键所在；关系国家长远发展，是全面提升综合国力、国际竞争力和可持续发展能力的重要途径。为深入打造中国服务新品牌、建设服务业强国，为我国服务业发展提供指引，现制定《服务业创新发展大纲（2017—2025 年）》。

一、背景情况

（一）世界服务业发展趋势

20 世纪七八十年代以来，全球经济结构呈现出服务业主导的发展趋势，发达国家都经历了向服务业为主的经济结构转型和变革。在科技进步和经济全球化驱动下，服务业内涵更加丰富、分工更加细化、业态更加多样、模式不断创新，在产业升级中的作用更加突出，已经成为支撑发展的主要动能、价值创造的重要源泉和国际竞争的主战场。

新一轮科技革命引发服务业创新升级。新一代信息、人工智能等技术不断突破和广泛应用，加速服务内容、业态和商业模式创新，推动服务网络化、智慧化、平台化，知识密集型服务业比重快速提升。服务业转型升级正在推动新一轮产业变革和消费革命，使产业边界日渐模糊，融合发展态势更加明显，个性化、体验式、互动式等服务消费蓬勃兴起。

服务投资贸易全球化拓展服务业发展空间。服务全球化成为经济全球化进入新阶段的鲜明特征。服务业成为国际产业投资热点，制造业跨国布局带动生产性服务业全球化发展，跨国公司在全球范围内整合各类要素，资本、技术和自然人跨境流动更加便利，带动全球服务投资贸易快速增长。信息化大大提升服务可贸易性，数字服务贸易持续迅猛增长。

国际经贸规则重构推动全球服务分工格局深度调整。国际经贸新规则制定的焦点逐渐转向服务领域，多边和区域性投资贸易谈判正致力于推动服务贸易和跨境投资的自由化、便利化。服务投资贸易规则加快健全，将对全球服务业发展和国际分工格局产生深刻影响。

（二）我国服务业发展基础和条件

我国正处于实现“两个一百年”奋斗目标承上启下的历史阶段和从上中等收入国家向高收入国家迈进的关键时期，经济发展进入新常态，结构优化、动能转换、方式转变的要求更加迫切，需要以服务业整体提升为重点，构建现代产业新体系，增强服务经济发展新动能，实现经济保持中高速增长、迈向中高端水平。

服务业发展站在新的历史起点上。“十二五”以来，我国服务业发展连续迈上新台阶，2011 年成为吸纳就业最多的产业，2012 年增加值超过第二产业，2015 年增加值占国内生产总值（GDP）比重超过 50%。服务领域不断拓宽，服务品种日益丰富，新业态、新模式竞相涌现，有力支撑了经济发展、就业扩大和民生改善。

服务业发展仍面临诸多矛盾和问题。我国服务业发展整体水平不高，产业创新能力和竞争力不强，质量和效益偏低。服务供给未能适应需求变化，生产性服务业发展明显滞后，生活性服务业供给不足。服务业增加值比重仍低于世界平均水平，整体上处于国际分工中低端环节，服务贸易逆差规模持续扩大。更为关键的是，服务业发展还面临思想观念转变相对滞后，体制机制束缚较多，统一开放、公平竞争的市场环境尚不完善等障碍。

服务业进入全面跃升的重要阶段。全面深化改革、全方位对外开放和全面依法治国正释放服务业发展新动力和新活力。城乡居民收入持续增长和消费升级，为服务业发展提供了巨大需求潜力。新型工业化、信息化、城镇化、农业现代化协同推进，极大地拓展了服务业发展广度和深度。生态、养老等服务业新领域也不断涌现。综合判断，我国服务业发展正处于重要机遇期，应当顺应发展潮流，尊重规律，立足国情，转变观念，重点在深化改革开放、营造良好发展环境上下功夫，激发全社会推动服务业创新发展的动力和活力，引领产业升级、改善民生福祉、增强发展动能，阔步迈向服务经济新时代。

二、总体要求

（一）指导思想

全面贯彻党的十八大和十八届三中、四中、五中、六中全会精神，深入贯彻习近平总书记系列重要讲话精神和治国理政新理念新思想新战略，认真落实党中央、国务院决策部署，统筹推进“五位一体”总体布局和协调推进“四个全面”战略布局，牢固树立和贯彻落实新发展理念，适应把握引领经济发展新常态，坚定不移深入推进供给侧结构性改革，以提高质量和核心竞争力为中心，努力构建优质高效、充满活力、竞争力强的现代服务产业新体系，推动中国服务与中国制造互促共进，加快形成服务经济发展新动能，推动经济转型升级和社会全面进步，确保如期全面建成小康社会，为实现第二个百年奋斗目标和中华民族伟大复兴的中国梦奠定坚实基础。

（二）基本原则

坚持以人为本、人才为基。坚持以人民为中心的发展思想，以增进人民福祉、促进人的全面发展为出发点和落脚点，扩大服务供给，更好满足多层次多样化需求。把人才作为核心资源，壮大人才队伍，提高职业素养，充分调动各类人才积极性和创造性，有力支撑服务业强国建设。

坚持市场主导、质量至上。以市场需求为导向，顺应消费升级趋势，提升服务品质，充分发挥市场在资源配置中的决定性作用和更好发挥政府作用，在公平竞争中提升服务业竞争力。树立质量第一的意识，健全服务质量治理和促进体系，打造以标准、质量、品牌为核心的竞争优势，全面提高服务业发展质量和效率。

坚持创新驱动、融合发展。把发展基点放在创新上，营造良好创新环境，深入推进大众创业、万众创新，促进新技术、新产业、新业态、新模式蓬勃发展，增强服务经济发展新动能。推进服务业与农业、制造业及服务业不同领域之间的深度融合，形成有利于提升中国制造核心竞争力的服务能力和服务模式，发挥“中国服务＋中国制造”组合效应。

坚持重点突破、特色发展。瞄准供需矛盾突出、带动力强的重点行业，集中力量破解关键领域和薄弱环节的发展难题，推动服务业转型升级。鼓励各地发挥比较优势、培育竞争优势，因地制宜发展各具特色的服务业，增强城市综合服务功能，引领区域产业升级和分工协作，提升区域经济整体实力。强化小城镇综合服务功能，更好服务农村和农业发展。

坚持深化改革、扩大开放。以改革推动服务业发展，打破制约服务业发展的体制机制障碍，顺应服务业发展规律创新经济治理，推动制度体系和发展环境系统性优化，最大限度激发市场活力。以开放促改革、促发展，稳步扩大服务领域开放，深度参与国际分工合作，在开放竞争中拓展空间、提升水平。

（三）主要目标

到 2025 年，服务业市场化、社会化、国际化水平明显提高，发展方式转变取得重大进展，支撑经济发展、民生改善、社会进步、竞争力提升的功能显著增强，人民满意度明显提高，由服务业大国向服务业强国迈进的基础更加坚实。

发展环境全面优化。服务业加快发展的基础性制度更加健全，基础设施体系更加完善，政府服务和监管水平全面提升，统一开放、公平竞争、创新激励的市场环境加快形成。

有效供给持续扩大。在优化结构、提高质量、提升效率基础上，实现服务业增加值“十年倍增”。服务业体系更加完备、产品更加丰富，供需协调性显著增强，服务业增加值占 GDP 比重提高到 60%，就业人口占全社会就业人口比重提高到 55%。

质量效益显著改善。服务质量明显提高，经济效益、社会效益、生态效益全面提升。服务可及性、便利性明显提高，标准化、品牌化建设取得重大突破，重点领域消费者满意度达到较高水平。

创新能力大幅提升。服务业研发投入和创新成果持续较快增长，科技进步对服务业发展的支撑作用明显增强。产业融合持续深化，新服务模式和业态蓬勃发展。服务业信息化水平大幅提高，数字服务、数字贸易快速发展。

国际竞争力明显增强。在国际分工体系中的地位不断提升，逐步形成若干具有全球影响力的服务经济中心城市，形成一批具有较强国际竞争力的跨国企业和知名品牌，培育一批细分市场领军企业，服务贸易竞争力明显提高，高附加值服务出口占比持续提升、国际收支状况明显改善。

三、创新引领，增强服务业发展动能

营造激励服务业创新发展的宽松环境，促进技术工艺、产业形态、商业模式创新应用，以信息技术和先进文化提升服务业发展水平。

（一）积极发展新技术新工艺

适应服务业创新发展需要，完善创新机制和模式，推动技术工艺创新与广泛深度应用。

提升技术创新能力。强化企业技术创新主体地位，引导建立研发机构、打造研发团队、加大研发投入。推动政产学研用合作和跨领域创新协作，鼓励社会资本参与应用型研发机构市场化改革。鼓励龙头企业牵头建立技术创新战略联盟，开展共性技术联合开发和推广应用。激发中小微服务企业创新活力，促进专精特新发展。充分发挥协会商会在推动行业技术进步中的作用。鼓励服务提供商和用户通过互动开发、联合开发、开源创新等方式，构建多方参与的技术创新网络。促进人工智能、生命科学、物联网、区块链等新技术研发及其在服务领域的转化应用。建立多层次、开放型技术交易市场和转化平台。

加强技能工艺创新。适应服务专业化、精细化、个性化发展要求，支持服务企业研发应用新工艺，提升设计水平，优化服务流程。鼓励挖掘、保护、发展传统技艺，利用新技术开发现代工艺、更好弘扬传统工艺。大力弘扬新时期工匠精神，保护一批传统工艺工匠，培养一批具有精湛技艺技能的高技能人才。

（二）鼓励发展新业态新模式

坚持包容创新、鼓励探索、积极培育的发展导向，促进各种形式的商业模式、产业形态创新应用。

鼓励平台经济发展。适应平台经济快速发展需要，加快完善有利于平台型企业发展的融资支持、复合型人才供给、兼并重组等政策，明确平台运营规则和权责边界，提升整合资源、对接供需、协同创新功能。

支持平台型企业带动和整合上下游产业。支持分享经济发展。建立健全适应分享经济发展的企业登记管理、灵活就业、质量安全、税收征管、社会保障、信用体系、风险控制等政策法规，妥善协调并保障各方合法权益。引导企业依托现有生产能力、基础设施、能源资源等发展分享经济，提供基于互联网的个性化、柔性化、分布式服务。

促进体验经济发展。鼓励企业挖掘生产、制造、流通各环节的体验价值，利用虚拟现实（VR）等新技术创新体验模式，发展线上线下新型体验服务。加强体验场所设施的质量和安全监管。

（三）大力推动服务业信息化

树立互联网、大数据思维，推动信息技术在服务领域深度应用，促进服务业数字化智能化发展。

推进服务业数字化。鼓励利用新一代信息技术改造提升服务业，创新要素配置方式，推动服务产品数字化、个性化、多样化。加强数据资源在服务领域的开发利用和云服务平台建设，推进政府信息、公共信息等数据资源开放共享，发展大数据交易市场。全面推进重点领域大数据高效采集、有效整合、安全利用和应用拓展。

促进服务业智能化。培育人工智能产业生态，促进人工智能在教育、环境保护、海洋、交通、商业、健康医疗、金融、网络安全、社会治理等重点领域推广应用，促进规模化发展。丰富移动智能终端、可穿戴设备等服务内容及形态。

（四）丰富服务业文化内涵

发挥文化元素和价值理念对服务业创新发展的特殊作用，增强服务业发展的文化软实力。

鼓励企业提升服务产品文化价值。鼓励采用更多文化元素进行服务产品设计与创新。提升研发设计、商务咨询等服务的文化创意含量，将传统文化、民俗风情和民族区域特色注入旅游休闲、文化娱乐、体育健身、健康养老等服务。鼓励用文化提升品牌价值，打造具有文化内涵的服务品牌。

提升中国服务文化影响力。发挥中华文化博大精深、兼容并蓄优势，吸收借鉴国外优秀文化成果，发展具有独特文化魅力和吸引力的服务产品及服务模式，提升中国服务国际竞争力。推动服务走出去与文化走出去有机结合，在服务业国际化发展中展示中华文化风采。

专栏1 服务业创新引领行动

（一）创新能力提升行动。实施高技术服务业、知识密集型服务业创新发展工程，提升信息、生物、检验检测等重点领域基础和核心技术创新能力，大力促进科技研发成果转化应用

（二）新业态新模式发展行动。鼓励发展信息资讯、商品交易、物流运输等领域平台经济，交通出行、房屋住宿、专业技能、生活服务等领域分享经济，生产制造、休闲娱乐、旅游购物、医疗保健等领域体验经济，以及其他各类服务新形态。促进区块链技术应用和分布式服务模式发展

（三）信息化提升行动。推进服务业与互联网、物联网协同发展、融合发展培育协同制造、个性化定制、工业云、农业信息化等服务，发展基于互联网的教育、健康、养老、旅游、文化、物流等服务，积极依托物联网拓展服务领域、丰富服务内容

（四）文化价值提升行动。鼓励开发富有文化内涵的服务，打造富有诚信和社会责任感的企业，倡导做爱岗敬业、富有爱心和人文关怀的从业人员，建设富有文化价值的品牌

四、转型升级，优化服务供给结构

聚焦服务业重点领域和发展短板，促进生产服务、流通服务等生产性服务业向专业化和价值链高端延伸，社会服务、居民服务等生活性服务业向精细和高品质转变。

（一）推动生产服务加快发展

以产业升级需求为导向，推动生产服务专业化、高端化发展，发展壮大高技术服务业，提升产业体系整体素质和竞争力。

信息服务。加快培育基于移动互联网、大数据、云计算、物联网等新技术的信息服务。发展网络信息服务，大力发展云计算综合服务，完善大数据资源配置和产业链，支持有条件的企业建设跨行业物联网运营和支撑平台。积极发展信息技术咨询、设计和运维服务。鼓励发展高端软件和信息安全产业。

科创服务。构建覆盖科技创新全链条、产品生产全周期的创业创新服务体系。大力发展研究开发、工业设计、技术转移转化、创业孵化、科技咨询等服务。鼓励发展多种形式的创业创新支撑和服务平台，围绕创新链拓展服务链，促进科创服务专业精细和规模集成发展。大力发展知识产权服务，完善知识产权交易和中介服务体系，建设专利运营与产业化服务平台。加快培育标准化服务业。

金融服务。发展高效安全、绿色普惠、开放创新的现代金融服务业，提高金融服务实体经济效能。完善商业性、开发性、政策性和合作金融服务体系，推进金融市场宽化、深化、国际化，促进股权、债券等市场健康发展，提高市场效率。稳步扩大金融业对内对外开放，放宽金融机构准入限制，稳妥推进金融业综合经营，培育具有国际竞争力的金融控股公司。大力发展普惠金融，鼓励发展科技金融、绿色金融，规范发展

互联网金融。大力发展保险业。积极发展融资租赁。推动金融机构数字化转型，探索区块链等金融新技术研究应用。积极稳妥推进金融产品和服务模式创新，有效防范和化解金融风险。

商务服务。积极发展工程设计、咨询评估、法律、会计审计、信用中介、检验检测认证等服务，提高专业化水平。支持专业人才队伍建设，减少和规范职业资格许可及认定，健全职业水平评价制度。鼓励各类社会资本以独资、合资、参股联营等多种形式提供商务服务，加快培育有竞争力的服务机构。鼓励发展综合与专业相互协调支撑的各类高端智库。

人力资源服务。鼓励发展招聘、人力资源服务外包和管理咨询、高级人才寻访等业态，规范发展人力资源事务代理、人才测评和技能鉴定、人力资源培训、劳务派遣等服务。发展专业化、国际化人力资源服务机构。

节能环保服务。加快发展节能环保技术、咨询、评估、计量、检测和运营管理等服务。鼓励创新服务模式，提供节能咨询、诊断、设计、融资、改造、托管等“一站式”合同能源管理综合服务。支持发展生态修复、环境风险与损害评价等服务。推动在城镇污水垃圾处理、工业园区污染集中处理等重点领域开展环境污染第三方治理，推广产业园区、小城镇环境综合治理托管。加快发展碳资产管理、碳咨询、碳排放权交易等服务。

（二）促进流通服务转型发展

以提高效率、降低流通成本为目标，积极推动流通服务创新转型，优化城乡网络布局，提升流通服务水平，增强基础支撑能力。

现代物流。大力发展社会化、专业化物流，提升物流信息化、标准化、网络化、智慧化水平，建设高效便捷、通达顺畅、绿色安全的现代物流服务体系。提高供应链管理水平，推动物流、制造、商贸等联动发展。大力发展单元化物流和多式联运。加快发展冷链物流、城乡配送和港航服务。加快推进物流基础设施建设，强化重点物流节点城市综合枢纽功能。推进交通与物流融合发展。支持物流衍生服务发展。完善国际物流大通道和境外仓布局，发展国际物流。

现代商贸。促进线上线下融合互动、平等竞争，构建差异化、特色化、便利化的现代商贸服务体系，支持商品交易市场转型升级。开展零售业提质增效行动，推进传统商贸和实体商业转变经营模式、创新组织形式、增强体验式服务能力。支持连锁经营向多行业、多业态和农村延伸。促进电子商务规范发展，积极发展农村电商。鼓励社区商业业态创新，拓展便民增值服务。引导流通企业加强供应链创新与应用。大力发展绿色流通和消费。

（三）扩大社会服务有效供给

充分发挥社会服务对提升人的生存质量和发展能力的重要作用，在政府保基本、兜底线的基础上，充分发挥市场主体作用，增加服务有效供给，更好满足多层次、多样化需求。社会服务增加值占 GDP 比重大幅提高。

教育培训服务。鼓励社会力量兴办各类教育，积极发展丰富多样的教育培训服务。支持和规范民办教育培训机构发展。鼓励发展继续教育、职业教育、老年教育、社区教育、校外教育，创新发展技能培训、兴趣培训。鼓励开发数字教育资源，发展开放式教育培训云服务。鼓励教育服务外包，引导社会力量提供实训实习等专业化服务。打造“留学中国”品牌，稳步扩大来华留学规模。扩大教育培训领域对外开放，支持引进优质教育资源，开展合作办学。

健康服务。深化医药卫生体制改革，完善准入制度，强化服务质量监管，建立覆盖全生命周期、满足多元化需求的全民健康服务体系。有序推进公立医疗机构改革，大力发展社会办医，支持社会力量提供多层次多样化医疗服务。鼓励发展专业性医院管理集团。鼓励发展医学检验等第三方医疗服务，推动检验检查结果互认。推动精准医疗等新兴服务发展。推进医疗服务下基层，推广家庭医生签约服务。支持中医药养生保健、医疗康复、健康管理、心理咨询等服务发展。积极支持康复医院、护理院发展，推动医养结合。鼓励创新型新药研发。积极发展智慧医疗，鼓励医疗机构提升信息化水平，支持健康医疗大数据资源开发应用。鼓励发展第三方医疗服务评价。丰富商业健康保险产品，大力发展医疗责任险、医疗意外险等执业保险。

体育服务。倡导全民健身，鼓励兴办多种形式的健身俱乐部和健身组织，加快发展健身休闲产业。繁荣发展足球、篮球、排球、冰雪、水上、山地户外等运动，推动体育竞赛表演业发展，推进职业联赛市场化改革，鼓励发展国际品牌赛事，丰富业余体育赛事，创新项目推广普及方式。促进体育旅游、体育传媒、体育会展、体育经纪等发展。

养老服务。全面放开养老服务市场，丰富养老服务和产品供给，加快发展居家和社区养老服务，建立以企业和机构为主体、社区为纽带的养老服务网络。支持社会力量举办养老服务机构，重点支持兴办面向失能半失能、失智、高龄老年人的医养结合型养老机构，鼓励规范化、专业化、连锁化经营。推动养老服务向精神慰藉、康复护理、紧急救援、临终关怀等领域延伸。鼓励发展智慧养老。探索建立长期护理保险制度，加强与福利性护理补贴项目的整合衔接，发展商业长期护理保险等金融产品。

文化服务。加快构建结构合理、门类齐全、科技含量高、富有创意、竞争力强的现代文化产业体系。推动三网融合和媒体融合，整合广电网络、出版发行资源，鼓励文化企业联合重组，打造大型文化服务集团。加快发展数字出版、网络视听、移动多媒体、动漫游戏、网络音乐、网络文学、创意设计、绿色印刷等新兴产业，推动影视制作、工艺美术、文化会展、出版发行印刷等转型升级，鼓励演出、娱乐、艺术品市场等线上线下融合发展。鼓励实体书店建设成为复合式文化场所。提升文化原创能力和研发能力，促进文化内容和形式创新。

（四）提高居民服务质量

顺应生活方式转变和消费升级趋势，引导居民服务规范发展，改善服务体验，全面提升服务品质和消费满意度。

家政服务。加快建立供给充分、服务便捷、管理规范、惠及城乡的家政服务体系。引导社会资本投资家政服务，鼓励有条件的企业品牌化、连锁化发展，支持中小家政服务企业专业化、特色化发展。加强服务规范化和职业化建设，加大对家政服务人员培训的支持力度，制定推广雇主和家政服务人员行为规范，促进权益保护机制创新和行业诚信体系建设。

旅游休闲。开展旅游休闲提质升级行动，推动旅游资源开发集约化、产品多样化、服务优质化。推广全域旅游，积极发展都市休闲旅游和乡村旅游，打造国家精品旅游带，建设国家旅游风景道，促进精品、特色旅游线路开发建设。大力发展红色旅游，优化提升生态旅游、文化旅游，加快发展工业旅游、健康医疗旅游、冰雪旅游、研学旅行等。发展自驾车旅游、邮轮游艇旅游。支持旅游衍生品开发。加强旅游资源保护性开发，推进旅游景区建设和管理绿色化。规范旅游市场秩序，提高从业人员专业素质和游客文明素养。加强旅游休闲安全应急、紧急救援、保险支撑能力，保障旅游安全。深化国际旅游合作，推进旅游签证便利化。

房地产服务。优化住房供需结构，强化住房居住属性，构建以政府为主提供基本保障、以市场为主满足多层次需求的住房供应体系。积极发展住房租赁市场，规范发展二手房市场。促进房地产评估和经纪、土地评估和登记代理机构专业化发展，规范中介服务市场秩序。鼓励有条件的房地产企业向综合服务商转型。积极推进社区适老化改造。提升物业服务水平。

五、促进融合，构建产业协同发展体系

鼓励产业融合发展，打造一批以服务为主体的一二三产业融合型龙头企业，强化服务业对现代农业和先进制造业的全产业链支撑作用，形成交叉渗透、交互作用、跨界融合的产业生态系统。

（一）促进服务业与农业融合

加快发展农村服务业，构建全程覆盖、区域集成的新型农业社会化服务体系，增强服务业对转变农业发展方式、发展现代农业的支撑引领能力。

培育多元化融合发展主体。引导新型农业生产经营主体向生产经营服务一体化转型，壮大农村一二三产业融合发展主体。鼓励农民专业合作社、农业产业化龙头企业、工商资本、其他社会化服务组织投资发展农业服务。支持有条件的农业生产、加工、流通企业发展面向大宗农产品及区域特色农业的专业化服务。支持农机合作社发展壮大为全程机械化综合农事服务主体，促进供销社等服务主体向农业综合服务商转型。

支持农商联盟发展，鼓励银行、保险、科研、邮政等机构与农村各类服务主体深度合作。

加快发展融合新业态。实施创意农业发展行动，鼓励发展生产、生活、生态有机结合的功能复合型农业。支持农业生产托管、农业产业化联合体、农业创客空间、休闲农业和乡村旅游等融合模式创新。鼓励平台型企业与农产品优势特色产区合作，形成线上线下有机结合的农产品流通模式，畅通农产品进城和农资下乡渠道。建设全国农产品商务信息服务公共平台。鼓励利用信息技术，优化农业生产和经营决策、农技培训、农产品供需对接等服务。积极探索农产品个性化定制服务、会展农业等新业态。

（二）推进服务业与制造业融合

充分发挥制造业对服务业发展的基础作用，有序推动双向融合，促进有条件的制造企业由生产型向生产服务型转变、服务企业向制造环节延伸。

发展服务型制造。促进制造企业向创意孵化、研发设计、售后服务等产业链两端延伸，建立产品、服务协同盈利新模式。鼓励有条件的制造企业向设计咨询、设备制造及采购、施工安装、维护管理等一体化服务总集成总承包商转变。支持领军制造企业“裂变”专业优势，面向全行业提供市场调研、研发设计、工程总包和系统控制等服务。鼓励制造企业优化供应链管理，推动网络化协同制造，积极发展服务外包。推进信息化与工业化深度融合，加快发展智能化服务，提高制造智能化水平。

推动服务向制造拓展。以产需互动为导向，推动以服务为主导的反向制造。鼓励服务企业开展批量定制服务，推动生产制造环节组织调整和柔性化改造。支持服务企业利用信息、营销渠道、创意等优势，向制造环节拓展业务范围，实现服务产品化发展。发展产品全生命周期管理、网络精准营销和在线支持新型云制造服务，实现创新资源、生产能力和市场需求的智能匹配和高效协同。

搭建服务制造融合平台。支持有条件的地区打造电子商务集聚区，系统构建信息、营销、售后等个性化服务体系，柔性制造、智慧工厂等智能化生产体系，电子商务、金融、物流等社会化协同体系。依托新型工业化产业示范基地等制造业集聚区，聚焦共性生产服务需求，加快建设生产服务支撑平台。支持高质量的工业云计算和大数据中心建设。

（三）鼓励服务业内部相互融合

推动服务业内部细分行业生产要素优化配置和服务系统集成，创新服务供给，拓展增值空间。支持服务业多业态融合发展。

支持服务企业拓展经营领域，加快业态和模式创新，构建产业生态圈。顺应消费升级和产业升级趋势，促进设计、物流、旅游、养老等服务业跨界融合发展。培育服务业融合发展新载体。发挥平台型、枢纽型服务企业的引领作用，带动创新创业和小微企业发展，共建“平台 + 模块”产业集群。培育系统解决方案提供商，推动优势企业跨地区、跨行业、跨所有制整合经营，发展一批具有综合服务功能的大型企业集团或产业联盟。

六、提升质量，推动服务业优质高效发展

实施质量强国战略，创新服务质量治理，着力提升重点领域服务质量，积极推进服务标准化、规范化和品牌化。

（一）健全服务质量治理体系

构建责任清晰、多元参与、依法监管的服务质量治理和促进体系，加快形成以质取胜、优胜劣汰、激励相容的良性发展机制。

强化企业主体责任。完善激励约束机制，引导企业加强全程质量控制，建立服务质量自我评估与公开承诺制度，主动发布服务质量标准、质量状况报告。推行质量责任首负承诺，完善全过程质量责任追溯、传导和监督机制。鼓励推广服务质量保险，建立质量保证金制度。

提升政府监管和执法水平。加大服务质量随机抽查力度。完善质量安全举报核查与协同处理制度，健全质量监督检查结果公开、质量安全事故强制报告、质量信用记录、严重失信服务主体强制退出等制度。健全服务质量风险监测机制。

充分发挥社会监督作用。畅通消费者质量投诉举报渠道，推广服务质量社会监督员制度，鼓励第三方服务质量调查。支持行业协会商会加强质量自律，发布行业服务质量和安全报告。加快推进检验检测认证等质量服务市场化发展。

（二）提高服务标准化水平

开展服务标准化提升行动，加快形成政府引导、市场驱动、社会参与、协同推进的标准化建设格局。

健全服务标准体系。建立政府主导制定的标准与市场自主制定的标准协同发展、协调配套的新型标准体系。将政府主导制定的强制性国家标准限定在保障人身健康和生命财产安全、公共安全、生态环境安全及满足经济社会管理基本要求范围之内。支持社会组织制定团体标准，鼓励企业自主制定企业标准。

推行更高服务标准。加强标准制修订工作，推动国际国内标准接轨，提高服务领域标准化水平。鼓励企业制定高于国家标准或行业标准的企业标准，积极创建国际一流标准。研究建立企业标准领跑者制度，推动企业服务标准自我声明公开和监督制度全面实施，鼓励标准制定专业机构对企业公开的标准开展比对和评价。整合优化全国标准信息网络平台。

（三）打造中国服务知名品牌

开展品牌价值提升行动，发展一批能够展示中国服务形象的品牌，发挥品牌对服务业转型升级引领作用。

鼓励企业加强品牌建设。引导企业增强品牌意识，健全品牌管理体系，提升品牌认可度和品牌价值，打造世界知名品牌。发挥行业协会商会在品牌培育和保护方面的作用。

鼓励品牌培育和运营专业服务机构发展。营造良好品牌发展环境。完善品牌、商标法律法规，完善维权与争端解决机制。加大品牌、商标保护执法力度，依法打击侵权行为。提升商标注册便利化水平，健全集体商标、证明商标注册管理制度。加强品牌宣传和展示，营造重视品牌、保护品牌的社会氛围。

专栏 2 服务质量、标准、品牌建设行动

（一）服务质量满意度提升行动。建立健全符合行业特点的服务质量测评体系，在现代物流、银行保险、商贸流通、旅游住宿、医疗卫生、邮政通信、社区服务等重点行业建立顾客满意度评价制度
（二）服务质量标杆引领行动。鼓励社会组织分行业遴选和公布一批质量领先、管理严格、公众满意的服务标杆，总结推广先进质量管理经验。鼓励企业暗准行业标杆开展质量比对，实施质量改进与赶超措施

续

（三）服务质量监测能力提升行动。广泛动员社会各界力量，协同建设集监测、采信、分析、发布于一体的质量信息服务体系，搭建服务质量信息共享与社会监督平台。支持金融、交通运输、电子商务、旅游、健康等重点行业质量监测能力建设，鼓励建立行业质量和安全数据库
（四）服务标准化提升行动。创新标准研制方式，完善科技、金融、物流、知识产权等生产性服务领域标准，制修订家政、养老、健康、教育、文化、旅游等生活性服务领域标准，加快新兴服务领域标准研制。建立健全服务认证制度体
（五）品牌价值提升行动。在金融、物流、商务服务等重点领域和电子商务云计算、大数据、物联网等新兴领域，创建一批高价值服务品牌。鼓励中小服务企业品牌孵化器建设。支持具有文化、民族、地域特色的服务品牌建设，创建区域性知名品牌

七、彰显特色，优化服务业空间布局

充分发挥各地比较优势，调整服务业功能分工和空间布局，构建特色鲜明、优势互补、体系健全的服务业发展新格局。

（一）优化服务业发展格局

围绕国家区域发展总体战略和“一带一路”建设、京津冀协同发展、长江经济带发展战略实施，对接新型城镇化发展，统筹规划、协调推进，促进服务业开放、集聚和协同发展。

优化服务业区域布局。充分发挥“四大板块”比较优势，推动东部地区服务业率先向价值链高端攀升、提升辐射带动能力和国际化水平；支持东北地区依托制造业和现代农业基础加快发展生产性服务业；鼓励中部地区发挥区位和产业优势，扩大服务业规模、提升服务水平；支持西部地区加快弥补服务业短板，发展特色优势产业。

鼓励跨区域服务业合作，促进服务业梯度转移和有序承接。依托“一带一路”核心区和节点城市，扩大服务开放合作力度。全方位拓展京津冀地区服务业合作广度和深度，推进三地服务和要素市场一体化，促进服务业合理分工和错位发展，整体提高服务业发展层次和品质。着力扩大长江经济带中心城市辐射带动能力，增强节点城市物流与贸易功能，建设东中西互动的服务业合作联动发展带。优化提升珠三角服务业发展水平，强化与港澳地区的开放合作，推动泛珠三角区域服务业合作。结合脱贫攻坚，以生活服务和特色产业为重点，支持革命老区、民族地区、边疆地区、贫困地区及资源枯竭、产业衰退、生态严重退化等困难地区服务业加快发展。

构建城市群服务业网络。优化服务业空间组织模式，促进城市群服务业联动发展和协同创新。强化中心城市综合服务功能，优化战略性服务设施布局，发挥网络化效应，支持各具特色的服务业集聚区建设。鼓励构建跨区域信息交流与合作协调机制。

大力发展海洋服务。坚持陆海统筹，发展功能完善、业态多元、布局合理的海洋服务。发展现代航运服务和海洋物流，积极发展海洋旅游和文化产业，加快发展海洋工程咨询、新能源、生物研发、信息等服务。积极发展涉海金融、商务、商贸、会展等配套服务。推动基础较好的地区建设特色海洋服务集群。

（二）加快建设多层次服务经济中心

充分发挥中心城市资源要素密集、规模经济显著、专业分工细化和市场需求集中的优势，完善服务功能，打造不同层级的服务经济中心，增强辐射带动能力，促进服务业发展与新型工业化、城镇化良性互动。

建设具有全球影响力的现代服务经济中心。增强北京、上海和广州－深圳国际服务枢纽和文化交流门户功能，促进高端服务业和高附加值服务环节集聚，提高在全球创新链、价值链、产业链、供应链中的地位和控制力。加快国家级服务经济中心建设。鼓励各地区依托服务业发展基础较好的超大城市和部分特大城市，加快形成以服务业为主体的产业结构，打造一批具有较强辐射功能的国家级服务经济中心。加快提升服务业层次和水平，搭建服务全国的特色化、专业化服务平台。鼓励跨国公司和企业集团设立区域性、功能型总部，支持有条件的城市提升全球影响力。

提升区域服务经济中心辐射带动能力。依托大城市建设区域服务经济中心，增强服务业集聚效应和辐射能力，更好服务区域发展。推动生产性服务业加快发展，提升对区域产业升级的支撑能力。

增强健康养老、教育培训、文化创意等服务功能，提升城市宜居度和吸引力。增强中小城市和小城镇服务功能。充分发挥中小城市和小城镇集聚产业、服务周边、带动农村的重要作用。促进中小城市与区域中心城市产业对接，利用中心城市服务资源改造提升传统产业，打造区域物流枢纽和制造业配套协作服务中心，主动承接中心城市旅游、休闲、健康、养老等服务需求。支持具有独特资源、区位优势和民族特色的小城镇建设休闲旅游、商贸物流、科技教育、民俗文化等特色镇。

（三）加强服务平台载体建设

积极搭建各类服务平台载体，集聚资源要素、强化组合优势、深化分工合作、探索开放创新，为服务业发展提供有效支撑。

建设专业化服务经济平台。结合科研基地布局优化，在科研资源密集地区，大力发展创新设计、研发服务，建设科创服务中心。依托重大信息基础设施建设，增强信息服务功能，建设信息服务中心。选择有条件的区域中心城市，发展多层次资本市场，规范发展区域性股权市场，建设金融服务中心。依托产业集聚规模大、专业人才集中的地区，加快发展咨询评估、财务管理、检验检测等服务，建设商务服务中心。

挖掘老城区服务业发展潜力。结合城市更新和棚户区改造，加快老城区服务业升级。科学规划土地二次开发，加强文化传承与保育，完善配套政策，支持存量房产和土地发展现代服务业，实现老城区转型发展。

促进开发区、新城新区服务业加快发展。坚持产城融合、特色发展的方向，加快完善服务功能，推动开发区、新城新区从单一功能向混合功能转型。促进商务商业、金融保险、创意设计等服务发展，增强健康医疗、教育培训、商贸物流、文体休闲等服务功能。支持开发区生产性服务业与先进制造业融合发展。

统筹推进服务业试点示范。以解决重点难点问题为导向，以推进体制机制和政策创新为重点，统筹推进各类服务业改革试点示范。继续开展服务业综合改革试点，规范有序推进自由贸易试验区、服务业扩大开放综合试点等建设。加快制度创新成果复制推广。

鼓励打造交通枢纽型经济区。依托大型机场、沿海港口、沿边口岸、高铁车站等交通枢纽设施，加强集疏运衔接配套，完善口岸等服务功能，促进高铁经济和临空、临港经济发展。依托综合交通枢纽城市，建设物流服务中心和多式联运中心。

八、深化改革，创建服务业发展良好环境

加大重点领域关键环节市场化改革力度，深入推进简政放权、放管结合、优化服务改革，最大程度释放市场主体活力和创造力。

（一）实现公平开放的市场准入

完善市场准入制度，全面实施公平竞争审查制度，清理废除妨碍统一市场和公平竞争的各种规定和做法，促进服务和要素自由流动、平等交换。

实施市场准入负面清单制度。以市场准入负面清单为核心，建立服务领域平等规范、公开透明的准入标准，并适时动态调整。放宽民间资本市场准入领域，扩大服务领域开放度，推进非基本公共服务市场化产业化、基本公共服务供给模式多元化。

破除各类显性隐性准入障碍。减少审批事项，优化审批流程，规范审批行为。清理规范各类前置审批和事中事后管理事项，明确确需保留事项的审批主体、要件、程序和时限，并向社会公开。继续推进商事制度改革。整合公共服务机构设置、执业许可等审批环节，鼓励有条件的地方为申办公共服务机构提供一站式服务。

打破市场分割和地方保护。推进统一开放、竞争有序的服务市场体系建设，打破地域分割、行业垄断和市场壁垒，营造权利平等、机会平等、规则平等的发展环境。除特殊规定外，禁止设置限制服务企业跨地区发展、服务跨地区供给的规定，纠正各种形式限制、歧视和排斥竞争的行为。加大服务业反垄断力度。

（二）发展充满活力的市场主体

依法保障各类市场主体公平竞争，深化国有企业改革，推动事业单位改革取得突破性进展，形成各类市场主体竞相发展的生动局面。

确立法人主体平等地位。依法规范市场主体行为，确保不同主体之间法律地位一律平等。实行营利和非营利分类管理，明确不同性质主体的权责。完善分类登记管理制度，规范社会服务类机构登记，明确机构性质变更实施细则。建立健全市场退出机制。

分类推进国有服务企业改革发展。对主业处于充分竞争行业和领域的国有服务企业，实行股份制公司制改革，积极引入其他国有资本或非国有资本实现股权多元化。对主业处于关系国家安全、国民经济命脉重要领域的国有服务企业，保持国有资本控股地位，支持非国有资本参股。对电信、铁路等服务行业，根据不同行业特点实行网运分开、放开竞争性业务，促进公共资源配置市场化。推进承担公共服务和准公共服务职能的国有企业改革，具备条件的可以推行投资主体多元化。完善现代企业制度。鼓励各类社会资本参与国有服务企业改革，鼓励发展非公有资本控股的混合所有制企业。进一步破除各种形式的行政垄断。

深化事业单位改革。按照政事分开、事企分开和管办分离的要求，加快推进教育、科技、文化、卫生等事业单位分类改革，将从事生产经营活动的事业单位及能够分离的生产经营部门逐步转为企业，参与服务业市场公平竞争。加快建立现代法人治理结构，推动产权管理与业务管理分开，健全内部决策、执行与监督机制，依法独立开展经营活动。改革完善人事制度，改革事业单位编制管理办法，建立与不同性质组织运作相适应的人力资源管理制度。鼓励公办医疗、养老等机构与从业人员实行弹性灵活、权责明确的聘用制度。逐步取消公立医院行政级别，改革医师执业注册办法，促进医师有序流动和多点执业。完善民办机构参与服务业公办机构改制细则，鼓励从事生产经营活动的事业单位直接改制为混合所有制企业。

（三）健全现代高效的监管体系

顺应服务业发展新趋势，更新理念、创新方式、完善机制，加快构建统一高效、开放包容、多元共治的监管体系。

创新监管理念和方式。树立依法依规、独立专业、程序透明、结果公开的现代监管理念，推动监管方式由按行业归属监管向功能性监管转变、由具体事项的细则式监管向事先设置安全阀及红线的触发式监管转变、由分散多头监管向综合协同监管转变、由行政主导监管向依法多元监管转变。按照服务类别制定统一的监管规则、标准和程序，并向社会公开。积极运用信息技术提高监管效率、覆盖面和风险防控能力。

实行统一综合协同监管。促进监管机构和职能整合，推进综合执法。建立健全跨部门、跨区域执法联动响应和协作机制，加强信息共享和联合执法，实现违法线索互查、处理结果互认，避免交叉执法、多头执法、重复检查。推进监管能力专业化，打造专业务实高效的监管执法队伍。建立健全社会化监督机制，充分发挥公众和媒体监督作用，完善投诉举报管理制度。鼓励社会组织发挥自律互律他律作用，完善商事争议多元化解决机制。

创新新业态新模式监管方式。坚持包容创新、守住底线，适应服务经济新业态新模式特点，创新监管方式，提升监管能力。坚持审慎监管和包容式监管，避免过度监管，充分发挥平台型企业的自我约束和关联主体管理作用，创新对“互联网 +”、平台经济、分享经济等的监管模式。

（四）营造公平普惠的政策环境

破除制约服务业发展的政策障碍，消除政策歧视，创新要素供给机制，加快形成公平透明、普惠友好的政策支持体系。

创新财税政策。积极构建有利于服务业创新发展的财税政策环境。落实支持服务业及小微企业发展的税收优惠政策。加大政府购买服务力度，研究制定政府购买服务指导性目录。有效发挥相关产业基金和服务业引导资金作用。推广政府与社会资本合作模式，引导社会资本投入服务业。

完善土地政策。优化土地供应调控机制，合理确定用地供给，保障服务业用地需求。依据不同服务门类特性及产业政策导向，有针对性地制定土地政策。探索对知识密集型服务业实行年租制、“先租赁后出让”等弹性供地制度。依法支持利用工业、仓储等用房用地兴办符合规划的服务业。创新适应新产业、新业态特点的建设用地用途归类方式。

优化金融支持。拓宽融资渠道，调整修订不适应服务企业特点的政策规定，支持通过发行股票、债券等直接融资方式筹集资金。探索允许营利性医疗、养老、教育等社会领域机构使用有偿取得的土地、设施等财产进行抵押融资。鼓励金融机构开发适应服务业特点的融资产品和服务。完善动产融资服务体系。鼓励有条件的地方建立小微企业信贷风险补偿机制。支持融资担保机构扩大小微企业担保业务规模。

深化价格改革。加快完善主要由市场决定价格机制，合理区分基本与非基本需求，放开竞争性领域和环节服务价格。健全交通运输价格机制，放开具备竞争条件的客货运输价格。创新公用事业和公益性服务价格管理方式。深化教育、医疗、养老等领域价格改革，营利性机构提供的服务实行经营者依法自主定价。全面清理规范涉企收费，推进实施涉企收费目录清单管理并常态化公示。

健全消费政策。鼓励消费金融创新，支持发展消费信贷。鼓励保险机构开发更多适应医疗、文化、养老、旅游等行业和小微企业特点的保险险种。

九、扩大开放，培育服务业国际竞争新优势

以“一带一路”倡议为统领，推动服务领域双向开放，深度融入全球服务业分工体系，以高水平对外开放促进我国服务业大发展。

（一）深入推进服务领域对外开放

把服务领域开放作为我国新一轮对外开放的重中之重，在坚守国家安全底线的前提下，加大开放力度，丰富开放内涵，提高服务领域开放水平。

完善国际化法治化便利化营商环境。对外资全面实施准入前国民待遇加负面清单管理制度，简化外资企业设立和变更管理程序，提高市场准入透明度和可预期性。在财政政策、融资服务、土地使用和经济技术合作等方面实现内外资企业一视同仁。

推动重点领域对外开放。坚持服务全局、积极有序的原则，稳步扩大服务业对外开放。优先放开对弥补发展短板、促进产业转型升级、提高人民生活质量具有重要作用的领域。推进教育、医疗等社会服务领域有序开放。放开建筑设计、评级服务等领域外资准入限制。有序推动银行、证券、保险等领域对外开放。健全文化、互联网等领域分类开放体系，逐步放宽准入限制。鼓励外商投资工业设计和创意、工程咨询、现代物流、检验检测认证等生产性服务业。

（二）打造服务业全方位开放新格局

推动沿海沿边内陆全方位开放，拓展对外开放空间，形成平衡协调、纵横联动的服务业对外开放格局。

提升沿海服务业开放水平。鼓励沿海地区加大引资引技引智力度，大力发展高层次外向型服务业，建设一批承接国际服务转移的重要平台和国际服务合作窗口城市。支持有条件的地区建设具有全球影响力的金融、技术、信息等要素市场。

打造内陆、沿边开放型服务经济高地。依托战略性互联互通重大项目以及重点口岸、边境城市、边境（跨境）经济合作区和重点开发开放试验区建设，引导优质服务要素集聚，提升服务业开放水平。面向国际经济合作走廊，将边境省区中心城市和口岸城镇培育成为新的交通枢纽、贸易中心和金融服务中心。支持内地空港陆港门户城市，建成新的国际物流通道和人文交流中心。优化整合中欧班列，推进品牌化发展。大力发展边境旅游，推进跨境旅游合作区、边境旅游试验区建设。

深化内地和港澳、大陆和台湾地区服务业合作。进一步扩大对港澳开放服务领域，支持港澳充分发挥金融、商贸、物流、旅游、会展及专业服务优势，积极参与内地服务业发展和多种形式合作走出去。深化内地与香港金融合作。加深内地同港澳在文化教育、医疗保健、养老安老、环境保护、食品安全等领域交流合作，支持内地与港澳开展创新及科技合作。以服务业合作为重点，加快前海、南沙、横琴等重大合作平台建设，推动粤港澳大湾区建设。促进大陆和台湾地区服务业合作。

（三）提升全球服务市场资源配置能力

鼓励服务企业在全球范围内配置资源、开拓市场，拓展发展新空间，提升国际竞争力。

加快发展服务贸易。积极开拓欧美等发达国家市场、“一带一路”沿线国家、拉美和非洲等新兴市场。巩固旅游、建筑等服务出口优势，扩大金融保险、交通运输、信息通信、研发咨询、环境服务等高附加值服务出口。积极推动文化、中医药等服务出口，加强体育、餐饮等特色服务领域的国际交流合作。大力发展服务外包，推动服务外包向价值链高端延伸。

创新全球服务资源配置方式。围绕关键短板和战略需求，支持服务企业以跨国并购、绿地投资、联合投资等方式，高效配置全球人才、技术、品牌等核心资源。鼓励企业通过在境外设立研发中心、分销中心、物流中心、展示中心等形式，构建跨境服务产业链。鼓励企业利用信息技术改造提升传统服务投资贸易方式，积极发展跨境电商、全球维修、全球采购等服务。

强化“走出去”服务支撑。鼓励会计、法律、资产评估、公共关系、海外救援等服务国际化发展，支持行业协会等机构参与建设海外支撑服务体系。健全“走出去”金融支持体系，发挥开发性、政策性金融机构作用，鼓励社会资本参与，拓宽海外投融资渠道。积极发展海外投资保险，扩大政策性保险覆盖面。构建高效有力的海外利益保护体系，提升服务能力。加强境外风险防控体系建设。

（四）积极参与国际服务投资贸易规则制定

积极参与多边双边、区域服务投资贸易谈判和全球经贸规则制定，增强在国际服务贸易中的制度性话语权。推动世界贸易组织（WTO）框架下的服务业开放谈判。主动参与相关国际服务贸易协定谈判。参与国际标准制定，推进优势、特色领域服务标准国际化，推动与主要贸易国之间标准互认。加快实施自由贸易区战略，构筑立足周边、辐射“一带一路”、面向全球的高标准自由贸易区网络。积极开展国际投资贸易新规则试验，提高自由贸易试验区等各类相关试验区建设质量，加快探索建立适应国际规则新要求的制度体系。积极推广成熟创新经验。

十、夯实基础，强化服务业发展支撑

健全服务业配套制度和基础设施，改善社会信用环境，加强人才队伍建设，保障消费者权益，夯实服务业持续健康发展基础。

（一）健全配套基础制度

完善服务业相关法律法规体系，健全知识产权保护、信息安全、社会组织管理、统计等制度。

完善法律法规体系。研究推进服务业相关基础性法律制定修订工作，加强权益保障、公平竞争、市场监管等领域的立法工作。

健全知识产权保护制度。完善专利权、商标权、著作权、商业秘密保护等法律法规，研究完善商业模式知识产权保护制度，完善互联网、大数据、电子商务等领域知识产权保护规则。简化优化知识产权审查和注册流程。推进知识产权基础信息资源共享。

健全知识产权侵权惩罚性赔偿制度。健全企业海外知识产权维权援助机制。

健全信息安全保护制度。加强国家安全、个人隐私和商业秘密保护。建立健全大数据安全管理制度，实行服务领域数据资源分类分级管理和风险评估制度。建立互联网企业数据资源资产化和利用授信机制。加快完善网络安全、个人信息保护、互联网信息服务等领域法律法规，明确数据采集、传输、存储、利用、处理等环节的安全要求及责任主体，界定数据用途和发布边界。严厉打击非法泄露和出卖数据行为。

完善社会组织管理制度。完善行业协会商会类、科技类、公益慈善类、城乡社区服务类社会组织直接依法登记制度。稳妥推进行业协会商会与行政机关脱钩，增强行业协会商会助推行业发展、促进行业自律功能。完善公益性捐赠税前扣除、非营利性组织相关税收等政策。

完善统计制度。整合优化服务业统计调查资源，健全数据互通共享机制。适应服务业特点和业态模式创新，健全服务业统计调查制度，完善统计分类标准和指标体系，改进小微服务企业抽样调查和数据采集，提高统计数据精准性。加强和改进服务业增加值核算。加强大数据在服务业统计中的应用。

（二）强化人才队伍支撑

扩大人才供给，促进人才流动，加大引进力度，大力集聚一批适应服务业创新发展要求、具有国际化经营能力的企业家人才，建设规模宏大的服务业专业技术人才和高技能人才队伍。

健全人才使用和激励机制。打破制度障碍，完善职称评定、薪酬制度、社会保障等配套政策体系，促进医疗、教育、科技、文化等各领域人才有序自由流动。引导和鼓励高校毕业生到基层工作。完善职业技能鉴定制度，畅通技能人才成长路径，推动服务从业人员职业化、专业化发展。加强劳动保护和职业防护，积极改善医疗、养老服务护理人员等工作条件。健全人才创新成果收益分配机制，支持人才以知识、技能、管理等多种创新要素参与分配。挖掘多层次人力资源，注重发挥老年人力资源作用。

实施更加开放的人才政策。加快营造具有国际竞争力的人才吸引环境。加大国际人才吸引力度，通过完善外国人永久居留制度等措施，为海外人才来华工作、出入境和居留创造更加宽松便利的条件。推动“千人计划”、“万人计划”、创新人才推进计划等重大人才计划向急需的服务行业倾斜。鼓励开展国际高水平人才交流活动。

加大人才培养培训力度。加大服务领域高端专业人才培养力度，扩大应用型、技术技能型人才规模，大力培养复合型人才。强化综合素质和创新能力培养，创新培养培训方式，深化产教融合、校企合作、工学结合的人才培养模式。推行终身职业技能培训制度，完善职业培训补贴政策，鼓励职业技能和专业知识持续更新。

（三）完善基础设施体系

适应产业结构、形态和模式变化，系统构建和完善适应服务业发展的基础设施体系。加快推进基础设施改造升级，提升智慧化和网络化水平。围绕满足新产业、新业态发展需要，补齐基础设施短板，在信息、交通、流通、旅游、社会服务等领域，组织实施基础设施建设重大工程。推进服务业相关基础设施标准化建设和改造，促进互联互通和系统功能优化。改进基础设施运营管理，提高运行效率。

专栏3 服务业相关基础设施建设重点领域

（一）信息基础设施。加快构建新一代信息基础设施。加强面向服务业应用的信息基础设施和平台建设，完善物联网、云计算及大数据平台等基础设施，统筹布局建设大型、超大型数据中心。建设数据信息资源开放平台
（二）交通基础设施。积极构建国际运输网络。加快城市群城际铁路网建设完善高铁快运设施。规划建设支线和通用航空机场。加快内河高等级航道建设。推动公共交通优先发展，加快大城市中心城区轨道交通建设，推动超大、特大城市市域（郊）铁路发展。加强综合交通枢纽布局、建设和运营衔接。完善港口集疏运体系。依托重要物流节点城市和枢纽站场，建设一批多式联运货运枢纽。积极发展智慧交通
（三）流通基础设施。加强社区和农村流通基础设施建设，优化社区商业网点、公共服务设施的规划布局和业态配置。加快城市流通基础设施升级改造。建设或改造升级一批集运输、仓储、配送、信息为一体的综合物流服务基地。推动智能仓储设施和智慧物流平台建设。统筹交通、邮政、商务、供销等物流站点资源，推动城乡末端配送点建设。加强物流标准化建设，优化农产品冷链物流设施网络
（四）旅游基础设施。畅通景区和乡村旅游区与交通干线连接，推动从机场客运场站、客运码头到主要景区交通无缝对接。完善景区停车场、厕所、垃圾污水处理、游客信息服务等设施。建设邮轮游艇码头、自驾车房车营地、通航机场等新型旅游基础设施。规划建设区域性旅游应急救援基地

续

（五）社会服务设施。严格按照新建居住区或社区建设相关规定，配建便民商业服务、社区服务、健身休闲等设施。促进教育培训、健康、养老、文化等服务设施建设和升级。盘活存量土地用于社会服务设施建设，改造提升现有社会服务设施

（四）加强社会信用体系建设

加强信用法律法规建设，完善褒扬诚信、惩戒失信机制，引导服务企业和从业人员树立诚信理念、弘扬诚信美德，营造优良信用环境。

着力加强服务市场诚信建设。建立健全市场主体信用记录，开展服务企业诚信承诺活动，构建跨地区、跨部门、跨领域的守信联合激励和失信联合惩戒机制。加大对非法集资、商业欺诈等违法行为和破坏市场公平竞争秩序行为的查处力度，对严重失信主体实行行业限期禁入等限制性措施。强化医疗、教育、文化、旅游、商贸等领域诚信建设，提升工程建设、广告等领域诚信水平。运用互联网技术大力推进服务领域信用体系建设。

培育和规范信用服务市场。发展各类信用服务机构，逐步建立公共和社会信用服务机构互为补充、信用信息基础服务和增值服务相辅相成的多层次信用服务体系。支持具有较高市场公信力的第三方征信机构培育和发展。支持信用服务产品开发和创新，鼓励社会机构依法使用征信产品，拓展应用范围。推进并规范信用评级行业发展。加强信用服务行业自律和自身信用建设。

（五）保障消费者合法权益

坚持消费者优先理念，健全适应服务消费特点的制度安排，强化线上线下消费者权益保护，有效维护消费者合法权益。

着力提高信息透明度。健全服务信息依法依规告知制度，明确质量、计量、标准等强制性承诺信息内容，鼓励领军企业、行业协会商会发布更高标准的服务信息指引。严格落实经营者明码标价和收费公示制度。规范商业合同格式和条款解释，推进合同条款标准化、表述通俗化。利用各种公共信息平台，将政府各部门涉及企业违规违法行为及信用状况、服务质量检查结果、顾客投诉处理结果等信息及时向全社会公布。支持第三方机构开展服务评价。加强对消费者的金融、法律等专业知识普及。

完善消费者权益保障制度。推动调整修订现行法律法规中不利于保护消费者权益的条款，完善服务质量担保、损害赔偿、风险监控、投诉响应等制度。完善和强化服务消费惩罚性赔偿制度，加大赔偿处罚力度。推行先行赔付制度。充分发挥消费者协会等组织维护消费者权益的作用，积极发挥消费者维权服务网络平台作用。

健全服务纠纷解决机制。强化消费者权益损害法律责任，坚持依法解决服务纠纷。健全公益诉讼制度，适当扩大公益诉讼主体范围。探索建立纠纷多元化解决机制，探索和完善诉讼、仲裁与调解对接机制。

加快发展服务业是产业结构优化升级的主攻方向。各地区、各部门要加快转变观念，充分认识推动服务业发展的重大意义，着力营造服务业发展的良好环境。加强组织领导，健全工作机制，强化部门协同和上下联动，形成工作合力。各地区要因地制宜、大胆创新，积极探索服务业发展的新思路新举措，及时总结推广经验。各部门要按照分工研究制定具体实施方案，细化政策措施，切实履行好政府职责。充分发挥服务业发展部际联席会议制度作用，加强战略谋划，强化统筹协调和督促落实。加强宣传解读，积极营造全社会合力推进服务业创新发展的良好氛围。

住房和城乡建设部办公厅
关于做好取消物业服务企业资质核定
相关工作的通知

（建办房〔2017〕75号）

各省、自治区住房城乡建设厅，北京市住房城乡建设委，上海市住房城乡建设管委，天津市、重庆市国土资源房屋管理局：

为贯彻落实《国务院关于第三批取消中央指定地方实施行政许可事项的决定》（国发〔2017〕7号）和《国务院关于取消一批行政许可事项的决定》（国发〔2017〕46号），做好取消物业服务企业资质的后续管理工作，现将有关事项通知如下：

一、各地不再受理物业服务企业资质核定申请和资质变更、更换、补证申请，不得以任何方式要求将原核定的物业服务企业资质作为承接物业管理业务的条件。

二、切实承担物业服务属地管理主体责任，按照业主自我管理与社会化服务相结合的原则，积极推动将物业管理纳入社区治理体系。县级以上房地产主管部门要会同城市管理、民政、公安、价格等有关部门按照各自职责指导监督物业管理工作，充分发挥街道办事处或乡镇人民政府在加强社区党组织建设、指导业主大会和业主委员会、监督物业管理活动等方面的重要作用，建立健全物业管理联席会议制度，维护社区和谐稳定。

三、建立健全物业服务标准和服务规范，规范物业服务合同行为，明确物业服务企业责任边界，引导物业服务企业增强服务意识，创新服务理念，提升服务品质。

四、进一步落实物业承接查验制度，指导监督建设单位、业主和物业服务企业依法做好物业共用部位、共用设施设备的查验和交接工作，厘清各方主体之间的权利义务关系，减少开发建设遗留问题，确保物业服务项目交接的平稳顺利。

五、完善物业服务投诉平台，畅通投诉渠道，建立健全投诉反馈机制，明确受理、处理投诉的程序和要求，加强投诉反馈监督检查，及时解决群众有效投诉，预防化解物业服务矛盾纠纷。

六、加强物业服务行业事中事后监管，制定随机抽查事项清单，建立健全“双随机”抽查机制，合理确定抽查的比例和频次，对发现的违法违规行为，依法依规加大惩处力度。

七、加快推进物业服务行业信用体系建设，建立信用信息共享平台，定期向社会公布物业服务企业信用情况，建立守信联合激励和失信联合惩戒机制，构建以信用为核心的物业服务市场监管体制。

物业服务事关广大人民群众的切身利益。各地要把加强物业服务市场监管作为保障和改善民生的重要举措，确保各项措施落实到位，并将落实情况及时上报我部。我部将抓紧研究制定物业服务导则和信用评价体系，适时对各地贯彻落实本通知的情况进行监督检查，并通报检查结果。

此前有关物业管理规范性文件规定与本通知不一致的，以本通知为准。

中华人民共和国住房和城乡建设部办公厅

2017 年 12 月 15 日

住房和城乡建设部
关于废止《物业服务企业资质管理办法》的决定

［中华人民共和国住房和城乡建设部令（第 39 号）］

《住房城乡建设部关于废止〈物业服务企业资质管理办法〉的决定》已经 2018 年 2 月 12 日第 37 次部常务会议审议通过，现予发布，自发布之日起施行。

住房和城乡建设部部长
王蒙徽
2018 年 3 月 8 日

住房和城乡建设部
关于废止《物业服务企业资质管理办法》的决定

住房和城乡建设部决定废止《物业服务企业资质管理办法》（建设部令第 164 号）。现予发布，自发布之日起施行。

江苏省住房城乡建设厅
关于印发《江苏省“十三五”物业管理
行业发展规划的通知》

（苏建房管〔2017〕157号）

各设区市建设局（委），房产局：

现将《江苏省“十三五”物业管理行业发展规划》印发给你们，请结合实际，认真贯彻落实。

江苏省住房和城乡建设厅

2017年4月6日

江苏省“十三五”物业管理行业发展规划

“十三五”时期是江苏率先全面建成小康社会的决胜阶段，是积极探索开启基本现代化建设新征程的重要阶段，也是推动建设“强富美高”新江苏的关键时期。根据《江苏省国民经济和社会发展十三五规划纲要》，结合《江苏省“十三五”现代服务业发展规划》《江苏省“十三五”住房城乡建设事业发展规划纲要》，制定本规划。本规划主要阐明“十三五”时期物业管理行业发展的指导思想、总体目标、主要任务和保障措施，是今后5年全省物业管理行业发展的纲领性文件。

一、“十二五”江苏省物业管理发展情况

（一）发展成就

“十二五”期间，随着经济快速发展和人民生活水平不断提高，特别是2013年《江苏省物业管理条例》（以下简称《条例》）修订实施以来，各地各有关部门认真履行职责，严格落实有关规定，推进配套法规体系建设，强化物业服务市场监管，规范物业服务企业行为，增强物业服务行业自律，提升物业管理服务水平和覆盖面，各项工作取得了积极成效。

1.物业管理法规体系不断完善。全省各地各有关部门认真贯彻落实《物权法》、国务院《物业管理条例》

等法律法规，及时细化相关规定，初步形成了以 2013 年修订的《江苏省物业管理条例》为主干，以《江苏省物业服务收费管理办法》《江苏省住宅专项维修资金管理办法》等相关规定为支撑的物业管理法规体系，为培育市场、规范服务、引导行业健康发展提供了法律保障。南京、无锡等市出台地方物业管理条例，扬州、徐州等市制定物业管理办法。

2. **物业行业管理体制日趋健全**。各地各有关部门严格履行行业监管职责，不断完善属地为主、部门联动的行政监管工作机制，大力整顿行业秩序，物业管理市场得到进一步规范。省住建厅切实加强行业指导，并按照“双随机”检查要求，不定期地开展物业服务行为专项检查。省物价局按照国家和省有关要求，积极指导各地建立科学合理的物业管理定价机制。各地积极探索建立健全部门协作、齐抓共管的物业管理体制机制。南京市明确“市级抓宏观、区级抓企业、街道负责指导业主组织”；泰州市明确“统筹协调在市、责任落实在区、工作推进在街道、问题化解在社区”；宿迁市明确“市级指导、区负总责、街道主抓、社区参与”等，积极推动物业管理重心下移。

3. **培育市场方式不断创新**。各级物业行政主管部门研究制定物业服务标准，通过物业服务标准化规范企业行为；开展物业管理示范项目评价活动，以典型示范引导企业提升服务水平；加强培训和继续教育，着力提高物业企业项目经理和从业人员的素质；组织开发物业服务行业信用信息管理系统，采取记录信用行为的办法，加强物业管理信用监管，促进物业服务企业守法诚信经营。扬州市运用“互联网 +”积极探索智慧物业，实现了政府部门从管理向服务、物业服务企业从粗放型向集约型、传统物业管理向现代物业管理和社会治理的“三个转变”。南京市江宁区针对老旧小区停车难问题，整合办公大厦和住宅小区停车资源，通过手机 APP 实现错峰停车。

4. **行业服务能力明显提升**。各地通过不断推进物业管理服务专业化、社会化和市场化，积极培育市场主体，物业管理服务企业得到稳健发展。截至 2015 年年底，全省共有物业服务企业 7190 家，管理项目 30836 个，管理建筑面积 16.5 亿平方米。在中国物业管理协会评选的全国物业服务企业百强中，江苏省占了 10 家。物业管理服务范围由过去的单一住宅物业，逐步扩展到商业、办公、医疗、教育、军队、金融等各个行业；服务内容也由过去的基本服务逐步延伸到社区电子商务、社区养老、家政服务、短期租赁等不同领域服务。物业管理服务已成为社区公共事务管理、精神文明建设和社区文化建设的重要载体，群众满意度有效提升。在省质量技术监督局开展的江苏省十大服务行业公众满意度调查中，物业管理公众满意度指数达到 70.25，处于第五位，达到比较满意水平。

5. **物业管理服务覆盖面稳步增加**。截至 2015 年年底，江苏省物业管理服务面积已达 16.5 亿平方米，约占全省城市年末实有房屋建筑面积的 60 %，其中，住宅 12.49 亿平方米，约占全省城市年末实有住宅房屋面积的 70%。为让更多业主享受到现代物业服务发展成果，江苏省进一步加大了对老旧小区整治工作，积极推进“基本保洁、基本保绿、基本保安”的“三基本”物业管理服务，努力扩大物业管理服务覆盖面。截至 2015 年年底，全省已整治老旧小区 3370 个，改造小区面积 1.5 亿平方米，受益群众超过 300 万户。全省城市主城区总体实现了基本物业管理服务全覆盖。

6. **矛盾化解调处机制初步形成**。针对物业矛盾纠纷较多的实际，全省各地普遍加强矛盾纠纷化解调处机制建设，注重发挥街道、社区作用，努力将矛盾化解在基层。省住建厅与省高院建立健全物业矛盾纠纷司法调解机制，推动这项工作纳入法治化轨道。各级公安机关深入实施社区警务战略，大力推进警务工作进小区，下沉警力、前移关口，切实加强小区矛盾纠纷排查调解。淮安市将建立物业管理矛盾纠纷调处机制列为平安建设的重要课题，在盱眙县率先成立物业矛盾纠纷调处中心。盐城市房管局与亭湖区法院联合成立房产物业巡回法庭，打造绿色诉讼通道，成功调解了近百件物业矛盾纠纷，初步形成了行政执法与司法审判相衔接的物业管理矛盾调处模式。常州市推进调解组织、巡回法庭和联席会议制度，并根据案件类型采用支付令、先行调解、速裁和小额诉讼程序等手段，对物业纠纷尤其是物业服务费纠纷的化解起到了积极的推动作用。

经过努力，江苏省物业管理工作不断深化拓展，在经济社会发展中的作用日益显现。一是物业管理已经成为加强城市基层管理的重要内容。物业管理作为政府城市管理的补充和延伸，有效解决了城市管理“最后一公里”问题，实现了基层社区管理的网格化、精细化，降低了城市管理成本，提升了城市管理水平。二是物业管理成为促进社区和谐稳定的重要基础。物业服务企业切实履行职责，积极协助各级政府及有关部门开展社区文化、秩序维护、安全防范等工作，在应对自然灾害、维护公共秩序、减少刑事发案率、推进社会综合治理等方面发挥了积极作用。三是物业管理成为改善城市人居环境的重要手段。物业服务企业通过提供专业化、标准化的物业服务，不断改善群众居住环境、提升居住品质，努力增强城市居民的获得感和满意度。同时，物业管理行业通过绿色物业管理，在推进节能减排，减少污染方面发挥了重要作用，为全省生态文明建设作出了贡献。四是物业管理成为缓解城乡就业矛盾的重要途径。截至 2015 年年底，全省物业服务企业从业人员达 52.1 万人，其中 70% 以上来自企事业单位分流人员、大中专毕业生、部队复转军人、下岗及再就业人员、农村进城务工人员。五是物业管理成为促进服务业发展的重要方面。物业管理行业已经从单纯住宅物业服务向办公楼、工厂、医院、学校、商场、市政设施、城市综合体等多种物业服务延伸拓展，从建成交付后的建筑物管理向物业全过程管理和为居住者提供包括基础物业服务、家政服务、养老服务、电子信息服务、理财服务等全方位服务延伸拓展。2015 年，全省物业服务企业主营业务收入 263.7 亿元，创造增加值 274.4 亿元。

（二）面临的机遇与挑战

“十三五”期间，江苏省的社会发展、城市建设、市场经济发育将为物业管理行业的发展提供良好机遇。与此同时，物业管理行业的发展也会面临诸多挑战。

1. 物业管理面临的机遇。根据江苏省“十三五”经济社会发展规划纲要，到 2020 年年末，江苏省地区生产总值将达到 10 万亿元左右，居民人均可支配收入达到 4.2 万元左右，快速发展的经济和居民收入的增加，将为江苏省物业管理行业的发展创造条件，对物业管理行业健康、稳定的发展具有巨大的促进作用，为未来 5 年江苏省物业管理行业的发展提供良好机遇。

习近平在视察江苏时明确提出了建设经济强、百姓富、环境美、社会文明程度高的新江苏目标，提出了“更舒适的居住条件”的要求；江苏省第十三次党代会围绕“两聚一高”的发展任务，明确了聚力创新、聚焦富民、高水平建成全面小康社会的目标。江苏省“十三五”规划提出，到 2020 年，要实现“居住品质提升，人居环境舒适，推动住有所居向住有宜居迈进”。物业管理一头连着经济发展，一头涉及百姓生活的方方面面，是惠及民生的重要环节，这是行业发展面临的有利机遇。

2. 物业管理面临的挑战。与此同时，当前及未来一段时期内，江苏省物业管理行业发展依然面临着许多困难和问题：

一是业主法制观念和自治意识亟待提高。第一，一些业主法制观念淡薄，“要权利不要责任，要服务不要收费”的思想仍普遍存在，找各种理由不交物业费，致使物业费收缴困难，一些小区物业费收缴率只有 30% ～ 40%，严重影响物业服务水平的提高。第二，不少业主自治意识不强，主动参与物业管理的积极性不高，导致业主大会召开难、决策难，业委会成立难、运行难。第三，业委会成员大多是兼职，专业人士匮乏，有能力的不想干，想干的不少存有私利想法，业委会不作为、乱作为的情况屡见不鲜。

二是物业服务企业的管理和扶持力度仍需加大。第一，物业行业准入门槛普遍偏低。虽然江苏省物业服务企业总体数量不少，但品牌企业、龙头企业较少；在中国物业服务百强企业排名中，江苏只有 10 家，远低于广东、浙江等省份。第二，物业管理专业人才匮乏。与其他现代服务业比较来看，物业服务从业人员总体素质偏低，全省 50 多万的物业从业人员中，具有本科及研究生学历者只有 4.3 万多人。第三，物业服务不够到位。部分物业服务企业“重利益、轻服务”倾向严重，存在管理水平不高、服务标准不规范、诚信经营不足等问题，尤其是财务收支透明度不高、侵害业主权益的现象时有发生。第四，物业服务企业经营负担依然较重。全省大部分地区没有制定为物业服务企业减负的实施细则，物业管理行业与现代服务业发展要求还有不小差距，有的地方对物业服务中的代收代缴费用同样征税，加重了企业负担，严重影响了物业管理水平的提高。

三是法规政策支撑有待完善。第一，专项维修资金使用难、续筹难问题仍然突出。虽然省条例以及一些地方针对住宅专项维修资金应急使用问题做出了相应规定，但从全省面上来看，专项维修资金使用难问题没有得到根本解决。同时，对于住宅专项维修资金续筹问题，缺少具体的操作条款和机制，在实际操作中难以落实。第二，物业服务收费标准调整困难。省条例规定价格行政主管部门应当每三年内对物业服务等级收费标准及相应的基准价与浮动幅度进行评估，并根据评估结果适时调整。但从实施情况看普遍不理想，大部分城市仍然长期沿用老标准，有的城市使用统一标准长达 10 年多，物业管理质价相符的收费机制没有得到落实。第三，破解业主自治难题缺乏法规依据。近年来，因业主组织不当维权、侵害业主共同利益所引发的矛盾纠纷日趋激烈。其问题关键在于业主组织缺乏明确的法律地位，从而无法形成有效的外部监督机制。南京等地在地方立法中通过民政备案尝试赋予业主委员会独立法人资格，但仍未根本解决问题。

四是管理体制机制需要进一步健全。第一，属地权责不对称。省条例明确街道（乡镇）属地管理责任，但街道、社区居委会管理手段不多，缺少有效抓手，责大权小、监管有盲区、对接有缝隙。第二，部门合力发挥不够。由于缺少统一的协调配合及考核奖惩机制，加之各职能部门职责界定相对模糊，在综合执法进小区过程中，存在相互推诿、相互观望的现象。第三，旧住宅区物业长效管理机制未完全建立。大部分旧住宅区受收费标准低、收缴率不高、无法封闭管理等诸多因素制约，受资金限制，管理和服务水准整体较低，长效管理难度较大。

五是物业管理矛盾纠纷需要有效化解。第一，物业管理矛盾纠纷案件呈迅速上升趋势。近年来各地物业管理纠纷案件快速增长，如南京市法院全年受理的各类物业纠纷案件约占全部民事案件总数的 17% 以上，常州市法院 2015 年物业纠纷案件受理数量比 2013 年上升了 93%，物业纠纷案件已经成为主要的民事案件类型。第二，引起物业管理矛盾的诸多“老大难”问题依然存在。由于承接查验不到位，不少开发建设遗留问题导致的责任和矛盾转嫁到物业服务企业，成为物业管理矛盾纠纷的重要原因；由于业委会解聘更换物业服务企业，新旧物业交接矛盾频频发生，出现旧物业不愿走、新物业进不来的情况，甚至引发严重的暴力事件。此外，小区停车难、经营网点扰民、业主违建等仍然是物业管理矛盾纠纷的焦点。第三，矛盾纠纷调解难度越来越大。有些纠纷涉及业主、业委会、物业服务企业的经济利益，对矛盾调处带来很大难度，结果往往是矛盾双方都不满意。

六是传统物业服务及收费模式面临诸多困难。不少住宅小区存在服务标准、质量不高，收费标准、收缴率均低的双重问题。究其原因，一方面，物业服务企业传统的服务模式和服务内容难以满足广大业主的需求，受制于产业结构及成本因素，物业服务企业办法不多，困难重重。另一方面，长期以来住宅小区均实行包干制收费模式，而这一模式又客观造成物业管理收费不透明、业主对物业服务的内容、标准和价格认可度不高，从而导致对物业服务不满意，物业企业也难以按照市场行情合理调整物业费。

二、指导思想、基本原则及发展目标

（一）指导思想

全面贯彻党的十八大和十八届三中、四中、五中、六中全会和省委第十三次党代会精神，以及中央城市工作会议、中央城镇化工作会议精神，深入贯彻习近平同志系列重要讲话特别是视察江苏时重要讲话精神，按照国家、省委进一步加强城市规划建设管理的要求，牢固树立“创新、协调、绿色、开放、共享”的发展理念，以增进民生福祉为目标，以全面深化改革为主题，巩固和完善物业管理的社会化、专业化、市场化的科学定位，通过强化法制建设和政策扶持，不断加强物业行业监管和服务标准化，鼓励物业服务企业采用先进技术方法，逐步实现物业管理的现代化、智能化、信息化、低碳化，加快推进物业服务行业从传统服务业向现代服务业转型升级，为推进美丽宜居新江苏建设提供有力支撑。

（二）基本原则

1. **坚持人才培养，增强创新动力**。以规划为指导，完善人才培养和流动机制，多渠道、多途径培养物业管理专业人才，打造优秀人才团队。健全物业管理专业人才激励机制，通过搭建企业与人才“双赢”的互动平台，以人才促进企业创新发展，提升行业综合竞争力。

2. **坚持区域统筹，促进协调发展**。以市场机制为驱动，区分地区差异，完善政策措施，强化分类指导。在抓好重点物业服务企业发展的同时，采取以强带弱、以强促弱等措施，促进物业服务中小企业积极开展科技创新、产业融合、跨界发展，推进区域、行业统筹协调发展。

3. **坚持试点先行，着力品牌培育**。以问题为导向，聚力开展管理模式创新、服务方式变革、新技术应用等试点，通过总结经验，以点带面，努力打造具有江苏省特色的物业行业品牌，推进物业管理服务行业转型升级、创新发展，整体提升物业管理水平和服务质量。

4. **坚持完善机制，加强行业监管**。以深化“放管服”改革为契机，着力理顺涉及物业管理的各政府部门的权责关系，建立健全物业管理信用体系，实施信用信息互联互通，突出政府服务和部门协调联动，加强事中事后监管；健全完善市、区、街道、社区四级管理体制，推动管理重心下移，努力构建行为规范、运转畅通、公正透明、高效廉洁的物业管理服务体制。

5. **坚持共享发展，突出社会服务**。以落实国家“创新、协调、绿色、开放、共享”五大发展理念为指导，通过管理方式、技术措施等方面的创新，积极推进绿色物业管理和低碳发展，建设美丽宜居新江苏；积极推进物业标准化服务，扩大物业覆盖面，增强业主自主自治意识，让更多业主在物业服务共建共享发展中有更多获得感。

（三）发展目标

物业管理覆盖率进一步提高。通过健全市场机制，明确政府职责，到 2020 年，江苏省新建住宅小区物业管理服务实现全覆盖，出新的住宅小区物业管理服务实现全覆盖，老旧小区基本物业管理实现全覆盖。

物业服务企业竞争力进一步增强。通过优化物业服务企业产业结构，在立足物业管理本业的基础上，借助互联网、物联网等新兴科技与社区经营、社区养老等新兴概念逐步实施产业的转型升级与再造，增强物业服务企业经济实力，到 2020 年，培育年营业收入亿元以上物业服务企业 50 家，其中 10 亿元以上物业服务企业 10 家，进入全国物业管理 100 强的企业进一步增加。

物业服务质量和群众满意度进一步提升。通过推进物业服务标准化，加强行业监管，树立行业典型，深化物业信用体系建设，促进全省物业服务业主满意度稳步提升。到 2020 年，创建省级示范物业管理项目 500 个。

物业管理体制机制进一步健全。通过深化落实《江苏省物业管理条例》，大力推进物业行业法规及制度建设，促进物业管理发展环境进一步得到优化。

业主自治能力和运作水平进一步提高。通过建立健全政府引导、扶持工作机制，将业主自治组织活动与基层社区治理有机融合，通过信息化手段建立业主电子决策平台，有效解决业主自治难题，促进、引导业主组织依法、高效开展自治活动。

三、主要任务

（一）积极培育和规范物业服务市场

1. **积极放开搞活物业服务市场**。进一步改革机关、事业单位、国有企业用房自我使用、自我服务的管理模式，积极推进后勤管理服务社会化、市场化。积极引入竞争机制，鼓励有条件的工厂、医院、学校、大型公建设施等物业，采用公开招标方式选择物业服务。

2. **完善物业服务市场监管体系**。完善物业服务招投标制度，加快招投标专家库建设，遏制无序竞争，建立公开公平公正的市场秩序。健全物业服务市场准入机制，加强对物业服务企业的监管。加强对物业承接验收的监管，规范物业项目承接验收行为，维护业主和使用人的合法权益。大力开展物业服务质量评价，通过典型示范、劣质淘汰等机制引导企业提升服务水平、规范服务行为。加强对物业区域内供水、供电、供气、供热、通信、有线电视、环卫、市政等共有设施设备移交工作的监管，确保按时移交给相关专业单位。进一步加强住宅专项维修资金监管，畅通资金应急使用渠道，提高资金使用效率。

3. **制订实施物业服务标准**。推进物业管理标准化工作，构建江苏省物业管理行业标准体系，把标准的制定与行业发展相结合，把标准的实施与规范从业行为相结合，不断扩大标准覆盖范围，提高标准适用性，逐步形成科学合理、层次分明、重点突出、能够满足整个行业发展要求的标准化体系，以标准化手段全力支持物业管理行业转型升级，助推全省物业管理行业可持续发展。

4. **探索引入第三方评估机制**。积极培育和支持物业管理市场第三方专业评估机构，如招投标咨询、财务审计、分析评估、质量评价等，以政府购买服务、业委会或业主委托等多种形式培育和支持物业管理第三方专业评估机构的发展，为规范物业服务、解决物业费纠纷、落实物业价格调整机制提供制度保障。

5. **建立健全行业诚信体系**。进一步完善物业服务企业诚信档案管理办法，搭建物业服务企业诚信档案和信息发布平台，及时向社会发布企业诚信信息和不良信用记录。逐步将企业诚信体系建设与项目评选、企业管理挂钩，对信誉好、口碑佳的企业，在项目评选和招投标管理中予以优先考虑；对社会形象差、服务不规范、管理水平低的企业坚决予以清理整顿，依法实施处罚。

6. **建立物业服务纠纷快速处理机制**。充分发挥调解工作在物业服务纠纷处理中的作用，构建人民调解、行政调解、司法调解相互衔接的物业服务纠纷调解工作新模式，建立市、县、街道、社区四级物业管理投诉受理制度和物业服务纠纷快速处理调解组织体系，着力解决物业服务纠纷逐年增多的问题。充分发挥社区法律顾问作用，引导人民群众依法理性表达利益诉求，在法治的轨道上推动物业服务纠纷的及时解决。

7. **着力加强行业自律**。加强物业服务行业协会建设，充分发挥行业协会的积极作用，着手开展制订行业行规，加快推进行业自律机制建设，引导物业服务企业开展服务承诺、履行社会责任，确保物业服务质价相符，努力构建和维护良好的物业服务市场秩序，促进物业服务业健康发展。

（二）促进物业管理行业转型升级

1. **不断健全物业服务体系**。鼓励物业服务企业横向多元化经营，进入高附加值的领域发展，为业主提供更为丰富的社区增值服务。在传统的保洁、绿化、安保和设施设备维护保养之外，鼓励物业服务企业拓展信息咨询、房屋中介、家政服务、电子商务、居家养老等领域，一方面满足业主个性化需求，另一方面拓宽行业的发展空间，提升盈利能力，带动物业管理全行业的转型升级。同时，支持物业服务企业积极拓宽服务领域，从住宅区物业服务加快向办公楼、工业企业、医院、学校、市政设施、城市综合体、农居点的多种物业服务延伸拓展，加快形成完备的现代物业服务体系。

2. **探索建立新型物业管理商业模式延伸产业链**。将物业管理行业的活动延伸至房地产整个链条，包括房地产前期规划设计，中期的招商策划、代理营销和后期的对物业资产的保值增值、商业物业经营管理等。改变传统单纯依靠物业管理费盈利模式，促进新型商业模式的形成，进而推动行业的转型升级。引导物业服务企业提升综合竞争力，更新传统物业服务产品结构，加强与物业管理相关产业市场的开发与参与程度，逐步建立以居住消费服务和设施设备管理为核心，智慧物业信息化为平台，全产业链发展的新格局。

3. **大力推进绿色物业管理**。大力推进绿色物业管理有序、健康发展，逐步健全完善绿色物业管理技术规范和评价体系。全面导入资源节约、环境保护理念，倡导绿色低碳生产生活方式，深入开展以节能、节水、垃圾减量分类、环境美化绿化为主要内容的绿色物业管理，不断提高物业管理对可再生能源、资源的循环利用率，有效降低各类物业运行能耗，最大限度地节约资源和保护环境，致力构建宜居小区、节能低碳居住区。

4. **大力发展智慧物业**。鼓励物业服务企业借用“互联网 +”、物联网、大数据、云计算、O2O 等先进网络信息技术及理念，重点进行“智慧物业”建设，通过不断为业主提供优质服务来提高业主满意度和信任度。协同推进社区公共数据资源中心建设，逐步实现在节能减排、智能家居、安防监控、电子政务、停车服务等方面的物业服务智慧化，搭建社区公共事务决策平台，提升“智慧物业”在社区治理与便民服务等方面的社会效益。

5. **引导实行酬金制物业服务模式**。以贯彻《江苏省物业管理条例》为基础，引导具备条件的居民小区推行酬金制服务模式。通过公开透明的物业服务及收费新模式，在切实解决住宅小区业主不满意、企业不盈利的“恶性循环”问题的同时，有效提升业主自治能力，形成业主与物业服务企业平等对话、理性沟通、按照市场规律合作的良好氛围。

（三）着力提高业主自治能力和水平

1. **切实加强业主组织建设**。加快修订业主大会议事规则、物业管理规约等示范文本，加强指导和培训，健全业主大会、业主委员会的组织建设，充分发挥其在物业管理中的积极作用。鼓励各地探索建立业主电子表决平台，切实解决业主大会召开难的问题。探索业主委员会的法律主体地位，研究加强业主委员会的监管措施。完善物业服务合同，规范物业服务委托方和受托方的责权利关系和行为。注重组织引导业主大会和业主委员会对业主公共财产进行自主管理，不断提高业主委员会的管理水平。

2. 促进业主自治与社区治理融合发展。探索将业主委员会纳入基层管理的范畴，做实以基层党组织为核心，以社区居委会、业主委员会、物业服务企业、社区社会组织等积极参与和配合的“一核多元”的社区治理模式。在社区治理中突出党的领导，鼓励和支持符合条件的物业小区业主委员会成立党支部，鼓励和引导政府公职人员积极参选所居住小区业主委员会委员。通过党建活动规范业主委员会的日常运作，提高业主委员会的履职能力和自律水平。

3. 建立业主诚信管理制度。根据国家和江苏省关于加强个人诚信体系建设的要求，探索建立针对业主的诚信管理制度。进一步强化业主公约的约束力，在维护业主合法权益的基础上，引导业主自觉履行有关物业使用、维护和管理的义务，保障物业安全与合理使用，维护公共秩序。探索建立业主不良信用记录制度，对业主违法搭建、擅自改变物业使用性质、破坏建筑物承重结构、拒绝缴纳专项维修资金等物业使用违法违规行为拒不整改的，以及无故欠缴物业服务费经仲裁裁决或司法判决确认后仍不履行缴费义务的，纳入个人诚信档案，并推送至公共信用信息共享平台，作为多部门联合实施信用惩戒措施的参考。

4. 落实基层组织和管理部门职责。进一步发挥基层政府组织在业主组织管理中的作用，强化街道、乡镇、社区居委会对业主大会、业主委员会组建、换届、日常运作的指导、服务和监督职责。建立住宅小区综合管理和服务的责任清单，明确城管执法、工商、公安、规划、环卫、绿化、物价、民政、市政等相关职能部门在住宅小区综合管理中的职责，强化政府管理和公共服务进住宅小区，并建立对住宅小区综合治理工作方面的考核评价机制，为强化住宅小区综合治理提供有力保障。切实将物业管理纳入社区综合管理和公共服务的范畴。

（四）不断提升老旧住宅小区物业管理服务水平

1. 加快老旧住宅小区综合整治改造。坚持政府主导，推进老旧住宅小区综合整治改造。对老旧住宅小区进行全面摸底，对需整治改造的事项进行分类建档。科学编制改造规划和年度实施计划，合理确定老旧住宅小区综合整治改造的目标任务，逐年实施，稳步推进。综合整治改造老旧住宅小区管网管线、绿化硬化、节能改造和内外环境，进一步完善供水、供电、供气、供热、通信、邮政、排水与垃圾处理等市政基础设施和物业用房等公用服务设施。按照“居住宜老、设施为老、活动便老、服务助老、和谐敬老”的要求积极开展老旧小区适老化改造，不断适应人口老龄化发展趋势。老旧住宅小区综合整治改造比例每年不低于总数的 20%，争取用 3 ～ 5 年的时间把符合条件的老旧住宅小区全部改造完成。

2. 推进基本物业管理服务全覆盖。对整治改造后的老旧住宅小区，按照属地管理原则，引入市场化的物业管理或推行基本物业管理服务，实现基本物业管理服务全覆盖。对物业管理主体缺失的，由街道、社区居委会根据居民的意见，选择物业服务企业或组织居民进行自我管理。对不具备市场化条件的，鼓励街道成立基本物业服务中心，为整治改造后旧住宅区提供基本物业管理服务。

四、保障措施

1. 加强组织协调，形成工作合力。建立由物业行政主管部门牵头，发展改革、公安、民政、司法、财政、税务、工商、质监、安监、金融、电力等部门和单位组成的物业管理联席会议制度，加强统筹协调，及时解决工作中遇到的重大问题。充分认识加快发展物业服务业的重要性和紧迫性，进一步转变观念，拓宽思路，把提高物业行业发展水平和服务能力、培育和规范物业服务市场、减轻物业企业负担、落实扶持政策工作列入各级政府和相关部门重要议事日程，明确任务，落实责任，确保各项工作和扶持政策落实到位。

2. 加大扶持力度，提升服务水平。研究制定促进现代物业服务业发展的指导意见，将物业服务纳入现代服务业发展规划，落实财政补贴奖励、税费优惠、金融扶持等政策，切实减轻企业经营负担。鼓励和支持各地结合实际，探索建立适合物业行业发展的产业基金，按照“政府引导、市场运作、科学决策、防范风险”的原则，发挥财政性资金的杠杆放大效应，扶持促进物业行业发展的重大关键技术、方法、手段产业化，引入 PPP 模式，提供优质公共服务，优化物业行业的产业结构。按照质价相符原则，加快修订和完善物业服务等级标准和收费标准，推广“菜单式服务、等级化收费”的物业服务费分级定价机制。规范物业服务相关收费，凡由政府及相关职能部门承担的费用，不得转由业主或者物业服务企业承担。鼓励各地对在达标创优、节能减排、安置就业、社区建设中作出突出贡献的物业服务企业给予奖励。

3. 完善法规制度，夯实法制基础。总结全省物业管理做法和经验，深入研究《江苏省物业管理条例》实施过程中的重大问题，将实践证明行之有效、立法条件成熟的改革举措提请省人大及其常委会上升为地方性法规。进一步抓紧制定和完善与《条例》相配套的办法措施，把《条例》的原则规定具体化。鼓励各设区市积极提请人大及其常委会在地方立法中，结合市情实际制定物业管理地方性法规，为地方物业管理工作的有序开展提供法规制度保障。

4. 加强培训教育，提高行业素质。引导物业服务企业改进对员工的管理，加强职业技能培训和职业道德建设，规范物业服务从业人员的服务行为。加快物业服务定点培训机构建设，推动校企合作、联合办学，加快培养满足现代物业服务业发展需要的专业人才。加强对业主委员会成员的教育培训，提高业主委员会成员物业管理法律意识、责任意识和履职能力。培育业主责任意识、法律意识和契约意识，树立“花钱买服务”的消费观，为物业管理行业的健康发展奠定坚实基础。

5. 放大试点效应，突出示范引导。加强全省各地行业管理和发展的典型案例的试点和宣传工作，在全省形成一批例如南京、无锡条例立法，泰州、宿迁四级统筹协调机制，扬州智慧物业，盐城物业服务诉讼简易司法程序，常州物业服务纠纷调节机制等行政管理试点项目；开展物业服务示范项目评价，通过示范引领物业服务水平提升。

6. 强化舆论引导，营造良好氛围。大力开展物业管理舆论宣传活动，发挥各级政府和有关部门、行业协会、物业服务企业等单位的宣传主阵地作用，提高全社会对物业管理的认识，引导业主合法与理性维权，促进物业服务企业之间的合作。引导新闻媒体坚持正确舆论导向，既曝光物业管理中的不良现象，也报道相关部门严格执法、业主与物业服务企业良性互动、物业服务企业和从业人员感人事迹等正面情况，弘扬社会正能量，充分调动各方力量，共同打造良好的生活环境。

7. 健全统计制度，加强考核评价。研究制定物业服务业统计指标体系，开展物业服务业发展统计工作。加强物业服务业统计信息平台建设，完善统计报告制度和信息发布制度。加快建立物业服务业发展形势分析制度，完善物业服务业和重点联系企业运行监测分析。建立物业服务业发展考核评价制度，对规划目标任务进行细化分解，强化绩效考核导向，建立动态规划评估体系，健全督查督办机制和奖惩激励机制，确保规划顺利实施。

新疆维吾尔自治区
第十二届人民代表大会常务委员会公告

（第 41 号）

《新疆维吾尔自治区物业管理条例》已由新疆维吾尔自治区第十二届人民代表大会常务委员会第二十九次会议于 2017 年 5 月 27 日通过，现予公布。自 2017 年 7 月 1 日起施行。

特此公告。

新疆维吾尔自治区人民代表大会常务委员会

2017 年 5 月 27 日

新疆维吾尔自治区物业管理条例

第一章　总则

第一条　为了规范物业管理活动，维护业主、物业服务企业合法权益，改善人居环境，促进和谐社区建设，根据《中华人民共和国物权法》、国务院《物业管理条例》和有关法律、法规，结合自治区实际，制定本条例。

第二条　自治区行政区域内物业管理及其监督管理活动，适用本条例。

本条例所称物业管理，是指业主选聘物业服务企业、委托其他管理人（以下统称物业管理人）或者自行对房屋及配套的设施和相关场地进行维修、养护、管理，维护物业管理区域内的环境卫生及相关秩序的活动。

第三条　县级以上人民政府应当将物业服务纳入现代服务业发展规划、社区建设规划和社会治理体系，建立物业服务综合协调机制，促进物业服务发展与民族团结、平安和谐的社区建设。

第四条　县级以上人民政府房地产行政主管部门对本行政区域内物业管理活动实施监督管理。

规划、建设、公安、消防、价格、民政、质量技术监督、环境保护、城市管理、市政公用等有关部门，按照各自职责，负责有关物业管理的监督管理工作。

第五条　街道办事处或者乡镇人民政府在同级党组织领导下，负责组织、指导本辖区的业主成立业主大会，选举业主大会执行机构，监督业主大会和业主大会执行机构依法履行职责，协调物业服务与社区管理、社区服务的关系，调解处理物业管理服务纠纷；居民委员会协助街道办事处或者乡镇人民政府开展物业管理相关工作。

调解处理物业管理服务纠纷纳入社会治安综合治理的考核内容。

第六条 街道办事处或者乡镇人民政府建立物业管理联席会议制度。

联席会议由街道办事处或者乡镇人民政府负责召集，房地产、公安、民政、城市管理等行政主管部门和居民委员会、业主委员会、物业服务企业、专业经营单位等各方代表参加，具体解决物业管理服务活动中需要协调的问题。

第七条 县级以上人民政府应当制定政策，鼓励物业管理区域实行社会化、专业化、市场化的物业服务，采用新技术、新方法，依靠科技进步提高物业管理和服务水平。

第八条 物业服务行业组织应当加强行业自律管理，建立诚信档案，建立和完善物业服务企业及其从业人员的自律制度，督促物业服务企业诚信经营和服务。

第二章 新建物业与前期物业管理

第一节 物业管理区域

第九条 新建建筑按照建设用地规划许可证确定的红线图范围，综合考虑建筑物规模、共用设施、社区建设等因素，合理划分物业管理区域。

分期开发建设或者两个以上建设单位开发建设，使用同一配套设施的，应当划定为一个物业管理区域。

第十条 建设单位销售房屋前，应当持建设用地规划许可证、建设用地使用权证书、建设工程规划许可证和地名核准文件等资料，向县（市）房地产行政主管部门申请划分物业管理区域。

县（市）房地产行政主管部门应当自受理申请之日起二十日内，征求街道办事处或者乡镇人民政府以及公安、消防、市政公用等部门的意见后，划分物业管理区域，并书面告知建设单位。

建设单位应当将划定的物业管理区域在房屋销售前向房屋买受人明示。

第十一条 物业管理区域划定后需要调整的，应当经物业管理区域内专有部分占建筑物总面积三分之二以上的业主且占总人数三分之二以上的业主同意后，由县（市）房地产行政主管部门按照本条例的规定重新划分。

第二节 配套设施

第十二条 物业管理区域内按照规划配建的教育、医疗卫生、社区服务等公共服务设施，由政府建设并承担相应费用；配建的供热交换、变电配电、燃气调压、垃圾转运、公共厕所、消防以及商业服务等设施，应当在建设项目核准、备案文件中载明建设单位、明确产权归属，建设费用由产权单位承担。

物业管理区域内的水、电、气、热等市政公用设施、设备、由建设单位出资建设的，建设单位应当分别与水、电、气、热等专业经营单位就供应方式、主要技术指标、质量保证和使用年限等进行协商，签订书面协议。协议中应当明确设计、施工要求和材料、设备选型等内容，明确有关产品供应单位参与项目竣工验收的权利义务。

第十三条 物业管理区域内按照规划建造的非公益性教育、文化、体育等设施，应当明确投资主体、产权归属。属于建设单位所有的，应当优先为本物业管理区域内业主服务。

第十四条 物业管理区域内应当按照方便业主、满足物业管理需要配建物业服务用房；物业服务用房建筑面积不低于物业管理区域总建筑面积的千分之二，除老旧住宅区外，总面积不应少于三百平方米；物业服务用房分处设置的，单处建筑面积不小于五十平方米。物业服务用房的水、电、气、热应当独立调控与计量。

业主大会执行机构办公用房从物业服务用房中调剂，建筑面积不应少于三十平方米。

物业服务用房不计入建筑物共用面积分摊，建设费用计入项目建设成本，产权归全体业主共有。

第十五条 物业管理区域内按照规划建造的车库、车位，计入容积率且未作为建筑物共有部分进行分摊的，建设单位可以向业主附赠、出售、出租。

下列车库、车位属于业主共有：

（一）计入容积率且作为建筑物共有部分进行分摊的；

（二）未计入容积率，或者利用建筑物防空地下室、建筑物共用设备层建造、划定的车库、车位；

（三）占用小区道路、共用场地划定的车位。

第十六条 物业管理区域内水、电、气、热、通信、有线电视等市政公用设施应当敷设到最终用户。

需要加装二次供水、变电配电、供热交换、燃气调压等设施的，建设单位应当与有关专业经营单位就相关设施投资、产权归属等事项进行约定。

物业管理区域内封闭运行的太阳能热水、中水处理、直饮水、地源热泵、区域锅炉等设施，属于相关业主共有，但由专业经营单位投资的除外。

第三节 前期物业管理与物业交付

第十七条 建设单位可以委托物业管理人管理前期物业。

业主大多属于同一单位的，可以依托单位工会组织或者生活后勤服务组织，确定前期物业管理方式。

使用政府投资或者政府融资的保障性住房，应当通过招投标的方式，选聘物业服务企业进行前期物业管理。

第十八条 委托物业管理人管理前期物业的，建设单位应当与物业管理人签订前期物业服务合同，对物业服务内容、服务标准等级、收费标准、收费方式及收费起始时间、合同终止情形、房屋质量缺陷责任承担等内容进行约定。

保障性住房项目，前期物业服务合同中约定的物业服务标准等级应当符合自治区的规定。

第十九条 建设单位应当按照国家和自治区有关规定制定前期物业临时管理规约。

鼓励使用前期物业临时管理规约示范文本。

第二十条 建设单位应当在销售房屋前，向房屋买受人明示前期物业服务合同、前期物业临时管理规约，房屋买受人应当遵守相关约定。

县（市）房地产行政主管部门应当加强对前期物业服务合同、前期物业临时管理规约制定的监督、指导，依法履行备案管理职责。

第二十一条 建设单位交付前期物业应当符合下列条件：

（一）取得建设工程竣工规划认可，建设工程竣工验收合格；

（二）供水、排水纳入市政公共管网系统，用电纳入市政供电网络，安装计量装置符合设计标准；

（三）在城市管道燃气、集中供热管网覆盖区，按照设计完成燃气、供热管道敷设与管网连接，安装燃气、供热分户控制装置和计量装置，满足分户计量收费要求；

（四）通信、有线电视数据传输信息端口敷设到户，信报箱等按规划设计要求配置到位；

（五）安全监控装置或者电梯、锅炉等特种设备以及消防供水、火灾自动报警和灭火装置、消防车通道等共用消防设施，检查验收合格；

（六）按照规划完成物业服务用房以及停车库、车位的配建；

（七）按照设计完成绿化工程建设，因季节原因需延后完成的，建设单位作出的书面保证已在物业管理区域内公示。

分期建设的项目，建成区应当符合前款规定，并与施工区设置隔离设施。

第二十二条 建设单位交付前期物业，应当向物业管理人移交物业服务用房和下列资料：

（一）竣工总平面图，单体建筑、结构、设备竣工图，配套设施、地下管网工程竣工图，分户验收等竣工验收资料；

（二）共用设施清单及其安装、使用和保养、维修等技术资料；

（三）园林施工图、树种清单；

（四）物业质量保修文件和物业使用说明文件；

（五）业主名册；

（六）法律、法规的规定或者双方约定交付的其他资料。

前期物业服务合同终止的，物业管理人应当将物业服务用房及前款所列资料移交给业主大会执行机构。

第三章 业主、业主大会与执行机构

第一节 业主、业主大会

第二十三条 房屋的所有权人为业主。

尚未申请不动产登记，但基于法律规定、法院或者仲裁委员会法律文书、征收补偿决定、继承或者受遗赠、合法建造以及基于合同关系的占有房屋的物业使用人，适用本条例关于业主的规定。

业主对房屋专有部分享有所有权，对专有部分以外的共有部分，依法享有共有权和共同管理权，并承担相应的义务；业主不得以放弃权利不承担义务。

第二十四条 建设单位或者其委托的物业管理人应当将业主入住情况及时报送县（市）房地产行政主管部门，并抄送居民委员会、街道办事处或者乡镇人民政府。

符合下列条件之一的，应当召开业主大会成立会议：

（一）业主已入住面积的比例达到百分之五十以上；

（二）业主已入住户数的比例达到百分之五十以上；

（三）自首位业主入住之日起满两年且已入住户数的比例达到百分之二十五以上。

第二十五条 符合召开业主大会条件的，县（市）房地产行政主管部门接到建设单位、业主或者委托的物业管理人的报告后，应当书面通知街道办事处或者乡镇人民政府。街道办事处或者乡镇人民政府应当在收到通知之日起六十日内组建业主大会筹备组。

筹备组由街道党工委、办事处或者乡镇党委、人民政府和业主、居民委员会、建设单位代表七人以上十一人以下单数组成，其中业主所占比例不得低于筹备组总人数的二分之一。筹备组组长由街道办事处或者乡镇人民政府代表担任。

筹备组应当自成立之日起十日内，在物业管理区域内公示其成员名单和工作职责。

第二十六条 业主大会筹备组应当履行下列职责：

（一）确认业主身份、户数及所持有专有部分建筑面积；

（二）确定召开业主大会成立会议的时间、地点、形式和内容；

（三）草拟管理规约、业主大会议事规则；

（四）确定业主大会表决权计票方法；

（五）提出业主大会执行机构选定方案、入选条件，公布执行机构人员名单或者提出候选人名单和选举办法；

（六）需要在业主大会成立会议上决定的其他事项。

筹备组应当在业主大会成立会议召开十五日前，将前款规定的事项书面通知全体业主，并在物业管理区域内公告；业主对公告事项提出异议的，筹备组应当予以复核并告知异议人复核结果。

筹备组应当自成立之日起九十日内组织召开业主大会成立会议。

筹备组召开首次业主大会会议所需费用由建设单位承担。

第二十七条 业主大会由物业管理区域内全体业主组成。业主因故不能参加业主大会的，可以委托代理人参加，并出具委托书，明确委托事项、权限、期限等。

业主大会应当代表和维护物业管理区域内全体业主在物业管理活动中的合法权益。

物业管理区域内业主人数较少，全体业主一致同意不成立业主大会的，由全体业主共同履行业主大会职责。

第二十八条 业主大会履行下列职责：

（一）制定和修改业主大会议事规则及管理规约；

（二）选举或者更换业主大会执行机构成员；

（三）选择物业管理方式，选聘和解聘物业管理人；

（四）筹集和使用共有部分、共用设施专项维修资金；

（五）决定改建、重建建筑物及其附属设施；

（六）决定改变共有部分的用途，利用共有部分进行经营以及经营收益的分配与使用；

（七）决定业主大会与业主大会执行机构的活动经费及执行委员工作报酬；

（八）物业管理区域内其他共有和共同管理的事项。

前款第四项至六项的决定，除本条例另有规定外，需经物业管理区域内专有部分占建筑物总面积三分之二以上的业主且占总人数三分之二以上的业主同意；其他事项的决定，需经专有部分占总建筑物面积过半数业主且占总人数过半的业主同意。

第二十九条 业主大会投票权数按下列方式确定：

（一）业主人数，按照专有部分数量计算，一个专有部分为一人，未交付的部分，以及同一产权人拥有一个以上专有部分的，按照一人计算；

（二）专有部分建筑面积，按照不动产登记的建筑面积计算；尚未登记的，暂按测绘机构实测建筑面积计算；尚未实测的，暂按房屋买卖合同约定的建筑面积计算。

第三十条　业主大会会议决定事项可以采用集中投票表决的方式，也可以采用书面征求意见的方式。

采用书面征求意见方式的，应当将征求意见书送交业主签收；无法送交业主签收的，应当在物业管理区域内公示，并设置密封箱回收业主意见，公示期不得少于十五日。

第三十一条　物业管理区域内业主人数较多的，可以以幢、单元为单位推选业主代表参加业主大会。业主代表参加业主大会的，应当事先书面征求所代表的业主的意见，并经业主签字确认。

第三十二条　未参加表决的业主，其投票权数是否计入已表决的多数票，由管理规约或者业主大会议事规则规定。

第三十三条　业主大会会议每年至少召开一次。有下列情形之一的，应当召开业主大会临时会议：

（一）有百分之二十以上业主提议的；

（二）发生重大事故或者紧急事件需要及时处理的；

（三）业主大会议事规则或者管理规约规定的其他情形的。

第二节　业主大会执行机构

第三十四条　业主大会可以选举业主委员会作为业主大会执行机构。未依法成立业主大会和选举产生业主委员会的物业管理区，可以由街道办事处或者乡镇人民政府，在征求该物业管理区业主意见并取得过半数业主书面同意后，指导物业管理区所在地社区居民委员会临时代行本条例规定的业主委员会职责。

业主委员会的主要职责是：

（一）召集并主持业主大会会议、临时会议，报告物业管理的实施情况；

（二）代表业主与物业管理人签订物业服务合同；

（三）执行业主大会的决议、决定；

（四）及时了解业主、物业使用人的意见和建议，督促业主按时交纳物业服务费，监督和协助物业管理人履行物业服务合同；

（五）监督管理规约的实施；

（六）组织监督专项维修资金的筹集和使用；

（七）调解业主之间因物业使用、维护和管理产生的纠纷；

（八）业主大会赋予的其他职责。

第三十五条　业主委员会由五至十一人单数业主组成，设主任、副主任和若干执行委员和候补委员，主任、副主任可以兼任执行委员。业主委员会每届任期不超过五年，业主委员会委员可连选连任。

第三十六条　业主委员会应当自选举产生之日起三十日内，向物业管理区域所在地的县（市）房地产行政主管部门提交下列备案资料：

（一）业主大会会议决议；

（二）业主大会议事规则；

（三）管理规约；

（四）业主委员会委员名单和基本情况；

（五）法律、法规规定的其他资料。

受理备案的部门自收到备案资料之日起十日内，对备案资料进行核查，并书面征求街道办事处或者乡镇人民政府的意见；符合规定的，予以备案登记，出具备案证明和业主委员会刻制印章的证明。

备案事项发生变更的，业主委员会应当自变更之日起三十日内到备案部门办理备案变更。

第三十七条 业主委员会应当按照业主大会的决定及议事规则召开会议。

业主委员会会议由主任或者副主任主持，有三分之二以上委员出席，做出的决定应当经业主委员会全体委员半数以上同意。

第三十八条 业主大会、业主委员会会议做出的决定，应当在做出之日起三日内在物业管理区域内进行公告。

业主有权查阅业主大会会议、委员会会议的资料、记录，有权就涉及自身利益的事项向业主委员会提出询问，业主委员会应当予以解释、答复。业主要求出具书面答复意见的，业主委员会应当出具。

第三十九条 业主委员会任期届满九十日前，应当召开业主大会会议进行换届选举。

根据管理规约或者业主大会决定，可以委托审计机构对业主委员会任期内财务状况进行审计。换届后，原业主委员会应当将印章、档案资料以及属于全体业主的财物等移交给新一届业主委员会。

第四十条 业主委员会委员不得有下列行为：

（一）挪用、侵占业主共有财产；

（二）非法索取、收受建设单位、物业管理人或者有利害关系业主提供的利益或者报酬；

（三）利用职务之便要求物业管理人减免其个人物业服务费；

（四）其他有损业主共同利益或者可能影响其公正履行职责的行为。

第四十一条 业主委员会委员有下列情形之一的，经业主委员会过半数委员或者百分之二十以上业主提议，由业主大会或者业主委员会根据业主大会的授权终止其委员资格：

（一）超越职责权限或者不执行业主大会决议、决定，不履行委员职责的；

（二）违反本条例第四十条规定的；

（三）不适合担任业主委员会委员的其他行为；

业主委员会委员以书面方式向业主大会提出辞职请求或者不再是物业管理区域内业主的，其委员资格自行终止。

第四十二条 业主共同决定对物业实施自行管理的，应当就管理负责人、管理事项、管理实施方式、管理责任的承担、人员雇佣等事项共同作出约定。

第四章 物业使用

第一节 一般规定

第四十三条 物业使用应当遵守法律、法规的规定和管理规约及业主大会的决定，妥善处理相邻关系，不得违背社会公德，损害公共利益和他人的合法权益。

第四十四条 违反管理规约有下列行为之一的，业主、业主大会执行机构、物业管理人有权对行为人进行劝阻、制止，要求行为人停止侵害、消除危险、排除妨碍、赔偿损失：

（一）任意弃置垃圾、抛掷杂物、排放污水的；

（二）擅自占用物业共有部分的；

（三）产生噪音、振动对相邻业主造成不利影响的；

（四）其他违反管理规约的行为。

第四十五条 物业使用中不得实施下列行为：

（一）擅自改变物业管理区域内按照规划建设的公共建筑、共用设施用途的；

（二）擅自改变房屋用途或者对原有建筑物加层、改建、扩建的；

（三）非法处分或者占用物业共用部分、共用设施设备进行经营的；

（四）侵占、损坏物业管理区域内道路、场地、公共绿地、共用设施的；

（五）擅自改动房屋承重结构、围护结构，扩大承重墙原有门窗尺寸，降低抗震、消防、节能标准的；

（六）损坏屋面、楼层防水，擅自改装燃气、热力管线、设施，超出设计标准增加楼面荷载的；

（七）违法存储、堆放易燃、易爆、危险化学、放射性物品，违法排放有毒、有害物质或者超标排放噪声污染环境的；

（八）违反规定悬挂、张贴宣传品或者架设户外广告，在沿街阳台外晾晒衣物、堆放物品等影响市容市貌的；

（九）占用、堵塞消防通道、消防施救场地，违反消防安全技术标准和规范安装设施、设备的；

（十）其他违反法律、法规规定，危及公共利益和他人合法权益的行为。

物业管理人发现有前款规定行为的，应当予以劝阻、制止并报告有关行政主管部门。

第四十六条 规划、建设、公安、消防、价格、质量技术监督、环境保护、城市管理、市政公用等有关部门应当加强对物业管理区域内规划建设、治安、消防、价格、特种设备、环境卫生等方面的监督管理，建立违法行为投诉登记制度，公布受理方式、程序和期限，依法及时处理物业区域内的违法行为。

第四十七条 业主出租房屋及车库、车位的，应当在租赁合同中载明承租人在物业管理活动中的权利与义务，并将承租人、租赁期限、物业服务和水、电、气、热等费用交纳的约定等情况，书面告知业主大会执行机构和物业管理人。

第二节 房屋装修与改变用途

第四十八条 业主进行房屋装修，应当将装修内容、计划工期、装修工程负责人姓名、联系方式等告知相邻业主、物业管理人。

物业管理人应当就下列事项与业主签订书面协议：

（一）装修施工的时间；

（二）装修垃圾的处置与清运；

（三）电梯使用、共用部分临时占用等注意事项；

（四）楼顶、窗外、阳台安装设施、设备、护栏等的要求；

（五）法律、法规和管理规约禁止的行为；

（六）违约责任。

第四十九条 物业管理区域内按照规划建设的公共服务设施、市政公用建筑和物业服务用房，不得擅自改变用途。

有下列情形之一确需改变用途的，应当经物业管理区域内专有部分占建筑物总面积三分之二以上的业主且占总人数三分之二以上的业主同意后，向有关部门申请办理相关手续：

（一）因物业管理区域调整，公共服务设施、市政公用建筑和物业服务用房超出配建要求和使用需要的；

（二）水、电、气、热等的供应方式、技术等发生变化造成原有公共服务设施闲置的；

（三）建筑物共用设备层等闲置的。

第五十条 业主将住宅改变为经营性用房的，应当符合法律、法规和管理规约，主动与有利害关系的业主沟通，也可请求业主大会执行机构予以协助，并经有利害关系业主书面同意。

第五十一条 住宅物业需要使用共有部分增设电梯等进行二次开发、改造的，在符合规划、土地、建设、环境保护、消防、特种设备安全管理等法律、法规的规定和技术标准要求的前提下，应当经本幢或本单元房屋专有部分占建筑物总面积三分之二以上且占总人数三分之二以上的业主同意，并依法办理相关手续。

第三节 车库与车位的使用

第五十二条 物业管理区域内的车库、车位应当优先满足业主的需要。车库、车位总量少于业主总数或者需要数的，应当在临时管理规约、管理规约中明确取得车库、车位的方法。

车库、车位满足业主需要后，可以向物业管理区域以外的其他人出租，但不得出售，除管理规约、业主大会另有规定的外，出租期限一次不超过十二个月；租赁合同期满后，业主有新增需要的，应当优先满足。

第五十三条 物业管理区域内规划的车库、车位尚有空余的，物业管理人不得占用业主共有道路、场地设置车库、车位。

确需占用业主共有道路、场地划定车位，不得占用消防车通道、消防车登高操作场地，不得遮挡消火栓，不得堵塞疏散通道、安全出口。

第五章 物业管理服务与收费

第一节 物业管理服务

第五十四条 物业管理服务应当包括下列主要内容：

（一）共有部分、共用设施以及业主共有车库、车位的使用管理、维护养护；

（二）公共绿化管护；

（三）共有部分、公共区域的清扫保洁、冰雪清除等环境卫生维护；

（四）公共区域的秩序维护，安全防范、救助等事项的协助工作；

（五）物业使用中对禁止行为的告知、劝阻、报告等工作；

（六）代收取的业主共有房屋、设施、车库（位）等使用费的账务管理；

（七）制定物业专项维修资金使用方案；

（八）保管物业服务档案和物业档案；

（九）其他物业管理服务事项。

鼓励物业管理人拓展服务范围，满足业主多元化生活服务需求。

第五十五条 业主大会决定委托物业管理人进行物业管理的，应当与受委托方签订物业服务合同，明确双方的权利和义务。

物业服务合同应当对物业服务内容、服务标准、计费方式、物业管理用房、合同期限、合同解除、违约责任等事项作出约定。

鼓励使用物业服务合同示范文本。

第五十六条 物业管理人经业主大会或者业主大会执行机构同意，可以将共有部分、共用设施的维修养护、绿化管护、清扫保洁、冰雪清除、秩序维护、安全防范，以及业主共有收益账务管理等事项委托专业单位实施，并明确管理责任和服务标准。受委托的专业单位对业主权益造成损害的，物业管理人承担连带责任。

第五十七条 业主对物业管理服务合同以外的买卖、装修房屋交付验收，停车保管、人身财产安全防范，房屋、车位中介服务，房屋专有部分清扫、保洁、维修，物流配送、养老护理等事项有服务要求的，可以与物业管理人协商，就服务事项、服务标准、费用收取、违约责任等事项进行约定。

第五十八条 解除或者终止物业服务合同，应当依据合同履行必要的通知义务；合同未约定通知期限的，应当提前九十日通知。

第五十九条 物业服务合同解除或者终止后，物业管理人与业主大会执行机构应当按照合同约定办理退出手续，并履行下列交接义务：

（一）移交保管的物业档案、物业服务档案；

（二）提供物业服务期间形成的有关物业及设施设备改造、维修、运行、保养的有关资料；

（三）移交物业服务用房；

（四）清算预收、代收的有关费用；

（五）法律、法规规定的其他事项。

物业管理人未履行通知义务或者未办理物业移交手续的，不得擅自撤离物业管理区域或者停止物业服务。

第六十条 业主认为物业服务质量未达到合同约定标准，或者对物业管理服务有异议的，可以向业主大会执行机构或者县（市）房地产行政主管部门投诉。

业主大会执行机构或者县（市）房地产行政主管部门，应当对投诉事实及时核查；涉及房屋共有部分、共用设施的，应当询问所涉范围其他业主的意见。经核查属实的，业主大会执行机构或者县（市）房地产行政主管部门应当向物业管理人发出整改通知，督促其限期整改；业主投诉不成立的，予以回复并进行说明。

第六十一条 县级以上人民政府房地产行政主管部门应当加强对物业服务活动的监督管理，建立健全物业服务企业信用体系和企业信用信息披露制度，将物业服务质量列入信用考核指标，提高业主、业主大会执行机构、居民委员会考评意见的权重系数。

第六十二条 任何单位和个人不得强迫物业管理人代收有关费用和提供无偿服务。

有关行政主管机关不得作出减损物业管理人权益或者增加其义务的决定。

第六十三条 物业管理人依法享受国家和自治区有关税收优惠政策。

物业管理区域内共用设施维护、保洁、绿化等使用水的，水费按照绿化用水价格执行；使用电、气的，电费、燃气费按照居民用电、用气价格执行。

第二节 物业服务收费

第六十四条 物业服务收费实行政府指导价和市场调节价。普通住宅类前期物业服务收费和保障性住房物业服务收费实行政府指导价，其他物业服务收费，实行市场调节价。

实行政府指导价的，价格主管部门应当会同房地产主管部门，根据物业类型、服务内容、服务等级等，制定相应的基准价和浮动幅度，并综合物价指数变动情况，适时予以调整，及时向社会公布。

实行市场调节价的，物业管理人应当就完成服务项目进行成本测算，并在物业服务合同中约定服务标准、服务质量、计费方式等。

政府在商品住宅小区配建的保障性住房，保障户无法单独选择物业服务等级标准的，市、县人民政府应当根据保障对象的经济承受能力，对保障户交纳物业服务费给予补助。

第六十五条 尚未出售或者尚未交付的物业，物业服务费由建设单位承担。已交付的物业，物业服务费由业主承担，建设单位与业主另有约定的除外。

第六十六条 物业管理人违反价格管理规定及物业服务合同约定，擅自扩大收费范围、提高收费标准、重复收费的、强制服务或者变相强制服务并收费，或者不按规定实行明码标价的，业主大会执行机构对超收部分有权制止或者纠正，业主有权拒交。

物业管理人履行合同义务的，业主应当按照合同约定交纳物业服务费，不得拒交或者恶意拖欠。

第六十七条 业主将物业交付他人使用，约定由物业使用人交纳物业费的，应当督促物业使用人履行约定；物业使用人欠交物业服务费的，业主承担连带责任。

业主将物业产权转移时，应当结清物业服务费。

第六十八条 水、电、气、热供应单位应当向最终用户直接收取费用，不得强迫物业管理人代收代交。物业管理人代收水、电、气、热费用的，不得向业主加收手续费。

物业管理人不得因业主欠缴物业服务费限制业主的水、电、气、热卡充值，影响业主正常生活。

第六章 物业的保修与维护

第一节 物业保修、维护责任

第六十九条 建设单位应当按照国家和自治区规定的保修范围和保修期限，承担物业保修责任。建设单位将保修责任委托物业管理人承担的，应当在物业管理区域内公示，给业主造成损失的，依法承担连带责任。

建设单位应当建立物业投诉处理制度。物业存在缺陷，属于保修范围和保修期限的，建设单位应当即时登记、查看，与业主、物业管理人商定修复方式、期限。因物业质量缺陷或者有安全隐患影响使用的，建设单位或者其委托的物业管理人应当采取补救措施，并对造成的损失依法承担赔偿责任。

第七十条 物业保修期限届满后，房屋专有部分的养护、维修，由业主负责。

房屋专有部分出现危害安全、公共利益和他人合法权益的，业主应当及时处理，相邻业主应当提供便利。

第七十一条 物业保修期限届满后，建筑物共有部分及共用设施的维护、保养由物业管理人负责。电梯、锅炉等特种设备，应当由特种设备生产厂商负责维护、保养或者由取得相应资质的专业维修单位负责。

第七十二条 物业管理区域内供水、供电、供气、供热、通信、有线电视等专业经营单位，应当承担分户计量装置或者入户端口以外设施的维修、养护、更新等责任及相关费用。

专业经营单位对专业经营设施设备进行维修、养护、更新时，业主应予以配合。

第二节 住宅专项维修资金

第七十三条 专项维修资金用于共有部分、共用设施保修期满后的养护、维修和更新、改造。专项维修资金的交存、续交、使用、管理，按照国家和自治区有关规定执行。

第七十四条 需要使用专项维修资金的，应当经维修、更新、改造共有部分、共用设施最小使用单元三分之二以上且专有部分占建筑物总面积三分之二以上的业主同意。发生下列危及房屋使用安全的紧急情况，经业主大会执行机构同意，物业管理人可以委托维修、更新、改造单位制定紧急处置方案，即时组织抢修。处置方案、抢修结果、费用支出等在物业管理区域内公布，接受业主的监督：

（一）屋面防水损坏造成渗漏的；

（二）电梯故障停止使用的；

（三）经房地产行政主管部门鉴定为危房需要加固、维修的；

（四）房屋局部有垮塌、脱落危险的；

（五）共用消防设施、设备损坏已不具备防火、灭火功能的；

（六）其他危及房屋使用安全的情形。

国家对老旧小区改造和老旧电梯更新需要使用维修资金另有规定的，从其规定。

第七章　老旧住宅区物业管理

第七十五条　对配套设施不齐全、环境质量较差的老旧住宅区，县（市）人民政府应当采取措施进行改造整治，改造整治规划和年度计划应当向社会公布。

第七十六条　对业主数量较少的老旧住宅区，市或者县（市）房地产行政主管部门应当合理整合物业管理区域，也可以组织协调多个老旧住宅区共同委托一个物业服务企业或者其他管理人管理。

第七十七条　老旧住宅区内的道路、照明、绿地、消防、文化体育设施、物业服务用房的建设、改造资金，由政府承担；属于设施不配套等遗留问题的，由原产权单位或者建设单位承担；老旧住宅区水、电、气、热、通信、有线电视等市政公用设施、设备建设、改造资金，由专业经营单位承担。

第七十八条　鼓励具备条件的老旧住宅区，结合改造整治，建设经营性用房、车库、车位，规划行政主管部门办理规划许可时，可以适度提高容积率和建筑密度。新建的经营性用房、车库、车位归全体业主共有，经营收益可以弥补改造整治资金的不足，或者纳入住宅专项维修资金管理。

第七十九条　县（市）房地产行政主管部门和街道办事处或者乡镇人民政府应当督促、指导老旧住宅区成立业主大会实行业主自治管理。

第八章　法律责任

第八十条　建设单位违反本条例第十条第三款、第二十条第一款规定，未向房屋买受人明示物业管理区域、前期物业服务合同、临时管理规约的，由县级以上人民政府房地产行政主管部门责令改正；逾期不改的，处一万元以上五万元以下的罚款。

第八十一条　建设单位违反本条例第十五条规定，擅自处分属于业主共有车库、车位的，由县级以上人民政府房地产行政主管部门责令限期改正，并处五万元以上二十万元以下的罚款，给业主造成损失的，依法承担赔偿责任。

第八十二条　建设单位违反本条例第二十一条、第二十二条规定，交付的前期物业不符合要求的，不得收取物业服务费，并由县级以上人民政府房地产行政主管部门责令限期改正；逾期不改的，对建设单位处建设工程合同价款百分之二以上百分之四以下的罚款；物业管理人违反前款规定，承接的前期物业不符合要求的，不得收取物业服务费，并由县级以上人民政府房地产行政主管部门处五万元以上十万元以下的罚款。

第八十三条　建设单位、物业管理人、专业维修单位、专业经营单位违反本条例规定，不履行或者拖延履行保修、维修、养护责任的，由县级以上人民政府房地产行政主管部门责令限期改正；逾期不改的，处十万元以上二十万元以下的罚款，造成业主损失的，依法承担赔偿责任。

第八十四条　业主委员会委员违反本条例第四十条规定，退还挪用、侵占业主的共有财产和索取、收受的报酬及得到的不当利益；造成损失的，依法承担赔偿责任；构成犯罪的，依法追究刑事责任。

第八十五条 业主、物业管理人和物业使用人违反本条例第四十五条第一款规定，给他人造成损害的，依法承担民事责任；违反行政管理规定的，由县级以上人民政府规划、建设、房地产、城市管理、公安、环境保护等有关行政主管部门按照各自职责依法查处。

第八十六条 物业管理人违反本条例五十九条规定，解除、终止物业服务合同后拒不办理退出手续的，由县级以上人民政府房地产行政主管部门处五万元以上二十万元以下罚款；造成损失的，依法承担赔偿责任。

第八十七条 物业管理人违反本条例第六十六条规定，擅自扩大收费范围、提高收费标准、重复收费的、强制服务或者变相强制服务并收费，或者不按规定实行明码标价的，由县级以上人民政府价格主管部门责令改正，限期退还违规收取的收费；情节严重的，依照有关法律法规的规定予以处罚。

第八十八条 物业管理人违反本条例第六十八条代收水、电、气、热等费用向业主加收手续费的，或者限制为业主水、电、气、热卡充值，影响业主生活的，由县级以上人民政府房地产行政主管部门责令改正，限期退还加收费用。

第八十九条 县级以上人民政府房地产行政主管部门，街道办事处或者乡镇人民政府，以及其他有关行政主管部门及其工作人员有下列情形之一的，对直接负责的主管人员和其他直接责任人员依法给予处分：

（一）未按照规定的期限、条件划分物业管理区域的；

（二）未按照规定组织指导成立业主大会筹备组、业主大会或者干预、阻挠业主大会执行机构选举的；

（三）接到举报投诉不及时处理的；

（四）其他不履行法定职责的行为。

第九十条 违反本条例规定，应当予以处罚的其他行为，依照有关法律、法规的规定执行。

第九章 附则

第九十一条 本条例下列用语的含义：

（一）容积率，是指建设用地合理使用的规划控制指标，以建设用地规划许可范围内总建筑面积与用地面积的比值表示。

（二）其他管理人，是指社区（居委会）依法成立的便民服务组织，或者提供清扫保洁、冰雪清除、保安巡查、绿化管护、房屋修缮与设施养护、维修与抢修、管道疏通等专业服务的单位。

（三）共有部分，是指承担建筑物主体承重结构的基础、承重墙体、柱、梁、楼板、屋顶以及户外的墙面、门厅、楼梯间、走廊、楼道、扶手、护栏、电梯井道、避难层、设备间等。

（四）共用设施，是指业主共有的建筑物附属设施、设备，主要包括电梯、水泵、水箱、天线、楼道灯、避雷装置、消防设施、给排水管线、共用采暖及空调管线设备，物业管理区域内的道路、绿地、人造景观、路灯、沟渠、池、井、视频监控、门禁、围栏、垃圾容器、公益性文体设施和市政公用产品供应管线，以及共用设施使用的房屋等。

第九十二条 自治区人民政府可以根据本条例，制定物业管理的具体规定和办法。

第九十三条 本条例自2017年7月1日起施行。

河南省第十二届人民代表大会常务委员会公告

（第79号）

《河南省物业管理条例》已经河南省第十二届人民代表大会常务委员会第三十一次会议于2017年9月29日审议通过，现予公布，自2018年1月1日起施行。

河南省人民代表大会常务委员会
2017年9月30日

河南省物业管理条例

（河南省第十二届人民代表大会常务委员会第三十一次会议于2017年9月29日审议通过）

第一章 总则

第一条 为了规范物业管理活动，维护业主、物业服务企业以及物业管理各方的合法权益，营造良好的生活和工作环境，促进社会和谐稳定，根据《中华人民共和国物权法》、国务院《物业管理条例》等法律、法规，结合本省实际，制定本条例。

第二条 本条例适用于本省行政区域内的物业管理活动。

本条例所称物业，是指已建成投入使用的建筑物及其附属设施设备和相关场地。

本条例所称物业管理，是指业主通过选聘物业服务企业、其他管理人按照合同约定或者业主通过自行管理等方式，对物业管理区域内的建筑物及配套设施设备和相关场地进行维修、养护、管理，维护环境卫生、安全防范和相关秩序的活动。

第三条 物业管理应当坚持以人为本、诚实信用，坚持依法依规、公开公正，坚持业主自我管理、企业市场竞争与政府监督管理相结合。

第四条 倡导绿色物业管理，鼓励采用新技术、新方法推动物业管理区域内节能节水、垃圾分类、环境绿化、污染防治。

促进互联网与物业管理的深度融合，物业服务企业、业主委员会等应当逐步运用新媒体，引导业主参与公共事务、开展协商活动、组织邻里互助，实行网络化物业管理的新模式。

鼓励和支持机关、企业事业等单位小区的物业管理向市场化、专业化、法治化方向发展。

第五条 县级以上人民政府应当加强对物业管理工作的领导，将物业管理纳入本地现代服务业发展规划、城乡建设和社会治理体系，制定扶持政策和激励措施，建立物业管理综合协调机制，促进物业服务行业发展和文明小区建设。

第六条 县级以上人民政府住房城乡建设或者房地产行政主管部门（以下简称物业管理行政主管部门）负责本行政区域内物业管理活动的监督管理工作，依法履行下列职责：

（一）对物业服务质量进行监督管理；

（二）对物业服务企业及其从业人员、业主委员会成员进行业务指导、培训和监督管理；

（三）对物业招投标活动进行监督管理；

（四）对物业承接查验、物业服务企业退出交接活动进行指导和监督；

（五）处理物业管理中的投诉；

（六）对专项维修资金缴存、使用情况进行监督管理；

（七）建立健全物业管理电子信息平台；

（八）法律、法规规定的其他职责。

县级以上人民政府其他有关行政部门按照各自职责，负责物业管理活动相关的监督管理工作。

第七条 街道办事处、乡镇人民政府组织、指导、协调本辖区内各物业管理区域成立业主大会或者业主代表大会（以下统称业主大会），选举业主委员会，监督业主大会、业主委员会依法履行职责，调解物业管理中的纠纷，协调和监督老旧小区物业管理，协调物业管理与社区建设之间的关系。

社区居（村）民委员会协助街道办事处、乡镇人民政府做好物业管理的相关工作。

第八条 物业管理行业组织应当在主管部门的指导和监督下，履行联络、协调和服务职责，加强行业自律，规范行业行为，提高物业服务水平。

第二章 物业管理区域及设施

第九条 物业管理区域的划分以有利于实施物业管理为原则，综合考虑规划条件、土地使用权属范围、建筑物规模、共用设施设备、自然界限、社区建设等因素确定。

物业管理用房、供水、供电、消防等配套设施设备和相关场地共用不能分割的，应当划为一个物业管理区域。

第十条 新建物业出售前，建设单位应当将划定的物业管理区域向物业所在地的县（市、区）人民政府物业管理行政主管部门备案，并在商品房买卖合同中明示。

已投入使用但尚未划定物业管理区域的，由物业所在地县（市、区）人民政府物业管理行政主管部门会同街道办事处、乡镇人民政府征求业主意见后予以划定。

物业管理区域划定后确需调整的，应当征得专有部分占建筑物总面积过半数的业主且占总人数过半数的业主同意。

第十一条　物业管理用房由建设单位无偿配置，其费用列入开发建设成本，产权属全体业主共有，任何单位和个人不得买卖、抵押，未经业主大会同意，不得改变用途。业主委员会办公用房从物业管理用房中安排，其面积不低于二十平方米。

新建的物业，建设单位应当按照物业管理区域总建筑面积一定比例配置物业管理用房，并符合下列要求：

（一）两万平方米以下的，物业管理用房面积不低于八十平方米；超过两万平方米至二十万平方米部分，按照千分之四的比例配置；超过二十万平方米至三十万平方米部分，按照千分之三的比例配置；超过三十万平方米以上部分，按照千分之二的比例配置；

（二）应当相对集中，具备通水、通电、通信、采光、通风等基本使用功能和办公条件，配置独立合格的水、电等计量装置。

第十二条　城乡规划行政主管部门在核发建设工程规划许可证时，应当将物业管理用房的位置和建筑面积在许可证的附件或者附图上载明并公示。

建设单位在办理商品房预售许可或者现房销售备案时，应当注明物业管理用房的坐落和建筑面积，不得将物业管理用房纳入可销售范围。

第十三条　新建物业管理区域内的供水、供电、供气、供热等专业经营设施设备及其安装，应当符合国家技术标准和专业技术规范。

建设单位在组织竣工验收时，应当通知供水、供电、供气、供热等专业经营单位参加，专业经营单位应当参加。

建设单位在组织竣工验收时，未通知专业经营单位参加竣工验收的，专业经营单位有权拒绝接收专业经营设施设备。

建设项目竣工验收合格后，应当将物业管理区域内供水、供电、供气、供热等专业经营设施设备无偿移交给专业经营单位，同时移交配套设施、地下管网工程图等资料，专业经营单位应当接收。

专业经营单位负责分户终端计量装置或者入户端口以外设施设备的运行、维修、养护、更新，相关费用依法计入成本。

第十四条　在老旧小区改造过程中，县级以上人民政府及其规划、财政、住房城乡建设等有关行政主管部门应当对设施改造事项给予支持。

供水、供电、供气、供热等专业经营设施设备未实现分户计量、分户控制的老旧住宅小区，业主、物业服务企业和专业经营单位应当配合县级以上人民政府采取措施逐步改造，实现供水、供电、供气、供热等专业经营设施设备的专有部分分户计量、分户控制。

老旧住宅小区内的专业经营设施设备需要改造的，按专业经营单位要求改造后，专业经营单位应当接收。其移交、运行等事项依照本条例第十三条规定执行。

第三章　业主、业主大会及业主委员会

第十五条　房屋的所有权人为业主。尚未依法办理房屋所有权登记，但符合下列情况之一的，在物业

管理活动中享有业主权利、承担业主义务：

（一）因人民法院、仲裁委员会的生效法律文书或者人民政府征收决定等取得房屋所有权的人；

（二）因继承或者受遗赠取得房屋所有权的人；

（三）因合法建造等事实行为取得房屋所有权的人；

（四）基于与建设单位之间的商品房买卖民事法律行为已经合法占有建筑物专有部分的人；

（五）法律法规规定的其他情形。

已经达到交付使用条件，尚未出售或者尚未向物业买受人交付的专有部分，建设单位为业主。

业主可以依法委托物业使用人行使业主权利、履行业主义务，委托应当以书面形式提交。

第十六条 业主在物业管理活动中，享有下列权利：

（一）提议召开并参加业主大会会议，提出制定和修改业主公约或者管理规约、业主大会议事规则的建议；

（二）选举业主委员会成员，并享有选举权和被选举权；

（三）监督业主委员会工作，监督物业服务企业履行物业服务合同；

（四）对物业共用部位、共用设施设备和相关场地使用、收益情况享有知情权、参与决定权和监督权；

（五）向业主委员会和物业服务企业提出建议；

（六）要求其他业主、物业使用人停止损害共同利益的行为；

（七）参与共同决定物业共用部位、共用设施设备专项维修资金（以下简称专项维修资金）的管理和使用；

（八）法律、法规规定的其他权利。

第十七条 业主在物业管理活动中，履行下列义务：

（一）遵守业主公约或者管理规约、业主大会议事规则；

（二）遵守物业管理区域内物业共用部位和共用设施设备的使用、公共秩序和环境卫生维护等方面的规章制度；

（三）执行业主大会的决定和业主大会授权业主委员会作出的决定；

（四）按照有关规定交纳专项维修资金；

（五）遵守国家和省有关房屋装饰装修的规定；

（六）按时交纳物业服务费用；

（七）法律、法规规定的其他义务。

业主不得以放弃权利为由不履行业主义务。

第十八条 一个物业管理区域成立一个业主大会，业主大会由物业管理区域内全体业主组成。

业主户数超过三百户的，可以成立业主代表大会，由业主代表大会履行与业主大会相同的职责。

符合下列条件之一的，应当召开首次业主大会会议：

（一）房屋出售并交付使用的建筑面积达到百分之五十以上的；

（二）业主已入住户数的比例达到百分之三十以上的；

（三）物业服务企业在前期物业服务合同期限内依法解除合同或者前期物业服务合同到期前九十天的。

第十九条 物业管理区域达到成立业主大会条件两个月内，建设单位应当向物业所在地街道办事处、乡镇人民政府报送下列文件资料：

（一）物业管理区域证明；

（二）业主名册；

（三）房屋及建筑物面积清册；

（四）建筑规划总平面图；

（五）交付使用共用设施设备的证明；

（六）物业管理用房配置证明；

（七）其他有关的文件资料。

第二十条　符合成立业主大会条件的，建设单位或者十人以上业主联名可以申请成立首次业主大会筹备组。街道办事处、乡镇人民政府应当在收到申请后三十日内组织成立首次业主大会筹备组，并自筹备组成立之日起六十日内组织召开首次业主大会会议。

首次业主大会筹备组由街道办事处、乡镇人民政府和业主、社区居（村）民委员会、建设单位的代表组成，其中业主代表人数比例不低于二分之一；业主代表的产生方式由街道办事处、乡镇人民政府征求业主意见后确定。筹备组组长由街道办事处或者乡镇人民政府的代表担任。

单位小区首次业主大会会议的筹备工作，由其所在单位发起，物业管理行政主管部门、街道办事处、社区居民委员会应当配合。

新建小区首次业主大会会议的筹备经费，由建设单位承担；单位小区首次业主大会会议的筹备经费，由所在单位承担；老旧小区、公租房小区首次业主大会会议的筹备经费，由县级人民政府承担。

第二十一条　首次业主大会筹备组履行下列职责：

（一）确认并公示业主身份、业主人数以及所拥有的专有部分面积；

（二）确定首次业主大会会议召开的时间、地点、形式和内容；

（三）拟定业主公约或者管理规约、业主大会议事规则；

（四）拟定首次业主大会会议表决规则；

（五）拟定业主委员会组成人员候选人产生办法，确定业主委员会组成人员候选人名单，拟定业主委员会选举办法；

（六）完成召开首次业主大会会议的其他准备工作。

前款内容应当在首次业主大会会议召开十五日前以书面形式在物业管理区域内显著位置公告，公告时间不少于七日。

第二十二条　业主大会履行下列职责：

（一）制定和修改业主公约或者管理规约、业主大会议事规则；

（二）制定和修改业主大会会议表决规则；

（三）选举、罢免或者更换业主委员会成员；

（四）确定物业管理方式，选聘和解聘物业服务企业；

（五）确定物业服务内容、标准以及物业服务收费方案；

（六）听取和审查业主委员会工作报告、收支预算决算报告；

（七）决定物业共用部位、共用设施设备的使用和经营的方式、收益分配；

（八）决定改建、重建建筑物及其附属设施；

（九）决定筹集和使用专项维修资金；

（十）决定业主大会、业主委员会工作经费的筹集、管理和使用，决定业主委员会成员补贴的来源、支付标准；

（十一）改变或者撤销业主委员会不适当的决定；

（十二）决定有关业主共有和共同管理权利的其他重大事项。

决定前款第八、九项规定的事项，应当经专有部分占建筑物总面积三分之二以上的业主且占总人数三分之二以上的业主同意；决定前款其他事项，应当经专有部分占建筑物总面积过半数的业主且占总人数过半数的业主同意。

第二十三条 业主公约或者管理规约应当弘扬社会主义核心价值观，不得违反法律、法规，不得违背公序良俗，不得损害社会公共利益；应当对有关物业的使用、维护、管理，业主的共同利益，业主应当履行的义务，违反公约或者规约应当承担的责任等事项依法作出约定。

第二十四条 业主大会会议分为定期会议和临时会议。业主大会定期会议应当按照业主大会议事规则的规定召开。经百分之二十以上业主提议，业主委员会应当召开临时业主大会。

街道办事处、乡镇人民政府应当派员列席业主大会。

第二十五条 业主委员会不按照规定组织召开业主大会会议的，由街道办事处、乡镇人民政府责令其限期召开。业主委员会逾期仍不召开的，由街道办事处、乡镇人民政府负责召集。

第二十六条 业主大会会议应当有物业管理区域内专有部分占建筑物总面积过半数的业主且占总人数过半数的业主参加，方为有效。

在满足实名投票的条件下，提倡采用信息化技术手段改进业主大会表决方式。县级以上人民政府物业管理行政主管部门应当逐步建立业主决策信息平台，供业主、业主委员会和业主大会免费使用。

第二十七条 业主委员会由业主大会会议依法选举产生，对其负责，受其监督，其成员应当符合下列条件：

（一）遵守国家有关法律、法规、业主公约或者管理规约、业主大会议事规则，积极履行业主义务，按时交纳物业服务费等相关费用；

（二）具有完全民事行为能力；

（三）热心公益事业，责任心强，公道正派，诚实守信，廉洁自律；

（四）具有一定的组织能力和履职时间。

对业主委员会成员，应当根据工作情况给予适当补贴。

第二十八条 业主委员会由主任、副主任及委员组成，每届任期不超过五年，可以连选连任。具体人数、任期由业主大会议事规则确定。街道办事处、乡镇人民政府应当对业主委员会成员候选人任职条件、提名进行审查。

符合条件的社区居民委员会成员可以兼任业主委员会成员。

业主委员会会议应当有过半数组成人员出席，作出的决定必须经全体组成人员半数以上同意。业主委员会作出决定后，应当自作出决定之日起三日内在物业管理区域内显著位置公告，并报社区居（村）民委员会。

第二十九条 业主委员会应当自选举产生之日起三十日内，向物业所在地街道办事处、乡镇人民政府备案。街道办事处、乡镇人民政府应当将备案情况抄送县（市、区）人民政府物业管理行政主管部门。

业主委员会持街道办事处、乡镇人民政府备案证明向公安机关申请刻制业主大会印章和业主委员会印章。

第三十条 业主委员会履行下列职责：

（一）执行业主大会决定和决议，维护业主合法权益；

（二）召集业主大会会议，定期向业主大会报告工作；

（三）与业主大会选聘或者续聘的物业服务企业签订物业服务合同；

（四）及时了解业主、物业使用人的意见和建议，监督和支持物业服务企业履行物业服务合同；

（五）督促业主、物业使用人遵守业主公约或者管理规约；

（六）督促业主、物业使用人按时交纳物业服务费，组织和监督专项维修资金的筹集和使用；

（七）配合街道办事处、乡镇人民政府、公安机关、社区居（村）民委员会等做好物业管理区域内的社区建设、社会治安和公益宣传等工作；

（八）法律、法规以及业主大会赋予的其他职责。

第三十一条 业主委员会组成人员有下列情形之一的，经业主委员会三分之一以上组成人员或者百分之二十以上的业主提议，由业主大会决定是否罢免其业主委员会组成人员职务：

（一）不履行业主委员会组成人员职责和业主义务的；

（二）利用职务谋取私利的；

（三）利用职务侵害他人合法权益的；

（四）应当罢免的其他情形。

第三十二条 业主委员会组成人员有下列情形之一的，其职务自行终止：

（一）不再具备业主身份的；

（二）丧失履行职责能力的；

（三）以书面形式向业主大会或者业主委员会提出辞职的；

（四）任职期间被追究刑事责任的；

（五）法律、法规、业主公约或者管理规约规定的其他情形。

第三十三条 业主委员会任期届满前，应当组织召开业主大会会议，进行换届选举，并书面报告街道办事处、乡镇人民政府。逾期未换届选举的，街道办事处、乡镇人民政府应当组织召开业主大会会议进行换届选举。

业主委员会应当自换届之日起十日内，将其保管的档案资料、印章及其他属于全体业主所有的财物，移交给新一届业主委员会。拒不移交的，街道办事处、乡镇人民政府应当督促移交。必要时，公安机关依法协助。

业主委员会组成人员职务在任期内终止的，应当自终止之日起三日内将其保管的前款所列物品和财物移交给业主委员会。

第三十四条 业主大会可以设立业主监事会或者独立监事，负责监督业主委员会的工作，并履行业主大会赋予的其他职责。

第四章 物业服务企业

第三十五条 从事物业服务的企业应当具有独立的法人资格，拥有相应的专业技术人员，具备为业主提供专业服务的能力。

第三十六条 物业服务企业享有下列权利：

（一）根据法律、法规规定和物业服务合同约定，对物业及其环境、秩序进行管理；

（二）制止损害物业或者妨碍物业管理的行为；

（三）依照物业服务合同约定收取物业服务费用；

（四）法律、法规规定和物业服务合同约定的其他权利。

任何单位和个人不得强制物业服务企业代收有关费用或者提供无偿服务。

第三十七条 物业服务企业应当承担下列义务：

（一）依照物业服务合同约定，提供物业管理服务；

（二）接受业主、业主大会、业主委员会的监督；

（三）建立和完善物业服务应急预案，做好应急工作；

（四）维护物业管理区域内的环境卫生，引导业主进行垃圾分类处理；

（五）定期对物业的共用部位、共用设施设备进行巡查、养护、维修；

（六）发现违反法律、法规、业主公约或者管理规约的行为，及时制止并向有关行政主管部门报告；

（七）法律、法规和物业服务合同规定的其他义务。

第三十八条 未经业主大会同意，物业服务企业不得擅自利用或者擅自允许他人利用共用部位、共用设施设备进行广告、宣传、经营等活动，擅自设置或者擅自允许他人设置营业摊点。

物业服务企业不得泄露业主信息，不得对业主进行骚扰、恐吓、打击报复或者采取暴力行为。

第三十九条 物业服务企业应当在物业管理区域显著位置公示下列信息：

（一）企业及其项目负责人的基本情况、联系方式、服务投诉电话；

（二）物业服务合同约定的服务内容、服务标准以及收费项目、收费标准等情况；

（三）电梯、水、电、气、暖等设施设备日常维修保养单位的名称、资质、联系方式及维护保养情况；

（四）业主交纳物业服务费用情况、公共水电分摊费用情况、物业共用部位、共用设施设备经营所得收益和支出情况；

（五）物业管理区域内公共车位、共用车库经营所得收益和支出情况；

（六）其他应当公示的信息。

业主对公示内容有异议的，物业服务企业应当答复。

第四十条 物业服务企业应当按照法律、法规规定及物业服务合同约定落实安全防范措施，并协助公安等相关部门做好物业管理区域内的安全防范工作。

物业管理区域内发生安全事故等突发事件时，物业服务企业在采取应急措施的同时，应当及时向有关行政主管部门报告，并协助做好救助工作。

物业服务企业未履行物业服务合同义务或者履行合同义务不符合约定，导致业主人身、财产受到损害的，应当依法承担相应的法律责任。

第四十一条 物业服务企业依法享受国家和省有关现代服务业规定的优惠政策。住宅小区内共用部位、共用设施设备运行、维护、保洁、绿化等物业公共服务过程中的用水、用电、用气价格，按照当地居民使用价格的标准执行，但洗车、餐饮等经营性用水、用电、用气除外。

第五章 物业管理与服务

第四十二条 建设单位在办理商品房预售许可或者现房销售备案前，应当按照划定的物业管理区域，通过招投标方式选聘物业服务企业，签订前期物业服务合同，提供前期物业服务。

第四十三条 建设单位与物业买受人签订的商品房买卖合同，应当包含前期物业服务合同约定的内容，并将临时管理规约和前期物业服务合同作为商品房买卖合同的附件。

建设单位应当将前期物业服务企业名称、物业服务内容、物业服务收费标准和物业服务合同期限等内容纳入商品房销售信息，并进行公示。

第四十四条 承接新建物业前，物业服务企业应当与建设单位按照国家相关规定和前期物业服务合同的约定，共同对物业的共用部位、共用设施设备进行检查验收。

物业承接查验应当邀请县（市、区）人民政府物业管理行政主管部门、业主代表参加，可以聘请相关专业机构协助进行。

第四十五条 建设单位应当按照国家有关规定和商品房买卖合同约定，向物业服务企业移交权属明确、资料完整、质量合格、功能完备、配套齐全的物业。

实施承接查验的物业，应当具备以下条件：

（一）建设工程竣工验收合格，取得城乡规划、消防、环保等主管部门出具的认可或者准许使用文件，并经城乡建设行政主管部门备案；

（二）供水、排水、供电、供气、供热、信息通信、公共照明、有线电视等市政公用设施设备按规划设计要求建成，供水、供电、供气、供热已安装经强制检定合格并运行正常的独立计量表具；

（三）教育、邮政、医疗卫生、文化体育、环卫、社区服务等公共服务设施已按规划设计要求建成；

（四）道路、车位、绿地、停车棚、物业管理用房等配套设施按照规划设计要求建成；

（五）电梯、高压供电、消防设施、压力容器、电子监控系统等共用设施设备取得使用合格证书；

（六）分期建设的，已建成区域与施工工地之间设置符合安全要求的隔离设施；

（七）物业使用、维护和管理的相关技术资料完整齐全；

（八）法律、法规规定的其他条件。

第四十六条 物业服务企业应当自物业交接后三十日内，向物业所在地县（市、区）人民政府物业管理行政主管部门办理备案手续。

承接查验资料属于全体业主所有，物业服务企业应当建立档案，妥善保管，业主有权免费查询。

物业服务合同终止的，原物业服务企业应当及时将物业承接查验档案向业主委员会移交完毕。

第四十七条 建设单位应当按照国家规定的保修期限和保修范围，承担物业的保修责任。

建设单位将不符合交付条件的物业交付使用，因房屋质量、物业共用部位、共用设施设备缺陷给业主造成损害的，应当承担赔偿责任。

物业服务企业擅自承接未经查验或者承接不符合交付条件的物业，因物业共用部位、共用设施设备缺陷给业主造成损害的，应当承担相应的赔偿责任。

建设单位委托物业服务企业提供物业保修服务的，委托事项由双方约定并在物业管理区域内公示。

第四十八条 物业服务收费应当遵循质价相符、公平公开、合理诚信的原则。物业服务企业不得向业主收取服务合同以外的任何未予标明的费用。物业服务收费应当保持相对稳定。确需调整的，物业服务企业应当与业主委员会协商，并经业主大会同意；没有成立业主大会的，需经专有部分占建筑物总面积过半数的业主且占总人数过半数的业主同意。

第四十九条 业主大会选聘物业服务企业的，业主委员会应当与物业服务企业签订物业服务合同。鼓励业主大会采用招投标方式选聘物业服务企业。

物业服务合同应当对物业服务事项、服务标准、服务费用、收费方式、双方的权利义务、物业管理用房、专项维修资金的使用、合同期限、违约责任等内容进行约定。

物业服务企业应当自物业服务合同签订之日起十五日内，将服务合同报送物业所在地县（市、区）人民政府物业管理行政主管部门和街道办事处、乡镇人民政府备案。

第五十条 物业服务事项可以包括以下内容：物业共用部位的日常维护和管理；物业共用设施、设备及其运行、使用的日常维护和管理；环境卫生、美化绿化管理服务；物业管理区域公共秩序维护；车辆停放及场地管理；物业维修、更新、改造和养护的账务管理；物业档案资料的保管；双方约定的其他服务事项。

第五十一条 业主委员会应当在物业服务合同期限届满三个月前组织召开业主大会，决定续聘或者选聘物业服务企业。倡导业主大会采用招投标方式续聘或者选聘物业服务企业。

物业服务企业决定不再续签物业服务合同的，应当在合同期限届满三个月前书面告知业主或者业主委员会，同时报告街道办事处、乡镇人民政府。

物业服务合同期限届满，业主大会未作出选聘或者续聘决定，物业服务企业按照原合同约定继续提供服务的，原合同对双方具有约束力。在原合同权利义务延续期间，任何一方当事人提出终止合同的，应当提前三个月书面告知另一方当事人，并报街道办事处、乡镇人民政府。

第五十二条 业主大会决定解聘物业服务企业的，被解聘的物业服务企业应当按照规定办理移交手续，并在约定的时间撤出物业管理区域。被解聘的物业服务企业在约定的撤出时间内，应当维持正常的物业管理秩序。

业主大会决定选聘新物业服务企业或者自行管理的，原物业服务企业应当自物业服务合同终止之日起退出物业管理区域，并向业主委员会或者在业主委员会监督下向新选聘的物业服务企业，履行下列交接义务：

（一）移交物业管理用房等共用部分、共用设施设备；

（二）移交物业承接查验的有关资料；

（三）移交物业服务期间形成的物业和设施设备使用、维护、保养、检验等技术资料，运行、维护、保养记录；

（四）结清预收、代收和预付、代付费用；

（五）法律、法规规定和物业服务合同约定的其他事项。

第五十三条 业主对小区物业实施自行管理的，应当对下列事项作出决定：

（一）自行管理的执行机构、管理人；

（二）自行管理的内容、标准、费用和期限；

（三）聘请专业机构的方案；

（四）其他有关自行管理的内容。

有特定要求的电梯等特种设备，应当委托专业性机构进行维修和养护。

实施自行管理的小区，应当主动接受街道办事处、社区居民委员会的指导监督。

无物业管理的老旧小区依托社区居民委员会实行自行管理。

第五十四条 供水、供电、供气等专业经营单位应当按照最终用户使用的计量器具显示的量值向最终用户收取费用。

专业经营单位可以委托物业服务企业代收有关费用，但应当向物业服务企业支付报酬。物业服务企业不得向业主收取手续费等额外费用。

专业经营单位不得因部分最终用户未履行交费义务停止已交费用户和共用部位的服务。

第六章　物业的使用和维护

第五十五条　物业的使用和维护应当遵守国家有关市容环境卫生、环境保护、房屋管理、消防管理、治安管理、人防管理等法律、法规、业主公约或者管理规约的规定，不得损害公共利益和他人合法权益。

第五十六条　物业管理区域内禁止下列行为：

（一）损坏房屋承重结构、主体结构；

（二）侵占、损坏共用部位、共用设施设备；

（三）擅自占用、挖掘物业管理区域内的道路、场地；

（四）违法搭建建筑物、构筑物、障碍物，破坏或者擅自改变房屋外观；

（五）违反安全管理规定存放易燃、易爆、剧毒、腐蚀性、放射性等危险物品；

（六）擅自架设电线、电缆；

（七）高空抛物、随意弃置垃圾、排放污水；

（八）在公共走道、楼梯间、门厅内存放电动自行车或者为其充电；

（九）排放有毒、有害等污染环境的物质，露天烧烤、露天焚烧杂物；

（十）制造超过规定标准的噪音或者影响邻居采光通风；

（十一）侵占绿地、毁坏绿化植物和绿化设施；

（十二）占用、堵塞、封闭消防通道、消防登高面，损坏消防设施及器材；

（十三）在建筑物、构筑物上乱涂写、乱刻画、乱张贴，楼道、门厅、电缆井内堆放杂物；

（十四）擅自改变房屋用途，将住宅变为非住宅，从事餐饮、生产加工、歌舞娱乐等经营活动；

（十五）使用地锁、石墩、栅栏等障碍物占用公共道路、公共停车泊位，违反规定停放车辆；

（十六）违反规定饲养动物，干扰他人正常生活；

（十七）利用房屋从事危害公共安全、公共利益和侵害他人正当权益的活动；

（十八）法律、法规和业主公约或者管理规约禁止的其他行为。

违反前款规定的，物业服务企业、业主委员会应当予以劝阻、制止。业主、物业使用人有权投诉、举报，物业服务企业、业主委员会应当及时处理。劝阻、制止无效的，应当及时报告有关行政主管部门，有关行政主管部门应当依法处理。

第五十七条　禁止在物业管理区域内饲养烈性犬和大型犬，具体品种和体高体重标准由省公安机关会同省畜牧部门、省城市管理部门确定，并自本条例实施之日起一年内向社会公布。

业主、物业使用人在物业管理区域内饲养前款规定以外其他犬只，应当遵守有关法律、法规和业主公约或者管理规约。携犬出户的，应当束犬链牵引。

第五十八条　电梯维护保养单位应当加强电梯日常运行的检查、保养和维护。物业服务企业发现电梯存在性能故障或者其他安全隐患的，应当立即采取措施，通知电梯维护保养单位及时维修，电梯维护保养单位应当及时抢修。电梯存在严重安全隐患，无改造、修理价值，或者达到安全技术规范规定的报废条件的，物业服务企业应当及时公示并报告业主，积极协调办理报废事宜。

第五十九条 鼓励老旧小区业主为满足日常生活需要加装电梯。加装电梯由老旧小区主管单位或者业主委员会负责组织，需经单元（栋）三分之二以上业主同意。相关业主应当配合，不得阻拦。规划、住房城乡建设、财政、国土资源、质监、环保等有关行政部门应当支持。

第六十条 城乡规划主管部门应当将规划用于停放汽车的车位、车库在建设工程规划许可证的附件中予以注明，同时明确物业管理区域内车位、车库的配置比例。

建设单位应当将物业管理区域车位、车库配置比例在显著位置公示，按照配置比例通过出租、出售、附赠方式约定车位、车库的归属。

第六十一条 建设单位应当将规划车位、车库的处置方式向物业买受人明示，并在商品房买卖合同中予以约定。采用出售、出租方式处置规划车位、车库的，建设单位应当向物业买受人明示，约定出售价格、出租方式、出租价格、出租期限等内容。

建设单位不得将物业管理区域内规划的车库、车位出售给本区域以外的其他人。业主要求承租尚未处置且空置的规划车库、车位的，建设单位不得以只售不租为由拒绝出租。

在首先满足本物业管理区域内业主的购买和承租需要后还有多余规划车位、车库的，建设单位可以出租给本物业管理区域外的使用人，但租赁期限不得超过六个月。

第六十二条 物业管理区域内划定车位、停放车辆，不得占用、堵塞、封闭疏散通道、公共出入口等，不得影响其他车辆和行人的正常通行。

利用物业管理区域内公共道路、场地划定车位停放车辆的，车位划定、分配方式、服务费、收益分配方式等，在业主大会成立前，应当征求专有部分占建筑物总面积过半数的业主且占总人数过半数的业主同意；业主大会成立后，由业主大会按照法律、法规、管理规约等要求决定。

第六十三条 利用物业共用部位、共用设施设备进行经营的，所得收益归全体业主所有，主要用于补充专项维修资金，也可以按照业主大会或者相关业主的决定用于业主委员会工作经费或者物业管理方面的其他需要。

第六十四条 业主或者物业使用人应当在住宅装饰装修工程开工前，向物业服务企业办理登记手续，签订装饰装修管理服务协议。物业服务企业应当将装饰装修的禁止行为和注意事项告知业主或者物业使用人。

已经办理登记的，物业服务企业及其工作人员不得向业主或者物业使用人强行推销装饰装修材料，不得限制或者阻挠装饰装修材料进出物业管理区域。

物业服务企业应当对房屋装饰装修情况进行现场巡查，业主、物业使用人、装饰装修施工人员应当予以配合。

因住宅内装饰装修活动造成相邻住宅的管道堵塞、渗透水、停水停电、物品损坏、外立面损坏等，业主、物业使用人应当负责修复和赔偿。

第六十五条 业主应当按照国家和省有关规定，将首期专项维修资金存入物业管理行政主管部门设立的专项维修资金专户。不动产登记机构在进行不动产权登记时，应当核验专项维修资金缴存情况。

专项维修资金属于业主共有，专项用于物业共用部位、共用设施设备保修期满后的维修、更新和改造，不得挪作他用。

物业管理行政主管部门应当按照方便快捷、公开透明、受益人与负担人相一致的原则，依法保障专项维修资金的正常合理使用。

第六十六条 专项维修资金的使用，经业主大会依法决定，可以根据维修范围以单元（栋）为单位进行表决，也可以采取异议表决，即持不同意见的业主专有部分占建筑物总面积三分之一以下且占总人数三分之一以下的，视为表决通过。

第六十七条 专项维修资金的管理，实行专户存储、专款专用、所有权人决策、政府监督的原则。设区的市、县人民政府应当建立健全专项维修资金的使用、管理和监督制度。

业主大会成立前，专项维修资金由物业管理行政主管部门代行管理。业主大会成立后，根据业主大会决定，选择自行管理或者代行管理。业主大会选择自行管理专项维修资金的，应当在银行设立专项维修资金账户，接受物业管理行政主管部门的监督。

第六十八条 专项维修资金余额不足首期筹集金额百分之三十的，业主应当按照相关规定以及业主大会的决定续筹专项维修资金。

物业所有权发生转移时，交存的专项维修资金一并转移给物业买受人。

第六十九条 物业存在安全隐患，危及公共利益及他人合法权益时，责任人应当及时维修养护，有关业主应当给予配合。

责任人不履行维修养护义务的，经相关业主同意，可以由物业服务企业维修养护，费用由责任人承担。

物业共用部位、共用设施设备维修、更新和改造时，相关业主、物业使用人应当予以配合。

第七十条 物业管理区域内共用部位、共用设施设备出现下列紧急情况的，物业服务企业应当立即组织应急维修：

（一）电梯、消防等共用设施设备故障损坏，无法正常使用的；

（二）屋面、外墙渗漏的；

（三）楼体外墙墙面有脱落危险的；

（四）专用排水设施因坍塌、堵塞、爆裂等造成功能障碍的；

（五）公共护栏（围）破损严重的；

（六）其他紧急情况。

出现前款情形之一的，物业管理行政主管部门接到申请后，应当即时核准并拨付专项维修资金。应急维修费用应当向业主公示。

业主大会自行管理物业专项维修资金的，按照前款规定执行。

第七十一条 电缆、供水供气供热管道等专业经营设施设备发生故障或者损坏时，业主、业主委员会、物业服务企业应当及时报告。专业经营单位应当及时维修、养护、更新。

第七章 监督管理

第七十二条 省物业管理行政主管部门应当制定全省物业服务市场主体和从业人员信用标准，建立全省统一的物业服务市场诚信体系和信用平台，公开物业服务项目信息和信用信息，并会同相关部门及有关单位对失信物业服务市场主体实施联合惩戒。

县级以上物业管理行政主管部门负责本行政区域内物业服务市场主体信用信息采集和诚信档案管理工作。

第七十三条 县级以上人民政府相关行政主管部门按照各自职责，负责物业管理区域内下列工作：

（一）住房城乡建设行政主管部门负责建设工程竣工验收备案，监督建设单位履行建筑工程质量保修责任，监督检查房屋装饰装修活动；

（二）规划行政主管部门负责物业管理用房、老旧小区加装电梯等规划，负责对违法建筑的认定；

（三）城市管理执法部门负责查处违法建筑、毁坏绿地等行为；

（四）工商行政管理部门负责监督检查无照经营活动；

（五）价格行政主管部门负责监督检查价格公示、违规收费活动；

（六）公安机关负责监督检查治安、消防、技防、保安服务等活动；

（七）质监行政主管部门负责电梯等特种设备安全和计量监管；

（八）财政、审计行政主管部门负责对物业管理行政主管部门专项维修资金使用和管理情况的监督检查；

（九）环保行政主管部门负责监督检查污染环境行为；

（十）人防行政主管部门负责对人防工程维护管理的监督检查。

已经实行城市管理综合执法体制改革的设区的市、县（市、区），对有关部门职责分工另有调整的，从其规定。

第七十四条　街道办事处、乡镇人民政府应当建立物业管理联席会议制度。联席会议由街道办事处、乡镇人民政府召集，物业管理、公安派出所、城市管理等部门和社区居（村）民委员会、业主委员会（业主代表）、物业服务企业、专业经营单位等各方参加。联席会议协调解决本辖区内物业管理中的重要问题。

第七十五条　县级以上人民政府发展改革、住房城乡建设、规划、公安、环保、城市管理、工商、人防、质监等有关部门，应当建立违法行为投诉登记制度，并在物业管理区域内显著位置公布联系单位、举报电话，依法处理物业管理区域内的违法行为。

任何单位和个人对违反本条例规定的行为，可以向物业管理行政主管部门、街道办事处、乡镇人民政府及其他有关部门投诉举报，有关单位应当及时调查核实，并依法处理。

行政执法单位需要进入物业管理区域开展执法工作的，业主、业主委员会、物业服务企业应当提供便利。

第八章　法律责任

第七十六条　违反本条例规定，法律、行政法规已有法律责任规定的，从其规定。

第七十七条　业主委员会做出的决定，违反法律、法规规定或者业主大会决定，给业主、物业服务企业造成损害的，由签字同意该决定的业主委员会成员承担民事责任；严重损害业主合法权益或者严重影响公共秩序的，依法追究相关责任。

第七十八条　物业服务企业人员对业主或者物业使用人实施人身、财产损害等行为的，依法承担民事责任；对违反治安管理的行为，依照《中华人民共和国治安管理处罚法》予以处罚；构成犯罪的，依法追究刑事责任。

第七十九条　违反本条例第十三条规定，专业经营单位拒不接收或者拒不履行承担运行、维修和更新责任的，由县级以上人民政府物业管理行政主管部门责令限期改正，逾期不改正的，处三十万元以上一百万元以下罚款。

第八十条　违反本条例第十九条、第二十条第四款规定，未及时报送文件资料、建设单位不提供筹备费用的，由县级以上人民政府物业管理行政主管部门责令限期改正；逾期不改正的，处五万元以上十五万元以下罚款。

第八十一条　违反本条例第三十八条第一款规定，物业服务企业擅自利用或者擅自允许他人利用物业共用部位、共用设备设施进行广告、宣传和经营等活动，擅自设置或者擅自允许他人设置营业摊点的，由县级以上人民政府物业管理行政主管部门责令限期改正，给予警告，处五万元以上二十万元以下罚款。

违反本条例第三十八条第二款规定，物业服务企业泄露业主信息或者对业主进行骚扰、恐吓、打击报复或者采取暴力行为的，由公安机关按照《中华人民共和国治安管理处罚法》的规定处罚。

第八十二条 违反本条例第三十九条规定，物业服务企业未在物业管理区域显著位置公示有关信息的，由县级以上人民政府物业管理行政主管部门责令限期改正；逾期不改正的，处一万元以上三万元以下罚款。

第八十三条 违反本条例第五十二条第一款规定，物业服务企业未按照规定办理移交手续的，由县级以上人民政府物业管理行政主管部门责令限期改正；逾期不改正的，处二十万元罚款；物业服务企业未按照约定时间提前撤出物业管理区域的，由县级以上人民政府物业管理行政主管部门责令限期改正；逾期不改正的，处五万元以上十万元以下罚款。

违反本条例第五十二条第二款规定，原物业服务企业未在规定时间内退出物业管理区域的，县级以上人民政府物业管理行政主管部门自规定时间届满次日起对其处以每日一万元罚款。

第八十四条 违反本条例第五十六条第一款第一项规定，损坏房屋承重结构、主体结构的，由县级以上人民政府住房城乡建设行政主管部门责令限期改正，处五万元以上十万元以下罚款；造成他人损失，应当依法赔偿。

违反本条例第五十六条第一款第二项规定，侵占、损坏共用部位、共用设施设备的，由县级以上人民政府物业管理行政主管部门或者其他依法行使监督管理权的部门，责令限期改正，恢复原状，并对个人处一千元以上一万元以下罚款，对单位处五万元以上二十万以下罚款。

违反本条例第五十六条第一款第四项规定，违法搭建建筑物、构筑物、障碍物的，由县级以上人民政府城市管理执法部门责令限期拆除，视情节轻重，可以处二千元以上二万元以下罚款；逾期未拆除的，人民政府城市管理执法部门可以申请所在地县级以上人民政府组织强制拆除。

违反本条例第五十六条第一款其他禁止行为规定的，由依法行使监督管理权的部门依照相关法律法规给予行政处罚。

第八十五条 违反本条例第五十七条第一款规定，在物业管理区域内饲养烈性犬和大型犬的，由公安机关或者具有城市管理行政执法权的部门没收犬只，并处五千元以上一万元以下罚款。

违反本条例第五十七条第二款规定，携犬出户未束犬链牵引的，由具有城市管理行政执法权的部门责令改正；拒不改正的，处五百元以上一千元以下罚款；情节恶劣或者造成严重后果的，没收犬只。犬只伤害他人的，养犬人应当依法承担相应的法律责任。

第八十六条 违反本条例第五十八条规定，物业服务企业发现电梯存在性能故障或者其他安全隐患，未立即采取措施，致使乘客滞留电梯轿厢，情节严重的，由县级以上人民政府特种设备安全监督管理部门处五千元以上一万元以下罚款。电梯维护保养单位接到通知后，未及时抢修导致电梯事故的，由县级以上人民政府特种设备安全监督管理部门处五万元以上二十万元以下罚款。电梯达到安全技术规范规定的报废条件，物业服务企业未及时公示并报告业主，未积极协调办理报废事宜的，由县级以上人民政府特种设备安全监督管理部门责令立即改正，并处一万元以上五万元以下罚款。因电梯事故给他人造成人身、财产损害的，应当承担相应的法律责任。

第八十七条 违反本条例第六十一条第二款规定，建设单位将车位车库出售给本区域业主以外的其他人的，由县级以上人民政府物业管理行政主管部门责令限期返还；逾期不改正的，没收违法所得，每违规出售一个车位、车库，处五万元以上十万元以下罚款。建设单位对业主要求承租的车位、车库只售不租的，由县级以上人民政府物业管理行政主管部门责令限期改正；逾期不改正的，处五万元以上十万元以下罚款。

违反本条例第六十一条第三款规定，建设单位将未出售或者未附赠的车位、车库不优先出租给本区域内业主，或者将多余车位、车库出租给本物业管理区域外使用人租赁期限超过六个月的，由县级以上人民政府物业管理行政主管部门责令限期改正，没收违法所得；逾期不改正的，处五万元以上十万元以下罚款。

第八十八条 违反物业服务合同约定，业主逾期不交纳物业服务费用的，业主委员会、物业服务企业可以通过上门催交、在物业管理区域内公示等形式督促其限期交纳；逾期仍不交纳的，物业服务企业可以依法向人民法院提起诉讼。

第八十九条 县级以上人民政府发展改革、公安、财政、环保、城乡规划、城乡建设、城市管理、工商、人防、质监等有关行政主管部门工作人员有下列情形之一的，依法给予行政处分：

（一）未按照本条例规定履行监督检查、审核查验职责的；

（二）发现违法行为或者接到投诉、举报后不及时处理的；

（三）其他玩忽职守、徇私舞弊、滥用职权的行为。

第九十条 物业管理行政主管部门、街道办事处、乡镇人民政府工作人员有下列情形之一的，依法给予行政处分；构成犯罪的，依法追究刑事责任：

（一）未按照本条例规定履行监督检查职责的；

（二）未按照本条例规定召集或者参加物业管理联席会议的；

（三）未按照本条例规定筹备、组织召开业主大会会议的；

（四）发现违法行为或者接到投诉、举报后不及时处理的；

（五）截留、挪用、侵占或者未按时审核拨付专项维修资金的；

（六）其他玩忽职守、徇私舞弊、滥用职权的行为。

第九章 附则

第九十一条 本条例下列用语的含义：

（一）最终用户，是指接受供水、供电、供气、供热等服务的最终分户业主或者实际使用人。

（二）物业使用人，是指物业的承租人和实际使用物业的其他人。

（三）专有部分，是指在构造上和利用上具有独立性、由单个业主独立使用、处分的物业部位。

（四）专业经营设施设备，是指最终用户分户计量表或者最终用户入户端口以外的变（配）电、二次供水、燃气调压、供热系统等设施设备及相关管线和计量装置。

（五）物业的共用部位，是指物业的主体承重结构部位，包括基础、内外承重墙体、柱、梁、楼板、屋顶、户外墙面、门厅、楼梯间、电梯间、走廊通道、管道井等。

（六）物业的共用设施设备，是指物业管理区域内，由业主共有共用的电梯、照明设施、电力设备安全外护栏、天线、上下水管道、落水管、沟渠、池、井、消防设施、电子监控设施、避雷装置、区域围护、道路、绿地、非经营性停车场（库）、自行车棚、公益性文体设施、共用设施设备用房等。

第九十二条 本条例规定的专有部分面积和建筑物总面积，按照下列方法认定：

（一）专有部分面积按照不动产登记簿记载的面积计算；尚未进行登记的，暂时按照测绘机构的实测面积计算；尚未进行实测的，暂时按照房屋买卖合同记载的面积计算；

（二）建筑物总面积，按照前项的统计总和计算。

第九十三条 本条例规定的业主人数和总人数，按照下列方法认定：

（一）业主人数按照专有部分的数量计算，一个专有部分按照一人计算；但建设单位尚未出售和虽已出售但尚未交付的部分，以及同一买受人拥有一个以上专有部分的，按照一人计算；

（二）总人数，按照前项的统计总和计算。

第九十四条 业主大会及业主委员会指导细则、前期物业招投标制度、管理规约、物业服务合同示范文本、物业服务规范等由省人民政府物业管理行政主管部门自本条例施行之日起一年内制定并公布。

第九十五条 本条例自2018年1月1日起施行。2001年1月13日河南省第九届人民代表大会常务委员会第二十次会议通过，根据2010年7月30日河南省第十一届人民代表大会常务委员会第十六次会议修正的《河南省物业管理条例》同时废止。

内蒙古自治区第十三届人民代表大会常务委员会公告

（第3号）

2018年5月31日内蒙古自治区第十三届人民代表大会常务委员会第五次会议修订通过《内蒙古自治区物业管理条例》，现予公布，自2018年8月1日起施行。

内蒙古自治区人民代表大会常务委员会

2018年5月31日

内蒙古自治区物业管理条例

第一章　总则

第一条　为了规范物业管理活动，维护业主和物业服务企业的合法权益，营造良好的生活和工作环境，根据《中华人民共和国物权法》和国务院《物业管理条例》等国家有关法律、法规，结合自治区实际，制定本条例。

第二条　自治区行政区域内物业的使用、维护、服务及其相关监督管理活动适用本条例。

本条例所称物业是指房屋及与之配套的设施设备和相关场地等。

本条例所称物业管理，是指业主通过选聘物业服务企业，由业主和物业服务企业按照物业服务合同约定，对房屋及配套的设施设备和相关场地进行维修、养护、管理，维护相关区域内的环境卫生和公共秩序的活动。

第三条　旗县级以上人民政府应当将物业管理纳入城市管理工作体系和综合目标责任制考核体系，建立物业管理综合协调机制和专业化、社会化、市场化的物业服务机制。

第四条　旗县级以上人民政府应当建立物业管理资金投入保障机制，加强老旧小区改造，对配套设施不全、不具备物业服务条件的物业区域进行综合治理，逐步实现住宅区域物业管理全覆盖。

第五条　旗县级以上人民政府物业行政主管部门负责本行政区域内物业服务活动的监督管理工作。

旗县级以上人民政府住房和城乡建设、规划、价格、财政、生态环境、城市管理、公安、民政、卫生、市场监督管理、消防、自然资源、人民防空等部门按照各自职责，做好相关的物业监督管理工作。

苏木乡镇人民政府、街道办事处负责组织、指导、协调本辖区内物业服务区域业主大会的工作，督促业主大会依法履行职责，协调社区建设与物业服务的关系，处理物业服务纠纷。

嘎查村民委员会、居民委员会协助苏木乡镇人民政府、街道办事处做好物业管理有关工作。

供水、供电、供热、供气、通信、有线电视等单位应当按照各自职责，做好相关物业服务工作。

第六条 旗县级以上人民政府物业行政主管部门应当在物业服务区域内显著位置公布投诉举报受理方式，及时受理业主和相关单位的投诉举报，依法调查处理违法行为。对实名投诉举报实行限时回复，为实名投诉举报人保密。

第七条 物业管理实行联席会议制度。联席会议由苏木乡镇人民政府、街道办事处负责召集，旗县级人民政府物业行政主管部门、嘎查村民委员会、居民委员会以及建设单位、物业服务企业、业主委员会、相关行政管理部门等各方代表参加。未成立业主委员会的，由业主代表参加。

物业管理联席会议主要协调解决下列重大问题：

（一）业主委员会不依法履行职责的；

（二）业主委员会选举和换届过程中出现问题的；

（三）物业服务企业履行物业服务合同中出现问题的；

（四）物业服务企业在交接过程中出现问题的；

（五）需要协调解决的其他物业服务纠纷。

第八条 物业服务行业协会应当加强行业自律，规范行业行为，促进物业服务行业健康发展。

第二章　业主及业主大会

第九条 房屋的所有权人为业主。

业主对建筑物内的住宅、经营性用房等专有部分享有所有权，对专有部分以外的共有部分享有共有和共同管理的权利。业主行使权利不得危及建筑物的安全，不得损害其他业主的合法权益。

因买卖、赠予、继承等法律关系已经实际占有房屋，但是尚未依法办理所有权登记的，房屋占有人在物业服务中享有业主的权利，承担业主的义务。

第十条 业主在物业管理活动中，享有下列权利：

（一）按照物业服务合同的约定，接受物业服务企业的服务；

（二）提议召开业主大会会议，就物业服务的有关事项提出建议；

（三）提出制定和修改管理规约、业主大会议事规则的建议；

（四）参加业主大会会议，行使投票权；

（五）选举业主委员会成员，并享有被选举权；

（六）监督业主委员会的工作；

（七）监督物业服务企业履行物业服务合同；

（八）对物业共用部位、共用设施设备和相关场地使用情况享有知情权和监督权；

（九）监督住宅专项维修资金的管理和使用；

（十）法律、法规规定的其他权利。

第十一条 业主在物业管理活动中，履行下列义务：

（一）遵守管理规约、业主大会议事规则；

（二）遵守物业服务区域内物业共用部位和共用设施设备的使用、公共秩序和环境卫生的维护等方面的规章制度；

（三）执行业主大会和业主委员会作出的决定；

（四）按照国家有关规定交纳住宅专项维修资金；

（五）按时交纳物业服务费用；

（六）法律、法规规定的其他义务。

第十二条 物业使用人在物业服务活动中的权利、义务由业主和物业使用人约定，但不得违反法律、法规和管理规约的有关规定。

第十三条 旗县级人民政府物业行政主管部门应当按照物业的共用设施设备、建筑物规模、社区建设等因素划定物业管理区域。具体办法由自治区人民政府制定。

第十四条 一个物业管理区域成立一个业主大会。

同一个物业管理区域内的业主，应当在物业项目所在地旗县级人民政府物业行政主管部门或者苏木乡镇人民政府、街道办事处的指导下成立业主大会，并选举产生业主委员会。但是，只有一个业主的，或者业主人数较少且全体一致同意，决定不成立业主大会的，由业主共同履行业主大会、业主委员会职责。

业主大会由物业管理区域内全体业主组成。

业主大会应当代表和维护物业管理区域内全体业主在物业服务活动中的合法权益，依照法律、法规和业主大会议事规则的规定履行职责。

第十五条 在一个物业管理区域内，已交付使用的物业建筑面积达到百分之五十以上的，或者已交付使用的物业建筑面积达到百分之三十不足百分之五十，但使用已超过二年的，应当筹备成立业主大会。

不具备成立业主大会条件，或者具备成立业主大会条件但未成立业主大会的住宅小区，经物业项目所在地苏木乡镇人民政府、街道办事处指导后仍不能成立的，应当由嘎查村民委员会、居民委员会组织业主共同履行业主大会、业主委员会职责。

第十六条 同一个物业管理区域内的业主大会会议筹备组，由业主、建设单位、苏木乡镇人民政府、街道办事处和嘎查村民委员会、居民委员会的代表组成。筹备组成员人数应为单数，其中业主代表人数不低于筹备组总人数的一半，筹备组组长由苏木乡镇人民政府、街道办事处代表担任。

筹备组中的业主代表的产生，由苏木乡镇人民政府、街道办事处或者嘎查村民委员会、居民委员会组织业主推荐。

筹备组应当将成员名单以书面形式在物业管理区域内公告。业主对筹备组成员有异议的，由苏木乡镇人民政府、街道办事处协调解决。

建设单位和物业服务企业应当配合协助筹备组开展工作。

第十七条 筹备组应当自组成之日起六十日内首次召开业主大会会议，并通过管理规约、业主大会议事规则，选举产生业主委员会。

业主委员会成立后筹备组自行解散。

第十八条 业主大会会议可以采用集体讨论的形式，也可以采用书面征求意见的形式；但是，应当有物业管理区域内专有部分占建筑物总面积过半数的业主且占总人数过半数的业主参加。

业主应当参加业主大会会议。因故不能参加的，可以书面委托代理人参加，载明委托事项、委托权限以及期限。

第十九条 业主大会决定筹集和使用住宅专项维修资金以及改建、重建建筑物及其附属设施的，应当经专有部分占建筑物总面积三分之二以上的业主且占总人数三分之二以上的业主同意。业主大会决定其他有关共有和共同管理权利的重大事项，应当经专有部分占建筑物总面积过半数的业主且占总人数过半数的业主同意。

第二十条 业主大会会议分为定期会议和临时会议。

业主大会定期会议应当按照业主大会议事规则的规定由业主委员会组织召开。

有下列情形之一的，业主委员会应当及时组织召开业主大会临时会议：

（一）百分之二十以上的业主提议的；

（二）发生重大事故或者紧急事件需要及时处理的；

（三）业主委员会成员缺额人数超过半数的；

（四）业主大会议事规则或者管理规约规定的其他情形。

需要召开业主大会临时会议时，业主委员会不履行组织召开会议职责的，物业项目所在地苏木乡镇人民政府、街道办事处应当责令业主委员会限期召开；逾期不召开的，苏木乡镇人民政府、街道办事处可以组织召开。

第二十一条 业主委员会是业主大会的执行机构，应当履行下列职责：

（一）执行业主大会的决定和决议；

（二）召集业主大会会议，向业主大会报告工作，并在物业管理区域内显著位置向业主公布，接受业主监督；

（三）根据业主大会决定，代表业主与业主大会选聘的物业服务企业签订物业服务合同；

（四）及时了解业主、物业使用人的意见和建议，监督物业服务企业履行物业服务合同；

（五）督促业主、物业使用人遵守管理规约，调解因物业使用、维护和服务产生的纠纷；

（六）督促业主交纳物业服务费及其他相关费用；

（七）组织和监督住宅专项维修资金的筹集和使用；

（八）根据管理规约和业主大会议事规则，决定共用部位、共用设施设备的经营方式，管理并公布经营所得；

（九）监督广告、车位租赁经营收入以及使用情况；

（十）配合苏木乡镇人民政府、街道办事处、嘎查村民委员会、居民委员会、公安机关等做好物业服务区域的社区建设和社会治安等工作；

（十一）业主大会赋予的其他职责。

第二十二条 业主大会或者业主委员会的决定，对业主具有约束力。

业主大会或者业主委员会作出的决定违反法律、法规的，旗县级人民政府物业行政主管部门或者苏木乡镇人民政府、街道办事处应当责令限期改正或者撤销其决定，并通告全体业主。

业主大会或者业主委员会作出的决定侵害业主合法权益的，受侵害的业主可以请求人民法院予以撤销。

第二十三条 业主委员会和业主委员会委员不得有下列行为：

（一）阻挠、抗拒业主大会履行职责；

（二）弄虚作假，隐瞒事实真相，转移、隐匿、篡改、毁弃或者拒绝、拖延提供有关文件、资料；

（三）利用职务之便接受减免物业费、停车费，或者索取、非法收受建设单位、物业服务企业提供的利益、报酬；

（四）违反业主大会议事规则或者未经业主大会授权，擅自使用业主大会或者业主委员会印章；

（五）打击、报复、诽谤有关投诉、举报人；

（六）未经业主大会授权，擅自解聘或者选聘物业服务企业；

（七）擅自动用住宅专项维修资金，侵占业主共有财产；

（八）违反法律、法规规定或者超越业主大会赋予的职权，侵害业主合法权益的其他行为。

第二十四条 业主委员会的人数由业主大会根据实际情况按照三人至十一人的单数确定。

业主委员会应当在业主委员会委员中推选产生主任一人，副主任一至三人。

业主委员会应当自选举产生之日起三十日内，向物业项目所在地旗县级人民政府物业行政主管部门和苏木乡镇人民政府、街道办事处备案。业主委员会备案有关内容发生变更的，应当重新备案。

第二十五条 业主委员会每届任期三至五年，具体年限可在业主大会议事规则中约定。任期届满两个月前，应当召开业主大会会议进行业主委员会的换届选举，并通知物业项目所在地旗县级人民政府物业行政主管部门和苏木乡镇人民政府、街道办事处派代表参加；逾期未换届的，业主委员会将自行终止。

原业主委员会应当在其任期届满之日起十日内，与新一届业主委员会办好交接手续；没有产生新一届业主委员会的，与嘎查村民委员会、居民委员会办好交接手续。

第二十六条 经三分之一以上业主委员会委员提议或者业主委员会主任认为有必要的，应当及时召开业主委员会会议。

第二十七条 业主委员会会议应当有过半数委员出席，做出决定应当经出席的委员过半数同意。

业主委员会的决定应当以书面形式在物业管理区域内及时公告。

业主委员会未按照法定程序做出决定造成损失的，由同意做出决定的委员共同承担责任。

第二十八条 业主委员会委员应当由热心公益事业，责任心强，公正廉洁，具有一定组织协调能力，能够主动履行业主义务的业主担任。

业主委员会委员本人、配偶及其直系亲属不得在本物业管理区域内的物业服务企业中兼职或者与该物业服务企业有其他利害关系。

第二十九条 业主委员会委员有下列情形之一的，其业主委员会委员资格终止：

（一）因物业转让、灭失等原因不再是业主的；

（二）无故缺席业主委员会会议连续三次以上的；

（三）丧失履行职责能力的；

（四）以书面形式向业主委员会提出辞呈的；

（五）拒不履行业主义务的；

（六）向物业服务企业销售商品、承揽业务、牟取不当利益的；

（七）侵犯业主合法权益的；

（八）其他原因不宜担任业主委员会委员的情形。

终止业主委员会成员资格的程序由业主大会议事规则规定。

第三十条 因物业管理区域发生变更等原因导致业主大会解散的，在解散前，业主大会、业主委员会应当在苏木乡镇人民政府、街道办事处的指导监督下，做好业主共同财产清算和档案资料的移交工作。

第三十一条 业主大会和业主委员会开展工作的经费由全体业主承担。经费的筹集、管理、使用由业主大会议事规则规定。

业主大会和业主委员会工作经费的使用情况应当定期由业主委员会以书面形式在物业管理区域内公告，接受业主监督。

第三十二条 业主对建筑物专有部分以外的共有部分，享有权利，承担义务，不得以放弃权利为由不履行义务。业主转让建筑物内的住宅、经营性用房，其对共有部分享有的共有和共同管理的权利一并转让。

业主转让或者出租物业时，应当将管理规约、物业服务收费标准等事项告知受让人或者承租人，并出具交纳物业服务费用的证明或者对物业服务费用的结算作出明确约定。受让人应当在办理产权交易手续之日起三十日内，将物业产权转移情况、业主姓名、联系方式等告知物业服务企业和业主委员会。

第三十三条 物业服务企业按照合同约定以及《物业管理服务标准》等相关规定提供服务的，业主不得以物业闲置、房屋质量和未享受物业服务或者无须接受相关物业服务为由拒绝交纳物业服务费。

业主不按照物业服务合同约定交纳物业服务费的，物业服务企业或者业主委员会可以催交；逾期仍不交纳的，物业服务企业可以依法申请仲裁或者提起诉讼。

业主与物业使用人约定由物业使用人交纳物业服务费用的，从其约定，并自约定之日起十五日内告知物业服务企业。物业使用人不交纳物业服务费用的，业主承担连带交纳责任。

第三章　前期物业管理

第三十四条 在业主、业主大会选聘物业服务企业之前，建设单位选聘物业服务企业的，应当参照国家或者自治区制定的前期物业服务合同示范文本签订前期物业服务合同。

前期物业服务合同应当包括物业基本情况、双方的权利义务、服务内容、服务标准、服务费用和违约责任等。

第三十五条 建设单位在房屋销售之前应当制定临时管理规约，但不得侵犯房屋买受人的利益，并在申请房屋预售许可前将前期物业服务合同、临时管理规约报物业项目所在地旗县级人民政府物业行政主管部门备案。物业行政主管部门将备案情况书面告知项目所在地苏木乡镇人民政府、街道办事处。

建设单位应当在房屋销售现场向房屋买受人明示前期物业服务合同和临时管理规约，并予以说明。房屋买受人在与建设单位签订房屋买卖合同时，应当对履行前期物业服务合同和遵守临时管理规约作出书面承诺。

房屋交付买受人之前发生的物业服务费，由建设单位承担；房屋交付买受人之后发生的物业服务费，由买受人按照前期物业服务合同约定的物业服务收费标准承担。

房屋达到交付条件，买受人延迟接受房屋交付的，前款规定物业服务费发生的起止日期自建设单位催告买受人接受交付的期限结束次日起计算。建设单位不得与买受人约定减免物业服务费。

第三十六条 物业服务项目应当通过招投标的方式选聘物业服务企业，分为公开招标和邀请招标。

住宅物业的建设单位，应当通过招投标的方式选聘物业服务企业；投标人少于三个或者建设规模小于二万平方米的，经物业项目所在地旗县级人民政府物业行政主管部门批准，可以采用协议方式选聘物业服务企业。

第三十七条　招标人采取公开招标方式的，应当在公共媒体和网站上发布招标公告。

招标公告应当载明招标人的名称和地址、招标项目的基本情况以及获取招标文件的方式等事项。

招标人采取邀请招标方式的，应当向三个以上物业服务企业发出投标邀请书，投标邀请书应当包含本条第二款规定的事项。

第三十八条　招标人应当在发布招标公告或者发出投标邀请书的十日前，向物业项目所在地旗县级人民政府物业行政主管部门提交以下材料：

（一）与物业服务有关的物业项目开发建设的政府批件；

（二）招标公告或者投标邀请书；

（三）招标文件；

（四）法律、法规规定的其他材料。

第三十九条　通过招投标方式选聘物业服务企业的，招标人应当按照下列规定时限完成物业服务招投标工作：

（一）新建现售商品房项目应当在现售前三十日完成；

（二）预售商品房项目应当在取得《商品房预售许可证》之前完成；

（三）非出售的新建物业项目应当在交付使用前九十日完成。

第四十条　前期物业服务合同可以约定期限。但是，期限未满，业主委员会与物业服务企业签订的物业服务合同生效的，前期物业服务合同终止；期限已满，业主大会尚未成立的，原签约双方有一方不愿续约或者已入住业主百分之五十以上对原物业服务企业的服务不满意的，建设单位应当通过招投标方式重新选聘物业服务企业，或者由物业项目所在地苏木乡镇人民政府、街道办事处组织全体业主决定选聘物业服务企业。

第四十一条　物业服务企业承接前期物业服务项目时，应当与建设单位共同对物业共用部位、共用设施设备进行查验，查验记录由双方签字确认。建设单位应当向物业服务企业移交有关资料；前期物业服务合同终止时，物业服务企业应当将有关资料移交业主委员会。未成立业主委员会的，移交所在地嘎查村民委员会、居民委员会。

物业服务企业擅自承接未经查验或者承接不符合交付条件的物业，因物业共用部位、共用设施设备缺陷给业主造成损害的，应当承担相应的赔偿责任。

第四十二条　新建住宅建设单位应当设计配置具备水、电、通风、采光等基本使用功能和条件的物业服务用房、业主委员会议事活动用房。物业服务用房按照房屋建筑总面积的千分之三，且不低于一百平方米配置；业主委员会议事用房按照不低于三十平方米配置。

旗县级以上人民政府城乡规划主管部门在核发建设工程规划许可证时，应当在许可证及其附图上载明配套建设的物业服务用房的建筑面积。旗县级以上人民政府房地产行政主管部门在核发房屋预售许可证和旗县级以上人民政府不动产登记行政主管部门在办理房屋所有权初始登记时，应当注明物业服务用房室号。

物业服务用房、业主委员会议事用房属全体业主共有，分别交由物业服务企业和业主委员会无偿使用。任何单位和个人不得擅自变更用途；不得分割、转让、抵押。

第四十三条　建设单位应当按照国家规定的保修期限和保修范围，承担物业保修责任。建设单位委托物业服务企业维修的，应当与物业服务企业签订委托协议。

建设单位交付住宅物业时，应当向房屋买受人提供住宅质量保证书、住宅使用说明书、前期物业服务合同等资料。

第四章　物业管理服务

第四十四条　从事物业服务活动的企业应当依法向市场监督管理部门办理注册登记手续，领取企业法人营业执照。

物业服务企业应当自领取企业法人营业执照之日起三十日内，到旗县级人民政府物业行政主管部门备案。

第四十五条　业主委员会应当与业主大会选聘的物业服务企业签订书面物业服务合同。

业主委员会与物业服务企业依法签订的物业服务合同对全体业主具有约束力。

鼓励业主大会采用招投标方式选聘物业服务企业。

第四十六条　物业服务企业享有下列权利：

（一）依照物业服务合同和管理制度对物业实行管理；

（二）依照物业服务合同的约定收取物业服务费用；

（三）可以将物业管理区域内的专项服务业务委托给专业服务企业，但不得将该区域内的全部物业服务一并委托给他人；

（四）法律、法规规定和物业服务合同约定的其他权利。

第四十七条　物业服务企业应当履行下列义务：

（一）按照物业服务合同、国家和自治区有关物业服务标准提供物业服务；

（二）在业主、物业使用人使用物业前，将物业的共用部位、共用设施设备的使用方法、维护要求、注意事项等有关规定书面告知业主、物业使用人；

（三）落实安防人员、设施以及安保措施，确保安防监控设施正常运转；

（四）定期组织物业服务人员进行消防安全演练，确保消防设施正常使用；

（五）维护物业区域环境卫生，引导业主进行垃圾分类处理；

（六）定期对物业的共用部位、共用设施设备进行养护，按照物业服务合同约定组织维修；

（七）做好物业维修、养护、更新及其费用收支的各项记录，妥善保管物业档案资料和有关财务账册，建立物业服务信息平台，为业主提供免费查询服务；

（八）实行二十四小时值班制，建立和完善物业服务工作应急预案，及时处理物业服务中的突发事件；

（九）听取业主委员会、业主、物业使用人的意见，改进和完善物业服务；

（十）法律、法规规定和物业服务合同约定的其他义务。

第四十八条　物业服务企业应当遵守法律法规和物业服务合同的约定。未经业主大会同意或者物业服务合同中无相关约定，不得将物业服务费用、公共水电分摊费用、车辆停放费用等捆绑收费；不得处分属于业主的共有财产。

物业服务企业未能履行物业服务合同的约定，造成业主损失的，承担相应的法律责任。

第四十九条　物业服务企业应当将下列信息在物业管理区域内显著位置公示：

（一）项目负责人的基本情况、联系方式和物业投诉电话；

（二）物业服务合同约定的服务内容、服务标准、收费项目、收费标准和收费方式；

（三）物业服务企业的权利和义务；

（四）电梯、消防、监控等专项设施设备的日常维修保养单位的名称、资质、联系方式和应急处置方案；

（五）业主交纳物业服务费用、公共水电分摊费用情况，住宅专项维修资金使用情况，物业共用部位、共用设施设备经营所得收益；

（六）房屋装饰装修及使用过程中的结构变动等安全事项；

（七）其他应当公示的内容。

业主对公示内容有异议的，物业服务企业应当予以答复。

第五十条　物业服务企业退出物业服务项目的，应当提前三十日书面告知业主或者业主委员会，并按照规定和合同约定办理移交手续，同时移交下列资料：

（一）建设单位向物业服务企业移交的相关资料；

（二）电梯、消防、监控等专项设施设备的技术手册、维护保养记录等相关资料；

（三）物业服务用房、业主共用的场地和设施设备资料；

（四）物业服务期间配置的固定设施设备资料；

（五）物业服务企业建档保存的物业改造、维修、养护资料；

（六）利用共用部位、共用设施设备经营的相关资料；

（七）其他应当移交的资料。

物业服务企业未办理交接手续，应当维持正常的物业管理秩序，不得擅自撤离物业管理区域、停止物业服务。

第五十一条　物业服务企业与业主委员会或者其委托新选聘的物业服务企业办理交接的，交接双方应当对物业服务区域内电梯、消防、监控等共用设施设备的使用维护现状给予确认，并报物业项目所在地的苏木乡镇人民政府、街道办事处备案。

电梯、消防、监控等共用设施设备无法正常使用的，原物业服务企业应当按照物业服务合同约定修复或者承担相应责任。

第五十二条　物业服务企业有下列失信行为之一的，应当按照有关规定录入物业服务企业信用档案，纳入企业信用信息公示系统：

（一）在物业项目招投标活动中提供虚假信息，骗取中标的；

（二）物业服务合同依法解除或者终止后拒不撤出物业服务区域，撤出时未按照规定办理交接手续，或者未按照规定移交资料，造成物业服务混乱的；

（三）未按照规定和合同约定履行房屋安全监管义务，导致物业服务区域内发生重大房屋安全事故的；

（四）泄露业主信息的；

（五）对业主、业主委员会委员进行恐吓、威胁或者打击报复的；

（六）其他违反法律、法规规定的情形。

第五十三条　物业服务收费应当遵循合理、公开以及费用与服务水平相适应的原则，区别不同物业的性质和特点，分别执行政府指导价和市场调节价：

（一）廉租住房、公共租赁住房等保障性住房物业服务收费实行政府指导价，具体收费标准由旗县级人民政府价格主管部门和物业行政主管部门结合当地实际统一制定；

（二）普通住宅物业服务费实行市场调节价，由业主委员会和物业服务企业在双方签订的物业服务合同中约定。未成立业主委员会的，由嘎查村民委员会、居民委员会组织业主代表和物业服务企业协商确定；

（三）公寓、别墅等非普通住宅和商场、酒店、写字楼等非住宅物业服务收费实行市场调节价，具体收费标准由业主、物业使用人与物业服务企业在物业服务合同中约定。

物业服务企业可以根据业主的委托，提供物业服务合同约定以外的服务项目，服务报酬由双方约定。

普通住宅物业服务收费可以根据市场行情、物业服务内容和服务等级进行调整。物业服务企业应当在业主委员会的监督下，征得物业管理区域内专有部分占建筑物总面积过半数的业主且占总人数过半数的业主同意后方可调整物业服务费。

第五十四条 未实行物业服务的物业管理区域，由嘎查村民委员会、居民委员会组织业主代表会议选聘保洁人员，维护环境卫生，费用由全体业主承担；选聘房屋维修人员对共用设施设备进行日常维修养护，费用由相关业主承担。

第五十五条 物业管理区域内的供水、供电、供气、供热、通信、有线电视等单位应当向最终用户收取有关费用，但不得因部分最终用户未履行交费义务而停止已交费用户和共用部位的服务。

任何单位不得强制物业服务企业代收前款费用，也不得因物业服务企业拒绝代收前款费用而停止提供服务。

物业服务企业接受委托代收本条第一款费用的，不得向业主收取手续费等额外费用。

第五章　物业的使用与维护

第五十六条 物业管理区域内禁止下列行为：

（一）损坏房屋承重结构、主体结构和房屋外貌，超荷载存放物品；

（二）将无防水要求的房屋或者阳台改为卫生间、厨房，或者将卫生间改在下层住户的厨房、卧室、起居室和书房的上方；

（三）违章搭建建筑物、构筑物，挖掘地下空间；

（四）改变按照规划建设的公共建筑和共用设施设备的用途；

（五）擅自占用、挖掘物业服务区域内的道路、场地，在规定区域外停放车辆；

（六）占用、损坏或者擅自移动物业共用部位、共用设施设备；

（七）私设地桩、地锁占用公共绿地、公共道路；

（八）擅自设置摊点和集贸市场；

（九）随意倾倒垃圾、杂物，侵占和毁坏绿地；

（十）擅自在建筑物屋顶、外墙面上安装、悬挂、张贴物品或者涂写、刻画；

（十一）在楼道等业主共有部位堆放物品；

（十二）违反规定饲养动物；

（十三）违反有关规定存放易燃、易爆、剧毒物品，排放有毒有害气体和废弃物，发出超过规定标准的噪音；

（十四）利用物业从事危害公共利益和侵害他人合法权益的活动；

（十五）乱拉乱改电线，拆改智能化设施设备；

（十六）将阀门、检查口以及主管道等封闭、遮挡；

（十七）法律、法规和管理规约禁止的其他行为。

物业服务企业、业主、物业使用人发现有前款所列行为之一的，应当及时劝阻、制止；劝阻、制止无效的，及时报告有关管理单位，有关管理单位应当及时依法处理。业主、物业使用人对侵害自身合法权益的行为，可以依法向人民法院提起诉讼；业主委员会对侵害业主共同利益的行为，可以依法向人民法院提起诉讼。

第五十七条 物业存在安全隐患，危及公共利益及其他业主合法权益的，责任人应当及时维修养护，消除隐患，有关业主应当给予配合。

责任人不履行维修养护义务的，经业主大会同意，可以由物业服务企业维修养护，费用由责任人承担。

第五十八条 供水、供电、供热、供气、通信、有线电视等单位，应当负责物业管理区域内分户终端计量装置或者入户端口以外设施设备的维修、养护、更新，并承担相关费用。

供水、供电、供热、供气、通信、有线电视等单位对专业经营设施设备进行维修、养护、更新时，业主、物业服务企业应当配合。

供水、供电、供热、供气、通信、有线电视等单位，委托物业服务企业对物业管理区域内有关设施设备进行日常维修养护的，双方应当签订委托协议，明确委托的主要事项和费用支付的标准与方式。

第五十九条 物业管理区域内，为了满足业主的需求，根据国家和自治区有关规定，建设充电桩、快递柜等服务设施设备的，物业服务企业应当配合。

第六十条 物业管理区域内停放车辆，不得影响其他车辆和行人的正常通行，不得占用、堵塞、封闭疏散通道、安全出口、消防车通道。对于长期废弃并严重影响消防通道的车辆，物业服务企业应当及时报告物业项目所在地消防机构。

物业服务企业应当采取措施，对进入住宅物业管理区域的车辆进行严格管理。

工程车辆、大中型客货车辆不得进入住宅物业管理区域内停放，但工程车辆因本物业管理区域建设、设施设备维修确需停放的除外。

第六十一条 物业管理区域内，用于停放汽车的车位、车库应当首先满足业主的需要。

占用业主共有的道路或者其他场地用于停放汽车的车位，属于业主共有，经业主委员会同意由物业服务企业出租经营的，每次出租期限不得超过一年。租金收入扣除物业服务企业车位、车库维修、管理费用后剩余部分由业主大会决定使用。

规划建设的人民防空工程，平时用于停放汽车施划的车位，建设单位不得出售、附赠。

第六十二条 物业服务企业根据业主大会决定或者物业服务合同约定，可以利用物业管理区域内共用部位、共用设施设备进行经营，收益归全体业主所有，主要用于补充专项维修资金，也可以根据业主大会的决定用于业主大会、业主委员会运作经费或者物业管理的其他需要。

第六十三条 住宅物业、住宅小区内的非住宅物业或者与单幢住宅楼结构相连的非住宅物业的业主，应当按照国家有关规定交纳住宅专项维修资金，不得由开发商代收、代缴。

住宅专项维修资金属于业主所有，应当按幢设账、专户存储、核算到户，专项用于物业保修期满后物业共用部位、共用设施设备的维修和更新、改造，不得挪作他用。

住宅专项维修资金的管理和使用，按照国家和自治区的有关规定执行。

第六十四条 发生下列危及房屋使用和人身财产安全的紧急情况，需要使用住宅专项维修资金立即进行维修或者更新改造的，经业主委员会现场查验确认后，可以直接申请使用维修资金：

（一）电梯故障；

（二）消防设施故障；

（三）屋面、外墙渗漏；

（四）二次供水水泵运行中断；

（五）排水设施堵塞、爆裂；

（六）楼体外立面存在脱落危险；

（七）其他危及房屋使用和人身财产安全的紧急情况。

需要应急使用住宅专项维修资金的，业主委员会或者物业服务企业应当向物业项目所在地的住宅专项维修资金管理部门提出申请，住宅专项维修资金管理部门应当自收到应急使用维修资金书面申请之日起两个工作日办结。应急维修工程竣工验收后，应当将使用住宅专项维修资金总额及业主分摊情况在物业管理区域内显著位置公示。

没有业主委员会或者物业服务企业的，由嘎查村民委员会、居民委员会提出申请，并组织代修，代修费用从住宅专项维修资金账户中列支。

第六十五条　使用住宅专项维修资金业主可以通过以下方式表决：

（一）委托表决：业主将一定时期内住宅专项维修资金使用事项的表决权，以书面形式委托给业主委员会或者业主代表行使；

（二）集合表决：业主大会对特定范围内的住宅专项维修资金的使用事项，采取一次性集合表决通过后，授权业主委员会或者物业服务企业分批使用；

（三）异议表决：在住宅专项维修资金使用事项中，持反对意见的业主专有部分占建筑物总面积三分之一以下且占总人数三分之一以下的，视为表决通过。

第六章　法律责任

第六十六条　违反本条例规定的行为，国务院《物业管理条例》等国家有关法律、法规已经做出具体处罚规定的，从其规定。

第六十七条　违反本条例第五十六条第七、八、九、十、十一项规定的，由旗县级以上人民政府物业行政主管部门给予警告，责令限期改正；逾期未改正的，可以处 1000 元以上 1 万元以下的罚款；给他人造成损失的，依法承担赔偿责任。

第六十八条　违反本条例第五十八条第一款规定的，拒不承担物业管理区域内相关设施设备的维修、养护或者更新责任的，由旗县级以上人民政府有关行政管理部门责令限期改正；造成业主损失的，应当依法承担赔偿责任。

第六十九条　旗县级以上人民政府物业行政主管部门或者其他有关行政管理部门及其工作人员违反本条例的规定，有下列行为之一的，对直接负责的主管人员和其他直接责任人员依法给予行政处分；造成损失的，依法承担赔偿责任；构成犯罪的，依法追究刑事责任：

（一）利用职务上的便利，收受他人财物或者其他好处的；

（二）不依法履行监督管理职责，或者发现违法行为不予查处的；

（三）未按照规定受理物业服务投诉，造成严重后果的；

（四）其他玩忽职守、滥用职权、徇私舞弊的行为。

第七章　附则

第七十条　本条例下列用语的含义是：

（一）物业使用人是指物业的承租人和实际使用物业的其他人；

（二）房屋承重结构是指房屋的基础、楼板、屋顶、梁、柱、承重墙体等；

（三）共用部位是指业主共同使用的楼梯间、水泵间、电表间、电梯间、电话分线间、电梯机房、走廊通道、门厅、传达室、内天井以及房屋承重结构、外墙面、走廊墙等部位；

（四）共用设施设备是指业主共同使用的上下水管道、落水管、照明灯具、垃圾通道、天线、水箱、水泵、电梯、避雷装置、消防设施以及道路、窨井、化粪池、垃圾废物储存设施、绿化地等。

第七十一条　本条例自 2018 年 8 月 1 日起施行。

湖南省第十三届人民代表大会常务委员会公告

（第5号）

《湖南省物业管理条例》于2018年7月19日经湖南省第十三届人民代表大会常务委员会第五次会议通过，现予公布，自2019年1月1日起施行。

湖南省人民代表大会常务委员会

2018年7月19日

湖南省物业管理条例

（2018年7月19日湖南省第十三届人民代表大会常务委员会第五次会议通过）

第一章　总则

第一条　为了规范物业管理活动，维护业主和物业服务企业的合法权益，营造良好的生活和工作环境，促进社会和谐稳定，根据《中华人民共和国物权法》、国务院《物业管理条例》等法律、行政法规，结合本省实际，制定本条例。

第二条　本条例适用于本省行政区域内的物业管理活动。

本条例所称物业管理，是指业主通过选聘物业服务企业，由业主和物业服务企业按照物业服务合同约定，对房屋及配套的设施设备和相关场地进行维修、养护、管理，维护物业管理区域内的环境卫生和相关秩序的活动。

第三条　县级以上人民政府应当将物业管理纳入现代服务业发展规划、社区建设和社区治理体系，建立和完善物业管理综合协调机制。

第四条　县级以上人民政府物业管理行政主管部门负责本行政区域内物业管理活动的监督管理工作，依法履行下列职责：

（一）对物业服务质量进行监督管理；

（二）对物业招投标活动进行监督管理；

（三）对物业承接查验、物业服务企业退出交接活动进行指导和监督；

（四）处理物业管理中的投诉；

（五）对专项维修资金缴存、使用情况进行监督管理；

（六）法律、法规规定的其他职责。

县级以上人民政府其他有关行政管理部门按照各自职责，做好物业管理活动相关监督管理工作。

第五条 街道办事处或乡镇人民政府依法监督指导业主大会的成立、业主委员会的选举等工作，督促业主大会和业主委员会依法履行职责，调解物业管理纠纷，协调物业管理与社区建设的关系。

居（村）民委员会协助街道办事处或乡镇人民政府开展物业管理相关工作，对业主大会筹备、召开及业主大会、业主委员会的日常工作进行具体指导。

第六条 物业服务行业组织应当加强行业自律，制定物业服务规范和标准，规范物业服务行为，督促物业服务企业和从业人员依法经营、诚信服务，提升物业服务水平。

第七条 鼓励采用互联网、物联网等信息化、智能化技术提升物业服务质量和管理水平，推进智慧小区建设。

第二章 业主大会和业主委员会

第八条 一个物业管理区域成立一个业主大会。

物业管理区域的划分应当以有利于实施物业管理为原则，综合考虑规划条件、土地使用权属范围、建筑物规模、共用设施设备、自然界限、社区建设等因素确定。

新建物业物业管理区域的划分由建设单位在编制建设项目规划设计方案时一并报城市规划主管部门核定。

尚未划分物业管理区域并已投入使用的，其物业管理区域划分由物业所在地县（市、区）人民政府物业管理行政主管部门会同街道办事处或乡镇人民政府征求业主意见后予以核定。

物业管理用房、供水、供电、消防等配套设施设备和相关场地共用不能分割的，应当划为一个物业管理区域。

第九条 已划定的物业管理区域不得擅自变更。确需变更的，应当经相关物业管理区域专有部分占建筑物总面积过半数的业主且占总人数过半数的业主同意，由物业所在地县（市、区）人民政府物业管理行政主管部门会同街道办事处或乡镇人民政府重新核定。

第十条 建设单位应当在申领商品房预售许可或者现房销售备案前，将物业管理区域资料报县（市、区）人民政府物业管理行政主管部门和街道办事处或乡镇人民政府备案，并在商品房买卖合同中载明。

物业服务企业应当将物业管理区域向全体业主、物业使用人公示。未聘请物业服务企业的，由街道办事处或乡镇人民政府向全体业主、物业使用人公示。

第十一条 具备下列条件之一的，应当召开首次业主大会会议：

（一）交付使用的物业专有部分建筑面积达到建筑物总面积百分之五十以上的；

（二）交付使用的物业专有部分建筑面积达到建筑物总面积百分之三十以上，且首期交付的物业专有部分交付使用时间满两年的；

（三）交付使用的户数达到总户数百分之五十以上的。

业主可以向建设单位查询前款规定的有关资料和数据，建设单位应当予以配合。

第十二条 符合召开首次业主大会会议条件的，建设单位应当向物业所在地的街道办事处或乡镇人民政府提出筹备首次业主大会会议的申请，十名以上业主也可以联名申请。

街道办事处或乡镇人民政府应当在接到申请后三十日内组织成立首次业主大会会议筹备组。筹备组成立之日起七日内，建设单位应当向街道办事处或乡镇人民政府以及筹备组报送建筑物面积清册、业主名册、建筑规划总平面图、共用设施设备交接资料、物业服务用房配置确认资料等。

首次业主大会会议经费由建设单位承担。

第十三条 业主大会会议筹备组由业主推选代表、建设单位代表、街道办事处或乡镇人民政府代表、居（村）民委员会代表组成。筹备组人数应当为七至十三人的单数，其中业主推选代表不得少于百分之五十。筹备组组长由街道办事处或乡镇人民政府代表担任。

筹备组应当自成立之日起七日内将成员名单和工作职责予以公示，公示时间不得少于七日。

筹备组中的业主成员被提名为业主委员会委员候选人的，其筹备组成员资格即行终止，筹备组应当从符合条件的推选人员中依次递补。

第十四条 首次业主大会会议筹备组负责下列工作：

（一）确定首次业主大会会议召开的时间、地点和内容；

（二）起草业主大会议事规则、管理规约、业主委员会选举办法、业主委员会工作规则；

（三）确认业主身份、人数及业主投票权数；

（四）组织业主推选业主委员会委员候选人；

（五）确定首次业主大会会议表决规则；

（六）召开首次业主大会会议的其他准备工作。

筹备组应当在首次业主大会会议召开十五日前公示会议通知、业主及投票权数确认情况、业主委员会委员候选人情况、业主大会会议表决规则以及前款第二项规定的材料文本，公示时间不得少于七日。业主对公示内容有异议的，筹备组应当复核或者修改，并书面告知异议人。

筹备组应当自成立之日起三个月内组织召开首次业主大会会议。筹备组在业主委员会成立后即自行解散。

第十五条 业主大会决定下列事项：

（一）制定、修改业主大会议事规则；

（二）制定、修改管理规约；

（三）选举业主委员会或者更换业主委员会委员；

（四）改变和撤销业主委员会不适当的决定；

（五）决定业主大会、业主委员会工作经费、业主委员会委员工作津贴及标准；

（六）确定物业服务内容、标准及物业服务收费方案；

（七）决定选聘、续聘和解聘物业服务企业；

（八）筹集和使用专项维修资金；

（九）改建、重建建筑物及其附属设施；

（十）利用共用部位、共用设施设备进行经营的方式以及所得收益的分配与使用；

（十一）有关共有和共同管理权利的其他重大事项。

第十六条 业主大会可以采用集体讨论或者书面征求意见的形式。采用书面征求意见形式的，应当将征求意见书送达业主，并至少提前十五日公示相关文本和信息。

业主大会需要投票表决的，表决意见应当由业主本人签名；业主委托代理人表决的，代理人应当提交本人和业主的身份证复印件及委托书。提倡采用信息技术手段进行表决。

业主大会投票表决的全部资料应当保存三年以上，业主可以查询、复制相关原始资料，并依法实施监督。

第十七条 业主委员会不按照业主大会议事规则的规定组织召开业主大会会议的，街道办事处或乡镇人民政府应当责令业主委员会限期组织召开；逾期仍不组织召开的，街道办事处或乡镇人民政府应当指导监督居（村）民委员会及时组织召开。

第十八条 业主委员会由五至十一人单数组成，每届任期三至五年，业主委员会委员可以连选连任。

业主委员会委员候选人应当从奉公守法、品行良好、公道正派、热心公益、责任心强、有一定组织能力的业主中产生。

业主委员会委员候选人的选举材料应当载明候选人是否受到过刑事处罚，是否有不良信用记录，是否违反临时管理规约、管理规约、业主大会议事规则的情况等信息，并向业主公开。

第十九条 业主委员会应当自选举产生之日起三十日内，将业主大会会议决定、管理规约、业主大会议事规则、业主委员会委员名单等材料报物业所在地的县（市、区）人民政府物业管理行政主管部门和街道办事处或乡镇人民政府备案，并书面告知相关居（村）民委员会。

第二十条 业主委员会执行业主大会的决定事项，履行下列职责：

（一）召集业主大会会议，报告物业管理的实施情况；

（二）代表业主与业主大会选聘的物业服务企业签订物业服务合同；

（三）及时了解业主、物业使用人的意见和建议，监督和协助物业服务企业履行物业服务合同；

（四）监督管理规约的实施；

（五）督促业主交纳物业服务费及其他相关费用；

（六）组织和监督专项维修资金的筹集和使用；

（七）业主大会赋予的其他职责。

业主委员会会议应当有过半数委员出席，做出决定应当经全体委员过半数通过。业主委员会委员不得委托他人出席业主委员会会议。

第二十一条 业主委员会应当建立信息公开制度，及时公示下列信息：

（一）业主大会议事规则、管理规约；

（二）业主大会和业主委员会决定；

（三）物业服务合同；

（四）经业主大会决定占用业主共有的道路或者其他场地设置的机动车停车位及其处分情况；

（五）专项维修资金的筹集、使用情况；

（六）物业共用部位、共用设施设备的经营收益及其分配与使用详细情况；

（七）业主大会、业主委员会的工作经费和业主委员会委员工作津贴详细情况；

（八）其他应当向业主、物业使用人公开的情况和资料。

前款第一、二、三、四项规定的事项应当持续公示；第五、六、七项规定的事项，业主委员会应当于每年三月底前公布上一年度的信息，公示期不少于三十日。

业主、物业使用人有权查询、复制本条第一款规定的信息及相关原始资料并依法实施监督，业主委员会、物业服务企业等应当予以配合。

第二十二条 业主委员会委员有下列情形之一的，经占总人数百分之二十以上的业主或者三分之一以上业主委员会委员提议，业主大会或者业主委员会根据业主大会的授权有权终止其委员资格：

（一）利用业主委员会委员身份牟取不正当利益，或者存在其他滥用职权行为，损害业主合法权益的；

（二）拒不履行业主义务的；

（三）无故缺席业主委员会会议连续三次以上的；

（四）法律、法规、业主大会议事规则规定的其他情形。

业主委员会委员因物业转让、灭失等原因不再是业主的，或者有丧失民事行为能力等情形的，其委员资格自行终止。

业主委员会委员资格终止的，应当自终止之日起三日内将其保管的档案资料、印章及属于业主共有的其他财物移交业主委员会。拒不移交的，业主委员会、业主或者居（村）民委员会可以请求街道办事处或乡镇人民政府督促移交。

第二十三条 业主委员会应当于任期届满三个月前召开业主大会会议进行换届选举；逾期未换届的，街道办事处或乡镇人民政府应当责令其限期换届选举。

业主委员会应当自任期届满之日起十日内，将保管的档案资料、印章及业主共有的其他财物移交新一届业主委员会。逾期不移交的，新一届业主委员会可以请求街道办事处或乡镇人民政府督促移交。

第二十四条 业主大会根据需要可以设立业主代表会议，履行业主大会赋予的职权职责；业主大会决定设立业主代表会议的，应当同时明确业主代表的产生及业主代表会议的权限及议事规则。

业主大会可以设立业主监督委员会，负责监督业主委员会的工作，并履行业主大会赋予的其他职责。

第三章 前期物业管理

第二十五条 在业主大会选聘物业服务企业之前，建设单位应当按照国家和省有关规定选聘前期物业服务企业，签订书面前期物业服务合同，实施前期物业管理服务。

第二十六条 新建物业交付使用前，建设单位和前期物业服务企业应当进行物业承接现场查验。未经现场查验的，建设单位不得交付使用，物业服务企业不得承接。

前期物业服务企业应当邀请业主代表、县（市、区）人民政府物业管理行政主管部门、街道办事处或乡镇人民政府、居（村）民委员会参加物业承接现场查验，必要时可以聘请有关专业机构予以协助。

第二十七条 实施承接查验的物业，应当符合下列要求：

（一）建设工程竣工验收合格，取得规划、消防、环保等部门出具的认可或者准许使用文件，并报建设行政主管部门备案；

（二）水、电已纳入城市管网，安装了分户计量装置和控制装置，并对物业服务用房、物业共用部位、共用设施设备及本物业管理区域内的非住宅用户配置了独立的水、电计量装置；

（三）管道燃气、集中供热主管网覆盖的区域，完成了住宅室内外燃气、供热管道的敷设且与相应管网连接，并按照规划要求安装了分户计量装置和控制装置；

（四）光纤、有线电视传输通信线路及电话、宽带和有线电视端口敷设到户，地下通信管道敷设到位且与城市公用通信管道相衔接，安全监控装置及其他安全防范设施设备按照规划设计要求配置到位；

（五）电梯、二次供水、高压供电、消防设施、压力容器、电子监控系统等公共设施设备取得使用合格证书；

（六）按照规划要求完成了教育、邮政、文化、医疗卫生、体育、环境卫生等设施以及社区管理用房建设；

（七）按照规划要求完成了小区道路建设，并与城市道路或者公路相连；

（八）按照规划要求完成了绿化建设及车库、车位配置；

（九）建筑物及其配套设施标志标识完整、清晰；

（十）法律、法规和前期物业服务合同规定的其他条件。

鼓励实行住宅物业住房品质分类。规划设计对住宅物业住房品质有明确标准要求的，前期物业服务企业应当按要求进行查验。

第二十八条 经现场查验，符合本条例第二十七条规定的，前期物业服务企业应当与建设单位签订物业承接协议；不符合的，应当制作书面整改计划，由建设单位按照计划要求整改，并于整改完毕后组织复验。

前期物业服务企业应当自物业承接协议签订之日起三日内，将承接查验情况和承接协议予以公示，公示时间不得少于十五日。

第二十九条 前期物业服务企业应当自物业交接后三十日内，持下列文件向物业所在地的县（市、区）人民政府物业管理行政主管部门办理备案手续：

（一）前期物业服务合同；

（二）临时管理规约；

（三）物业承接查验协议；

（四）建设单位移交资料清单；

（五）查验记录；

（六）交接记录；

（七）其他有关承接查验的文件。

第三十条 新建物业建设单位应当按照下列标准配置物业管理用房：

（一）建筑面积不少于建筑物总面积的千分之二，最低不少于八十平方米；

（二）具备水、电、采光、通风等正常使用功能的地面以上独立成套装修房屋；设置在无电梯的楼房的，所在楼层不得高于四楼。

第三十一条 建设单位应当按照规划要求配套建设业主基本公共活动用房和生活服务用房。业主基本公共活动用房和生活服务用房属于全体业主共有。

保障性住房小区、国有土地上房屋征收或者农村集体土地征收拆迁安置住房小区及有条件的其他项目，建设单位还可以按照建筑物总面积的一定比例配套建设经营性用房。经营性用房的收益主要用于物业共用部位、共用设施设备的维修、更新、改造和业主委员会工作经费。

第三十二条 建设单位销售物业时，应当在销售场所公示经批准的规划设计方案、物业管理区域资料、临时管理规约、前期物业服务合同等材料和物业服务用房、共用部位、共用设施设备等信息，并向物业买受人提供书面告知材料。

建设单位与物业买受人签订物业买卖合同时，应当将前期物业服务合同和临时管理规约作为物业买卖合同的附件。

第三十三条 建设单位应当按照国家规定及合同约定的保修期限和保修范围承担物业的保修责任。

建设单位在竣工验收备案前，应当按照物业建筑安装总造价百分之三的比例向设区的市、县（市）人民政府物业管理行政主管部门交存物业保修金，作为物业保修期内物业维修费用的保障。

建设单位在物业保修期内未及时履行保修义务的，业主或者物业服务企业可以申请使用物业保修金予以维修。

物业保修期满，设区的市、县（市）人民政府物业管理行政主管部门应当将剩余的物业保修金及孳息退还建设单位。

第四章　物业管理服务

第三十四条　业主大会可以决定采用招标或者协议的方式选聘物业服务企业。

业主大会决定采用招标方式选聘物业服务企业的，由业主委员会依照招标投标法律、法规组织招标。

业主大会决定采用协议方式选聘物业服务企业的，业主委员会应当将三家以上备选的物业服务企业的基本情况、拟签订的物业服务合同的主要内容予以公示，并根据业主意见对公示内容调整后，提请业主大会决定。

物业服务企业应当自物业服务合同签订之日起三十日内将物业服务合同报送县（市、区）人民政府物业管理行政主管部门备案。

第三十五条　物业服务企业在物业服务活动中享有下列权利：

（一）根据法律、法规规定和物业服务合同约定，对物业及物业管理区域内的环境、秩序进行管理；

（二）依照国家、省有关规定和物业服务合同约定收取物业服务费；

（三）劝阻、制止损害物业、妨碍物业管理区域秩序和其他损害业主利益的行为；

（四）法律、法规规定和物业服务合同约定以及业主大会授予的其他权利。

第三十六条　物业服务企业应当按照物业服务合同、物业服务规范提供物业管理服务，履行下列义务：

（一）落实消防、安防人员和措施，确保消防、安防监控设施正常使用，做好物业管理区域内的消防、安防和人民防空工程维护管理工作；

（二）负责业主共有道路及其他公共场地的清扫保洁，负责物业管理区域内的垃圾清运，维护物业管理区域的环境卫生；

（三）对物业共用部位、共用设施设备进行养护、维修；

（四）做好物业养护、维修、更新及费用开支的记录，妥善保管物业档案资料和有关财务账册，建立物业服务信息平台，为业主、物业使用人提供免费查询服务；

（五）实行二十四小时值班制，建立和完善物业服务工作应急预案，及时处理物业服务中的突发事件；

（六）法律、法规规定和物业服务合同约定的其他义务。

第三十七条　除有关国家机关依法调取外，未经业主、物业使用人书面同意，物业服务企业不得向他人出售或者非法提供业主、物业使用人的个人信息。

未经法定程序并签订委托合同，物业服务企业不得利用业主共用部位、共用设施设备进行经营，不得侵占或者擅自使用、处分业主共有财产和依法归业主所有的收益。

第三十八条　物业管理服务实行项目经理人制度。物业服务企业应当按照物业服务合同约定指派项目经理人。

项目经理人不能履行职责或者业主大会、业主委员会要求更换项目经理人的，物业服务企业应当及时更换。

第三十九条 物业服务企业应当根据物业服务合同的约定，在业主委员会的监督下，委托专门机构承担电梯、防雷装置、消防设施和器材等的养护、检测、维修以及清扫保洁、园林绿化、工程施工等专项服务，但不得将物业管理区域内的全部物业服务一并委托或者转交给其他单位或者个人。

电梯、压力容器等特种设备和消防器材、设施应当委托具备专业资质的检测机构进行定期检验检测，委托具备专业资质的维护保养机构负责日常维护、保养。

第四十条 物业服务费可以采取包干制或者酬金制等方式收取，具体标准和方式由物业服务合同约定；实行政府指导价的，应当在指导价范围内确定。

物业服务企业应当公示物业服务合同约定的收费项目、收费标准、收费依据、收费方式。物业服务企业不得向业主收取任何未经合同约定并经公示的费用。

物业服务合同期内，物业服务企业不得擅自提高物业服务收费标准。如需提高的，物业服务企业应当按幢公示拟调价方案、调价理由、成本变动情况等相关资料，与业主委员会协商，并经业主大会同意；没有成立业主大会的，需经专有部分占建筑物总面积过半数的业主且占总人数过半数的业主同意，并签订变更协议。

第四十一条 业主应当根据物业服务合同的约定交纳物业服务费。业主欠交物业服务费的，物业服务企业可以依法催交。

物业服务企业不得采取中断提供、限制或者变相限制购买水、电、气、热以及停运电梯等方式迫使业主交纳物业服务费。

第四十二条 产权转让的，业主应当结清物业服务费，并自转让合同签订之日起十五日内将转让事项告知业主委员会和物业服务企业。

物业出租的，出租人应当在租赁合同签订后及时将承租人及其联系方式、租赁期限、物业服务费交纳的约定等情况书面告知业主委员会和物业服务企业。

第四十三条 物业服务企业应当公示下列信息：

（一）物业服务企业项目经理人的姓名、联系方式和物业服务投诉电话；

（二）电梯、消防、监控等设施设备的日常维护保养单位的名称、资质、联系方式和应急处置方案等；

（三）公共水电费用及其分摊详细情况；

（四）房屋修缮、装饰装修以及使用过程中的结构变动等情况；

（五）其他应当公示的信息。

物业服务费采用酬金制方式收取的，物业服务企业应当按照规定建立物业服务各项资金收支台账，于每年三月底前公布上一年度物业服务各项成本费用、接受委托利用业主共用部位和共用设施设备进行经营的各项收支、公共水电费用分摊等详细情况。

业主、物业使用人可以查询、复制前款规定的相关原始资料，并依法实施监督；业主、物业使用人对公示内容有异议的，物业服务企业应当及时作出书面说明。

第四十四条 业主委员会应当在物业服务合同期限届满九十日前，组织召开业主大会会议讨论决定物业服务企业聘用事宜。业主大会决定续聘的，由业主委员会与物业服务企业重新签订物业服务合同；业主大会决定不续聘的，业主委员会应当及时告知物业服务企业。

第四十五条 原物业服务企业应当自物业服务合同期限届满或者解除之日起十五日内退出物业项目，但与业主委员会另有约定的除外。

原物业服务企业退出时，应当在业主委员会监督下，与新的物业服务企业办妥管理交接手续并移交下列资料和财物：

（一）物业承接查验资料；

（二）物业服务期间形成的物业及设施设备运行、保养、维修、改造、更新的有关资料和物业服务档案；

（三）物业服务用房、物业共用部位、共用设施设备；

（四）预收、代收的有关费用及相关账册、票据；

（五）法律、法规规定和物业服务合同约定应当移交的其他资料和财物。

第四十六条 物业服务企业退出物业项目时，尚未选聘新物业服务企业的，业主委员会可以申请街道办事处或乡镇人民政府进行应急管理；尚未成立业主大会的，十名以上业主可以联名申请街道办事处或乡镇人民政府进行应急管理。街道办事处或乡镇人民政府应当指导、督促居（村）民委员会组织不超过一年的基本保洁、秩序维护等服务，费用由全体业主共同承担。

第五章 物业的使用与维护

第四十七条 业主、物业使用人应当遵守管理规约和业主大会决定，不得损害公共利益和他人合法权益。

业主或者物业使用人封闭阳台以及安装空调外机、太阳能热水器、防盗网、遮阳罩、外置式晾衣架等设施，不得违反管理规约，应当保持物业的安全、整洁、美观。

第四十八条 物业管理区域内禁止下列行为：

（一）改变房屋、人民防空工程承重结构、主体结构；

（二）将没有防水要求的房间或者阳台改为卫生间、厨房，或者将卫生间改在下层卧室、客厅、餐厅、书房、厨房之上；

（三）擅自将住宅改变为经营性用房或者以其他形式擅自改变物业规划用途；

（四）侵占、损坏共用的屋顶、地面架空层等物业共用部位、共用设施设备；

（五）擅自改变房屋外观或者违法搭建建筑物、构筑物；

（六）违反规定存放易燃、易爆、剧毒、腐蚀性或者放射性等危险物品；

（七）高空抛物、随意弃置垃圾、排放污水；

（八）排放有毒、有害等污染环境的物质；

（九）侵占绿地、毁坏绿化和绿化设施；

（十）占用、堵塞、封闭疏散通道、安全出口、消防通道、消防登高面，损坏消防设施及器材；

（十一）使用地锁、石墩、栅栏等障碍物占用公共道路、公共停车泊位，违反规定停放车辆；

（十二）违反规定饲养动物；

（十三）法律、法规和管理规约、临时管理规约禁止的其他行为。

违反前款规定的，物业服务企业、业主委员会应当予以劝阻、制止。业主、物业使用人有权投诉、举报，物业服务企业、业主委员会应当及时处理。劝阻、制止无效的，应当及时报告有关行政主管部门，有关行政主管部门应当依法处理。

第四十九条 业主、物业使用人饲养犬只的，应当依法养犬、文明养犬，不得损害他人的合法权益。

物业服务企业应当采取有效措施，减少犬只对环境的影响，并协助有关部门加强对物业区域内养犬行为的监督管理。

第五十条 物业管理区域规划设置的机动车停车库、车位应当首先满足业主需要。建设单位不得将物业管理区域内规划的车库、车位出售给本区域以外的单位或者个人。业主要求承租尚未处置的规划车库、车位的，建设单位不得以只售不租为由拒绝出租。

占用业主共有的道路或者其他场地设置的机动车停车位，属于业主共有。

第五十一条 业主或者物业使用人装饰装修房屋，应当事先告知物业服务企业。物业服务企业应当告知房屋装饰装修的注意事项和禁止的行为。

物业服务企业应当加强房屋装饰装修现场巡查，发现违反规定的应当立即制止；制止无效的，及时报告业主委员会和有关行政主管部门。

第五十二条 利用物业管理区域共用部位、共用设施设备进行经营的收益属于全体业主共有，主要用于补充专项维修资金，也可以按照业主大会的决定用于业主委员会工作经费或者物业管理方面的其他需要。

第五十三条 同一物业管理区域内，有两户以上业主的住宅物业和非住宅物业，业主应当交存专项维修资金。业主交存的专项维修资金属于业主所有，专项用于物业保修期满后物业共用部位和共用设施设备的维修、更新、改造，不得挪作他用。

首期物业专项维修资金，由物业买受人在办理商品房预售合同备案前存入物业专项维修资金专户。房屋竣工后尚未售出和建设单位自留的物业，由建设单位在竣工验收备案前存入物业专项维修资金专户。

业主分户账面专项维修资金余额不足首期交存额百分之三十的，应当及时续交；未建立物业专项维修资金的物业，应当按照相关规定进行补建。

续交、补交的物业专项维修资金可以一次性交存，也可随物业管理费逐月交存。

第五十四条 在保证专项维修资金正常使用的前提下，可以将专项维修资金用于购买国债。

利用专项维修资金购买国债，应当在银行间债券市场或者商业银行柜台市场购买一级市场新发行的国债。

利用业主交存的专项维修资金购买国债，应当经专有部分占建筑物总面积三分之二以上且占总人数三分之二以上的业主同意。

利用专项维修资金购买国债的增值收益应当转入专项维修资金。

第五十五条 物业管理区域内共用部位、共用设施设备出现下列紧急情况的，业主、业主委员会、物业服务企业应当立即组织应急维修：

（一）物业管理区域内发生的屋面、外墙防水严重损坏；

（二）消防、电力、供水、排水、供气系统出现功能障碍或者部分设备严重损坏等重大安全隐患或者紧急情况；

（三）电梯故障；

（四）建筑外立面装饰和公共构件严重脱落松动，玻璃幕墙炸裂；

（五）其他发生危及人身安全、房屋使用安全和公共安全的紧急情形。

第五十六条 业主大会可以在管理规约和议事规则中约定对专项维修资金使用采取异议表决方式投票表决。

采取异议方式投票表决的，业主大会应当在表决期限届满后将初步表决结果予以公示，并规定不少于十五日的催告期。未提出反对意见的业主在催告期内提出反对意见的，计入反对票总数；最终表决结果以催告期届满时的票数为准。

异议方式投票表决的全部资料应当保存三年以上，业主可以查询、复制相关原始资料，并依法实施监督。

第五十七条 业主大会成立前，物业专项维修资金由物业管理行政主管部门设立的物业专项维修资金管理机构代管。业主大会成立后，由业主大会决定自行管理或者委托代管。物业专项维修资金划转业主大会管理的，业主大会应当依照有关法律、法规和国家、省有关规定筹集和使用物业专项维修资金。

第五十八条 设区的市、自治州、县（市、区）人民政府应当采取措施，支持老旧住宅小区内的道路、照明、绿地及文化体育、安全防范、物业服务用房等配套建筑及设施设备的改造建设。

老旧住宅小区业主需要增设电梯的，规划、国土资源、住房和城乡建设、质量技术监督、财政、消防等有关部门应当根据国家和省有关规定予以支持。

第六章 监督管理

第五十九条 县级人民政府发展和改革、城乡规划、住房和城乡建设、城市管理、公安、环境保护、卫生和计生、园林等部门应当依照职责分工，加强物业管理区域内物业服务收费、房屋使用、治安秩序、消防、环境卫生、园林绿化等方面的监督管理，并在物业管理区域内显著位置公布联系方式。

前款规定的部门接到业主、业主委员会或者物业服务企业的投诉举报，应当及时进行调查、处理，并将调查、处理结果告知投诉举报人。

第六十条 住宅专项维修资金的管理和使用，应当依法接受审计部门的审计监督。

住宅专项维修资金的财务管理和会计核算应当依法接受财政部门监督。

第六十一条 省人民政府物业管理行政主管部门应当组织建立全省统一的物业服务行业信用信息平台，记录物业服务企业的信用信息并通过本部门网站向社会公布。

设区的市、自治州、县（市、区）人民政府物业管理行政主管部门应当加强对物业服务企业的监督管理，及时将物业服务企业的有关信息纳入统一的物业服务行业信用信息平台。业主、物业使用人有权对本物业管理区域物业服务企业的信息依法进行监督。

第六十二条 街道办事处或乡镇人民政府、居（村）民委员会、企业事业单位、社会团体和其他组织应当支持城乡社区人民调解组织及时调解物业纠纷，鼓励社会工作者、人民调解员、法律专业人士等参加物业纠纷调解。

第六十三条 物业服务企业应当依照法律、法规及物业服务合同约定落实安全防范措施，将安全台账按月送交居（村）民委员会。

居（村）民委员会应当协助街道办事处或乡镇人民政府对物业服务企业安全防范措施的落实情况进行指导监督。

第六十四条 设区的市、自治州、县（市、区）人民政府应当建立物业管理联席会议制度，定期研究解决物业管理活动中的重大问题。

街道办事处或乡镇人民政府应当及时召集县（市、区）人民政府物业管理行政主管部门、公安派出所、司法所、居（村）民委员会、物业服务企业等单位和业主委员会、业主代表参与协调解决物业管理活动中的矛盾纠纷。

第七章　法律责任

第六十五条　违反本条例第二十六条第一款规定，建设单位、物业服务企业未履行承接查验义务的，由县级以上人民政府物业管理行政主管部门责令限期改正；逾期不改正的，作为不良经营行为记入企业信用档案，并予以通报。

第六十六条　违反本条例第四十五条规定，物业服务企业无正当理由拒不移交有关资料的，由县级以上人民政府物业管理行政主管部门责令限期改正；逾期仍不改正的，对物业服务企业予以通报，处一万元以上十万元以下罚款。

物业服务企业拒不移交有关财物的，业主委员会可以依法向人民法院提起诉讼。

第六十七条　违反本条例第四十八条第一款第一项规定，改变房屋、人民防空工程承重结构、主体结构的，由县级以上地方人民政府物业管理行政主管部门责令限期改正，造成他人损失的，依法承担赔偿责任；违反第五项规定，违法搭建建筑物、构筑物的，由县级以上人民政府城市管理执法部门责令限期拆除。

第六十八条　违反本条例规定，物业服务企业、业主委员会成员侵害业主利益的，依法承担赔偿责任；构成犯罪的，依法追究刑事责任。

第六十九条　物业服务企业未履行物业服务合同义务或者履行合同不符合约定导致业主人身、财产受到损害的，应当依法承担相应的法律责任。

第七十条　县级以上人民政府物业管理行政主管部门或者其他有关行政主管部门、街道办事处或乡镇人民政府及其工作人员在物业管理工作中不依法履行监督管理职责的，依法给予行政处分；构成犯罪的，依法追究刑事责任。

第七十一条　违反本条例规定的其他行为，法律、法规规定处罚的，从其规定。

第八章　附则

第七十二条　本条例下列用语的含义是：

（一）业主，是指房屋的所有权人；

（二）物业使用人，是指物业的承租人和实际使用物业的其他人；

（三）共用部位，是指房屋主体承重结构部位（包括基础、内外承重墙体、柱、梁、楼板、屋顶等）、户外墙面、门厅、管道及电梯等设施设备井、楼梯间、地面架空层、走廊通道等；

（四）共用设施设备，是指物业管理区域内建设费用已分摊进入房屋销售价格的共用上下水管道、落水管、水箱、加压水泵、电梯、天线、照明、锅炉、消防设施、绿地、道路、路灯、渠、池、湖、井、露天广场、非经营性车场车库、公益性文体器械与场所及其使用的房屋等；

（五）公示，是指在物业管理区域的公告栏及其他显著位置和物业管理信息平台公开张贴、发布信息。

第七十三条　业主大会及业主委员会指导细则、物业管理联席会议制度、物业保修金管理办法及住宅物业住房品质分类制度等，由省人民政府物业管理行政主管部门按照《湖南省地方立法条例》的有关规定制定。

第七十四条　本条例自 2019 年 1 月 1 日起施行。

卷首语

PREFACE

为诚信执着喝彩 为服务提升鼓劲

■ 文_ 沈建忠

新年伊始，物业管理行业的发展没有丝毫停滞，规模扩张、跨界合作、技术迭代、布局上市……展现了前所未有的意气风发和行业自信。诸多的关键词中，“年度总结和计划”可能是不可或缺的。1 月 9 日，中国物业管理协会也在海南召开了 2018 年度会长工作会议，总结了 2017 年度工作，研究部署了 2018 年度工作要点，结合当前的行业热点、难点问题，就“如何用新实践展现新作为”进行了一些讨论。

2017 年，经济新常态下物业管理行业砥砺奋进，取得了稳步发展——

这一年，我们发布了物业管理行业精神，“诚信服务”作为价值取向层面发挥统领作用。物业服务企业资质核定取消。在各地物业管理行政主管部门、物业管理协会和物业服务企业的制度出台和共同联动下，“诚信建设年”的开展取得了丰硕成果。特别是广东省物协“诚信建设永远在路上”大型活动的成功举办，表明诚信的集结号在全行业吹响，赢得了全社会的喝彩。

这一年，物业管理行业在资本市场上有了重大突破，物业服务企业规模快速增长，市值、市盈率稳中有升。尤其是南都物业打响 A 股第一枪，更加提振了行业信心，也强化了大型房企拆分物业服务板块境内上市的信念。

这一年，物业服务企业顺应大势技术求新，服务效率和管理水平稳步提升，服务半径显著扩大。首届物业管理产业博览会的举办既是对行业新技术新成果的集中展示，也是激发企业分享科技红利、加强技术赋能的智慧输出。

这一年，我们更加重视“人”的作用，行业举办了首届全国职业技能竞赛，成立了国家开放大学物业学分银行以及学习成果认证分中心，成立了中国物协人力资源发展委员会，我们希望通过努力弘扬工匠精神，提高从业人员的职业技能水平和综合素质，增强他们的行业归属感和荣誉感，为行业发展提供人才保障。

这一年，十九大制定了新时代中国特色社会主义的行动纲领和发展蓝图，并明确指出社会主要矛盾已经转化为人民日益增长的美好生活需要和不平衡不充分的发展之间的矛盾，我国经济已由高速增长阶段转向高质量发展阶段——一个新时代也自此启幕，也预示着一个与互联网技术、资本更为融合的新的物业服务业时代的开启。

怀揣着新时代的使命与责任，开局之年 2018 显得意义尤为非凡。

2018 年，是贯彻党的十九大精神的开局之年。我们要以十九大精神为指引，坚持以习近平新时代中国特色社会主义思想总揽工作全局，走深化改革之路。要把坚持党的全面领导贯彻到工作的全过程和各方面，提升企业治理和经营水平，推动物业管理事业持续健康发展。

2018 年，是改革开放四十周年。这四十年，中国创造了发展“奇迹”，这一奇迹是亿万中国人民辛劳拼搏的成就，而非点石成金的神话。改革开放的奋斗精神和敢为人先的创业精神，是过去四十年留给新时代的一份最可贵的精神遗产。物业管理行业将在继承这份遗产的基础上，以更加开放的胸怀和魄力，在新时代搏出新未来。

2018 年，是物业服务质量提升年。顺应中国经济由高速增长阶段转向高质量发展的总基调，落实供给侧结构性改革的具体要求，结合当前物业管理行业发展现状和面临的挑战，中国物协将 2018

年定义为行业的“服务质量提升年”，把提高供给体系的质量作为年度主攻方向。这既是我们面向新时代的责任担当，也是落实高质量发展的具体行动。必须举全行业之力，全方位推动服务质量提升，秉持工匠精神和诚信服务理念，实现精准服务，为居民带来更美好的生活体验。

2018年，依然是创新升级的关键之年。大变革时代下，席卷全球的新工业革命、汹涌而来的产业互联网，开启了数千亿的新市场，也奏响了中国经济转型升级的进行曲。作为风口上的物业管理行业必将闻鸡起舞，以开放的、积极的心态去主动拥抱互联网技术、拥抱资本，分享新技术革命带给我们的红利，企业发展才有更美好的未来。

2018年，行业仍然需要行进在前列的品牌企业探路和引领，需要它们以更饱满的改革勇气和精神，探索行业的创新发展和转型升级的路径。中国物协也将重点扶持中小型物业服务企业的转型发展，针对中小物业服务企业所广泛关心的企业发展、团体标准建设、行业责任边界和人才培养等问题开展研究和培训，让先进的理念和经验成果更广泛地惠及中小企业，进而提升行业整体发展水平和行业集中度，形成大发展格局。

2018年，是改革开放以来营商环境最好的时期。中央密集推出关于企业家的新政利好，部署进一步优化营商环境，企业家迎来春天。今天的中国，没有什么时候比今天更适合从事商业。相信我们的物业服务企业和企业家们一定会坚持企业家精神底色，不驰于空想、不骛于虚声，一步一个脚印，脚踏实地干好工作，把握好时代发展机遇，为经济社会发展再立新功！

停笔之际，恰《2017年中国经济年报》发布，服务业增加值占GDP比重的51.6%，对经济增长贡献率为58.8%，已经成为经济发展的主要拉动力，与工业一起共同支撑中国经济发展。服务业也是满足人民美好生活需求的重中之重。由此甚为感慨——时代从来没有如此关注服务、需要服务、相信服务、扶持服务。我更加坚持2015年提出的“物业管理行业黄金十年”的论断。功崇唯志，业广唯勤，唯以提升满足增长，以创新纪念改革。希望行业以改革开放的奋斗精神和敢为人先的创业精神，为人民日益增长的美好生活需要鼓足劲，铆足力做好本职工作，争取服务质量提升年结出更多的丰硕成果，不辜负这个伟大的时代。

2018年1月

为行业 A 股第一股喝彩

■ 文_沈建忠

2018 年 2 月 1 日上午，上海证券大厦 3600 平方米的无柱交易大厅内人头攒动，一场隆重的新股上市仪式又将在此举行。这座被银白色铝合金板包裹、外形呈凯旋门式、宏伟气派，被人们称为中国改革开放，也是金融中心的标志性建筑，曾经无数次见证了上市公司的传奇。但这一天似乎有些特殊，随着鸣锣开市激动人心的锣鼓声起，巨大的显示屏跳出了以 N 字打头飘红的股票代码 603506，背景板上“上海证交所祝贺南都物业服务股份有限公司成功登陆上交所主板”的大字鲜艳夺目，与以往不同的是，多了“让生活更美好”几个字，向社会告示着中国物业管理行业终于诞生了第一支 A 股。参与活动的上交所领导表示，这是具有里程碑意义的大事件。

南都物业这家在 2002 年还是“为开发商服务、需要每年高额补贴的售后服务公司”，经历了改制、市场化拓展、内生式增长和变革转型，以努力和实力赢得了资本市场的青睐，首发上市当日即大涨 44%，之后一连五日涨停。截至 2018 年 2 月 23 日，南都物业收于 32.04 元 / 股，较 16.25 元人民币的发行价格几乎翻了一番，市盈率 (TTM) 达到 37.44。A 股第一股为何花落南都？南都物业又何以获得高估值？

南都物业的业态布局与商业定位巧妙且颇具前瞻性。有三个具体体现：第一，早在 2006 年，前瞻性地考虑到不同档次楼盘业主的差异服务需求有着巨大的市场空间，物业管理市场中存在不少未被精细满足甚至未被发现的细分市场机会，在韩芳董事长的带领下，南都物业完成重大转型，开始走上完全市场化的道路，并推出“南都物业”和“南都管家”两大服务品牌，分别针对中高端和顶级项目，实行更精细、更专业的分品牌运作模式，较早打出了“高端物业服务”这一品牌。

第二，在高端物业市场站稳脚跟后，南都物业调整市场策略，进军综合商业物业市场。研究南都物业的业务收入可以发现，大多数物业服务企业住宅业务收入占比可能会达到 80% 至 90%，而在南都物业营收占比中，住宅与商办及其他基本保持在 56%∶44%，业态发展非常均衡。2011 年，南都物业以与银泰置地签订华东区合作协议为起点，全面进军综合商业物业市场，率先实现了齐全的业态分布与多元化服务体系的建立，并与绿地集团、阿里巴巴等十余家大型企业集团形成长期合作伙伴关系。与住宅物业增值服务空间相比，商业物业有着更大的增值服务空间，模式也更为丰富。

第三，南都物业通过建立营销网点的方式拓展物业服务业务。南都物业以各地物业服务项目为据点，融入当地市场，融合当地资源，借助品牌、管理、技术等集团优势向周围城市开拓，实现全国化的业务网络布局。目前，南都物业服务版图已遍布浙江、上海、江苏、四川等十余省（直辖市），共 30 个城市，完成了商业综合体、写字楼、产业园区、规模型住宅及高端豪宅等综合物业布局，不断扩大公司的市场份额及收益规模，为南都物业最终成功登陆 A 股打下了坚实的基础。

南都物业敏锐洞察市场需求并勇于创新实践。从南都物业招股说明书中披露的募投项目来看，包括公寓租赁服务、物业管理智能化、社区 O2O 平台建设等项目，无不体现出物业服务企业发展的核心所在。

物业管理行业当前还处于企业加速扩张和市场集中度提升期，物业服务具备“刚需 + 长周期”的消费特征，市场空间还很大，尤其对于当前在管面积、覆盖用户数量较大，基于现有客户基础提前进行新业务布局的物业服务企业。

2015 年，南都物业成立浙江悦都网络科技有限公司，应用移动互联网、物联网，专注于搭建以悦嘉家、Joypark、悦服务三大 APP 为载体，为业主、办公用户提供多元化、综合性服务的物业服务云平台，正式向整合多方资源、提供增值服务的平台型企业转型。其中，“悦嘉家”APP 通过与支付宝、菜鸟网络等互联网、物流企业的合作，实现与业主互动互联，横向涵盖小区业主的生活需求，纵向拓展物业服务的宽度。南都物业以现有的物业服务为基础，通过轻资产扩张手段不断扩大服务面积，作为切入互联网平台的起点和入口，在此基础上围绕社区场景的各个维度孵化各个 E 化平台为用户提供服务。社区 O2O 平台建设和智能化系统倾心打造所形成的多元化的增值服务，不仅对南都物业的毛利率具有一定的拉动作用，而且服务给客户带来了更好的体验。这也是能吸引资本投入的重要原因。

南都物业募投资金的最大投向是公寓租赁服务（1 亿元），在“租购并举”等政策的引导下，2017 年以来公寓租赁迎来发展“风口”。2016 年，南都物业前瞻性地成立了浙江大悦资产管理有限公司，将物业服务与租赁服务相结合，以社区客群为入口，以“产品 + 互联网 + 社群”为手段，对城市不动产进行综合管理，打造以服务公寓、国际青年社区、托管公寓、复合型园区四大产品为核心的“群岛”品牌，帮助业主实现物业资产持续增值。在南都物业的招股说明书中会发现，大业主物业项目总计将承租 1000 套公寓住宅，项目的内部收益率为 25.6%，非常可观。租赁运营服务是南都物业向上游环节的延伸，也是对目前物业管理业务的补充，从需求及供给两端看都有着广阔的前景。而资本市场正是看中了这一点，既契合国家重大政策方向，又符合投资长期发展战略，物业租赁运营业务与公司现有的客户资源和传统物业服务所具有的较强协同效应、庞大的用户数据和流量，让投资者充分感受到了南都物业未来发展的成长性和价值性。

南都物业 A 股上市对物业管理行业具有里程碑的意义。在新一届发审委从严审核的情况下，南都物业通过不懈的努力，凭借优秀的业务价值和发展战略，让物业管理行业得到了监管层的认可和支持，成为物业管理行业第一家 A 股上市的企业并获得高估值。这是物业管理行业资本化的重要突破，是资本市场对物业服务价值的认知与认可；是在房地产市场从“开发时代”迈向“后开发时代”大背景下，围绕业主社区生活服务、存量资产价值再造的物业服务的强势崛起。这是行业资本化进程加速的里程碑式事件，也更加提振了行业创新、与资本技术深度融合发展，提升服务、造福客户的热情和信心。有更多物业服务企业上市，也就会有更多资金和人才进入物业管理行业，百花齐放地促进行业共同进步，激荡出更多的商业模式和服务内容。

相信南都物业依托资本市场，将进一步提升市场竞争力和品牌信誉度，进一步增强创新发展的活力和动力，进一步拓展企业成长的空间和深度，凭借其多元化布局战略、资源整合能力及资本技术的融合优势，实现智慧物业服务的跨越升级，以更加优质的服务回报业主，以更加优异的经营业绩回报投资者和社会。

在消费升级、存量物业面积持续增长的背景下，物业管理市场正处于快速增长的黄金发展期。相信会有更多的物业服务企业抓住机遇，续写资本助推行业发展春天的故事，在中国的股市中绽放光芒，让物业管理行业真正成为资本市场分享行业发展成果、价值成长红利和实现理想回报的沃土，共同为人民日益增长的美好生活需要做出新贡献！

2018 年 2 月

学习圆方党建好榜样

文_ 沈建忠

2 月 28 日，中国物业管理协会党支部一行赴圆方集团调研学习非公企业党建工作，这也是我第二次调研圆方集团，与 2015 年相比，三年来无论是公司发展还是党建工作，圆方集团都有了飞跃提升。特别是 2017 年圆方集团党委书记薛荣当选为党的十九大代表，作为全国物业管理行业唯一一位十九大代表，光荣出席了中国共产党第十九次全国代表大会。这是党中央对物业管理行业基层非公企业党建工作的充分肯定。

圆方集团根据企业的实际需求，将党建工作和企业发展充分结合起来，将党建作为生产力，围绕经营活动开展党的建设，围绕企业发展做好党的工作，并总结出了一套行之有效的民营企业党建工作方法，成为基层非公企业党建工作的榜样和标杆，值得行业研究和学习。

发挥党组织力量，市场拓展到哪里，党支部就建到哪里。

我感触最深的是圆方集团“围绕经营抓党建，抓好党建促发展”的工作理念。坚持业务发展到哪里，就把党建工作延伸到哪里。党建与企业发展相互促进、相得益彰、共生共荣。在这一理念的指导下，圆方集团结合企业层次架构，建立了“集团总部党委、分公司党支部、项目部党小组”三级党建工作体系。支部书记围绕企业发展中心工作抓党建，党小组组长围绕经营业务抓党员教育管理，党员立足本部门岗位工作抓入党积极分子培养。形成了党组织联系群团组织，党员联系非党职工，先进分子联系一般群众的循环体系。

圆方集团选派分、子公司总经理的首要条件是党员，充分发挥党员在市场开发、物业服务一线以身作则、冲锋在前的先锋模范和引领作用。尤其是很多应急事件和开拓性工作需要得到及时响应和有效处理时，党员队伍关键时刻站得出来，危急关头豁得出来，思想统一、凝聚力强，不仅能有效保障本部门突发事件处理，也能支援其他部门应急工作，党员的先锋模范和党支部的战斗堡垒作用显而易见。这也是很多地方的物业招投标中，发包方把“是否建立起企业党组织、有没有开展有效的党建活动”作为评分选项之一的重要原因，圆方集团也因为突出的党建工作在激烈的市场竞争中快速发展、脱颖而出，业务遍布 32 个省市，年经营收入 13 亿元，企业规模和经济效益也在不断发展和提高。

十六年日复一日的坚持，开拓了非公企业党建工作的创新之路。

圆方集团 2002 年成立党组织，那个时候薛书记也没有想到自己会成为十九大代表，也没有想到会得到那么多荣誉，成立党组织完全是出于自己对党的深厚感情，希望通过党建增强企业凝聚力，创造出一个思想一致、经营和谐、持续发展的诚信企业。十六年来秉持这一理念，每年都有新目标、新要求，勇于挑战，不断创新，这正是圆方党建的可贵之处，也是能有大量经验和成果的秘密所在。

在薛书记这样一位党委“好班长”的带领下，圆方集团党委形成了一个坚强的领导集体，十六年党建工作中做了大量投入，比如，为党建持续发展强基升效，圆方集团实施了“三大工程”，包括斥资办基层党校，开通网上党校、云党校、远程教育站点，健全残疾人促进会等群团组织等在内的强基工程。又比如，圆方集团实施精准扶贫计划，深入十多个国家级贫困县搞调研、做培训、提供工作岗位，为贫困家庭拓宽致富之路。创办河南省第一所“妇女儿童庇护中心”，成立圆方残障人事业发展促进会、圆方社工中心，帮助上千名残障人实现了创业就业梦想。为社会弱势群体提供助老、助残、助困、婚姻调解等服务，为社会稳定和经济发展做出了积极贡献。

我最为推崇的是薛书记和圆方集团一以贯之的对党的忠诚和对党建工作的执着精神。十六年来，圆方集团逐步探索出了党建标准化、制度化，并最终创新性地形成了“一二三四党建体系”、“一三四六党建工作法”和圆方非公企业6项制度手册，走出了一种党建创新的圆方模式：党建基础制度健全、党建管理标准化、企业建立党校、创新运行党建孵化器，这些值得借鉴的经验和做法，产生了重要的社会影响和价值。

对基层党建工作的推动，是圆方集团党建工作的价值体现。

十九大报告指出，党的基层组织是确保党的路线方针政策和决策部署贯彻落实的基础。要以提升组织力为重点，突出政治功能，把各类基层党组织建设成为宣传党的主张、贯彻党的决定、领导基层治理、团结动员群众、推动改革发展的坚强战斗堡垒。

薛书记这几年的主要精力，放在通过一切可以用到的方法，让党的各项工作落到实处，用个人和企业的力量去推动基层党建工作。

圆方集团“一三四六党建工作法”中有一个“四个延伸”，包括联系邻近商户，延伸覆盖；联系供应商等合作企业，延伸链条；联系残障人士等特殊群体，延伸服务；联系服务对象，延伸培养。这四个延伸就是为了指导圆方集团党委借助自身党建优势，以发挥组织作用、开展培训教育、提高服务效能为出发点，把党建工作向社会延伸，尽可能地扩大党建工作覆盖面。

近几年到圆方学习交流的各级党政领导、社会团体和民营企业党组织领导络绎不绝。特别是大多数民营企业对圆方集团党建促进企业经济发展的做法表现出了强烈的学习和借鉴欲望。圆方集团党委从2015年开始，发挥非公党建孵化器的作用，开展了非公企业党建帮扶帮建工作。集团党委在对被帮扶企业调查研究的基础上，量身定制出加强和改进非公党建工作的方案，并签订《非公党建帮扶帮建责任书》。对被帮扶企业非公党建工作中遇到的各种问题提出建议，以党建体验课为切入点，组织开展帮建帮扶活动。截至2017年底，圆方集团党委已与90多家民营企业签订了党建帮扶协议，通过不懈的努力和热诚的服务，有效推动了这些企业的党建工作和经营活动同频共振，快速发展。“党建做实了就是生产力，做强了就是竞争力，做细了就是凝聚力”，已经成为越来越多非公企业管理者的共识。

宣讲党课和十九大精神，探索构建开放式大党建格局。

2017年10月，郑州市委组织部主管的圆方非公有制企业党建学院正式揭牌，这是全国首家非公企业党建学院。学院组建宣讲团队，研发党建教育课程，聘请优秀党建专家、专业党务工作者为讲师，为非公企业举办党建培训班，并走进工厂、学校、机关、社区上党课，深受欢迎。十九大之后，截至目前，薛书记已经承办了110多场十九大精神宣讲报告会，影响了几万人。这几万人将形成更大的影响和扩散作用。

熟悉圆方集团的人都流传了这么一句话，“薛书记不是在讲党课，就是在讲党课的路上”。除了线下的党课和专题报告会以外，薛书记还创办了“薛书记有约”工作室，长期坚持采取线上的方式进行每日播报、讲党史讲党课讲工作法，普及了党建知识和工作方法，影响了几十万粉丝。通过一系列方式，探索构建开放式的大党建格局。

非公党建是实现党建工作全覆盖及党对经济社会发展领导的重要杠杆。圆方集团和薛书记的一系列努力，对十九大所提出的“扩大基层党组织覆盖面，着力解决一些基层党组织弱化、虚化、边缘化问题”产生了重要推动作用，这也是我们党所需要的。

新时代催生新理论，新理论引领新实践。十九大以来，全国上下迅速掀起了学习宣传贯彻党的十九大精神尤其是习近平新时代中国特色社会主义思想的高潮。对于中国物业管理协会来讲，党建工作开展更是下一阶段工作的重中之重。2018 年，中国物协将全面学习宣传贯彻落实党的十九大精神，大力推进党建工作在协会以及各个会员企业中的建设，发挥枢纽作用，将党建工作做实做透，推动行业党建工作再上新台阶。

2018 年 3 月

雅生活集团为什么如此值得期待

文_沈建忠

四月初，雅居乐雅生活服务股份有限公司（03319.HK）两大动作再次引起行业内关注，一是以2.05亿元收购了南京紫竹物业51%的股权，二是与兰石集团达成战略合作。此前，雅生活集团刚刚公布了2017年年报，其中，营收增长41.5%，利润增长84.7%，在管面积增长56.5%，让人们在惊叹亮丽数据和大手笔的同时，真切感慨物业服务企业搭上资本的快车，也可以与时代和行业前行产生共振，尽情在物业市场上长袖善舞，续写春天的故事。而更让人羡慕嫉妒恨的是，这仅仅是一个开始。

两个月前，拥有25年历史积淀的雅生活集团，在香港联合交易所成功挂牌上市，成为中国首家红筹分拆H股的物业服务企业。上市以来，尽管遭遇国际股市持续暴跌的形势，但表现依旧十分抢眼，目前市值达到149亿元，市盈率高达56，居行业第一。近日，多家国际知名投行认为雅生活有持续增长的潜力，给予增持“买入”评级。雅生活的上市和高估值，意味着物业管理行业已成为资本市场的投资风眼，也为准备上市的物业服务企业在如何整合企业资源与资本融合；如何在资本的助推下，加快产业布局，加大转型升级力度；如何根据企业特点和基础，选择合适的时机和地点发起总攻，确保成功登陆股市等方面，提供了很好的范例，同时对处在产业变革进程中的物业服务企业，也留下了很多值得思考的启示。

启示之一：利用双品牌影响力整合资源，实现优势互补，迅速做大做强

港股市场对规模越大、增长性越快、发展潜力越好的企业一直偏爱有加，市场估值普遍较高。为此，雅生活采取了双品牌战略，2017年6月，雅生活全资收购绿地物业，用“雅居乐物业+绿地物业”两个市场认知度高的品牌，实现了优势互补，市场规模迅速扩大。8月，绿地集团又以10亿元战略入股了雅生活，取得雅生活20%股份，成为雅生活长期战略性股东。雅生活是中高端住宅和旅游地产物业管理的先行者，而绿地物业具备丰富的超高层以及商务办公等非住宅物业管理经验。绿地控股是世界500强企业，开发项目遍及全国29个省（直辖市、自治区）80余座城市，并已成功进入美国、英国、加拿大及澳大利亚等海外市场，与雅生活目前主要覆盖的华南地区形成明显的优势互补。有了雅居乐集团和绿地控股做强大后盾，不仅能快速完成雅生活业务广泛、全面的地理覆盖，也将有助于进一步提升品牌知名度。这两大品牌强势组合，是行业内通过并购合作实现双赢的经典案例。与绿地的战略结盟不仅获得了资本市场的广泛认同，也为雅生活规模扩张及业务发展奠定了坚实的基础。因此在路演阶段就获得较高估值和超额认购。

资本的背书给了雅生活底气，使它有足够的能力进行战略性投资及大规模扩张和多元化增值服务。2017年，在刘德明总裁的带领下，雅生活依靠200人的团队成功拓展了2400万平方米的管理面积。截至2017年12月31日，雅生活在管项目遍布全国69个城市，在管总建筑面积约为7830万平方米，服务业主及住户已超过100万人。

接下来，雅生活规模扩张有更多的余地。一方面，可以通过接管雅居乐和绿地控股所交付的物业，每年新增2000万平方米的物业面积；另一方面，雅生活计划国内和国外市场的收并购扩张，填补雅生活的区域和专业业务布局。收购南京紫竹物业股权便是这一战略的直接体现。

随着规模的快速扩张和庞大的业主群体覆盖，未来可以在提升小业主的增值服务和对于开发商开展的非业主增值服务方面有更多的想象空间，从而提升公司的利润和效益。品牌的双轮驱动战略，将确保雅生活“在 2020 年实现年收入 100 亿元”这一宏大经营目标。

启示之二：以“1＋N”战略布局大力拓展增值服务市场，企业利润双翼比飞，确保企业持续快速增长的后劲

物业服务具备“刚需 + 长周期”的消费特征，市场空间还很大。特别是新时代的开启，业主对美好生活的需求多样化。作为雅居乐集团“以地产为主，多元业务并行”战略规划下的首个产业集团，雅生活抓住这一重要机遇，依托资本的力量，实施“1+N”多元化发展战略（“1”是物业管理，“N”是五大专业公司即科技、广告、旅游、营销和验房）。根据雅生活与绿地控股合作协议，雅生活除了从绿地控股承接物业管理面积之外，两大集团还在社区养老、社区金融、社区保险、社区医疗等领域实现全面链接。物业服务企业形成了成熟的附加值业务，从而实现了向生活综合服务商的华丽转型，其增值服务模块收入已经实现翻番，成为雅生活利润贡献的又一重心。

未来，雅生活会按照这个方向，向第三方开发商或者政府类业务拓展。相信经过 3 年到 5 年的发展，五大专业公司的利润贡献率将要和物业管理平分秋色。

反过来，又进一步提振了资本进入物业领域的信心，坐拥社区流量入口和支付场景的物业服务企业的价值会越来越被看好。这种围绕业主社区生活服务、居住消费升级、存量资产价值再造的强大能力和快速增长的势头，是雅生活能吸引资本投入的奥妙所在。

启示之三：决战在市场，决胜在品质。小物业要有大情怀，服务的小窗口可见企业的大形象，服务做精做细做实，才能赢得资本的青睐，赢得业主的满意，赢得大市场

雅生活的快速发展离不开对匠心的坚守和对服务品质的精益求精。令我印象深刻的是，企业的微信公众号上发表了很多的物业小故事，里面记载了雅生活员工在平凡岗位或者突发事件中的感人事迹，雅生活 2017 年收到的业主表扬信和锦旗有 1200 多份。这背后就是真诚的服务和用心的付出，小小的温情故事，折射出来的是企业及员工的大情怀。令我印象深刻的还有雅生活服务质量的万里长征，从 2017 年 3 月份开始，集团抽调 1000 余人，进行全国项目品质巡查，历时 4 月，覆盖雅生活所有项目，横跨 11 个省、直辖市、25 个城市，巡查里程超 1.5 万公里，并且对发现的问题进行了逐一整改落实，这组数据反映了雅生活用行动丈量品质与匠心的务实，也体现了雅生活敢于担当责任、勇于直面问题的精神。

前不久，为响应中国物业管理协会主题年的号召，雅生活召开了“服务质量提升年”动员大会，将“服务质量提升”再度作为年度重点工作。刘德明总裁亲自率企业高管深入开元物业、绿城服务集团、南都物业、金地物业、苏宁集团等品牌企业交流，围绕服务质量提升、社区增值服务运营模式及产品开发、资本市场创新等方面进行了深入的探讨。近两个月，雅生活开展了客服“小窗口 · 大形象”升级打造行动、小家电免费维修服务和以“便民驿站”和“幸福市集”为主题的“邻里公益节”等活动。其中，仅 3 月份，雅生活的小家电免费维修活动参与人数就超过了 1000 人，完成率达到 99.8%。这些方便业主生活的工作，体现了雅生活对业主的关怀和用心，提升了业主满意度，塑造了雅生活优质的服务品牌形象。

提供个性化、差异化的优质服务，不仅要靠精细化，还需要在技术创新和服务模式创新上下功夫。2017年，雅生活积极探索转型升级路径，重磅推出雅管家平台，从“人”“财”“物”“管”四个维度输出智慧社区服务解决方案。雅管家联盟生态圈整合线上线下资源，吸引了一批志同道合者一起加入推动行业发展的事业中。随着雅管家联盟的不断壮大和雅管家平台的不断升级，雅管家模式使越来越多的企业共享资源，尤其是为中小物业服务企业赋能，助力中小物业服务企业增收节支、减员增效，帮助中小企业创新发展，实现各方共享、共生、共赢的物业服务合作新模式，为提升行业集中度、加快行业转型升级带来了积极效应。经过一年多的发展，雅管家平台已吸引超过34万名注册用户和12万名活跃用户，联盟管理面积达9.30亿平方米。

雅生活借助资本的力量加大技术创新，在总部建立呼叫中心、EBA管控平台、质量核查系统、视频监控指挥系统、停车场管理系统等数据集成管控平台，将实现服务过程可视化监控及集中管理全国运营。此次雅生活IPO融资所得净额约15%将用于发展“管理数字化、服务专业化、流程标准化和操作机械化”，以提升客户体验，将“满意十惊喜”的高品质服务带给每一位业主，满足他们对美好生活的向往，进而产生高价值的回报。在此基础上，雅生活将更好地把握行业整合机会，运用资本和科技碰撞的机遇，打造富有深度及广度的多元化、商业化物业管理与服务平台，更好地为业主服务。

刘德明总裁曾经在雅生活“服务质量提升年”动员会上提出了“高品质服务”的六大必要性：“只有‘高品质的服务’才能满足业主日益增长的需要和追求，才能关注到两个大股东的核心利益，才能助力市场拓展，才能提升企业的品牌价值，才能提高毛利率和净利润，才能助力增值服务和社区经济的开展。”我认为，这正是雅生活发力“服务质量提升”背后的情怀和远见。高品质的物业服务平台与持续提升的盈利能力，也为资本和社会各方绘就了一幅发展蓝图。

根据雅生活的战略部署，登陆港股是雅生活借力资本市场、布局万亿物业蓝海的第一步。未来雅生活会寻求在A股上市，力争成为中国物业“H+A”第一股。这样的上市路径，与雅生活“立足北上广，面向全中国，走向全世界”的战略不谋而合。

雅生活的成功上市，不仅让我们更坚信企业必须凭借高品质服务积累良好的客户满意度、企业品牌和社会影响力，才能实现企业自身发展与技术、资本的高度融合；也让我们更坚定作为新时代物业服务企业必须努力提升资源整合能力、战略布局能力、创新发展能力和敏锐的市场嗅觉，才能解决与资本市场融合中的水土不服问题，真正做到游刃有余。

雅生活上市受到的社会各界的热烈反映和积极评价，也让我们真切感到物业管理行业发展的无限空间，希望更多的物业服务企业抓住机遇，在中国的股市中绽放光芒！

2018年4月

用资本之手助推行业高质量发展

文_沈建忠

五月，最值得回顾的大事，当属在中国各地举行的纪念马克思200周年诞辰的系列活动，习总书记在纪念大会上的重要讲话将活动推向了高潮。习总书记指出，“《资本论》是马克思主义最厚重、最重要的著作”。当我们重温《资本论》的时候，发现经过200年的风云变幻、沧海桑田，《资本论》所研究的对象——资本仍然以它特殊的魅力、鲜活的个性活跃在经济舞台上。马克思所揭示的资本的力量，仍然是当今社会激活企业经营活力的重要推力。资本所创造的神话故事，仍然会触动现代人那一根最隐秘的神经。而当中国经济转为高质量发展阶段，站在风口上的物业管理行业如何借助资本的力量，建立起创新发展的机制和商业模式，满足人们对美好生活的服务需求，让业主有更多的获得感、幸福感、安全感，也必然成为当今最热门的话题之一。

从彩生活2014年吹响了物业服务企业上市的号角，到2018年南都物业成功登陆A股，雅生活登陆港股，资本正在以前所未有的速度进入物业管理行业。截止到2018年3月，内地已有1家物业服务企业在A股上市，7家登陆香港主板，58家挂牌新三板。还有至少3家计划冲刺A股，5家准备登陆香港主板，10余家在排队等待新三板审查。除了上市，也有不少企业谋求其他的资本运作模式，如资本证券化，金地物业就在2017年成功发行30.5亿元规模的物业费ABS资产证券，创下了近年来物业费ABS的历史最高纪录。

这么多条件优良的企业欲借力资本市场谋求更大发展，那么对于转型期的物业管理行业来说，资本带来了什么？

一是行业人才结构发生的变化。我们可以看到，随着越来越多的物业服务企业走上上市之路，以各种方式进入天使、进入VC、进入PE的方式进行投资，以社区为节点的网络化商业生态也逐步形成。核心管理团队及专业人才对于物业服务企业来说，从来没有像今天这样重要。互联网的高管、投行的精英纷纷加入行业中来。行业的人才结构正在向高端化、多元化、复合型的方向迈进，物业服务企业也日益重视对核心团队的长期激励机制。更多资金和人才进入物业管理行业，激荡出更多的商业模式和服务内容，百花齐放地促进行业高质量发展。

二是，在资本的助推下，行业的集中度也得到进一步提高。在资本市场上，规模和效益永远是王道。从彩生活并购万达物业再到雅居乐10亿元并购绿地物业，行业并购呈现出规模越来越大、并购频次越来越集中的趋势。物业管理是一个细分市场，但市场高度分散，形成了小而散的割据状态，想要形成基于细分市场的规模优势，必须加大同行业的整合力度。而互联网时代，线上线下资源整合，利用大数据、人工智能技术，需要大量的科技投入，形成规模才有效率。因此，集中度进一步提升是行业发展到一定程度的必然趋势。除了传统的并购模式，近两年以共享互利理念，通过平台技术赋能，吸引大量中小企业加盟的扩张方式也成为大型企业做大做强做优的选择之一，这也将实现物业服务共享平台规模的快速增长，为资源的高效整合、产业服务链的延伸拓展带来良好的行业氛围。

三是企业商业模式发生重要改变。走资本市场的路径无疑会加速企业发展，尤其是通过引进战略投资者改善股东结构放大企业价值。因此，行业中以绿城服务、彩生活、南都物业、保利物业等为代表的一批企业纷纷基于优质社区资源进行商业模式创新，其核心就是用户模式、产品模式、市场模式和收入模式的叠加效应。随着行业集中度进一步提升，庞大的数据和流量、中产阶级崛起的消费红利、基于优质社区资源的商业模式创新，将为“大社区电商”平台提供集中市场和良好的发展机遇。

四是让企业更有条件接受技术赋能。资本特别是上市带来的经济能力，让物业服务企业有实力在科技应用上紧跟时代的步伐，形成资本与技术双轮驱动的强大势能，互联网技术、大数据、物联网、云计算，这些资源的利用，催生了这样的概念：提升企业产业和技术的深度才能打通入口，回馈用户，形成抱团效应，那么通过赋能实现产业链、服务链资源化的重构就很重要。科技的大量应用，正在无限拉伸物业服务企业管理的边界，让物业服务更简单，更有价值，也让物业服务企业更有机会分享智慧社区和社区经济的红利。

五是投资者和跨界大鳄带来的不只是资金，还有全渠道的协同和行业更大的想象空间。资本的注入以及技术和商业模式的创新，使得一些品牌企业对资本产生了巨大“虹吸效应”，2017 年，万科物业、第一物业都先后完成了战略投资者的引入。3 月，万科物业引入博裕资本与58集团两家战略投资者，构建物业衍生服务生态链。7 月，第一物业获得鼎晖投资、中金公司、中信证券、华融投资、东北证券等金融机构共计 1 亿元融资。由“美好生活”带来的万亿级社区消费市场的关注和想象，也吸引了包括华为、阿里巴巴、腾讯、京东、苏宁、顺丰等巨头跨界而来，进一步加速了物业管理行业的变革和转型。资本和巨头的进入，让公司和服务价值凸显。其所带来的力量，已经远远不止是资金层面的帮助，而是全渠道的协同、扶持和关于物业服务价值更大的想象空间。

一分耕耘一分收获，当物业管理行业接受资本拥趸和热捧的时候，我们也必须清楚地认识到服务质量是根本。

资本的背后有着一整套严密的商业规则——严谨规范的企业治理制度、精细严苛的财务管理制度、更具市场活力的经营能力，以及由此带来的商业模式与思维理念的变革。资本关注的永远都是你能创造什么样的价值，能否为用户和客户持续创造价值。行业获得资本市场的青睐，是建立在对优质物业服务品牌认同的基础上的，投资者一般有着非常专业庞大的市场调查队伍，投资前会进行深入的尽职调查和理性的估值。物业服务企业想要拥抱资本，想要得到资本市场的认同，想要扩大市场规模，联合更多的合作伙伴、更多的联盟者，必须要以高品质服务为前提，以高认知度的品牌为导向，证明你有持续创造价值的基础，反过来再借助资本的力量助推企业和行业高质量发展。

党的十九大提出了美好生活的目标，作为现代服务业的物业管理，借力资本，有着更值得期待的发展前景。相信一定会有更多的物业服务企业抓住机遇，续写资本助推行业发展的故事。希望物业服务企业在与资本的加速融合中，坚守契约精神，秉承工匠精神，进一步提升服务质量、市场竞争力和品牌信誉度，进一步增强创新发展的活力和动力，进一步拓展成长的空间和深度，推动行业高质量发展，以更加优质的专业服务满足业主对美好生活的需求，以更加优异的经营业绩回报投资者和社会。

2018 年 5 月

提升服务质量 共建美好生活

文_ 沈建忠

2018 年是中国物业管理协会提出的“服务质量提升年”，全行业都在积极推进这项工作。最近，中国物协微信公众号推送了解读“服务质量提升年”的文章，阐述了中国物协贯彻落实国务院文件，推动行业高质量发展的措施和目标。本期卷首语，我想继续这个话题，谈谈我的一些思考和认识。

值得关注的两个现象

第一，第三产业包括服务业在内，在中国经济发展中是增长最快的。

2018 年是改革开放四十周年，四十年来中国让世界最瞩目的成就，就是用中国智慧造就了中国奇迹。中国的经济规模增长了 52 倍，GDP 已经接近百万亿的目标，世界占比超过 15%，对世界经济的贡献率超过 30%，人均 GDP 已经接近 1 万美元。中国已经从站起来到富起来再到强起来，成为全球经济的动力源和核武器。在中国速度、中国奇迹的背后，第三产业包括服务业是其中最重要的贡献者，其增长速度高于一、二产业。

国家统计局数据显示，消费对经济增长贡献率达到 58.8%，服务业增加值占 GDP 比重达到 51.6%，已经成为经济发展的主要拉动力，服务业对国民经济增长的作用和功能还体现在“三器合一”，即经济下行中的减振器、结构调整的助推器，以及新产业、新业态的孵化器。所以马云认为，过去是制造业的时代，今后是服务业的时代。相信随着高质量时代的开启，服务业的质量和效益对营造美好生活的影响愈加明显。前两天我去医院挂号，越贵的号越难挂到，特需门诊 800 元的专家号甚至要排到了几个月以后；最近高考和中考刚刚结束，媒体报道考生补习班一个课时的费用是 600 元。与发达国家比，中国服务业还有很大的提升空间，服务业的价值也因为服务质量与效益的提升而有很大的空间。

这两年各地出现了抢夺人才的大战，能吸引人才的是那些可以提供高质量生活的城市。因为这意味着分享更多的城市公共服务，可以更有尊严、更方便地就业，还有更有质量的宜居环境。所以，每个城市在公共服务、改善环境等方面都投入巨大。从 2017 年开始，中国开始开展品牌日活动。张瑞敏曾经感慨，同样一双来自中国制造的皮鞋，贴上外国品牌的标签，价格就要贵好几倍。因为它包含有知识产权，有顾客可以信赖的售后服务。品牌的价值很大一部分归属于服务的价值。国家质量局的数据显示，出口商品质量单价，中国比德国低 76.1%，比日本低 56%，比美国低 31.8%。我理解这个差距主要是品牌中的知识产权和服务价值造成的。高铁之所以成为中国质量的名片，因为它提供的不仅是产品，而是整套的技术方案，目前正在施工的京张高铁，施工误差控制在 0.3 毫米，而设计规范是 2 毫米。我相信未来中国品牌的崛起将会带来巨大的价值空间。据此，我可以断定，随着服务价值逐渐被挖掘，产业转型、消费升级带来的双重需求，必然会吸引资本、人才等资源更多地向服务业集聚，服务业必将进入快速发展的轨道。物业服务作为服务业中的重要部分，创造更好的服务供给，在经济社会的高质量发展、满足业主日益增长的美好生活需要中，也必将充当重要角色。

第二，老百姓对服务业的满意度不高，痛点仍然很多。

上个月，央视记者用卧底的方式，揭露了云南低价旅游的黑幕。最近是幼升小报名高峰期，很多家长为子女上不了好学校发愁，西安等一些城市不得不采取摇号的办法解决，北京的学区房价比周边要高出很多。这些现象说明，高质量服务供给与群众需求不平衡不充分的矛盾非常突出。老百姓富起来以后，希望享受更好的服务消费，却得不到满足。所以，他们中的很多人选择到国外消费。日本甚至给中国消费者起了别名叫“爆买族”“会行走的钱包”。2017 年我国海外网购金额达 7.7 万亿元，出国旅游 1.3 亿人次，人均海外消费大概 1.3 万美元。

造成这种情况的原因：一是过去我们强调先生产后生活，欠账较多。2017 年美国的服务贸易是 1.3 万亿美元，我国是 7000 亿美元，但出口仅为 2275 亿美元，逆差 2389 亿美元。中美贸易纠纷，货物贸易我们是顺差，服务贸易是逆差，美国对华仅出卖知识产权专利每年便收益 500 多亿美元。二是诚信缺失，比如前一段曝光的宾馆用马桶刷刷杯子、电视上包治百病的虚假广告。三是体制不顺，“铁路警察，各管各的”，比如“证明我爸是我爸”、以安全理由管理不人性化，等等。我国每年因产品质量造成的损失高达 2000 亿元，占产品总值的 2%。相信服务领域因服务质量不高造成的时间、资源等的损失，肯定也是个天文数字。前段时间闹得沸沸扬扬的“8 种情况可以拒缴物业费”的假新闻，内容荒唐，不合情理，经不起推敲，却有很多主流媒体转载了。这一事件虽然出现了喜剧性变化，以首发这条假新闻的权威媒体致歉告终，但仍值得反思：一是物业专业服务的价值还没有得到社会法律基础上的普遍认同，在相当一部分人的概念里，觉得对物业服务不满意拒缴物业费理所当然。二是我们的服务确实还存在一些不到位的地方。媒体人本身也是业主，当他们对服务体验不满意时，很容易把这种情绪传播出来。前几天《荆江评论》的文章谈到，“很多物业公司只知道收费，没有在如何提高服务质量上花太多心思，许多方面不尽如人意，矛盾升级，纠纷不断”。这些话可能有片面之处，但能反映行业服务质量水平参差不齐的现状。

关于服务质量的三点共识

在服务质量问题上行业要有共识，才能变成行动的力量。

第一，高质量发展是企业发展必须坚持的基本原则和行动纲领。对服务企业而言，高质量发展意味着新的消费需求和新的市场规模，新的机遇背后就是新的商业模式、新的产业企业家群体的崛起。最近我接受采访，谈到这么一个观点，中国的物业服务是从零开始的，与其他服务行业有点区别。从深圳的第一家物业服务公司出现，行业发展仅三十多年，企业数量突破了十万家，员工数量突破 1000 万，发展速度是很快的。从计划经济时代的房屋管理到市场化的物业服务，经历了从无到有、从有到多、从多到优的过程，在传统产业向现代服务业转型、居民消费升级的双重需求下，物业服务必须转向高质量发展，这就意味着物业服务要实现从多到优的跨越和发展。我们需要提升服务的品质，这样我们才能有品牌的影响力，才能形成企业的核心竞争力。面临市场门槛的降低、业主维权与消费意识的觉醒、资本等跨界势力的介入，企业洗牌已经开始，所以必须把高质量服务作为行业的行动准则，作为一面旗帜高高举起，用行业的智慧和力量，让物业服务更有价值，让业主的服务体验更加愉悦。

第二，坚持提升服务品质是企业生存的基础，也是企业持续发展的前提。满意才有生意。我想这个时代不管怎么变化，不忘初心、坚守诚信、弘扬工匠精神，在服务上精益求精，永远是真理。在高质量发展阶段，要参与差异化的竞争，唯一最有效的武器就是品质。品质服务能够提升品牌影响力，能够提升企业核心竞争力，这是社会上现在或者将来对企业家认同的一个最好的标签。当然，对于品质服务，我们也要改变过去单一的方式，需要用效率和创新来驱动。物业服务要顺应变化。中国奇迹的背后，是一大批中产阶级的崛起。中产阶级的消费诉求很丰富，最直观的表现就是多元化、多样化、个性化，更加愿意去追求和体验美好生活。樊纲认为，中产阶级消费兴趣点集中在服务性消费，即文化、娱乐、居住等的相关消费。国际信用卡数据表明，高端服务消费是未来趋势。前段时间，有媒体对“老人该不该带小孩”有个讨论，婆婆说退休了就想到处走走，享受晚年生活乐趣，可以找保姆带小孩，婆婆也愿意支付费用。而媳妇认为，这不是钱的问题，而是家庭亲情问题。这个例子表明，生活好了以后，自我主张的消费意识已成主流。

老百姓对美好生活的向往，我们从大的方面看，有生态环境、安全保障等方面，从小的方面看，他们最关心的是他们身边的方方面面，无外乎就是他们居住的环境、身体健康、和谐的邻里关系等，这些离我们物业服务最近。我们行业处在社区和社会的结点上，管理着最大的资产，服务着最庞大的人群，我们的专业管理和优质服务，是最能够让消费者感同身受，也最能够打动人心的。

优质物业服务需要用创新的思路，勇敢地去变革才能出彩，让群众体会到幸福感、安全感、获得感。

第三，质量是创造企业价值的基础，也是资本市场最看重的。近两年，物业管理行业获得了资本市场的青睐。彩生活、绿城、中海、南都、雅生活、碧桂园等不少企业纷纷上市，而且市场反应热烈，这都是建立在对我们优质物业服务品牌认同的基础上的。资本的背后有着一整套严密的商业规则和价值观。资本关注的永远是你能否为用户和客户持续创造价值。他们有着非常专业的市场调研团队，尽职调查和估值工作非常严谨。物业服务企业想要拥抱资本，得到资本市场的认同，扩大市场规模，吸引更多的合作伙伴、更多的联盟者，必须要以高品质服务为前提，以高认知度的品牌为导向。没有优质服务成就不了优质企业，不是优质的企业是没有投资价值的。

需要着力的四个方面

中国进入高质量发展阶段，意味着今后我们要继续用中国智慧来谱写中国质量的新篇章。习总书记讲，质量体现着人类的劳动创造和智慧结晶，体现着人们对美好生活的向往。2017 年发布的《上海质量宣言》，提出了十点倡议，强调质量就是效率，质量就是价值，质量决定发展。作为处在转型关键时期的物业管理行业，提升服务质量既是当务之急，也是长期使命。我认为要从四个方面着力：

第一，着力营造物业服务专业价值的舆论环境和市场环境。

从舆论环境、政策环境为行业高质量发展提供发展便利和政策支持。

不仅我们行业同人自己要去努力争取营造高质量发展的舆论环境和市场环境，我们更要动员和联合各方面的力量共同来推动，让全社会认可物业服务的价值，并且相信我们的专业服务是创造价值的。如果社会能够达成这样的共识，提倡优质优价，就可以给提供优质服务、口碑好的企业创造一个更好的发展环境。但是目前现实不是这样的。德贝斯特的CEO 卢卡斯讲述他在中国从事物业服务的经验，认为有三个问题不好理解，比如在招标中，物业服务企业的话语权相对较低，因为招标单位只关心价格，逼得企业对服务品质做出妥协，陷入价格战。这种方式是变相鼓励大家不去创新，不做提升，只在招标书上下功夫，这是不可持续的。《人民日报》曾经就工程项目低价中标连续发文，通批“最低价中标不改，就谈不上什么工匠精神，中国制造”。其实服务质量同样存在这种现象，但舆论的批评要少得多。苹果公司的市值已逼近一万亿美元，苹果手机、电脑等产品价格很高，也得到了市场认可，但苹果公司自己并没有工厂，靠的是人性化设计、优质的服务体验、品牌的声誉以及知识产权专利，获得的是超高的利润，才有能力和动力不断投入，不断研发，不断推出让消费者心动的产品和服务。把服务的定价权交给市场，服务价格拉开档次，让业主在认识专业管理和优质服务价值的基础上，拥有选择权和决定权，如果有这样的市场氛围和舆论环境，我相信更有利于我们行业服务质量的提升和整体的快速发展。行业品牌企业要有使命感、责任感，要在这方面多一些探索。

另一方面，我们要营造一个良好的政策环境，建立一套联动的机制。物业服务品质的提升离不开主管部门的指导和支持，离不开政策的引导，我们不主张靠政策红利、政策补贴来维持企业的生存。但是政策的导向是非常关键的。比如老旧住宅加装电梯的工程，如果完全靠业主代表大会讨论通过后使用维修资金来改造，是一件难上加难的事情。北京出台了一个政策，每部电梯补贴 24 万元，这样由产权单位或集体出资加装，几个方面调动积极性就很容易做成这件事。类似的老旧小区改造问题，物业服务企业无力承担超越能力的社会责任，用其他项目的收益来补贴不是长久之计。我们也希望政府有类似的兜底政策，通过市场政策的引导来解决这类问题。

2018 年包括成都在内的几个省市开展了利于物业管理行业发展的相关工作，我认为很值得借鉴。政府、协会、企业、业主、街道居委会等各方面力量协同提升物业服务品质，达到树立服务新形象的目的，让老百姓重新认识服务的价值，提高群众对物业服务工作的认可度和满意度。另外，国家倡导绿色工业，鼓励物业服务企业做节能改造。这项工作对业主生活和发展有益，但是在这个过程中必然有成本的增加，无形中给物业服务企业增添了压力，像这类国家倡导的工作，也呼吁政策方面给予我们一些扶持和利好。高质量发展是中国经济发展的一个行动纲领，国家动员全社会的资源和力量共同参与，希望可以建立一套联动机制，营造一个良好的政策环境。

第二，着力推动绿色物业发展，在节能减排、建设美好社区方面发挥特殊作用。

国务院刚刚开会专门讨论如何打赢蓝天保卫战。中国需要有效益有质量的发展，既要金山、银山，也要绿水青山。绿色发展，已经成为国家战略、全民共识。我们作为《巴黎协定》的签约国，承诺要在 15 年时间内，将单位二氧化碳的排放量降低到 2005 年的 60% ～ 65% 的水平，这是一个非常难但又必须完成的任务。2018 年《政府工作报告》提出 GDP 单位能耗下降 3% 以上。物业企业服务的本质就是让社区环境更优美清洁、设施设备更安全可靠运行等，这是物业企业必须担当的使命和责任，也是绿色发展的重要内容。物业服务企业做了很多工作，比如垃圾分类、雨水收集、中水利用、车库及公共部位照明改造等。以照明改造为例，把日照灯改为 LED 灯，能耗降低 30%，寿命延长 5 倍，亮度是原来的 170%。像通威生产的太阳能电池，一些小区用在草坪灯上，既省去了分摊电费的麻烦，又利用了清洁能源。这些看似不起眼的工作，全行业都行动起来，就是很大的贡献。北京一家物业公司通过节能减排措施，平均能源消耗可降低 7% ～ 20%，既助力客户实现经济效益最大化，也践行了企业的社会责任。

物业企业的绿色服务，我认为在三个环节有潜力。一是前期物业服务环节，通过合理化建议，确保后期管理中的能耗大大降低，收到事半功倍的效果。龙湖的若干条军纪中，就规定必须有物业公司签字项目才能开工，必须有物业公司验收合格房子才能交付使用。二是服务环节，这方面可发挥的空间更大。如电梯下降过程中的势能转化为动能利用。我在上海看过一个项目，用微生物降解厨房的有机垃圾，可减少一半的垃圾运量，降解后的垃圾又可作为小区花草的肥料。三是与业主互动，倡导共同践行在装修、水电、垃圾分类、绿色消费、噪声污染等方面的绿色行功，比如组织节水比赛，组织有内容的地球节水日、熄灯一小时活动等，形成一种节能减排的社区文化氛围和生活方式。

第三，着力用科技创新、技术赋能的方式重新梳理企业架构、商业模式和管理流程。推动技术创新，以积极、开放、包容、协同的姿态去拥抱互联网、拥抱资本，才能真正提升产业集中度和科技含量。

现代服务业的一个最重要的特征是资本、技术、人才等高度集中。高质量的现代物业服务也必须向这方面努力。马云认为，未来企业技术含量决定企业利润。腾讯、阿里巴巴等企业都愿意为我们传统行业赋能。作为风口上的物业管理行业，必须以开放的、积极的心态去主动拥抱互联网技术，才有可能分享更多的红利。在巩固基础物业服务的基础上，要以高水平的科技创新作为支持，推动互联网、大数据、人工智能和行业的深度融合，开启智慧物业时代。行业在这一方面目前已经做了很多探索，很多中小企业通过加盟、股权合作、战略合作等方式，用资源换技术，使这些技术成果得到普惠和共享，颠覆过去的运营管理模式，把复杂程序简单化、扁平化、精细化，提供更有价值的服务，收获了很好的业主体验。

要创新商业模式。好的商业模式，才能把各项要素资源更好地配置，才能使企业更好地适应市场化发展趋势。从新时代角度考量，创新不止于满足需求，还更多地表现为引领需求。物业服务企业要以引领需求、改变格局为导向。行业当前的商业模式需要解决什么问题？就我个人理解，首先要解决好内外关系和利益平衡问题，这样才能让企业有更多内生的动力，有护城河。其次是解决好人才、资本、技术与企业更好地融合问题，我们现在处在财富创造的 3.0 模式中，按照竞合共赢的理念，形成生态圈的核心竞争力，形成品牌效应。现在有很多大型企业在一夜之间死掉，就是商业模式出了问题。物业服务企业在合作共赢观念上要摆平心态，寻求更多的机会。

第四，着力提升物业从业人员的专业素质，适应行业转型升级的需要。

人口红利过去了，人才红利时代到来了，物业管理行业要在人才培养和人才队伍建设方面高度重视，全面提升员工的专业素质，分享人才红利。

近两年，行业内一些发挥“指挥棒”作用的东西，包括物业管理师执业资格和物业服务企业资质管理制度相继取消，行业准入门槛越来越低，这对行业加强人才资源建设提出了严峻的考验。这两年，大家都感觉到人才问题已经成为行业转型升级的短板，企业都在挖优秀的人才，行业内也不断曝出一些网红类人才流动的消息。人才是最重要的资本，我们要让行业员工有尊严感和体面感，才能聚集精兵强将，才能打好服务质量翻身仗。服务是物业管理行业的看家本领，服务质量是我们兴业、立业的根本所在，也是责任和使命所在。让我们行动起来，全方位推动服务质量提升，为居民带来更美好的生活体验。

2018 年 6 月

致敬改革开放四十周年

■ 文_沈建忠

1978年是中国最值得回望的岁月，当时我还是西北一所大学的工农兵学员，和千千万万的老百姓一样，被十一届三中全会改革开放的春风感召和鼓舞，怀揣着青春的理想与激情，踏上追寻中国复兴梦的征途。四十年芳华，与这个伟大的时代同行，作为参与者、见证者、受惠者，不仅亲身感受到了大时代背景下祖国的欣欣向荣和激荡巨变，也亲历了房地产和物业管理行业翻天覆地的变化。

四十年来，我们摸着石头过河，从无到有构建了中国特色的社会主义市场经济体系；我们韬光养晦发展高新技术产业，从中国制造到中国智造，倾力打造独具匠心的国产品牌。四十年来，我们以经济建设为中心，7亿多贫困人口成功脱贫，13亿多人奔小康，经济规模增长了52倍，GDP已经接近百万亿元的目标，成为世界第二大经济体，连续多年对世界经济的贡献率超过30%，成为世界经济增长的主要稳定器和动力源，展现了中国智慧下的中国速度和中国样本。

物业管理行业也正是这场变革的受益者。20世纪80年代初，我曾随时任国家城建总局局长的邵井蛙同志到深圳调研，亲身感受了深圳市第一家物业管理公司的现场工作，考察了市场化物业服务的项目，当时对从海外引入的物业管理模式感触很深。不曾想，随着我国城镇化快速推进、城乡建设大规模开展和改革红利的普惠，物业服务从深圳的一个点覆盖到全国城镇，服务内容从单一的住宅扩展到不动产的所有领域。企业总数突破十万家，员工人数达到了1000万，已经成为不可或缺的大服务行业。物业管理不仅改善了人居和工作环境，促进了城市管理水平的提高，还对解决就业、扩大住房消费、拉动经济增长、提升居民美好生活体验发挥了重要作用，为经济社会发展做出了重要贡献。

从星星之火到燎原之势，从备受质疑到行业地位的确立，从无人问津到资本热捧，作为中国物业管理协会会长，站在新时代的节点上，我为物业管理行业的每一点进步感到骄傲，也为行业受到社会的每一份尊重感到自豪。这一切要感恩于千百万默默奉献的物业人，感恩于勇于创新的物业企业家群体，也感恩于所有关心信任支持物业管理工作的业主客户群体。这是我在本期卷首语“致敬改革开放四十年”中最想表达的意思。

改革开放四十年行业的变化，最应该致敬的是思想解放。

1978年，邓小平同志以非凡的胆识和科学的态度引领解放思想，打破了改革的僵局。回顾改革开放的历史进程，每个重要关口都是一次观念突破和思想解放。可以说，没有思想的解放，就没有改革开放。就不可能有“让一部分地区和人先富起来”的政策落地，也不可能有“资本主义有的东西，在我们社会主义制度下同样有”的制度安排。物业管理行业从蹒跚起步到壮大崛起，起决定作用的同样是思想的解放、观念的转变。犹记得1991—1999年，当时的建设部在青岛、大连、深圳召开了三次全国性的物业管理工作会议，确立了物业服务的总体思路、指导思想、政策框架。使物业管理行业较快摆脱了政府主导和开发商管理的模式，真正按市场经济的规律向前发展，走上企业自主发展、物业品质服务、市场择优而定的良性轨道，全国各地掀起了物业管理招投标的热潮，也加快了国家物业管理的立法进程。在我看来，这是行业诞生之初影响很大的思想解放，对后来物业管理行业发展产生了深远的影响。近些年，彩生活等物业服务企业的上市、生态布局和跨越发展，给物业管理行业的传统发展模式带来了巨大的思想震动。行业各种主题论坛不断召开，各种思想观念不断碰撞，预示着一个物业与互联网技术、资本更为融合，思想更为开放的新时代的开启。

改革开放四十年行业的进步，最值得致敬的是创新精神。

一个叫费正清的美国人在其《中国简史》一书中曾感慨，中国为什么取得世人瞩目的发展成果，是因为内在共同变革和内在发展冲动的结果，也就是敢于打破传统的观念和制度，利用西方的文明和制度，大胆创新，形成具有中国特色的东西。改革开放四十年，面对现实的多重问题，中国共产党带领中国人民坚持创新精神，从小岗村的联产承包责任制到国有企业放权让利，从国有土地招拍挂到住房商品化，用创新的韧性和勇气，不断破解社会主义初级阶段的难题，重塑人与消费、商品、服务的关系，激发中国人民的聪明才智和创业热情，释放出巨大的生产力。用事实证明了社会主义集中力量办大事的制度优越性。伴随创新的热潮，沐浴改革的春风，物业管理行业也在产业创新、制度创新、服务创新、技术创新上不断发力，探索适合中国国情的物业管理体制和道路，取得了跨越式的发展。《物业管理条例》所体现的各种制度性安排，如公共维修资金、业主代表大会等，就是改革创新的最好例证。今天，在加速行业集中度，与现代互联网技术、资本市场融合与探索的新时代进程中，物业管理行业顺应大势，加大科技创新力度，分享现代技术成果红利，加速向现代服务业的转型升级，智能化服务效率和智慧化管理水平稳步提升，服务质量明显提升，展现了前所未有的行业魅力和行业活力。

改革开放四十年行业的成就，最需要致敬的是物业人的力量。

也就是那次陪同邵井蛙局长调研，我们与蛇口工业区的袁庚有了一次近距离接触。在那个谈富色变、谈钱脸红的年代，袁庚提出的“时间就是金钱，效率就是生命，顾客就是皇帝，安全就是法律”，以及“我可以不同意你的意见，但我誓死捍卫你发表不同意见的权利”等，曾被认为是资产阶级的话语体系。曾在蛇口乃至全国引起了风波，但袁庚以一个共产党员的坦诚坚持实践，突破的禁区有 24 个之多，最终逐渐被社会接受和理解，他因此被冠以“改革开放的先行者”、“启蒙大师”和“敢于第一个吃螃蟹的人”，获得香港特区政府授予的“金紫荆勋章”和上海市政府授予的“中国改革之星”称号。所以，中国改革开放的成功，是因为有千千万万个像袁庚这样具有强国情怀、敢于挑战禁区的创新者和实践者汇聚成巨大推动力，让中国有机会搭上了时代的“高铁”。中国改革开放在认识和实践上的每一次突破、每一个新生事物的出现、每一次经验的积累，无不来自亿万人民的实践和智慧。无论是冲破人民公社旧体制、创造“大包干”的农民，还是顶着“走资本主义大帽子”创办乡镇企业的农村干部；无论是勇于实践、克服重重困难的企业家，还是在科研岗位上兢兢业业做出成绩的科学工作者……山河日新，国力日强，无数人为这段岁月贡献了自己的芳华。他们都是改革开放的弄潮儿，从当初“摸着石头过河”的探索试验，到如今全面深化改革的自信与从容，是人民群众释放了改革开放的最大动能。

物业管理行业能从相对封闭变得开放和自信，也要归功于物业人孜孜不倦的改革开放精神，正是因为上千万物业人的共同创新和开拓，才有了物业管理行业蓬勃发展的今天。一批企业家以敢闯敢干的勇气和自我革新的担当推动行业变革转型，每一位物业从业人员兢兢业业，在平凡的一线物业管理工作中，在各种突发的大事件和灾害中，恪尽职守，挺身而出。是这支服务大军攻坚克难，在委屈与争议中，化阻力为动力，成就了行业的光荣与梦想。

壮阔时代潮，奋进四十载。中流击水，奋楫者进。习近平总书记说：“我们要以庆祝改革开放 40

周年为契机，逢山开路，遇水架桥，将改革进行到底。”改革开放没有终点，上千万物业人将继续高举改革开放的大旗，以建设美丽中国为己任，以更加开放、包容、合作的态度，坚持创新精神，主动回应时代的感召，不忘初心，全方位推动服务质量提升，为人民日益增长的美好生活需要而努力。

2018 年 7 月

厚植工匠精神土壤 引领技能风气之先

文_ 沈建忠

第二届全国物业管理行业职业技能竞赛决赛的成功举办，成为行业内 2018 年最亮丽的一道风景线。全国 30 个省级赛区和 5 个企业赛区中选拔出来的 103 名物业管理员和 101 名电工决赛选手同台竞技，展现了新时期物业人的高超技艺和精神风貌。

行业竞赛举办两届，意义早已超越了荣誉和成绩本身。作为主办方，我们向全行业发出技能立身、技能强业的倡议，营造崇尚技能、崇尚工匠精神的时代风尚。在这个过程中，我们见证了同行间的切磋交流、相互激励和共同提高；见证了物业人在竞赛的带动下学技术、练技能已然成风，专业能力和综合素质跃上新台阶，职业自信心和行业归属感也在潜移默化中增强；更惊喜地看到了各地、各企业对于人才培养工作的日益重视，对于提升员工技能水平激励机制的创新探索。

大赛落幕，既是终点，更是起点。行业的转型升级和高质量发展需要千百万平凡而普通的从业者来落地和实现。如何激发他们的工匠精神，发挥他们的积极性、主动性和创造性？就整个行业而言，要营造这样的氛围——以“全国物业管理行业职业技能竞赛”等形式，让优秀的员工从默默无闻的幕后走到台前，让全行业为匠心之美而点赞；就物业服务企业而言，要提供这样的土壤，不仅要给予员工荣誉和精神鼓励，也要提供更多的价值激励，让员工有尊严感和体面感的同时，获得应有的回报；就从业人员而言，要坚守这样的初心——追求至精至善，将服务的每个细节都尽可能做到极致。

中国物协一直尽最大力量有规划、有制度、有措施、有保障地推进行业人才培养工作，希望为工匠精神厚植良好的行业“土壤”，营造崇尚技能的行业新风。一方面，协会加大职业培训力度，通过建立分类型分层次的培训体系，组织易居沃顿总裁班、设施设备专业岗位师资培训班、项目经理专业技能岗位培训班等专业培训，夯实产生工匠精神的人力基础；另一方面，协会成立人力资源发展委员会，研究建立健全从业人员职业发展体系和管理规范，并与国家开发大学合作筹建学习成果认证中心（物业）和现代物业服务与不动产管理学院，努力探索应用型、技能型物业管理行业人才培养的新模式和新机制，逐步建立和推行终身职业技能培训制度，希望可以转变“重学历、轻能力，重理论、轻操作”的观念，形成培育工匠精神的保障机制；同时，协会以举办全国行业职业技能竞赛等方式，以竞赛促提升、以竞赛促发展，弘扬工匠精神，营造尊重劳动、崇尚技能的社会氛围。并以此带动地方行业协会积极与省总工会、省建设厅、省劳动人事厅、省民政厅等行政主管部门沟通，为行业发展争取人才政策红利。

与工匠精神相匹配的，是匠人经济地位和社会地位的上升。在一个投机泛滥有时候能够比踏踏实实做事更能获得暴利的时代，只有给予我们的员工足够多的经济保障和社会尊重，才能在长期的价值激励中培养出坚定的主人翁意识和工匠精神。我们看到越来越多的企业用加薪升职激励员工的同时，开始注重提升员工的幸福感。一个在公司日夜值守的秩序维护员，可能因为房租问题经济窘迫，可能一直记挂着千里之外还在农村的父母身体是否康健；一个带领团队拓展市场的高管，可能在发愁孩子能不能上一所不错的学校。企业只有让员工分享发展成果，尽其所能提高员工的待遇水平，给员工创造一个好的工作环境，提供一个持续培养员工能力的平台，找到员工的痛点，让他们过上美好的生活，才能形成工匠精神生存的土壤，激发员工的创造力和工作激情，成为员工实现梦想的地方。

正是因为上千万物业人的共同创新和开拓，才有了物业管理行业蓬勃发展的今天。一方面，物业人兢兢业业，在平凡的物业管理工作中，专注、用心到极致。另一方面，我们倡导的创新转型——“互联网+”、商业模式变革、技术赋能提升服务效率和质量，让物业服务更简单、更有价值，最终都要由每个员工去执行和落实，通过经年累月点滴积累的经验持续改进，他们的专注、专研、专业是成败的关键。

有了掌握高超技能的能工巧匠，才能更好地服务于我们的业主。技术的更新迭代速度越来越快，消费者的需求日益增长，且越来越多样化和个性化。真正不会因时间流逝而折旧、不会因世事变迁而贬值的，就是锲而不舍的工匠精神。相信具备这种优秀品质的人，可以在任何环境与机遇中找到自己的位置，并树立自己的品牌。拥有这种优秀员工的企业和行业，可以在任何时代与任何浪潮中实现高质量发展，更好地满足人民的美好生活需要，并树立自己的辉煌。

2018 年 8 月

谱写新时代高质量发展新篇章
——写在第二届国际物业管理产业博览会开幕前

文_ 沈建忠

经过大半年的筹备，以“融合发展 共创美好”为主题的第二届国际物业管理产业博览会即将拉开帷幕。本届博览会展览面积达到 1.5 万平方米，参展单位 120 家，还将同期举办第四届中国物业管理创新发展论坛主论坛和 19 场分论坛，以及大量形式多样的交流活动。可以说，这将是一场亮点颇多、精彩纷呈的盛会。

一是展览地点有讲究

深圳是改革开放的标志性城市。40 年前，正是深圳的星星之火燃起了全国改革开放的燎原之势，一时间改革开放大潮席卷华夏大地，并取得了举世瞩目的成就。深圳也恰好是内地物业管理的发源地，是截至目前总部型物业服务企业最多、物业管理产品供应商最齐全、物业管理产业化发展最好的城市之一。作为改革开放的前沿城市，深圳还是一片创新创业的热土，物业管理新模式、新理念、新服务、新产品层出不穷，一直引领着行业探索实践的方向。同时，深圳毗邻香港和澳门，外商、外资十分活跃，也是内地物业管理开展国际交流的窗口。可以说，在举国纪念庆祝改革开放 40 周年之际，再次选址深圳举办此次国际物业管理产业博览会，占有不可替代的先机。

二是参展企业来头不小

2018 年的展商数量达到了 120 家。从地域来看，分别来自北京、上海、重庆、广东、四川、江苏、浙江、福建、安徽、湖南、山东、河北、陕西、山西、甘肃等 15 个省、市、自治区；从类别来看，行业协会 1 家，物业服务企业 33 家，物业管理相关产品供方企业 86 家；从参展经历看，有 30 家企业已连续三年参展，首次参展的新增展商有 56 家。参展企业中，既有业界知名的品牌企业，如万科、绿城、招商局、碧桂园、雅生活、中航、金地、龙湖等物业服务企业，也有知名的物业管理相关产品供方企业，涵盖了目前物业管理产业链条上的所有业务，包括环境保洁工具和设备、节能科技产品、停车场设备、安防设施、智能化管理系统、社区 O2O、物业管理教育培训、电梯广告等，其中通通停车、国邦清洁、戎威远保安等企业已连续三年参展。值得一提的是，知名企业分众传媒也首次参加了今年的展览。

三是展览内容创新多多

从展览展示内容看，今年的博览会很有看头，各参展企业使出了浑身解数，除了借助图片、视频、现场讲解、智能机器人展示、卡通形象、互动体验等多种形式展示企业的服务团队、管理工具、运营平台、新型服务产品、智能管理模式以及前沿管理理念，部分展位还创新性地设置了洽谈区、采访间、体验区，等等。据了解，此次展会将采取 3D 展示与 VR 技术等最新展示手段，打造情景浸入式展览，呈现科技物业、智慧物业的探索成果。物业管理相关产品供方企业将有一批新技术、新设备集中亮相，包括运筹帷幄管控千里的平台体系、“魔幻”的人脸识别、随时出没的管家机器人、会说话的垃圾桶、会自动拍照的水表、无人值守的智慧化停车系统等一系列集成技术和品牌产品，代表着行业这几年在人工智能、大数据、物联网技术创新等领域的最新的成果，带给行业全新的体验，将对提升企业经营管控技术、安全安防设施和技术、环保节能产品和技术、完善智慧社区和科技物业系统带来积极深远的影响。

四是论坛大咖云集

本次博览会特别邀请了中共中央党校国际战略研究院教授、博士研究生导师、北大和清华总裁班主讲教授赵磊，著名经济学家、中国人民大学国际货币研究所副所长、中国农业银行前首席经济学家向松祚，在主论坛上做主旨演讲。19 场分论坛将聚焦“资本与物业管理”“社区生态”“资产管理”“品质服务”“联盟与赋能”“粤港澳大湾区与现代服务业”等热点话题，特别邀请到了花样年控股集团董事局主席潘军，美国古彻大学校长、2017 年美国创新教育奖得主 Dr.Jose Bowen（何塞·博文博士）等众多国内外嘉宾，通过思想激荡和对话交流，为与会者呈现有价值的内容，丰富行业视听，开拓视野，拓展经营发展思维的深度和宽度。

五是多种服务促成果

尽管仅举办了两届，但博览会被业内公认为物业管理行业最具权威、最具规模、最具影响力的盛会，这是行业的力量，是全行业上下共同努力的结果。以 2017 年的博览会来看，举办论坛、交流洽谈、签约交易、信息发布、参观考察等各种活动超过 300 多场。据主办方不完全统计，观展人数达 3.8 万人次，参展企业与客户达成合作意向万余项，部分品牌物业服务企业达成项目合作意向面积超过 5 亿平方米，合作意向金额超过 32 亿元。本次博览会的筹备，十分重视通过服务促进博览会成果的转化，目前已经筹备了大量的发布会、签约仪式、商务洽谈和业务对接，博览会期间，还将开展线上线下的需求调查、对接服务，并有针对性开展配对服务。力求让物业服务企业与产业链、供产链企业深度融合，使各种资源互补的规模效应价值最大化，让产业与资本、技术的融合创新展现更多的成果。

自 2016 年举办博览会至今，已经是第三个年头了，物业管理行业自己的博览会逐步走上了社会经济的大舞台。诚如本期杂志文章中一些作者感言的，一个行业博览会时代的开启，具有标志性的发展意义。恰逢 2018 年是改革开放 40 周年，我们将这一届博览会的主题设定为“融合发展 共创美好”，是期望行业的发展成果得以充分展示，行业内外有更多的分享交流机会，为前进中的物业服务企业提供可供借鉴应用的科技产品和运营理念，汇聚行业智慧和力量，实现合作共赢，带给行业更多的创新和活力，推动物业管理行业实现高质量发展。

站在改革开放 40 年的时间节点上，我们也希望这次活动以标志性的创新驱动，成为物业管理行业宏大叙事中的最新注脚。

2018 年 9 月

中海物业 转变没有不可能

文_ 沈建忠

10 月 23 日，港珠澳大桥开通仪式在广东珠海举行。习近平总书记在仪式上宣布大桥正式开通时，这座被《英国卫报》称之为“世界新七大奇迹之一”，在“一国两制”框架下由粤港澳合作共建的超大型跨海交通工程瞬间刷屏了。人们在赞叹的同时，也深深为大桥工程创造的无数个“第一”所折服。

而对于物业管理行业来说，引以为豪的是在大桥的运营服务中，也第一时间注入了物业专业服务的元素和活力，特别是中海物业承担了一项非常特殊的使命，即为港珠澳大桥香港口岸提供卫生防疫监察服务，这既为物业管理行业争得了一份特殊的荣誉，也为物业服务业产业链增添了新的内容。

也许是幸运女神的眷顾，这一天恰好是中海物业上市三周年，一份靓丽的成绩单展示了这家具有央企背景的企业出彩的市场表现和稳健的增长态势，展现了中海物业人卓越服务、打造精品工程、获得市场信任的成果。

10 月 24 日，习总书记出现在深圳当代艺术及城市规划展览馆，兴致勃勃地参观了“大潮起珠江”为主题的广东改革开放四十周年展览，向全世界传递了进一步加大改革开放力度的信心和决心。而提供接待服务保障的，也是中海物业。展览馆作为广东省重大项目、深圳市的标志性建筑、对外形象展示的窗口，服务内容、标准和要求很高，接待服务的政治任务很重，中海物业获此殊荣，说明政府对其的信任和重视。10 月 25 日，香港特区行政长官林郑月娥参观远在千里之外的雄安市民服务中心，人们惊讶地发现，提供接待服务的还是中海物业。这引起了大家的好奇，也赢来了行业内外更多的敬重。编辑部研究，应该在本期卷首语专门来说一说中海物业。

初识中海物业，时间要回到 1992 年，这一年发生的最重要的事情是，已经 88 岁高龄的邓小平同志南行讲话，带来了空前的思想大解放，中国进入到新一轮的改革开放热潮中，邓小平强调坚持改革开放，解放和发展生产力，空谈误国、实干兴邦等，至今仍然激励着中国人民奋发图强。小平同志在南行讲话中说，社会主义要赢得与资本主义相比较的优势，就必须大胆吸收和借鉴人类社会创造的一切文明成果，吸收和借鉴当今世界各国包括资本主义发达国家的一切反映现代社会化生产规律的先进经营方式、管理方法。正是由于这一段话，当时的香港著名人士刘绍均先生牵头，由香港各建筑房地产协会捐资赞助，开始了一项历史性的交流合作项目，从内地部委和地方选拔部分公务员，到香港的不同单位进行培训考察，主要学习了解资本主义制度下的房地产市场管理立法、政策及发展经验。我有幸作为首批官员，率团去香港学习了 6 个月。期间曾在中建系统的中国海外公司待了一个月，见证了该公司在香港上市。作为内地在香港的窗口公司，在改革开放的政策感召下，他们打破禁区，进军房地产业务，取得了骄人的业绩。旗下的中海物业公司，1986 年在香港注册。与中海物业的交集就是在这样一个特殊的时间节点和地域范围下发生的，这让我第一次近距离观察体验到港式物业服务的特色，感慨中海物业人管家式服务的认真劲，其精细、专业、诚信、和谐的企业精神和以国际化视野提升服务质量，以卓越服务提升业主满意度的理念给了我深刻的印象。作为一家国有的中资驻港企业，在一个物欲横流的市场环境中，能工匠般倾注真情、真诚付出、精耕细作，获得港人认同，企业效益又很好，实属难得，让我真切领悟小平同志南行讲话中特别强调的“不争论，资本主义有的，我们也可以有”是多么的伟大。伴随着小平南行的春风，在港资大举北上的春潮中，中海物业开始涉足内地市场。

经过几十年的管理实践和品牌积累，中海物业的创新发展有目共睹。2018 年博览会期间，当我再次驻足中海物业展位时，展现在我面前的这家企业，不仅成为香港党政军民项目全覆盖的唯一物业服务企业（如服务中央人民政府驻香港联络办公大楼、驻港部队军营等），也在内地 73 个主要城市开展物业服务，在管面积达到 1.36 亿平方米。近年借助资本的力量，更是在智慧物业改造、社区增值服务、资产运营管理等方面长袖善舞。市值从 2015 年的 35 亿元增长为 2018 年的 68 亿元，成为中国物业管理行业的标杆企业和领军企业。中海物业用行动和业绩诠释了“转变 没有不可能”。一个善于创变、富有活力，在“一国两制”条件下都能持续成长的企业，靠的是什么，秘诀在哪里？以下几点启示也许能道出一二。

启示之一：人才战略

人才已经毫无争议地成为企业竞争最核心的资产。这次行业公布的综合实力测评企业 TOP 名单中，有不少企业的管理团队活跃着曾经在中海物业工作的职业经理人，因此说中海物业是行业的黄埔军校一点也不为过。现在的中海物业管理团队中，有几位是出走中海再回来的高管。海纳百川，以人为本，用开放的战略打造人才供应链体系，通过建设和引进不同类型的人才队伍，强化后备梯队、潜质人才培养机制，是中海物业在源源不断输送人才的同时，还能保证在高速度业务扩张的基础上，拥有一支结构合理、层次分明的高技能人才队伍的秘密所在。

没有什么商业模式是不能复制的，也没有永远领先的产品和服务，关键在于什么样的人在做。中海物业坚持的以管理凝练文化、以文化凝聚人才、以人才升华价值的人才管理理念，为员工成长提供了宽松的发展平台，赢得了职业经理人对中海物业的一份尊重，有了一种自豪感和归属感，加上校企合作人才培养战略、管培生的招募计划、具备竞争力的薪酬和培训考核制度等，构成了中海物业特色的人力资源管理开放机制。在中海“十八匠”工匠体系中，中海物业拥有为数众多的各类型专家，提供了长效人才保障。

与中海物业的交流中了解到，他们最引以为豪的也是企业最核心的价值，就是在这样的人才高速流动的市场环境中，作为国企，能拥有一支专业、敬业、忠诚的职业管理团队和一大批专业人才，拥有一支能安心、舒心、用心为业主服务的员工队伍。每个员工在这里能够有更开阔的平台、视野和更踏实的心，成为自我驱动的造梦者，为中海物业未来的发展提供新的引擎。

启示之二：科技创新

未来的物业服务企业不是被互联网企业打败，而是被互联网技术运用得好的物业同行所打败。陈伟同志的金句揭示了科技创新对传统服务业的至关重要性。这两年，物业管理行业被推上了美好生活的 C 位，资产管理和社区经济是物业服务企业多元化的新抓手。中海物业通过科技创新、技术赋能的方式重新梳理企业管理流程、商业模式和服务方式，赋予了中海物业品牌更丰富的内容和价值。

博览会上，中海物业展示了“物联网运行 + 智慧设备设施管理”平台兴海物联和专注发展多种经营的优你互联两大发展成果，被人称为引发物业服务裂变的“核武器”。这是一个将人与人、人与物、物与物相连相通，实现高效自主运作的科技物业全系统性解决方案，并以“社区资产运营、客户资产运营和生活服务运营”为三大业务主线，横向整合生活服务类资源，拓展了房屋经纪、家居装修、到家服务、商品销售、创新服务等业务增长点，对物业服务的内容和体验进行了升级，也实现了客户、商户、物业、合作方多方共赢。

中海物业上市三周年的成绩单显示，兴海物联全国服务项目近 1000 个，在管设备数 90 万余台，大幅提升了运维作业效能。而“优你家”APP 下载量已经突破了 100 万次，服务项目 456 个，服务家庭72万户,多元化经营为企业带来了增值服务收益，2018 年上半年为港币 1.35 亿元，较上年同期增加了 34.3%。

随着基础数据的不断积累，中海物业进一步升级一体化的信息化管理平台，通过沉淀的人流、物流、商流等有效数据来提升管理效率，实现业务创新道路上的进一步跨越。10 月 24 日，中海物业与华为签署战略合作协议，双方将携手全面、深入推进智能园区建设，搭建更智能智慧的物业增值服务平台，两个行业巨头在科技创新上的发力，或许将挖掘出未来物业管理行业更广阔的蓝海。

启示之三：工匠精神

企业员工所具备的技能，是企业决胜市场的关键。在 2018 年 8 月的全国物业管理行业职业技能大赛决赛中，中海物业以企业总分第一胜出绝不是偶然的。这些年，中海物业除了在资本市场有着骄人的成绩外，在提升自身服务方面同样有着长足的进步。用工匠精神打磨品牌，将港式服务核心的精细化和专业化落地内陆后，以客户需求为导向进行了属地化的升级和创新，在业内最早提出了“服务是可以设计的，也是可以量化的”的观点，从时间维度、空间维度和第三维度，识别出服务过程中与客户的重要接触点，针对这些触点，围绕客户体验感受，进行了多层次的服务产品设计。并在全国各大主流城市树立了“物业服务样板工程”，用示范效应带动品牌项目“管理特色”与“服务亮点”的全国性辐射，将物业服务的精细化做到了极致。

“我们今次特别致函赞扬设施管理中心早前在处理风的表现，中海物业在风吹袭前迅速地部署足够人手做出各项有效防范应对风的措施……”这是全力抗击台风山竹后，中海物业收到的来自香港海关的感谢信。在中海物业的微信公众号上，类似这样的感谢信还有很多，仅 2017 年中海物业就收到来自客户的感谢信 800 多封，锦旗 1389 面。不少业主留言感叹“选择居住中海是人生中正确也是最重要的决定！”而其背后，是两千多个温情小故事汇聚起来的中海社区温情密码，解读了中海物业人用真诚服务打动业主，以客户需求为导向创新求变探索过程中的点点滴滴，以及万千客户对中海物业的依赖和信任。

提供个性化、差异化的优质服务，不仅要靠精细化，还需要在服务模式创新和技术创新上下功夫。中海物业有着比较强的终端用户理解能力，关注业主城市生活细节，尤其注重满足老年人和儿童多样化需求。其一方面通过社区文化活动、客户关怀活动、便民服务活动等打造中海物业社区活动体系，实现人与人之间更有质量的连接，从精神、文化层面传播中海物业社区美好生活的主张。另一方面，开展“优＋”互联网生态圈为代表的社区生活服务运营，深度挖掘社区内部资源，打通内外部资源的分享系统，从功能维度满足客户不同的生活需求。

特别难得的是，中海物业引入客户评价机制，通过品质观察员活动、客户评选满意员工等活动提升客户服务监督和服务需求反馈的参与性，促进中海物业服务提升和升级。2018 年，由中海客户和业主担当的 1500 余名“品质观察员”持证上岗，参与物业服务品质监督工作，加强业主与物业的互通、互动，共同打造品质服务新格局。服务品质的标准化、稳定性与不断升级，也让中海物业有了大规模市场化的底气和条件。

中海物业以“转变 没有不可能”这种信念，给正在转型升级中的行业传递了满满的正能量，这是中海物业作为行业龙头的担当，也是作为行业变革先行者的贡献。在“北有雄安，南有湾区”的经济发展大格局中，中海物业将企业定位为卓越的国际化资产运营服务商，相信这家站位高、眼界宽、格局大、机制活，在“一国两制”孕育下成长的企业，未来的发展空间会更广阔，迎来更多喝彩。

2018 年 10 月

好服务如何成就碧桂园服务的江湖地位

■ 文_沈建忠

大约在1994年初，碧桂园的杨国强主席因为准备北上发展房地产业务的缘由，邀请我和徐俊达等几人南下顺德考察项目，一路舟车劳顿，昏昏欲睡。快到小区时，突然发现道路两旁连绵飘扬着一排排彩旗，上面写着“给您一个五星级的家”几个醒目的大字，让我们一下子兴奋起来。碧桂园的传奇故事就是在这样一个特殊的场景下，给大家带来了物业服务理念的冲击。杨主席将五星级酒店的配套标准和服务水平，倾情注入碧桂园的产品和物业服务中，得到了市场的认可，让一个近乎停滞的项目获得了空前的销售业绩。2015年，我再次到碧桂园总部，与杨主席有过一次长谈，忆起当年北征的计划因为种种原因未能成行，随着时间逐渐淡忘，但那句“五星级的家”却让杨主席释怀欣慰自豪，这不仅因为独具特色与核心竞争力的碧桂园服务模式已经成为碧桂园集团一张亮丽的名片，还伴随着企业创新发展的足迹，成就了它行业领先者的地位。

二十多年来，碧桂园服务以勇闯天下的气概、极致的服务和清晰的发展战略，一路高歌猛进，并于2018年6月在香港联合交易所成功挂牌上市，开市价格每股10港元，总市值最高达250亿港元，跻身港股物业服务市值榜首。上市以来，碧桂园服务关键盈利指标均实现大幅增长，业绩喜人，并通过资本之力得以开拓更大的业务版图，可以说迎来了快速发展最好的时代。不管是对极致服务的坚守、对创新的追求、巧妙的业务布局，还是与国家战略的同频共振，它的很多经验都值得处在产业变革进程中的物业服务企业思考和借鉴。

“五星级的家”——践行好服务的庄严承诺

20世纪90年代杨国强主席便前瞻性地提出了“有好的物业服务，碧桂园才有明天”“质量和物业管理是我们的生命线”的企业经营思路，将物业管理发展上升到了集团战略高度。碧桂园服务李长江总经理的体会是，“好服务资本才会一直爱”。在近年的多次演讲中，他将碧桂园服务的成功归结为“好服务就有好口碑，好口碑就有大生意，企业才有好的未来”。

因为信任，就有机会。新消费时代，业主最关心的是合理的服务需求能否得到积极响应，服务的内容能否带来更多的便利和价值，服务的质量能否带来更美好的生活体验。没有优质服务成就不了优质企业，不是优质的企业是没有投资价值的。而资本看重的企业未来长期投资价值，正是这种一以贯之的优质服务带来的市场效应。从“一个中心”“两种感觉”“三个服务”的物业服务要求（一个中心：一切以让客户高兴为中心；两种感觉：视业主为亲人，视业主为朋友；三个服务：跑步服务、微笑服务、专业服务），到Health（健康运动）、Happiness（欢乐童趣）、Heart（文化滋养）、High-tech（未来科技）、Hope（公益情怀）的“5H”服务标准；从《碧桂园高端物业服务发展报告》的发布，到“凤凰管家体系”的日渐成熟；从31个服务触点的提炼和标准到“1+N场景化社区生态圈”带来的全新生活方式；从社区环境“彩虹工程”到“0.5幸福”社区文化价值主张；从100%实现红十字救护资格的凤凰管家到“地面+空中”的立体化救援模式；碧桂园在社区服务的方方面面不断进阶，始终追求极致，打造行业高标准的服务体验。

这些服务还有着无数个动人的细节，碧桂园服务的小区全部实现了智能车牌识别系统，共有超2100名凤凰管家，业主识别率达100%，管家满意度达 99%，“有事找管家”已成为碧桂园业主的生活习惯。65 户业主曾经自发为同一位“90 后”管家送了 21 面锦旗，刷新了近 5 年碧桂园服务的纪录。因为碧桂园服务的全力守护，在连续 10 年里，全国碧桂园社区未发生安全生产责任事故和消防安全责任事故。所有凤凰管家 100% 取得红十字救护员资格证，碧桂园社区已经实现了“应急救护全民化”，顺德碧桂园等项目相继出现因管家及时妥善抢救，挽救业主生命的动人故事。碧桂园服务还在全国首倡“0.5 幸福”社区文化价值主张，发挥业主潜力与活力，每年举办超过 10000 场的文化活动，孵化涵盖公益、文艺、运动、母婴等类型社群上百个，聚拢兴趣圈层，创造有温度的社区文化氛围。从安全感、舒适感、幸福感、成就感四个层面的驱动，让广大业主真切感受社区生活的幸福与美好。

好服务——撬动社区价值的“金箍棒”

碧桂园服务一直强调自下而上的创新，规模、品质、盈利能力是公司本质。强调好服务就是要用工匠追求极致的精神，提供个性化、差异化的服务，尤其需要在技术和服务模式创新上下功夫，满足新消费时代人们对美好生活的向往，在碧桂园服务微创新小程序上，全国一线员工月均上传 4000 项服务创新案例。碧桂园鼓励员工建立主动创新的服务意识，并为优秀的创新内容提供落地平台，提升业主的服务体验。

在 2018 年的国际物业管理产业博览会上，一个 AI 魔盒引起了许多观众的关注。一个小小的盒子，不仅有服务器的计算和系统集成能力，还具备离线 AI 能力，支持监控视频、门禁、车闸、电梯等硬件设备的接口接入。盒子里安装定制的操作系统，内置了物业公司常用的应用系统，还支持第三方应用的接入。魔盒开启后，可连接物业现场的所有智能设备和系统。

这是碧桂园服务与腾讯的“共建人工智能社区”合作成果之一。目前，碧桂园服务已构建了完善的智能物联与信息化体系，孵化了“社区大脑”——“统一集成平台”，并将这个平台开放性地与行业共享，帮助中小型物业服务企业提升服务水平和工作效率。盒子为物业客户提供物业信息化和智能化的整体解决方案，解决了软硬件系统和设备分散、社区智能化建设碎片化和成本高、数据价值挖掘和业务应用效率低下的问题，帮助客户做到降本增效、全盘管理和高效运营。

好服务带来的杠杆效应撬动了社区商业的价值。上市文件显示，碧桂园服务除了物业管理服务业务以外，还有两条主要业务线，即社区增值服务和非业主增值服务。碧桂园服务以好服务好口碑做好增值服务，像引入“社区金融 + 生活”服务的“碧多多”社区信贷平台、引入社区超市“凤凰优选”等，数据驱动深度挖掘客户需求，兴趣导向聚类人群针对性服务升级。而非业主增值服务则涵盖了向物业开发商提供售前业务管理方面的咨询服务，为其他物业服务企业管理的物业提供咨询服务，以及在交付前阶段向物业开发商提供的服务。各大业务板块的稳健发展，带动企业业绩快速增长。2018 年上半年，碧桂园服务收入约为 20.16 亿元，同比增长 42.5%。其中，物业管理服务、社区增值服务和非业主增值服务的收入分别为 15.64 亿元、1.71 亿元及 2.76 亿元，占总收入的 77.6%、8.5% 和 13.6%，分别同比增长 34.8%、52.9% 和 97.8%。

好服务与资本的融合——意味着规模化的江湖地位

对于碧桂园服务这样的企业来说，规模至关重要，规模意味着江湖地位，意味着话语权。

上市文件显示，截至 2018 年 6 月 30 日，碧桂园服务项目分布在国内 29 个省、市及自治区的 260 多个城市，海外城市已进入马来西亚，管理 536 个物业项目，服务超过 100 万户业主。

2018 年上半年，碧桂园服务签约合同管理面积增加至 3.86 亿平方米，较 2017 年年末的 3.29 亿平方米增长了 17.6%。其中收费管理面积达 1.37 亿平方米，较 2017 年年末的 1.23 亿平方米增长 11.4%，物业管理服务规模持续扩大。

物业管理规模持续扩大的背后是碧桂园服务进行了大幅度的项目外拓，资本在其中起到了至关重要的作用。碧桂园服务市场化实际从2015年开始，向独立第三方物业开发商提供物业管理服务的合同管理总面积由2015年年底的770万平方米增加至2017年年底的4680万平方米，年复合增长率达147.4 %；独立第三方物业开发商的合同管理面积占公司合同管理总面积的比例亦增长约10个百分点。截至2018年6月30日，公司向独立第三方物业开发商提供物业管理服务的合同管理总面积为5950万平方米，占合同总面积的15.4%，较上年同期增长94.4%，未来增长潜力充足。

管理规模优势为碧桂园服务未来发展奠定了坚实基础，有利于提升公司的知名度和影响力，进一步拓展公司管理规模，巩固行业领先地位；也有利于向业主和住户推广社区增值服务，形成未来发展的持续动力。

中国物业管理协会发布的《2018年物业管理行业发展报告》显示，综合实力TOP10管理面积总值是25.72亿平方米，仅占全国物业管理总面积（246.65亿平方米）的10.4%；综合实力TOP100管理面积总值是79.13亿平方米，仅占全国物业管理总面积的32%，行业集中度的提升还有巨大空间，对于碧桂园服务这样拥有优秀品牌且具备强扩张能力的品牌企业来说，无疑是巨大的机遇。

顺应国家战略同频共振——企业腾飞裂变的助推器

党的十九大报告提出，要打造共建共治共享的社会治理格局。加强社会治理制度建设，完善党委领导、政府负责、社会协同、公众参与、法治保障的社会治理体制，提高社会治理社会化、法治化、智能化、专业化水平。

这几年，碧桂园服务品牌价值的溢出效应明显，紧跟中国城镇化的步伐，把好服务的专业、极致、精细运营经验，倾情注入中国新型城市治理的公共服务中。早在2015年年底，碧桂园服务率先与陕西韩城市政府达成战略框架协议，开创城市服务模式，并于2016年初开始借助智能物联硬件技术和社群运营数据平台，创新性践行“智慧城市基础设施运营＋城市文化活动支持服务”双轮智擎驱动模式。通过在潼湖科技小镇、深圳机器人产业园等产城项目上的实践，碧桂园服务在多年来积淀的各物业业态智能化管理经验的基础上推陈出新，发展出了碧桂园服务智慧产城物业管理。

2018年，碧桂园服务率先在行业推出了“城市共生计划”，并已在韩城、遵义、衡水等多个城市落地。碧桂园服务以市政环卫服务、绿化养护、城市基础设施维护等为切入点，在改善和提升城市环境的同时，逐步开展市政公共服务、数字城管建设、公共设施运维等领域的深化合作，通过协同专业资源提供一体化公众服务解决方案，努力实现城市治理体系完善、城市管理效率和城市治理能力的飞跃提升，提升了市民的居住体验，让城镇这个大业主体验到了碧桂园好服务带来的满意加惊喜。

城市服务正作为碧桂园服务的主力产品强势推进，碧桂园服务希望将已落地的新型城市治理服务标杆经验复制至全国，提升中国新型城市治理能力，与政府共建专业化、智能化的新型服务生态。

在好服务价值外溢过程中，碧桂园服务还在介入新蓝海——国有企业后勤服务。早在7月9日，碧桂园服务与洲际海峡能源投资（北京）成立合资公司，目的是投资承接合作中央企业的“三供一业”改革的物业管理及增值服务。“三供一业”类项目的前景巨大，2018年年底到2019年会逐步成为碧桂园服务的报表收入，包括拓展合作实现的面积都会实现快速转化。

这些年，从响应“一带一路”倡议、开拓海外市场到精准扶贫和乡村振兴，从“城市共生计划”到承接“三供一业”改革的物业服务，与国家战略同频共振，碧桂园服务始终将社会责任作为企业发展的源动力，努力践行“希望社会因我们的存在而变得更加美好”的企业愿景，收获社会认同和赞誉的同时，也收获了机遇和红利。

团队机制与员工素质——决定好服务落地的关键

碧桂园服务规模跃进，与集团一以贯之的人才打造、激励制度、管理思维等一系列变化息息相关。而杨国强在 2017 年元旦致辞中写道“有人才才有天下”，更是揭示了这家企业对于人才的重视程度。

今天的碧桂园服务，管理团队已全然职业化，人才培养的系统性已经相当强大，不讲资格，不讲资历，只讲能力，70% 的核心岗位都来源于企业的培养计划，线上线下的内部培训是管理和提升庞大团队的终极武器。以碧桂园服务推出的两个典型人才计划为例。火箭军计划是碧桂园服务人才加速成长计划，碧桂园服务通过 1/2/4 限时成长机制、联动培养机制以及制度管理机制，促使学员在 1 年内挂职项目副经理、2 年内晋升为项目经理、4 年内发展为区域总经理，实现对学员不同阶段的有效培养和快速发展。火箭军计划主要是培养碧桂园服务的未来领导者，也是公司发展的重要保障力量。而凤翎计划主要是培养碧桂园服务未来的中坚力量。通过 1/3/5 限时成长机制，依托多样的培养方式和明确的发展通道，让学员在 5 年内成为物业项目经理或职能部门经理，为学员成长赋能，为公司发展助力，希望人才能够像凤凰一样展翼翱翔，成为公司发展的加速器。

碧桂园服务采用全国统一规范的岗位名称、对应薪酬标准，定期组织市场薪酬调查工作，并从专业咨询公司获得相应行业数据，定期对薪酬福利结构和水平进行检讨，在调查结果的基础上结合各物业项目的当地经济发展水平、组织机构和人员编制情况进行调整，确保以具有竞争力的薪酬福利水平吸引和留住人才，分享企业发展成果，保障物业服务品质。

除了令行业羡慕的具有竞争力的薪酬服务体系，常与人才战略同时被提及的是碧桂园的励志文化。2015 年我再次到碧桂园调研的时候，杨主席办公室对面的楼道两边，是比尔 · 盖茨和洛克菲勒的醒世惊语，印象最深的是那句“奉献是留给世人最好的礼物”。或许在飞速发展的商业世界，如此直白才能让人们身在其中感受到自己的重要性，产生高昂人气和动力，支撑碧桂园服务一路高歌猛进。

成稿过程中，多次浏览碧桂园服务的公众号，资讯内容不断冲击我的眼球：11 月 18 日，碧桂园服务签约西昌市政府，布局西南谋划城市服务新篇章；11 月 24 日，碧桂园服务与广东省博物馆携手将首个社区文化传承馆落地碧桂园，将文化传承这一宏大命题于社区中解构；11 月 26 日，碧桂园服务拟 6.83 亿元收购五家物业管理公司股权以扩大业务规模。似乎碧桂园服务飞速发展成为常态，这也是目前物业管理行业龙头企业发展的典型缩影。这些常态记录传递的是磨炼、经验、探索，甚至希望。在快速变化的时代，它们或许可以帮助所有像碧桂园服务一样的企业塑造经久不衰的金字招牌。

2018 年 11 月

物业服务企业如何分享人才红利

■ 文_沈建忠

12 月本应是收获的季节，却因为华为高级副总裁孟晚舟在加拿大被突然拘捕，而深深刺痛了中国民众的心，也引起了国际舆论的哗然和指责。随着更多真相的揭露和孟晚舟女士被保释，这一事件背后，美国企图遏制中国领军企业竞争优势、不择手段施展伎俩的小把戏，让我们感悟到中国企业在融入世界经济格局过程中的艰辛和不易。华为声明中所表达的冷静和睿智，获得了世界范围内更多的尊重和同情，也激发了更多国内外同人了解华为、使用体验华为产品和服务的兴趣和热情。

华为从 2.1 万元做简单的数字通信交换机起家，经过 30 年的创业，已发展成世界一流的通信基础设施供应服务商，员工超过 18 万人，2017 年营收 900 亿美元。特别是在 5G 领域，处于全球领先地位。根据欧盟委员会的统计，2017 年华为研发经费位居全球第六。就连苹果需要花钱使用的华为专利就高达 469 件，微软也宣布将采购使用华为研发的 AI 智能芯片。美国《商业周刊》评论华为“凭借专利与创新，不仅成为中国企业国际化的标志，也已成为世界革新的领袖，创造了全球企业未曾有过的历史，是新时代的成吉思汗！”

是什么让华为成就了这一切？持之以恒的人才战略或许是最关键因素。任正非本人就是一个知人善任的超级人才，他曾经力排众议不惜以每人每小时 300 ～ 680 美元、总共 40 亿元人民币的代价，从 IBM 公司聘请 70 位专家作为华为企业转型变革的顾问，胆识和远见可见一斑。无怪乎谷歌董事长埃瑞克·施密特感概说，华为正在改变世界，任正非是一位伟大的魔术师。

人们所关注的事件主角孟晚舟在不久前的演讲中也特别强调，一个企业的强大在于它能不能凝聚起全球最顶尖的人才。华为通过具有市场竞争力的薪酬待遇和最先进的研究条件、工作环境，吸引世界范围的优秀人才，并坚持“财散人聚”的理念，实行员工持股计划（ESOP），建立了广泛的利益分享机制，培养出具有长期奋斗精神的人才，为华为的飞跃发展提供了支撑。

2018 年是改革开放四十周年，12 月 18 日，党中央国务院在北京隆重举行了庆祝大会，表彰了 100 名改革开放杰出贡献人物，习近平总书记的重要讲话中再次强调“创新是第一动力，人才是第一资源”的发展理念，释放出“人才引领创新，创新驱动发展”的强烈信号。纵观四十年中国巨变，正是抓住了改革开放的契机，充分分享和挖掘人才红利，才在事关民族复兴、国富民强的全球化浪潮及科技日新月异的国际竞争中赢得了主动。

随着万物互联技术的不断深入，科技变革、产业转型加速，站在知识经济的时代节点上，人才所体现的智力、创意、技能、知识等正成为社会生产力提升的决定性因素。争取分享更多的人才红利已经成为产业从低端到高端、制造向智造、传统向现代服务业转型的制胜关键。阿里 CEO 张勇在给员工的公开信中表示，人才战略、组织战略是阿里未来的主要战略，人才梯队的深度以及未来的布局是阿里持续增长的关键。未来的竞争将更多的是人才的竞争。诚如《人才战争 2.0》的作者所言，一场着眼于未来的战争，根本而致命的战争——人才战争已经打响，彰显出在全球范围内争夺人才的攻势。高附加值的智力资源成为国际争夺的对象，复合型的国际化人才成为焦点，科技创新型人才走向时代的前沿。

近几年，随着产业集中度、资本技术融合度的提高，社会对物业服务专业价值的认知度也在提高，物业管理行业对人才的吸引力迅速提升。但总体而言，行业在人才方面仍然处于弱势地位，人才集聚能力依然落后，成为制约行业转型升级的重要因素。因此，提倡人才强企战略，实现更加务实有效的人才措施，在科技创新、人才培养、员工成长等方面发力，分享更多新常态、新未来的人才红利，是促进行业发展、提升服务质量和水平需要解决的大问题。

人才激励：薪酬给力，激发活力，才能冲锋陷阵

第二次世界大战期间，美军成立了一个叫阿尔索斯的神秘小组，由利斯・帕希少校领导。这个小组只有 20 人左右，但为小组提供保护的兵力阵容非常强大，包括一个伞兵师、两个装甲师加一个集团军。他们的主要任务是在欧洲战场打开一条血路，掩护阿尔索斯小组去搜罗散落在德国、意大利的科学家、工程师。在他们看来，找到一个顶尖的科学人才比消灭十个师还重要。不到两年时间，一共有几千名专家被带回美国，奠定了战后美国在许多科技方面的霸主地位。

历史经验证明，人才价值的产出往往远远超过投入。美国海军部长丹尼・金布尔曾直白地表示："钱学森无论走到哪里，都抵得上 5 个师的兵力"，后来是周恩来总理用 11 名美国飞行员俘虏换回了钱学森，也正是钱学森、邓稼先等大批海外顶尖人才的归来让中国成就了自己的"两弹一星"，也让中国拥有了核大国地位。

人才战争的秘密揭示了，对于天文数字费用无法引进的尖端技术和资源，可以不惜代价把那些掌握资源或者创新技术的人才挖过来，他们所产生的价值和作用要大得多。以色列是世界公认的以人才资源推动科技创新、经济增长、社会发展最成功的典范。华为奉行的就是"英雄不问出处、出处不如聚处，听见枪声就想冲锋，激励奋斗者"的人才策略。近三年吸引了 700 名全球顶级科学家，其 2017 年的年报显示，当年度雇员费用为 1402.85 亿元，人均年薪约为 70 万元，是 ICT 行业世界顶尖公司的水平，对内创始人任正非只留了 1.4% 股份，其余分享给了员工，持有华为股份的员工超过了 8 万人，每年可以获得较高的分红回报。

当然，今天的人才战争比起发生在第二次世界大战时的抢人行动要更高明，更多的是通过各种优惠政策和激励措施吸引人才。中国 2018 年十大财经关键词，排第一的就是"抢人大战"，有 60 个城市参与其中，求贤若渴可见一斑。降低落户门槛、就业送补贴、优惠租房买房、扶助创业，等等，甚至出现了警队开路为应届毕业生护驾落户、落户审核"秒批"的现象，优惠政策可谓用心至极。各行各业企业巨头"人才争夺"的方式也丝毫不逊色，送钱送户口、股权期权激励，展现出了志在必得的决心和力度。这种现象预示着，中国正在开启靠人力资本创新驱动经济增长的新时代。

高薪高福利、完善的人才激励机制是吸引人才、留住人才最直接有效的手段。美国的科技硬气不仅在于拥有世界百强大学的半数，更在于它吸引了 70% 的诺贝尔奖得主，吸引了占本国总量 1/3 的外国科学家和工程师为其服务。据统计，中国留学美国的博士生，有 85% 毕业后留在那里从事科研工作。新加坡总理李显龙将该国成功的人才战略归纳为四个因素：一是开放兼容的社会环境，二是安身立业的法治环境，三是职业成长的工作环境，四是税负合理的经济环境。只有给予人才足够多的经济保障和社会尊重，让他们分享发展成果，才能在长期的价值激励中培养出坚定的主人翁意识和奋斗精神。处在变革和转型中的物业管理行业，对高层次、领军型、专业化、复合型人才的需求越来越迫切，必须要聚天下英才而用之，靠人才拓市场、靠人才提升专业服务；必须要以一种前所未有的决心和魄力，提升员工技能、培养造就优秀人才队伍。当下，物业管理行业正在开展的股权激励、期权激励、事业合伙人、利润分享类等多样化的长期激励机制，将企业长期发展利益与员工个人利益结合了起来，也在更大程度上激发了团队的创造力和工作激情，是非常有益的探索。尽早完善企业人才激励制度的建设，构建“共创、共享、共担”的激励机制，是每一家希望在当下“人才红利”大潮中有所作为的企业都必须要做的。

管理思维：高薪还要高兴，人才管理机制要灵活，才能赢得战场的主动权

谈到人才流失的原因，马云认为，一是钱没有给够，二是心委屈了。

在薪酬得到保障的基础上，员工更多会考虑个人发展前景和幸福指数。所以，企业要构建一个让人才自由发挥、快速成长的包容平台，赋予员工奋斗的意义。腾讯有一个非常有名的“活水计划”。所有在当前岗位工作满一年且最近一次绩效不低于预期的员工都可以申请内部应聘，员工能自由地在公司内寻找感兴趣的发展机会，永葆激情与活力，事实也证明，活水转岗员工的长期绩效得到提升，员工满意度也得到提升，激发了个体的活力，加速了新产品的迭代与上线速度。

要想使人才成为企业取之不尽、用之不竭的战略性资源，人才管理机制就一定要灵活、人性化。小平同志最伟大的是解放了思想、解放了生产力，实行家庭联产承包、建立特区等一系列制度，冲破了思想的禁锢，打破了改革的僵局。只有把机制问题处理好了，才能为人才成长创造有利的条件。华为有一个案例，为了吸引一位爱尔兰的专家加入华为，特别在其家乡附近设立了研究所。“微信之父”张小龙，是一个崇尚技术的完美主义者，产品每次迭代都把用户体验做到极致。张小龙年薪 2.74 亿港币，约合人民币 2.2 亿元，是马化腾的 9 倍。他不愿意去深圳工作，为此，马化腾直接在广州成立了一个腾讯广州研发中心，任命他全权负责广州这边的所有事项。腾讯总部每周的例会他可以不参加，因为“早上起不来”，这些马化腾都不在意，对于张小龙这样的人才，马化腾最大化地给予自由并最大化地发挥其才能。

优点突出的人往往个性很鲜明，甚至缺点也很突出。选拔各级骨干人才时，要多看优点，多看业绩，多看主流，坚持责任结果导向。不要把细枝末节的事情看得过重，不要设置不必要的红线、高压线，不要让员工的心受委屈。尤其针对“90 后”员工的行为特点和价值诉求，可以进行差异化管理。要通过企业文化的打造和灵活的人才管理机制，使企业成为一个人才可以自由创造的地方，一个调动起每个人身上最优良部分的地方，一个人们身在其中感受到自己的重要性、公平和公正的地方，一个成就感既在腰包里也在灵魂上得到报偿的地方。物业服务企业要想人才留得住、用得上，能够充满职业自豪感、成就感、归属感，在服务业主的同时，为企业创造价值而奋斗，同样需要在薪酬制度设计、企业文化建设、品牌塑造、技能培训等方面发力，努力为员工营造一个愉悦、向上的职业环境和施展才华的舞台。

人才培养：管理和提升庞大团队的终极武器

日本松下电器公司有一句名言：“出产品之前先出人才”，其创始人松下幸之助更是强调：“一个天才的企业家总是不失时机地把对职员的培养与训练摆上重要的议事日程。教育是现代经济社会大背景下的‘撒手锏’。谁拥有它就预示着成功，只有傻瓜或自愿把自己的企业推向悬崖峭壁的人，才会对企业培训置若罔闻。”培训是风险最小、收益最大的战略性投资。只有持续发展的人才培养才能带给企业无穷的创造力、提供给客户更优质的产品和服务，实现更高的业绩。

针对不同层级的公司员工，依据群体特征策划不同的内外部培训是关键，线上线下的内部培训是管理和提升庞大团队的终极武器。大部分品牌企业构建了具有特色的业务培训体系。像碧桂园服务 70% 的核心岗位都来源于企业的培养计划，火箭军计划主要是培养碧桂园服务的未来领导者，而凤翎计划则是培养碧桂园服务未来的项目经理或职能部门经理这类中坚力量。比如金地物业的长跑系列培养计划主要针对全系列人才培养，深潜系列计划则聚焦行业专家培养；比如绿城服务从大学生到 CEO 的全路径培养体系，中海物业培养技能人才的“十八匠”匠才计划，等等，也包括行业内很多物业服务企业与高校进行了多方面的人才培养合作，并涌现出一批优秀的专业培训机构和线上线下微课程教育，支撑行业人才的成长和发展。

中国物业管理协会一直尽最大力量推进行业人才培养工作。一方面，协会加大职业培训力度，通过建立分类型分层次的培训体系，组织易居沃顿总裁班、斯坦福物业管理总裁班、设施设备专业岗位师资培训班、项目经理专业技能岗位培训班等专业培训；另一方面，协会成立人力资源发展委员会，研究建立健全从业人员职业发展体系和管理规范，并与国家开发大学合作筹建学习成果认证中心（物业）和现代物业服务与不动产管理学院，努力探索应用型、技能型物业管理行业人才培养的新模式和新机制，逐步建立和推行终身职业技能培训制度；同时，协会以举办全国行业职业技能竞赛等方式，以竞赛促提升、以竞赛促发展，并以此带动地方行业协会积极与省总工会、省建设厅、省劳动人事厅、省民政厅等行政主管部门沟通，为行业发展争取人才政策红利。

科技赋能：形成人才钢铁侠，才能战无不胜

由于物业服务费市场价格机制的失灵，物业费合理调价越来越难，企业的利润空间正在一点一点被挤压。我们一方面呼吁政府给予支持政策，另一方面也需要采取措施，破解人才高薪酬与高成本的困境。

一是融合各路技术和资源，通过技术投入以及数字化转型的管理变革提高服务和运营效率，把个人的效用发挥到最大，通过技术赋能实现提效减员增收，反过来提高企业人均薪酬。二是通过业内合作和跨界融合的方式，开展增值服务，挖掘企业增长的价值和潜力，实现进一步的创收，为高薪招纳企业核心人才提供保障。

而企业之间的竞争本质上是人才的竞争，谁能更好地吸引和保留优秀的人才，分享到人才的红利，谁就能创造出更新的科技和商业模式，提供更好的服务，设计出更有效率的管理体系和流程，提升企业的利润，降低企业的成本。长此以往，必将形成企业人才体系建设与企业持续发展的良性循环。

目前，行业创新发展的各种要素组合中，最缺的就是人才资源了，我们倡导的创新转型——“互联网 +”、商业模式变革、技术赋能、提升服务效率和质量、让物业服务更简单更有价值，最终都要由人才去落实。转型必然带来行业人才结构的洗牌，我们不可能完全靠引进和跨界合作来解决。唯有在人才培养和人才队伍建设方面高度重视，将人才激励落实到位，理顺内部管理，重构新生代物业人的思维方式和知识体系，并在技术革新上不断投入，才是根本，行业才能在人才战争 2.0 的硝烟中分享到更多的人才红利。

2018 年 12 月

大事记

MEMORABILIA

行业发展大事记

2017 年 1 月—2018 年 12 月

序号	时间	内容
1	2017 年 1 月 12 日	《国务院关于第三批取消中央指定地方实施行政许可事项的通知》发布，取消物业服务企业二级及以下资质认定
2	2017 年 3 月 16 日	深圳市物业管理行业协会发布《深圳物业服务业发展规划 (2016—2020)》
3	2017 年 4 月 6 日	中国物业管理协会第四届理事会第四次全体会议在杭州召开，发布《中国物业管理协会课题管理办法》《中国物业管理协会会员诚信自律公约》《物业管理行业精神》
4	2017 年 4 月	江苏省高级人民法院、江苏省住房和城乡建设厅等五部门联合发布《关于建立健全物业纠纷多元化解机制的指导意见》
5	2017 年 4 月	江苏省住房和城乡建设厅印发《江苏省“十三五”物业管理行业发展规划》
6	2017 年 5 月	中国物业管理协会发布《中国物业管理协会团体标准管理办法（试行）》和首个团体标准《物业管理示范项目服务规范》（T/CPMI001—2017）
7	2017 年 5 月 20—21 日	中国技能大赛——“深圳物管学院杯”首届全国物业管理行业职业技能竞赛决赛在上海举行
8	2017 年 6 月 12 日	中共中央、国务院印发《关于加强和完善城乡社区治理的意见》
9	2017 年 6 月 13 日	国家发展改革委印发《服务业创新发展大纲（2017—2025 年）》
10	2017 年 6 月 22 日	2017 年度物业管理协会工作座谈会在烟台召开

续表

序号	时间	内容
11	2017 年 6 月 23 日	第三届全国物业管理行业媒体工作交流会在烟台召开
12	2017 年 6 月	雅生活集团全资收购绿地物业，开启“雅居乐物业”+“绿地物业”双品牌驱动战略
13	2017 年 7 月 1 日	《新疆维吾尔自治区物业管理条例》正式施行
14	2017 年 7 月 7 日	全国高层建筑消防安全综合治理电视电话会议在京召开，国务委员郭声琨强调要切实规范日常管理，将高层建筑消防安全纳入基层网格化管理和居（村）委会、社区常态化巡查检查，明确并落实高层建筑物业服务企业主体责任
15	2017 年 7 月 23 日	国家发展改革委、住房和城乡建设部等 31 部委联合下发《关于对房地产领域相关失信责任主体实施联合惩戒的合作备忘录》，物业服务企业及相关负责人失信要受 31 部委联合惩戒
16	2017 年 7 月 27 日	中央国家机关行业协会商会住建联合党委成立，中国物协副会长兼秘书长王鹏任党委委员
17	2017 年 8 月 1 日	国家质检总局颁布的《电梯维护保养规则》（TSGT5002—2017) 正式实施
18	2017 年 8 月	山西省住房和城乡建设厅、发展和改革委员会等八部门联合发布《关于加快发展物业服务业的指导意见》
19	2017 年 8 月	绿地集团以 10 亿元战略入股雅生活集团，取得雅生活集团 20% 股份，成为雅生活集团长期战略性股东
20	2017 年 8 月	江苏省政府办公厅发布《关于提升社区物业服务水平促进现代物业服务业发展的指导意见》
21	2017 年 9 月 1 日	上海市人民政府印发的《上海市住宅物业消防安全管理办法》开始实施
22	2017 年 9 月 6 日	国务院常务会议决定取消物业服务企业一级资质核定等一批行政许可事项
23	2017 年 10 月 11 日	第三届中国物业管理创新发展论坛在深圳举办，论坛由主论坛和 13 场分论坛组成
24	2017 年 10 月 11—13 日	首届国际物业管理产业博览会在深圳会展中心举办，博览会展出面积达 2.5 万平方米，200 余家参展单位参展，观展人数达 3.8 万人次，参展企业与客户达成合作意向万余项。

续表

序号	时间	内容
25	2017 年 10 月 18 日	中国物业管理协会发布《关于征集“学习贯彻党的十九大会议精神”学习成果的通知》，行业掀起学习十九大精神的热潮
26	2017 年 10 月 26 日	湖北省物业服务和管理协会成立，武合生任会长
27	2017 年 10 月 29 日	国务院办公厅印发《消防安全责任制实施办法》
28	2017 年 10 月 20 日	中海物业以 1.9 亿元人民币收购中信物业全部股权
29	2017 年 11 月 9 日	中国消防协会和中国物业管理协会共同举办 2017 年中国高层建筑消防安全高峰论坛
30	2017 年 11 月 22 日	中国物业管理协会人力资源发展委员会在北京成立，周心怡任主任委员
31	2017 年 11 月	山东省住房和城乡建设厅印发《物业服务企业信用档案与评级管理办法（试行）》
32	2017 年 12 月 8 日	广东省物业管理行业协会发布《广东省物业管理行业自律管理暂行办法》《广东省物业管理行业自律管理惩戒实施暂行办法》《广东省物业服务企业失信名录管理暂行办法》
33	2017 年 12 月 11 日	浦江中国控股有限公司正式在港交所主板挂牌上市，成为内地第六家赴港上市的物业服务企业，第一家非住宅物业上市公司
34	2017 年 12 月 12 日	国家发展改革委价格监测中心与中国物业管理协会联合发布《全国物业管理行业劳动力市场价格监测报告》
35	2017 年 12 月 15 日	住房和城乡建设部办公厅发布《关于做好取消物业服务企业资质核定相关工作的通知》
36	2018 年 1 月 1 日	新修订的《河南省物业管理条例》正式施行
37	2018 年 1 月 9 日	住房和城乡建设部印发《关于加快推进部分重点城市生活垃圾分类工作的通知》，要求物业服务企业做好与环卫部门的对接
38	2018 年 1 月 9 日	2018 年度中国物业管理协会会长工作会议在海南召开，会议将 2018 年定义为行业的“服务质量提升年”

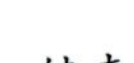
续表

序号	时间	内容
39	2018 年 1 月	中国物业管理协会加入国家开放大学学分银行学习成果互认联盟
40	2018 年 2 月 1 日	南都物业服务股份有限公司正式在上海证券交易所挂牌上市，成为国内首家登陆 A 股的物业服务企业
41	2018 年 2 月 1 日	《辽宁省物业管理条例》正式施行
42	2018 年 2 月 9 日	雅居乐雅生活服务股份有限公司正式在港交所主板挂牌上市，成为首家红筹分拆 H 股的物业服务企业
43	2018 年 2 月 9 日	“杭州保姆纵火案”在杭州市中级人民法院公开宣判，以放火罪判处被告人莫焕晶死刑，剥夺政治权利终身
44	2018 年 2 月 28 日	上海市人民政府办公厅印发《上海市住宅小区建设“美丽家园”三年行动计划（2018—2020）》，强调加快完善服务市场机制，提升物业管理行业整体服务能力和监管水平
45	2018 年 2 月 28 日	彩生活服务集团有限公司以 20.12 亿元人民币向大股东花样年控股集团有限公司，收购深圳市万象 100% 受益权以及万象美 100% 股权
46	2018 年 2 月	天津市将“物业管理工作坚持党的领导”写入新《天津市物业管理条例（修正案）》
47	2018 年 3 月 1 日	深圳市市场监督管理局发布的地方标准《物业管理基础术语》（SZDB/Z287—2018）开始施行
48	2018 年 3 月 15 日	《珠海经济特区物业管理条例》开始实施
49	2018 年 4 月 7 日	国务院对《物业管理条例》作出部分修改，涉及 4 个条款的修改，删去第五十九条
50	2018 年 4 月 13 日	《法制日报》就失实文章《国务院出台条例了：这 8 种情形业主可拒缴物业费》发表《更正致歉声明》
51	2018 年 4 月 20 日	中国物业管理协会设施设备技术委员会成功换届，李健辉当选为第三届委员会主任委员
52	2018 年 4 月 26—27 日	中国物业管理协会组织的首期非公物业服务企业党建工作培训班在郑州市圆方非公有制企业党建学院圆满举办

续表

序号	时间	内容
53	2018 年 5 月	中国物业管理协会印发《中国物业管理协会、国家开放大学学分银行和学习成果认证中心（物业）试行办法》
54	2018 年 5 月 15 日	国务院安委会办公室下发《关于开展电动自行车消防安全综合治理工作的通知》，要求物业服务企业按照合同约定做好住宅小区共用消防设施的维护管理工作
55	2018 年 5 月 15 日	全国物业服务标准化技术委员会一届三次全体会议正式启动《物业管理术语》《物业服务顾客满意度测评》《物业服务安全与应急处置》三项物业管理行业国家标准的编制工作
56	2018 年 6 月 13 日	首期“提升服务质量 共建美好生活”大型公益讲堂暨年度会员交流活动在贵阳市举办
57	2018 年 6 月 14 日	第四届全国物业管理行业媒体工作交流会在贵阳市召开，发布首份《物业管理媒体影响力测评报告》
58	2018 年 6 月 19 日	碧桂园服务控股有限公司在港交所主板挂牌上市
59	2018 年 6 月	中国共产党中央国家机关行业协会商会住建联合委员会下发《关于表彰 2017—2018 年度先进党支部、优秀共产党员、优秀党务工作者的决定》，中国物业管理协会荣获 2017—2018 年度“先进党支部”称号
60	2018 年 7 月 12 日	第二期“提升服务质量 共建美好生活”大型公益讲堂暨年度会员交流活动在呼和浩特市举办
61	2018 年 7 月	中共中央办公厅、国务院办公厅印发《国税地税征管体制改革方案》，明确从 2019 年 1 月 1 日起，将基本养老保险费、基本医疗保险费、失业保险费、工伤保险费、生育保险费等各项社会保险费交由税务部门统一征收
62	2018 年 8 月 1 日	新修订的《内蒙古自治区物业管理条例》正式施行
63	2018 年 8 月 22—23 日	2018 中国技能大赛——“金融街物业杯”第二届全国物业管理行业职业技能竞赛决赛在北京举办
64	2018 年 8 月 29 日	第三期“提升服务质量 共建美好生活”大型公益讲堂暨年度会员交流活动在哈尔滨市举办
65	2018 年 9 月	中共中央、国务院印发《乡村振兴战略规划（2018—2022 年）》
66	2018 年 10 月 11 日	国务院办公厅印发《完善促进消费体制机制实施方案（2018—2020 年）》，进一步激发居民消费潜力

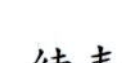
续表

序号	时间	内容
67	2018年10月15—17日	第四届中国物业管理创新发展论坛在深圳举办，论坛由主论坛和19场分论坛组成
68	2018年10月15—17日	第二届国际物业管理产业博览会在深圳会展中心举办，观展人数达4万人次，参展企业与客户达成合作意向13800余项
69	2018年10月15日	《2018全国物业管理行业发展报告》发布，物业服务企业数量达11.8万家，从业人员约904.7万人，经营总收入突破6000亿元
70	2018年10月16日	国家开放大学现代物业服务与不动产管理学院正式挂牌
71	2018年10月	人力资源社会保障部印发《技能人才队伍建设工作实施方案（2018—2020年）》
72	2018年11月6日	新城悦控股有限公司在港交所主板挂牌上市
73	2018年12月5日	国务院常务会议通过了《生产安全事故应急条例（草案）》
74	2018年12月6日	佳兆业物业集团有限公司在港交所主板挂牌上市
75	2018年12月6日	中国物业管理协会发布《“我与改革开放共奋进”关于“致敬改革开放四十周年”征文活动的通知》
76	2018年12月11日	中国社区扶贫联盟第一届理事大会在北京召开，联盟会员单位超200家，理事单位72家，其中物业服务企业52家
77	2018年12月13日	国务院印发《个人所得税专项附加扣除暂行》
78	2018年12月17日	永升生活服务集团有限公司在港交所主板上市
79	2018年11—12月	中国物业管理协会分别在大连、成都、济南、广州市召开部分会员企业座谈会，听取各单位对协会作用的意见建议

JUSTBON
嘉宝股份

用心服务生活
感受“嘉”的美好

18年 | 为千万社区提供嘉宝金牌服务

四川蓝光嘉宝服务集团股份有限公司成立于2000年，系蓝光发展旗下控股公司。蓝光嘉宝始终坚持打造科技智慧型物业，经过 18 年的深耕和沉淀，已从“四川蓝光嘉宝”蜕变为“中国蓝光嘉宝”。现荣任中国物业管理协会副会长单位。2018 年行业综合实力排名全国 12 强。

2019年蓝光嘉宝继续坚定前行，坚持“诚信 责任 专业”品牌核心价值观，探索多元化物业服务发展模式，不断向现代服务业转型。

四川省房地产业协会物业管理专业委员会

组织成员企业
参加行业活动

四川省房地产业协会物业管理专业委员会是四川省房地产业协会不具备独立法人资格的分支机构，受四川省住房和城乡建设厅、四川省房地产业协会的指导和监督。

自成立以来，充分发挥主观能动性，通过会员服务、行业培训、专题研究等工作，以强有力的履职作为和不断创新的服务方式，搭建政府、企业、会员之间的沟通桥梁，积极发挥交流纽带作用。

坚持为行业的发展建言献策，推动行业诚信建设，倡导积极、健康的行业环境，建立行业自律机制，以此彰显四川物业行业品牌形象，推动四川物业行业健康发展。

联系地址：四川省成都市武侯区领事馆路1号南谊大厦六楼
联系电话：028-85353400

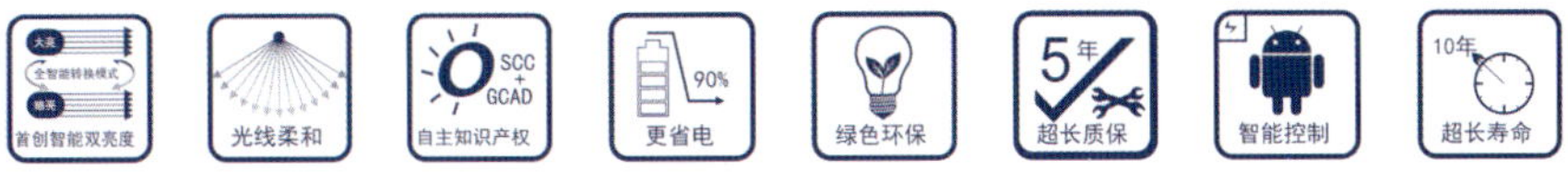

图书在版编目（CIP）数据

2018中国物业管理行业年鉴 / 中国物业管理协会编
. —北京：中国市场出版社，2019.3
ISBN 978-7-5092-1798-6

Ⅰ. ① 2… Ⅱ. ①中… Ⅲ. ①物业管理–服务业–中国–2018–年鉴 Ⅳ. ① F299.233.3-54

中国版本图书馆CIP数据核字（2019）第031085号

2018中国物业管理行业年鉴

2018 ZHONGGUO WUYE GUANLI HANGYE NIANJIAN

编　　者：中国物业管理协会
责任编辑：宋　涛(zhixuanjingpin@163.com)
出版发行：中国市场出版社
社　　址：北京市西城区月坛北小街2号院3号楼(100837)
电　　话：(010) 68034118/68021338/68022950/68020336
经　　销：新华书店
印　　刷：北京市白帆印务有限公司
规　　格：210mm×285mm　　16开本
印　　张：48　　字　　数：1380千字
版　　次：2019年3月第1版　　印　　次：2019年3月第1次印刷
书　　号：ISBN 978-7-5092-1798-6
定　　价：498.00元